2002

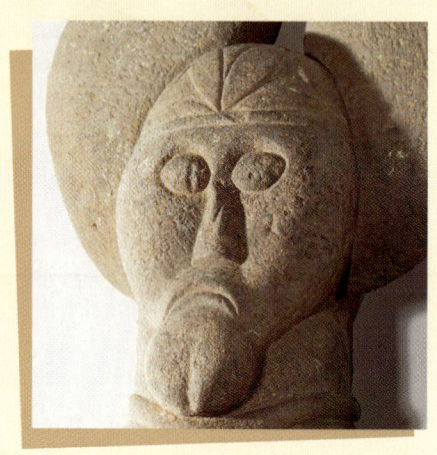

2002

DAS RÄTSEL DER KELTEN

VOM GLAUBERG

THEISS

GRUSSWORT

Spektakuläre neue Ausgrabungs- und Forschungsergebnisse der Archäologie haben in den letzten Jahren das Interesse einer breiten Öffentlichkeit auf die Zeit der Kelten in Hessen und insbesondere hier im Rhein-Main-Gebiet gelenkt. Zeugnisse einer mehr als 2500 Jahre alten keltischen Hochkultur haben nicht nur die Fachleute verblüfft. Die Funde – allen voran die lebensgroße charakteristische Sandsteinfigur eines Keltenfürsten – haben aufmerken lassen. Fasziniert von den neuen Funden erkennen wir mit großem Respekt die hohe kulturelle Leistung dieser nach wie vor rätselhaften und noch wenig erforschten Kultur.

Auch im 21. Jahrhundert ist die öffentliche Neugier nach Erkenntnissen der Archäologie ungebrochen. Denn es ist faszinierend, mehr darüber zu erfahren, wie Menschen Tausende von Jahren vor uns gelebt haben, vielleicht am selben Ort. Umso wichtiger ist es, dass Forschungsergebnisse öffentlich und anschaulich gemacht werden.

Für unsere Gegenwart, die von wachsender Integration und zunehmender Verflechtung in Europa geprägt wird, besitzen Zeugnisse einer Kultur, die sich zeitweise über einen großen Teil Europas ausdehnte, über weit gespannte Handelsbeziehungen verfügte und mit weit ausgreifenden Wanderungsbewegungen mit sehr vielen anderen Völkern in Berührung kam, hohe Aktualität. Da die Kelten uns keinerlei schriftliches Zeugnis hinterlassen haben, können wir heute über ihre Staatsform oder ihren Glauben nur spekulieren und rätseln. Aber auf dieser Spurensuche in der Vergangenheit werden zahllose Dinge, Begriffe und Ideen entdeckt, die den Besuchern vielleicht auch eine heutige Standortbestimmung erleichtern und ihnen eine Perspektive für die Zukunft geben.

Die Ausstellung symbolisiert das partnerschaftliche Miteinander des modernen Europas der unterschiedlichen Regionen. Denn sie vereint erstmals steinerne Fürstenstatuen aus fast ganz Europa, die in einer Art Treffen den Fürst vom Glauberg in ihre Mitte nehmen. So wie die keltische Kultur in ihren Glanzzeiten fast den ganzen Kontinent beeinflusst und mit ihrem Geist die Menschen in ihren Bann gezogen hat, möge es auch heute den Besuchern der Ausstellung ergehen.

Deshalb habe ich gerne zusammen mit der Ministerin für Wissenschaft und Kunst die Schirmherrschaft für diese große Landesausstellung übernommen. Mein besonderer Dank gilt allen verantwortlichen Organisatoren und besonders den Forscherinnen und Forschern, die durch ihre Arbeit diese Ausstellung erst möglich gemacht haben. Den Besucherinnen und Besuchern wünsche ich spannende und informative Stunden.

Roland Koch
Hessischer Ministerpräsident

GRUSSWORT

Anlass für die Ausstellung „Das Rätsel der Kelten vom Glauberg. Glaube – Mythos – Wirklichkeit" sind die sensationellen Funde, die vor einigen Jahren am Glauberg gemacht wurden. Die Ausstellung stellt sie in einem gesamteuropäischen Zusammenhang vor. Zahlreiche Vergleichsfunde, Spitzenobjekte von Museen aus halb Europa, konnten als Leihgaben für diese Ausstellung gewonnen werden. Damit bietet die Schirn Kunsthalle Frankfurt in diesem Sommer einen Einblick in die faszinierende keltische Welt, in eine Zivilisation, die sich vor 2500 Jahren über weite Teile Süd- und Westeuropas erstreckte.

In diesem gesamteuropäischen Zusammenhang bildete der Glauberg einen Vorposten der keltischen Kultur im Norden. Umso überraschender ist die hohe künstlerische und handwerkliche Qualität der am Rande der keltischen Welt ausgegrabenen Funde.

Ein reich ausgestattetes keltisches Fürstengrab, die fast vollständig erhaltene steinerne Statue eines „Keltenfürsten" und die Reste riesiger, weit ausgreifender, landschaftsprägender architektonischer Strukturen, in deren Mittelpunkt der Grabhügel und ein Prozessionsweg stehen, sind die Zeugen einer untergegangenen, trotz aller Deutungsversuche rätselhaften Welt.

Der Glauberg und seine Umgebung sind nicht die einzigen Großfundstellen keltischer Zeit in Hessen, die sich den Besuchern noch nach mehr als 2000 Jahren als imposante Geländedenkmäler präsentieren. Dazu gehören auch die Wallanlagen am Altkönig, der Dünsberg, das Heidetränk-Oppidum oder die Milseburg. Gezeigt werden in dieser Schau aber vor allem die Funde der Grabungen am Glauberg, ihre Vergleichsstücke aus ganz Europa sowie die Ergebnisse und Schlussfolgerungen der Fundsituation und der exzellenten Fundstücke.

Dank einer europaweiten Kooperation konnte diese Landesausstellung ermöglicht werden. Ich bin sicher, dass die Ausstellung damit auch eine über die Grenzen Deutschlands hinweg reichende Resonanz finden wird.

Gefördert wird dies sicher dadurch, dass die Kelten bereits eine gewisse Popularität in der Bevölkerung besitzen. Ablesbar ist dies sowohl an den beliebten Comics „Asterix und Obelix" als auch an dem breiten Interesse der Öffentlichkeit an wissenschaftlichen Fragestellungen, die die keltische Kultur und Lebenswelt betreffen.

Die Ausstellung geht den Fragen nach den Kelten, nach ihrem Woher, ihrem Wohin, den Kontakten zu ihren Nachbarn, ihrer Lebensweise und ihrem Einfluss auf nachfolgende Kulturen nach. Und der Katalog soll dies über die ja begrenzte Dauer einer Ausstellung hinaus dokumentieren und langfristig festhalten.

Ich wünsche Ihnen viel Freude an Ausstellung und Katalog sowie lehrreiche und unterhaltsame Stunden in der Landesausstellung. Und ich wünsche mir auch weiterhin Ihr Interesse an der Archäologie, an der Bodendenkmalpflege, den archäologischen Abteilungen der Museen und Ihre Unterstützung, wenn es darum geht, die Zeugnisse unserer Vergangenheit zu erhalten und zu erforschen.

Ich freue mich deshalb, dass es gelungen ist, diese umfassende Schau über die Welt der Kelten hier in Frankfurt präsentieren zu können. Sie ist nach den großen Keltenausstellungen 1991 in Venedig und 1993 in Rosenheim die erste europaweite Präsentation keltischer Kultur. Ich bin stolz darauf und danke allen, die dazu beigetragen haben, die Ausstellung zu ermöglichen: Leihgeberinnen und Leihgebern, Organisatorinnen und Organisatoren, Archäologinnen und Archäologen und den politisch Verantwortlichen.

Ich bin mir sicher, dass diese Landesausstellung ein großer Erfolg weit über Hessen hinaus werden wird.

Ruth Wagner
Hessische Ministerin für Wissenschaft und Kunst

DAS RÄTSEL DER KELTEN VOM GLAUBERG.
GLAUBE – MYTHOS – WIRKLICHKEIT

Eine Ausstellung des Landes Hessen
in der Schirn Kunsthalle Frankfurt

24. Mai bis 1. September 2002

SCHIRMHERRSCHAFT

Der Hessische Ministerpräsident
Roland Koch

Die Hessische Ministerin für Wissenschaft
und Kunst Ruth Wagner

WISSENSCHAFTLICHER BEIRAT

Dr. Jörg Biel, Landesdenkmalamt
Baden-Württemberg, Archäologische
Denkmalpflege, Stuttgart

Dr. Ina Busch, Hessisches Landesmuseum
Darmstadt

Prof. em. Dr. Otto-Herman Frey, Philipps-
Universität Marburg

Dr. Rupert Gebhard, Archäologische Staatssammlung München

Dr. Fritz-Rudolf Herrmann, bis 30. 9. 2001
Landesamt für Denkmalpflege Hessen,
Archäologische und Paläontologische
Denkmalpflege, Wiesbaden

Prof. Dr. Hans-Eckart Joachim, Rheinisches
Landesmuseum Bonn

Prof. Dr. Albrecht Jockenhövel, Westfälische
Wilhelms-Universität Münster

Dr. Vera Rupp, Archäologische Denkmalpflege
des Wetteraukreises, Friedberg/Hessen

Dr. Ulrich Schaaff, Römisch-Germanisches
Zentralmuseum Mainz

Prof. Dr. Egon Schallmayer, seit 1. 11. 2001
Landesamt für Denkmalpflege Hessen,
Archäologische und Paläontologische Denk-
malpflege, Wiesbaden

Dr. Susanne Sievers, Römisch-Germanische
Kommission des Deutschen Archäologischen
Instituts, Frankfurt/Main

Dr. Gerd Weiß, Landesamt für Denkmalpflege
Hessen, Wiesbaden

KONZEPTION, ORGANISATION UND
DURCHFÜHRUNG

Hessische Kultur GmbH

Geschäftsführer: Karl Weber
Projektleitung: Reni Hollerbach
Wissenschaftliche Bearbeitung:
Dr. Holger Baitinger, Dr. Bernhard Pinsker

ARCHITEKTUR UND AUSSTELLUNGSGESTALTUNG

Hans Dieter Schaal, Attenweiler

Mitarbeit Büro: Melanie Brugger,
Armin Teufel und Sebastian Winkler

GESTALTUNG UND KOMMUNIKATION

New Cat Orange, Wiesbaden

INTERNET-AUFTRITT

New Cat Orange, Wiesbaden

IFelse (Patrick Hahnel und Nadine Kokott)

FILMBEITRÄGE

Elli Gabriele Kriesch, München

QVTR-PRÄSENTATIONEN UND VIRTUAL REALITY

Fraunhofer Institut, Institut für Grafische
Datenverarbeitung, Darmstadt

RESTAURATOREN DER GLAUBERGFUNDE IM
LANDESAMT FÜR DENKMALPFLEGE HESSEN

Frank Bodis
Monica Bosinski
Thomas Flügen
Renate Frölich
Susanne Geilenkeuser
Sigrun Martins
Angelika Ulbrich
Jeanette Warnke
Peter Will

ANFERTIGUNG VON NACHBILDUNGEN

Rolf Barth, Sinntal-Schwarzenfels

HERAUSGEBER DES KATALOGS

Hessische Kultur GmbH
Rheinstraße 23–25
65185 Wiesbaden

KATALOGREDAKTION

Dr. Holger Baitinger, Dr. Bernhard Pinsker

KATALOGGESTALTUNG UND -PRODUKTION

Verlagsbüro Wais & Partner, Stuttgart

Herstellung: Rainer Maucher

AUSSTELLUNG UND KATALOG WERDEN
UNTERSTÜTZT VON

Land Hessen, Hessisches Ministerium
für Wissenschaft und Kunst

hessische
kultur
stiftung

Gefördert von der KulturStiftung der Länder
aus Mitteln des Beauftragten der Bundesregierung für
Angelegenheiten der Kultur und der Medien

Sparkassen-Kulturstiftung Hessen-Thüringen

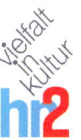

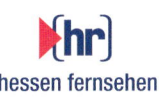

BUCHHANDELSAUSGABE

Konrad Theiss Verlag GmbH, Stuttgart

Die Deutsche Bibliothek – CIP-Einheitsaufnahme

Ein Titelsatz für diese Publikation ist bei
Der Deutschen Bibliothek erhältlich

ISBN 3-8062-1592-8

Inhalt

Katalog der ausgestellten Funde

Leihgeber

DANKSAGUNG

Ausstellungen können nicht gemacht, Installationen nicht gebaut, Leihgaben nicht transportiert, Kataloge nicht gedruckt werden, wenn nicht die Finanzierung gesichert ist: Das Land Hessen hat einen wesentlichen Teil der Gesamtfinanzierung von Ausstellung, Katalog und dem Projekt Keltenstraße übernommen. Dieses ist in allererster Linie dem hohen persönlichen Einsatz der Hessischen Ministerin für Wissenschaft und Kunst, Ruth Wagner, zu verdanken, deren besonderes Anliegen diese Projekte sind. Nicht zuletzt ihrem Einfluss ist auch die Unterstützung der Hessischen Kulturstiftung zu verdanken. Die Schirn Kunsthalle ist für das anhaltende Vertrauen in die Bedeutung ihrer Tätigkeit der Stadt Frankfurt, stellvertretend für alle Entscheidungsträger Oberbürgermeisterin Petra Roth und Kulturdezernent Hans Bernhard Nordhoff, zu großem Dank verpflichtet. Der Kulturstiftung der Länder und der Sparkassenkulturstiftung Hessen-Thüringen sind wir ebenfalls für die finanzielle Unterstützung zu Dank verpflichtet. Genauso möchten wir uns bei der gemeinnützigen Hertie-Stiftung, namentlich bei Herrn Dr. Roland Kaehlbrandt, und bei der 1822-Stiftung, hier insbesondere bei Herrn Peter Sahl, für die finanzielle Unterstützung bedanken, die das wichtige Schul-, Fortbildungs- und Begleitprogramm zur Ausstellung überhaupt erst ermöglicht hat.

Große Ausstellungen erfordern das Zusammenwirken vieler und sind in ihrem Erfolg auch von der wohlwollenden Unterstützung aller Beteiligten abhängig. Der Dank gebührt hier als Erstes dem Projektteam unter der Leitung von Reni Hollerbach und den wissenschaftlichen Bearbeitern von Katalog und Ausstellung, Dr. Holger Baitinger und Dr. Bernhard Pinsker, die alle gemeinsam den weiten, manchmal anstrengenden und steinigen Weg von der ersten Idee bis zur Realisierung durchgehalten haben. Die Architektur der Ausstellung wurde von Hans Dieter Schaal konzipiert, von Melanie Brugger und Armin Teufel detailliert. Das komplette grafische Erscheinungsbild von Ausstellung, Öffentlichkeitsarbeit und Internet wurde von New Cat Orange – Gestaltung und Kommunikation – in Person von HP Becker gestaltet, der Internet-Auftritt technisch durch IFelse – Patrick Hahnel und Nadine Kokott – eingerichtet, die virtuellen Rekonstruktionen durch das Fraunhofer Institut für Grafische Datenverarbeitung in Darmstadt, insbesondere Bernd Lutz, erstellt. Mit großem Einsatz hat das professionelle Team der Schirn Kunsthalle diese Ausstellung umgesetzt. Unser Dank gilt insbesondere Ronald Kammer für die technische Leitung und die Umsetzung der Ausstellungsarchitektur ebenso wie Andreas Gundermann und dem gesamten Aufbauteam, Irmtraud Rauber, Christian Teltz und Stephan Zimmermann. Karin Grüning und Elke Walter haben die Leihgaben-Logistik präzise organisiert, Stefanie Gundermann und Stephanie Wagner die restauratorische Betreuung vor Ort sichergestellt, Dorothea Apovnik und Inka Drögemüller Presse und Marketing betreut. Das facettenreiche pädagogische Rahmen- und Vermittlungsprogramm wurde von Jörg Füllgrabe über viele Monate organisiert und gemeinsam mit Simone Czapka und Irmtraud Rauber realisiert. Allen gebührt große Anerkennung für diese intensive Arbeit.

Ehe jedoch etwas zu gestalten und zu planen war, haben eine Reihe von Konsultationen mit dem Wissenschaftlichen Beirat stattgefunden. Dessen Einsatz ist es auch zu verdanken, dass so viele und hochkarätige Leihgaben zusammenkommen können. Großen Dank auch für die Bereitschaft zahlreicher Leihgeber, sich für die Dauer der Ausstellung vorübergehend von ihren Stücken zu trennen. Dafür sei allen an dieser Stelle nochmals sehr herzlich gedankt.

Weiter allen die von Amts wegen an dieser Ausstellung beteiligt waren, im Landesamt für Denkmalpflege vom Finder und Ausgräber des Glauberg-Komplexes, Herrn Dr. Fritz-Rudolf Herrmann, bis hin zu den Restauratoren, welche die Funde großenteils akribisch wiederherstellten. Dr. Vera Rupp und Prof. Dr. Egon Schallmayer als Motoren des Projekts Keltenstraße in der Region, die gemeinsam mit sehr engagierten Menschen aus Museen und Archäologischen Vereinen vor Ort das dezentrale Projekt in der Region realisiert haben, müssen besonders gewürdigt werden.

Ein besonderer Dank für Unterstützung und Zusammenarbeit in vielfältiger und mannigfacher Hinsicht an: Klaus Balser mit Roman Istanbuli, Darmstadt, Loup Bernard, Arles, Dr. Ina Busch, Darmstadt, Benoit, Olivier und Roland Coignard, Luray, Werner Erk und Stephan Medschinski, Glauburg, Landrat Rolf Gnadl, Friedberg, Dr. Antje Kluge-Pinsker, Oestrich-Winkel, Dr. Jean-Pierre Mohen, Paris, Prof. Dr. Friedemann Schrenk mit Matthias Huck, Frankfurt, insbesondere auch an Hellmut Seemann, der als Direktor der Schirn Kunsthalle diese Ausstellung bis zu seinem Wechsel nach Weimar mit Begeisterung getragen hat, sowie Rahel Wend und vielen weiteren Personen.

Karl Weber *Max Hollein*
Geschäftsführer Direktor
Hessische Kultur GmbH Schirn Kunsthalle Frankfurt

Einführung

von Karl Weber

Kaum ein anderer Bereich in der europäischen Archäologie hat in den vergangenen 20 bis 30 Jahren einen solchen Wandel und Aufschwung erlebt wie die Keltenforschung, ein Prozess, der auch heute noch nicht abgeschlossen zu sein scheint. Die keltische Kultur bleibt trotz vieler Forschungen und vieler neuer Funde nach wie vor völlig rätselhaft. Dies mag ein Grund dafür sein, warum dieses archäologische Thema eine derart enorme öffentliche Breitenwirkung auslöst.

Der Beginn des aktuellen Interesses an dieser vergangenen und in vielen Bereichen noch immer geheimnisvollen Kultur war 1980 die Ausstellung „Die Kelten in Mitteleuropa" in Hallein, Österreich. Wenige Jahre später, 1985/86, konnte in der Ausstellung „Der Keltenfürst von Hochdorf" mit den Ergebnissen und Funden des 1978 ausgegrabenen Fürstengrabes von Hochdorf das absolute Highlight der bisherigen Keltenforschung präsentiert werden. Die Resonanz dieser Schau in der nationalen und internationalen Öffentlichkeit und Fachwelt war überwältigend. Hier wurde wirklich etwas ebenso Neues wie Sensationelles präsentiert. Davon haben in der Folgezeit noch weitere große Ausstellungen profitiert, die die Kelten zum Thema hatten.

1991 fand in Venedig die bis dahin größte Ausstellung statt: „Die Kelten" versuchte, dem hohen Anspruch gerecht zu werden, eine Gesamtschau der keltischen Kultur in ihren zeitlichen und räumlichen Dimensionen zu bieten. Nachdem „Das Gold der Helvetier" und „100 Meisterwerke keltischer Kunst" 1992 und 1993 gezeigt worden waren, bildete 1993 die Ausstellung „Das keltische Jahrtausend" in Rosenheim den letzten Höhepunkt zu diesem Thema.

Trotz dieser vermeintlichen Fülle von Ausstellungen innerhalb vergleichsweise weniger Jahre erscheint das Thema „Kelten" noch lange nicht erschöpfend behandelt. Zu viele Fragen, zu viele Rätsel, zu viele Geheimnisse bietet diese Kultur, die zu lange nur ganz am Rande erforscht wurde und über die auch heute nur ein sehr geringes gesichertes, belastbares Wissen vorliegt. Immer wieder werfen große neue Funde bisherige Theorien um; bis heute fehlt es an einer systematischen Erforschung der keltischen Kultur. Gerade die Funde seit 1994 in Hessen vom Glauberg und dann von der Saline in Bad Nauheim haben wieder einige ganz neue, bemerkenswerte Änderungen in den Auffassungen hervorgerufen.

Keltische Kultur wurde von der Klassischen Archäologie lange Zeit eher belächelt. Unter dem Vorzeichen der „Nationalkultur" hatte eine tendenziöse Forschung zu Kelten und Germanen große Unterstützung, unter dem NS-Regime wurde mit hohem Einsatz an Geld und Arbeitskraft gerade auch am Glauberg gegraben, um vielleicht eine keltisch-germanische Hochburg zu finden, die der herrschenden Ideologie hätte dienen können – doch allem Anschein nach weitgehend vergebens. Pikanterweise wurden fast alle Forschungsergebnisse in den letzten Tagen des II. Weltkrieges vernichtet, als sich SS-Männer im damaligen Museums- und Archivgebäude verschanzten und damit den Beschuss amerikanischer Truppen auslösten. Das Gebäude mit fast allen Funden und der Grabungsdokumentation wurde zerstört.

Moderne Keltenforschung in Europa ist gerade einmal 50 Jahre jung, doch werden ihre bisherigen Ergebnisse kontrovers diskutiert wie zu kaum einer anderen vorgeschichtlichen Epoche. Vielleicht sind gerade deswegen die Kelten oder das, was man heute landläufig als Kelten bezeichnet, noch nie so aktuell gewesen wie derzeit. Es fällt uns heute außerordentlich schwer, die Welt der Kelten mit ihrer Mythologie, ihren Gedanken, ihrem Glauben, ihrer Vorstellung vom Staatswesen zu begreifen. Wir finden die keltischen Gräber, außerordentlich reizvolle und reich verzierte Kunstgegenstände, aber es fehlen uns jegliche schriftliche Zeugnisse. Es fällt uns sehr schwer, die Botschaften dieser Gegenstände, ihre Bedeutung, ihren Inhalt zu verstehen.

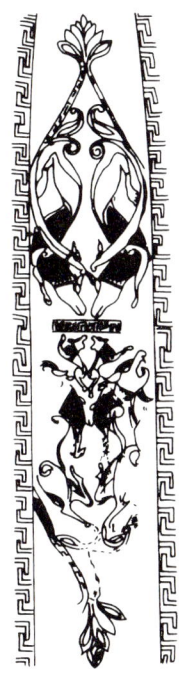

Vielleicht liegt einer der Gründe, warum wir uns so schwer tun, die Welt der Kelten zu begreifen, darin, dass wir seit Jahrhunderten in einer schriftgeformten Welt leben und selbst schriftgeformt sind. Uns erscheint die Schrift als etwas völlig Selbstverständliches.

Wir können sie aus unserer Welt nicht mehr wegdenken und können uns nicht in eine schriftlose Welt hinein versetzen. Wissenschaft hat sich seit langer Zeit in der Schrift artikuliert, existiert fast nur über das schriftliche Zeugnis. Dies ist möglicherweise die Ursache für den weit verbreiteten Fehler, schriftlose Kulturen auf einer niedrigeren Stufe anzusiedeln.

Motiv auf einer Schwertscheide vom Glauberg.

Denn wir glauben, dass in einer solchen Welt nichts festgehalten werden kann; alles muss täglich oder doch von Generation zu Generation neu erfunden werden. Die Gedanken, die Sprache, die Technik – alles scheint dort aus unserer heutigen Sicht beherrscht vom Vergessen und Verschwinden. In unserer Auffassung ist es erst die Schrift, die ein über Generationen vererbbares Gedächtnis geschaffen hat und die nach unserer tradierten Auffassung die Menschheit aus dem geschichtslosen Raum des Vergessens befreit und geistige und technische Evolutionen freigesetzt hat. Es erscheint jedoch ein Irrtum anzunehmen, dass nur die schriftliche Überlieferung der Motor von Wissen sei. Der Mensch hat von jeher Spuren hinterlassen, die auf Traditionsbildung, d. h. ein von Generation zu Generation weitergegebenes Know-how schließen lassen. Vieles, was ein Stamm, eine Volksgruppe gelernt hat, wird trotz des Fehlens einer schriftlichen Überlieferung nicht wieder vergessen, sondern stetig entwickelt.

Die mündliche Weitergabe, die Schriftlosigkeit, erfordert – kritisch betrachtet – die höheren Fertigkeiten von einer Kultur. Schriftkultur kann sich immer darauf verlassen, dass das Wissen irgendwo aufgeschrieben ist und man es nachlesen kann. Die mündliche Kultur braucht ein viel höheres aktives Potenzial an Wissen und an Kommunikation, da ja ohne Kommunikation, ohne die Weitergabe von Wissen eben dieses verschwindet.

Man kann mit hoher Wahrscheinlichkeit davon ausgehen, dass die Kelten aufgrund der Wanderungsbewegungen, der kriegerischen Auseinandersetzungen und des regen Fernhandels, den sie vor allem mit dem mediterranen Raum betrieben, die Schrift kannten. Es ist anzunehmen, dass sie sie bewusst nicht angewandt haben, da dies nicht im Einklang mit ihren Vorstellungswelten stand.

Keltische Kultur war offensichtlich in hohem Maß von Mythen beherrscht und diese Mythen wären durch die Schrift verdrängt worden. Denn Schrift dokumentiert die Verhältnisse, in denen nicht mehr die Mythen und Sagen, sondern Menschen oder menschenähnliche Wesen oder Gottheiten herrschen und wo Menschen für ihre Taten verantwortlich sind. Die Schrift verleiht der Erinnerung die Eigenschaft der kritischen Überprüfbarkeit und damit einen ganz anderen vermeintlichen Wahrheitswert, der dem Mythos scheinbar abgeht. Dies ist im gesamten Bereich der Religion und des Glaubens von hoher Bedeutung. Da sicher ist, dass Religion im weiteren Sinn (also auch das damit verbundene Herrschaftssystem) das beherrschende zentrale Element keltischer Kultur war, hätte eine Schriftlichkeit, die etwas fixiert, die gesamte Welt der Mythen und Geister, die sich wahrscheinlich ständig wandelte und fortentwickelte, durcheinander gebracht.

Schriftreligionen unterscheiden zwischen wahrer und falscher Religion und grenzen die anderen Religionen als Heidentum aus. Die Grenzen zwischen dem Eigenen und dem Fremden mag es immer gegeben haben, aber diese Grenze im Zeichen der Wahrheit ist etwas radikal Neues und ohne Schrift nicht denkbar. Noch heute gilt Schriftliches als „mehr wahr" als mündlich Überliefertes (der Vorfall, von dem jemand erzählt, ist ohne schriftlichen Bericht weniger wert). Erst die Schrift schafft die Voraussetzung dafür, dass eine Religion sich auf eine absolute Wahrheit berufen und alles andere zu sich in Beziehung der Unwahrheit setzen kann. Vielleicht kann man die Hypothese wagen, dass die Kelten für ihre großen Wanderungsbewegungen quer durch Europa auch eine wandelbare, elastische, anpassungsfähige Religion brauchen konnten, nicht zuletzt um die ursprüngliche Bevölkerung in gewisser Weise zu integrieren.

Logisch ist auch, dass mit der Einführung und dem Aufstieg von Schriften der Verfall von Riten einhergeht. Mit Schrift kommt es zu einem völligen Strukturwandel des kulturellen Gedächtnisses. Die kulturelle Identität einer Gruppe wird jetzt weniger durch rituelle Wiederholung gesichert als durch mehr oder weniger strenge Auslegung von vorhandenen Texten. Daher sind Kultreligionen fast immer Geheimnisreligionen, sie sind bestimmt vom Pathos der Geheimhaltung, der Exklusivität und der Einweihung. Schriftreligionen hingegen sind bestimmt vom Pathos der Verkündung und der Unterweisung, auch in einer Indoktrination.

Schriftreligionen ziehen eine Grenze – nicht nur zwischen sich und den anderen Religionen, die sie als Grenze zwischen Wahrheit und Unwahrheit interpretieren, sondern sogar die entscheidendste aller Grenzen: Die Grenze zwischen Gott, Göttern, höheren Wesen – kurz dem „Heiligen" – und der realen Welt. Die Schriftlichkeit von Religion wird letztlich zu einer Ausbürgerung der Gottgestalten aus der Welt. Kultreligionen, die aber keine Schriftlichkeit haben, setzen das Heilige auf vielfältigste Weise im Hier und Jetzt als konkret anwesend voraus: in Bildern, Bergen, Bäumen, Flüssen, Gestirnen, Tieren, Menschen, Steinen usw.

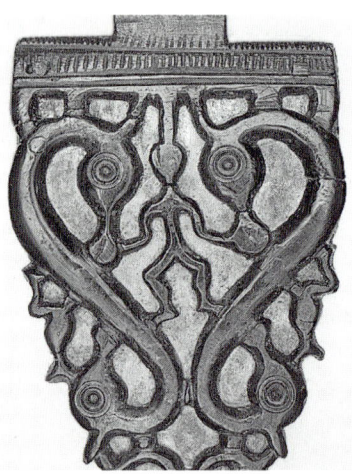

Der „Herr der Tiere" auf dem Gürtelhaken von Hölzelsau.

Die vielfältigsten Abbildungen von mehr oder weniger göttlichen Wesen in mehr oder weniger naturnahen Motiven ist typisch für die Kelten. Vor diesem Hintergrund kann man die Behauptung aufstellen, dass die Kelten die Schrift bewusst ablehnten, weil sie ihnen die Basis ihrer gesamten Kultur entzogen hätte. Vielleicht ist dies eine Erklärung für die überreiche Verzierung vieler Objekte, für die Vielschichtigkeit der Darstellungen auf den Objekten.

Wir haben heute große Schwierigkeiten zu bestimmen, welche genaue Bedeutung die verschiedenen Masken, Tiere oder Fabelgestalten auf den Fundstücken besitzen; der Träger oder der Künstler, der sie schuf, wusste ihre Bedeutung genau. Somit fehlt uns der entscheidende Schlüssel zum Verständnis. Wir rätseln auf der Basis unserer heutigen Vorstellungswelten, die sich aber mit Sicherheit von der damaligen Realität weit unterscheiden. Man stelle sich nur vor, ein Mensch aus einem völlig anderen Kulturkreis als unserem heutigen westlichen – sagen wir ein in der Abgeschiedenheit der Steppe lebender mongolischer Nomade – würde versuchen, die Logo-dominierte Welt heutiger Jugendlicher ohne Anleitung zu deuten, so wird jedem schnell klar, dass auf diesem Weg kein der Realität entsprechendes Resultat entstehen kann. Ich glaube daher, dass die Erklärungsversuche der Wissenschaft mit großer Vorsicht und viel Skepsis zur Kenntnis genommen werden müssen. Dieses gilt nicht nur für die Verzierungen der Kultgegenstände, sondern natürlich auch für die großen Sandsteinfiguren vom Glauberg, deren inhaltliche Bedeutung nur ungefähr erahnt werden kann. Wir wissen einfach nicht, warum es mindestens vier Steinfiguren gegeben hat, wie sie aufgestellt waren, ob sie eine Art „Denkmal" für den Toten waren oder schon zu Lebzeiten errichtet wurden. Warum dieser Gesichtsausdruck? Was bedeutet die Haltung der Arme?

Waren die Gräber vom Glauberg an sich schon eine Sensation, von der man glaubte, sie wäre nicht mehr zu überbieten, so konnten dank der professionellen Arbeitsweise des Landesamtes für Denkmalpflege im Umfeld der Bestattungen weitere Funde und Befunde gesichert werden, die in ihrem Zusammenhang einzigartig in Mitteleuropa sind und dafür sorgen werden, dass die frühkeltische Geschichte in einigen Bereichen neu beurteilt und geschrieben werden muss.

Die in der Ausstellung „Das Rätsel der Kelten vom Glauberg" geäußerten Vermutungen, Thesen und Theorien, die sich auch hier im Katalog ausdrücken, spiegeln den Forschungsstand des Jahres 2002 wider; weitere Forschungen werden – wie in der Vergangenheit – neue Ergebnisse und neue Kenntnisse nach sich ziehen und zu einem neuen, anderen Blick auf das gesamte historische Umfeld führen. Die Ausstellung kann auf viele drängende und spannende Fragen keine abschließenden, befriedigenden Antworten geben, sie ist eine Art aktueller erster Zwischenbericht zum Stand der Erkenntnisse, die sich durch die Funde aus den Gräbern vom Glauberg ergeben haben. Sicher auch Anlass, nochmals neu nachzudenken und sicher kein Grund, sich auf dem gedanklich Erreichten auszuruhen.

DIE AUSSTELLUNG „DAS RÄTSEL DER KELTEN VOM GLAUBERG. GLAUBE – MYTHOS – WIRKLICHKEIT"

Im Zentrum der Ausstellung steht der Glauberg am Ostrand der Wetterau, ein Bergrücken, der die fruchtbare Ebene der Wetterau beherrscht. Von ihm aus kann man weit ins Land bis ins heutige Frankfurt blicken. Seine Besiedlungsgeschichte beginnt in der Jungsteinzeit und endet im Hohen Mittelalter. Im Rahmen der Ausstellung findet nur die Zeit der frühkeltischen Besiedlung Berücksichtigung, als der Glauberg im 6. und 5. Jahrhundert v. Chr. zu einer befestigten Höhensiedlung ausgebaut wurde: Die Zeit als Fürstensitz und die Zeit der Fürstengräber sowie der mit ihnen in Zusammenhang stehenden gewaltigen sakralen Anlage mit ihren Funden und Befunden am Fuße des Berges. Besonders interessant ist auch die wirtschaftliche Grundlage der Fürsten vom Glauberg, deren wohl enormer Reichtum mit hoher Wahrscheinlichkeit aus den Gewinnen der Salzquellen des nahe gelegenen Bad Nauheim stammte. Dort wurde im Jahre 2001 eine großflächige keltische Salzgewinnungsanlage aufgedeckt, die mit beeindruckenden industriellen Ausmaßen alle Vorurteile gegenüber den Kelten als wenig zivilisiertem Volk Lügen straft.

THEMENSCHWERPUNKTE DER AUSSTELLUNG

Ausgehend von den bisherigen Funden und Befunden am Glauberg stehen folgende Themenbereiche im Mittelpunkt der Ausstellung, die jeweils mit Vergleichsfunden in den europäischen Kontext gestellt werden:

- Die beiden Fürstengräber aus dem Grabhügel.
- Der Fürstensitz.
- Die „Prozessionsstraße" und die sakralen Anlagen um den Grabhügel zu Füßen des Glaubergs.
- Die vier lebensgroßen Steinplastiken keltischer Krieger, von denen eine fast vollständig erhalten ist, und ihre Bedeutung in Europa.
- Salzgewinnung.

Ergänzt werden diese zentralen Themen von einer allgemeinen Einführung zu den Kelten, einem Überblick über die Landschaft Hessens in frühkeltischer Zeit sowie einer „Werkstatt", in welcher der Weg zu den Aufsehen erregenden Ergebnissen und Erkenntnissen nachvollzogen wird, angefangen bei der geophysikalischen Prospektion und der Methode der Ausgrabung, der Bergungstechnik, über die akribische Freilegung in den Werkstätten mit immer wieder Erstaunen erregenden neuen Einblicken,

bis zur sorgfältigen Restaurierung und der Nachbildung verlorener Gegenstände, die nur noch als Erdverfärbung nachgewiesen werden konnten.

1. ALLGEMEINE EINFÜHRUNG

Den ersten Bereich der Ausstellung bildet eine allgemeine Einführung zu den Kelten und ihrer Zeit. Hier werden Fragen gestellt und beantwortet wie z. B.: Wer waren „die Kelten", wieso sprechen wir überhaupt von „Kelten", wie und wo lebten sie, woher kamen sie und wo gingen sie hin? Veranschaulicht wird dies u. a. durch Zitate antiker Schriftsteller. Ihre Wanderungen werden ebenso nachvollzogen wie ihre Siege und Niederlagen. Als Identifikation bildende Faktoren sind ihre gemeinsame Sprache ebenso wie der nur ihnen eigene Kunststil Themen der Ausstellung. Diese und weitere Aspekte bleiben nicht isoliert. Vielmehr soll mit ihrer Verknüpfung ein möglichst umfassendes, allgemeines Bild von dem gegeben werden, was wir heute über die Kelten wissen, ohne sich in kleinräumigen wissenschaftlichen Detailfragen zu verlieren.

2. DIE FRÜHEN KELTEN IN HESSEN – DIE NAUHEIMER SALINE

Eine der zentralen Fragen bei der Betrachtung der reichen Gräber vom Glauberg ist die nach der Quelle des Wohlstands der Bestatteten.

Mit an Sicherheit grenzender Wahrscheinlichkeit haben die keltischen Fürsten vom Glauberg die Salinen im Bereich des heutigen Bad Nauheim betrieben. Die Kelten nutzten die sehr ergiebigen Quellen, um Salz zu gewinnen, das dann als Handelsware diente. Die Bad Nauheimer Quellen, die bis heute aktiv sind, werden vermutlich geologisch von Wasserströmungen gespeist, die das Salz aus Lagerstätten unter der Rhön und dem Vogelsberg ausschwemmen und die hier zu Tage treten. Die Bedeutung der Salinen in keltischer Zeit ist derzeit noch wenig erforscht und wird in den nächsten Jahren Gegenstand weiterer Untersuchungen sein. Völlig überraschend kamen dort bei Grabungen im Jahre 2001 große, über mehrere hundert Meter ausgedehnte Salzgewinnungsanlagen zum Vorschein. Das ganz Besondere an dieser Anlage ist ihre serielle Reihung mit jeweils mehreren Arbeitsplätzen nebeneinander. Hier kann ohne weiteres von einer vorindustriellen Anlage gesprochen werden, wo gleiche Arbeitsvorgänge an mehreren Arbeitsplätzen nebeneinander durchgeführt wurden und es eine strenge Arbeitsteilung zwischen einzelnen Arbeitsabschnitten gab.

Anhand anderer frühkeltischer Funde in Hessen lässt sich aufzeigen, dass wir von einer deutlichen gesellschaftlichen Differenzierung ausgehen können. Vor allem lässt sich das über die Grabfunde nachvollziehen. Wie dagegen die Masse der damaligen Bevölkerung bestattet wurde, ist weitgehend unbekannt. Die Gräber, die überliefert sind, lassen sich aufgrund ihrer Ausstattung einer Bevölkerungsschicht zuweisen, die sicher nicht am unteren Ende der sozialen Leiter stand. Hier finden sich Grabbeigaben wie etruskische Schnabelkannen, dünne Goldarm-

Restaurator bei der Arbeit.

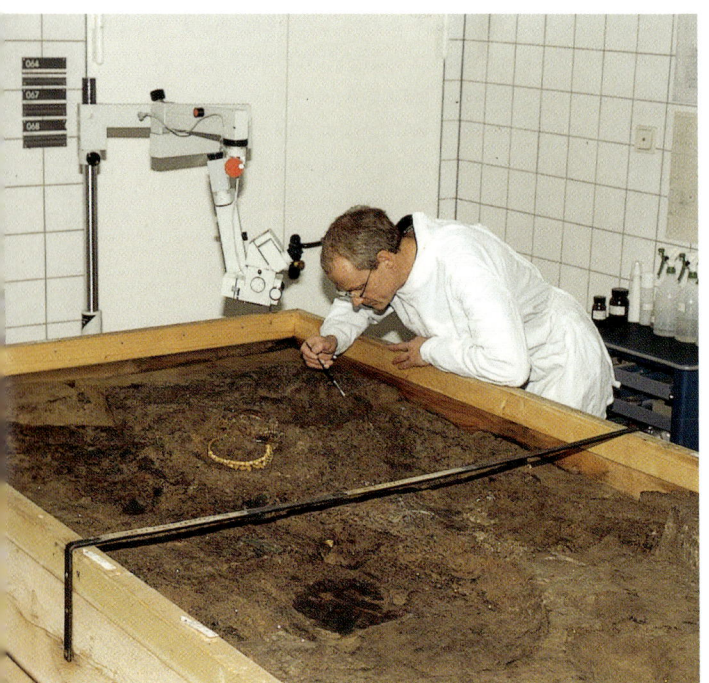

Ausgrabungen in der Saline von Bad Nauheim.

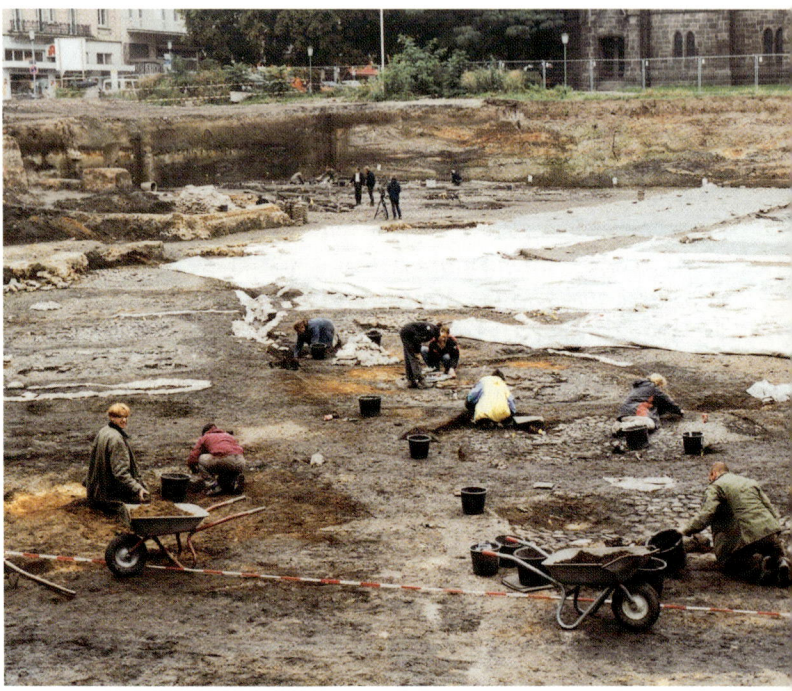

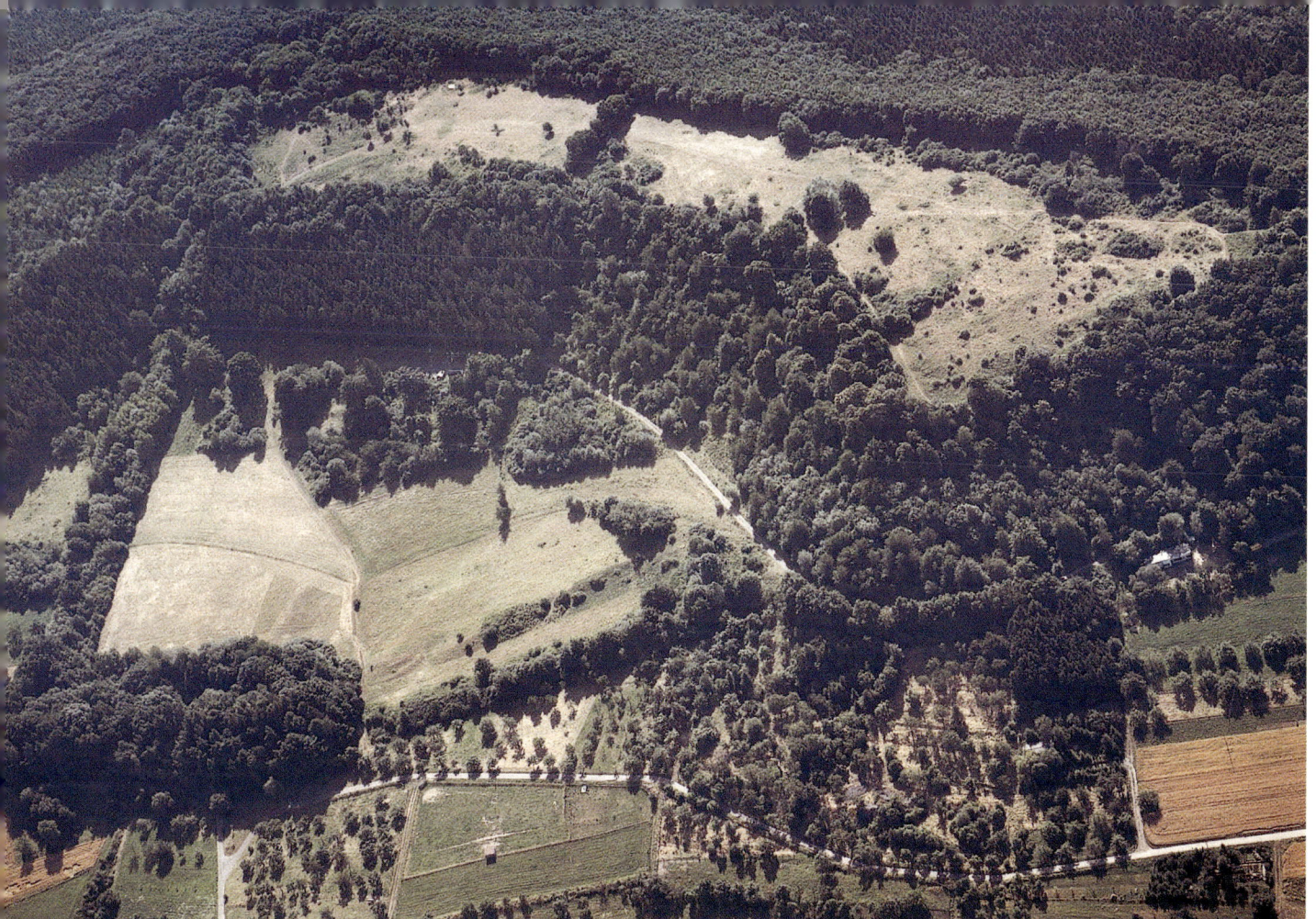

Luftbild vom Glauberg von Nordwesten.

und Goldfingerringe oder Objekte, die auf den Besitz eines Wagens schließen lassen. Damit, so dachte man bisher, hätte man für das Gebiet des heutigen Hessen die Spitze der Gesellschaft erreicht. Darauf, dass es darüber hinaus auch Gräber noch höherrangiger Personen – „Fürsten" – gegeben haben könnte, die nicht erkannt oder unbeobachtet zerstört worden waren, wiesen schon früher einige wenige Funde hin: goldene Trinkhornbeschläge oder ein Bronzespiegel mit figürlichem Griff. Lange fehlte aber „der Fürst".

Hinsichtlich der Siedlungshinterlassenschaften sieht es kümmerlich aus, vor allem was die offenen ländlichen Siedlungen betrifft. Dass es sie gegeben hat, steht fest, denn ohne sie wären solche zentralen protourbanen Siedlungen auf befestigten Höhen wie dem Altkönig, in Dietzhölztal-Rittershausen oder auch auf dem Glauberg nicht denkbar.

Es müssen große Mengen von Menschen gleichzeitig in der Nähe des Fürstensitzes gelebt haben, denn der Bau des Grabhügels und der weitläufigen Grabenanlagen erforderte riesige Erdbewegungen.

3. DIE FÜRSTENGRÄBER VOM GLAUBERG

Am Fuße des Glaubergs wurde schließlich wahr, was einige Forscher lange erhofft hatten: Ein frühkeltisches Fürstengrab wurde gefunden, eines der bedeutendsten

seiner Zeit in Mitteleuropa, der bedeutendste Neufund des 5. Jahrhunderts v. Chr. seit über 40 Jahren und der sensationellste vorgeschichtliche Fund in Deutschland seit Hochdorf in Baden-Württemberg im Jahre 1978. Nicht zu vergessen sei das zweite Grab vom Glauberg, nicht ganz so spektakulär, aber immer noch fürstlich ausgestattet.

In diesem Abschnitt dreht sich alles um diese beiden Gräber, die in dieser Ausstellung zum ersten Mal öffentlich präsentiert werden. Hier wird dem Besucher auch per virtueller Animation (im Moment der Bestattung, mit noch intakten Beigaben im Maßstab 1:1) vermittelt, mit welchem Aufwand ein Kelte höchsten Ranges einst am Fuße des Glaubergs beigesetzt worden ist.

4. EINBINDUNG DER FÜRSTENGRÄBER VOM GLAUBERG IN IHREN MITTELEUROPÄISCHEN KONTEXT

War der bisherige Ablauf der Ausstellung, mit Ausnahme der allgemeinen Einführung, auf Hessen beschränkt, dringen wir nun über die Gräber vom Glauberg hinaus in eine übergeordnete Dimension vor, in den europäischen Raum. Über die Beigaben der fürstlichen Bestattungen, die einen Teil ihres persönlichen Besitzes zu Lebzeiten darstellten und mit denen sie sicher mehr oder weniger

tagtäglich Umgang hatten, lässt sich ein Netzwerk von Einflüssen und Beziehungen über das gesamte frühkeltisch geprägte Mitteleuropa aufzeigen. Gerade der Gestaltungswille des keltischen Kunsthandwerks, der sich in rasend schneller Zeit über den gesamten Kulturbereich verbreitete, bildet mit seinen Mensch-, Mensch- und Tier-Mischwesen-Darstellungen einen sowohl ästhetischen wie auch mentalitätsgeschichtlich spannenden Beitrag in der Ausstellung. Um dies eindrucksvoll belegen und nachvollziehbar gestalten zu können, werden die besten Vergleichsstücke zum Glauberg herangezogen. Auch in diesem Bereich werden – vor allem hinsichtlich der geringen Größe der ausgestellten Objekte – die Glauberg-Stücke über virtuelle Animationen neben dem Original von allen Seiten gezeigt.

Neben dieser umfassenden Präsentation der Glauberger Fürstengräber werden die bedeutendsten frühkeltischen Fürstengräber des Mittelrheingebietes und Süddeutschlands versammelt, die vor Augen führen, wie sehr die Glauberger Fürsten in diesen Zusammenhang gehören. Jeder der hochkarätigen Fundkomplexe zeigt einerseits eine ausgesprochen individuelle Zusammensetzung, andererseits lassen sich aber übergreifende Elemente herausstellen, die diese Elite der frühkeltischen Welt miteinander verbunden hat.

5. Großplastik

Den Höhepunkt der Ausstellung bildet der letzte Abschnitt mit den vier lebensgroßen, vollplastisch gestalteten steinernen Kriegerstatuen aus dem Umfeld des Fürstengrabhügels am Glauberg, von denen eine bis auf die Füße komplett und nahezu unbeschädigt erhalten ist. Aber es sind nicht alleine die vier Statuen des Glaubergs zu sehen, die zweifellos im Mittelpunkt stehen, sondern es wird darüber hinaus mit rund 40 Originalobjekten eine noch nie da gewesene Gesamtschau der frühesten europäischen steinernen Großplastik vom 7. bis zum 3. Jahrhundert v. Chr. in Europa geboten. Hier können an einem Ort die Einflüsse von Griechenland über Italien, Portugal und Südfrankreich auf die Skulpturen der frühen Kelten nördlich der Alpen an originalem Anschauungsmaterial nachvollzogen werden. So etwas hat es bisher noch nicht gegeben und dürfte in absehbarer Zeit kaum wieder zu verwirklichen sein. Ermöglicht wird diese Zusammenschau durch die Einzigartigkeit der Statuen des Glaubergs, die in dieser Ausstellung zum ersten Mal im Original zu sehen sind. Das war, und dies zeigt ganz deutlich den Stellenwert der Glauberger Funde, für viele nationale und internationale Leihgeber Anlass genug, diese im In- und Ausland mit Spannung erwartete Präsentation zu unterstützen.

6. Methoden der Archäologie

Als Exkurs werden die Arbeiten des Landesamtes für Denkmalpflege Hessen in allen Fassetten hinsichtlich des Glauberg-Komplexes dargestellt. Sie sind typisch für die modernen Methoden der Archäologie, mit denen möglichst umfassende Erkenntnisse gewonnen werden. Beginnend bei der Luftbildarchäologie über die verschiedenen Methoden der Ausgrabungen bis hin zu den zerstörungsfreien geophysikalischen Prospektionen, die es erst ermöglichten, ein dermaßen weitläufiges Wall- und Grabensystem um den Grabhügel zu erkennen und zu dokumentieren, wird der Bogen gespannt. Restauratoren stehen vor Ort Rede und Antwort, wie die noch im Erdblock in die Werkstätten gebrachten Gräber dort freigelegt wurden und warum es den damit verbundenen immensen Aufwand mehr als wert war. Nur aufgrund dieser mühevollen und zeitaufwändigen Arbeit sind wir in der Lage, uns ein Bild über die Details der Bestattungen und der mit ins Grab gekommenen Beigaben machen zu können. Viele Dinge aus Stoff, Leder oder Holz, die man bei einer Ausgrabung vor Ort kaum erkannt hätte, wären andernfalls für immer verloren gegangen. Hier werden auch die Methoden und Ergebnisse der Archäobotanik vorgestellt, die uns einen Einblick in die Umwelt und Lebensgrundlagen der frühen Kelten am und um den Glauberg erlauben.

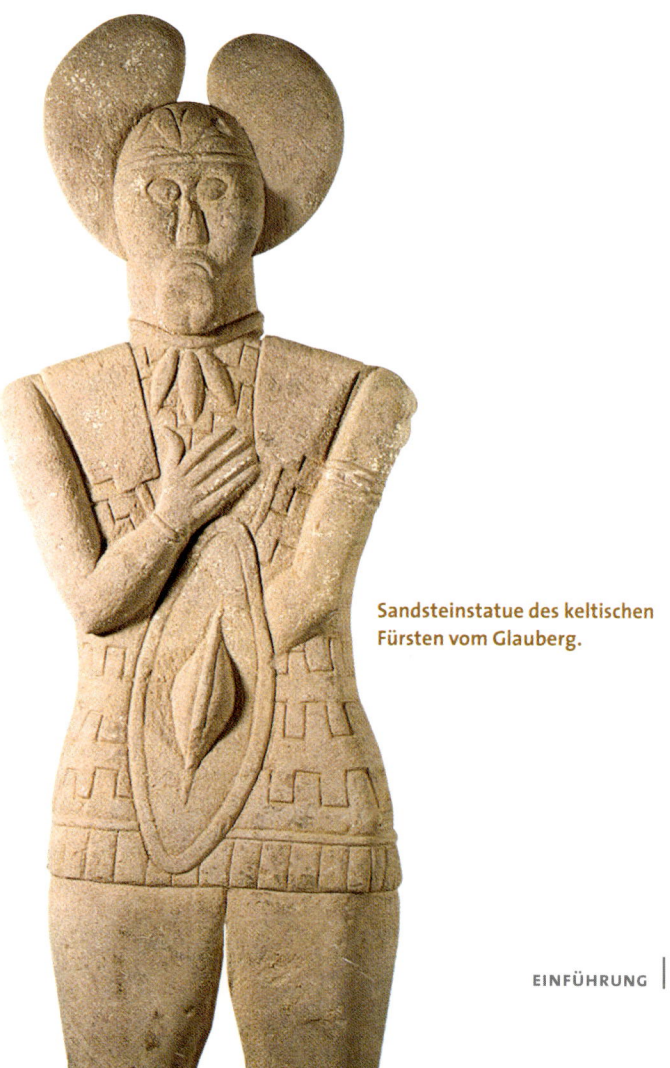

Sandsteinstatue des keltischen Fürsten vom Glauberg.

Kelten (Celti, Celtae), Name eines Volks des indogermanischen oder arischen Sprachstammes. Wie der Name Germanen, ist auch der der K. nicht in der eigenen Sprache des Volks überliefert und würde in keltischer Sprache Celtos, Plural Celti, heißen, welches sich mit dem lateinischen celsus, celsi, lautlich und begrifflich deckt, also die Hohen, Erhabenen bedeuten, während Galli (s. Gallien) von einer keltischen Wurzel gal abgeleitet wird, von welcher Bezeichnungen des Kampfes und der Waffen gebildet sind, und die also wohl Kampf, Krieg bedeutet. Galli heißt also viri pugnaces, armati, kriegerische Männer, Kämpfer. Innerhalb der indogermanischen Sprachfamilie nehmen sie zwischen Italikern und Germanen eine Art Mittelstellung ein (s. Keltische Sprache). Während der Name K. die Gesammtheit aller die keltische Sprache sprechenden Stämme umfaßt, wird der Name Gallier im Alterthum hauptsächlich von den keltischen Bewohnern Frankreichs und Italiens gebraucht; Galatae (Galater) werden die nach Kleinasien vorgedrungenen K. genannt. Die K. wohnten in ältester Zeit, in viele Stämme zerspalten, im W. Europa's, in Gallien, Britannien. Ohne Anhänglichkeit an die eigene Scholle, liebten sie das Wanderleben und verbreiteten sich auch über andere Länder. Die ältesten Auswanderungen gingen nach Spanien, wo sich die Eindringlinge nach heißen Kämpfen mit den schon vorhandenen Iberiern zu Einem Volk, den Keltiberiern, verbanden. Aber auch unvermischt wohnten in diesem Lande keltische Stämme. Herodot, Aristoteles und Hipparch nannten wegen der großen Anzahl eingewanderter K. ganz Spanien Keltika. Nach 600 v. Chr. wurden die Auswanderungen, besonders nach Italien, häufiger, deren weiterem Vordringen nach S. sich endlich die Römer mit Erfolg widersetzten. Da sie auch die K. in Gallia cisalpina um 220 zu unterjochen begannen und der Zudrang der keltischen Stämme in das überfüllte Oberitalien immer noch fortdauerte, so wandte sich ein Theil derselben weiter gegen O. und nahm Pannonien und die umliegenden Landschaften ein; Krain, Kärnten, Steiermark, Oesterreich, das westliche Ungarn, Slawonien, Kroatien, Serbien und Bosnien wurden von den kriegerischen K. erobert. Auch in Thracien und Illyrien setzten sich die K. fest. 280 brachen von hier aus 212,000 keltische Krieger verheerend in Macedonien, Thessalien und Griechenland ein und ließen sich in Kleinasien (Galatia) nie-

FRÜHE KELTEN UND IHRE WELT

Die Ahnen der Glauberger?

Fürsten der späten Hallstattzeit

von Holger Baitinger

Gegen Ende des 7. Jahrhunderts v. Chr. müssen sich in Südwestdeutschland bedeutsame historische Vorgänge abgespielt haben. In dieser Zeit, an der Wende von der älteren zur späten Hallstattzeit, lässt sich zunächst am Oberrhein und an der oberen Donau, dann im gesamten nordwestalpinen Späthallstattkreis eine Führungsschicht fassen, deren Vertreter man gemeinhin als „Fürsten" zu titulieren pflegt, ohne mit dieser Bezeichnung mittelalterliche Verhältnisse in vorgeschichtliche Zeit projizieren zu wollen. In den folgenden rund 150 Jahren ließ sich diese Elite in prunkvollen Gräbern mit kostbaren Beigaben bestatten. Goldene Hals- und Armringe, aus Griechenland und Italien importierte Bronzegefäße, vierrädrige Wagen mit Metallbeschlägen, Pferdegeschirr und andere Preziosen begleiteten die Toten auf ihrer Reise ins Jenseits (Fischer 1979; ders. 1982; Frey 1998). Die Vorgänge, die im Einzelnen zur Entstehung dieser Elite und zu ihrer Manifestation im Grabbrauch geführt haben, lassen sich allerdings ohne zeitgenössische schriftliche Überlieferung und allein anhand archäologischer Quellen nur bedingt nachvollziehen.

Als im Jahre 1876 beim Abtragen mächtiger Grabhügel im Vorfeld der Heuneburg, einem markanten Plateau oberhalb der jungen Donau nahe Hundersingen, solch prachtvolle Gegenstände aus Gold und Bronze zum Vorschein kamen, steckte die Archäologie noch in den Kinderschuhen. Im Jahr zuvor hatte das Deutsche Kaiserreich mit der systematischen Untersuchung des Zeusheiligtums von Olympia begonnen, einer der ersten archäologischen Ausgrabungen, die unter streng wissenschaftlichen Gesichtspunkten durchgeführt wurde und nicht auf die Gewinnung wertvoller Ausstellungsgegenstände für Museen abzielte. Zur selben Zeit setzte H. Schliemann den Spaten in Mykene, Orchomenos und Troja an und erschloss der staunenden Weltöffentlichkeit die Kultur des bronzezeitlichen Griechenland, die Welt der Epen Homers. Unter dem Eindruck der Schätze, die Schliemann in den Schachtgräbern von Mykene entdeckt und den Helden des Trojanischen Kriegs zugeschrieben hatte, prägte der württembergische Landeskonservator E. Paulus d. J. damals für die reichen Bestattungen der Hallstattzeit den Begriff „Fürstengräber", der – trotz immer wieder geäußerter methodischer Bedenken – bis zum heutigen Tage gebräuchlich geblieben ist. Bereits Paulus vermutete eine Verbindung dieser Gräber zur nahe gelegenen Heuneburg und schlug eine Interpretation als Grablegen der

Burgherren vor, eine These, die ein drei viertel Jahrhundert später durch den Beginn systematischer Ausgrabungen auf der Heuneburg erneut Aktualität gewann.

Nicht zuletzt die Fürstengräber mit ihren reichen, teilweise aus dem Mittelmeerraum importierten Beigaben, die von weit reichenden Kontakten der Elite zeugen, haben in besonderem Maße das Interesse an der Hallstattzeit geweckt. Ihren Namen trägt diese Epoche nach einem bedeutenden Fundort im oberösterreichischen Salzkammergut. Dort, hoch oberhalb des Hallstätter Sees, hatte der k. u. k. Bergmeister J. G. Ramsauer bis zum Jahre 1864 rund 1000 Gräber freigelegt, mit deren reichhaltigem Fundstoff diese vorgeschichtliche Periode umschrieben wurde.

Mit dem Beginn der Hallstattzeit, die in einen älteren Abschnitt (Stufe Hallstatt C) und einen jüngeren Abschnitt (Stufe Hallstatt D, wiederum untergliedert in die Phasen Ha D 1–Ha D 3) unterteilt wird, setzte sich um die Mitte des 8. Jahrhunderts v. Chr. die Kenntnis der Eisenverarbeitung in Mitteleuropa durch. Das neue Metall löste die Bronze als Werkstoff in vielen Bereichen des täglichen Lebens rasch ab, weil es bessere Eigenschaften besaß und die Rohstoffe zudem leichter erreichbar waren als die für den Bronzeguss notwendigen Metalle Kupfer und Zinn. Wie so häufig in der Geschichte der Menschheit, kam die neue Technologie auch damals zuerst im Kriegshandwerk zur Anwendung, denn das Eisen erlaubte die Herstellung härterer und längerer Klingen. Schwere eiserne Hiebschwerter charakterisieren geradezu den Krieger von Rang während des älteren Abschnitts der Hallstattzeit (Ha C), der im letzten Drittel des 7. Jahrhunderts v. Chr. zu Ende ging. Üppig ausgestattete Gräber dieser kriegerischen Herrenschicht lassen sich in der zweiten Hälfte des 8. und während des 7. Jahrhunderts v. Chr. vorwiegend in Bayern und Böhmen nachweisen, doch bleibt ihr Reichtum beschränkt und kann nicht mit dem der jüngeren Fürstengräber im nordwestalpinen Späthallstattkreis, d. h. in der Nordschweiz, Südwestdeutschland und in Ostfrankreich, konkurrieren.

Die genaue Definition eines späthallstattzeitlichen Fürstengrabs bereitet gewisse Schwierigkeiten. Dafür sind mehrere Gründe verantwortlich. Zum einen wurden zahlreiche dieser Prunkgräber bereits in antiker Zeit ausgeplündert, sodass ihre Ausstattung nur rudimentär überliefert ist (Baitinger 1992). Andere Bestattungen hat man bereits im 19. Jahrhundert aufgedeckt, weshalb nur

Vorherige Seite: „Kelten"; nach Meyer's Konversationslexikon von 1876

spärliche Informationen über die Ausgrabung vorliegen und die Vollständigkeit und Geschlossenheit der Inventare zweifelhaft bleiben muss. Zudem haftet den Fürstengräbern – trotz aller gemeinsamer Merkmale – eine stark ausgeprägte Individualität an, die eine Gliederung nach einheitlichen Maßstäben erschwert. Und schließlich gilt es, auch noch regionale Unterschiede innerhalb des nordwestalpinen Späthallstattkreises zu beachten. So scheinen beispielsweise die Fürstengräber am Oberrhein durchweg nicht die Ausstattungsqualität zu erreichen wie diejenigen an der oberen Donau und im mittleren Neckarland.

Dennoch lassen sich einige charakteristische Grundeigenschaften konstatieren: Die Fürstengräber heben sich durch ihren Aufbau, ihre Ausstattung und zumeist auch durch ihre Position im Gelände von durchschnittlichen Bestattungen ab. Kennzeichnend sind ein großes Holzkammergrab unter einem mächtigen Tumulus von mehr als 30 m Durchmesser sowie „Requisiten gehobenen Lebensstandards [...], meist Ergebnisse kunstgewerblich hervorragender Leistungen und Einfuhrgut aus fremden Ländern" (Kossack 1974, 4). Als besonders charakteristisch für ein späthallstattzeitliches Fürstengrab dürfen ein breiter Halsring aus dünnem Goldblech – wahrscheinlich ein Standesabzeichen – sowie Pferdegeschirr und ein vierrädriger Wagen (Pare 1992) gelten. Dazu treten häufig ein goldener Armring, ein Dolch (Sievers 1982), Ess- und Trinkgeschirr (Krauße 1996), Jagdgerät sowie aus dem Mittelmeerraum importierte Bronzegefäße, Trinkschalen und Möbel (Fischer 1990). Abgesehen von den Dolchen, in denen man wohl Rangabzeichen sehen darf, kommen Waffen nur selten vor, d. h. man war – ganz im Gegensatz zur vorangehenden älteren Hallstattzeit (Ha C) – nicht mehr bestrebt den verstorbenen Angehörigen der Elite im Grab als Krieger darzustellen. Daneben begegnen gelegentlich exotische Preziosen wie etwa ein aus Syrien stammender Spiegelgriff im Grafenbühl bei Asperg nahe Stuttgart (Zürn 1970) oder eine aus dem Vorderen Orient importierte Glasschale in Ihringen am Oberrhein (Kat. Colmar 113 ff.).

DIE ÄLTESTEN FÜRSTENGRÄBER DER SPÄTHALLSTATTZEIT IN SÜDWEST-DEUTSCHLAND

Die ältesten Prunkgräber des nordwestalpinen Späthallstattkreises kennt man aus dem Süden Baden-Württembergs. Sie kamen am Ende des 7. Jahrhunderts v. Chr. in den Boden und markieren geradezu die Epochengrenze zwischen älterer Hallstattzeit (Ha C) und später Hallstattzeit (Ha D), eine Beobachtung, die für Prunkgräber auch in anderen Regionen und in anderen Perioden sehr häufig gemacht werden kann. Gemeinhin pflegen solch überreich ausgestattete Gräber in der Kon-

taktzone zwischen Hochkulturen und bäuerlichen oder nomadischen Gesellschaften aufzutreten oder in Regionen, in denen ungleichartige Kultursysteme aufeinander treffen (Kossack 1974).

Der Magdalenenberg bei Villingen im Schwarzwald ist mit einem Durchmesser von über 100 m der größte hallstattzeitliche Grabhügel Mitteleuropas. Er wurde im Jahre 1890 von K. Schumacher und dann von 1970 bis 1973 durch K. Spindler vollständig untersucht (Spindler 1971–1980; ders. 1999). Im Zentrum dieses gewaltigen Tumulus trafen die Ausgräber auf eine geräumige, aus sorgfältig behauenen Eichenbalken gebaute Kammer von ca. 8 x 5 m Größe (ABB. 1). Diese hatte sich aufgrund der günstigen Bodenverhältnisse so vorzüglich erhalten, dass die Balken für eine Datierung mittels der Jahrringanalyse (Dendrochronologie) herangezogen werden konnten. Aufgrund der lange Zeit unzureichenden Menge ähnlich gut erhaltener hallstattzeitlicher Holzfunde musste das Datum für die Errichtung der zentralen Grabkammer des Magdalenenbergs im Laufe der vergangenen drei Jahrzehnte mehrfach korrigiert werden, wodurch in der Diskussion um die absolute Chronologie der Hallstattzeit einige Verwirrung gestiftet worden ist. Nach den jüngsten Untersuchungen hat man die Bäume, aus denen diese Holzbalken zugehauen worden sind, im Jahre 616 v. Chr. gefällt (Spindler 1999).

Das Zentralgrab des Magdalenenbergs ist bereits in antiker Zeit derart gründlich ausgeraubt worden, dass von der sicherlich einst reichen Ausstattung nur mehr kümmerliche Reste auf uns gekommen sind, u.a. Teile

1 Zentralgrab des Großgrabhügels Magdalenenberg bei Villingen im Schwarzwald. Zustand der hölzernen Grabkammer bei der ersten Ausgrabung im Jahre 1890.

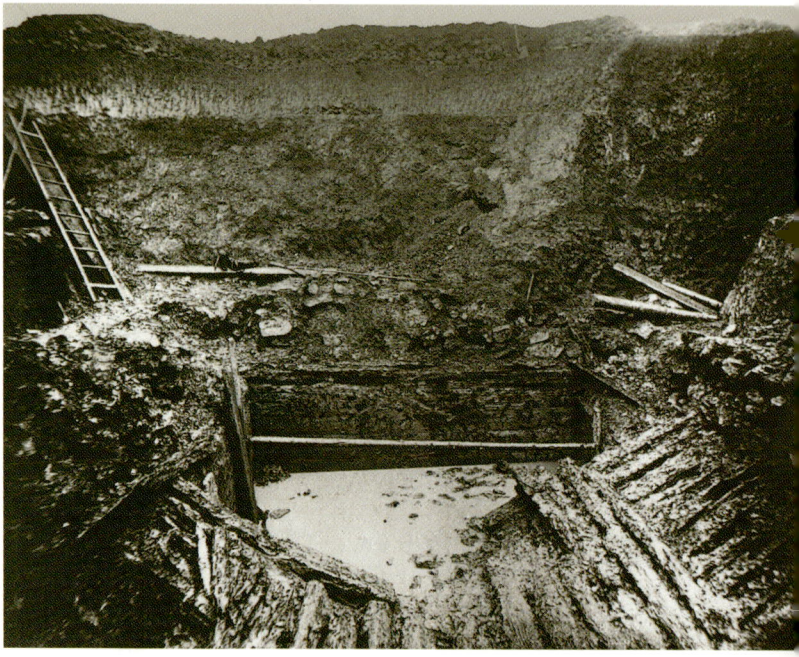

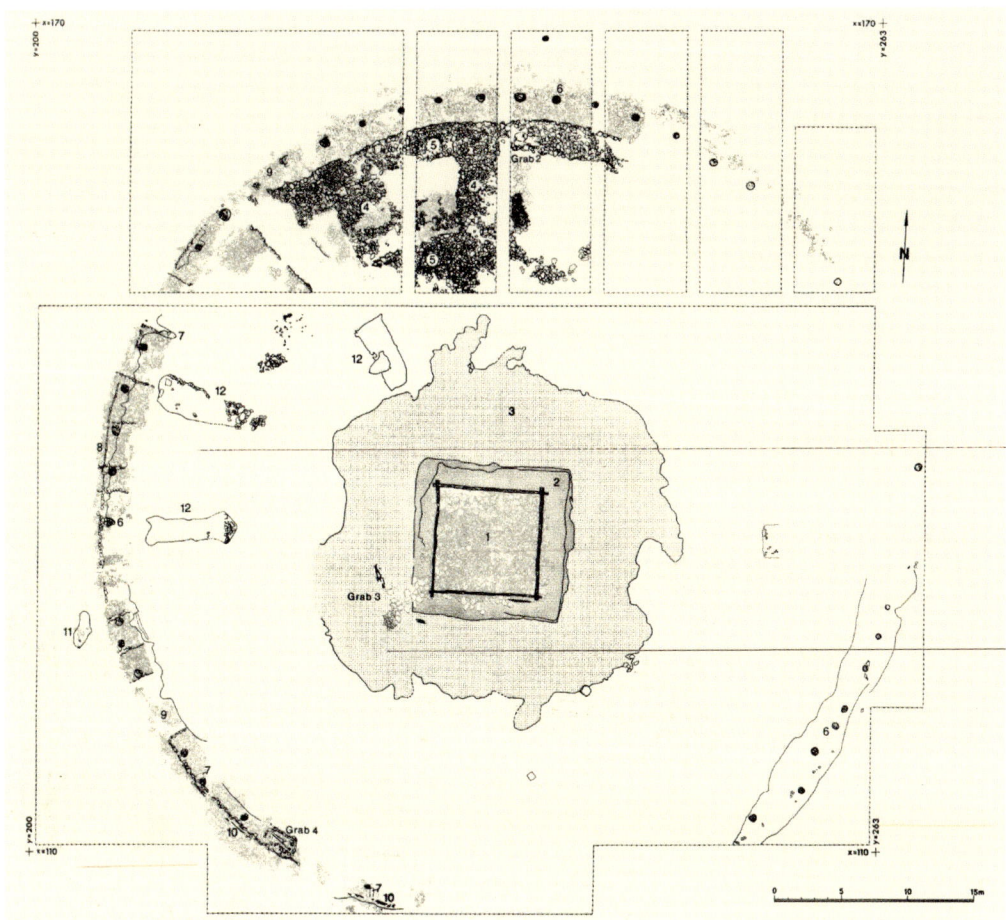

vom Pferdegeschirr und von einem vierrädrigen Wagen. Diese Plünderung konnte auch durch einen gewaltigen Steinkern von knapp 30 m Durchmesser und 3,5 m Höhe, der die Kammer wie einen Tresor schützen sollte, nicht verhindert werden. In den riesigen Hügel wurden neben dem Hauptgrab noch 126 Nachbestattungen eingebracht, die alle in einen eng begrenzten zeitlichen Horizont von wenigen Jahrzehnten Dauer gehören, nämlich in den Frühabschnitt der späten Hallstattzeit (Ha D 1). Vermutlich erfolgte die Ausräumung des Zentralgrabs, die umfangreiche Erdbewegungen erforderte, erst zu einem Zeitpunkt, als die Nekropole bereits aufgelassen war und die dort bestattende Gemeinschaft nicht mehr am Ort weilte, sodass sie einen solchen Frevel nicht mehr verhindern konnte. Ein mindestens 47 Jahre nach der Errichtung der Zentralkammer hergestellter Holzspaten, den offenbar die Grabräuber an Ort und Stelle zurückgelassen haben, gibt einen recht präzisen Hinweis auf den Zeitpunkt dieser Beraubung.

Nicht nur die zentrale Grabkammer selbst hatte sich im Magdalenenberg vorzüglich erhalten, auch unter der Hügelschüttung ließen sich noch verschiedene Holzkonstruktionen nachweisen, u. a. ein von langen Holzbalken flankierter „Prozessionsweg", auf dem der tote Fürst zur Grabkammer gebracht worden zu sein scheint. Ein bis zu einem gewissen Grade vergleichbarer Befund wurde

2 Plan des Großgrabhügels von Eberdingen-Hochdorf, Kr. Ludwigsburg.

3 Luftaufnahme der Heuneburg an der oberen Donau.

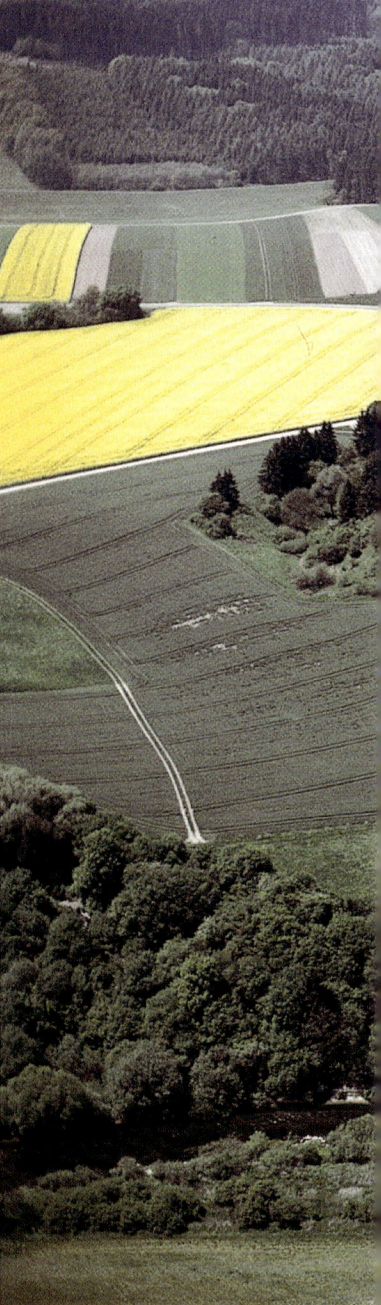

auch am Großgrabhügel von Eberdingen-Hochdorf, Kr. Ludwigsburg, gemacht (ABB. 2). Dort legte man im Norden des Hügels eine kompakte Mauer mit einem 6 m breiten „Torbereich" frei, der offenbar den Zugangsweg zur Grabkammer eröffnet hatte und nach Abschluss der Bestattungsfeierlichkeiten mit Steinen zugesetzt worden war. Auf den ersten Blick scheinen diese beiden Anlagen mit der rund 350 m langen „Prozessionsstraße" verwandt zu sein, die auf den Grabhügel zu Füßen des Glaubergs zuführte (s. Beitrag Herrmann), doch sind die Unterschiede bei genauer Betrachtung ganz augenfällig. Die hallstattzeitlichen Anlagen waren nämlich nur während der Beisetzungsfeierlichkeiten zugänglich und verschwanden danach für immer unter der Erdschüttung des Hügels, wohingegen die „Prozessionsstraße" am Glauberg auch weiterhin für die Verehrung der heroisierten Verstorbenen zugänglich blieb und offenbar im Ahnenkult eine Rolle spielte.

Das Schicksal einer frühzeitigen Ausplünderung ereilte nicht nur die Hauptbestattung im Magdalenenberg, sondern auch das Zentralgrab im kaum weniger mächtigen, nahe der Heuneburg gelegenen Großgrabhügel Hohmichele, den G. Riek in den Jahren 1937/38 ausgegraben hat (Riek/Hundt 1962). Bei der sorgfältigen Untersuchung, deren Abschluss durch die sich zuspitzenden politischen Ereignisse vereitelt wurde, beobachtete Riek sogar den engen

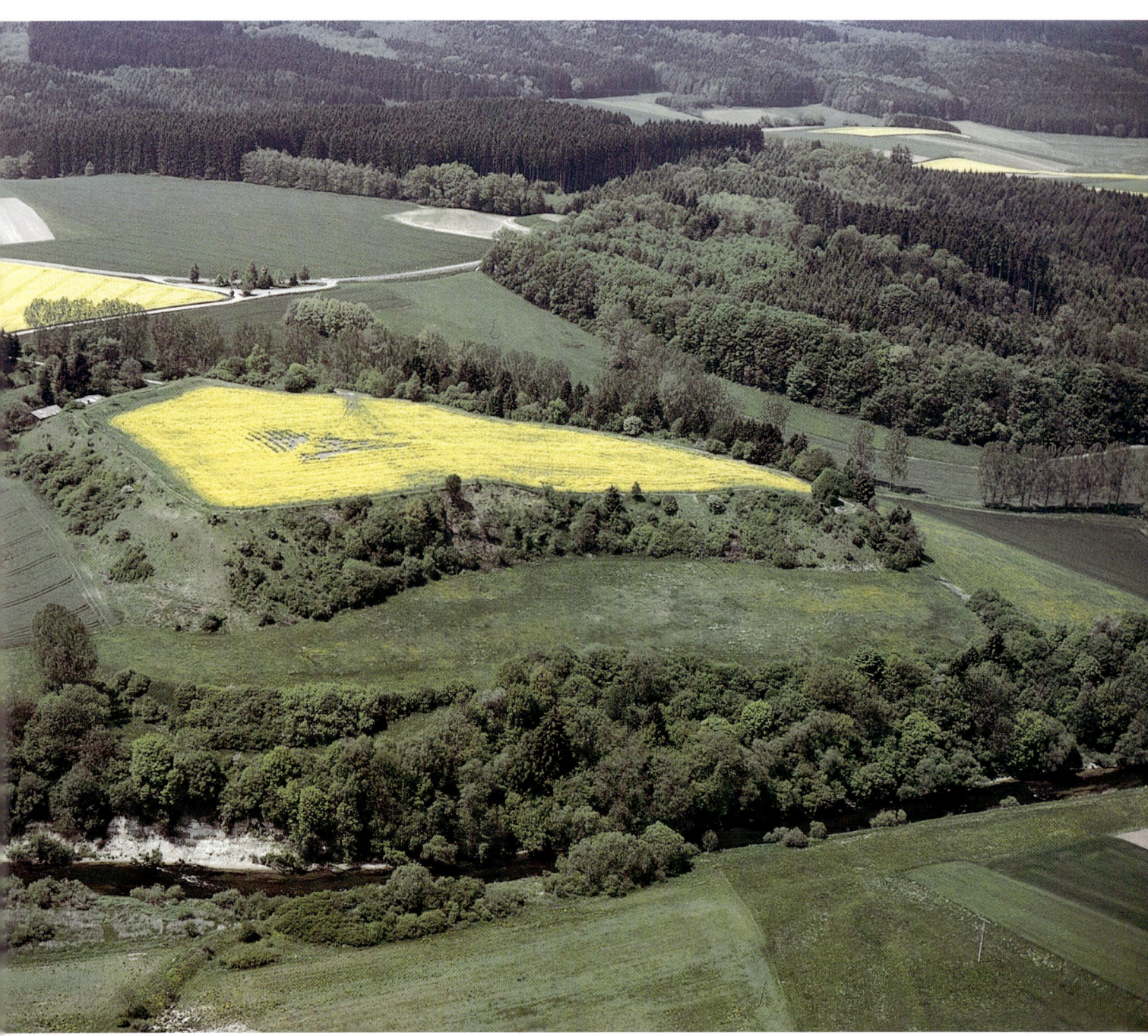

Schacht, durch den die Grabräuber in wahrhaft halsbrecherischer Manier zur ca. 3,5 x 5,5 m großen Zentralkammer vorgedrungen waren. Auf dem Rückweg mit ihrer Beute zerriss ihnen in dem engen Kriechstollen eine Kette aus kleinen Glasperlen, die auf der Sohle des Raubschachts gefunden wurden. Die spärlichen in der Kammer verbliebenen Fundobjekte sprechen für eine Datierung des Grabs an den Beginn der späten Hallstattzeit, also in die Jahre um 600 v. Chr. Dies wird durch eine reich ausgestattete, offenbar nur wenig jüngere Doppelbestattung in einer Nebenkammer bestätigt, die u. a. einen vierrädrigen Wagen, Pferdegeschirr und Bronzegefäße enthielt.

Dem Hohmichele kommt insofern eine Sonderstellung unter den Fürstengrabhügeln der späten Hallstattzeit zu, als er inmitten eines größeren Grabhügelfelds liegt, denn ansonsten pflegen Großgrabhügel meist einzeln oder in der Zweizahl aufzutreten. Die Ursache für diese Besonderheit ist wahrscheinlich in der frühen Zeitstellung des Hohmichele innerhalb von Ha D zu suchen, als sich die Separierung der fürstlichen Grabstätten von denjenigen der „normal Sterblichen" noch nicht vollzogen hatte.

Abgesehen von den Fürstengräbern aus dem Magdalenenberg und aus dem Hohmichele gibt es nur noch relativ wenige reiche Bestattungen, die in den Frühabschnitt der späten Hallstattzeit (Ha D 1) gehören. In ihrer Verbreitung bleiben sie auf das südliche Württemberg und auf den Oberrheingraben beschränkt, während etwa Ostfrankreich und das nördliche Württemberg, die sehr wohl jüngere Prunkgräber der entwickelten Späthallstattzeit (Ha D 2–3) geliefert haben, noch fundleer bleiben. Die Ausstattung dieser ältesten Gräber erscheint im Vergleich zu den jüngeren vergleichsweise schlicht, sofern nicht spätere Beraubungen das Bild verunklären. So fehlen offenbar die später so typischen breiten Goldhalsringe und auch aus dem Mittelmeerraum importierte Gegenstände bleiben noch rar. Dies sollte sich nach der Mitte des 6. Jahrhunderts v. Chr. rasch ändern.

DIE HEUNEBURG AN DER OBEREN DONAU UND IHRE FÜRSTENGRÄBER

Der Hohmichele hat das bislang älteste Prunkgrab im Umfeld der Heuneburg geliefert, weshalb man sogar vermutet hat, im geplünderten Zentralgrab wäre der Gründer der hallstattzeitlichen Burg beigesetzt worden. Waren reiche Bestattungen der Späthallstattzeit bereits im 19. Jahrhundert ins Blickfeld der archäologischen Forschung geraten, so sah und sieht es im Falle der zugehörigen Siedlungen erheblich schlechter aus. Zwar hatte man schon frühzeitig die Großgrabhügel im Bereich der Heuneburg und rund um den unweit Stuttgart gelegenen Hohenasperg mit diesen Höhensiedlungen in Verbindung gebracht, aber erst als das Tübinger Institut für Vor- und

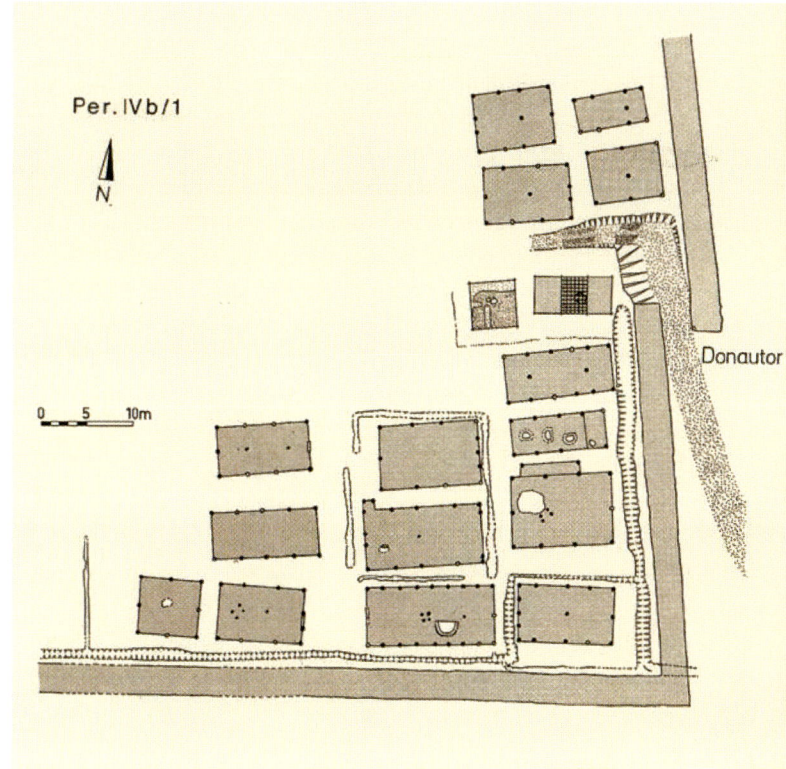

4 Plan der Südostecke der Heuneburg zur Zeit der Lehmziegelmauer (1. Hälfte des 6. Jahrhunderts v. Chr.).

Frühgeschichte im Jahre 1950 mit großflächigen Ausgrabungen auf der Heuneburg begann, versuchte man diese These auf eine gesicherte Grundlage zu stellen. Heute – ein halbes Jahrhundert später – ist die Heuneburg die am besten erforschte hallstattzeitliche Höhensiedlung, wenngleich auch sie in rund dreißigjähriger Grabungstätigkeit nur knapp zur Hälfte untersucht werden konnte.

Das etwa dreieckige Plateau ist gut 3 ha groß und fällt zur Donau hin steil ab, während sich die Nordflanke als weniger markant erweist (ABB. 3). Die Besiedlung setzt am Beginn der späten Hallstattzeit ein und reicht bis an die Wende zur frühen Latènezeit, erstreckt sich also über einen Zeitraum von rund 150 Jahren. In dieser Zeit erlebte die Burg ein sehr bewegtes Schicksal, von dem eine Vielzahl übereinander liegender Siedlungsschichten Zeugnis ablegt (Kimmig 1983b).

In der ersten Besiedlungsphase der späthallstattzeitlichen Burg standen innerhalb einer Holz-Erde-Mauer, wie sie in Mitteleuropa damals bereits eine jahrhundertelange Tradition besaß, große, aus mehreren Gebäuden bestehende Gehöfte, die durch Zäune voneinander geschieden wurden.

Zu Beginn des 6. Jahrhunderts v. Chr. wurde dieses traditionelle Besiedlungsschema aufgegeben und machte einem für unseren Raum völlig neuartigen Siedlungstyp Platz (ABB. 4). Regelmäßig ausgerichtete Bauten in einem rechtwinkligen Straßengitter, das man nach seinem Er-

finder – dem griechischen Baumeister Hippodamos – als „hippodamisches System" zu bezeichnen pflegt, wurden von einer mit Türmen versehenen, aus luftgetrockneten Lehmziegeln errichteten Befestigungsmauer umschlossen (ABB. 5). Den Unterbau bildete ein 3 m breiter Sockel aus Kalksteinen, der auf seiner Oberseite sorgfältig abgedichtet war, um das Eindringen von Feuchtigkeit in den empfindlichen Mauerkern zu verhindern. Zum Schutz gegen die Witterung musste diese Mauer in regelmäßigen Abständen neu verputzt werden. Ungebrannte Lehmziegel, wie sie damals auf der Heuneburg Verwendung fanden, bilden im Vorderen Orient und im Mittelmeerraum seit Jahrtausenden ein billiges und noch heute gebräuchliches Baumaterial. Im feuchten Klima Mitteleuropas konnte sich diese Bauweise allerdings niemals durchsetzen; die Lehmziegelmauer der Heuneburg fand hier keine Nachfolger. Dennoch kann diese Mauer, deren Errichtung ohne die Anwesenheit eines Baumeisters aus dem Süden kaum denkbar erscheint, auch im Schwabenland nicht ganz unzweckmäßig gewesen sein, denn sie bestand rund ein halbes Jahrhundert lang und übertraf damit in der Lebensdauer all ihre Vorgänger und Nachfolger, die in althergebrachter Weise aus Holz, Steinen und Erde errichtet waren. Zu dieser imposanten Burg der frühen Späthallstattzeit (Ha D 1), die auf die Zeitgenossen einen überwältigenden Eindruck gemacht haben muss, gehörte auch eine große Außensiedlung (Kurz 2000), die um die Mitte des 6. Jahrhunderts v. Chr. – ebenso wie die Burg selbst – in einer gewaltigen Feuersbrunst unterging. Über den abgebrannten Häusern der Unterstadt wurden später vier mächtige Grabhügel aufgeschüttet, deren reiche Be-

stattungen einst E. Paulus zu der Bezeichnung „Fürstengräber" angeregt haben.

Auf der Heuneburg selbst machte die Lehmziegelmauer um die Mitte des 6. Jahrhunderts v. Chr. – an der Wende von Ha D 1 nach Ha D 2 – wieder einer in traditioneller Weise erbauten Holz-Stein-Erde-Mauer Platz. Auch die Siedlungsstruktur unterschied sich von derjenigen der vorangegangenen Lehmziegelmauerzeit und erinnert stark an die erste Besiedlungsphase. Große Mehrhausgehöfte, die von Zäunen umgeben wurden, beherrschten nun wiederum das Bild und daran sollte sich bis zur endgültigen Zerstörung der Heuneburg um die Mitte des 5. Jahrhunderts v. Chr. nichts mehr ändern. Die moderne, protourbane Struktur der Lehmziegelmauerzeit blieb Episode.

Allerdings büßte die Heuneburg ihre überregionale Bedeutung auch in der Zeit nach dieser Brandkatastrophe keineswegs ein. Mediterrane Importe wie attisch schwarzfigurige Gefäße, in Südfrankreich produzierte Keramik („poterie grise") und in Massalia/Marseille hergestellte Transportamphoren für Wein bzw. Öl, die allesamt in der Lehmziegelmauerphase noch fast völlig gefehlt hatten, gelangten damals über die Rhône-Saône-Doubs-Passage an die obere Donau. Erstmals produzierte man nun für die Angehörigen der Elite auf der schnell rotierenden Töpferscheibe Gefäße mit einer charakteristischen Riefenzier, deren Vorbilder ebenfalls im Mittelmeerraum zu suchen sind. Die Heuneburg gehörte auch nach der Zerstörung der Lehmziegelmauer zu den bedeutendsten Zentren des nordwestalpinen Späthallstattkreises.

Die Beziehung von befestigter Burg mit Südimporten und nahe gelegenen Prunkgräbern, wie sie im Falle der

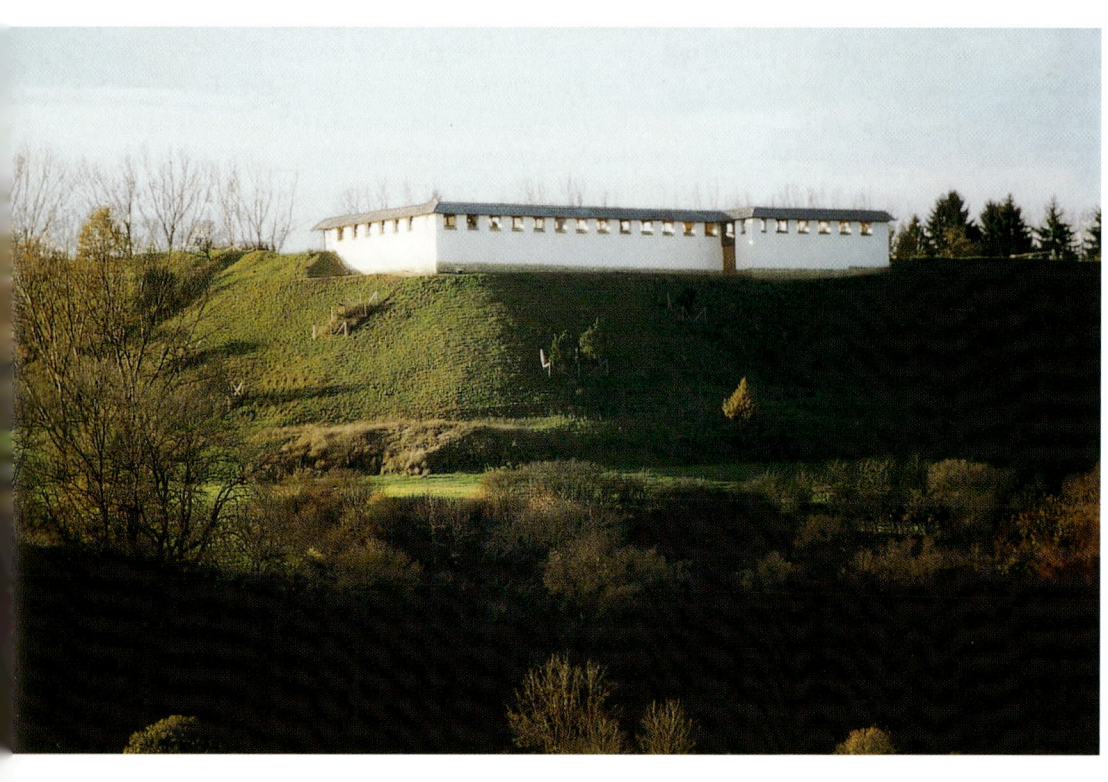

5 Rekonstruierte Südostecke der Lehmziegelmauer der Heuneburg, vom Donautal aus gesehen.

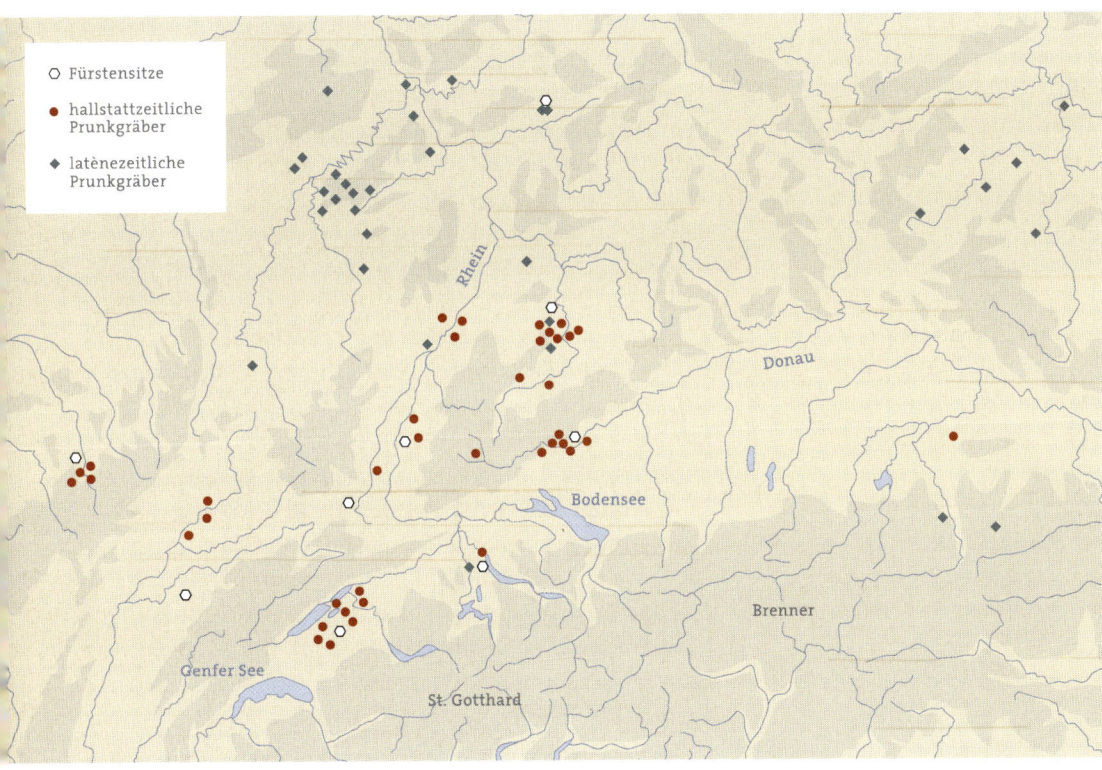

Rhein

Donau

Bodensee

Brenner

Genfer See

St. Gotthard

6 Verbreitungskarte hallstatt-
und frühlatènezeitlicher Fürstensitze und Fürstengräber in
Mitteleuropa.

Heuneburg beispielhaft beobachtet werden kann, lässt sich auch anderwärts im nordwestalpinen Späthallstattkreis konstatieren (ABB. 6). W. Kimmig hat darauf vor mehr als 30 Jahren aufmerksam gemacht und ein an griechisch-mediterranen Vorbildern orientiertes Modell entworfen, das in der Folgezeit viel Zustimmung, aber auch heftige Kritik geerntet hat (Kimmig 1969; Fischer 1998; kritisch Eggert 1989). Jegliche Diskussion zu diesem komplexen Thema krankt freilich am nach wie vor dürftigen Stand der hallstattzeitlichen Siedlungsforschung, die mit der Erforschung der Heuneburg zwar einen gewaltigen, aber eben nur einen der ersten Schritte nach vorne gemacht hat. Tatsächlich sind selbst auf der Heuneburg bislang keine herausragenden Baustrukturen aufgedeckt worden, die man als Wohnsitz eines Fürsten oder als öffentliche Gebäude, wie man sie in einem frühstädtischen Gemeinwesen eigentlich erwarten würde, interpretieren kann.

ten Fürstensitz, nämlich den Hohenasperg, einen markanten Zeugenberg, der die fruchtbare Gäulandschaft des Langen Felds nördlich von Stuttgart um rund 100 m überragt. Das mittelalterliche Dorf Asperg und die Festungsanlage der Renaissance, einst ein berüchtigtes württembergisches Staatsgefängnis, haben hier die älteren Siedlungsschichten weitgehend vernichtet, weshalb sich der Fürstensitz nur noch indirekt aus den Prunkgräbern in seiner Umgebung erschließen lässt. Vom knapp 6 ha großen, durch spätere Planierungen stark umgestalteten Plateau stammen nur wenige unansehnliche Scherben, die eine besondere Bedeutung des Bergs in der späten Hallstattzeit nicht einmal erahnen lassen (Fürstensitze 24 ff.).

Nach den umliegenden Prunkgräbern zu urteilen, setzte die Besiedlung auf dem Hohenasperg einige Jahrzehnte später ein als auf der Heuneburg. Ob künftige Forschung

DIE FÜRSTENGRÄBER
RUND UM DEN HOHENASPERG

Die Heuneburg stellt für die Siedlungsforschung einen besonderen Glücksfall dar, weil sie von späterer Überbauung fast völlig verschont geblieben ist. Dieser Umstand ermöglichte eine gründliche Erforschung der hallstattzeitlichen Schichten, die auf anderen Fürstensitzen durch spätere Siedlungtätigkeit stark gestört oder gar völlig zerstört worden sind. Dies gilt auch und ganz besonders für den vielleicht einstmals bedeutends-

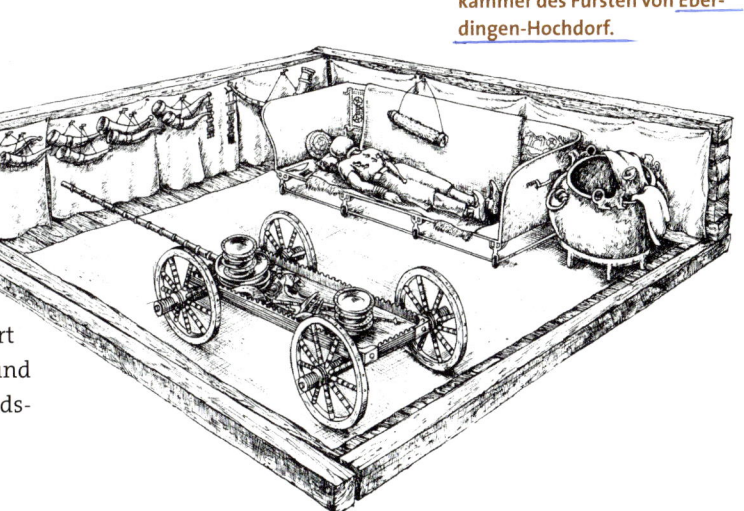

7 Rekonstruktion der Grabkammer des Fürsten von Eberdingen-Hochdorf.

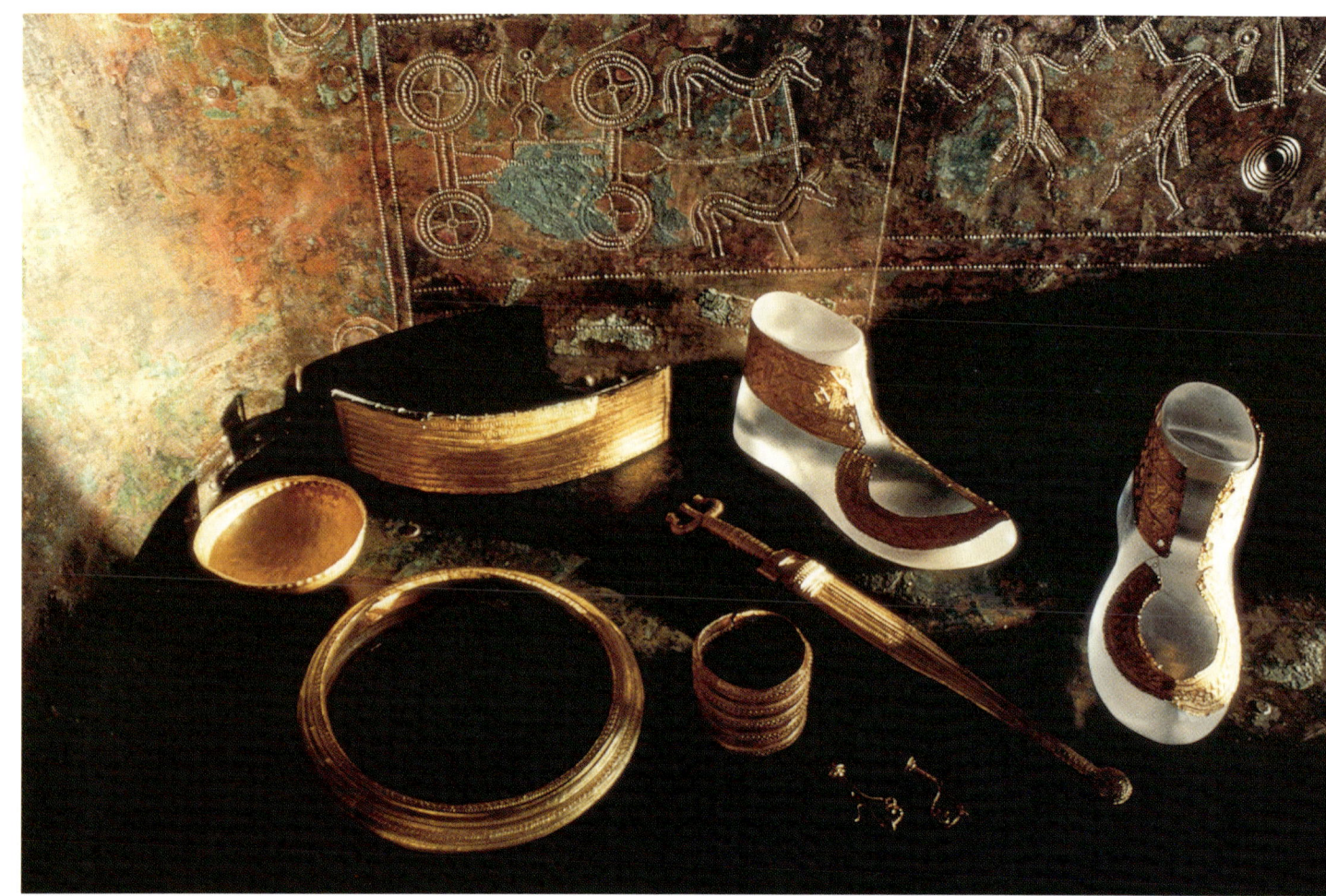

8 Goldschmuck aus dem Fürstengrab von Eberdingen-Hochdorf.

dieses Bild noch merklich verändern wird, erscheint zweifelhaft, denn auch schlichter ausgestattete Gräber vom Beginn der späten Hallstattzeit bleiben im mittleren Neckarraum selten (Zürn 1970; ders. 1987). Vielleicht darf man aus dem späteren Besiedlungsbeginn auf dem Hohenasperg sogar den Schluss ziehen, dass es ein Heuneburger Fürstenspross war, der hier seinen Sitz genommen hat. Im Gegensatz zur Heuneburg, die am Ende der Hallstattzeit endgültig zerstört wurde, hatte der Hohenasperg allerdings länger Bestand, denn die Bestattung in der Nebenkammer aus dem nahe gelegenen Kleinaspergle (ABB. 141) datiert in die voll entwickelte frühe Latènezeit, also in die Zeit der Glaubergfürsten.

Kann die Heuneburg aufgrund ihrer großflächigen Erforschung als Musterbeispiel für einen hallstattzeitlichen Fürstensitz gelten, so darf man das ca. 10 km westlich des Hohenasperg gelegene Grab von Eberdingen-Hochdorf als exemplarisch für ein späthallstattzeitliches Prunkgrab nennen (Biel 1985; Kat. Stuttgart). Im Gegensatz zu vielen anderen reichen Bestattungen konnte das Hochdorfer Grab in den Jahren 1978/79 von J. Biel mit modernsten Methoden und in aller gebotenen Sorgfalt untersucht werden. Dieses einstweilen älteste Fürstengrab in der Umgebung des Hohenasperg lag unter einem großen, rund

60 m Durchmesser haltenden Hügel, dessen ursprüngliche Höhe etwa 6 m betragen haben dürfte (ABB. 2). Im Hügelzentrum trafen die Ausgräber auf einen 11 x 11 m großen und 2,5 m tiefen Grabschacht. Darin befand sich eine nahezu quadratische, aus Eichenbalken errichtete Kammer von 4,6 x 4,7 m Größe (ABB. 7), die von einer äußeren Holzkammer und Steinpackungen umgeben war, ganz ohne Zweifel eine Schutzmaßnahme gegen eine befürchtete Plünderung des Grabs. Die hölzerne Kammer muss unter der Last der gewaltigen Steinabdeckung relativ rasch zusammengebrochen sein. Der hier beigesetzte, im Alter von etwa 40 Jahren verstorbene Tote war mit 1,87 m für damalige Verhältnisse auffallend groß und kräftig gebaut, ein Umstand, der auf eine gute und ausgewogene Ernährung seit frühester Jugend – damals alles andere als eine Selbstverständlichkeit – hindeutet. Begleitet wurde er auf seiner Reise ins Jenseits u. a. von einem fast vollständig mit Eisenbeschlägen versehenen vierrädrigen Wagen, dem zugehörigen Pferdegeschirr, einem für späthallstattzeitliche Fürstengräber typischen Goldhalsring, einem treibverzierten Goldarmband, einem mit Goldblech überzogenen Dolch, Schnabelschuhen mit Goldblechbesatz (ABB. 8), einem kegelförmigen Hut aus Birkenrinde, einem Köcher

mit Pfeilen, umfangreichem Ess- und Trinkgeschirr, das für eine „Tafelrunde" von neun Personen ausgelegt war, einem in Unteritalien hergestellten Bronzekessel, in dem als Schöpfgefäß eine goldene Schale lag, sowie einem ungewöhnlichen Bronzesofa, auf dem der Tote gebettet war (ABB. 9). Die Grabkammer war mit Textilien ausgeschlagen und als Wohnstätte für den Verstorbenen eingerichtet.

Das Hochdorfer Grab kam etwa 100 Jahre vor dem Fürstengrab 1 vom Glauberg (KAT.-NR. 1) in den Boden. Diese Zeitdifferenz ist für Unterschiede in Grabbrauch und -ausstattung verantwortlich, doch fallen auch Gemeinsamkeiten der beiden Prunkgräber ins Auge. Ähnlich wie in Hochdorf lag das Fürstengrab am Glauberg unter einem großen Tumulus, der durch seine Position auf eine befestigte Höhensiedlung Bezug nahm. Diese Beziehung zwischen Großgrabhügel und Burg entspricht dem Fürstensitzmodell, das Kimmig anhand der späthallstattzeitlichen Anlagen Heuneburg, Hohenasperg und Mont Lassois entwickelt hat (Kimmig 1969). Auffälligerweise liegen auch bei diesen Fürstensitzen die jeweils jüngsten Gräber relativ nahe bei der Burg, während die älteren durch eine größere Distanz von ihr getrennt sind. Da die Besiedlung auf dem Glauberg bereits im Laufe der späten Hallstattzeit einsetzt, wäre es nach den Grabungsergebnissen der letzten Jahre kaum noch überraschend, wenn in seiner näheren Umgebung in der Zukunft noch ein reich ausgestattetes Grab vom Ende der späten Hallstattzeit zu Tage käme.

Ebenso wie zahlreiche andere Fürstengräber der späten Hallstattzeit enthielt auch dasjenige von Hochdorf einen ursprünglich auf italische Vorbilder zurückgehenden Antennendolch, der kaum als Waffe, sondern vielmehr als Standesabzeichen anzusehen ist. Einen solchen „Kavaliersdolch", der formal demjenigen von Hochdorf entspricht, trägt auch der „Mann von Hirschlanden" (ABB. 191). An der rechten Seite der nahezu vollständig erhaltenen Statue vom Glauberg erkennt man ebenfalls ein kaum kampftaugliches Kurzschwert (ABB. 71), in dem man möglicherweise ein Standesabzeichen sehen kann.

Ein breiter, aus dünnem Goldblech getriebener Halsring, wie ihn der Tote von Hochdorf trug, bildet das charakteristische Standesabzeichen eines Fürsten im nordwestalpinen Späthallstattkreis. Solche Ringe begegnen in zahlreichen Prunkgräbern der entwickelten Späthallstattzeit (Ha D 2–3) und auch der „Mann von Hirschlanden" trägt einen derartigen Halsring. In der Stufe Ha D kommen goldene Halsringe – abgesehen vom berühmten „Diadem von Vix" – noch ausschließlich in Männergräbern vor, während in der frühen Latènezeit vorwiegend Frauen mit diesem Attribut geschmückt wurden. Am Glauberg begegnet ein goldener Halsring mit drei knospenartigen Fortsätzen sowohl in Grab 1 als auch an den Statuen, sodass man hier ein Standesabzeichen in der Tradition der spät-

hallstattzeitlichen Ringe vermuten möchte, wenngleich keine formale Übereinstimmung mit den älteren Stücken vorliegt. Ganz ähnlich ist die Situation bei den in Grab 1 vom Glauberg gefundenen goldenen Ohrringen, die ebenfalls in späthallstattzeitlichen Fürstengräbern vereinzelte Vorläufer haben (Schönfelder 1998).

Die Jagd spielte und spielt in vielen Gesellschaften eine bedeutende Rolle als herrschaftliche Betätigung und vor diesem Hintergrund gilt es wohl auch die Beigabe von Pfeilen und Köchern in Prunkgräbern zu betrachten. Das fast völlige Ausbleiben von Bögen ist aller Wahrscheinlichkeit nach auf deren Vergänglichkeit zurückzuführen und somit als Überlieferungslücke zu werten. In Hochdorf konnte ebenso ein Pfeilköcher nachgewiesen werden wie in Grab 1 vom Glauberg, wo dank der akribischen Arbeit der Restauratoren sogar der Nachweis eines hölzernen Bogens gelungen ist (s. Beitrag Flügen, Köcher und Bogen). Im Kriegswesen des nordwestalpinen Späthallstattkreises scheinen Pfeil und Bogen jedoch – im Gegensatz zum Mittelmeerraum und zur eurasischen Steppe – eine geringe Rolle gespielt zu haben.

War man in der Siedlungsforschung lange Zeit auf befestigte Höhensiedlungen wie etwa die Heuneburg fixiert, die sich noch heute sichtbar als Geländedenkmäler abzeichnen, so blieben Siedlungen im flachen Land weitgehend unbekannt. Erst in den letzten Jahren hat sich hier der Forschungsstand verbessert, beispielsweise durch die großflächige Untersuchung einer Siedlung, die J. Biel in den Neunzigerjahren unweit des Hochdorfer Grabhügels – unmittelbar neben dem heutigen Keltenmuseum – durchgeführt hat (Fürstensitze 30 ff.). Biel konnte dort mehrere Hofstellen freilegen, die durch Zäune voneinander geschieden wurden. Größere Bauten dienten offenbar

9 Bronzenes Sofa aus dem Fürstengrab von Eberdingen-Hochdorf.

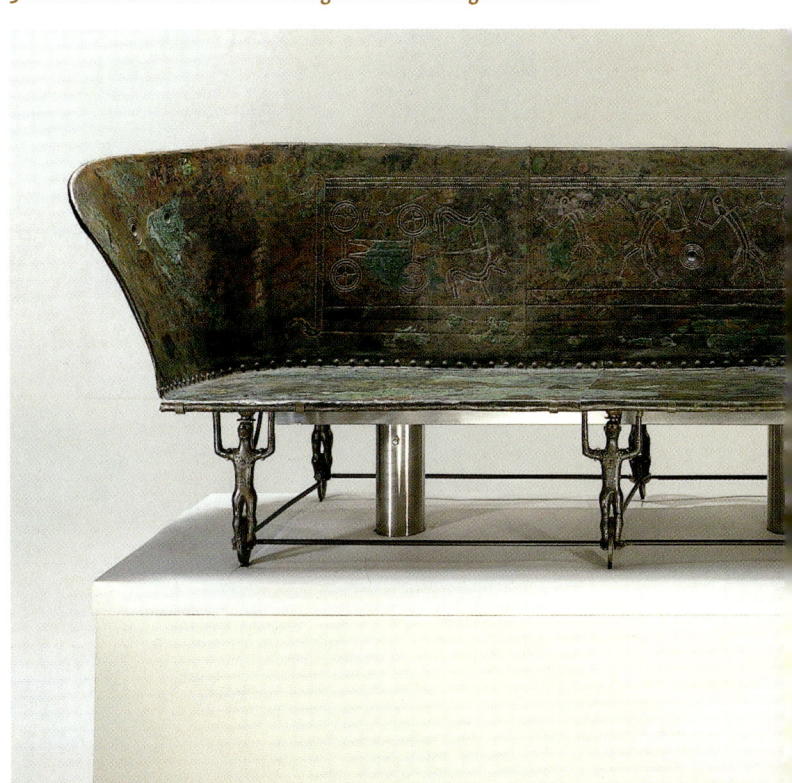

zu Wohnzwecken, Vierpfostenbauten als Speicher für Getreide, eingetiefte Grubenhäuser der handwerklichen Produktion. Besonders überraschend war die Entdeckung einer bronzenen Feinwaage mediterraner Herkunft – der bislang ältesten nördlich der Alpen – und von Scherben griechischer Importkeramik, deren Vorkommen in Mitteleuropa man bislang auf die befestigten Fürstensitze beschränkt glaubte. Diese Neufunde zeigen, mit welchen Überraschungen noch zu rechnen ist und wie stark Interpretationen vom Stand der Forschung abhängen. Hatte man lange die Wohnsitze hallstattzeitlicher Fürsten innerhalb der großen Befestigungsanlagen wie der Heuneburg vermutet, so erscheint es heute ebenso plausibel, dass sich die Elite vorwiegend auf „Landgütern" in der näheren Umgebung der Burgen aufgehalten hat, ein Bild, wie es Caesar für die keltische Spätzeit in Gallien ausdrücklich überliefert hat. So wäre etwa das große Gebäude, das unter Grabhügel 4 der Gießübel-Talhau-Gruppe bei der Heuneburg freigelegt worden ist und das zur Außensiedlung der Lehmziegelmauerphase gehörte, als fürstliche Wohnstätte durchaus denkbar. Man wird die Möglichkeit, dass die hallstattzeitliche Elite ihre eigentlichen Wohnsitze in größeren „Gutshöfen" auf dem flachen Land hatte, sowohl bei der Interpretation von Prunkgräbern, die sich nicht mit einer markanten Höhensiedlung verknüpfen lassen, als auch bei Siedlungen im Flachland, die Südimporte geliefert haben, im Auge zu behalten haben. All dies ändert freilich nichts an der Tatsache, „dass jene *principes* des 6. und 5. Jahrhunderts v. Chr., die wir aus ihren „Fürstengräbern" kennen, auch dann Herren ihrer nahe gelegenen „Fürstensitze" waren, wenn sie selbst dort gar nicht wohnten" (Fischer 2000, 225).

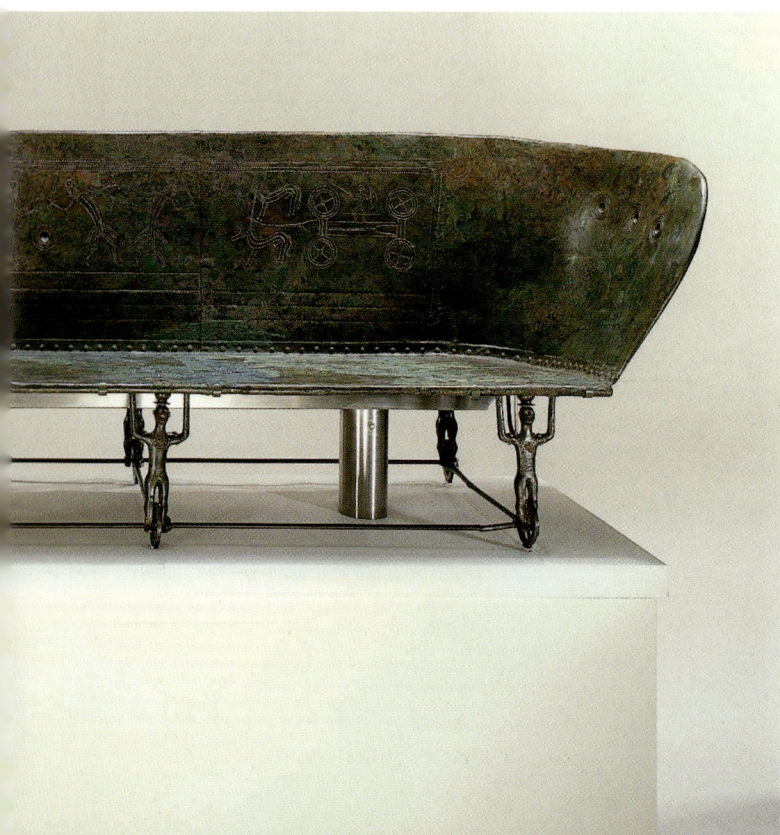

DER MONT LASSOIS UND SEINE FÜRSTENGRÄBER

Das wahrscheinlich berühmteste Prunkgrab der späten Hallstattzeit wurde im Jahre 1953 beim kleinen Dörfchen Vix unweit Châtillon-sur-Seine in Burgund entdeckt (Joffroy 1954; ders. 1960; Brun/Chaume 1997). Zu Füßen des Mont Lassois, einer befestigten Höhensiedlung oberhalb der Seine, barg R. Joffroy das wohl spektakulärste Fundstück vorgeschichtlicher Zeit aus dem nordalpinen Europa, nämlich einen riesigen, wahrscheinlich in Unteritalien hergestellten Bronzekratér von 1,64 m Höhe und einem Gewicht von über 200 kg (ABB. 10). Solche Gefäße dienten zum Mischen und Würzen des Weins, den man im Mittelmeerraum stets mit Wasser versetzt zu trinken pflegte. Der Kratér von Vix ist mit einem Fassungsvermögen von fast 1200 Litern das größte antike Bronzegefäß, das auf uns gekommen ist. Bis zum Rande gefüllt kann er aber schon aus Stabilitätsgründen kaum jemals gewesen sein. Solch überdimensionierte Gefäße weihten die Griechen in Heiligtümern ihren Göttern, wie man aus antiken Schriftquellen und aus Bodenfunden weiß, doch hätte man ihre Nutzung im täglichen Leben als *Hybris*, als frevelhaften Übermut, empfunden. Deshalb dachte bereits der Ausgräber daran, in diesem Meisterwerk antiker Toreutik ein „cadeau diplomatique" – ein Staatsgeschenk – zu sehen, mit dem man das Wohlwollen eines hallstattzeitlichen Potentaten zu gewinnen suchte. Tatsächlich spielte der Austausch von Geschenken in archaischen Gesellschaften bei der Anknüpfung und Pflege persönlicher Kontakte eine bedeutende Rolle (Fischer 1973; Mauss 1968).

Das Grab von Vix datiert an das Ende der späten Hallstattzeit (Ha D 3) und ist damit nur wenig älter als die frühlatènezeitlichen Gräber vom Glauberg. Innerhalb der späthallstattzeitlichen Fürstengräber bildet es insofern eine Ausnahme, als das Skelett vom Anthropologen als weiblich bestimmt worden ist, während es sich sonst um Männerbestattungen zu handeln pflegt. Die reiche Ausstattung der „Prinzessin von Vix" wurde komplettiert durch einen prachtvollen Goldhalsring – das berühmte „Diadem von Vix" (ABB. 11) –, einen vierrädrigen Wagen, zwei attische Trinkschalen, eine etruskische Schnabelkanne, einen Bronzekessel, zwei bronzene Becken, eine silberne Schale u. a. m.

Rund 200 m vom Fürstengrabhügel entfernt konnte vor wenigen Jahren eine viereckige Einfriedung freigelegt werden, in deren Graben man zwei fragmentierte Sitzstatuen mit abgeschlagenen Köpfen entdeckte (s. Beitrag Chaume/Reinhard). Die eine davon stellt einen mit Schwert, Beinschiene und Schild gewappneten Krieger dar, die andere eine Frau mit langem Gewand und offenem Halsring (ABB. 197; 198); eine Beeinflussung durch ostgriechische Sitzstatuen spätarchaischer Zeit ist unver-

kennbar. Man hat sicherlich mit Recht dieses Grabenge-
viert und die hier entdeckten Statuen mit dem Ahnenkult
in Verbindung gebracht, aber ob über den Halsring der
weiblichen Figur eine direkte Verknüpfung mit dem Grab
der „Prinzessin von Vix" möglich ist, lässt sich nicht mit
Sicherheit entscheiden, obschon Gleichzeitigkeit außer
Zweifel steht.

Die Ursache für die große Bedeutung des Mont Lassois
in der jüngeren Späthallstattzeit ist sehr wahrscheinlich
in seiner verkehrsgünstigen Lage am Oberlauf der Seine
zu suchen. Der Berg verstopft gleichsam wie ein Korken
das Tal der oberen Seine, die man von hier ab mit Schiffen
befahren konnte. Diese verkehrsgünstige Lage hat der
Mont Lassois mit einer Reihe anderer hallstattzeitlicher
Fürstensitze gemeinsam, z. B. der Heuneburg oder dem
Münsterberg von Breisach am Oberrhein (Pauli 1993); dies
scheint Rückschlüsse auf die Wurzeln ihres Wohlstands
zu erlauben. Die Kontrolle wichtiger Flussübergänge oder
die Rolle als Relaisstationen, an denen Güter von einem
Transportmittel auf ein anderes umgeladen wurden, mögen den Aufschwung dieser Siedlungen hervorgerufen
haben.

DAS HALLSTATTZEITLICHE MITTELEUROPA
UND DER MITTELMEERRAUM

Welche Gründe sind für den Aufstieg der späthallstattzeitlichen Führungsschicht verantwortlich, die
man in ihren Prunkgräbern fassen kann? Welche Faktoren
haben den Kulturwandel an der Wende von der älteren
zur späten Hallstattzeit bewirkt? Die Antworten
auf diese Fragen sind schwierig, die Ursachen
vielschichtig. Gerne verweist man auf den engen Kontakt des hallstattzeitlichen Mitteleuropa zur griechischen Kolonie Massalia, dem
heutigen Marseille. Der intensive Kontakt mit
dieser Stadt, die um 600 v. Chr. von Griechen
aus dem kleinasiatischen Phokaia gegründet
worden ist, soll zur Manifestation dieser prunk-
süchtigen Herrenschicht im Grabbrauch, zur
Übernahme südländischer Gegenstände und mediterranen Gedankenguts geführt haben (Kimmig
1983a).

Griechische Kolonien wie besagtes Massalia waren seit der Mitte des 8. Jahrhunderts v. Chr. in großer
Zahl an den Küsten des Mittelmeers und des Schwarzen
Meers entstanden, in besonderem Maße in Sizilien und
Süditalien, einem Gebiet, das man schon bald als „Groß-
griechenland" zu bezeichnen pflegte. Kennzeichnend für
all diese Kolonien ist, dass sie auf das Meer hin ausgerichtet waren. Eine tief greifende Durchdringung des Hinter-
lands kann – zumindest in der Frühphase der griechischen Kolonisation – nirgendwo beobachtet werden.

Diese allgemeine Feststellung gilt in gleicher Weise für
Massalia. In den einheimischen Siedlungen (oppida) des
Bouches-du-Rhône lassen sich in der 1. Hälfte des 6. Jahrhunderts v. Chr. keine tief greifenden Veränderungen
feststellen, die durch die Anwesenheit der griechischen
Kolonisten hervorgerufen worden wären. Die traditionelle Siedlungsstruktur blieb dort zunächst unverändert,
griechische Importe blieben rar. Aber auch in Massalia
selbst konstatiert man in den frühen Schichten nur eine
relativ geringe Zahl von Einfuhrgütern aus dem Mutterland, deren Qualität zudem als bescheiden bezeichnet
werden muss (Villard 1992). Dagegen spielten in dieser
Zeit – ebenso wie im nahe gelegenen Saint-Blaise an der
Rhônemündung – etruskische Keramik (Bucchero nero)
und Transportamphoren eine große Rolle. Eine überragende Bedeutung des griechischen Einflusses und der
neu gegründeten Kolonie lässt sich also für das erste hal-
be Jahrhundert ihres Bestehens nicht konstatieren; von
einer intensiven Hellenisierung der Provence kann zunächst einmal keine Rede sein.

Schaut man sich fernab von Massalia in Mitteleuropa
nach griechischen Objekten aus der 1. Hälfte des 6. Jahrhunderts v. Chr. um, so wird man auch dort kaum fündig.
Die „Rhodischen Bronzekannen", die man aus Gräbern
von Vilsingen bei Sigmaringen sowie Kappel und Ihringen am Oberrhein kennt, müssen nicht in (ost-)griechi-
schen, sondern können auch in etruskischen Werkstätten
gefertigt worden sein. Die bronzene Hydria von Grächwil
in der Schweiz kam in einem Grab aus der 2. Hälfte des
6. Jahrhunderts v. Chr. zu Tage und findet ihre besten Pa-

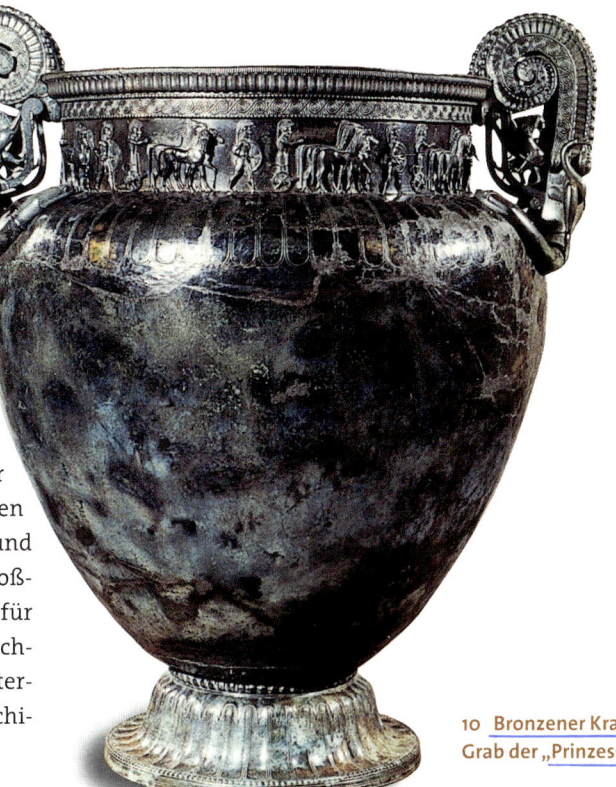

**10 Bronzener Kratér aus dem
Grab der „Prinzessin von Vix".**

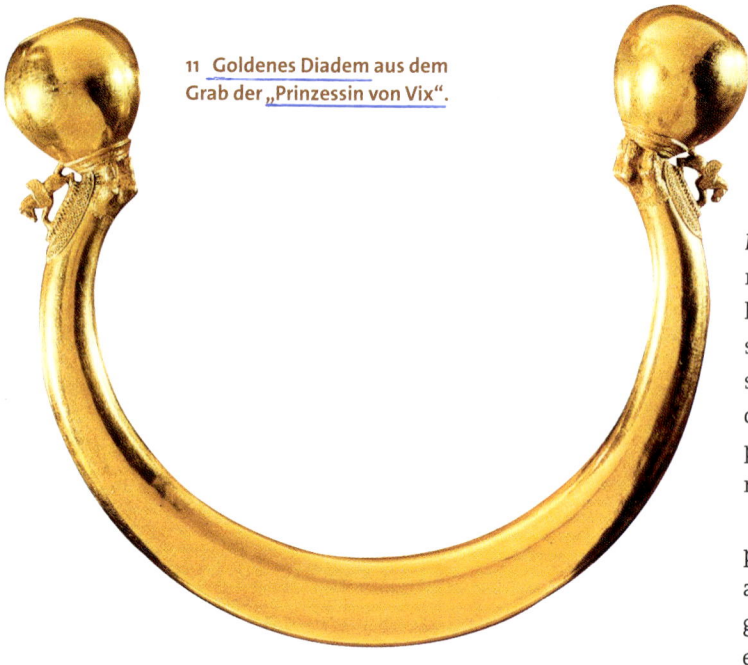

11 Goldenes Diadem aus dem Grab der „Prinzessin von Vix".

sätze in der älteren Hallstattzeit (Ha C) in der großen Masse aus Tongefäßen bestanden, so ersetzte seit dem Beginn der späten Hallstattzeit in Gräbern der Elite Bronzegeschirr mediterraner Herkunft die altväterliche Keramik, die nun bald ganz aus der Mode kommen sollte. Möglicherweise weisen die besonders großen Grabkammern im Hohmichele und im Magdalenenberg darauf hin, dass auch dort einst zahlreiche Bronzegefäße aufgestellt waren, die einer Beraubung zum Opfer gefallen sind. Es ist jedenfalls auffällig, dass die Größe der fürstlichen Grabkammern im Laufe der späten Hallstattzeit – parallel zur Reduzierung der Geschirrbeigabe – immer mehr abnimmt.

Dass Italien einen erheblichen Einfluss auf Mitteleuropa an der Wende von der älteren zur späten Hallstattzeit ausübte, geht auch aus anderen Indizien hervor. Zu Beginn der Stufe Ha D wurde mit der Fibel ein neues Trachtelement übernommen, das die zuvor in Mitteleuropa gebräuchlichen Nadeln verdrängte. Die Fibel, eine Art Sicherheitsnadel, fand als Verschluss des Gewands Verwendung, denn Knöpfe waren zu dieser Zeit noch unbekannt. Die damals in Süddeutschland und im Schweizer Mittelland auftretenden Fibelformen stammen aus dem Gebiet südlich der Alpen, aus der Poebene, und die ältesten Stücke sind von dort importiert worden (P. Ettel in: Kat. Würzburg 48 ff.). Zusammen mit der Fibel kamen zur selben Zeit noch weitere Gegenstände aus Oberitalien nach Norden, etwa Antennendolche und verzierte Gürtelbleche mit spitz zulaufendem Ende. Auch die bemalte Keramik der Heuneburg und deren kennzeichnendster Gefäßtypus, das Hochhalsgefäß, sind kaum ohne oberitalische Einflüsse denkbar und nicht aus der einheimischen Tradition abzuleiten. All diese Objekte sind in Südwestdeutschland charakteristisch für den Beginn der späten Hallstattzeit (Ha D 1). Sie wurden damals aus dem Süden übernommen und dabei scheint vor allem die im Bereich des Comer Sees und des Lago Maggiore verbreitete Golasecca-Kultur, welche die Alpenpässe ins Schweizer Mittelland kontrollierte, als Katalysator gewirkt zu haben.

Fragt man also nach den Ursachen für den Kulturwandel an der Wende von der älteren zur späten Hallstattzeit und für die Herausbildung der späthallstattzeitlichen Elite, so wird man stärker als bislang den Blick nach Italien zu wenden und ein Stück weit von der „massaliotischen Faszination" abzurücken haben. Die um 600 v. Chr. gegründete Kolonie der Phokaier musste sich in den ersten Jahrzehnten ihres Bestehens konsolidieren, bevor sie ihre Fühler nach Mitteleuropa ausstrecken konnte. Angesichts dieser Situation wird man auch die Lehmziegelmauer der Heuneburg, die um 600 v. Chr. oder kurz danach errichtet worden sein muss, kaum mit Massalia in Verbindung bringen können, sondern ihre Vorbilder eher in Oberitalien oder in Etrurien zu suchen haben, wenngleich exakte Parallelen von dort bislang nicht bekannt zu sein scheinen.

rallelen im Picenum. Ebenfalls Gräbern der entwickelten Späthallstattzeit entstammen die griechischen Importstücke von Sainte-Colombe in Burgund und aus dem Grafenbühl bei Asperg. In Griechenland produzierte attisch schwarzfigurige Keramik taucht in Mitteleuropa erst in der 2. Hälfte des 6. Jahrhunderts v. Chr. auf; die ältesten Scherben auf der Heuneburg stammen aus den Jahren um 540 v. Chr. In den großen Grabkammern der beginnenden Späthallstattzeit (Ha D 1) wie etwa dem Magdalenenberg und dem Hohmichele sucht man solche griechischen Importstücke noch vergebens.

Stattdessen lässt sich in der frühen Späthallstattzeit im nordwestalpinen Späthallstattkreis ein nicht zu unterschätzendes italisches Element fassen (Pare 1989, 441 ff.). Bereits während der älteren Hallstattzeit (Ha C) waren Bronzegefäße aus Italien in die Zone nordwärts der Alpen gelangt (Frankfurt/Main Stadtwald, Appenwihr, Poiseul-la-Ville). Damals bildeten sie noch vereinzelte Farbtupfer innerhalb der großen Geschirrsätze aus teilweise reich verzierten Tongefäßen, die den Toten ins Grab zu begleiten pflegten. In der ersten Hälfte des 6. Jahrhunderts v. Chr. (Ha D 1) scheint sich der Kontakt mit Italien dann verstärkt zu haben. Reiche Gräber dieser Zeit enthalten häufig eine größere Zahl von Bronzegefäßen, die entweder direkt von dort stammen oder aber nach italischem Vorbild nördlich der Alpen gefertigt worden sind. In Hügel 3 von Kappel am Oberrhein fanden sich in einer stattlichen, ca. 4,5 x 3 m großen Grabkammer mindestens 17 Bronze- und nur zwei Tongefäße (R. Dehn in: Kat. Colmar 51 ff.). Das jüngste Grab mit einer solch reichhaltigen Geschirrausstattung, die letztlich noch älterhallstattzeitliche Traditionen des 7. Jahrhunderts v. Chr. widerspiegelt, ist dasjenige von Hochdorf, das an der Wende von Ha D 1 nach Ha D 2 in den Boden kam (ABB. 7). Hatten die Geschirr-

Von einem griechischen „Importstrom", der in der 1. Hälfte des 6. Jahrhunderts v. Chr. über den „Rhône-Saône-couloir" nach Mitteleuropa geschwappt sein soll, kann jedenfalls keine Rede sein. Statt dessen scheinen die Alpenpässe bereits in der Frühphase der späten Hallstattzeit eine bedeutendere Rolle gespielt zu haben, als man dies lange Zeit angenommen hat.

Um die Mitte des 6. Jahrhunderts v. Chr. spielten sich im Mittelmeerraum dramatische Ereignisse ab, deren Schatten bis nach Mitteleuropa fielen. Kurz nach der Mitte des 6. Jahrhunderts v. Chr. eroberten die Perser das Reich des sagenhaft reichen Lyderkönigs Kroisos, der heute noch als „Krösus" in aller Munde ist, und dehnten ihre Macht bis an die Westküste Kleinasiens aus, wo sie die ionischen Griechenstädte unterwarfen. Ein halbes Jahrhundert später sollten sich diese Städte gegen die persische Herrschaft auflehnen und damit die welthistorische Auseinandersetzung der Griechen mit dem Reich des achämenidischen Großkönigs auslösen, die auf den Schlachtfeldern von Marathon, Salamis und Plataiai ihre Entscheidung fand. Das Vordringen der Perser an die kleinasiatische Westküste bewog damals zahlreiche Bewohner von Phokaia ihre Heimatstadt zu verlassen und sich in ihrer Kolonie Alalia/Aleria auf Korsika anzusiedeln. Diese verstärkte Präsenz der handelstüchtigen Phokaier im westlichen Mittelmeerraum musste dort das sensible Kräfteverhältnis ins Ungleichgewicht bringen. Etrusker und Karthager schlossen ein Bündnis und stellten sich um 540 v. Chr. der phokäischen Flotte vor der korsischen Küste zur Seeschlacht. Zwar konnten die Griechen einen Pyrrhussieg erringen, doch verloren sie zahlreiche ihrer Schiffe und ihre Vorherrschaft im Handel mit dem westlichen Mittelmeergebiet ging auf die Karthager über. Dies betraf insbesondere den Handelsverkehr mit Tartessos, dem wichtigsten Umschlagplatz für den Zinnhandel an der Mündung des Guadalquivir in Andalusien. Die Straße von Gibraltar geriet nun dauerhaft unter die Kontrolle der Karthager.

Vielleicht ist es mehr als nur ein Zufall, wenn in den Jahren nach diesen Geschehnissen mit dem riesigen Krater von Vix (ABB. 10) und dem Kessel von Hochdorf besonders wertvolle Gegenstände (groß-)griechischer Provenienz nach Mitteleuropa gelangten. Man möchte sie gerne als Gastgeschenke an einheimische Potentaten deuten, die man sich auf diese Art und Weise gewogen zu machen suchte. Insbesondere der Mont Lassois, der eine wichtige Station auf dem Weg von der Provence über Rhône, Saône und Seine zur Atlantikküste und damit zu den begehrten Zinnvorkommen im Südwesten Englands bildete, scheint damals einen steilen Aufstieg genommen zu haben. Die Schwächung der griechischen Seemacht führte nun offenbar zu einer verstärkten Kontaktaufnahme der Griechen mit den Völkern im Innern Galliens und nördlich der Alpen.

Die gewandelten Verhältnisse lassen sich auch in Massalia beobachten, das in der 2. Hälfte des 6. Jahrhunderts v. Chr. rasch an Bedeutung gewann. Zu dieser Zeit gelangte eine große Zahl von meist qualitätvoller Keramik aus dem griechischen Mutterland an den Golfe du Lion (Villard 1992). Massalia erlebte in spätarchaischer Zeit eine Blüte, eine Phase des Wohlstands. Davon legt nicht zuletzt ein um 520 v. Chr. errichtetes Schatzhaus im Athena Pronaia-Heiligtum von Delphi Zeugnis ab, das dieser Stadt zugewiesen wird. Dieser Aufschwung hängt sehr wahrscheinlich mit den geschilderten Ereignissen zusammen, die einen verstärkten Kontakt mit den Völkern des Nordens nunmehr wünschenswert erscheinen ließen. Wie die Verbreitung der in Massalia hergestellten Transportamphoren, der in Südfrankreich produzierten pseudoionischen bzw. pseudophokäischen „poterie grise" oder der attisch schwarzfigurigen Keramik nahe legt, gelangten diese Güter von Massalia aus über den Rhône-Saône-Weg nach Zentralfrankreich und nach Süddeutschland. Die Importe griechischer Provenienz entdeckte man dort in den prunkvollen Gräbern der späthallstattzeitlichen Elite und in befestigten Höhensiedlungen vom Typus Heuneburg.

Gegen Ende des 6. Jahrhunderts v. Chr. kündeten sich dann erneut tief greifende Veränderungen an. Späthallstattfibeln mitteleuropäischer Herkunft aus dem ausgehenden 6. und dem 5. Jahrhundert v. Chr. tauchten nun in Oberitalien auf und bildeten dort offenbar die ersten Vorboten der Wanderzüge, welche die Kelten im frühen 4. Jahrhundert v. Chr. bis nach Rom führen sollten (s. Beitrag Frey, Wer waren die Kelten?). In den Jahren um 500 v. Chr. nahm die Zahl griechischer Importstücke in Oberitalien stark zu, die über die neu gegründeten Handelsfaktoreien von Adria und Spina am caput Adriae verhandelt wurden. Dies fällt zeitlich zusammen mit dem Ausgreifen der Etrusker nach Norden in die Poebene. Diese Entwicklungen werden nördlich der Alpen im verstärkten Auftreten von Bronzegefäßen etruskischer Herkunft greifbar und wahrscheinlich haben sie sich auch auf die Herausbildung des neuen „keltischen" Kunststils ausgewirkt, der im 5. Jahrhundert v. Chr. in Mitteleuropa entstand und den der Klassische Archäologe P. Jacobsthal als den ersten großen Beitrag der Barbaren zur europäischen Kunst bezeichnet hat.

So viel wir auch heute dank der archäologischen Forschung über die späthallstattzeitlichen Fürsten wissen, so bleiben sie für uns doch abstrakte, schemenhafte Gestalten. Das Fehlen schriftlicher Zeugnisse für die mitteleuropäische Barbariké macht es unmöglich, sich dem Individuum, seinem historischen Handeln und seiner Motivation zu nähern. Die Namen der Männer, die im Magdalenenberg und in Hochdorf bestattet worden sind und die zu ihrer Zeit in starkem Maße die Geschichte und Geschicke Mitteleuropas geprägt haben, werden wir niemals erfahren.

Modell eines Herrschaftssystems

Frühkeltische Prunkgräber der Hunsrück-Eifel-Kultur

von Hans Nortmann

Ein vergleichender Blick vom Glauberg auf die kulturelle Nachbarschaft im Westen sollte es ermöglichen, dieses bemerkenswerte, in seinem Umfeld aber doch recht isolierte Grabmal besser zu verstehen. Obwohl ähnliche Entwicklungen zeitgleich auch anderwärts zu beobachten sind, dürfte dabei die Beschränkung auf einen einigermaßen geschlossenen Kulturraum dem Anliegen am besten gerecht werden.

Keltische Archäologie an Mittelrhein und Mosel ist bis heute mehr als anderwärts Gräberforschung geblieben. Seit dem 6. Jahrhundert v. Chr. wird dabei im Mittelrheingebiet eine kulturelle Einheit erkennbar. Gemeinsamkeiten in Grabbrauch, Formengut und Trachtausstattung umschreiben für gut 300 Jahre die Hunsrück-Eifel-Kultur (Haffner 1976; Heynowski 1992; Joachim 1968; ders. 1997; Nortmann 1993; Parzinger 1988). Zunächst sind jene Kulturäußerungen zwischen Bingen und Bonn, Limburg und Luxemburg nicht so sehr in sich bemerkenswert als durch die damit einhergehenden Beobachtungsbedingungen. Günstige Umstände erlauben hier in fast einzigartiger

Weise beispielhaft einen kulturellen Umbruch zu verfolgen, der für die keltische Welt insgesamt bedeutsam ist und am Glauberg einen besonders bemerkenswerten Ausdruck gefunden hat. Es lohnt sich zum besseren Verständnis diese besonderen Bedingungen vorweg einmal zu betrachten.

BEOBACHTUNGSBEDINGUNGEN

Grundlage ist die um 600 v. Chr. aufkommende Sitte, alle Toten in Grabhügeln beizusetzen. Gerade in Wald und Grünland der Mittelgebirgslagen blieben solche Hügelgräber häufiger als in landwirtschaftlich stärker genutzten Landschaften erhalten (ABB. 12). Die auffälligen Grabhügel und ihr zuverlässig zu erwartender Beigabenbestand waren und sind also nicht allein Zufallsentde-

12 Prunkgräbergruppe bei Pellingen, Hunsrück, im Ackerland weit gehend verschliffen.

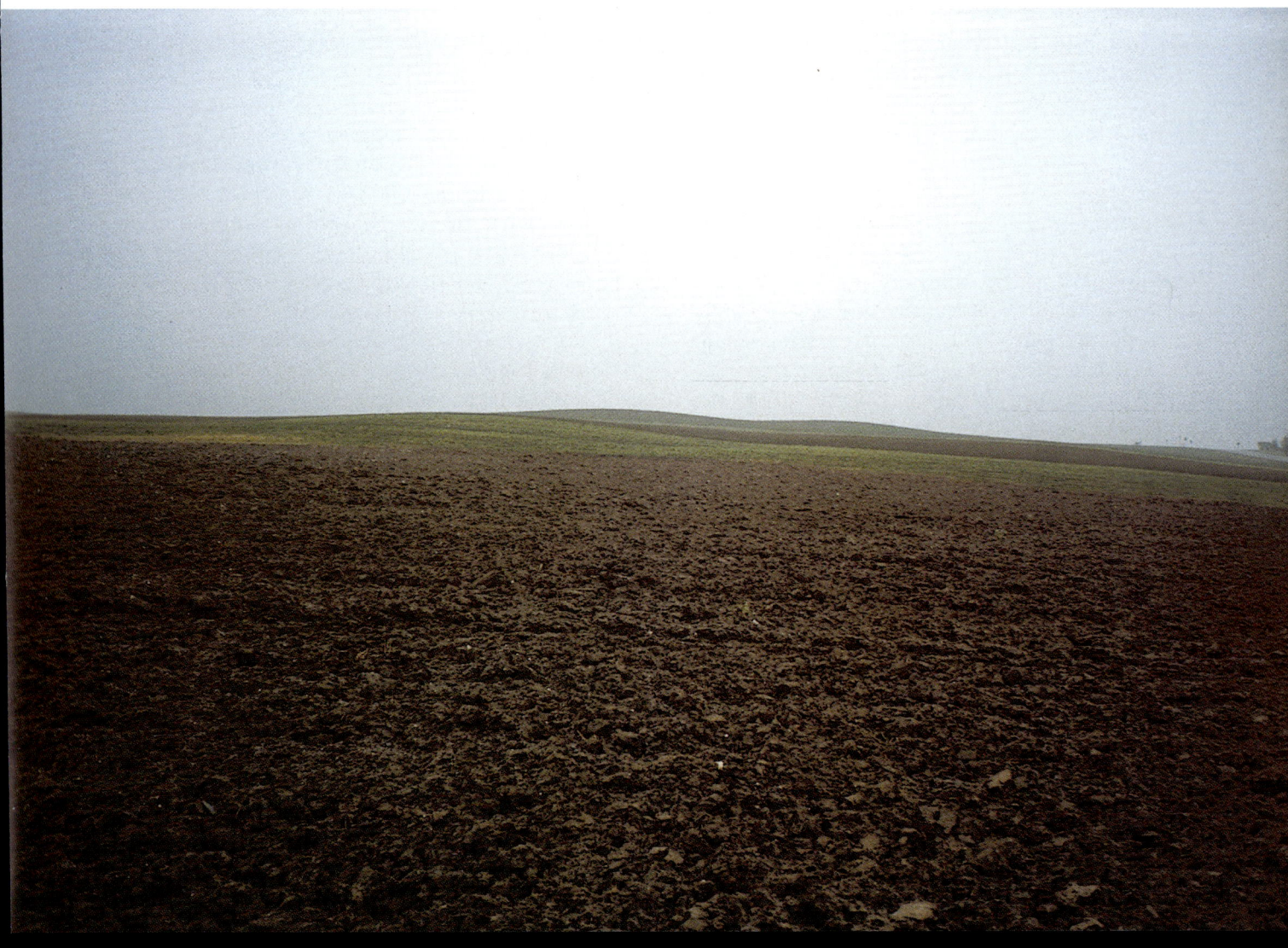

ckungen, sondern zogen Wahrnehmung, Erschließung und Ausgrabungstätigkeit naturgemäß früh an. Damit war erstmals flächendeckend auch auf den Hochlagen der Mittelgebirge eine gute Arbeitsgrundlage zur Analyse kultureller Entwicklungen gegeben.

Das Aufkommen der Hügelgrabsitte schuf auch erst die Voraussetzung, größere Friedhöfe und damit ganze Gemeinschaften wahrzunehmen und über längere Zeit zu verfolgen. Vollständige Hügelfriedhöfe erstrecken sich dabei in lockerer Reihung nachweisbar über 800–2000 m Ausdehnung (Cordie-Hackenberg 1993; Joachim 1982; ders. 1990). Solche Dimensionen verdeutlichen die Schwierigkeit, in dichter genutzten Landschaften zu ähnlichen Gesamteinblicken zu kommen.

Die Friedhöfe weisen in der Regel eine mehrhundertjährige Beständigkeit auf, die eine Kontinuität der dahinter stehenden Gemeinschaft sichert. Entwicklungen, die auch über die engere Region hinaus bedeutsam sind, lassen sich so im Rheinland Schritt für Schritt in einzelnen Sozialverbänden verfolgen.

Das rheinische Mittelgebirge hat in weiten Teilen den Charakter einer Hochfläche. Entsprechend den darin tief eingesenkten Fluss-Systemen von Rhein und Mosel gliedert sich die Landschaft durch scharf einschneidende Kerbtäler oft sehr deutlich in natürliche Siedlungskammern. Wird dort ein Friedhof festgestellt, liegt im Idealfall auch der zugehörige Einzugsbereich samt Wegeerschließung fest (ABB. 13). Solche Fälle fast vollständiger Friedhöfe in natürlich umgrenzten Siedlungskammern sind in einiger Anzahl bekannt. Sie liegen naturgemäß eher in immer schon dünn besiedelten Randregionen. Man kann erwarten, dass die dort beobachtete kulturelle Entfaltung in den Siedlungsschwerpunkten des Landes eher noch markanter ausgeprägt war.

DIE ANFÄNGE DER HUNSRÜCK-EIFEL-KULTUR

Die Belegung der Hügelgräberfelder nimmt im 6. Jahrhundert v. Chr. ihren Anfang mit beigabenarmen Brandgräbern älterer Tradition. Sie werden noch im 6. Jahrhundert v. Chr. weit gehend abgelöst durch unverbrannte Bestattungen als Regel mit Ausnahmen, bis sich die Tendenz seit dem 4. Jahrhundert v. Chr. wieder zur Bevorzugung der Totenverbrennung umkehrt. Keramik als Hinweis auf eine Speisebeigabe ist fast in jedem Grab vertreten. Körpergräber, mit denen wir es im Folgenden vorzugsweise zu tun haben, sind in der Regel informativer, da vielfach mit mehr und zudem unzerstörten Beigaben in aussagekräftiger Anordnung ausgestattet. In den Gräbern des 6. Jahrhunderts v. Chr. sind dies regelmäßig eiserne Lanzen bei Männern sowie Garnituren von meist bronzenen Ringen bei Frauen. Gestalterisch wie technisch handelt es sich um eher schlichte Formen. Sie weisen kultu-

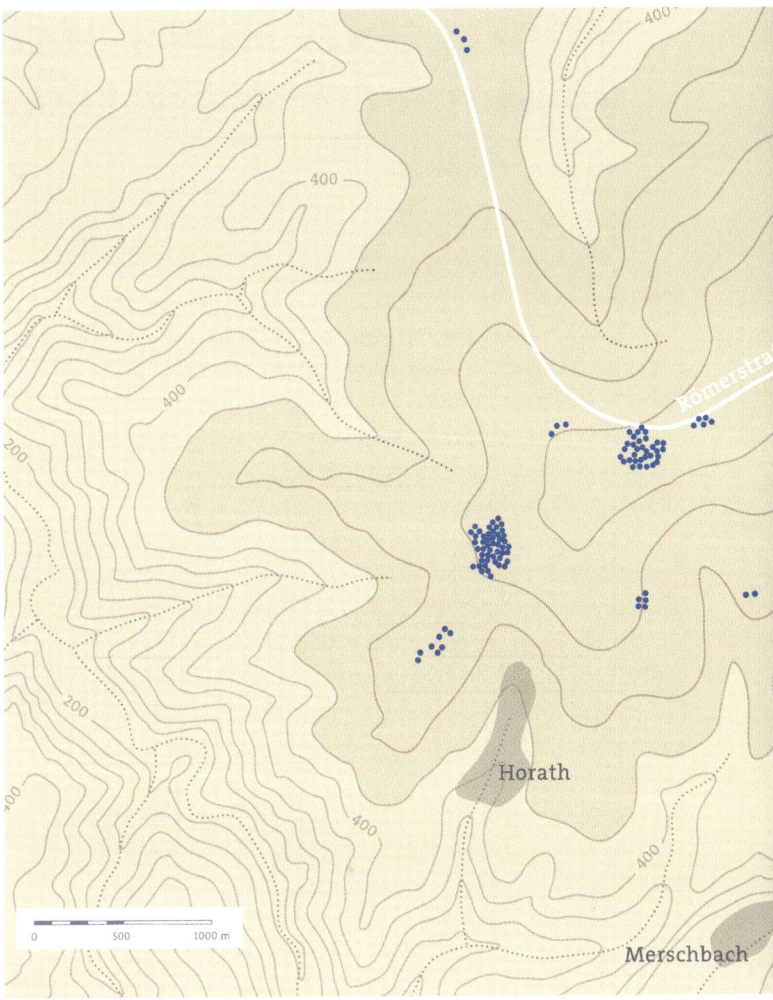

13 Von Steiltälern gesäumte Siedlungskammer von Horath, Hunsrück, mit großem Hügelgräberfeld im Zentrum und abgesetzter Gruppe von drei Prunkgräbern am Nordausgang.

relle Verbindungen außer in die nähere Nachbarschaft sowohl in die östliche Mittelgebirgsregion wie in die süddeutsch-ostfranzösische Zone nördlich der Alpen aus. Gerade die überaus bunte und dynamische Entwicklung der dortigen Späthallstattkulturen mit ihren mediterranen Bezügen (Pare 1991; Pauli 1993) hinterlässt am Mittelrhein jedoch zunächst keine erkennbaren Spuren.

Die unspektakuläre Auftaktphase der kontinuierlich weiterbelegten eisenzeitlichen Friedhöfe des südlichen Rheinlandes währt bis gegen 515 v. Chr. Für diese Zeit und darüber hinaus können Anhaltspunkte über die Größe der zu den normalen Grabhügelfeldern gehörigen Bestattungsgemeinschaft gewonnen werden. Ohne die früh gestorbenen Kleinkinder lassen sich etwa 16 bis 40 gleichzeitig lebende Personen erschließen. Nochmals reduziert um Kinder und Jugendliche, repräsentiert ein gewöhnlicher Friedhof kaum mehr als sechs bis zwölf erwachsene Männer.

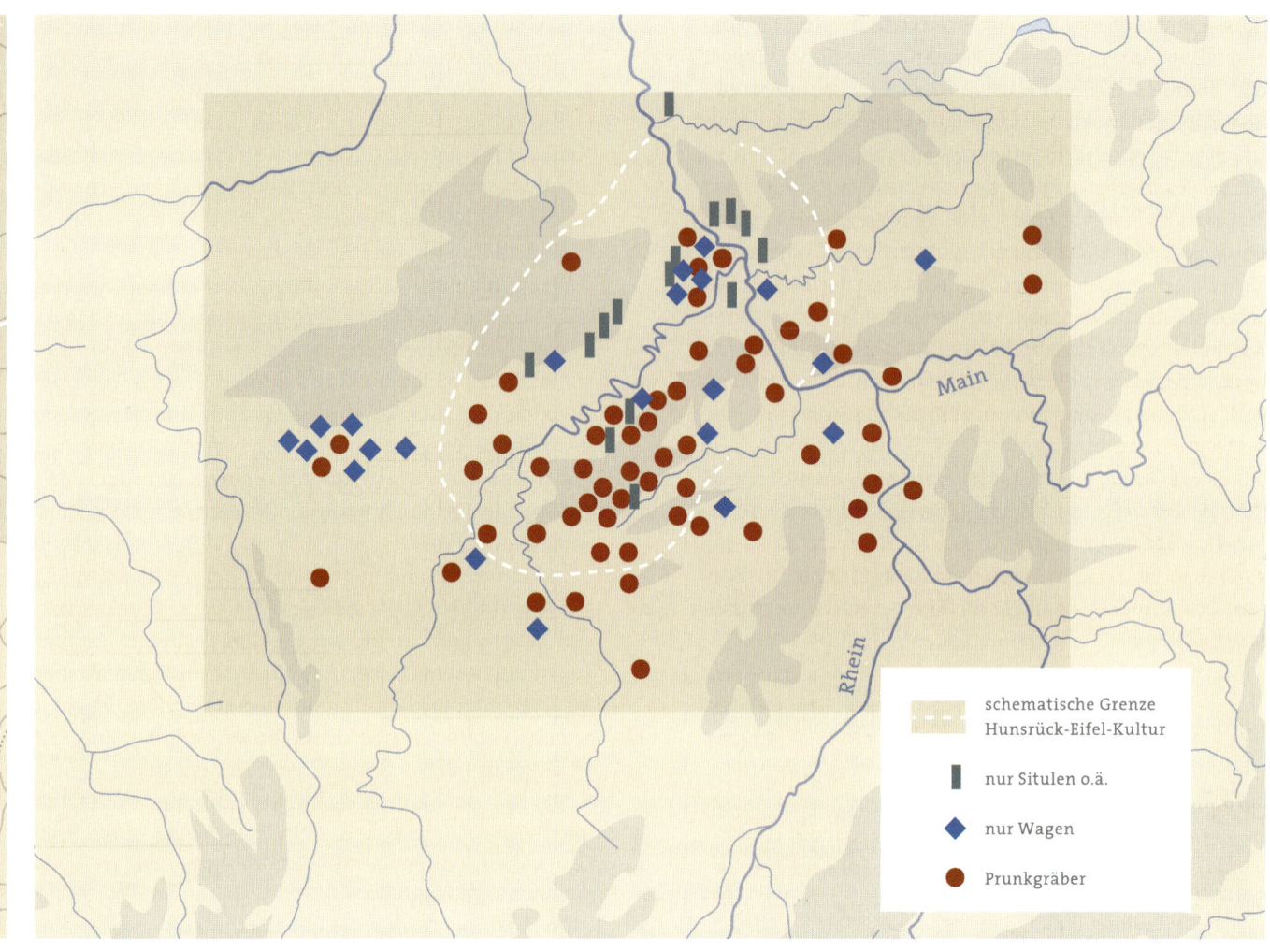

14 <u>Prunkgräber im Umfeld der Hunsrück-Eifel-Kultur</u>
(Ende 6. bis 4. Jahrhundert v. Chr.).

In the map legend:

schematische Grenze
Hunsrück-Eifel-Kultur

nur Situlen o.ä.

nur Wagen

Prunkgräber

Map labels: Main, Rhein

VERÄNDERUNGEN

Am Ende des 6. Jahrhunderts v. Chr. kündigt sich in der selbstgenügsamen Hunsrück-Eifel-Kultur ein Wandel an. Es beginnt bei ungebrochener Kontinuität der Gräberfelder über knapp 200 Jahre eine Entwicklung, die in vieler Hinsicht Abläufe aus der späthallstattzeitlichen Kulturentwicklung weiter südlich wiederholt (s. Beitrag Baitinger). Dazu gehört die Hervorhebung der einheimischen Eliten und die Begegnung mit Südeuropa. Am Ausgang ist das Mittelrheingebiet fester Bestandteil eines südmitteleuropäischen Kulturverbandes, der unzweifelhaft als keltisch bezeichnet werden darf.

Der <u>beginnende Wandel</u> findet seinen Ausdruck zunächst abseits der Friedhöfe in der <u>Neuanlage von Burgen</u> (Nortmann 1991; ders. 1999a), nachdem die Befestigung abgesetzter Höhen jahrhundertelang nicht praktiziert worden war. Solche Ausnahmesiedlungen, die als Hinweise auf eine ausgeprägt herrschaftliche Sozialstruktur aufgefasst werden, gehören zu den Merkmalen der nordwestalpinen Hallstattkultur. Die präziser um 514 und 509 v. Chr. datierbaren <u>rheinischen Anlagen von Befort und Kirnsulzbach</u> repräsentieren eine flächendeckende Welle von Burgengründungen, deren Befestigungswerke auch technisch an die älteren Burgen der Hallstattkultur anknüpfen. Die rheinischen Burgen sind durch ihr zeitgleiches Hervortreten mit weiteren Neuerungen ein Indiz für <u>gesellschaftlich-kulturelle Umwälzungen.</u> Dabei ist nicht nur die neuartige Funktion des Militärbauwerks zu bedenken, sondern auch der demonstrative Charakter der nur dabei eingesetzten (Stein-)Architektur. Kaum bewohnt und im Innern schon gar nicht mit Hinweisen auf außergewöhnliche kulturelle Entfaltung verknüpft, bieten die rheinischen Burgen jedoch gerade nicht das zwischen Süddeutschland und Burgund bekannte Bild so genannter Fürstensitze. Auch sind die rheinischen Burgen nur kurzlebig und existieren bereits nicht mehr, als die regionale Prunkgräbersitte voll entfaltet ist. Entsprechend existiert auch keine überzeugende räumliche Koppelung zwischen Burgen und herausgehobenen Bestattungen in ihrem Vorfeld wie am Glauberg.

Gegen 500 v. Chr. stellen sich im Mittelrheingebiet mit Wagenausstattung, Metallgeschirr fremder Herkunft und Goldobjekten erste Hinweise auf Prunkgräber ein (ABB. 14).

Diese neutrale Bezeichnung betont zunächst nur die Sonderstellung gegenüber den gewöhnlichen Bestattungen, die „Reaktion der Nachwelt auf den Tod außergewöhnlicher Zeitgenossen" und vermeidet vorerst eine Deutung, unter welchen Bedingungen „der archäologische Befund solche imposante Offenbarung des sozialen Status zu erkennen gibt" (Kossack 1974, 4; 13). Prunkgräber sind ein in verschiedenen Epochen und Räumen wiederkehrendes Phänomen, dessen Erscheinungsformen freilich unterschiedlich ausfallen, auch innerhalb der Hunsrück-Eifel-Kultur (A. Haffner in: Kat. Trier 31 ff.). Diese Regionalgruppe teilt den sich in Prunkgräbern äußernden kulturellen Aufbruch der frühkeltischen Welt mit einer von Böhmen bis in die Champagne reichenden Zone (Echt 1999), ja es gehört zu den Charakteristika, dass hier, in den oberen Rängen der sozialen Hierarchie, ein überregionales Beziehungsgeflecht offenbar wird.

Mehr oder weniger deutlich gebündelt können in unserem Zusammenhang folgende Eigenarten die Hervorhebung anzeigen:

- die abgesetzte Lage zum normalen Gräberfeld,
- die besonders aufwändig gestaltete Grabanlage, z. B. durch Großhügel oder große Holzkammer,
- die Ausstattung mit einem Wagen,
- Prestigegüter fremder Herkunft (Importe), in der Regel Metallgeschirr aus dem etruskischen Mittelitalien sowie Norditalien,
- kunsthandwerklich herausragend gestaltete Objekte, oft unter Verwendung exotischer und kostbarer Materialien (Gold, Koralle, Bernstein) und Aufbietung regional neuartiger Techniken.

Der Anschaulichkeit halber sollen vorweg einige Beispiele vorgestellt werden, die zunächst den Beginn der Prunkgrabsitte um 500 v. Chr. repräsentieren:

Bei Bell im Hunsrück barg ein überdurchschnittlich großer Hügel in einer Grabkammer die älteste Bestattung einer Grabhügelgruppe. Auffälligster Fund war ein vierrädriger Wagen, der seinem Typ nach in der Tradition hallstattzeitlicher Zeremonialwagen Südmitteleuropas steht und dort reiche Bestattungen auszeichnet (Joachim 1987; Pare 1987; M. Egg/Ch. Pare in: Kat. Rosenheim 209 ff.; Möller 1997). In der Region ist diese Ausstattung neu und selten. Gefäßbeigabe und Lanzenspitze entsprechen dem schlichten Beigabenspektrum der Zeit. Jedoch war hier das übliche Tongefäß ersetzt durch einen Bronzeeimer (Situla) lombardischer Herkunft, einer der ältesten südalpinen Importe im Rheinland (Nortmann 1998a; ders. 1998b; ders. 1999b).

30 km westlich lagen bei Hundheim zwei ursprünglich isolierte Grabhügel der gleichen Zeit. Die dort beigegebenen Wagen gehören zu den ältesten Vertretern leichter zweirädriger Wagen, die, über Italien inspiriert, nunmehr im keltischen Bereich Eingang finden (Haffner/Joachim 1984; M. Egg/Ch. Pare in: Kat. Rosenheim 209 ff.). Eines der Wagengräber enthielt wie das von Bell eine Situla.

Ein mit zwei Gefäßen denkbar schlichtes Brandgrab der gleichen Zeit um 500 v. Chr. bei Bitburg in der Eifel (ABB. 15) führt mit einer importierten Situla einen Grenzfall von Prunkgrab vor.

Den bislang aufgeführten Männergräbern lässt sich aus dem gleichen Zeitraum im südwestlichen Vorfeld der Hunsrück-Eifel-Kultur ein Frauengrab zur Seite stellen: Innerhalb eines Gräberfelds bei Wallerfangen im Saarland enthielt ein Grab neben Amuletten und einem bronzenen Beinring Hals- und Armringe aus Goldblech.

Dass die seltene Verwendung von Gold auszeichnenden Charakter hat, bestätigen stellvertretend zwei Neufunde aus dem Raum Koblenz (Joachim 1990): In Sichtweite größerer Hügelfriedhöfe liegen bei Kobern und Lonnig mehrere isolierte Großhügel. Zwei erbrachten Bestattungen mit zweirädrigen Wagen, dazu eine bescheidene,

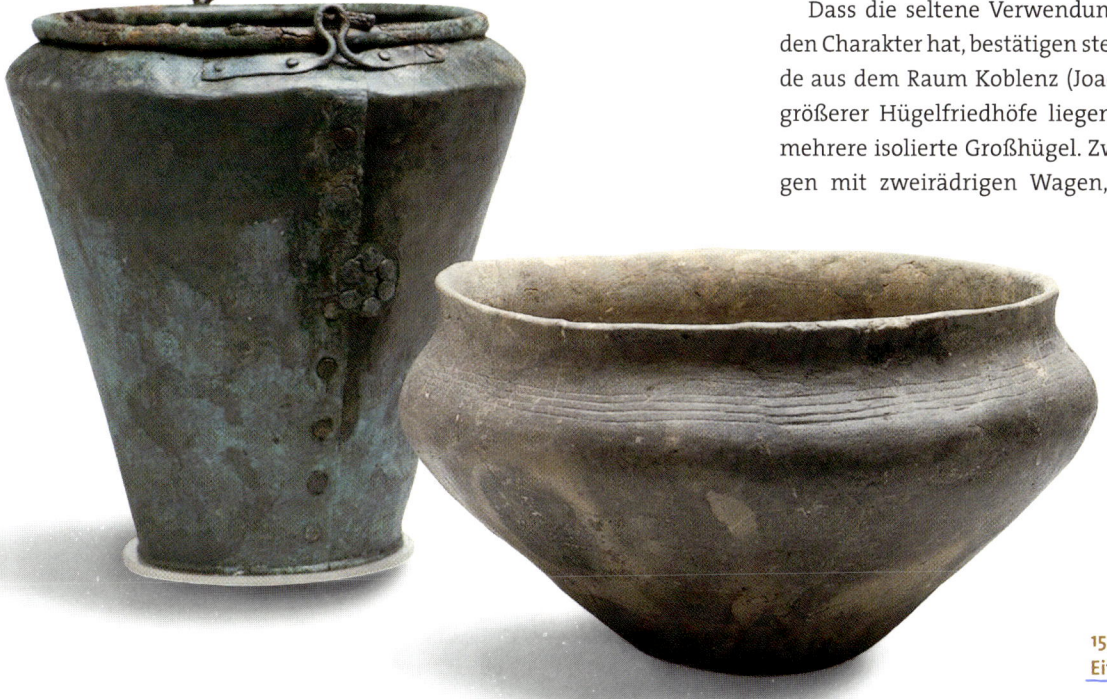

15 Urnengrab von Bitburg, Eifel, mit Bronzesitula.

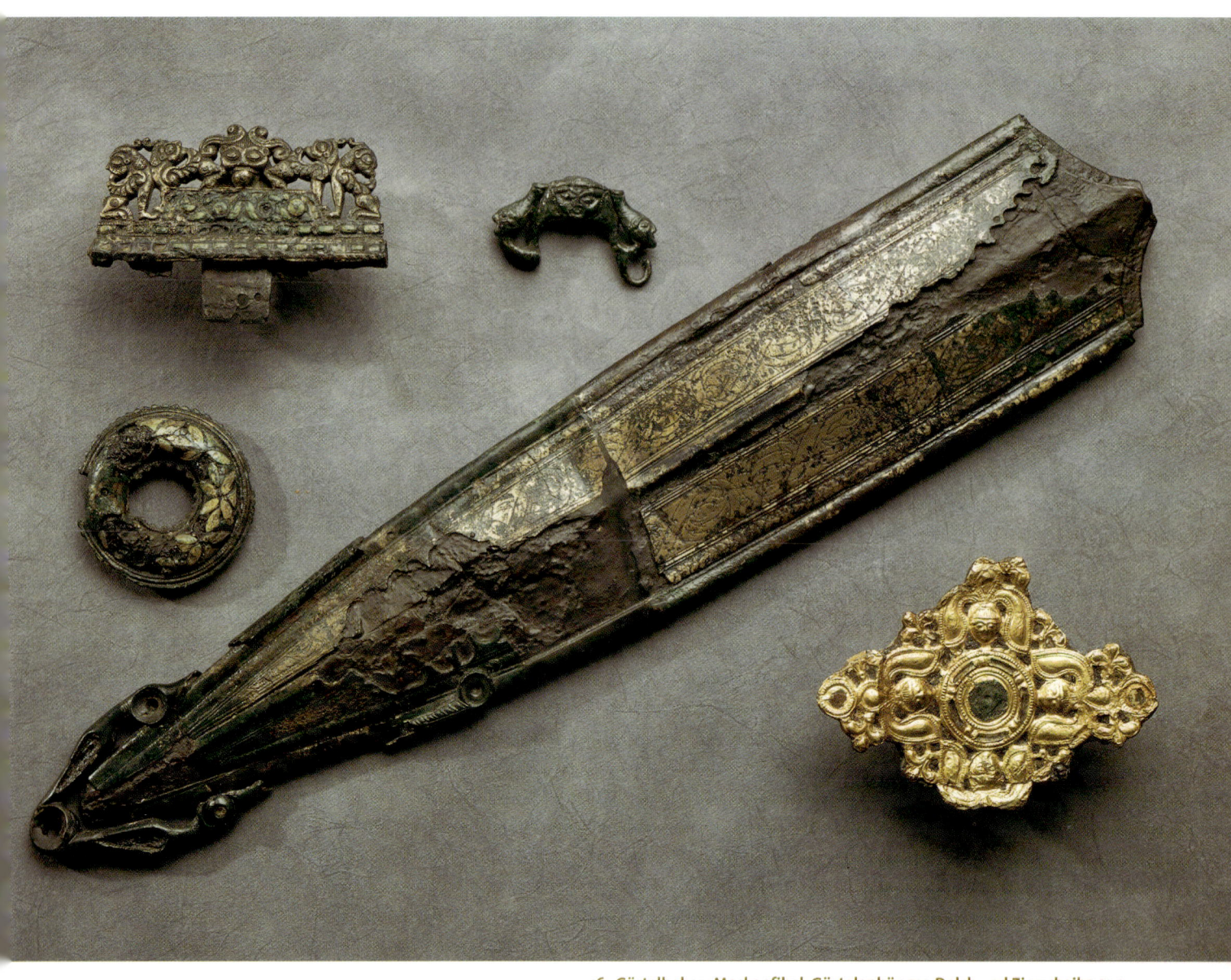

16 Gürtelhaken, Maskenfibel, Gürtelanhänger, Dolch und Zierscheibe aus dem Prunkgrab I von Weiskirchen, Hunsrück (KAT.-NR. 92.2–92.6).

aber mit Goldbesatz aufgewertete Ausstattung. Es verdient Beachtung, dass zwei benachbarte Hügelfriedhöfe (Bassenheim, Kobern) auch jeweils mehrere schlichte, teilweise sehr frühe Wagengräber enthielten. Es könnte sein, dass hier eine gewisse Steigerung der Absonderungstendenz fassbar wird, wobei erst in einem fortgeschrittenen Stadium die Auslagerung an einen Sonderstandort praktiziert wird.

Ein Zeitsprung um rund 100 Jahre führt beispielhaft jüngere Prunkgräber zur Zeit der Glaubergfunde vor:

Bei Hochscheid im Hunsrück barg eine isolierte Hügelgruppe vier überdurchschnittlich ausgestattete Kriegergräber in großen Holzkammern (Haffner 1992). 1500 m entfernt liegt auf dem gleichen Rücken ein normales Hügelgräberfeld. Zwei der abgesetzten Gräber vom Ende des 5. Jahrhunderts v. Chr. enthielten neben einheimischer Keramik noch eine etruskische Bronzeschnabelkanne (Vorlauf 1997; Eiden 1995). Nur eines dieser beiden Gräber

mit Importgut wies zusätzlich noch herausragende Objekte einheimisch-frühkeltischen Kunsthandwerks auf, nämlich eine ornamental und figürlich gestaltete Gürtelgarnitur (KAT.-NR. 87, ABB. 332) sowie eine Goldzierscheibe. Ein etwas jüngeres Grab ohne Importbeigabe kann durch ein figürlich verziertes Prunkschwert (KAT.-NR. 114, ABB. 356) eine Sonderstellung beanspruchen.

Vor dem Südkamm des Hunsrücks bei Weiskirchen reihten sich drei Großhügel mit reichen Kriegerbestattungen in 1000 m Abstand entlang des natürlichen Zuwegs zur Siedlungskammer. In einer erkennbaren Zeitfolge angelegt, enthielten alle mindestens ein bronzenes Importgefäß aus Etrurien, dazu Prunkwaffen, Trachtzubehör und ein Trinkhorn, gestalterisch und technisch herausragende Schöpfungen frühkeltischen Kunsthandwerks unter Verwendung von Gold, Koralle und Bernstein

(ABB. 16–18; 23). Die Umsetzung mediterraner Vorlagen in keltische Kunst ist hier geradezu mit Händen zu greifen (Haffner 1993).

Das bei Weiskirchen nicht mehr beurteilbare Umfeld der Prunkgräber erschließt sich beispielhaft 20 km nördlich bei Bescheid im Hunsrück. Aus einem älteren Hügelgräberfeld geht im 5. Jahrhundert v. Chr. ein 1100 m weit abgesonderter Ableger von 16 Hügeln hervor. Die Sondergruppe liegt genau am natürlichen Zugang zur Siedlungskammer. Mindestens drei der Gräber, aber nicht alle, zeichnen sich in unterschiedlich reichem Maße unzweifelhaft als Prunkgräber aus durch etruskisches Metallgeschirr (ABB. 19), Prunkwaffe (KAT.-NR. 114, ABB. 356), Wagenbeigabe oder Goldobjekte. Eines der Gräber mit Importgefäß lässt sich einem noch nicht heiratsfähigen Mädchen zuweisen, dessen Sonderstatus somit nur verwandtschaftlich bedingt sein kann (Husty 1990).

Als später Schlusspunkt der rheinischen Prunkgräber gilt das um 320 v. Chr. im südlichen Grenzsaum der Hunsrück-Eifel-Kultur angelegte Frauengrab von Waldalgesheim bei Bingen (KAT.-NR. 99, ABB. 154; 342–345). Es vereint

mit isolierter Lage, Importgefäß, Wagenbeigabe, Goldschmuck und kunsthandwerklichen Spitzenerzeugnissen noch einmal alle Kriterien für diese Sonderbestattungen. In ähnlich reichhaltiger Weise vertreten auch etwas ältere Grabinventare aus Rheinhessen und der Pfalz den rheinischen Prunkgräberkreis, darunter das Kriegergrab von Rodenbach (KAT.-NR. 98, ABB. 142; 179; 341) und die Frauengräber von Bad Dürkheim (KAT.-NR. 97, ABB. 30; 339; 340) und Reinheim (KAT.-NR. 90, ABB. 140; 334; 335). Im Gegensatz zu den Verhältnissen in dieser südlich angrenzenden, kulturell verwandten Zone sind Prunkgräber der Hunsrück-Eifel-Kultur allerdings fast ausschließlich Männer- bzw. Kriegerbestattungen.

Die rheinischen Prunkgräber setzen gleichsam in ihrer höchsten Blüte im 4. Jahrhundert v. Chr. regelrecht aus und hinterlassen die gehobene Routine des Fundguts gewöhnlicher Gräberfelder. An außerordentlichen künstlerisch-kunsthandwerklichen Leistungen der keltischen Welt hat das Rheinland seitdem keinen maßgeblichen Anteil mehr.

ZUR LAGE DER PRUNKGRÄBER

Eine abgesetzte Lage des Grabs ist ein häufig eingesetztes Mittel, den Sonderstatus des Toten hervorzuheben, tendenziell umso stärker ausgeprägt, je mehr auch die Ausstattung dies betont. „Mit der rituellen Überhöhung der Person [...] war eine Trennung von der Gemeinschaft verbunden, der sich in der räumlichen Absonderung des Prachtbegräbnisses vom Ortsfriedhof äußerte" (Kossack 1974, 31). Wie es aber Prunkgräber auch im Verband eines größeren Friedhofs gibt, so ist die Absonderungsdistanz durchaus variabel, in gesicherten Fällen von 300 über 1100 bis 2600 m (ABB. 13). Angesichts der Ausdehnung gewöhnlicher Hügelgräberfelder um 800–2000 m bleibt ungeachtet der Absonderung auch die Beziehung noch plausibel, die zwischen dem herausgehobenen Toten und seiner Gemeinschaft, repräsentiert im Normalfriedhof, bestanden haben muss. Wo eine natürliche Umgrenzung der Siedlungskammer Friedhof und Prunkgrab umschließt und als zusammengehörig ausweist, wird meist auch die demonstrative Position der Prunkgräber an Zugangswegen offensichtlich (Nortmann/Ehlers 1995) (ABB. 12; 13). Nach außen hin markiert das Grabdenkmal jenen Raum, in dem der Tote einst eine prominente Rolle spielte. Es muss hier offen bleiben, welcher weiter gehende Anspruch hinter einer derartigen Demonstration steht.

Wiederholt, sodass es wohl als Regelfall anzunehmen ist, lässt sich der Bezug des Prunkgrabs zu einem größeren, gewöhnlichen Friedhof feststellen. Damit liegt dann auch die Größenordnung der Gemeinschaft fest, aus welcher der herausgehobene Tote hervorgegangen ist und in der er offensichtlich eine prominente Stelle einnahm.

17 Bronzene Schnabelkanne aus dem Prunkgrab I von Weiskirchen, Hunsrück (KAT.-NR. 92.1).

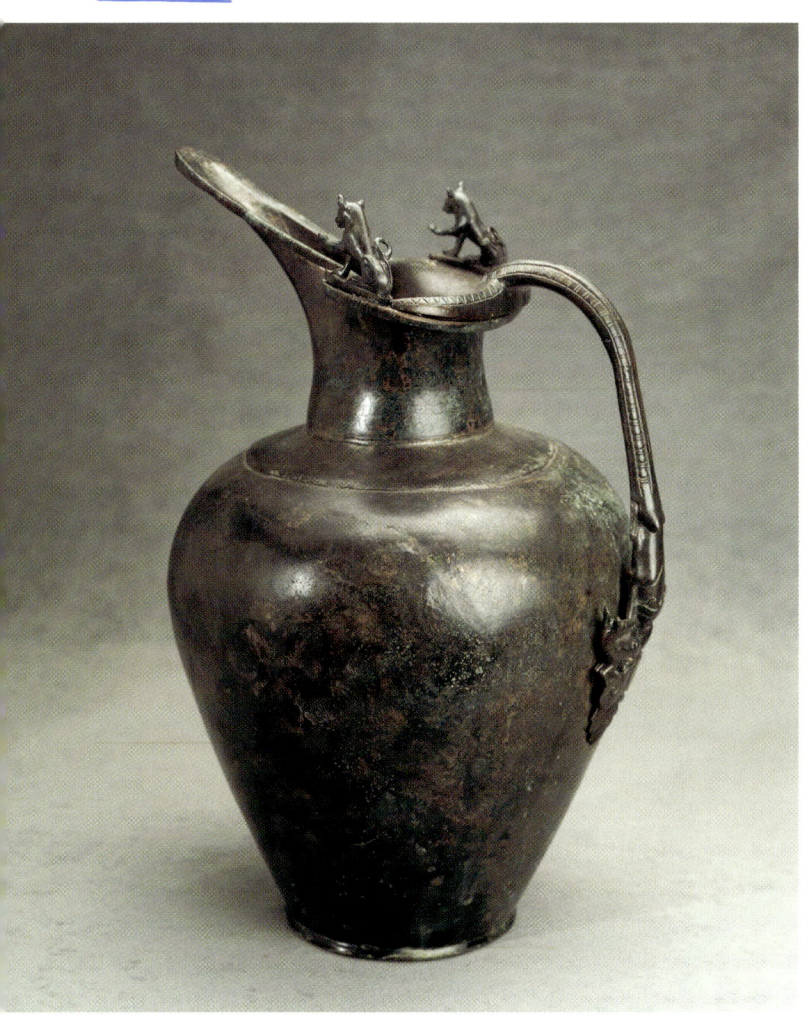

Oben wurden dafür nicht mehr als sechs bis zwölf erwachsene Männer veranschlagt.

Prunkgräber können Einzelbestattungen sein, bilden aber oft auch kleinere Gruppen (ABB. 13). Es kommt dann vor, dass darin nicht alle Bestattungen durchweg selbst die Prunkgrabkriterien erfüllen bzw. dass es deutliche Qualitätsabstufungen in der Ausstattung gibt. Entsprechend den Beispielen Hochscheid und Bescheid war die Einbeziehung in den Zusammenhang der abgesonderten Gruppe aber wohl angestrebt. Grundlage dieses Zusammenhalts kann die familiäre Zugehörigkeit sein, wie Prunkgräber von Knaben und Mädchen nahe legen. Auch kommt es vor, dass abgesetzte Prunkgrabstandorte erst nachträglich, wohl in bewusster Bezugnahme oder mit familiärem Hintergrund, zur Beisetzung gewöhnlicher Bestattungen ausgewählt wurden. Alternativ zum Familienverband können für die Zugehörigkeit zur Sondergruppe persönliche Leistung oder eine Gefolgschaftsstruktur erwogen werden. Jedenfalls bilden Prunkgräbergruppen in der Regel wohl keine geschlossenen Lebensgemeinschaften ab, etwa im Sinne adeliger Familiengrablegen. Überwiegend sind die Gruppen dafür einfach zu klein und eben auch vorzugsweise Männern zugeordnet.

Am jeweiligen Standort scheinen Prunkgräber in der Regel ein kurzlebiger Sonderfall zu sein. Sie decken jedenfalls nicht kontinuierlich jene 150–180 Jahre ab, während der die Sitte nachweisbar ist. Prunkgräbergruppen werfen die Frage auf, nach welchen Regeln hier die Einbeziehung mehrerer Personen erfolgt. Archäologisch festgestellte Gleichzeitigkeit bei manchen dieser Gruppen erlaubt wegen mangelnder Trennschärfe durchaus noch eine zeitliche Abfolge im Generationenabstand. Mehrfach ist eine zeitliche Folge auch tatsächlich fassbar, die im Beispiel Bescheid auch etliche Jahrzehnte umfassen dürfte. Oben wurde mit dem Beispiel Bassenheim/Kobern zudem bereits angedeutet, dass es im Rahmen einer Sozialeinheit vielleicht eine längere Entwicklung gibt, bei der das isolierte, reich dotierte Prunkgrab Vorläufer an anderer Stelle besitzt. Die weit auseinander gezogene Prunkgrabeinheit Weiskirchen unterstreicht diese Möglichkeit.

Es ist jetzt noch einmal auf die Prominenz von Personen zurückzukommen, die sie aus einer Gruppe von sechs bis zwölf Männern ihrer engeren Gemeinschaft heraushebt. Der Terminus „Fürstengräber", wie vage seine Assoziationen auch sind, wäre bei dieser Größenordnung zweifellos nicht angebracht. Allein die geringe Zahl ermöglicht nur

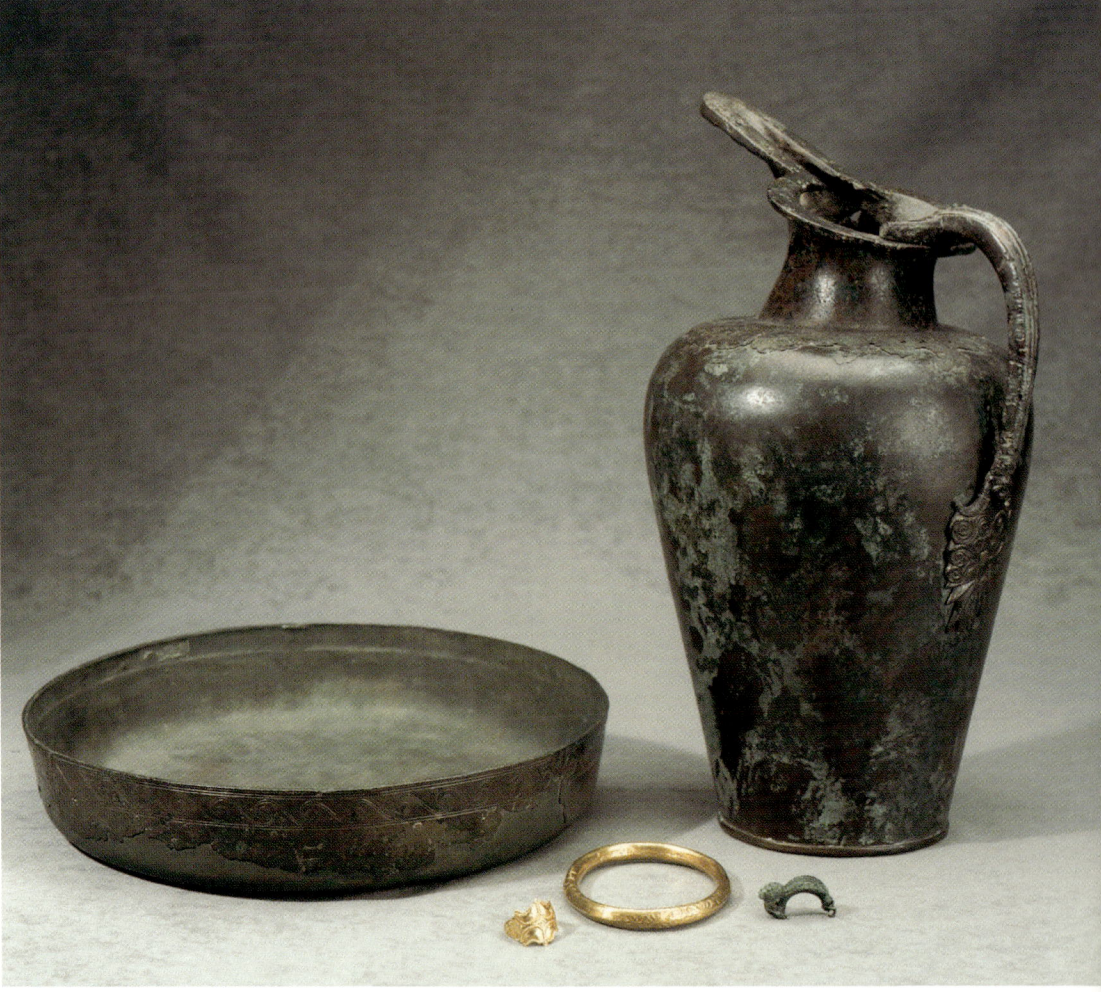

18 Inventar des Prunkgrabs III von Weiskirchen, Hunsrück (KAT.-NR. 94).

eine flache Sozialhierarchie. Natürlich könnte die Ausnahmeposition dieser Prominenten von mehr als einer Gemeinschaft getragen sein. Tatsächlich legen die Einzugsbereiche der Burgen nahe, dass es von einer Spitze dominierte Kleinräume gibt, die größer sind als der Einzugsbereich eines einzigen Gräberfelds. Andererseits zeigte sich letzthin, wie dicht – ungeachtet aller Zufälligkeit der Überlieferung – Prunkgräber doch im Raum der Hunsrück-Eifel-Kultur verteilt sind (Nortmann/Ehlers 1995; Nortmann 1999b). Inzwischen drängt sich die Einsicht auf, dass hier mehr oder weniger zu jeder normalen Bestattungsgemeinschaft derartige Sonderbestattungen zu erwarten sind. Eine nochmals exklusivere Spitzengruppe ähnlich den Verhältnissen in der älteren süddeutschen Hallstattkultur (Pare 1991; Pauli 1993) oder vielleicht am Glauberg braucht deswegen für die Hunsrück-Eifel-Kultur noch nicht ausgeschlossen zu werden. Dazu sollte aber die Dominanz eines Prunkgrabs über mehrere Gemeinschaften plausibel sein, die aktuell oder zuvor über je eigene Spitzen nach Art von Prunkgräbern verfügen. Diese Kriterien erscheinen derzeit nicht erfüllt, so verlockend es auch sein mag, die vorhandenen Unterschiede im Ausstattungsumfang und das Vorhandensein von Statussymbolen in Rangstufen zu übersetzen, soweit nicht die zeitliche Staffelung ohnehin eine andere Erklärung nahe legt.

ZUR GRABARCHITEKTUR VON PRUNKGRÄBERN

Die auf die Grabanlagen vom Glauberg hin errichteten Erdwerke stellen eine gewaltige Gemeinschaftsleistung dar und unterstreichen fast mehr als alles andere Bedeutung und Exklusivität dieser Stätte. Es muss offen bleiben, ob es derartige Ritualbauwerke nicht auch im Rheinland gibt. Die weniger spektakulären Merkmale Hügelarchitektur und Grabkammerbau geben mehr Anhaltspunkte als weiter gehende Einsichten zur Ansprache als Prunkgrab: Bei üblichen Hügeldurchmessern von 8–20 m sind Prunkgrabhügel nur der Tendenz nach, nicht aber in jedem Einzelfall deutlich größer und erreichen Maße bis 50 m. Umschließende Kreisgräben sind nicht die Regel, kommen aber wohl häufiger als bei gewöhnlichen Grabhügeln vor.

Im Gegensatz zu den schmalen Erdgräbern oder Särgen gewöhnlicher Körperbestattungen besitzen Prunkgräber, auch die Brandgräber darunter, meist größere, gezimmerte Grabkammern. Neben umfangreicheren Beigabendepots, darunter nicht zuletzt Wagen, spielte offensichtlich auch die repräsentative Aufbahrung eine stärkere Rolle. Hinweise auf textile Auskleidungen deuten an, dass uns dabei manche Züge demonstrativer Totenbettung meist verschlossen bleiben.

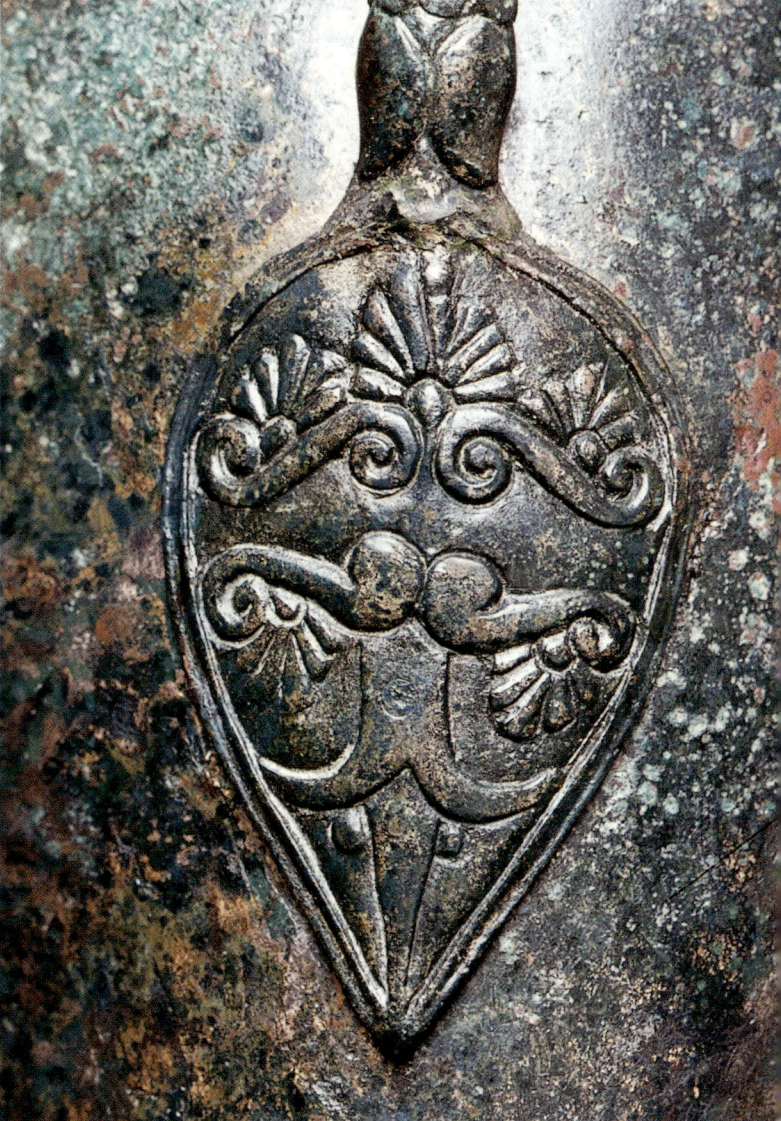

Nicht nur bei Prunkgräbern ist gelegentlich von hügelbekrönenden Stelen aus Holz oder Stein die Rede. Als eine derartige Grabhügelbekrönung, dann zweifellos für eine Bestattung höchsten Rangs, gilt die reich im frühkeltischen Stil reliefverzierte Steinstele von Pfalzfeld (Joachim 1989), ein für die Region ganz singuläres Stück (ABB. 20; 200).

ZUR WAGENAUSSTATTUNG VON PRUNKGRÄBERN

Die Ausstattung mit einem Wagen kennzeichnet nur einen vorzugsweise älteren Teil der Prunkgräber und setzt bezeichnenderweise synchron mit den übrigen Merkmalen dieser Sonderbestattungen ein. Die in den vierrädrigen Wagen offensichtliche Anknüpfung an den für hochrangige Bestattungen reservierten Brauch des Hallstattkreises unterstreicht die Wagenbeigabe als eine Facette der Prunkgrabsitte. Dass sich dabei fast gleichzei-

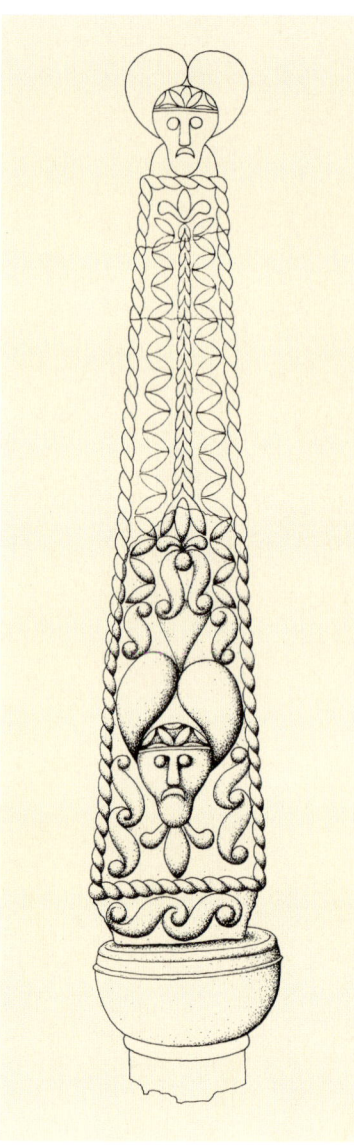

19 Attasche der etruskischen Schnabelkanne von Bescheid, Hunsrück, Hügel 4.

20 Rekonstruktion der Steinstele von Pfalzfeld, Hunsrück (KAT.-NR. 135).

tig erstmals ein aus Südeuropa angeregter Wagentyp manifestiert, dürfte die Rolle bei der Selbstdarstellung der regionalen Elite eher unterstreichen.

Konkrete Vorstellungen über die Bedeutung des Wagenfahrens im sozialen Leben oder im Totenritual liegen hier nicht vor. Zu denken ist an die Prozession mit repräsentativem Gefährt als „aufwändiges Zeremoniell bei feierlichem Anlass" (Kossack 1974, 31). Der Ausgangspunkt der Entwicklung bei den vierrädrigen Wagen und die Wagenfahrerin von Waldalgesheim legen nahe, dass der Wagen nicht nur als Streitwagen, also gleichsam als erweiterte Waffenbeigabe aufzufassen ist.

Ein Wagen kann immerhin als eines der aufwändigsten und komplexesten Erzeugnisse der Zeit angesehen werden. Er stellte somit einen erheblichen Wert dar, natürlich erst recht, wenn er gelegentlich durch Zierbeschläge noch aufgewertet war. Dennoch tut sich die Forschung schwer damit, Wagengräber uneingeschränkt dem Kernbestand („Fürstengräber") der Prunkgräber zuzurechnen.

Schon die Anzahl und Schlichtheit vieler rheinischer Wagengräber scheinen nicht gut mit der dafür geforderten Exklusivität zu harmonieren (ABB. 14). Eine Abstufung legen erst recht zahlreiche Wagengräber in den westlich benachbarten Kulturgruppen der Champagne und der Ardennen nahe, denen keine oder eine deutlich eingeschränkte Zahl von Prunkgräbern mit Südimport und hochrangigem Kunstgewerbe gegenüberstehen (van Endert 1987; Cahen-Delhaye 1991).

DER SÜDIMPORT

Mehr als andere zeitgleiche Kulturgruppen zeichnet sich die Hunsrück-Eifel-Kultur durch das Hervortreten von Fernimport aus. Es handelt sich dabei mit Ausnahme eines Glasgefäßes aus einer Siedlung ausschließlich um Metallgefäße (Möller 1997; Nortmann 1998a; ders. 1998b; Vorlauf 1997; B. B. Shefton in: Kimmig 1988, 104 ff.; Husty 1990; Echt 1999). Dabei sind zwei Schwerpunkte zu erkennen. Aus dem rheinnahen, östlichen Bereich liegen hauptsächlich Eimer (Situlen, Zisten) vor (ABB. 14; 15), als deren Herkunftsgebiet vornehmlich Oberitalien in Betracht kommt. Mehr im Westen unter Einschluss der südlichen Nachbargebiete konzentrieren sich, mit zeitlicher Verzögerung einsetzend, technisch und gestalterisch sowie nach den zugeordneten Tafelbräuchen ganz andersartige Bronzen mittelitalischer bzw. etruskischer Werkstätten. Es handelt sich vorrangig um Schnabelkannen (ABB. 17–19; 21), allein in der Hunsrück-Eifel-Kultur insgesamt 30, ferner um 2 (4) Stamnoi (ABB. 22; 17; 21), eine Amphora, 6 flache Becken bzw. Schalen (ABB. 18), 2 Schöpfer (Kyathoi) und ein Sieb (ABB. 21). Das Spektrum wird aus dem pfälzischen Nachbarbereich ergänzt durch eine lombardische Feldflasche (KAT.-NR. 98.1, ABB. 341) und einen etruskischen Dreifuß (ABB. 30), jeweils reich verziert. Unmittelbar inspiriert durch etruskische Importe sind ferner heimische Nachschöpfungen, nämlich ein Bronzesiebtrichter (Megaw/Megaw/Nortmann 1992), eine Tonschnabelkanne und eine Tonamphora (H. Nortmann in: Kat. Trier 119 ff.) sowie der goldene Pressblechbeschlag eines Trinkhorns (ABB. 23). Eine Sonderstellung nehmen mehrere große Bronzekessel ein, die, aus Südeuropa angeregt, wohl in Mitteleuropa gefertigt wurden. Zumindest das früheste Exemplar dürfte wohl nicht aus dem Rheinland stammen, sondern noch aus Süddeutschland importiert worden sein. Schon aus geografischen Gründen ist das Einzugsgebiet des Oberrheins zumindest Durchgangsgebiet für die im Rheinland auftretenden Südimporte. Mit wenigen Ausnahmen treten solche Funde südlich der Pfalz jedoch nicht in Erscheinung, da der Brauch, Prunkgräber anzulegen, dort bereits weit gehend erloschen war.

Obwohl sich die östliche und westliche Importgruppe räumlich deutlich verzahnen, gibt es mit einer Ausnahme

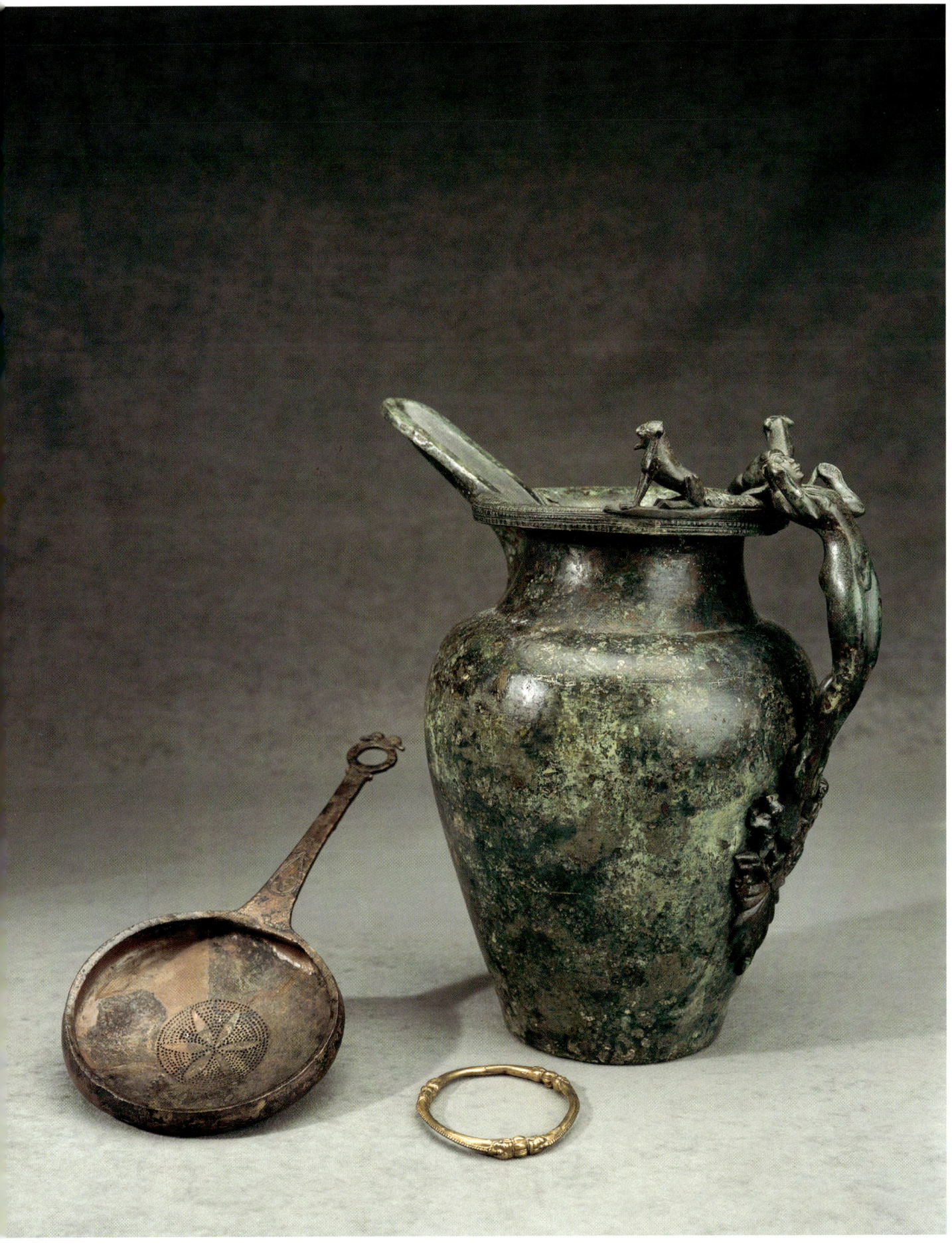

bisher keine Überschneidungen in einem Grab oder einer Grabgruppe. Ja es ist auffällig, dass von den 25 Bronzeeimern der Hunsrück-Eifel-Kultur nur gerade einmal 5 bis 6 aufgrund zusätzlicher Kriterien den Anspruch erheben können, den Prunkgräbern zugerechnet zu werden. Es liegt ein ähnlicher Fall wie bei den Wagengräbern vor, wo ein frühes Ausstattungsmerkmal abgehobener Qualität – und der regelmäßige Kontaktbeleg zum südalpinen Raum ist genau dies – oft ebenfalls nicht durch weitere Sonderausstattungen verstärkt erscheint.

Die Importgefäße vertreten einen repräsentativen, fremden Tafelluxus. Sie führen also in den Bereich von Festmahl und Gelage, typische Anlässe, bei denen Gemeinschaft hergestellt, Zugehörigkeit erfahren und Selbstbewusstsein demonstriert werden kann. Solche Assoziationen dürften auch und gerade im Grabritus eine maßgebende Rolle spielen. Das traditionell schon immer zur Totenausstattung gehörige Geschirr wird, auch unter Anpassung der eigenen Tafelbräuche, durch Metallgeschirr ergänzt oder ersetzt und aufgewertet. Bis auf die tellerartigen Schalen handelt es sich im italischen Ursprungsgebiet um spezielles Trinkgeschirr, verbunden dem Weingenuss und einem festen Brauchtum von Bereitstellen, Mischen, Schöpfen, Seihen und Ausschenken. Diese „vornehmen Trinksitten der Fremden" (Kossack 1974, 31) schlagen sich, so weit beurteilbar, nicht in der kompletten Übernahme des fremden Geschirrsatzes nieder, zumal das zugehörige Getränk Wein auch nicht regelmäßig verfügbar gewesen sein dürfte. Im Arbeitsgebiet und darüber hinaus sind lediglich Kanne und Stamnos, Kanne und Sieb (ABB. 21) sowie Kanne und Schalenpaar (ABB. 18) mehrfach mit mediterranen Originalen oder daran angelehnten keltischen Nachschöpfungen kombiniert vertreten. Von einem festen, ganzheitlich übernommenen Brauchtum kann angesichts dessen noch nicht die Rede sein. Der fremde Lebensstil wird vielmehr in Proben ausschnittsweise imitiert und vorgeführt. Die Verbindung mit dem überlegen-attraktiven Fremden dürfte darauf abzielen, den Besitzer oder Gastgeber aufzuwerten. Zu diesem Zweck scheint sich besonders der zuvor ungebräuchliche Gefäßtyp der Kanne (ABB. 17–19; 21) angeboten zu haben. Es ist neben der Situla das bei weitem häufigste Importgefäß. Zweimal sind Importgefäße zu Kannen umgearbeitet (ABB. 17; 21), einmal in Ton nachgebildet worden. Unter den frühkeltischen Bronzegefäßen dominieren Kannen von zudem höchstem gestalterischen Aufwand unangefochten (Kimmig 1988; Megaw/Megaw 1990a; Echt 1999).

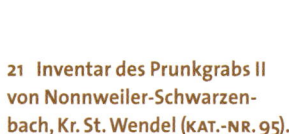

21 Inventar des Prunkgrabs II von Nonnweiler-Schwarzenbach, Kr. St. Wendel (KAT.-NR. 95).

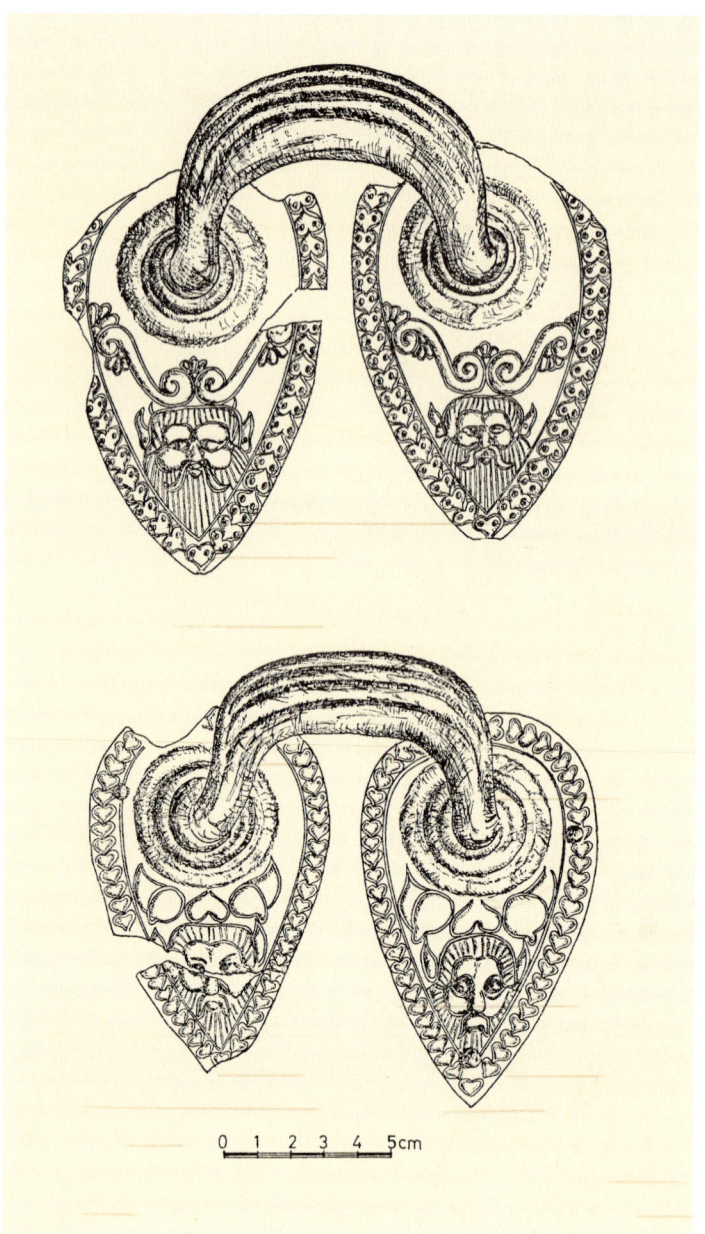

22 Attaschen des etruskischen Stamnos aus Altrier, Luxemburg.

Eine Auseinandersetzung mit der mediterranen Welt darf für die Späthallstattkultur der Zone nordwärts der Alpen im 6. Jahrhundert v. Chr. vorausgesetzt werden. Für die rheinische Randzone stellt sich diese Begegnungssituation erst später ein. Prunkgräber mit Importen machen diesen Annäherungsprozess sichtbar und können als seine erste Reaktion aufgefasst werden. Auslöser und Vermittlung sind im Einzelnen noch unbekannt, hängen aber sicherlich mit der lang andauernden Nachbarschaft zu einem süddeutschen Bereich zusammen, in dem mediterrane Einflüsse schon länger wirksam sind.

Mit den etruskischen Importen dringt nun auch unversehens eine Bilderwelt in einen Raum vor, der seit jeher wohl aufgrund religiöser Tabus keine Bilder kannte. Neben einer stilisierten Pflanzenornamentik sind Men-

schen, Tiere und Mischwesen wiedergegeben (ABB. 17–19; 21–23), insgesamt kein sehr breites Repertoire, doch – wie noch zu zeigen sein wird – wirkmächtig genug im neuen Umfeld.

EINHEIMISCHE PRUNKOBJEKTE UND EIN NEUER STIL

Es kann nicht verwundern, dass die nach Exklusivität strebenden Grabausstattungen auch in Material und Gestaltung überdurchschnittlich qualitätvolle Objekte enthalten. Gold wird für Ringe und anderen Zierrat eingesetzt (ABB. 16; 18; 21) und unterstreicht wohl deren insignienhaften Charakter (Haffner 1979; Echt/Thiele 1994). Ähnlich dient Goldbesatz gelegentlich zur Aufwertung von Waffen und bekräftigt fast durchweg die repräsentative Sonderrolle der neu eingeführten Trinkhörner (ABB. 23; 24), die süddeutsche bzw. mediterrane Vorbilder aufgreifen (D. Krauße-Steinberger in: Kat. Trier 111 ff.; Krauße 1996). Exotische Einlagen bereichern die Gestaltungsmöglichkeiten, dabei neben Bernstein besonders häufig die aus dem oder über den Mittelmeerraum bezogene Koralle (Schmid-Sikimic 2000) (ABB. 144).

Nur teilweise auf die Prunkgräber beziehbar ist die nach 480 v. Chr. verstärkt einsetzende Einführung neuer Gegenstände, die auch neue Anforderungen an das Metallhandwerk stellen: Wagen, Schwerter (ABB. 16; KAT.-NR. 113–115, ABB. 145; 355–357), Gürtelgarnituren (KAT.-NR. 66; 67; 87, ABB. 314; 315; 332), Fibeln (ABB. 16; 18) und – ausschließlich in Prunkgräbern – Metallgefäße und Trinkhörner (ABB. 23; 24). Vornehmlich die hochwertigen Schaustücke der Prunkgräber sind es, die mit Goldverarbeitung jeder Art, Verzinnen, Treiben von großen Hohlkörpern, Hart- und Weichlöten, Nieten, Metalldrehen und -ausbohren, Durchbrucharbeiten in Eisen und Bronze, Ein- und Auflagen, Gravuren einschließlich Zirkelgravuren, komplizierten Punzen wie Tremolierstich oder Flächenpunzen einen gewaltigen technologischen Sprung gegenüber dem regionalen Niveau des 6. Jahrhunderts v. Chr. verraten. Im Wesentlichen kann das Rheinland dabei wohl an das technische Spitzenniveau der südlich benachbarten Späthallstattkultur anknüpfen. In mancher Ausführung wird auch ein noch nicht abgeschlossener Entwicklungsprozess deutlich, ein Vorstoß in technisches Neuland, kontrastierend mit einem fast spielerischen Ausleben neu angeeigneter Techniken. Die auch auf technologische Details gerichtete Fundvorlage und die Erforschung von Werkstattbezügen stehen eher noch am Anfang (Haffner 1977/78; ders. 1979; ders. 1985; ders. 1989a; ders. 1992; ders. 1993; ders. 1999; Joachim 1979; ders. 1995; ders. 1998; Megaw/Megaw 1990a; Megaw/Megaw/Nortmann 1992; Echt/Thiele 1994; Echt 1999; Nortmann 1995; ders. 1997; Nortmann/Ehlers 1995), doch lassen sich enge

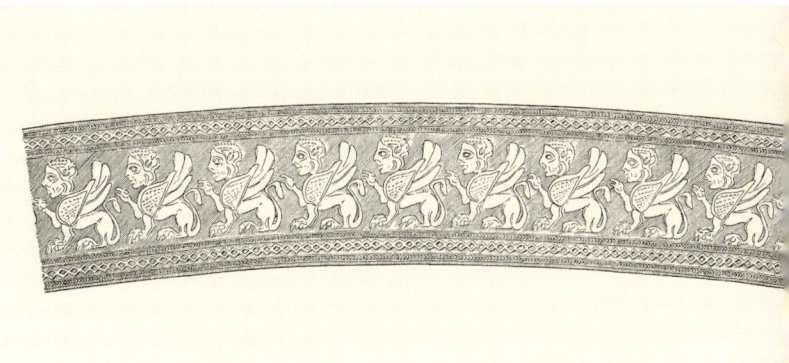

23 Mediterranes Sphingenmotiv des goldenen Trinkhornbeschlags von Weiskirchen, Hunsrück, Hügel II (KAT.-NR. 93.3).

Verwandtschaften in der handwerklichen Ausführung über den gesamten Großraum verfolgen, womit nicht nur im Gestalterischen ein reger Austausch nahe gelegt wird.

Nach dem Beginn des 5. Jahrhunderts v. Chr. zeigen die Repräsentationsobjekte heimischer Fertigung aus rheinischen Prunkgräbern vielfach Elemente eines neuartigen Kunststils, des sog. „Latène“-Stils (O.-H. Frey in: Kat. Trier 13 ff.; ders. in: Kat. Rosenheim 153 ff.; G. Kossack in: Kat. Rosenheim 138 ff.; Echt 1999; s. Beitrag Frey, Frühe keltische Kunst). Im Rheinland ist er mit wenigen Ausnahmen an Prunkgräber gebunden, wird also dort von einer wie auch immer gearteten Oberschicht hervorgebracht, getragen und als Ausdrucksmittel genützt (ABB. 16; 18; 20; 21; 24).

In diesem Stil äußert sich nicht weniger als ein geistiger Umbruch, der vielleicht als eine Art Selbstfindungsprozess der keltischen Welt aufgefasst werden kann und deren Gesicht bis zu ihrem Ende prägen sollte. Der neue Stil tritt zunächst vorzugsweise in Prunkgräbern zutage, überwiegend in einer Zone, die von den österreichischen Alpen über Westböhmen und das Rheinland bis in die Champagne reicht. Da die Glaubergfunde selbst hervorragende Zeugnisse dieses Stils bieten, mag hier eine geraffte Ansprache genügen.

Grundlage des neuen Stils bilden mediterrane Vorlagen und ihre Aneignung, die Auseinandersetzung mit dem Fremden und seine über die Imitation hinausgehende Verarbeitung. Der mittelrheinische Prunkgräberkreis und seine südliche Nachbarschaft zeichnen sich eben dadurch vor allen anderen Gebieten aus, dass hier neben vielen Zeugnissen des neuen Stils auch die potenziellen Vorlagen mediterraner Herkunft in größerer Anzahl greifbar vorliegen.

Diese Vorlagen sind in großen Teilen Bildkunst – Pflanzen, Menschen, Tiere, Mischwesen –, den eigenen Traditionen somit etwas Fremdes. Ob jene Bilder in ihren ursprünglichen Bedeutungen verstanden wurden, darf bezweifelt werden. Sie wurden jeweils nur in Auswahl übernommen und in neue Zusammenhänge überführt, die für uns weithin rätselhaft und verschlossen bleiben.

Die Konzentration auf die Darstellung von Köpfen (Lenerz-de Wilde 1980; Binding 1993), die Vorliebe für Mischwesen und übersteigerte Darstellung (Masken) (ABB. 16; 18; 20; 24; KAT.-NR. 66; 67; 113, ABB. 145; 314; 315; 355) sind auffällige Züge der keltischen Bild-„Kunst". Bildbetonte und – häufiger – abstrakt wirkende, dabei vielleicht aber zeichenartig aufgeladene Elemente ergänzen sich und gehen ineinander über (ABB. 20; 24; 144; KAT.-NR. 87; 114, ABB. 145; 332; 355). Die Palmetten, Ranken und Blüten verlieren mit der Übernahme in den keltischen Bereich schnell allen pflanzlichen Realismus. Sie werden zerlegt und neu zusammengesetzt und zum Spielmaterial origineller Neuschöpfungen nach ganz eigenen Regeln (ABB. 20; KAT.-NR. 87, ABB. 332). Die organisch schwellenden Figuren sind streng durchkomponiert, haben mit dem geometrischen Ornament älterer Zeit aber kaum mehr etwas gemein.

Mit Ausnahme der Stele von Pfalzfeld (ABB. 20; 200) sind die erhaltenen Zeugnisse des frühkeltischen Latène-Stils auf Gebrauchsobjekten angebracht, somit klein und versteckt und kaum der Betrachtung dargeboten (z. B. KAT.-NR. 66; 67; 87, ABB. 314; 315; 332). Mit sparsamem Einsatz von Bildern erscheinen sie zudem weniger mitteilungsorientiert als eine Variation weniger Grundelemente, gerade darum wohl eher Ausdruck oder Beschwörung einer Kraft, Vorstellungswelt oder Idee. Bezeichnenderweise sind Träger dieser „Kunst" solche Objekte, die im sozialen Leben, im Selbstverständnis oder in der Selbstdarstellung eine besondere Rolle spielen oder, wie die Gürtelanhänger (ABB. 16; KAT.-NR. 87, ABB. 332) und Ringe (ABB. 18; 21), weniger praktische als abzeichenartige Funktion besitzen. So wie das ältere Bildtabu wohl nur religiös erklärt werden kann, zeigt auch seine Brechung, dass keltische Bilder nach wie vor der Sphäre von Religion oder Magie verhaftet bleiben.

Bereits die ältesten rheinischen Prunkgräber mit etruskischem Import bzw. der entsprechende Zeitabschnitt weisen die aus den mediterranen Vorlagen erwachsenen Elemente des Latène-Stils auf. Seine Ausbildung dürfte sich in relativ kurzer Zeit vollzogen haben, wobei das Ausgangsgebiet noch nicht geklärt ist und auch nicht im Rheinland gelegen haben muss. Ungeachtet der weiträumigen Aufnahme des Stils und eines ebenso großräumigen Austausches von Ideen und Objekten sind regional begrenzte Gestaltungen im Rheinland nachzuweisen und damit eben dort auch die schöpferische Beteiligung an der Ausformung dieses Stils. Ja es lässt sich sogar plausibel machen, dass die Inspiration durch etruskische Vorlagen und individuelle Umsetzung in keltische Kunst an einem Ort zusammenfallen:

Bei Weiskirchen zeigt der Goldpressblechbeschlag eines Trinkhorns einen Fries von Sphingen, getreue Abformung einer originalen mediterranen Vorlage (ABB. 23). Diese Sphingen tauchen beschuht, bärtig und auch sonst

charakteristisch abgewandelt auf dem keltischen Gürtelhaken des Nachbargrabs auf (ABB. 144). Die zentrale Maske dieses Gürtelhakens trägt als Kopfbekrönung einen Spiralhakendekor. Als Pflanzenranke gemeint, rahmt dieses Motiv in gleicher Position den Kopf eines Silens auf der Attasche des etruskischen Stamnos im Nachbargrab. Die gleiche, offenbar missverständliche Auffassung von Blattdekor im Hintergrund eines Silens auf anderen Stamnoi (ABB. 22) verfestigt sich zu dem bekannten keltischen Kopfschema mit Blattkrone (ABB. 20; KAT.-NR. 66; 67; 113, ABB. 145; 314; 315; 355), zweifellos mit einer eigenen Bedeutung belegt. Der tierhafte Silen etruskischer Stamnoi ist mit seinen Spitzohren getreulich in keltische Masken übersetzt, z. B. auf dem Goldarmring von Schwarzenbach (ABB. 21) oder einem goldenen Trinkhornbeschlag von Ferschweiler (ABB. 24). Die Beispiele lassen sich fortsetzen bis zum einfacheren Dekor, wo z. B. Eierstabfriese und Herzblattborten etruskischer Metallgefäße kaum verändert auf keltischen Objekten eingesetzt werden (ABB. 16; 22; 24).

Die idealtypische Koppelung von mediterranem Vorbild und keltischer Umsetzung, erst recht die Umsetzung in heute mehr oder weniger nachvollziehbarer, bildhafter Form ist eher selten. Abgesehen von der Tatsache, dass viele Prunkgräber nur fragmentarisch überliefert sind, gibt es zwar wiederkehrende Motive, aber keinen abschließenden Kanon fester Bilder, Zeichen oder Symbole. Erst in der Zusammenschau verdichten sich die Hinweise auf den oben angesprochenen geistigen Umbruch.

24 Goldblechappliken von einem Trinkhorn aus Ferschweiler, Kr. Bitburg-Prüm (KAT.-NR. 63).

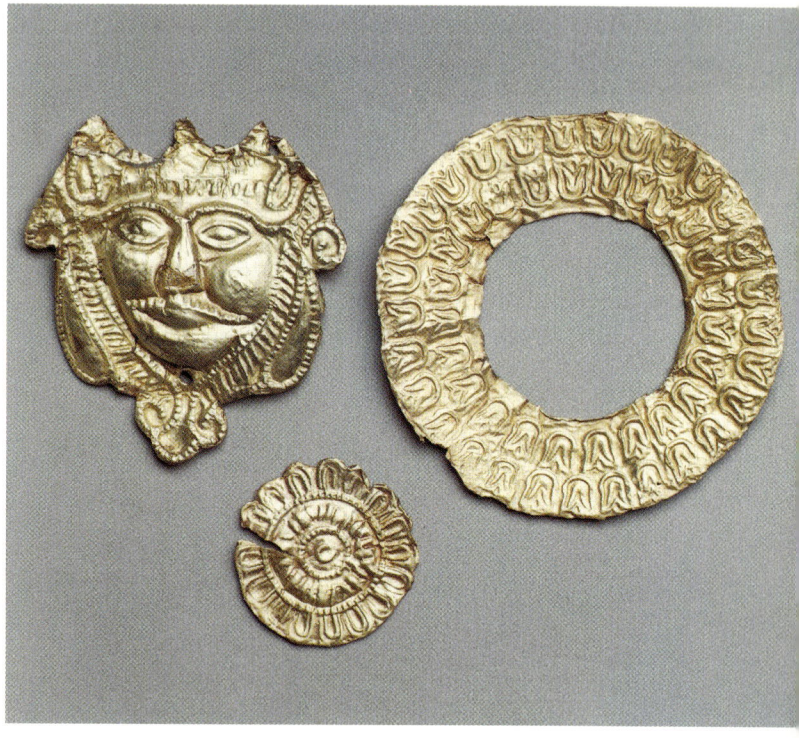

HISTORISCHER HINTERGRUND UND DEUTUNGSVERSUCH

Es stellt sich nun die Frage, wie die Tatsache zu bewerten ist, dass aus einem „gewöhnlichen" sozialen Hintergrund für beschränkte Zeit einzelne Personen deutlich herausgehoben werden. Die Mittel variierten selbst innerhalb der Hunsrück-Eifel-Kultur räumlich und in der Zeit. Die Abgrenzung blieb zuweilen fließend und widersprüchlich, dennoch war die Tendenz zur auszeichnenden Absonderung unverkennbar (ABB. 14). Dass der fragliche Personenkreis zur sozialen Führungsschicht gehört, braucht kaum eigens betont zu werden. Bilden aber die Prunkgräber neben der Realität einer Existenz von „Oberschicht", „Elite", „Adel" o. ä. auch eine konkrete Entwicklung extremer sozialer Ausdifferenzierung ab, dazu möglicherweise konkrete Ursachen politischer oder ökonomischer Art und schließlich den Zusammenbruch des Systems? Tatsächlich ist versucht worden, die rheinischen Prunkgräber als getreuen Spiegel einer sozialen Entwicklung zu interpretieren und in Verbindung mit vorgeführtem „Reichtum" und großräumigen Kontakten vor dem Hintergrund der Erschließung regionaler Erzquellen und regionalem Machtzuwachs rational zu erklären (Driehaus 1965). Diese Erklärungsversuche auf der Basis gleichsam objektiver Faktoren bleiben jedoch unbefriedigend. Neben Ungereimtheiten im Detail und einer gewissen Wolkigkeit der sozioökonomischen Modelle tun sich derartige Interpretationen schwer mit dem vorübergehenden Charakter der Prunkgräber und ihrer auch vor Ort geringen Stetigkeit. Auch die bereits angesprochene Tatsache, dass Prunkgräber ein überkulturell wiederkehrendes Phänomen sind und regelmäßig von auffälligen Fremdkontakten begleitet werden, legt eine andere, sozialpsychologische Deutung im Sinne G. Kossacks nahe (Kossack 1974). Danach löst die als Herausforderung des eigenen Selbstwertgefühls empfundene Begegnung mit einem als überlegen angesehenen Fremden eine Reaktion aus. Prunkgräber signalisieren, auch in ihrer regional begrenzten Dauer, die Verarbeitung dieser Begegnung: „Rangbegehren [...] und die innere Notwendigkeit, zu demonstrieren, dass man zur Elite zählt, können in der Auseinandersetzung mit den als andersartig und überlegen empfundenen Partnern durch Entlehnung von Sachgütern und Gebräuchen richtunggebend herausgefordert werden und

ihren Niederschlag auch im aufwändigen Totenbrauchtum der Führungsspitze finden." Man kann darin „sogar einen unbewussten Abwehrmechanismus sehen: In der Gegenüberstellung mit höher organisierten Kultursystemen werden jene natürlichen Eigenschaften als Mittel des Selbstwertstrebens aktiviert; durch Adaption fremder Sachkultur und fremder Gebräuche identifiziert man sich bis zu einem gewissen Grade mit dem Stärkeren, teilt aber die eigene Geltung durch Ritualisierung des Vorbilds den Stammesgenossen mit." Allgemein „bestätigt sich die Diskrepanz in der realen Geltungsdauer der Führungsgruppe und der Zeitspanne ihrer Selbstdarstellung durch Anwendung der Prunkgrabsitte. [...] Setzt sie ein, muss sich der Zeitpunkt durchaus nicht mit dem Beginn der Gruppenbildung decken; sie spiegelt vielmehr eine schon bestehende Rangfolge und stilisiert sie nur" (Kossack 1974, 28; 31). Folgt man der letztgenannten Generalregel auch im vorliegenden Fall, erübrigt sich manche komplizierte gedankliche Konstruktion über historisch-politisch-ökonomisch gedachten Aufstieg und Fall einer Region oder einer regionalen Elite. Nicht nur der zeitliche Auftakt und das Ende der Prunkgraberscheinungen wird mit einem solchen prestigeorientierten Verhaltensmuster plausibler; auch die soziale Kontinuität im Hintergrund und die bescheidene Größenordnung der tragenden Gemeinschaft harmoniert zwangloser mit dem Besonderen.

Es wäre gewiss ein Missverständnis, die hier favorisierte sozialpsychologische Deutung von Prunkgräbern im Rahmen der Hunsrück-Eifel-Kultur als eine Ablehnung historisch relevanter Vorgänge aufzufassen. Im Gegenteil ist zu erwarten, dass gerade prestigegesteuertes Verhalten, wie es in Prunkgräbern Ausdruck findet, soziale Dynamik eher befördert. Konkrete, für die Zukunft richtungweisende Vorgänge waren denn ja auch gerade in diesem Zusammenhang durchaus festzustellen: in der breiten Aneignung technischer Mittel, der Verarbeitung mediterraner Impulse zu eigenen Ausdrucksformen und -inhalten sowie in der Herstellung weit gespannter Kontakte mit Ansätzen gemeinkeltischer Züge. Auch weniger großräumig und allgemein haben die Prunkgräber natürlich konkrete Folgen: Sie absorbieren Energien, fordern Einsatz zur Beschaffung außergewöhnlicher Güter, formieren Gemeinschaften und schaffen ihr möglicherweise Identifikationsfiguren.

WER WAREN DIE KELTEN?

ZEUGNISSE AUS DER ANTIKEN WELT UND ARCHÄOLOGISCHER BEFUND

VON OTTO-HERMAN FREY

Kleinere keltische Sprachinseln gibt es heute allein im Nordwesten Europas. In Irland ist das Irische neben dem Englischen Umgangssprache. Ferner kennen wir den gälisch-schottischen Dialekt. In Wales wird noch das Kymrische gesprochen. Schließlich pflegt man in der Bretagne das Bretonische. Von dieser so begrenzten Verbreitung keltischer Dialekte kann man aber kaum auf die einstige Größe des keltischen Sprachraums und damit auf die Bedeutung keltischer Völkerschaften schließen. Im 5. Jahrhundert v. Chr. reichten von Kelten besiedelte Gebiete vom Atlantik bis weit nach Osten und umschlossen den ganzen südlichen Teil Mitteleuropas, und durch die Wanderungen und Landnahme ganzer keltischer Stammesverbände im 4. und 3. Jahrhundert v. Chr. wurden nicht nur Teile Italiens und des Balkans okkupiert, sondern die Galater gelangten

sogar bis nach Kleinasien. In Italien war es der ganze Norden mit Ausnahme Venetiens, in dem keltische Stämme – wie die Cenomanen oder die Boier – die Macht übernahmen, und die Senonen drangen sogar bis nach Mittelitalien in die Zone östlich des Apennin vor (ABB. 25). Es gelang den Kelten aber nicht, beständige politische Einheiten zu schaffen. So wurden ihre Länder schrittweise von den Römern erobert und besetzt und im Norden wurden sie von Germanen und im Osten von Thrakern und Dakern zurückgedrängt. Dadurch erklärt sich, dass Kelten nur noch in Unterströmungen und kaum noch als selbstständige Gemeinschaften, die die Antike überdauerten, in den europäischen Ländern erkennbar sind (umfassend Birkhan 1999).

25 Kerngebiet der Latènekultur im 5. Jahrhundert v. Chr. und die Ausbreitung keltischer Stämme in Europa und Kleinasien.

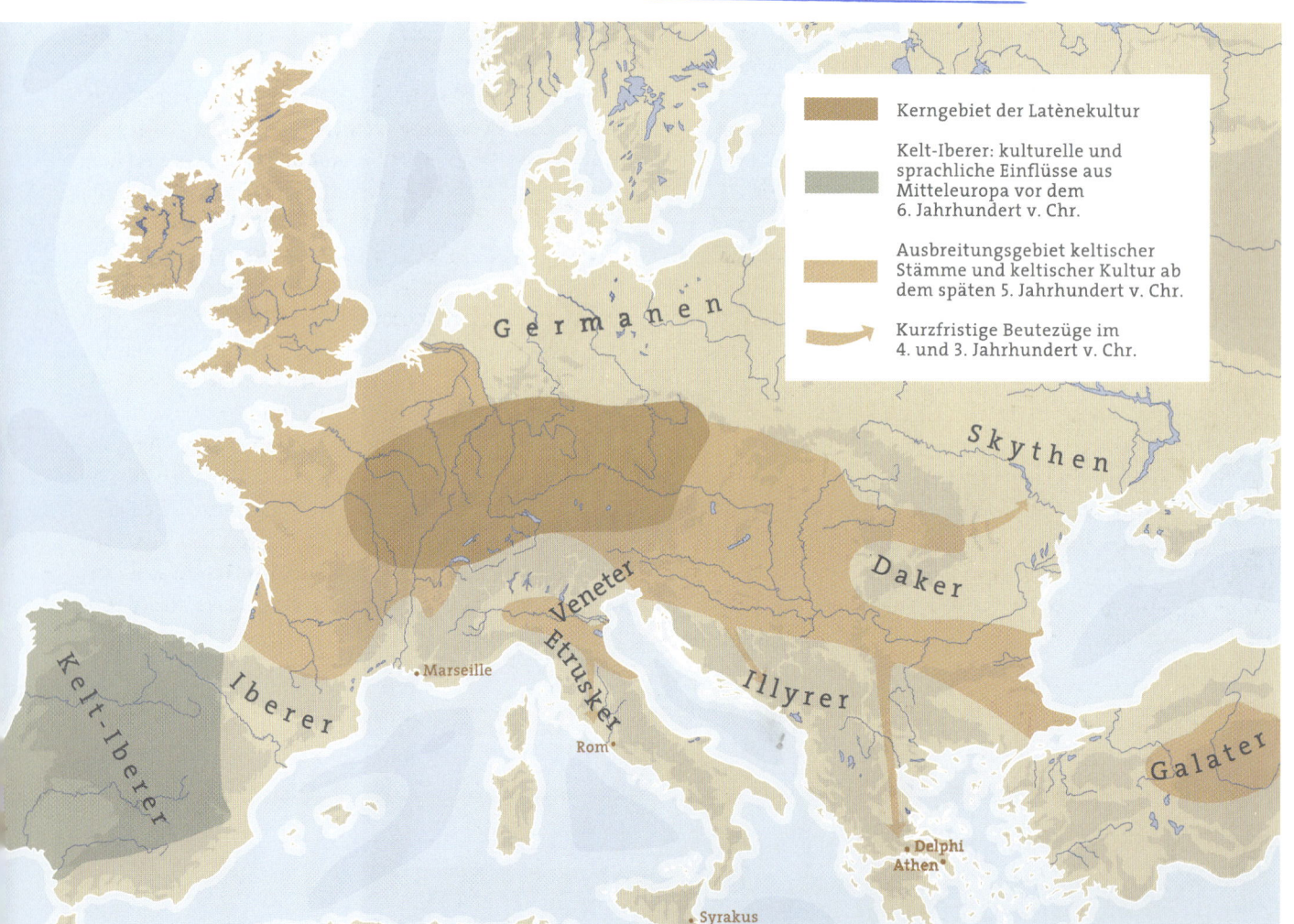

Legende:
- Kerngebiet der Latènekultur
- Kelt-Iberer: kulturelle und sprachliche Einflüsse aus Mitteleuropa vor dem 6. Jahrhundert v. Chr.
- Ausbreitungsgebiet keltischer Stämme und keltischer Kultur ab dem späten 5. Jahrhundert v. Chr.
- Kurzfristige Beutezüge im 4. und 3. Jahrhundert v. Chr.

DIE KELTEN IN ANTIKEN SCHRIFTQUELLEN UND BILDZEUGNISSEN

Wie uns C. Julius Caesar in seinen Kommentaren „De Bello Gallico" – zum Gallischen Krieg – in der Mitte des letzten vorchristlichen Jahrhunderts berichtet, gebrauchten die Kelten – oder Gallier, wie sie bei den Römern heißen – damals die griechische Schrift. Beispielsweise wurden bei der Auswanderung der Helvetier Verzeichnisse über alle Personen angelegt, die an dem Zug teilnahmen (Caesar, Bell. Gall. I 29). Es sind uns aber keine längeren Texte, etwa religiöser Art, überkommen, denn nach Caesar (Bell. Gall. VI 14) hielten es die keltischen Priester, die Druiden, für Sünde, entsprechende Verse schriftlich festzuhalten. So ist auch nicht zu erwarten, dass etwa Sagen – die man für historisch und wahr erachtete – niedergeschrieben wurden, sehen wir von solchen auf den Britischen Inseln ab. Nennen möchte ich hier bloß die Táin Bó Cuailnge – d. h. den Rinderraub von Cuailnge – aus dem irischen Sagenkreis. Ihre Aufzeichnung erfolgte aber erst im Mittelalter und die bekannten Erzählungen um König Arthus, die in Wales entstanden sind, fanden insbesondere in den normannischen Fassungen ihre gro-

ße Verbreitung (Birkhan 1999). Was wir über die Geschichte der älteren Kelten kennen, stammt aus den sehr lückenhaft erhaltenen Schriften griechischer und römischer Historiker.

Für diese waren die Kelten vor allem die schreckeinflößenden Feinde, „Barbaren", die sie in ihrer Andersartigkeit kaum verstanden oder interessierten. Nur in Ausnahmefällen erhalten wir positive Hinweise auf Sitten und Gebräuche. So sind es im Wesentlichen Kämpfe, über die berichtet wird. Dass die Kelten eine eigene, recht hoch stehende Kultur entwickelten, die nicht nur zum Wegbereiter einer schnellen Romanisierung wurde, sondern die, von uns kaum erkannt, in die ganze abendländische Vergangenheit hineinwirkte, ist aufgrund solch begrenzter früher Nachrichten kaum wahrnehmbar.

Neben schriftlichen Nachrichten besitzen wir aus dem griechischen und italischen Kulturraum antike Bildzeugnisse von den Kelten. Herausgegriffen seien hier Darstellungen aus dem Terrakotta-Fries eines Tempels aus Città Alba in den Marken, d. h. im östlichen Mittelitalien. Der Tempel wurde nicht weit von Sentinum, dem Ort des entscheidenden Siegs der Römer über die Senonen 295 v. Chr. – doch erst etwa ein Jahrhundert danach – errichtet. Ge-

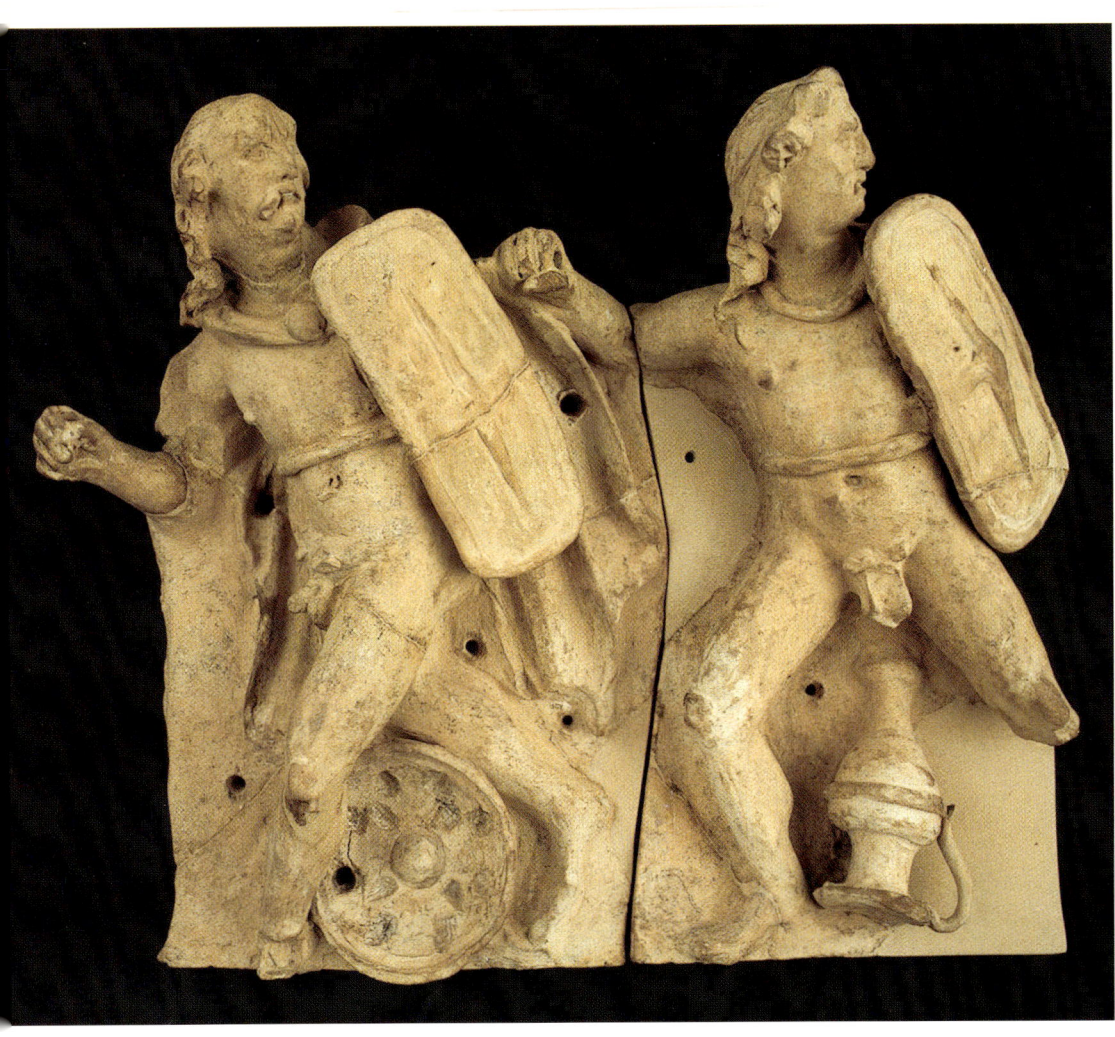

26 Ausschnitt aus dem Terrakottafries von Città Alba mit der Darstellung keltischer Krieger. Frühes 2. Jahrhundert v. Chr. (KAT.-NR. 6).

schildert wird die Plünderung des Heiligtums von Delphi 279 v. Chr., die allerdings für die raublustigen Kelten wegen des vorzeitig hereinbrechenden Winters in einem Desaster endete. Die Sage berichtet, Apollon selbst habe begleitet von Artemis und Athena die Angreifer vertrieben. Wiedergegeben sind im Ausschnitt des Frieses zwei fliehende „Barbaren", die voller Schrecken kostbare gestohlene Gefäße fallen lassen (ABB. 26). Beide sind – wie üblich in der griechischen Kunst – nackt dargestellt, um den virilen Körper zu zeigen. Sie tragen nur Gürtel, an denen sie – nicht an einem Schultergurt wie bei den Griechen – ihr Schwert aufhängen konnten. Die Angriffswaffen jeweils in ihrer Rechten sind nicht erhalten, doch packen sie mit der Linken noch den typisch keltischen Langschild mit Mittelhandhabe. Beim rechten Krieger legt sich um den Hals ein Reif, der Torques, ein Charakteristikum des vornehmen Kelten. Beim linken sitzt an dieser Stelle die Spange zum Zusammenhalten des flatternden Mantels. Das Bemühen um eine Wiedergabe mit realen Details zeigt sich an den (allerdings weit gehend abgeplatzten) Schnurrbärten, die auch der antike Historiker Diodor (V 28) bei den Kelten als übliches Abzeichen des herangewachsenen Mannes hervorhebt. Schließlich sind die nach hinten gestrichenen Haare, die durch Kalkmilch gefärbt und in einzelne Büschel verklebt sein können, ebenfalls nach Schriftquellen (Diodor V 28) für diese „Barbaren" typisch.

Im Prinzip ähnlich sind andere hellenistische Keltendarstellungen (Bienkowski 1908). Ich brauche nur an die Siegesmonumente der Herrscher von Pergamon zu erinnern, beispielsweise an den bekannten „sterbenden Gallier" in den Capitolinischen Museen in Rom oder an den Gallier, der sein Weib und sich tötet, im römischen Nationalmuseum (ABB. 27). Bei den Werken mischt sich die idealisierende Gestaltung der Figuren wieder mit Zügen der realen Beobachtung. Wir gewinnen durch solche Skulpturen eine gewisse Vorstellung vom Aussehen keltischer Krieger und ihrer Embleme. Aber schon die Kleidung, etwa die „bracae", die typischen keltischen Hosen, werden nur ausnahmsweise gezeigt. Zu diesen Denkmälern kommen schließlich noch einige Vasenbilder mit Kampfdarstellungen, doch bleibt insgesamt die Information bescheiden und charakterisiert mehr die Verfertiger der Bildwerke als die dargestellten „Barbaren" selbst.

Kehren wir wieder zur schriftlichen Überlieferung zurück. Geschildert wird eine endlose Kette vom Kämpfen und größeren Kriegen. In Umrissen werden dabei die Bewegungen von Stammessplittern oder ganzer Stämme von Frankreich und der Iberischen Halbinsel bis hin nach Kleinasien deutlich (Tomaschitz 2002), ebenso wie der massenhafte Einsatz angeworbener keltischer Söldner bei allen Mittelmeermächten. Was durch solche Begegnungen mit der antiken Welt bei den Kelten ausgelöst wurde, was in die Heimatgebiete zurückwirkte, wie sich dadurch die Lebensumstände änderten, das alles kann

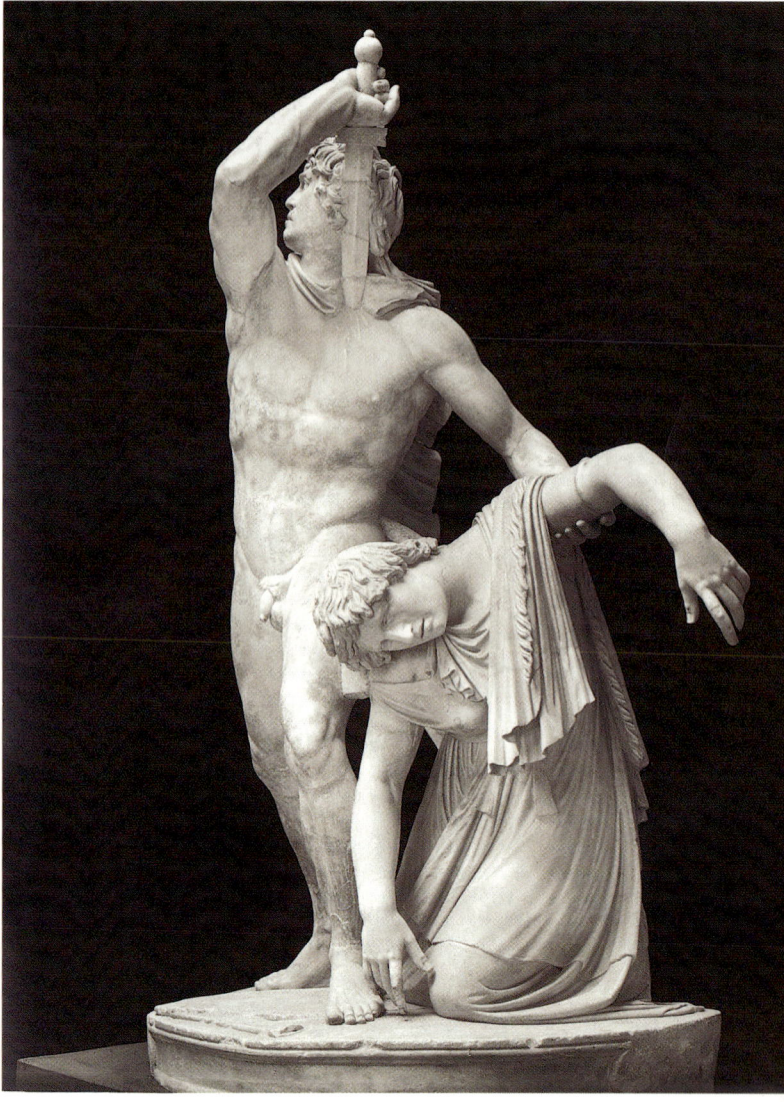

27 Gallier, der sich und sein Weib tötet. Römische Marmorkopie, Nationalmuseum Rom. Das Original (2. Hälfte des 3. Jahrhunderts. v. Chr.) gehörte zu einer Statuengruppe im Athena Nikephoros-Heiligtum von Pergamon.

nur vermutet werden. Erst die jüngsten Kampfhandlungen – wie die Eroberung Galliens durch Caesar und die Prozesse der Romanisierung – stehen in hellerem Licht.

Es würde in dem vorgegebenen Rahmen, der speziell die frühen Kelten umfassen soll, zu weit führen, die vielen Geschehnisse ausführlicher zu verfolgen, von denen die Schriftquellen etwas erkennen lassen. Es soll deshalb nur auf die Kelten in Mittel- und Westeuropa eingegangen werden und auf ihr Vordringen nach Italien – das älteste größere Ereignis, das die antike Welt genauer wahrnahm. Dadurch werden beispielhaft Wert und Grenzen der erhaltenen Informationen verdeutlicht.

Dass Kelten in Mitteleuropa, etwa wo die Donau entspringt, siedelten (ferner an einem nicht genau lokalisierbaren Ort Pyrene) und ebenso ganz im Westen des Kontinents, berichtet der griechische Historiker Herodot (II 33; IV 49). Sein Geschichtswerk fasste er um die Mitte des 5. Jahrhunderts v. Chr. ab. Seine Angaben beziehen sich

nicht auf eine weiter zurückliegende Phase, sondern wir haben eine Nachricht direkt aus seiner Zeit. Auch wenn Herodot (III 115) davon spricht, dass er den äußersten Westen nicht genau kenne, so ist doch auffällig, dass er sonst Kelten, etwa als Anwohner des Mittelmeergebiets, nicht erwähnt.

Entsprechendes, Mitteleuropa sei das ursprüngliche Gebiet der Kelten, kann wohl ebenfalls einem Hinweis des Hekataios von Milet entnommen werden, dessen Erdbeschreibung in das späte 6. Jahrhundert v. Chr. zurückreicht. Dieses Werk ist verloren, doch werden in dem Lexikon des Stephanos von Byzanz aus dem 6. Jahrhundert n. Chr. Orte daraus zitiert. Beispielsweise wird die griechische Kolonie Massalia – an der Stelle des heutigen Marseille – aufgeführt, die im Land der Ligurer läge nahe, d. h. unterhalb der *Keltiké*. Das Keltenland wäre demnach rhôneaufwärts zu suchen, d. h. wieder in Mitteleuropa. Dass, wie wiederholt vermutet wurde, der Hinweis auf die *Keltiké* nur ein späterer Zusatz dieses Grammatikers sei, ist durch die Verbindung mit den Ligurern unwahrscheinlich, da sie allein für die frühe Zeit zutreffen kann.

DAS VORDRINGEN KELTISCHER STÄMME NACH ITALIEN

Weit problematischer sind die Nachrichten über das Eindringen der Kelten nach Italien und die folgenden Kämpfe, obwohl uns darüber besonders detaillierte Berichte antiker Historiker vorliegen. Diese sind aber alle relativ spät. Zudem betreffen sie fast nur die Ereignisse, die direkt mit der Geschichte Roms zusammenhängen. Was sonst in Italien geschah, darüber wissen wir fast nichts.

Von den Geschichtswerken, die in wesentlichen Stücken erhalten sind, sei hier als wichtigstes auf das des Polybios eingegangen. Es handelt sich um einen Griechen, der als Geisel nach Rom kam und dort ein Freund des Scipio Africanus wurde. Dadurch erlangte er Zugang zu den ersten römischen Familien. Auch begleitete er Scipio auf seinem Afrika-Feldzug. Wie kein anderer Geschichtsschreiber seiner Zeit kannte er die Verhältnisse in Italien. Seine „Historien" verfasste er im Wesentlichen erst nach der Mitte des 2. Jahrhunderts v. Chr. Welche Quellen Polybios für die weiter zurückliegenden Zeiten benutzte, wird verschieden beurteilt. Deutlich wird aber, dass er sehr kritisch mit ihnen umging.

Die Beschreibung der Einwanderung der Kelten nach Italien ist sehr knapp gehalten und wurde von Polybios wohl auf wenige Fakten reduziert (II 17–18). Die Poebene hätten vormals die Etrusker innegehabt, doch seien die Kelten, die als „Nachbarn" mit ihnen Beziehungen unterhielten und die Schönheit des Landes sahen, mit geringfügigem Vorwand über sie hergefallen, hätten sie vertrieben und selbst das Land besetzt.

Polybios zählt dabei auch die Stämme auf, die nach Italien eindrangen (ABB. 28). Interessant ist, dass wir später gleiche Stammesnamen aus Caesars Kommentaren zum Gallischen Krieg kennen, die sich bis auf den der Boier im zentralen Gallien wiederfinden. Dementsprechend müssen wir annehmen, dass jeweils nur Teile der Stammesangehörigen nach Italien gezogen sind. Die Stammesgemeinschaft wurde also nicht erst durch die gemeinsamen Geschicke der Wanderung ausgebildet, sondern war bereits vorher gegeben. Ob allerdings ihre Territorien in Gallien bis in caesarische Zeit noch annähernd die Gleichen blieben oder sich wie z. B. das der Boier, die wir zuerst aus Böhmen und dann aus Ländern an der Donau kennen, sehr verändert haben, lässt sich so nicht sagen.

Die Einwanderung kann um 400 v. Chr. vermutet werden, doch sagt dazu Polybios nur, dass sie „eine gewisse Zeit" vor der Niederlage der Römer an der Allia und der Besetzung ihrer Stadt, d. h. 387 v. Chr., erfolgt sei. Letzteres Datum lässt sich durch die Verknüpfung mit anderen, besser überschaubaren Ereignissen sichern. Dass für eine solche Wanderbewegung eingehende Vorkenntnisse über Länder und Wege nötig sind, dass z. B. Bündnisse geschlossen und viele andere Vorbereitungen getroffen werden müssen – man vergleiche etwa, was später Caesar über den Auszug der Helvetier schreibt (Bell. Gall. I 3) –, von alledem berichtet Polybios nichts.

Eine längere Schilderung der Kelteninvasion liefert Titus Livius (V 33 ff.) – ein Zeitgenosse des Augustus – in seiner römischen Geschichte. Für die älteren Epochen war für ihn die Quellensituation ähnlich wie die für Polybios. Auch benutzt er immer wieder dessen Werk. Spürbar ist, dass er – weniger kritisch und oft tendenziös – stärker den Geistesströmungen seiner Zeit verbunden war.

Livius bietet fast die gleiche Aufzählung keltischer Stämme, doch lässt er die Wanderbewegung, die in mehreren Schüben erfolgt sei, bereits 200 Jahre früher etwa um 600 v. Chr. – zur gleichen Zeit wie die Gründung der griechischen Kolonie Massalia an der südfranzösischen Küste – beginnen. In den letzten Jahren hat man sich bei der Beschreibung der Ereignisse stärker auf den Bericht des Livius gestützt. Man vermutet beispielsweise, dass in ihn auch eine keltische Wandersage mit eingeflossen sei. Jedenfalls geht man davon aus, die Bewegung lasse sich in Wellen auflösen, die erst kurz vor der Eroberung Roms zu einem Abschluss gelangt seien. Trotzdem bleibt eine deutliche Diskrepanz zwischen den Ansätzen des Polybios wie auch denen anderer alter Historiker und dem des Livius bestehen. Um hier klarer zu sehen, müssen also die archäologischen Befunde befragt werden.

Ausführlicher als Polybios versucht Livius die Invasion zu begründen. Er erzählt von einer Übervölkerung in Gallien, woraufhin der König der Biturigen, der damals die größte Macht besaß, seine beiden Schwestersöhne mit riesigen Heeren ausschickte, um neue Wohnsitze zu suchen.

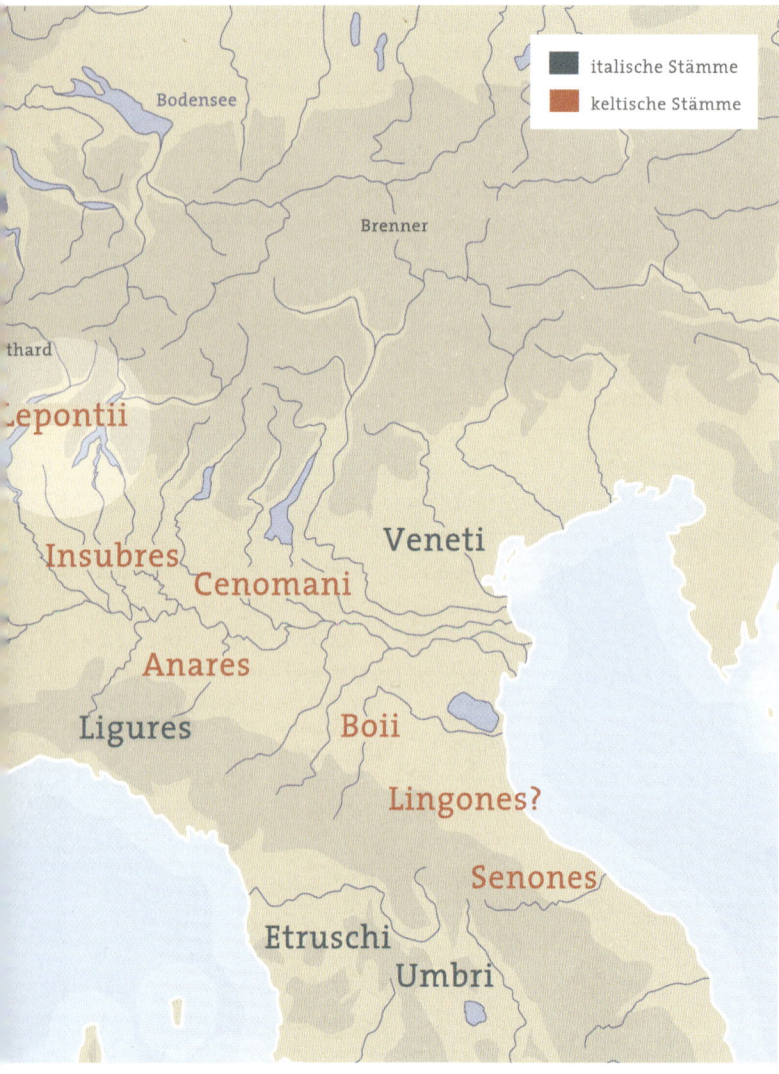

Bodensee

Brenner

thard

Lepontii

Insubres

Cenomani

Anares

Ligures

Boii

Veneti

Lingones?

Senones

Etruschi

Umbri

italische Stämme

keltische Stämme

28 Italische und keltische Stämme in Ober- und Mittelitalien.

sich nur mit dem Krieg. Ihr Besitz bestünde in Vieh und in Gold, sodass sie ein unstetes Leben führen könnten. Ferner hebt er die Bedeutung der Gefolgschaften hervor. Besonders interessant ist, dass Polybios (II 18) innere Kämpfe erwähnt. In seinen anschließenden Schilderungen der frühen Kriege wird auch immer wieder deutlich, dass die Kelten nur fallweise zusammengingen, dass sie vielmehr trotz ihrer Gemeinsamkeiten eine Identität im Stamm suchten, der jeweils seine eigene Politik betrieb.

Auf die Geisteshaltung der frühen Kelten geht Polybios nicht besonders ein, auch wenn in den Berichten über die andauernden Kriege immer wieder die Wildheit bzw. die Undiszipliniertheit der Kämpfer anklingen, die sich z.T. wie regelrechte Berserker verhalten, ebenso ihre Todesverachtung. Mehr spricht darüber Livius, der u.a. auch noch den Willen, sich in Zweikämpfen zu messen anmerkt (VII 9–10; VII 26). Ferner hebt er hervor, dass sich die Kelten mit den erbeuteten Köpfen der Gegner brüsteten, die sie als Siegeszeichen an die Hälse der Pferde hängten oder auf Lanzen steckten (X 26, 11). Die größere Zurückhaltung des Polybios könnte daraus resultieren, dass er darin bei „Barbaren" allgemein verbreitete Charakterzüge sah, die deshalb nicht weiter beschrieben werden müssten.

Möchte man im Großen und Ganzen dem Bild, das Polybios entwirft, Glauben schenken, so gibt es auch hier einige Widersprüche. Die Etrusker, die, wie ja Polybios und Livius schreiben, vorher weit gehend die Poebene beherrschten und deren Städte in verschiedenen Schriften genannt werden, sollten von den Kelten vertrieben worden sein. Diese selbst hätten aber nur in offenen Dörfern gelebt. Jedoch bestehen etruskische Städte wie z.B. Felsina (Bologna) weiter, welches in späterem Zusammenhang als Hauptort der eingewanderten keltischen Boier bezeichnet wird, und wir hören ebenfalls von befestigten keltischen Städten wie Acerrae oder Clastidium (Polyb. II 34). Müssen wir aus den Angaben herauslesen, dass sich die Kelten allmählich an die Lebensweise im Lande anpassten? Oder verallgemeinert der Bericht des Polybios über die Siedlungen der frühen Kelten aus seiner zeitlichen Distanz heraus zu stark (Frey 1984)? Meine knappe Schilderung zeigt bereits zur Genüge – ohne dass ich die Interpretationsmöglichkeiten der Quellen ausgeschöpft hätte –, wie lückenhaft und in vielem unscharf ihr Bild von den frühen Kelten ist. Wollen wir mehr erfahren, sind wir auf die archäologischen Funde und Befunde angewiesen. Was können wir über sie sagen?

DIE KELTEN IN ARCHÄOLOGISCHEN QUELLEN

Im Jahre 1871 fand in Bologna der 5. Internationale Kongress für Anthropologie und prähistorische Archäologie statt. Bei einem Ausflug zu der etruskischen Stadt bei Marzabotto südlich von Bologna erkannten Teilnehmer der

Der eine wandte sich mit seinen Leuten nach Osten, der andere überschritt die Alpen. Dieser Bericht wird mit einer weiteren Geschichte vermischt. Ein Mann aus dem etruskischen Clusium (Chiusi) habe für eigene Zwecke die Gallier ins Land gerufen, indem er sie „durch die Süße der Früchte und besonders durch den Wein" zu dem Unternehmen anstiftete. Z.T. mag es sich bei diesen Angaben um Topoi, um Gemeinplätze handeln, die einem römischen Publikum einleuchten mochten. Indessen stimmt dieses Motiv für die Okkupation – die „Barbaren" seien dazu durch zunehmende Kenntnis von dem fruchtbaren Land und seiner Produkte verleitet worden – mit dem überein, was Polybios sagt und auch andere Historiker vortragen.

An die Aufzählung der eingedrungenen Stämme schließt Polybios (II 17) eine wichtige, doch leider überaus kurze Charakterisierung des Lebens der frühen Kelten an. Er schreibt, sie wohnten in Dörfern ohne Befestigungen. Die Häuser hätten kein besonderes Mobiliar (wie es sonst in der antiken Welt üblich war) und sie schliefen sogar auf Streu. Außer mit der Landwirtschaft beschäftigten sie

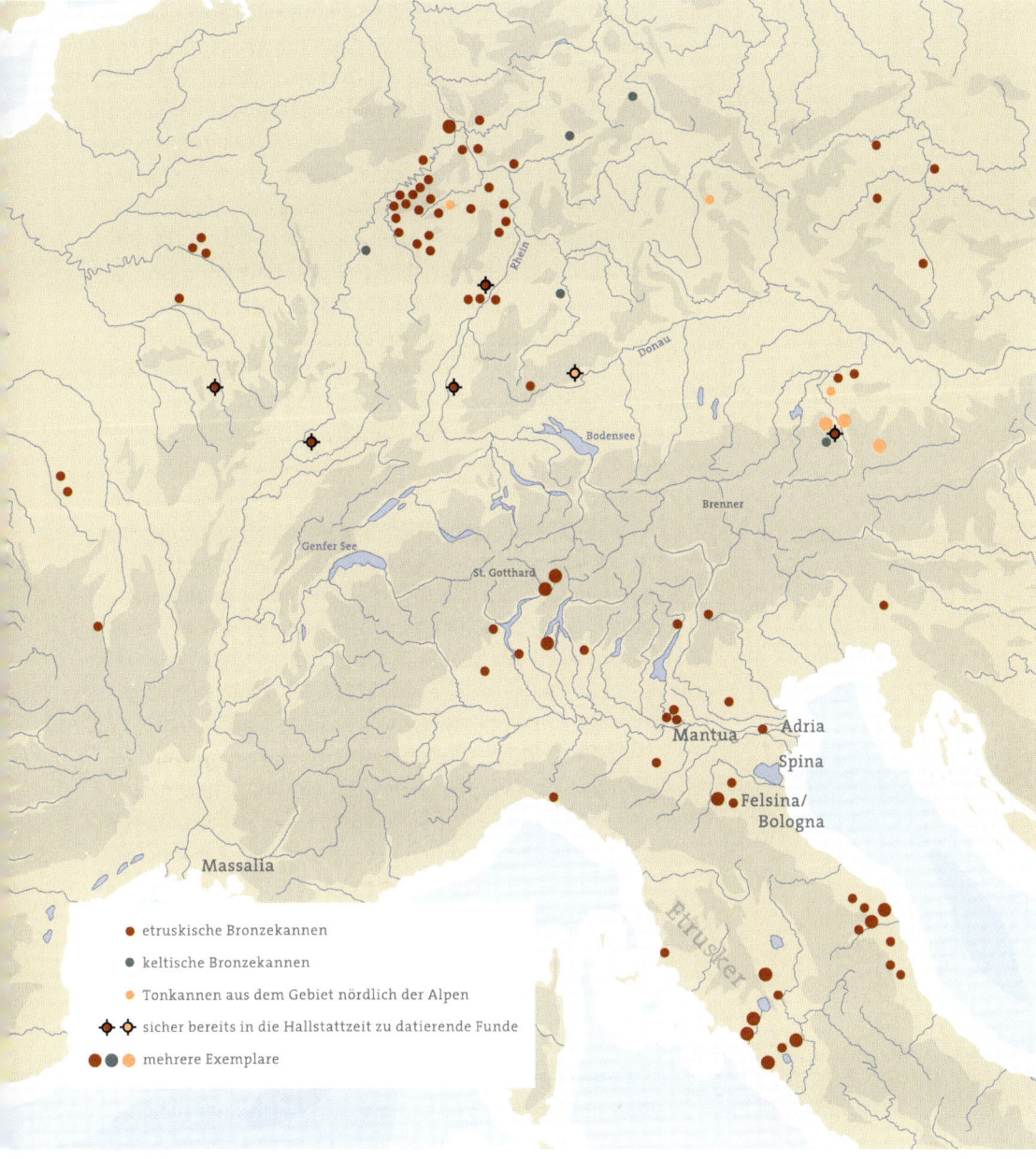

Map labels:
Rhein
Donau
Bodensee
Brenner
Genfer See
St. Gotthard
Mantua
Adria
Spina
Felsina/Bologna
Massalia
Etrusker

Legend:
- etruskische Bronzekannen
- keltische Bronzekannen
- Tonkannen aus dem Gebiet nördlich der Alpen
- sicher bereits in die Hallstattzeit zu datierende Funde
- mehrere Exemplare

29   Verbreitung der Schnabelkannen in Italien und Mitteleuropa.

30   Etruskischer Bronzedreifuß aus dem Fürstengrab von Bad Dürkheim, Kr. Bad Dürkheim (**KAT.-NR. 97.1**).

Tagung unter den dortigen Museumsbeständen typische Waffen und Fibeln, die Fundstücken aus der Champagne – „einem doch wohl urkeltischen Gebiet im Herzen Galliens" – entsprächen. Die Deutung dieser Tatsache konnte nur sein, dass hier Hinterlassenschaften der durch die Schriftquellen bezeugten, nach Italien eingedrungenen frühen Kelten vorlägen (de Mortillet 1870/71). Natürlich können wir heute zu dieser geglückten Interpretation auch gewisse Einschränkungen vorbringen. Die Verbreitung entsprechender Schwerter reicht in Italien über das für die keltischen Stämme bezeugte Territorium hinaus, denn offensichtlich übernahmen auch Krieger der Nachbarvölker diese Waffe der gefürchteten Gegner (Kruta Poppi 1986; Frey 1995; ders. 1996a). Oder die überall von keltischen Gebieten umschlossenen Veneter glichen sich in ihrer Fibeltracht an ihre Nachbarn an. Um zu klareren Abgrenzun-

gen und Deutungen zu kommen, kann man sich nicht allein auf einzelne Gegenstände stützen, sondern man muss alle mit ihnen vergesellschafteten Funde prüfen.

Etwa im gleichen Zeitraum wurde an der Stelle „La Tène" am Neuenburger See in der Schweiz (Vouga 1923) ein Massenfund geborgen, der neben vergleichbaren Schwertern viele verschiedenartige Objekte vereinigte. Die alten Forscher verwendeten für diese Hinterlassenschaften den Begriff Latènekultur und bezeichneten die Epoche als Latènezeit. Heute unterscheiden wir mehrere Zeitabschnitte der Latènekultur. Die Grabinventare der nach Italien eingedrungenen Kelten, z. B. um Bologna (Vitali 1992) – die wir ja etwa ab Anfang des 4. Jahrhunderts v. Chr. datieren können –, entsprechen dabei den Stufen Latène (Lt) B und C. Eine Phase Lt A ist in Mitteleuropa diesen Abschnitten voranzustellen. Sie muss weit gehend das 5. Jahr-

hundert v. Chr. füllen. Dieser ältesten Phase gehören auch die reichen Grabfunde vom Glauberg an, die uns als Mittelpunkt der Ausstellung besonders interessieren.

Sehen wir von der Iberischen Halbinsel ab, wo die Hinterlassenschaften der Kelten wegen ihrer abgesonderten Lage eine etwas abweichende Entwicklung aufweisen (Almagro Gorbea/Ruiz Zapatero 1993), so finden wir Zeugnisse der Latènekultur – allerdings in unterschiedlicher Dichte – im gesamten Raum, aus dem die Schriftquellen Kelten nennen (ABB. 25). Typische Gegenstände der Frühstufe Lt A sind aber noch nicht überall verbreitet. Beispielsweise fehlen sie auf den Britischen Inseln oder in Teilen Frankreichs, etwa in der Bretagne. Ebenso ist im Osten Mitteleuropas die Grenze unscharf. Die Latènekul-

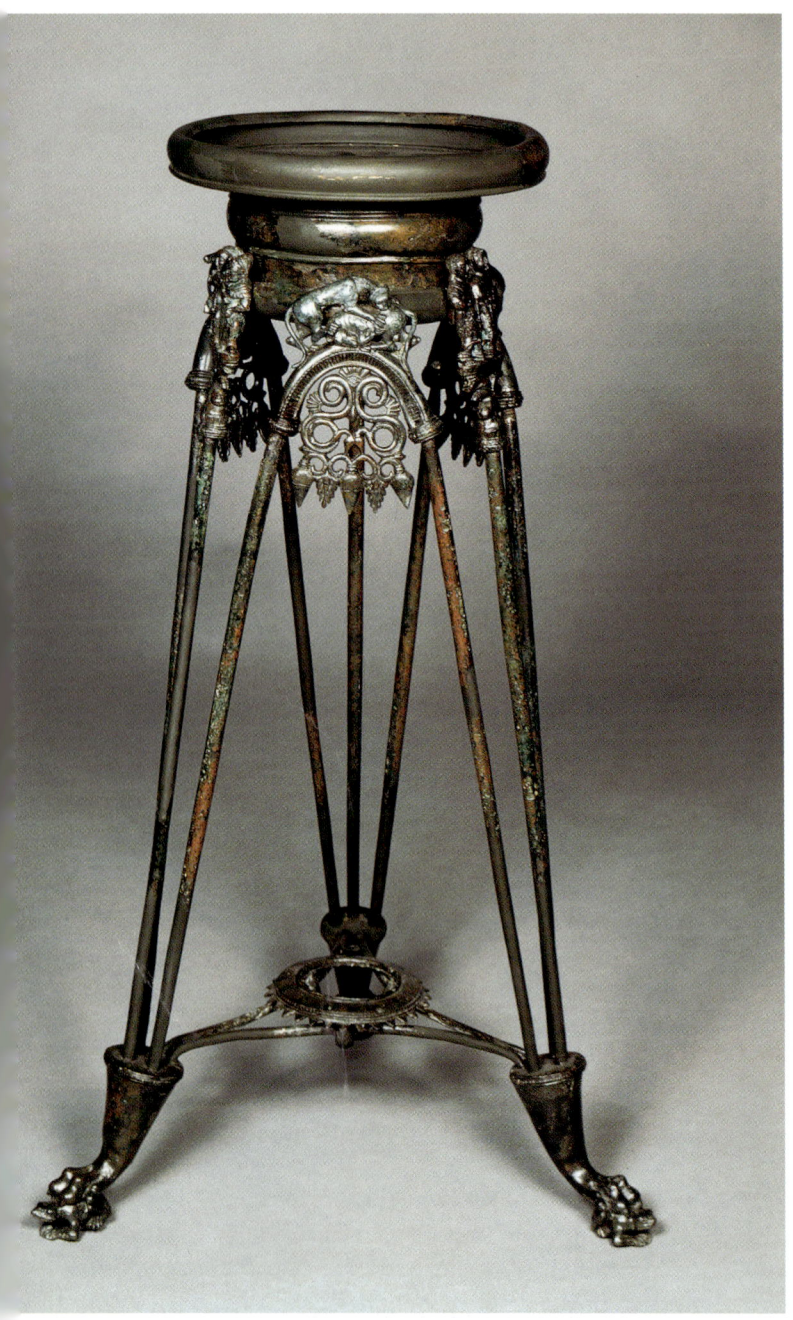

tur breitet sich also erst nach und nach im ganzen keltischen Siedlungsraum aus, der dann durch die Wanderbewegungen zusätzlich ausgeweitet wird. Und in ähnlicher Weise wie andere Völkerschaften in Italien haben sich z. B. die nördlichen Nachbarn der Kelten, die Germanen, mit der Zeit in vielem der überlegenen keltischen Kultur angepasst.

Bestimmte Ausgrabungen und zahlreiche Fundstücke vermitteln ein anschauliches Bild vom Leben und von den verschiedenen Tätigkeitsfeldern der Kelten. Mehr von den Vorstellungen der Menschen, von der Art, wie sie dachten, lernen wir durch die eigenwillige Formgebung und vor allem durch den figürlichen Schmuck der Gegenstände kennen. Klar wird also, dass bei vielen Fragen nach der geistigen Kultur eine wichtige Rolle der „keltischen Kunst" zufällt. Aus diesem Grund wird dem keltischen Kunsthandwerk – soweit es die frühe Zeit betrifft – ein eigenes Kapitel im Katalog gewidmet (s. Beitrag Frey, Frühe keltische Kunst).

Das Kunsthandwerk im frühen Latènestil (Stufe Lt A), d. h. der Zeit der Glauberggräber, unterscheidet sich von älteren Erscheinungen in Mitteleuropa einerseits durch seine Bereitschaft, Anregungen aus der antiken Welt aufzunehmen und andererseits durch seine Fähigkeit, daraus etwas Eigenes zu entwickeln. Voraussetzung dafür war, dass es im 5. Jahrhundert v. Chr. eine Bevölkerungsschicht gab, die über engste Beziehungen zum mediterranen Raum verfügte. Das kann man beispielsweise an der großen Menge der in Mitteleuropa entdeckten Importe ablesen, z. B. der etruskischen Schnabelkannen (Frey 1999). Dabei hatte Oberitalien mit seinen damals noch etruskischen Städten und den Hafenorten, die durch den Schiffsverkehr auf der Adria über direkte Beziehungen nach Griechenland verfügten, eine besondere Vermittlerrolle. Jedenfalls ist anzunehmen, dass in dieser Zeit griechische Vasen nicht nur über Massalia und den Rhôneweg nach Mitteleuropa gelangten, sondern ebenso über die so viel schwerer passierbaren Alpen (Pape 2000).

Ganz eindeutig zeigen sich solche Wege an Funden etruskischen Bronzegeschirrs (ABB. 29). In Siedlungen gehen ja nur unscheinbare Gegenstände verloren oder es bleiben Scherben zerbrochener Gefäße als Abfall liegen. Im Gegensatz dazu bergen Gräber aber meist ganz erhaltenes, absichtlich dem Toten auf seinem Pfad ins Jenseits mitgegebenes, oft kostbares Gut. Was dafür ausgewählt wurde, war natürlich vom regionalen Totenbrauchtum abhängig. Besonders üppig ausgestattete Gräber dieser Zeit kennen wir aus dem Gebiet zwischen Mittelrhein und Saar. Wir sprechen in dem Gebiet von der sog. Hunsrück-Eifel-Kultur (Haffner 1976; Echt 1999), doch sind daneben einzelne ähnliche Fundkomplexe z. B. aus der Pfalz oder aus Süddeutschland um den Hohenasperg bei Stuttgart zu nennen (Kimmig 1988). Schließlich weist auch das durch den Salzabbau reich gewordene Zentrum am Dürrn-

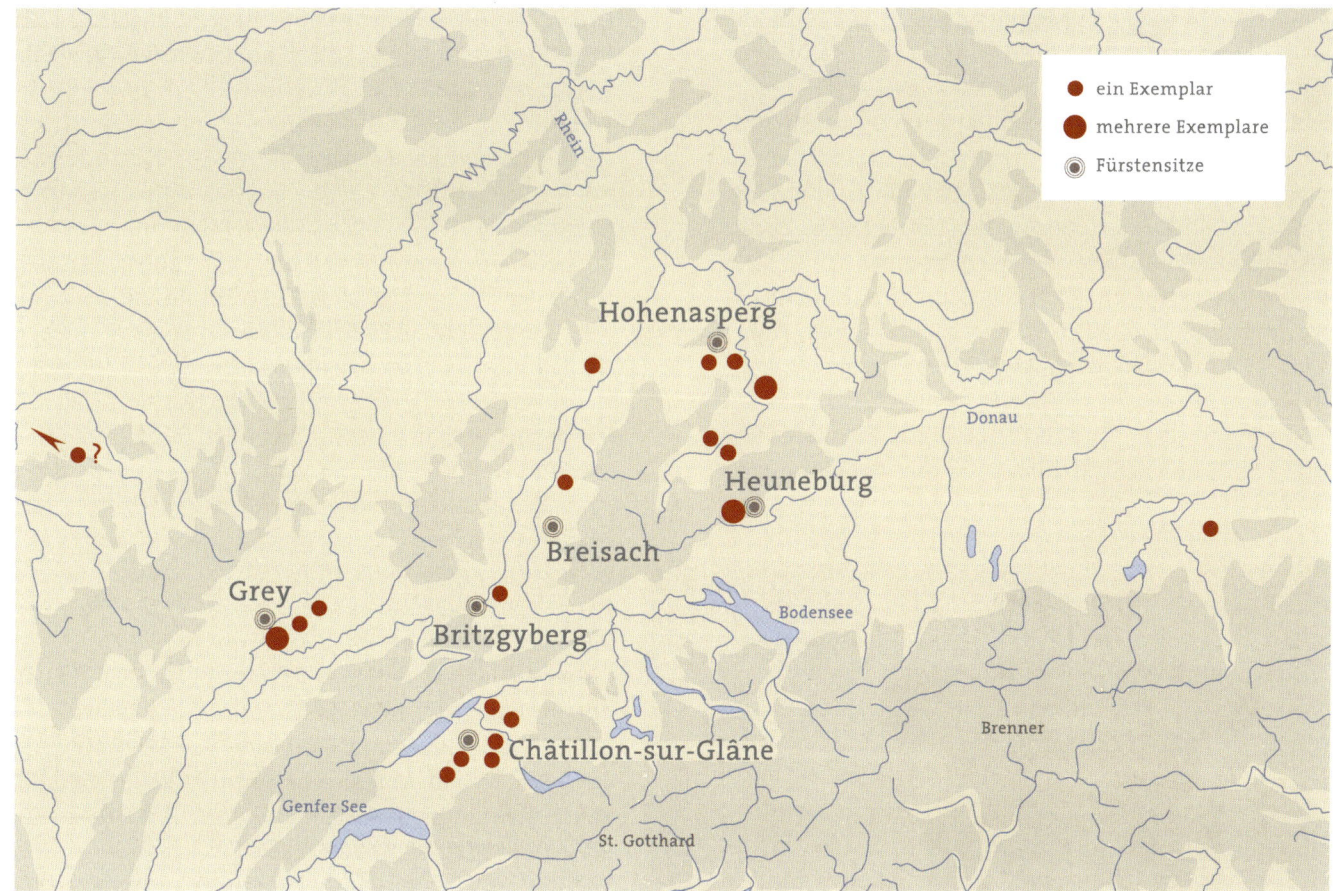

31 Die Verbreitung der hallstattzeitlichen Goldhalsreifen gibt den Bereich des nordwestalpinen Späthallstattkreises wieder.

berg bei Hallein solche Bestattungen auf (Pauli 1978). Neben goldenem Schmuck und anderen in der handwerklichen Ausführung hochstehenden Arbeiten – wie z. B. mit Goldblech verzierte Trinkhörner (Krauße 1996, 186 ff. 407 ff.) – enthalten diese reichen Gräber zusätzlich fremdes, etruskisches Einfuhrgut. Fast regelmäßig findet sich eine Schnabelkanne aus Bronze. Hängt die Beliebtheit solcher Kannen bei den Kelten mit erhöhtem Weingenuss zusammen, auch wenn bisher im Totenritual fast nur der traditionelle Honigmet nachweisbar war? Hinzu kommen einzelne andere Importstücke wie Vorratsgefäße für Getränke, sog. Stamnoi, oder Bronzeschüsseln, wohl um Essen vorzulegen, oder für Wasser, um sich nach der Mahlzeit zu reinigen. Schließlich sind auch singuläre Importstücke anzuführen wie der reich verzierte etruskische Bronzedreifuß aus einem Grab bei Bad Dürkheim (ABB. 30). Daneben gibt es einfacher gearbeitete Eimer, sog. Situlen, die teilweise vom Südalpenrand und aus dem Tessin stammen (Kimmig 1962/63). Diese so exzeptionell ausgestatteten Beisetzungen – sicherlich der „Ersten" der damaligen Gesellschaft – pflegen wir als „Fürstengräber" oder neutraler als „Prunkgräber" zu bezeichnen (Kossack 1974; Frey 1998). Wegen ihrer Ähnlichkeit mit den Bestattungen vom Glauberg ist denjenigen aus dem weiteren Mittelrheingebiet wieder ein eigener Beitrag in diesem Katalog gewidmet (s. Beitrag Nortmann).

Dass aber auch diese Gräber heute nur noch eine bescheidene Auswahl der Waren enthalten, die über die Alpen nach Norden gelangten, dass wir u. a. mit vergänglichem Gut wie etwa schön gemusterten, gewebten Stoffen rechnen müssen, bestätigen wieder am klarsten manche Details der keltischen Kunst, denn diese spiegeln weit mehr mediterrane Vorbilder wieder, als es die Produkte erkennen lassen, die gemäß dem Totenritual und infolge der Erhaltungsbedingungen im Boden auf uns gekommen sind.

Schließlich müssen wir über einen intensiven Tauschverkehr hinaus mit persönlichen Kontakten rechnen. „Man kannte einander." Keltische Künstler mögen selbst im Süden Erfahrungen gesammelt haben. Dieses Thema klingt jedenfalls auch in den historischen Berichten an (Plinius, Nat. Hist. XII 5). Und warum sollten nicht ebenso mediterrane Handwerker lukrative Geschäfte an den Höfen mitteleuropäischer „Barbaren" gesucht haben? Oder wurden dorthin vielleicht kunstfertige Sklaven vermittelt? Dass solche Überlegungen nicht reine Spekulationen sind, mag der später folgende Bericht über die steinerne Großplastik darlegen (s. Beitrag Frey, Menschen oder Heroen?).

In diesem Zusammenhang ließe sich noch über weit mehr sprechen. Wir können an den frühen Latènefunden neue Techniken feststellen (Echt/Thiele 1994), neue Waf-

fenformen oder auch neue Trinksitten. Alle solche Beobachtungen sind für uns Anzeichen für die vielfältigen Kontakte mit der antiken Welt, die die Latènekultur nachhaltig beeinflusst haben, ohne dass diese ihre Eigenart einbüßte.

Wie bereits kurz angedeutet, ist es interessant, dass diese Verbindungen schon vor den Wanderbewegungen ganzer Stämme um 400 v. Chr. wirksam wurden. Es ergibt sich sogleich die Frage, wie es in der noch weiter zurückliegenden Zeit war. Auf was für einer Grundlage entwickelte sich diese Kultur? Müssen wir nicht schon früher von Kelten sprechen?

Die Epoche vor der Latènezeit wird als Hallstattzeit bezeichnet; auch über sie enthält der Katalog einen eigenen Beitrag (s. Beitrag Baitinger). Zwar ist das Gesicht der Hallstattkultur noch deutlich anders, doch wenn die angeführte Nachricht des Hekataios von Milet aus dem späten 6. Jahrhundert v. Chr. in ihrer späteren Überlieferung richtig wiedergegeben ist, so lebten damals bereits weiter nördlich von Massalia Kelten.

In dem riesigen Gebiet, das die Hallstattkultur umfasste, bildet sich im späten 7. Jahrhundert v. Chr. der sog. nordwestalpine Hallstattkreis heraus, der am Ende des 6. Jahrhunderts v. Chr. Südwestdeutschland, das Schweizer Mittelland und Ostfrankreich umfasste. Charakteristisch sind befestigte Höhensiedlungen – ähnlich wie die vom Glauberg – und zugehörig reich ausgestattete Gräber, an denen man wieder eine deutliche soziale Schichtung der Bevöl-

kerung bemerken kann (ABB. 31). In diesen Zentren gibt es eine blühende Handwerkskunst. Und – mit der Zeit zunehmend – finden wir griechische und italisch-etruskische Produkte, an denen wir bereits intensive Verbindungen nach Südfrankreich und über die Alpen nach Italien ablesen können. Auch hier gibt es Anzeichen dafür, dass diese Kommunikation über reine Handelsbeziehungen hinausging. Wir müssen annehmen, dass sich unter diesen Bedingungen ganz ähnliche Konstellationen ergaben und sich Vorstellungen entwickelten, wie wir sie im 5. Jahrhundert v. Chr. in der Frühlatènekultur wiederfinden.

Auch der späte nordwestalpine Hallstattkreis war schon expansiv. Nicht nur im Mittelrheingebiet gibt es bereits typische Funde – auch in Hessen kommen charakteristische Fibeln usw. vor –, sondern gleichfalls weiter im Nordwesten bis zur Marne hin sind uns Gräber mit solchen kennzeichnenden Inventaren überliefert. Ferner begegnen etwas jüngere, doch von späthallstättischen Fibeln abgeleitete Formen in Südfrankreich (Dehn/Stöllner 1996). Ebenfalls kennen wir Späthallstattfibeln aus Oberitalien (Frey 1971a; ders. 1988). Diese dort fremden Gewandspangen machen aber innerhalb des Schmucks der verschiedenen Kulturgruppen nur einen kleinen Prozentsatz aus und natürlich sind die Fibeln kein Fernhandelsgut. Dazu waren sie nicht kostbar genug. Wir können uns lediglich vorstellen, dass solche Schmuckstücke von Menschen getragen wurden, die in kleinen Gruppen selbst über die Alpen kamen und sich im Lande festsetzten.

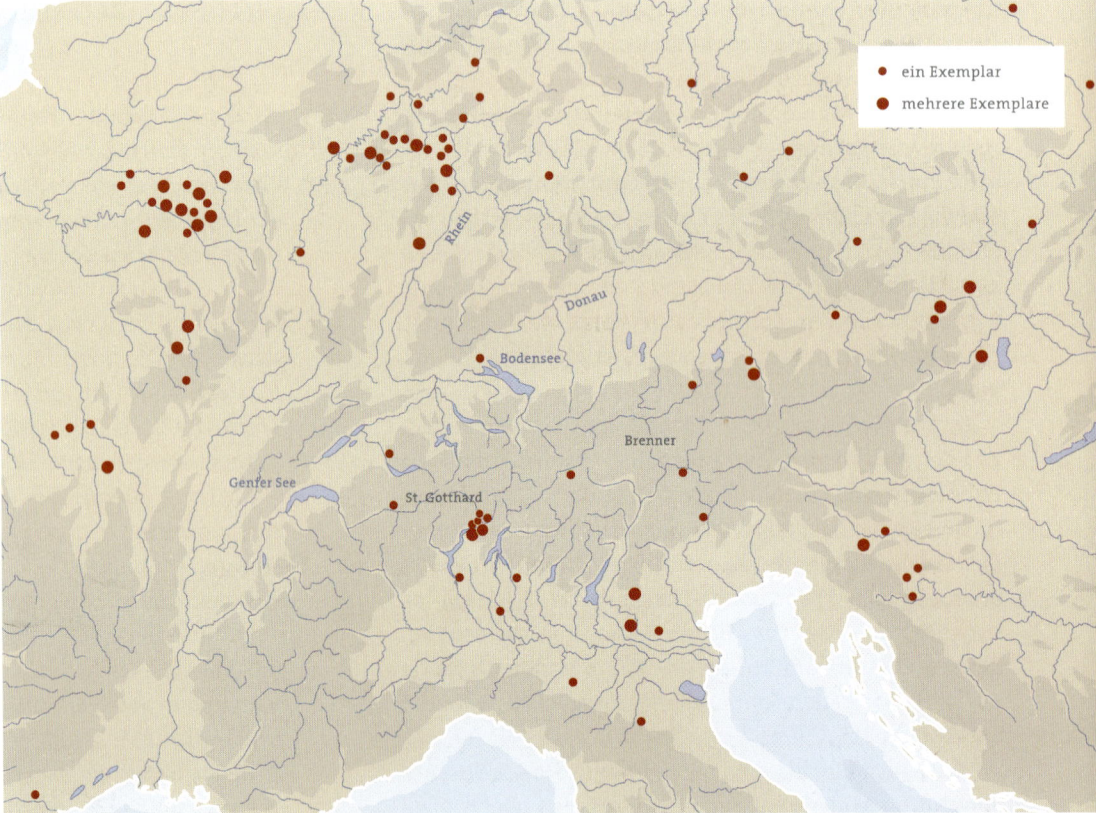

32 Verbreitung der durchbrochenen Frühlatènegürtelhaken.

Klarer wird eine ähnliche Situation dann erst in der Frühlatènezeit Stufe A. Leitformen für die Interpretation bilden verzierte durchbrochene Gürtelhaken (ABB. 32), die zum Schließen des Gurts, an dem das Schwert aufgehängt war, dienten (Frey 1991). In Oberitalien war es zu der Zeit nicht üblich, einen Toten mit seinen Kriegswaffen zu bestatten, doch ist der typische Gürtel der keltischen Kriegertracht dort durch eine beachtliche Zahl solcher Haken bezeugt (ABB. 33; 34). Desgleichen gibt es in Südfrankreich und im Languedoc von der befestigten Höhensiedlung von Ensérune eine große Menge solcher Hakenverschlüsse vom Wehrgurt, doch auch Schwerter und andere Waffen neben keltischen Schmuckstücken. Handelt es sich dabei um Hinterlassenschaften einer ganzen keltischen Gefolgschaft, die wohl aus dem Marnegebiet kam? Ebenso weist die Formgebung der Gürtelteile aus Oberitalien, soweit diese nicht lokal gefertigt sind – z. T. reicher verziert als die Stücke nördlich der Alpen –, als Herkunftsgebiet wieder auf die Champagne zurück. Nicht vergessen sei, dass das zentrale Gallien dann auch die Heimat der späteren Keltenzüge bildete.

Diese Zeugnisse für das Tragen des fremden keltischen Schwertgurts dürften in Oberitalien kaum den massiven Bevölkerungswechsel anzeigen. Innerhalb der Menge der Fundhinterlassenschaften sind sie dazu zu spärlich. Auch stimmt ihre Verbreitung nicht genau mit dem späteren Siedlungsraum der keltischen Stämme überein. Allerdings bestätigen diese singulären Trachtstücke, die kein Handelsgut bildeten und die nicht im Austausch aus einer engeren Nachbarschaft, sondern über eine große Distanz übernommen wurden, die Anwesenheit fremder Krieger in Oberitalien. Denkbar wären Kontingente von keltischen Söldnern, die in Oberitalien in den etruskischen Städten dienten. Oder man könnte sich Hinterlassenschaften marodierender Scharen vorstellen. Jedenfalls verdeutlichen diese Funde, die nur durch die Mobilität von Menschen zu erklären sind, dass es vor den großen Wanderzügen der Stämme bereits südlich der Alpen Kelten gab, die detaillierte Kenntnisse vom Land und von den Wegen dahin vermitteln konnten. So wird das Bild, das wir den Schriftzeugnissen entnehmen konnten, verständlicher und farbiger.

In unserer Behandlung früher Belege für Kelten südlich der Alpen kann nicht übergangen werden, dass wir im Westen von Oberitalien im Gebiet der Lepontier, d. h. im Bereich der Lombardischen Seen, auf Steinen und Tongefäßen Inschriften kennen, die einen keltischen Dialekt bezeugen (z. B. Frey 2000b). Einige dieser Gegenstände sind älter als die besprochenen Keltenzüge. Sie gehören der sog. Golasecca-Kultur an, die sich in Italien als lokale Kulturgruppe schon Jahrhunderte zuvor herausgebildet hatte (ABB. 28).

Wir haben hier also südlich der Alpen eine „keltische" Sprachgruppe, deren materielle Kultur sich aber anders

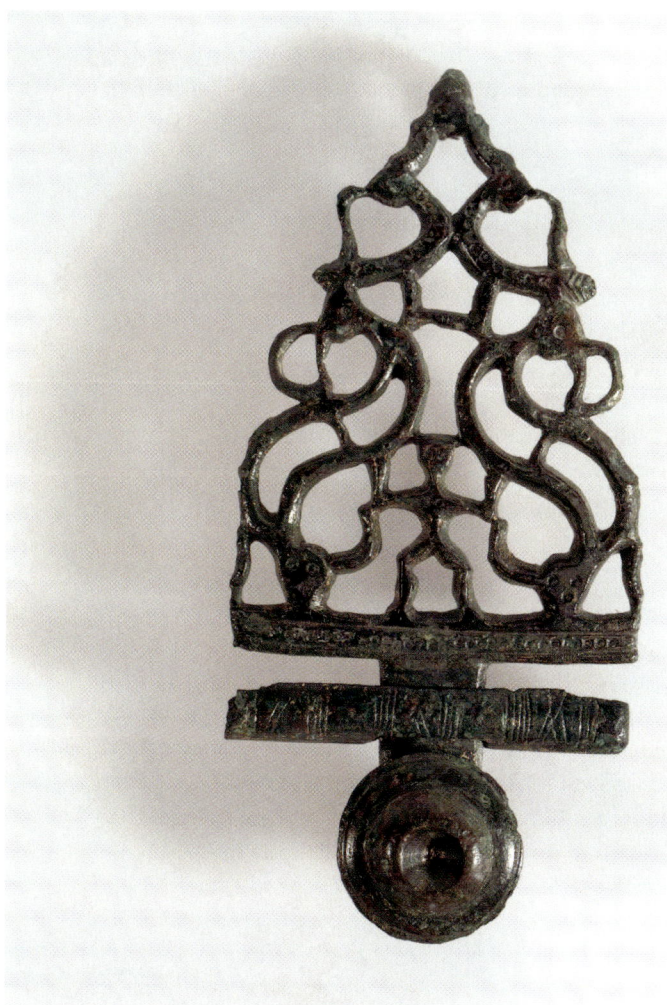

33 Bronzener Gürtelhaken aus Castaneda, Kt. Graubünden (KAT.-NR. 47).

als die der Kelten in Mitteleuropa entwickelte. Gefragt wird oft: Sind das vielleicht Anzeichen für frühe keltische Eindringlinge, wie sie Livius annimmt? Doch gibt es in der lange währenden Entwicklung der Golasecca-Kultur zur angegebenen Zeit keinen Bruch, der eine massive Invasion von Fremdlingen nahe legen würde. Falls in der Schilderung des Livius doch eine historische Erinnerung steckt, kann es sich nur um eine verschwommene Kunde handeln, die nicht mit konkreten Ereignissen wie der Gründung Massalias um 600 v. Chr. verbunden werden kann, sondern in weit ältere Zeiten zurückreicht.

Ich hoffe, es wurde an den angeführten Beispielen die Problematik ausreichend verdeutlicht, mit der die Archäologen zu kämpfen haben, wenn sie direkte Gleichungen zwischen ihrem Fundgut und der historischen Überlieferung herstellen sollen. Das, was diesen beiden Quellengattungen zu entnehmen ist, geht von so unterschiedlichen Fakten aus, dass solche Überlegungen nur an Wahrscheinlichkeiten grenzen. Trotzdem mag der Wert der archäologischen Aussagen erkennbar geworden sein, die uns so viele Züge des einstigen Lebens erhellen können.

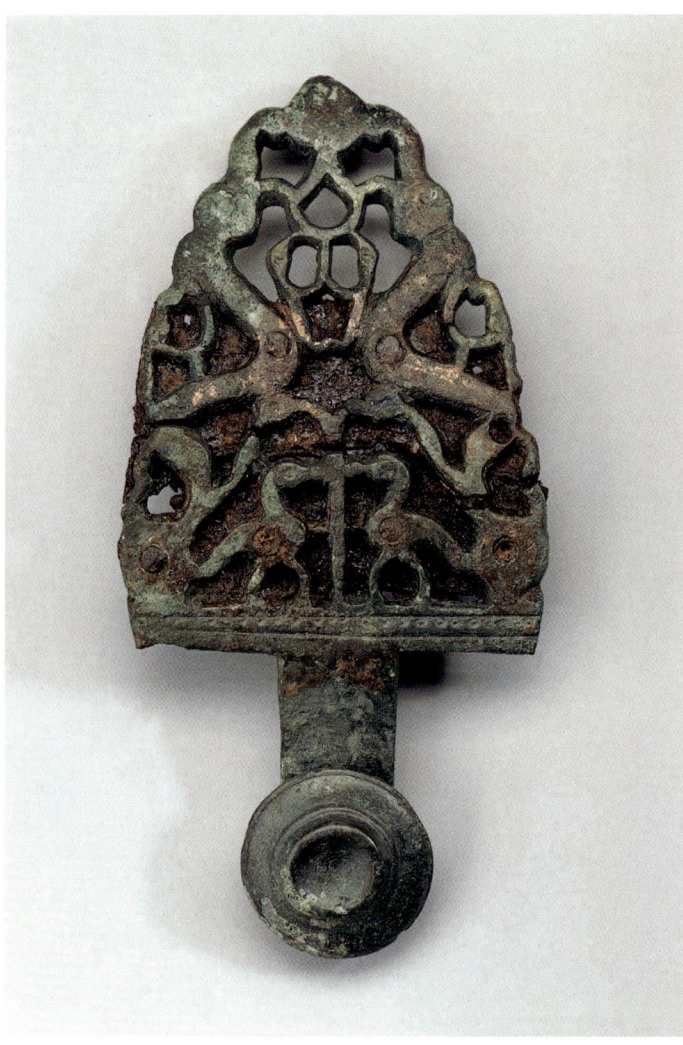

34 Bronzener Gürtelhaken aus Giubiasco, Kt. Tessin (KAT.-NR. 48).

Zuletzt sei noch auf eine weitere Frage eingegangen. In der schriftlichen Überlieferung werden als bestimmende Einheiten der Kelten die Stämme genannt. Die Stammesbildung muss also schon vor dem Einbruch nach Italien erfolgt sein. Vielleicht könnten wir sie in der Stufe Lt A oder in der Späthallstattzeit suchen? Dieser Vorgang ist aber bisher ganz dunkel. Auch wenn sich im Raum nördlich der Alpen das archäologische Fundgut in größere regionale Kreise aufgliedern lässt, ja wenn sich auch z. B. vereinzelt Trachtkombinationen auf bestimmte kleinere Bereiche beschränken, so ist bislang doch keine Gruppie-

rung erkennbar, die wir klar als Beleg für einen „Stamm" definieren könnten. Das Gleiche trifft auf Oberitalien zu. Obwohl wir hier die frühen Stammesgebiete genauer eingrenzen können, ermöglichen gewisse Trachteigentümlichkeiten – etwa das häufigere Vorkommen von Halsringen bei den Cenomanen – kaum mehr als Ansätze für eine Differenzierung des Fundguts (Kruta 1983). Erst in weit späterer Zeit, als es eine keltische Münzprägung gab, treten auch Stämme deutlicher hervor.

Es sind die frühen Kelten, von denen in dieser Ausstellung zum Glauberg ein Bild gezeichnet werden soll. Entsprechend wird in diesem Überblick und den angeschlossenen Beiträgen vornehmlich auf sie eingegangen. Nur gelegentlich wird auf spätere schriftliche und archäologische Quellen geschaut.

Es kommt aber noch eine geografische Einschränkung hinzu. In der Hauptsache wurden nur Exponate aus dem mittleren und östlichen Bereich des Lt A-Kreises ausgewählt. Nur in Einzelfällen werden Funde aus dem Westen und aus den Südalpentälern bzw. Oberitalien ausgestellt und ausführlicher besprochen. Grund dafür ist, dass in der Lt A-Kultur erhebliche, wohl verschieden erklärbare, regionale Unterschiede ausgeprägt sind.

In unserem besonders ins Auge gefassten Gebiet sind bereits im 4. Jahrhundert v. Chr. erstaunliche Wandlungen festzustellen (vgl. z. B. Kat. Venedig). Die Besetzung von Höhensiedlungen wird weit gehend unterbrochen. Die Bestattungssitten ändern sich. Fürstengräber kennen wir nur noch in Ausnahmen. Diese Auflösung älterer Strukturen lässt auf größere soziale Veränderungen schließen. Grund dafür könnten Neuerungen infolge der keltischen Wanderungen sein, die auch auf die Heimatgebiete zurückwirkten. Es ist ja klar, dass sich bei einem solchen Zug Abhängigkeiten auflösten und ein Tüchtiger sich schnell von einem Diener zu einem Herrn mit mehreren Sklaven hocharbeiten konnte. Es sieht so aus, als ob das spätere Gallien das Zentrum für die neuen Strömungen wird, die aber auch weit darüber hinaus wirkten. Ebenfalls gehen von den okkupierten Gebieten weiter im Osten und in Norditalien wesentliche Impulse aus, die die Entwicklung bestimmen. Sehr gut lässt sich das wieder am keltischen Kunsthandwerk ablesen. Darüber mehr zu vermitteln, kann aber nicht mehr Ziel dieser Ausstellung und der zugehörigen Beiträge im Katalog sein.

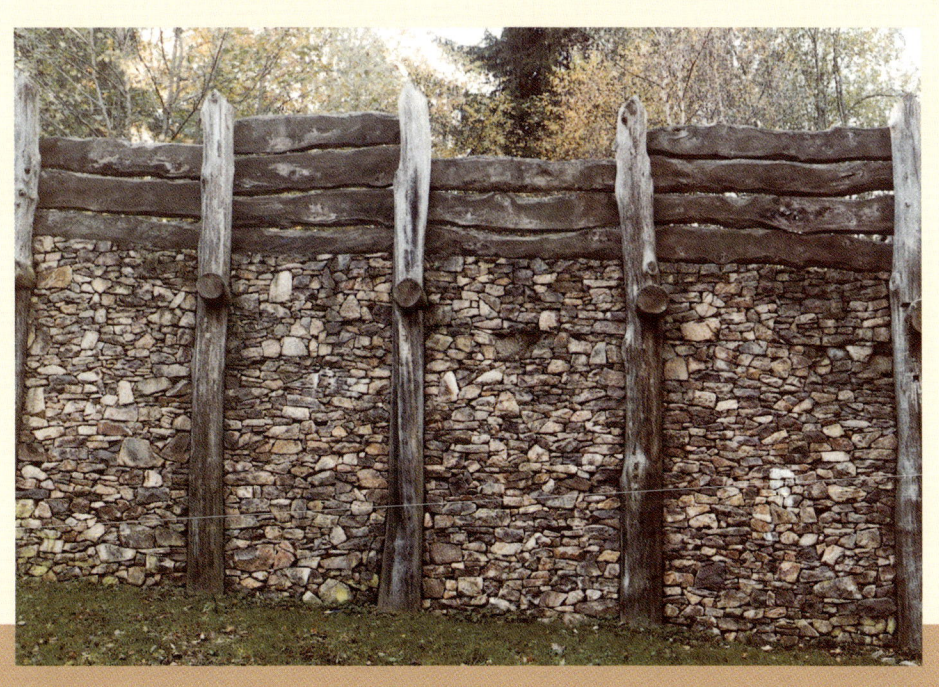

FRÜHE KELTEN IN HESSEN

Gräber – Fenster zur keltischen Welt in Hessen

von Claus Bergmann

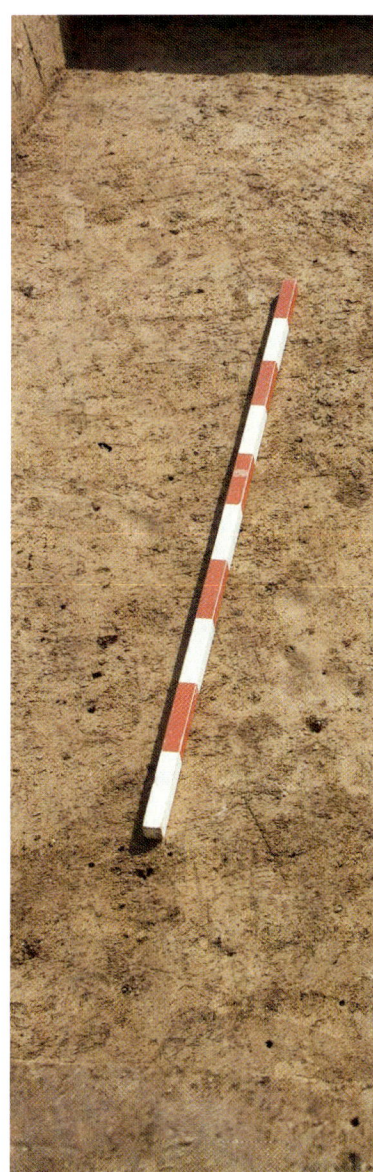

Wer errichtete den Grabhügel der Keltenfürsten vom Glauberg? Wer braute den Met aus der Schnabelkanne? Wer webte die Stoffe für die Grabausstattung? – So möchte man, in Anlehnung an Bertolt Brecht, fragen. Denn gerade im Angesicht der einzigartigen Funde aus den Fürstengräbern vom Glauberg stellt sich die Frage nach jenen Menschen, deren Begräbnis weit weniger prunkvoll als das der Fürsten vom Glauberg war.

Einerseits sind es die Siedlungen, seien es nun Dörfer, Einzelhöfe oder befestigte stadtartige Anlagen wie der Glauberg, die uns darüber Auskunft geben. Andererseits sind es Gräberfelder, die Stätten der Toten, die uns gerade über das Leben dieser Menschen Informationen liefern können. Bereits aus der mittelbaren Umgebung des Glaubergs, so etwa aus Hammersbach-Langen-Bergheim, Main-Kinzig-Kreis, und aus Florstadt-Nieder-Mockstadt, Wetteraukreis, sind Gräber der Frühlatènezeit bekannt. Zusammen mit weiteren Funden aus der Wetterau, dem Untermaingebiet und dem südmainischen Hessen bilden diese Grabfunde eine Gruppe, die sich durch gemeinsame Züge im Bestattungsritus auszeichnet (Bergmann 1997). Zunächst sollen die Bestattungen dieser Landschaft vorgestellt werden, im Anschluss daran die des Rheingaus, des westlichen Taunus und der nördlich davon gelegenen Gebiete Hessens (Herrmann/Jockenhövel 1990, 261 ff. 279 ff.).

EINE LANDSCHAFT – GEPRÄGT VON GRABSTÄTTEN

Obwohl Grabfunde der Frühlatènezeit bereits 1719 im Schlosspark von Laubach, Kr. Gießen, entdeckt wurden und mittlerweile fast 200 Fundstellen von Gräbern aus dem Rhein-Main-Gebiet bekannt sind, ist unser Wissen noch immer lückenhaft (Bergmann 1997, 6 ff. 34), denn meist stieß man zufällig bei Baumaßnahmen oder landwirtschaftlicher Tätigkeit auf Bestattungen der Frühlatènezeit. Je nach Interesse der Finder wurde vielfach nur ein Teil der Beigaben geborgen; auch Angaben zur Fundsituation, z. B. zur Lage der einzelnen Gegenstände, sind häufig ungenau oder unvollständig. So verdanken wir unsere bisherigen Kenntnisse hauptsächlich planmäßigen archäologischen Ausgrabungen. Leider ist es aber bisher in Hessen noch nicht gelungen, ein Gräberfeld der Frühlatènezeit vollständig auszugraben. Der Grund hier-

für liegt in der verstreuten Lage der einzelnen Bestattungen. Zwar finden sich die Gräber manchmal in kleinen Gruppen und die Nähe zueinander lässt wohl auf persönliche Beziehungen zwischen den einzelnen dort bestatteten Personen schließen. Oft aber beträgt der Abstand zwischen den Gräbern mehrere dutzend Meter. Selbst bei großflächigen Ausgrabungen der letzten Jahre in Niederdorfelden, Main-Kinzig-Kreis (KAT.-NR. 16–18, ABB. 274–277), Frankfurt/Main-Niederursel und Hattersheim (ABB. 35), Main-Taunus-Kreis, konnten bisher nur Teile von Gräberfeldern aufgedeckt werden.

Anhand dieser Ausgrabungen lässt sich aber schon jetzt sagen, dass auf einem keltischen Friedhof in Hessen in der Regel nur einige dutzend Gräber zu finden sind (Bergmann 1997, 35 ff. 41 f.). Es handelt sich also demnach wohl um Familienfriedhöfe, die, das zeigt das unterschied-

35 Grabfund aus Hattersheim, Main-Taunus-Kreis. Grabung 1999.

liche Alter der Funde, häufig über viele Jahrzehnte oder gar Jahrhunderte genutzt wurden. Da kein Grab das andere stört, müssen oberirdische Markierungen existiert haben, die sich aber in den meisten Fällen durch archäologische Ausgrabungen nicht haben nachweisen lassen. Lediglich die auf Gräberfeldern bisher nur vereinzelt entdeckten kleinen Gruben könnten zur Aufnahme von heute vergangenen Holzpfosten oder Stelen gedient haben. Als Grabmarkierung sind höchstwahrscheinlich auch Gräbchen zu deuten, die in runder oder rechteckiger Form die einzelnen Gräber umfriedeten. Teilweise mögen diese Einfriedungen einstmals Grabhügel umschlossen haben, denn neben Gräbern ohne Hügelaufschüttung – so genannten Flachgräbern – bestatteten die Kelten der Frühlatènezeit auch in Hügeln.

Zwar sind diese Grabhügel zumeist schon in der vorangehenden Hallstattzeit oder in der Bronzezeit, in einigen Fällen sogar schon am Ende der Steinzeit errichtet worden, doch setzte man noch während der Frühlatènezeit einen Teil der Bevölkerung in bereits bestehenden Grabhügeln bei. Daneben errichtete man auch neue Hügel, in denen sich auffälligerweise fast nur Gräber mit Waffen oder reicheren Beigaben gefunden haben. Bemerkenswert ist auch hier – wie bei den Flachgräbern – der oft große

Abstand zwischen den einzelnen Grabhügeln. Wenn auch manchmal in Gruppen zusammenliegend, können die Entfernungen einige dutzend Meter betragen. Größere Grabhügelfelder erstrecken sich deshalb nicht selten über mehrere hundert Meter.

Einst dürften diese Grabhügelfelder, zusammen mit den oberirdisch markierten Flachgräbern, der Landschaft ein deutliches Gepräge verliehen haben. Intensive Landwirtschaft hat sie aber in vielen Fällen vernichtet, sodass sie heutzutage fast nur noch in Waldgebieten sichtbar sind. Manche dieser Grabhügel erreichen noch heute eine beträchtliche Größe, z. B. solche im „Windecker Stadtwald" der Gemeinde Nidderau, Main-Kinzig-Kreis.

WEGE INS JENSEITS

Leider kennen wir die gewiss umfangreichen Bestattungsrituale, die mit der Beerdigung einer Person einhergingen, nicht. Gebete, Gesänge, vieles ist vorstellbar und wohl auch wahrscheinlich, aber ohne schriftliche Aufzeichnungen nicht belegbar und somit für immer verloren. Die wenigen Hinweise antiker Schriftsteller, so etwa von Julius Cäsar, der den Prunk und Aufwand bei der Bestattung hochrangiger Personen betont, geben leider nur einen sehr unscharfen Einblick in die Totenfeierlichkeiten der Kelten (Bell. Gall. VI 19). Doch eines war – nach Meinung antiker Autoren – den Kelten eigen: der feste Glaube an eine Weiterexistenz des Menschen nach dem Tode (Haffner 1995, 15). Diese Überzeugung – in ihrer Manifestation im Bestattungsritual – erschließt sich auch im archäologischen Fundbild (Lorenz 1978, 33 ff.; Herrmann/Jockenhövel 1990, 265 f.; Bergmann 1997, 35 ff.).

Zum Teil sind es recht unscheinbare Funde, die uns hier einen Einblick in das Totenritual geben. Winzige Scherben – manchmal nur daumennagelgroß – konnten bei einigen, meist neueren Grabungen aus der Verfüllung von Grabschächten geborgen werden. Sie sind die letzten Reste von Gefäßen, die man wohl im Rahmen der Bestattungsfeierlichkeiten verwendete und anschließend zerbrach. Denkbar wäre es, dass man mit dem Verstorbenen gemeinsam ein Totenmahl feierte, dessen letztes Zeugnis diese Scherben sind.

Als Belege für ein Totenmahl sind vielleicht auch die in manchen Gräbern zu beobachtenden Gefäße – meist handelt es sich um Flaschen oder Schalen – zu sehen (z. B. KAT.-NR. 17.4, ABB. 276). Während die Flaschen wohl für Flüssigkeiten bestimmt waren, dürfte sich in den Schalen feste Nahrung befunden haben. Teilweise handelte es sich dabei um Fleischbeigaben, wie das Vorkommen von Tierknochen bezeugt. Allerdings sind die im Grab nachgewiesenen Gefäße mit Nahrungsvorräten vielleicht auch als Proviant für die „Reise des Toten ins Jenseits" zu deuten.

Im Rahmen des Bestattungsvorgangs wurde der Verstorbene in der Regel unverbrannt und auf dem Rücken liegend, meist in einer Tiefe von ungefähr einem Meter beigesetzt. Die Verbrennung des Verstorbenen kam im Rhein-Main-Gebiet nur in Ausnahmefällen vor. Üblich war die Bestattung jeweils nur einer Person im Grab. Lediglich in Hattersheim bei Frankfurt/Main entdeckte man unlängst zwei Verstorbene nebeneinander in einem einzigen Grab. Interessanterweise trugen beide auch eine ähnliche Schmuckausstattung. Welche Gründe die beiden Personen im Grab zusammenführten, ist leider nicht mehr zu klären. Bei neueren Grabungen – so etwa im schon erwähnten Niederdorfelden (KAT.-NR. 16–18, ABB. 274–277) und in Frankfurt/Main-Niederursel – ließen sich anhand von Bodenverfärbungen ausgehöhlte Baumstämme als Särge nachweisen. Man kann deshalb davon ausgehen, dass derartige Baumsärge allgemein üblich waren.

Die Lage von gelegentlich erhaltenen, sehr kleinen Textilresten deutet außerdem darauf hin, dass die Verstorbenen in Tücher eingehüllt waren. Trachtbestandteile wie etwa Gürtelfragmente aus Metall verraten, dass die Toten in ihrer Kleidung beigesetzt worden sind. Auch der Schmuck der Toten – meist handelt es sich um Ringschmuck – sowie Waffen wurden mit in das Grab gegeben. Manchmal findet man in der Nähe der Gräber auch Reste von verbrannten Materialien. Zwar ist die genaue Deutung dieser Funde unklar, doch wird man sie mit Gewissheit in einen Zusammenhang mit dem Totenritual stellen können.

Nach der Bestattung des Toten wurde das Gräberfeld immer wieder von den Hinterbliebenen aufgesucht. Abermals sind es Reste von Gefäßen, die bezeugen, dass man der Toten gedachte. Wollte man die Toten mit Nahrung versorgen oder feierte man mit ihnen ein weiteres Totenmahl? Dass dieser Brauch über viele Generationen hinweg ausgeübt wurde und damit die Erinnerung an die Verstorbenen durch lange Zeit hindurch lebendig gehalten wurde, zeigen Scherben, die erheblich jünger als die Bestattungen sind.

Aufgesucht wurden die Friedhöfe aber auch noch aus anderen Gründen: Teilweise wurden die Gräber nur wenige Jahre nach der Bestattung erneut geöffnet. Man könnte zunächst an Grabräuber denken, die es auf den Metallschmuck der Toten abgesehen hatten. Gegen diese Überlegung spricht aber die Tatsache, dass vielfach keine der kostbaren Beigaben entwendet, das Skelett aber durcheinander geworfen wurde und insbesondere Teile des Kopfes zerstört wurden. Dieser Ausgrabungsbefund verlangt nach einer Deutung: Nimmt man historische und völkerkundliche Berichte zur Hand, so erfährt man, dass derartige Praktiken den Toten an schädlichen Verhaltensweisen gegenüber den Lebenden hindern sollten. Möglicherweise führten ähnliche Überlegungen bei den Kelten dazu, Teile des Leichnams zu zerstören (Pauli 1975, 144 ff. 174 ff.).

So ausschnitthaft uns das Totenritual dieser Zeit auch überliefert sein mag, die bisherigen Ausgrabungen geben uns doch immerhin wichtige Einblicke in die Vorstellungswelt der Kelten. Die Toten waren demnach in vielfältiger Weise mit den Lebenden verbunden und somit auch Bestandteil der Welt der Lebenden.

Schließlich führen uns einige Beigaben aus Gräbern zu einem weiteren Aspekt keltischen Denkens. Es handelt sich um Gegenstände, die – da ohne unmittelbar praktische Funktion – vermutlich als Amulette zu deuten sind und schon zu Lebzeiten getragen worden sein mögen (Pauli 1975, 116 ff.). Mitunter können dies recht kuriose Dinge sein, wie z. B. durchlochte Steine, die man in Gräbern aus Frankfurt/Main-Schwanheim und Niederdorfelden fand. Daneben sind es Glas- und Bernsteinperlen, die man als Unheil abwehrend betrachtete und die sich deshalb häufig auch in Gräbern von Kindern und Jugendlichen finden, wie z. B. in Niederdorfelden (KAT.-NR. 16; 18, ABB. 274; 277) und Ober-Ramstadt bei Darmstadt (KAT.-NR. 19, ABB. 278). Gerade Kinder galten – angesichts der in vorgeschichtlicher Zeit hohen Sterblichkeit in den frühen Lebensjahren – als besonders schutzbedürftig. Möglicherweise hatten die mit Tierköpfen und Masken verzierten Fibeln, Ringe und Gürtelhaken, wie sie z. B. aus Groß-Gerau-Wallerstädten (KAT.-NR. 26, ABB. 285), Obertshausen-Hausen bei Offenbach/Main (KAT.-NR. 13; 14, ABB. 271; 272) und Frankfurt/Main-Oberrad (KAT.-NR. 25, ABB. 284) bekannt sind, ebenfalls eine Unheil abwehrende Funktion.

LEUTE MACHEN KLEIDER – KLEIDER MACHEN LEUTE. KLEIDUNG UND SCHMUCK ALS AUSDRUCK GESELLSCHAFTLICHER POSITION

Mit der Rekonstruktion von Teilen des keltischen Totenrituals sind die möglichen Aussagen, die anhand von Grabfunden gemacht werden können, keineswegs erschöpft. Zwar sind Gegenstände aus organischen Materialien wie Textilien meist bis auf kleine Reste völlig vergangen, doch sind die Metallbestandteile der Tracht bis heute erhalten und finden sich – wenn das Grab in späterer Zeit nicht gestört wurde – noch immer in ihrer ursprünglichen Lage, in der sie einst am Körper getragen wurden (Lorenz 1978, 112 ff.; Herrmann/Jockenhövel 1990, 264 ff.; Bergmann 1997, 43 ff.).

Neben dem vielfältigen Ringschmuck sind es hauptsächlich Teile des Gürtels und Fibeln, die man in den Gräbern finden kann. Diese Fibeln – oft reich verziert – funktionierten wie unsere heutigen Sicherheitsnadeln und dienten zum Zusammenhalten der Kleidung. Die vor allem an Hals-, Arm- und Beinringen zu beobachtenden, teilweise sehr deutlichen Abnutzungsspuren zeigen uns,

dass diese Schmuckstücke schon zu Lebzeiten ständig getragen wurden.

Anhand dieser Funde kann nun der Versuch unternommen werden, die sozialen Strukturen der keltischen Gesellschaft in groben Umrissen zu skizzieren. Doch ist dies, allein mit Hilfe der Grabfunde, überhaupt möglich?

Zunächst einmal ist es bemerkenswert, dass sowohl die Anzahl als auch die Qualität der Schmuckbeigaben in den Gräbern sehr unterschiedlich ist, also keineswegs alle Menschen die gleiche Tracht trugen. Andererseits sind die Trachtgegenstände nicht regellos verteilt, sondern folgen erkennbaren Gesetzmäßigkeiten.

So unterschieden sich Männer und Frauen in ihrer Tracht bereits durch unterschiedlichen Ringschmuck. Männer trugen in der Regel, wenn überhaupt, nur einen einzigen Armring. Weiterhin sind eine Fibel und ein Gürtel üb-

lich. In der älteren Frühlatènezeit konnte noch eine Waffenausrüstung, bestehend aus Schwert und Lanze, hinzutreten (KAT.-NR. 12; 29, ABB. 151; 270). Im Laufe der Frühlatènezeit gab man die Waffenbeigabe auf; nur in wenigen Ausnahmefällen sind dann noch Waffen mit in das Grab gekommen. Auffällig ist, dass unter den Gräbern mit Waffen weder Kinder noch besonders alte Männer zu finden sind. Vermutlich war die Beigabe von Waffen in das Grab nur in einem bestimmten Lebensabschnitt üblich.

Typisch für die Tracht der Frauen und Mädchen war – neben ein bis zwei Fibeln – Ringschmuck, der jeweils paarig an Armen und Beinen getragen wurde. Ein Halsring und ein Gürtel konnten das Bild ergänzen (KAT.-NR. 18, ABB. 277). Wie schon erwähnt, verwendeten nicht alle Frauen die gleichen Schmuckkombinationen. Die Mehr-

36 Mit Goldblech und Koralleneinlagen verzierte Beschläge eines Trinkhorns aus Groß-Rohrheim, Kr. Bergstraße (KAT.-NR. 34).

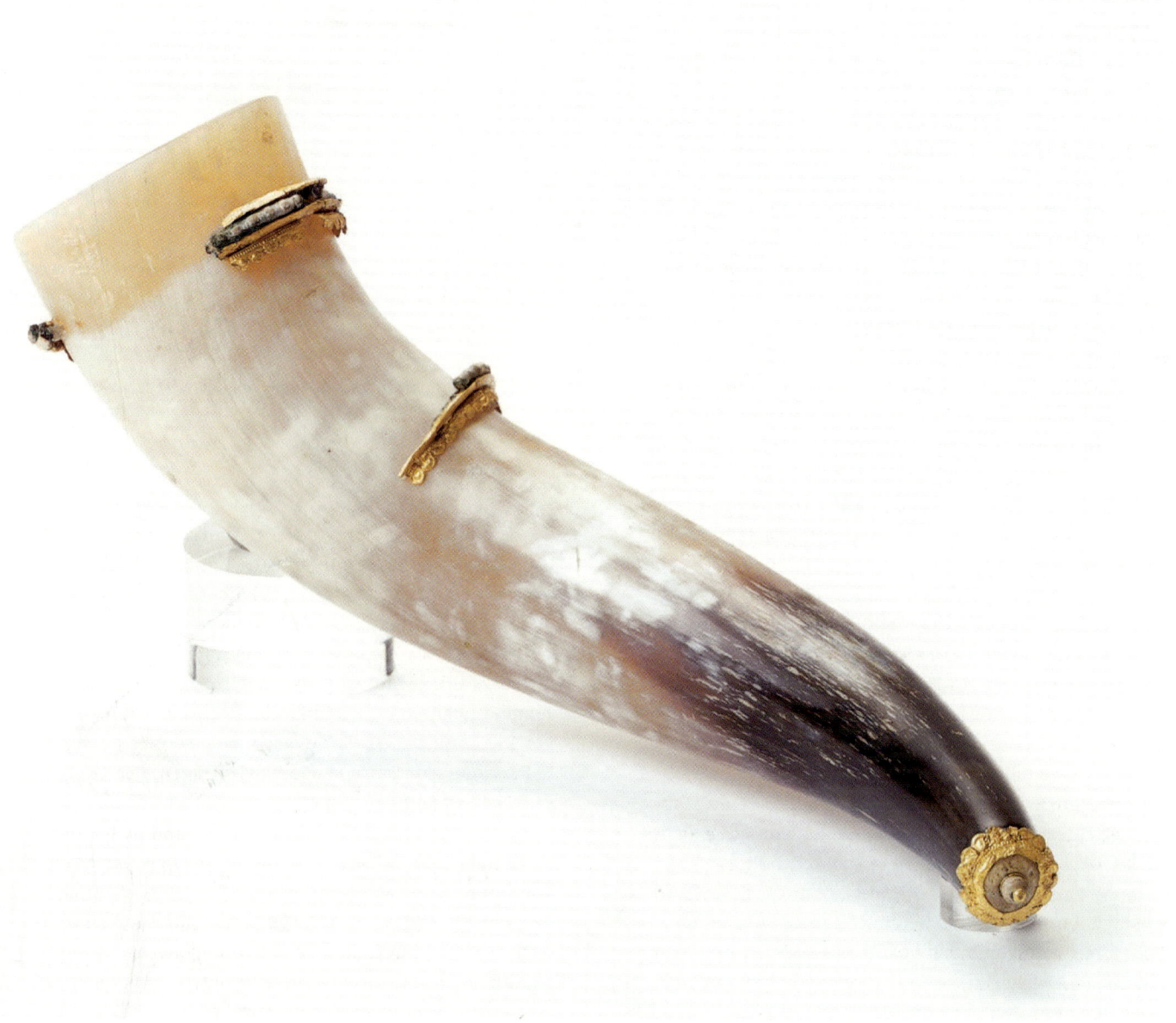

heit trug als Ringschmuck nur zwei Armringe, eine kleinere Zahl einen Halsring und Armringe oder aber einen Halsring, Armringe und dazu noch Beinringe.

Nun fällt vor allem bei den zuletzt genannten Frauengräbern auf, dass ihr Schmuck vielfach aufwändiger gestaltet und mit kostbaren Einlagen, z. B. aus Koralle, versehen ist. Auch finden sich in diesen Gräbern des Öfteren importierte Gegenstände und die sonst übliche Schmuckausstattung wird durch weitere Fibeln, Hals-, Arm- oder Beinringe ergänzt (KAT.-NR. 20, ABB. 279). Offensichtlich besaßen diese Frauen Beziehungen, die über das Rhein-Main-Gebiet hinausreichten, und waren auch in der Lage, sich Dinge zu beschaffen, die wir in den übrigen Frauengräbern vergeblich suchen.

Eine vergleichbare Gruppe findet sich auch unter den Männergräbern. So verfügt beispielsweise ein Grab aus Frankfurt/Main-Eschersheim über drei reich verzierte Fibeln, die im Rhein-Main-Gebiet ohne Parallele sind (KAT.-NR. 23, ABB. 282). Gerade in diesem Grab liegen nun zwei Armringe statt des sonst in Männergräbern üblichen einzelnen Rings. Auch zeichnet sich dieses Grab durch die zu dieser Zeit eigentlich nicht mehr übliche Beigabe von Schwert und Lanze aus.

So lässt sich in den bisher entdeckten frühlatènezeitlichen Gräbern eine Gruppe von Personen herausschälen, die über wertvollere oder eingehandelte Beigaben verfügte und zum Teil die für alle übrigen geltenden Bestattungs- und Beigabenregeln durchbrechen konnte (Bergmann 1997, 59 ff.). Bemerkenswert ist, dass zu dieser Gruppe auch Kinder gehören konnten, wie das Grab eines drei- bis vierjährigen Mädchens aus Niederdorfelden zeigt (KAT.-NR. 16, ABB. 274). Demnach konnte die Zugehörigkeit zu dieser Gruppe schon im frühen Kindesalter bestehen. Nimmt man an, dass die Tracht tatsächlich die gesellschaftliche Stellung mehr oder minder widerspiegelt, dann wäre innerhalb der frühkeltischen Gesellschaft des Rhein-Main-Gebiets die soziale Position zumindest teilweise schon in den ersten Jahren der Kindheit festgelegt worden.

Doch welche Rolle spielte diese mit reicheren Beigaben ausgestattete Gruppe gegenüber den in den sonstigen Gräbern beigesetzten Personen? Geht man abermals von den Beigaben aus, dann können die Unterschiede nicht allzu gravierend gewesen sein. Auch die übrigen Gräber sind mit Schmuck versehen; Waffen kommen dort ebenso vor. Der Grabbau ist in manchen Fällen ebenso aufwändig gewesen. Es scheint sich bei den in „reicheren" Gräbern bestatteten Personen um eine zahlenmäßig nicht kleine, lokal verankerte Schicht zu handeln.

In welchem Verhältnis standen nun all diese Menschen zu den Keltenfürsten vom Glauberg? Auffällig ist, dass – von wenigen, noch vorzustellenden Ausnahmen abgesehen – bisher keine Gräber entdeckt worden sind, deren Reichtum zwischen die bisher vorgestellten Bestat-

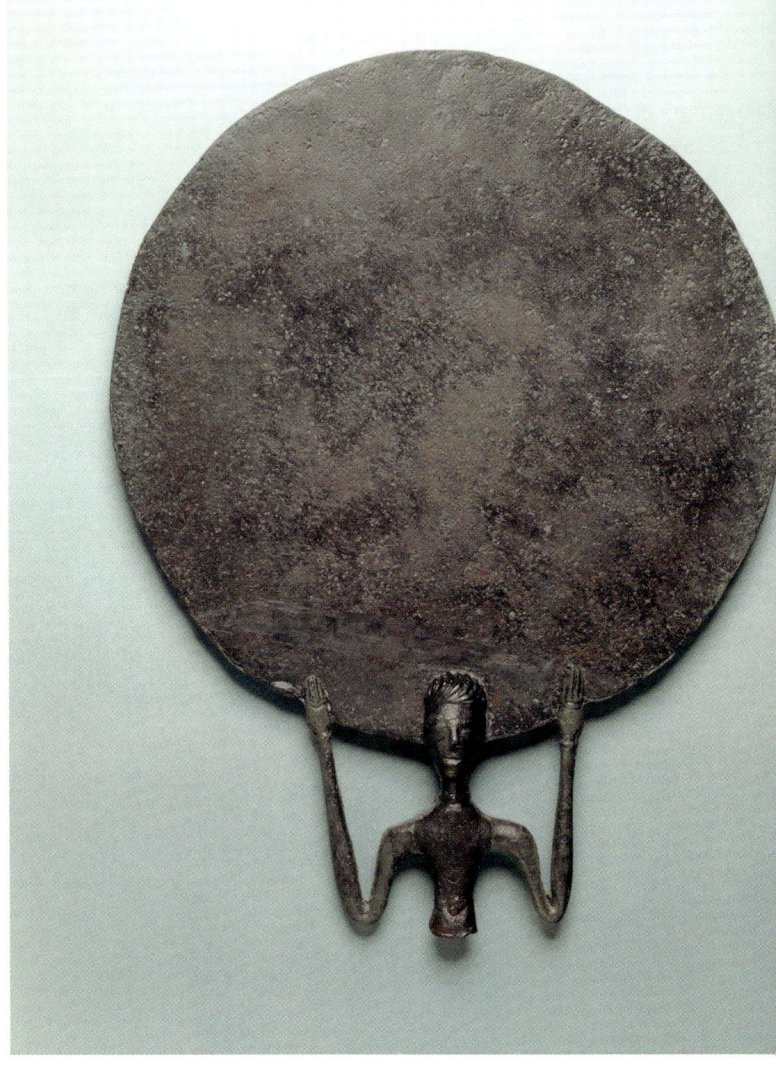

37 Bronzespiegel mit anthropomorphem, doppelköpfigem Halter aus Hochheim am Main, Main-Taunus-Kreis, – ursprünglich wohl aus einem reichen Grab (KAT.-NR. 33).

tungen und die Fürstengräber vom Glauberg eingeordnet werden könnte. Lediglich zwei Gräber aus Gießen und Groß-Gerau-Wallerstädten, Kr. Groß-Gerau, zeigen bemerkenswerte Parallelen zu den Gräbern vom Glauberg. Vergleichbar mit Funden vom Glauberg (KAT.-NR. 1.3–1.4; 1.16, ABB. 239; 118) liegen aus Gießen (ABB. 151) und Wallerstädten ebenfalls goldene Ohrringe sowie Schwerter mit bronzener Randeinfassung und kleeblattförmigem Abschluss vor. Die Ähnlichkeit dieser Gegenstände könnte auf direkte Beziehungen zwischen den Waffenträgern von Gießen und Groß-Gerau-Wallerstädten einerseits und den Fürsten vom Glauberg andererseits hinweisen.

Weitere sehr bemerkenswerte Funde sind aus Groß-Rohrheim, Kr. Bergstraße, bekannt (ABB. 36). Es handelt sich um die Goldblechbeschläge eines Trinkhorns, die leider nicht bei einer planmäßigen Ausgrabung, sondern zufällig bei Bauarbeiten entdeckt worden sind. Alle Indizien sprechen dafür, dass es sich um die letzten Reste eines

mittlerweile zerstörten fürstlichen Grabs handelt, denn vergleichbare goldblechbeschlagene Trinkhörner sind bisher nur aus sehr reich ausgestatteten Gräbern bekannt geworden.

Gleiches gilt für einen Bronzespiegel aus Hochheim am Main (ABB. 37). Auch hier sind, bis auf eine Tonflasche und einige menschliche Knochen, keine weiteren Funde bekannt geworden. Dennoch dürfte hier ursprünglich ein fürstliches Grab vorgelegen haben, das leider nicht sachgemäß geborgen wurde.

Reizvoll wäre es natürlich zu wissen, in welchem Verhältnis die beiden in Groß-Rohrheim und Hochheim am Main bestatteten Personen zu den Fürsten vom Glauberg standen. Da wir aber derzeit noch nicht einmal sagen können, ob sie überhaupt Zeitgenossen waren, verbieten sich alle weiteren Überlegungen.

Kehren wir nun zu der zuvor gestellten Frage nach dem Verhältnis zwischen den Fürsten vom Glauberg und den Bewohnern des Rhein-Main-Gebiets zurück. Der Reichtum und der aufwändige Grabbau der Fürstengräber vom Glauberg ist nicht ohne die Arbeitskraft vieler Menschen zu erreichen. Demnach dürften die Bewohner des Rhein-Main-Gebiets zur Herstellung von Waren und zur Bereitstellung von Dienstleistungen verpflichtet gewesen sein. Trotz dieser Verpflichtungen ist es aber nicht einzusehen, sie als mehr oder minder rechtlos und verarmt darzustellen.

Zuletzt sei der Blick auf eine weitere, aus vielen antiken Gesellschaften und auch bei den Kelten zur Zeit Cäsars bekannte Bevölkerungsgruppe gerichtet, nämlich die der Sklaven. Ob es sie aber schon in der Frühlatènezeit gegeben hat, ist unbekannt, denn archäologisch nachweisbar sind sie bislang nicht.

KLEINRÄUMIGE UNTERSCHIEDE

Bisher haben sich unsere Betrachtungen nur auf das Rhein-Main-Gebiet beschränkt; schon im Rheingau und dem nördlich anschließenden Taunus und Lahntal unterscheiden sich die Gräber der Frühlatènezeit teilweise von den bisher beschriebenen (Heynowski 1992, 169 f. 249). So sind in den Gräbern des Rheingaus so genannte Tranchiermesser belegt, die in den übrigen Bestattungen des Rhein-Main-Gebiets unbekannt sind; ebenso unterscheidet sich ein Teil der mitgegebenen Keramik. Parallelen zu den eben beschriebenen Grabsitten lassen sich aber unter den frühlatènezeitlichen Gräbern am Mittelrhein zwischen Andernach und Bingen finden (Joachim 1968).

Schließlich sind aus dem Rheingau bzw. dem westlichen Taunus eine Reihe von Gräbern bekannt, die durch kostbare Beigaben aus dem üblichen Rahmen fallen (Jockenhövel 1995b). So fand sich in einem Hügelgrab bei Wiesbaden neben einem Bronzekessel eine importierte bronzene Schnabelkanne etruskischer Herkunft (ABB. 38). Zweifellos dienten diese wertvollen Gefäße, wie auch die Bronzegefäße aus den Fürstengräbern vom Glauberg, unter anderem repräsentativen Zwecken. Ein Bronzegefäß ist auch aus einem Grab in Heidenrod-Laufenselden, Rheingau-Taunus-Kreis, bekannt, das außerdem noch Reste eines Wagens beinhaltete (KAT.-NR. 32, ABB. 288). Eisenteile vom Pferdegeschirr bzw. von einem Wagen sind schließlich aus einem Grabhügel in Eltville-Rauenthal, Rheingau-Taunus-Kreis, überliefert. Diese Wagen waren, wie das schon erwähnte Bronzegeschirr, Statusobjekte.

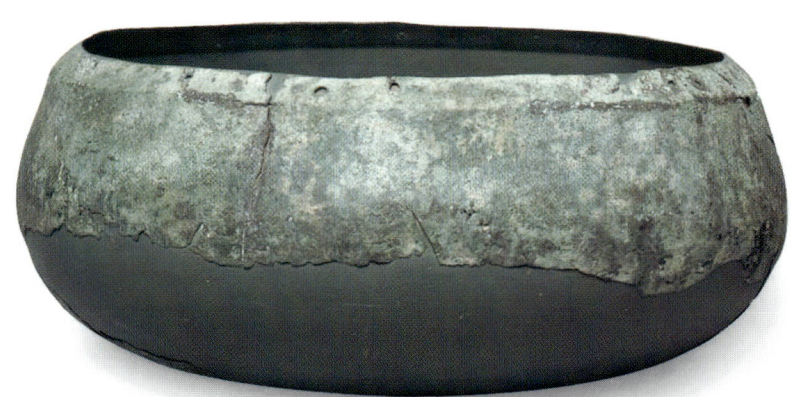

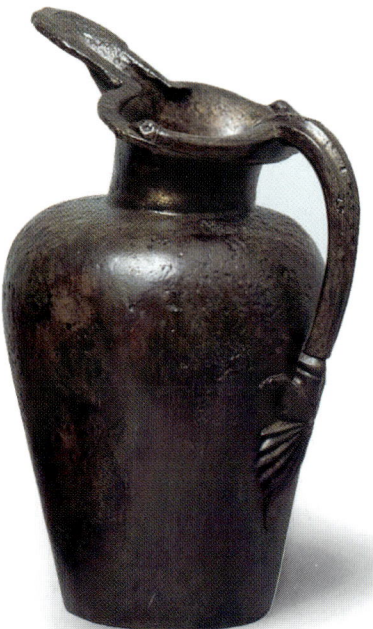

38 Bronzekessel und Bronzeschnabelkanne aus einem Grabhügel bei Wiesbaden (KAT.-NR. 30). Die Schnabelkanne ist ein Importstück etruskischer Herkunft.

Gerade die Beigabe von bestimmten, zum Teil importierten Bronzegefäßen und das Auftreten von Wagen- oder Pferdegeschirrteilen in den Gräbern unterscheidet Rheingau und westlichen Taunus vom übrigen hessischen Rhein-Main-Gebiet, lässt aber Verbindungen zum Mittelrhein erkennen, wo sich ähnlich ausgestattete Gräber finden. Anhand dieser Beispiele wird deutlich, dass trotz erkennbarer Kontakte bis in den Mittelmeerraum regionale Eigenheiten und Gruppenbildungen unter den frühlatènezeitlichen Grabfunden Hessens belegbar sind.

Wieder ein anderes Bild ergibt sich in der Mittelgebirgszone nördlich der Wetterau (Herrmann/Jockenhövel 1990, 279 ff.; Jockenhövel 1995b). Befestigte Höhensiedlungen wie z. B. der Christenberg, Kr. Marburg-Biedenkopf, oder die „Burg" bei Dietzhölztal-Rittershausen, Lahn-Dill-Kreis (KAT.-NR. 8, ABB. 43–46; 265–267), zeigen, dass auch hier stadtartige Siedlungen mit weit reichenden Austauschbeziehungen existierten. Einige wenige Funde deuten sogar darauf hin, dass vielleicht auch mit einer Führungsschicht – ähnlich derjenigen der Fürsten des Rhein-Main-Gebiets – zu rechnen ist. Dem stehen aber Funde gegenüber, die einen eigenen Charakter besitzen. So grenzten sich zumindest die weiblichen Bewohner dieser Mittelgebirgszone durch das Tragen von Haarnadeln von den Frauen des Rhein-Main-Gebiets, des Rheingaus und des unteren Lahntals ab. Zweifellos waren diese Haarnadeln Bestandteil einer besonderen Frisur oder vielleicht eines haubenartigen Schmucks, der schon von weitem die Herkunft der Trägerin verriet. Ebenso sind einige der Schmuck- und Keramikformen in Nordhessen und Teilen Mittelhessens anders gestaltet als in den weiter südlich gelegenen Landstrichen. Sie lassen dafür aber Kontakte vor allem nach Thüringen erkennen, wo zum Teil ganz ähnliche Stücke hergestellt wurden. Schließlich sind die Bestattungssitten, üblicherweise Brand- statt Körperbestattung, von denen des Rhein-Main-Gebiets zu unterscheiden. Möglicherweise verbergen sich hinter diesen Differenzen im Ritus sogar unterschiedliche Jenseitsvorstellungen.

KONTAKTE NACH OSTEN, SÜDEN UND WESTEN

Während die meisten Funde aus den Gräbern des Rhein-Main-Gebiets auch in der Region gefertigt worden sind, gibt es eine Reihe von Objekten, die von außerhalb des Rhein-Main-Gebiets stammen. Ihre Zahl ist keineswegs gering, sodass nur stellvertretend einige Beispiele genannt werden können.

So erkannte man schon vor vielen Jahrzehnten, dass sich zu einem bemalten Gefäß aus Langenselbold, Main-Kinzig-Kreis, Vergleichsstücke in Nordfrankreich, der Champagne, finden lassen (ABB. 39). Bei einem weiteren

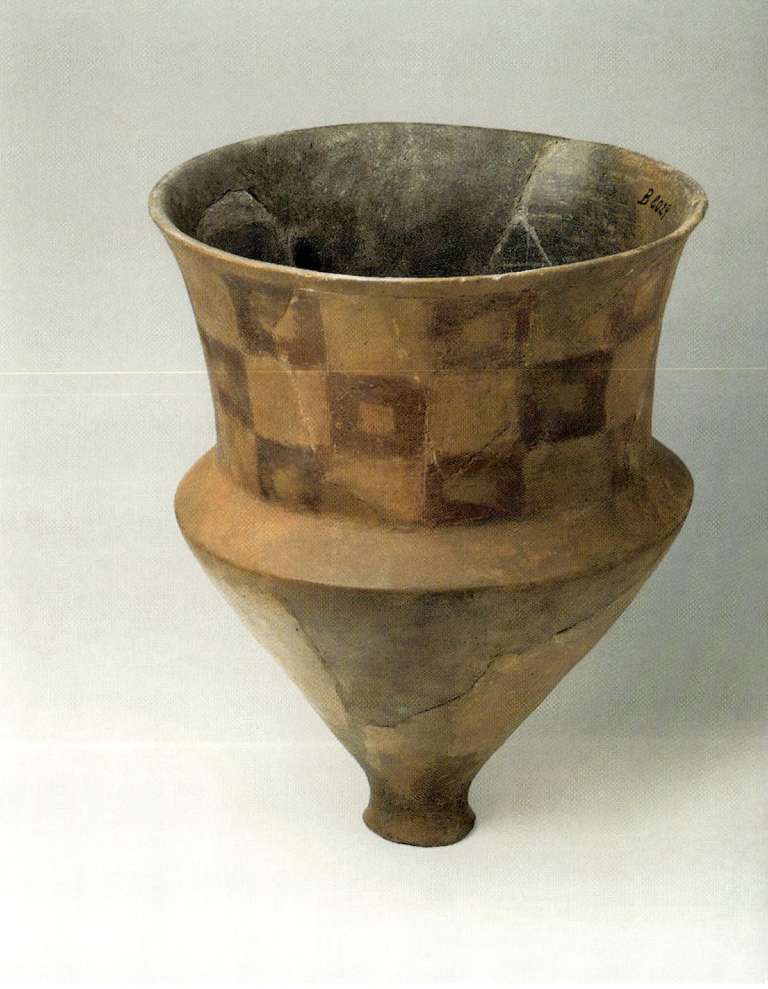

Gefäß aus Frankfurt/Main-Praunheim ist aufgrund seiner Form gleichfalls eine Verwandtschaft mit der Keramik Nordfrankreichs erkennbar, doch ist die Verzierung mit Kreisaugen und Bogenmustern wiederum typisch für das Rhein-Main-Gebiet (KAT.-NR. 21.5, ABB. 280). Man kann deshalb nicht von einem Importstück sprechen, sondern muss nach einer anderen Erklärung suchen. Möglicherweise hat der Töpfer in verschiedenen Regionen die jeweiligen Techniken und Ziermuster kennen gelernt und individuell auf dem Praunheimer Gefäß umgesetzt.

Auch der Hersteller eines Rings aus Nidderau-Windecken bei Hanau (ABB. 40) hat sein Handwerk außerhalb des Rhein-Main-Gebiets gelernt oder ist gar von dort gekommen, denn dieser Ring unterscheidet sich, zusammen mit einigen weiteren, sehr ähnlichen Ringen, deutlich vom sonst dort üblichen Ringschmuck, während sich gute Parallelen abermals in der Champagne finden lassen.

Aus der Endphase der Frühlatènezeit sind im Rhein-Main-Gebiet weitere Grabfunde mit für diese Gegend untypischen Gegenständen bekannt. Beispiele hierfür sind z. B. Gräber aus Hammersbach-Langen-Bergheim, Main-Kinzig-Kreis, oder Höchst-Hummetroth, Odenwaldkreis, die sich außerdem durch im Rhein-Main-Gebiet unübli-

39 Gefäß mit roter und schwarzer schachbrettartiger Verzierung aus Langenselbold, Main-Kinzig-Kreis (KAT.-NR. 28). Das Gefäß stammt aus der Champagne.

40 Reich verzierter Halsring aus einem Grab in Nidderau-Windecken, Main-Kinzig-Kreis.

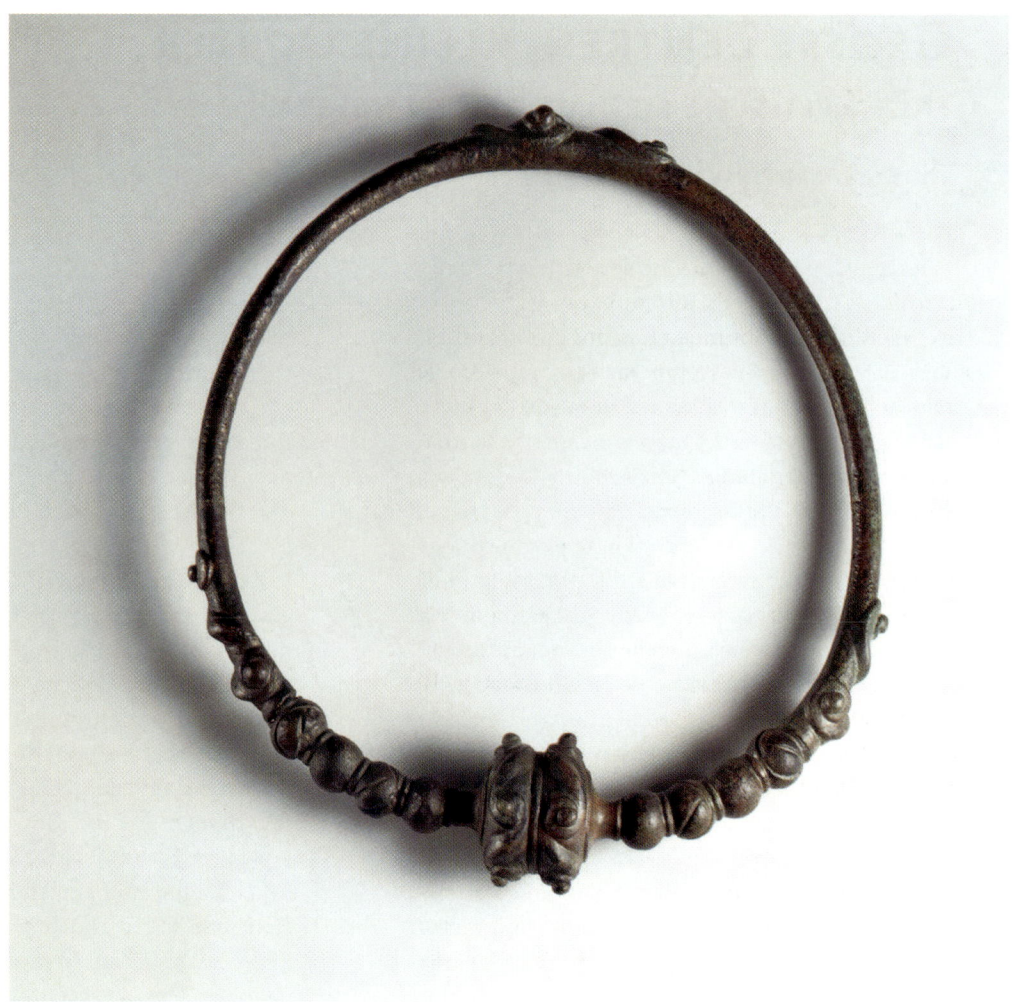

che Beigabenkombinationen und Bestattungspraktiken auszeichnen (Bergmann 1997, 96). Nächste Parallelen hierzu finden sich aber schon in Südbayern und Böhmen. Allem Anschein nach handelt es sich um fremde Personen, die sich am Ende der Frühlatènezeit im Rhein-Main-Gebiet niedergelassen hatten. Vermutlich waren es diese Neuankömmlinge, die einen umfassenden Wandel der

Grab- und Trachtsitten am Ende der Frühlatènezeit eingeleitet haben, denn seit dem Beginn der nachfolgenden Mittellatènezeit, im 3. Jahrhundert v. Chr., wurden die Toten in der Regel verbrannt und jahrhundertealte Trachtsitten innerhalb kurzer Zeit aufgegeben. Zumindest was die Grabsitten anbelangt, lässt sich hier der Beginn einer neuen Epoche fassen.

Grosse Zentren, kleine Dörfer

Frühkeltische Siedlungen in Hessen

Von Bernhard Pinsker

Die verschiedenen Landschaften Hessens haben, so wie sie sich dem Betrachter heute darbieten, mit dem, was sich den frühen Kelten vor etwa 2500 Jahren bot, nichts mehr gemein. Will man sich in etwa eine Vorstellung davon machen, muss man sich von uns vertrauten und selbstverständlichen Erscheinungsbildern von Städten oder Dörfern verabschieden, die ihr näheres und weiteres Umfeld dominieren und ständig prägend umgestalten. Vergessen sollte man auch die infrastrukturelle Erschließung der Landschaften durch Autobahnen, Straßen- und Schienennetz, die ehemals zusammenhängende und zusammengehörige Natur- und Kulturräume willkürlich zerschneiden und zerstückeln und damit zu meist negativen Landschaftsprägern werden. Den heute weit gehend begradigten und in ihre Betten gezwängten Flüssen und Bächen wird man einen ungezwungen Verlauf durch teilweise weite Auenlandschaften zubilligen müssen, die heute allenfalls noch in Resten vorhanden sind.

Auch das Aussehen der heutigen Natur- und Kulturlandschaft war völlig anders. Die zum Teil intensiv landwirtschaftlich genutzten Regionen wie z. B. die Wetterau, die Kornkammer Hessens, gab es in dieser Form nicht. Sicher betrieben die frühen Kelten dort auch Landwirtschaft, doch in einem weit geringeren Umfang im unmittelbaren Umfeld ihrer Siedlungen. Die nördliche Wetterau wird man sich dementsprechend entwaldet vorstellen dürfen, den östlichen Randbereich und auch das Lahntal wohl als offene, aber nicht baumlose Landschaft (s. Beitrag Kreuz). Die Mittelgebirgszonen waren, wie es heute auch noch größtenteils der Fall ist, stark bewaldet, wobei ein Eichen-Mischwald dominierend war.

Eine verkehrsgeografische Erschließung mit einem ausgebauten Straßen- oder Wegenetz war nicht vorhanden. Überregional gab es in der keltischen Zeit traditionelle Routen, die schon von alters her begangen worden waren. In den kleineren oder größeren Siedlungskammern bestanden sicherlich mehr oder weniger erkennbare Wege, die allerdings nicht im Sinne von heutigen befestigten Wegen definiert werden können. So dürfte das Befahren solcher Wege mit Wagen, die es ja nachweislich gegeben hat, nicht überall einfach, mancherorts oder bei Regen und Schnee unmöglich gewesen sein.

Eingebunden in diese noch weit gehend intakte ungestörte Naturlandschaft, in Teilen immer wieder in Kulturlandschaft umgewandelt, wird man sich die frühkeltischen Siedlungen vorstellen dürfen, vorwiegend dort, wo die besten Voraussetzungen für Ackerbau und Viehwirtschaft gegeben waren. Zu den Siedlungen selbst stellen sich natürlich viele Fragen. Wie groß waren sie und welche wirtschaftlichen Grundlagen besaßen sie? Wie war ihre Dichte, wo gab es Zentralorte? Wie sahen die Bauten aus? Wie gestaltete sich ihre soziale Gliederung? Bestand eine Siedlung aus einem Gehöft oder gab es Dorfgemeinschaften? Wie viele Menschen, Familien, Generationen lebten unter einem Dach? Gab es zentrale Gemeinschaftseinrichtungen und welche Rolle spielten die oftmals mit großem Aufwand befestigten Höhensiedlungen? Saß dort überall ein Fürst? Fragen über Fragen, die auf Antworten warten, Antworten, die in Ermangelung schriftlicher Hinterlassenschaften bisher allein die Archäologie und die mit ihr zusammenarbeitenden Naturwissenschaften geben können.

Aber auch die Möglichkeiten der Archäologie und ihrer Verbündeten sind eingeschränkt, vor allem dann, wenn sie kaum oder gar nicht zum Zuge kommen. Ergebnisse kann es nur geben, wenn mit modernen Methoden ausgegraben und ausgewertet werden kann. Bestes Beispiel dafür sind die Fürstengräber vom Glauberg, deren sorgfältige Freilegung und Erforschung schier unglaubliche Ergebnisse gebracht haben (s. Beitrag Bartel u. a.). Landauf, landab sieht die Wirklichkeit leider anders aus. In ganz Hessen gibt es nicht eine frühkeltische Siedlung, die systematisch ausgegraben und erforscht wurde. Entsprechend stellt sich unser Kenntnisstand dar und viele der oben angerissenen Fragen werden vorerst unbeantwortet bleiben.

In Hessen sind weit über 200 Siedlungsstellen bekannt, die man mit größter Sicherheit der Späthallstatt- und Frühlatènezeit zuweisen darf (Abb. 41). Hinzu kommt eine größere Anzahl von Siedlungen, die man anhand der zahlreichen Gräber und Friedhöfe indirekt erschließen kann (s. Beitrag Bergmann), und dann vor allem noch in den nördlichen Landesteilen, wo viele bekannte Siedlungsstellen nur allgemein als „eisenzeitlich" anzusprechen sind. Es ist schwierig, dort die Siedlungsfunde, fast ausschließlich Keramik, zeitlich näher zu fixieren, da es sich um langlebige Formen handelt (Gensen 1999). Letzteres liegt vor allem auch darin begründet, dass quer durch Hessen eine „Kulturgrenze" verlief, die in fast allen vorgeschichtlichen Epochen greifbar und auch für die Frühlatènezeit nachweisbar ist. Sie verlief nicht gerade von West nach Ost, sondern zog sich von nördlich des Marburger

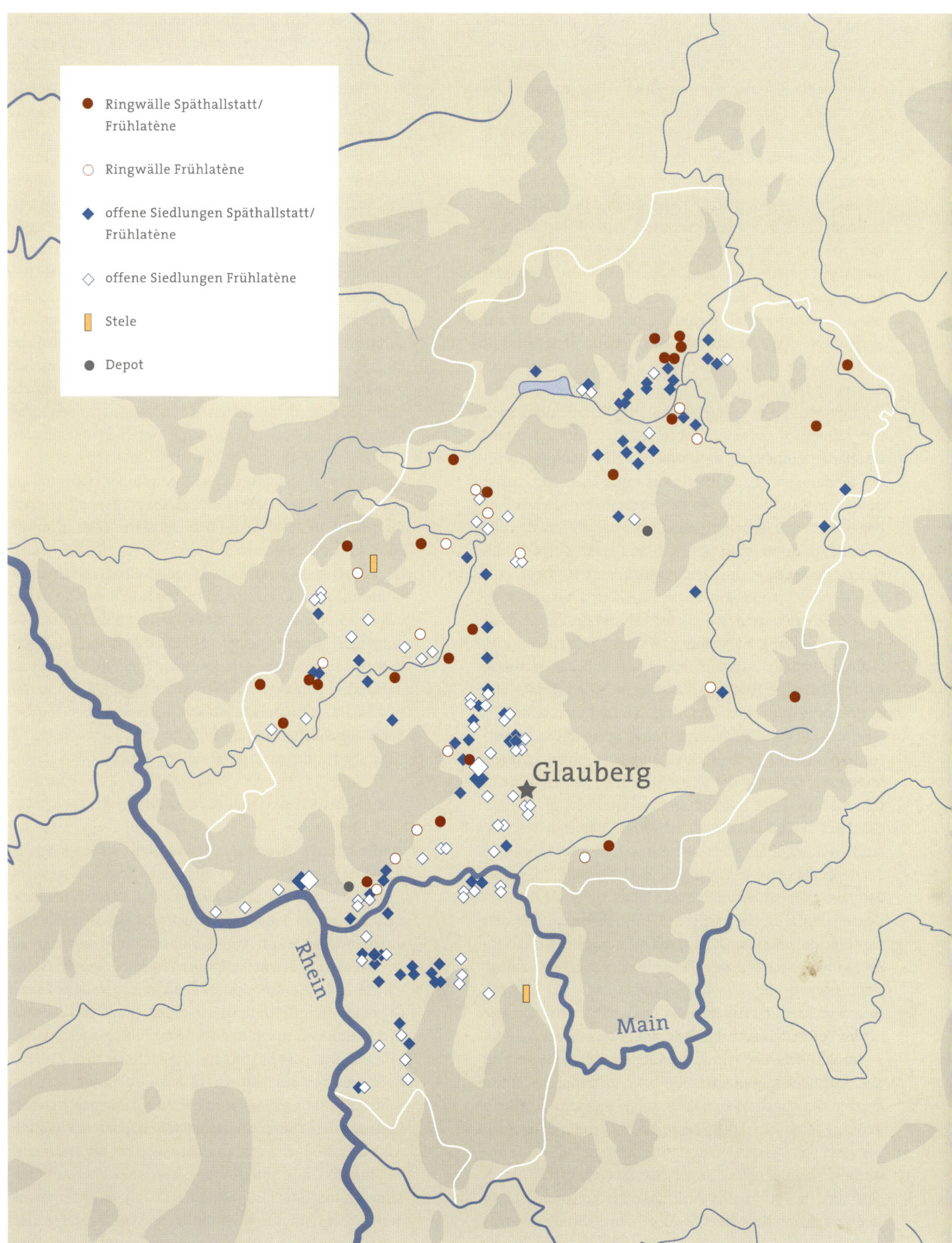

Ringwälle Späthallstatt/
Frühlatène

Ringwälle Frühlatène

offene Siedlungen Späthallstatt/
Frühlatène

offene Siedlungen Frühlatène

Stele

Depot

Glauberg

Rhein

Main

41 Frühkeltische Siedlungen und Befestigungen in Hessen.

Raums von Nordwest nach Südost, in der frühen Latènezeit anscheinend von einer breiten, siedlungsfreien Zone begleitet, die vom Kellerwald über den Vogelsberg zur Rhön reichte. Ob sich darin eventuell Stammesgrenzen abzeichnen, ist sehr fraglich. Vielmehr wird es sich um eine jener alten, von Landschaft und äußeren Einflüssen vorgezeichneten Kulturgrenzen handeln, die sich immer wieder durchsetzten. Der Raum südlich dieser Zone, Mittel- und Südhessen, wird in dieser Zeit mit den Kelten verbunden, der Raum nördlich davon, Niederhessen, blieb weit gehend außerhalb des keltischen Kerngebiets, was aber nicht heißen soll, dass es dorthin keine keltischen Beziehungen gab. Weitaus stärker waren allerdings Einflüsse aus den nördlich anschließenden Regionen, die auf Verbindungen nach Südwestfalen (Siegerland, Sauerland) und Thüringen hinweisen (Herrmann/Jockenhövel 1990; Gensen 1999).

Zum Siedlungswesen ist allgemein festzuhalten, dass sich kein Bruch zwischen den in der Späthallstattzeit entstandenen und den in der Frühlatènezeit neu gegründeten Siedlungen feststellen lässt. Auch lässt sich keine nennenswerte Verlagerung der Siedlungsaktivitäten mit Beginn der Latènezeit verbinden. Es gab sowohl Siedlungskontinuität an einem Platz (z. B. Bad Nauheim, Echzell), Neugründungen in unmittelbarer Nähe (z. B. Wiesbaden und seine Stadtteile mit allein elf Plätzen der Späthallstatt-/Frühlatènezeit und elf Plätzen der Frühlatènezeit) oder Aufsiedlung bisheriger Freiräume innerhalb eines Siedlungsgebiets (z. B. mittlere und südliche Wetterau, Lahn-Dill-Gebiet, Rheingau) (ABB. 41). Bezog sich das bisher Gesagte auf offene Siedlungen in der Landschaft, so lässt sich Gleiches auch für die etwa 40 in die frühe Keltenzeit datierten befestigten Höhensiedlungen Hessens feststellen. Zu den in der Späthallstattzeit befestigten Höhen, die alle in der Frühlatènezeit weiter bestanden (z. B. Glauberg, „Burg" bei Dietzhölztal-Rittershausen, Hangelstein bei Gießen), lassen sich einige Neugründungen in der Frühlatènezeit hinzufügen (z. B. Altkönig, Christenberg bei Münchhausen, Hausberg bei Butzbach-Nieder-Weisel), die teilweise sicherlich in Verbindung mit den neu erschlossenen Siedlungsgebieten stehen. In diesem Zusammenhang wurde gerade das Ausgreifen neuer Siedlungen in die Mittelgebirgsregion mit der Ausbeutung von Eisenerzlagerstätten begründet. Wenn man auf der Verbreitungskarte die in der Frühlatènezeit vor allem im Lahn-Dill-Gebiet oder in der Gießen-Wetzlarer Gegend neu hinzugekommenen Siedlungen betrachtet, könnte durchaus etwas dran sein (ABB. 41), liegen doch gerade in diesen Regionen reiche Eisenerzlagerstätten. Leider widerspricht der gegenwärtige Forschungsstand dieser ansonsten recht eingängigen Schlussfolgerung: Eisenerzlagerstätten – technologische Voraussetzungen – offene Siedlungen und befestigte Zentren – Ausbeutung und Verhüttung – Handel – Reichtum und Macht. Es liegt nämlich

aus der gesamten Lahn-Dill-Region, und das trotz neuerer intensiver Forschungen (Jockenhövel 1995a), und den weiter südlich daran anschließenden Lagerstätten bisher kein einziger Hinweis auf deren Ausbeutung und Verhüttung in frühkeltischer Zeit vor. Die Besiedlung der Berglagen war zwar mit einer deutlichen Entwaldung verbunden. Eine Holzverknappung, die man – neben dem normalen Holzverbrauch zum Bau und Betrieb von Siedlungen und Befestigungen – gerade bei einer ausgedehnten Verhüttung erwarten würde, ist nicht nachgewiesen (s. Beitrag Kreuz). Dennoch halte ich das oben angeführte Modell für weit gehend zutreffend, weil es die bisher schlüssigste Erklärung dafür liefert, warum diese ansonsten nicht sehr siedlungsfreundlichen Gegenden nun verstärkt und ganz gezielt aufgesiedelt wurden, zumal das oft noch mit zusätzlichem Aufwand verbunden war. Da meist nur Hangflächen zur Anlage einer Ansiedlung zur Verfügung standen, mussten in den Hängen für den Hausbau ebene Flächen – Podien – angelegt und befestigt werden (Pachali 1972).

Mit diesen Siedlungstypen, der offenen Siedlung im Flachland und der befestigten auf Höhen, haben wir schon die beiden Hauptvertreter frühkeltischer Siedlungen erfasst, denen wir teilweise durchaus unterschiedliche Funktionen zuweisen können. Leider sind bisher die Interpretationsmöglichkeiten sehr eingeschränkt, da weder zu den offenen Siedlungen noch zu den befestigten Höhensiedlungen in Hessen ausreichende Forschungsergebnisse vorliegen, die es zuließen, halbwegs gesicherte Modelle zu entwerfen. Dennoch sind wir in der Lage, einiges zu den wirtschaftlichen Grundlagen und den sich daraus ergebenden Möglichkeiten zu sagen.

OFFENE SIEDLUNGEN IN DER LANDSCHAFT

Die offenen Siedlungen lagen fast ausschließlich in Gebieten, die sich für die Landwirtschaft hervorragend eigneten. Mit ihrer vorwiegend agrarischen Ausrichtung gewährleisteten sie nicht nur ihre Eigenversorgung, sondern schufen auch Voraussetzungen dafür, die Bevölkerung in den befestigten Höhensiedlungen, die immerhin einige tausend Menschen betragen konnte, mit Grundnahrungsmitteln zu versorgen. Inwieweit die offenen Siedlungen von diesen Zentren abhängig waren, wissen wir nicht, doch ist anzunehmen, dass ihre „Verwaltung" von dort geregelt wurde. Zur Ausdehnung der einzelnen Siedlungen lassen sich kaum Aussagen machen. Legt man die Größen der bekannten hessischen Friedhöfe aus frühkeltischer Zeit zugrunde, die in der Regel nur einige dutzend Gräber umfassten, über einen längeren Zeitraum – Jahrzehnte bis Jahrhunderte – hinweg belegt wurden und am ehesten als Familienfriedhöfe interpretiert werden können (s. Beitrag Bergmann), wird es sich über-

wiegend um zahlreiche kleine, meist nur einen Hof umfassende Anlagen gehandelt haben. Die Konzentration solcher Einzelhöfe in einem kleineren Siedlungsraum konnte durchaus eine eigenständige Wirtschaftseinheit gebildet haben. Größere, mehrere Höfe umfassende Siedlungen waren wohl eher die Ausnahme, doch scheint es auch diese gegeben zu haben. Rückschlüsse darauf erlaubt allein die Anzahl der in einer Siedlungsstelle gefundenen Gruben (Abfall- und Vorratsgruben), in der Regel die einzigen Befunde, die uns überhaupt zur Verfügung stehen. Anhand dieser Quellengattung dürfen wir beispielsweise in Bad Nauheim eine größere Ansiedlung (17 Gruben) annehmen, ebenso in Echzell (39 Gruben), in Münzenberg-Ober-Hörgern (15 Gruben) oder in Marburg-Ockershausen (ca. 20 Gruben). Etwa zehn weitere Plätze lassen sich anschließen. Mit eindeutigen Baubefunden, die Rückschlüsse auf die Bauweise der Häuser oder die Struktur einer Siedlung erlauben würden, sieht es ganz schlecht aus. Vereinzelt kommen Herdstellen in Gruben vor (z. B. Bensheim-Auerbach, Leun, Solms-Oberndorf), vereinzelt wird ein Grubenhaus angeführt (z. B. Rockenberg, Hanau-Klein-Auheim, Hungen, Lich). Was wir hier fassen, sind bestenfalls Nebengebäude, denen unterschiedliche Funktionen zugewiesen werden, vorwiegend im handwerklichen Bereich (Webhütte, Schmiede) oder der Vorratshaltung. Die eigentlichen Wohnhäuser und – so weit vorhanden – Ställe darf man sich als einfache Pfostenbauten mit Lehmfachwerkwänden und Satteldach vorstellen, wobei natürlich nicht auszuschließen ist, dass es graduelle Unterschiede in Form, Größe und Ausstattung gegeben hat, vor allem dann, wenn auch die Oberen der Gesellschaft in den offenen Siedlungen ihre „Landsitze" hatten.

Die bewirtschafteten Flächen befanden sich in unmittelbarer Umgebung der Ansiedlung. Sie wurden nicht dauerhaft bebaut. Von Zeit zu Zeit wurden Brachen eingeschoben. Angebaut hat man verschiedene Getreidearten wie Vierzeilige Spelzgerste, Echte Hirse, Emmer, Einkorn, Dinkel und Nacktweizen, vereinzelt vielleicht auch Roggen und Kolbenhirse. Neue landwirtschaftliche Geräte, hölzerne Pflugscharen mit Eisenbeschlägen zur direkten Bodenbearbeitung (Schollenwendeeffekt), als Erntegerät die Sense oder das Mahlen des Getreides auf rotierenden Drehmühlen – neben dem herkömmlichen Reibstein – machten die Arbeit effektiver. Neben Getreide erntete man Hülsenfrüchte wie Erbsen, Linsen und Ackerbohnen, deren Nebenprodukte auch Verwendung fanden (z. B. Erbsenstroh als Ersatz für Wiesenheu). Als Öllieferanten standen Leindotter, Lein und Mohn zur Verfügung (ausführlich s. Beitrag Kreuz). An Nutztieren wurden, teilweise innerhalb der Siedlungen, teilweise auch außerhalb davon – in den angrenzenden Weiden, Auen und Wäldern –, vor allem Schweine und Rinder gehalten. Daneben spielten auch Schafe/Ziegen und Pferde eine Rolle. Hunde und Hühner, ähnlich unseren heutigen Zwerghühnern, liefen in den Siedlungen herum. Bestand Gelegenheit, wurde der Speiseplan durch Jagdtiere – Rothirsch, Reh, Wildschwein und Feldhase – oder Fische und Muscheln ergänzt und aufgewertet (z. B. Offenbach/Main, Rüdesheim am Rhein) (ABB. 42).

Zu handwerklichen Aktivitäten innerhalb der Siedlungen gibt es nur spärlichste Hinweise. Sieht man einmal von der Gebrauchskeramik ab, die wohl überwiegend vor Ort hergestellt wurde (ABB. 43), beziehen sich die meisten auf die Textilherstellung. Von zahlreichen Plätzen sind Spinnwirtel und Webgewichte überliefert (z. B. Griesheim, Waldsolms-Brandoberndorf, Marburg-Ockershausen). Gerade die große Zahl von Spinnwirteln aus offenen Siedlungen, aber auch aus befestigten Höhensiedlungen wie der „Burg" bei Dietzhölztal-Rittershausen mit fast 80

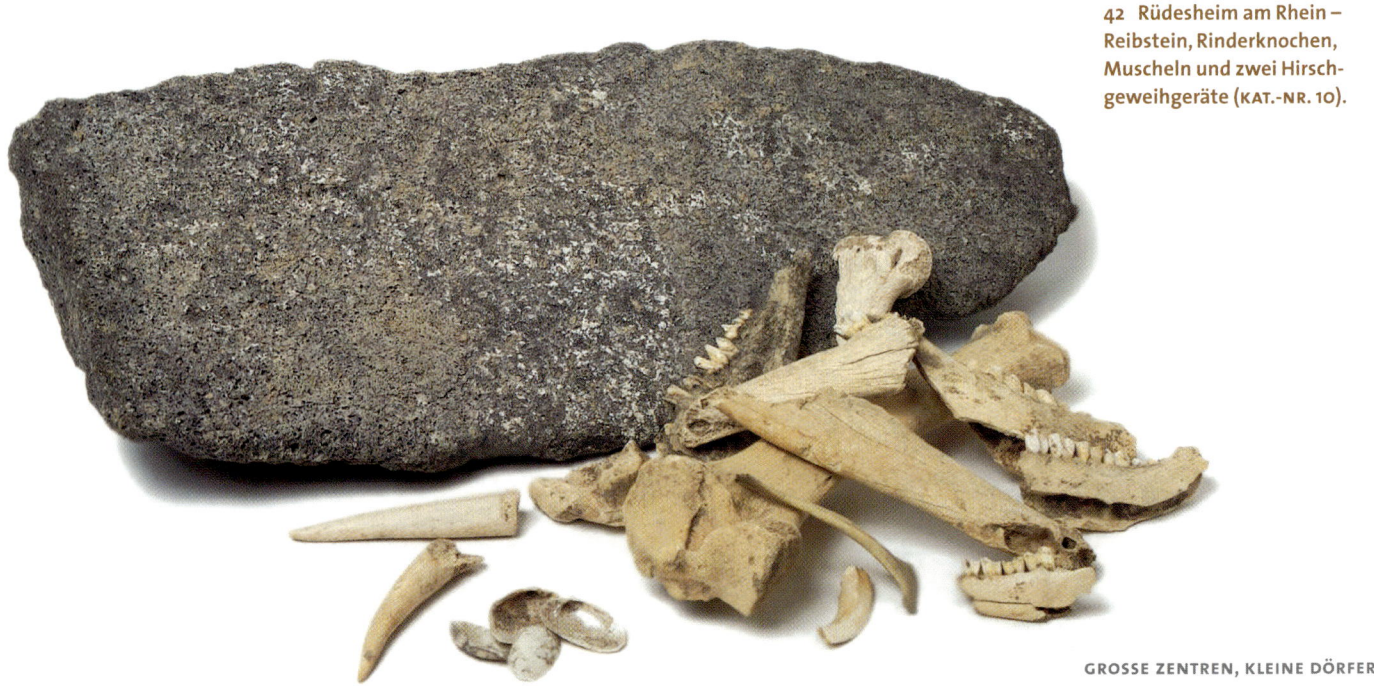

42 Rüdesheim am Rhein – Reibstein, Rinderknochen, Muscheln und zwei Hirschgeweihgeräte (KAT.-NR. 10).

(ABB. 44) oder vom Christenberg bei Münchhausen mit einigen hundert Exemplaren, deuten auf ein blühendes Gewerbe hin. Deutlich weniger Anhaltspunkte gibt es zur Metallverarbeitung: Für die Bronzeverarbeitung bislang nur einen (Butzbach-Nieder-Weisel), für die Eisenverarbeitung immerhin etwa sechs, darunter bezeichnenderweise einen der eindeutigsten wiederum aus einer befestigten Höhensiedlung, der „Burg" bei Dietzhölztal-Rittershausen. Dort wurden Teile des Geräteinventars einer Schmiede gefunden (ABB. 45). Beim zweiten eindeutigen Beleg zum Schmiedehandwerk handelt es sich um den Baubefund einer Schmiede in Lahnau-Atzbach (KAT.-NR. 11, ABB. 269). Die restlichen Hinweise sind meist einzelne Eisenschlacken im Fundinventar (z. B. Hanau-Klein-Auheim, Ober-Ramstadt, Marburg-Ockershausen). Sie scheinen eher dafür zu sprechen, dass es in den offenen Siedlungen einen Schmied gab, der vorwiegend für die Belange „seines Dorfes" gearbeitet hat, nicht aber als Produzent von Überschuss für Handelsware in Frage kam.

Auf eine ganz spezielle Art von Siedlung muss – besonders mit Blick auf die Fürsten vom Glauberg – noch hingewiesen werden, wenn auch die Befundlage für die Frühlatènezeit derzeit noch etwas zu wünschen übrig lässt. Gemeint ist die bekannte Salzsiedersiedlung von Bad Nauheim, deren verschiedene Siedlungsstellen zwar schon in der Späthallstatt-/Frühlatènezeit einsetzten und wo ab der Frühlatènezeit erste Hinweise auf Salzgewinnung vorliegen, die sicher ab der Mittellatènezeit im großen Rahmen Salz produzierte, ihre Blüte aber erst in der Spätlatènezeit erreichte. Der Besitz von Salzquellen war in vorgeschichtlicher Zeit gleichzusetzen mit Reichtum, Reichtum mit Macht. Möglicherweise verdankten die Fürsten vom Glauberg auch diesem natürlichen Rohstoff ihren immensen Aufstieg und Reichtum, der nicht nur in Bad Nauheim, sondern auch an anderen Stellen in der Wetterau gewonnen wurde, wie Hinweise aus der frühlatènezeitlichen Siedlung von Münzenberg-Ober-Hörgern zeigen. Nicht zu vergessen die Salzvorkommen am Rande des Vogelsbergs und in der Bad Orber Gegend im Spessart, für deren Ausbeutung schon in vorgeschichtlicher Zeit bisher allerdings kein Nachweis erbracht werden konnte.

BEFESTIGTE SIEDLUNGEN AUF HÖHEN

Neben den vorwiegend agrarisch ausgerichteten offenen Siedlungen im Flachland gab es die befestigten Höhensiedlungen, im allgemeinen Sprachgebrauch auch als Ringwälle bezeichnet. Viele schon am Ende der Hallstattzeit erbaut, bestanden sie während der Frühlatènezeit weiter, selten jedoch über deren Ende hinaus (z. B. Hausberg bei Butzbach-Nieder-Weisel), wie verschiedentlich Zerstörungshorizonte zeigen. Auch fehlen einschlägige Funde, die für eine Weiterbenutzung in der Mittel-

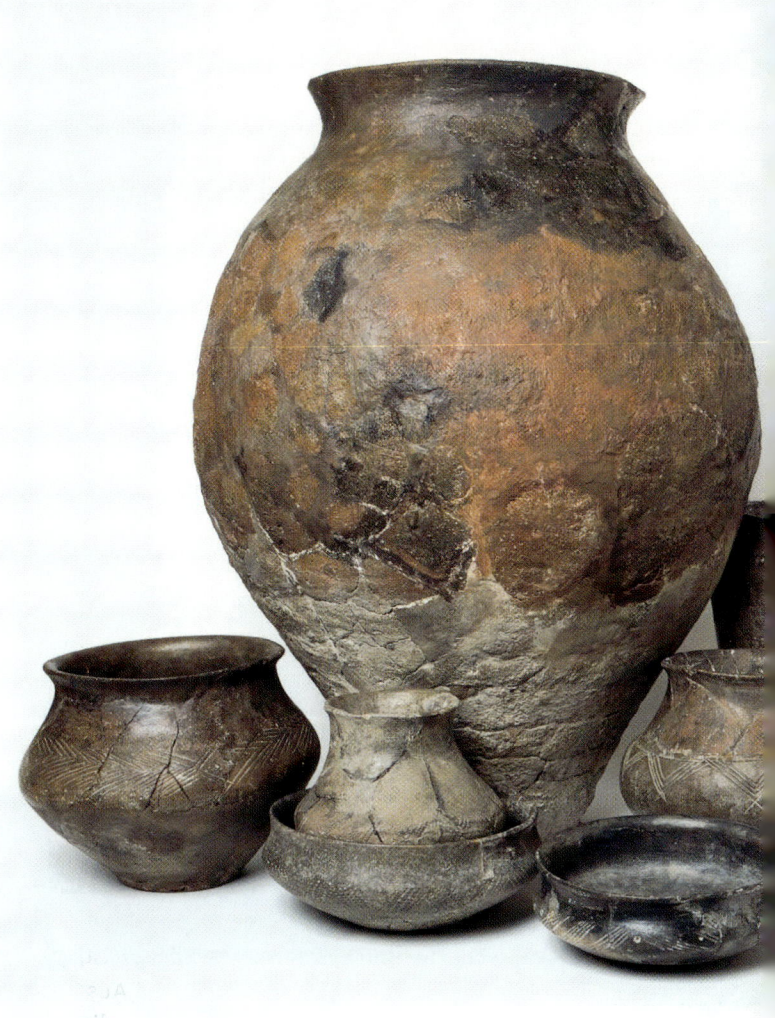

latènezeit sprächen, bevor manche dieser Anlagen in der Spätlatènezeit wieder aufgesucht und zu Oppida ausgebaut wurden (z. B. Heidetränke [Goldgrube] bei Oberursel, Dünsberg bei Biebertal-Fellingshausen, Amöneburg).

Ihre Lage stand in der Regel immer in Bezug zu den Siedlungsgebieten, für die sie als Zentralorte wahrscheinlich zuständig waren und die ihrerseits für die Ernährung der einige hundert bis einige tausend Bewohner umfassenden stadtähnlichen Anlagen zu sorgen hatten. So nahmen die entlang der östlichen Flanke des Taunus aufgereihten Ringwälle (von Norden: Hausberg bei Butzbach-Nieder-Weisel, Johannisberg bei Bad Nauheim, Gickelsburg bei Bad Homburg-Obererlenbach, Heidetränke [Goldgrube] bei Oberursel, Altkönig bei Kronberg/Ts., Kapellenberg bei Hofheim, Alteburg bei Hofheim-Lorsbach) Bezug auf das Siedlungsgebiet der Wetterau und Frankfurt/Main bis zur Mainmündung. Die Ringwälle auf den südlichen Ausläufern des Westerwalds (z. B. Dornburg bei Dornburg-Wilsenroth, „Burg" bei Dietzhölztal-Rittershausen, Höhburg und Almerskopf bei Merenberg) deckten die Siedlungslandschaft der Lahnniederung zwi-

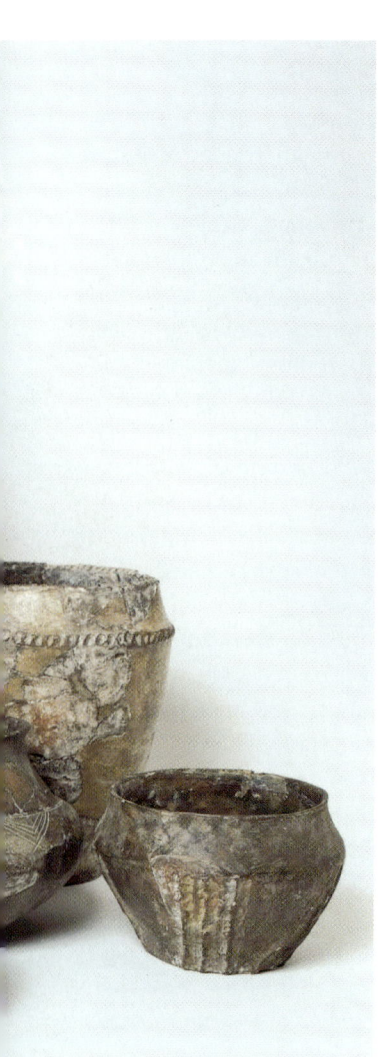

43 „Burg" bei Dietzhölztal-Rittershausen – Keramikgefäße (KAT.-NR. 8.25–8.32).

44 „Burg" bei Dietzhölztal-Rittershausen – Spinnwirtel (KAT.-NR. 8.23–8.24).

45 „Burg" bei Dietzhölztal-Rittershausen – Schmiedewerkzeuge (KAT.-NR. 8.16–8.18).

standenen sind zwischen 0,3 und 1,6 ha groß (z. B. Hünstein bei Dautphetal-Holzhausen 0,3 ha, Baunsberg bei Baunatal-Altenbauna 0,7 ha, Gickelsburg bei Bad Homburg-Obererlenbach 1,6 ha). Es folgen Anlagen, auch einige Neugründungen in der Frühlatènezeit, die von 3,5 bis 8 ha umbauter Fläche aufweisen (z. B. Rimberg bei Lahntal-Caldern 3,5 ha, Christenberg bei Münchhausen 4 ha, Rhündaer Berg bei Felsberg-Rhünda 6 ha, „Burg" bei Dietzhölztal Rittershausen 8 ha). Die noch verbleibenden Befestigungen beginnen bei 11 ha und enden bei 130 ha (z. B. Hausberg bei Butzbach-Nieder-Weisel 11 ha, Eisenberg bei Battenberg 13 ha, Amöneburg 25 ha, Altkönig bei Kronberg/Ts. 26 ha, Milseburg bei Hofbieber-Danzwiesen

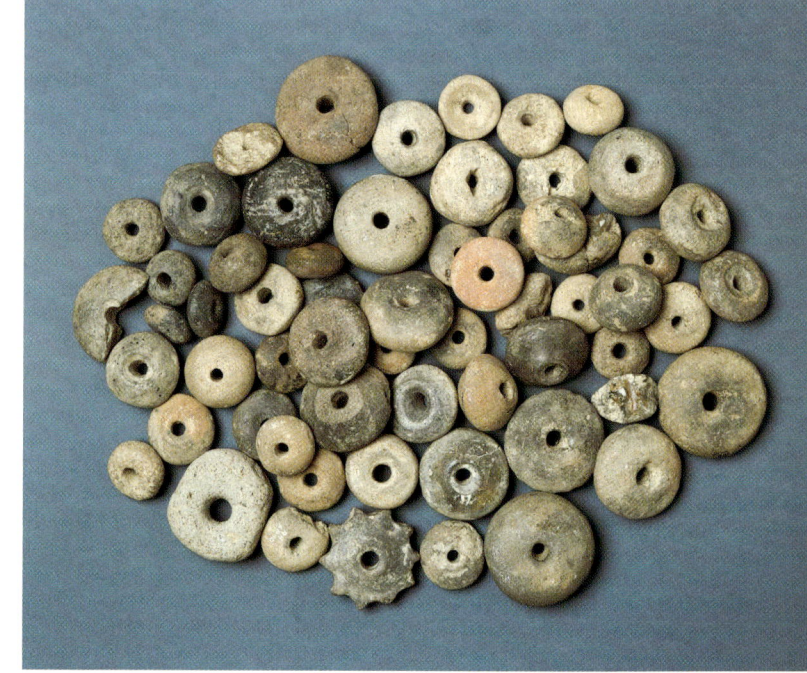

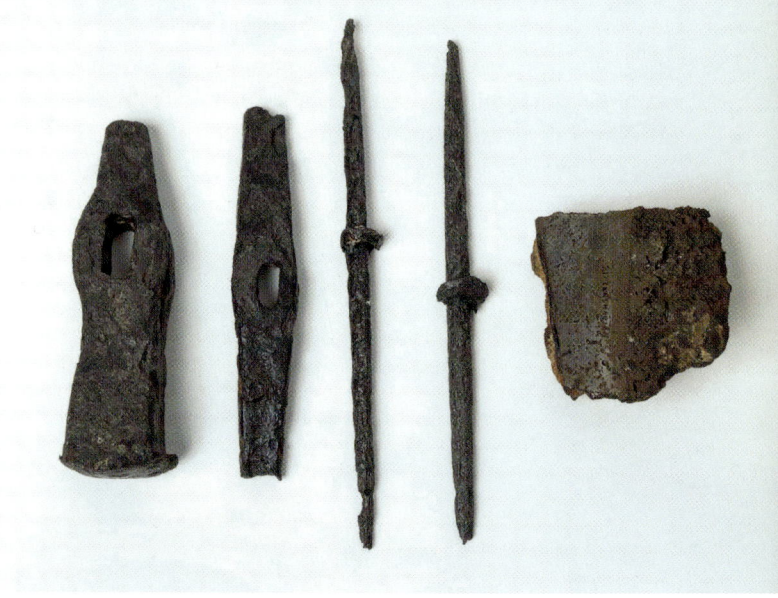

schen Limburg und Weilburg ab, der Dünsberg die Umgebung von Gießen. Der Christenberg bei Münchhausen thronte über den offenen Siedlungen der Wetschaft, die Amöneburg über einer lössreichen, siedlungsfreundlichen Beckenlandschaft und der Glauberg über der östlichen und nördlichen Wetterau bis Main und Kinzig, vielleicht sogar darüber hinaus.

Südlich des Mains gab es zwar zahlreiche offene Siedlungen, so direkt im Einzugsgebiet des Mains (z. B. Offenbach/Main, Kelsterbach, Rüsselsheim), im hessischen Ried (z. B. Riedstadt-Wolfskehlen, Groß-Rohrheim) oder am Rande des Odenwalds (z. B. Darmstadt, Bensheim, Heppenheim), aber eine befestigte Höhensiedlung, eine Ringwallanlage der Eisenzeit, ist bisher noch nicht bekannt geworden. Gleiches gilt für Kellerwald, Knüll, Vogelsberg und Meißner, wo wir allerdings bislang auch keine offenen Siedlungen kennen.

Die Größen der Höhensiedlungen, deren Befestigungen aus Holz-Steine-Erde-Mauern, in der Regel mit vorgelagerten Gräben, bestanden, schwanken beträchtlich. Die kleineren, vorwiegend schon in der Späthallstattzeit ent-

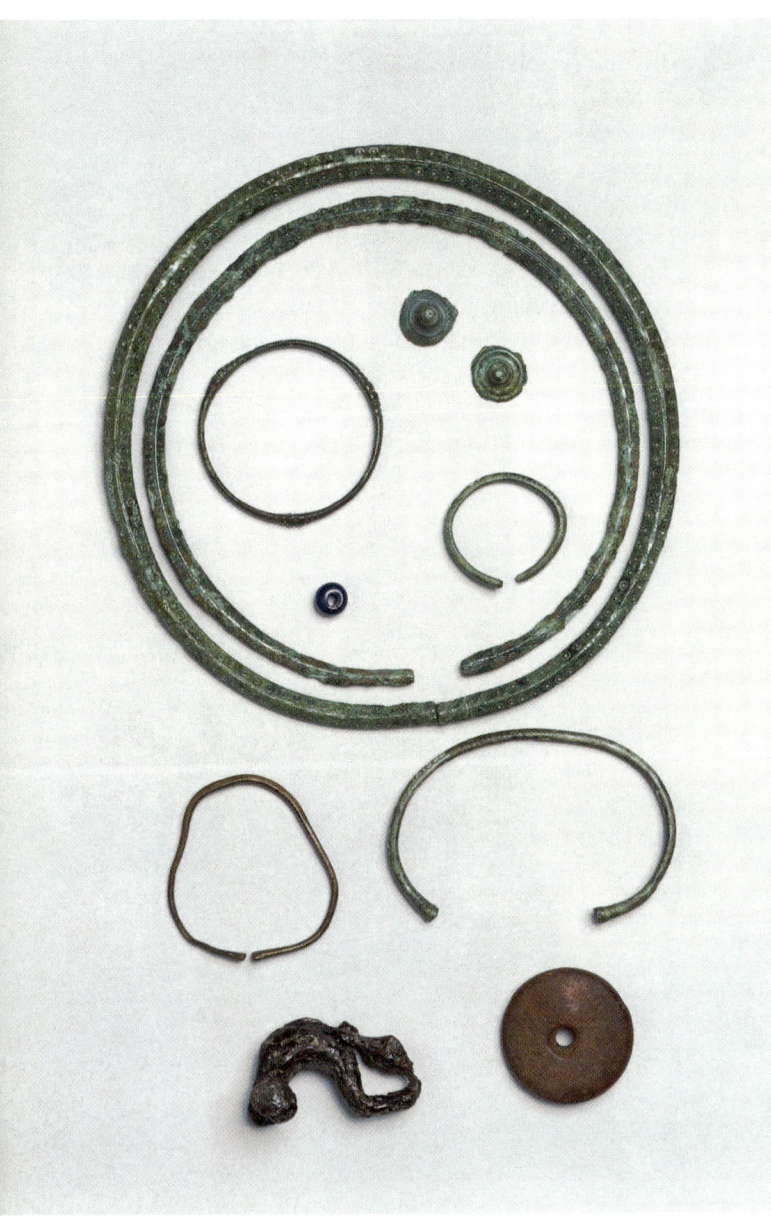

46 „Burg" bei Dietzhölztal-Rittershausen – Schmuck (KAT.-NR. 8.1–8.9).

33 ha, Dünsberg bei Biebertal-Fellingshausen 90 ha, Heidetränke [Goldgrube] bei Oberursel 130 ha). Dabei muss allerdings berücksichtigt werden, dass die Größen der Anlagen in ihrer letzten Ausbauphase erfasst sind und die bei so herausragenden Orten wie z. B. dem Dünsberg oder dem Heidetränk-Oppidum in die Spätlatènezeit gehört, ebenso wie die Amöneburg und die Milseburg. Hier

muss es also offen bleiben, wie groß die Anlagen in der Frühlatènezeit wirklich waren.

Mit der Größe einer Anlage ist sicherlich auch ihre Funktion und Ausstrahlung auf ihr näheres und weiteres Umfeld zu bewerten. Allgemein werden die befestigten Höhensiedlungen als zentrale Orte eines Gebiets mit all seinen infrastrukturellen Einrichtungen angesehen. Dies wird sicherlich für die größeren unter ihnen auch zutreffend sein (z. B. Glauberg, Dünsberg, Altkönig, „Burg" bei Dietzhölztal-Rittershausen). Ob wir damit aber gleichzeitig ein Stammesgebiet oder nur Teile davon erfassen, wissen wir nicht. Die kleineren Anlagen kann man vielleicht als Außenposten sehen oder zur Sicherung von Rohstoffquellen oder Verkehrswegen, was aber nicht heißen soll, dass in ihnen nicht die gleichen Möglichkeiten geboten wurden wie in den großen Zentren, eben nur bescheidener.

Leider wissen wir über die inneren Strukturen dieser Zentren so gut wie gar nichts. Wir wissen nicht, wie dicht sie bebaut waren, ob es Einteilungen in Handwerkerviertel gab, ob die Elite dort Häuser („Stadtwohnung") hatte. Gab es zentrale Lagerbauten – den mittelalterlichen Zehntscheuern ähnlich – und Marktplätze, wo die Bauern und kleinen Handwerker der Umgebung, aber mit Sicherheit auch überregional agierende Händler ihre Waren umtauschen konnten gegen das, was in diesen Zentren hergestellt oder zwischenverhandelt wurde (z. B. Wein oder Geschirr aus Südfrankreich oder Italien)? Hier muss man sich auch die Handwerker vorstellen, die – eigens dafür herbeigeholt(?) – die kostbaren und kunsthandwerklich hoch angesiedelten Dinge fertigten, die die Reichen und Edlen, nicht zuletzt die Fürsten vom Glauberg, mit in ihre Gräber bekamen. Dank dieser einmaligen Funde und Befunde (s. Beitrag Frey, Die Fürstengräber vom Glauberg und Beitrag Herrmann) am Fuße des Glaubergs dürfen wir die befestigte Siedlung auf dem Berg selbst als Fürstensitz bezeichnen. Wie sieht es aber mit vergleichbaren Anlagen wie der „Burg" bei Dietzhölztal-Rittershausen (ABB. 46) (Jockenhövel 1995b; Verse 1995), dem Christenberg bei Münchhausen (Wegner 1989) oder dem Altkönig bei Kronberg/Ts. (Baatz/Herrmann 1982) aus, über die unser Wissen in vielen Bereichen sehr bescheiden ist? Waren auch sie frühkeltische Fürstensitze? Eine spannende Frage allemal, die hoffentlich die Forschung der nächsten Jahre, wahrscheinlich Jahrzehnte, beschäftigen dürfte.

LANDWIRTSCHAFT UND UMWELT IM KELTISCHEN HESSEN

VON ANGELA KREUZ

Die Welt der Kelten ist seit mehr als 2000 Jahren Vergangenheit und hat oberirdisch nur wenige Spuren hinterlassen. Um eine Vorstellung von Landwirtschaft und Umwelt im keltischen Hessen zu gewinnen, ist es daher erforderlich, sich mit den im Boden verborgenen Überresten zu befassen. Den archäologischen Spuren sind in diesem Band andere Beiträge gewidmet. Hier geht es im Folgenden vor allem um die Untersuchung pflanzlicher und tierischer Funde, die bei archäologischen Ausgrabungen und in ihrem Umfeld geborgen wurden.

Um vorab einen allgemeinen Eindruck von den Kelten zu gewinnen, lässt sich ein antiker Autor heranziehen, der Philosoph und Historiker Poseidonios. Er lebte von ca. 135 bis 51 v. Chr., also mehrere Jahrhunderte nach den Keltenfürsten vom Glauberg. Der Wert seiner – leider nur fragmentarisch durch andere überlieferten – Schilderungen besteht jedoch insbesondere darin, dass er selbst irgendwann zwischen 100 und 90 v. Chr. Gallien und Spanien bereist und dort mit eigenen Augen die fremde keltische Welt beobachtet hat (Malitz 1983). Allerdings wollte er seinen Landsleuten mit seinen Büchern ein bestimm-

tes Bild von den Barbaren vermitteln, um zu unterstreichen, wie sich ein guter Römer verhalten soll.

Er schilderte, dass das von Stämmen unterschiedlicher Größe bewohnte Land außerordentlich kalt sei, weshalb die Kelten weder Wein noch Olivenöl produzierten, für einen Südländer damals ein unvorstellbares Defizit. Stattdessen wurde Wein importiert, wobei der Wert eines kleinen Krugs enorm war, z. B. einem jungen Sklaven entsprach. Weitere Getränke waren ein „Gerstengetränk" (Bier) sowie „das Wasser mit dem sie Honigwaben ausspülen" (Met).

Äußerlich unterschieden sich die Kelten deutlich von den Südländern durch ihre bunt gemusterte Tracht, ihre Frisuren und Bärte, die Einrichtung ihrer Häuser, ihre Tischsitten und Speisen und ihre religiösen Vorstellungen und Bräuche. Neben Kriegern, Bauern, Handwerkern, Sklaven und den Anführern gab es nach seinen Schilderungen noch „Barden" genannte Liederdichter, die auf leierartigen Instrumenten musizierten. Die hoch angese-

47 Die einfache Landbevölkerung lebte in keltischer Zeit in Fachwerkgebäuden mit offenen Herdstellen. Auf engstem Raum fand hier das Alltagsleben mit seinen unterschiedlichen Aspekten statt.

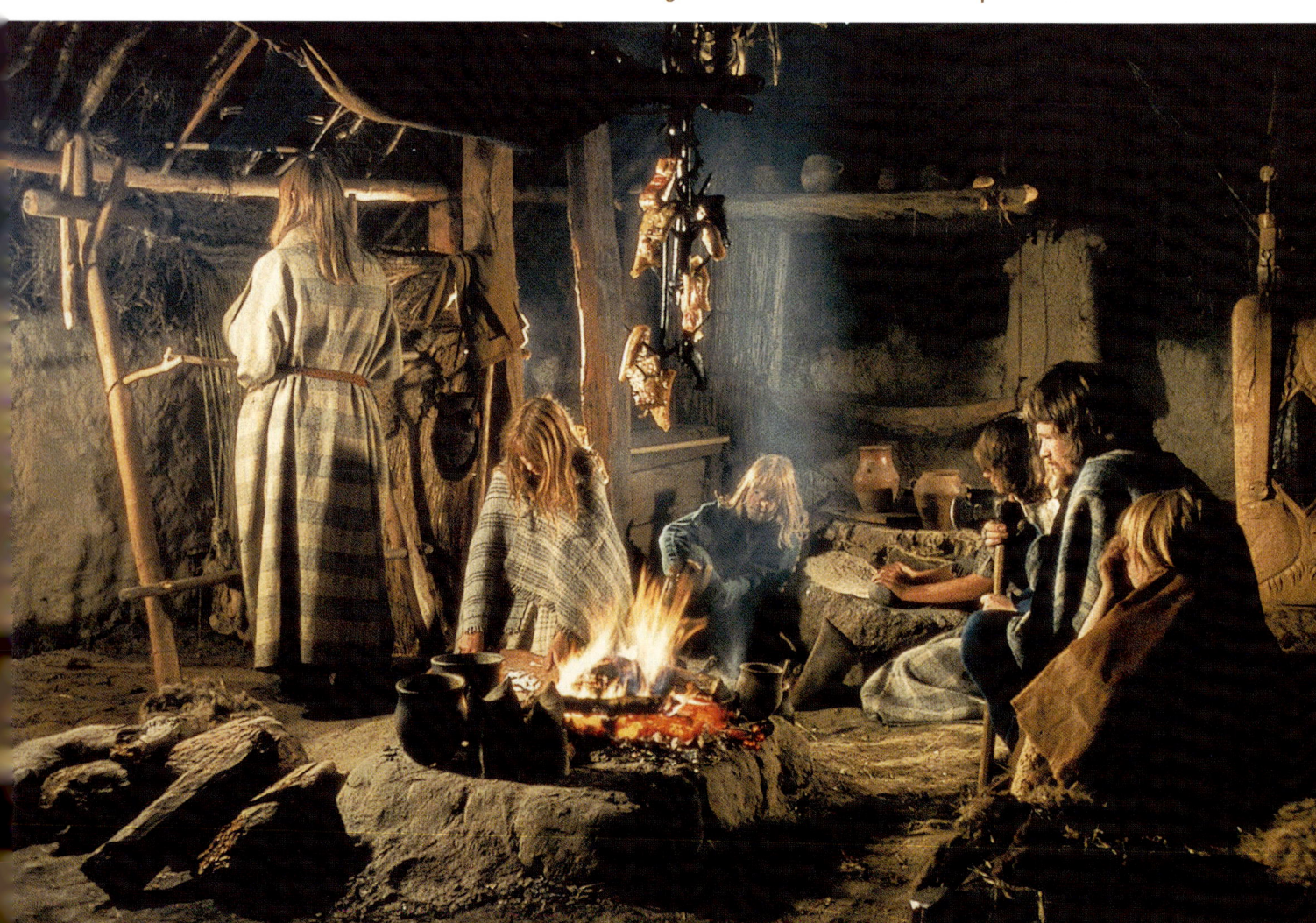

henen Druiden und Wahrsager waren für Lehre und Kult zuständig. Der Raub fremden Guts und bewaffnete Plünderungen sicherten den Anführern zusätzliche Mittel zum Unterhalt ihrer Gefolgschaft.

Wir erfahren von Poseidonios, dass die Kelten beim Essen nahe der Herdstellen an niedrigen Tischen auf Fellen oder Heu auf dem Boden saßen (ABB. 47). Ihre Nahrung bestand aus Brot und Fleisch, das teils in Wasser gekocht, teils auf Kohlepfannen oder an kleinen Spießen gebraten wurde. Auch Fische wurden verzehrt. Leider gibt er keine detaillierteren Informationen zur Zubereitung.

Im Gegensatz zu den einheimischen Bauern und Handwerkern, die in der Regel wohl nur im Zusammenhang mit kriegerischen Aktivitäten über das unmittelbare Umfeld ihrer Dörfer hinauskamen, gab es überregional operierende Händler, die einen Nachrichtentransfer gewährleisten konnten. So gelangte neben Importwaren auch die Kunde von fernen Ländern, fremden Sitten und Gebräuchen bis in entlegene Gegenden.

Um zu sehen, inwiefern die Informationen aus den antiken Schriftquellen auch tatsächlich der vorgeschichtlichen Realität entsprechen, und um noch mehr Details des täglichen Lebens zu erfahren, müssen wir uns mit den archäozoologischen und archäobotanischen Ergebnissen befassen. Durch interdisziplinäre Untersuchungen von Archäologie und Naturwissenschaften ist es möglich, die vielfältigen Aspekte des eisenzeitlichen Alltags zu rekonstruieren.

VEGETATIONSGESCHICHTE

Blütenpollen (Blütenstaub) und Sporen von Moosen und Farnen gelangten in der Vergangenheit in Flusstälern, Mooren und Sümpfen zur Ablagerung und blieben dort erhalten. Mit Hilfe mikroskopischer Untersuchungen (Pollenanalysen) solcher Mikroreste lässt sich die Vegetationsentwicklung in der Umgebung dieser Pollen führenden Feuchtablagerungen rekonstruieren. Dabei geht es vor allem um die wichtige Frage, wie stark die Landschaften und ihre Pflanzendecke durch den Einfluss der Menschen verändert wurden.

Aus den hessischen und angrenzenden Mittelgebirgen liegen pollenanalytische Untersuchungen im Bereich des Lahn-Dill-Gebiets, des Siegerlands und des Vogelsbergs vor, die einstimmig eine intensive Nutzung und Besiedlung auch der Berglagen für die Eisenzeit zeigen (Speier 1994; Pott 1985; Schäfer 1996; sowie kritisch dazu Dörfler 2000), sodass es zu deutlichen Entwaldungen kam. Um das Vieh mit Futter zu versorgen, wurden Herden in die aufgelichteten Rotbuchen- und Eichenmischwälder zur extensiven Waldweide getrieben. Dabei veränderte sich durch Tierfraß und Tritt die Pflanzendecke, was sich in den pollenanalytisch untersuchten Spektren widerspie-

gelt. Holzverknappung, etwa als Folge der Eisenproduktion, ist bislang noch nirgendwo nachgewiesen; wenn überhaupt dürfte es sich nur um lokale Phänomene gehandelt haben. Das Ausmaß möglicher Waldzerstörung wurde nach neuerem Forschungsstand aufgrund methodischer Fehler häufig überschätzt.

Zwei Gehölze, die für uns heute selbstverständlich zum Waldbild gehören, nämlich Rotbuche und Hainbuche, konnten sich in Hessen erst im letzten Jahrtausend v. Chr. etablieren, die Buche dabei einige Jahrhunderte früher als die Hainbuche (ABB. 48). Die Rotbuche ist in der gesamten Eisenzeit regelmäßig, wenn auch in geringeren Mengen als Holzkohlen in den Siedlungen vertreten; das wichtigste Brennholz war allerdings Eiche. Eichen liefern nicht nur gutes Holz zum Brennen, sondern sie sind der Buche auch als Bauholz im Außenbereich, z. B. für die damaligen Fachwerkhäuser, weit überlegen. Buchenholz schwindet und reißt stark und war im Außenklima ohne chemische Behandlung ungeeignet.

In den hessischen Tieflagen sind pollenanalytische Untersuchungen bisher im Lahntal und in der nördlichen Wetterau durchgeführt worden. Die Eisenzeit ist in den betreffenden Lösslandschaften in fünf Pollendiagrammen erfasst, die allerdings noch nicht sicher zeitlich abzugrenzen sind (Stobbe 1995; dies. 1996; dies. 2000).

48 Buchenwälder haben sich erst im Laufe der Bronzezeit in Hessen etablieren können. Solche dunklen, fast monotonen Buchenwälder mit geringem Unterwuchs, die für uns heute eine Selbstverständlichkeit darstellen, hat es zur Zeit der Keltenfürsten in Hessen allerdings nicht gegeben (Bensheim an der Bergstraße).

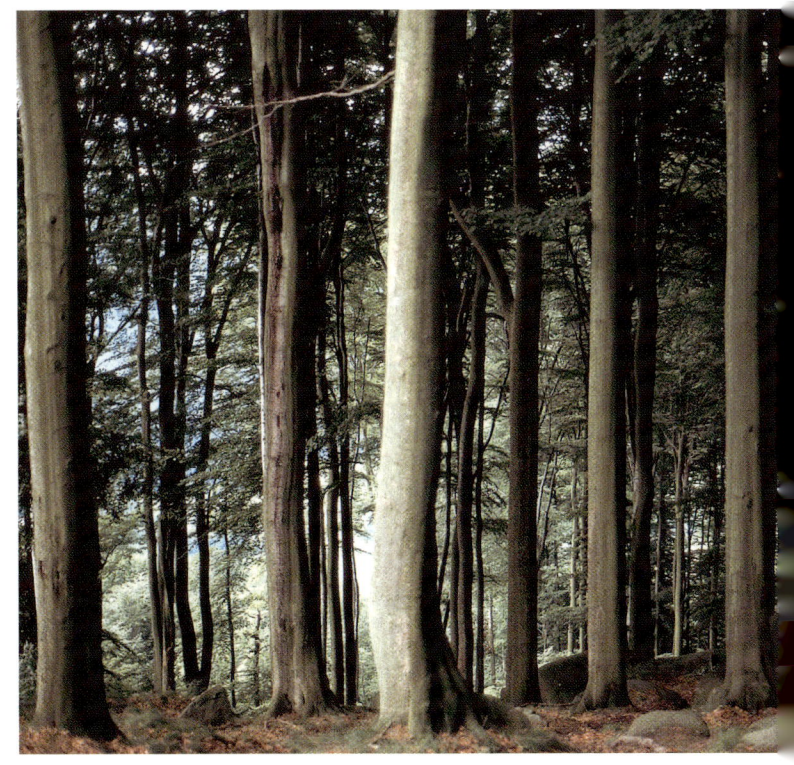

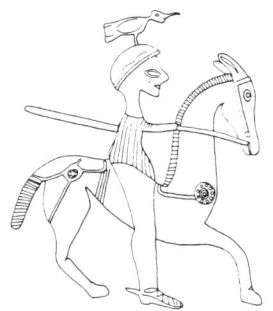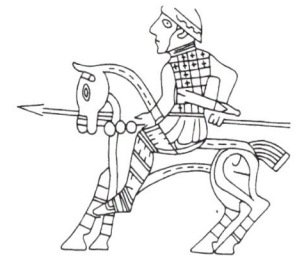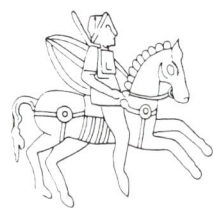

Die Prozentanteile der Pollen von Kräutern und Gräsern (Nichtbaumpollenwerte) geben uns einen Hinweis, wie stark eine Landschaft entwaldet gewesen sein könnte. Ein Diagramm inmitten der nördlichen Wetterau lässt annehmen, dass die Umgebung in der Eisenzeit stark entwaldet war. Die Nichtbaumpollenwerte betragen hier 20 bis 40 %. Im Lahntal und in den östlichen Randlagen der Wetterau können wir hingegen mit Werten von maximal nur 20 % eine offene, aber keinesfalls baumlose Landschaft rekonstruieren. Dazu passen dort auch die etwas höheren Prozentanteile der Pollenkörner von Rotbuche und Eiche.

Es fällt auf, dass die Nichtbaumpollenwerte und Siedlungszeiger in der Hallstattzeit teils höher vertreten sind als in der folgenden Latènezeit. Die zeitliche Abgrenzung ist, wie erwähnt, unsicher. Möglich wäre aber, dass sich hierin Unterschiede in der Nutzungsart und -intensität widerspiegeln. Gleichzeitig sind in den näher am Vogelsberg bzw. am Glauberg gelegenen Diagrammen die Werte für Kulturgetreide (Cerealia) in der Eisenzeit höher als später in der römischen Kaiserzeit. In der nördlichen Wetterau und im Lahntal ist es hingegen umgekehrt, dort sind die Werte erst nach der Zeitenwende höher. Mit regionalen Unterschieden der landwirtschaftlichen Ausrichtung im Zusammenhang mit den Machtzentren und Interessenschwerpunkten der Oberschicht wäre durchaus zu rechnen.

Die pollenanalytischen Ergebnisse machen deutlich, dass zur Zeit der Glaubergfürsten in Hessen intensive landwirtschaftliche Aktivitäten stattfanden. Worin diese nun im Einzelnen bestanden, verraten uns insbesondere die zoologischen (Knochen, Fischreste usw.) und die pflanzlichen (Samen, Früchte, Holz usw.) Großreste aus den ausgegrabenen Siedlungen.

HAUS- UND WILDTIERE

Die archäozoologischen Untersuchungen zeigen, dass in keltischer Zeit unter den Haussäugetieren vor allem Rind und Schwein, auch Schaf/Ziege, Pferd und Hund von Bedeutung waren (Benecke 2000; Zusammenstellung in Kreuz 1994/95). Gleichzeitig wurden Hühner gehalten, möglicherweise zunächst nur als Zierde des jeweiligen Gehöfts und als Statussymbol, da von einer geringen Legeleistung auszugehen ist. Die ersten Hühner ähnelten

49 Neben den Knochenfunden aus Siedlungsabfällen zeugen auch die Abbildungen auf Metallgegenständen von der geringen Größe der keltischen Reitpferde. Man sieht, wie nah die Füße der Reiter aufgrund der niedrigen Widerristhöhen an den Boden heranreichen.

heutigen schlankwüchsigen Zwerghühnern. Ursprünglich in Südostasien beheimatet, gelangte das Haushuhn spätestens im 8. Jahrhundert v. Chr. nach Griechenland und wurde von dort bis in den Mittelmeerraum und nördlich der Alpen weiter verbreitet. Neben der traditionellen Hühnernutzung als Fleisch- und Eierlieferanten spielten bei den Griechen Kampfspiele mit Hühnern oder Hähnen eine große Rolle (Benecke 1994). Dies ist für den hessischen Raum nicht auszuschließen, bislang aber noch nicht belegbar.

In der Eisenzeit gab es im Gegensatz zur folgenden Römerzeit kleinwüchsige, eher schmächtige Haustiere. Die ponygroßen Pferde und kleinen Rinder hatten Widerristhöhen von ca. 1,1 bis 1,3 m und waren somit durchschnittlich ca. 30 cm niedriger als heute. Die geringe Größe lässt sich nicht nur mit den Knochenfunden, sondern auch mit zahlreichen Bild-Darstellungen auf Metallgefäßen und -gegenständen, Münzen oder Grabstelen belegen (ABB. 49). Sie steht im Zusammenhang mit Nutzung und Ernährung der Tiere. Solange man ihnen keine großen Leistungen abverlangte, wie z. B. Tiefpflügen, Tragen oder Ziehen großer Lasten, Zurücklegen weiter Entfernungen, waren kleinwüchsige Tiere vorteilhafter, weil sie leichter zu handhaben sind und weniger Futter verbrauchen.

An Jagdtieren wurden bislang Rothirsch, Reh und Wildschwein sowie Feldhase nachgewiesen. Sie lieferten zusätzliches Fleisch, Leder und Horn. Fische fing man in den Gewässern der Umgebung. Das Wildtierspektrum entspricht Biotopen, die von einsamen, ausgedehnten Wäldern über Sümpfe und Schilfgebiete bis zu Feldrainen und Gebüschen reichen. Wir erhalten somit wichtige Hinweise für eine Rekonstruktion des jeweiligen Siedlungsumfeldes.

KULTUR-, NUTZ- UND WILDPFLANZEN

Die pflanzlichen Großreste sind je nach Ablagerungsbedingungen verkohlt, mineralisiert oder subfossil erhalten (Jacomet/Kreuz 1999). Die Verkohlung tritt ein, wenn Essensreste, Ernteabfälle, Brennhölzer und Ähnliches

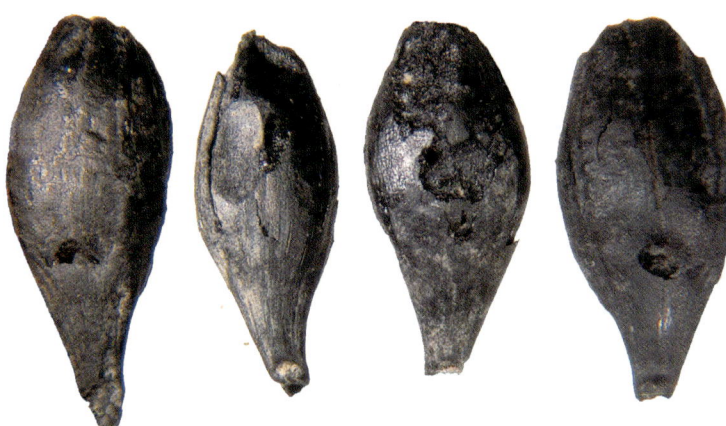

50 Verkohlte, bespelzte Gerstenkörner aus der latènezeitlichen Höhensiedlung auf dem Dünsberg bei Gießen. Gerste war eines der wichtigsten Spelzgetreide in keltischer Zeit. Es handelte sich um eine lockerährige, vierzeilige Form (L. ganz links 7,3 mm).

in den Siedlungen mit Feuer bzw. großer Hitze in Berührung kommen (ABB. 50). Verkohltes kann von Mikroorganismen und anderen Kleinstlebewesen nicht mehr verwertet werden; daher bleibt es überall erhalten und gehört zu den häufigsten Pflanzenfunden bei archäologischen Ausgrabungen. Im Grundwasserbereich, in Brunnen, tiefen Gräben, Auen, an Seeufern usw. wird die pflanzliche Substanz bei sauerstoffarmen Bedingungen bis auf Wasserlösliches weit gehend konserviert, was als subfossil bezeichnet wird. Nach diesem Prinzip erhalten sich auch Blütenpollen und Moos- und Farnsporen in Feuchtablagerungen. Kommt es in Siedlungen zu größeren Anhäufungen von Phosphat in Zusammenhang mit Fäkalien oder Viehdung, erfolgt zum Teil eine Mineralisierung der Pflanzenreste durch Durchdringung mit Kalziumphosphat.

Die wichtigsten Getreide in keltischen Fundstellen sind Vierzeilige Spelzgerste und Echte Hirse (ABB. 51 oben). An Weizenarten spielten vor allem Emmer und Dinkel (unreif Grünkern genannt), aber auch Einkorn und Nacktweizen eine Rolle. Emmer und Einkorn sind alte Spelzweizen-Arten, die in Hessen seit dem 6. Jahrtausend v. Chr. angebaut wurden, heute aber in Mitteleuropa nur noch in Botanischen Gärten vorkommen. Die Nacktweizen, deren Körner sich beim Dreschen problemlos von den Spelzen lösen, sind das, was man heute unter „Weizen" für Backwaren, Nudeln usw. versteht. Dinkelanbau wurde durch die Renaissance der Vollwertküche wiederbelebt; das Anbaugebiet ist in Deutschland dennoch sehr beschränkt. Kolbenhirse und Roggen treten in den eisenzeitlichen Fundstellen nur vereinzelt, vermutlich als Ungräser, zwischen den Kulturarten auf. Der Roggen entwickelte sich erst in römischer Zeit und im Mittelalter zu einem zentralen Kulturgetreide.

Die Nutzung von Emmer, Nacktweizen und Dinkel brachte der Bevölkerung gute Brotgetreide. Die Hirsen und die Gerste waren eher für Eintopf, einfache Fladen oder Brei zu gebrauchen. Gerste hat von allen Getreiden den höchsten Zuckergehalt und eignet sich daher unter anderem auch sehr gut zum Bierbrauen. Angekeimte Malzgerste wurde in der eisenzeitlichen Siedlung bei Hochdorf in Baden-Württemberg gefunden (Stika 1999) und über keltisches Bier berichten ja auch die antiken Schriftquellen (s. o.).

In der Eisenzeit bildeten Hülsenfrüchte – vor allem Erbse, Linse, Ackerbohne – einen wichtigen Teil der Ernährung (ABB. 51 unten). Erbsenstroh konnte gleichzeitig einen vollwertigen Ersatz für Wiesenheu liefern. Es wird an Zartheit nur vom Linsenheu übertroffen. Als die Viehfutterbeschaffung für die Wintermonate noch ein Problem darstellte, war jedes landwirtschaftliche Nebenprodukt willkommen, das sich verfüttern ließ. Das Heu von Hülsenfrüchten schimmelt leicht und musste deshalb vor der Lagerung auf Gerüsten gründlich getrocknet werden.

Die Linsenwicke stammt aus dem Mittelmeerraum und wird heute in Mitteleuropa nicht mehr angebaut. Im rechtsrheinischen Raum ist sie nur vereinzelt zu finden, im linksrheinischen hingegen nicht nur häufiger, sondern auch zum Teil in größeren Mengen, sodass sie dort wohl tatsächlich als Kulturpflanze angebaut wurde. Die Samen der Linsenwicke enthalten ein Gift, das durch Einweichen vor der Zubereitung und dem Verzehr entfernt werden musste. Dies gilt auch für die mögliche Verwendung als Viehfutter.

Die Ackerbohne (oder Pferdebohne) gehört zu den klassischen Kulturpflanzen der Eisenzeit (engl. celtic bean) und wird heute in Deutschland meist unreif als „Dicke Bohne" verzehrt. Es handelt sich im Gegensatz zu den Gartenbohnen um eine Wickenart. Die heute beliebten Weißen, Roten und Grünen Bohnen stammen aus dem tropischen und subtropischen Amerika und gelangten bei uns erst im 17. Jahrhundert zu größerer Verbreitung. Die heutigen Formen der Ackerbohnen liefern mehr als doppelt so große Samen wie in der Eisenzeit, als noch kleinsamige Varietäten vorherrschten. Das zähe Bohnenstroh der Ackerbohne war gehäckselt als Futter für Pferde und Schafe und zur Gründüngung der Felder geeignet.

An kultivierten Ölpflanzen fanden sich bisher Leindotter, Lein und Mohn. Der gelbblühende Leindotter stammt aus osteuropäischen Steppen und war in Mitteleuropa ursprünglich ein Unkraut in Leinfeldern, außerdem in Wintergetreide. Heute ist er als Kulturpflanze aus Mitteleuropa fast verschwunden. Wegen seiner kurzen Wachstumszeit von 12 bis 14 Wochen und seiner Unempfindlichkeit gegen Frost eignete sich der Saat-Leindotter als Ersatz-Saat nach Frostschäden und war auch für etwas ungünstigere Wetterlagen geeignet. Die Samen enthalten ein goldgelbes, fettes Öl, das anfangs scharf riecht und schmeckt, später süßlich wird. Es kann zum Kochen wie auch als Brennöl dienen (Körber-Grohne 1988; Hegi 1986, 342 ff.).

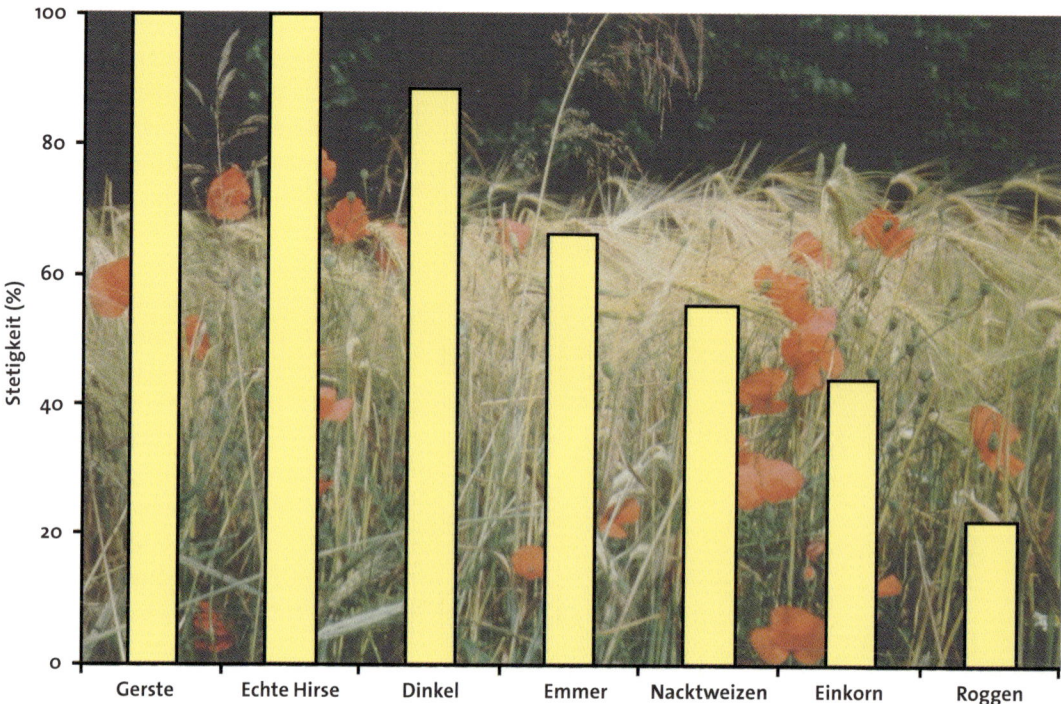

51 Den Stellenwert der Kulturpflanzenarten im Alltag können wir u. a. anhand der prozentualen Häufigkeit (Stetigkeit) ihres Auftretens in den Siedlungen abschätzen. Hier die Ergebnisse zu Getreiden (oben) und Hülsenfrüchten, Öl- und Faserpflanzen (unten) aus neun keltischen Fundstellen Hessens.

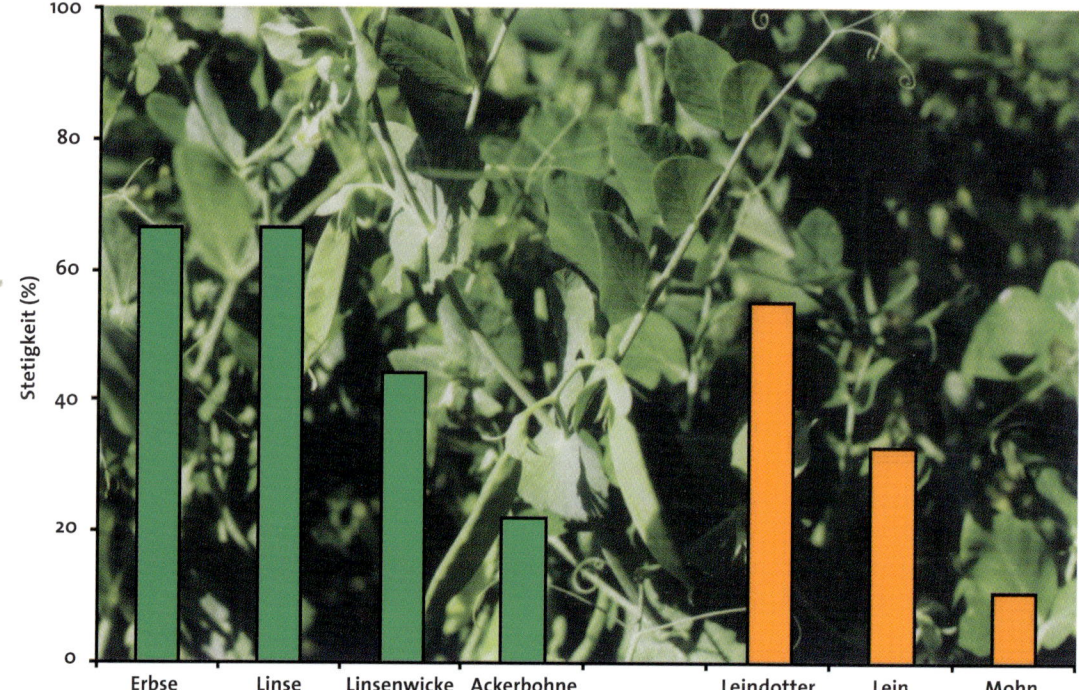

Der Lein gehörte aufgrund seiner multifunktionalen Eigenschaften als Öl- und Faserlieferant stets zu den wichtigen Kulturpflanzen der Vor- und Frühgeschichte. Er ist allerdings anspruchsvoller im Hinblick auf Bodeneigenschaften und -bearbeitung der Äcker. Lein gehört zu den wenigen pflanzlichen Großresten, die sich in den Gräbern vom Glauberg erhalten haben. Anhand der Samen lässt sich Öllein nicht vom Faserlein unterscheiden. Frisches, kaltgepresstes Leinöl isst man heute als Spezialität z. B. im Spreewaldgebiet zu Kartoffeln. Das Öl hat als Speiseöl den Nachteil, dass es leicht trocknet und ranzig wird.

Schlaf-Mohn wird heute in Deutschland nur noch wenig feldmäßig angebaut. Er ist als Nahrungsmittel, Öl- und Heilpflanze nutzbar, allerdings kennen wir ihn vor allem als Würzmittel und Füllung von Backwerk. Das kaltgepresste, klare, dünnflüssige Öl hat einen angenehmen Geschmack. Opium gewinnt man aus dem Milchsaft der nicht ganz reifen Mohnkapseln. Über diese schlafbringende und schmerzdämpfende Droge wird bereits von den antiken Autoren – zum Teil kritisch – berichtet. Das enthaltene Alkaloid Morphium führt rasch zu einer physischen Abhängigkeit.

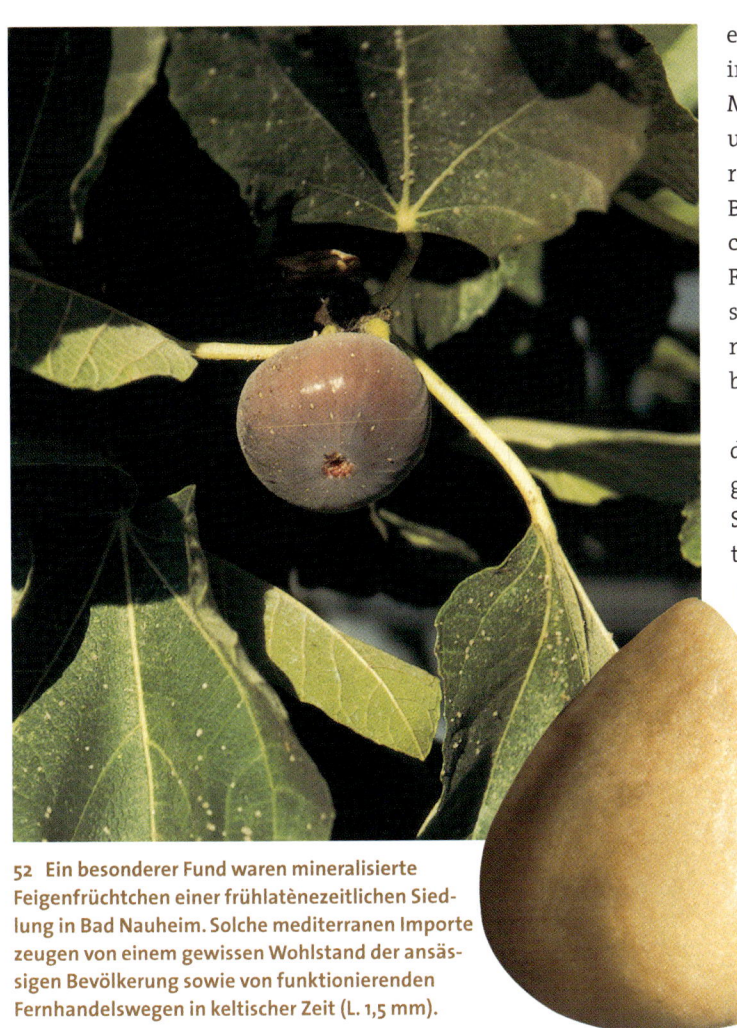

52 Ein besonderer Fund waren mineralisierte Feigenfrüchtchen einer frühlatènezeitlichen Siedlung in Bad Nauheim. Solche mediterranen Importe zeugen von einem gewissen Wohlstand der ansässigen Bevölkerung sowie von funktionierenden Fernhandelswegen in keltischer Zeit (L. 1,5 mm).

erst mit den Römern nach Hessen. Allerdings kannte man in keltischer Zeit durch überregionale Kontakte in den Mittelmeerraum bereits die Importpflanzen Koriander und Feige. Solche Dinge, wie auch importierter Wein, waren aber vermutlich sehr teuer und nur für einen Teil der Bevölkerung erschwinglich. Die hessischen Feigenfrüchtchen (ABB. 52) stammen aus einer frühlatènezeitlichen Fundstelle in Bad Nauheim und zeugen von einem gewissen Reichtum dieser Ansiedlung, was wohl im Zusammenhang mit der Salzgewinnung in dem großen Salinenbetrieb zu sehen ist (Kreuz/Boenke 2000/01).

Über die Ernährung der Kelten wissen wir nur wenig, denn wir finden zwar einen Teil der Zutaten bei den Ausgrabungen, aber daraus kann man nicht ersehen, wie die Speisen zubereitet wurden. Sicher gab es Eintöpfe aus Getreide und Hülsenfrüchten, eventuell angereichert mit einem Stück Räucherspeck oder Pökelfleisch. Brote und Fladen wurden zu an Spießen gebratenem Fleisch verzehrt. Darüber hinaus könnte man sich z. B. einen mit Milch gekochten und mit Honig gesüßten Hirsebrei mit Waldbeeren oder anderem Obst vorstellen. Dazu trank man Wasser, Milch, Met, Bier oder sogar importierten Wein.

Milchprodukte sind schwierig nachzuweisen. Man kennt aber Keramiksiebe, die zur Käseherstellung gedient haben könnten. Grundsätzlich darf man nicht vergessen, dass der Geschmack in keltischer Zeit vollkommen anders war als heute. Es fehlten fast alle Gewürze, die für uns im Alltag selbstverständlich sind. Auch Salz war noch etwas Besonderes. In Ermangelung von Zucker konnten Speisen nur mit Honig oder mit Früchten gesüßt werden, wirklich süß waren sie also nie. Durch die begrenzten Möglichkeiten der Vorratshaltung war man im Wesentlichen auf das saisonale Angebot angewiesen. Daher waren die Wintermonate – was die Ernährung anbelangt – wahrscheinlich extrem eintönig.

Im landwirtschaftlichen Alltag fielen diverse Nebenprodukte der Aufbereitung des Ernteguts an, die ein sinnvolles Viehfutter darstellten. Spreureste, Stroh von Getreide oder Hülsenfrüchten, Unkräuter sowie Pressrückstände der Ölpflanzen und allgemeine Küchenabfälle ließen sich bei einem integrativen Landwirtschaftssystem so sinnvoll verwenden. Wirtschaftswiesen, die mehrfach im Jahr gemäht werden, und gedüngte Weiden, die heute selbstverständliche Viehfutterquellen darstellen, gab es in der Eisenzeit noch nicht. Die Entwicklung der Wiesenbewirtschaftung lag noch ganz in den Anfängen, vielleicht auch deshalb, weil erst in der älteren Latènezeit die für eine bodennahe Mahd praktischen Sensen erfunden wurden (Jockenhövel 1997, 196).

Aus den archäobotanischen Großrestuntersuchungen lassen sich noch andere Aspekte des bäuerlichen Lebens rekonstruieren. Zur Frage, wie die Kulturpflanzen eigent-

Kohlenhydrate lieferten bei der Nahrung die Getreide, vor allem die Hirsen (60–70 %), aber auch die Hülsenfrüchte (45–60 %). Hülsenfrüchte bringen von ihren Inhaltsstoffen her erheblich mehr, wenn man sie als reife Trockenfrüchte zubereitet und nicht als grünes Gemüse. Fett enthalten naturgemäß die Ölpflanzen (30–40 %). Besonders interessant ist bei einer traditionellen Landwirtschaft der Eiweißgehalt der Anbaufrüchte. Mit Emmer, Einkorn, Leindotter, Lein (15–20 %) und vor allem den Hülsenfrüchten (20–25 %) standen eiweißreiche Kulturpflanzen zur Verfügung, die – wenn man sich keines leisten konnte – durchaus einen gewissen Ersatz für Fleisch bildeten (Körber-Grohne 1988).

Ergänzend wurden von den Menschen Pflanzen gesammelt. Diese sind vor allem dann nachweisbar, wenn sie Gelegenheit hatten, beim Kochen in Kontakt mit Feuer zu geraten und so zu verkohlen. Die überall vorhandene Haselnuss war sicher eine wichtige Bereicherung der pflanzlichen Ernährung im Herbst und Winter. Hinzu kamen Wildbeeren und -früchte von z. B. Himbeere, Holunder, Schlehe, Traubenkirsche und Linde. Gartenbau scheint es nach derzeitigem Forschungsstand noch nicht gegeben zu haben. Der Anbau von Obst, Gemüse und Kräutern kam

lich angebaut und geerntet wurden, geben uns die mit ihnen gewachsenen Unkräuter wichtige Hinweise. Die Felder wurden nicht dauerhaft bebaut, sondern man schaltete regelmäßig Brachen ein. Dies lässt sich anhand von gefundenen Arten grünlandartiger Vegetation zeigen, etwa Wegerich- und Kleearten, Wiesen-Flockenblume und Margerite, die regelmäßig mit den Kulturpflanzenresten auftreten. Mit Brachen konnte man zum einen der Bodenverschlechterung entgegenwirken, zum anderen verringerte sich die Ausbreitung von Schädlingen. Die zum Teil geringen Wuchshöhen der Unkräuter lassen annehmen, dass die Ernte der Kulturpflanzen auch bodennah erfolgte (Sicheln, Sensen?).

Die Lagerung der Kulturpflanzen erfolgte in speziellen Erdgruben oder in kleinen Speichergebäuden. In Gebäuden bewahrte man das Erntegut in Körben oder Säcken auf. Die frühlatènezeitliche Höhensiedlung auf dem Christenberg bei Münchhausen brachte zwischen den bei einer Feuerkatastrophe verkohlten Vorräten eines Speichers auch winzige verkohlte Reste von Gewebe (ABB. 53) (Kreuz 1992/93). Säcke konnten damals vor allem aus Leinen oder Nessel hergestellt werden. Die Funde von Spinnwirteln, Webgewichten und Garnspulen in Siedlungen bezeugen lokale Textilherstellung. Vereinzelt findet sich verkohlter Mäusekot (ABB. 54) in den Proben, was zeigt, dass es auch unerwünschte Mitbewohner in den Gebäuden gegeben hat.

Die Haustiere wurden in der Eisenzeit zum Teil innerhalb der Siedlungen gehalten. Wir erkennen das unter anderem daran, dass mineralisierte Pflanzenreste in den Proben auftreten. Eine Mineralisierung geschieht nur bei hohen Phosphatkonzentrationen im Zusammenhang mit Anreicherungen von Fäkalien und Viehdung. Dazu passen auch die Funde sog. Ruderalpflanzen: Solche Stickstoff liebenden Arten, wie z. B. Schierling, Bilsenkraut, Eselsdistel, Zwerg-Holunder, Katzenminze oder Brenn-Nessel, wuchsen innerhalb der Dörfer bei Schutt- und Abfallhaufen.

Die innerhalb der Siedlungen gefundenen Holzkohlen sind Überreste von Brennholz bzw. von verbranntem Bau- und Werkholz. Sie verraten uns, welche Bäume und Sträucher im Siedlungsumfeld wuchsen. Das Holz wurde wahrscheinlich möglichst nahe der Siedlungen geschlagen, um das Transportproblem zu minimieren.

Die gefundenen Artenspektren repräsentieren als Waldtypen zum einen Auenwälder und Erlenbrüche feuchter Standorte, zum anderen Eichenmischwälder trockener Standorte. Neben vor allem Eiche und Buche fanden sich an Laubmischwaldarten bisher Ahorn, Hainbuche, Roter Hartriegel, Hasel, Liguster, Kernobstgewächse (= Apfel, Birne, Weißdorn), Stechpalme und Efeu. Auf gestörte Wälder oder besondere Standorte verweisen Kiefer und Birke.

Erle, Faulbaum, Pappel, Weide und Ulme wuchsen in den Flusstälern. Die Nutzung von Ufer- und Auenbereichen

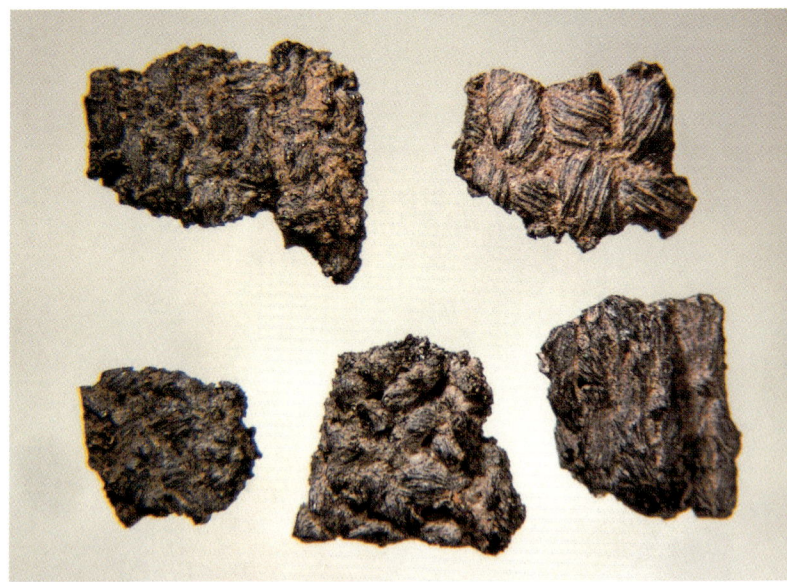

53 Winzige Fragmente verkohlten Gewebes geben einen Hinweis, dass das gefundene Getreide und die Hülsenfrüchte zum Teil auch in Säcken gelagert und transportiert wurden (Stück oben links 4,1 × 3,5 mm).

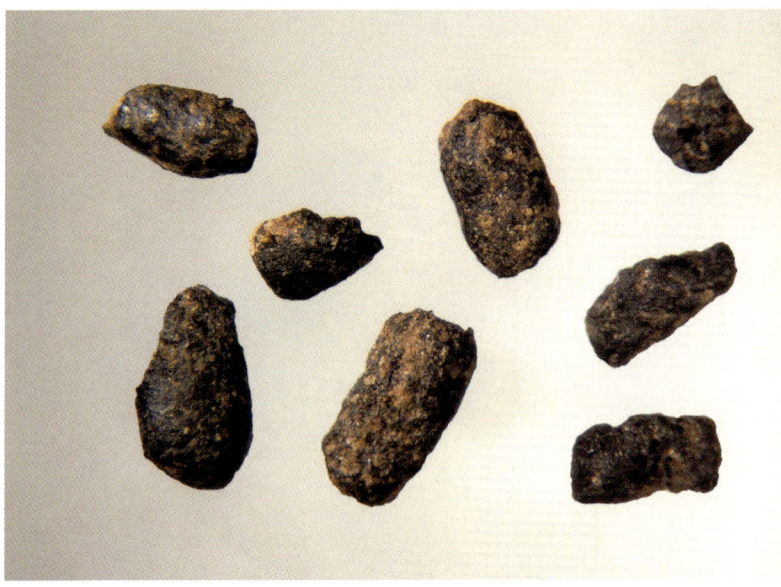

54 Funde von verkohltem Mäusekot zeigen, dass es auch eher unerwünschte Mitbewohner in den Siedlungen gegeben hat (Mitte unten 2,5 × 1,3 mm).

ist außerdem durch die Samen und Früchte von Arten wie Sumpf- und Seebinse, Sumpf-Labkraut, Kleiner Wegerich, Kleiner- und Ampfer-Knöterich sowie Wassermiere belegbar.

Die Untersuchungen zu Umwelt und Landwirtschaft der Kelten stehen in Hessen noch am Anfang. Bereits jetzt zeichnet sich jedoch für das letzte Jahrtausend v. Chr. ab, welch vielfältige Aspekte des Alltagslebens sich mit Hilfe interdisziplinärer Arbeiten fassen lassen. Es ist eine spannende Frage, ob uns mit zunehmenden Detailkenntnissen die Welt der Kelten näher rücken oder noch fremder werden wird.

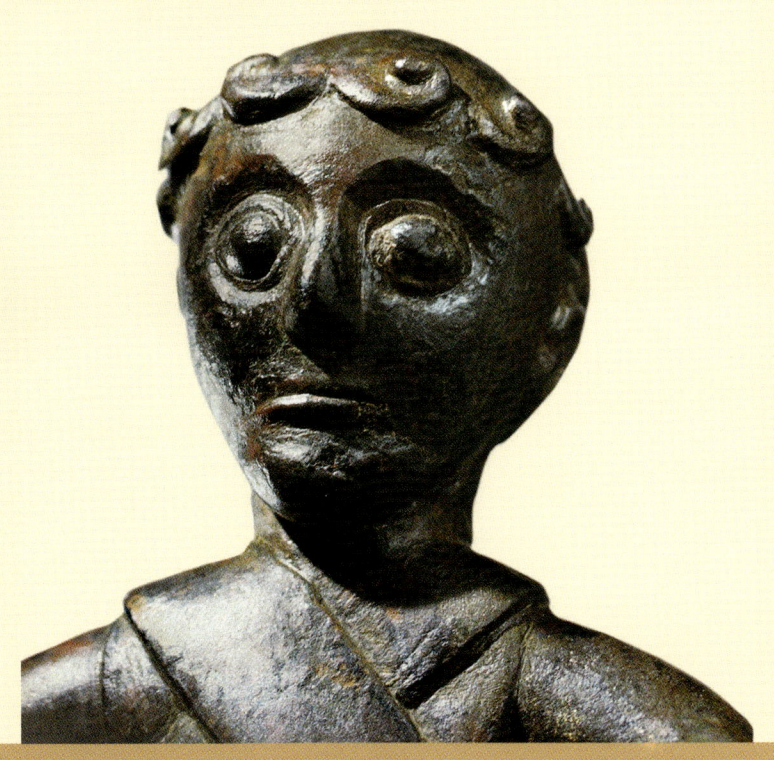

DER GLAUBERG

Über den Glauberg von Heinrich Richter

Der Glauberg liegt in der östlichen Wetterau, die eigentlich noch zum Vogelsberg gehört, jedenfalls von seinen Ausläufern der Länge nach durchzogen, von der Nidda und Nidder in der gleichen Richtung entwässert und derart in eine eigenartige Wechselfolge annähernd paralleler Plateaurücken und Talbecken gegliedert ist, die bis an die untere Nidda reicht, durch deren Niederung und ihre Fortsetzung in der Horloffsenke von der westlichen Wetterau als dem Vorland des Taunus und dem Flußgebiet der Wetter und Usa getrennt ist.

Seinen engeren Rahmen: die eigentliche Glauberglandschaft bildet das fruchtbare offene Hügelland um die breiten Talauen der mittleren Nidder und unteren Seeme, das im Osten durch den Westrand des Vogelsbergplateaus mit dem Büdinger Wald begrenzt ist. So erscheint der Glauberg von der Wetterau aus betrachtet wie eine vorgeschobene Bastion des Vogelsberges. Er stellt eine natürliche Festung dar in Form eines langgestreckten Tafelberges, der an Steilhängen abgesetzt ist, mit einem kantigen Plateausockel und einer besonders im Südwesten und Nordosten ausgedehnten Bergschulter. (Abb. 1).

Für die Bevölkerung der Landschaft, deren natürlichen Mittelpunkt er bildet und deren politischen Mit-

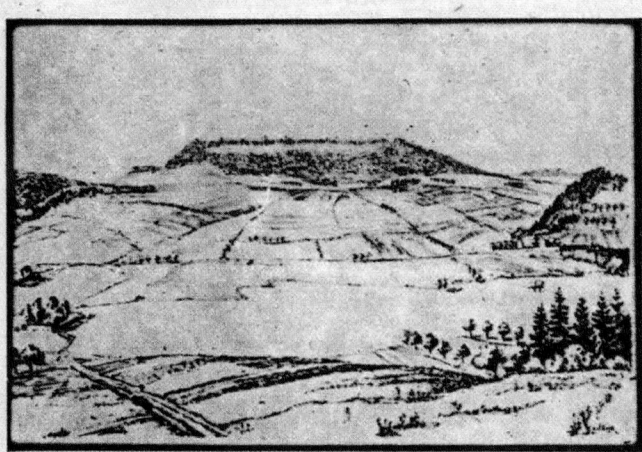

Abb. 1 Ansicht des Glauberges von Süden

telpunkt er nach dem Ausweis der Ausgrabungen in vor- und frühgeschichtlicher Zeit gebildet hat, trägt der Glauberg den Nimbus des Geheimnisvollen und Ehrwürdigen, der sich in zahlreichen Märchen und Sagen, in den mittelalterlichen Chroniken und in den Schriften und Werken des Glauberger Heimatforschers Johann May niedergeschlagen hat.

Die erste urkundliche Erwähnung des Glauberges findet sich in einer Urkunde des Jahres 1247 mit der die Burgmannen vom Glauberg eine Schenkung des Godebold von Düdelsheim an das Kloster Arnsburg bestätigen. Das angehängte Siegel zeigt unter einem Burgtor mit zwei Seitentürmen und einem Mittelturm das Brustbild des Kaisers mit Krone, Szepter und Schwert in der Umschrift:

S (igillum) — Imp (er) ii — Sacri — Castrensium — de — Glouburgh.

Über die Schicksale dieser Reichsburg ist nichts bekannt. Da es in einer Erwähnung des Glauberges im Jahre 1336 einfach „am Glauberg" heißt, muß sie vorher zerstört oder aufgelassen worden sein. Die Kunde von ihr wurde in unbestimmter sagenhafter Form in den jüngeren Chroniken weiter gegeben, die übereinstimmend von einer gewaltsamen Zerstörung berichten.

So die 1546 erschienene „kurze Beschreibung der Wetterau" des Stadener Pfarrers Erasmus A l b e r u s.

„Bei Leustadt wächst guter Wein und liegt ein hoher Berg dabei, heißt der Glauberg, darauf stund vor · Zeiten ein Stadt und Schloß, welche samt anderen Raubschlössern . . . . durch Kaiser Rudolf zerstört sind."

Auch die bekannte, um die Mitte des 17. Jahrhunderts erschienene Topographia Hessiae des Matthias M e r i a n

„Die Stadt sei vom Landvolk zerstört und aus den Steinen der Ort Glauberg und das Kloster Konradsdorf erbaut."

Jakob R o t h, der Verfasser eines Hochzeitscarmens auf die 1719 erfolgte Vermählung des Johann Adolf von Glauburg in Frankfurt mit Sophie Magdalene von Günderode, berichtet von römischen Urnen und Münzen, die auf dem Glauberg im Jahre 1689 gefunden wurden. Die dort erhaltenen acht Schuh dicken Mauern gehören seiner Ansicht nach zu einem römischen Castell, das eine bedeutende Rolle in den Germanenfeldzügen der Römer gespielt hätte. Das Titelblatt zeigt eine von dem Frankfurter Kupferstecher Peter Fehr gezeichnete und gestochene Ansicht des Glauberges von der Nordwestseite aus (Abb. 2) mit beträchtlich über den Hochwald aufragenden Mauerresten, von denen jetzt nichts mehr vorhanden ist. Deutlich sichtbar sind die Wehrgräben vor den Annexwällen und die alten vor- und frühgeschichtlichen Zugangswege zu der Höhe, die der Flurbereinigung zum Opfer gefallen sind. Erläutert wird der Stich durch ein Distichon in lateinischen Hexametern

Claudia Castra, vides celeberrima, lector amice
Ortum Roma dedit, duro cedire Budingo.
Claudiusburg, die berühmte, schauest du, Leser! im Bilde
Rom hat sie begründet, der Büdinger sie zerstört.

Seit dem Anfang des 17. Jahrhunderts gehörte der Glauberg zur Herrschaft Gedern der Fürsten zu Stolberg-Wernigerode, die ihn unter sehr anerkennenswerter Schonung seiner vor- und frühgeschichtlichen Anlagen forstwirtschaftlich genutzt und 1933 an das Land Hessen-Darmstadt abgetreten haben.

Die erste wissenschaftliche Darstellung der Wälle und der innerhalb derselben angefallenen Funde geschah durch den Altmeister der hessischen Altertumsforschung Ph. D i e f f e n b a c h (Archiv f. Hess. Geschichte und Altertumskunde 1842, S. 182 ff.). Er stellte fest, daß die in den Wällen vorliegende ältere Befestigung durchaus nicht derart sei, wie sie die Römer anzulegen pflegten. Sie könnte von den Germanen geschaffen sein und zwar von den Chatten, denen Tacitus besondere Kriegskunst auch in der Verteidigung nachrühmt. Die Gunst der Lage hätte dann auch die folgenden Herren der Wetterau veranlaßt, eine Befestigung des Glauberges zu unterhalten, aus der schließlich die Reichsfeste Glauburg hervorgegangen sei.

Ähnlich S i m o n in seiner 1865 erschienenen Geschichte des reichsständischen Hauses Ysenburg-Büdingen, der bereits ganz richtig vermutet hat, daß nach den Chatten auch die Alemannen den Glauberg befestigt und dann die Franken aus den Trümmern der älteren Befestigungen die später als Reichsburg erscheinende Glauburg erbaut hätten.

Und schließlich heißt es in O. Kunkels „Oberhessens vorgeschichtliche Altertümer": Starke prachtvoll erhaltene Befestigungswälle, teils noch über Stockwerkhoch . . . . Beträchtliche mittelalterliche Einbauten (Reichsveste Glauberg) — Die abschließende Untersuchung der Anlagen muß als eine der wichtigsten Aufgaben der hessischen Vorzeitforschung gelten. Abgesehen von allgemeinen Erwägungen (Name „Auf dem Daun", Typus usw.) beruht die Datierung bisher im wesentlichen auf dem Bruchstück eines laténezeitlichen Bronzehalsringes das bei der Verschleifung eines etwa

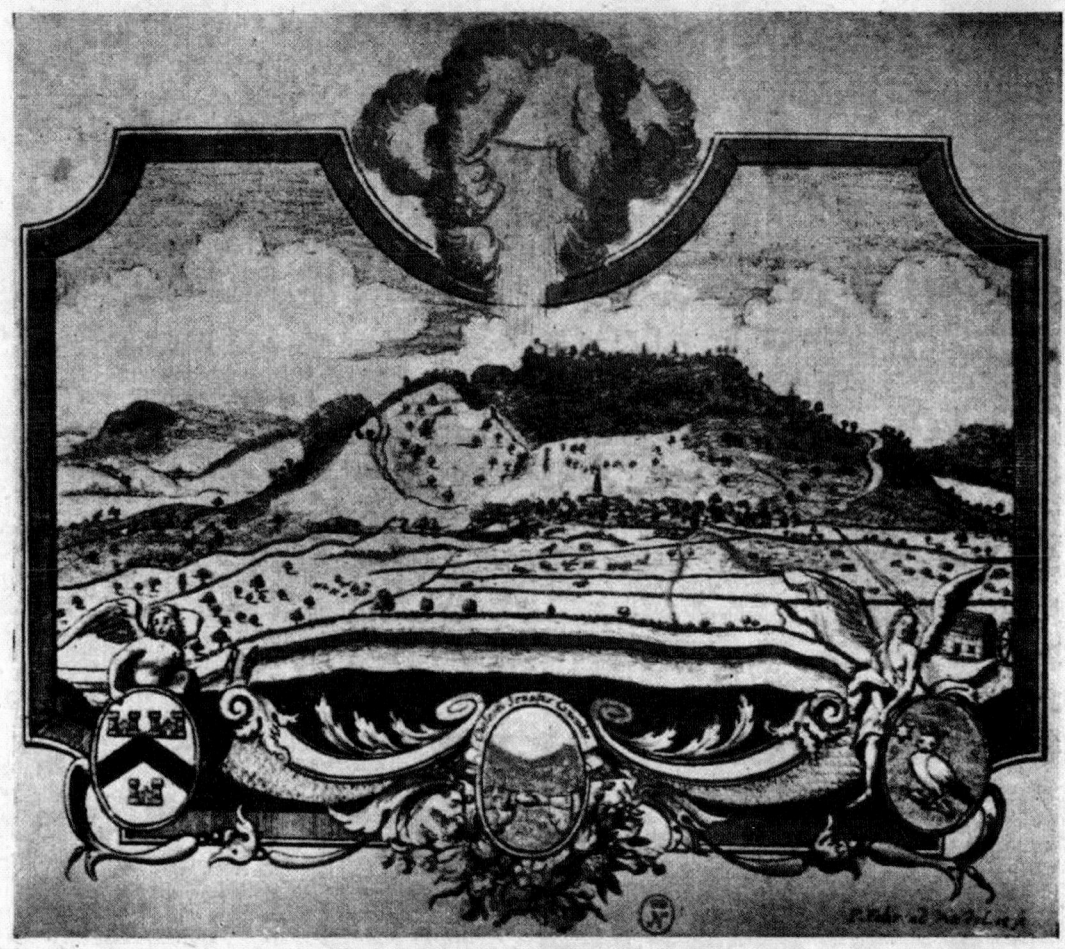

Abb. 2 Kupferstich des Glauberges (1719)
(Ansicht von Nordwesten her)
Außerhalb der Wälle, die noch in den Wald fallen, ist das ursprüngliche Landschaftsbild — mit den alten Zugängen zu den
Ringwalltoren — durch die Flurbereinigung radikal verändert und verunstaltet.

250 m langen Walles auf der Gemarkungsgrenze zwischen Düdelsheim und Glauberg gefunden wurde.

Betrachten wir nun diese Wälle an Hand der beigefügten Übersichtskarte:

1. Der Ringwall (1) auf der Oberkante der Steilhänge, innen von einer mehr oder weniger breiten Mulde .begleitet, die durch die Gewinnung des für den Mauerbau benötigten Materials an Ort und Stelle entstanden ist. (Daher i. Folg. als Materialmulde bezeichnet). Die obere Schicht des Ringwalles besteht hauptsächlich aus Basaltsteinen von ganz verschiedener Größe, Form und Beschaffenheit. Auffällig sind die natürlich gefritteten, rötlich gefärbten und von Gasblasen durchsetzten Stücke aus den Randpartien der Lavadecken, aus denen sich — wie der kleine Steinbruch am Westhang erkennen läßt, — der Plateausockel aufbaut. Ferner: stark verschlackte Basalte, die nur in der Außenböschung des Ringwalles innerhalb und unterhalb eines bestimmten Niveaus erscheinen und Eindrücke von kantig behauenen Hölzern sowie Einschlüsse von prähistorischen Scherben zeigen, demnach einer vorgeschichtlichen Mauer entstammen, die durch Brand zerstört worden ist. Schließlich, auf dem Scheitel des Ringwalles: Reste eines Mauerfundamentes mit großen kantenbehauenen Basaltquadern an der Außen- und Innenseite und einer Füllmasse aus laténezeitlicher Kulturschicht. (s. Abb. 3 links).

2. Den Abschlußwall, (2) der den Ringwall ergänzt, von Süden her allmählich bis auf 10 m Höhe ansteigend und sich dann nach Norden wieder allmählich

zur Stockheimer Pforte senkend. Außen vorgelagert: zunächst ein tiefer Graben, dann zwei durch einen weiteren Graben voneinander getrennte Schildwälle. Der Scheitel des Abschlußwalles läßt das Fundament einer gemörtelten Bruchsteinmauer erkennen (Abb. 4).

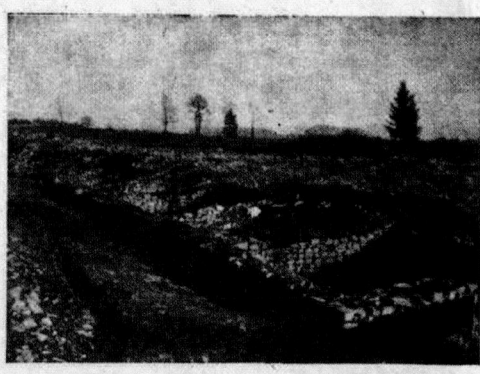

Abb. 3
Der Ringwall mit seiner jüngsten, spätgermanischen und der Innenfront einer
älteren frühgermanischen Mauer. In der Materialmulde mittelalterliche Hausfundamente. Im Hintergrund der Abschlußwall.

Der von diesen Wällen eingefaßte Teil der Hochfläche stellt die Hauptburg dar und zeigt in ihrem östlichen Teil eine flache schildförmige Aufwölbung, die als der Schutthügel der mittelalterlichen Burg be-

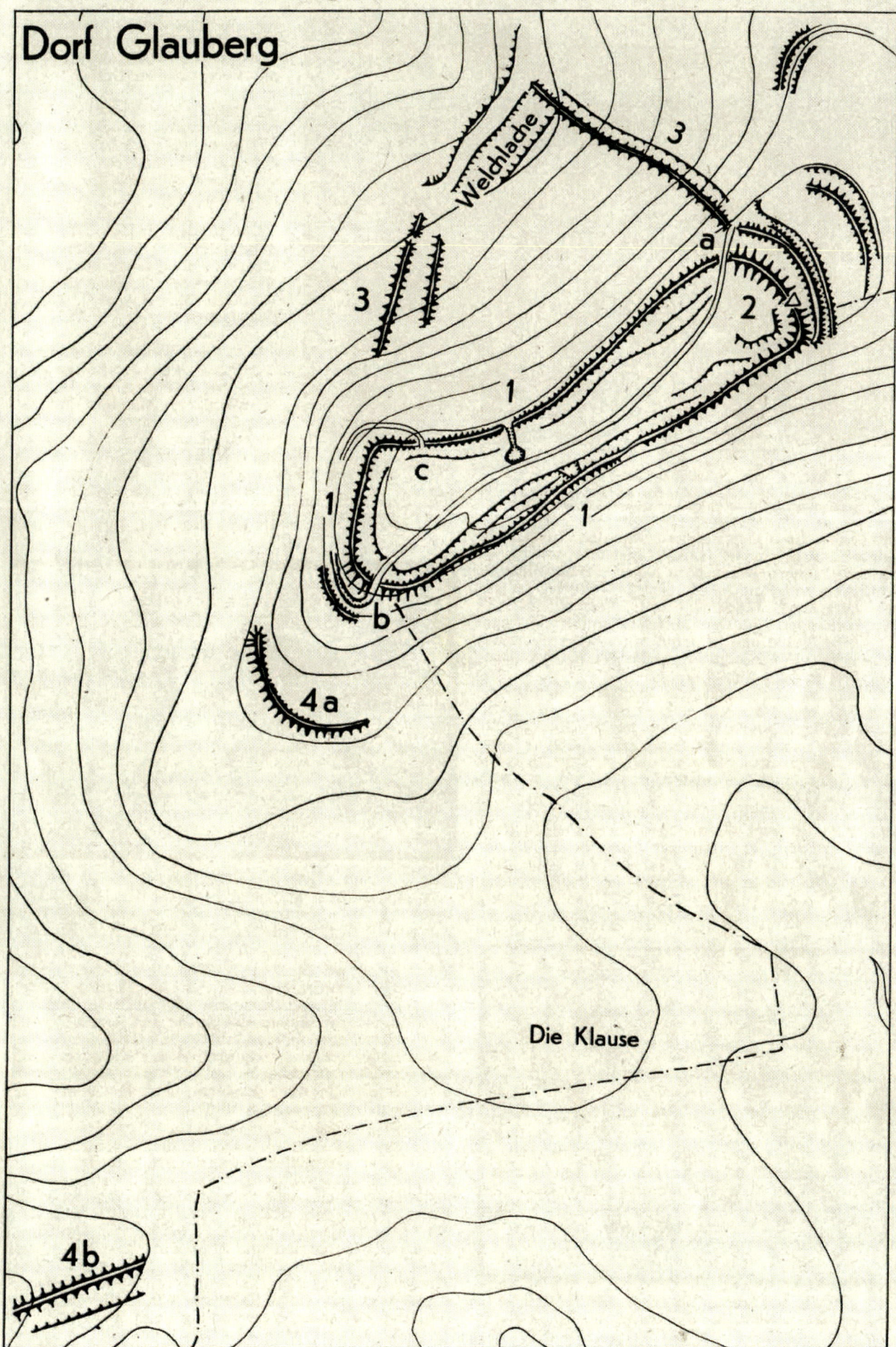

Dorf Glauberg

Weidhlache

3

3

a

2

1

c

1

1

b

4a

Die Klause

4b

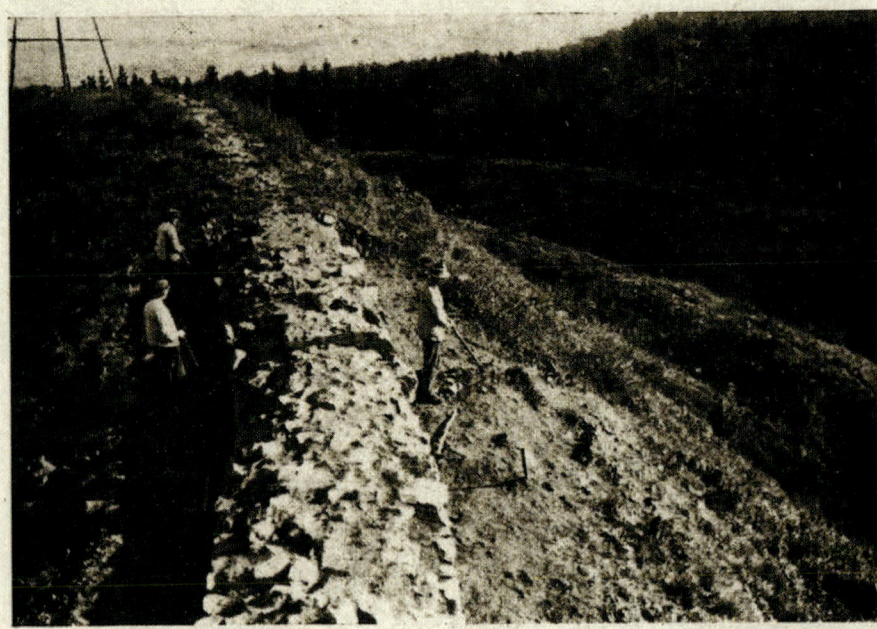

Abb. 4 Die „Schale des Glaubergs"
Der bis auf 12 m über der Sohle des vorgelagerten Grabens ansteigende
Abschlußwall mit seiner jüngsten mittelalterlichen Mauer,
und vorgelagerten Schildwällen.

ter auf den Bergfuß einfassen: zwei gradlinig verlaufende, rechtwinklig zusammenstoßende Wälle mit vorgelagerten Gräben.

4. Ein Außenwerk, (4) „Klause", dessen Wälle im Ackerbaugebiet geschleift sind. Erhalten sind nur die auf unserer Karte mit den Nummern 4 a und b bezeichneten Teile.

Die in den Jahren 1933—1939 durchgeführten Ausgrabungen bestanden in Suchgräben, Wallschnitten und flächenhaften Freilegungen im Anschluß an die Suchgräben (vergl. Abb. 7).

Die Bedingungen waren recht ungünstig, weil der Boden nicht aus hellfarbigem, gleichmäßig feinkörnigem Material mit kapillarer Feuchtigkeit und entsprechendem guten Zusammenhang, etwa in der Art von Löß, Lehm oder Ton besteht, in den sich die alten Oberflächen und ihre Unterbrechungen (Herdgruben, Pfostenlöcher, Fundamentgräben) gut zu markieren pflegen, sondern aus sehr inhomogenem, stratigraphisch

trachtet wird, nach dem bereits erwähnten Kupferstich aus dem 18. Jahrhundert (s. Abb. 2) damals noch hoch aufragende Mauern getragen zu haben scheint. Jetzt ist nur noch ein von Anthes vor dem 1. Weltkrieg freigelegtes viereckiges Fundament mit romanischem Torbogen vorhanden. — Der Mittelabschnitt zeigt eine ovale flache Mulde und in deren Mitte ein kreisrundes Wasserbecken: den sagenumwobenen Weiher des Glauberges. (Vergl. dazu Abb. 5 und 6).
Von den Unterbrechungen des Ringwalles kennzeichnen sich als alte Tore
a) die sog. Stockheimer Pforte (a) in der Nordostecke. wo Ring- und Abschlußwall, Anschlußwall und Schildwälle zusammenstoßen und in einer komplizierten Toranlage ineinander verzahnt gewesen sein müssen. (Abb. 5).
b) die sog. Enzheimer Pforte in der Südwestecke, wo eine schlauchartige Einziehung der Wallenden nach innen und ein kreisförmiger Schutthügel in der nördlichen Einziehung zu erkennen war (Abb. 6).
c) die sog. Glauberger Pforte nahe der Nordwestecke.
3. Die Anschlußwälle, (3) die den Berghang unterhalb der Nordweststrecke des Ringwalles bis hinun-

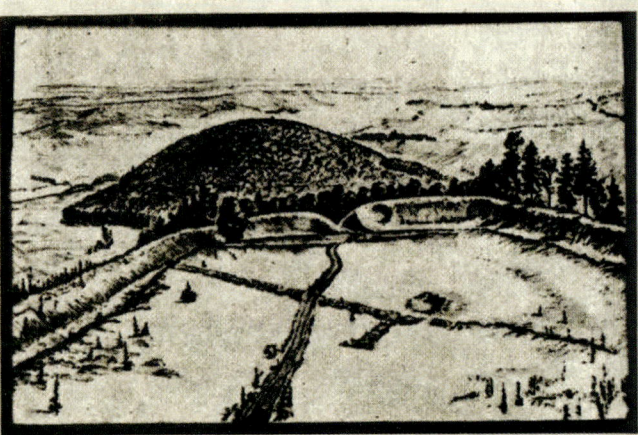

Abb. 6 Westlicher Teil der Hauptburg
mit Ringwall, Ringwalltor (vergl. Abb. 8) und internem Abschnittswall des 4. Jahrhundert nach Chr. Im Hintergrund der Atzelberg, der in keltischer Zeit in das Oppidum einbezogen war. (vergl. Übersichtskarte Nr. 4b)

höchst unempfindlichem basaltischem Verwitterungsboden von dunkler Farbe und kiesiger Beschaffenheit, der sehr durchlässig und leicht beweglich und dementsprechend durch Wasser, Wühltiere und Ameisen reichlich umgearbeitet worden ist. Günstiger lagen die Verhältnisse in der Materialmulde in der Nähe des Ringwalles, dessen Innenböschung sich aus den Schuttmänteln verschieden alter Mauern aufbaut, die mit Kulturschichtenwechsellagern und diese unversehrt erhalten haben.

Vor ihrer ersten Besiedlung muß die Hochfläche ein Felsenmeer aus rundlichen, teils noch im Gesteinsverband befindlichen, teils schon abgelösten Basaltblöcken gewesen sein, in dem sich die ersten Verteidiger des Glauberges so einrichteten, daß sie die natürlichen Mulden als Herdstellen benutzten und Hütten darüber errichteten. Nach und nach füllten sich die Mulden mit einer Wechsellagerung von Siedlungs- und Verwitterungsschutt oder mit einem Gemisch von beiden aus. Die Basaltblöcke fanden Verwendung beim Bau der Wehr-

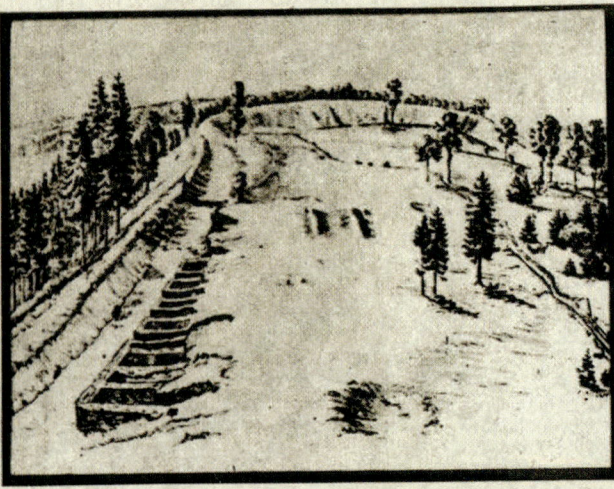

Abb. 5 Östlicher Teil der Hauptburg
mit Ringwall, Abschlußwall (hinten) und Stockheimer Pforte (vergl. Abb. 3)

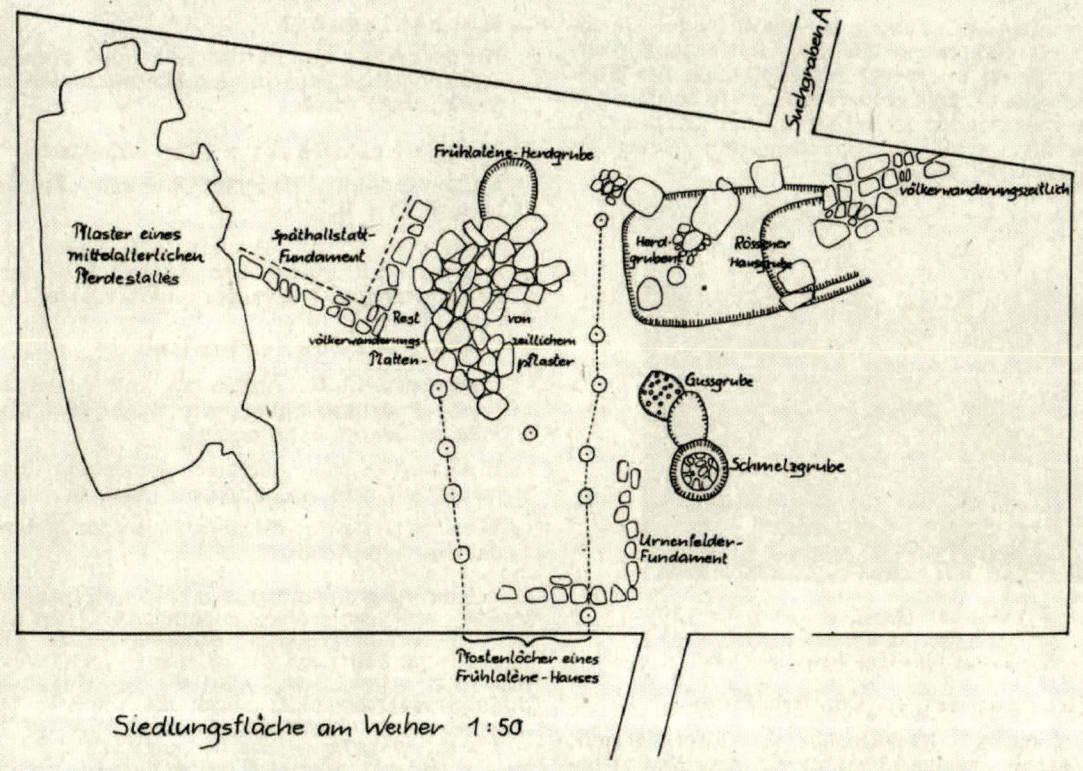

Siedlungsfläche am Weiher 1:50

Abb. 7 Ausgrabung am Weiher

Beispiel für die Schichtenfolgen innerhalb des Ringwalls, der Ineinanderschachtelung vor- und frühgeschichtlicher Wohn- und Werkstätten aller Perioden.

anlagen und so glich sich das Gelände allmählich aus. Daneben gibt es allerdings — auch schon im Neolithikum— größere Siedlungsplätze auf sorgfältig planiertem Untergrund, der dort z. T. aus Löß oder Braunkohlenton besteht.

Abgesehen von diesen geringen Resten der alten natürlichen Decke besteht der Erdboden der Hauptburg aus Kulturschichten, die eine mit einem neolithen Pallisadenring (3. Jahrtausend v. Chr.) beginnende und mit einer mittelalterlichen Burg endende Folge von 8 Befestigungen erschließen ließen.

Näheres darüber kann hier nur angedeutet werden und wird im Saalburgjahrbuch für 1959 veröffentlicht.

1. **Neolithikum (3. Jahrtausend v. Chr.)**

a) Altmichelsberger Kultur

Wehranlagen: Pallisade mit vorgelagertem, sehr breitem Sohlgraben an Stelle des Ringwalls und östlich des Abschlußwalles, wo sie allein vorhanden und — wenn auch nur auf eine kurze Strecke — oberflächlich gut ausgeprägt ist.

Wohnanlagen: Zahlreiche Hütten- und Herdstellen über die ganze Hochfläche verstreut — mit Ausnahme der Materialmulde, wo sie jüngeren Ausräumungen zum Opfer gefallen sind. Stellenweise auch ausgedehnte, bis 50 cm starke Kulturschicht.

b) Altrössener Kultur

3 rechteckige Pfostenhäuser in der Nähe des Weihers (s. Abb. 7). Einzelne Rössener Scherben und Steingeräte in den Michelsberger Schichten.

2. **Frühhallstattzeit (— 700 v. Chr.)**

Wehranlagen: Haupt- und Vorburg d. i. Ringabschlußwall und Nordannex. Tore in der Südwest- und Nordecke der Hauptburg.

Wohnanlagen: Zahlreiche Herdstellen in der Hauptburg, 2 Pfostenhäuser (Am Weiher und in der Materialmulde der Weststrecke).

3. **Späthallstattzeit (— 500 v. Chr.)**

Wehranlagen: wie Frühhallstatt.

Wohnanlagen: Zahlreiche Herdstellen, teils auf der Hochfläche verstreut, teils kasemattenartig aneinander gereiht in der Materialmulde an der Innenwand der Ringmauer. Ein großes Pfostenhaus mit starker Kulturschicht am Weiher und in der Vorburg.

4. **Gallisches Frühlatène (— 100 v. Chr.)**

Wehranlagen: Erneuerung der Ring- und Abschlußmauer. Schildwälle mit vorgelagerten Gräben vor dem Abschlußwall (Abb. 4) und der Südwestecke — Erneuerung auch der Vorburg, großer Stauweiher (Wälschlache) für die Wasserversorgung des Oppidums in ihrer Spitze — ausgedehntes Außenwerk unterhalb der Steilhänge im Süden und Westen, wahrscheinlich mit Anschluß an den Westflügel der Vorburg — sog. Viereckschanze (Tempel?) auf der Westseite unterhalb des Stelhanges.

Wohnanlagen: Großes Pfostenhaus am Weiher. Pfostenhäuser in der Materialmulde.

5. **Germanisches Spätlatène (100 v. Chr. — 100 n. Chr.)**

Erneuerung der Ringabschnittsmauer? — Einzelne Herdstellen in der Materialmulde.

6. **4. Jahrhundert n. Chr. (alamannisch)**

Importkeramik provinzialrömischer Herkunft (Rädchensigillata, rauhwandige Eifelkeramik), römische Münzen (Constantin I. — Valentinian I.).

Wehranlagen: Erneuerung der Ring- und Abschlußmauer, Untergliederung des Innenraumes durch zwei interne Abschnittsmauern, (vergl. Abb. 6), ein neues, drittes Tor mit neuer Zufahrt in der Nähe der Nordwestecke.

Wohnanlagen: Zahlreiche gleichartige Block-häuser mit annähernd gleicher Entfernung von-einander (20—25 m) in der Materialmulde der Süd- und Nordseite — drei größere Häuser in weiten Ab-ständen voneinander in Begleitung des Längsweges. **Werkstätten:** U. a. Schmelzen und Gießereien von Kupfer- und Eisenerzen.

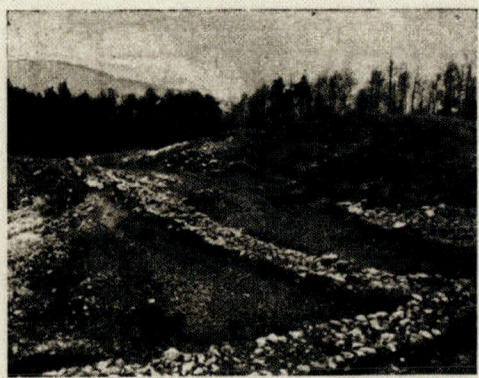

Abb. 8 Enzheimer Pforte
(Ringwalltor in der Südwestecke)
Torgasse und Torturm der fränkischen Curtis

7. 5.—6. Jahrhundert n. Chr. (fränkisch)

Import-Keramik (Rädchensigillata, Eifel-Keramik, Terra nigra), römische Münzen (Arcadius, Con-stantin III).

Wehranlagen: ?

Wohnanlagen: In der Nähe der drei Tore, be-sonders ausgedehnt in der Materialmulde nahe der Stockheimer Pforte.

8. 7.—9. Jahrhundert n. Chr. (fränkisch)

Knickwandtöpfe, Badorfer Keramik, Münze Dago-berts I. oder III.

Wehranlagen: Abschnittsbefestigung der Süd-westecke mit Innen- und Außenhof — der erstere mit Herrnhaus — Torturm und Torgasse. (Abb. 8).

9. 11.—13. Jahrhundert n. Chr.

Pingsdorfkeramik, Amphoren und Aquamanile mit Stempelmustern, unverzierte Wölb- und Kugeltöpfe, Münzen des 13. Jahrhunderts.

Wehranlagen: Massive gemörtelte Bruchstein-mauer auf dem Abschlußwall (Abb. 4).

Wohnanlagen: Häuserreihe in der Materialmulde der Nordstrecke (Abb. 3).

Da alle diese Befestigungen und Besetzungen in die-jenigen vor- und frühgeschichtlichen Zeiten fallen, für die Völkerwanderungen, ethnisch-soziale Umschich-tungen oder politische Umwälzungen archäologisch oder historisch bezeugt sind, gibt die Schichtenfolge einen politischen Querschnitt durch die gesamte Siedlungs-geschichte der Wetterau. Damit stellt der Glauberg — bis auf weiteres — das bedeutendste vor- und früh-geschichtliche Denkmal Hessens dar. Das ist überhaupt ein bisher ganz einzigartiges Phänomen.

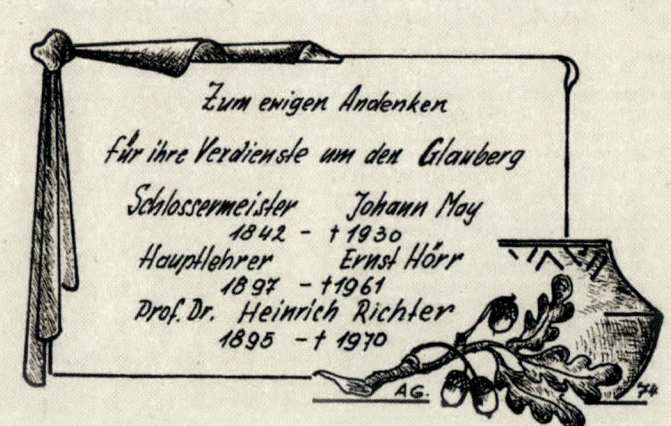

Zum ewigen Andenken
für ihre Verdienste um den Glauberg
Schlossermeister   Johann May
1842 — † 1930
Hauptlehrer   Ernst Hörr
1897 — †1961
Prof. Dr. Heinrich Richter
1895 — † 1970

Umfangreichste Zusammenfassung der Grabungsergebnisse der Jahre 1933–1939 auf dem Glauberg von Heinrich Richter, 20 Jahre später veröffentlicht. Fast alle Grabungsunterlagen und Funde, die in dem Grabungshaus unmittelbar am Glau-berg aufbewahrt worden waren, wurden in den letzten Tagen des II. Weltkriegs in-folge amerikanischen Beschusses des Ber-ges zerstört. Vorausgegangen war der Schuss eines SS-Offiziers – eine SS-Einheit hatte sich auf dem Berg verschanzt – auf ein amerikanisches Aufklärungsflugzeug.

Inhaltlich ist dazu anzumerken, dass sich die zeitliche Zuordnung einzelner Kultur-epochen mittlerweile doch recht deutlich verschoben hat. Dennoch stimmt die Ab-folge der Besiedlung des Glaubergs inso-fern, dass sie ihren Ausgang im Neolithi-kum nimmt, über die Urnenfelder- oder späte Bronzezeit (bei Richter noch Früh-hallstattzeit), die späte Hallstatt- und Latènezeit, mit deutlichem Schwerpunkt in der frühen Latènezeit, der Zeit unserer Fürstengräber, der Spätantike bis zum Früh- und Hochmittelalter geht.

Vorsicht ist auch bei der Befundzuwei-sung auf Abb. 7 hinsichtlich der Zuord-nung, vor allem der Baubefunde, zu ein-zelnen Kultur- oder Zeitstufen geboten. Trotz allem soll aber die verdienstvolle Arbeit, die Heinrich Richter in nicht leich-ten Zeiten auf dem Glauberg geleistet hat, in keiner Weise geschmälert werden. Ohne sie wüssten wir heute weit weniger von diesem für die hessische Vorgeschich-te so herausragenden Kulturdenkmal.

DER GLAUBERG

FÜRSTENSITZ, FÜRSTENGRÄBER UND HEILIGTUM

VON FRITZ-RUDOLF HERRMANN

DIE ERFORSCHUNG DES GLAUBERGS

Wenn wir heute den Glauberg als einen zentralen Ort der frühkeltischen Welt des 5. Jahrhunderts v. Chr. kennen, so beruht dies erst auf den Forschungen des letzten Jahrzehnts, und es sind noch nicht einmal 100 Jahre, dass durch einen bei der Flurbereinigung zu Tage geförderten Zufallsfund (KAT.-NR. 4, ABB. 189) die mächtigen Ringwallanlagen des Berges überhaupt mit den Kelten in Verbindung gebracht werden konnten. Natürlich waren in der Bevölkerung diese Befestigungen bekannt (Herrmann/Jockenhövel 1990, 41f. ABB. 11), und auch die gelehrte Welt beschäftigte sich seit dem 16. Jahrhundert immer wieder einmal mit dem Berg. Dies geschah jedoch vorzugsweise im Zusammenhang mit der staufischen Reichsburg, die 1247 erstmals urkundlich genannt wurde, der Sage, dass auf dem Berg eine große Stadt gestanden habe, und der Genealogie des Frankfurter Patriziergeschlechts von Glauburg. Ein 1719 erschienenes Hochzeitsgedicht dieser Familie überliefert uns auch die älteste Ansicht des Berges von Nordosten mit deutlich sichtbaren Wällen, Gräben und Ruinen nach einer Zeichnung des Frankfurter Kupferstechers Peter Fehr aus dem Jahre 1710 (wiedergegeben bei Lehr 1913, 327 bzw. Richter 1959,2 ABB. 2). Da die Meinung herrschte, dass die Wehranlagen des Glaubergs ursprünglich auf ein römisches Kastell zurückgingen, wurde der – ungedeutete – Name des Berges auf Claudia Castra, Claudiusburg, zurückgeführt und entweder mit dem römischen Kaiser Claudius (41–54 n. Chr.) oder dem römischen Feldherrn Drusus (Nero Claudius Drusus) und seinen Feldzügen und Kastellgründungen 10/9 v. Chr. bzw. den Unternehmungen seines Sohnes Germanicus 14–16 n. Chr. in Verbindung gebracht.

Eine ernsthaftere wissenschaftliche Beschäftigung mit dem Glauberg begann erst mit dem Friedberger Rektor und Altertumsforscher Johann Philipp Dieffenbach (1786–1860). Er sichtete kritisch die bisher erschienene Literatur, verwies die Herleitung des Namens von Claudius in das Reich der Phantasie und gab erstmals eine Beschreibung der Wehranlagen (Dieffenbach 1842). Den Ringwall um das Bergplateau erkannte er als vorgeschichtlich und schrieb ihn den Chatten zu, andere Befestigungsteile schienen ihm jünger und wurden von ihm für römisch gehalten; er korrigierte dies jedoch alsbald und sprach nur noch von verschiedenen Perioden (Dieffenbach 1843, 50). Nachdem schon 1689 Funde vom Berg erwähnt worden waren, fand nun 1844 durch einen Gewährsmann Dieffenbachs, den Glauberger Pfarrer Wilhelm Lynker, die früheste gezielte Grabung statt, die mittelalterliche Funde erbrachte (Wiesenthal 1937).

Weitere Fortschritte brachten die Forschungen des von Darmstadt aus tätigen Altertumsforschers Friedrich Kofler (1830–1910). In seiner eingehenden Beschreibung der Wallanlagen stellte er zwei Bauperioden fest, nämlich eine ganz frühe prähistorische und eine spätere mittelalterliche, und er vermerkte, dass es keine römischen Befestigungsspuren gäbe (Kofler 1885). Ihm verdanken wir

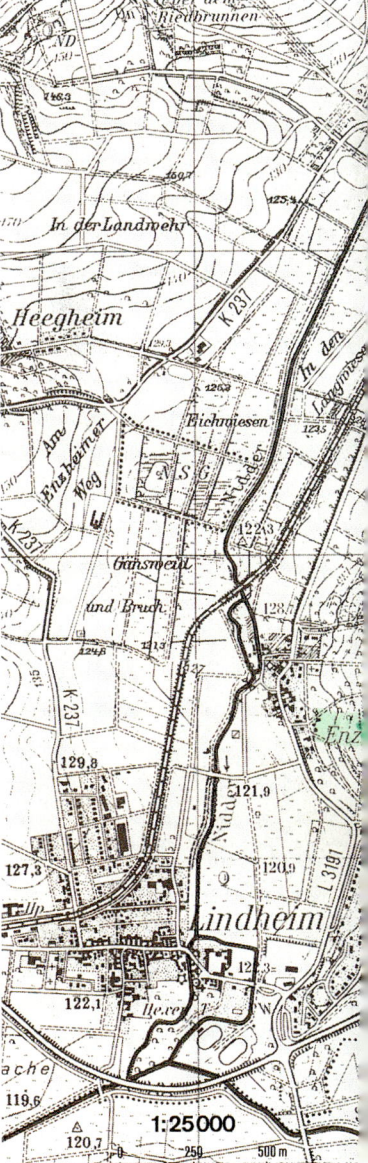

55 Die topographische Situation des Glaubergs und des Enzheimer Köpfchens über dem Zusammenfluss von Nidder und Seemenbach. Im Gelände erhaltene Wallanlagen sind schwarz, ausgegrabene und geophysikalisch prospektierte Grabenwerke rot angegeben. M. 1:25000.

auch den ersten Hinweis auf die Gräben und Wälle am Enzheimer Köpfchen (Kofler 1886, 59), und auf seine Aufnahmen aus den Jahren 1881 und 1884 geht der älteste, recht verlässliche Plan des Glaubergs zurück (Wagner 1890, 149 ABB. 72). Im Jahre 1900 grub er in einem mittelalterlichen Haus. Bei dieser Gelegenheit erfahren wir, dass auf dem Berg „öfters sowohl im Dunkel der Nacht wie bei Tage Schatzgräber gearbeitet" haben (Kofler 1900).

Mit dem eingangs schon erwähnten Fund eines frühlatènezeitlichen Halsringteils (KAT.-NR. 4, ABB. 189) ergab sich ein Hinweis auf eine mögliche frühkeltische Zeitstellung der Glaubergringwälle. Der Ring, dessen genaues Funddatum unbekannt ist, kam 1906 in das Friedberger Museum (Helmke 1909). Er war am Südhang des Glaubergs bei Flurbereinigungsarbeiten gefunden worden, in deren Verlauf auch ein 250 m langes Wallstück, das nach Süden den Hang hinablief, verschleift wurde. Der Flurname „Auf dem Daun", der mit dem keltischen Namensteil -dunum in Verbindung gebracht wurde, schien ebenfalls

auf keltische Zeitstellung hinzuweisen, so dass für Paul Helmke, damals Oberlehrer in Friedberg und Bezirksstellvertreter des Denkmalpflegers für die Altertümer, „ein Zweifel an der Zugehörigkeit der Glauberg-Ringwälle zur Latènezeit nicht aufkommen" konnte. Auch darauf folgende Nennungen des Glaubergs in der Literatur beziehen sich auf dieses Fundstück und seine Datierung, so etwa bei Karl Schumacher, der den Berg nur kurz erwähnte, ihn aber interessanterweise und späteren Ergebnissen weit vorausgreifend zusammen mit dem Beckengriff von Borsdorf (KAT.-NR.35, ABB. 289) nannte und auf seiner Karte „Fürstengräber, Ringwälle und Fernstraßen der Späthallstatt- u. Früh-La-Tène-Zeit" beide Fundorte als frühlatènezeitlich eintrug (Schumacher 1921, 187 Taf. 8). Otto Kunkel wies in seinem Inventar – vorsichtig urteilend – auf die schmale Basis der Datierung hin (Kunkel 1926, 198 ABB. 184–186).

Diese war also keineswegs gesichert, ja eine Erforschung des Berges hatte noch gar nicht begonnen, und so ging Eduard Anthes (1859–1922), ab 1909 hauptamtlicher Denkmalpfleger für die Altertümer im Großherzogtum Hessen, 1912 und 1913 mit grundsätzlichen Fragen an erste systematische Ausgrabungen auf dem Glauberg. Für ihn galt es „festzustellen: 1. ob die Umwallung des Bergplateaus und der gewaltige im Norden anschließende Wall in urgeschichtliche Zeit zurückreicht, und 2. ob oben wirklich eine mittelalterliche Burg gestanden hat, deren Vorhandensein vielfach bezweifelt wurde, und wo ihre Stelle war." Er legte vier Schnitte durch die Wälle und einen auf dem Plateau an, aber aus Zeitgründen war eine Befundklärung nicht möglich. Er musste sich darauf beschränken, das am großen Abschnittswall lokalisierte Burggebäude freizulegen und teilweise wieder herzurichten. Gedruckte Berichte liegen nicht vor (vgl. Anthes 1914, 73).

Waren somit diese Unternehmungen außer der Feststellung, „dass das Plateau in urgeschichtlicher Zeit, wahrscheinlich in der Zeit um Christi Geburt, wenigstens zeitweise besiedelt war", für die Geschichte des Berges ergebnislos geblieben, so bestand weiterhin der dringende Wunsch einer genauen Erforschung. In Glauberg selbst war es der Schlossermeister Johannes May (1842–1930), ein begeisterter Heimatforscher, dem der Glauberg „heiliger Berg", ja „Zentralheiligtum der Deutschen" war und der sein ganzes Leben der Erhellung der Geschichte dieser „Walhalla" gewidmet hat. Seine phantasievollen Vorstellungen hat er teilweise in einer Mischung von geschichtlichen Überlieferungen, Sagen und Gedichten in einer eigenen Schrift niedergelegt (May o. J.), die patriotisch und romantisierend den Glauberg auch in den Mittelpunkt der Kämpfe zwischen Römern und Germanen um die Zeitenwende stellt. Wichtiger für uns sind jedoch seine aus genauer örtlicher Kenntnis getroffenen Beobachtungen, Aufzeichnungen und Skizzen, die manches heute Verschwundene festhalten. So beschreibt er „an der Südseite

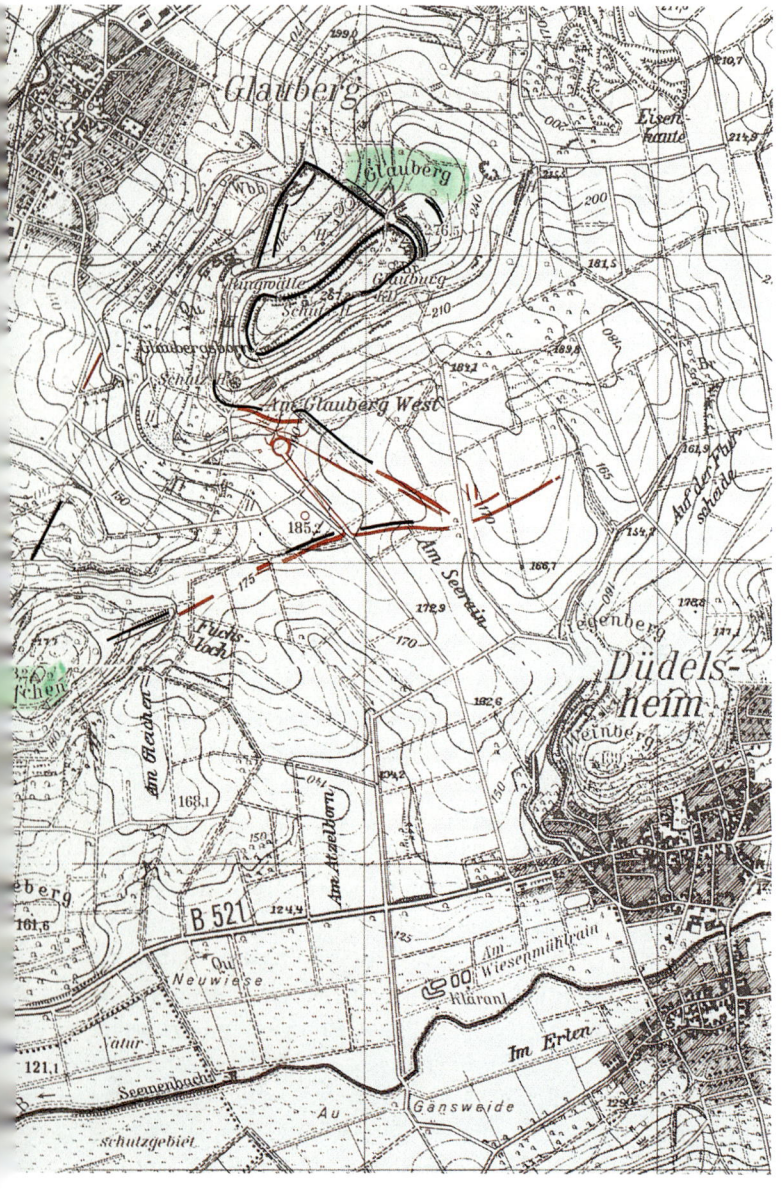

am Fuße des Bergkegels [...] eine größere, künstlich ange-legte kreisförmige Erhöhung, der Mehlberg genannt" (May o. J., 26), der bei der Flurbereinigung zu Beginn des 20. Jahrhunderts verschleift wurde. Dieser Mehlberg, der auch in einer Grenzbeschreibung von 1562 als Landmarke und Richtungspunkt erwähnt wird (Wiesenthal 1936, 77 f.), von dem May es für möglich hielt, dass er die Grab-stätte des Drusus war und an den nach seiner Verebnung keine Erinnerung mehr bestand (weiteres bei Herrmann/ Frey 1996, 21 f.), stellte sich später als der keltische Fürs-tengrabhügel 1 heraus!

Auch für die staatliche Denkmalpflege blieb der Glau-berg und seine gründliche und endgültige Untersuchung ein wichtiges Anliegen, und 1927 bestand die Aussicht, dass Rudolph Welcker, Frankfurter Museumskustos a.D. und Vorstandsmitglied des Büdinger Geschichtsvereins, diese Aufgabe übernehmen würde (Helmke 1930, 61 ff.). Dieser fasste damals den Kenntnisstand und die Frage-stellungen zusammen (Welcker 1928). Es dauerte aber noch bis 1933, bis ein Antrag des Büdinger Geschichtsvereins für Ausgrabungsarbeiten durch den freiwilligen Arbeits-dienst bewilligt wurde, für die der Verein den damaligen Denkmalpfleger für die Bodenaltertümer in der Provinz Oberhessen, Heinrich Richter, gewinnen konnte.

Richter (1895–1970), ab 1930 Dozent und ab 1938 Profes-sor für Geologie und Urgeschichte an der Universität Gie-ßen, hatte dieses Amt seit 1931 inne. Den Glauberg mach-te er zu seinem Forschungs- und Lebensmittelpunkt. Von 1933 bis 1939 führte er umfangreiche Ausgrabungen auf dem Berg durch, deren Finanzierung durch die verschie-densten Institutionen aber immer schwieriger wurde und die nur bis 1937 durch den Reichsarbeitsdienst unter-stützt wurden (ABB. 57). So wurden 1939 die Arbeiten be-endet, ohne abgeschlossen zu sein. Dass der Ausgräber nicht zu einer Auswertung und Vorlage der Ergebnisse kam, dass zusätzlich Grabungsunterlagen und Funde in den letzten Kriegstagen 1945 zerstört wurden und nur ei-ne bruchstückhafte und teilweise widersprüchliche Do-kumentation gerettet werden konnte, mindert die Aussa-gekraft der jahrelangen Grabungen erheblich. Dennoch verdanken wir Richters Untersuchungen, für deren Ergeb-nisse auf einen ausführlichen Vorbericht aus dem zwei-ten Grabungsjahr (Richter 1934; mit guter, die Topografie des Berges hervorragend wiedergebender Neuvermes-sung) und eine kurze, 20 Jahre nach Abschluss der Gra-bungen veröffentlichte Zusammenfassung (Richter 1959; hier S. 84 ff.) zurückgegriffen werden muss, unsere Kennt-nisse über die Besiedlungsgeschichte des Berges. Wenn auch keine sicheren Befunde auf dem Plateau festgestellt und die Bauart und Abfolge der Befestigungen nicht im Einzelnen geklärt werden konnten, so wurde doch die Einmaligkeit des Glaubergs mit seiner – allerdings nicht ununterbrochenen – Besiedlung von der Jüngeren Stein-zeit im 5. Jahrtausend v. Chr. bis in das Hohe Mittelalter

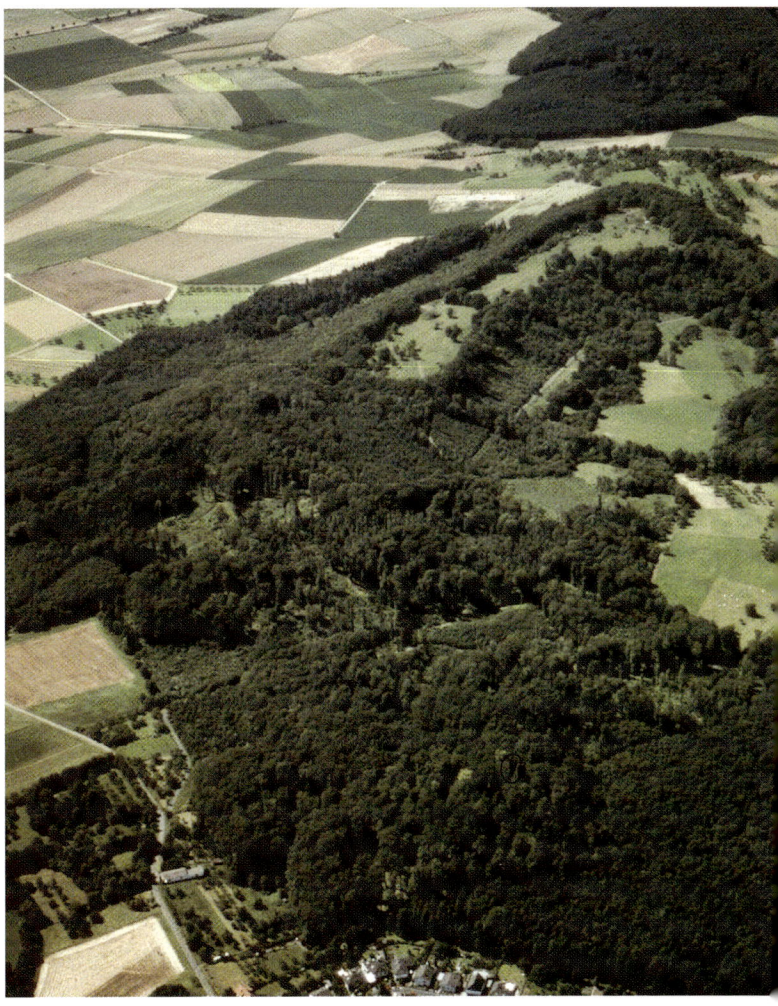

im 13. Jahrhundert n. Chr. und seine Mittelpunktsfunkti-on in verschiedenen Epochen der Vor- und Frühgeschich-te deutlich. Eine ganze Reihe weiterführender Arbeiten beruht auf den Funden aus diesen Grabungen (zusam-menfassend Herrmann 1998a); auch die Freilegung der heute noch sichtbaren Fundamente von Steinbauten auf dem Plateau, die größtenteils in das Hochmittelalter gehören, geht weit gehend auf sie zurück.

Die Bemühungen um den Glauberg und um die Vorla-ge der Grabungsergebnisse Richters setzten sich in den folgenden Jahrzehnten fort, ohne dass diese bis heute zu einem Abschluss gekommen wäre (Müller [in Vorberei-tung]). Doch die Arbeiten dort ruhten nicht völlig. Hei-matgeschichtliches Interesse und die Sorge um die freige-legten, zerfallenden Denkmäler des Berges führten 1975 zur Gründung des Heimatvereins Glauburg, der sich un-ter seinen Vorsitzenden A. Günther (bis 1989) und W. Erk der Bewahrung des Überkommenen, ständigen Pflege-maßnahmen, kleineren Untersuchungen und der weite-ren Erforschung des Berges und seines Umlandes widmet (Erk 1991). Mitglieder des Vereins waren es auch, die bei einer Befliegung 1987 den großen Kreisgraben des Fürs-tengrabhügels 1 entdeckten, damals noch als nicht unmit-

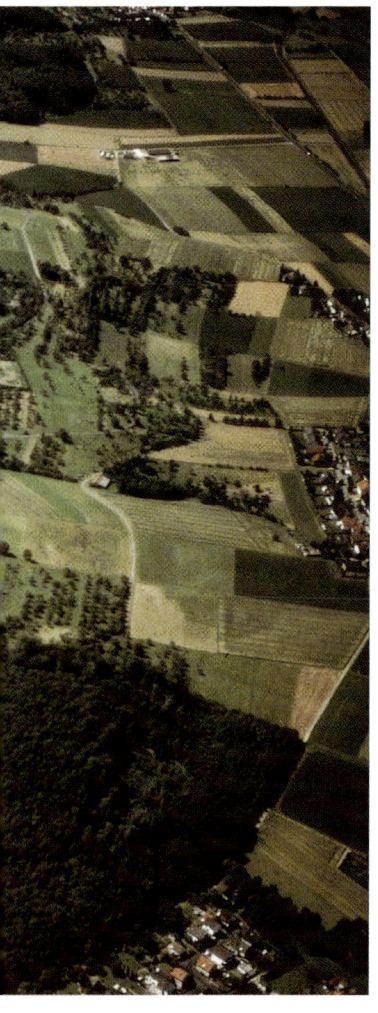

56 Luftbild des Glauberggebiets von Nordosten mit dem lang gestreckten Höhenrücken des Glaubergs in der Bildmitte und dem Enzheimer Köpfchen im Hintergrund. Durch den Bewuchs heben sich die befestigten Teile des Berges deutlich heraus: das unbewaldete Plateau, das durch den Abschnittswall im Nordosten abgeriegelt und von Randwällen umgeben ist, und die nach Norden (rechts) den Berghang hinunterziehenden Annexwälle, in deren Winkel, baumbestanden, das große Wasserreservoir liegt. Zwischen Glauberg und Köpfchen ist die Ausgrabungsstelle des Grabhügels 1 zu sehen; südöstlich (links) davon zeigt eine helle, diagonal durch den Acker verlaufende Verfärbung die südliche Begrenzung der Graben-Wall-Werke an. Am unteren Bildrand Häuser des Ortes Stockheim, am rechten Bildrand von Glauberg und am oberen Bildrand von Enzheim.

57 Ausgrabungen Mitte der 1930er-Jahre auf dem Glaubergplateau unter Prof. Dr. Heinrich Richter. Als Grabungsmannschaft war ein Zug des freiwilligen Arbeitsdienstes (Reichsarbeitsdienst) des Arbeitslagers Büdingen eingesetzt. Im Bild die Freilegung der Steinkeller von Fachwerkhäusern des Hochmittelalters, die in den Materialgraben an der Nordseite des Plateaus hineingebaut waren. Der Aushub wird mit einer Feldbahn mit Kipploren abtransportiert. Von Nordosten.

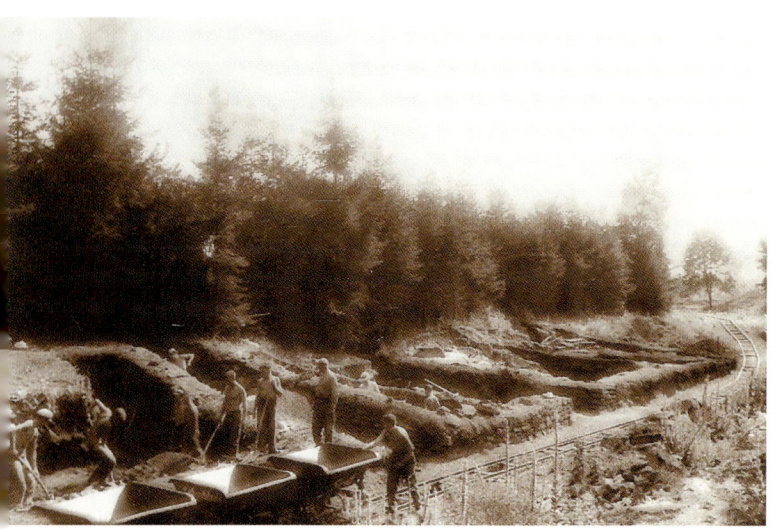

telbar deutbare Verfärbung. Und ebenso ist es den drängenden Hinweisen des Vereins auf weitere Zerstörungen des Denkmälerbestandes zu verdanken, dass die staatliche Denkmalpflege wieder am Glauberg tätig wurde.

1985–1998 führte das Landesamt für Denkmalpflege Hessen unter der Leitung von Grabungstechniker N. Fischer Ausgrabungen auf dem Bergplateau durch, die vor allem – im Anschluss an Grabungsschnitte von H. Richter – der Klärung der Befestigungsanlagen galten. Parallel dazu lief von 1986 bis 1991 eine neue archäologisch-topographische Planaufnahme des Berges und seines Umfeldes durch Vermessungsingenieur F. Eckle. Während dieser Zeit erschien die Neubearbeitung des etruskischen Beckengriffs von Borsdorf durch W. Kimmig (Kimmig 1990). Er vermutete dessen Herkunft aus einem frühlatènezeitlichen Fürstengrabhügel und suchte den zugehörigen Fürstensitz (Kimmig 1969) auf dem etwa 13 km entfernten Glauberg, den er den anderen mitteleuropäischen Fürstensitzen aus frühkeltischer Zeit zur Seite stellte.

1994 wurden die Untersuchungen auf das südliche Vorfeld des Berges ausgedehnt und unter Leitung der Grabungstechniker A. Striffler, M. Schmid und R. Klausmann mit ständiger tätiger Mithilfe von G. Reichl bis 1997 der durch die Beobachtung des Kreisgrabens (wieder)entdeckte Fürstengrabhügel 1 erforscht; dabei fanden sich 1994 Grab 1, 1995 Grab 2 und 1996 die vollständige steinerne Statue 1 (Herrmann/Frey 1996; Frey/Herrmann 1997). Ebenfalls 1994 begannen umfangreiche geophysikalische Prospektionen, die 2001 abgeschlossen wurden (s. Beitrag Buthmann/Posselt/Zickgraf). 1999 erfolgte, wieder unter N. Fischer, die Ausgrabung des Fürstengrabhügels 2, der 1997 bei den geophysikalischen Messungen entdeckt worden war, und 2000 wurden schließlich verschiedene durch Flugprospektionen von O. Braasch und durch die Geophysik festgestellte Strukturen in der Umgebung der Grabhügel untersucht.

Mit dem Abschluss der Grabungen ist ein gewisser Kenntnisstand erreicht. Er bedeutet aber keinesfalls, dass der Glauberg und das Glauberggebiet erforscht sind. Zu viele Fragen zur Geschichte des Berges und seiner Anlagen stehen noch offen und werden die archäologische und historische Forschung noch über Jahrzehnte beschäftigen. Dass an Ort und Stelle diese Geschichte sichtbar ist und erlebt werden kann, geht wiederum auf örtliche Initiativen des Heimat- und Geschichtsvereins Glauburg und eines neugegründeten Fördervereins Archäologischer Park Glauberg zurück. Neben den gepflegten und zugänglich gemachten Anlagen auf dem Berg ist als erster Schritt die Wiederherrichtung des großen keltischen Fürstengrabhügels 1 und seines unmittelbaren Umfeldes erfolgt; er konnte im Jahre 2000 der Öffentlichkeit übergeben werden.

DER FÜRSTENSITZ AUF DEM GLAUBERG

In seiner reichen Geschichte hatte der Glauberg seine größte Bedeutung in frühkeltischer Zeit, in der Späthallstatt-/Frühlatènezeit im 6./5. Jahrhundert v. Chr.; vor allem in der Frühlatènezeit im 5. Jahrhundert v. Chr. war er ein überregionales Zentrum. Der Berg am Ostrand der Wet-

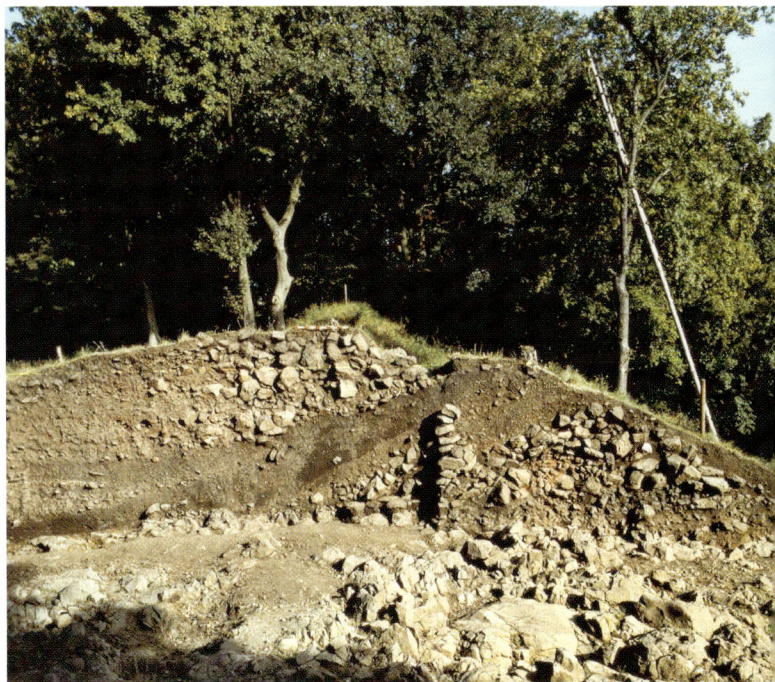

58 Grabungsschnitt durch den Randwall des Glaubergs an der Südwestecke neben der Enzheimer Pforte (Grabungsfläche 2, Südostprofil; rechts = außen). Das Profil zeigt eine Abfolge von vier zum Wall verstürzten Befestigungsmauern des Glaubergplateaus von der Eisenzeit bis ins Frühmittelalter. Direkt auf dem anstehenden, zerklüfteten Basaltfelsen liegen unter der Außenböschung des Walles die Reste der ältesten Mauer, die im Brand zugrunde ging; ihre Vorderfront befand sich im Bereich der beiden großen Steine am Böschungsende. In der Bildmitte stehen Teile der Rückfront der zweiten Mauer aufrecht, die über dem Schutt der ersten Mauer errichtet wurde. Eine dritte Befestigung ist gekennzeichnet durch eine fast steinfreie dunkle Erdschüttung, die dem Versturz der zweiten Mauer aufliegt. Darüber folgt die rampenartige Aufschüttung der jüngsten Mauer, von deren Vorderfront, genau oberhalb der Rückfront der zweiten Mauer, noch drei Steinlagen aus großen Basaltblöcken erhalten sind. Von Westnordwesten.

terau ist ein Basaltausläufer des Vogelsberges. Im Norden begrenzt vom Bleichenbach, erhebt sich sein lang gestreckter Höhenrücken (271 m NN) mit dem vorgelagerten, über einen Geländesattel mit ihm verbundenen Enzheimer Köpfchen (223,2 m NN) im Winkel des Zusammenflusses von Nidder und Seemenbach um 150 m über die umgebenden Flussauen. Kräftig ist der Abfall von der Höhe nach Nordwesten in das Niddertal, während sich nach Süden eine lössbedeckte, gegliederte Hochfläche vom Bergfuß zum 2 km entfernten Seemenbach hinzieht (ABB. 55; 56).

Die natürlichen Gegebenheiten bieten hervorragende Voraussetzungen für eine Besiedlung und Befestigung des Berges. Seine Höhe bildet ein fast ebenes Plateau von über 800 m Länge und durchschnittlich 80–130 m, im Westen knapp 200 m Breite. Es besitzt im Osten flachere Hänge, während auf den anderen Seiten die Bergflanken um 30–40 m steil zum Sockel abfallen. Im Westen liegt in einer Mulde von 25 m Durchmesser und etwa 3 m Tiefe ein kleiner Weiher, der nicht von einer Quelle gespeist wird, sondern in dem über undurchlässigen Tonschichten das Oberflächenwasser des Berges zusammenläuft; bis zu Sprengarbeiten nach dem letzten Krieg, die diese Schichten zerstörten, enthielt er auch in trockenen Sommern immer Wasser.

Die Befestigungen des Berges, heute zu Wällen verstürzte Mauern, nehmen in Form eines so genannten Ringabschnittswalles den gesamten Westteil des Plateaus von 650 m Länge ein. Eine Abschnittsmauer von 180 m Länge ist an der Stelle in leichtem Bogen quer über die Hochfläche geführt, wo diese zum einen ihren höchsten Punkt erreicht, zum anderen die Bergflanken steiler werden und schon natürlichen Schutz bieten. Mit dieser Mauer wird der leichteste Zugang von Osten her gesperrt. An sie schließen sich Randmauern an, die auf die Plateaukante gesetzt sind und deren natürlichem Verlauf folgen. Das Material zum Bau dieser Mauern ist dem Gelände hinter ihnen entnommen, wodurch ein breiter Materialgraben entstand. Im steilen Hang vor den Mauern erübrigten sich Verteidigungsgräben; nur vor der Abschnittsmauer dürfte auch damals schon ein Graben gelaufen sein. Die heute sichtbaren Gräben hier und im Südwesten des Plateaus gehen auf mittelalterliche Befestigungen zurück, bei der die Anlagen verstärkt wurden; sie haben mit der vorgeschichtlichen, keltischen Befestigung nichts zu tun.

Zur genauen Konstruktion dieser Mauern, die eine Fläche von 8 ha umschließen, muss die Auswertung der jüngsten Grabungen abgewartet werden. Es waren so genannte Holz-Stein-Erde-Mauern, deren tragendes Gerüst eine Holzkonstruktion aus einem waagrechten Balkenwerk war. Die Zwischenräume waren mit Erde und Steinen ausgefüllt und die Fronten mit Trockenmauern verkleidet. Es ist jedoch wegen unterschiedlicher Befunde nicht bekannt, ob die Mauern rund um den Berg in gleicher Bauart errichtet wurden. Im Südwesten war die älteste keltische Mauer im Brand zu Grunde gegangen, der durch den hohen Holzanteil der Konstruktion so stark war, dass die Basaltsteine verschlackten. Der Neubau einer ähnlichen Mauer war auf den Schuttwall der älteren gesetzt (ABB. 58). An anderer Stelle im Süden hatte man zum Mauerbau ausgestochene Lehmstücke und offenbar Rasensoden verwendet, ohne dass jedoch von einer Lehmziegelmauer mittelmeerischer Art gesprochen werden könnte.

Die insgesamt vier Zugänge in die Befestigung, als Pforten bezeichnet und schon früh nach den umliegenden Ortschaften benannt, zu denen hin sie gerichtet waren (Stockheimer, Glauberger, Enzheimer und Düdelsheimer Pforte), haben sicher nicht in allen Zeiten und nicht gleichzeitig bestanden. Haupttor war immer die Stockheimer

Pforte im Nordosten am Ende des großen Abschnittswalles, der zu ihr kräftig einbiegt. Es war ein so genanntes Tangentialtor mit gegeneinander versetzten Mauerenden, zwischen denen sich ein Torturm erhob. Gleicher Bauart war die Düdelsheimer Pforte etwa in der Mitte der Südseite. Die Enzheimer Pforte in der Südwestrundung mit ihrem mittelalterlichen Torturm, heute einer der Hauptzugänge auf das Plateau, hat in keltischer Zeit zumindest an dieser Stelle nicht bestanden. Wohl ebenfalls jünger ist die Glauberger Pforte auf der Nordseite nahe der Nordwestecke, ein einfacher Tordurchlass.

Da das Wasser des Weihers auf dem Plateau für eine größere Bevölkerung, wie wir sie für die frühkeltische Zeit annehmen müssen, nicht ausreichte, mussten andere Maßnahmen zur Sicherung der Wasserversorgung getroffen werden. Dazu führten mächtige so genannte Annexwälle den Nordhang des Berges hinab bis zum Quellhorizont zwischen Basalt und Rotliegendem, in dem rings um den Berg Quellen austraten. Diese Wälle umschlossen, dammartig aufgeführt, in ihrer Spitze ein riesiges Wasserreservoir von etwa 150 m x 50 m Größe. Ist diese Art des Schutzes einer Quelle in der Späthallstatt- und der Frühlatènezeit auch üblich, so überschreiten die Dimensionen der Glauberger Anlage weit das Gewöhnliche. Hinzu kommt, dass der östliche Annexwall zwar an das Bergplateau zur Stockheimer Pforte anschließt, der westliche aber am Bergsockel endet und nicht bis an die Befestigung reicht, so dass ein vollständiger Schutz nicht gegeben ist. Fraglich ist auch, ob ein zweiter, innerer Zug des westlichen Walles eine ältere Bauphase darstellt, oder ob nicht, in Verbindung mit einem kürzlich erkannten Tor nahe dem Ende des Walles, ein breiter Zugang zu diesem Reservoir geschaffen wurde und die Erdaufwürfe davon stammen. Die Funktion der Anlage wäre damit über die der reinen Wasserversorgung hinausgegangen.

Wenn wir die frühkeltische Burg auf dem Glauberg, deren Fläche unter Einschluss des von den Annexwällen geschützten Gebiets fast 20 ha beträgt, als Fürstensitz bezeichnen, so muss betont werden, dass dies nicht auf Funde oder Befunde auf dem Berg selbst zurückgeht, sondern im Rückschluss von den Fürstengräbern an seinem Fuß geschieht. Der Berg hat – nach dem heutigen Stand der Bearbeitung – noch keine Funde wie etwa griechische Keramik oder anderen Südimport erbracht, die diese Bezeichnung rechtfertigen würden. Völlig unbekannt ist auch die Siedlungsstruktur auf dem Plateau. Da bislang kein einziger Gebäudegrundriss vorliegt, fehlen naturgemäß auch jegliche Hinweise für einen herrschaftlichen Bau. Allerdings haben noch niemals großflächige Grabungen stattgefunden, die solche Befunde hätten erbringen können. Bei der dünnen Kulturschicht auf dem Berg und der ständigen Wiederbesiedlung wäre ein Erfolg dahin gerichteter Unternehmungen auch keineswegs sicher.

DAS FRÜHKELTISCHE HEILIGTUM

Außer den Annexwällen im Norden waren einzelne Wallabschnitte auch im Süden des Glaubergs am Bergfuß und im Südwesten bis hinüber zum Enzheimer Köpfchen seit alters bekannt. Unklar waren aber ihr Zusammenhang und ihre Funktion. Man dachte vor allem an Wehranlagen, wie zum Beispiel, ausgehend von einem Wallstück am Südwestfuß, einen zweiten Ringwall um den Berg; an einen „Südannex" entsprechend dem Annex im Norden, unter Einbeziehung des bei der Flurbereinigung weit gehend verschleiften, etwa Nord-Süd-laufenden Walles; an „Vorwerke", Vorbefestigungen des Glaubergs im Hinblick auf die am Enzheimer Köpfchen erhaltenen Wälle und Gräben. Die Mächtigkeit dieser Anlagen – über 20 m breite und 5 m hohe Wälle, Gräben von 15–20 m Breite – schien sie in das Mittelalter zu verweisen. Die neuen Forschungen haben nun im Zusammenwirken von Grabung, Geländevermessung und besonders der Geophysik ein völlig anderes Bild ergeben (ABB. 59).

In frühkeltischer Zeit war ein weites Vorgelände im Süden und Westen des Glaubergs, in etwa 500 m bis über 1000 m Entfernung von der Befestigung auf dem Berg, durch Graben-Wall-Werke markiert und teilweise umhegt. Wir sprechen bewusst von Graben-Wall-Werken, weil davon auszugehen ist, dass die Gräben mit ihrer trennenden Funktion das Wichtige an diesen Werken sind und die Wälle nur von deren Aushub herrühren. Und wir sprechen von Umhegung, weil diese Anlagen keinen wehrtechnischen Charakter haben und das Gebiet, dessen schwer zu bestimmende Größe mindestens 1,5 qkm beträgt, keineswegs vollständig abgrenzen. Dabei ist zu betonen, dass noch an keiner Stelle eine Ausgrabung stattgefunden hat. Wir können also nur vermuten, dass die Wälle wirklich als Wälle aufgeschüttet und nicht ursprünglich als Holz-Erde-Mauern erbaut waren. Unabhängig von den Stellen, an denen heute noch Wallreste im Gelände sichtbar sind, begleiteten Wälle natürlich jeden der bei den Prospektionen festgestellten Gräben (vgl. Herrmann 2000a, Titelbild u. ABB. S. [10–11]).

Die Anlagen bilden keine geschlossene Linie, sondern lassen bewusst Lücken zwischen einzelnen Abschnitten. Im Westen setzt ein Abschnitt am Nordhang des Enzheimer Köpfchens – das selbst nicht einbezogen ist – an und zieht mit etwa 230 m Länge nach Norden ins Tal hinab. Er findet nach einer Lücke von rund 360 m seine Fortsetzung in einem etwa 130 m langen Abschnitt, der wahrscheinlich länger ist, aber mit den Prospektionsmethoden nicht darüber hinaus festzustellen war. Im Süden beginnt die Linie auf der Ostabdachung des Enzheimer Köpfchens und setzt sich insgesamt 1650 m nach Osten fort, mit einer Lücke von gut 160 m nach dem ersten Abschnitt von fast 390 m Länge. Eine weitere Lücke ist nicht vorhanden; die Unterbrechung, die auf dem Plan im Talgrund im

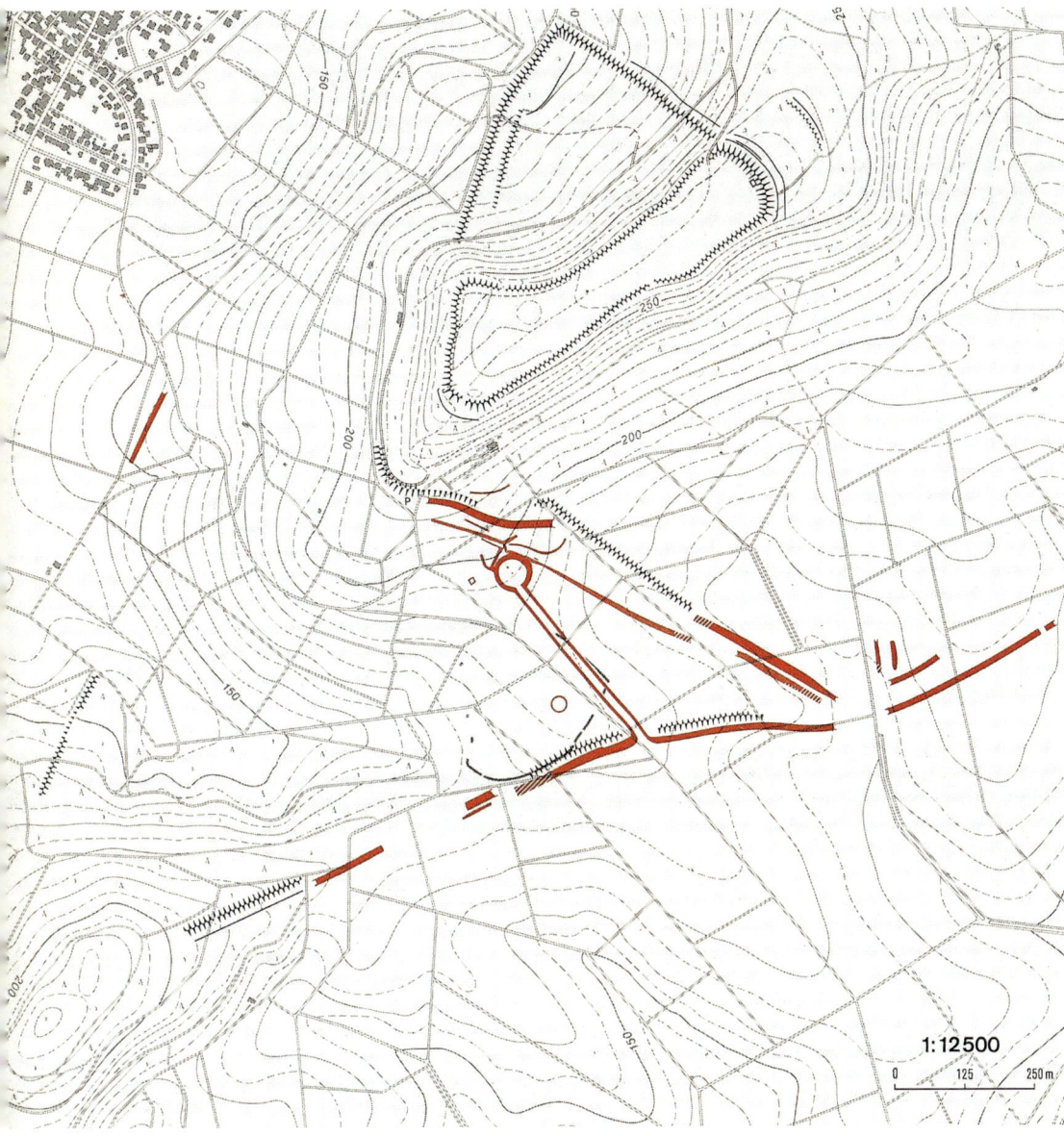

1:12500

0   125   250 m

Osten erscheint, beruht auf Überlagerungen durch Erosion, die keine Messungen erlauben. Etwa in der Mitte der Südseite biegen die Gräben nach Nordwesten ein und lassen zwischen sich einen etwa 10 m breiten Raum, den Beginn der so genannten Prozessionsstraße, die zum Fürstengrabhügel 1 führt.

Weitere Graben-Wall-Werke liegen innerhalb des umhegten Gebietes. Ein kräftiger, teilweise im Gelände noch sichtbarer Zug läuft vom Talgrund in der Osthälfte der Südseite in nordwestlicher Richtung auf den Bergfuß zu. Sein Anschluss ist wegen der Bodenverhältnisse hier nicht zu klären, was besonders deshalb zu bedauern ist, weil sich in diesem Bereich noch mehrere Grabenabschnitte verschiedener Ausrichtung befinden, die nicht in Zusammenhang miteinander zu bringen sind. In seinem weiteren Verlauf bildet er das verebnete Wallstück, das zu Beginn des 20. Jahrhunderts bei der Flurbereinigung verschleift wurde, biegt dann – teils als Wall erhalten, teils

als Graben prospektiert – nach Westen um und umschließt den südwestlichen Bergfuß, bis er unvermittelt endet. Erst nach einer Lücke von etwa 400 m setzt in gleicher Höhe am Nordwestfuß des Berges wieder ein Wall ein, bei dem es sich um den westlichen Annexwall der Nordseite handelt. Solange man nach geschlossenen Befestigungslinien suchte, war eine solche Verbindung nicht zu ziehen. Seit wir aber wissen, dass für den Zweck der Gesamtanlage offensichtlich keine vollständige Umgrenzung, zumindest keine durch Gräben und Wälle, notwendig war, löst sich auch die Frage, weshalb der westliche Annexwall nicht mit der Befestigung auf dem Bergplateau verbunden ist. Das große Wasserreservoir war, wie oben schon angedeutet, Teil der Gesamtanlage und hatte neben seiner praktischen sicher auch noch andere, unbekannte Funktionen.

Die Bedeutung dieser Anlage zu Füßen des Glaubergs ist im sakralen Bereich zu suchen. Dafür spricht neben ih-

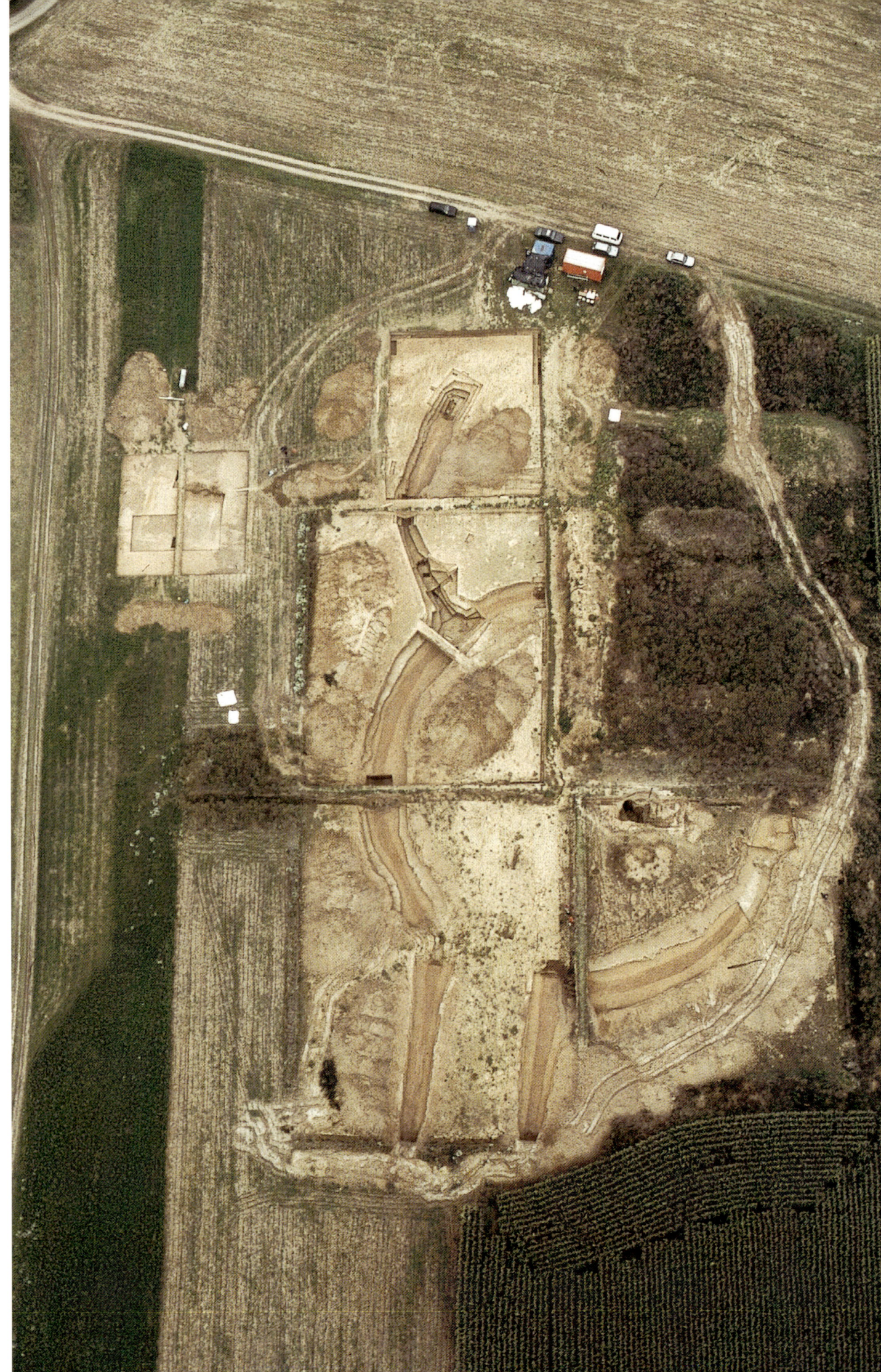

rer Ausprägung, für die es keine Vergleiche gibt, vor allem auch die direkte Einbeziehung des Fürstengrabhügels 1. Vermutungsweise handelt es sich um ein großes frühkeltisches Heiligtum, ein kultisches Zentrum für ein weites Umland, eine Stätte der Ahnenverehrung ebenso wie vielleicht den Platz von Wettkämpfen und Festspielen (Schickler 2001, 121 f.).

DER FÜRSTENGRABHÜGEL 1

Der nach den Ausgrabungen wieder hergerichtete Grabhügel 1 (ABB. 60; vgl. ABB. 68) war Teil eines monumentalen, landschaftsgestaltenden und landschaftsbeherrschenden Grabmals, das sich über hunderte von Metern auf einem vom Fuß des Glaubergs nach Südosten

laufenden Geländerücken erstreckte. Von Südosten her, beginnend an den Graben-Wall-Werken der Südseite, führte zum Grabhügel ein 350 m langer Zuweg, den wir als „Prozessionsstraße" bezeichnen (ABB. 61). Sie war durchschnittlich 10,20 m breit und von Gräben begleitet, die in den Kreisgraben des Hügels einbanden und so die Zusammengehörigkeit der Anlagen erweisen. Die begrenzenden Gräben waren im Mittel 6,70 m breit und mit steilen Böschungen als Spitzgräben 2,80 m eingetieft. Ihr Aushub war vielleicht zu beiden Seiten als Wall aufgeschüttet.

Der Hügel selbst, nur 300 m von der Befestigung auf dem Berg entfernt, lag seitlich am Beginn des abfallenden Geländerückens. Er war auf dem stark geneigten Hang errichtet worden, der in seinem Bereich auf eine Strecke von 70 m um 7,50 m abfiel, also um rund 10 % bzw. mit einer Neigung von 6°. Sein Durchmesser, begrenzt

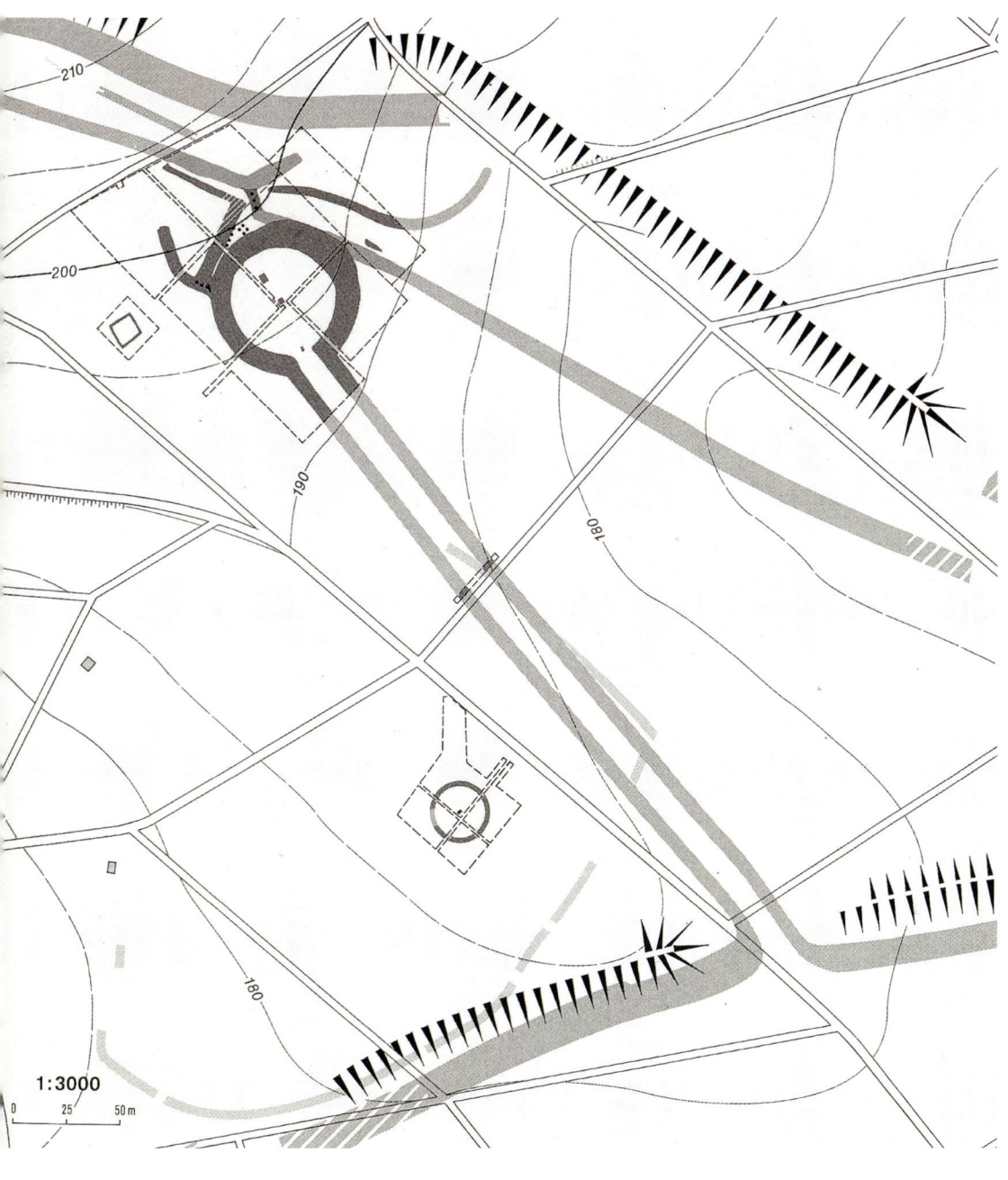

1:3000

0   25   50 m

61 Plan des in Graben-Wall-Werke eingebundenen Grabmals mit der „Prozessionsstraße" zu Grabhügel 1 und der Lage des Grabhügels 2. Erstellt nach im Gelände erhaltenen Resten (Böschungskeile) und den Ergebnissen der Grabungen (dunkler Raster; Grabungsgrenzen gestrichelt) und der geophysikalischen Prospektionen (heller Raster). In ganz hellem Raster sind in der Mitte und dem Südwestteil des Planes geophysikalisch prospektierte Grabenabschnitte eines wohl jungsteinzeitlichen Erdwerks eingetragen, die von den frühlatènezeitlichen Befunden überlagert werden. M. 1:3000.

vom inneren Grabenrand, betrug 48 m. Eine gesonderte Hügelbegrenzung etwa durch Pfosten oder einen Steinkranz war nicht vorhanden. Vom Hügelaufbau wurden nur noch geringe Reste angetroffen, die sich im Höchstfalle 0,70 m über die keltische Oberfläche erhoben. Diese war einzig um die Hügelmitte und im Ostteil des Hügels in flächiger Ausdehnung von etwa 25 m auf 35 m erhalten. Darüber lagerten 0,40–0,50 m ursprünglicher Hügelschüttung unter dem 0,20–0,30 m starken Pflughorizont. Die Hügelschüttung war in waagrechten Schichten, teilweise mit Linien von Eisenkonkretionen, gebändert und scheint im Bereich der Hügelmitte aus Rasensoden bestanden zu haben. Von der ehemaligen Höhe des Monuments, die etwa 6 m betragen haben mag, gewinnen wir aus den Befunden keine Vorstellung.

Der umgebende Kreisgraben, mit einer Lücke im Südosten dort, wo die „Prozessionsstraße" auf den Hügel traf, war zwischen 8,50 m und 14 m, durchschnittlich 10 m breit und hatte einen äußeren Durchmesser von 68,25 m. Seine Tiefe bewegte sich zwischen 2,20 m und 3,70 m unter der heutigen Oberfläche, und es ist in dem hängigen Gelände damit zu rechnen, dass er auch ursprünglich keine einheitliche Tiefe besaß. An der einzigen Stelle im Nordosten, an der die keltische Oberfläche bis an den Kreisgrabenrand erhalten war, betrug die Eintiefung von der Innenfläche her 2,90 m, vom außen liegenden Gelände nur etwa 2 m. Er ist als Spitzgraben mit mehr oder weniger gerundeter Sohle ausgehoben worden. Seine Verfüllung in einzelnen Schichten und Spuren von Wasserstau zeigen, dass er lange Zeit offen gestanden hat und erst nach und nach durch natürliche Erosion, dann durch Ackerbau und zuletzt durch Flurbereinigungsarbeiten zugefüllt wurde.

Im Hügel wurden drei Befunde angetroffen, eine Grube und zwei Gräber. Sie waren, entsprechend der Richtung des gesamten Grabmals mit der „Prozessionsstraße", etwa in Nordwest-Südost-Richtung gereiht: im Zentrum die Grube, im Nordwestteil Grab 1 und im Südosten an der Kreisgrabenlücke Grab 2. Die Grabung erbrachte keine Hinweise für die zeitliche Abfolge der Befunde; auch Gleichzeitigkeit ist danach nicht auszuschließen. Nach der Lage im Hügel müsste jedoch Grab 1 die Hauptbestattung sein, für die er angelegt wurde.

Die Grube in der Hügelmitte war völlig fundleer. Sie war fast quadratisch, leicht trapezförmig, mit abgerundeten Ecken und Seitenlängen von 2,40 m im Südosten und 2,80 m an den anderen Seiten. Im oberen Teil senkrecht eingegraben, rundete sie sich zum fast ebenen Boden, der in knapp 1 m Tiefe unter der heutigen Oberfläche, nur rund einen halben Meter unter der keltischen Oberfläche lag. Da in diesem Bereich etwa 0,25 m der Hügelschüttung erhalten waren, die Grube aber direkt unter der Pflugschicht erkennbar wurde, heißt das, dass sie zumindest in die unteren Schichten der Hügelaufhöhung eingetieft wor-

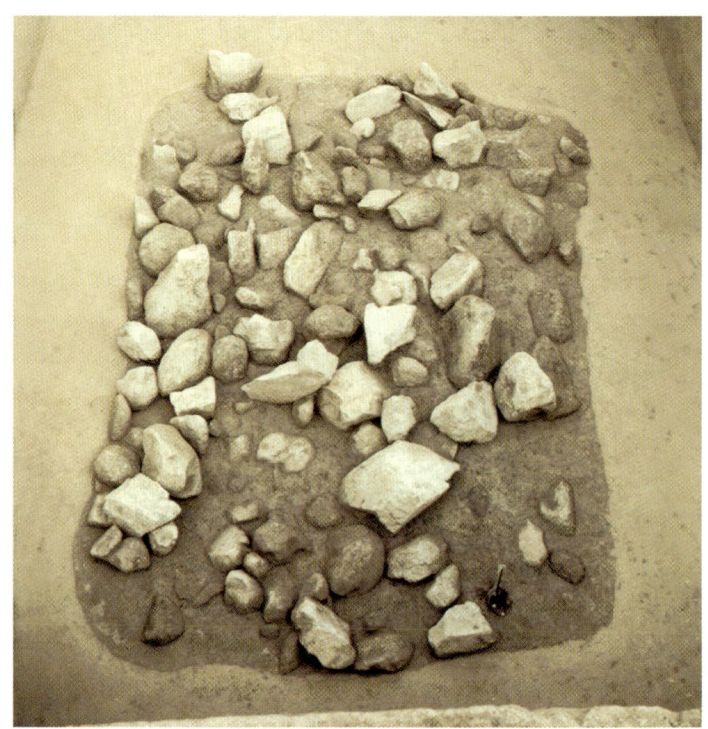

62 Grab 1 in Grabhügel 1 während der Ausgrabung. Im Planum in etwa 2,15 m Tiefe unter der keltischen Oberfläche, 0,35 m über den Boden der Grabkammer, liegt die mit Steinen gefüllte Grabgrube. Rechts unten ist die Mündung der Schnabelkanne zu sehen, die in der Südostecke der Grabkammer aufrecht stand. Von Südsüdosten.

den war. Eine spätere Eingrabung wäre damit nicht unbedingt auszuschließen, doch sprechen ihre Lage, ihre Ausrichtung und auch ihre Verfüllung dafür, dass sie in die Erbauungszeit des Hügels gehört und im Zusammenhang mit den Bestattungsfeierlichkeiten zu einem Zeitpunkt ausgehoben wurde, als schon ein Teil des Hügels errichtet war.

Grab 1 (KAT.-NR. 1) fand sich in einem Randbereich des Hügels, in dem die letzten Spuren der keltischen Oberfläche ausliefen, so dass Einzelheiten zu seiner Eintiefung nicht mehr festzustellen waren. Die Grabgrube war oben 4 m x 2,90 m groß und verengte sich bis zum Boden in rund 2,50 m Tiefe unter keltischer Oberfläche auf 3 m x 2,10 m. Sie war mit Steinen und Erde verfüllt, wobei auffiel, dass offenbar nicht ihr Aushub – reiner gelber Löss –, sondern humoser Boden für die Verfüllung genommen worden war (ABB. 62). Die oberste Abdeckung in Höhe der keltischen Oberfläche bildete eine Steinpackung, die in der Mitte, nach dem Verrotten der Grabkammer, eingesunken war.

Erst knapp über dem Boden zeichneten sich als schmale schwarze Bänder die letzten Spuren der hölzernen Grabkammer ab. Sie war aus Eichenholz auf zwei quergelegten Unterlegbalken von 0,10 m Seitenlänge aus Brettern oder Bohlen unbekannter Stärke gezimmert, wobei die Hölzer von Boden und Decke in Längsrichtung lagen. Ihre Innenmaße betrugen 2,25 m x 1,07 m, was einer Größe

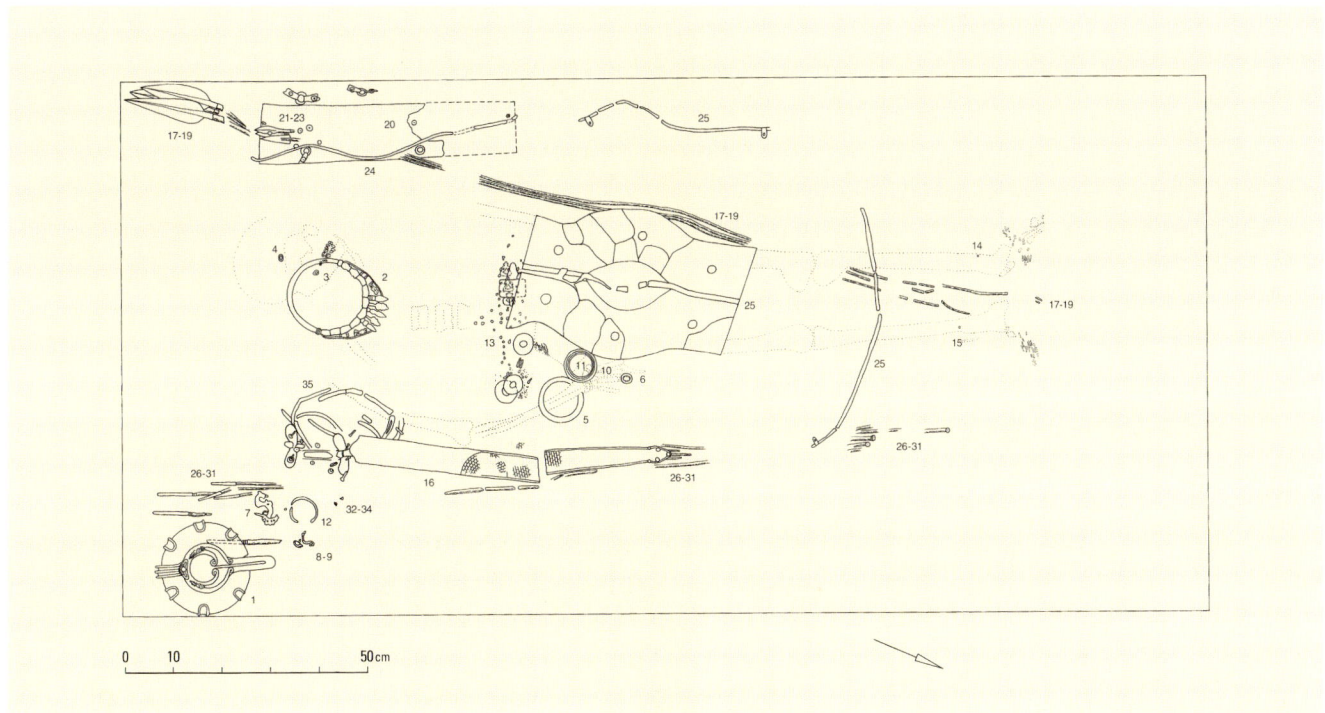

von 2,40 m² entspricht, und sie dürfte etwa 0,80 m hoch gewesen sein. Das lässt sich einmal aus der höchsten Beigabe, einer bronzenen keltischen Schnabelkanne von 52,5cm Höhe, zum anderen aus den noch in Fundlage angetroffenen, aufeinander gesetzten Steinen schließen, mit denen die Kammer umstellt war.

Von den Beigaben stand die Schnabelkanne in der Südostecke der Südsüdost-Nordnordwest ausgerichteten Kammer nur leicht verdrückt noch aufrecht, ansonsten war die gesamte Grabkammer mit ihrem Inhalt auf eine nur wenige Zentimeter dicke Schicht zusammengepresst. Reste von an der Kannenmündung anhaftenden Geweben und Spuren von Holz und Eisenrost im letzten aufgedeckten Planum hätten sich bei der weiteren Ausgrabung im Gelände nicht mit der erforderlichen Sorgfalt registrieren und dokumentieren lassen. Dies erforderte die Bergung des gesamten Grabbodens im Block, um die abschließende Freilegung, Konservierung und Bearbeitung unter Laborbedingungen durchführen zu können (s. Beitrag Bartel u. a.). Der Boden der Grabkammer war mit Leder ausgelegt, sämtliche Beigaben einzeln in Stoff gehüllt und über das Ganze wahrscheinlich nochmals ein Tuch gebreitet.

Das Grab enthielt die Körperbestattung eines 28–32jährigen, 1,69 m großen Mannes (s. Beitrag Kunter/Lier/Hantsch). Er war in gestreckter Rückenlage mit dem Kopf im Südosten beigesetzt (ABB. 63). Einzige Gefäßbeigabe war die genannte Schnabelkanne, die mit einem hochkonzentrierten Metansatz gefüllt war (s. Beitrag Rösch). An Waffen beigegeben waren ein Eisenschwert, das an der rechten Seite des Toten lag, und links von ihm, mit

63 Plan des Grabs 1 in Grabhügel 1 nach dem Stand der Freilegung im September 2001. Die Umrahmung gibt die innere Begrenzung der Grabkammer wieder. Knochen des Skelettes sind gepunktet dargestellt. Die Nummerierung der Funde entspricht der Aufzählung im Katalog (KAT.-NR. 1). 1 Bronzene Schnabelkanne; 2 Goldener Halsring; 3–4 Goldene Ohrringe; 5 Goldener Armring; 6 Goldener Fingerring; 7 Bronzene Figuralfibel; 8–9 Bronzene Vogelkopffibeln; 10 Bronzener Vierknotenring; 11 Bronzener Dreiknotenring; 12 Fragmentierter bronzener Dreiknotenring; 13 Ledergürtel mit Bronzebesatz (Gürtelhaken, Einhakbeschläge, Hohlringe, Kettchen, Zierniete); 14–15 Bronzeniete und Eisenreste wohl von der Fußbekleidung; 16 Eisernes Schwert mit Bronze- und Eisenscheide, Bronzeortband und -knauf und hölzerner Griffschale, aufgelagert Reste von Ledergeflecht; 17–19 Lanzen mit Eisenspitzen und Eschenschäften; 20 Köcher aus Holz, Leder und Stoff mit Tragevorrichtung (Bronzeniete und -ringe); 21–23 Eiserne Pfeilspitzen; 24 Hölzerner Bogen mit Resten eines Lederfutterals (Bronzeniete und -ringe); 25 Hölzerner Schild mit Lederüberzug, eisernem unterem Randbeschlag und eisernem Schildbuckel; 26–31 Eschenstäbe mit eisernen Tüllen und – teilweise – Endbeschlägen; 32–34 Eiserne Niete und kleine Eisenröllchen von unbekanntem Gegenstand; 35 Gebogene Eisenstabfragmente noch unbekannter Funktion. M. 1:15.

den Schäften teils über den Körper reichend, drei Lanzen mit eisernen Spitzen. Dort fanden sich auch ein Köcher mit drei Pfeilen und ein hölzerner Bogen in einem Lederfutteral. Ein hölzerner, lederüberzogener Schild mit unterem eisernem Randbeschlag und großem eisernem Schildbuckel war über den Körper gelegt. Von der Kleidung ließen sich keine sicheren Reste feststellen. Der Tote trug einen Ledergürtel mit Bronzebesatz, von einer Fußbekleidung zeugen nur kleine Bronzeniete und Eisen- sowie Stoff- und Lederreste. Auffallend ist der goldene Ringschmuck mit zwei Ohrringen, einem reich verzierten Halsring, einem Armring am rechten Handgelenk und einem Fingerring am rechten Ringfinger. Zwei weitere Armringe aus Bronze lagen im Beckenbereich, ein dritter, zerbrochener abseits des Körpers etwa in Schulterhöhe

zwischen Schwertgriff und Kanne. Hier waren auch drei Bronzefibeln, davon zwei Vogelkopffibeln und eine Figuralfibel mit tiergestaltigem Körper, niedergelegt, ebenso eiserne Niete und kleine Eisenröllchen von einem unbekannten Gegenstand und die eisernen Tüllen von sechs etwa 1,50 m langen Eschenholzstäben unbekannter Funktion. Ebenfalls noch nicht gedeutet sind gebogene Eisenstäbe im Bereich des Schwertgriffs.

Grab 2 (KAT.-NR. 2) lag an ausgezeichneter Stelle im Südosten ganz im Randbereich des Hügels in der Mitte der Kreisgrabenlücke. Seine Ausrichtung war, allerdings leicht abweichend von der des Grabes 1, ebenfalls Nordnordwest-Südsüdost. Die Grabgrube war – im Planum 0,50 m unter der heutigen Oberfläche; die keltische Oberfläche dürfte mindestens 0,25 m höher als die heutige gelegen haben – langrechteckig mit 2,30 m Länge und knapp 1,20 m Breite. Sie war etwas unregelmäßig senkrecht eingegraben und reichte bis etwa 1,15 m unter die heutige, d. h. mindestens 1,40 m unter die keltische Oberfläche. Ihr Boden fiel mit dem Hanggefälle um 0,20 m nach Südosten ab. Ihre Füllung bestand aus mit humosen Anteilen versetzter lehmiger Erde, im unteren Bereich teilweise aus dem offenbar direkt wieder eingefüllten Löss des Aushubs. In größerer Tiefe, knapp 0,20 m über dem Boden, zeigten sich in scharfer Abgrenzung Spuren vergangenen Holzes im Rechteck (ABB. 64). Es handelte sich nicht um einen gezimmerten Einbau, sondern um ein großes flaches, trogartiges Holzbehältnis von 1,30 m Länge und 0,60 m Breite; seine Breitseiten waren verdickt, seine schmäleren Längsseiten zogen gerundet zum flachen Boden hin ein. In diesem Holzbehälter, der keinen Deckel besaß, sondern wohl nur mit Stoffen oder Fellen (Leder) abgedeckt war, waren die Überreste des Toten und die Beigaben geborgen.

Das Grab enthielt die Brandbestattung eines 30–40jährigen, 1,69 m großen Mannes (ABB. 65) (s. Beitrag Kunter/ Lier/Hantsch). Er ist ebenfalls als Krieger ausgewiesen durch die Beigabe eines Eisenschwertes und dreier eiserner Lanzenspitzen sowie einer vierten großen Lanzenspitze, die am Schwert befestigt war. Ein vollständiger nietenbesetzter Gürtel mit Gürtelhaken, zwei Einhakbeschlägen, drei Hohlringen und kleinen Kettchen war in Trageweise niedergelegt; vier bronzene Halbschalen, die aber niemals zu Hohlringen zusammengesetzt waren, lagen im Gürtelbereich. Weitere Beigaben waren eine Bronzefibel und zwei Gruppen von je fünf Bronzebuckeln und einem Stäbchen, die vom Schuhbesatz stammen. Herausragend ist wieder die einzige Gefäßbeigabe, eine über 50 cm hohe bronzene keltische Röhrenkanne, die im südlichen Teil des Grabbehältnisses lag und mit Met oder einem mit Honig gesüßten Getränk gefüllt war. Der Leichenbrand befand sich in enger Streuung im nördlichen Bereich unter Schwert und Gürtel; nur über dem Leichenbrand wurde eine Abdeckung mit Stoff nachgewiesen.

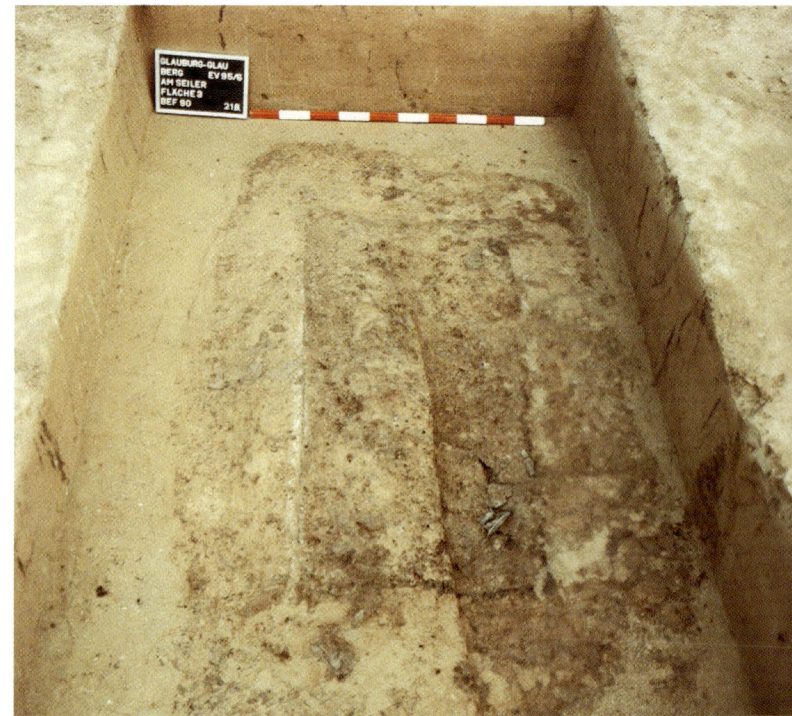

64 Grab 2 in Grabhügel 1 während der Ausgrabung. Im Planum in etwa 1,20 m Tiefe unter der keltischen Oberfläche, 0,20 m über dem Grabboden, zeichnet sich scharf begrenzt der Umriss des Holzbehältnisses ab, in dem der verbrannte Tote mit seinen Beigaben bestattet worden war. Im Vordergrund ist der Rand der Röhrenkanne zu sehen, rechts oberhalb davon das Ortband des Schwertes. Von Südosten.

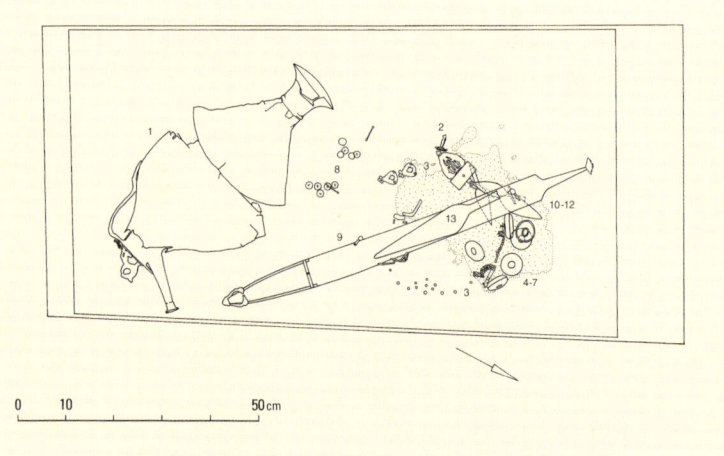

65 Plan des Grabs 2 in Grabhügel 1 nach dem Stand der Freilegung im September 2001. Die Umrahmung gibt das flache trogartige Holzbehältnis der Bestattung wieder. Der Leichenbrand ist gepunktet dargestellt. Die Nummerierung der Funde entspricht der Aufzählung im Katalog (KAT.-NR. 2). 1 Bronzene Röhrenkanne; 2 Bronzene Fibel; 3 Gürtel aus Leder und Textil mit Bronzebesatz (Gürtelhaken, Einhakbeschläge, Hohlringe, Kettchen, Zierniete); 4–7 Bronzene Halbschalen; 8 Bronzene Ösenknöpfe und -stäbchen (Schuhbesatz); 9 Eisernes Schwert mit Bronze- und Eisenscheide, Bronzeortband und -knauf; 10–12 Eiserne Lanzenspitzen; 13 Große eiserne Lanzenspitze. M 1:15.

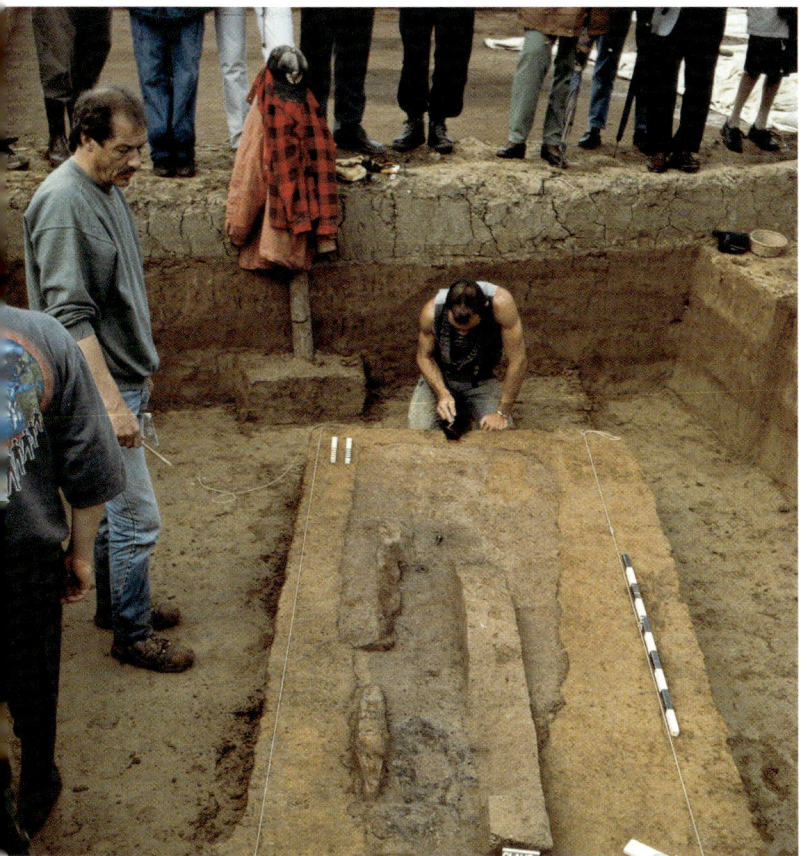

66 Das Grab in Grabhügel 2 während der Ausgrabung. Im Planum in knapp 1 m Tiefe hebt sich durch dunklere Verfärbung die unregelmäßige Grabgrube ab, in der die ersten Beigaben sichtbar werden: Entlang der linken Kante, jeweils stark korrodiert, eiserne Lanzenspitze und Schwert, in der Mitte oben Bronzefibel, darunter zwei Bronzehohlringe vom Gürtel und der zu einem kleinen Teil freigelegte goldene Armring. Von Nordosten.

DER FÜRSTENGRABHÜGEL 2

Ein zweiter, ebenfalls völlig verebneter und oberirdisch nicht mehr sichtbarer Fürstengrabhügel lag innerhalb der Graben-Wall-Werke im Winkel zwischen dem westlichen Teil der Südfront und der „Prozessionsstraße" (zur Lage vgl. ABB. 61). Nicht dies war aber für seine Position entscheidend, sondern seine hervorragende und hervorgehobene Lage genau auf der Kuppe des nach Südosten streichenden Geländerückens, auf dem auch das Grabmal mit Hügel 1 lag. Von diesem ist Grabhügel 2 rund 240 m entfernt.

Grabhügel 2 hatte einen Durchmesser von 23–24 m. Er war von einem Kreisgraben mit etwa 28 m Außendurchmesser umgeben, der im Mittel 2,30 m breit und als Spitzgraben 1,30 m tief ausgehoben war. Eine weitere Hügelbegrenzung war nicht vorhanden. Im Norden außerhalb des Hügels zeigten sich zwei Pfostenreihen, deren Zusammenhang mit dem Hügel aber nicht feststeht und noch zu klären ist, da im gesamten Bereich auch neolithische Siedlungsspuren lagen. Die keltische Oberfläche war, be-

dingt durch Erosion und jahrhundertelangen Ackerbau, nicht erhalten. Genau im Zentrum des Hügels fand sich – als einziger Befund – eine rechteckige Grabgrube von 2,70 m x 1,40 m Größe, die Südwest-Nordost ausgerichtet war, mit leichter Abweichung nach Westsüdwesten bzw. Ostnordosten. Sie verengte sich unregelmäßig zum Grabboden in etwa 1 m Tiefe, wo sie leicht trapezförmige Gestalt mit 2,50 m Länge, maximal 0,85 m Breite im Südwesten und 0,50 m Breite im Nordosten hatte (ABB. 66). Ein Einbau in Form einer Grabkammer war nicht vorhanden. Den Grabboden bildete Holz, das in Querrichtung leicht gemuldet scheint und sich über die ganze Länge der Grabgrube erstreckte. Vorerst muss davon ausgegangen werden, dass die Bestattung auf einem Brett oder einem Bretterboden lag und vielleicht mit Leder abgedeckt war. Wie die Gräber aus Hügel 1 wurde auch dieses Grab im Block geborgen, um in der Restaurierungswerkstatt unter Laborbedingungen untersucht zu werden. Die Freilegung dauert derzeit noch an und hat noch keine endgültigen Ergebnisse gebracht.

Das Grab enthielt die Körperbestattung eines Kriegers, der in gestreckter Rückenlage mit dem Kopf im Südwesten beigesetzt war (ABB. 67). Durch die Bodenverhältnisse hatten sich Knochen des Skelettes nicht oder kaum erhalten, nur durch einige Zahnkronen ließ sich die genaue Lage des Kopfes feststellen. Waffenbeigaben waren ein eisernes Schwert an der rechten Seite des Toten und eine (?) Lanze mit eiserner Spitze, die ebenfalls auf der rechten Seite am Fußende lag. Ob Eisenreste am Fußende ebenfalls von einem Gegenstand der Bewaffnung, vielleicht einem Schild stammen, lässt sich noch nicht sagen. Goldener Ringschmuck, ein offener Armring mit leicht verdickten Enden am rechten Handgelenk und ein Fingerring mit übereinander gelegten Enden wohl am Ringfinger der rechten Hand, erlaubt es, auch bei dieser Bestattung von einem Fürstengrab zu sprechen. In der Körpermitte befand sich ein Gürtel mit bronzenem Gürtelhaken mit kästchenförmigem Beschlag und drei bronzenen Hohlringen. Am Hals lag eine kleine Bronzefibel (noch nicht auf dem Plan ABB. 67) und auf der Brust eine einzigartige Prunkfibel aus Bronze mit großer durchbrochener Schmuckplatte mit Korallenbesatz und Koralleneinlagen im Bügel. Alle diese Beigaben sind bisher nur oberflächlich oder aus dem Röntgenbild bekannt; zur genaueren Form und zu Verzierungen muss die endgültige Freilegung und Restaurierung abgewartet werden. Auch ist es nicht ausgeschlossen, dass sich noch weitere Beigaben im Boden verbergen.

Das Grab aus Hügel 2 gehört, wie die beiden Gräber aus Hügel 1, gleichermaßen in die Frühlatènezeit, in das 5. Jahrhundert v. Chr. Zum zeitlichen Verhältnis der Bestattungen untereinander gaben die Grabungen keine Auskunft. Dazu wird sich erst Näheres sagen lassen, wenn sämtliche Funde restauriert vorliegen.

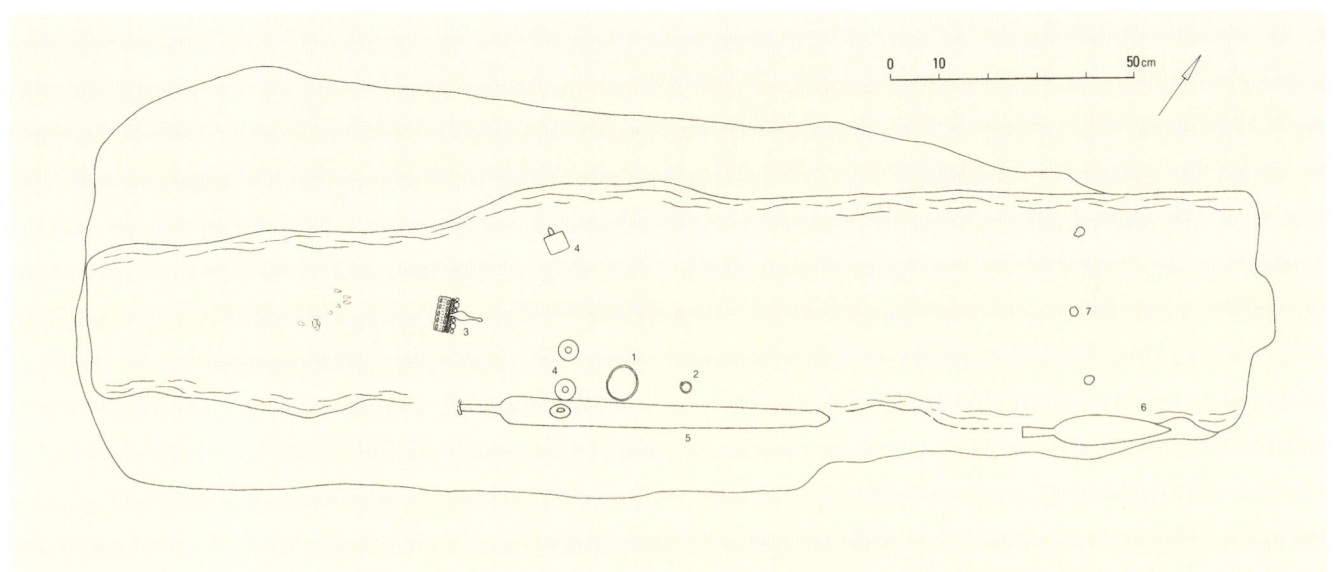

67 Vorläufiger Plan des Grabs
in Grabhügel 2 nach dem Stand
der Freilegung im September
2001 und Röntgenaufnahmen.
Innerhalb der Grabgrube zeichnet sich eine Holzunterlage ab,
die den Grabboden bildet. Knochen haben sich nicht erhalten,
einzig einige Zahnkronen, die
gepunktet dargestellt sind.
1 Goldener Armring; 2 Golde-
ner(?) Fingerring; 3 Bronzene
Fibel mit Koralleneinlagen und
durchbrochener Zierplatte;
4 Bronzebesatz des Gürtels
(Gürtelhaken, Hohlringe);
5 Eisernes Schwert; 6 Eiserne
Lanzenspitze; 7 Drei eiserne
Niete(?) von noch unbekanntem Gegenstand. M. 1:15.

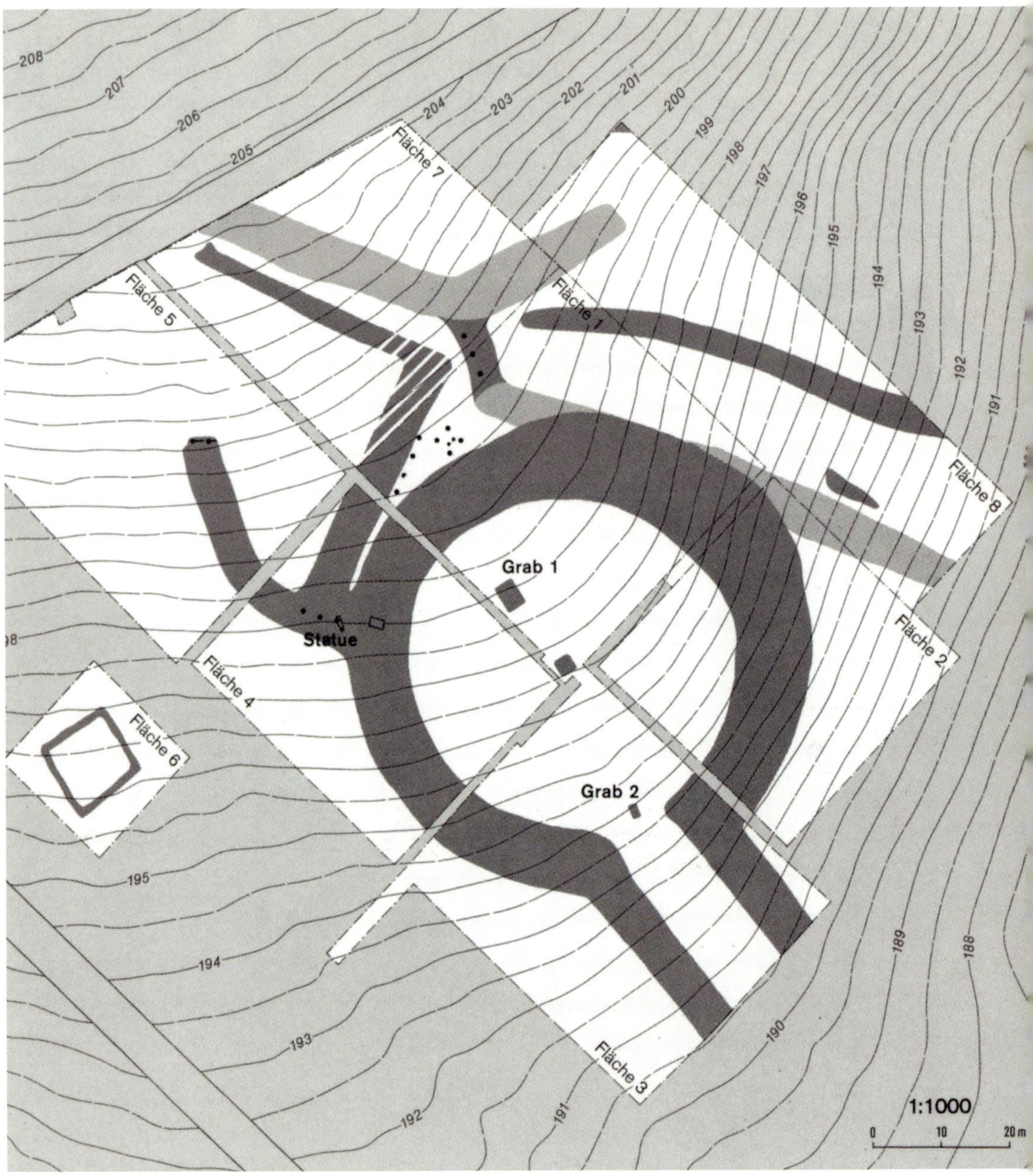

68 Plan des Grabhügels 1 in
seinem durch Ausgrabung
aufgedeckten Bereich mit den
frühlatènezeitlichen Befunden.
Dunkler Raster = Eintiefun-
gen und Gräben; hellerer Raster = Stratigraphisch älterer
Grabenzug; Punkte = Pfosten;
Punktstriche = Bestattungen.
M. 1:1000.

DIE STATUEN VOM GLAUBERG

Der überraschende Fund der lebensgroßen steinernen Statue 1 und der Bruchstücke von drei weiteren Statuen zeigte die besondere Bedeutung des Bereichs im Nordwesten des Grabhügels 1 (ABB. 68; zur Gesamtsituation vgl. ABB.59; 61). Westlich des Hügels, mit seiner Mitte 40 m vom äußeren Rand des Kreisgrabens entfernt, lag ein nicht ganz quadratisches, leicht trapezförmiges Grabenviereck mit 11–12 m Seitenlänge. Mit der Richtung seiner Seiten nahm es in etwa die Ausrichtung des gesamten Grabmals auf. Die Anlage war vollständig von einem Graben ohne erkennbaren Eingang umzogen, der recht unregelmäßig zwischen 0,70 m und 1,20 m breit und 0,80–1,10 m tief war. Die Ausgrabung ergab weder Funde noch irgendwelche Befunde, die zu ihrer Deutung betragen könnten, doch kann kein Zweifel daran bestehen, dass sie dem sakralen Bereich zuzuschreiben ist und man jedenfalls von einem Kult-, vielleicht sogar – auch ohne entsprechende Baulichkeiten – einem Tempelbezirk sprechen darf (s. Beitrag Chaume/Reinhard).

In direktem Zusammenhang mit dem Kreisgraben des Hügels standen verschiedene Grabenwerke und Pfostenstellungen, die zusammen mit den Statuenfunden dazu geführt haben, diesen durch Gräben nicht vollständig abge-grenzten Bereich, der im Nordwesten an den Hügel anschloss, als „Heiligen Bezirk" zu bezeichnen. Wie dieser Bereich im Einzelnen einmal ausgesehen haben mag, ist nach den teilweise sehr dicht liegenden Befunden schwer vorstellbar. Mit Ausnahme einer eindeutigen Überschneidung haben die Grabungen keine Hinweise für unterschiedliche Zeitstellung der Anlagen erbracht, so dass weit gehend von Gleichzeitigkeit ausgegangen werden muss.

Im Osten war der Bezirk durch einen älteren Grabenzug begrenzt, der mit über 500 m Länge vom Fuß des Berges unterhalb des heutigen Parkplatzes nach Südosten zog und hier eine Lücke aufwies, die durch ein nach Osten weisendes Grabenende fast torartig gestaltet war. Der Graben, der im Bereich des Hügels dann verfüllt und vom Kreisgraben überdeckt wurde, war im Gegensatz zu sämtlichen anderen Gräben, die Spitzgräben sind, ein Sohlgraben. Er muss zumindest in seinem Verlauf nördlich des Hügels weiter offen gestanden haben, denn die etwa 10 m breite Lücke wurde durch ein Spitzgrabenstück geschlossen, in dessen Sohle, leicht zur Innenböschung hin versetzt, drei mächtige Pfosten eingesetzt waren.

Im Westen bildete ein rund 37 m langes, in leichtem Bogen geführtes Grabenstück, das in den Kreisgraben des Hügels einmündete, die – unvollständige – Begrenzung. Am obersten Rand des Grabenkopfes mit geradem Ab-

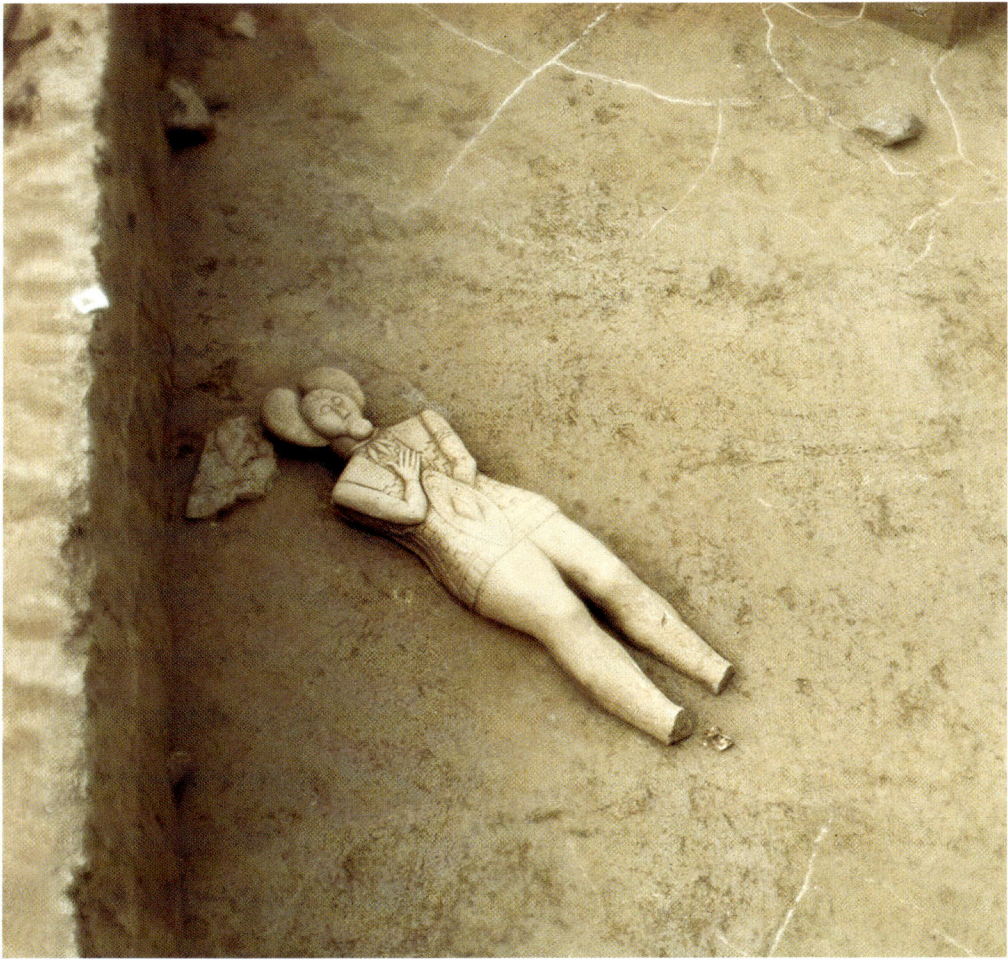

69 Die Fundlage der Statue 1 (KAT.-NR. 3.1) diagonal im Graben in 1,80–2 m Tiefe unter heutiger Oberfläche. Der Grabenbereich mit dem von Nordosten einmündenden Graben (in der linken oberen Bildecke) zeichnet sich deutlich durch die Unterbrechung der Kalkbänder im anstehenden Lössboden ab. Von Südwesten.

schluss waren zwei Bestattungen gereiht, eine 60–80jährige Frau mit einem drahtförmigen Armring am rechten Handgelenk und ein Kleinkind im Alter von etwa 12 Monaten (s. Beitrag Kunter/Lier/Hantsch). Ein weiteres, flaches Grabenstück mit winkliger Führung lag zwischen den Gräben, die voneinander nur einen Abstand von maximal 44 m hatten. Es lief auf 40 m Länge der östlichen Begrenzung parallel, bog, breiter werdend, in Höhe der drei Pfosten rechtwinklig nach Südwesten um und mündete, auf seinen letzten 15 m zum Kreisgraben kaum einen Abstand lassend, in die westliche Begrenzung ein. An seiner Innenkante war es von vier großen Pfosten begleitet, die eine Reihe von etwa 8,50 m Länge bildeten, daneben stand zwischen ihm und dem Kreisgraben ein kleiner Vierpfostenbau. Der quadratische Bau mit 2,50 m Seitenlänge hatte zwei Innenpfosten; vielleicht darf man in ihm einen kleinen Tempel sehen.

An der Stelle der Einmündung des Grabenwinkels in den Graben, der die westliche Begrenzung darstellte, besaß dieser eine flache Sohle, und es standen in ihm, entsprechend dem Befund auf der Ostseite, im Abstand von 2,60 m und 2,65 m voneinander drei vierkantige Pfosten von 0,20–0,30 m Stärke, deren Gruben noch 1,10–1,30 m unter die Grabensohle eingegraben waren. Sie müssen also hoch über den Graben hinausgeragt haben. Am Übergang dieses Grabens in den Kreisgraben, fast an dessen Spitze heranreichend, war eine rechteckige fundleere Grube ebenfalls unter die Grabensohle eingetieft.

Hier nun fanden sich die Statue 1 sowie die Bruchstücke der Statue 2, während das Schildbuckelfragment der Statue 4 aus dem Nordwestabschnitt des Kreisgrabens stammte und der Kopf der Statue 3 nach Abschluss der Grabungsarbeiten auf dem Acker in diesem Bereich gefunden wurde (KAT.-NR. 3.1–3.4, ABB. 70; 71; 259–262). Statue 1 lag diagonal im Graben in rund 2 m Tiefe unter der heutigen Oberfläche knapp 1 m über der Grabensohle (ABB. 69). Dieser muss zu dem Zeitpunkt, als sie an ihre Fundstelle gelangte, im unteren Teil schon zugeschwemmt gewesen sein. Die meist kleinen Fragmente der Statue 2 streuten über einen größeren Bereich bis in den Kreisgraben hinein, meist, aber nicht ausschließlich, in tieferer Lage in den Füllschichten der Gräben. Sie müssten, soweit sich das bis jetzt sagen lässt, etwa gleichzeitig oder unwesentlich früher in ihre Fundlagen gekommen sein. Da die Statue 1 mit ihrem Kopf teilweise den östlichen Pfosten der Dreipfostenreihe überlagerte, kann dieser zu der Zeit nicht mehr höher aufgeragt haben; seine Spur war aber bis an die Unterkante der Statue deutlich vorhanden.

Die Erhaltung der Statue, ihre Rückenlage und ihre Position schräg im Grabenansatz, womit sie wieder in etwa die Ausrichtung des gesamten Grabmals aufnahm, sprechen für eine sorgfältige Niederlegung an dieser Stelle. Wie lange sie offengelegen hat – denn Spuren einer Eingrabung fanden sich nicht –, wissen wir nicht. Der genaue

ursprüngliche Standort der Statuen, der sich vermutlich innerhalb des durch Gräben begrenzten „Heiligen Bezirks" befunden hat, ist unbekannt. Ebenso ist unbekannt, ob und für wie lange alle Statuen gleichzeitig aufgestellt waren und aus welchem Anlass und zu welcher Zeit ihre Verbergung bzw. Zerschlagung erfolgte.

Sämtliche Statuen sind aus lokalem Buntsandstein gefertigt. Nach der näheren Gesteinsbestimmung handelt es sich um „wenig bruch- und witterungsanfällige, feste, größtenteils kieselig gebundene, fein- bis mittelkörnige praktisch salzfreie Sandsteine, die den Schichtgliedern des Heigenbrückener Sandsteins oder des ECKscher Sandsteins der Gelnhausen-Folge des Unteren Buntsandsteins entstammen, dessen Ausbiss in einem breiten Streifen N bis SE der Ausgrabungsstätte Glauberg von Ranstadt bis Gelnhausen bekannt ist" (Frey/Herrmann 1997, 476 f. Anm. 22; Bosinski/Herrmann 1998/99). Das nächste Vorkommen liegt nur etwa 3 km von der Fundstelle entfernt.

Mit der nahezu vollständigen Statue 1, von der nur die Füße abgebrochen sind und auch nicht aufgefunden werden konnten, besitzen wir das bislang detailreichste Abbild eines frühkeltischen Fürsten des 5. Jahrhunderts v. Chr. Die Statue aus rötlichem Sandstein ist noch 1,86 m, bis zum Scheitel 1,74 m groß und wiegt etwa 230 kg (KAT.-NR. 3.1, ABB. 70; 71). Dargestellt ist ein Krieger, der mit einem Kompositpanzer aus Leinen oder Leder, wahrscheinlich einer Kombination beider Materialien, bekleidet ist. Der Panzer besteht aus einzelnen waagrechten, übereinander greifenden Lagen, deren unterer Rand jeweils ausgelappt ist, was in der Darstellung wie ein Muster erscheint. Er besitzt einen ausgeprägten, mit blattförmigen Mustern verzierten Rückenteil, der über den Lagen des Panzers liegt und mit dem Nackenschutz und auch den Schulterklappen verbunden scheint, also originärer Bestandteil des Panzers ist. Mit seiner linken Hand hält der Krieger einen ovalen Schild mit Spindelrippe vor den Körper, an seiner rechten Seite – von vorne nicht sichtbar – trägt er ein Schwert. Die rechte Hand ist in einem Gestus auf die Brust gelegt. Als Schmuck und zugleich Insignien seiner Macht trägt er einen Halsring mit drei Balustern (knospenförmigen Zierstücken), einen Armring am rechten Handgelenk und einen Fingerring am Ringfinger der rechten Hand – diese sicher aus Gold gedacht – sowie drei Ringe am linken Oberarm. Das Gesicht ist stilisiert mit großen Augen, Schnurrbart und Kinnbart wiedergegeben. Zu den Insignien zu zählen ist auch die Kopfbedeckung, eine so genannte Blattkrone. Sie besteht aus einer mit blattförmigen Mustern verzierten, eng anliegenden Haube oder Kappe mit zwei großen seitlichen, fischblasen- oder (mistel-?)blattförmigen Ansätzen. Arme und Beine sind nackt, soweit nicht weitere Kleidungsstücke durch Bemalung angegeben waren. Auch wenn sich dafür bei den Restaurierungsarbeiten kein Beleg gefunden hat, ist auf jeden Fall vorauszusetzen, dass die Statue bemalt war.

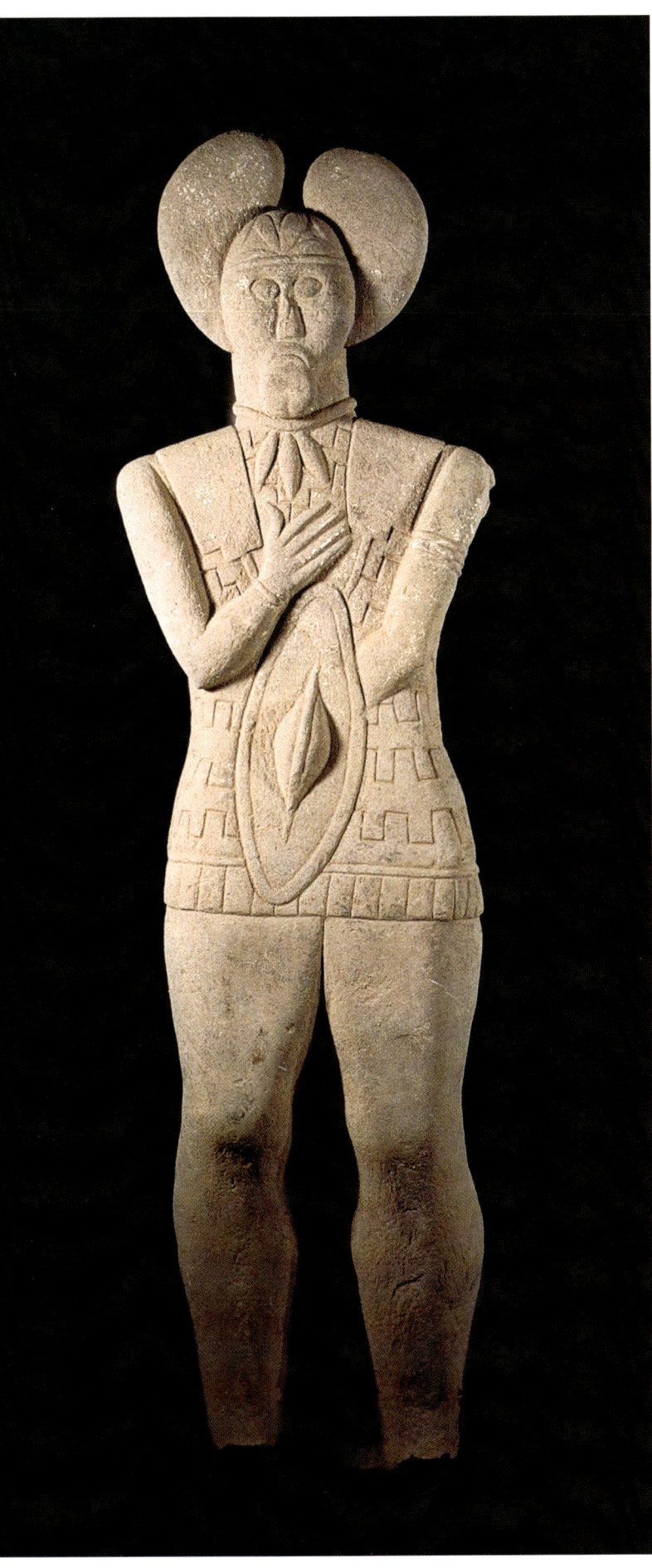

Von Statue 2, ebenfalls aus rötlichem Sandstein (KAT.-NR. 3.2), liegen 118 Bruchstücke vor, von denen 42 Bearbeitungsspuren zeigen. Von diesen sind 16 dem Kopf-/Halsbereich (ABB. 259) und 20 dem Beinbereich (ABB. 260) zuzuordnen. Eine ganze Anzahl der Bruchstücke passt aneinander und ließ sich zusammenfügen. So reicht, außer einzelnen Bruchstücken der Mund-Kinn-Partie und eines seitlichen Ansatzes der Blattkrone, eine Zusammenfügung vom Nacken über die rechte Halsseite bis zum Ansatz des Gesichtes, mit Nackenschutz des Panzers, Halsring und einem Hinterhauptsteil der Kappe der Blattkrone. Eine andere umfasst die linke Stirnseite und Wange mit Teilen der Kappe und des seitlichen Ansatzes der Blattkrone. Das größte Stück aus dem Beinbereich ist das linke Knie mit anpassenden Fragmenten des Oberschenkels. Weitere Bruchstücke gehören zu den Unterschenkeln.

Statue 3 aus weißem Sandstein (KAT.-NR. 3.3) ist vor allem durch den Kopf repräsentiert, ansonsten nur durch fünf Bruchstücke, von denen drei Bearbeitungsspuren haben (ABB. 261). Sie stammen vom Hinterhauptsteil der Kappe und vielleicht einem seitlichen Ansatz der Blattkrone sowie dem Panzer. Der Kopf ist stark fragmentiert und hat sowohl antike Bruchflächen wie moderne Beschädigungen durch Ackergerät. Fast vollständig ist das Gesicht mit dem Stirnteil der Kappe der Blattkrone und der Vorderteil des Halses mit Halsring, an dem noch der Ansatz eines Balusters erhalten ist. Der verwendete Stein unterscheidet sich mineralogisch nicht vom Buntsandstein der anderen Statuen. Die weiße Farbe nahm der Stein dort an, wo die Lava des Vogelsberg-Vulkans die Sandsteinbänke überlagerte; die verschiedenfarbigen Ausprägungen kommen in ein und demselben Steinbruch vor.

Von Statue 4 aus bräunlichem Sandstein (KAT.-NR. 3.4) zeugen ebenfalls nur sechs Bruchstücke, davon drei mit Bearbeitungsspuren (ABB. 262). Am eindeutigsten ist das Fragment des Schildbuckels, dessen Orientierung allerdings nicht feststeht. Ein weiteres Bruchstück mit Teil einer blattförmigen Verzierung stammt vermutlich vom Rückenteil des Panzers, das dritte vielleicht von einer Schulter.

Soweit es sich sagen lässt, hatten alle vier Statuen vom Glauberg das gleiche Aussehen, unabhängig von Details in der Ausführung. Es steht außer Zweifel, dass sie recht getreue Abbilder der Herrscherpersönlichkeiten ihrer Zeit in voller Rüstung und mit ihren Machtsymbolen sind. Dies belegt nicht zuletzt der Befund aus Grab 1 in Grabhügel 1, in dem ein solcher Fürst mit ähnlicher Ausstattung beigesetzt war (s. o.). An Waffen waren ihm u. a. ein Schwert und ein Schild beigegeben, sein goldener Schmuck bestand – außer zwei kleinen Ohrringen – aus einem Halsring mit drei Balustern, einem Armring am rechten Handgelenk

70 Gesamtansicht der Statue 1 (KAT.-NR. 3.1) von vorne.

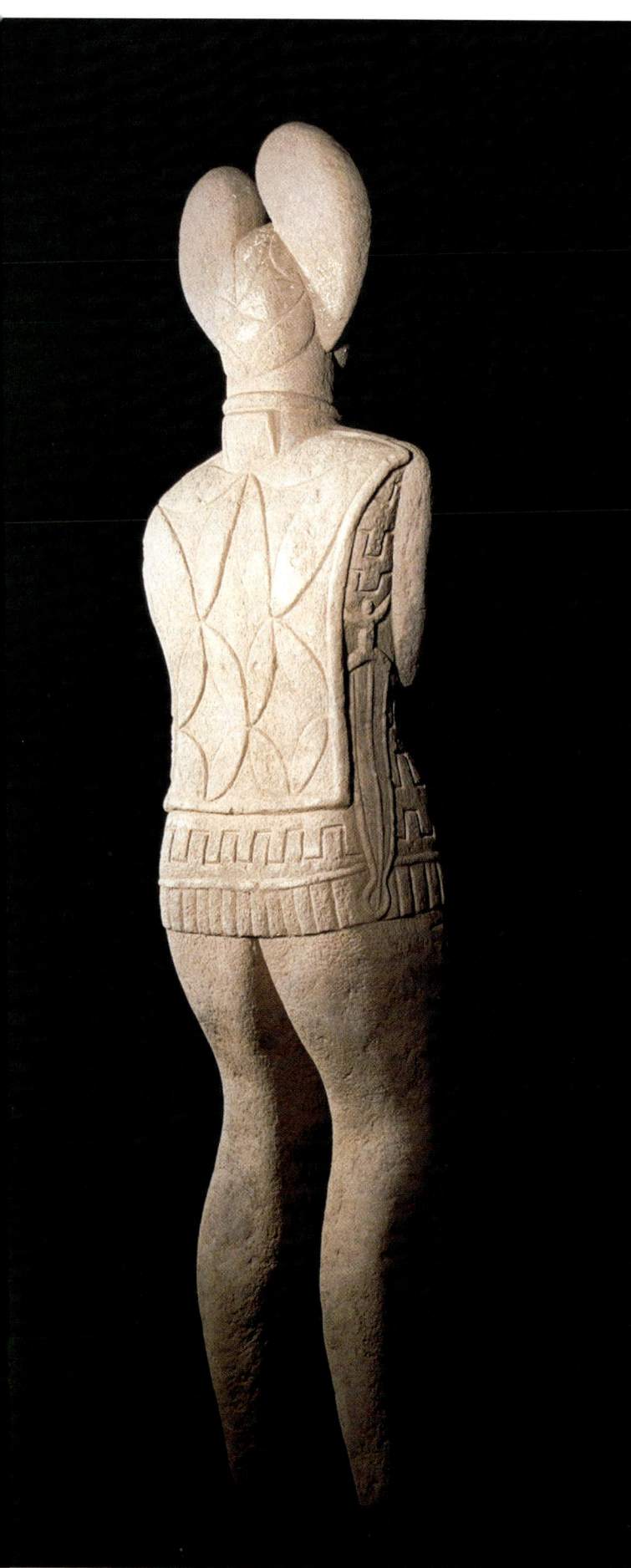

und einem Fingerring am Ringfinger der rechten Hand. Für den Panzer und die Blattkrone fanden sich keine Anhaltspunkte. Offenbar waren sie nicht mit ins Grab gelangt.

Die bildhauerische Leistung des oder der einheimischen Künstler ist beeindruckend und nicht ohne eine längere Tradition der Holz- und Steinbildnerei zu erklären. Dennoch wäre es noch ein weiter Weg bis zu einer klassischen Skulptur. Die Figuren insgesamt sind unproportioniert und verkörpern mit ihrer starren Haltung, der kräftigen Beinpartie und dem schmächtigen Oberkörper wie auch den unanatomisch angesetzten Armen noch ganz den gleichen Typ wie der etwa 100 Jahre ältere Krieger von Hirschlanden (ABB. 191). Unter den wenigen bekannten etwa gleichzeitigen blockhaften oder pfeilerartigen Denkmälern ragen sie allerdings weit heraus (s. Beitrag Frey, Menschen oder Heroen?).

Was sie den Menschen ihrer Zeit bedeuteten, bleibt uns im Einzelnen verborgen. Sicher dürfen wir, allein schon nach ihrer Fundstelle, zumindest von einem Ahnenkult ausgehen, bei dem reale oder mythische vergöttlichte Ahnen, Heroen, in ihren Bildnissen verehrt wurden. Der „Heilige Bezirk" neben dem Grabhügel innerhalb des viel größeren frühkeltischen Heiligtums wäre dann nach antiken Beispielen als Heroon zu bezeichnen.

Die Keltenfürsten vom Glauberg haben uns mit den weiträumigen sakralen Anlagen rund um ihre Burg, den einzigartigen Funden aus ihren Gräbern und nicht zuletzt ihren steinernen Abbildern ungeahnte Einblicke in die Welt der frühen Kelten im 5. Jahrhundert v. Chr. mit ihren engen, direkten Verbindungen zu den Hochkulturen des Mittelmeerraums und zu benachbarten Völkern ermöglicht. Grundlage ihres Reichtums und damit ihrer Macht könnte wesentlich das Salz gewesen sein, das aus Solequellen gewonnen wurde. Die großen keltischen Salinenbetriebe im nur 20 km vom Glauberg entfernten Bad Nauheim blühten zwar in späterer keltischer Zeit, haben aber auch aus der Frühzeit schon Funde geliefert. Das Herrschaftsgebiet der Glauberger Fürsten war, falls die Provenienzen des Mischhonigs in der Schnabelkanne aus Grab 1 in Hügel 1 einen verlässlichen Anhalt geben (s. Beitrag Rösch; ABB. 81), weitaus größer, als man hätte annehmen dürfen. Es hätte dann in einem Umkreis von 80 km bis über 100 km rund um den Glauberg gelegen und von Fulda/Werra im Norden bis zum Neckar im Süden, vom Rhein im Westen bis zum Thüringer Wald im Osten gereicht, ein Gebiet, das das heutige Hessen noch übertrifft.

71 **Gesamtansicht der Statue 1 (KAT.-NR. 3.1) schräg von hinten mit dem Schwert an der rechten Seite und dem Rückenteil des Panzers.**

DIE RÄUMLICHE DIMENSION

GEOMAGNETISCHE PROSPEKTION

VON NORBERT BUTHMANN, MARTIN POSSELT UND BENNO ZICKGRAF

DEN GRABUNGSSCHNITT VERLASSEN

Bereits während der Ausgrabung des keltischen Groß-
grabhügels wurden 1994 erste geomagnetische Un-
tersuchungen im unmittelbaren Umfeld der Grabanlage
durchgeführt. Im Messbild zeigt sich ein durch zahlreiche
Einbauten gegliederter Bezirk, dessen herausragendstes
Element eine von Gräben begleitete, über 300 m lange
„Prozessionsstraße" ist, die von Südosten her auf den
Grabhügel zuführt (ABB. 72). Die Dimensionen der Anlage
ließen die konventionelle Erforschung des gesamten
Komplexes mittels Flächengrabungen nicht mehr zu. Im
Auftrag und in enger Zusammenarbeit mit dem Landesamt für Denkmalpflege Hessen wurde deshalb von der
Posselt & Zickgraf Prospektionen GbR ein umfangreiches
Prospektionsprogramm in Angriff genommen (Pos-
selt/Zickgraf 1999). Im Rahmen dieses Projekts sollten anfangs der Umfang und die Struktur der Grabanlage und
ihres Umfelds erforscht werden. Es zeigte sich jedoch
bald, dass angesichts der Größe und Bedeutung der Gesamtanlage und des darüber liegenden Ringwalls die
Untersuchung des unmittelbaren Umfelds des Grabhügels nicht ausreichen würde. Letztlich konnte nur die
großflächige Prospektion der zu Füßen des Glaubergs gelegenen Kleinlandschaft zu weit reichenden Schlüssen
hinsichtlich der komplexen archäologischen Verhältnisse
führen.

MAGNETISCHE SPURENSUCHE

Während z. B. bei den Ausgrabungen am Grabhügel
die Unterscheidung zwischen den dunkel verfüll-
ten Gräben und ihrer sterilen Umgebung aufgrund der
vom Menschen unmittelbar optisch wahrnehmbaren
Eigenschaften (farbliche Kontraste) vorgenommen wurde, bedienen sich geophysikalische Prospektionsmethoden anderer Bodeneigenschaften, die außerhalb der
menschlichen Wahrnehmung liegen (Scollar u. a. 1990;
Zickgraf 1999).
Bei der am Glauberg im großen Maßstab eingesetzten
Geomagnetik wird oberflächennah die Stärke des Erd-
magnetfelds untersucht. Die unterschiedliche Magnetisierung archäologischer Objekte verursacht eine Störung
dieses natürlichen Magnetfelds. Da die obersten Bodenschichten allgemein mehr Anteile magnetischer Minera-

lien aufweisen und z. B. bei der Verfüllung eines Grabens
in den Untergrund gelangen, zeichnen sich solche Befunde durch eine erhöhte Magnetisierung aus. So wie ein
Eisenkern das Feld eines Elektromagneten verstärkt, be-
einflussen auch im Boden verborgene Strukturen kleinräumig das Magnetfeld der Erde. Die so hervorgerufenen
geringen Schwankungen können mit empfindlichen
Messgeräten, so genannten Magnetometern (ABB. 73), gemessen und elektronisch gespeichert werden. Das Magnetometer wird dazu in einem festgelegten Raster über
die Oberfläche getragen und zeichnet in einem bestimmten Abstand die Messwerte auf.

Die als Zahlenkolonne aufgenommenen Werte werden
mittels eines PCs flächig zu einem Bild zusammengesetzt.
In diesem Abbild des Untergrunds werden alle Messwerte
in Grauwerte umgesetzt. In einer Abbildung erscheint
dann der niedrigste Wert schwarz, der höchste weiß, während alle anderen gemäß ihrer Größe die dazwischen liegenden Grauwerte erhalten. Auf diese Weise entsteht, einem Röntgenbild vergleichbar, ein genaues Bild des Untergrunds, in dem sich z. B. Gräben meist als helle Spuren vom
Hintergrund abheben.

Da sich im Messbild einer geophysikalischen Prospektion archäologische, moderne und geologische Phänomene überlagern, bedürfen die auf diesen Bildern erkennbaren Strukturen der eingehenden Interpretation. Die durch
die geophysikalische Prospektion sichtbar gewordenen
archäologischen Befunde müssen anhand von Analogien
zu anderen Messungen oder Grabungen beschrieben und
gedeutet werden. Grundsätzlich handelt es sich bei der
Interpretation eines Messbilds immer um eine archäologische Deutung innerhalb eines von der Physik vorgegebenen Rahmens. Für die Messungen am Glauberg, die erst
im Jahre 2001 abgeschlossen wurden, konnte noch keine
detaillierte archäologische Auswertung vorgenommen
werden, sodass vorerst nur ein kurzer Überblick zu den
Messergebnissen möglich ist.

MONUMENTALITÄT IM MESSBILD

Nach der Ausgrabung des Grabhügels und der geomagnetischen Erforschung seiner unmittelbaren
Umgebung wurde eines der weltweit größten archäolo-
gisch-geophysikalischen Prospektionsprojekte in Gang gesetzt (ABB. 74; 75). Obwohl die anfangs entdeckten Befunde

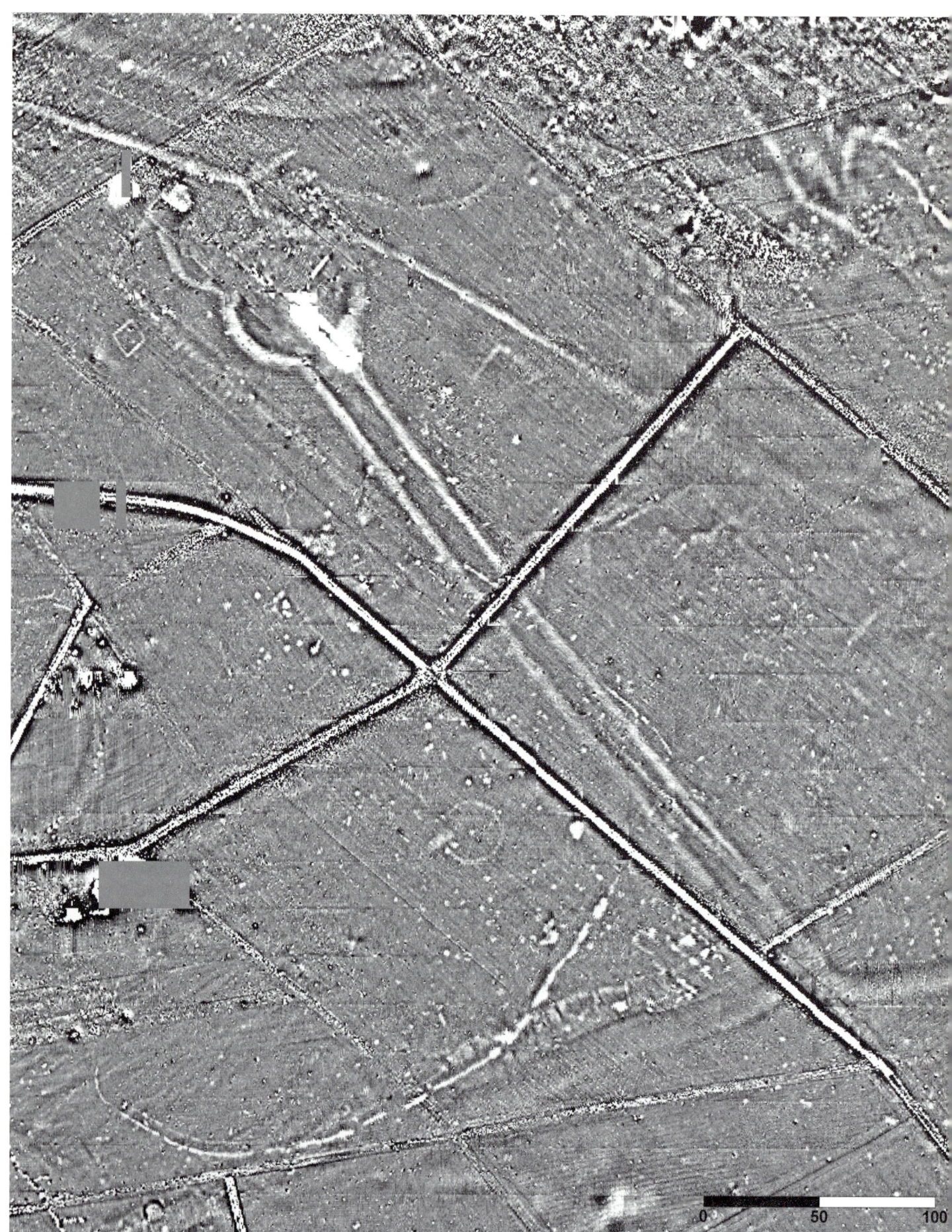

72 Der Großgrabhügel am Glauberg und seine Umgebung im Messbild der Geomagnetik.

0
50
100

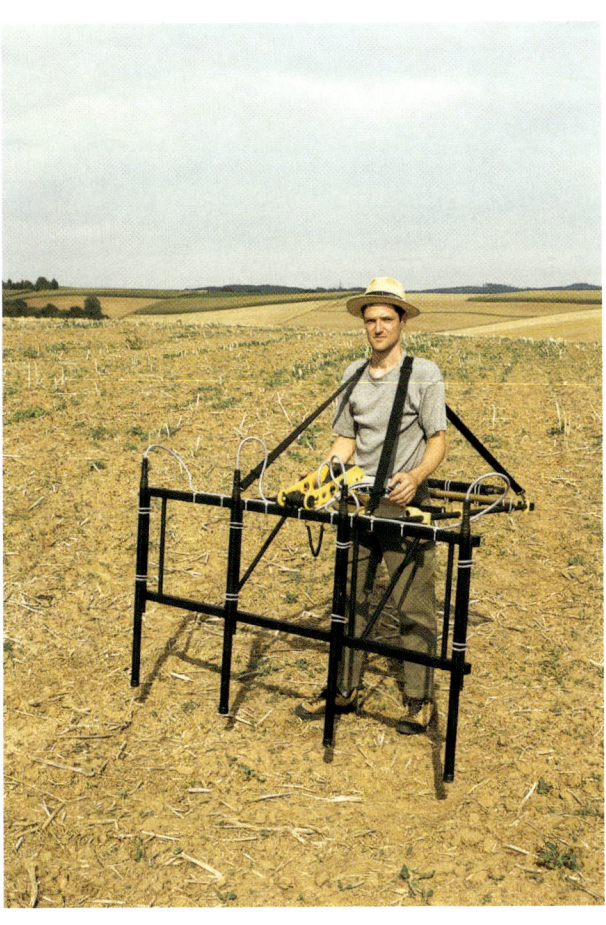

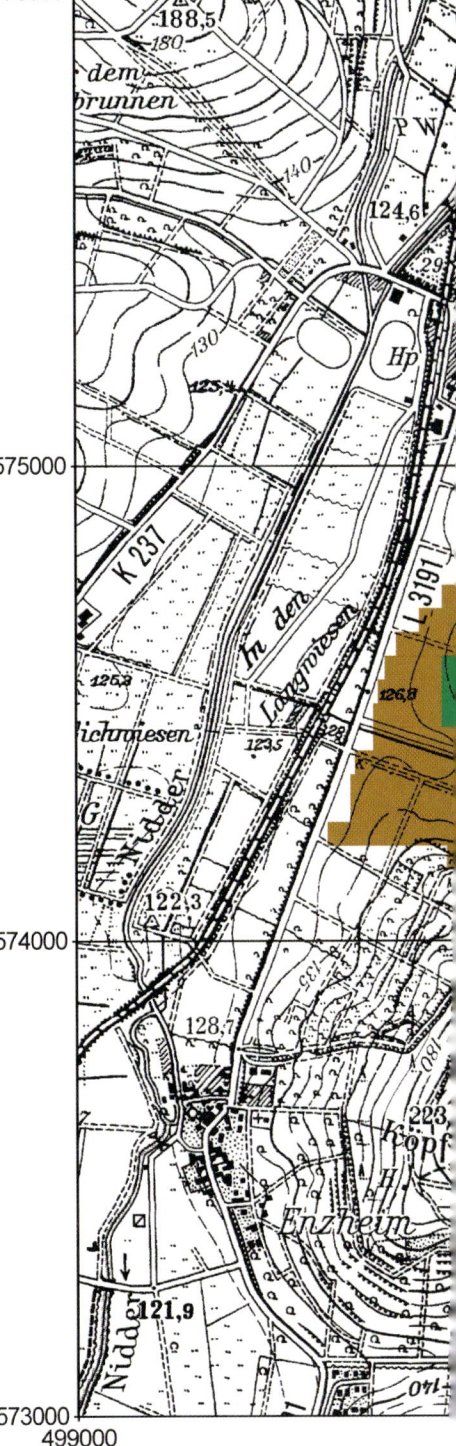

73 Das vierkanalige Fluxgate-magnetometer auf den Feldern am Glauberg.

74 In wenigen Jahren wuchs die geomagnetisch untersuchte Fläche am Glauberg auf 2,5 km² an.

schon für manche Überraschung gesorgt hatten, übertrafen die Ergebnisse der großflächigen Geomagnetik alle Erwartungen. Von der „Prozessionsstraße" nach Westen und Osten abzweigend können im Messbild weitere helle Anomalien (Gräben) mit einer Länge von über 1,2 km erkannt werden, die ohne Zweifel auf den Grabhügel Bezug nehmen und sich teilweise an bestehende Geländedenkmale anschließen lassen. Damit war auf einer Fläche von 500 000 m² eine monumentale Grab- und Kultanlage lokalisiert und dokumentiert worden, gegen die sich der am Beginn der Erforschung auf einem Luftbild erkannte Kreisgraben fast bescheiden ausnimmt. Hinzu kam noch die Entdeckung eines weiteren, kleineren keltischen Grabhügels, der etwa 250 m südöstlich des Großgrabhügels lag und inzwischen ausgegraben wurde.

GRABHÜGEL UND DARÜBER HINAUS

Mit dem Abschluss der geomagnetischen Untersuchungen im Jahr 2001 konnte auch eine erste Bilanz des Prospektionsprojekts gezogen werden. Auf einer zusammenhängenden Messfläche von 2,5 km² Ausdehnung (ABB. 74) waren etwa 20 archäologische Fundstellen unterschiedlicher Zeitstellung lokalisiert und in ihrer Struktur und Ausdehnung dokumentiert worden. Damit erwies sich

die Methode auch als leistungsfähiges und kostengünstiges Instrument archäologischer Landesforschung (Buthmann/Posselt/Zickgraf 2001). Neben den Relikten der Latènezeit wurden dabei z. B. Siedlungsstellen verschiedener Epochen, die Gräben eines vermutlich neolithischen Erdwerks, eine urnenfelderzeitliche Nekropole sowie zahlreiche noch undatierte Pingen in einer Brauneisensteinlagerstätte entdeckt. Die Anzahl der bis dahin durch Feldbegehungen bekannten vor- und frühgeschichtlichen

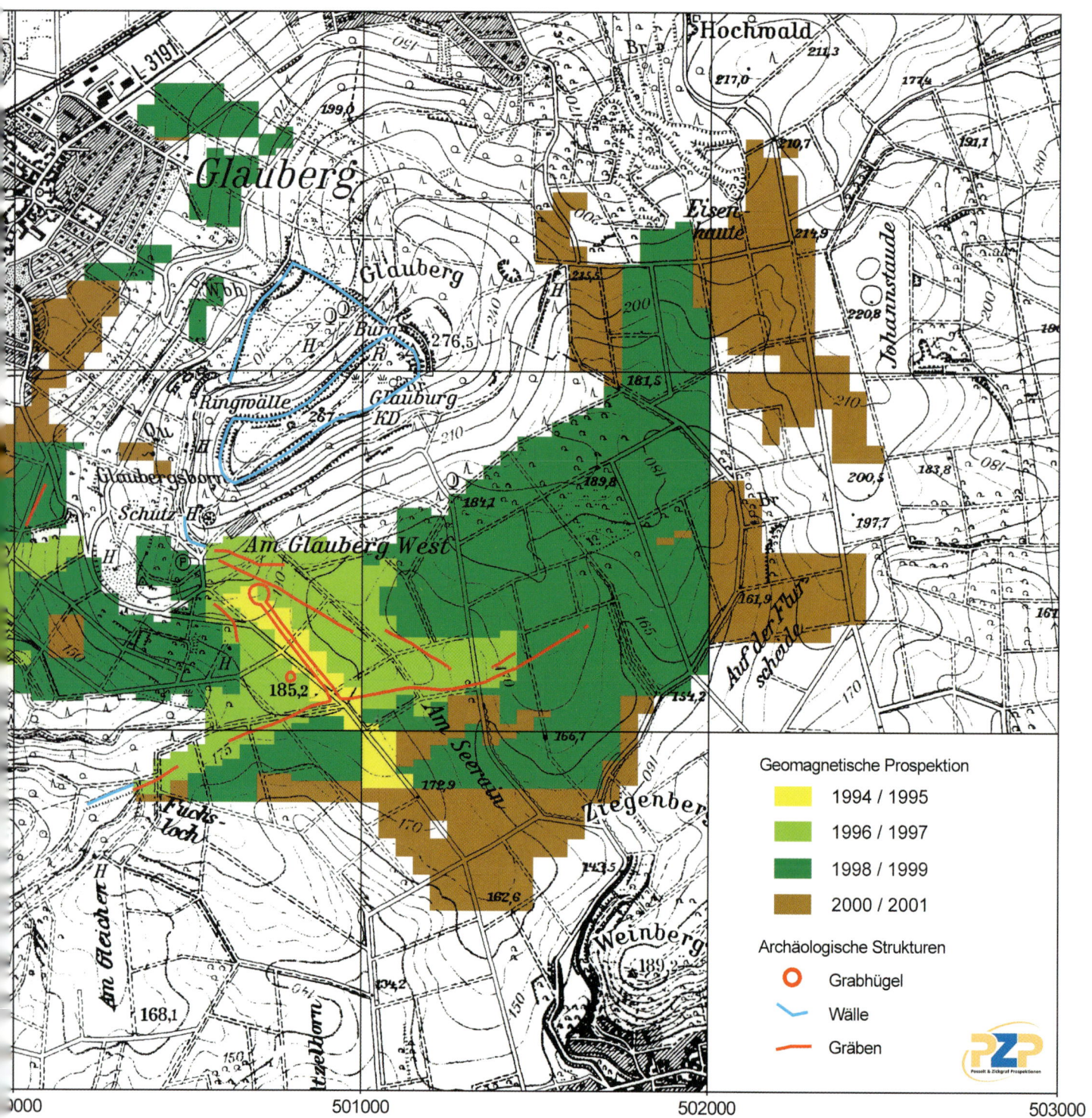

Fundstellen wurde durch den großflächigen Einsatz der Geomagnetik annähernd verdoppelt. Auf diese Weise können die Feldbegehungen auch auf bisher unbekannte Fundplätze ausgedehnt werden und so Anhaltspunkte für deren Datierung gewonnen werden. In der Kombination mit den Ergebnissen der Geomagnetik können bereits ohne Ausgrabungen umfangreiche Aussagen zur Struktur, Ausdehnung und Funktion einzelner Fundstellen gemacht werden.

Die Ergebnisse der großflächigen geophysikalischen Untersuchungen des Glaubergumfelds ermöglichen die umfassende Kenntnis einer monumentalen keltischen Grab- und Kultanlage. Darüber hinaus liefern sie aber auch detaillierte Informationen zur vorgeschichtlichen und historischen Topografie einer ganzen Kleinlandschaft zu Füßen des vor- und frühgeschichtlichen Ringwalls (ABB. 75).

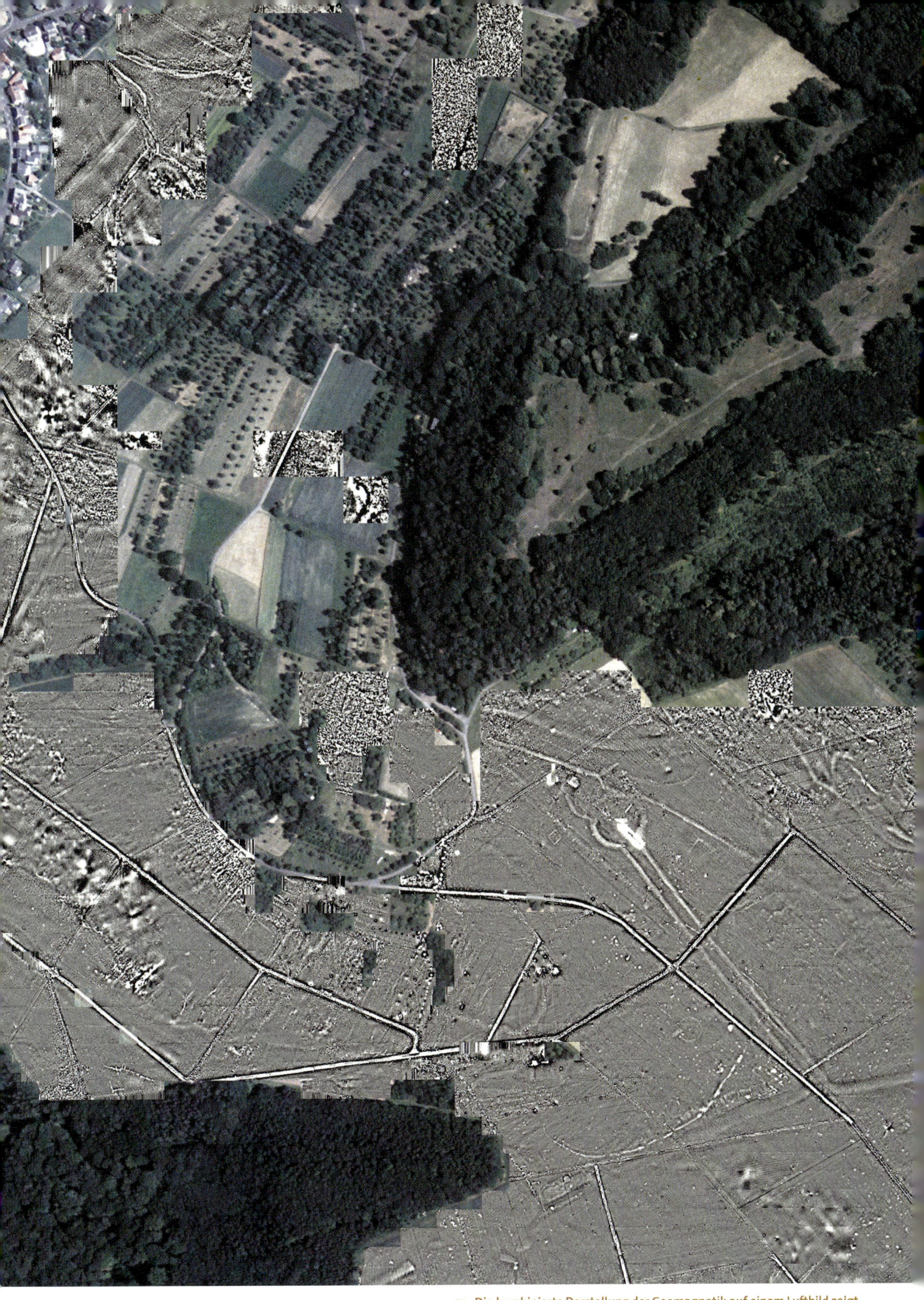

75 Die kombinierte Darstellung der Geomagnetik auf einem Luftbild zeigt den Umfang der geophysikalischen Untersuchungen am Glauberg.

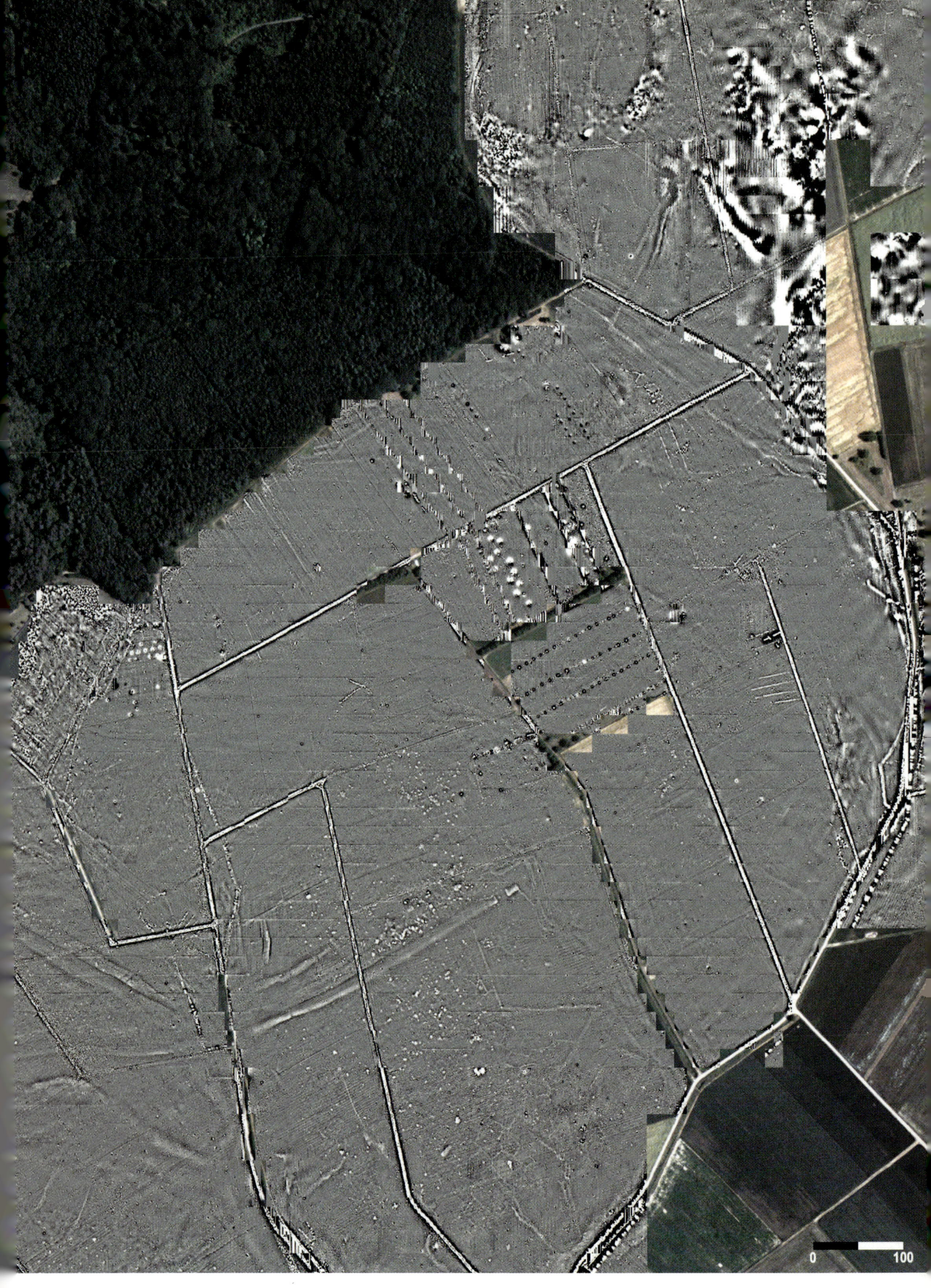

0   100

Die Skelettreste aus den frühkeltischen Fürstengräbern

von Manfred Kunter, Simone Lier und Nora Hantsch

In dem 1987 entdeckten und 1994–97 ausgegrabenen Fürstengrabhügel 1 am Fuße des Glaubergs konnten zwei Gräber mit menschlichen Knochenresten aufgedeckt werden. Grab 1 im nordwestlichen Teil des Hügels enthielt in einer hölzernen Grabkammer die Skelettreste einer Körperbestattung in Rückenlage. Grab 2 in der Mitte der Kreisgrabenlücke erbrachte in einem Holztrog zusammen mit verschiedenen Fundstücken die verbrannten Überreste eines weiteren Toten (Herrmann 1996; ders. 2000; Herrmann/Frey 1996; Frey/Herrmann 1997; s. Beitrag Herrmann).

Im westlichen Grabenzug, der von dem den Grabhügel 1 umgebenden Kreisgraben abgeht, waren zwei weitere Körpergräber eingebracht worden.

Alle Knochenreste aus diesen Gräbern wurden vorbildlich und vollständig geborgen. Die ersten Ergebnisse der anthropologischen Analyse werden hier vorgelegt.

che aus Grundschichten (Kunter 1994). Die Ursache dafür liegt wahrscheinlich in dem Phänomen begründet, dass große Menschen überdurchschnittlich häufig in hohe soziale Positionen gesiebt werden. Bei dem Mann aus Grab 1 dürfte die Körperhöhe als sozialer Siebungsfaktor aber keine Rolle gespielt haben. Andere (z. B. Erbfolge) als körperliche Qualifikationen dürften ihn in seine hohe soziale Position gebracht haben.

Gesundheitszustand: Hinweise auf die Todesursache waren an den Skelettresten nicht festzustellen. Der recht gute Zustand der erhaltenen Zähne mit relativ geringer Abrasion und ohne sichtbare Kariesschäden weist auf das junge Alter des Mannes, aber auch auf wenig abrasive Kost (Nahrungsmittel feiner Qualität) und eine intensive Mundhygiene hin. Fehlende Schmelzhypoplasien belegen den guten Ernährungs- und Gesundheitszustand dieses Mannes während seiner Kindheit.

GRAB 1

Erhaltungszustand des Skelettes: schlecht bis sehr schlecht, stark erodiert und zerdrückt, durchgehend verwittert, zermürbt und fragmentiert.

Repräsentanz: Teile aus allen Bereichen des Schädel-, Rumpf- und Extremitätenskelettes, unvollständig (ABB. 76–78).

Sterbealter: 28 bis 32 Jahre (fehlende bis geringfügige Nahtobliteration, geringe Zahnabkauung. Zahnzementannulation des Zahns 14; vgl. Jacobshagen 1999).

Geschlecht: Mann (Becken- und Schädelmerkmale).

Knochenrobustizität: Relativ kräftige Langknochen mit starken Muskelansatzmarken.

Körperhöhe: Aus der Länge von Femur, Radius und Humerus konnte nach der Methode von Trotter (Trotter 1970) eine Körperhöhe von 169 cm errechnet werden. Nach heutigen Maßstäben ist dieser Mann als kleinwüchsig zu bezeichnen. Bei der hohen sozialen Position des Bestatteten hätte man eine größere Körperhöhe erwartet. So hatte der Keltenfürst von Hochdorf eine imponierende Körperhöhe von 187 cm, der von Asperg von 184 cm (A. Czarnetzki in: Kat. Stuttgart 43 ff.). Der Mittelwert für Männer aus Hallstattpopulationen liegt bei 172 cm (mittelwüchsig). Für jüngere Zeiten ist eine Sozialschichtung des Merkmals Körperhöhe belegt, d. h., sozial höher gestellte Personen haben im Durchschnitt eine größere Körperhöhe als sol-

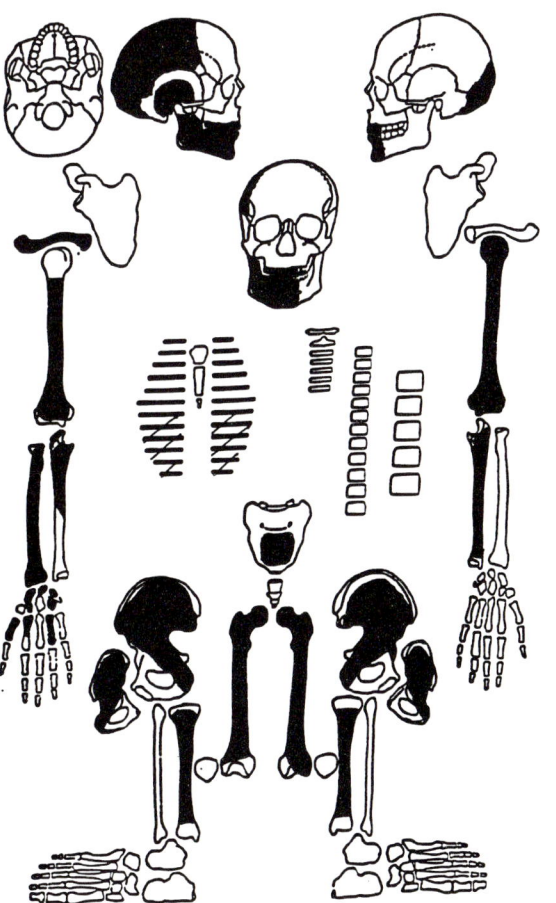

76 Grab 1, Skelettschema.

77 Grab 1, Schädel in situ, z. T. frei präpariert.

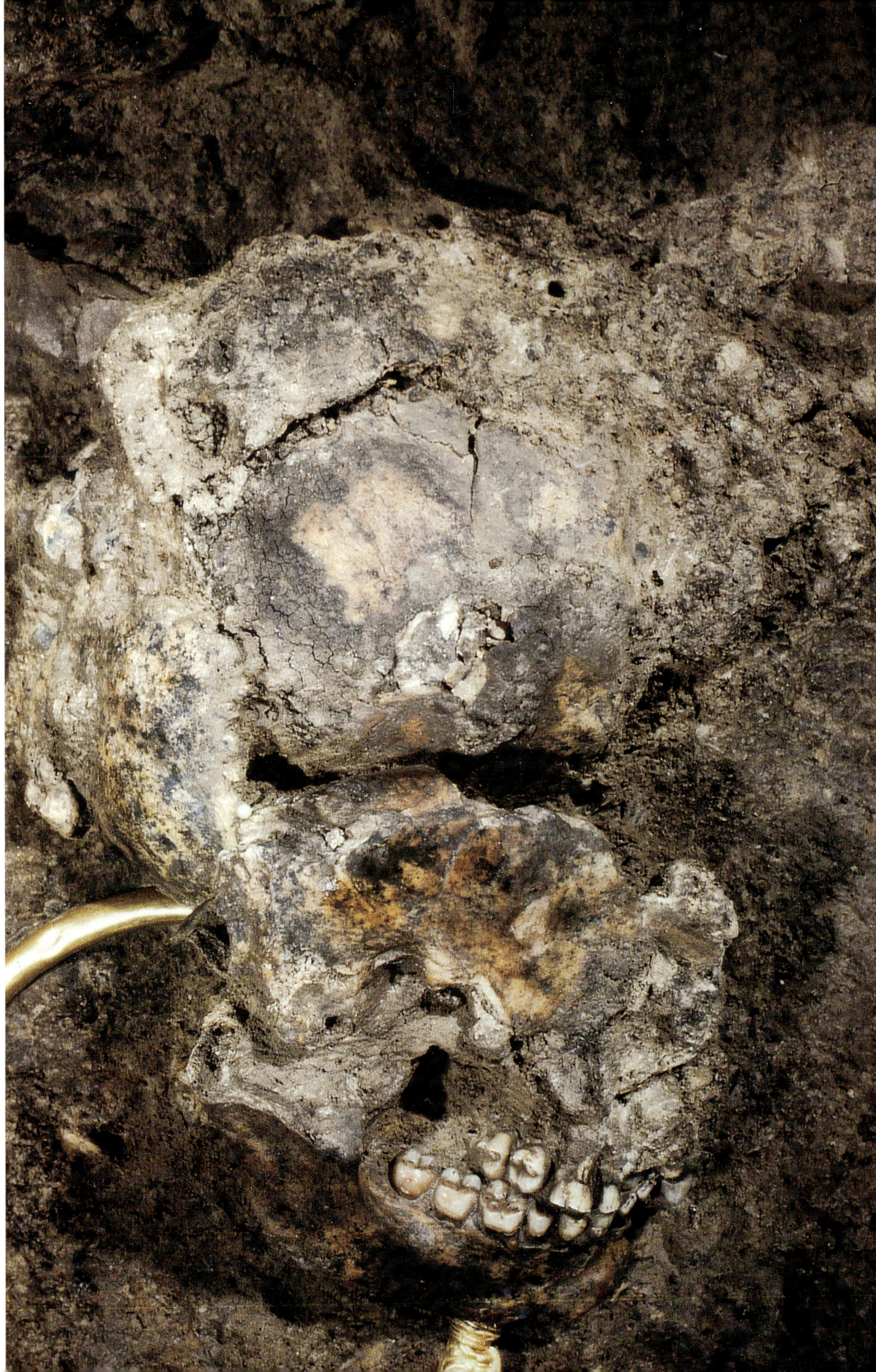

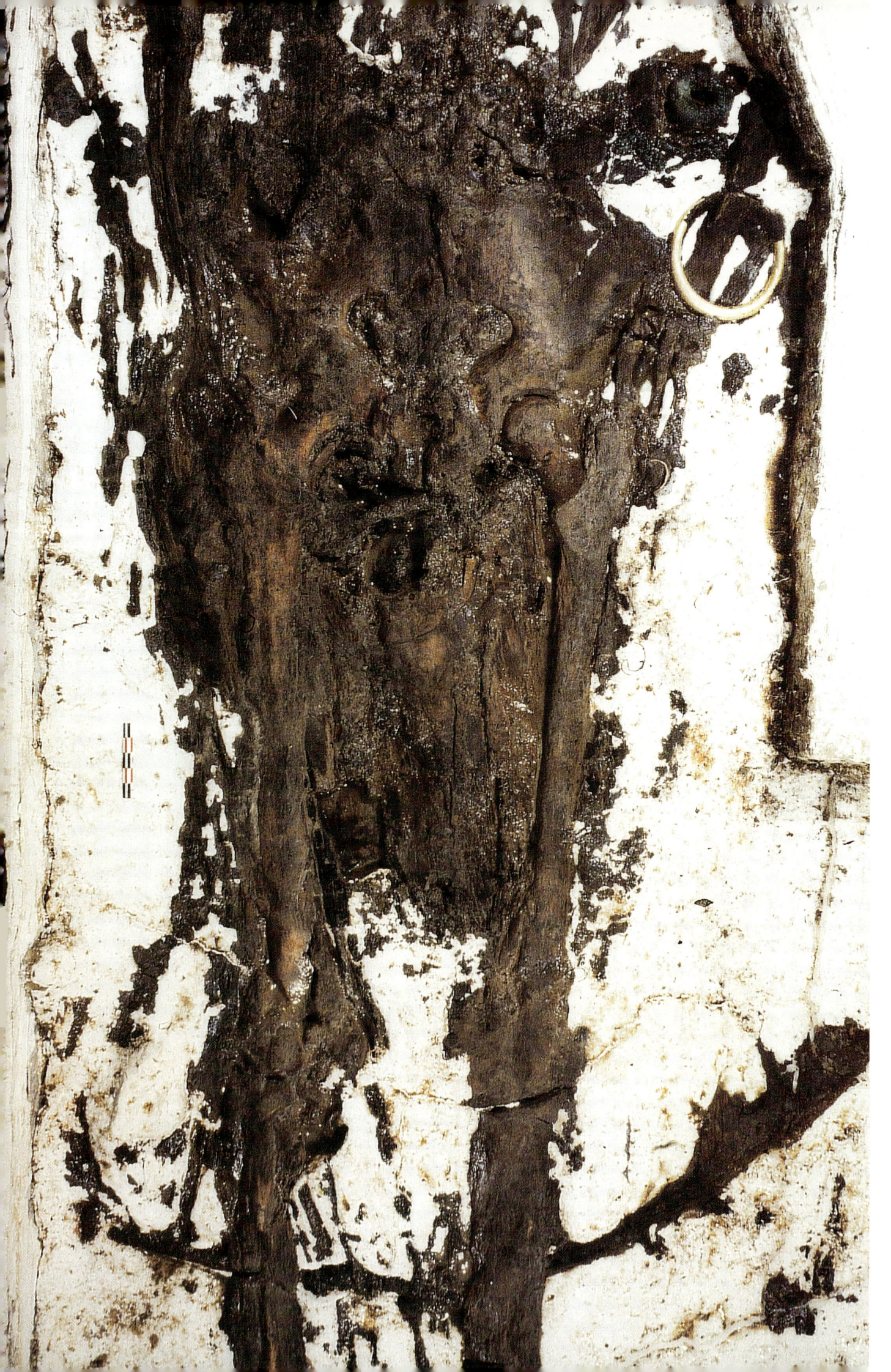

GRAB 2

Grab 2 aus Hügel 1 enthielt eine Brandbestattung. Die als verbrannte Knochen angesprochenen Fragmente wurden während der Ausgrabung in 22 Fraktionen geborgen. Die einzelnen Fraktionen konnten zu einem Gesamtbefund zusammengefasst werden:

Gewicht: Das Gesamtgewicht der Leichenbrandfragmente beträgt 644 Gramm. Diese Menge entspricht etwa einem Drittel der nach der Verbrennung anfallenden Knochenmenge eines erwachsenen Mannes. Es wurde also nur ein Teil der verbrannten Knochen aus dem abgebrannten Scheiterhaufen ausgelesen bzw. bestattet.

Lineare Länge der Leichenbrandfragmente: Es überwiegen durchschnittlich mittelgroße (1–5 cm) Leichenbrandfragmente. Nur wenige Stücke sind länger (bis zu 8,5 cm). Der Zerkleinerungsgrad entspricht somit durchschnittlichen Verhältnissen bei prähistorischen Leichenbränden.

Identifizierbare Teile: Es liegen Fragmente des Schädels und des Rumpf- und Extremitätenskelettes vor. Erwartungsgemäß dominieren die robusteren Strukturen des Schädels und der Langknochen. Eine willkürliche Selektion nach Körperregionen hat bei der Entnahme der verbrannten Knochen aus dem Scheiterhaufen nicht stattgefunden.

Sterbealter: Die scharfgratigen, offenen Schädelnähte und die Osteonenstruktur in der Langknochenkompakta sprechen für ein Alter zwischen 20 und 40 Jahren. Ein kleines Fragment mit der rechten Sutura lambdoidea zeigt an der Tabula interna eine leichte Verwachsung. Damit wird ein Alter zwischen 30 und 40 Jahren am wahrscheinlichsten.

Geschlecht: Mann. Die Geschlechtsbestimmung basiert im Wesentlichen auf Robustizitätsmerkmalen der Langknochen und auf den derben Oberflächenstrukturen des Schädels.

Knochenrobustizität: Die vorliegenden Extremitätenknochenfragmente weisen auf extrem derbe Langknochen mit sehr starken Muskelansatzmarken hin.

Körperhöhe: Aus dem Durchmesser des Caput femoris (= 4,2 mm) lässt sich nach Rösing (Rösing 1977) eine Körperhöhe von 169 cm (kleinwüchsig) rekonstruieren.

Bemerkungen: Aus Grab 2 liegen die unvollständigen, aber repräsentativen Fragmente eines vollkommen verbrannten Leichenbrandes vor. Die Reste können einem kleinwüchsigen Mann von etwa 30 bis 40 Jahren mit einem extrem kräftigen Körperbau zugeordnet werden. Die identische Körperhöhe von 169 cm bei den Männern aus Grab 1 und 2 könnte wegen der weit ge-

hend genetischen Bestimmung dieses Merkmals ein Hinweis auf ein nahes Verwandtschaftsverhältnis zwischen beiden Männern (Brüder bei zeitgleicher Bestattung, Vater-Sohn bei einem längeren Zeitraum zwischen beiden Bestattungen) sein.

BESTATTUNG EINES KINDES IM GRABENKOPF

Am Ende eines Grabenzuges, der vom Kreisgraben nach Westen abging, befand sich die Körperbestattung eines Kindes.

Erhaltungszustand des Skelettes: schlecht, erodiert und fragmentiert.

Repräsentanz: Teile aus allen Bereichen des Schädel-, Rumpf- und Extremitätenskelettes; unvollständig (ABB. 79).

Sterbealter: Der Entwicklungszustand der Milchzahnkronen und der Schmelzkronen der ersten Dauermolaren und des medialen Dauerschneidezahns sowie die Maße der Langknochendiaphysen weisen auf ein Alter von ungefähr 12 Monaten hin.

Geschlecht: Nicht bestimmbar.

BESTATTUNG EINER FRAU IM GRABENKOPF

Direkt neben der Kinderbestattung lag die Bestattung einer Frau.

Erhaltungszustand des Skelettes: relativ schlecht, erodiert und fragmentiert.

Repräsentanz: Teile des Schädel-, Rumpf- und Extremitätenskelettes; unvollständig (ABB. 80).

Sterbealter: 60 bis 80 Jahre (weit gehende Verwachsung der Schädelnähte, intravitale Zahnverluste).

Geschlecht: Frau. Die Geschlechtsdiagnose beruht auf geschlechtstypischen Merkmalen (glatte Inionregion, gerundeter Unterkieferwinkel) und des knöchernen Beckens (weite Incisura ischiadica major; tiefer, gut abgesetzter Sulcus präauricularis, offener Arc composé).

Knochenrobustizität: Die Langknochen sind außerordentlich kräftig und haben sehr starke Muskelansatzmarken. Für eine Frau ist dieser Befund ungewöhnlich.

Körperhöhe: Aus den z. T. rekonstruierten Knochenlängen von Humerus, Radius, Tibia und Femur konnte nach der Methode von Trotter (Trotter 1970) eine Körperhöhe von 165 cm ermittelt werden (hochwüchsig).

Bemerkungen: Diese Bestattung enthielt also die Reste einer hochwüchsigen, alten Frau mit extrem massigen Extremitätenknochen und stark ausgeprägten Mus-

78 Grab 1, unterer Skelettabschnitt von dorsal, z. T. freipräpariert.

79 Kinderbestattung im Grabenkopf, Skelettschema.

kelansatzmarken. Offensichtlich war diese Frau während ihres Lebens starken körperlichen Beanspruchungen ausgesetzt. Diese Vermutung wird durch die Tatsache unterstrichen, dass die Diaphysen von Radius und Ulna infolge permanenten Muskelzuges leicht gebogen sind. Die Femurschäfte sind deutlich dorsoventral gebogen, was im Leben eine O-Beinstellung bewirkt haben muss. Da die Fundsituation eher eine sozial exponierte Person erwarten lässt, die kaum einem normalen Arbeitsstress ausgesetzt war, ist die Art der körperlichen Belastung nicht konkret zu fassen.

Weiterhin ist auffällig, dass trotz des hohen Alters der Frau keine Abbauerscheinungen an den Knochen und keine degenerativen Gelenkveränderungen festzustellen sind.

Dieser Befund ist als Indiz für den hohen sozialen Status dieser Frau zu werten, mit dem sicher eine gute Ernährungssituation verbunden war, die zu einer optimalen Entwicklung des Bewegungsapparats beigetragen haben dürfte.

VERWANDTSCHAFTSANALYSE UND GESCHLECHTSBESTIMMUNG DURCH aDNA-ANALYSE

Joachim Burger (z. Zt. Institut der Universität Mainz; briefl. Mitteilung) hat im Labor des Instituts für Anthropologie in Göttingen (Leiter: B. Herrmann) versucht, an Zähnen der Individuen aus Grab 1 und der Frauenbestattung im Grabenkopf über eine Analyse alter DNA das Geschlecht und mögliche Verwandtschaftsbeziehungen zu eruieren. Es zeigten sich hierbei lediglich schwache Amplikate in wenigen Systemen, die sich bei der Versuchswiederholung nicht reproduzieren ließen. Folglich konnte weder ein individualspezifischer Genotyp noch eine Geschlechtsbestimmung erstellt werden. Die negativen Resultate lassen sich durch das feuchte Liegemilieu, das zu hydrolytischer und oxidativer Degradierung der DNA geführt haben kann, erklären.

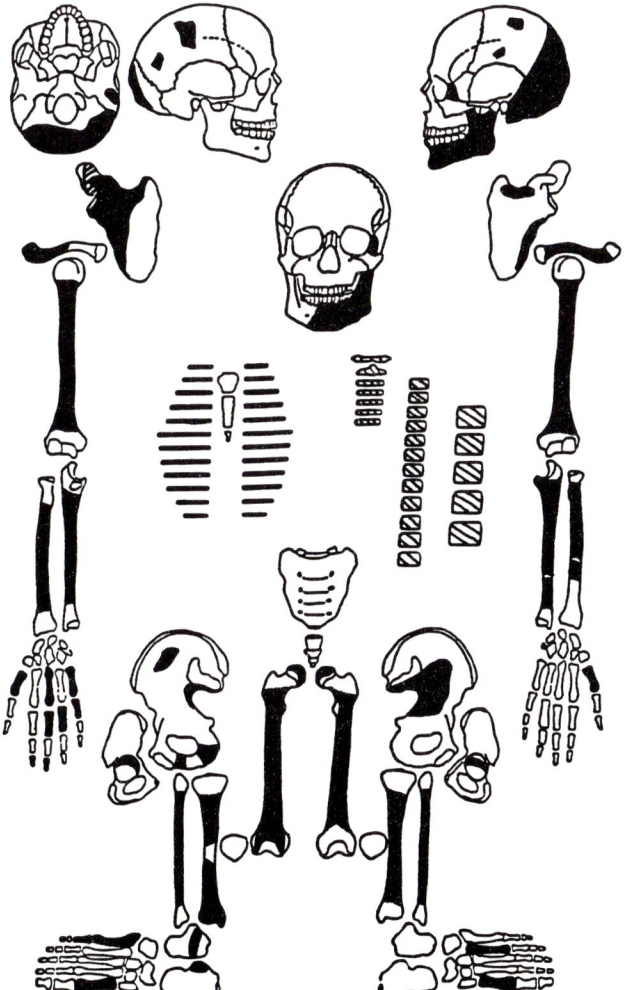

80 Frauenbestattung im Grabenkopf, Skelettschema.

DER INHALT DER BEIDEN BRONZEKANNEN

VON MANFRED RÖSCH

Beide Bronzekannen vom Glauberg, sowohl die Schnabelkanne aus Grab 1 (KAT.-NR. 1.1, ABB. 233–236) als auch die Röhrenkanne aus Grab 2 (KAT.-NR. 2.1, ABB. 104), enthielten neben nachträglich eingedrungener Erde eine feste, bräunliche, homogene Substanz, die von den Restauratoren als „kompakte organische Masse" bezeichnet wurde. In Kontakt mit dem Metall kleidete sie die Innenwände der Gefäße aus, in besonderer Dicke in den unteren Gefäßteilen. Da der Verdacht bestand, es handele sich um Überreste der ursprünglichen Füllungen, wurden weiterführende naturwissenschaftliche Untersuchungen eingeleitet (M. Rösch in: Frey/Herrmann 1997, 543 ff.; Rösch 1999). Der Nachweis von Bienenwachs in dieser Masse durch chemische Analysen sowie der Fund zahlreicher gut erhaltener Pollenkörner bei der mikroskopischen Untersuchung ließ die Vermutung zur Gewissheit werden, dass sich in beiden Gefäßen Honig befunden hat. Der Blütenstaub in den Gefäßen stammte nicht, wie beim Pollenniederschlag aus der Luft, vorwiegend von windblütigen Pflanzen, sondern von solchen, die von Insekten, insbesondere von Bienen bestäubt werden, wenig Pollen produzieren und in der Regel im Pollenniederschlag aus der Luft schwer nachweisbar sind – ein weiterer Beweis für Honig. Die bakterielle Zersetzung des Blütenstaubs war während 2500 Jahren durch giftige Kupfersalze, die sich an den Kannenwänden gebildet hatten, verhindert worden.

Neben diesen beiden Belegen für keltischen Honig gibt es nur noch zwei weitere, nämlich aus großen Bronzekesseln, die in den eisenzeitlichen Grabhügeln von Hochdorf nordwestlich von Stuttgart und Hohmichele bei der Heuneburg an der oberen Donau gefunden worden sind (Körber-Grohne 1985; Rösch 1999).

Die nächste Frage war nun, in welcher Menge und in welcher Form sich der Honig in den beiden Kannen befand, ob rein oder als Bestandteil eines Getränks. Dazu wurde zunächst der Gesamt-Pollengehalt ermittelt, indem der Pollengehalt in den untersuchten Stichproben durch Marker-Zugabe bestimmt und dann auf die gesamte „kompakte organische Masse" der beiden Kannen hochgerechnet wurde. Demnach enthielt die Schnabelkanne 19,8 Millionen Pollenkörner, die Röhrenkanne hingegen nur 200 000. Durch experimentelle Untersuchungen an auf „archaische" Weise, ohne Honigschleuder gewonnenen Honigen wurde für auf ähnliche Weise erzeugte keltische Honige ein mutmaßlicher Pollengehalt von 10 000 Körnern pro Gramm Honig ermittelt. Daraus folgt für die

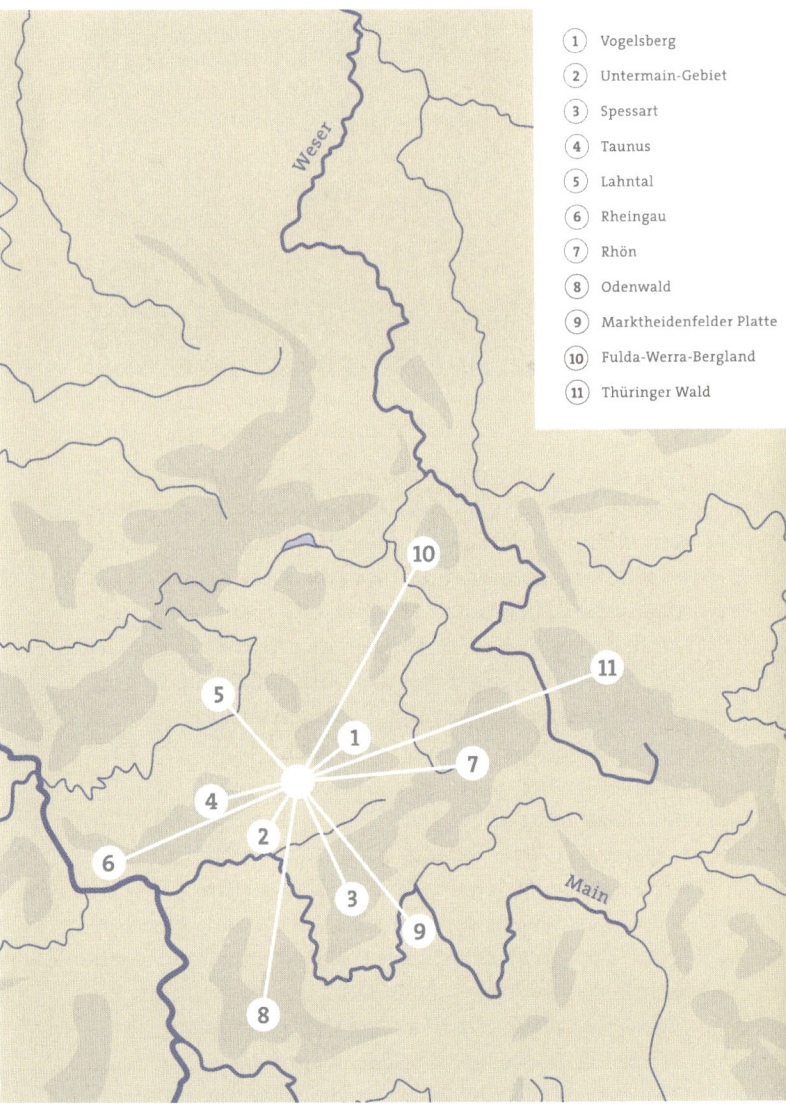

1. Vogelsberg
2. Untermain-Gebiet
3. Spessart
4. Taunus
5. Lahntal
6. Rheingau
7. Rhön
8. Odenwald
9. Marktheidenfelder Platte
10. Fulda-Werra-Bergland
11. Thüringer Wald

81 Lage des Glaubergs und nächstgelegene Herkunftsgebiete für „exotische" Pollentypen im Honig der Schnabelkanne unter Zugrundelegung des floristischen Bestands der letzten 200 Jahre im Umkreis des Glaubergs.

vier Liter fassende Schnabelkanne eine Honigmenge von etwa 2 kg, für die 8,9 Liter fassende Röhrenkanne von 200 g oder, auf das Volumen der Gefäße bezogen, eine Honigfüllung von 35 % bzw. 2 %.

Da die Kannen ursprünglich wohl vollständig gefüllt waren und solche Gefäße üblicherweise nicht zur Aufbewahrung von Honig verwendet worden sein dürften, stellt sich die Frage nach der tatsächlich darin enthaltenen honighaltigen Flüssigkeit. Im Falle der Schnabelkanne handelte es sich mit höchster Wahrscheinlichkeit um einen

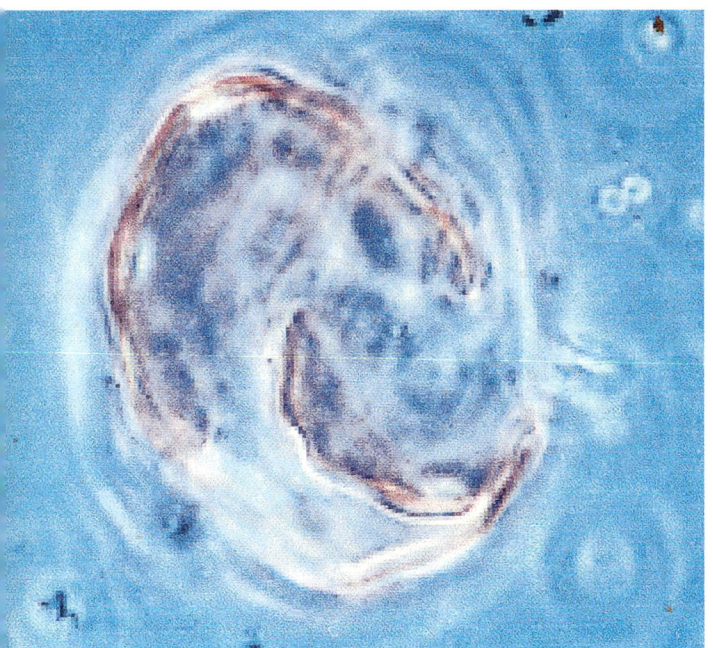

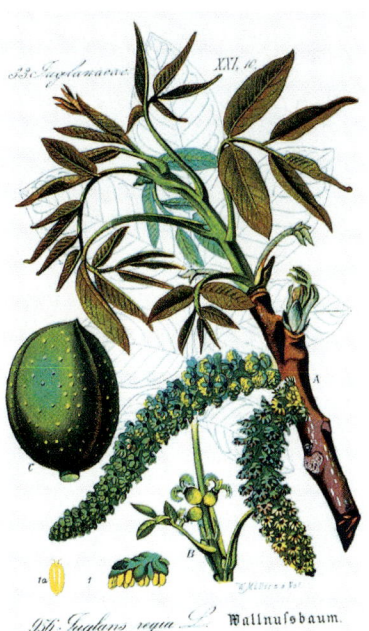

hochwertigen Metansatz, der nach abgeschlossener Gärung einen hochprozentigen Met mit Südweincharakter ergeben hätte. Normalerweise wird Met nach Abschluss der Gärung wie andere vergorene Getränke von der Hefe abgezogen, also umgefüllt, wobei mit der Hefe auch die abgesetzten Pollen zurückbleiben und nicht mehr nachweisbar sind. Bei der Schnabelkanne war das nicht der Fall, sondern sie selbst war das Gärgefäß. In die Röhrenkanne hat man dagegen offenbar einen fertig vergorenen Met eingefüllt, wobei etwas vom Bodensatz mitkam; sonst wären gar keine Pollen nachweisbar gewesen. Dass sich in dieser Kanne ein mit etwa 200 g Honig gesüßtes Getränk, etwa Wein, befand, ist weniger wahrscheinlich, kann aber nicht sicher ausgeschlossen werden.

Insbesondere in der Schnabelkanne wurde eine sehr große Zahl unterschiedlicher Pollentypen gefunden, ein Mehrfaches an Artenvielfalt, was man aus heutigen Honigen kennt. Das hat zwei Gründe: Zum einen war die eisenzeitliche Landschaft offenbar von einer viel größeren floristischen Vielfalt als die moderne Kulturlandschaft. Zum anderen handelte es sich bei diesem Honig offenbar nicht um den Ertrag eines einzigen Bienenvolkes, was theoretisch möglich gewesen wäre, sondern um einen Mischhonig, hergestellt aus Honigen verschiedener Provenienzen. Gegen einen Trachthonig sprechen die Blühzeiten der erfassten Pflanzen, die über die gesamte Vegetationsperiode, vom Frühling bis in den Herbst streuen. Auf einen Mischhonig weisen auch eine Reihe „exotischer" Pollentypen hin, die von Pflanzen stammen, die heute nicht mehr in der Umgebung des Glaubergs vorkommen,

auch in den vergangenen zweihundert Jahren nicht dort vorkamen und mit großer Wahrscheinlichkeit auch davor nicht. Da die Existenz von eisenzeitlichen Wander-Imkern unwahrscheinlich ist, sind offenbar Honige über größere Distanzen – bis zu 100 km und mehr – zum Glauberg transportiert und dort zusammen gemischt worden (ABB. 81). Das geschah natürlich nicht, um allein die Schnabelkanne zu füllen, sondern deren Inhalt wurde von einem größeren Ansatz abgezweigt.

Die Masse des Honigs könnte aber durchaus aus der näheren Umgebung stammen. In dieser stark entwaldeten Landschaft gab es großflächig Äcker, besetzt mit Ackerunkräutern, die heute vor allem in den Roten Listen vorkommen, dörfliche Unkrautfluren, sehr artenreiche Magerrasen und Säume, aber auch Heiden auf bodensauren Standorten. Es war eine hoch entwickelte, hoch differenzierte, intensiv mit Ackerbau und extensiver Weidewirtschaft genutzte Kulturlandschaft, die sich wohl nicht sehr von der des Mittelalters unterschied, wohl aber stark von unserer heutigen überdüngten und monoton gewordenen Landschaft. Im Honig sind auch einige der angebauten Kulturpflanzen mit ihren Pollenkörnern vertreten, nämlich Weizen, wobei die Art offen bleiben muss, Gerste, Roggen und Hirse, dazu die Öl- und Faserpflanzen Gebauter Lein und Schlafmohn sowie Ackerbohne und Erbse. Besonders überraschend waren jedoch die Funde von Sellerie, Liebstöckel und Anis sowie des Walnuss-Baums, Kulturpflanzen, von denen man bisher annahm, sie seien erst von den Römern nach Mitteleuropa gebracht worden (ABB. 82).

WANDEL EINER LANDSCHAFT

ERGEBNISSE VON POLLENUNTERSUCHUNGEN IN DER ÖSTLICHEN WETTERAU

VON ASTRID STOBBE UND ARIE J. KALIS

Spätestens seit der Entdeckung der Fürstengrabhügel am Glauberg ist klar, dass erste große, durch den Menschen verursachte Landschaftsveränderungen in unserem Gebiet nicht erst der römischen Bevölkerung zugeschrieben werden dürfen. Nahm man bislang an, dass der gewaltige Bau- und Brennholzbedarf der Römer zu großflächigen Entwaldungen führte und gar in Degradierungen der Vegetation endete, so wissen wir heute, dass dies in den meisten Gebieten bereits zuvor – nämlich in der Eisenzeit – stattgefunden hat. Dieses Wissen beruht auf einem Netz vieler neuer pollenanalytischer Untersuchungen in Westeuropa, die aufgrund einer großen Zahl von gut datierten Pollendiagrammen die deutlich sichtbaren Vegetationseingriffe bereits in die Eisenzeit einordnen. Das ist auch der Fall in der östlichen Wetterau, wo drei Pollendiagramme aus der Nähe eisenzeitlicher Grabhügel erarbeitet wurden (ABB. 83).

83 Lage der untersuchten Pollenprofile (A–D) und ihre räumliche Beziehung zu sicheren und vermuteten Großgrabhügeln (1–4).

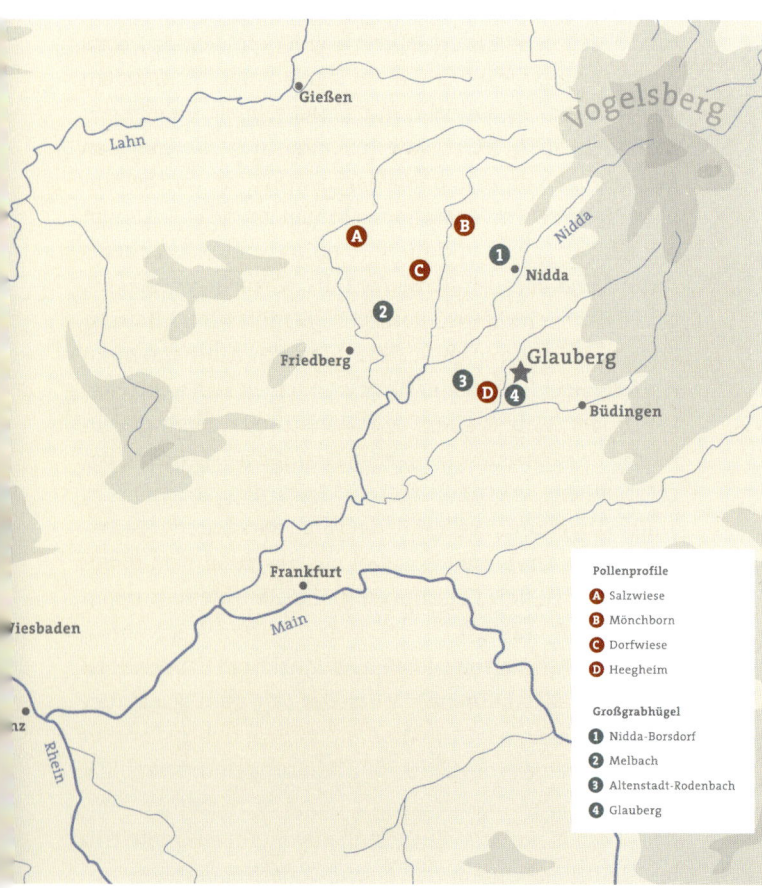

Die drei Pollendiagramme geben Aufschluss über die menschlichen Eingriffe in das Vegetationsgefüge. Die Ablagerung „Heegheim" (ABB. 84) liegt nahezu in der Mitte zwischen dem Glauberg und einem weiteren Fürstengrabhügel bei Altenstadt-Rodenbach in der Nidderniederung; Profil „Mönchborn" stammt aus der Nähe von Nidda-Borsdorf, wo ein weiterer Großgrabhügel vermutet wird. Es vermittelt durch seine Lage bereits naturräumlich zum Unteren Vogelsberg hin. Die Vermoorung mit dem Namen „Dorfwiese" liegt bei Berstadt westlich der Horloff.

VEGETATIONSGESCHICHTE UND ARCHÄOLOGIE – DIE ZEITLICHE VERKNÜPFUNG

Eine exakte zeitliche Verknüpfung von vegetationsgeschichtlichen Ereignissen, wie sie aus Pollendiagrammen abgelesen werden können, mit der Besiedlungsgeschichte ist selten über einen direkten Weg möglich. Pollen und Sporen bleiben nur bei Luftabschluss erhalten, z. B. unter Wasser und in Torfen. Lediglich in Ausnahmefällen, wie das bei den Seeufersiedlungen im Alpenvorland oder den Moorsiedlungen vom Federsee der Fall ist, siedelten die Menschen unmittelbar am Wasser bzw. auf Torfschichten. Dann ist eine direkte Verknüpfung von archäologischen Befunden mit Pollen führenden Ablagerungen möglich. Bevorzugt lebte und wirtschaftete der Mensch aber auf den trockenen Böden, also an Stellen, wo organisches Material – mit Ausnahme der verkohlten Pflanzenreste – in der Regel vergeht und damit für vegetationsgeschichtliche Untersuchungen nicht zur Verfügung steht. Hier ist man auf Moorablagerungen als Archive der Vegetationsgeschichte angewiesen, die zwar nicht aus den Siedlungen selbst stammen, möglichst aber aus ihrer Nähe kommen sollten.

Durch die Entwicklung der radiometrischen Altersbestimmung (14C-Datierung) bot sich eine zuverlässige Methode, um das Alter von Torfprofilen zu bestimmen. Damit ist eine von der Archäologie vollständig unabhängige zeitliche Einordnung der Pollen führenden Ablagerungen möglich. Die so datierten vegetationsgeschichtlichen Ereignisse können dann mit den archäologischen Ereignissen in Verbindung gebracht werden.

Leider funktioniert die 14C-Datierung aber gerade für den Zeitabschnitt zwischen 800 bis etwa 200 v. Chr. nur

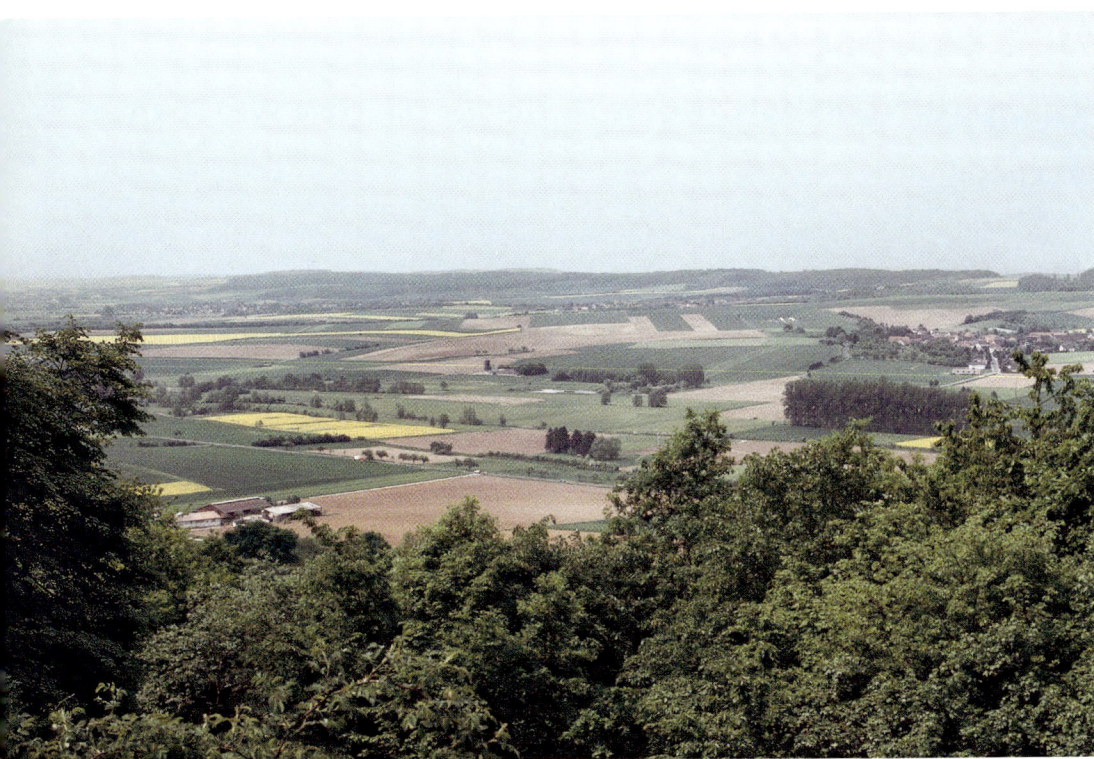

84 Blick vom Glauberg nach Südwesten. In der Nidderaue liegt die Niedermoorablagerung „Bruch von Heegheim". Das kleine Gewässer markiert ihre Lage.

mangelhaft, denn entgegen der methodischen Annahme, dass in der Vergangenheit jährlich gleiche Mengen an radioaktivem Kohlenstoff in der Atmosphäre gebildet wurden, kam es ab 800 v. Chr. über eine längere Zeit hinweg zu einem allmählichen Anstieg des radioaktiven Isotops, sodass für diesen Zeitraum kein direkter Zusammenhang zwischen Zerfallsrate des radioaktiven 14C und dem Alter der organischen Probe hergestellt werden kann. Verdeutlichen lässt sich dies anhand der dendrochronologischen Kalibration von 14C-Datierungen aus der Eisenzeit. In den gemäßigten Klimabereichen der Erde bilden Gehölze als Folge des sekundären Dickenwachstums Jahrringe aus. Das Wachstum erfolgt rhythmisch, dem jahreszeitlich wechselnden Klima entsprechend. Da die Breite der Jahrringe der einzelnen Jahre vom Witterungsverlauf abhängig ist, unterscheiden sie sich von Jahr zu Jahr. Wird die Breite der Jahrringe über den gesamten Stammquerschnitt gemessen, so ergibt sich eine ganz charakteristische Abfolge, eine so genannte Jahrringbreitenkurve. Solche Kurven verschieden alter Bäume lassen sich miteinander verknüpfen, sodass Jahrhunderte und Jahrtausende zurückreichende Jahrringchronologien aufgebaut werden konnten (Dendrochronologie). 14C-Messungen derartiger Holzproben führen zu der Möglichkeit 14C-Alter in Kalenderjahre umzurechnen und so aus allen 14C-Werten das absolute Alter zu ermitteln; sie werden kalibriert. Im vorliegenden Falle der Eisenzeit ergibt die Umsetzung von 14C-Alter in wirkliche Sonnenjahre allerdings nicht eine Jahreszahl, sondern ein Zeitintervall von 300 bis 400 Jahren. Man spricht von dem so genannten Hallstatt-Plateau.

Glücklicherweise bietet die vegetationsgeschichtliche Analyse von Moorablagerungen einen Ausweg für dieses Datierungsproblem. Moorablagerungen entstehen, wenn die abgestorbenen Pflanzenreste der Moorvegetation auf nassen Untergrund fallen und dort – unter Luftabschluss – nicht vollständig zersetzt werden. Im Laufe der Jahre wird auf diese Weise ein Paket von nicht zersetzten Pflanzenresten aufgebaut und unter seinem eigenen Gewicht komprimiert: Es entsteht Torf. Da eine gleich bleibende Moorvegetation jedes Jahr in etwa auch die gleichen Mengen an Biomasse produziert, wächst der Torf bei unveränderter Moorvegetation sehr gleichmäßig. Wird ein solches Torfpaket 14C-datiert, so müsste unten ein älteres Datum und oben ein jüngeres Datum das Ergebnis sein. Oft kommt es bei den radiometrisch ermittelten Altern jedoch zu Unstimmigkeiten: Häufig ist das Alter aufeinander folgender Proben identisch, ja es zeigen sich sogar Umkehrungen. Eine Sequenz von Datierungen einer gleichmäßig gewachsenen Ablagerung kann die Ergebnisse der 14C-Methode aber „korrigieren". So ermöglicht ein Zeit-Tiefen-Diagramm die Ermittlung der „wirklichen" Wachstumskurve: eine gerade Linie, die die dendrochronologisch kalibrierten Zeitintervalle aller Einzeldatierungen durchkreuzt (ABB. 85).

Auch eine so ermittelte Wachstumskurve hat dennoch eine gewisse Bandbreite, die von der Zahl der Einzeldatierungen abhängig ist. Um die Bandbreite möglichst eng zu halten, ist eine große Zahl von Datierungen notwendig – wenn auch aus finanziellen Gründen nicht immer möglich. Auch hier bietet die Pollenanalyse eine elegante Hilfe: Die Pollendiagramme verschiedener Moorablagerun-

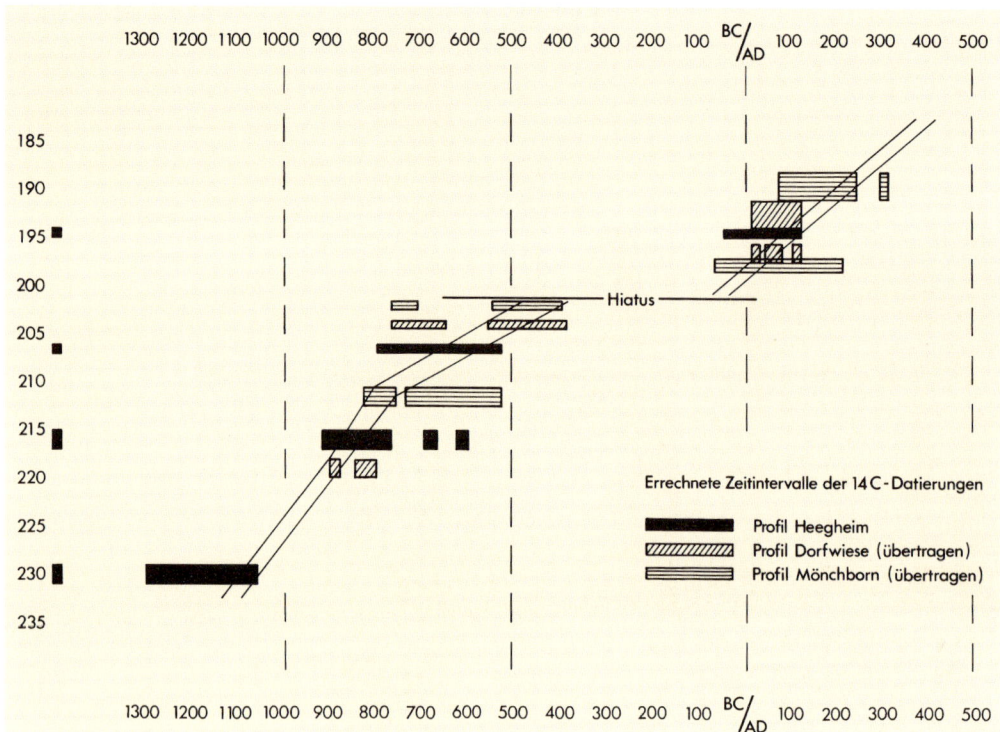

85 Zeit-Tiefen-Diagramm von Profil „Heegheim" anhand der kalibrierten 14C-Datierungen (68 % Wahrscheinlichkeit nach Oxcal 3.3).

86 Übertragung der unkalibrierten 14C-Datierungen aus den Diagrammen Dorfwiese und Mönchborn auf Diagramm Heegheim mit Hilfe der pollenanalytischen Korrelation.

gen aus einer relativ kleinen Landschaft, wie beispielsweise der Wetterau, weisen eine große Ähnlichkeit auf und belegen damit auch eine sehr ähnliche Landnutzung für das Gebiet. Anhand des Verhaltens ausgewählter Pollenkurven kann man die Pollendiagramme oft zentimetergenau miteinander korrelieren. Dies ermöglicht wiederum, 14C-Datierungen eines Diagramms auf andere zu übertragen und somit „künstlich" die Zahl der Altersbestimmungen (pro Diagramm) zu erhöhen. Die Korrelation der Datierungen aus den verschiedenen Ablagerungen der Wetterau hat dazu geführt, dass in den Pollendiagrammen sichtbare Vegetationsveränderungen trotz der Schwierigkeiten der 14C-Methode während des Hallstatt-Plateaus ziemlich genau zeitlich eingeordnet werden können (ABB. 86).

VEGETATION UND LANDSCHAFTSBILD AM ENDE DER BRONZEZEIT

Zöge sich heute der Mensch aus der Wetterau vollständig zurück, so würde sich dort unweigerlich eine Waldlandschaft entwickeln, in der nur ganz kleinflächig unbewaldete Gebiete vorhanden wären. Auf den trockenen Mineralböden würden Buchenwälder entstehen, in denen stellenweise die Eiche stärker vertreten wäre. Buchenwälder beherrschten jedoch nicht während des gesamten Holozäns – also in den vergangenen 11 600 Jahren – das Landschaftsbild, sondern erst seit etwa 3000 Jahren, denn erst zu dieser Zeit breitete sich die Buche großflächig in unserem Gebiet aus. Es wird angenommen, dass

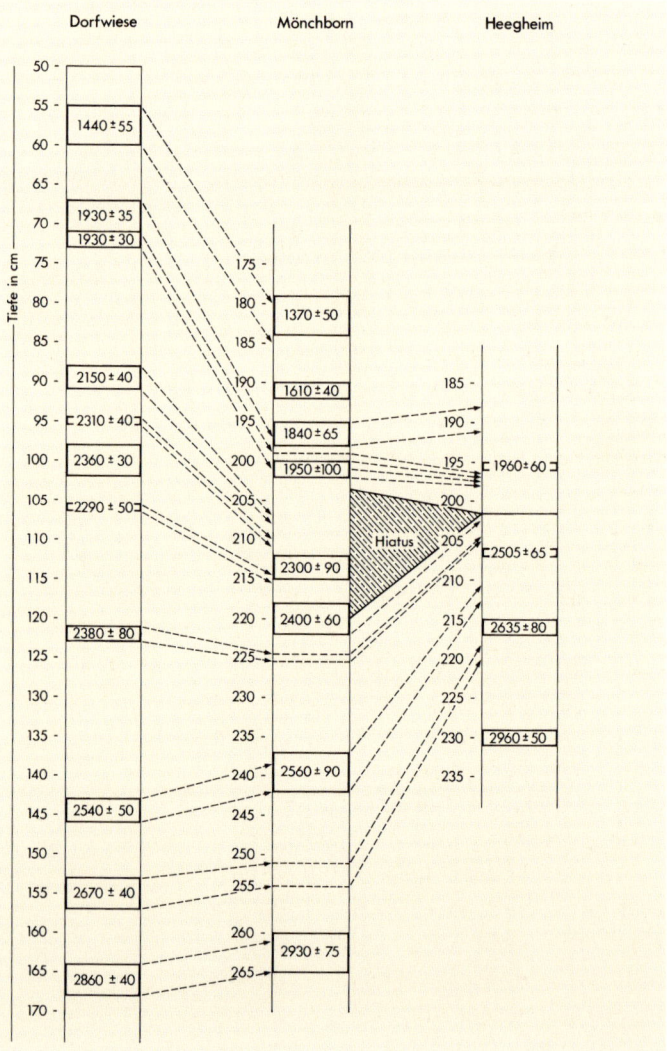

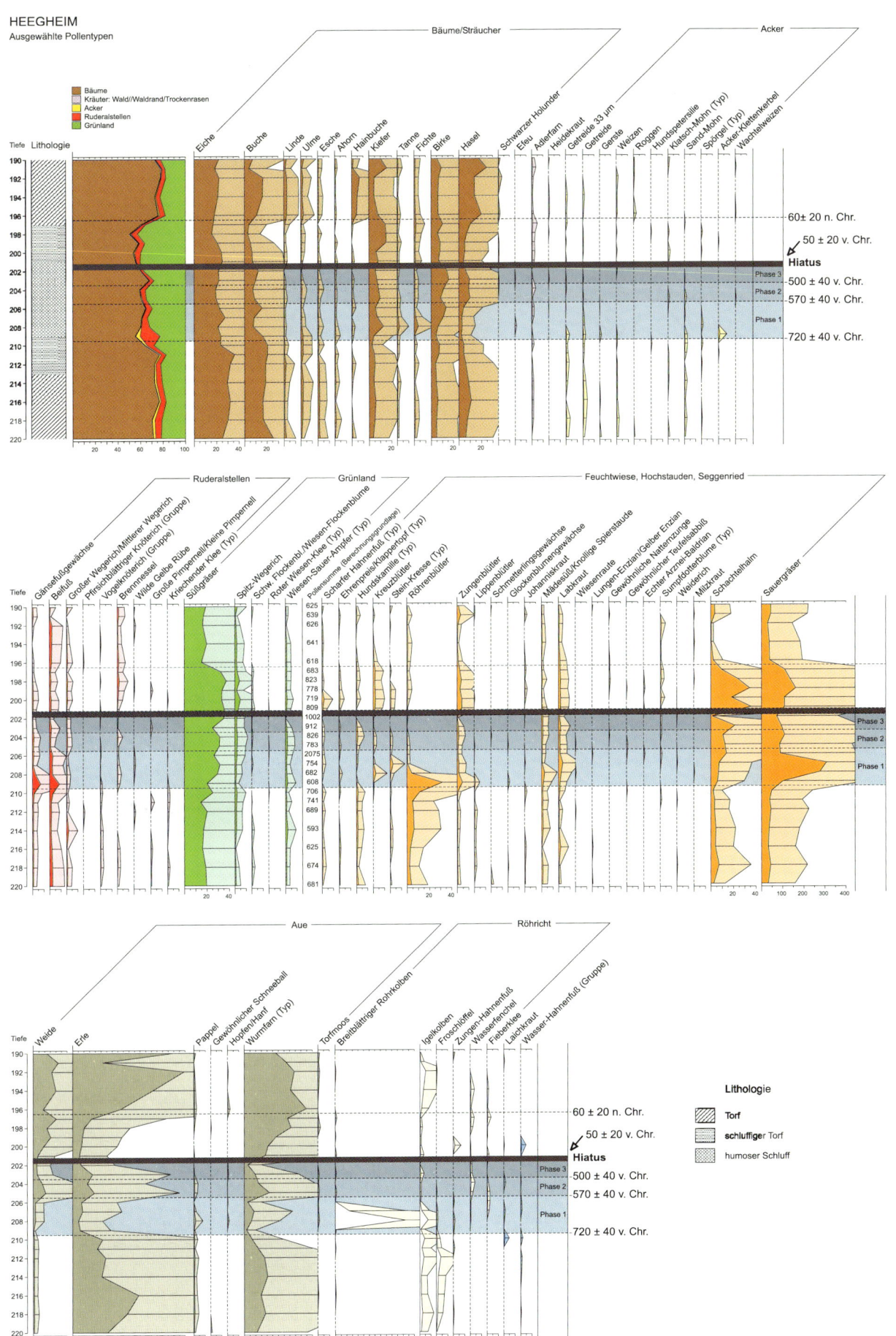

87 Pollendiagramm Heegheim aus der Nidderaue am Fuße des Glaubergs.

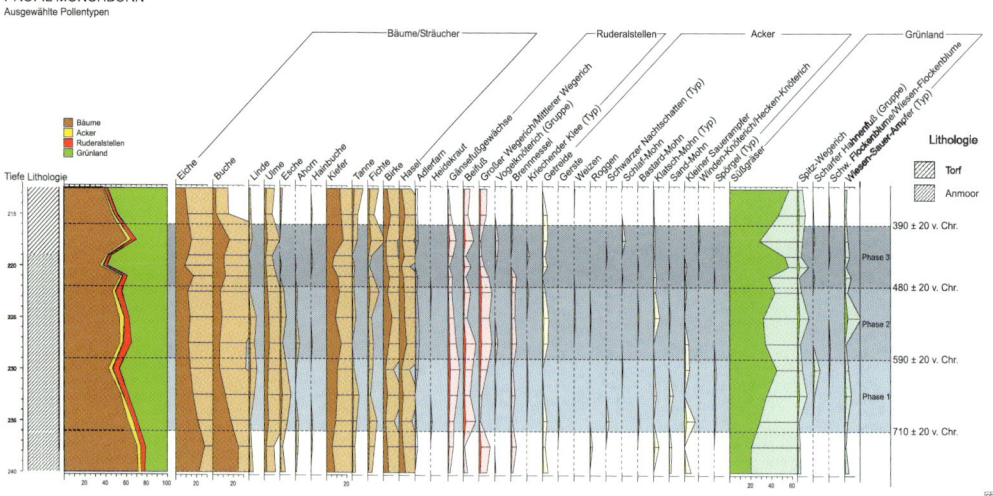

die heutige Buchenvorherrschaft in den hessischen Wäldern mit Wirtschaftsmaßnahmen des Menschen in Zusammenhang steht. Die natürlichen Konkurrenzverhältnisse der Bäume wurden durch menschliches Handeln gestört, wodurch die Buche, die gegenüber Störungen recht unempfindlich ist, schließlich zur Massenausbreitung gelangen konnte.

Die Pollenanalysen (ABB. 87; 88) zeigen, dass vor 3000 Jahren, in der Urnenfelderzeit, die Wetterau landwirtschaftlich intensiv genutzt wurde. Es gibt viele Nachweise von Acker-, Ruderal- und Grünlandpflanzen, die für das Zentrum der Wetterau eine starke Zurückdrängung des Waldes belegen. Offenland prägte das Bild und selbst die verbliebenen Restwälder hatten mit der natürlichen Vegetation keine große Ähnlichkeit mehr: Es waren vor allem lichte Eichenwirtschaftswälder, in denen sich die Buche nur bedingt ausbreiten konnte.

Anders stellt sich das Bild in den östlichen Randlagen der Wetterau dar. Hier nämlich dominiert in den Pollendiagrammen der Pollen von Buche und Eiche (der Baumpollenanteil in Profil Heegheim hat in diesem Zeitabschnitt einen Anteil von über 80 %; in Profil Mönchborn liegt er bei 70 %). Auch wenn zahlreiche urnenfelderzeitliche Siedlungsfunde aus dem Umfeld der Moorablagerungen (z. B. auf dem Glauberg) bekannt sind – die Besiedlung ist auch pollenanalytisch durch Indikatoren für Ackerbau und Viehzucht deutlich sichtbar –, muss also in diesen Gebieten im Vergleich zum Zentrum der Wetterau mit einer relativ dichten Bewaldung gerechnet werden. Wald war hier der vorherrschende Vegetationstyp.

In den Auen der Fluss- und Bachläufe der Wetterau bestand ein buntes Vegetationsmosaik. Eine Riedvegetation mit vorherrschend Sauergräsern war vor allem entlang der Flüsse im Zentrum verbreitet. Die niedrigen Pollenwerte von Gehölzen der Feuchtstandorte lassen auf eine gehölzarme, sehr offene Vegetation in den Auen schließen. In der Nidderaue bei Heegheim wuchsen dagegen neben Seggenrieden vor allem farnreiche Erlenbruchbestände, die auf eine weit gehend natürliche, nur wenig anthropogen überprägte Vegetation in diesem Auenabschnitt hindeuten.

DIE VEGETATIONSENTWICKLUNG UND DIE LANDSCHAFTSVERÄNDERUNGEN IM 7. JAHRHUNDERT V. CHR.

Die Zeit um 720 v. Chr. ist in allen Pollendiagrammen der Wetterau durch deutliche Vegetationsveränderungen geprägt. Die Werte von Indikatoren für Ackerbau und Viehzucht steigen in dieser Phase (Phase 1 im Pollendiagramm) allmählich an und belegen den Ausbau der landwirtschaftlichen Nutzflächen. Gleichzeitig kommt es vor allem in den östlichen Profilen der Wetterau zu einem deutlichen Rückgang der Buchen- und Eichenkurven. Die dichten, weit gehend unangetasteten Buchenwälder in den Randlagen der Wetterau wurden nun verstärkt in den Wirtschaftsraum integriert und genutzt. Es kam zu einer Umgestaltung der ursprünglichen Waldlandschaft. Dies wird zumeist mit der Eisenverhüttung in Verbindung gebracht, denn für die Verhüttung des Eisenerzes stand als einziger Energieträger Holzkohle zur Verfügung, für deren Gewinnung große Holzmengen erforderlich sind. Auffallenderweise gibt es im Vogelsberg jedoch keine Belege für die prähistorische Verhüttung der vorhandenen Brauneisensteine, und Lagerstätten von Kupfer und Zinn fehlen ganz. Es ist natürlich nicht auszuschließen, dass möglicherweise bereits zur Hallstattzeit das Holz der Buche aus dem Vogelsberg für die Holzkohleproduktion genutzt und dann zu Zentren der Eisenverhüttung transportiert wurde, doch war die Waldauflichtung in den Wetteraurandlagen und im Vogelsberg sicherlich nicht nur eine Folge von Holzentnahmen. Vermutlich ist der massive Waldrückgang ab 720 v. Chr. in unserem Gebiet zu einem

großen Teil mit einer sehr starken Waldweidetätigkeit in Verbindung zu bringen, denn Waldweide, vor allem mit Rindern, schränkt den Buchenjungwuchs durch Blattfraß sehr stark ein und führt zu einer Auflichtung und schließlich Zerstörung der Wälder. Bei anhaltend starker Waldweide löst sich der Wald parkartig auf und es entstehen offene Triftflächen, was sich im Pollendiagramm u. a. in der deutlichen Zunahme von Gräsern und Grünlandpflanzen bemerkbar macht.

Die östlichen Profile zeigen, dass dort auch Eichenbestände deutlich dezimiert wurden. Diese mussten vermutlich in erster Linie den nun entstehenden Siedlungs- und Ackerflächen weichen. So steigt im Profil Heegheim der Kräuterpollenanteil von 20 % auf 50 % an, im Profil Mönchborn von unter 20 % auf über 40 %. Insgesamt vermittelt das Spektrum der Kräuterpollen nun das Bild einer Kulturlandschaft, in der es zu einer starken Ausweitung der genutzten Flächen kam.

Es verwundert daher nicht, dass zwar eine anthropogen verursachte Auelehmbildung in den Flusstälern der Wetterau wohl bereits in der Bronzezeit beginnt, eine Verstärkung der Sedimentation jedoch erst mit Beginn der Eisenzeit einsetzt. Vor allem im Profil Heegheim, am Fuße des Glaubergs, ist ein ganz deutlicher Zusammenhang zwischen landwirtschaftlicher Nutzung und Sedimentationsvorgängen belegt. Hier wird nämlich zeitgleich mit dem Landesausbau um 720 v. Chr. der Torf von einer braunen Schlufflage überdeckt. Gleichzeitig kam es dadurch zu einer Beschleunigung des Sedimentwachstums. Verstärkte Erosion auf waldfreien Standorten ist dafür die Ursache. Diese Phase des Landesausbaus dauerte etwa 120 Jahre.

Das Pollendiagramm Heegheim gibt Hinweise darauf, dass die Nidderaue sehr stark durch Verschmutzung belastet war, denn im Verlauf der Phase 1 nehmen neben Pollentypen von Arten der Großseggenriede auch die von Großröhrichten zu. Bei diesen Verlandungsgesellschaften stehender und fließender Gewässer handelt es sich zumeist um dichte und artenarme Bestände, die zwar Bestandteile der natürlichen Vegetation sind, eine flächenmäßige Ausdehnung jedoch – wie die Großseggenriede auch – durch anthropogene Eingriffe erfahren. In der Aue unterhalb des Glaubergs war vor allem der breitblättrige Rohrkolben bestandsbildend; derartige Röhrichte sind besonders für eutrophe Gewässer typisch. Die hohe Toleranz gegen Verschmutzung hat dem Breitblättrigen Rohrkolben zu seiner heutigen weiten Verbreitung verholfen. Seine explosionsartige Zunahme belegt, dass die Aue am Fuße des Glaubergs zu dieser Zeit – vermutlich durch Fäkalien – sehr stark belastet war. Eine intensive Nutzung der Flussaue als Viehweide und Viehtränke dürfte hierfür verantwortlich sein. Es steht zweifelsfrei fest, dass es mit der eisenzeitlichen Besiedlung zu einer deutlichen Nutzungsänderung der Auen, vor allem im Gebiet vom Glauberg, kam.

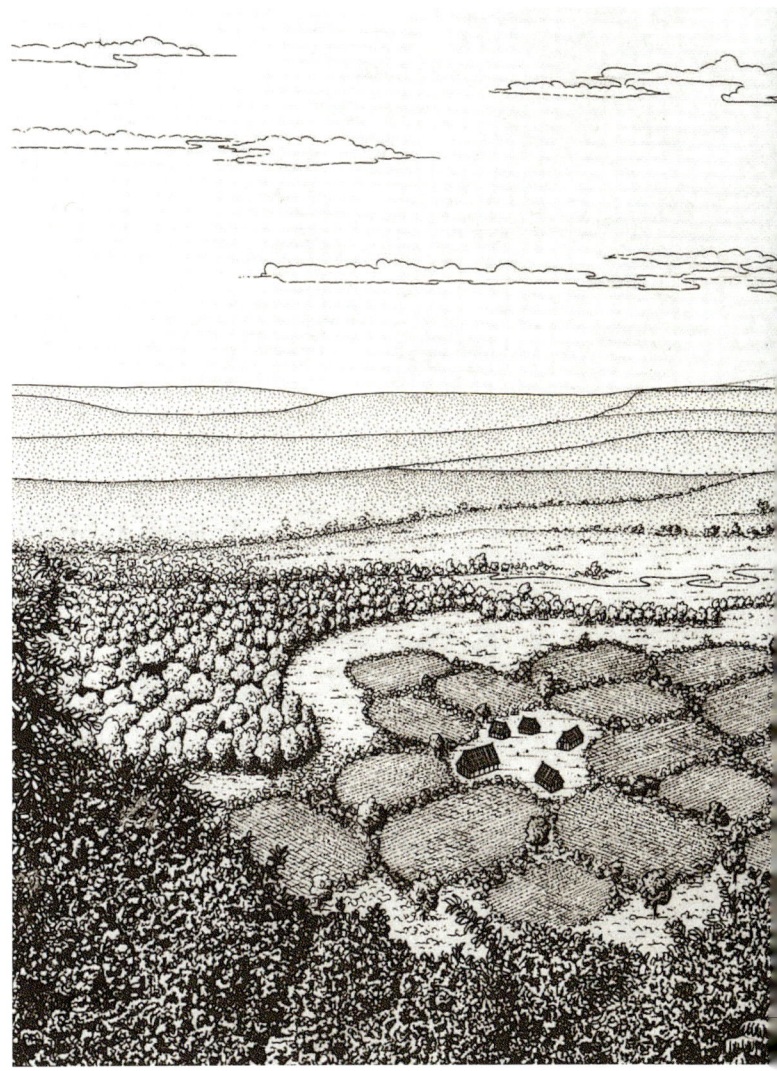

DIE VEGETATIONSENTWICKLUNG UND DIE LANDSCHAFTSVERÄNDERUNGEN IM 6. JAHRHUNDERT V. CHR.

Phase 2 im Pollendiagramm kann als ruhiger Abschnitt bezeichnet werden, der durch anhaltend hohe Pollenwerte von Siedlungsanzeigern und niedrige Werte von Buchen und Eichen gekennzeichnet ist. Nach dem Profil Mönchborn begann sie um 590 +/- 20 v. Chr., nach den Profilen Dorfwiese und Heegheim um 570 +/- 40 v. Chr.; sie währte etwa 100 Jahre.

Über die früheisenzeitliche Landwirtschaft in der östlichen Wetterau ist durch archäologische Ausgrabungen von Siedlungen oder Höfen nur wenig bekannt, doch weiß man durch Untersuchungen aus anderen Lössgebieten, dass in der Hallstattzeit ein hoch entwickelter Ackerbau betrieben wurde (ABB. 89). Die Pollendiagramme aus der Wetterau geben einige Hinweise hinsichtlich des Ackerbaus: Die Getreidekurven sowie die Nachweise einiger wichtiger Unkräuter von Getreideäckern belegen den Anbau dieser Kulturpflanzen. Die Pollenwerte sind nur relativ niedrig.

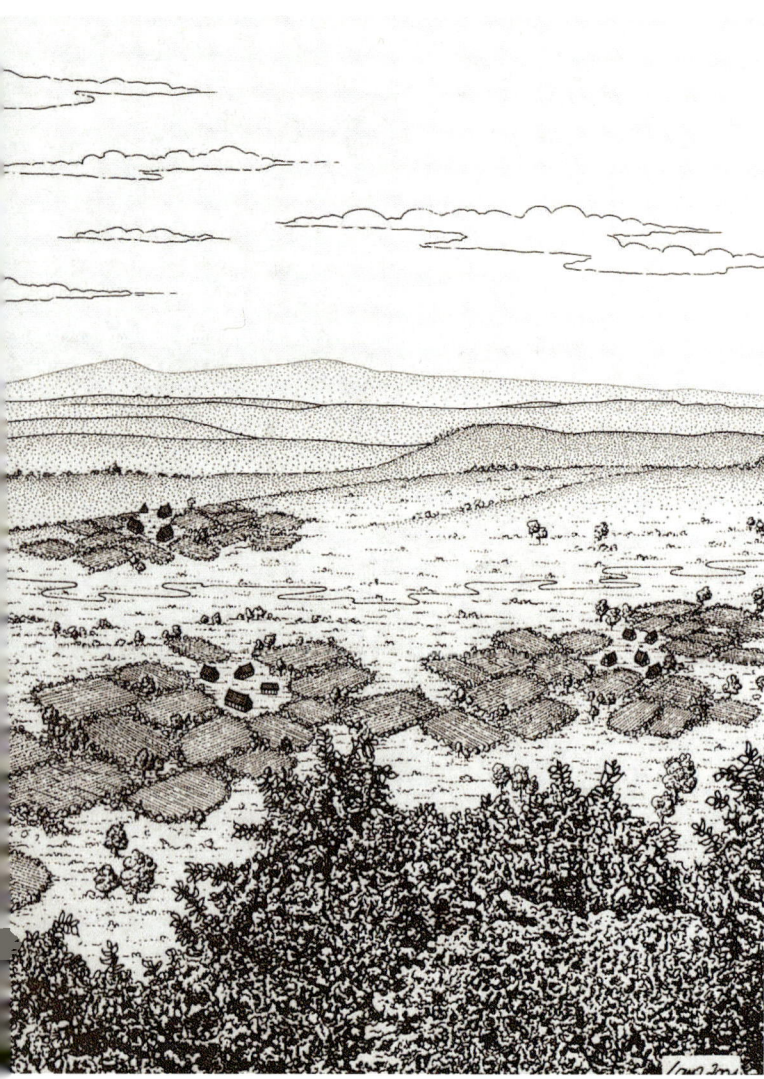

89 Blick vom Glauberg nach Südwesten: Rekonstruktion der Landschaft im 7. und 6. Jahrhundert v. Chr. nach dem pollenanalytischen Befund.

gekennzeichnet. Vertreter dieser Pflanzenfamilie findet man vor allem in Ruderalfluren und auf Äckern. Ruderalfluren gibt es in Siedlungen, entlang von Wegen und Viehtriften und an anderen Stellen, wo Nährstoffanreicherung vorliegt. Es gibt keinen plausiblen Grund, warum derartige Standorte in der Hallstattzeit stärker verbreitet gewesen sein sollen als in anderen Perioden; mit einer Ausweitung von Ruderalfluren lassen sich die häufigen Nachweise der Gänsefußgewächse daher wohl kaum erklären – sie sind eher in Zusammenhang mit den Ackerunkräutern zu sehen (in den Pollendiagrammen sind sie weiterhin den Ruderalarten zugerechnet worden). Die Ackerunkräuter sind an das Anbausystem der Nutzpflanzen gebunden. Wechselt der Bauer die Feldfrucht, dann ändert sich auch die Zusammensetzung der Unkrautflora. Die meisten Gänsefußgewächse sind einjährige Pflanzen, die gefördert werden, solange sich die konkurrenzkräftigeren, mehrjährigen Pflanzen nicht durchsetzen können. Das ist der Fall, wenn durch eine ständige Bodenbearbeitung die Wurzeln der mehrjährigen Pflanzen zerstört und so ihr Überleben verhindert wird. Bei längeren Ruheperioden, also Zeiten ohne Bodenbearbeitung, breiten sich dagegen die mehrjährigen Pflanzen aus und verdrängen die einjährigen Arten. Die ungewöhnlich hohen Werte der einjährigen Gänsefußgewächse während der Hallstattzeit könnten daher auf eine intensive und ständige Bodenbearbeitung hinweisen, ohne oder mit nur kurzen Ruheperioden. Darauf weisen auch die pollenanalytischen Belege verschiedener anderer Unkrautarten, wie Sandmohn und Kleiner Sauerampfer, die seit der Urnenfelderzeit häufiger auftreten. Beide anspruchslosen Arten sucht man heute vergebens auf Lössböden, da diese durch reichliche Düngergaben zu nährstoffreich sind. Damals wuchsen sie jedoch in der Wetterau und zeigen, dass die Lössböden noch nicht überdüngt waren. Vielmehr waren sie nach jahrhundertelanger Nutzung ohne ausgedehnte Brachephasen so sehr verhagert, dass Sandmohn und Kleiner Sauerampfer (die Namen sprechen für sich) auch auf den an sich fruchtbaren Lössböden geeignete Standorte vorfanden.

Der hier sichtbare intensive Ackerbau geht auch mit weiteren Änderungen im Landwirtschaftssystem einher. Auch hierzu können die Pollendiagramme Hinweise liefern. Wie das Pollenspektrum zeigt, kam es in der Eisenzeit zu einer starken Ausweitung der genutzten Flächen. Grünland entstand in den feuchten Auenbereichen, wodurch jetzt ganz neue Wirtschaftsräume erschlossen wurden. Noch in der Bronzezeit herrschten in der Aue am Fuße des Glaubergs Erlenwälder mit dichtem Farnunterwuchs vor. Jetzt wuchsen hier Großseggenrieder, die überwiegend aus Sauergräsern bestehen. Diese Entwicklung ist das Resultat anthropogener Eingriffe, denn solche Pflanzengesellschaften können sich nur entwickeln und erhalten, wenn sie (mindestens) einmal im Jahr gemäht wer-

Da Gerste, Emmer, Dinkel und Saatweizen aber selbst bestäubende Pflanzen sind, die kaum Pollen in die Atmosphäre ausstreuen, können sie auch nur beschränkt in den Moorablagerungen gefunden werden.

Damals wurde, wie man aus Untersuchungen aus anderen Lössgebieten weiß, als Hauptgetreide Spelzgerste angebaut. Es handelt sich um ein Sommergetreide, das im Frühling ausgesät und im Spätsommer geerntet wird. Einige der nachgewiesenen Unkräuter, wie die Mohnarten und z. B. der Acker-Klettenkerbel, sind aber Unkräuter von Wintergetreiden, die im Herbst ausgesät und im nächsten Sommer geerntet werden; daher ist auch an einen Wintergetreideanbau, z. B. mit Emmer und Dinkel, zu denken. Andere Ackerunkräuter geben weiterhin Hinweise auf gehackte Äcker und auf Gärten. All diese Anbauweisen wurden offensichtlich nebeneinander praktiziert.

In den Pollendiagrammen (nicht nur in der Wetterau, sondern auch in anderen Lösslandschaften) ist die Hallstattzeit durch hohe Pollenwerte von Gänsefußgewächsen

90   Blick vom Glauberg nach Südwesten: Rekonstruktion der Landschaft im 5. Jahrhundert v. Chr. nach dem pollenanalytischen Befund.

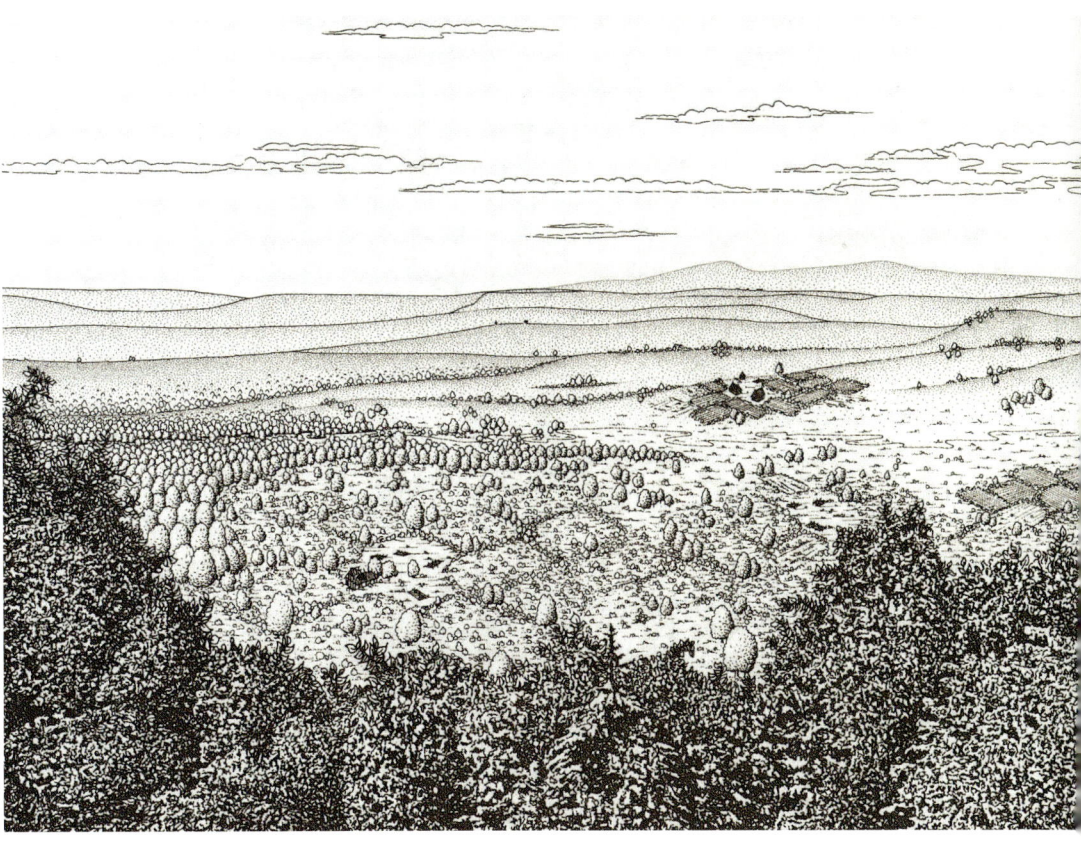

den; natürlicherweise kommen Großseggenrieder nur sehr kleinräumig vor. Die hallstattzeitlichen Menschen haben also die natürlichen Erlenbruchwälder gerodet und das sich stattdessen entwickelnde Feuchtgrünland jährlich gemäht. Des Weiteren fällt auch der Anstieg der Pollentypen auf, die auf frisches Grünland – also Grünland außerhalb der Flussauen – verweisen. Der Gebrauch von Eisengeräten, vor allem der Sense, dürfte für die sich hier zeigende Entwicklung der Grünlandwirtschaft von wesentlicher Bedeutung gewesen sein und zu einer effizienteren Nutzung der Umweltressourcen geführt haben.

Die Bewirtschaftung von Grünland führte wohl auch zu einer strukturellen Änderung des Bauernbetriebs, denn es lieferte nun in direkter Nähe Weidegebiete und Futter für das Vieh. Seit Beginn der Viehhaltung waren die Bauern in der Wetterau für die Ernährung des Viehs auf die Wälder angewiesen: Waldweide im Frühling, Sommer und Herbst, und für die winterliche Fütterung mussten im Sommer große Mengen an Blättern (Laubheu) gesammelt, getrocknet und gelagert werden. Es muss davon ausgegangen werden, dass während des Neolithikums und der Bronzezeit ein Teil der Bevölkerung im Sommer ständig mit oder für das Vieh unterwegs war. Da – wie Pollenanalysen zeigen – die Wetterau seit Beginn des Ackerbaus bereits eine relativ waldarme Landschaft war, mussten dafür mitunter sehr weite Wege zurückgelegt werden. Mit der Schaffung von Grünland änderte sich dies grundsätzlich, da das Vieh nun in unmittelbarer Nähe des Hofs wei-

den konnte und man dort ebenfalls Gras für Viehfutter im Winter fand. Zudem war der Mist vom Vieh einfacher als im Wald zu sammeln und konnte verstärkt dem ackerbaulichen Kreislauf zurückgeführt werden. Die Vorteile für den Bauernbetrieb waren erheblich, da sich die landwirtschaftlichen Tätigkeiten nun auf einer sehr viel kleineren Fläche abspielten und somit eine wesentlich flexiblere Arbeitsteilung möglich wurde.

In dieser landwirtschaftlichen Blüteperiode kam es auch, wie die Pollendiagramme zeigen, zu einer Zunahme der Pioniergehölze Birke und Hasel. Dies kann für eine Aufgabe von Siedlungsflächen sprechen. Dann sollten jedoch auch die Siedlungszeiger in den Pollendiagrammen deutlich zurückgehen, was nicht der Fall ist. Möglicherweise spiegelt sich hier jedoch das Auswachsen von Hecken- und Mantelgesellschaften wider. Hecken und Mantelgesellschaften bieten eine Fülle von Nutzungsmöglichkeiten: Zum einen können sie zur Abgrenzung verschiedener Anbauflächen dienen, zum anderen liefern sie eine Fülle pflanzlicher Produkte wie Nüsse, Stein- und Beerenobst, aber auch Brennholz und Laubfutter kann leicht gewonnen werden. Eine gezielte Heckenwirtschaft ist durchaus vorstellbar.

Insgesamt vermittelt die Phase 2 das Bild einer gut organisierten Landwirtschaft mit einer komplexen und vielfältigen Anbaupraxis, die möglicherweise mit für den Wohlstand der späthallstattzeitlichen Bevölkerung in der Wetterau verantwortlich war.

DIE VEGETATIONSENTWICKLUNG UND DIE LANDSCHAFTSVERÄNDERUNGEN IM 5. JAHRHUNDERT V. CHR.

Das 5. Jahrhundert v. Chr, die frühkeltische Periode, ist der Zeitabschnitt, in dem die Fürstengrabhügel am Glauberg errichtet wurden. Eine Periode, die daher vor allem in der östlichen Wetterau spannende Vegetationsveränderungen erwarten ließ. Diese sind auch in den Pollendiagrammen zu sehen, doch weisen sie in eine Richtung, die mit der bislang vorherrschenden Vorstellung keineswegs in Einklang zu bringen ist (Phase 3 im Pollendiagramm): Es zeigt sich nämlich ein Rückgang der waldfreien Flächen in dem zuvor großflächig landwirtschaftlich genutzten Gebiet (ABB. 90). In der gesamten Wetterau, in erster Linie jedoch in den östlichen Profilen, steigen die Pollenwerte von Arten der geschlossenen Wälder (allen voran der Buche und der Eiche) wieder an und erreichen etwa die gleichen Werte wie in der Urnenfelderzeit. Dies belegt ohne Zweifel eine Regeneration der Wälder, deren Beginn noch am Ende des 6. Jahrhunderts v. Chr. zu suchen ist, da die Buche erst mit 40–80 Jahren und die Eiche mit 30–80 Jahren ihre Blühreife erreicht und damit Pollen produzieren kann.

Trotz ihres Rückgangs bleiben jedoch die Werte der Siedlungszeiger noch so hoch (auch wenn sie sich in Profil Dorfwiese halbieren), dass weiterhin von einer starken landwirtschaftlichen Nutzung der Wetterau ausgegangen werden muss. Es scheint, dass die Nutzung der Mittelgebirgsrandlagen, die seit 720 v. Chr. stattgefunden hat, nun verringert wurde. Möglicherweise wird hier eine Wüstungsphase fassbar, in der Teile des vorangegangenen Landesausbaus wieder aufgegeben wurden und ehemals gerodete und besiedelte Bereiche sich erneut zu geschlossenen Waldgebieten entwickelten. Fest steht, dass die Grabhügel am Glauberg und vermutlich auch bei Altenstadt-Rodenbach und Nidda-Borsdorf in einem Gebiet errichtet wurden, welches durch ähnlich hohe Waldanteile gekennzeichnet war wie in der Urnenfelderzeit. Auf die gesamte Wetterau bezogen kann es sich aber nur um eine stellenweise Waldregeneration gehandelt haben, da in den Profilen aus dem Zentrum der Wetterau davon nur sehr geringe Anzeichen zu erkennen sind.

Welche Ursache hinter dieser Wüstungsperiode steckt, kann nur vermutet werden. Möglicherweise ist ein Zusammenhang mit der jahrhundertelangen Nutzung derselben Flächen zu sehen, in deren Folge es zu einer zunehmenden Verarmung der Böden kam. Die Erträge sanken, Landwirtschaft wurde unrentabel, denn gerade im Gebiet vom Glauberg und dem Unteren Vogelsberg sind heute vor allem Braunerden mit mittlerem bis hohem Basengehalt auf Basalt verbreitet. Diese Flächen verhagern durch eine permanente Nutzung ohne Düngung wesentlich schneller und stärker als Tschernosem-Böden. Letztere kommen hauptsächlich im Zentrum der Wetterau vor, wo nach dem pollenanalytischen Befund im 5. Jahrhundert v. Chr. das Schwergewicht der landwirtschaftlichen Aktivitäten lag.

Der Beginn dieser Phase kann in Diagramm Mönchborn auf 480 +/- 20 v. Chr., in Diagramm Dorfwiese und Heegheim auf 500 +/- 40 v. Chr. datiert werden. Sie wurde nach etwa 100 Jahren durch eine erneute Entwaldungsphase beendet.

Etwa 80 Jahre nach Beginn der Waldregeneration am Ostrand der Wetterau bricht in Profil Heegheim die Sequenz ab, es kommt zu einem Sedimentwechsel (vgl. Lithologie im Pollendiagramm). Das darüber liegende Sediment beginnt erst in einer erheblich jüngeren Periode, um 50 +/- 20 v. Chr., in der späten Latènezeit, erneut zu wachsen. Es handelt sich hierbei um eine Sedimentationslücke, einen so genannten Hiatus.

DIE VEGETATIONSENTWICKLUNG UND DIE LANDSCHAFTSVERÄNDERUNGEN ZU BEGINN DES 4. JAHRHUNDERTS V. CHR.

In den Pollendiagrammen der Wetterau sind nun die niedrigsten Werte der Buche seit ihrer Ausbreitung zu beobachten. Es kam demnach erneut zu einer Ausdehnung der landwirtschaftlichen Flächen bis in die Randlagen der Wetterau, nachdem in diesen Gebieten im 5. Jahrhundert v. Chr. eine kurze Phase abklingender anthropogener Eingriffe zu beobachten war. Wie um 720 v. Chr. (Phase 1 im Pollendiagramm) wurden nun erneut auch die aufgrund der Bodengüte weniger günstigen Siedlungs- und Ackerstandorte erschlossen, doch ist der Rückgang der Buchen- und Eichenkurven sicherlich auch auf eine großflächig betriebene Waldweide zurückzuführen. Daneben ist an die Holzentnahme für die Eisenproduktion zu denken und auch die mit Industriecharakter betriebene Salzgewinnung aus der Bad Nauheimer Quellsole dürfte zu einem großen Raubbau an den Wäldern geführt haben.

In dem Pollendiagramm aus der zentralen Wetterau dagegen ist eine Veränderung der landwirtschaftlichen Nutzflächen, die bereits in den Jahrhunderten zuvor einen Großteil der gesamten Wetterau einnahmen, nicht zu beobachten (Ellenberg 1996; Frey/Herrmann 1997; de Hingh 2000; Knörzer/Gerlach 1999; Lang 1994; Schäfer 1996; Simons 1993; Stobbe 1996; dies. 2000).

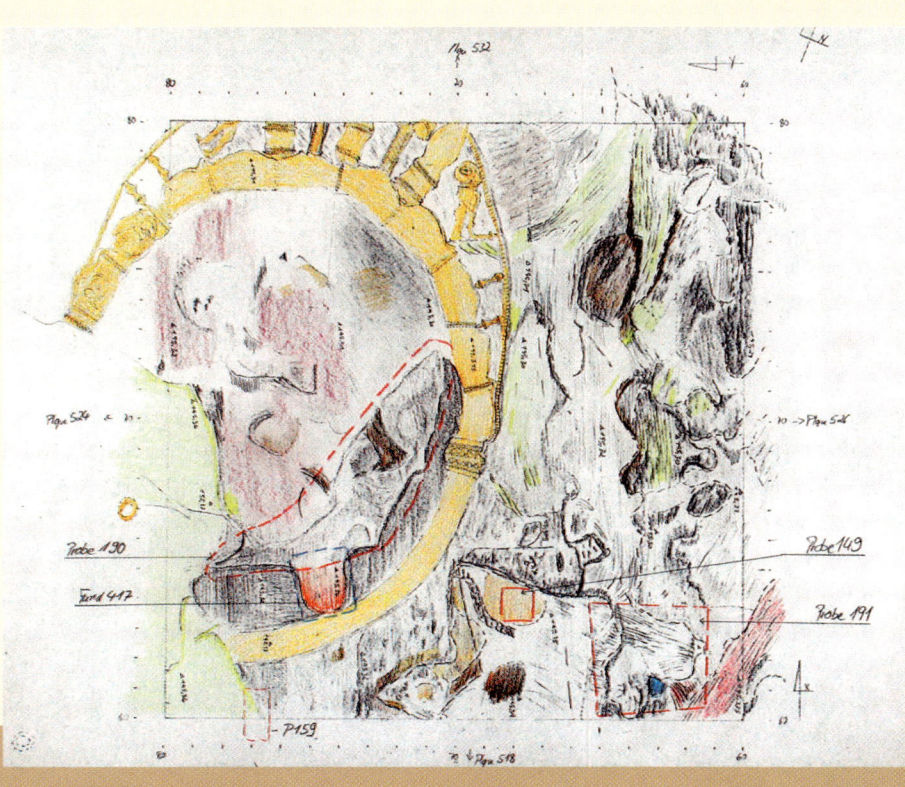

WERKSTATT

BERGUNG, FREILEGUNG UND RESTAURIERUNG

VON ANTJA BARTEL, FRANK BODIS, MONICA BOSINSKI, THOMAS FLÜGEN, RENATE FRÖLICH, SUSANNE GEILENKEUSER, FRANZ HERZIG, SIGRUN MARTINS, ANGELIKA ULBRICH, JEANETTE WARNKE UND PETER WILL

DIE BERGUNG DER GRÄBER

Im September 1994 wurden die Grabungstechniker und die Restauratorinnen und Restauratoren der Archäologischen Restaurierungswerkstatt des Landesamtes für Denkmalpflege Hessen (LfDH) von Landesarchäologe F.-R. Herrmann beauftragt, am Glauberg die Bergung einer fürstlichen Bestattung durchzuführen.

Aufgrund der Befundsituation handelte es sich um ein ungestörtes Grab (Grab 1 aus Grabhügel 1) aus frühkeltischer Zeit. Da aus Hessen kein vergleichbarer Befund bekannt war, kam man schnell zu der Einsicht, dass ausschließlich eine Blockbergung und die sich anschließende Verbringung in die Restaurierungswerkstatt die Gewähr dafür bieten konnte den Fund nach neuesten Erkenntnissen und mit wissenschaftlichem Gewinn zu bearbeiten.

Nach vorbereitenden Sondierungs- und Sicherungsmaßnahmen gelang es 14 Tage nach der Entdeckung das vollständige Grab mit den Resten der vergangenen hölzernen Grabkammer in die Restaurierungslabors des LfDH nach Wiesbaden zu bringen (ABB. 91).

Das hier entwickelte und in dieser Form erstmals angewandte Bergungsverfahren (Bodis/Fischer 1998) wurde in den folgenden Jahren weiter modifiziert und erfolgreich bei zwei weiteren Blockbergungen (Grab 2 aus Grabhügel 1 und Fürstengrab aus Grabhügel 2) am Glauberg eingesetzt.

Der wegen der geplanten Röntgenuntersuchungen vollständig aus Holz gefertigte Verbau der 2500 kg schweren Blockbergung mit den Maßen 4,40 x 1,55 x 0,57 m (L. x B. x H.) konnte anschließend in einem ersten Arbeitsschritt im Labor durchleuchtet werden. Die Röntgenaufnahmen gaben den Wissenschaftlern und Restauratoren erste wertvolle Hinweise auf den in der Erde liegenden Toten und seine Ausstattung.

Da die Archäologische Restaurierungswerkstatt des LfDH auf die Bearbeitung solch eines Fundkomplexes nicht eingerichtet war, mussten zunächst umfangreiche Veränderungen herbeigeführt werden. So wurden Technikräume umorganisiert und nach und nach die technische und apparative Ausstattung vervollständigt. Als 1995 Grab 2, 1996 die steinernen Fürstenstatuen und 1999 das Grab aus Hügel 2 eingeliefert wurden, waren auch die personellen Möglichkeiten erschöpft. Nach Umschichtung innerhalb des eng begrenzten Haushalts der Archäologischen und Paläontologischen Denkmalpflege und durch zeitweise Über-

nahme eines Kostenanteils durch die Kommission für Archäologische Landesforschung in Hessen e. V. (KAL) konnte zusätzliches Fachpersonal befristet eingestellt werden. Seit Oktober 1994 sind bis zu acht Restaurator(inn)en mit unterschiedlichen Zeitkontingenten an dem Forschungsprojekt beteiligt.

Weitere auf Spezialgebieten tätige Kolleginnen und Kollegen anderer Forschungsstätten wurden hinzugezogen. Hier sind vor allem zu nennen für Textil: H. Farke, Stiftung Schleswig-Holsteinischer Landesmuseen, Archäologisches Landesmuseum Schleswig und besonders A. Bartel, Bayerisches Landesamt für Denkmalpflege, Außenstelle Bamberg; für Leder: J. Göpfrich, Deutsches Ledermuseum Offenbach/Main; für Holz: A. Kreuz, KAL Wiesbaden, und besonders F. Herzig, Bayerisches Landesamt für Denkmalpflege, Labor für Dendroarchäologie, Thierhaupten. Materialkund-

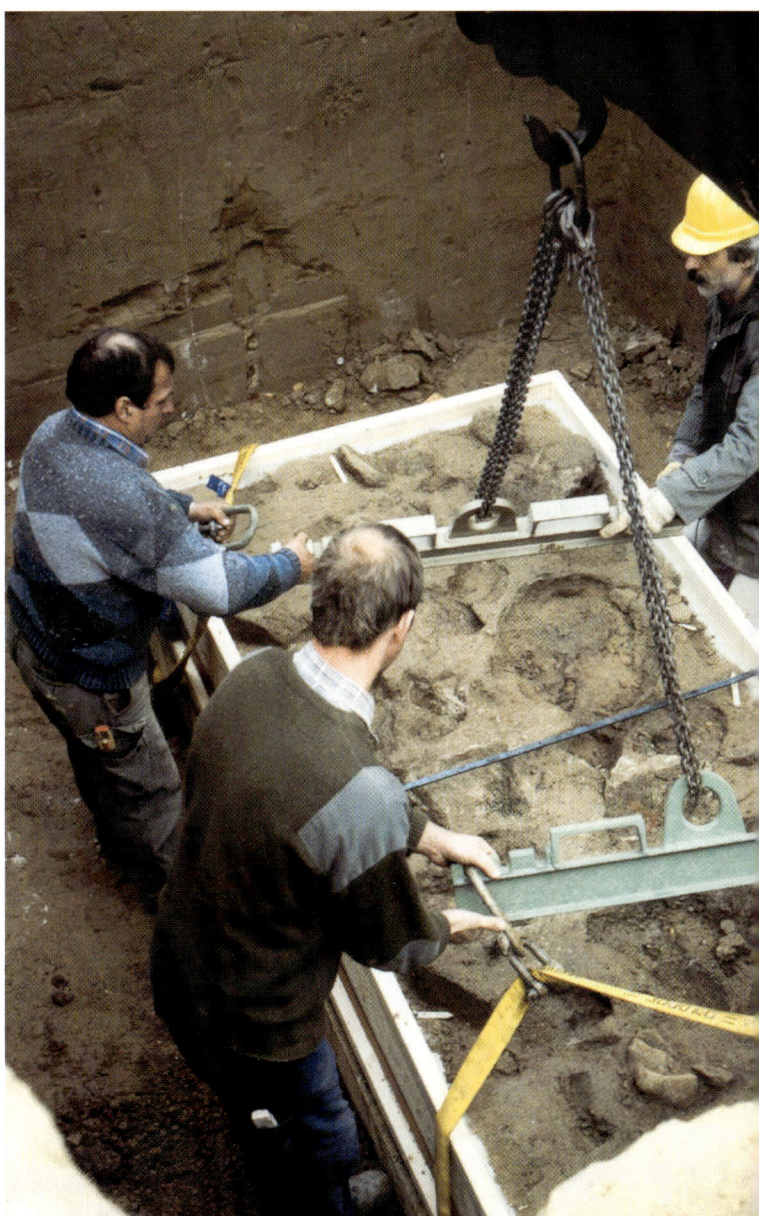

liche Untersuchungen nahmen u. a. vor: D. Ankner, damals Römisch-Germanisches Zentralmuseum (RGZM) Mainz, S. Greiff, RGZM Mainz, und C. J. Raub, Schwäbisch Gmünd, sowie die Geologen K. H. Ehrenberg und F. Rosenberg, Hessisches Landesamt für Umwelt und Geologie, Wiesbaden. Restauratorische Hilfe leisteten R. Goedecker-Ciolek (Leder) und M. Wittköpper (Holz), beide RGZM Mainz; zusätzliche Röntgenuntersuchungen führten F. Hummel, RGZM Mainz, und M. Piehl, Museum für Vor- und Frühgeschichte, Frankfurt/Main, durch. **Frank Bodis**

DIE FREILEGUNG DER BLOCKBERGUNGEN

Jeweils sofort nach Einlieferung der Blockbergungen musste die gesamte auf mehrere Jahre ausgerichtete Arbeitsplanung darauf abgestellt werden, das Austrocknen der aus Löss bestehenden Erdblöcke zu verhindern. Die Folge wäre sonst ein betonharter, nicht mehr zu bearbeitender Boden gewesen, dessen Trocknungsrisse sämtliche organischen Reste zerstört und die Metallfunde stark in Mitleidenschaft gezogen hätten.

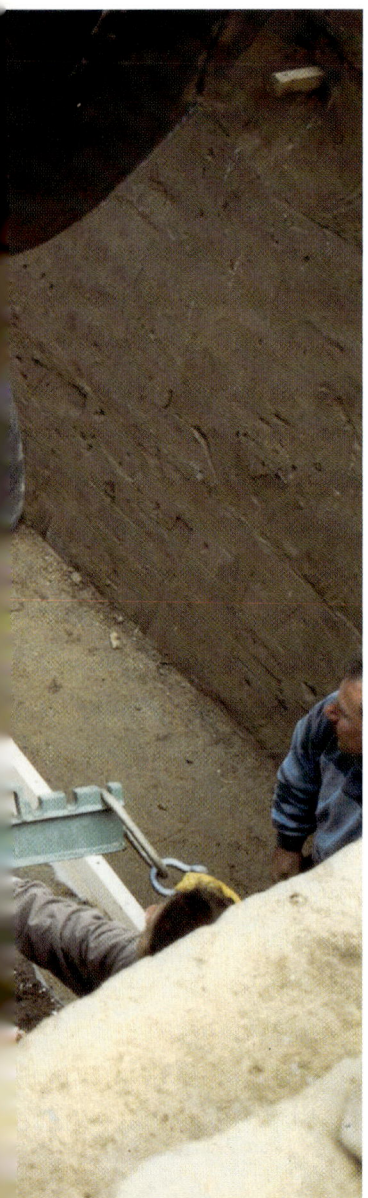

91 Grab 1, Blockbergung. Das fertig eingeschalte Grab wird mit Hilfe eines Baggers zum Abtransport in die Werkstatt gehoben.

Über die gesamte Dauer der mehrjährigen Freilegungsarbeiten wurde die verdunstende Menge Feuchtigkeit über einen Sprühnebel aus Wasser dem Erdreich wieder zugeführt. Während arbeitsfreier Zeiten wurden die Gräber immer abgedeckt. Zur Vermeidung von Schimmel- und Bakterienbefall mussten die Arbeitsräume regelmäßig belüftet und die Erdblöcke mit Alkohol, verschiedenen Fungiziden und Stickstoff behandelt werden.

Durch die gewaltige Last der Erd- und Steinschichten waren die Gräber mit ihren Beigaben teilweise auf weniger als einen Zentimeter zusammengedrückt und Fundzusammenhänge verschoben. Die Blockbergung der Gräber ermöglichte es, die Funde und Befunde in der Restaurierungswerkstatt mit modernsten Methoden und ohne Zeitdruck freizulegen. Dadurch konnten ganz unerwartete Erkenntnisse vor allem auch hinsichtlich der organischen Materialien gewonnen werden. Dies wäre bei einer Grabung auf freiem Gelände in dieser Gründlichkeit nicht möglich gewesen.

Die Feinausgrabung im Labor sollte unter anderem die Bauweise der Grabkammern sowie die Zusammenhänge der organischen Reste mit den Beigaben klären. Deshalb erfolgte die Freilegung nicht nach künstlichen Plana, sondern nach natürlichen Schichten. Über die Gräber wurde ein Messraster gelegt, das in die vorhandene Grabungsvermessung eingehängt werden konnte. Die Reihenfolge der Freilegung der Planquadrate ergab sich nicht aus dem Befund oder den Funden, sondern wurde systematisch von einem zum anderen Ende eines jeden Blocks vorgenommen.

Die Freilegung der Schichten und Befunde erfolgte unter dem Mikroskop mit Schabern, Nadeln oder Pinseln; mit entsalztem Wasser und Alkohol konnten einzelne Bereiche frei gespült werden. Die abgetragene Erde wurde nach dem Rasterplan für archäobotanische Untersuchungen gesammelt. Für weiter gehende naturwissenschaftliche Untersuchungen wurden gezielt Einzelproben entnommen. Anschließend wurden die freigelegten Planquadrate durch Zeichnungen und Fotografien dokumentiert.

Nach dem Entfernen der obersten Erdschichten und der Klärung der Befundsituation konnte in die fundführenden Schichten eingegriffen werden (bis hier wurden mit Ausnahme der Schnabelkanne aus Grab 1 noch keine Beigaben den Gräbern entnommen). Das Bearbeitungskonzept sah vor, die großen, unhandlichen Grabblöcke in mehrere kleinere Unterblöcke aufzuteilen, die sich besser handhaben ließen und von verschiedenen Restaurator(inn)en an ihrem Arbeitsplatz weiter bearbeitet werden konnten.

Anhand der gewonnenen Erkenntnisse und mit Hilfe der Röntgenaufnahmen wurden nun die Trennlinien für die einzelnen Unterblöcke festgelegt. Hierbei war darauf zu achten, die Befundzusammenhänge nicht zu zerreißen und möglichst wenig Informationen zu zerstören. Grab 1 wurden in sieben, Grab 2 in vier Unterblöcke aufgeteilt. Aus diesen Unterblöcken konnten dann die zusammen-

gepressten Schichten mikrostratigrafisch herauspräpariert und voneinander unterschieden werden. Der Verlauf der verschiedenen Schichten ließ sich auf diese Weise genau verfolgen. Auch hier wurden Proben für Materialanalysen entnommen.

Um auch die Befundzusammenhänge unterhalb der Funde klären zu können, ohne diese aus ihrer ursprünglichen Lage herausnehmen zu müssen, wurden die Blöcke gesichert, gedreht und von der Rückseite freipräpariert. So gelang es, zwischen den Schichten, die zum Objekt gehörten, und den Schichten, die etwa dem Verhüllen der Objekte dienten, zu unterscheiden. Trotz des sehr schlechten Erhaltungszustands gerade der organischen Materialien war auf diese Weise ein sehr genaues Bild über die Grabbeigaben und die Bestattungssitten zu erhalten.

Die Freilegungsarbeiten ergaben, dass man den Toten aus Grab 1 in einer hölzernen Grabkammer, die auf zwei Unterlegbalken aufgebaut war, bestattet hatte. Diese war mit Leder ausgelegt, über den Toten und die Beigaben war wahrscheinlich ein Tuch ausgebreitet. Die Brandbestattung (Grab 2) war in einem flachen, trogartigen Holzbehältnis beigesetzt, der Leichenbrand ebenfalls mit Textil abgedeckt.

Die einzelnen Objekte oder Gruppen von Objekten waren mit Textilien, Leder oder Fell verhüllt. Einige Funde waren in mehreren Lagen unterschiedlicher Textilien und Fell eingeschlagen und kunstvoll mit Bändern verschnürt, einige lediglich abgedeckt (s. Beitrag Bartel). Die zu den Objekten gehörenden organischen Materialien sind in den folgenden Beiträgen angesprochen.

Frank Bodis/Sigrun Martins

DIE KONSERVIERUNG UND RESTAURIERUNG DER GRABBEIGABEN

Die Restaurierung der Objekte aus den Gräbern erforderte sehr differenzierte Methoden. Je nach Material und Erhaltungszustand musste für jedes einzelne Objekt ein geeigneter Maßnahmenkatalog festgelegt werden. An dieser Stelle kann nur allgemein auf verschiedene Methoden der Freilegung, Konservierung und Restaurierung eingegangen werden.

Unterschieden nach Materialgruppen kamen die nachfolgend beschriebenen Methoden zum Einsatz.

ORGANISCHE MATERIALIEN

Der Zustand der organischen Materialien in den Gräbern war sehr schlecht; daher ließen sich diese meistens nur dokumentieren und beproben. In Grab 1 waren sie

insgesamt besser erhalten als in Grab 2. Durch die Korrosion oder Salze der metallischen Beigaben erhielten sich auf und bei den Metallobjekten die organischen Befunde am besten. Dort konnten einzelne Fragmente aus Leder, Textil, Koralle oder Holz auch konserviert werden. Bei der Konservierung dieser Materialien wurde unterschiedlich vorgegangen. Nach Möglichkeit wurden die zu den Objekten gehörenden organischen Materialien an ihrem Platz belassen und im Zusammenhang konserviert. Dies betraf z. B. verschiedene Schäfte, Lederbänder oder Koralleneinlagen. Wenn ein Trennen möglich und sinnvoll war, wurden die organischen Materialien abgenommen, separat konserviert und eventuell wieder montiert. Manchmal mussten übereinander liegende Schichten getrennt werden, um sie genau dokumentieren zu können.

Die organischen Materialien wurden durch Spülen oder mechanische Abnahme der Auflagerungen gereinigt. Da die organischen Schichten während der Freilegung feucht gehalten werden mussten, waren Festigungsmittel zu wählen, die mit Wasser verträglich sind. Je nach Dicke der Schicht wurde oberflächlich getränkt oder es musste ein Austausch des Wassers in den Zellen durch ein Kunstharz vorgenommen werden, um einen Kollaps der Zellwände beim Trocknen zu verhindern. Ein langsames Trocknen schloss sich an.

METALL

Die Freilegung der Objekte erfolgte überwiegend mechanisch und unter dem Mikroskop. Da reine Goldobjekte aufgrund ihres edlen Charakters nicht korrodieren, bestand die Konservierung in der Reinigung der Objekte. Mit weichen Schabern aus Lindenholz oder Plexiglas wurden die Verunreinigungen abgenommen.

Die Bronzeobjekte waren unterschiedlich erhalten. Bei sehr schlechter Erhaltung war eine Festigung mit Kunstharz nötig, um die Bruchstücke oder auch ganze Objekte zu stabilisieren. Zum Festigen, Kleben und Ergänzen wurden in der Regel Epoxid- oder Acrylharze verwendet. Die Abnahme der Korrosionsschichten erfolgte mechanisch mit Schleifern, Schabern und Skalpellklingen. Aufgabe der Restaurator(inn)en war es, die originale Oberfläche zu finden, die nicht identisch ist mit der – wenn überhaupt noch vorhandenen – metallischen Oberfläche; in dieser alten Oberfläche finden sich die Informationen, die von Interesse sind, nämlich Anhaltspunkte zu den Herstellungstechniken und, falls vorhanden, Verzierungen. Nach dem Freilegen der Originaloberfläche mussten einige wenige Objekte noch von schädigenden Salzen befreit werden.

Am stärksten korrodiert und oft bis zur Unkenntlichkeit aufgebläht waren die unedlen Eisenobjekte. Hier gaben Röntgenbilder einen Anhaltspunkt, wo die originale Oberfläche verlief. Oft war ein Stabilisieren oder Festigen

der Objekte vor der Freilegung nötig, da sie blasig oder in Schichten korrodiert und unter Umständen unter der Oberfläche hohl waren. Die Freilegung der Oberfläche erfolgte durch Sandstrahlen sowie mit feinen Schleifern und dem Skalpell. Oft mussten Partien ergänzt oder aufgefüllt werden, da sie bereits völlig wegkorrodiert waren. Als Festigungsmittel während der Freilegung kamen Kunstharze, hochflüchtige Bindemittel oder auch eine Silikonmanschette zum Einsatz, um bestimmte Partien zu sichern. Zum Tränken und abschließenden Ergänzen wurde wieder Epoxid- oder Acrylharz verwendet. Bestimmte Bereiche der Schichten oder Objekte wurden schon während der Freilegung oder Restaurierung abgeformt. Ein Grund war, dass Schichten abgetragen werden mussten und im Zusammenhang als Kopie der Fundsituation dreidimensional dargestellt werden sollten, wie z. B. bei dem Köcher oder anderen Fundzusammenhängen. Ein weiterer Grund konnte die Darstellung später nicht mehr sichtbarer Bereiche, wie z. B. im Kanneninneren, sein.

STEIN

Die Restaurierung der Sandsteinobjekte war relativ einfach, da lediglich die Verunreinigung durch anhaftende Erde abgenommen werden musste. Eine Festigung war bei den sehr gut erhaltenen Sandsteinbruchstücken vom Glauberg nicht nötig. Die Klebungen der zusammengehörigen Fragmente erfolgte mit einem Polyesterharz.

Sigrun Martins

DER GOLDENE RINGSCHMUCK AUS GRAB 1

HALSRING (KAT.-NR. 1.2, ABB. 237; 238)

Der goldene Halsring war das erste Objekt in Grab 1, das *in situ* freigelegt wurde. Schon bei der Entfernung der letzten Steinschicht in der Grabgrube lag der Halsring teilweise frei und konnte anschließend in der Werkstatt zügig von der noch dünn aufliegenden Erdkruste befreit werden. Eine hauchdünne Schicht der vergangenen Grabkammerabdeckung lag über dem Objekt. Mit feinen Pinseln und einem Gemisch aus Wasser und Alkohol wurden diese Reste vorsichtig abgelöst. Das Edelmetall zeigte sich nun in seiner sattgelben Goldfarbe. Auf den ersten Blick waren keinerlei Korrosionserscheinungen zu beobachten. In den Verzierungen der plastisch gestalteten Elemente zeigten sich allerdings Reste einer rötlichen Verfärbung, deren Ursprung zurzeit noch nicht bekannt ist.

Da der Halsring bis zur Hälfte im Brustkorbbereich des Toten eingebettet und zum Teil vom Schädel verdeckt war, konnte über die Beschaffenheit der Rückseite zu-

nächst keine Aussage gemacht werden. Erst im Februar 1997 wurde der Schädel für anthropologische Untersuchungen entfernt, sodass der Halsring entnommen werden konnte. Wegen der sichtbaren Beschädigungen des Objekts wurde die Bergung mit großer Sorgfalt vorbereitet. Bei der Entnahme überraschte dann nicht nur die Stabilität des fragil wirkenden Halsrings, sondern auch die Gestaltung der Rückseite. Beide Seiten sind bis auf geringe Unterschiede in der handwerklichen Ausführung identisch. Die Reinigung der Rückseite wurde vorerst auf eine Hälfte beschränkt, da sich auch hier wieder rötliche Verfärbungen zeigten und für noch zu erfolgende naturwissenschaftliche Untersuchungen eine Referenzstelle bewahrt werden musste.

Restauratorische Maßnahmen sind wegen der Stabilität und des guten Erhaltungszustands des Halsrings nicht erforderlich. Auch eine konservierende Behandlung muss nicht vorgenommen werden. Das Edelmetall korrodiert nicht. Schon die Farbe des Goldes legt nahe, dass der Feingehalt des Materials sehr hoch sein muss. Eine Materialuntersuchung mit C. J. Raub am Forschungsinstitut für Edelmetalle und Metallchemie in Schwäbisch Gmünd (FEM) hat diesen Eindruck bestätigt. Der Feingehalt des Goldes liegt im Durchschnitt bei ungefähr 93 Prozent. Zur Anwendung kam eine Röntgenfluoreszenzanalyse der Oberfläche, die Messtiefe betrug ca. 10 μ.

Die Beschädigungen des Halsrings durch den Einsturz der Grabkammer sind relativ geringfügig. Grund hierfür ist ein großer Stein, der nur wenig oberhalb des empfindlichen Objekts zum Liegen kam und den gewaltigen Druck der Stein- und Erdmassen weitestgehend auffangen konnte. Eine leichte Verwerfung des Objektes insgesamt sowie einiger Applikationen wurde beobachtet, ein Halswirbel verursachte eine kleine Delle. Die mikroskopische Untersuchung der Objektoberfläche lässt nur geringe Gebrauchsspuren erkennen. Es sind nur wenige Abnutzungserscheinungen an den beweglichen Teilen festzustellen, auch Merkmale häufiger Benutzung wie Kratzer und Schleifspuren sowie abgegriffene Stellen fehlen weitestgehend. Die Gebrauchszeit scheint sehr kurz gewesen zu sein oder das Objekt wurde äußerst schonend behandelt.

Bei genauer Betrachtung fallen allerdings zahlreiche Herstellungsfehler auf. Diese sind auf der Rückseite des Halsrings zahlreicher. Es handelt sich vor allem um Schäden, die bei der Herstellung von Einzelelementen sowie der löttechnischen Montage des Schmuckstücks entstanden sind. Das Schließen von Lötfugen misslang teilweise ebenso wie das Anlöten von Einzelelementen. Gerade im Bereich der Zierzone zeigen sich Fehler, die vermutlich bei den letzten Arbeitsgängen entstanden sind. So gelang es beispielsweise nicht, die beiden Zierbleche mit den drei Balustern komplett zu verbinden. Die Abstände sind zu groß. Daraus resultiert eine Lücke zwischen dem mittleren Baluster und dem linken Zierblech (immer aus Sicht

des Trägers). Auch das Anlöten der Baluster am Halsring bereitete Schwierigkeiten, zu erkennen an den nicht geschlossenen Fugen. Diese und zahlreiche andere kleine Mängel, die sich oftmals erst bei Betrachtung unter dem Mikroskop offenbaren, verwirren den Betrachter. Sie stehen im Kontrast zur meisterhaften Toreutik und der aufwändigen Gesamtgestaltung des Objekts mit zahlreichen technischen Raffinessen.

Das ca. 175 Gramm schwere und hohl gearbeitete Schmuckstück wurde aus zahlreichen Einzelteilen hergestellt. Der undekorierte Nackenteil wurde, wie auch der goldene Armring aus Grab 1, aus einem Scharnierrohr gebogen (Armbruster 1998). Die Lötnaht liegt auf der Innen-

seite und wurde so gut überarbeitet, dass sie kaum noch zu erkennen ist. Das Vorhandensein eines Kerns kann nicht festgestellt werden, da keines der beiden Enden einzusehen ist (Hundt 1978). Der dekorierte Brustteil des Halsrings besteht aus dem Hauptteil mit der Darstellung von zehn Köpfen in Profilansicht sowie einer Reihe von Applikationen. Insgesamt handelt es sich um ca. 35 Einzelteile, die z. T. in Modeln vorgearbeitet und individuell durch Ziselieren dekoriert wurden (ABB. 92). Mindestens zwei Elemente wurden gegossen. Die Überarbeitung der Teile durch Schleifen und Polieren wurde sehr gewissenhaft durchgeführt. Erst dann erfolgte das Verbinden der einzelnen Elemente durch Reaktionslötung mit Kupfersalzen (Wolters 1983) oder durch eine Schweißtechnik. Die Verwendung von legierten Loten kann aufgrund der Materialanalysen ausgeschlossen werden.

Der letzte Arbeitsgang galt dem Verbinden von undekoriertem Nackenteil und dekoriertem Brustteil. Dazu wurden die beiden reich gravierten, tonnenförmigen Muffen an den Enden des dekorierten Ringteils befestigt. Die vom Träger aus gesehen rechte Muffe wurde durch Beidrücken einer Zarge gesichert, lässt sich aber noch drehen. Die linke Muffe wurde dagegen festgelötet und fungiert als Gelenk, denn der Nackenteil wurde so in dieser Muffe befestigt, dass er nicht herausrutschen kann, sich beide Ringteile aber um 360 Grad gegeneinander verdrehen lassen und auch leichte Kippbewegungen möglich sind. In der rechten Muffe sitzt der Verschluss in Form eines bajonettartigen Mechanismus (ABB. 93). Der Knebel ist im Verschlussblech des Nackenteils eingesetzt und greift in das Passblech der Muffe. Diese kann gedreht werden, um den Knebel zu sichern bzw. freizugeben. Die Stellung für die Freigabe markieren zwei Kerben auf Muffe und Nackenteil, die sich gegenüberstehen müssen. Der Träger konnte das Schmuckstück selbstständig an- und ablegen.

Die aufwändige und faszinierende Gestaltung des Halsrings zieht in ihrer Einzigartigkeit spontan jeden Betrachter in ihren Bann. Je mehr man sich allerdings vom Gesamteindruck des Halsrings löst und sich den mannigfaltigen Details seines komplexen Aufbaus sowie seines komplizierten Herstellungsprozesses zuwendet, umso mehr Fragen werden aufgeworfen. Zukünftige Analysen werden unser Wissen über den Halsring sicher erweitern, alle Fragen werden aber auch sie nicht beantworten können.
Peter Will

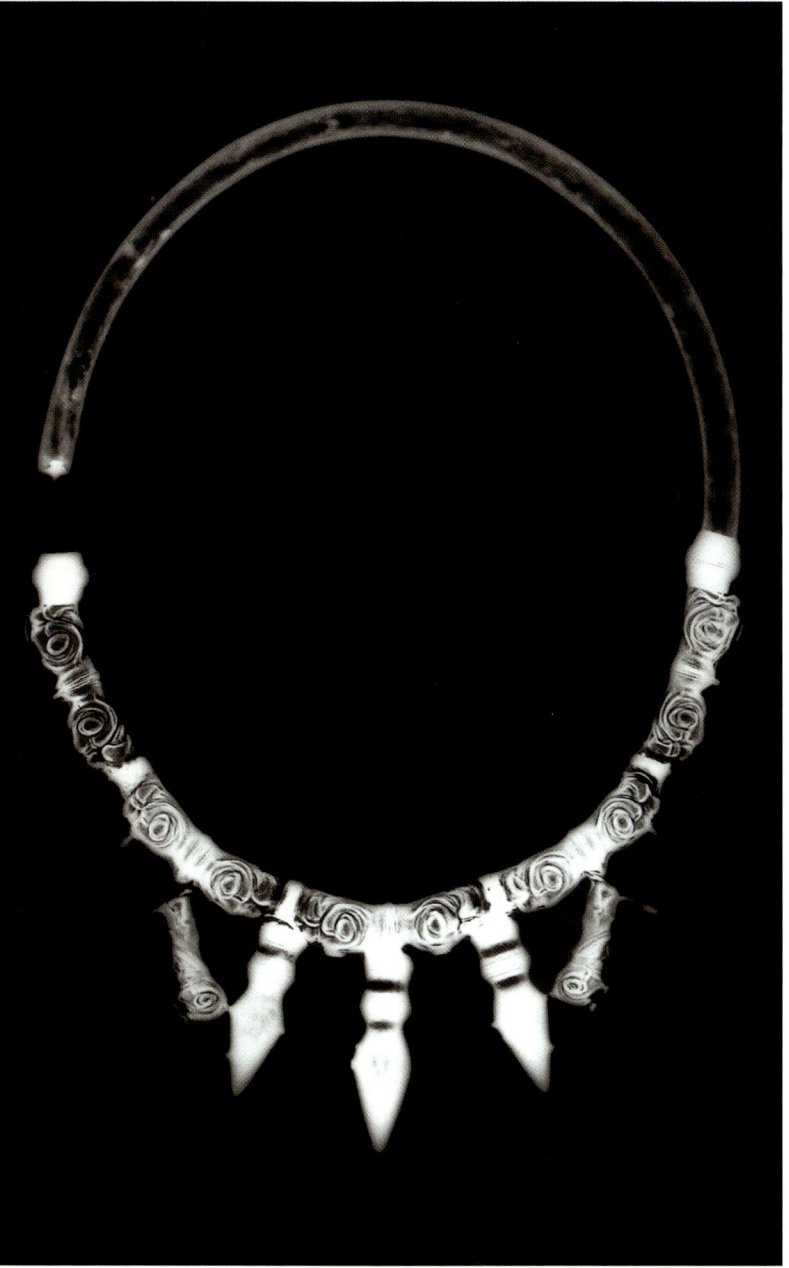

92 Grab 1. Röntgenaufnahme des geöffneten Halsrings zur Verdeutlichung der technischen Merkmale (KAT.-NR. 1.2).

OHRRINGE (KAT.-NR. 1.3–1.4, ABB. 239)

In den Blöcken, mit denen der Schädel aus Grab 1 geborgen wurde, befanden sich auch die beiden kleinen Ringe. Sie wurden durch Röntgenaufnahmen lokalisiert und gezielt freipräpariert. Ihre genaue Lage wurde dokumentiert, bevor sie entnommen und vorsichtig mit einem Gemisch aus Wasser und Alkohol gereinigt wurden. Res-

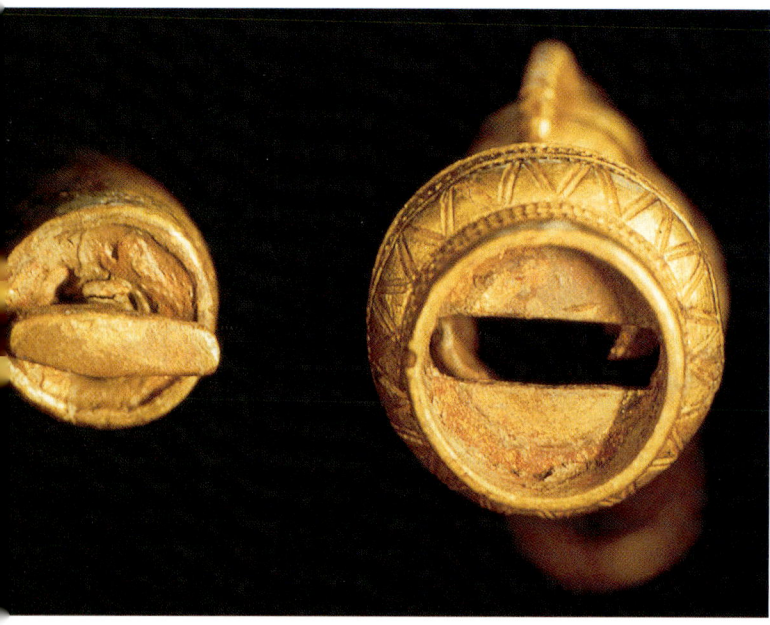

93 Grab 1. Der Schließmechanismus des Halsrings: links der T-förmige Knebel im Verschlussbereich des Nackenteils, rechts der Aufnahmeschlitz im Schließblech der Muffe (KAT.-NR. 1.2).

tauratorische oder konservatorische Maßnahmen erübrigten sich.

Beide Ringe sind aus goldenem Perldraht gebogen und nicht zugelötet. Ring 1 ist fast rund, hat einen Außendurchmesser von 7,2–7,7 mm und wiegt 0,41 g. Der Perldraht hat eine Stärke von 1,3–1,45 mm. Ring 2 hat eine ovale Form und einen Außendurchmesser von 6,3 mm an der schmalen Seite bzw. 7,5 mm an der breiten Seite. Die Materialstärke schwankt zwischen 1,1 und 1,3 mm, sein Gewicht beträgt 0,33 g. Ring 2 ist kleiner und zierlicher als Ring 1 und wurde aus einem anderen Perldraht hergestellt als Ring 1. Farblich ist kein Unterschied festzustellen. Beide haben eine Feingoldfarbe, ähnlich der des goldenen Halsrings. Wie der Halsring wurden sie mit C. J. Raub am FEM hinsichtlich ihrer Materialzusammensetzung untersucht. Der Feingehalt des Goldes liegt bei Ring 1 bei 91 Prozent, bei Ring 2 bei 98 Prozent, also fast Feingold.

Die Abflachung und Politur der umlaufenden Perlkanten ist eher auf den Herstellungsprozess als auf lange Gebrauchszeit zurückzuführen. Dabei wird ein dünner Goldblechstreifen oder auch Vierkantdraht in sich verdreht (tordiert) und anschließend zwischen zwei planen Flächen hin- und hergerollt, bis ein Draht mit glatter, geschlossener Oberfläche entsteht. Die einzelnen Perlen entstehen nun durch Rollen des Drahts mit einem kantigen Spezialwerkzeug (Mallwitz 1995), das für gleichmäßigen Abstand und Tiefe der einzelnen Perlen sorgt. Je nach Härte der Unterlage verdichtet sich dabei die Auflagefläche der umlaufenden Perlkanten. Durch das Biegen werden die Perlen außen gedehnt und innen gestaucht. Die Enden der beiden Perldrähte sind kaum einzusehen. Die erkennbaren Merk-

male lassen allerdings auf ein dünnes Blech als Ausgangsprodukt für den Draht schließen.

Bei der Freilegung stellte sich heraus, dass Ring 1 auf der rechten, nach oben gewandten Seite des Schädels im Bereich des Kiefergelenks lag, also unweit des rechten Ohrs, und Ring 2 auf der nach unten gewandten linken Schädelseite in Höhe des Schläfenbeins, also im Bereich der linken Ohrmuschel. Es kann von einer Verwendung als Ohrringe ausgegangen werden (Schönfelder 1998).

Peter Will

ARMRING UND FINGERRING (KAT.-NR. 1.5–1.6, ABB. 240–242)

Der Bestattete trug den goldenen Armring am rechten Handgelenk, am rechten Ringfinger steckte der goldene Fingerring. Die Restaurierung nach der Entnahme der Objekte aus dem Grab gestaltete sich einfach: Schon aufgrund der sattgelben Farbe des Materials konnte davon ausgegangen werden, dass es sich um ein hochlegiertes Gold mit nur geringem Bestandteil an Zulegierungsmetallen handelt, an dem sich trotz langer Bodenlagerung keine Korrosionsprodukte gebildet haben. Diese Vermutung bestätigte sich auch nach einer am FEM durchgeführten Röntgenfluoreszenzanalyse an insgesamt sieben Stellen der Fingerringoberfläche und acht Stellen der Armringoberfläche. Der gemessene Goldgehalt lag zwischen 94,7 und 96,1 % (Fingerring) bzw. 87,5 und 90,5 % (Armring); als Legierungsbestandteil konnte zudem Silber nachgewiesen werden, der sehr geringe Kupfergehalt der Legierung(en) lag unterhalb der messbaren Möglichkeiten des verwendeten Geräts (Fischerscope®, XRAY XDVM-W).

Anhaftende organische Reste wurden mit Hilfe von Holz- und Plexiglasstäbchen und mit Pinsel und Ethanol entfernt. Anschließend konnten genauere Aussagen über die Herstellungstechnik der Objekte gemacht werden. Der stellenweise eingedrückte Armring hat einen Innendurchmesser von 6,5 cm und wiegt 33 g. Er wurde aus einem Scharnierrohr mit einem Durchmesser von 0,85 cm gefertigt und ist unverziert. Zur Herstellung des benötigten Rohrs wurde ein zugeschnittener Blechstreifen in eine längliche halbkreisförmige Vertiefung (nach heutigem goldschmiedischem Fachterminus „Rillenanke") geschlagen und anschließend um eine dem Innendurchmesser des Rohrs entsprechende Seele geschmiedet. Die Seele wurde dann entnommen und das Rohr verlötet. Um das Rohr anschließend rund biegen zu können, ohne dass das hohle Material einknickte, musste es mit einem Füllmaterial versehen werden; denkbar wäre eine Füllung aus Kitt oder Sand oder etwa eine Seele aus weichem Metall. Auf bisher angefertigten Röntgenbildern konnte dieses Material leider nicht sichtbar gemacht werden. Es war im Verlauf der Restaurierung hörbar, wenn man den Armring leicht schüttelte.

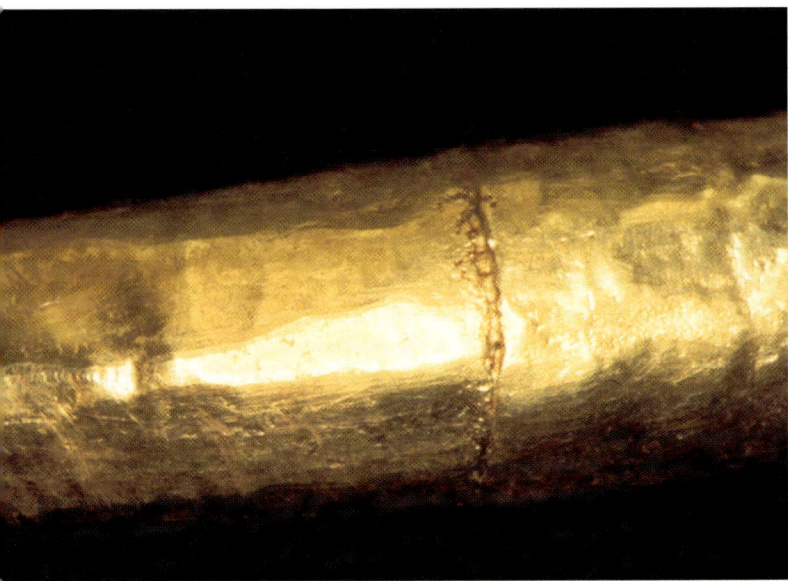

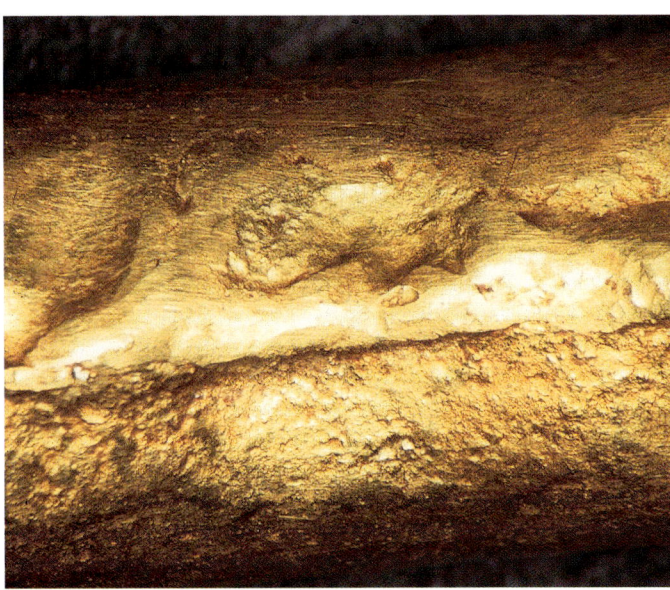

94 Grab 1. Die Verdickung im Bereich der beiden ineinander gesteckten Enden des Armrings (KAT.-NR. 1.5).

95 Grab 1. Angeschmorte Oberfläche an der Längslot- bzw. Schweißfuge des Armrings (KAT.-NR. 1.5).

An der Längslotfuge auf der Innenseite des Armrings tritt stellenweise ein rötliches Material hervor; eventuell handelt es sich hier um Reste des Füllmaterials. Noch ausstehende Analysen werden darüber Aufschluss geben können. Eine Verdickung im Bereich der Querlotfuge weist darauf hin, dass der Armring geschlossen wurde, indem die Enden des Rohrs ineinander gesteckt und dann verlötet wurden (ABB. 94). Auf dem Röntgenbild ist die Materialüberlappung der beiden Rohrenden von etwa 4 mm sichtbar.

Bei den Lötvorgängen wurde das Material stellenweise zu stark erhitzt, entlang der Längslotfuge sind einige angeschmorte Bereiche sichtbar (ABB. 95). An anderen Stellen war das Lot offensichtlich nicht vollständig durch die Lotfuge durchgeflossen und nachträglich Material zur Flickung aufgesetzt worden. Dies verdeutlichen sowohl auf der Armringoberfläche im Niveau hoch stehende Materialtröpfchen als auch auf dem Röntgenbild sichtbare Materialverdickungen. Auf dem Röntgenbild zeigen sich auf der Oberfläche des Armrings außerdem feine parallele Linien, die aber mit bloßem Auge nicht zu sehen, sondern nur zu erfühlen sind. Sichtbar dagegen sind Schmiedespuren, die sich über die gesamte Oberfläche des Armrings ziehen. Diese stammen vermutlich von der Herstellung des Rohrs, wurden also vor dem Zusammenfügen der Rohrenden auf dem Material hinterlassen. Abschließend wurde die Oberfläche abtragend-glättend nachgearbeitet, worauf Schleifspuren hinweisen.

Der goldene Fingerring hat einen Innendurchmesser von ca. 1,8 cm (dies entspricht etwa einer Ringgröße von 58–59) und wiegt 7,3 g. Er wurde aus Draht gefertigt, der in seinem Durchmesser von 1,3–1,8 mm variiert. Der Draht wurde vermutlich aus gegossenem Draht dünn ausge-

schmiedet. Denkbar wäre aber auch eine Herstellung durch Zuschneiden eines schmalen Blechstreifens, der tordiert und anschließend auf einer glatten Fläche gerollt wird, bis sich die Kanten berühren und schließen. Hinweis auf letztere Technik wäre eine spiralige Lotfuge, die aber nur durch weitere materialtechnische Untersuchungen oder durch einen Querschnitt sichtbar gemacht werden kann. Bei der Herstellung der zwei goldenen Ohrringe wurde diese Technik offensichtlich angewendet (s. Beitrag Will).

Der Perldraht im Ringkopfbereich, der einen leichten Verlauf zu seinen Enden zeigt, wurde durch Einfeilen des Drahts mit einer Rillenfeile hergestellt. Um den Ringkopf zu gestalten, lötete der keltische Goldschmied einzelne, aus Perldraht gebogene Elemente zusammen: Zwei omegaförmige Spiralen, die Fuß an Fuß aneinander stehen, wurden mittig mit einem Draht verbunden; in die Ausbuchtungen der Omegas wurde jeweils ein kleiner Perldrahtring eingefügt. Umrahmt wird dieses Muster von glatten Drähten, die rechts und links in die Ringschiene übergehen und zwischen denen wieder etwa bis zur Hälfte der Ringschiene ein Perldraht verläuft. Für die Ringschiene wurden die Enden der drei miteinander verlöteten und verschmiedeten Drähte flach ausgeschmiedet, übereinander gelegt und miteinander verlötet (ABB. 96). Auch bei diesem Objekt sind Verarbeitungsmängel offensichtlich, einige Verbindungen sind nur punktuell durchgeführt und der Ringkopf ist nicht symmetrisch. Eine starke Abflachung des Perldrahts an der Außenseite des Ringkopfes weist darauf hin, dass der Ring getragen wurde; der Perldraht auf der Ringkopfinnenseite ist kaum abgenutzt, die einzeln eingefeilten Perlen noch klar profiliert.

Nach den Untersuchungen der Goldobjekte mit C. J. Raub am FEM konnte die zunächst vermutete Technik des

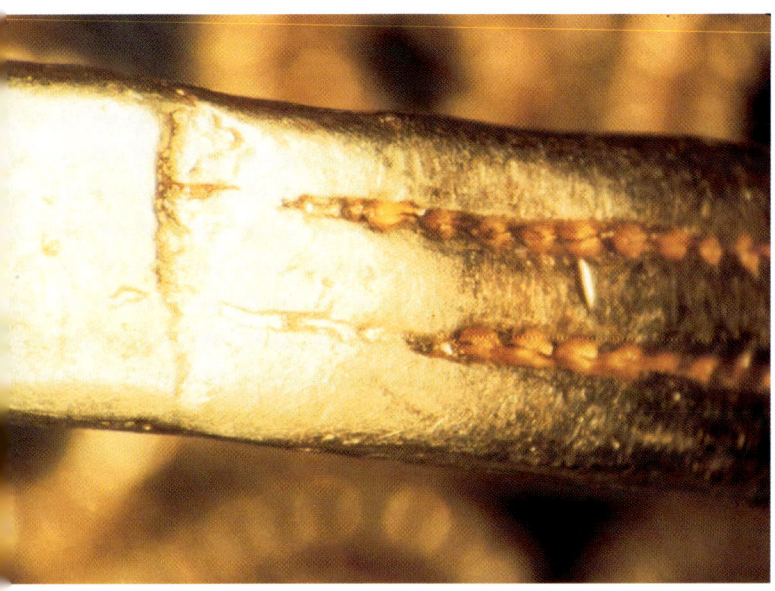

96 Grab 1. Fügenaht der Ringschiene des Fingerrings mit den verlöteten und zusammengeschmiedeten Perldrähten (KAT.-NR. 1.6).

Reaktionslötens zum Zusammenfügen der Einzelelemente der Objekte nicht mehr mit Gewissheit aufrecht erhalten werden, da Kupfer bei der Röntgenfluoreszenzanalyse nicht nachgewiesen werden konnte. Ein Herauslösen des Kupfers aus der Oberfläche durch chemische Methoden (Absäuern) ist zwar möglich, doch müsste laut Raub auch dann noch ein Kupfergehalt an den Lotstellen messbar sein. Ein sicherer Nachweis des Kupfergehalts des verwendeten Materials – und somit einer Reaktionslötung als Verbindungstechnik – wäre nach Probenentnahme etwa durch Spektralanalysen möglich. Nach derzeitigem Erkenntnisstand wird von Raub und den Restauratoren der Goldobjekte ein Verschweißen als Verbindungstechnik angenommen. Die Machbarkeit dieser Technik soll durch Versuche mit einer Vergleichslegierung (mit und ohne Kupferanteil) erprobt werden. Sollte diese Technik tatsächlich angewendet worden sein, muss man die handwerklichen Fähigkeiten des keltischen Goldschmieds als hervorragend bewerten. **Susanne Geilenkeuser**

DIE BRONZEKANNEN

SCHNABELKANNE AUS GRAB 1
(KAT.-NR. 1.1, ABB. 233–236)

Die bronzene Schnabelkanne vom Glauberg ist mit einer Gesamthöhe von 52,5 cm und einem Fassungsvermögen von gut 4 Litern die größte der bislang bekannten sechs keltischen Bronzeschnabelkannen. Sie war mit einem hochkonzentrierten Metansatz gefüllt (s. Beitrag Rösch) und aufwändig in Textil eingeschlagen (s. Beitrag Bartel).

Der Kannenkörper ist mit acht vertikalen Rippen versehen, von denen sieben auf der Schulter beginnen und eine unterhalb der Henkelattasche. Sie enden ca. 3,5 cm oberhalb des angesetzten Bodens in Dreiblattpalmetten. Zwischen den Palmetten und dem Boden ist der Kannenkörper mit ornamentalen und figürlichen Gravierungen versehen (ABB. 97).

Die Standfläche des Bodens (ABB. 98) ist in acht konzentrische Bänder eingeteilt. Das (von außen gesehen) dritte Band ist mit einer Zickzacklinie gefüllt; im fünften Band wechseln sich insgesamt 44 Felder mit Andreaskreuzen und mit Kreuzblumen ab.

Der Henkel besteht aus der Figurengruppe auf dem Mündungsrand, einem mehrteiligen Griff sowie der Attasche in Form eines Menschenkopfes. Die zentrale Figur zeigt einen Mann im Schneidersitz, der einen Kompositpanzer trägt. Auf der Rückseite des Panzers sind Hakenmäander und Rauten eingraviert (ABB. 99). Unter dem Panzer trägt er ein Gewand mit halblangen Ärmeln und eine kurze Hose. Zwei sitzende, auf die Mittelfigur zurückblickende Tiere mit menschlichen Gesichtszügen (Sphingen) schließen sich an. Der Griff ist mit Perlreihen sowie Kerben am oberen und unteren Abschluss der Rundbögen verziert. Unterhalb der Attasche ist ein dünnes Zierblech befestigt, das getriebene ornamentale und figürliche Verzierungen aufweist.

Die Platte, die die Kannenmündung und den Schnabel teilweise abdeckt, ist mit plastischen Spiralen sowie gravierten Rankenornamenten und Hakenmäandern verziert. Die beiden Köpfe auf der Deckplatte sind Bestandteil von Segmenten, die in Spiralen enden.

Auf beiden Seiten des Schnabels sind ein großes Tier sowie Rankenornamente eingraviert. Die Verzierung auf der linken Schnabelseite ist nur noch unvollständig erhalten.

Die Rippen des Kannenkörpers waren an ihren Kanten fast alle der Länge nach gerissen und vielfach gebrochen. Viele Fragmente und auch der zusammenhängende obere Teil des Kannenkörpers sind verzogen, verdrückt oder verdreht. Direkt oberhalb des verbogenen Bodens ist der Kannenkörper am stärksten zerscherbt (ABB. 100).

Die Freilegung der gut bis sehr gut erhaltenen Bronzeoberfläche erfolgte unter dem Mikroskop ausschließlich mechanisch mit Skalpellklingen, kleinen Schabern und feinen Nadeln. Die Anschlüsse der Fragmente wurden, wenn möglich, durch kleine Messinghäkchen, die aufgeklebt wurden, provisorisch fixiert. Anschließend wurden die Anschlüsse geklebt und die Klebefugen von hinten mit einer Schicht dünner Glasseide verstärkt. Sobald ein größerer Scherbenkomplex zusammengefügt war, wurde dieser mit einer weiteren Lage Glasseide stabilisiert. Danach konnten die Messinghäkchen abgenommen werden.

Bei verbogenen und unter Spannung stehenden Fragmenten musste anders vorgegangen werden. Um diese Fragmente exakt einzupassen, waren oft mehrere Arbeits-

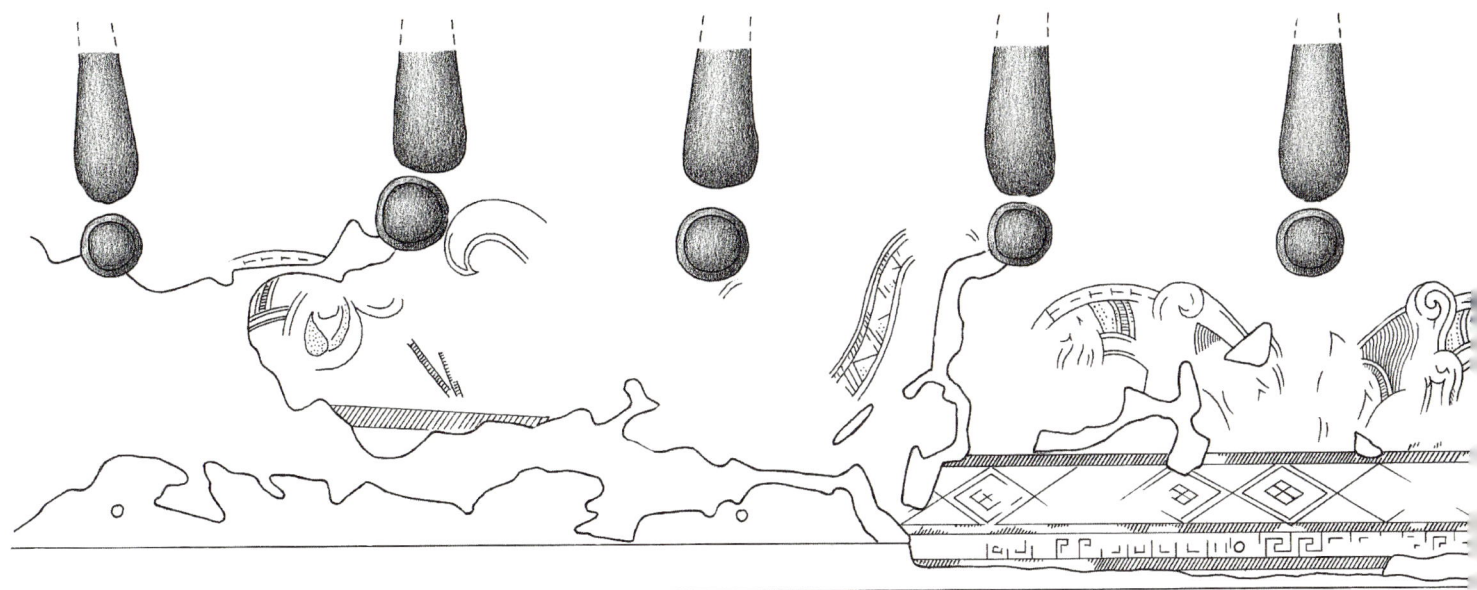

schritte nötig. Die Anschlüsse der Fragmente wurden zuerst nur an einer Stelle miteinander verklebt und diese mit Glasseide stabilisiert. Dann wurde ein weiterer Bereich des Anschlusses mit Hilfe von kleinen Schraubzwingen, Holzkeilen o. ä. gerichtet bis zum Beispiel eine Rippe eingepasst war. Eine sehr stark verdrehte Rippe musste zurückgeformt werden. Dazu wurde sie mit kleinen Schraubzwingen auf einem Weichholz befestigt und dabei leicht überstreckt. Anschließend wurde sie mit Heißluft erwärmt. Nach dem Abkühlen des Metalls blieb das Fragment in der durch die Schraubzwingen vorgegebenen Form und konnte in den Kannenkörper eingesetzt werden. Bei einigen Fragmenten, vor allem im unteren Bereich des Kannenkörpers, ist die Bronze so stark versprödet, dass sich die verbogenen Fragmente nicht richten ließen und die Anschlüsse vermittelt werden mussten.

Knapp oberhalb des Bodens befand sich die einzige größere Fehlstelle. Sie wurde ergänzt, die Ergänzung beigearbeitet und anschließend ausgesägt. Dann wurde der Boden, mit dem einige Fragmente des Kannenkörpers durch ein Eisenband noch fest verbunden waren, angesetzt. Zuerst wurden nur die gut passenden Anschlüsse fixiert und verklebt. Anschließend wurde der verbogene Bereich des Bodens mit Hilfe einer Schraubzwinge so weit wie möglich an den Kannenkörper herangezogen. Es blieb ein Spalt von ca. 2 mm. Das Loch, das durch das Aussägen der Ergänzung entstanden war, ermöglichte es, die Klebefugen und den Spalt mit Glasseide zu hinterlegen. Abschließend wurde der Spalt mit Kunstharz geschlossen, Glasseide zur Aufnahme der vorbereiteten Ergänzung eingeklebt und diese eingesetzt.

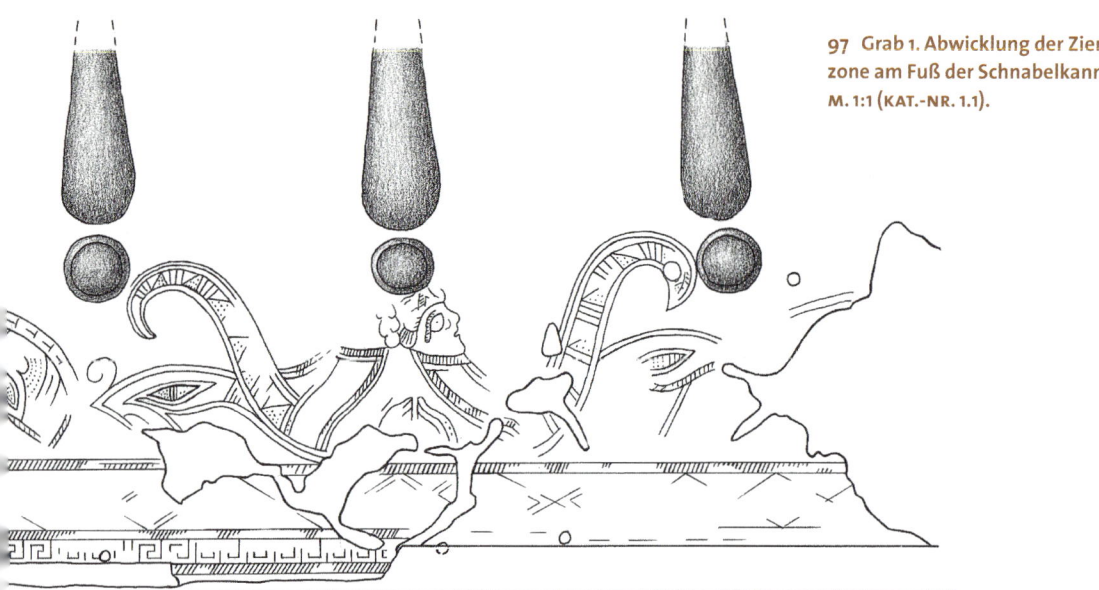

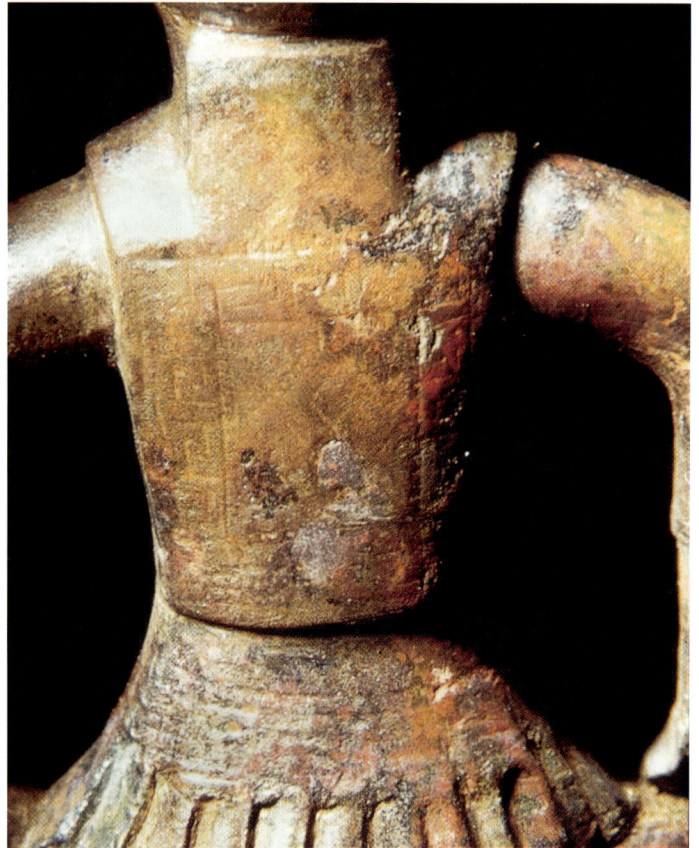
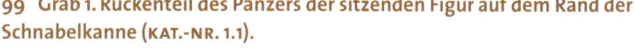

99 Grab 1. Rückenteil des Panzers der sitzenden Figur auf dem Rand der Schnabelkanne (KAT.-NR. 1.1).

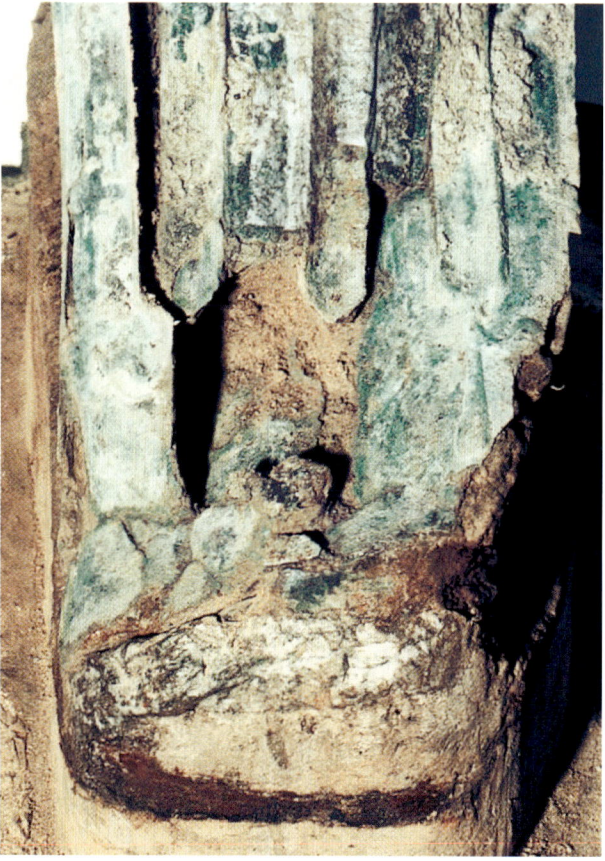

100 Grab 1. Der Fuß der Schnabelkanne im Fundzustand (KAT.-NR. 1.1).

Für die partiell notwendige Festigung der Bronze sowie für Klebungen, das Hinterlegen von Glasseide und das Ergänzen von Fehlstellen wurde Epoxidharz verwendet. Es wurde so wenig Kunstharz wie möglich eingesetzt. Trotzdem ließ es sich aus Gründen der Stabilität nicht vermeiden mehrlagig Glasseide zu hinterkleben; ausgespart werden konnten der Bereich hinter dem Zierblech, die Kannenschulter und der Kannenhals.

Der Kannenkörper wurde aus einem Blech getrieben, die Wandungsstärke beträgt 0,6–1,3 mm. Die verschmiedete vertikale Naht verläuft hinten am Kannenkörper. Außen ist die Naht stellenweise als Stoßfuge sichtbar, teilweise ist sie von dem Zierblech unterhalb der Henkelattasche verdeckt. Im Kanneninneren sind deutliche Materialüberlappungen zu sehen (ABB. 101). Die sehr geraden Rippen und die insgesamt sehr gleichmäßigen Abstände

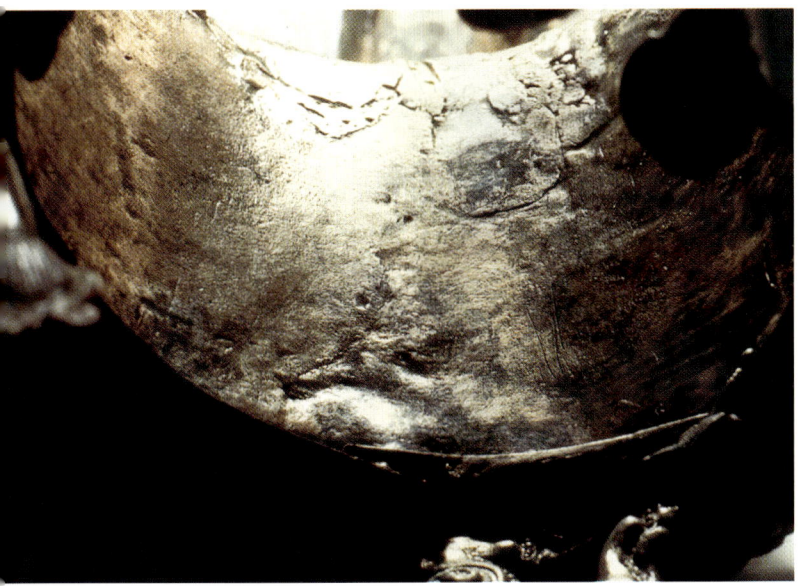

101 Grab 1. Blick in den Hals der Schnabelkanne; sichtbar sind die Naht sowie Reparaturen am Umbruch zur Schulter (KAT.-NR. 1.1).

102 Grab 1. Flickungen im Inneren des Körpers der Schnabelkanne. M. 1:1 (KAT.-NR. 1.1).

mit der Schulter verbunden. Das ist darauf zurückzuführen, dass das Blech an dieser Stelle bis auf einen kleinen Bereich eingeschnitten werden musste, um eine Art Hülse, den Hals, formen zu können. Anschließend musste der Schnitt verschmiedet werden. Das Blech war aber an dieser Stelle zu dünn und riss deshalb mehrfach. Die Verbindung zwischen Hals und Schulter wurde mit Bronze hintergossen und dadurch stabilisiert (vgl. ABB. 101).

Im Kanneninneren sind Treibspuren am Hals, an der Schulter und im Bereich des Umbruchs von der Schulter zum Kannenkörper sichtbar, nicht aber an den Rippen und den Zwischenräumen. Es gibt auch keine Spuren von eventuell verwendeten Modeln. Es bleibt zu klären, ob diese Partien gedrückt sein könnten. Außen wurde die Bronzeoberfläche bis zu Hochglanz geglättet; sie erscheint an einigen Stellen fast silberglänzend. Das Glätten der Oberfläche erfolgte wahrscheinlich mit Ziehklingen; es lassen sich viele feine vertikale Abziehlinien erkennen.

Die Verbindung der Deckplatte mit der Kannenmündung und dem Schnabel erfolgte durch Verbundguss. Die gegossenen Segmente mit den Köpfen und den Spiralen waren mit jeweils fünf Nieten auf der Deckplatte befestigt. Bei dem Versuch den Henkel in einem Stück zu gießen misslang anscheinend die rechte Sphinx. Es wurde eine neue, inklusive Sockel, gegossen. Ein Stück des Sockels, der wesentlich schlechter als der Sockel der zentralen Figur und der linken Sphinx überarbeitet wurde, läuft unter den Sockel der Mittelfigur und ist durch einen Niet mit diesem und dem oben leicht nach außen gebogenen Kannenhals verbunden. Ein zweiter Niet verbindet den Sockel direkt mit dem Hals. Die Figurengruppe ist mit noch zwei weiteren Nieten am Kannenhals befestigt. Der Bruch zwischen der zentralen Figur und der linken Sphinx ist vermutlich nicht antiken Ursprungs. Auf die Mittelrippe und die Ränder des stellenweise sehr dünn ausgearbeiteten Griffs wurden Zierbögen aufgesetzt und diese jeweils oben und unten verstiftet.

Die Befestigung der von einem Menschenkopf gebildeten Attasche erfolgte mit einem Niet, der durch das Kinn geht und im Kanneninneren auf einer Unterlegscheibe gestaucht wurde. Im Bereich der Kopfhaare und des Bartes hat sich keine Patina gebildet. Dadurch entsteht der Ein-

dazwischen sprechen dafür, dass sie nach dem Formen des Kannenkörpers, aber vor dem Verschmieden der Naht ausgearbeitet wurden. Das Bronzeblech musste bereits bei der Herstellung des Kannenkörpers an vielen Stellen, vor allem im Bereich der Dreiblattpalmetten und der Naht, geflickt werden. Dies geschah entweder durch Hintergießen unterschiedlicher Metalllegierungen oder durch innen aufgesetzte und mit dem Kannenkörper vernietete Bronzebleche (ABB. 102).

Am Umbruch vom Hals zur Schulter sind mehrere Reparaturen sichtbar, der Hals ist nur an einer Stelle direkt

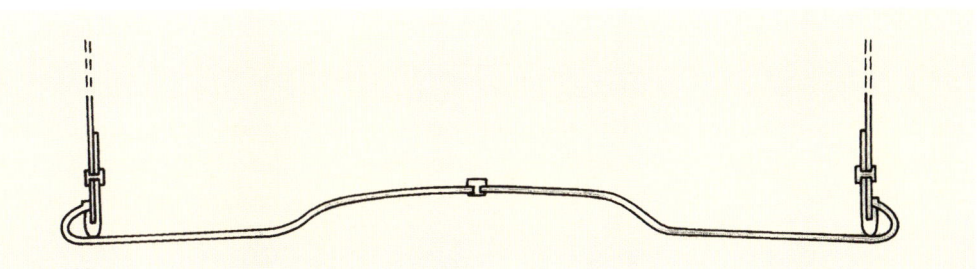

103 Grab 1. Schnittzeichnung der Verbindung von Boden und Körper der Schnabelkanne. M. 1:1 (KAT.-NR. 1.1).

druck einer gewollten Zweifarbigkeit. Eine diesbezügliche antike Bearbeitung ließ sich aber nicht nachweisen. Etwa 1 cm oberhalb des Befestigungsniets befindet sich ein weiteres, durch den Kopf verdecktes Nietloch im Kannenkörper, dessen ursprünglich vorgesehene Funktion unklar ist.

Das kupferne Zierblech unterhalb der Attasche wurde mit 20 kleinen Nieten am Kannenkörper befestigt. Diese Vielzahl von Nieten war notwendig, weil unter dem Blech eine der Rippen des Kannenkörpers anfängt und somit das Zierblech nur schlecht an den Kannenkörper angepasst werden konnte. 13 der Nieten wurden in kleinen, aus dem Zierblech herausgearbeiteten Ösen befestigt. Alle Ösen rissen mit der Zeit aus. Hinter dem Blech, das unter der Attasche des Henkels durchläuft, ist eine weiche schwarze Substanz auszumachen. Dabei kann es sich entweder um eine Kittmasse oder nur um Korrosionsprodukte handeln. Unterhalb des Zierblechs befindet sich ein sowohl außen als auch im Kanneninneren plan beigearbeiteter Niet, dessen ursprüngliche Funktion unklar ist.

In dem gehämmerten Boden sind überall deutliche Treibspuren sichtbar; außen nur in der eingetieften Mitte, denn die Standfläche wurde abgedreht und somit geglättet. Der Boden hat in der Mitte ein mit einem Pflockniet verschlossenes Reitnagelloch. Dieses Reitnagelloch war notwendig, um den Boden einspannen und abdrehen zu können. Der runde Pflockniet ist außen plan beigearbeitet und innen zu einem Rechteck gestaucht.

Die Befestigung des Bodens am Kannenkörper erfolgte auf ungewöhnliche Weise: Ein 15 mm breites und ca. 2 mm dickes Eisenband wurde innen an den Kannenkörper angelegt, mit diesem vernietet und dann ca. 3 mm nach außen umgeschlagen. Darauf liegt die Bördelung des Bodens auf (ABB. 103). Das Eisenband und die Bördelung verdecken teilweise die Gravuren am Kannenkörper. Das Eisenband wurde mit mindestens sechs Bronzenieten befestigt. Die genaue Anzahl der Niete, die außen plan beigearbeitet und innen zu einem Rechteck gestaucht wurden, lässt sich nicht mehr feststellen, da die Kanne vorne unten stark beschädigt war und einige Fragmente fehlen.

Die Kanne war vermutlich nicht für den täglichen Gebrauch bestimmt. Besonders die Konstruktion und die Befestigung des Henkels lassen dies vermuten. Lange, auf der Deckplatte befestigte Henkelarme und ein breiter unterer Henkelabschluss würden dem Henkel Stabilität verleihen. Bei der Schnabelkanne vom Glauberg täuschen die Segmente auf der Deckplatte verlängerte Henkelarme und das Zierblech unterhalb der Attasche einen breiten Henkelabschluss nur vor. Die Anstückelung der rechten Sphinx verringert zusätzlich die Stabilität des Henkels. Die Kanne wiegt 1350 g, für die Füllung kamen etwa 4900 g hinzu. Man kann sich nur schwer vorstellen, dass der Henkel diesem Gewicht lange standgehalten hätte.

Monica Bosinski

RÖHRENKANNE AUS GRAB 2 (KAT.-NR. 2.1, ABB. 251–253)

Die Röhrenkanne war sehr stark fragmentiert und in sich krakeliert; dies erschwerte zwar die Konservierung und Restaurierung, ermöglichte jedoch Einblick in das Kanneninnere. So konnten die unterschiedlichen Materialien identifiziert und Beobachtungen insbesondere zur Herstellungstechnik gemacht werden, die anders nicht möglich gewesen wären.

Im Inneren der Kanne fanden sich die eingetrockneten Ablagerungen des Inhalts bis in die Tülle hinein, sodass wir feststellen können, dass die Kanne randvoll mit einem Honiggetränk (Met) oder einem mit Honig gesüßten Getränk gefüllt war (s. Beitrag Rösch).

Die Röhrenkanne war aus einer Materialkombination aus Bronze, Eisen und Holz gefertigt. Dies wird lediglich innen sichtbar. Das äußere Bild der Kanne erschien als glänzende Bronze, unterbrochen durch die Musteraufteilung in Zonen, die durch das Punktieren der Flächen und Doppellinien eher matt wirkten (ABB. 104).

Die verschiedenen Teile der Kanne wurden miteinander verbunden und die Spuren von außen sorgfältig beigearbeitet, sodass sie nicht mehr sichtbar waren. Durch diese hohe Verdichtung der Bronze erscheint sie an vielen Stellen bis heute noch mit ihrem metallischen Glanz, obwohl die Scherben in sich korrodiert sind. Fast alle uns bekannten Verbindungs- und Herstellungstechniken für Bronze wurden für die Kanne angewendet. Für die Bronzeheißbearbeitung das Gießen und Löten, Schmieden und Treiben. An Kaltbearbeitungsspuren lassen sich das Schneiden, Biegen, Bohren bzw. Stanzen, Abdrehen, Stauchen, Feilen, Glätten, Nieten, Nageln, Klammern, Gravieren und Punzieren nachweisen.

Die Kanne wurde aus verschiedenen Teilen zusammengesetzt. Die Hauptbestandteile sind der Fuß mit dem Boden, der zweiteilige Korpus, das Kopfstück mit dem Deckel, die Tülle und der Henkel. Die beiden Hälften des Kannenkörpers, die Tülle, der Deckel, der Scheinboden und die Eisenbänder waren aus Blechen ausgeschnitten. Die Korpusbleche wurden dann getrieben, die Tülle rundgebogen. Die Deckelfigur, der Henkel, das Kopfstück, der Tüllenmund und vermutlich auch der Fuß waren gegossen. Das Kopfstück, der Tüllenmund und eventuell der Fuß wurden überdreht. Der Boden der Kanne war aus Holz gefertigt, dem einzigen vollständig erhaltenen Holz aus Grab 2. Im Deckel muss ursprünglich ebenfalls ein Holz befestigt gewesen sein, das sich aber nicht erhalten hat.

Der Fuß wurde in den Kannenkörper eingeführt, die in einem Model getriebene Profilierung ergab einen sicheren Halt für den Korpus. Diese Verbindung wurde mit vier Nieten gesichert. Der Boden der Kanne war aus Eichenholz. Er wurde vom unteren Rand des Fußes zurückgesetzt in diesen eingelassen, setzte sich an seiner breites-

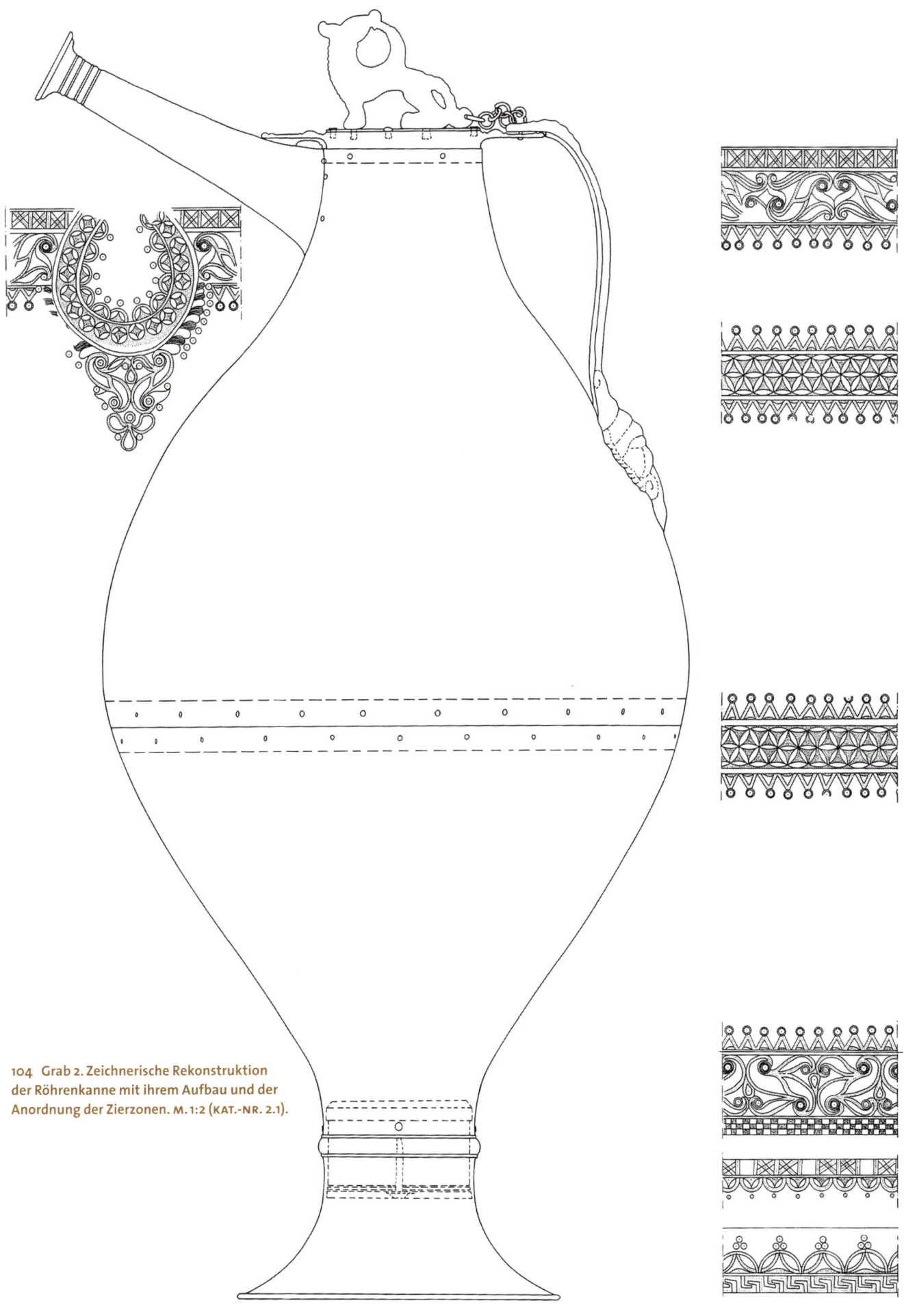

104   Grab 2. Zeichnerische Rekonstruktion der Röhrenkanne mit ihrem Aufbau und der Anordnung der Zierzonen. M. 1:2 (KAT.-NR. 2.1).

ten Stelle lediglich auf die obere Kante des Fußes und ragte in den Korpus hinein. Zum leichteren Einführen wurde die obere Kante des Holzes leicht gefast. Die Stabilität der Verbindung war nur gewährleistet, wenn das Holz ständig feucht gehalten wurde, sodass es quoll; keinerlei Niete oder Nägel fixierten diese Verbindung. Ein Bronzeblech wurde von unten mit einem großen Nagel am Holz befestigt; dieses Blech hat aber keinerlei technische Funktion, sondern sollte lediglich einen Bronzeboden vortäuschen (ABB. 105). Da das Blech nicht kreisrund war, wurden im Fuß und an dem Blech innen und außen Markierungslinien eingeritzt, um bei der späteren Montage die richtige Lage problemlos wiederzufinden.

Der Kannenkörper bestand aus zwei sorgfältig getriebenen Bronzeblechen. Diese Hälften wurden stumpf aneinandergesetzt und mit Eisenbändern im Inneren der Kanne mittels Bronzenieten zusammengefügt. Diese Eisenbänder sind durch den gewaltigen Druck im Grab nun am Stoß zerbrochen, ursprünglich gingen sie aber über beide Hälften und hielten so den Korpus zusammen.

Das abgewinkelte Kopfstück mit der breiten profilierten Platte wurde gegossen und anschließend abgedreht. Für den Deckel wurde innen ein 2,4 mm tiefer Falz eingedreht. Das Kopfstück wurde, wie der Fuß, in den Korpus eingeführt und mit vier Nieten mit ihm verbunden. Der Deckel aus einem ausgeschnittenen Blech wurde in den Falz eingepasst. Zum Justieren des Deckels wurden zwei Niete seitlich auf das Kopfstück angenietet, die herausragen. Der Deckel erhielt eine kleine Aussparung, sodass er immer exakt ausgerichtet werden konnte (ABB. 106).

Die gegossene Deckelfigur wurde mit den angegossenen Zapfen auf den Deckel montiert. Die Zapfen stehen innen 4,5 mm über.

Vier Niete, die am Rand des Deckels angebracht waren, stehen ca. 3 mm über. Innen hat sich das zu verbindende Material nicht erhalten, es lässt sich aber vermuten, dass hier, wie im Fuß, ursprünglich ein Holz befestigt war, das sich zum Rand hin verjüngte und so die Kanne gut verschloss. Im Schwanz der Deckelfigur wurde eine Kette aus sechs gebogenen Kettengliedern befestigt, die auf dem Kopfstück im Ösenniet des Henkels endete. So konnte der Deckel nicht verloren gehen.

Die Tülle wurde aus einem gebogenen Blech geformt. Der Stoß befindet sich auf der Oberseite und ist fast auf

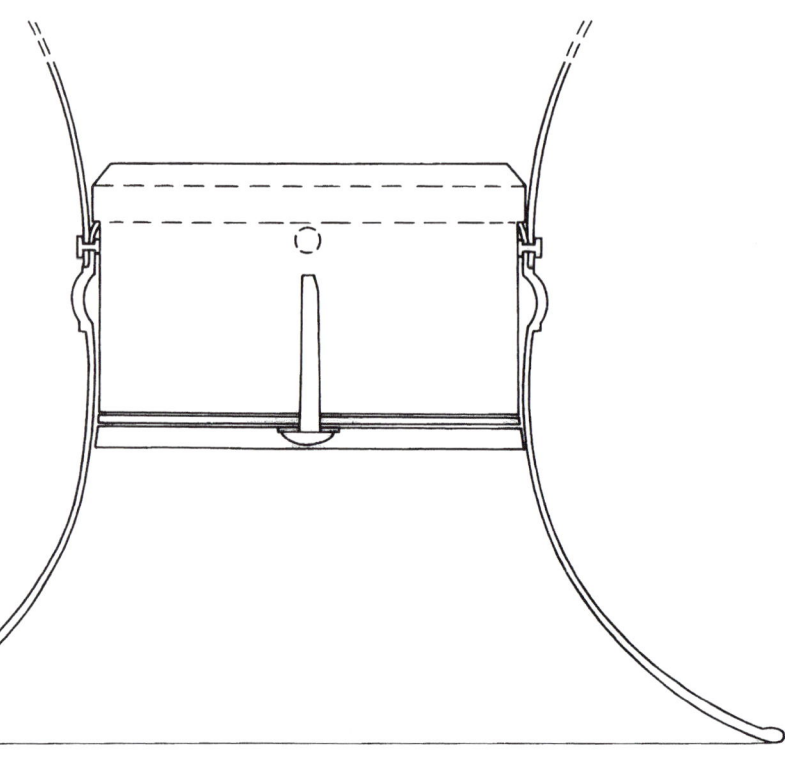

105 Grab 2. Schnittzeichnung des Fußes der Röhrenkanne mit der Verbindung von Fuß und Körper, dem profilierten Holz des Bodens mit der angenagelten Bronzescheibe (Scheinboden) und, darunter, der Lage des Bastfadens der zusätzlichen Abdichtung. M. 1:1 (KAT.-NR. 2.1).

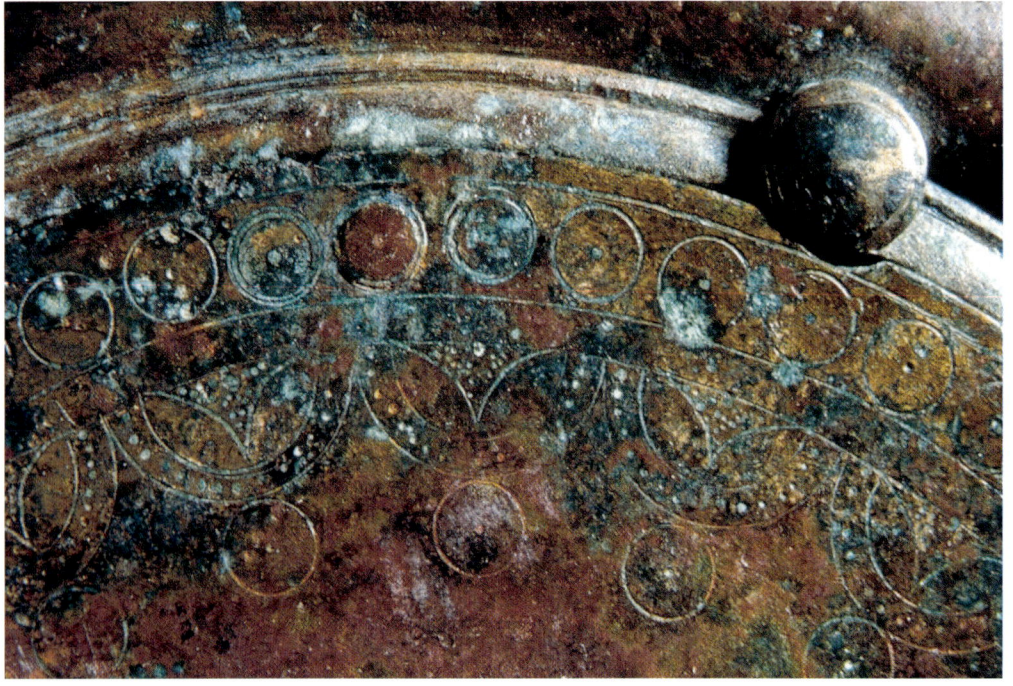

106 Grab 2. Der Justierniet auf dem Kopfstück der Röhrenkanne; links davon der im Kreismuster versteckte Niet des Deckels mit den Doppellinien im Muster (KAT.-NR. 2.1).

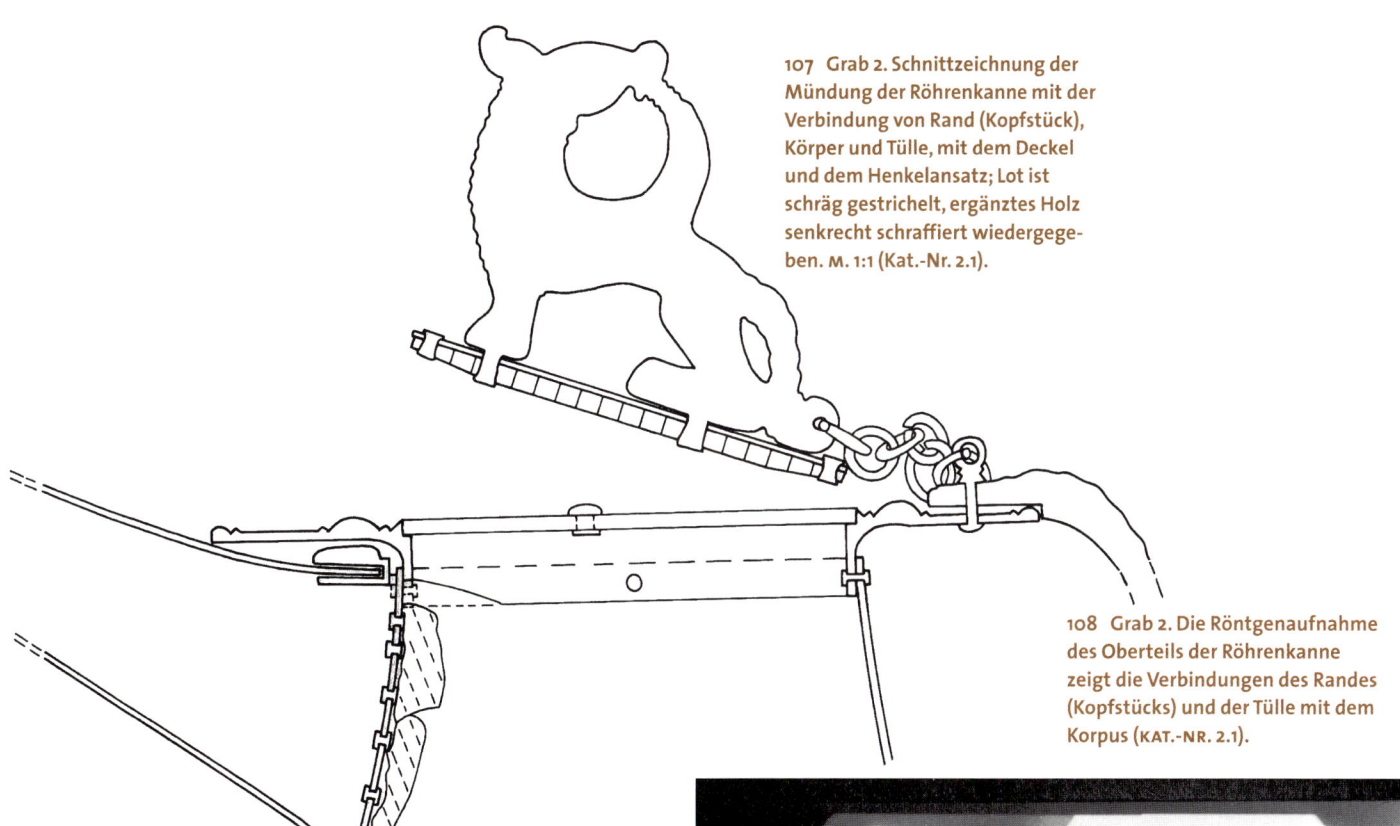

der gesamten Länge offen. Lediglich zum Tüllenmund wurde ein kurzes Stück verlötet. Diese Stelle hat sich durch die Hitze grau verfärbt. Im unteren Teil wurde eine Art Klammer befestigt, um den Stoß zusammenzuhalten. Zum Aufschieben des gegossenen und abgedrehten Tüllenmundes wurde die Tülle oben etwas gestaucht.

Der Henkel wurde gegossen; am oberen Ende befindet sich ein Löwenkopf mit Widderhörnern, am unteren ein menschlicher Kopf. Diese halbplastischen Darstellungen hat man detailliert nachgearbeitet, den Henkel selbst sorgfältig geglättet. Am Kopfstück wurde er mit dem Ösenniet, der das Kettchen aufnimmt, befestigt. Mit dem Kannenkörper verband den Henkel ein Niet, der durch die Stirn des menschlichen Kopfes geht.

Die Verbindung von Tülle, Kopfstück und Korpus ist technisch der komplizierteste Bereich (ABB. 107). Am äußeren Rand des Kopfstücks wurde eine kleine Aussparung herausgearbeitet, ebenso am unteren Rand, um den Übergang zur Tülle zu ermöglichen. Im Korpus wurde das Blech entsprechend der Rundung der Tülle herausgeschnitten und die Tülle eingepasst. Die Bleche überlappten und wurden miteinander vernietet. An einigen Stellen entsteht der Eindruck, als wären noch kleine Bleche eingefügt. Anschließend hat man diesen Bereich verlötet. Von innen und auf dem Röntgenbild lässt sich die Technik des Zusammenfügens gut erkennen (ABB. 108). Von

außen jedoch ist der Übergang der einzelnen Bleche von Tülle und Korpus nicht mehr wahrnehmbar, sie wurden miteinander verschmiedet, geglättet und dann verziert. Lediglich die Niete lassen sich unter dem Mikroskop noch erkennen.

Die unterschiedlichen Musterfolgen sind in Zonen aufgeteilt. Vor der Gravierung des Musters wurde die Fläche mit Hilfslinien markiert. Größtenteils verlaufen diese waagrecht parallel zum Muster und bezeichneten seine Höhe. Bei den freien Zirkelmustern finden sich diagonale Hilfslinien; hier wurden wohl die Abstände markiert, an denen das Muster gedreht werden sollte. Mit bloßem Auge sind diese Linien üblicherweise nicht mehr sichtbar; sie wurden vermutlich nach der Gravur beseitigt, indem die Bronze nochmals nachgearbeitet wurde. Unter dem

Mikroskop lassen sie sich jedoch an einigen Stellen noch nachweisen, mit einem extremen Streiflicht können sie sichtbar gemacht werden. An einer unverzierten Stelle des oberen Kannenkörpers fand sich ebenfalls eine Hilfslinie. Dies lässt vermuten, dass zwischen den beiden sich wiederholenden, ineinander gehenden Zirkelmustern ursprünglich eine weitere oder andere Zierzone vorgesehen war; diese wurde aber nicht ausgeführt. Das Muster wurde überwiegend nach dem Zusammensetzen der Einzelteile graviert. Dies lässt sich an den vernieteten Stellen nachweisen. Das Muster läuft über die Niete, sodass diese kaum mehr sichtbar waren. Nach der Gravur wurden einzelne Flächen und Doppellinien punziert. Hierdurch wurden an einigen Stellen die gravierten Linien weggedrückt und erscheinen wellig.

Bei dem Muster um die Tülle scheint es so zu sein, dass zuerst Korpus und Tülle verbunden wurden und man erst dann das Muster auf diesem Übergangsbereich anbrachte. Es endet im oberen Bereich an der Klammer der Tülle. Dann wurde das Kopfstück eingeführt, vernietet und der Korpus in diesem Bereich mit dem freien Zirkelmuster verziert. Anders lässt sich nicht erklären, dass das Muster um die Tülle so weit unter die Kopfplatte zieht, da dieser Bereich danach für eine Bearbeitung nicht mehr zugänglich war.

Auch das Muster auf der Tülle scheint in zwei Phasen gestaltet zu sein. Es wurden je zwei Begrenzungslinien parallel zum Stoß gezogen. Diese Linien ziehen unter das Kopfstück. Das Zirkelmuster dazwischen endet hingegen direkt am äußeren Rand der Kopfplatte. Es ist möglich, dass es erst nach dem Verbinden des Kopfstücks mit dem Korpus aufgebracht wurde. Der einzige Bereich, an dem Löcher für die Niete nach dem Aufbringen der Verzierung gesetzt sind, befindet sich am Rand des Deckels. Die Löcher wurden in die kleinen Kreisaugen gebohrt, die Niete gesetzt. Dann allerdings wurde nochmals mit dem Zirkel eingestochen und die Kreise nachgefahren. Da der Radius etwas geringer war, ergaben sich Doppellinien. An einer Stelle zog man auch bei den beiden angrenzenden Kreisen eine weitere Linie, sodass eine kleine Unregelmäßigkeit im Muster entstand. Vielleicht sollten ursprünglich alle Kreise als Doppelkreise ausgebildet werden; dies wurde aber nicht weiter ausgeführt.

Zum Abschluss soll noch auf eine Besonderheit auf dem Scheinboden und im Fuß aufmerksam gemacht werden. Auf dem bronzenen Boden fanden sich außen und im Fuß innen ca. 5 mm breite Pinselspuren, die sich als hellgrüne Korrosion erhalten haben (ABB. 109). Hier wurde bei der Abnahme der Textilien ein umlaufender und umgeschlagener Bastfaden vorgefunden. Vermutlich wurde dieser Bereich mit einem Harz eingepinselt, in das der Bastfaden als Dichtungsmaterial eingedrückt wurde. Ob dies erst zum Zeitpunkt der Grablegung im Zuge des Verhüllens der Kanne geschah oder ob diese Abdichtung schon ursprünglich so angebracht war, lässt sich nicht mehr feststellen. **Sigrun Martins**

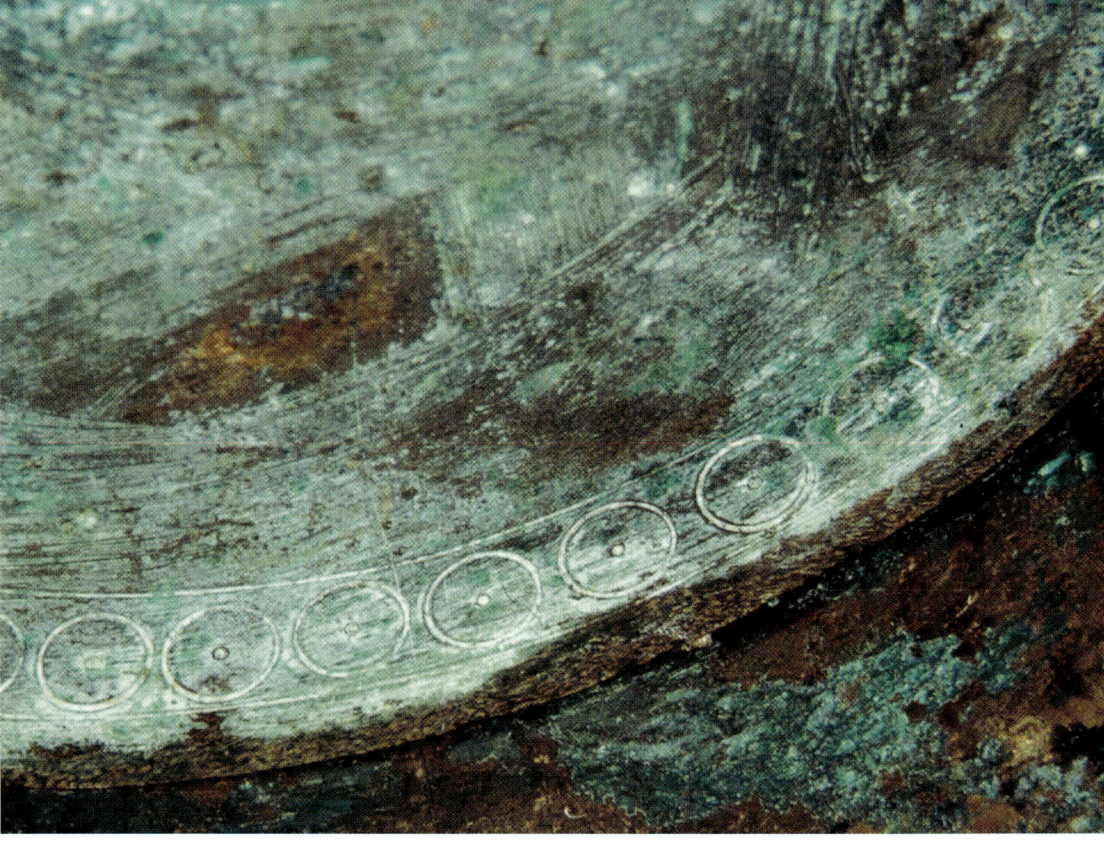

109 Grab 2. Harzspuren und Pinselstriche auf dem bronzenen Scheinboden und der Innenwandung des Fußes der Röhrenkanne (KAT.-NR. 2.1).

DIE BRONZEFIBELN

FIBELN AUS GRAB 1
(KAT.-NR. 1.7–1.9, ABB. 243; 244)

Neben dem Toten, zwischen Schwert und Schnabelkanne, lagen zwei Vogelkopffibeln (ABB. 110) und eine tiergestaltige Fibel (ABB. 111), die hier zusammen mit einem zerbrochenen und verbogenen Bronzering (KAT.-NR. 1.12, ABB. 245) niedergelegt worden waren. Wenige Reste von Textil und Leder haben sich vor allem im Bereich der Eisenachsen der Nadelkonstruktionen erhalten. Man könnte sich vorstellen, dass die Fibeln auf Stoff aufgesteckt waren und sich in einem ledernen Behältnis befanden. Holzreste unter und über den Objekten, die nicht zur Grabkammer gehören, könnten auf eine Art „Schmuckkästchen" schließen lassen, zu dem eventuell drei eiserne Niete (KAT.-NR. 1.32–1.34) gehören. Die Fundsituation belegt eine geschlossene Nadel für die beiden Vogelkopffibeln, während die tiergestaltige Fibel vermutlich geöffnet war. Durch die Druckeinwirkung in der zusammengestürzten Grabkammer wurden alle drei Objekte stark beschädigt, die Nadelkonstruktionen waren seitlich abgeknickt und in viele Fragmente zerbrochen. Das Metall hat sich in der Grablege vollkommen in Korrosionsprodukte umgewan-

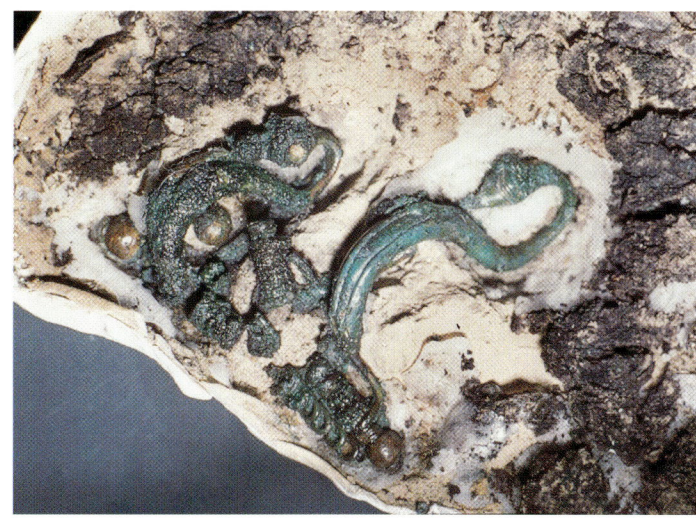

110 Grab 1. Die beiden Vogelkopffibeln *in situ* bei der Freilegung, von der Unterseite her gesehen (KAT.-NR. 1.9 u. 1.8).

delt. Die Restaurierung gestaltete sich dementsprechend aufwändig. Die Gestaltung der drei ursprünglich goldfarbenen Bronzefibeln mit Einlagen und Achsenendkugeln aus roter Koralle scheint eine beliebte Farbkombination der frühen Latènezeit gewesen zu sein.

Die zierlichere der beiden Vogelkopffibeln hat die Maße 2,15 x 2,00 x 1,16 cm (L. x B. x H.). In ihrem massiven Bü-

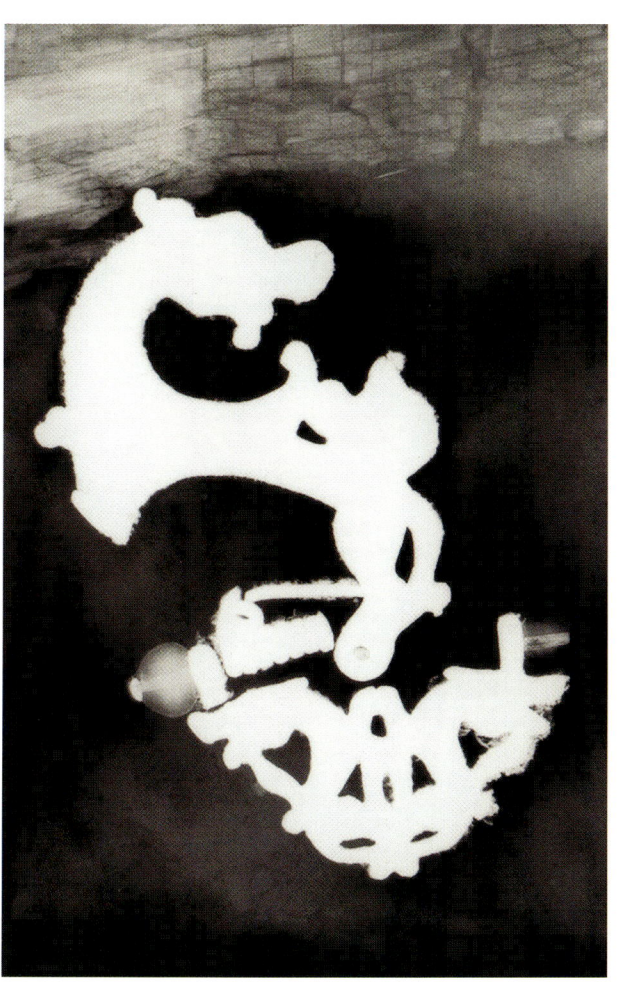

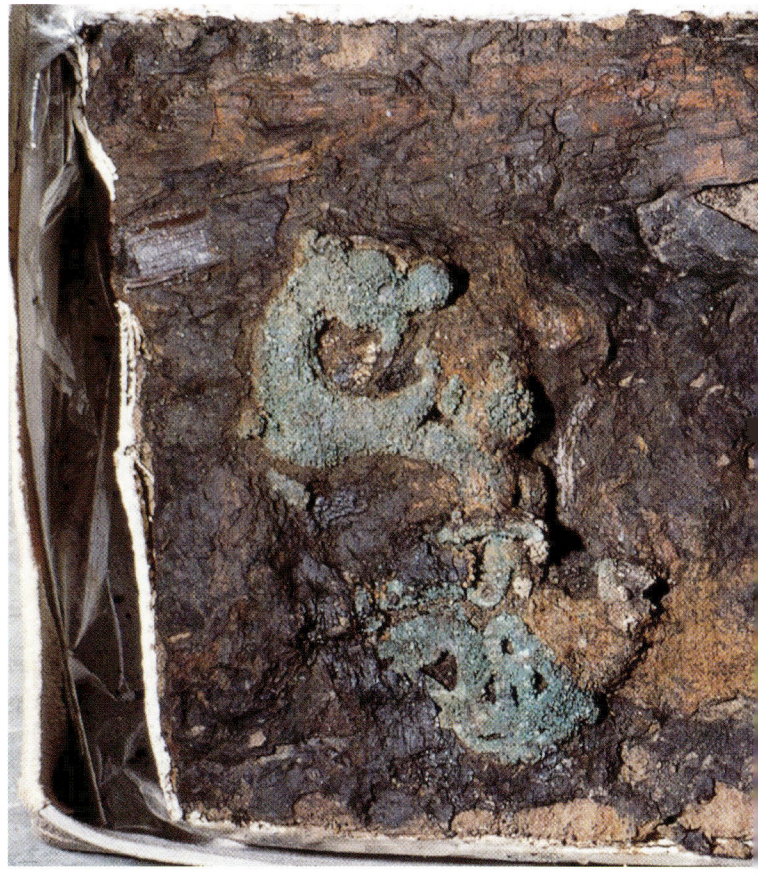

111 Grab 1. Die tiergestaltige Bronzefibel, links: Röntgenaufnahme der im Block geborgenen Fibel, mitte: *in situ* bei der Freilegung mit Resten von Holz, Leder und Textil, rechts: nach abgeschlossener Restaurierung (KAT.-NR. 1.7).

gel befindet sich eine Koralleneinlage, die mit vier quer verlaufenden Rillenpaaren verziert ist. Jeweils zwei Rillen verlaufen parallel zu ihr links und rechts auf dem Bügel. Auch die drei Einlagen in der Fußzier, die einen stark stilisierten Vogelkopf zeigt und nicht mit dem Bügel verbunden ist, bestanden vermutlich aus Koralle. Sie sind leider nur noch fragmentarisch erhalten und gingen noch zu Gebrauchszeiten verloren. Kittreste in einer der Zargenfassungen lassen auf eine antike Reparatur schließen. Aus einem einzigen Draht wurde die Spirale mit Nadel und einfacher Sehne gebogen. Die Befestigung an der Fibel erfolgte mit einer Eisenachse, deren Enden zwei Korallenkugeln mit Bronzescheiben zieren.

Die zweite Vogelkopffibel ist mit 3,22 x 2,52 x 1,35 cm (L. x B. x H.) etwas größer. Dem Verlauf des massiven Bügels folgen eine Mittelrippe und zwei außen verlaufende Rippen, die an den Bügelenden spitzwinklig zusammenlaufen. Die Nadelkonstruktion ist hier etwas aufwändiger gestaltet. Nadel, Spirale und Sehne wurden ebenfalls aus einem Draht gebogen. Dabei wurde die Sehne allerdings einmal um den Fibelbügel gewunden. Dies geschah vermutlich, um zu verhindern, dass die Nadel in geöffnetem Zustand nach unten wegkippt. Die Fibel lässt sich dadurch wesentlich einfacher anlegen. Eine Scheinsehne mit zehn einfachen Windungen begleitet die Spirale. Sie wurde eben-

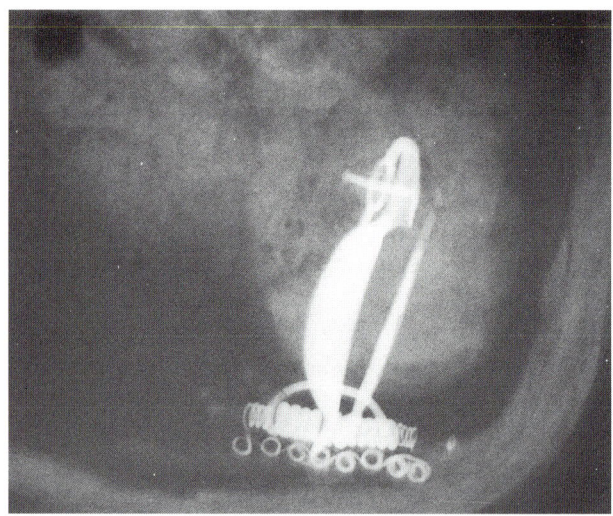

112 Grab 2. Röntgenaufnahme der im Block geborgenen Bronzefibel (KAT.-NR. 2.2).

falls auf der Eisenachse befestigt. Zwei Korallenkugeln mit Bronzescheiben bilden wiederum den Abschluss.

Die tiergestaltige Fibel mit diversen figürlichen Darstellungen ist wesentlich aufwändiger gestaltet und reich verziert. Der Fibelkörper und die Kopfplatte wurden gegossen. Die Ausarbeitung der Zierelemente erfolgte anschließend manuell. Linien- und Kerbschnittgravuren ergänzen die Oberflächengestaltung. Die Nadelkonstruktion besteht auch hier aus einem einzigen Draht. Die Übergänge von der Spirale zur Sehne bilden jeweils zwei Doppelösen. Die linke Achsenendperle ist nur fragmentarisch erhalten, der gute Erhaltungszustand der rechten erlaubte allerdings die Identifikation von Koralle aufgrund sichtbarer Strukturen. Beide wurden auch hier mit kleinen Bronzescheiben auf der Eisenachse gesichert. Die Kopfplatte mit Darstellung von zwei Mischwesen war ursprünglich beweglich.

Peter Will

FIBEL AUS GRAB 2 (KAT.-NR. 2.2, ABB. 254)

Die Fibel mit dem Maßen 3,3 x 2,7 x 1,1 cm (L. x B. x H.) lag nur drei Millimeter von dem Gürtelhaken entfernt. Sie wurde zunächst mit der umgebenden Erde als Block aus dem Grab geborgen. Dies ermöglichte eine genaue Röntgenuntersuchung (ABB. 112), Freilegung und Dokumentation (Ulbrich 1999). Sie befand sich in einem äußerst fragilen Zustand. Die Bronze war sehr stark korrodiert, die Korallenperlen sehr porös; die ursprünglich roten Korallen haben sich entfärbt.

Der leicht verbreiterte, bandförmige Bügel ist durch vier parallel verlaufende Längsrillen verziert. Parallel der Spirale verläuft eine Scheinsehne aus einem feineren Bronzedraht. Dieser Draht ist in zwei- und dreifache Schleifen gelegt und in Fortsetzung der Spirale jeweils um die eiserne Achse gewickelt. Diese Scheinsehne dient lediglich der Zierde, sie hat keine praktische Funktion.

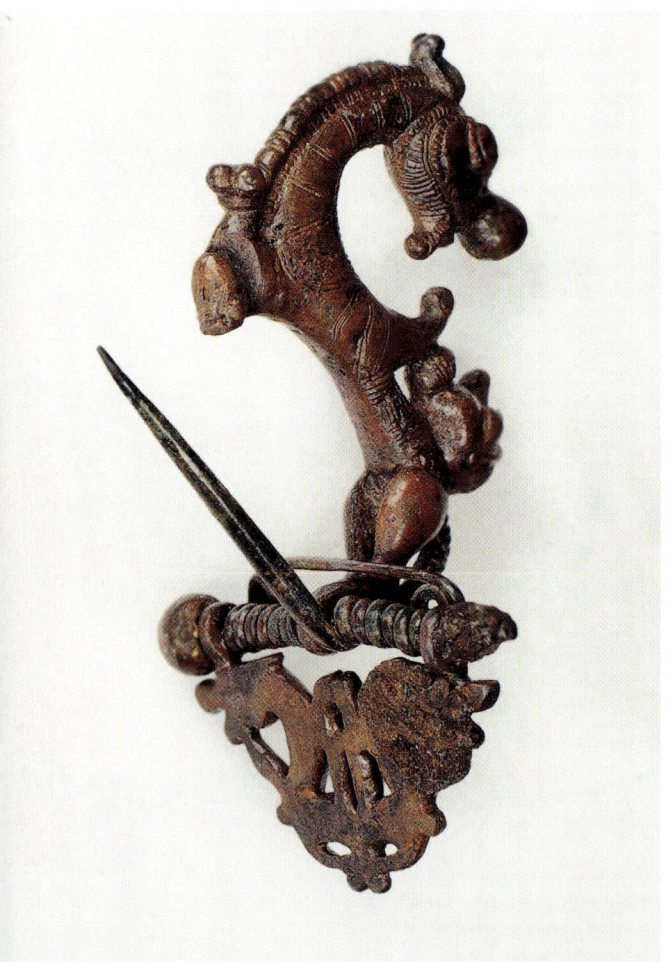

Insgesamt sechs Perlen aus Koralle zieren die Fibel: Je eine am Ende der Spirale, eine in der Mitte der Spirale zur Schauseite hin und drei an der Fußzier, von denen zwei zusammen mit Perldraht eingefasst sind.

In der Fundlage war die Nadel nicht in den Nadelhalter eingerastet, weshalb man davon ausgehen kann, dass die Fibel nicht geschlossen war. Sie lag mit der Oberseite nach unten. Textilreste, die besonders im Bereich der Fibelspirale und unter dem Bügel zu finden waren, lassen darauf schließen, dass die Fibel in Stoff eingeschlagen in das Grab gelegt wurde. Hierbei handelte es sich um ein Gewebe in Leinenbindung aus Hanf oder Flachs.

Angelika Ulbrich

BRONZERINGE AUS GRAB 1 (KAT.-NR. 1.10–1.12, ABB. 245)

In Grab 1 befanden sich insgesamt drei Bronzeringe, die üblicherweise der Frauentracht zugeordnet werden (Joachim 1992). Es handelt sich um einen Vierknotenring mit einem Außendurchmesser von 6,15 cm und einem Innendurchmesser von 5,3 cm und um zwei Dreiknotenringe; einer davon besitzt einen Außendurchmesser von 5 cm und einen Innendurchmesser von 4,3 cm, der andere ist in drei Teile zerbrochen. Die Maße des zweiten Rings können aufgrund seines Zustands nur ungefähr mit einem Außendurchmesser von 5,4 cm und einem Innendurchmesser von 4,5 cm angegeben werden.

Die zwei vollständigen Ringe lagen im Grab neben dem rechten Arm des Bestatteten, der Dreiknotenring lag mittig im Vierknotenring. Aufgrund der sehr geringen Innendurchmesser kann ausgeschlossen werden, dass der Bestattete selbst sie ursprünglich getragen hat. Sogar der Vierknotenring hätte wohl nur von einer Frau mit sehr schmalen Handgelenken angelegt werden können, der Dreiknotenring ist – wurde er als Armring getragen – nur als der eines Kindes vorstellbar.

Beim Dreiknotenring sind die Ziergruppen durch Einkerbungen jeweils in einen mittigen, etwas größeren Knoten und zwei anschließende kleinere Knoten aufgeteilt. Die zwei kleineren Knoten sind wiederum durch weitere Einkerbungen vom als Draht mit flachovalem Profil weiterlaufenden Ringkörper optisch abgesetzt. Seitlich werden die Knotengruppen je von vier strichförmigen Ritzungen flankiert, die parallel zueinander und strahlenförmig von unten (Ringinnenseite) nach oben (Ringaußenseite) verlaufen. Die Abstände zwischen den Knoten sind nicht gleichmäßig.

Beim Vierknotenring bilden beidseitig durch Einkerbungen abgeschnürte Knoten die Zierelemente. Der Ringkörper zwischen den Knoten verdickt sich jeweils zur Mitte und verjüngt sich dann wieder zum nächsten Knoten. Auf der Oberfläche des Vierknotenrings befand sich ein

in der Korrosion erhaltener Textilrest (leinwandbindiges Gewebe), der vermutlich zur Oberbekleidung des Bestatteten gehört. Er wurde gefestigt und auf dem Objekt belassen. Beide Ringe waren aufgrund der Lagerungsbedingungen stark korrodiert und stellenweise aufgequollen.

Der in drei Teile zerbrochene Dreiknotenring lag unmittelbar neben den drei Fibeln in der Nähe der Schnabelkanne in der rechten oberen Ecke der Grabkammer. Er hat die gleiche Zier wie der andere Dreiknotenring, der Draht zwischen den Knoten ist allerdings etwas stärker. Der Ring wurde offensichtlich absichtlich auseinander gebogen und zerbrochen und so im Grab niedergelegt. Fügt man die zwei anpassenden Bruchstellen an die jeweiligen Anschlüsse, wird dies klar. Die beiden übrigen Bruchstellen passen nicht zusammen; es kann davon ausgegangen werden, dass hier ein Fragment fehlt.

Alle drei Bronzeringe wurden wahrscheinlich gegossen und anschließend glatt nachgearbeitet; Bearbeitungsspuren konnten aufgrund des schlechten Erhaltungszustands nicht nachgewiesen werden.

Susanne Geilenkeuser

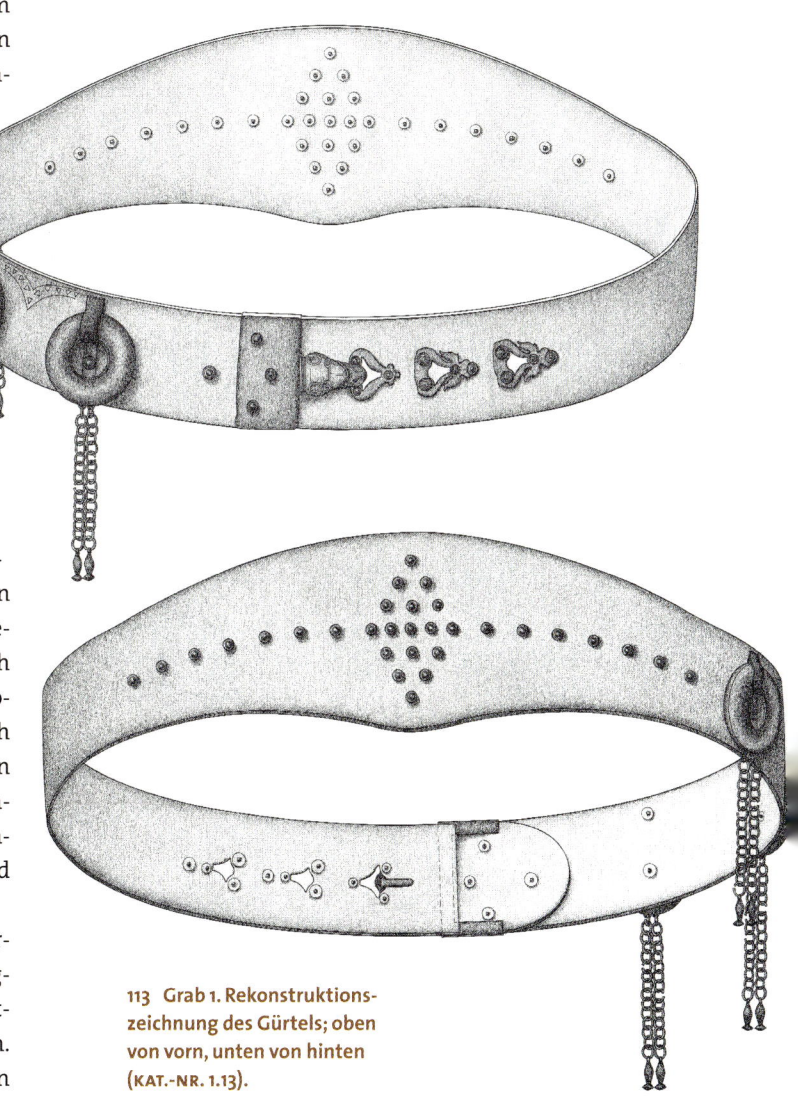

113 Grab 1. Rekonstruktionszeichnung des Gürtels; oben von vorn, unten von hinten (KAT.-NR. 1.13).

DIE GÜRTEL

GÜRTEL AUS GRAB 1
(KAT.-NR. 1.13, ABB. 246; 247)

Der Tote trug bei der Bestattung einen reich verzierten Gürtel aus Rinderleder am Körper, mit dem Gürtelhaken auf der rechten und drei Einhakbeschlägen auf der linken Seite (ABB. 113). Der Haken war nicht eingehakt, lag aber auf der Höhe des inneren Einhakbeschlags (ABB. 114).

Im Bereich des Gürtelhakens war der Gürtel etwa 5 cm breit, auf der Rückenpartie im Bereich der rautenförmig angeordneten Niete mindestens 10 cm; er verjüngte sich dann bei den Einhakbeschlägen wahrscheinlich wieder auf 5 cm. Die Stärke des Leders von 3,5–4 mm konnte an den unterschiedlichen Nietschäften ermittelt werden. Aufgrund des Befunds kann eine Gürtellänge von 105–110 cm angenommen werden. Von den drei Einhakbeschlägen waren zwei vom Typ her identisch; sie wurden mit vier Nieten am Gürtel befestigt. Kleine Tierköpfe und Gravuren stellen eine reiche Verzierung da. Der dritte Beschlag, gleichzeitig auch der äußere, war etwas weniger aufwändig gestaltet. Er war mit drei Nieten auf dem Leder angebracht.

31 Bronzeniete zierten die Rückenpartie des Gürtels. Dort waren sie in Form einer Raute angeordnet, deren horizontale Spiegelachse nach beiden Seiten ebenfalls mit Nieten fortgesetzt wurde. Die Nietköpfe mit einem Durchmesser von 5,5–6 mm sind aufwändig profiliert. Auf der

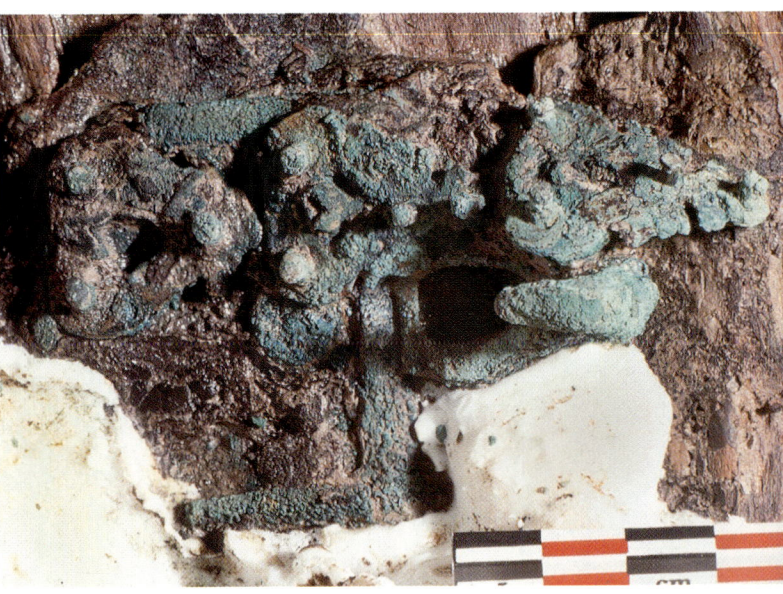

114 Grab 1. Der Gürtelhaken und die Einhakbeschläge in Fundlage, von der Innenseite her freigelegt (KAT.-NR. 1.13.1–1.13.4).

Innenseite des Gürtels waren die Bronzeniete durch einen eisernen Gegenbeschlag fixiert.

Weitere Metallbestandteile am Gürtel waren auf der rechten Seite drei bronzene Hohlringe. Sie bestehen aus jeweils zwei getriebenen Bronzehalbschalen, die durch drei Niete miteinander verbunden sind. Mit einem ca. 1 mm starken und 1 cm breitem Lederband, das in einer Schlaufe

115 Grab 1. Auf einem der wenigen noch erhaltenen Fragmente des Gürtelleders sind Kreispunzen zu sehen (KAT.-NR. 1.13).

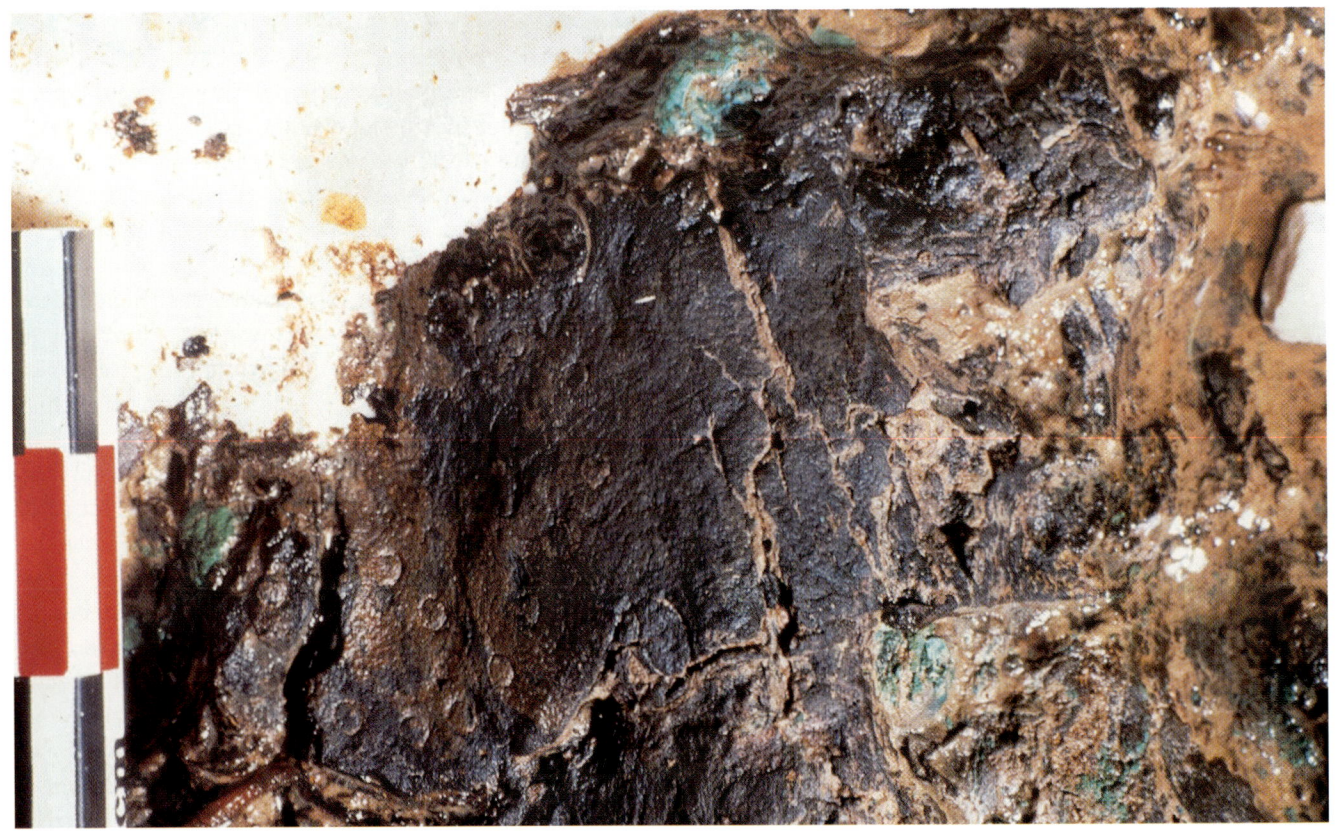

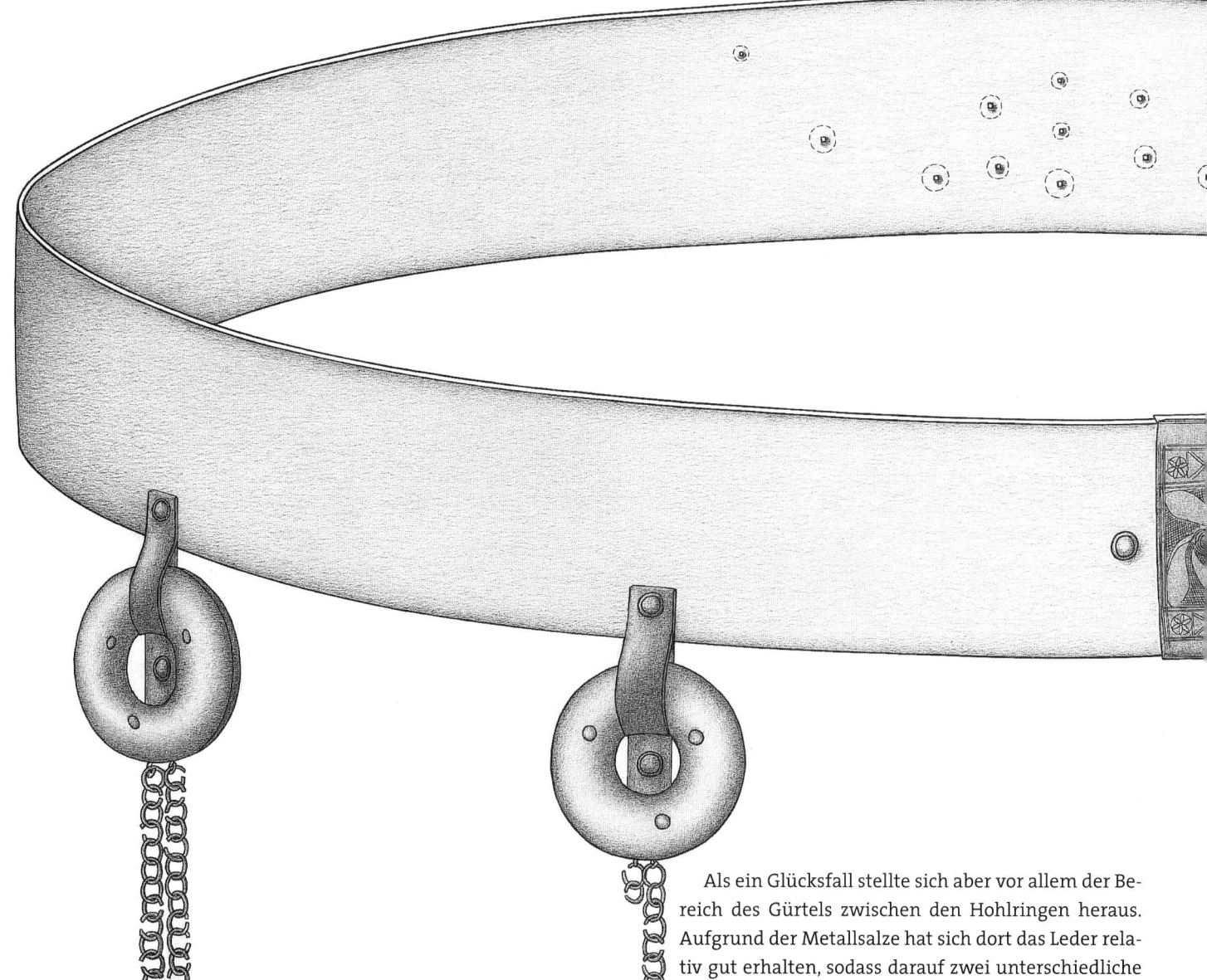

um den Hohlring geführt wurde, waren sie an der Oberkante des Gürtels angenietet. Das Lederband verlief dann, wahrscheinlich auf der Vorderseite des Gürtels, doppelt weiter. Dort wurde ein Bronzeplättchen mit zwei etwa 5 cm langen Bronzekettchen mit Bommel zwischen den beiden Lederbändchen und dem Gürtelleder aufgenommen.

Das beidseitig mit Leder bedeckte Bronzeplättchen war mit einem Niet am Gürtel befestigt. Dieser Niet war so platziert, dass er im Zentrum des Hohlrings sichtbar war.

Diese Kombination Hohlring-Anhänger befand sich einmal seitlich auf der rechten Rückenseite und zweimal auf der rechten Vorderseite. Außer einer dekorativen Verwendung konnte diesem Ensemble keine technische Funktion zugedacht werden.

Als ein Glücksfall stellte sich aber vor allem der Bereich des Gürtels zwischen den Hohlringen heraus. Aufgrund der Metallsalze hat sich dort das Leder relativ gut erhalten, sodass darauf zwei unterschiedliche Verzierungselemente nachgewiesen wurden. Zum einen konnten kleine und große Kreispunzen dokumentiert werden, die halbkreisförmig angeordnet waren (ABB. 115); ausnahmsweise konnte das Fragment mit dieser Verzierung erhalten werden. Zum anderen wahrscheinlich eine Art Kerbschnittmuster, das ebenfalls Kreissegmente aneinander reiht, die von kleinen Dreiecken begleitet werden.

Der Gürtelhaken besteht aus zwei Teilen: einem kästchenförmigen Beschlag, der den Ledergürtel aufnahm, und dem eigentlichen Haken, mit dem er in die Einhakbeschläge eingehängt wurde.

Der kästchenförmige Beschlag, der das Gürtelende doppelt aufnahm, ist auf drei Seiten mit einem Kerbschnittmuster versehen. Auf der Oberseite sind zwei hockende, voneinander abgewandte Mischwesen eingraviert. Weiterhin fällt eine antike Fehlstelle im Übergang zum Haken auf. Der Haken, dessen Nietplatte im kästchenförmigen Beschlag von dem umgeklappten Gürtelende umgeben

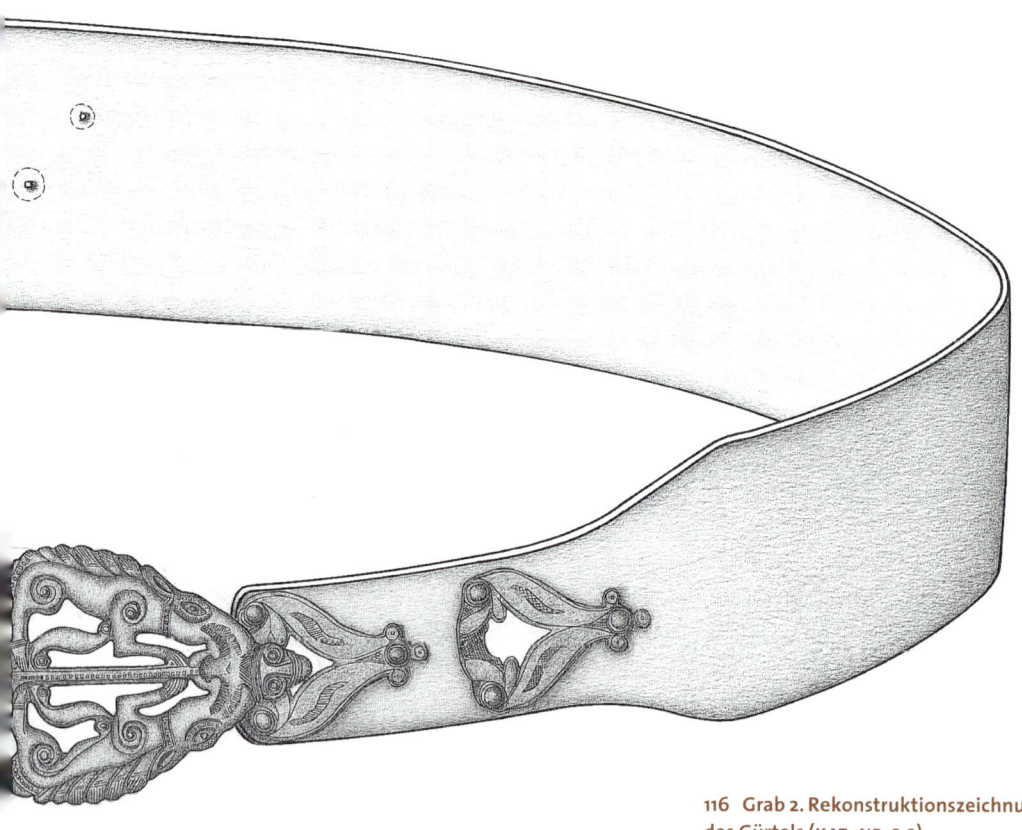

116 Grab 2. Rekonstruktionszeichnung des Gürtels (KAT.-NR. 2.3).

ist, stellt vermutlich einen Bären dar, der zwischen seinen Zähnen einen menschlichen Kopf festhält. Aus dem Bart dieses Kopfes entwickelt sich der eigentliche Haken.

Thomas Flügen

GÜRTEL AUS GRAB 2 (KAT.-NR. 2.3 U. KAT.-NR. 2.4–2.7, ABB. 255–257)

Der ca. 106 cm lange Gürtel bestand aus Leder in Materialkombination mit Textil. Der Gürtelverlauf war als schwarze Verfärbung noch gut zu erkennen, das organische Material aber bereits zu stark abgebaut, um es näher bestimmen zu können. Die ursprüngliche Stärke des Gürtels von 3,5–4,0 mm ergibt sich aus der Länge der Nietschäfte des Gürtelschmucks.

Zum bronzenen Gürtelschmuck gehören der Gürtelhaken, zwei Einhakbeschläge, 13 Zierniete, zwei Hohlringe und zwei Anhänger (ABB. 116). Alle Bestandteile des Gürtelschmucks sind hervorragend erhalten und waren lediglich von Korrosionsschichten bedeckt.

Der Gürtelhaken besteht aus zwei Teilen, dem getriebenen kästchenförmigen Beschlag und einem gegossenen Teil, das zwei Fabelwesen und einen Menschenkopf dar-

stellt. Die beiden Fabelwesen stehen sich gegenüber, ihre aufgerissenen Mäuler berühren den Menschenkopf. Auf der Rückseite des Menschenkopfes befindet sich der Haken, der zum Schließen des Gürtels in einen der Einhakbeschläge eingehängt wurde. Die Verzierungen auf dem kästchenförmigen Beschlag zeigen Dreiecke, Fischblasen, Andreaskreuze und Zirkelornamente.

Der Beschlag diente zur Aufnahme und Befestigung des einen Gürtelendes. Der gegossene Teil des Gürtelhakens endet auf einer Seite in einem flachen, 4,1 cm langen Dorn, der durch eine rechteckige Öffnung im Beschlag geschoben wurde. Im Bereich des Dorns war das Gürtelende umgeschlagen. Ein Niet verband den Beschlag mit dem Gürtelende und dem Dorn, ein weiterer Niet diente ausschließlich zur Befestigung des Gürtelendes am Dorn. Die Befestigung der beiden Niete erfolgte durch Stauchung der Nietschäfte auf einer Unterlegscheibe.

Die aus Blech geschnittenen und leicht gebogenen Einhakbeschläge waren mit drei Nieten, deren Schäfte ebenfalls auf Unterlegscheiben gestaucht wurden, am Gürtel befestigt. Die Gravuren auf den Einhakbeschlägen zeigen zwei sich mit offenem Schnabel gegenüberstehende Vögel, die oberen Niete bilden die Augen.

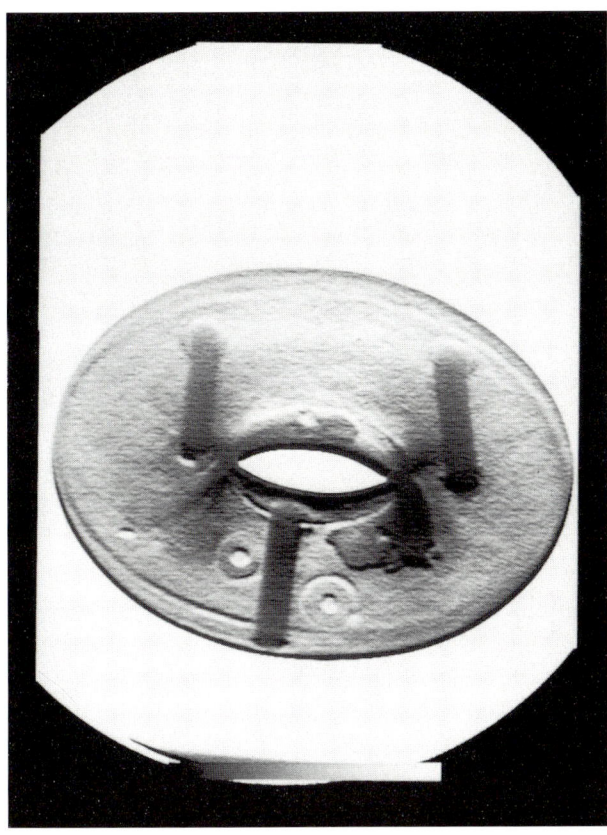

117 Grab 2. Die Röntgenaufnahme zeigt die Niete und einige der Kreisaugen im Inneren eines Hohlrings (KAT.-NR. 2.3.6).

Die Zierniete waren zu einem geometrischen Muster angeordnet. Die Nietschäfte wurden auf der Innenseite des Gürtels gestaucht und die Zierniete somit befestigt.

Die Hohlringe bestehen aus zwei vermutlich in Holzmodeln getriebenen Halbschalen, die mit drei Nieten verbunden sind. Röntgenaufnahmen zeigen Kreisaugen im Inneren der beiden Hohlringe (ABB. 117). Ob diese Kreisaugen eine Bedeutung haben oder ob ganz einfach ein Blech wiederverwendet wurde, entzieht sich unserer Kenntnis.

Obwohl die organischen Materialien sehr schlecht erhalten waren, haben sie doch oft zumindest Spuren hinterlassen. An den Stellen, an denen ursprünglich ein Lederband an den Hohlringen anlag, ist die Patina, bedingt durch chemische Prozesse beim Abbau des Leders, farblich so verändert, dass sich die ursprüngliche Lage des Le-

derbands abzeichnet. Neben den Hohlringen lag jeweils ein Niet mit Unterlegscheibe. Der Abstand zwischen Hohlring und Niet ermöglichte die ungefähre Berechnung der ursprünglichen Länge des Lederbands. Die Länge des Nietschafts abzüglich der Gürtelstärke ergibt die Dicke des doppellagig am Gürtel befestigten Lederbands. Des Weiteren zeigt die Lage der Niete an, wo die Hohlringe am Gürtel befestigt waren. Die Hohlringe können eigentlich nur als Schmuck gedient und keine praktische Funktion gehabt haben. Gegen die Annahme, es könne sich um Koppelringe handeln, spricht zum einen das Fehlen weiterer Bänder und zum anderen die Herstellungstechnik. Die hohlen Ringe würden bei einem Gewicht von 40 g bzw. 50 g dem Gewicht eines Schwertes nicht lange standhalten.

Die beiden Anhänger, bestehend aus einer kleinen rechteckigen Platte, Kettengliedern und doppelkonischen Bommeln, waren in unmittelbarer Nähe zu den Hohlringen am Gürtel befestigt. Einer der Anhänger kam bereits unvollständig in das Grab.

In der Nähe der Hohlringe und der Anhänger lagen vier bronzene Halbschalen. Herstellungstechnisch entsprechen sie den Halbschalen, aus denen die Hohlringe zusammengesetzt wurden; sie sind aber etwas kleiner und flacher. Die Halbschalen lagen im Leichenbrand und nicht, wie die Bestandteile des Gürtelschmucks, darauf. Es handelt sich keinesfalls um zwei ursprünglich komplette, wie auch immer aus zwei Halbschalen zusammengefügte Hohlringe, die irgendwann auseinander gefallen sind. Normalerweise wurden Hohlringe, um Passgenauigkeit zu erreichen, nach dem Zusammenfügen der Halbschalen abgedreht und zusätzlich geglättet. Diese Merkmale fehlen bei den Halbschalen ebenso wie Niete, um ein (Leder)band am Gürtel zu befestigen. Die vier Halbschalen gehören folglich nicht zum Gürtelschmuck.

Auch in zwei der Halbschalen befinden sich Kreisaugen. Sie waren bereits vor dem Treiben vorhanden, denn sie wurden dadurch verformt; teilweise sind sie auch an den Rändern der Halbschalen abgeschnitten. Dieser Befund spricht dafür, dass ein Blech wiederverwendet wurde und somit diesen Kreisaugen, vermutlich auch denen in den Hohlringen, keine weitere Bedeutung zukommt.

Monica Bosinski

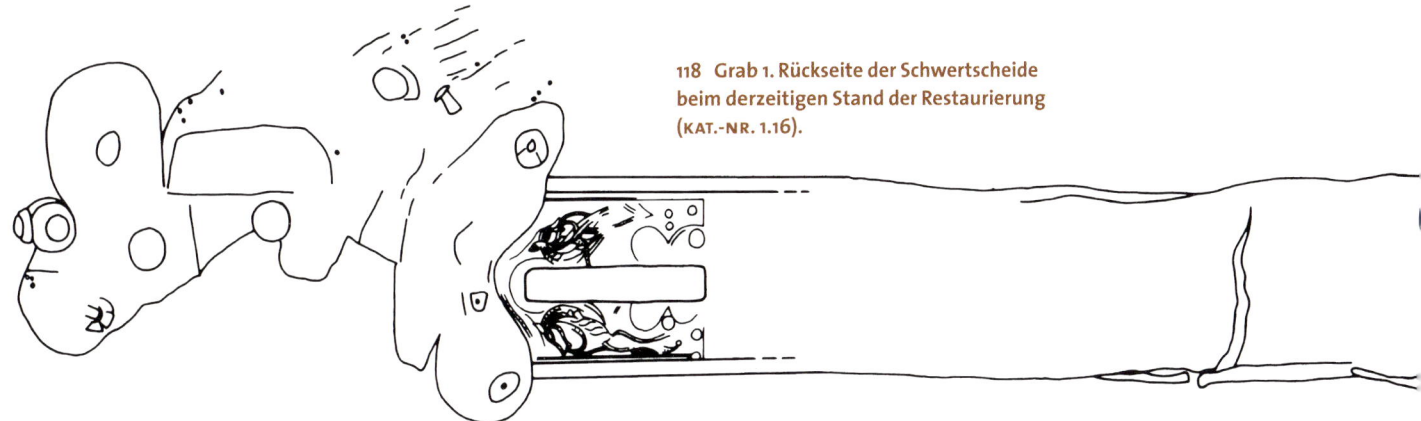

118 Grab 1. Rückseite der Schwertscheide beim derzeitigen Stand der Restaurierung (KAT.-NR. 1.16).

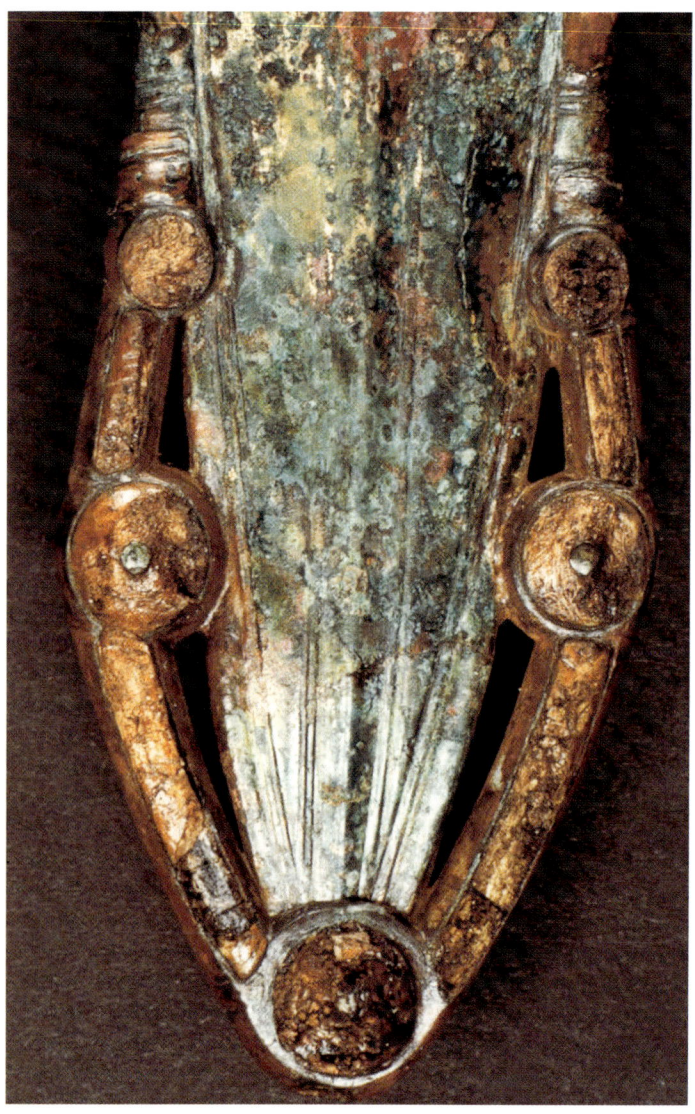

119 Grab 1. Die Schwertscheidenspitze mit den Koralleneinlagen auf der Vorderseite des Ortbands (KAT.-NR. 1.16).

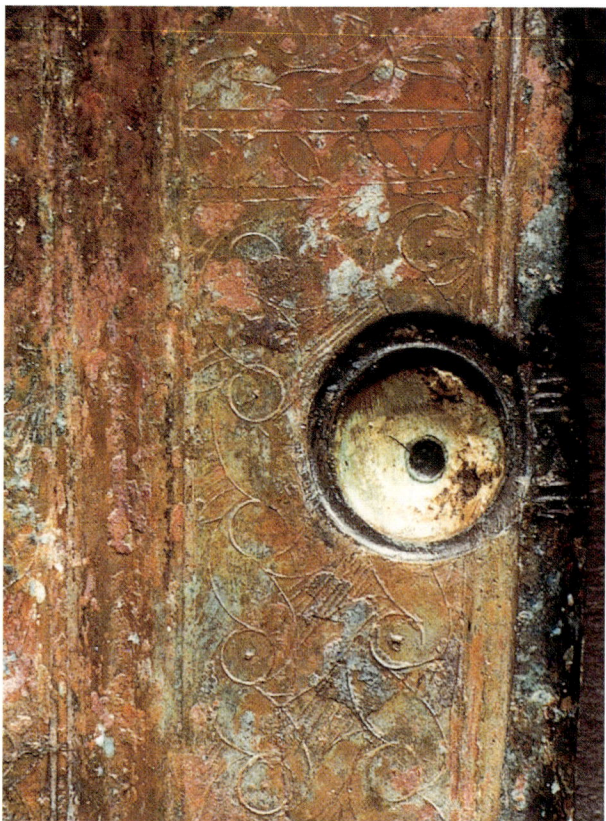

120 Grab 1. Im Ortband des Schwerts eingenietete Koralle und Ausschnitt der Verzierung auf der Vorderseite der Scheide (KAT.-NR. 1.16).

DIE SCHWERTER

SCHWERT AUS GRAB 1 (KAT.-NR. 1.16)

Das Schwert war neben dem rechten Arm des Toten abgelegt. Es war zur Grablegung mit diagonal verlaufenden, leinwandbindigen Textilstreifen umwickelt worden. Das etwa 78 cm lange Schwert besteht aus Eisen und befindet sich in einer aus Eisen und Bronze kombinierten Scheide. Es ist in mehrere Teile zerbrochen und besonders der Griffbereich ist durch einen Stein ziemlich stark zerstört (ABB. 118). Die Scheidenvorderseite ist aus einem Bronzeblech gefertigt, bei dem eine Mittelrippe und kleinere parallel verlaufende Rippen herausgetrieben wurden. Die Scheidenrückseite besteht aus Eisen, auf das Bronzebleche aufgenietet sind. Der Rand des vorderen Schwertscheidenblechs ist über den Rand des hinteren gebördelt, wodurch die beiden Hälften zusammengehalten werden. Zusätzlich wurde auf die Spitze der Schwertscheide ein Ortband geschoben, das am unteren Ende Koralleneinlagen aufweist; diese sind teils mit Nieten, teils mit einer Kittmasse befestigt (ABB. 119). Am oberen Ende befinden sich zwei ringförmige Halterungen, in die jeweils eine Koralle mit einem Niet eingesetzt ist (ABB. 120). Unterhalb des Querstegs auf der Rückseite sind hier drei kleine Bronzestifte angebracht, die zusätzlich ein Abrutschen verhinderten.

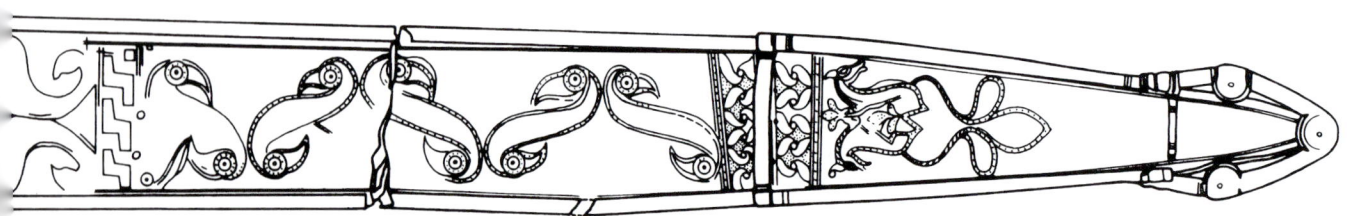

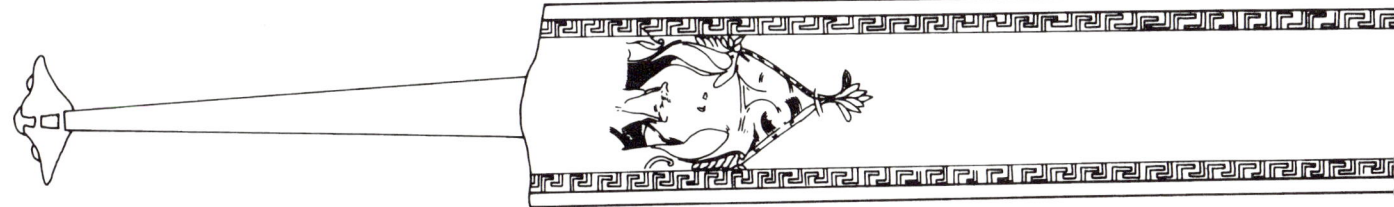

121 Grab 2. Vorderseite der Schwertscheide beim derzeitigen Stand der Restaurierung; der daneben gestellte Ausschnitt zeigt die vollständige Verzierung nach Abnahme der sie teilweise überdeckenden Ortbandklammer (KAT.-NR. 2.9).

Der Abschluss am Scheidenmund wird auf der Vorderseite durch ein aufgenietetes Blech gebildet, in das zwei tropfenförmige Korallen eingelegt sind. Daneben wurde eine bronzene Klammer mit mehreren Nieten befestigt. Sie ist vermutlich gegossen und fasst runde und tropfenförmige Korallen. Die Fassungen sind an den Außenflächen profiliert gearbeitet. Auf der Rückseite ist hier ein bronzenes Zierblech aufgenietet. In diesem Bereich ist ein etwa 5 cm langer und 1 cm breiter Eisenbügel als Schwertriemenhalter angebracht, dessen Oberfläche profiliert ausgearbeitet wurde.

Die Schwertscheide ist mit eingravierten Mustern reich verziert. Auf der Scheidenvorderseite befindet sich das Ornament nahe der Spitze und des Scheidenmunds. Die einzelnen Motive sind jeweils über die Mittelrippe gespiegelt. Im Bereich der Spitze sind Tiere zwischen verschiedenen, in Zirkelornamentik gestalteten Mustern eingraviert. Sie werden auf beiden Seiten von einer Palmette begrenzt. Das Muster im Scheidenmundbereich ist ähnlich aufgebaut, nur ist das dort eingravierte Mischwesen – wie auch das sich anschließende rankenartige Motiv – viel aufwändiger gestaltet. Die einzelnen Motive werden durch Querlinien voneinander getrennt.

Die auf der Scheidenrückseite aufgenieteten Bronzebleche sind ebenfalls mit Ornamenten versehen, die in verschiedene Motivgruppen eingeteilt sind (ABB. 118). Im Bereich der Schwertspitze zeigen sich zwei über die Mittelachse gespiegelte Tiere, deren Schwänze sich zu einem bogenförmigen Muster schließen. Die formgebenden Linien sind doppelt ausgeführt und mit Pünktchen gefüllt. Der Übergang zur nächsten Motivgruppe ist durch eine um den Quersteg des Ortbands angeordnete Verzierung deutlich abgegrenzt. Im weiteren Verlauf zur Schwertmitte besteht das Muster aus sich wiederholenden vogelähnlichen Motiven.

Im Anschluss daran, etwa in der Mitte der Schwertscheide, wurde das Bronzeblech ausgesägt und mit zahlreichen Nieten auf dem Eisen befestigt. Zunächst wurden

Mäander ausgesägt. An diese schließen sich blasenförmige Motive an. Den Abschluss bilden bronzene Mäander, die einzeln aufgenietet sind. Es deutet sich an, dass das dann folgende Stück eiserner Schwertscheide ebenfalls verziert ist. Die Freilegung dieses Bereichs war aber bei Drucklegung dieses Katalogs noch nicht abgeschlossen. Die im Bereich des Schwertriemenhalters aufgenieteten Bleche sind wiederum mit einem über die Mittelachse gespiegelten tiergestaltigen Muster verziert.

Der stark zerstörte Schwertgriff lässt sich anhand vorhandener Holzreste der Griffschale und der Lage der bronzenen Niete in seiner Form rekonstruieren. Er entspricht in etwa dem an der Steinfigur dargestellten Schwertgriff. Die Bronzeniete auf der Griffvorderseite sind mit Durchbrüchen gestaltet, die vermutlich Einlagen enthielten. Die Gegenniete der Rückseite bestehen aus einfachen, unverzierten Bronzescheiben. Das Griffende wird durch einen scheibenförmigen, bronzenen Knauf gebildet, der auf der Vorderseite Reste einer Einlage zeigt; auf der Rückseite ist eine kreisförmige Verzierung eingeritzt. Als weitere Besonderheit am Griff sind immer wieder auftauchende kleine Bronzepailletten zu erwähnen, die vermutlich die Seitenarme des Griffs verziert haben.

Renate Frölich

SCHWERT AUS GRAB 2 (KAT.-NR. 2.9)

Die Restaurierungsarbeiten waren bei Drucklegung noch nicht abgeschlossen, sodass im Folgenden nur über die bis dahin gewonnenen Erkenntnisse berichtet werden kann.

Das 83 cm lange, mehrfach gebrochene und stark aufgequollene eiserne Schwert steckt in einer Metallscheide, die verworfen und in viele Fragmente zerbrochen ist (ABB. 121). Das Schwert wurde mit der Schauseite der Scheide nach unten abgelegt. Die Scheidenrückseite ist aus Eisen, die Schauseite scheint aus Bronze zu sein, eventuell wurde sie aber auch nur mit einem Bronzeblech beschlagen. Die Ver-

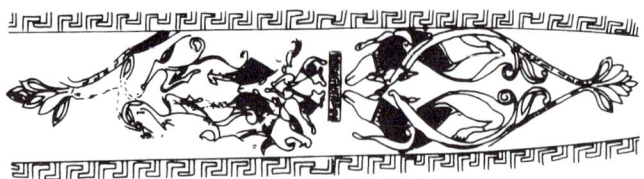

bindung der beiden Scheidenbleche erfolgte durch Börde-lung von hinten nach vorne.

Die Griffangel und der Knauf waren wie die Scheide und das Ortband mit Textil umwickelt. Bei den Freilegungs-arbeiten fanden sich keine Hinweise auf eine Griffschale. An einigen Stellen ließen sich Reste von Textilbändern un-terschiedlicher Breite und Webart, die ursprünglich reiß-fester als der Umwicklungsstoff waren, freilegen. Diverse eiserne Durchzüge deuten in Zusammenhang mit den Tex-tilbändern auf eine Schwertaufhängung hin.

Der Knauf und das Ortband sind aus Bronze, die Ort-bandklammern und der untere Ortbandabschluss hatten ursprünglich Einlagen, vermutlich aus Koralle, die aber größtenteils nicht mehr vorhanden sind.

Nicht ganz unerwartet zeigte sich bei der Freilegung des Bronzeblechs der Schwertscheide, dass dieses reich verziert ist. Parallel zu den Ortbandschienen und zur Scheidenbör-delung sind auf ganzer Länge Mäander eingraviert. Nahe der Spitze ist dabei ein Fehler unterlaufen: Der Mäander wechselt die Richtung. Unterhalb der Griffangel finden sich Gravuren, die noch nicht vollständig freigelegt sind; es dürfte sich um die Darstellung von Fabelwesen handeln. Der mittlere Teil der Bronzescheide ist, bis auf die Mäan-der, unverziert. Im Bereich des Ortbands zeigen die Gravu-ren verschiedene Fabelwesen, die in unterschiedlicher Qualität ausgeführt sind. Oberhalb des Ortbandabschlus-ses wurden zwei große Tiere, mit den Rücken aneinander, eingraviert. In diese Fabelwesen integriert sind zwei klei-nere, die in einem floralen Muster enden. Links dieser Fa-belwesen sind, durch einen Balken mit Mäandern von diesen getrennt, zwei kleine Tiere dargestellt, die sich mit aufgerissenen Mäulern gegenüberstehen. Links dieser Tiere befinden sich zwei weitere, voneinander abgewand-te mit ebenfalls aufgerissenen Mäulern. Diese Verzierung wurde wesentlich schlechter ausgeführt als die anderen und ist nur noch unvollständig erhalten.

Entweder waren die Herstellung der Verzierung und die Konstruktion des Ortbands schlecht durchdacht oder

aber es war nicht wichtig, die Fabelwesen sehen zu kön-nen, denn die obere Ortbandklammer verdeckt die Köpfe und die Vorderläufe der beiden kleinen Tiere fast voll-ständig und von den nicht mehr komplett erhaltenen Fa-belwesen Teile der Köpfe (vgl. ABB. 121).

Monica Bosinski

DIE LANZEN

LANZEN AUS GRAB 1 (KAT.-NR. 1.17–1.19, ABB. 248)

Von der linken oberen Grabkammerecke in Richtung der rechten unteren Grabkammerecke verlaufend lagen drei Wurflanzen, vom Schild bedeckt, über dem Bestatte-ten. Jede dieser Lanzen war mit einer unterschiedlich gro-ßen eisernen Lanzenspitze bestückt. Die Spitzen waren dünn ausgeschmiedet und mit einer Mittelrippe verse-hen, die Tüllen ohne sichtbare Naht verschweißt. Diese Merkmale kennzeichnen eine sehr qualitätvolle Ausfüh-rung. Als Schaftholz wurde ausschließlich Eschenholz verwendet. Dieses Holz eignet sich aufgrund seiner Lang-faserigkeit und Zähigkeit besonders als Schaft- und Stiel-holz und wird deshalb als solches seit Jahrtausenden ver-wendet. Die Befestigung des Schafts in der Tülle konnte nur bei einer Lanzenspitze durch ein an der Seite ange-brachtes Loch, vermutlich für einen Nagel, annähernd ge-klärt werden. Bei den anderen beiden muss man von ei-nem einfachen Aufschieben auf den Schaft ausgehen, da weder Löcher in der Tülle, ein Nagel oder Reste eines Kleb-stoffs nachgewiesen werden konnten. Die Gesamtlänge der Lanzen lässt sich auf über 190 cm rekonstruieren, bei einer unterschiedlichen Schaftstärke von 1,3–1,8 cm.

Während der Freilegung unter dem Mikroskop konnte nachgewiesen werden, dass die drei Lanzenspitzen zu-sammen in Stoff eingewickelt waren. Weitere Textilreste

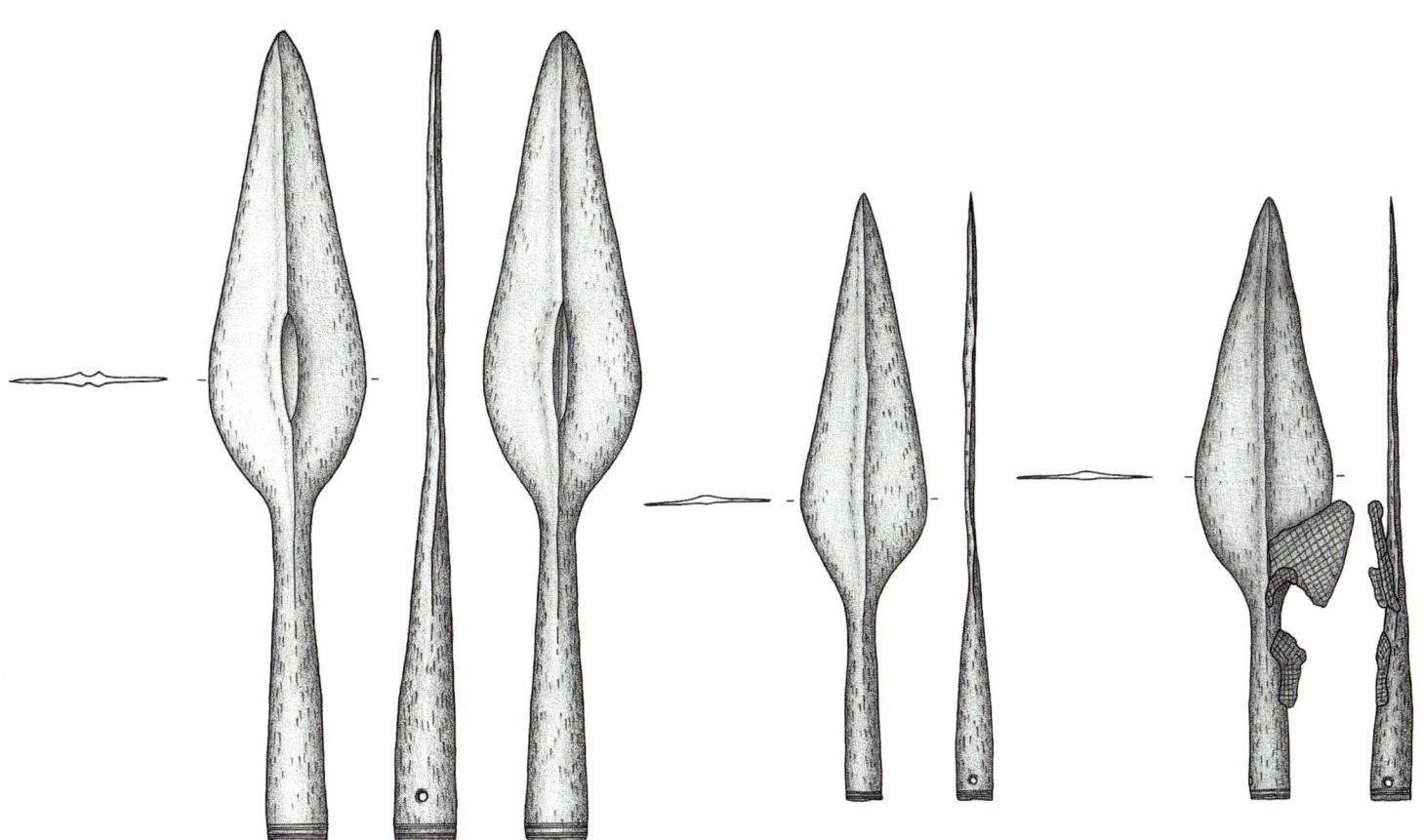

122 Grab 2. Lanzenspitzen. M. 2:3 (KAT.-NR. 2.10–2.12).

im Zusammenhang mit den Holzschäften konnten, trotz partiell guter Erhaltungsbedingungen, nicht freigelegt werden. Die Restaurierung der eisernen Spitzen war nur mit Hilfe der Röntgenbilder möglich, da die Außenkanten der Blätter ganz vergangen waren. Kunstharzergänzungen geben nun die vollständige Form wieder.

Thomas Flügen

LANZENSPITZEN AUS GRAB 2 (KAT.-NR. 2.10–2.13)

Im Grab befanden sich drei eiserne Lanzenspitzen (ABB. 122), die übereinander liegend unter dem Schwert abgelegt waren. Sie waren in Textil eingeschlagen und bis auf Zierrillen am Tüllenabschluss unverziert. Eine der drei Lanzenspitzen hat auf beiden Seiten des Blattes eine ungewöhnliche Vertiefung in der Mittelrippe. Obwohl die Lanzenspitzen jeweils zwei sich gegenüberliegende Nietlöcher aufweisen, kamen sie ungeschäftet in das Grab. Dies ergibt sich nicht nur daraus, dass keinerlei Holzreste gefunden wurden, sondern auch aus den Abmessungen des Grabs.

Auf dem Schwert lag eine weitere eiserne Lanzenspitze, die wesentlich länger als die drei anderen ist. Sie war auf der Eisenseite der Schwertscheide aufkorrodiert. Der vordere Teil der Lanzenspitze konnte bereits durch Sandstrahlen abgenommen werden. Die Restaurierung war zur Zeit der Drucklegung des Katalogs noch nicht abge-

schlossen. Sicher ist, dass das Blatt in einer Art Textiletui steckte und die Tülle mit einem Textilband umwickelt war. Des Weiteren scheint sich im Bereich der Tülle eine aufwändige Aufhängevorrichtung aus Eisen zu befinden.

Monica Bosinski

KÖCHER UND BOGEN AUS GRAB 1 (KAT.-NR. 1.20–1.24, ABB. 249)

In der linken oberen Ecke der Grabkammer, unter den Wurflanzen, war dem Toten ein Köcher mit drei Pfeilen und vermutlich ein Bogen in einer Ledertasche beigegeben.

Aufgrund der Röntgenuntersuchung war schon im Vorfeld der Freilegung bekannt, dass sich in diesem Bereich mehrere Bronzeringe und -niete befanden, die wahrscheinlich zu einem Köcher gehörten. In diesem Zusammenhang ließ sich auch eine Pfeilspitze erkennen, die diese These untermauerte.

Während der Freilegung konnte allerdings eine Abfolge von acht aufeinander folgenden Schichten aus organischen Materialien identifiziert werden, die allesamt zum Köcher gehörten. Die daraus gewonnenen Ergebnisse und deren Interpretation führten dann letztlich zu folgendem Rekonstruktionsvorschlag des Köchers (ABB. 123):

Ein aus zwei zusammengefügten Halbschalen bestehender, etwa 50 cm langer Holzbehälter mit einem ovalen Querschnitt bildete das Gerüst des Köchers. Er bestand

wahrscheinlich aus Pappelholz. Der Holzbehälter war mit Stoff ummantelt. An diesem leinwandbindigen Gewebe, das aus Flachsfasern bestand, waren seitlich, in der oberen Hälfte des Köchers, zwei bronzene Ringe festgenäht. Von diesen Ringen gingen, gehalten von einer mit einem Bronzeniet fixierten Schlaufe, jeweils zwei Lederriemen ab, die – wahrscheinlich untereinander verbunden – zu der Tragevorrichtung des Köchers gehörten. Das Köcherinnere war mit einem Lederfutteral ausgekleidet, auf dem sich sechs bronzene Niete befanden. Da diese Anordnung der Niete von außen für den Betrachter des Köchers nicht zu sehen war, dürfte ihnen eine technische Funktion zugedacht gewesen sein. Wahrscheinlich bildeten sie mit dem außerhalb des Holzbehälters fortgeführten Lederfutteral den Verschluss des Köchers.

Zur Grablege wurden in den Köcher drei Pfeile gesteckt, die zusammen in Stoff eingewickelt waren. Auffallend ist, dass die drei Pfeile unterschiedliche eiserne Spitzen hatten: eine Tüllenpfeilspitze und zwei verschieden geformte Blattpfeilspitzen. Der Schaft des Tüllenpfeils bestand aus Eschenholz, die Schäfte der beiden anderen Pfeile konnten nicht genau bestimmt werden. Ungewöhnlich ist außerdem, dass sich die Pfeile mit den Spitzen nach oben im Köcher befanden. Dies würde im Umgang mit Pfeil und Bogen ein erhöhtes Verletzungsrisiko und die

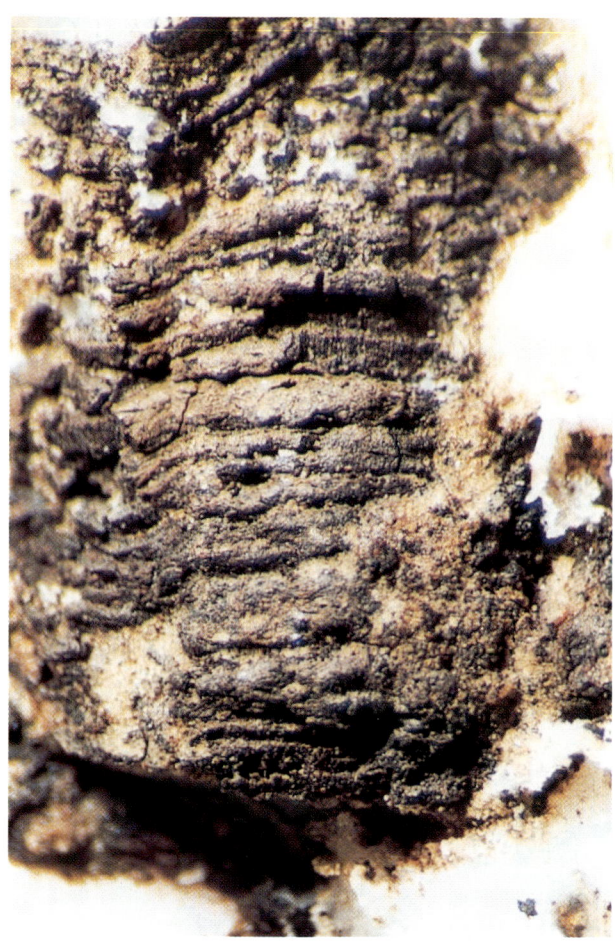

124 Grab 1. Die Nockenwicklung am Ende eines Pfeilschafts (KAT.-NR. 1.21–1.23).

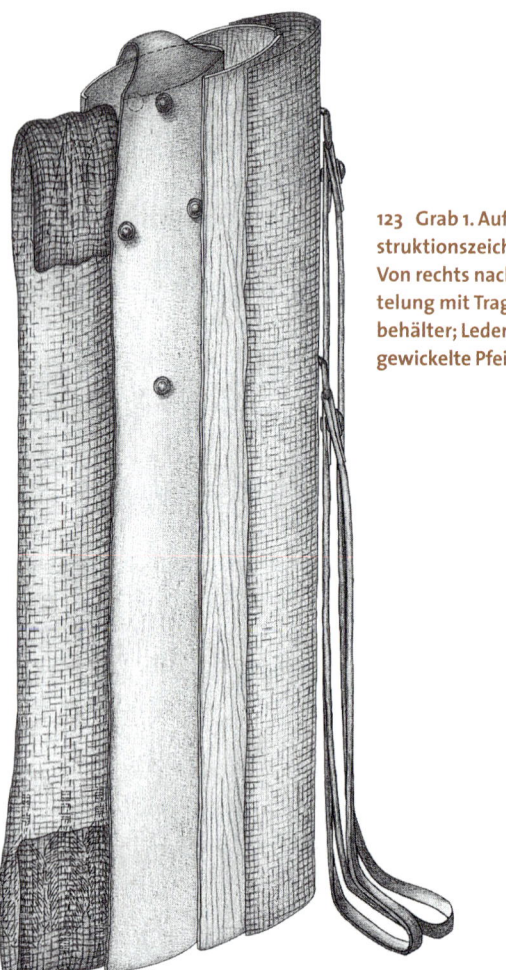

123 Grab 1. Aufgefächerte Rekonstruktionszeichnung des Köchers. Von rechts nach links: Stoffummantelung mit Tragevorrichtung; Holzbehälter; Lederfutteral; in Stoff eingewickelte Pfeile (KAT.-NR. 1.20–1.23).

Beschädigung der empfindlichen Befiederung mit sich bringen.

Lässt es der gesamte Befund zu, die Breite des Köchers auf ca. 10 cm festzulegen, so ist die Ermittlung der schon anfangs erwähnten Länge von ca. 50 cm plus ca. 4 cm des herausragenden Lederfutterals aufgrund der schlechten Erhaltungsbedingungen im unteren Teil nur auf ein Indiz zurückzuführen. Hierbei handelt es sich um eine kleine erhaltene Wicklung, die wahrscheinlich die Nockenwicklung eines Pfeilschafts ist (ABB. 124). Diese schützt den Pfeilschaft vor der Sehne und befindet sich folglich am Ende eines Pfeils. Da nicht anzunehmen ist, dass der Köcher um vieles länger war als die Pfeile, die in ihm aufbewahrt wurden, ergibt sich die Länge aus dem Abstand der Pfeilspitzen zur Nockenwicklung.

Über dem Köcher lag, mehrfach geschwungen, ein weiteres Holzobjekt. Zum einen die Form, zum anderen die Nähe zum Köcher lassen vermuten, dass es sich dabei um die Reste eines Bogens handelte (ABB. 125). Über die gesamte nachweisbare Länge konnte auf der Oberfläche des Holzes ein eingeritztes, mit rotem Pigment gefülltes Mäandermuster freigelegt werden (ABB. 126). Pigmentanalysen erbrachten leider kein spezifisches Ergebnis. Ebenso waren die Holzreste schon so weit abgebaut, dass sie nur noch

125 Grab 1. Zeichnerische Darstellung der bei der Freilegung noch feststellbaren Fragmente des Bogens mit den Resten der rot ausgefüllten Ritzverzierung (KAT.-NR. 1.24).

grob als Laubhölzer bestimmt werden konnten. An zwei Stellen des Bogens konnten unterschiedliche Querschnitte festgestellt werden: Zur Mitte hin hatte er einen dreieckigen, zu den Enden hin einen flach-ovalen Querschnitt. Reste eines weiteren Materials, mit dem das Bogenholz vielleicht kombiniert war, konnten ebenso wenig nachgewiesen werden wie Überreste der Sehne. Außer den anfangs aufgeführten Indizien konnten somit keine weiteren Hinweise zum Aufbau der Waffe gefunden werden.

Zwei Niet-Ring-Kombinationen aus Bronze und größere Bereiche von Kollagenfasern über und unter dem Bogen deuten auf eine lederne Bogentasche mit Tragevorrichtung hin.

Zusammenfassend ist zu beiden Funden, Köcher und Bogen, zu bemerken, dass es einen Glücksfall darstellt, so viele miteinander in Verbindung stehende organische Reste in einem Grab unserer Klimazone und ohne Einwirkung großer Mengen konservierender Metallsalze nachweisen zu können. Dass für eine sichere Rekonstruktion dennoch einige Fragen wie die folgenden unbeantwortet bleiben müssen, ist dabei hinzunehmen:

– Die rekonstruierten Größen des Köchers und des Bogens wirken für eine funktionale Bewaffnung zu gering; eine Ritzverzierung in der Oberfläche des Bogenholzes anzubringen widerspricht den Stabilitätsanforderungen. Handelte es sich also überhaupt um eine funktionsfähige Waffe?
– Bestand der Bogen nur aus einem über Wasserdampf verformten Bogenholz oder war auf das Holz, um die technologischen Eigenschaften zu verbessern, vielleicht eine Tiersehne geklebt?
– Welche Aufgaben hatten die Niete auf dem Lederfutteral im Köcher? Gehörten sie wirklich, wie angenommen, zu einem Verschluss für den Köcher?

Thomas Flügen

SCHILD AUS GRAB 1 (KAT.-NR. 1.25)

Der etwa 1,10 m lange und ca. 70 cm breite, ovale Holzschild deckte einen großen Teil der Bestattung ab. Er erstreckte sich vom Hals des Toten bis über dessen Knie. Wie fast alle anderen Beigaben war auch der Schild für die Bestattung mit Stoff umhüllt. Größere Reste von Textil konnten auf dem eisernen Schildbuckel nachgewiesen werden.

Die Erhaltungsbedingungen des Befunds ließen es zu, an mehreren Stellen einen repräsentativen Querschnitt des Aufbaus des Schildes zu bekommen. Vor allem in der Nähe metallener Beschläge waren organische Materialien so weit erhalten, dass sie unter dem Mikroskop freigelegt und den jeweiligen Spezialisten zur Analyse vorgelegt werden konnten. Alle diese Informationen führten zu folgender Rekonstruktion (ABB. 127):

Der aus Lindenholz bestehende Schild war auf der Vorder- und Rückseite mit Rindsleder oder Rinderhaut bezogen. Diese Materialkombination, deren Stärke bei nur etwa 10 mm lag, muss der Verteidigungswaffe die nötige Stabilität verliehen haben. Reste eines Klebstoffs, der das Leder mit dem Holz verband, konnten nicht nachgewiesen werden.

Am unteren und linken Rand war der Schild mit eisernen Randbeschlägen eingefasst. Kleine, mit einem Niet befestigte Eisenlaschen hielten diese an Ort und Stelle. Die Beschläge sollte vor Beschädigungen beim Abstellen des Schildes schützen; vielleicht besaßen sie aber auch kampftechnische Bedeutung.

In der Schildmitte befand sich ein 43 cm langer und 28 cm breiter eiserner Schildbuckel (ABB. 128), dessen Aufgabe es war, die den Schild führende Hand zu schützen. Die stattlichen Ausmaße, aber auch die Form und Ausführung des Schildbuckels sind bemerkenswert. Der geometrische Umriss des Beschlags ist wahrscheinlich ein Produkt vieler miteinander in Verbindung stehender Kreise, deren Schnittmengen einem Teil der Außenlinien des Schildbuckels entsprechen.

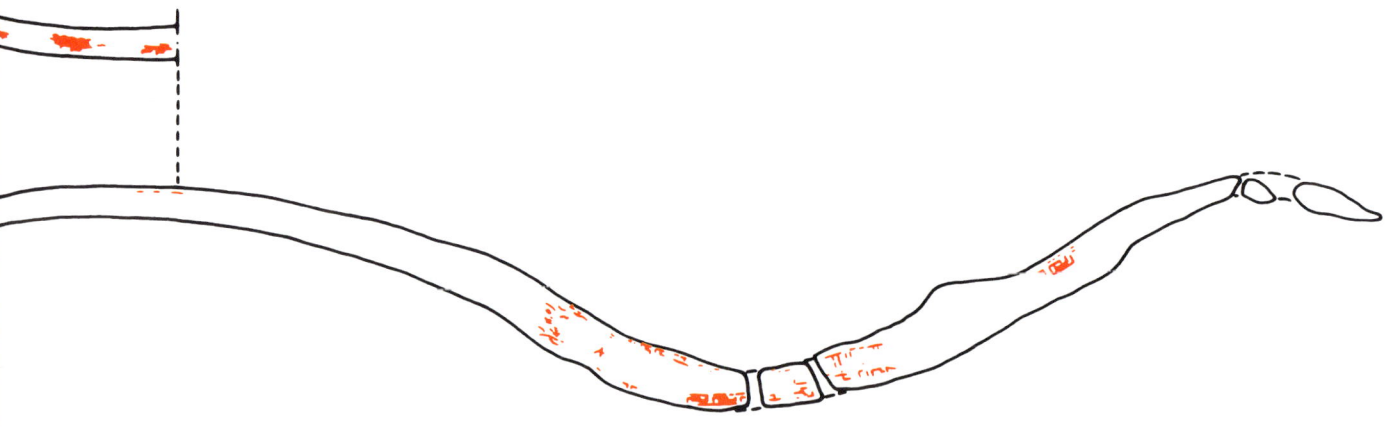

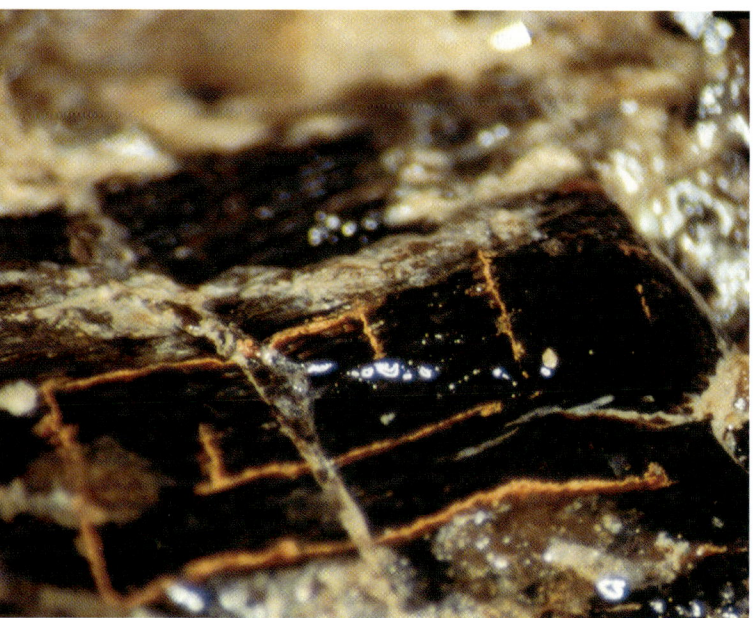

126 Grab 1. Das eingeritzte und mit rotem Pigment ausgefüllte Mäandermuster auf der Oberfläche des Bogens; der abgebildete Bereich ist im Original nur ca. 1 cm groß (KAT.-NR. 1.24).

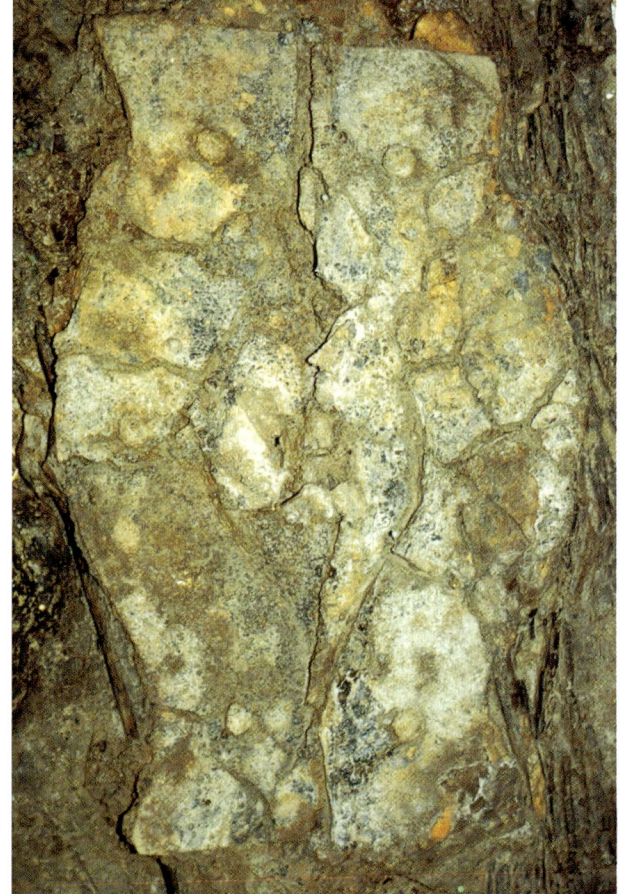

128 Grab 1. Der stark fragmentierte eiserne Schildbuckel in Fundlage (KAT.-NR. 1.25).

127 Grab 1. Explosionszeichnung des rekonstruierten Schilds (KAT.-NR. 1.25).

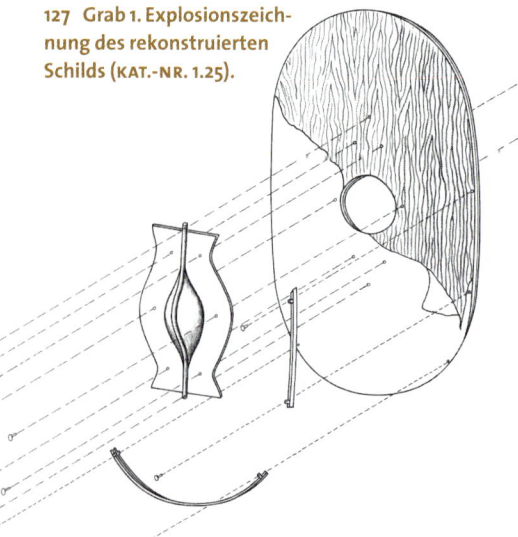

Auch die Oberfläche des Schildbuckels war in Zirkelornamentik reich verziert, doch lässt sich nach dem Stand der Restaurierungsarbeiten bei Drucklegung noch nichts Näheres über die Verzierung im Einzelnen sagen.

Ebenso ist der genaue Aufbau des geschmiedeten Schildbuckels, der mit sechs eisernen Nieten auf dem Schild befestigt war, derzeit noch nicht abschließend zu beschreiben. Bisher ist bekannt, dass er aus einer aus zwei Teilen gefertigten Grundplatte besteht, die sich in ihrer

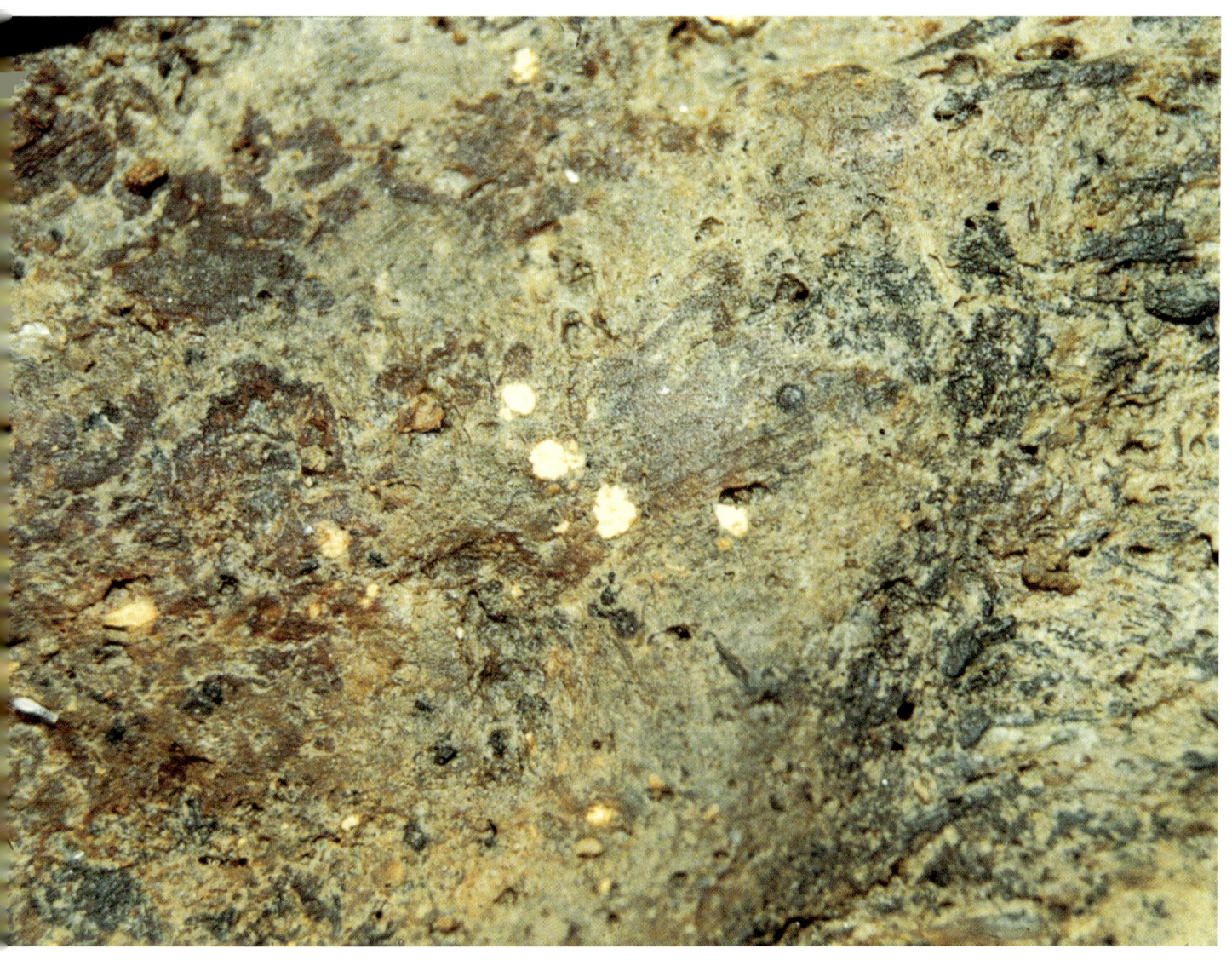

129 Grab 1. Reste eines Musters aus weißen Punkten auf dem Leder der Schildvorderseite (KAT.-NR. 1.25).

Mitte zu einem spindelförmigen Buckel aufwölbt. Durch eine eiserne Schiene, die mittig über den Buckel verläuft und mit zwei Nieten am Holzschild befestigt ist, werden beide Bleche miteinander verbunden. Ob sich die Spindelrippe auch außerhalb des eisernen Beschlags in Holz fortsetzte, ist nicht bekannt; aufgrund der Erhaltungsbedingungen war diese Frage nicht mehr zu klären.

Auf der Rückseite befand sich quer hinter dem Schildbuckel die eiserne Schildfessel. Mit ihr wurde der Schild gehalten. Ob es sich bei einem profilierten Holzfragment, das unter ihr gefunden wurde, um einen Teil der Schildfessel handelt, ist wahrscheinlich erst nach Abschluss der Restaurierung zu beurteilen.

Weitere Verzierungen auf dem Schild fanden sich immerhin in kleinen Spuren. Man kann davon ausgehen, dass das Leder zumindest auf der Vorderseite bemalt war: In einem Bereich konnten kleine Reste von weißen Punkten, die halbkreisförmig angeordnet waren, nachgewiesen werden (ABB. 129). Die erforderlichen Pigmentuntersuchungen stehen noch aus.   **Thomas Flügen**

HOLZSTÄBE MIT EISERNEN TÜLLEN AUS GRAB 1 (KAT.-NR. 1.26–1.31, ABB. 250)

Die eisernen Tüllen lagen auf der rechten Körperseite des Toten, am Fuß der Schnabelkanne. Die Restaurierung ergab, dass es sich um drei größere Tüllen mit Bronzeringen und drei kleinere Tüllen handelt. Sie sind mit Eschenholzstäben geschäftet, die sich entlang des Schwerts bis unterhalb des eisernen Schildrandbeschlags, etwa in Unterschenkelhöhe des Toten, verfolgen ließen. An den unteren Enden der Stäbe, die zu den größeren Tüllen gehörten, befanden sich bronzene Beschläge, durch die sich die Länge der Stäbe mit 150 cm bestimmen lässt (ABB. 130).

Die kleineren Tüllen sind etwa 6 cm lang. Sie sind an der Mündung mit einer und an der Spitze mit zwei umlaufenden Rillen verziert. Die Tüllen wurden vermutlich aus Blechen gefertigt, die zusammengedreht und anschließend verschweißt wurden. Die Enden wurden mit einem angelöteten Pfropfen flach verschlossen. Auf Röntgenbil-

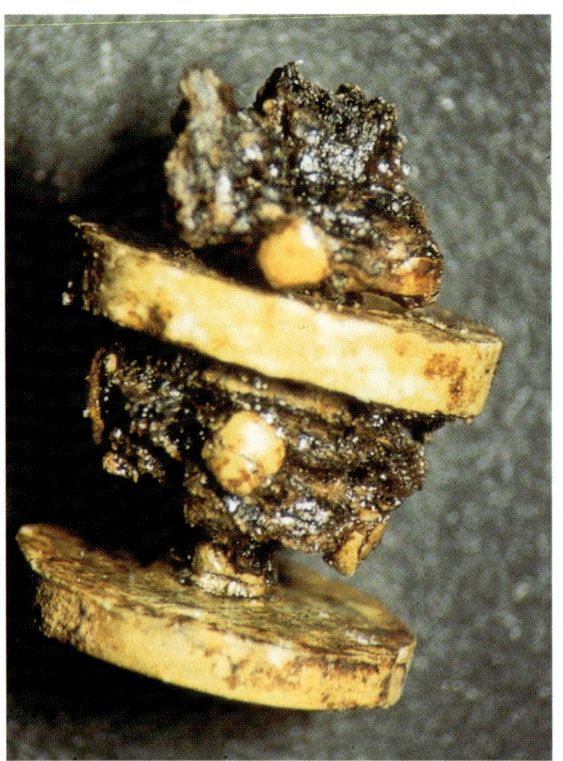

131 Grab 1. Endbeschlag eines Holzstabs mit erhaltener Umwicklung und Bronzepailletten (KAT.-NR. 1.26).

dern sind hier eine umlaufende Lotlinie und verschiedene Lotreste zu erkennen.

Die größeren Tüllen sind etwa 7,4 cm lang. Sie sind ebenfalls im Bereich der Mündung und des abgerundeten Endes verziert. Diese Zierbänder entstanden durch Abdrehen mehrerer Rillen, bei denen jeweils der mittlere Wulst mit einem kleinen Meißel eingekerbt wurde. Ein weiteres Zierelement bilden je drei Bronzeringe, die im Anschluss an die Tüllen auf die Stäbe geschoben sind. Das Holz wurde im Bereich der Bronzeringe mit einem deutlichen Absatz auf einen geringeren Durchmesser abgearbeitet, sodass Bronzeringe und Stäbe in etwa denselben äußeren Durchmesser aufweisen. Dieser beträgt im Bereich der Tüllen 1 cm und verjüngt sich zu den Enden hin.

Die drei Endbeschläge bestehen aus je einem im Querschnitt quadratischen Bronzering und einer angestifteten Bronzescheibe. Die Gestaltung der Enden lässt sich folgendermaßen beschreiben: Die Holzstäbe hat man hier ebenfalls im Durchmesser abge-

130 Grab 1. Schnittzeichnung eines Holzstabs mit eiserner Tülle und Endbeschlag. M. 1:1 (KAT.-NR. 1.26).

arbeitet. Hinter dem Absatz im Holz wurde zunächst eine Wicklung aus gedrehten Fasern angebracht, auf die man kleine Bronzepailletten klebte. Dann wurde der Bronzering aufgeschoben. Im Anschluss daran findet sich eine Lederschicht und wiederum eine Wicklung mit aufgesetzten Bronzepailletten (ABB. 131). Den Abschluss bildet eine Bronzescheibe, die durch einen im Querschnitt quadratischen Bronzestift gehalten wird.

In einem ähnlichen Befund aus skythischen Gräbern werden die Holzstäbe als Zeltstangen eines kleineren Räucherzelts gedeutet (Kat. Schleswig 159 ABB. 3). Dort wurden sechs Holzstäbe vergleichbarer Länge gefunden, die zusammen mit den vorhandenen organischen Resten eine solche Rekonstruktion ermöglichen. Es ist aus Überlieferungen bekannt, dass solche kleineren Zelte zur Inhalation von Rauschmitteln verwendet wurden. Auch in Grab 1 kann man immer wieder, auf und unter den Holzstäben, Lederreste nachweisen, die von einer Zeltplane stammen könnten. **Renate Frölich**

UNTERSUCHUNGEN DER ORGANISCHEN RESTE

DIE VERPACKTEN KANNEN AUS DEN GRÄBERN 1 UND 2

Wechselnde Bodenfeuchtigkeiten, Trockenprozesse und mikrobakterielle Vorgänge hatten für die gründliche Zerstörung der leicht vergänglichen Materialien in beiden Fürstengräbern gesorgt. Lediglich an den Trachtobjekten, Waffen und Beigaben hatten sich kleine Textil- und Lederfragmente erhalten, die mit aufschlussreichen Untersuchungsergebnissen bedeutsam wurden.

Oberhalb des Kopfes stand auf der rechten Seite des Fürsten in der Körperbestattung (Grab 1) eine bronzene Schnabelkanne, die für den Weg ins Jenseits in ein ungemustertes, leinwandbindiges Tuch gehüllt und am Kannenhals eingeschlagen war. Dort und auch im Kannenschnabel klebte eine Substanz aus Holzteer, Bienenwachs und Fettanteilen, die wahrscheinlich das Ausfließen des Inhalts mit verhindern sollte. Zusätzlich stand die Kanne auf einem angepassten Holzboden, an dem Bänder befestigt waren. Diese bestanden aus leinwandbindigem Gewebe mit blauem Streifenmuster. Die Bänder waren gesäumt und mit einem anderen Material zur Verstärkung unterlegt. Auf diese Weise entstanden strapazierfähige, flexible Bandstreifen, die mehrmals um den Kannenfuß geschlungen wurden, bevor sie verkreuzend über dem Einschlagtuch nach oben führten und eine praktische Tragevorrichtung für die Kanne bildeten. Nach unserem heutigen Verständnis erscheint es abwegig, dass man die schön gemusterte Gewebeseite der Bänder zur Kanne

richtete. Sorgfältig verhüllt und mit der Bandvorrichtung umgeben, wurde sie wahrscheinlich auf der „Prozessionsstraße" zum Grab getragen (ABB. 132).

Eingepackt war auch die ehemals goldglänzende Röhrenkanne des Fürsten in der Brandbestattung (Grab 2). Als Einschlagtuch diente das leinwandbindige Gewebe mit blauem Streifenmuster, welches schon für die Bänder der Schnabelkanne Verwendung fand. Das Tuch schloss den Deckel und die Ausgussröhre mit ein, bevor es der Kannenform entsprechend am Boden in den hohlen Standfuß eingeschlagen und fixiert werden konnte (ABB. 133). Beidseitige Fellauflagen, die von groben Fäden zusammengehalten wurden, vervollständigten die Verpackung. Bemerkenswert erschien wiederum die Ausrichtung des Fellkleids zur Kanne. Bänder kreuzten über der kompakten Hülle und gaben ihr ein mumienhaftes Aussehen (ABB. 134). Samenkapseln und botanische Reste lagen verstreut und durchzogen die organischen Auflagen. Interessanterweise befand sich am Hals der Kanne ein fest im Gewebe verankerter Zweig, an welchem Samenkapseln wie eine Perlenschnur aneinander gereiht oder gegenständig wie Weidenkätzchen am Stängel saßen. Das konnte kein Zufall sein! Ein zweimal geschlungener Einlegefaden aus botanischem Material passte genau in die

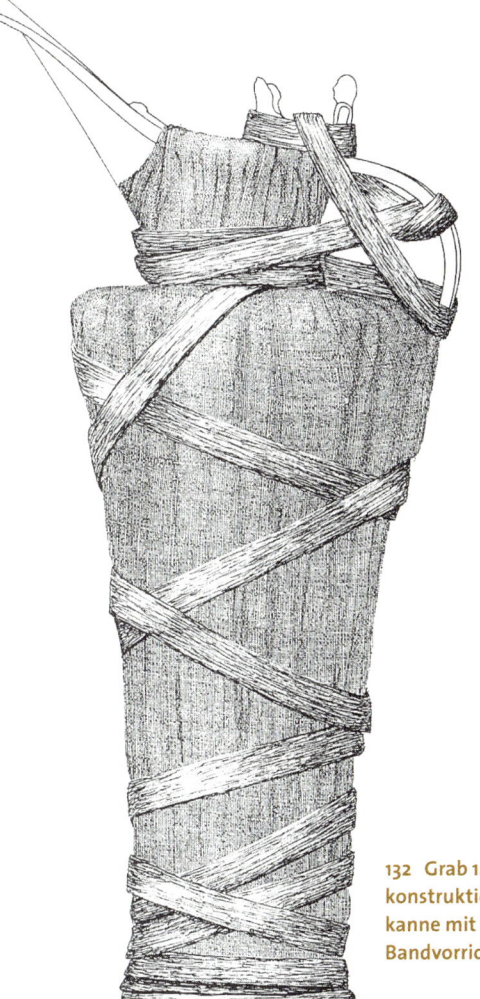

132 Grab 1. Zeichnerische Rekonstruktion: Die Schnabelkanne mit Einschlagtuch und Bandvorrichtung (KAT.-NR. 1.1).

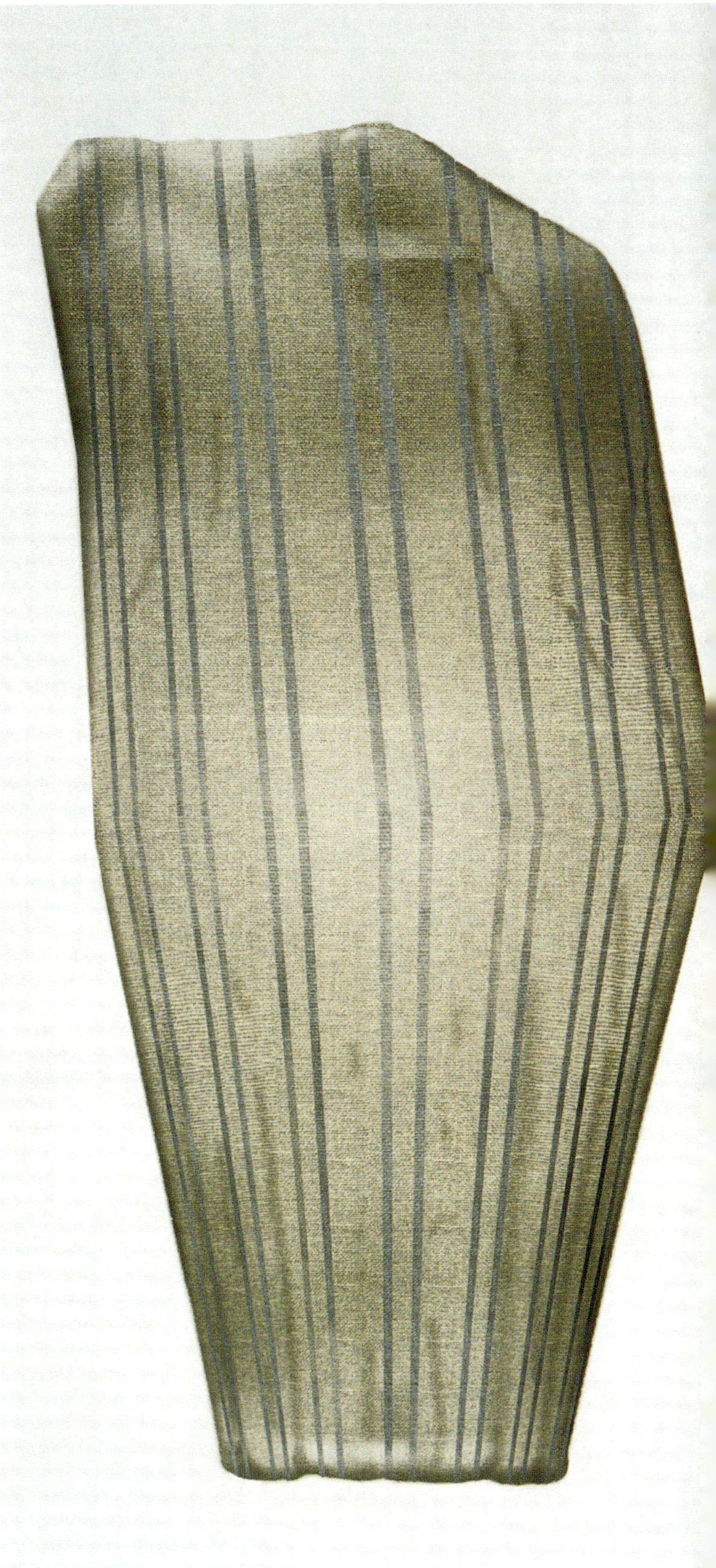

133 Grab 2. Zeichnerische Rekonstruktion: Die Röhrenkanne mit Einschlagtuch (KAT.-NR. 2.1).

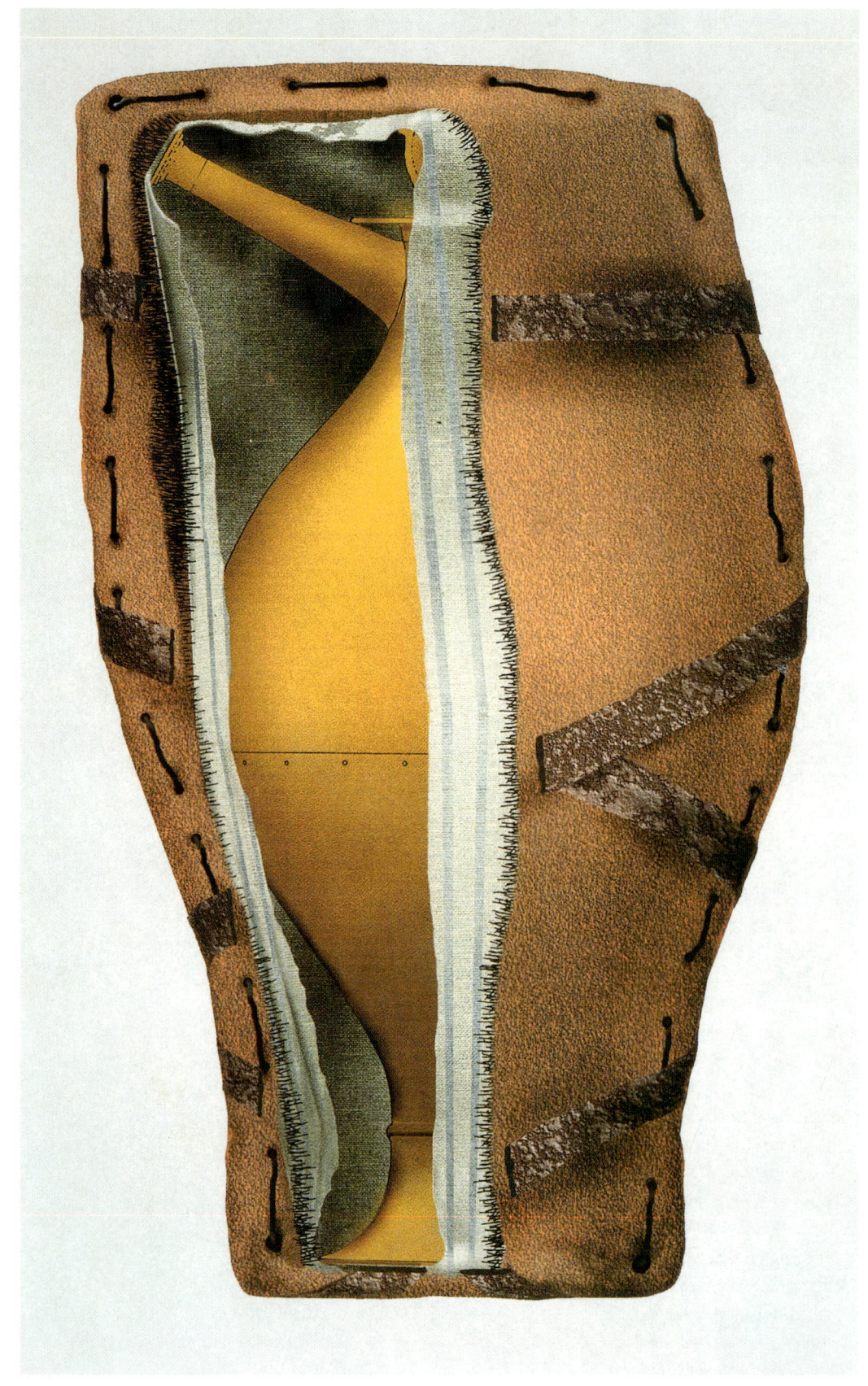

134 Grab 2. Zeichnerische Rekonstruktion:
Einblick auf die Röhrenkanne in der kompletten Verpackung (KAT.-NR. 2.1).

rillenförmige Vertiefung vom Übergang des Kannenbodens zum Hohlraum des Kannenfußes. Auch das schließt den Zufall wohl aus.

Die Einkleidungen beider Kannen vermitteln heute noch eine sorgfältige Auswahl der Materialien für die aufwändigen Verhüllungen. Solch fein ausgeführte Arbeiten bedurften der Vorbereitungszeit, was für eine simple Verpackung nicht erforderlich war. Vielmehr unterstreichen sie die Wertschätzung jeder einzelnen Kanne und bestätigen die Annahme, dass einst vorhandene Glaubensvorstellungen und Grabsitten wie im keltischen Fürstengrab von Hochdorf dahinter zu sehen sind (Biel 1996).

Antja Bartel

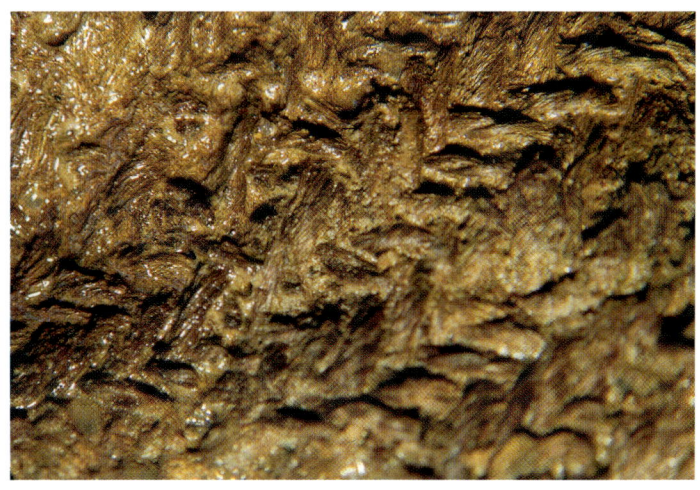

135   Grab 1. Mikroskopaufnahme: Köpergewebe am Schwert (KAT.-NR. 1.16).

GEWEBE

Der Schmuck, die Waffen und Beigaben bezeugen eine hohe Stellung der beiden Toten. Auch wenn es für eine textile Ausstattung der Grabkammer und des Totenlagers keine eindeutigen Anhaltspunkte mehr gab, lässt sich dennoch von einer solchen in der Körperbestattung (Grab 1) ausgehen. Textilien dokumentierten ebenso wie andere Statussymbole Macht, Reichtum und Zeitgeist der Besitzer. Dass auch die Fürsten am Glauberg darauf nicht verzichten wollten, beweisen vielfältige Gewebefragmente, die sich aufgrund der schlechten Erhaltungsbedingungen lediglich an oder im Wirkungskreis der Metalle erhalten haben.

Das leinwandbindige Gewebe mit blauem Musterstreifen beweist Tradition. Offensichtlich wurde es für die Verhüllungen der Kannen in beiden Fürstengräbern bevorzugt, ohne sichtbar in Erscheinung zu treten. Der Stoff ist identisch und könnte für die Bandgewebe der Schnabelkanne und das Einschlagtuch der Röhrenkanne von einem Stück stammen. Schlichte, ungemusterte Leinengewebe fanden sich vermehrt in Grab 1. Sie dienten als Einschlagtuch für die Kanne, zur Verpackung der Waffen sowie im körpernahen Bereich wohl als Abdecktuch für den Fürsten.

Diese Gewebe waren, mit einer Ausnahme für die Lanzenspitzen, ausschließlich aus Z-gedrehten Garnen hergestellt. Als feste Tücher eigneten sie sich bestens für Abdeckung und Verpackungsmaßnahmen; daher fanden sie auch im Grab 2 die entsprechende Verwendung.

Zur Bekleidung des Fürsten im Grab 1 gehörten wohl Gewebereste aus dem Gürtelbereich. Dabei handelt es sich um ein Zwirngewebe, dessen Bindungsart nicht mehr eindeutig zu bestimmen ist. Es besitzt in einem der Fadensysteme S-gedrehte Zwirne und im anderen voluminöse, Z-gedrehte Garne. Die Oberfläche des wollenen Gewebes ist aufgeraut. Auch das unter dem Becken liegende Textil aus S-gedrehten Zwirnen und Z-gedrehten Garnen lässt sich eher einem Bekleidungstextil zuordnen, auch wenn es locker und offen in Leinwandbindung gewebt wurde.

In der Brandbestattung Grab 2 war die kleine Fibel des Fürsten von leinwandbindigem Textil umgeben. Es zeich-

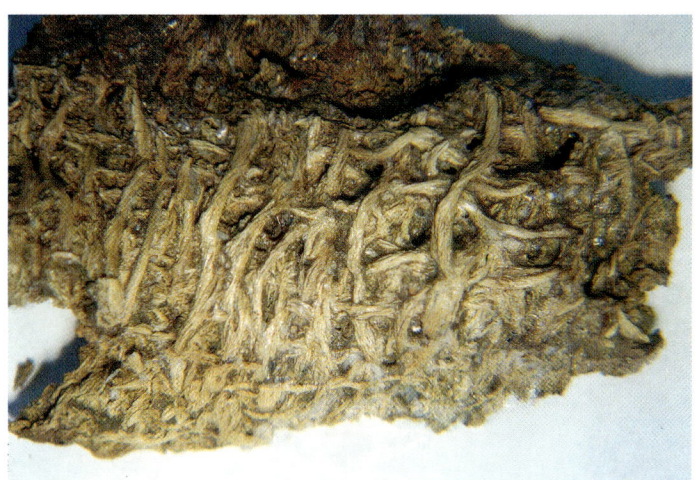

136   Grab 1. Mikroskopaufnahme: Schleierartiges Gewebe am Schwert (KAT.-NR. 1.16).

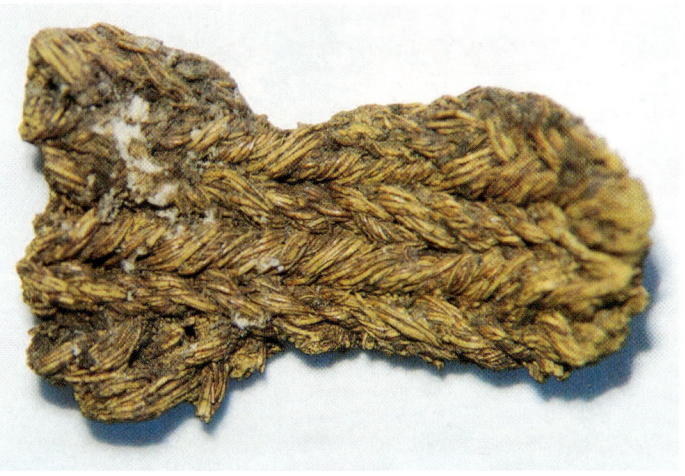

137   Grab 2. Mikroskopaufnahme: Brettchenbandrest am Schwert (KAT.-NR. 2.9).

nete sich durch besondere Feinheit der S-und Z-gedrehten Fäden aus und bildete ursprünglich eine dichte Hülle, die um den Fibelkörper zusammengezogen wurde. Sicherlich haben sich aufgrund der einst dichten Verpackung Reste der korallenfarbigen Substanz im Bereich der heute weißen Korallen an der Fibelrolle erhalten können.

Auffallend sind in beiden Gräbern die unmittelbar mit den Schwertern in Verbindung stehenden Zwirngewebe. Im Grab 1 blieb ein solches als wollener Gleichgratköper erhalten, der in den Fadensystemen wiederum S-gedrehte Zwirne und Z-gedrehte Garne besaß (ABB. 135). Die heute rotbraunen Reste waren ein dekorativer Stoff von geschlossenem Gewebebild. Ein zweites Köpergewebe hob sich deutlich mit hellerem Farbton davon ab (ABB. 136). Der feine, offen gewebte Stoff stand im krassen Gegensatz zu dem darunter liegenden Köpergewebe.

Anders im Grab 2: Hier hatte man Leinwandbindung für das Zwirngewebe bevorzugt und die Kett- und Schussfäden sehr viel feiner gesponnen. Durch den Wechsel der Fadendrehung der S- und Z-gesponnenen Zwirne entstand ein Musterungseffekt. Hinzu kam ein Köpergewebe mit Z-gedrehten Garnen in der Kette und S-gedrehten Zwirnen als Schussfaden; auch dieses sprach für einen Bekleidungsrest, der zufällig auf dem Schwert ankorrodiert war.

Funktion und Zierde zugleich kam den Brettchenbändern, Schnüren oder schmalen Randborten an den Waffen beider Fürsten zu; sie fanden sich im Griffbereich oder auf den Schwertscheiden, wo sie zumeist querverlaufend angebracht waren (ABB. 137). Dabei spielten auch Farben eine Rolle, denn einzelne Fasern in Violett und Grün, Zwirne in Rot, Blau und Weiß konnten festgestellt werden.

Im Bereich des Ortbands, auf der Bronzescheide des Schwerts im Grab 2, überraschte ein besonderes Gewebe. Das einst elastische Textil war in Sprangtechnik gefertigt und vermittelt den Einblick in eine Jahrtausende alte Textilarbeit. Wegen seines dekorativen Aussehens fand es daher wohl auch eine würdige Platzierung auf der Waffe.

Die Detailuntersuchungen zeigen eine Reihe konstruktiver Arbeiten, die im Säumen der Bänder, Nähen, Heften oder Fixieren und Herstellen von Materialverbindungen für beide Kannen und auch den Gürtel des Fürsten im Grab 2 stehen. Gut durchgeplante Arbeitsabläufe erforderten Kenntnisse der Materialien, Färbetechniken, der Flechtkunst und der Weberei. Vieles spricht für eine heimische Textilproduktion und die Anfertigung der Verhüllungen für die Kannen vor Ort. Gerade diese bringen mit den eigens für sie angefertigten Verpackungen das Bemühen zum Ausdruck alles mitzugeben, was den Status der fürstlichen Personen unterstreicht, auch wenn sie für den Weg ins Jenseits verhüllt wurden. **Antja Bartel**

HOLZARTBESTIMMUNGEN VON FUNDEN AUS GRAB 1

Im Zuge der Restaurierungsarbeiten am Grab 1 wurden verschiedentlich Holzreste freigelegt, deren Bestimmung Gegenstand dieser Untersuchung ist. Bei den Proben handelt es sich neben Resten der Grabkammer, die aus Eiche (*Quercus*) gezimmert war (A. Kreuz in: Frey/Herrmann 1997, 541 f.), um Reste von Lanzen- und Pfeilschäften, einem Bogen, einem Köcher, einem Schild, dem Schwertgriff und Stäben mit eisernen Tüllen, die zu den Grabbeigaben gehörten.

Organisches Material, also auch Holz, würde unter Bedingungen, wie sie innerhalb durchlüfteter Bodenschichten vorherrschen, relativ rasch durch biotische Abbauprozesse zerstört. Nur in speziellen Ausnahmefällen bleibt organisches Material erhalten und somit bestimmbar. Vor allem weit gehend sauerstofffreies Milieu im Grund-

138 Grab 1. Orientierung der Jahrringe eines Lanzenschafts aus Eschenholz auf dem Stammquerschnitt. Die Schäfte wurden aus Kernholz mit gleichmäßig breiten Jahrringen hergestellt. Links Querschnitt, rechts die Lage im Stamm (KAT.-NR. 1.17–1.19).

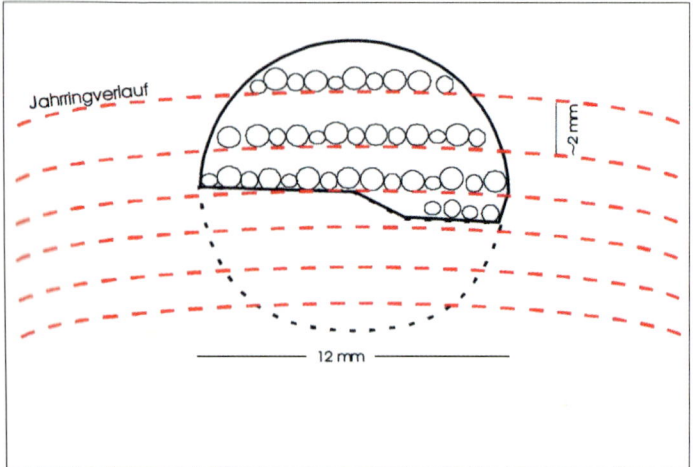
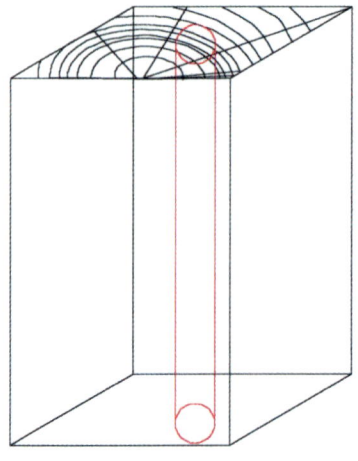

wasserbereich, wie es bei zahlreichen bekannten Feucht-bodensiedlungen gegeben ist, verhindert bzw. schränkt den Abbau von organischem Material ein.

Unter den Proben befindet sich ein Fragment vom Holz des Köchers, das als Feuchtholz erhalten geblieben ist. Bei den übrigen Proben handelt es sich um Korrosionspro-dukte des Eisens, Holzreste, die innerhalb einer schmalen Kontaktzone zu dem Metall in mineralisierter Form über-liefert sind. Die einzelnen Proben waren in unterschiedli-chem Maß bestimmbar. Neben einem hervorragend er-halten gebliebenen Schaftfragment einer Lanze, bei dem auch Details zu dessen Lage im Stamm erkennbar waren (ABB. 138), konnte bei den übrigen Proben meistens nur die Holzart bestimmt werden.

Die Proben wurden mit einem Auflichtmikroskop un-ter 50–400-facher Vergrößerung untersucht, wobei in verschiedenen Schnittebenen nach diagnostischen Merk-malen innerhalb des Zellaufbaus gesucht wurde. Beweis-kräftige Ansichten wurden nach Möglichkeit fotografisch dokumentiert.

Eine sichere Bestimmung der Holzart war bei den Lan-zenschäften, dem Tüllenpfeil, dem als Feuchtholz erhalte-nen Rest des Köchers, dem Schild und den Stäben mit ei-sernen Tüllen möglich. Die Holzarten von Bogen, Schwert-griff und Pfeil mit dreieckiger Blattpfeilspitze lassen sich auf gewisse Holzarten eingrenzen: Danach bestand der Schild aus Lindenholz *(Tilia)*. Der hölzerne Behälter des Köchers war aus Pappelholz *(Populus)*; vermutlich Pappel-holz war auch für den Schwertgriff verwendet worden. Bei dem Bogen, ohne exakte Bestimmung der Holzart, handelt es sich mit Sicherheit um ein Laubholz. Für den Pfeil mit dreieckiger Blattpfeilspitze kommen vor allem Kernobstgehölze *(Pomoideae)*, aber auch Feldahorn *(Acer campestre)* in Frage. Bei den Lanzenschäften, dem Schaft des Tüllenpfeils und den Stäben mit eisernen Tüllen konnte Esche *(Fraxinus)* als Holzart bestimmt werden.

Franz Herzig

DIE STEINERNEN STATUEN

STATUE 1 (KAT.-NR. 3.1, ABB. 70; 71)

Seit ihrer Bergung wird die lebensgroße, 230 kg schwe-re Sandsteinstatue in der Restaurierungswerkstatt des LfDH bearbeitet. Die 2500 Jahre alte und bis auf die Füße vollständige vollplastische Figur ist außergewöhnlich gut erhalten. Sie weist nur wenige Fehlstellen und kleinere Abschürfungen auf. Witterungs- oder lagerungsbedingte Beschädigungen sind kaum vorhanden.

Da die Vermutung besteht, dass die Statue farblich ge-fasst war, entschloss man sich den Stein zunächst nicht porentief zu säubern. Das angewandte Reinigungsverfah-

ren ermöglicht auch in Zukunft mit neuen Methoden eventuell noch vorhandene Farbpigmente aufzuspüren. Durch die nicht vollständige Reinigung ergibt sich heute ein etwas verfälschter farblicher Eindruck: Die in der Oberfläche verbliebenen Erdpartikel verleihen der Figur eine bräunliche Farbe, während an den gereinigten Bruchflächen der Beine eine deutliche rötliche Färbung des Steins festgestellt werden kann. Der gute Zustand der Steinoberfläche ermöglicht vorerst den Verzicht auf eine weitere konservatorische Behandlung. Die technischen Eigenschaften gelten unter bildhauerischen Gesichts-punkten als nahezu ideal. Das Rohmaterial stammt aus einer Zone homogenen Gesteins, die Schichtung verläuft senkrecht zur Vorderansicht und weicht nur leicht von der idealen Parallelität ab.

Äußere Umstände erzwangen sehr bald Möglichkeiten zu prüfen, wie Kopien angefertigt werden könnten, ohne dabei das Original in Mitleidenschaft zu ziehen. Die Ent-scheidung fiel für eine in handwerklicher Tradition aus-geführte Arbeit, wobei als Hilfsmittel eine modernisierte Form des schon in der Antike bekannten Punktierverfah-rens eingesetzt wurde. Hierbei werden die Übertragungs-punkte statt von Nadeln von einer punktlasergesteuer-ten Maschine erfasst und auf den Werkstein übertragen, ohne das Original zu berühren. Der Steinbildhauermeis-ter Th. Schlick schuf in rund 45 Arbeitstagen eine maß-genaue Nachbildung aus vergleichbarem Sandstein (ABB. 139), die dem Betrachter den Eindruck vermittelt, den auch der keltische Künstler vor rund 2500 Jahren von seinem Werk gehabt haben muss (Bodis/Schlick 2000).

In der Folge wurde dieser „Zwilling" nach einem her-kömmlichen Verfahren abgeformt und zu verschiedenen Anlässen Kopien aus Kunststein und Kunstharz angefer-tigt, deren Oberflächen farblich dem Original angepasst wurden.

Frank Bodis

DIE BRUCHSTÜCKE DER STEINSTATUEN 2, 3 UND 4 (KAT.-NR. 3.2–3.4, ABB. 259–262)

Bei der Reinigung der in den Jahren 1996–1998 am Glauberg geborgenen Sandsteinbruchstücke zeigte sich, dass weitaus mehr Statuenfragmente vorhanden sind als zunächst angenommen. Insgesamt handelt es sich um 130 Bruchstücke unterschiedlichster Größe, die verschie-denen Statuen zugeordnet werden können (Bosinski/Herr-mann 1998/99).

Unter den 118 rötlichen Sandsteinbruchstücken der zweiten Statue befinden sich 42 Fragmente mit Bearbei-tungsspuren. 16 dieser Bruchstücke konnten dem Kopf-/Halsbereich und 20 dem Beinbereich zugeordnet werden. Der Kopf-/Halsbereich ließ sich so weit zusammensetzen, dass eine Rekonstruktion des gesamten Kopfes möglich ist. Der größte zusammengefügte Komplex umfasst Teile des Nackenschutzes, des Halses mit Halsring und der

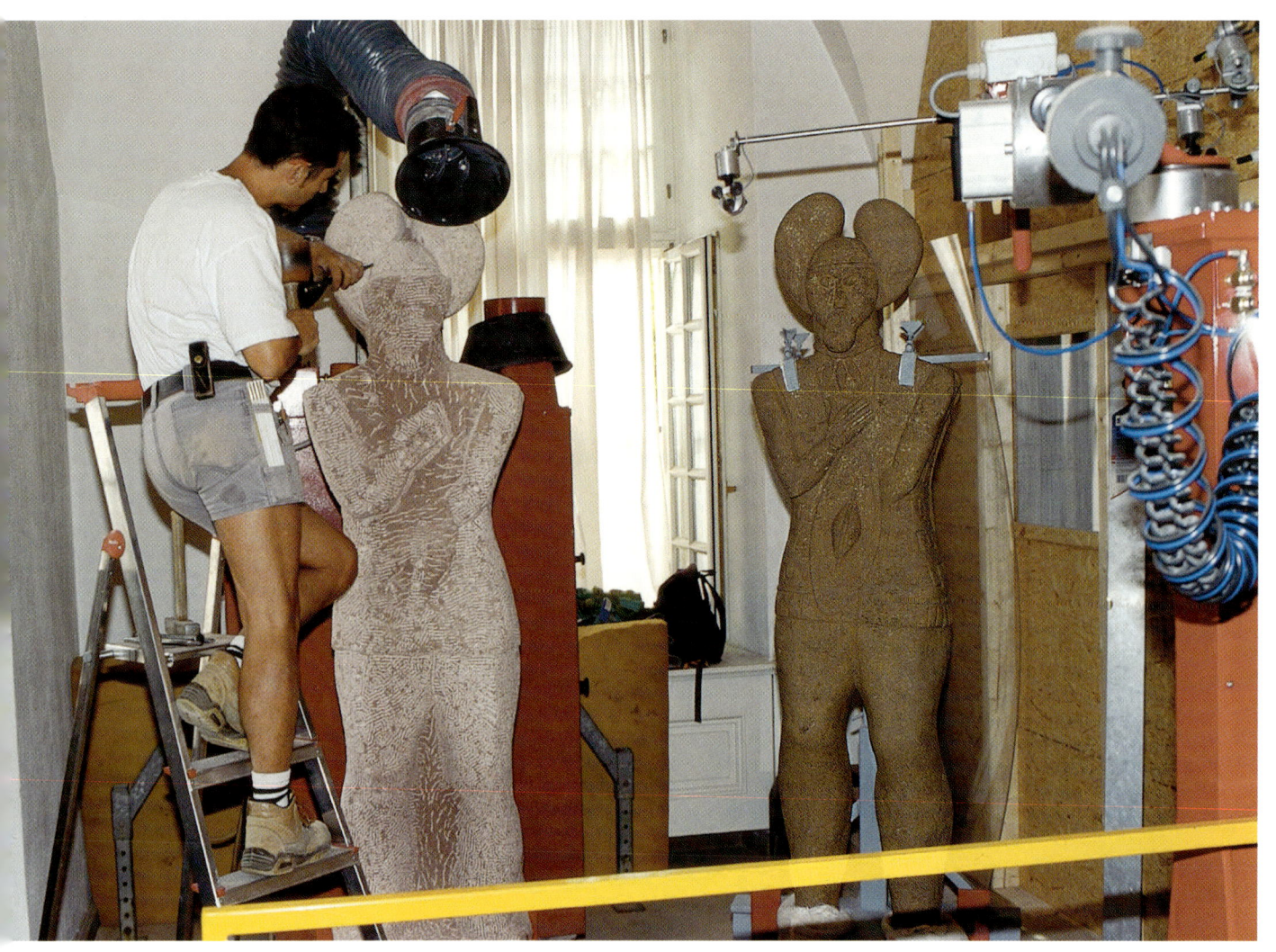

139 Statue 1 (rechts) und ihr „Zwilling" (KAT.-NR. 3.1).

Blattkrone. Eine weitere Zusammenfügung ergibt ein Teil der linken oberen Gesichtshälfte mit Haube und seitlichem Ansatz der Blattkrone. Einige Fragmente der Blattkrone sowie des Gesichts (Mundpartie mit Kinn, Wange?) sind ohne Anschluss, ließen sich aber in eine Rekonstruktion einpassen. An das größte Bruchstück aus dem Beinbereich, das linke Knie, konnten sieben Fragmente angesetzt werden, davon sechs im Oberschenkelbereich. Weitere Zusammenfügungen und mehrere Bruchstücke ohne Anschluss gehören wahrscheinlich ebenfalls zum Oberschenkel; dies ergibt sich aus ihrer Größe. Zwei andere zusammengesetzte Komplexe gehören zum Unterschenkel; bei drei weiteren ist unklar, ob sie Ober- oder Unterschenkel zuzuordnen sind.

Der Kopf der dritten Statue ist aus weißem Sandstein. Neben antiken Bruchstellen weist er leider auch zahlreiche Beschädigungen neueren Datums, verursacht durch Bagger und Egge, auf. Eindeutig antiken Ursprungs sind die Beschädigungen an den seitlichen Ansätzen der Blatt-

krone sowie der Bruch unterhalb des Halses. Es fanden sich noch fünf weitere Bruchstücke aus weißem Sandstein, darunter drei mit Bearbeitungsspuren (Blätter der Haube, hinten rechts; eventuell ein Ansatz der Blattkrone sowie ein Bruchstück vom Panzer).

Beim Sortieren der rötlichen Sandsteinbruchstücke fielen sechs Fragmente auf, die aus dunklerem, bräunlichem Sandstein sind: ein eindeutiges Schildbuckelfragment, ein Bruchstück mit Blattansatz, vermutlich vom Rückenteil des Panzers, sowie wahrscheinlich ein Schulterfragment. Dass es sich bei ihnen um die Bruchstücke einer vierten Statue handeln muss, geht einmal daraus hervor, dass es in sich einheitliche Fragmente aus ganz verschiedenen Bereichen einer Figur sind, zum anderen aus der Beurteilung von geologischer Seite, wonach derart unterschiedliche farbliche Ausprägungen des Sandsteins nicht an einem einzigen, für die Herstellung einer Statue geeigneten Block vorkommen können.

Monica Bosinski

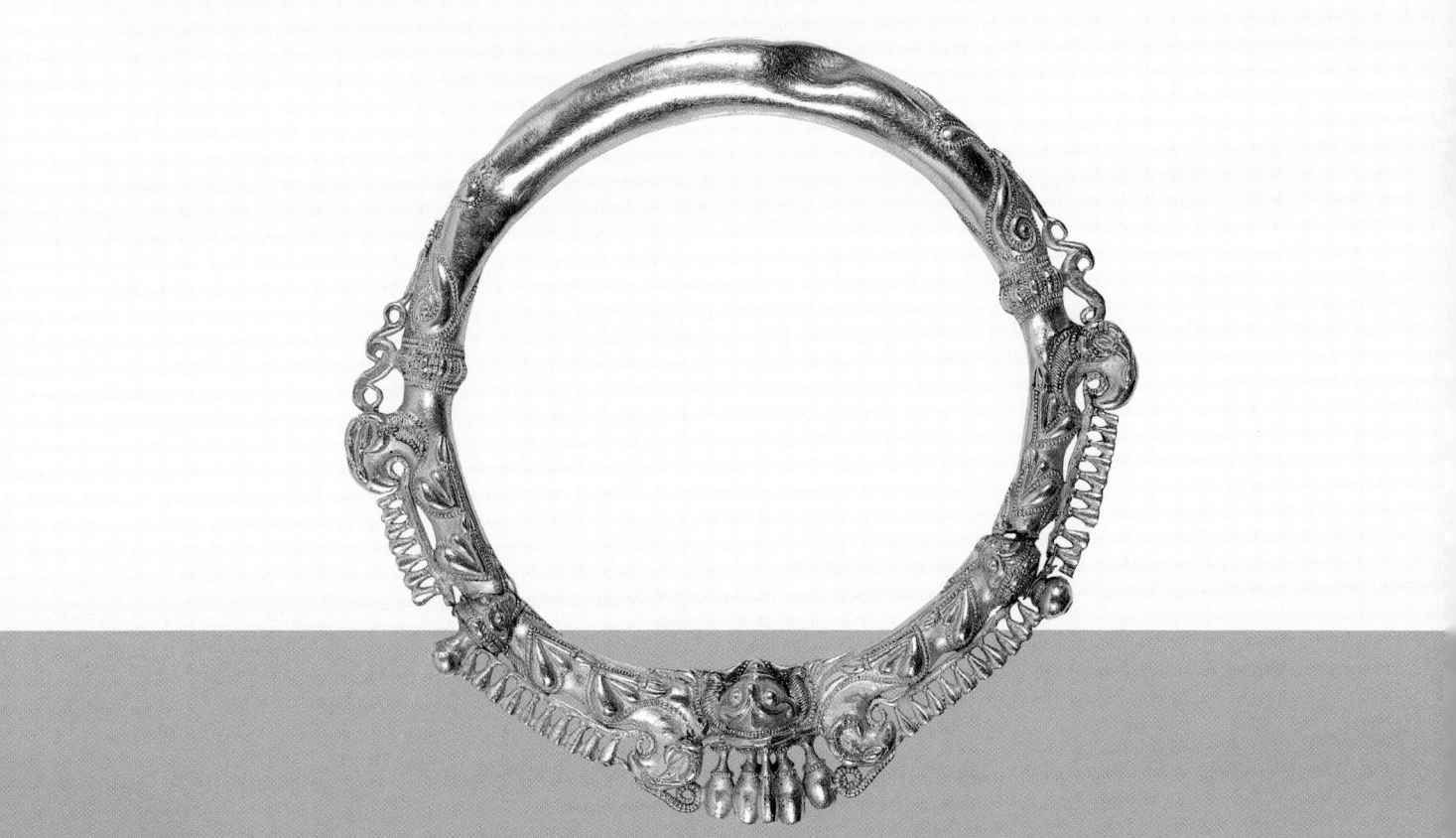

GLAUBE – MYTHOS – WIRKLICHKEIT

Die Fürstengräber vom Glauberg

Jenseitsvorstellungen und Bestattungsbrauchtum

von Otto-Herman Frey

Die beiden Hügel am Glauberg bargen drei Männergräber. Wegen ihres reichen Inventars zählen wir sie zu den sog. Fürstengräbern (Frey 1998). Mit dieser konventionellen Namengebung sollen keine direkten Vergleiche etwa mit mittelalterlichen Fürsten und ihrer besonderen Rechtsstellung hervorgerufen werden. Als die Bezeichnung im vorvergangenen Jahrhundert aufkam, wollte man mit ihr lediglich ausdrücken, dass die unbekannten Toten wohl zu den „Vordersten", den „Ersten" der damaligen Gesellschaft zu zählen seien.

Wir kennen eine größere Zahl ähnlicher Prunkgräber (Kossack 1974), doch wurde – abgesehen von einigen rezenten Untersuchungen – die Mehrzahl schon vor langer Zeit aufgedeckt, und das gewöhnlich nicht von Wissenschaftlern. Man kann sich denken, dass bei einer schnellen, oft überstürzten Bergung am Ort Spuren von Geweben und weiteren organischen Materialien oder auch leicht rostende Eisengegenstände nicht beobachtet wurden. Anderes ist uns nur in stark verrottetem Zustand und unvollständig überliefert. Dass häufig nur Fragmente des einstigen Grabinhalts entdeckt wurden, kann auch an antikem Grabraub liegen. Vor allem bei etwas älteren hallstättischen Beisetzungen gibt es dazu eindeutige Beobachtungen (Driehaus 1978). Es kann deshalb nur als großer Glücksfall bezeichnet werden, dass die Bestattungen vom Glauberg einer solchen „Schatzsuche" entgangen sind. Bei ihnen ist es der Archäologischen Denkmalpflege außerdem gelungen, durch den Transfer der Gräber im Ganzen in die Restaurierungswerkstatt und durch die dort erfolgte sorgfältige Freilegung und Konservierung ein Maximum an Erkenntnissen zu gewinnen. Diese Untersuchungen waren allerdings beim Schreiben dieses Beitrags noch nicht abgeschlossen. Einige der vorgetragenen Ergebnisse sind also erst vorläufig.

Für eine Schilderung des ganzen Befunds in und um die Grabhügel, der auch eine Beschreibung der Grabinventare einschließt, vergleiche man den Beitrag von F.-R. Herrmann. Ebenso werden die Beobachtungen, die sich bei der Restaurierung der einzelnen Gegenstände ergaben, von den Restauratoren beschrieben. Hier wird in einer Übersicht nur das behandelt, was in den Grabkammern selbst entdeckt wurde, und mit anderen Befunden und Funden verglichen. Das soll natürlich nicht heißen, die Gräber seien isoliert auszudeuten. Im Gegenteil sind sie mit der gesamten Anlage zusammenzusehen. Bei den Bestattungen im großen Grabhügel geht das allein schon daraus hervor,

dass keines der beiden Gräber – wie in anderen Fällen – in seinem Zentrum angelegt wurde, vielmehr die Mitte einem weiteren Objekt vorbehalten blieb, auch wenn der genaue Bezug noch dunkel ist. Ferner sind Schmuck und Bewaffnung des Toten aus Grab 1 nicht von denen der steinernen Statuen zu trennen; doch soll, wie gesagt, an dieser Stelle nur auf den Befund der Beisetzungen selbst und auf die Gegenstände daraus eingegangen werden, auf deren Funktion, vor allem aber auf ihre Rolle im rituellen Kontext.

Zunächst ist es eine auffällige Tatsache, dass es sich bei den Toten allein um Männer handelt. Wie die nahebei entdeckten Skelette einer alten Frau, nur mit einem einfachen Drahtarmband geschmückt, und eines Kleinkinds mit ihnen zusammenzubringen sind, ist unklar. Weitere Bestattungen der breiteren Bevölkerung können nur in größerer Entfernung von den weitläufig untersuchten Flächen rings um die beiden Hügel vermutet werden. Und wo sind die Frauen der Fürsten geblieben? Beispielsweise kennen wir aus Reinheim im Saarland die Beisetzung einer Frau, deren reiches Grabinventar „in unseren Augen" sehr gut zu dem der Männer vom Glauberg passen würde (ABB. 140). Ist es Zufall, dass Entsprechendes an unserer Fundstelle (noch) nicht nachweisbar ist?

Die Toten waren in verschiedenartigen Holzkisten bestattet. Sie waren mit ihrer Tracht, zu der natürlich der Schmuck gehört, bekleidet. Außerdem wurden zu ihnen ihre Waffen gelegt, von denen man sich wohl nie trennen mochte, doch geht die Ausstattung der Männer darüber hinaus. Beispielsweise bilden die Kannen bzw. ihre Inhalte (s. Beitrag Rösch) echte Beigaben. Soll man annehmen, dass der Tote auf seinem Weg ins Jenseits noch einen Trank benötigte? Jedenfalls deutet alles darauf hin, dass an irgendeine Art des Weiterlebens des Verschiedenen gedacht war. Man kann das noch genauer fassen. Bei der Jenseitserwartung geht es nicht um die Inkarnation des Verstorbenen in einer anderen Gestalt, die natürlich neue Bedürfnisse hätte. Vielmehr braucht der Tote selbst (zunächst) noch bestimmte Dinge.

FRÜHKELTISCHES BESTATTUNGSBRAUCHTUM UND ANTIKE SCHRIFTQUELLEN

Kann man auf die Jenseitsvorstellungen der frühen Kelten von späteren schriftlichen Quellen – in begrenztem Ausmaß – zurückschließen? Nur wenige Nach

richten sind uns überliefert. Von den Leichenbegängnissen der Kelten berichtet Caesar in der Mitte des letzten Jahrhunderts v. Chr., ohne dabei die Hintergründe genauer zu beschreiben (Bell. Gall. VI 19): „Die Begräbnisse sind entsprechend der gallischen Lebensweise großartig und aufwändig. Alles, was ihrer Ansicht nach den Lebenden teuer war, werfen sie ins Feuer, auch Tiere, und kurz vor unserer Zeit wurden sogar Sklaven und Klienten, von denen bekannt war, sie seien den Toten lieb gewesen, nach Beendigung der richtigen Leichenfeier mit ihnen verbrannt" (anzumerken ist, dass in dieser Zeit in der keltischen Welt vielerorts die Brandbestattung vorherrschte).

Hier geht es also um Besitz, der zerstört wird, um dadurch – wie man es sich vorstellte – dem Toten im Jenseits verfügbar zu sein. Dass schon früher, etwa in der Hallstattzeit, auch Menschen „geopfert" wurden, lassen z. B. Dop-

140 Trink- und Essgeschirr aus dem Fürstinnengrab von Gersheim-Reinheim, Saarpfalz-Kreis (KAT.-NR. 90).

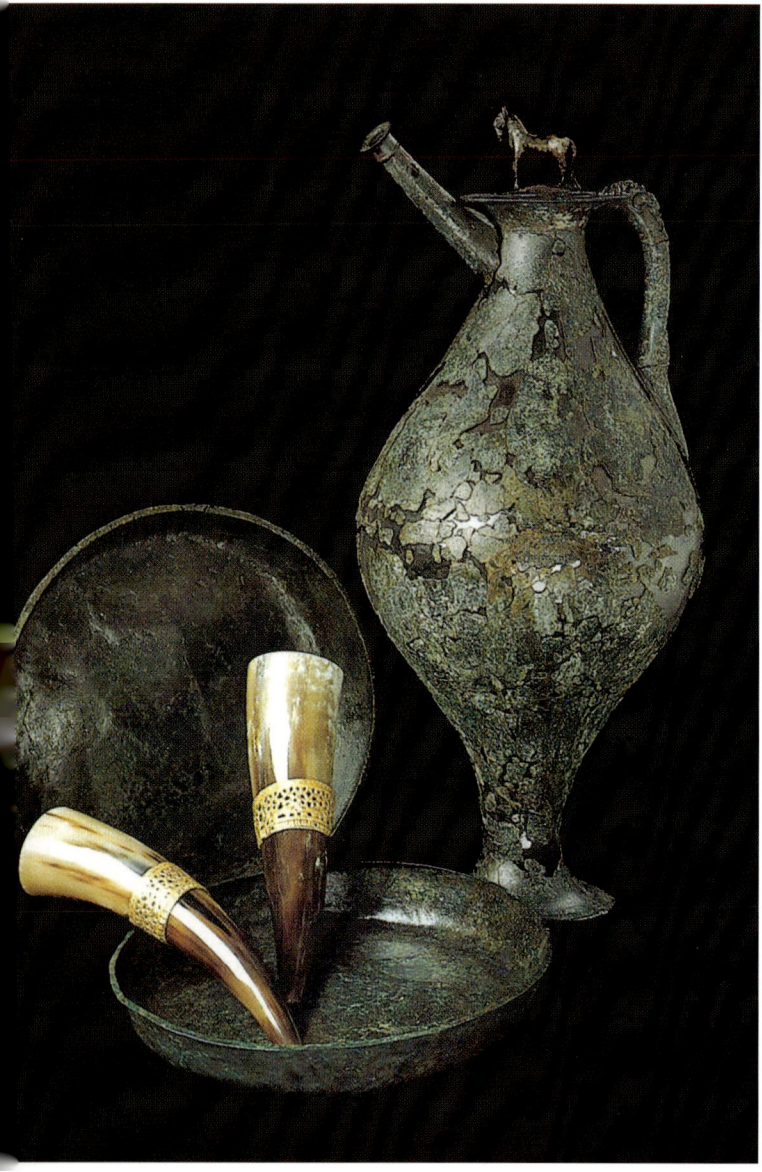

pelbestattungen vermuten. Herausgegriffen sei Grab VI im Hohmichele bei der Heuneburg an der oberen Donau (Riek/Hundt 1962). Nebeneinander lagen hier ein Mann und eine Frau, die sicherlich zur gleichen Zeit in der Grabkammer gebettet wurden. Wenn man nicht etwa an ein Unglück denken möchte, das beide zusammen betraf, so ist der Schluss auf eine absichtliche Totenfolge am wahrscheinlichsten. Letztere Annahme wird durch nicht wenige ähnliche Befunde bekräftigt (Oeftiger 1984).

Ferner schreibt Caesar an anderer Stelle (Bell. Gall. VI 14,5), deren Auslegung allerdings missverständlicher ist: „[Die keltischen Priester] wollen davon überzeugen, dass die Seelen nicht vergehen, sondern nach dem Tode von einem [Körper] in andere hinüberwechseln." Ähnlich äußert sich etwa zur gleichen Zeit der Historiker Diodor (V 28,6), der die Vorstellungen der Kelten ausdrücklich – jedoch in der Form kaum glaubwürdig – auf die Lehre des griechischen Philosophen Pythagoras zurückführt. Danach müsste die Seele des Toten „entsprechend seinem Verdienst" in ein anderes Wesen eingehen, sei es Mensch oder sogar Tier. Ferner berichtet z. B. Strabo (IV 4,4) über den keltischen Glauben von der Unsterblichkeit der Seele (de Vries 1961, 248 ff.). Sollte durch den Bezug auf Pythagoras nicht nur eine für Römer verständlichere Interpretation keltischer Todeserwartung geliefert werden (Mac Cana 1970)?

In den aus späterer Zeit auf den Britischen Inseln überlieferten keltischen Mythen wird allerdings bei einzelnen Sagenfiguren häufiger von Umwandlungen der Gestalt berichtet. Dabei handelt es sich aber nicht um das „Sterben".

Weiterführender scheint allein eine etwas jüngere Nachricht des Römers Lukan, eines Zeitgenossen des Kaisers Nero. In seiner epischen Dichtung über den Bürgerkrieg (I 392 ff.) spricht er davon, dass, nachdem Caesar die siegreichen römischen Truppen aus Gallien zurückgezogen hatte, um sie für seinen Vormarsch auf Rom zu sammeln, die keltischen Priester, die Druiden, ihre fremden Opferbräuche wieder aufgenommen hätten. Denn sie allein „kannten – oder verkannten – die Götter und himmlischen Mächte." Er fährt fort: „Nach eurer Lehre [Druiden] streben die Seelen der Toten nicht zu den stillen Stätten des Erebos und dem fahlen Reich des Dis [d. h. des Pluto] in der Unterwelt. Vielmehr durchwaltet derselbe Atem ihre Glieder in einer anderen Welt. Wenn ihr richtige Erkenntnisse verkündet, so steht der Tod nur in der Mitte eines lange währenden Lebens. Jedenfalls sind die Völker [im Norden], auf die der Große Bär hinabblickt, glücklich in ihrem Irrglauben. Bedrängt sie doch nicht die größte aller Ängste, die Todesfurcht. Daher stürzen sich ihre Männer bereitwillig dem Schwert entgegen, nehmen den Tod mutig an und halten für feige ihr Leben zu schonen, das doch wiederkehren wird."

Schon früh gab es in der antiken Welt ganz unterschiedliche Jenseitsvorstellungen, darunter solche, die

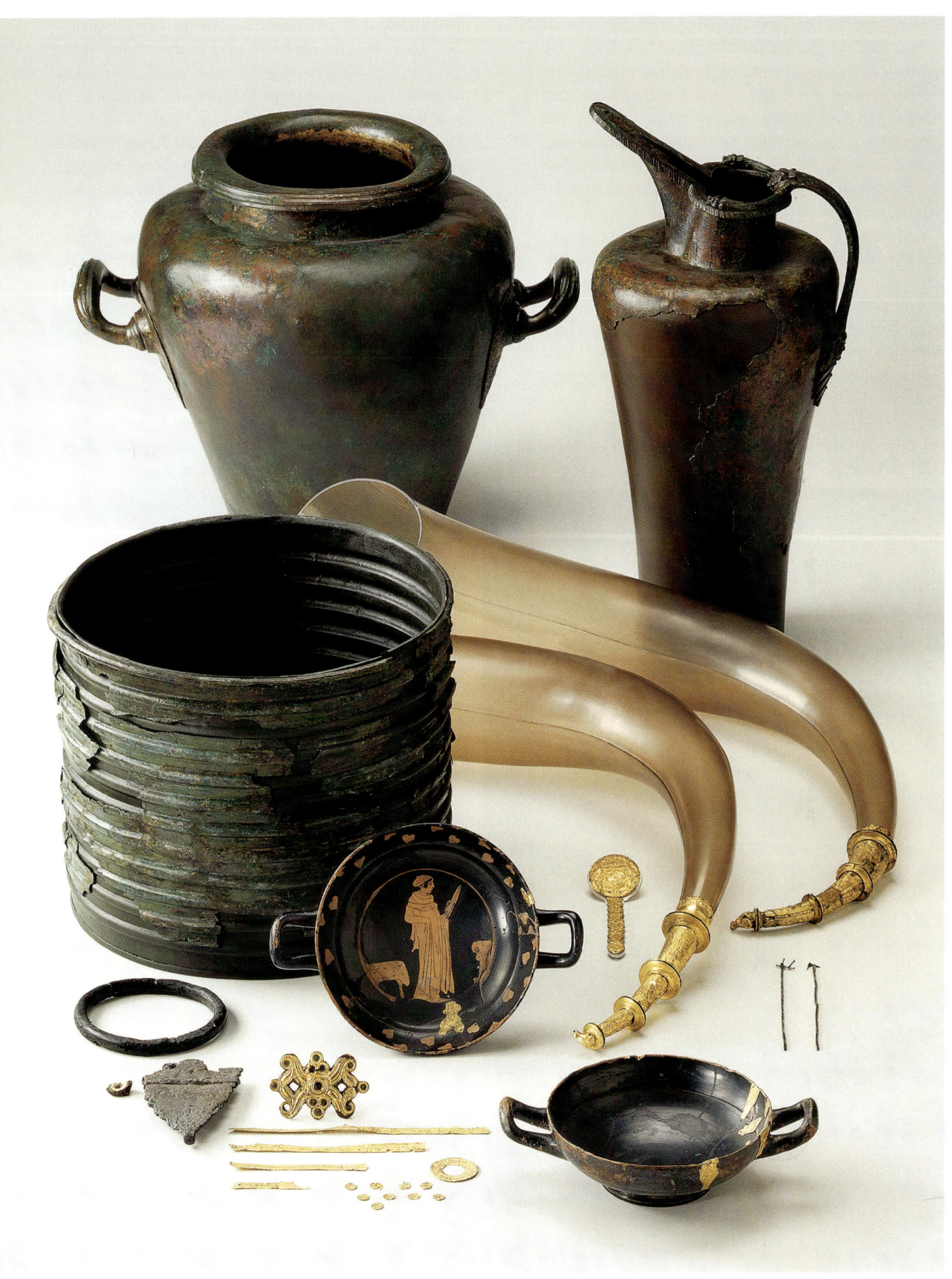

sich über ein bloßes Schattenreich hinwegsetzten, doch lässt sich keine mit der „fortwährenden Existenz" bei den Kelten, über die Lukan schreibt, zusammenbringen, in welcher der Mensch als unverändertes Individuum weiterlebt. Deutlich unterscheidet sich das vom Glauben der Pythagoreer. Diese Mitteilung des Lukan ist für einen antiken Menschen so überraschend und fremdartig, dass man nur daran denken kann, sie habe einen echten Gehalt.

Ähnlich bestätigt das Fortleben nach dem Tode als unveränderte Person ein auf ältere Zeiten bezogener und vielleicht deshalb schwer zu verstehender Bericht des Philosophen und Historikers Poseidonios (wie in der Epoche üblich nur frei zitiert bei Athenaios 154 b–c; dazu Moreau 1958, 57): „Gewisse Kelten, die Gold, Silber oder auch Krüge mit Wein erhalten hätten, ließen diese Schenkung durch Zeugen bekräftigen. Sie verteilten dann das Geld und den Wein unter ihren Freunden und Verwandten und streckten sich auf ihrem Schild zum Schlafen aus, um sich dabei von einem Nahestehenden die Kehle durchschneiden zu lassen." Grund dafür ist die Verpflichtung zwischen Spender und Empfänger, die sich aus der Schenkung ergibt (Mauss 1968). Durch den unmittelbaren Tod wird diese Verpflichtung in das „folgende Leben" transponiert. Poseidonios schrieb in der ersten Hälfte des letzten Jahrhunderts v. Chr. und hatte durch seine Reisen bis nach Gallien tiefe Einblicke in die keltische Welt.

Lässt sich nicht auch die große Bereitschaft von Kelten zum Selbstmord, von der die Schriftquellen als auffälliges Phänomen so oft berichten, ähnlich deuten? Als ein Zeugnis dafür aus der antiken Kunst könnte an die Statue des Galliers, der sein Weib und sich tötet, im Nationalmuseum in Rom erinnert werden (vgl. ABB. 27).

Schließlich erzählen die keltischen Sagen später immer wieder von der „anderen Welt", auch wenn die Mönche und andere, die sie aufzeichneten, dabei oft christliche Interpretationen mit einfließen ließen (Mac Cana 1970, 122 ff.). So fragmentarisch diese Nachrichten aus verschiedenen Zeiten sind und trotz gewisser zu vermutender Wandlungen und Varianten der Glaubensvorstellungen, die wir etwa aus Veränderungen im Bestattungsbrauchtum erschließen möchten, lassen diese Berichte doch etwas von ausgeprägten Jenseitserwartungen bei den Kelten erkennen. Allerdings bleibt unser Problem, in welchem Ausmaß wir die Vorstellungen, die vielleicht erst langsam die geschilderte Gestalt angenommen haben, schon für frühere Zeiten voraussetzen dürfen.

141 Inventar des Fürstengrabs aus dem Kleinaspergle bei Asperg, Kr. Ludwigsburg (KAT.-NR. 91). Nicht abgebildet ist ein großer Bronzekessel.

FRÜHKELTISCHES BESTATTUNGSBRAUCHTUM IM ARCHÄOLOGISCHEN BEFUND

Kehren wir zu den archäologischen Zeugnissen zurück, bei denen wir über das erkennbare Totenritual auf die Jenseitsvorstellungen der Kelten zurückschließen möchten. Betrachten wir in diesem Zusammenhang noch einmal das ungestörte und gut untersuchte Grab der späten Hallstattzeit von Hochdorf, Kr. Ludwigsburg (s. Beitrag Baitinger). Zweifellos war hier eine bedeutende Persönlichkeit bestattet. In der mit Stoffen ausgekleideten und mit Blumen bestreuten Grabkammer – so groß wie ein Haus – war der Tote mit allen seinen Abzeichen und gleichsam „vergoldet" auf ein Bronzesofa gelegt (ABB. 7). Er war nicht in seinem Waffenschmuck beigesetzt, denn es war zu dieser Zeit nicht üblich, als Krieger ins Jenseits einzugehen. Nur der beigegebene Dolch unterstreicht seinen Rang. Auch besaß er neben Angelzeug Pfeil und Bogen für die Jagd. Ferner fand sich ein Ess- und Trinkservice für neun Personen, Ersteres auf dem Totenwagen aufgestapelt. Jedenfalls wirkte alles so, als sei das Ganze für ein Festmahl des Toten mit seinen Genossen (Gefolgschaft?) vorbereitet. Dazu gehört ein riesiger, mit Met gefüllter Bronzekessel. Der Grabraum scheint mit seinem Inventar wie eine Wohnung für einen längeren Aufenthalt geschaffen zu sein, auch wenn alle Beigaben, ebenso wie der Mann selbst, mit Tüchern verhüllt waren (Banck-Burgess 1999). Dieses Verbergen, ebenso wie das ganze Totenritual, von dem sich in diesem Fall Teile klar an den verschiedenen Schritten bei der Errichtung des Grabmonuments erkennen lassen, sollten den Toten entrücken, seinen Übergang ins Jenseits erleichtern.

Bietet dazu das vielleicht hundert Jahre jüngere Grab 1 vom Glauberg mit einem wohl ähnlich hochrangigen Toten nicht einen merkwürdigen Kontrast? Die Kammer ist relativ klein, obwohl sie die Maße der Gruben für einfache Bestattungen weit übertrifft. Der Tote trägt wieder seine Ehrenzeichen. Auch ist jetzt eine umfangreiche Waffenausrüstung vorhanden, doch fehlen die Liege, der Wagen und vor allem Ess- und Trinkgeschirr. Sollte Letzteres nur durch die Kanne mit Met symbolisiert werden? Üppigere Trinkservice sind in anderen gleichaltrigen Fürstengräbern vorhanden – man vergleiche etwa das Grab aus dem Kleinaspergle bei Asperg, Kr. Ludwigsburg, u. a. mit einem großen Bronzekessel, Trinkhörnern und griechischen Trinkschalen (ABB. 141). Auch Fürstengräber im Mittelrheingebiet enthalten gewöhnlich ein etwas reichhaltigeres Trinkgeschirr (s. Beitrag Nortmann). So werden räumliche und zeitliche Unterschiede in den Vorstellungen, wie ein hervorragender Toter auszustatten, wie sein Weg ins Jenseits vorzubereiten sei, unmittelbar erkennbar (Echt 1999, 133 ff.). Diese Vielfalt genauer auszuführen und das Totenbrauchtum breiter zu erklären, würde den Rahmen dieses Beitrags sprengen. Können wir

aber nicht noch etwas mehr über die Art der Beisetzungen vom Glauberg und die rituelle Bedeutung der Fundstücke sagen? Schauen wir uns die beiden restaurierten Gräber aus dem großen Tumulus 1 eingehender an.

DER SCHMUCK AUS DEN FÜRSTENGRÄBERN VOM GLAUBERG

Außer den beiden kleinen „Goldohrringen", die in reichen Männergräbern nicht fremd sind (Schönfelder 1998), hat der tote Fürst in Grab 1 einen Halsreif, einen Arm- und einen Fingerring, alle aus Gold (KAT.-NR. 1.2–1.6, ABB. 237–242). Der Fingerring hat eine vergrößerte, aus Perldraht geschlungene Schauseite (KAT.-NR. 1.6, ABB. 241). Die nächsten Parallelen aus gesichertem Fundzusammenhang zu diesem Fingerring mit Schaufläche stammen aus den Fürstengräbern von Rodenbach in der Pfalz (ABB. 142) und Weiskirchen III im Saargebiet (ABB. 18). In beiden Fällen trug der männliche Tote dazu wiederum einen Goldarmring. Einzelne Goldarmringe wurden ebenfalls in weiteren reich ausgestatteten Männergräbern entdeckt (Frey/Herrmann 1997, 493 f.). Es sieht so aus, als bildeten sie die Kennzeichen hervorragender Persönlichkeiten, die wir als Fürsten bezeichnen.

Könnte der Halsring (KAT.-NR. 1.2, ABB. 237; 238) eine besondere Insignie sein? In den frühlatènezeitlichen Grabfunden ist er nach seiner Formgebung ein Unikum, und

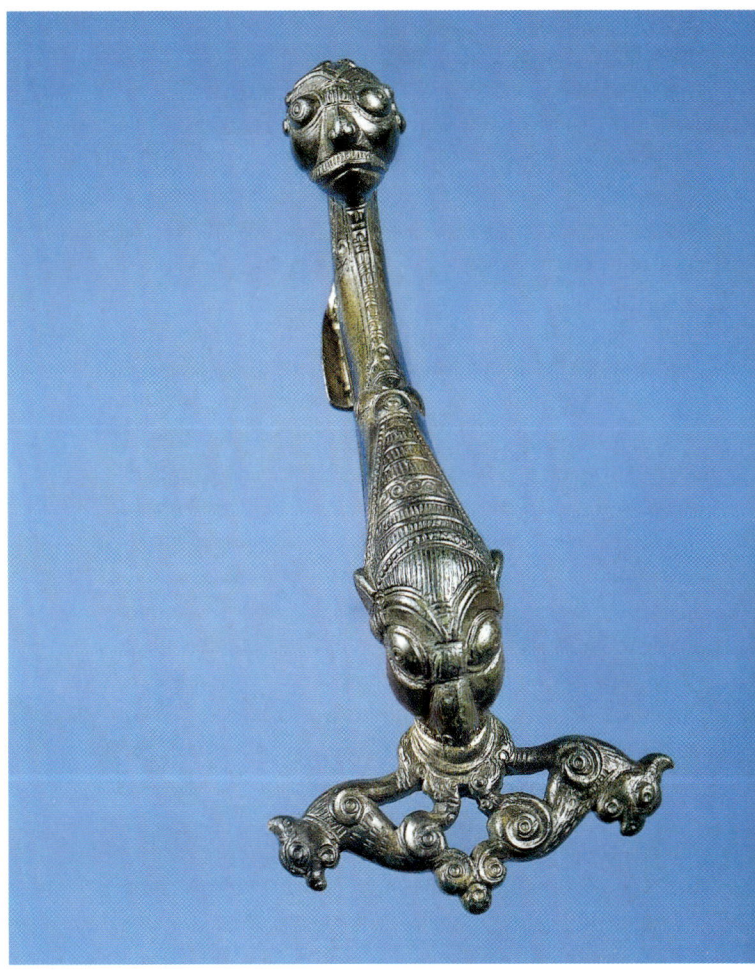

143 Maskenfibel aus der Umgebung von Parsberg, Kr. Neumarkt/Opf. (KAT.-NR. 52).

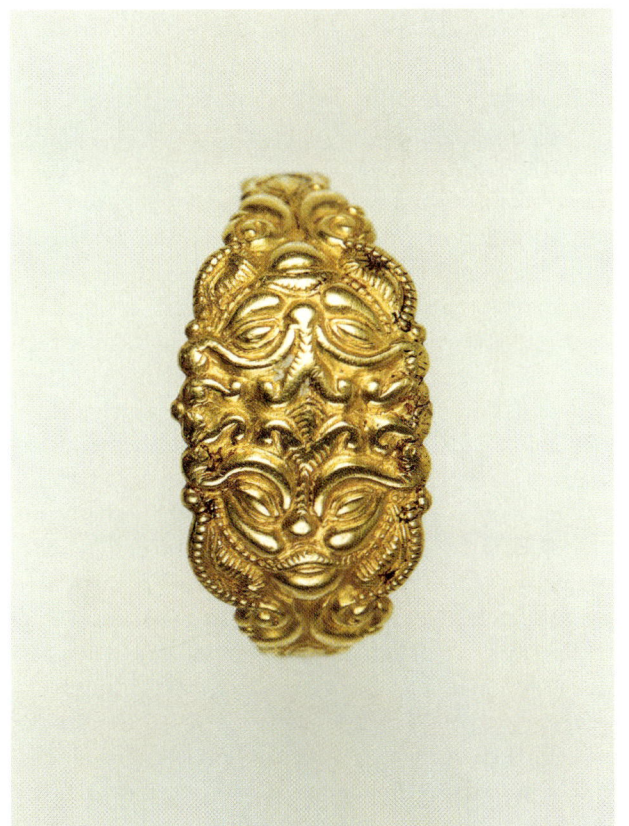

142 Goldener Fingerring aus dem Fürstengrab von Rodenbach, Kr. Kaiserslautern (KAT.-NR. 98.8).

144 Gürtelhaken aus Grab I von Weiskirchen, Kr. Merzig-Wadern (KAT.-NR. 92.3).

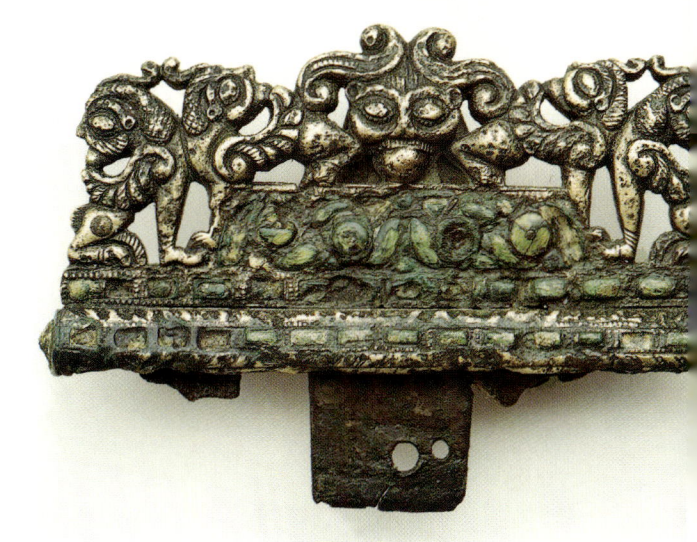

überhaupt scheinen kostbare Halsringe in Männergräbern der Latènezeit zu fehlen. Das ist umso erstaunlicher, als das Abzeichen eines hallstättischen Fürsten ein Goldreif war, und später zeigen antike Bildwerke immer wieder den „Torques" als Schmuck des keltischen Kriegers. Ebenso werden in verschiedenen Berichten antiker Historiker die goldenen Halsreifen der Kelten erwähnt. Herausgegriffen sei nur die Schilderung der Schlacht von Telamone 225 v. Chr. durch Polybios (II 29, 8). Dort warfen die von jenseits der Alpen angeworbenen Gaesaten für den Kampf ihre Kleider ab und stellten sich nackt den Römern entgegen, wobei die Krieger des ersten Treffens nur ihre „goldenen Hals- und Armringe" trugen.

In der Latènekultur kennen wir den typischen goldenen Torques lediglich aus verschiedenen jüngeren Weihefunden (Furger-Gunti 1982). Ins Grab wurde dieses Abzeichen aber nicht gegeben. Das Abweichen von dieser Sitte bei dem Glauberg-Fürsten ist sehr auffällig.

Auch nach seiner Form dürfte der Halsreif vom Glauberg ein besonderes Würdezeichen sein. Zehn Köpfe bilden den vorderen Teil des Rings. Daran sind drei knospenförmige Gebilde befestigt, zwischen denen zwei Blechanhänger mit stilisierten Vogelpaaren angebracht sind. In den von einem Perldraht gerahmten Zwickeln seitlich von diesem Mittelmotiv finden sich zwei ganze Menschenfigürchen. Ihr einer sichtbarer Arm berührt die Brust. Handelt es sich dabei um einen Gruß(?)-Gestus entsprechend der steinernen Statue (ABB. 70)? Ihre Köpfe sind im Ver-

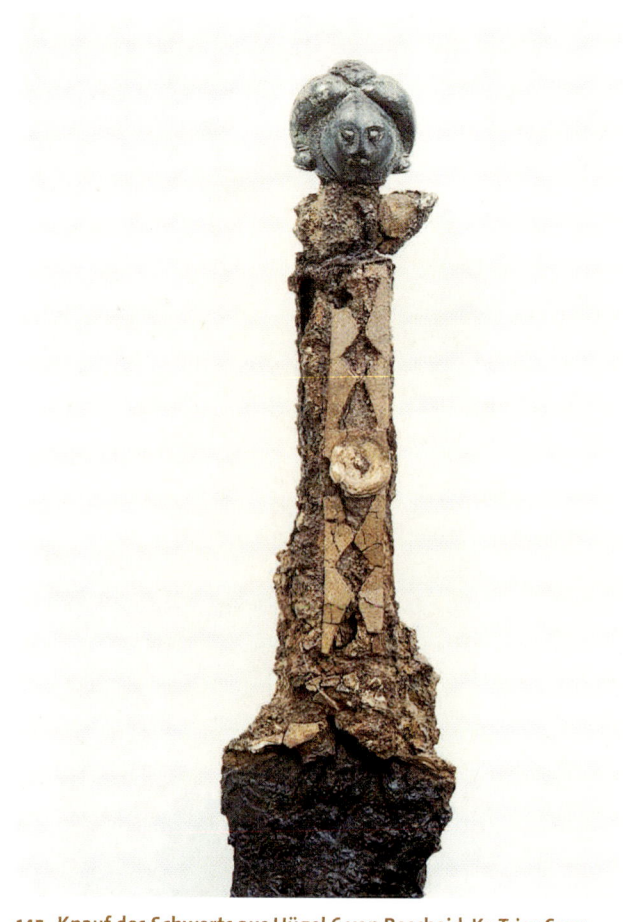

145 Knauf des Schwerts aus Hügel 6 von Bescheid, Kr. Trier-Saarburg (KAT.-NR. 113).

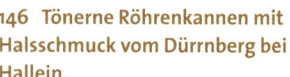

146 Tönerne Röhrenkannen mit Halsschmuck vom Dürrnberg bei Hallein.

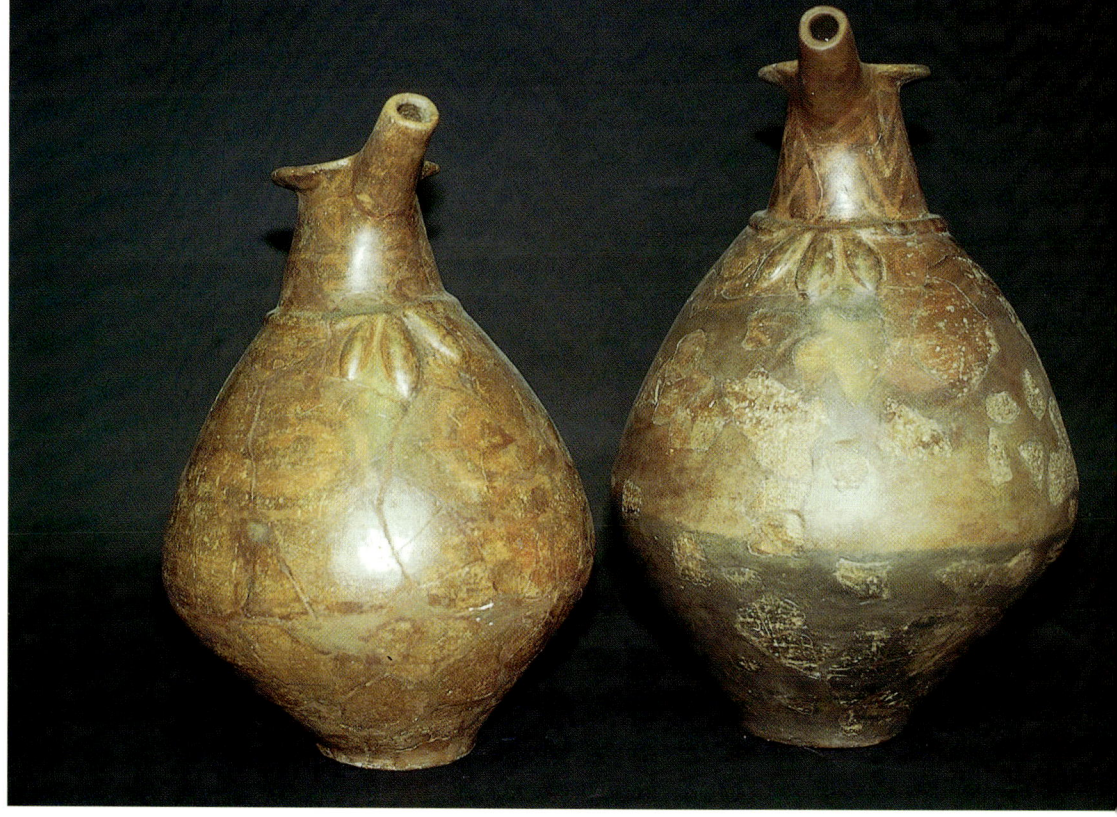

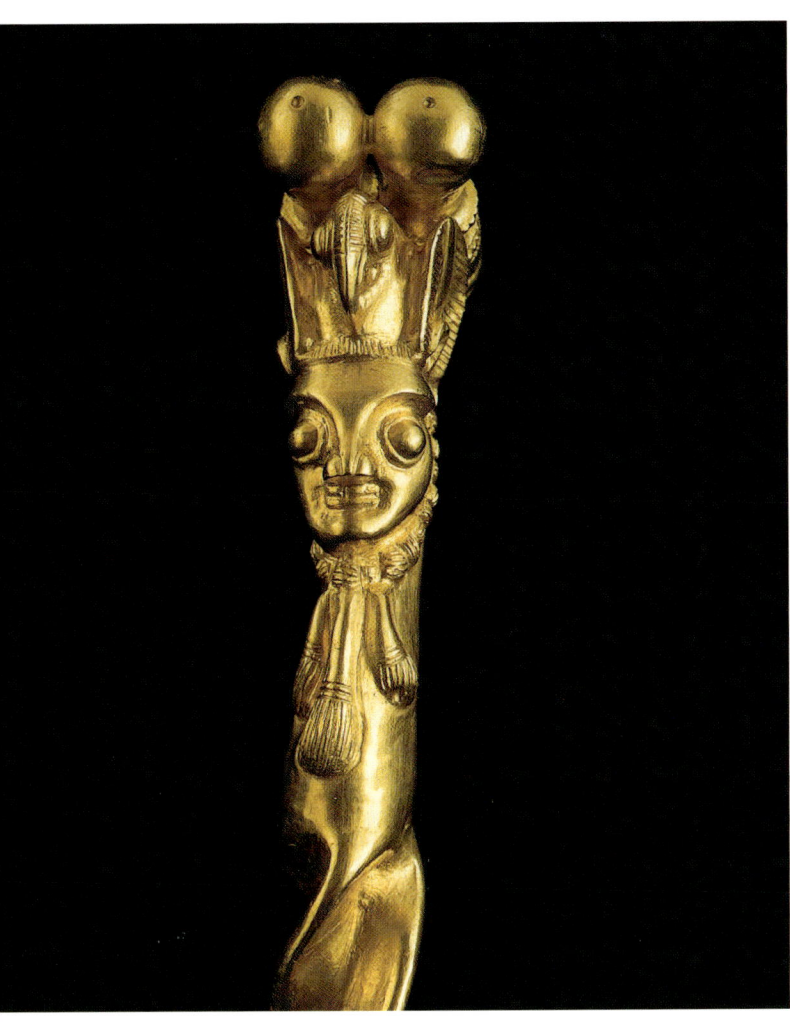

147 Oberteil des Goldhalsrings aus dem Fürstinnengrab von Gersheim-Reinheim, Saarpfalz-Kreis (KAT.-NR. 90.1).

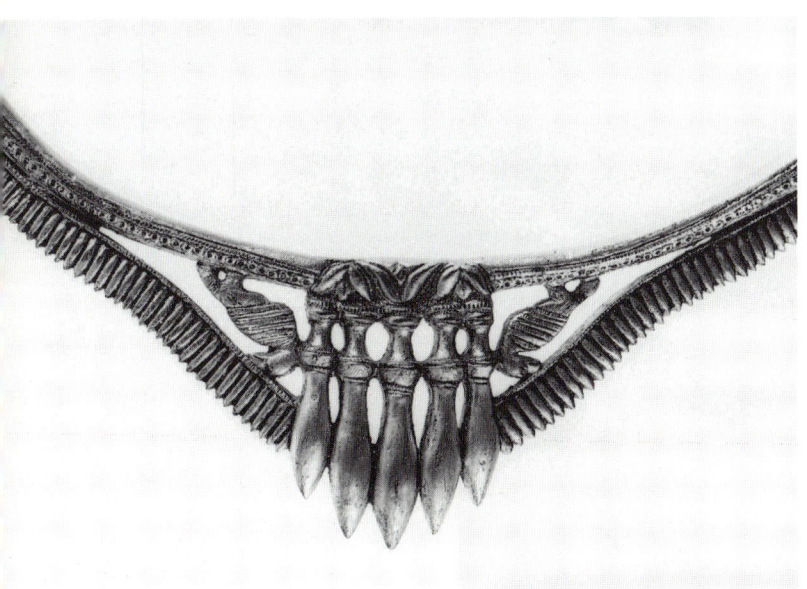

148 Detail der Zierzone des Goldhalsrings von Merzig-Besseringen, Kr. Merzig-Wadern (KAT.-NR. 88).

hältnis zum Körper riesengroß. Dieses Missverhältnis lässt daran denken, dass es dem Goldschmied, der den Ring verfertigte, besonders auf das Haupt ankam. Augenfällig wird dadurch, dass Köpfe bei den Kelten das Zentrum der Lebenskraft symbolisieren. Köpfe mit verschiedenen Insignien zieren z. B. Gewandspangen (ABB. 143), Gürtelhaken (ABB. 144) und dergleichen. Sie finden sich an Henkelattaschen von Kannen. Sie bilden Schwertknäufe (ABB. 145), bekrönen Achsnägel (KAT.-NR. 51, ABB. 301) und mehr. Eindeutig tragen sie menschliche Züge, doch dürften sie meist magische Wesen charakterisieren.

Als Siegeszeichen im Kampf dienten die abgehauenen Köpfe der Feinde, wie es auch die späteren Schriftquellen bezeugen. Beispielsweise lesen wir bei Diodor (V 29) und Strabo (IV 4, 5), die beide auf dem uns verlorenen Werk des Poseidonios aus dem 1. Jahrhundert v. Chr. fußen, dass die Kelten die abgeschlagenen Köpfe am Hals ihrer Pferde befestigten. Sie nagelten sie auch an die Pfosten ihrer Häuser und die Häupter besonders berühmter Gegner balsamierten sie ein, bewahrten sie auf und gaben sie auch für viel Gold nicht her. Können wir von den zehn Köpfen unseres Halsrings annehmen, in ihnen seien irgendwelche dämonischen Wesen gebannt? Oder – wahrscheinlicher – hat der Tote im Leben viele Feinde besiegt, für die die Köpfe ein Zeichen sind? Wie dem auch sei: Dass die Köpfe die Machtstellung des Mannes symbolisieren, ist kaum zu bezweifeln.

Auch die drei knospenförmigen Anhänger hatten eine Bedeutung. Sie kehren ja ebenso bei dem Halsreif der steinernen Skulptur wieder (ABB. 70). Von dem keltischen Zentrum am Dürrnberg bei Hallein kennen wir Tonkannen, um deren Hals ein solcher Ring wiedergegeben ist (ABB. 146). Diese Gefäße werden also wie reale Wesen behandelt. Unter den beiden Köpfen am Goldhalsring aus dem Fürstinnengrab von Reinheim im Saargebiet ist wohl ein Reif dargestellt, an dem statt „Knospen" drei Blätter hängen (ABB. 147). Ist hier Ähnliches gemeint? Sind nicht auch die dreiblättrigen Blüten unter den Häuptern an dem Steinpfeiler von Pfalzfeld (ABB. 20; 200) entsprechend anzusehen? Und was bedeutet schließlich dieses Zeichen?

In dem Zusammenhang könnte man ferner einige frühlatènezeitliche Ringe mit keulenförmigen Gebilden an ihrem Zierteil diskutieren (Haffner 1992, 99 ff.; Nortmann 1997). Von diesen scheint unseren Belegen der heute in Russland aufbewahrte Goldhalsring von Besseringen an der Saar besonders eng verwandt zu sein, den fünf zugespitzte Keulen zwischen zwei Raubvögeln schmücken (ABB. 148). Für dieses Motiv vermutet man wieder eine magische Bedeutung.

Fassen wir das bisher Besprochene zusammen: Der Tote in Grab 1 vom Glauberg trug nicht einfach nur Schmuck. Vielmehr war er gleichsam in seinem „Ornat" beigesetzt, d. h. mit den besonderen Abzeichen versehen, die seinen herausgehobenen Rang und seine wie auch immer geartete Funktion in der Gesellschaft unterstrichen.

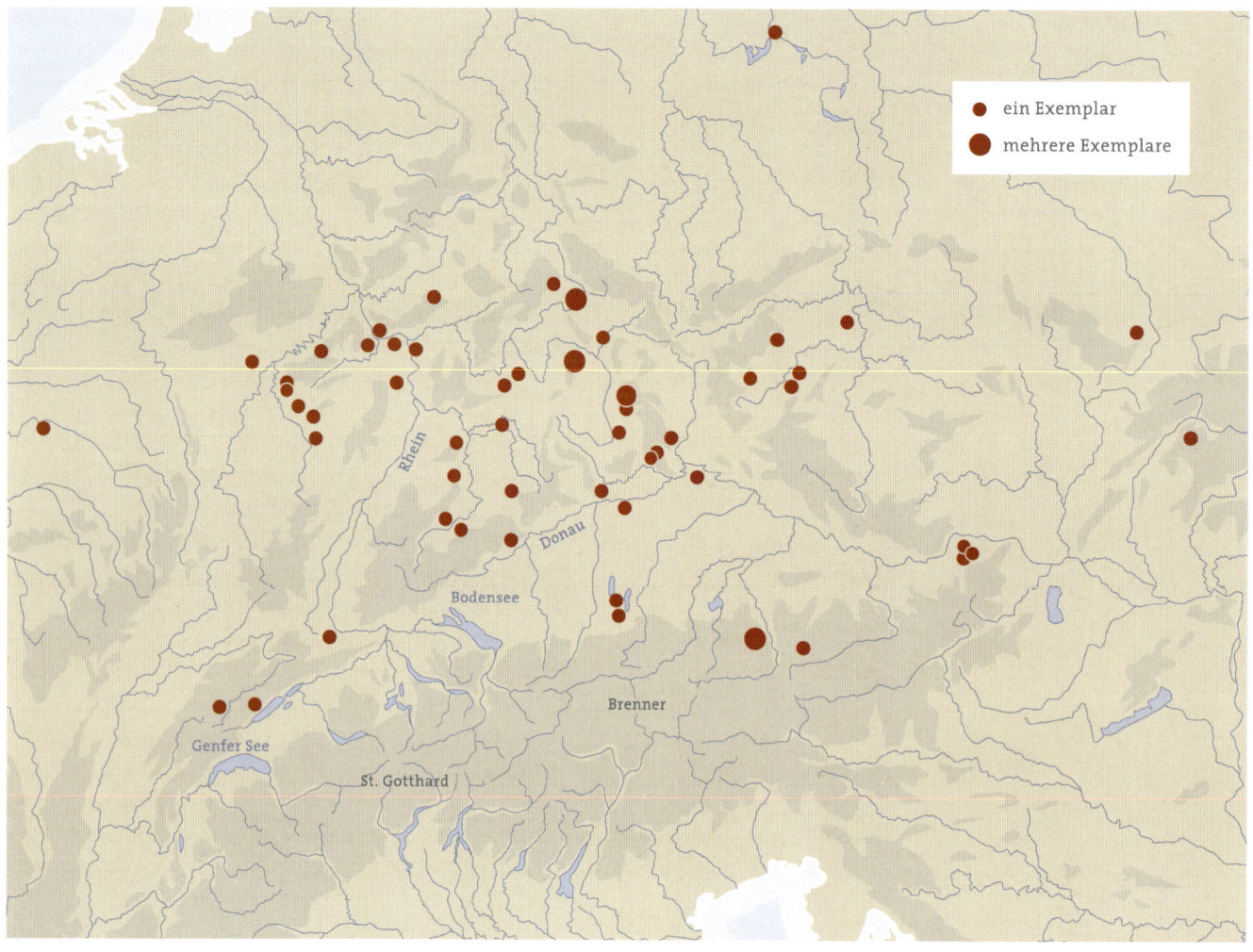

149 Verbreitung der Maskenfibeln.

Zum „Schmuck" gehören drei Fibeln (KAT.-NR. 1.7–1.9, ABB. 243; 244), die aber nicht in Trachtlage auf dem Körper angetroffen wurden, sondern etwas entfernt in Kopfhöhe links vom Toten. Es handelt sich um zwei Vogelkopffibeln, wie wir sie in zahlreichen Exemplaren vor allem im östlichen Lt A-Kreis, d. h. im Raum östlich von Saar und Mosel, kennen (Binding 1993). Etwas Besonderes ist die dritte Fibel in Form eines Fabeltiers mit Pferdekopf, Raubtierkörper und Flügeln. Über der Spiralkonstruktion sind wappenartig zwei kleinere Raubtiere angeordnet. Beziehen sie sich vielleicht auf den menschlichen Kopf, der auf der Kuppe des Fibeltiers sitzt?

Das Schmuckstück gehört zur Gruppe der sog. Lt A-Figuralfibeln (Frey/Herrmann 1997, 492 ABB. 28), die im gleichen Raum wie die Vogelkopffibeln oder auch die sog. Maskenfibeln verbreitet sind (ABB. 149). Sicherlich besaß ein solcher Gegenstand besondere Bedeutung. Das geht allein schon daraus hervor, dass wir diese individuell gestalteten Schmuckstücke nicht nur aus Grabfunden kennen, sondern in einem Streifen von Württemberg bis Südthüringen aus einer ganzen Anzahl von Siedlungen. Bei Letzteren fehlen genauere Beobachtungen über die Fundsituation, doch gehen solche Gegenstände nicht ausnahms-

los zufällig verloren und werden in den Siedlungsschutt eingetreten. Vielmehr muss es sich großenteils um absichtliche Niederlegungen handeln.

Auffällig ist, dass eine der Fibeln offen ist und nur geringe Spuren anoxydierter Gewebe entdeckt worden sind (KAT.-NR. 1.7, ABB. 243). Sie war also wahrscheinlich nicht in ein neben dem Toten niedergelegtes Gewand gesteckt, sondern sie besaß keine uns ersichtliche Funktion. Viele andere kostbare Fibeln sind ebenfalls offen überliefert, ohne dass genauere Beobachtungen bekannt wären. Warum? Was ist die Bedeutung dieser so beigegebenen Gegenstände?

WAFFEN UND BEWAFFNUNG AUS DEN FÜRSTENGRÄBERN VOM GLAUBERG

Bewusst habe ich den Gürtel mit seinen Beschlägen und dem verzierten Haken bisher nicht zusammen mit den Schmuckstücken besprochen. Ich möchte das jetzt gemeinsam mit den Waffen tun, handelt es sich doch um den Schwertgurt. Die Kelten trugen das Schwert mit

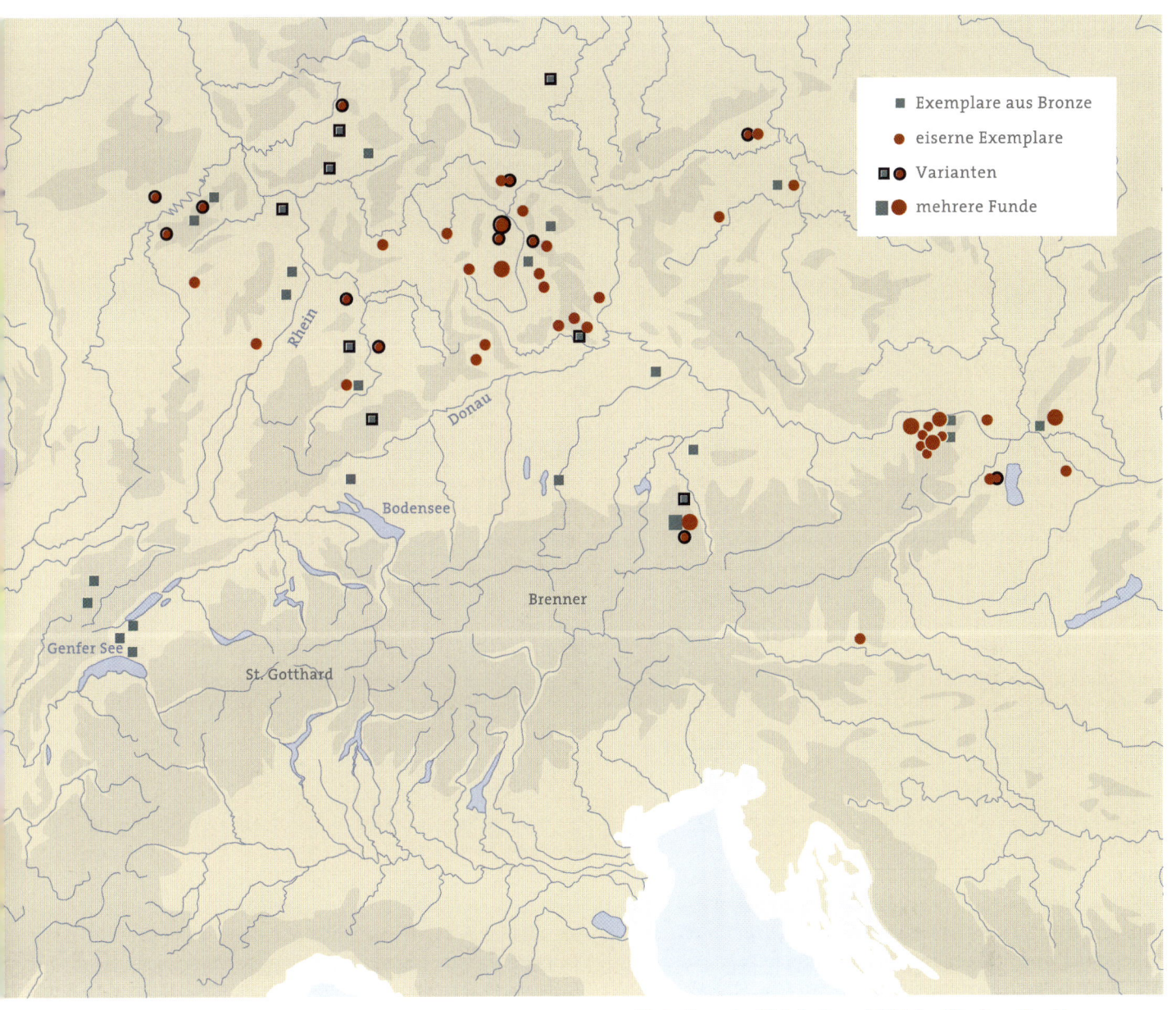

150 Verbreitung der Gürtelhaken mit kästchenförmigem Beschlag.

Scheide nicht – wie sonst in der antiken Welt – über der Schulter an einem Bandelier, sondern das Schwertgehänge war an der rechten Seite am Gürtel befestigt. Die Zusammengehörigkeit der Waffe mit dem Gürtel verdeutlicht gut der Befund in Grab 2 (ABB. 65). Hier war der Tote verbrannt. Deswegen mag von seiner Kleidung und eventuellem Schmuck fast nichts in das Grab gelangt sein. Nur Dinge, die nicht mit auf den Scheiterhaufen gelegt, sondern nachträglich dem Grabinventar beigefügt wurden, haben sich erhalten. Dabei handelt es sich um eine kleine Fibel (KAT.-NR. 2.2, ABB. 254), die, ohne dass wir den Grund angeben könnten, geöffnet war, also funktionslos erscheint. Ferner gibt es nahe beieinander liegend mehrere kleine Bronzeknöpfe (KAT.-NR. 2.8, ABB. 258), wie wir sie von Schuhen kennen (Schönfeld 1999). Hatte man dem Toten wegen der weiten Reise in die „andere Welt" extra ein Paar Schuhe hingestellt? Bezeichnend für unsere

Überlegungen ist aber, dass dem Fürsten neben einzelnen Lanzenspitzen sein kostbares Schwert als wichtige Insignie nicht allein, sondern zusammen mit dem Waffengurt beigegeben wurde.

Der breite Gürtel selbst ließ sich noch schattenhaft erkennen. Verschließbar war er mit einem Bronzehaken, an dem er unter einem verzierten Blechbeschlag festgemacht war (KAT.-NR. 2.3, ABB. 116; 255; 256). Der Haken selbst, von zwei Fabeltieren flankiert, endet in einem Menschenkopf. Zweifellos besaß das Ganze magische Bedeutung. Der Haken griff hinter zwei Gegenbeschlägen in Leierform ein. Ferner gehören zum Gürtel vier dicke bronzene Hohlringe, sog. Koppelringe, die aus zwei jeweils durch drei Niete aneinander gefügten Hälften bestehen (vier Hälften wurden merkwürdigerweise einzeln im Leichenbrand mit Asche gefüllt aufgefunden, wurden also nicht in fertig zu-

sammengesetztem Zustand beigegeben [KAT.-NR. 2.4–2.7, ABB. 257]). Wir gehen davon aus, dass an den Ringen Gegenstände befestigt waren. Wir erhalten aber durch unseren Befund keinen Hinweis darauf, ob überhaupt oder wie sie zur lockeren Anbindung des Schwerts dienten.

Zu den Hohlringen gibt es zahlreiche Parallelen, die in der Stufe Lt A ausschließlich in Gräbern zwischen dem Hunsrück-Eifel-Gebiet und der Nordschweiz im Westen und Böhmen und Salzburg im Osten vorkommen. Erst später sind sie weiter verbreitet, haben deutliche reine Schmuckfunktion und werden auch in anderem Material imitiert (Raftery 1988; Frey/Herrmann 1997, 489 ABB. 25). Schließlich gibt es noch neben den Ringen an Kettchen kleine Zieranhänger.

Ganz entsprechend sieht der zusätzlich mit Ziernieten besetzte Gürtel aus Grab 1 aus (KAT.-NR. 1.13, ABB. 113; 246; 247). Der Verschlusshaken, der diesmal in dem Kopf eines Raubtiers, das ein menschliches Haupt zu verschlingen droht, endet, hat wieder einen Beschlag aus Blech, in den zwei Fabeltiere eingeritzt sind. Auch hier handelt es sich ohne Zweifel um magische Zeichnungen. Von den drei bronzenen Gegenbeschlägen entspricht einer dem aus Grab 2, bei den beiden anderen sind an die Leiern kleine Tierköpfe angefügt, ähnlich solchen kleiner Gegenbeschläge aus dem Südalpenbereich. Hinzu kommen wieder drei typische Hohlringe und kleine Anhänger an Kettchen.

Nicht nur die hohlen Koppelringe, auch die Gürtelhaken mit dem kästchenartigen Blechbeschlag („kästchenförmiges Beschläg") sind ausschließlich aus Gräbern des gleichen Gebiets zwischen Mosel/Saar und Schweizer Jura im Westen und Niederösterreich im Osten bekannt geworden (ABB. 150). Bezeichnend ist, dass der reiche figürliche Dekor dieser Zeit, wie wir ihn beispielsweise oben an den Fibeln angetroffen haben, ebenfalls nur aus diesem Raum überliefert ist. Im heutigen Frankreich und in Oberitalien gibt es andere Darstellungen und andere Hakenformen mit abweichenden Koppelringen. Durch solche Funde wird das Areal der Laténekultur des 5. Jahrhunderts v. Chr. in zwei Räume aufgeteilt, die sich jeweils noch durch weitere Gemeinsamkeiten auszeichnen. Fragen wir aber nach den kostbaren Schwertern, die uns nur in Bestattungen einer sozial höher gestellten Bevölkerungsschicht überliefert sind, so wird eine andere Zweiteilung des Gesamtraums deutlich, eine nördliche Zone, die von der Champagne im Westen über das weitere Mittelrheingebiet und über Böhmen und Salzburg noch weiter nach Osten reicht, und eine südlichere, die das Schweizer Mittelland, den Oberrheingraben, Teile Südwestdeutschlands und Ostfrankreichs umfasst und sich ebenfalls weiter nach Osten erstreckt (Lorenz 1978; Dehn/Stöllner 1996). Wie sich in der keltischen Welt solche kulturellen Großkreise herausgebildet haben, ist eine weit gehend offene Frage. Wir sehen als Archäologen meistens nur die ausge-

prägten Resultate, nicht das Werden bestimmter Kulturphänomene.

Die Schwerter aus den beiden Gräbern haben Scheiden, die teilweise aus Bronzeblech bestehen (KAT.-NR. 1.16, ABB. 118; KAT.-NR. 2.9, ABB. 121). Interessant ist besonders die Scheide aus Grab 1. Hier ist auch die Rückseite zur Hälfte aus Bronzeblech gemacht. Der Übergang zwischen dem goldschimmernden Bronze- und dem silbern wirkenden Eisenblech ist nicht abrupt, sondern die verschiedenen Bleche scheinen sich zu überschneiden, die beiden Metalle greifen ineinander, indem sie Muster bilden. Die Bronzebleche tragen Ziselierungen, Tiere, die durch verschiedene Ornamente gerahmt und verklammert werden. Die Qualität der Zier übertrifft die von anderen Schwertern. Die Ortbänder der beiden Schwertscheiden tragen Koralleneinlagen.

Solche Schwerter der Stufe Lt A mit Bronzescheiden und verziertem Ortband kommen von der Champagne und dem Mittelrheingebiet bis hin zum Dürrnberg bei Hallein und Niederösterreich in reichen Gräbern vor. Großenteils werden diese als Fürstengräber angesehen. Auch andere Gräber mit Schwertern aus dem gleichen Raum scheinen in dieser Zeit eine Elite zu spiegeln. Es ist verlockend, Rangunterschiede zwischen den Schwertträgern erkennen zu wollen. Nördlich vom Glauberg gibt es in Hessen einen alten Grabfund aus Gießen, „Trieb", von dem heute noch ein kleiner Goldohrring, eng verwandt denen aus unserem Grab 1, erhalten ist (ABB. 151). Von anderen Beigaben ist neben einer Lanze ein Schwert überliefert samt einem

151 Goldohrringchen aus Grabhügel 2 (1908) von Gießen, „Trieb" (KAT.-NR. 29).

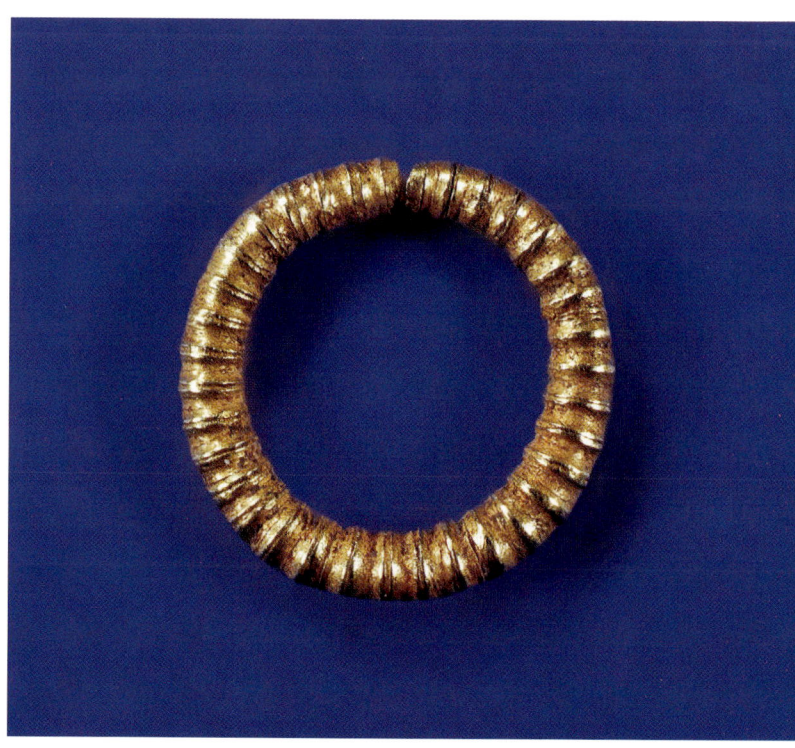

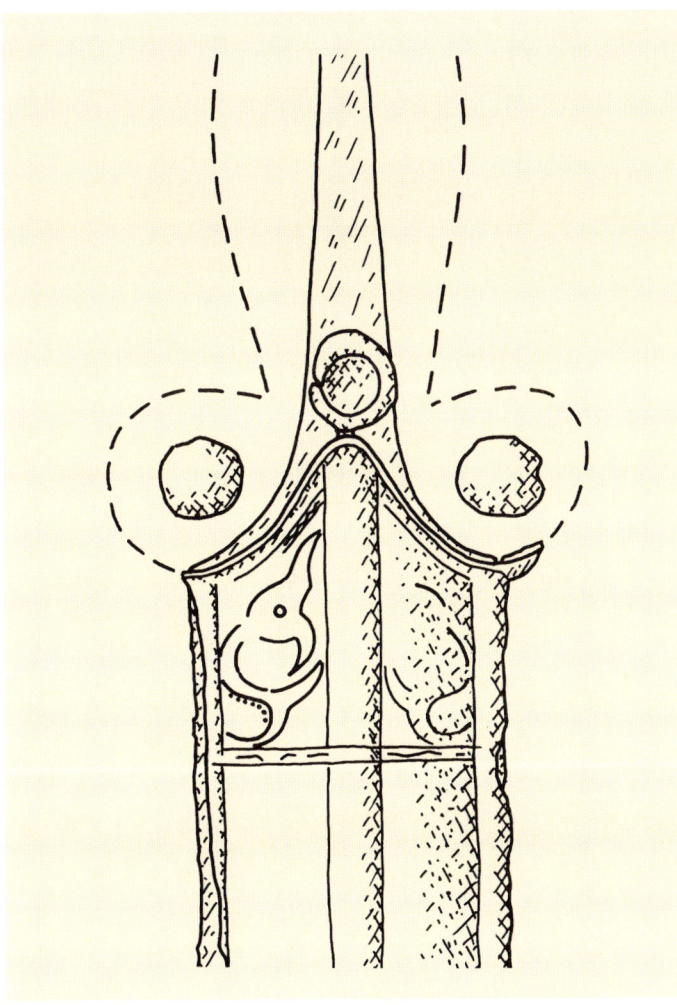

152 Schwert aus dem Kriegergrab von Bad Nauheim, Wetteraukreis (KAT.-NR. 107.1).

eisernen Gürtelhaken(?). Könnten wir in dem Toten einen weniger bedeutenden „Führer" vermuten? Entsprechend gibt es ein wohl etwas jüngeres Grab eines voll bewaffneten Kriegers aus Bad Nauheim (KAT.-NR. 107, ABB. 350), dessen Schild einen verzierten Eisenbuckel trägt – nahe verwandt dem aus dem Fürstengrab 1 – und der ein Schwert führte mit einer Eisenscheide, die mit einem „Drachenpaar" verziert ist (ABB. 152). Es handelt sich dabei um ein weit verbreitetes Emblem einer wohl herausgehobenen Kriegerschicht (Megaw/Megaw 1990b), doch kommen wir hier beim gegenwärtigen Forschungsstand ins Spekulieren. So viel ist nur klar, dass die Toten aus den Glaubergräbern nach ihren Waffen zu der höchsten Elite der damaligen Zeit zu zählen sind.

Neben dem Schwert enthält Grab 1 vom Glauberg drei Lanzen (KAT.-NR. 1.17–1.19, ABB. 248). Diese Kombination kennen wir auch von anderen Kriegerbestattungen der Zeit. Die Zahl der Lanzen macht klar, dass es sich dabei (auch) um Wurfgeschosse handelt. Mit der Ausrüstung hätte sich also der Fürst mit Gegnern im Fern- und im Nahkampf messen können.

Die Mitgabe mehrerer Lanzen ist die Regel in dem mit den Prunkschwertern umrissenen Raum. Dagegen finden sich in dem südlich anschließenden Gebiet bis hin zu den Alpen oder z. B. in den nord- und ostböhmischen Flachgräbern – bereits in der Stufe Lt A beginnend – relativ viele Gräber mit einfachen Schwertern (ohne Gürtel mit aufwändigen Verschlüssen) und nur einer Lanze, wie sie für den Nahkampf geeignet ist (Lorenz 1978; Frey/Herrmann 1997, 485 f.). Wir haben also zwei unterschiedliche Bewaffnungsmuster, die sicherlich auch einen bestimmten sozialen Hintergrund hatten.

Kehren wir zurück zu den Grabfunden vom Glauberg. Auch in Grab 2 lagen vier Lanzenspitzen (KAT. NR. 2.10–2.13, ABB. 122). Die eine war fast in den Gürtel eingewickelt. Nach der Fundsituation können sie bei der Niederlegung keine Holzschäfte gehabt haben. Waren sie kurz hinter der Spitze abgebrochen? Wahrscheinlicher ist, dass die Spitzen gar nicht geschäftet waren. Welche Vorstellungen diese Tatsache spiegelt, lässt sich mit Hilfe der wenigen, wenn auch gut beobachteten Vergleichsfunde nicht sagen.

In Grab 1 lag an der linken Seite des Toten ein Flachköcher mit drei Pfeilen und ein Bogen (KAT.-NR. 1.20–1.24, ABB. 123; 125; 249). Letzterer wirkt wie ein Reflexbogen (z. B. Raddatz 1978), ist aber ganz aus Holz gemacht. Unbegreiflicherweise ist in ihn eine rot gefärbte geometrische Zier eingeschnitten, unbegreiflich, weil dadurch die Spannung des Bogens deutlich geschwächt wurde. War die Zier so wichtig? Und wurde diese „Waffe" überhaupt benutzt? In dem Köcher steckten drei mit ca. 50 cm Länge relativ kurze Pfeile, mit den Spitzen nach oben. So lief man Gefahr, sich in die Finger zu schneiden, wenn man schnell einen Pfeil greifen wollte. Wir kennen die gleiche Anordnung auch von weiteren Köcherfunden, z. B. aus dem schon in anderem Zusammenhang herangezogenen hallstättischen Grab VI vom Hohmichele (Riek/Hundt 1962). Es muss dafür einen symbolischen Grund geben.

Pfeil und Bogen können in anderen Gräbern, wie z. B. in dem von Hochdorf, als Jagdwaffen identifiziert werden. Dass in unserem Fall lediglich drei und dazu unterschiedliche Spitzen entdeckt wurden, lässt nicht auf einen profanen Gebrauch schließen. Auch hier scheint es sich eher um Symbole zu handeln, wobei wir im Ungewissen bleiben, wie der in der Epoche singuläre Befund genauer zu deuten ist.

Über den Toten in Grab 1 war sein Schild gelegt, der aus Lindenholz hergestellt und mit Leder bespannt war (KAT.-NR. 1.25, ABB. 127). Sein unterer Rand war durch eine eiserne Einfassung verstärkt. Die Mitte nahm ein mächtiger, verzierter Eisenbuckel ein, unter dem sich die Handhabe verbarg. Nach den Abständen lässt sich ein sehr großer Schild von 1,10 m Länge rekonstruieren, der seinen Träger weit gehend deckte. Nur wenige solcher Schutzwaffen mit entsprechendem Buckel sind uns aus der frühen Latènezeit erhalten. Sie wurden kürzlich zusammengestellt

(Rapin 2001), der oben erwähnte Fund aus Bad Nauheim wäre zu ergänzen. Es gibt auch abweichend beschlagene Schilde der Stufe Lt A, wobei es sich durchgängig um besondere Prunkwaffen handelt.

Ein Helm wurde dem Toten nicht mitgegeben, im Gegensatz zu Kriegergräbern in der Champagne oder am Dürrnberg (Schaaff 1973). Dass es aber auch in dem Zwischengebiet ebensolche Helme gab, zeigen einige in Flüssen versenkte Stücke (ABB. 153; KAT.-NR. 108, ABB. 351). Warum sie in Gräbern ausbleiben, wissen wir nicht. Hat vielleicht die Blattkrone, wie sie die in vielem unserem Toten so ähnliche Statue trägt, im Bestattungsritual einen Helm verhindert/ersetzt? Das bleibt eine offene Frage.

Nicht entdeckt wurde ein Leinen- oder Lederpanzer, wie ihn die Statue zeigt (ABB. 70; 71), doch vermag ich beim gegenwärtigen Stand der Restaurierungsarbeiten noch nichts über die Kleidung des Toten zu berichten.

Fassen wir zusammen, was wir über die Waffenausstattung in den beiden unterschiedlichen Beisetzungen in Erfahrung bringen konnten, so lässt sich sagen, dass der erste Tote in einer ausgezeichneten, gebrauchsfähigen Vollbewaffnung, zu der noch der merkwürdige Bogen und drei Pfeile kamen, ins Jenseits einging. Auch der zweite Tote hatte die Waffeninsignien eines herausragenden Mannes bei sich.

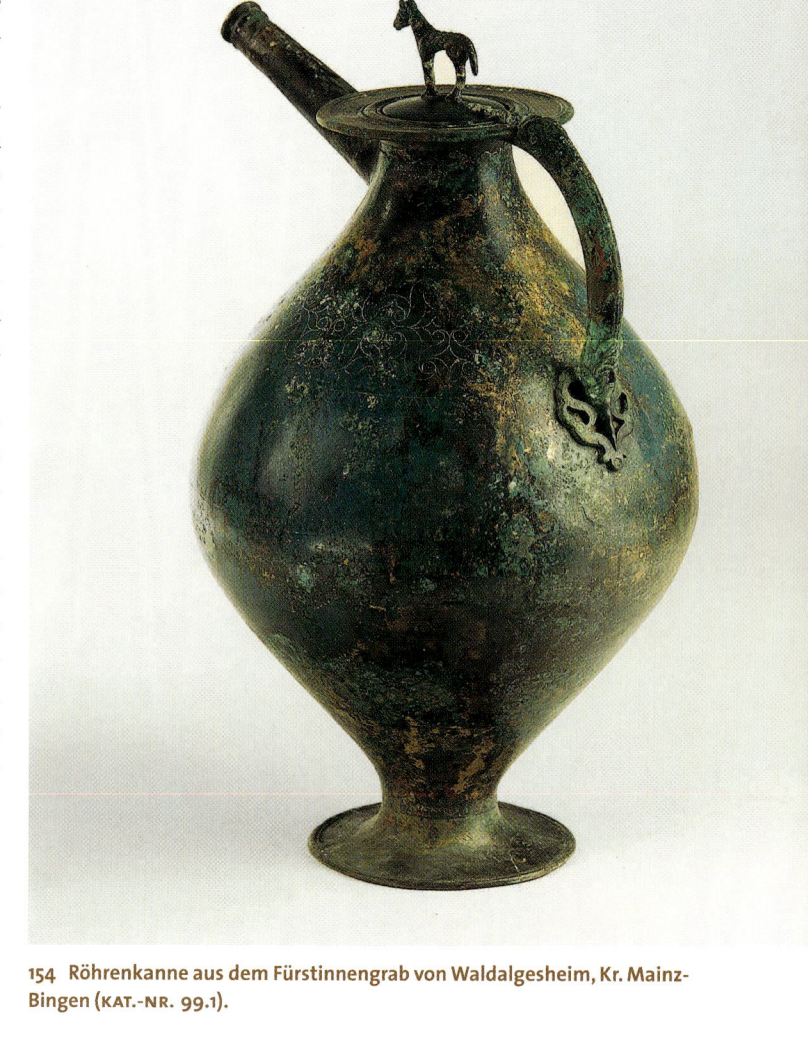

153 Bronzener Helm vom Typ Berru aus Wörth am Rhein (KAT.-NR. 109).

154 Röhrenkanne aus dem Fürstinnengrab von Waldalgesheim, Kr. Mainz-Bingen (KAT.-NR. 99.1).

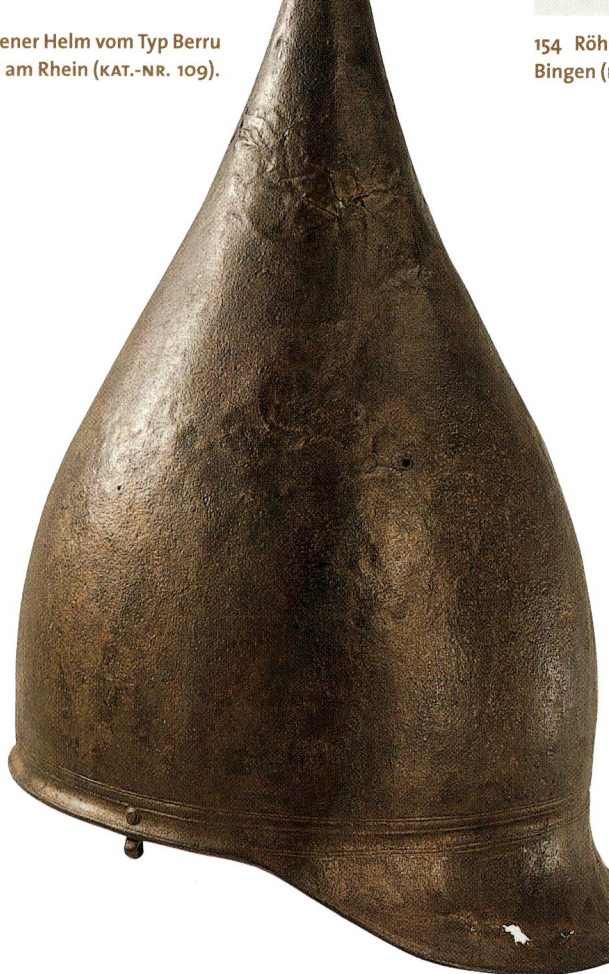

DIE KANNEN AUS DEN FÜRSTENGRÄBERN VOM GLAUBERG

Grab 1 enthält noch weitere Gegenstände: zweimal drei 1,50 m lange, dünne Stäbe mit z. T. profilierten, verzierten Enden (KAT.-NR. 1.26–1.31, ABB. 250), ferner verbogene Eisenteile, zu denen ich mich beim gegenwärtigen Bearbeitungsstand noch nicht äußern kann. So konnten bisher nur der Schmuck und die Waffen besprochen werden, die man als persönlichen Besitz des Toten ansehen kann, mit dem er beim Eintritt in die „andere Welt" versehen sein musste. Irgendwelche Prestigegüter oder andere besondere Kostbarkeiten – wie in früheren Bestattungen – waren nicht darunter. Was für eine Funktion kommt aber den noch nicht besprochenen Kannen zu?

Bei beiden Gefäßen handelt es sich um lokale Produkte. Zu der metallenen Röhrenkanne (KAT.-NR. 2.1, ABB. 104) gibt es einige Parallelen aus dem mittelrheinischen Fürstengräberkreis (ABB. 154) (Frey/

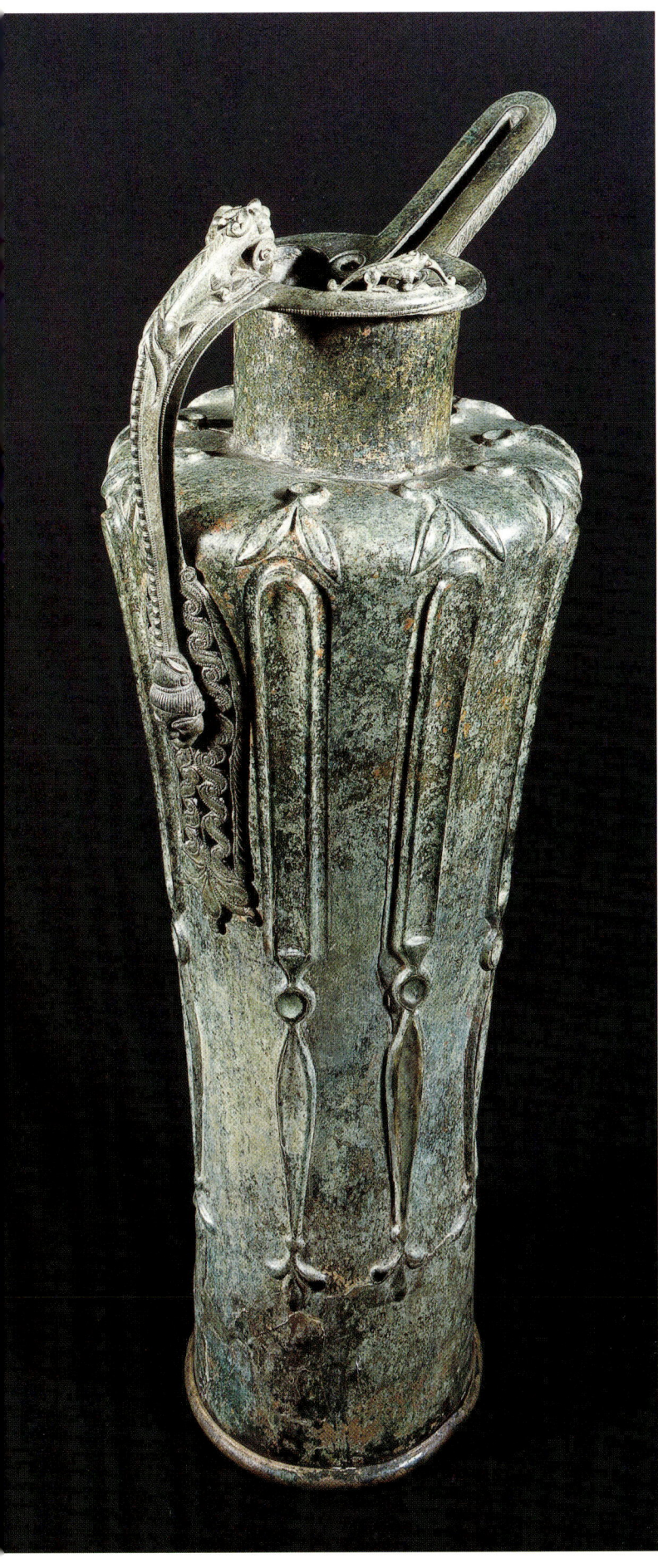

Herrmann 1997, 496 f.). Tönerne Kannen dieser Form kommen aber – übereinstimmend mit der Sitte, den Toten mit Keramikgefäßen auszustatten – auch weiter im Osten vor. Erinnert sei nur an die Tonkannen mit Halsketten vom Dürrnberg (ABB. 146).

Weiter gestreut ist die Verbreitung von Schnabelkannen keltischer Produktion, wobei die nächste Parallele zum Glauberger Exemplar (KAT.-NR. 1.1, ABB. 233–236) vom Dürrnberg stammt (ABB. 155). Vorbilder dafür sind etruskische Bronzeschnabelkannen, von denen mehr als ein halbes Hundert in Mitteleuropa entdeckt worden ist (ABB. 29; 156) (Vorlauf 1997). Es ist bemerkenswert, dass die Kelten von den verschiedenen Formen etruskischer Kannen nur diesen einen Typus begehrten. In zwei Fällen sind sogar andere Importgefäße zu Schnabelkannen umgearbeitet worden (ABB. 17; 21) (H. Born in: Kat. Trier 67 ff.) und auch keltische Tonimitationen beschränken sich auf diese Vorbilder. Ebenso fehlen griechische Kannen, die z. B. in Späthallstattzusammenhang durchaus erwartet werden könnten. Ist diese einseitige Auswahl durch ein festes Totenritual, in das auch importierte Gefäße eingeschlossen waren, zu erklären?

Daneben gibt es auch anderes etruskisches Bronzegeschirr, vor allem Stamnoi als Weingefäße und Becken zu verschiedenen Zwecken (Frey 1999). In einigen Fällen enthalten die Gefäße Leichenbrand, was aber nicht hindert, dass sie gleichzeitig eine weitere, gedachte Funktion besaßen. Die Vergesellschaftung mehrerer Gefäße, zu denen ferner z. B. keltische Trinkhörner – im Falle des Kleinaspergle auch noch griechische Trinkschalen (ABB. 141) – und große Vorratsbehälter kamen, lässt an ein ganzes Trinkservice denken, gleichsam vereinfachte Versionen von dem, was wir im Hochdorfer Grab kennen gelernt haben (Krauße 1996).

Unberücksichtigt bleibt, dass dabei Kannen deutlich in der Überzahl sind. Zwar könnte man sich dazu für den Wein- oder Metgenuss einfachere Trinkhörner ohne Metallbeschläge vorstellen, die ganz im Boden vergangen sind. Doch dürfte das auch für den so gut beobachteten Glaubergkomplex zutreffen? Ebenso fehlt in Grab 1 ein großes Vorratsgefäß für ein Getränk und in Grab 2 bildet die Kanne die einzige Beigabe. Trotzdem muss die genauer untersuchte Schnabelkanne eine besondere Funktion besessen haben. Das macht nicht nur die reiche Verzierung mit auffälligen, magischen Wesen deutlich, auch der eingefüllte traditionelle Met, für den der Mischhonig aus einem großen Gebiet zusammengetragen war (s. Beitrag Rösch), spricht für einen rituellen Zweck, denn zu der Zeit gelangte Wein durchaus schon nach Mitteleuropa!

155 Keltische Schnabelkanne aus Grab 112 vom Dürrnberg bei Hallein (KAT.-NR. 102).

Wie alle Gegenstände in dem Grab war auch die Kanne mit einem Tuch verhüllt (s. Beitrag Bartel). Darin war sie regelrecht eingepackt, mit Bändern umwunden und der Boden zum leichteren Transport mit einer hölzernen Scheibe unterlegt. Auch war die Mündung, wohl um den Met nicht zu verschütten, mit einer Substanz aus verschiedenen Bestandteilen verschlossen. An den Bändern konnte die Kanne leicht getragen werden. Wurde sie „zu Grabe getragen"? Könnte man nicht auch denken, der Tote habe sie auf seiner Reise in die „andere Welt" mit sich führen sollen? Denn das Grab enthält ja kein Service für einen länger währenden Gebrauch. Man möchte hier an Vorstellungen denken, die sich von denen in den Gräbern von Hochdorf und im Kleinaspergle unterscheiden. Jedoch scheint ein Trank in begrenzter Menge für den Toten unbedingt notwendig gewesen zu sein.

Wie schon erwähnt, war auch in den Glaubergräbern so wie in der Bestattung von Hochdorf alles in Tücher eingeschlagen und dadurch zum Übergang in eine künftige Existenz der Welt entrückt.

EINE TRAUERGABE?

Nicht besprochen wurden bisher aus Grab 1 drei einfache Bronzeringe mit jeweils drei bzw. vier Verdickungen (KAT.-NR. 1.10–1.12, ABB. 245), bei denen es sich um einen charakteristischen Frauenschmuck handelt (Joachim 1992). Was haben solche Drei- bzw. Vierknotenringe in einer Männerbestattung zu suchen? Der eine Ring, der nahe bei den Fibeln lag, ist auseinander gebogen, so als ob ihn eine Frau mühsam von ihrem Arm gestreift hätte. Die beiden weiteren Ringe neben dem rechten Arm des Toten sind unbeschädigt und dabei so klein, dass man sie nur einem Kind anlegen könnte, doch scheinen sie überhaupt nicht getragen worden zu sein. Es handelt sich um keinen besonders kostbaren Schmuck, würdig der Ehefrau oder der Tochter eines Fürsten. Was bedeutet diese Gabe? Entsprechende klare Beobachtungen fehlen in anderen Fällen in unserem Gebiet. Ich kenne nur im Ostalpenraum aus der Hallstattzeit Fundkomplexe, etwa mit einer Kette in einem Männergrab, bei denen man zu entsprechenden Deutungen kommen möchte. Ich vermag mir die Ringe nur als eine Trauergabe von Frauen an den toten Fürsten vorzustellen.

Über die Trauer am Grab wissen wir in Zentraleuropa fast nichts, doch müssen wir in der Hallstatt- und Frühlatènezeit natürlich mit Beigaben und anderem rechnen, die mit einem Trauerritus zusammenzubringen sind. Eindeutige, überzeugende Interpretationen gibt es aber nicht. Allein ein Befund an der zentralen Grabkammer im Hohmichele, wo die Erhaltungsbedingungen exzellent waren, lässt sich in diesem Sinne ausdeuten (Riek/Hundt 1962; Rolle/Seemann 1999), denn dort war an der Kammer ein

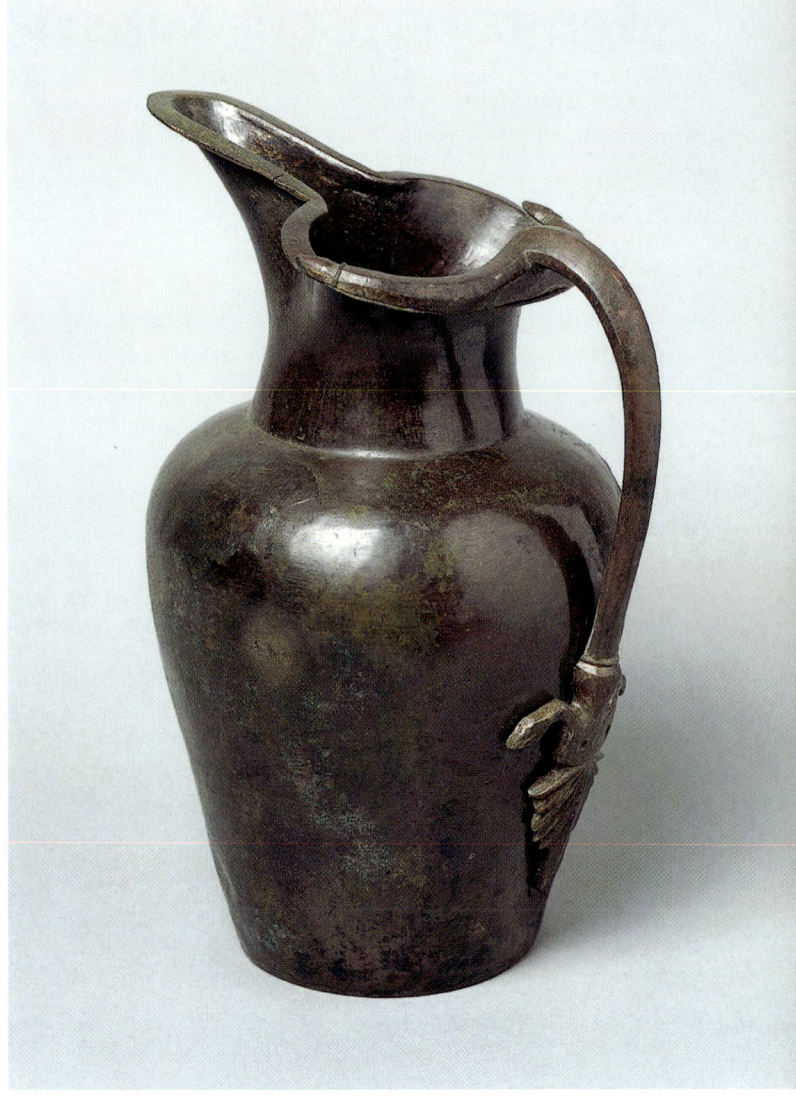

156 Etruskische Schnabelkanne aus „Italien", Museum Wiesbaden (KAT.-NR. 101).

rot gefärbter Zopf aus drei Haarsträhnen niedergelegt, umgeben von abgeschnittenen Schamhaaren. Ebenfalls wurden an zwei weiteren Stellen Schamhaare festgestellt. Man fühlt sich bei diesem Haaropfer unmittelbar an die Beweinung des Patroklos durch Achill bei Homer (Il. XXIII 150 ff.) erinnert, bei der er sich die Locken abschneidet, um sie seinem verstorbenen Freund in die Hände zu legen.

In den Glauberg-Bestattungen sind Haare leider nicht konserviert; entsprechende Beobachtungen waren also unmöglich. Ich kenne auch kein anderes Grab aus dem zeitlichen und räumlichen Umkreis, in dem dafür die Beobachtungslage besser wäre. Trotzdem muss man auch hier mit einem Trauerzeremoniell und mit Trauergaben rechnen. Der einzige mögliche Hinweis dafür dürfte der überraschende Frauenschmuck im Grab des Fürsten sein. Sinnvoll deutbar scheint er mir nur in einem solchen Zusammenhang zu sein.

Frühe keltische Kunst – Dämonen und Götter

von Otto-Herman Frey

Die Fürsten vom Glauberg waren offensichtlich in der Lage, Künstler zu beschäftigen, die ihnen Werke höchster Qualität schufen. Daran wird beispielhaft deutlich, dass die herausgehobene soziale Schicht der Auftraggeber die treibende Kraft hinter der Entwicklung des Latènestils war. Die Erzeugnisse verraten größte Kunstfertigkeit. Dabei ist es nicht nur die elegante, expressive Formgebung, etwa der schlanken Kanne aus Grab 1, die sich so deutlich von wohlproportionierten mediterranen Vorbildern absetzt (ABB. 155; 156); vielmehr ist es der reiche Dekor, der uns fesselt. Zum Teil sind es Motive aus der antiken Pflanzenornamentik, vor allem aber figürliche Wiedergaben, die den Reiz der Arbeiten ausmachen und zu Fragen, was sie bedeuten, anregen. Für den Verfasser ist es eine schwierige Aufgabe, zu Letzterem wenigstens einige Antworten zu finden. Denn diese figürliche Kleinkunst der frühen Kelten wurde bisher kaum untersucht.

Am umfassendsten hat sich der ganzen Thematik der Archäologe P. Jacobsthal angenommen. Als er in den Dreißigerjahren des vergangenen Jahrhunderts begann, die frühe keltische Kunst einem größeren Kreis von Wissenschaftlern und interessierten Laien verständlich zu machen (Jacobsthal 1934a; ders. 1934b), ging er vom Ornament aus. Keltisches verglich er mit griechischen Kompositionen bzw. mit solchen aus Italien. Er zeichnete sogar keltische Motive in griechischer Manier um, um dadurch Nähe, aber auch gleichzeitig Abstand zwischen beiden Kunstrichtungen zu demonstrieren. Figürliche Motive schrieb er meist nur vage orientalischen Einflüssen zu, die er sich über Osteuropa vermittelt dachte, hielt jedoch noch „eine genaue Bezeichnung der Quelle für schwierig." Für das Erkennen der „geschichtlichen Möglichkeiten einer Formrezeption" schien es ihm damals zu früh. Und nach den Inhalten fragte er nicht weiter. Auch in seinem etwas später publizierten großen zusammenfassenden Werk (Jacobsthal 1944) interessierte ihn im höchsten Maße das Ornament, das er wesentlich eingehender behandelte als figürliche Darstellungen. Es ging ihm vornehmlich darum, *wie* die Kelten fremde Vorlagen umformten und weiterentwickelten und nicht um das, *was* sie aufgriffen. Im zweiten Teil meiner Behandlung der keltischen Kunst wollen wir uns aber gerade dieser Thematik zuwenden und möchten immer wieder die Frage stellen, um was für Inhalte es geht und wie weit die Kelten mit der Form möglicherweise auch fremdes Gedankengut übernahmen.

WERKE DER HALLSTATTZEIT

Ehe wir aber auf die frühe keltische Kunst blicken, die im 5. Jahrhundert v. Chr. beginnt und die das Aufblühen eines eigenen Kunsthandwerks unter griechisch-etruskischem Einfluss zeigt, wollen wir uns – um das Neuartige besser zu verstehen – kurz der vorangehenden westlichen Hallstattkultur zuwenden. Wir sprechen sie auch als keltisch an und sie weist ja, wie wir an den Importfunden sahen, ebenfalls intensive Beziehungen zum mediterranen Raum auf. Allerdings scheint sie für unsere Problemstellung erst begrenzt ergiebig. Bis in die Endphase der Epoche hinein bleibt der Dekor der funktional oder traditionell geprägten Gegenstände geometrischen Mustern verhaftet. Freilich lässt er zunehmend manche Kontakte mit dem Ostalpenraum und Oberitalien deutlich werden. Bespielsweise gibt es komplizierte Mäanderformen, die wir seit Beginn der Eisenzeit aus Italien kennen. Da sie in Mitteleuropa u. a. auch auf Webereien belegt sind (Banck-Burgess 1999), könnten wir uns die wohl schrittweise Übertragung durch begehrte kunstvolle Textilien vorstellen.

157 Hallstattzeitliches Gürtelblech aus Kaltbrunn (Schweiz), Hügel von 1864.

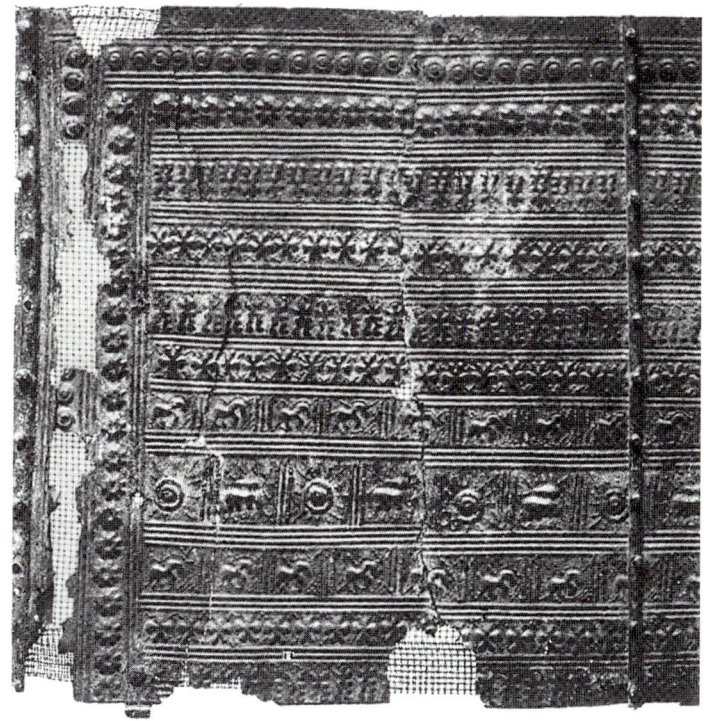

Besonders beliebt als Träger reicher Verzierungen sind rechteckige Bronzegürtelbleche, wie Frauen sie anlegten (Kilian-Dirlmeier 1972). Diese sind mit Friesen bedeckt oder regelmäßig in kleine Felder unterteilt, in die von der Rückseite mit Punzen Verzierungen eingestempelt sind. In der Spätzeit nehmen darunter auch figürliche Darstellungen zu, kleine Tiere oder Männchen (ABB. 157). Solche Stempelmuster in Metall oder auf Keramik hatten ebenfalls in Italien eine lange Tradition; sie erscheinen auch schon relativ früh in der Hallstattzeit im östlichen Alpenbereich (Kilian-Dirlmeier 1969), von wo sie weiter nach Westen übernommen wurden. Dabei gibt es darunter durchaus originale Schöpfungen, die sicherlich Bedeutungsträger waren. Ein Durchbrechen des Fries- oder Felderschemas kommt aber nicht vor.

Interessant, jedoch bisher eine Ausnahme, ist ein typischer Goldhalsreif mit der fragwürdigen Fundortangabe „Bretagne" (von Hase 1973 Taf. 9,3), in den neben liegenden Mäandern eine Folge von Köpfen eingepunzt ist (ABB. 158). Dadurch werden jüngere Darstellungen gleichsam vorweggenommen.

Die engen Beziehungen entlang dem Rhônetal zur griechischen Kolonie Massalia, die sich in dieser Zeit so deutlich an Importen abzeichnen (Pape 2000), haben merkwürdigerweise im hallstättischen Kunsthandwerk – soweit wir das erkennen können – keine Spuren hinterlassen. Doch gibt es vereinzelt Nachahmungen griechischer oder etruskischer Bronzearbeiten, bei denen es wahrscheinlich ist, dass sie – zumindest teilweise – ihren Weg nach Norden über die Alpen gefunden haben. Die Höhe technologischer Kenntnisse im Hallstattkreis wird durch solche Kopien bezeugt. Erinnert sei nur an den einen Löwen auf dem Kessel aus dem Fürstengrab von Hochdorf (ABB. 159) (W. Gauer in: Kat. Stuttgart 124 ff.) oder an die Gussform der Kopfattasche von der Heuneburg (von Hase 2000).

DIE KUNST DER FRÜHLATÈNEZEIT

So ändert sich erst im 5. Jahrhundert v. Chr. das Bild. Jetzt kommt man in Mitteleuropa analog zu fremden Vorbildern zu der Umsetzung eigener Vorstellungen in figürlichen Werken. Ebenso benutzt man griechisch-etruskische Ornamentformen zum Schmuck eigener Erzeugnisse. Solche Inhalte des Kunstschaffens bilden eine deutliche Aussage dafür, wie tief die Oberschicht der keltischen Bevölkerung von dem, was die antike Kultur anzubieten hatte, beeindruckt und beeinflusst wurde. Diese Entfaltung des keltischen Kunsthandwerks wurde als das wesentliche Charakteristikum für die Epochenwende angesehen (Reinecke 1902, 53 f.).

Voraussetzungen dafür sind vor allem die Kontakte über die Alpen nach Italien. Seit der Mitte des 6. Jahrhunderts v. Chr. gibt es neue etruskische Koloniegründungen

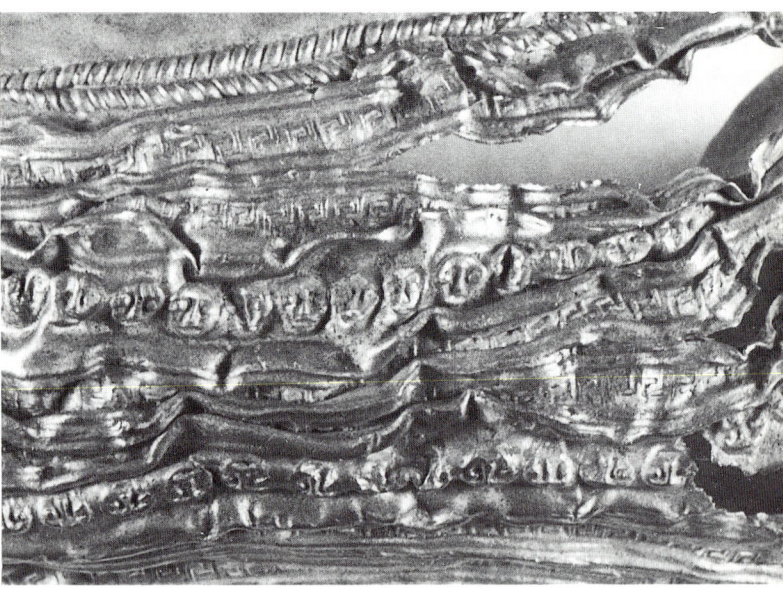

158 Goldener Halsring aus der „Bretagne" (Musée des Antiquités Nationales Saint-Germain-en-Laye, Inv.-Nr. 25.435).

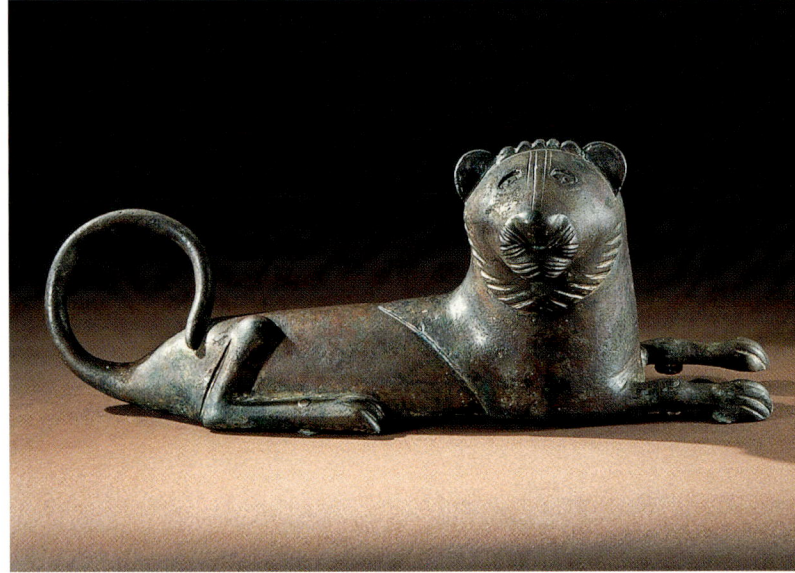

159 Bronzener Löwe auf dem griechischen Kessel aus Eberdingen-Hochdorf, Kr. Ludwigsburg.

in der Poebene, nicht nur im weiteren Raum um Bologna, sondern auch um Mantua. Ebenso gehört dazu die Anlage von Hafenstädten wie Adria und Spina an Mündungsarmen des Po, ein deutliches Zeichen für den gleichfalls zunehmenden, schnell florierenden Handel über das Meer mit Griechenland (ABB. 29) (Malnati/Manfredi 1991).

Den neuen Latènestil zeigen vornehmlich Metallarbeiten aus Gold, Bronze und Eisen aus reich ausgestatteten Gräbern und – seltener – aus religiösen Weihungen im Wasser oder im Boden, doch tragen ebenfalls Tongefäße die eigentümlichen Ornamente. Letztere kennen wir nicht nur aus Gräbern, sondern gleichfalls – als zerscherbter, also liegen gebliebener Abfall – aus Siedlungen.

ORNAMENTE

Ehe wir uns aber der keltischen Umsetzung antiker Pflanzenornamente zuwenden, wollen wir auf Kompositionen eingehen, die mit dem Zirkel geschaffen wurden. Wie im Mittelmeergebiet war auch in Mitteleuropa der Zirkel – oder ein entsprechendes Gerät – seit langem bekannt, doch wird jetzt von den Kelten die dekorative Wirkung von Bögen, sich überschneidenden Kreisen, die man zu „Teppichen" von „Sternen" ausweiten kann, und dergleichen mehr entdeckt. Dabei ging es ihnen nicht so sehr um klare Kompositionen. Vielmehr wird immer wieder ein neuer, überraschender Ausdruck gesucht, der die Konstruktion oft eher verschleiert als verdeutlicht.

Unter den Funden vom Glauberg zeigt z. B. der Gürtelhaken aus Grab 2 auf den seitlichen Bahnen des Beschlags isoliert „Sterne" im zugehörigen Kreis (KAT.-NR. 2.3.1, ABB. 256). Auf der Kanne des gleichen Grabs gibt es neben Folgen von Zick-Zack-Blättern, kleinen, vierblättrigen Sternblumen und mit Bögen unterteilten Kreisen Friese solcher unendlich fortschreibbarer „Sterne" (KAT.-NR. 2.1, ABB. 104). Man erkennt jetzt ebenfalls, dass die Verzierung der Kappe und des Rückenschutzes der Statue nur eine Umsetzung solcher Entwürfe mit dem Zirkel ist (ABB. 71).

Zahlreiche Parallelen zu der Zierweise könnten genannt werden (ABB. 161,1–2). Ein weiteres Beispiel sei herausgegriffen. Auf einer bronzenen Feldflasche vom Dürrnberg (Penninger 1972 Taf. 46; 115) zieht sich um den Hals ein Fries sich überschneidender Kreise (ABB. 160,1). Die Seitenbahnen der Flasche fasst eine Folge von Bögen ein, in denen sich kleine Kreise und „Monde" abwechseln (ABB. 160,2). Hier sind auch besonders deutlich die Einstiche des Zirkels zu sehen. Auf der Vorder- und Rückseite der Flasche ist um das Mittelrondell ein Flammenkranz gelegt, der aus leicht gegeneinander versetzten Kreisschlägen geschaffen ist (ABB. 160,3).

Andere besonders einfallsreiche Kompositionen stammen von Schmuckscheiben aus der Champagne (Frey/Schwappach 1973). Hervorzuheben ist schließlich, dass einfachere Kreis- und Bogenfriese nicht nur auf Metall (ABB. 161,3–6), sondern auch sehr häufig als Stempelmuster auf Keramik erscheinen (ABB. 162) (Schwappach 1969; ders. 1973).

Es kommt oft vor, dass die Kreiskompositionen mit Formen aus der antiken Pflanzenornamentik zusammengemischt werden. Um solche Vorgänge besser zu verstehen, wenden wir uns zunächst der Übernahme und Umwandlung letzterer Ornamente durch die Kelten zu. Sehr oft wurde sie als „barbarisch" abgetan. Es war erst P. Jacobsthal, der die Eigenart keltischer Kompositionen besser begriff. Versuchen auch wir zunächst ihm auf diesem Wege zu folgen.

Als Beispiel wähle ich eine schon oft besprochene Goldarbeit aus dem Fürstengrab von Schwarzenbach im west-

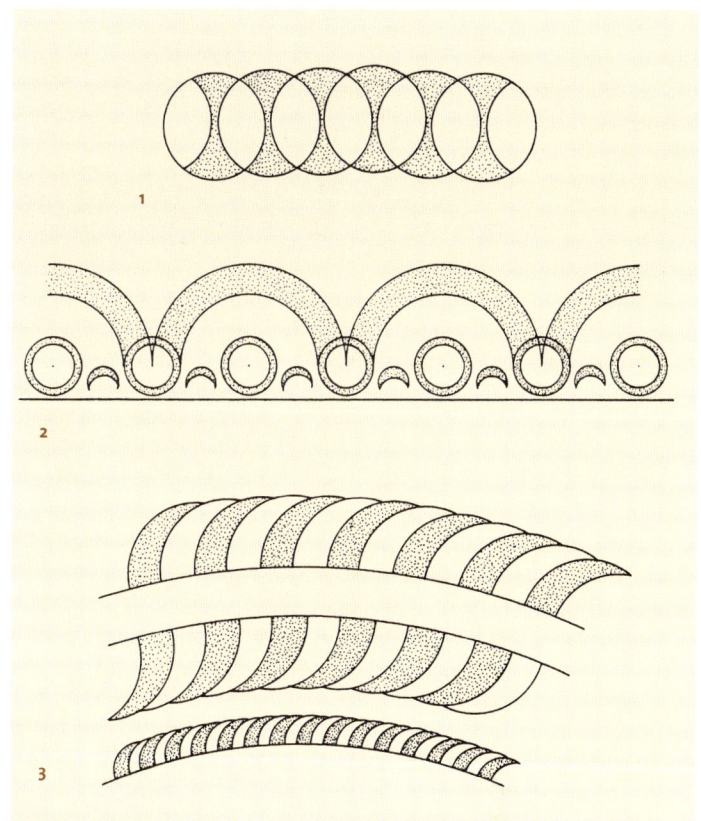

160 Ornamente auf der bronzenen Feldflasche vom Dürrnberg bei Hallein (nach L. Pauli).

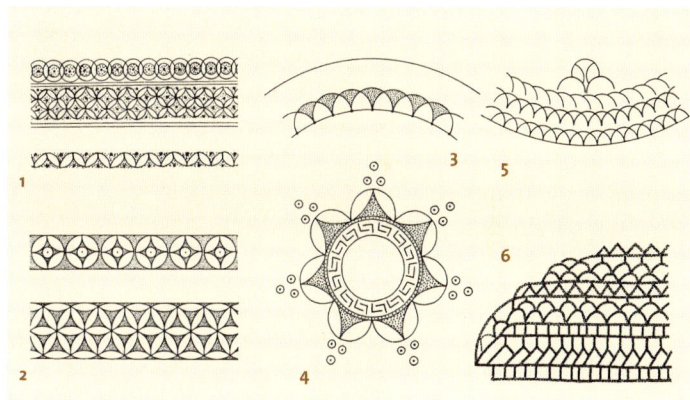

161 1 Waldalgesheim 2 Eigenbilzen 3 Laumersheim 4 Hoppstädten 5 Bad Dürkheim 6 Weiskirchen.

lichen Hunsrück (ABB. 163) (Frey 1971b). Sie wurde als Besatz einer Schale rekonstruiert, wobei es in unserem Zusammenhang unwichtig ist, ob es sich nicht vielmehr um die Verzierung eines Trinkhorns handelt.

Unterhalb des Randes mit einem kleinen Knospenfries findet sich auf der Wandung ein in zwei Zonen gegliedertes goldenes Netzwerk aus verschiedenen „pflanzlichen" Gebilden, durch das der andersfarbige Grund hindurchscheint. Beginnen wir mit der unteren Zone. Unschwer sind hier auf drei Blätter reduzierte Palmetten festzustellen, die an den Spitzen von Blütenblättern hän-

163 Goldbelag auf einer „Holz-
schale" aus einem Fürstengrab
von Nonnweiler-Schwarzenbach
im Saarland.

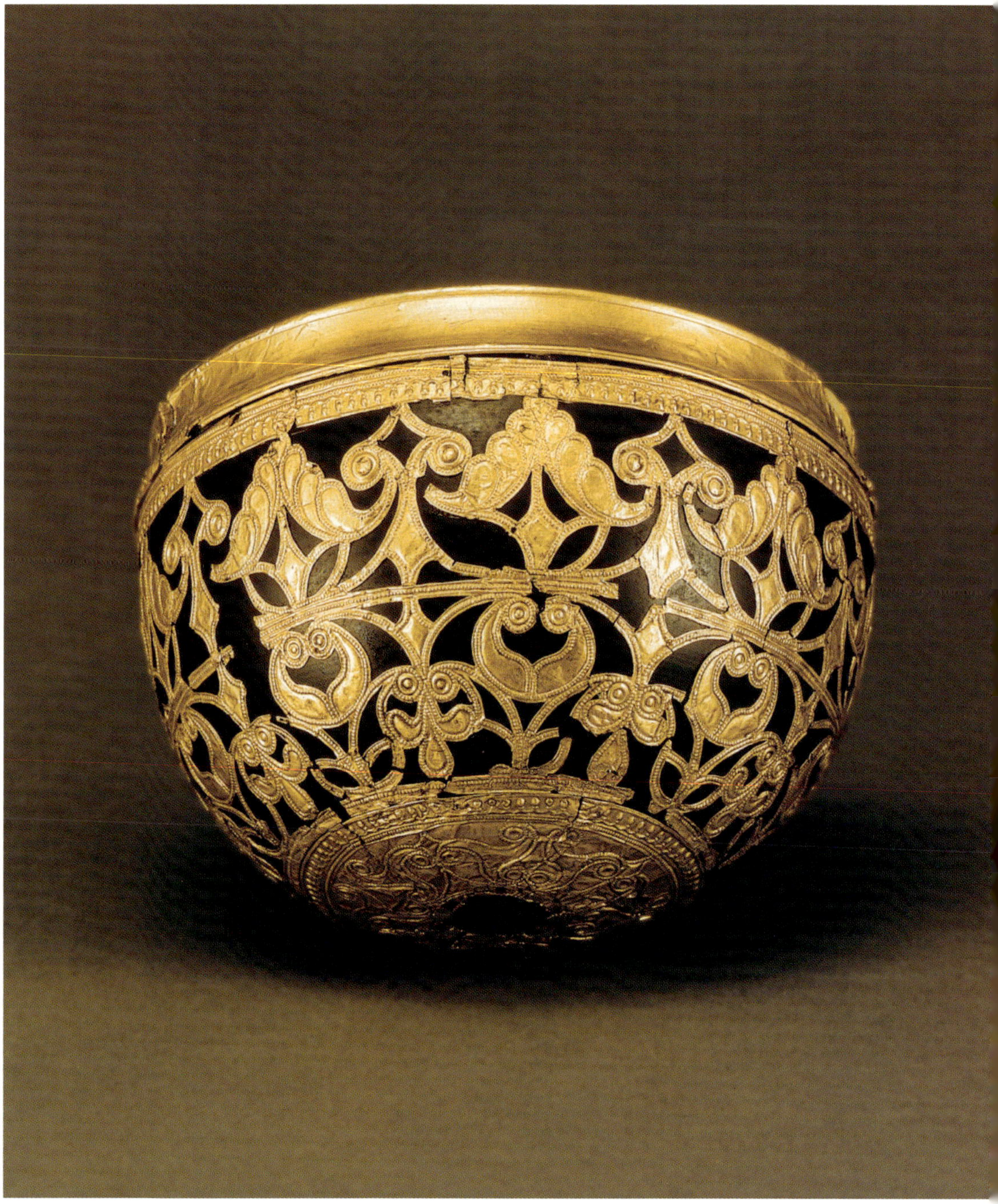

162 Stempelverzierte
Scherbe aus Prag-
Hloubětín, Tschechi-
sche Republik.

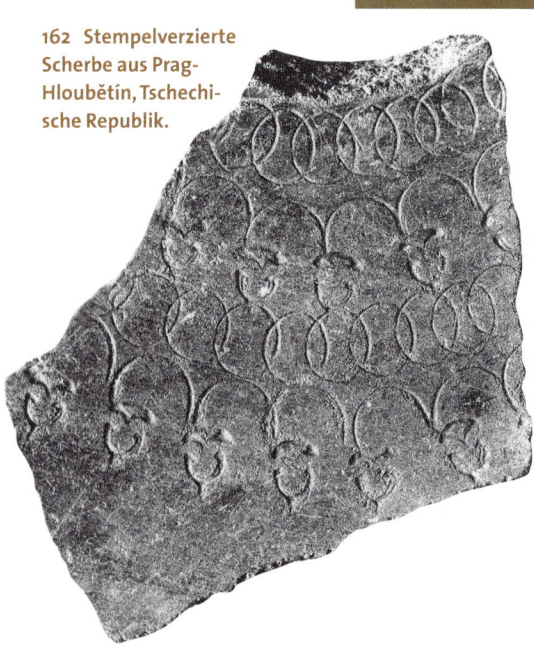

gen (ABB. 164,3). Letztere sind nur golden umrandet. Um
diese Schöpfung besser zu verstehen, halte ich daneben
die Zeichnung eines Goldbands aus Eigenbilzen, Belgisch
Limburg, mit einem Fries von Lotosblüten und Palmetten
(ABB. 164,2; 165). Dort ist die antike Vorlage sofort ersichtlich (ABB. 164,1). Bei Letzterer wachsen die Blüten aus einer
dünnen Ranke hervor, die – an den freien Enden einge-
rollt – zu den mehrblättrigen Palmetten überleitet. Dieses
bewegte Motiv ist in der keltischen Ausführung zu einzelnen ungleichen goldenen Flächen erstarrt. Die Ranke wurde zu geschwollenen, S-förmigen Gebilden, die in Scheibchen einmünden. Die Palmetten sind wieder auf drei Blätter reduziert ohne die tragenden Einrollungen der Ranke.

Die Blüten bestehen nur aus zwei Blättern; das Mittelblatt wurde durch eine andere Form vom Rand des Goldbands ersetzt.

Durch den Vergleich mit dieser in ihrem Aufbau gegenüber den antiken Vorbildern nur wenig veränderten Komposition wird ebenfalls die Zier der Schwarzenbacher Schale verständlicher, auch wenn hier die die Blüten und Palmetten verbindende Ranke weggekürzt ist. Wenden wir uns jetzt der oberen Zone zu, so liegen auf der Grundlinie Hälften von Blüten, von deren Spitzen – gleichfalls an kleinen Scheibchen festgemacht – Halbpalmetten aufeinander zuschwingen. Dass hier wirklich Blüten durchgetrennt wurden (in der Zeichnung ABB. 166,1 ergänzt), daran lässt die Andeutung der kleinen „griechischen" Kelchblättchen, die ja ebenso an den vollständigen Blüten im Fries darunter erschienen, keinen Zweifel. An dem Beispiel wird ganz deutlich, wie ein keltischer Künstler ein mediterranes Motiv zerstückelt und – vom ursprünglichen Sinn entleert – seine einzelnen Teile in einem reizvollen Muster neu zusammenfügt.

Über den hängenden Dreiblatt-Palmetten in der unteren Zone sind jeweils zwei Viertelkreise geschlagen. Man könnte bei der entstandenen Form mit dem kleinen Goldrhombus in der Mitte auch an vereinfachte „Blüten" mit konkaver Basis denken. Von ihren Spitzen hängen Blätter herab, die in einem Kreis mit solchen der „Nachbarblüten" zusammentreffen. Hier wird offensichtlich, dass die ganze Komposition mit dem Zirkel entworfen wurde (ABB. 166,4) und dass die Blüten, einzelne Blätter und die kleinen Palmetten nicht einem natürlichen Wachstum folgen, sondern nur Versatzstücke eines kurvolinearen Entwurfs sind. Denken wir an Rankenkompositionen auf wenig älteren griechischen Vasen, die so natürlich wirken, dass sogar Vögel oder Häschen in ihnen herumhüpfen können, so bildet dazu die Schwarzenbacher Zier einen deutlichen Kontrast.

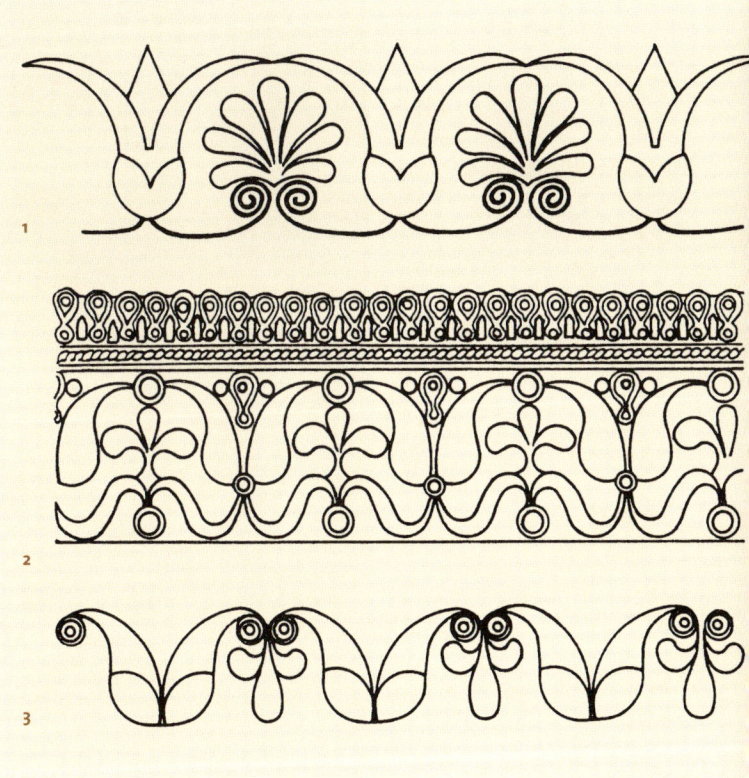

164 Blüten-Palmetten-Friese: 1 von einer Caeretaner Hydria 2 von einem Trinkhornbeschlag aus Eigenbilzen 3 von der „Schale" von Schwarzenbach.

Auf der Bodenscheibe der Schale könnte man von Blüten sprechen, die mit gegenständigen S-Motiven, d. h. Leiern, abwechseln (ABB. 166,2.3). Untereinander sind sie durch eine weitere S-Linie so aneinander gefesselt, dass jeweils Paare von Wirbeln entstehen. Solche Bewegungsmotive sind typisch für keltische Kompositionen.

Betrachten wir den Dekor der Schwarzenbacher Schale insgesamt, der sich über ihre Wandung wie ein Teppich breitet, so ist er bei Benutzung einzelner Elemente der

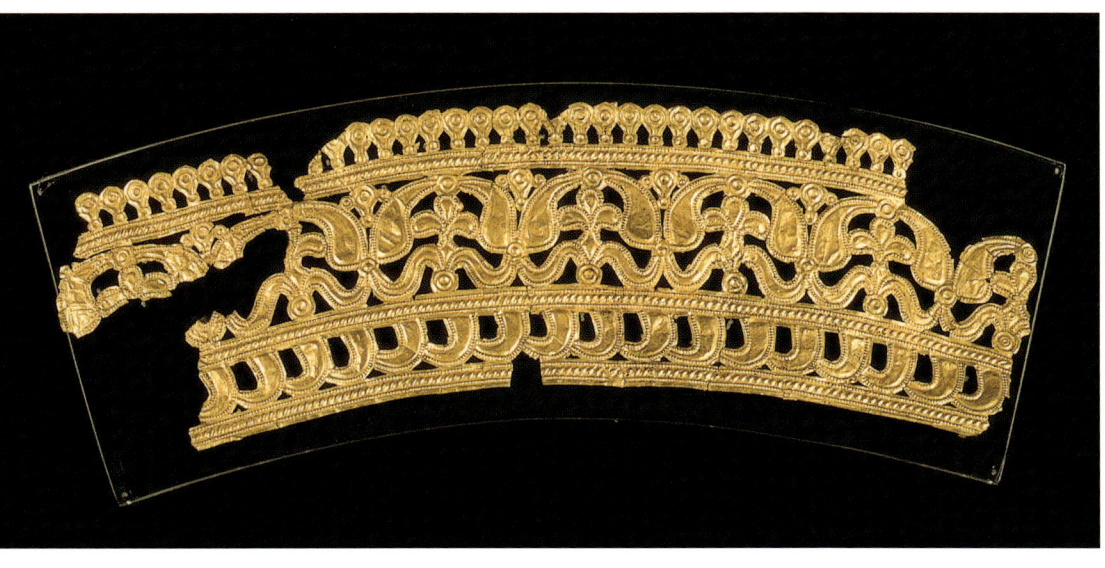

165 Goldener Trinkhornbeschlag aus dem Fürstengrab von Eigenbilzen, Belgien (KAT.-NR. 96.1).

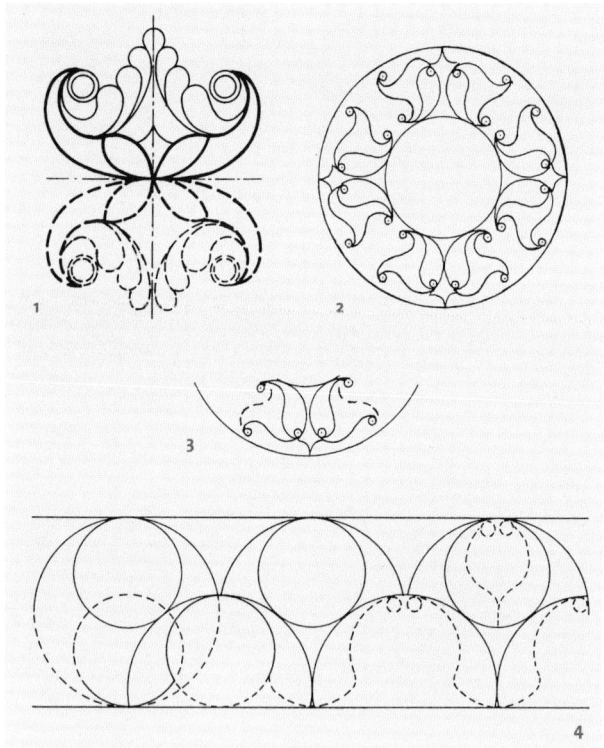

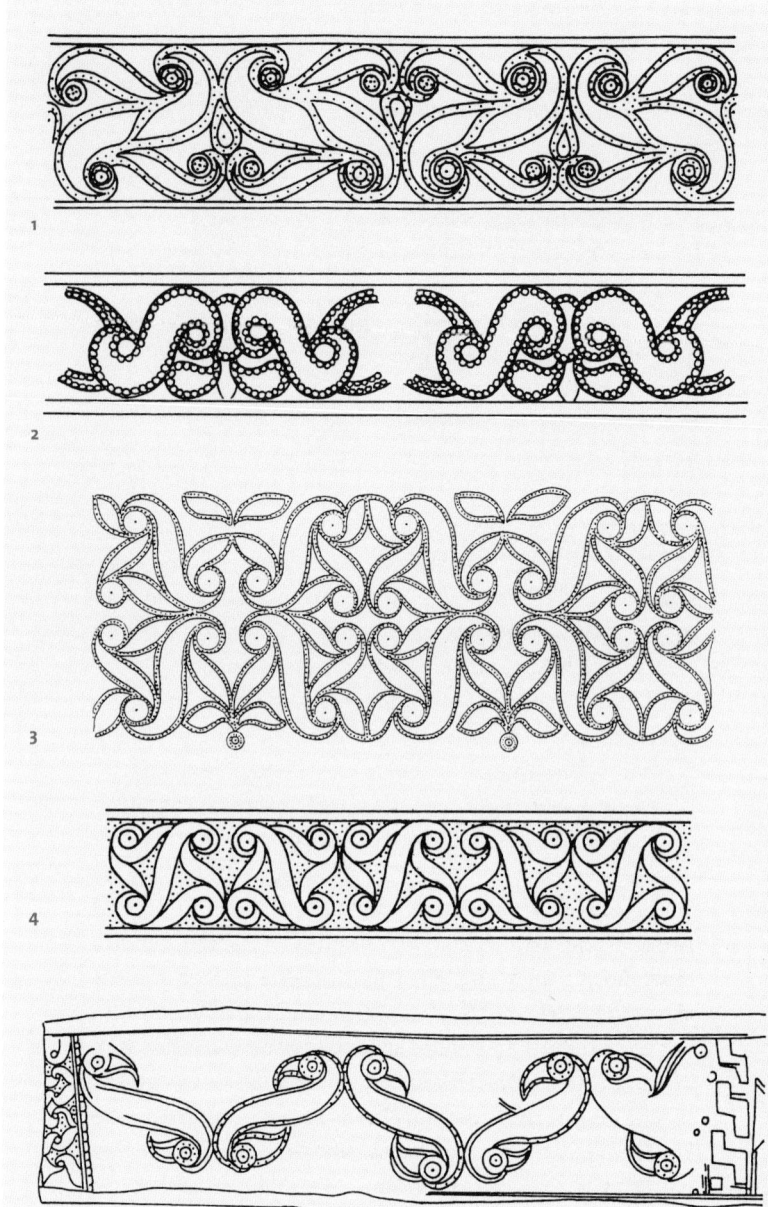

166 „Schale" von Schwarzenbach: 1 Motiv der oberen Ornamentzone. Die halbierten Blüten sind symmetrisch ergänzt 2 Die Bodenverzierung 3 Blüte von der Bodenzier 4 Schema der unteren Ornamentzone.

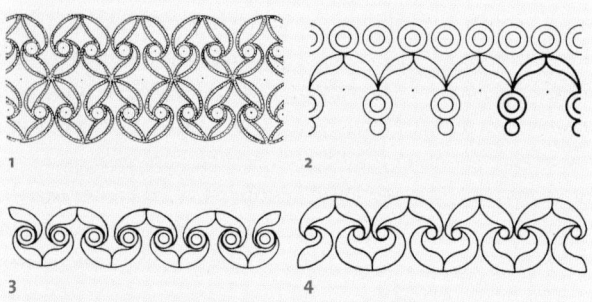

167 Blatt- und Bogenfriese: 1 Verzierung der Röhrenkanne von Waldalgesheim 2 Stempelmuster eines Tongefäßes aus Ratzersdorf 3 Ornament von der Schwertscheide aus Bavilliers 4 Schematische Umzeichnung der Zier der Schwertscheide aus Grab 1 vom Glauberg (neben bzw. unter der Ortbandklammer).

168 1 Fries von der Röhrenkanne aus Grab 2 vom Glauberg 2 Goldband von Waldgallscheid 3 Fries von der Röhrenkanne aus Waldalgesheim 4 Fries vom Siebtrichter aus Hoppstädten 5 Zier von der Rückseite der Schwertscheide aus Grab 1 vom Glauberg.

griechischen Pflanzenornamentik – doch in einer ungriechischen, abstrakten Komposition – durchaus kunstvoll. Es handelt sich nicht um ein Missverstehen antiker Formen; vielmehr war ein anderer Ausdruck gewollt. Machen wir uns solche Kompositionsprinzipien klar, so können wir zahlreiche Werke der frühen keltischen Kunst besser begreifen (z. B. ABB. 167).

Kehren wir noch einmal zu dem Goldband von Eigenbilzen zurück (ABB. 165). Das Vorbild dafür war eine lineare Folge stehender Blüten und Palmetten, durch eine Ranke verbunden. Ebenso häufig gibt es stehende Blüten bzw.

Palmetten, im Wechsel mit hängenden, wobei die Ranke auf- und abschwingen muss. Entsprechend würden in einer keltischen Komposition die einzelnen S-förmigen „Rankenstücke" im Rhythmus an- und absteigen. Auf der Kanne aus Grab 2 vom Glauberg sind solche Friese mit dick angeschwollenen, abstrakten S-Spiralen wiedergegeben (KAT.-NR. 2.1, ABB. 104). Blüten oder Palmetten fehlen, die aber, wie überhaupt in der frühen keltischen Kunst, eine untergeordnete Rolle spielen. Stattdessen sind die Zwischenräume mit einzelnen Blättern und typisch kurvolinearen Spiralgebilden gefüllt (ABB. 168,1).

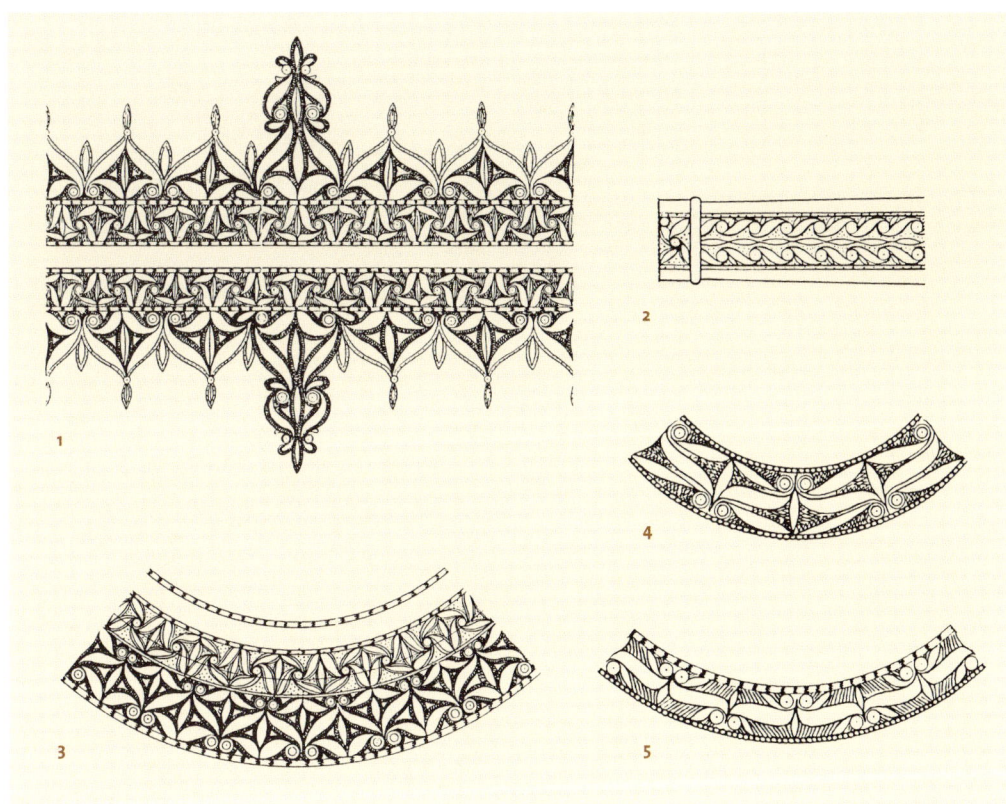

Diesem Dekor auf der Kanne vom Glauberg eng verwandt ist der Schmuck auf der Kanne von Waldalgesheim (ABB. 168,3). Auch hier wird die Komposition in jeweils zwei aneinander gefügten, weit gehend spiegelbildlichen Friesen von solchen großen S-Spiralen beherrscht. Die Zwischenräume werden von Blättern bzw. von Leiern – kreuzförmig angeordnet – gefüllt. Ebenso lassen sich Ornamente der Kanne aus Reinheim danebenhalten (ABB. 169); ferner ein Fries vom Siebtrichter von Hoppstädten (ABB. 168,4) und andere Werke, die alle das gleiche Thema in Variationen schildern. Dieses spielerische, kreative Abändern der Kompositionen – besonders deutlich in verschiedenen Friesen der Reinheimer Kanne – ist ebenfalls ein Grundprinzip frühen keltischen Kunstschaffens.

Bleiben wir noch einen Augenblick bei der Kanne von Reinheim. Besonders interessant ist ein schmaler, mehrfach wiederkehrender Fries von Blüten, die jeweils von zwei an einen Bogen angelehnten Blättern überdacht werden (ABB. 169,1.3; 170,2.3). Bei diesen Bögen, ebenso wie bei der Innenkontur der Blüten, handelt es sich wieder deutlich um Zirkelarbeit. Man kann die Blüten aber auch an den Mittelblättern trennen und erhält dann eine Folge von in ihrer Drehrichtung wechselnden Blattwirbeln (ABB. 170,3), geformt wie der Wirbel auf dem Gürtelhaken aus Grab 2 vom Glauberg (KAT.-NR. 2.3.1, ABB. 256). Dass eine solche doppelte Wirkung des Reinheimer Ornaments durchaus beabsichtigt war, zeigt sich daran, dass die Blattwirbel auch isoliert auf der Kanne vorkommen (ABB. 169,2). Wenn

man ferner eine kleine Scheibenfibel vom Dürrnberg, die mit „Pelten" geschmückt ist, dagegenhält (ABB. 170,1), so ergibt sich, dass die Pelten gleichsam nur eine Vereinfachung des Reinheimer Ornaments sind und nur noch besser das abstrakte Zirkelspiel spiegeln (Lenerz-de Wilde 1977 Taf. 26). Wie sich in diesem Irrgarten der Ornamente immer wieder verschiedene Kompositionsformen durchdringen, wie sie variiert werden, ist wohl ausreichend klar geworden.

Bei der Ähnlichkeit mancher Kompositionen glaubt man einzelne Werkstätten oder Werkstattkreise erkennen zu können. Die Frage soll hier nicht eingehender diskutiert werden, doch möchte man meinen, dass die Röhrenkannen mit ihrem typischen Dekor Herstellungszentren zwischen Mittelrhein und Saar hatten, denn dort gibt es, wie wir gesehen haben, weitere Metallarbeiten mit entsprechender Verzierung. Anders hat z. B. das Ornament auf der Mündung der Kanne aus Grab 1 mit S-Spiralen und als Hintergrund mit zu Strichen vereinfachten Blattornamenten seinen nächsten Vergleich auf einem Gürtelhaken aus Ossarn in Niederösterreich (ABB. 173) (Frey 2001b). Das große Gebiet zusammengenommen setzt sich wiederum ab von der Fundregion um die Marne. Ohne solche landschaftlichen Gliederungen hier weiter ausbreiten zu wollen, geht schon aus den wenigen Andeutungen hervor, dass der ganze Verbreitungsraum der frühen keltischen Kunst (Stufe Lt A), obwohl er eng ineinander gewobene Tendenzen im Kunstschaffen zeigt, sich aber auch in lokale Kreise auflösen lässt.

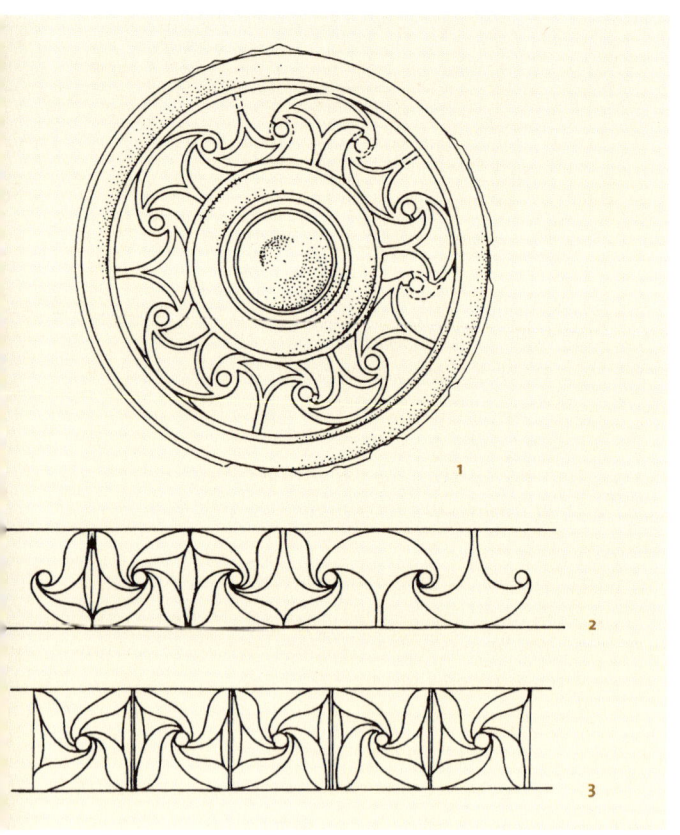

1
2
3

WALDALGESHEIM

Die Ausstellung präsentiert ferner den ganzen Grabfund von Waldalgesheim, Kr. Mainz-Bingen, der allerdings erst in der zweiten Hälfte des 4. Jahrhunderts v. Chr. in den Boden gelangt sein kann (KAT.-NR. 99, ABB. 154; 342–345). Abgesehen von der (etwas älteren?) Kanne, einer Zwillingsschwester von der im Glaubergfund, umfasst der Komplex einen Goldhalsring und goldene Armringe, verschiedene andere Trachtteile aus Bronze und die Beschläge eines Jochs. Datiert wird er durch einen mitentdeckten, aus Italien importierten Bronzeeimer. Alle Schmuckstücke und die Jochbeschläge sind mit Ornamenten bedeckt, die nicht wie bei den bisher kennen gelernten Werken in Kompositionen aus einzelnen aneinander gereihten Elementen bestehen; vielmehr fließen die Ornamente ineinander. Eine Form entwickelt sich ohne Absatz aus der anderen. Wir begegnen hier einem neuen Kunststil, der aber in der Champagne gewisse Vorläufer hat. Er ist ebenfalls für die nach Italien eingewanderten Kelten typisch, desgleichen für diejenigen, die weiter nach Osten und Südosten ausgriffen. Gegenüberstellungen mit der anders gegliederten griechischen Rankenornamentik bilden keine ausreichende Erklärung für die Entstehung dieses Stils des Waldalgesheimschmucks, auch wenn sich gewisse Angleichungen an antike Formen ergaben. Durch ihre Wanderungen kamen ja Keltenstämme mit der antiken Kultur immer stärker in Berührung.

Eine Weiterentwicklung des „Waldalgesheimstils" bestimmte auch in der Folgezeit das keltische Kunsthandwerk. Doch darüber zu sprechen, würde den gesetzten Rahmen der Ausstellung sprengen. Im Mittelrheingebiet bezeichnet der Waldalgesheimkomplex in seiner Mischung von traditionellen und neuen Formen die Wende zur nächsten Epoche.

FIGÜRLICHE DARSTELLUNGEN

An den Ornamenten konnten wir sehen, wie Kontakte mit der antiken Welt das keltische Kunsthandwerk beeinflussten. Viel umfangreicher war aber das Angebot an figürlichen Wiedergaben. Denken wir z. B. an griechische Vasen, die nach Mitteleuropa gelangten, so haben wir eine große Auswahl szenischer Schilderungen. Wieso wurden sie bei den Kelten nicht rezipiert?

In ihren Bildern wollten die Kelten nicht erzählen. Vielmehr handelt es sich um statische Darstellungen, um Symbole aus ihrer religiösen Vorstellungswelt. Das können einzelne Gestalten sein oder nur Köpfe, in denen sich, wie wir bereits erfuhren, die Kräfte der ganzen Figur konzentrieren. Dabei können auch umfassendere Gruppen gebildet werden; und zur Verstärkung der Wirkung war die wappenartige Gegenüberstellung zweier Wesen üblich.

Hiervon gibt es nur ganz wenige Ausnahmen. Bezeichnenderweise verdanken sie ihre Anregungen nicht fernen griechisch-etruskischen Vorlagen, sondern sie gehen auf solche aus einem Zwischengebiet zurück, aus dem venetischen Kreis im östlichen Oberitalien bzw. aus dem der sog. Situlenkunst im Südostalpenraum mit ihren erzählenden Darstellungen. Die Kulturgruppen in dieser Kontaktregion müssen für die wechselseitigen Beziehungen besonders aufgeschlossen gewesen sein.

BEZIEHUNGEN ZUR VENETISCHEN KUNST

Das wichtigste Denkmal, das uns gleichzeitig wesentliche Details der keltischen Lebensweisen vermittelt, ist die mit fremdartigen Gravuren überzogene Schwertscheide aus dem Gräberfeld von Hallstatt im Salzkammergut (ABB. 171). Sie datiert erst in die Frühlatènezeit. Besonders interessant ist das Mittelfeld, das ein Kriegerzug von Reitern und Fußkämpfern schmückt. Letztere mit schönen, aus dem Süden entlehnten Schnabelschuhen sind mit Lanzen und verzierten Ovalschilden mit Spindelrippe bewaffnet. Auffällig ist die Haarangabe, die es bei Vorbildern aus der Situlenkunst gewöhnlich nicht gibt. Die Reiter, ebenfalls mit Schnabelschuhen und eng anliegenden langen Hosen, tragen mächtige Lanzen, Panzer und Helme. Einer hat dazu ein typisch keltisches Schwert umgegürtet. Der zweite Reiter sticht auf einen am Boden

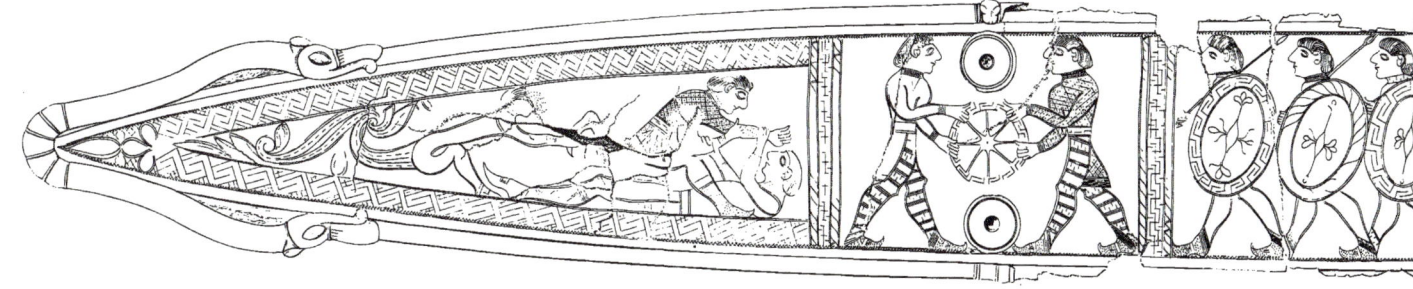

171 Schwertscheide aus Grab 994 von
Hallstatt, Oberösterreich (KAT.-NR. 106).

liegenden Mann ein. Der vorderste hält ein Feldzeichen, das hinter seinem Kopf hervorschaut. Doch nicht nur dieses „Signum", überhaupt der ganze Aufzug machen deutlich, dass es sich hier um ein wohl geordnetes, effektives Heeresaufgebot handelt, wie es zu der Schilderung keltischer Heerhaufen der Frühzeit in den antiken Schriften nicht recht passen will (Dobesch 1996). Ob durch dieses alte Bildzeugnis ein Einfluss aus dem Süden auch auf das keltische Heerwesen erkennbar wird? Oder waren die sozialen Voraussetzungen für das Kriegswesen damals noch andere? Dafür eine Antwort zu suchen, würde allerdings eine längere Diskussion auslösen.

Die Pferde sind Darstellungen im keltischen Stil stärker verhaftet. Auch hier gibt es viel sagende Einzelheiten. Der gestutzte Schweif des einen und der mit eingeflochtenen Bändern geschmückte des letzten Tiers im Zug lassen keinen Zweifel daran, dass es sich um gepflegte Rassepferde handelt, welche von den Besitzern stolz vorgeführt werden. Der verzierte, bandartige Umriss der Rösser und die Musterung der Hinterhand entsprechen gut den Tierzeichnungen auf der Kanne aus Grab 1 vom Glauberg (KAT.-NR. 1.1, ABB. 97). Die Köpfe gleichen anderen keltischen Tierbildern.

Schwerer zu erklären sind in dieser kurzen Übersicht die weiteren Szenen. Das Mittelfeld der Scheide wird von zwei Wiedergaben gerahmt. Je-

172 Linsenflasche mit Tierfries
aus Matzhausen, Oberpfalz
(KAT.-NR. 77).

weils zwei einander gegenüberstehende Männer drehen ein Rad. Ihre Kleidung mit dem herabfallenden langen „Schoß" kennen wir auch von Statuetten des Ostalpenraums. Hat das Rad religiöse Bedeutung oder bezieht sich das Ganze auf technische Vorgänge im örtlichen Salzbergwerk?

Im Feld an der Spitze der Scheide sehen wir eine Ringergruppe. Merkwürdig ist das dritte Wesen, das in das Ornament übergeht. Es packt den Fuß des einen Mannes. Handelt es sich um einen Dämon, der in das Geschehen eingreift? Oder ist es ein normaler Schlichter des Streits? Die Darstellung ist deshalb sehr auffällig, weil wir im Ostalpenraum – abgesehen von Waffengängen – nur Faustkämpfe innerhalb sportlicher Veranstaltungen kennen. Für das Ringen – ein wohl aus dem Leben gegriffenes Thema – gibt es keine entsprechenden Vorlagen.

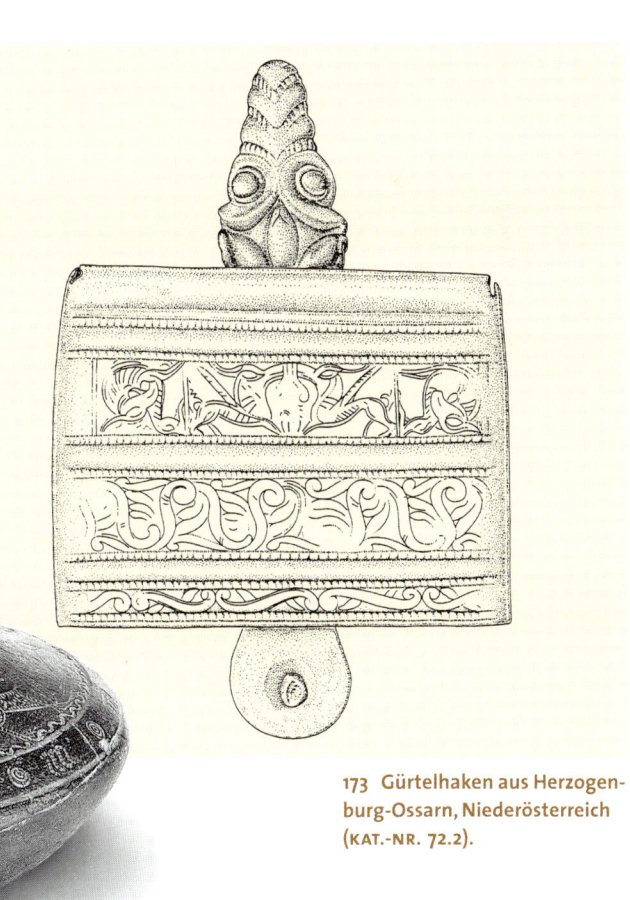

173 Gürtelhaken aus Herzogenburg-Ossarn, Niederösterreich
(KAT.-NR. 72.2).

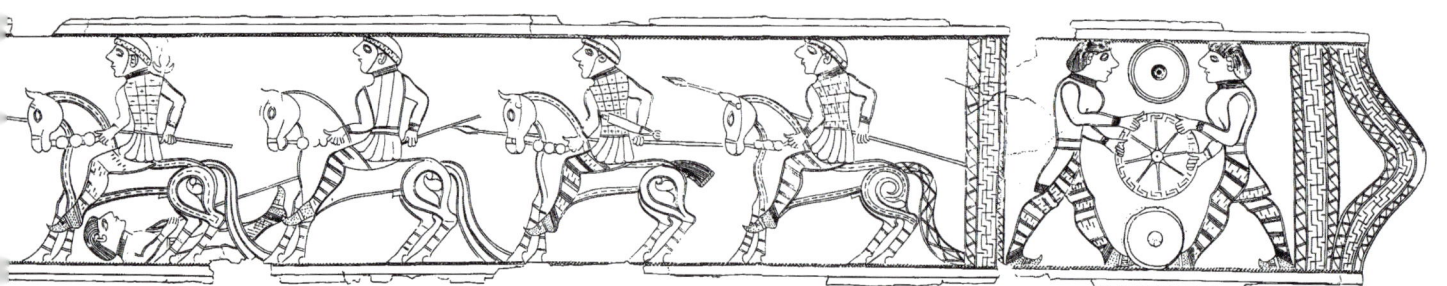

Die kurz gehaltene Besprechung des Schwerts sollte andeuten, wie sehr eine leider so vereinzelte erzählende Bildfolge unsere Kenntnis von der Vergangenheit ausweiten kann. Demgegenüber weniger ergiebig und doch wichtig ist ein zweites Werk, eine Tonflasche aus Matzhausen in Nordostbayern, die einen für die Latènekultur fremdartigen Fries mit Tieren zeigt (ABB. 172) (Reinecke 1902, 76; Schwappach 1974). Vorbilder sucht man ebenfalls auf venetischen Werken. Die Ausführung ist relativ einfach. Die Körper der Tiere sind schematisch gemustert, auch knicken z. T. die Vorderbeine falsch ein. Keltischer Vorliebe entspricht, dass nicht alle Tiere wie auf ihren Vorlagen fortlaufend hintereinander gereiht, sondern teilweise in Gruppen gegeneinander gestellt sind. Szenisch belebt wird die Figurenfolge durch den Hund, der einen Hasen jagt.

Damit ist der Vorrat an in der keltischen Welt fremdartigen szenischen Darstellungen bereits erschöpft. Umso merkwürdiger ist das, weil es eine Auswahl weiterer, in die Frühlatènekunst integrierter Bilder gibt, die einen intensiveren Brückenschlag nach dem östlichen Oberitalien bekräftigen. Zu nennen sind neben verschiedenen Ornamenten von keltischen Tongefäßen ein gestempeltes Häschen aus Libkovice in Böhmen (Reinecke 1902, 76; Schwappach 1974), das Wiedergaben z. B. aus Gräbern von Este entspricht.

Der schon mehrfach herangezogene Gürtelhaken aus Ossarn in Niederösterreich zeigt im Mittelfeld des Beschlags zwei Böcke, die wieder von venetischen Werken nicht zu trennen sind (ABB. 173). Bezeichnenderweise sind sie nicht in fortlaufender Bewegung, sondern wappenartig angeordnet (Frey 2001b).

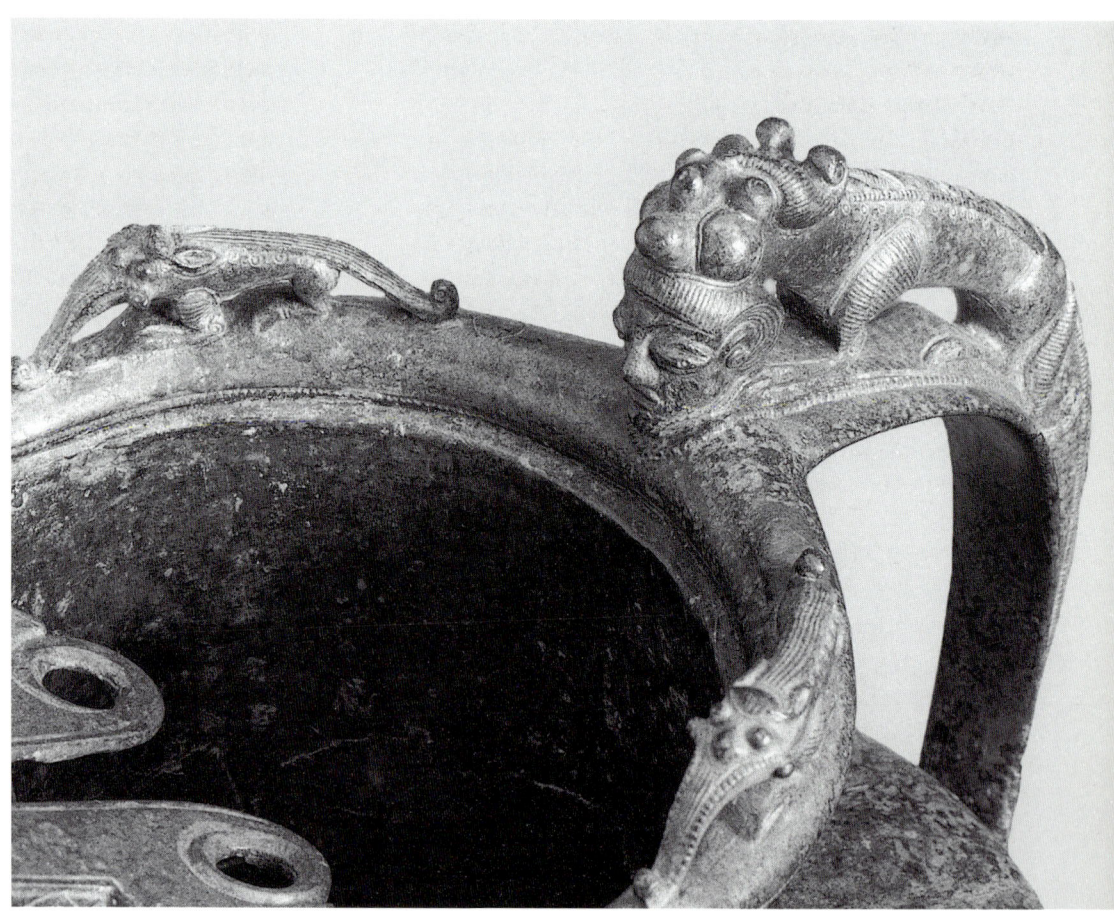

174 Mündung der Schnabelkanne aus Grab 112 vom Dürrnberg bei Hallein (KAT.-NR. 102).

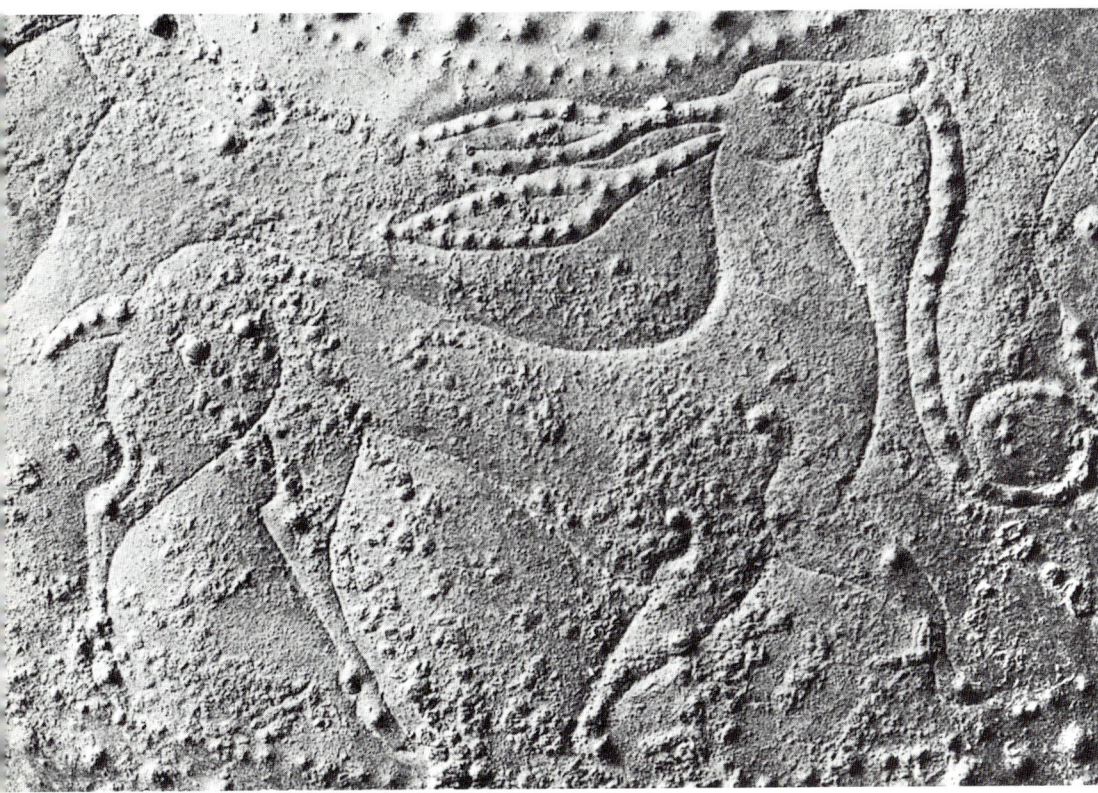

175 Tier von einem Bronze-
deckel aus Este, Villa Benvenuti,
Grab 124.

176 1–2 von Situlen aus Grab
38, fondo Capodaglio 3 von einem Gürtelfragment vom fondo Capodaglio 4–5 Darstellungen von den Schwertscheiden
aus Grab 1 und 2 vom Glauberg.

Die Bronzeschnabelkanne vom Dürrnberg, die der Kanne aus Grab 1 vom Glauberg so nahe verwandt ist, hat
Randtiere (ABB. 174), bei denen wie bei Tieren in der Situlenkunst (allerdings nur pflanzenfressenden Tieren)
„Ranken" aus dem Rachen hervorkommen (ABB. 175)
(Moosleitner 1985). Solche Bildzeichen reichen bis zum
Glauberg hin. Auf dem Beschlag des Gürtelhakens aus
Grab 1 sind Rücken an Rücken zwei hockende Tiere eingeritzt, denen ebenfalls lange „Ranken" aus dem Maul hängen (KAT.-NR. 1.13.1, ABB. 247). Wurde die Vorstellung, die
hinter dem merkwürdigen Motiv steht, auch von den Kelten richtig verstanden? Denn es handelt sich ja bei ihnen
nicht um Pflanzenfresser!

Noch interessanter sind in diesem Zusammenhang die
Bilder von den bronzenen Schwertscheiden der beiden
Glauberg-Gräber. Die feinen Gravierungen bzw. Ziselierungen sind nicht ganz erhalten und dadurch schwer zu
erkennen.

Auf der Rückseite der Scheide aus Grab 1 sind nahe der
Spitze zwei Tiere (Pferde?) in schnellem Lauf mit zurück-
gewandtem Kopf dargestellt (KAT.-NR. 1.16, ABB. 118). Ihre
Haltung entspricht vollkommen der in langen Reihen da-
hineilender Tiere auf Metallarbeiten aus Este (ABB. 176)
(Frey 1969). Unterhalb des Scheidenmunds zu Seiten der
Schwertschlaufe gibt es wohl in entsprechender Haltung
zwei geflügelte Pferde(?).

Auf der Vorderseite der Scheide sind ebenfalls solche
Tiere eingerissen. Doch scheint hier die Zeichnung gleichsam von einem Lehrling ausgeführt zu sein, denn diese

stärker gestauchten Tiere mit dickeren Köpfen wirken dis-
proportioniert.

Die Tiere, die einzeln mit venetischen Vorlagen so genau übereinstimmen, sind aber jeweils in Zweiergruppen
spiegelbildlich angeordnet und untereinander durch Ornamente verklammert. Diese Art der Komposition ist
zweifelsfrei keltisch.

Verwandte Tiere schmücken auch die Schwertscheide
aus Grab 2 (KAT.-NR. 2.9, ABB. 121). Nahe der Spitze sind zwei
Tiere wieder in übereinstimmender Haltung gut zu erkennen. Die Kopfform (Hunde?) und die Binnenzeich-
nung der Körper erinnern hier weit stärker an andere keltische Werke. Keltischen Vorstellungen entsprechen wohl
auch die Bänder, die die Körper überschneiden und in
ähnlichen Tierköpfen enden. Oberhalb davon sind auf der
Scheide zwei größere Raubtiere mit aufgerissenem Rachen zu sehen. Ihre Köpfe sind nach oben gedreht. Zwischen ihnen springen zwei entsprechende, doch kleinere
Raubtiere dahin. Hier wird besonders deutlich, dass eine
wappenartige Anordnung beabsichtigt ist. Das Gleiche
trifft für die beiden symmetrischen Tiere nahe dem
Scheidenmund zu, die nicht laufen, sondern, sich hoch re-
ckend, ihre Vorderbeine fest aufstützen.

Die so eigenartigen, in ihrer Grundform fremden Gravierungen bestätigen die enge Verwandtschaft der beiden Waffen und damit wohl auch die „Nähe" ihrer beiden
Träger, d. h. der Fürsten, zueinander. Es dürfte kein sehr
großer Zeitabstand zwischen der Herstellung der beiden
Schwerter liegen. Bei der Verzierung der Scheiden muss,

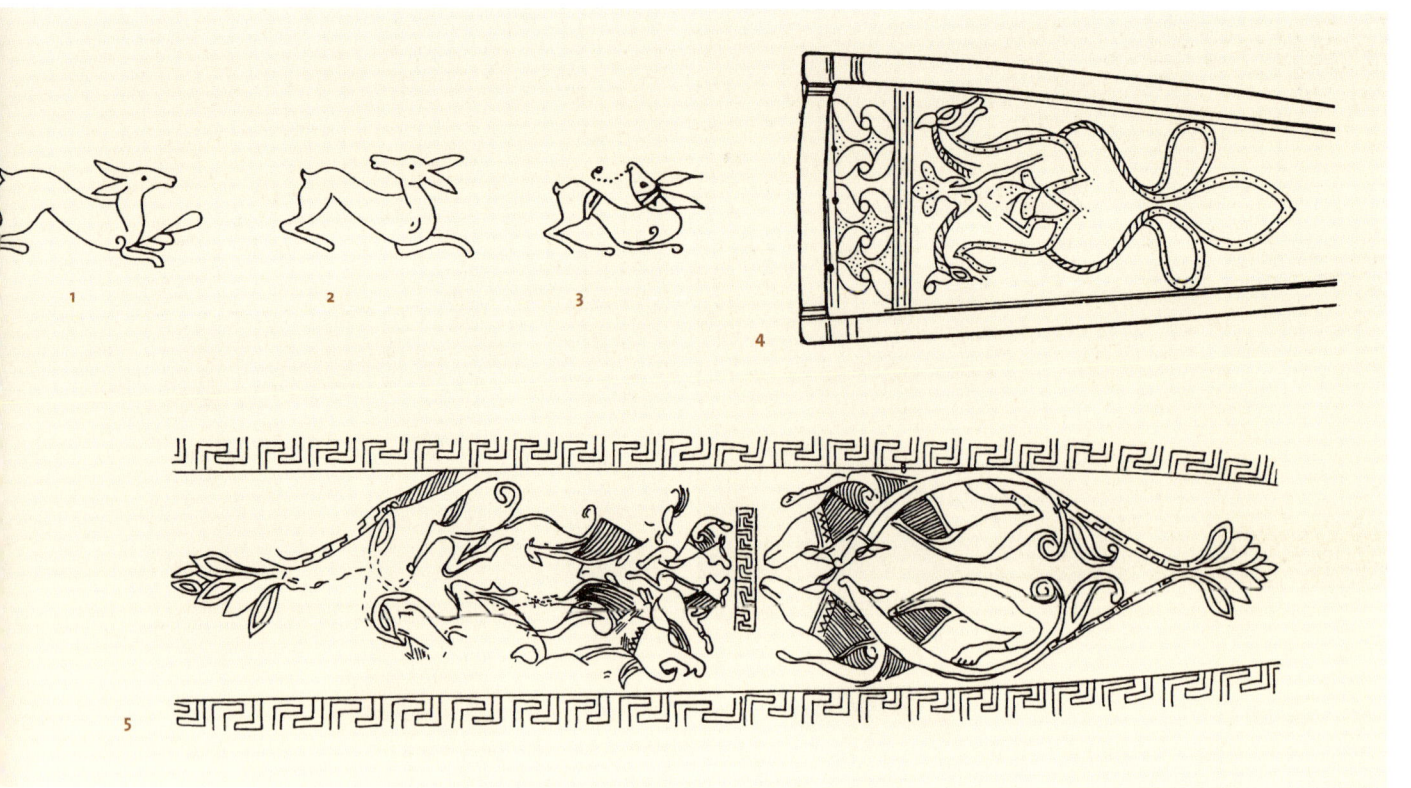

wie wir gesehen haben, ein venetischer Künstler die Hand mit im Spiel gehabt haben trotz der keltischen, symmetrischen Anordnung der Figuren, verschiedener weiterer Einzelheiten und typischer begleitender Ornamente. Die feinen Gravuren bzw. Ziselierungen waren einst sicherlich kaum erkennbar; sie bildeten also nicht wie die Koralleneinlagen der Ortbänder einen deutlich sichtbaren Schmuck, sondern sie dürften weit gehend nur eine magische Wirkung besessen haben. Wir vermögen hier aber noch nicht zu sagen, was die verschiedenen Bildzeichen bedeuten.

Die besprochenen Figuren auf dem Gürtelhaken und auf den beiden Schwertscheiden, die so deutlich Einflüsse aus dem Venetergebiet spiegelten, stehen im frühen keltischen Kunstschaffen relativ isoliert da. Etwas mehr Klarheit gewinnen wir bei anderen keltischen Werken, die, obwohl fast immer Einzelstücke, – beispielsweise in verlorener Form gegossen – sich doch mit einander ähnlichen Motiven und damit wohl in etwa entsprechenden Vorstellungen wiederholen.

FIGÜRLICHE WERKE DER FRÜHLATÈNEZEIT

Versuchen wir, den figürlichen Schmuck der frühen keltischen Zeit, den ja auch die Glaubergfunde in einer so interessanten Auswahl liefern, zu unserem besseren Verständnis zu gliedern. Dabei meinen wir allerdings, dass wir auf diese Weise letztlich keine den keltischen Werken innewohnende Ordnung erreichen – vielleicht entsprechend der schillernden keltischen Vorstellungswelt gar nicht erreichen können –, sondern dass wir eine solche Systematik den Darstellungen gleichsam überstülpen.

Wir haben – häufig nur auf Köpfe reduziert – Menschen- und Tierbilder vor uns. Zwischen ihnen gibt es eine große Reihe von Fantasiegeschöpfen: Menschen, aus deren Köpfen Pflanzen hervorwachsen, Köpfe mit Tiersymbolen, Tiere mit Menschenköpfen oder Mischwesen aus verschiedenen Tieren. Das keltische Universum scheint angefüllt von solchen Geschöpfen.

Und noch etwas ist anzumerken. Bei allen figürlichen Werken der Epoche handelt es sich nicht um isolierte Kleinplastiken, etwa um Votive – solche gibt es damals allein im abweichenden religiösen Brauchtum des Alpenraums –, sondern die Figuren zieren Gebrauchsgegenstände, deren Bedeutung sie verstärken. Es handelt sich vor allem um Fibeln und Gürtelhaken, Waffen oder Gefäße. Hätte sich mehr vergängliches Material wie Holz erhalten, wäre die Auswahl sicher noch viel reicher (nicht weiter berücksichtigt sind wenige kleine, figürliche Anhänger, die in einer älteren Tradition stehen).

Relativ klar können wir einzelne Tiere aussondern. Zahlreich sind Bilder von Pferden und Ebern (ABB. 177; 178). Von fremden Kleinplastiken unterscheiden sie sich oft durch die Eleganz der Umrisse. Eber gab es im Stempeldekor der Hallstattzeit noch nicht. Vorlagen aus der Antike sind nicht so häufig und zu fremdartig, als dass

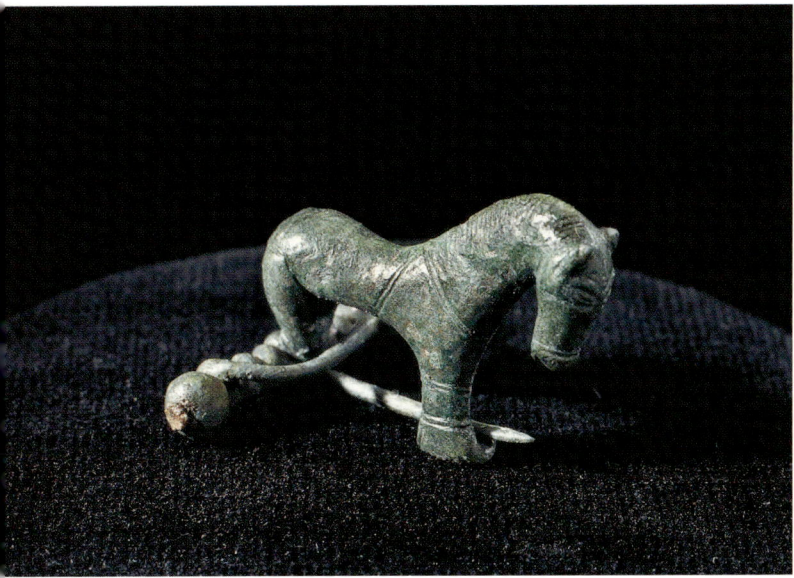

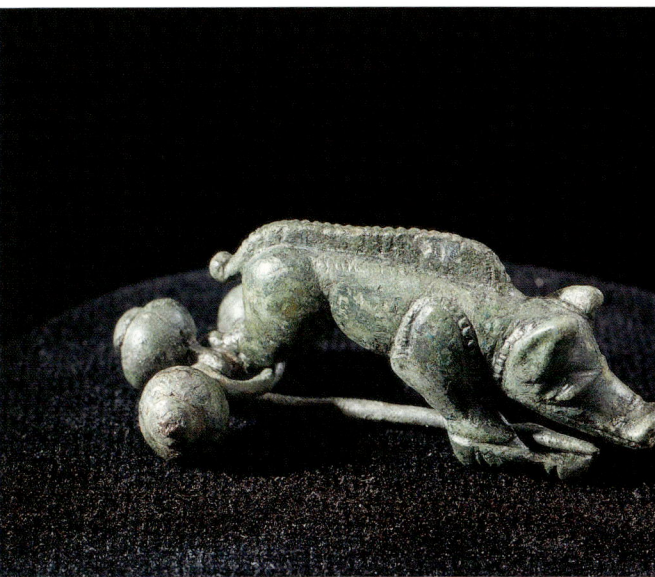

177 Pferdchenfibel aus Grab 63 vom Dürrnberg bei Hallein (KAT.-NR. 73).

178 Eberfibel aus Grab 37/2 vom Dürrnberg bei Hallein (KAT.-NR. 74).

wir an die Übernahme des fertigen Motivs denken sollten. Es muss sich um ein von den frühen Kelten selbst gewolltes, ihnen wichtiges Tierbild handeln, das bei ihnen die endgültige Gestalt gewann und das auch noch in späterer Zeit – etwa als Feldzeichen oder als Chiffre über dem Kopf eines Menschen – ein wichtiges Symbol bildete. Ebenso gehört das Pferd später noch zu den beliebtesten Motiven.

Die Sonderstellung von Eber und Pferd ist auch daran kenntlich, dass viele andere Tiere in der frühen keltischen Kunst überhaupt nicht oder ganz selten erscheinen. Es fehlt der später (und früher) so beliebte Stier, ebenso der Hirsch – Letzterer war aber im Stempeldekor der späten Hallstattzeit vorhanden. Einige Köpfe könnten allerdings von Rehen oder Hirschkühen stammen. Gleichfalls kennt man keine Böcke mit langen Hörnern. Nur den Widder gibt es oft (ABB. 179). In der Hallstattepoche fehlt er noch; er wird aber auch in der späteren Latènezeit dargestellt. Selten ist ferner der Hase. An wenigen Fibeln ist ein Fischkopf nachgebildet. Die Aufzählung ließe sich weiterführen. Zeigt aber nicht schon die bisherige Übersicht, dass es sich um eine bewusste Auswahl von Themen handelt? Nur wenige Tiere waren für die keltische Geisteswelt der frühen Zeit wichtig. Was sie für eine Rolle spielten, müsste weiter ausgedeutet werden.

Vögel und Vogelprotomen gibt es in großer Zahl. Dabei bilden die weit verbreiteten Wasservögel ein schon aus älterer Zeit überkommenes Symbol. Raubvögel erscheinen aber erst mit der Frühlatènezeit im 5. Jahrhundert v. Chr. In einem Zierstück aus Bein vom Dürrnberg könnte ein „fliegender" Vogel, wie wir ihn aus der Situlenkunst kennen, gespiegelt sein (ABB. 180). Im Gegensatz zu den Wasservögeln fehlen in der Champagne Raubvogelköpfe an Fibeln oder Gürtelhaken, die allerdings nur schwer von

Greifenköpfen unterscheidbar sind. Ist das ein Zeichen dafür, dass der Raubvogel in die keltische Welt von Osten einflog? Einzelne Vögel ließen sich genauer identifizieren, darunter Raben, Eulen und einmal ein Hahn (Megaw 1981a).

Wasservögel, meistens nur auf den Kopf reduziert, sind außer in Zentraleuropa im gesamten Mittelmeerbereich

179 Goldarmring aus dem Fürstengrab von Rodenbach in der Pfalz (KAT.-NR. 98.7).

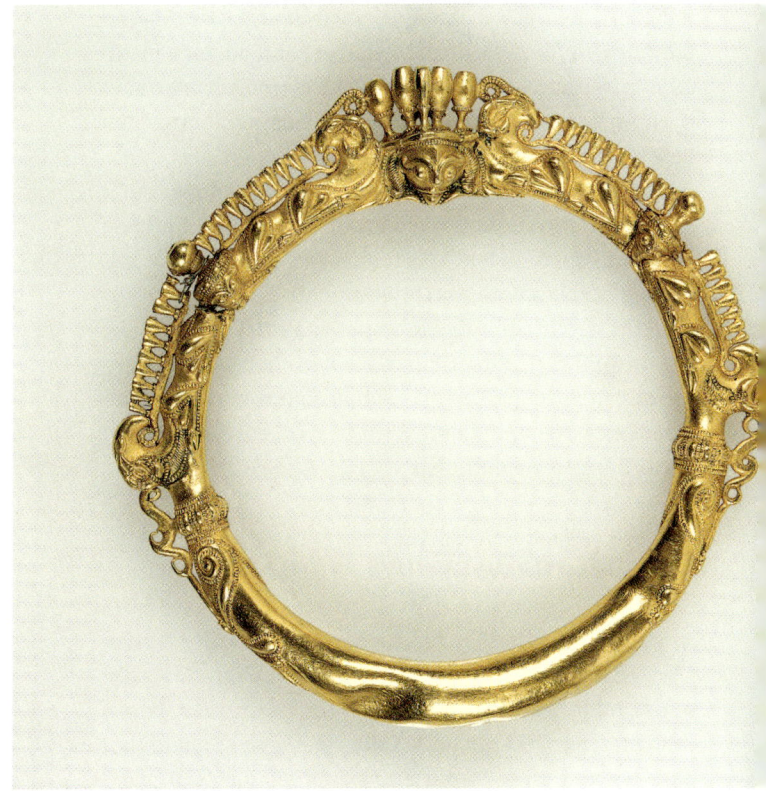

ein traditionelles, oft besprochenes Symbol. Haben aber nicht auch andere Vögel mit gekrümmtem Schnabel einen ähnlichen Symbolwert? Wenn z. B. ein einzelner Vogelkopf an sekundärer Stelle an viele figürliche Fibeln vom Dürrnberg, ja sogar an Fibeln in Form eines Schuhs (ABB. 181), angefügt ist, so kann das nur ein sinnhaftes Zeichen sein, doch dürften solche Überlegungen für weit mehr Vogelbilder zutreffen. In verschiedenen Kulturen werden Vögel „der Luft" als göttliche Boten angesehen oder als Seelen der Verstorbenen und dergleichen mehr. In den späteren keltischen Sagen spielen Wesen in Vogelgestalt in verschiedenen Zusammenhängen eine wichtige Rolle. Ähnliches könnte doch auch für die frühe keltische Welt zutreffen?

In Mitteleuropa bekannte gefährliche Raubtiere, z. B. Bären, fehlen im frühen keltischen Zusammenhang. Wie steht es mit dem in der antiken Welt so wichtigen Löwen? Als fremdes Tier wird er bei den frühen Kelten nicht dar gestellt. Nur Köpfe im en face-Schema werden vereinzelt wiedergegeben, doch wohl bald anders interpretiert (Frey 1992). Anklang fand aber das abgewandelte venetische Löwenbild. Ferner nehmen beispielsweise die Raubtiere auf den Schnabelkannen von Basse-Yutz, Lothringen, den Platz von Löwen auf griechischen und etruskischen Kannen ein (ABB. 182). Ihr schmaler Kopf, die spitzen Ohren und die Fellangabe lassen aber trotz eines dünnen Schwanzes eher an Wölfe oder Hunde denken (Megaw/Megaw 1990a). Ginge aber eine solche naturalistische Ausdeutung nicht schon zu weit? Man beachte nur die Mähne in Form von Palmetten, die Spiralen in den Ohren und ebenso auf den Schenkeln! Charakterisieren solche naturfernen Stilisierungen nicht bereits Fantasiegeschöpfe? Auf der Schnabelkanne vom Dürrnberg sind außer dem nicht zu bezweifelnden Mischwesen vom Henkel zwei „Raubtiere" auf der Mündung gelagert, denen aber, wie oben bereits angesprochen, lange Ranken aus dem Maul hängen (ABB. 174). Und keinesfalls exakter zu bestimmen ist das Henkeltier der Kanne von der Borscher Aue in Thüringen (ABB. 183).

So nimmt es nicht wunder, dass schließlich auch die Raubtiere nicht genauer definierbar sind, die in die Kanne aus Grab 1 vom Glauberg eingeritzt sind (KAT.-NR. 1.1, ABB. 97). Und ebenso zeigt der Gürtelhaken aus dem gleichen Grab, der uns einen so prächtigen Raubtierkopf mit gefletschten Zähnen hinter einem Menschenkopf bietet, auf dem Beschlag eingeritzt zwei nicht näher ansprechbare ganze Tiere mit Tatzen und hoch gezogenen Lefzen (KAT.-NR. 1.13.1, ABB. 247).

Es gibt weitere ähnliche Fabelwesen. In die Scheide eines Schwerts von Hochscheid im Hunsrück sind zwei Raubtiere(?) mit buschigem Schweif eingraviert (KAT.-NR. 114, ABB. 356). Ihre Köpfe kehren in nur wenig veränderter Form bei den rekonstruierten Tieren auf dem Siebtrichter von Hoppstädten wieder (Megaw/Megaw/Nortmann 1992),

ebenso bei den Fabelwesen auf dem Gürtelhaken von Stupava in der Westslowakei (ABB. 188). Schließlich ist der Umriss der Pferdeköpfe auf der Schwertscheide von Hallstatt verwandt (ABB. 171). Es handelt sich dabei also um eine Stilisierung von Köpfen, die – wie auch andere Zeichnungen – immer wieder, nur leicht variiert, bei verschiedenen tierischen Gestalten angewendet wird. Ausgedrückt wird damit lediglich der allgemeine Begriff für „Tier".

Der Schritt von solchen Bildern ist nicht weit zu dem, was ich als „Mischwesen" bezeichnen möchte. Auf dem Gürtelhaken aus Grab 2 vom Glauberg sind in Durchbruchsarbeit zwei Tiere wiedergegeben (KAT.-NR. 2.3.1, ABB. 256). Ihre allgemeine Form und der Rückenkamm sprechen für Eber. Dazu passen aber nicht die gefletschten Zähne und die Haltung der Vorderbeine. In der Darstellung ist also ein wütiger Eber und ein Raubtier vereinigt. Ein ähnliches wildes Tier zeigt auch eine Fibel vom

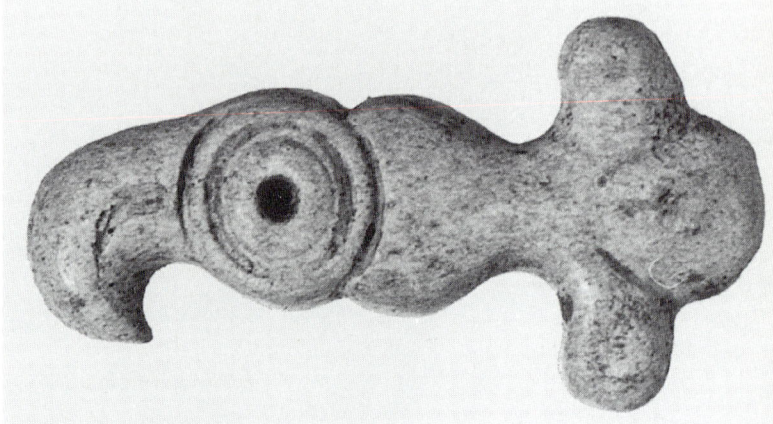

180 Fliegender Vogel aus Bein vom Dürrnberg bei Hallein.

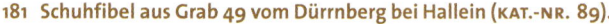

181 Schuhfibel aus Grab 49 vom Dürrnberg bei Hallein (KAT.-NR. 89).

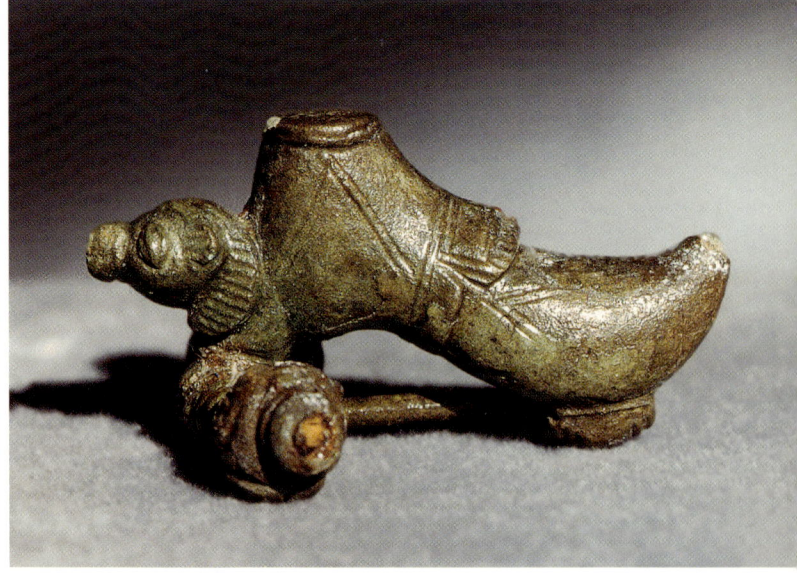

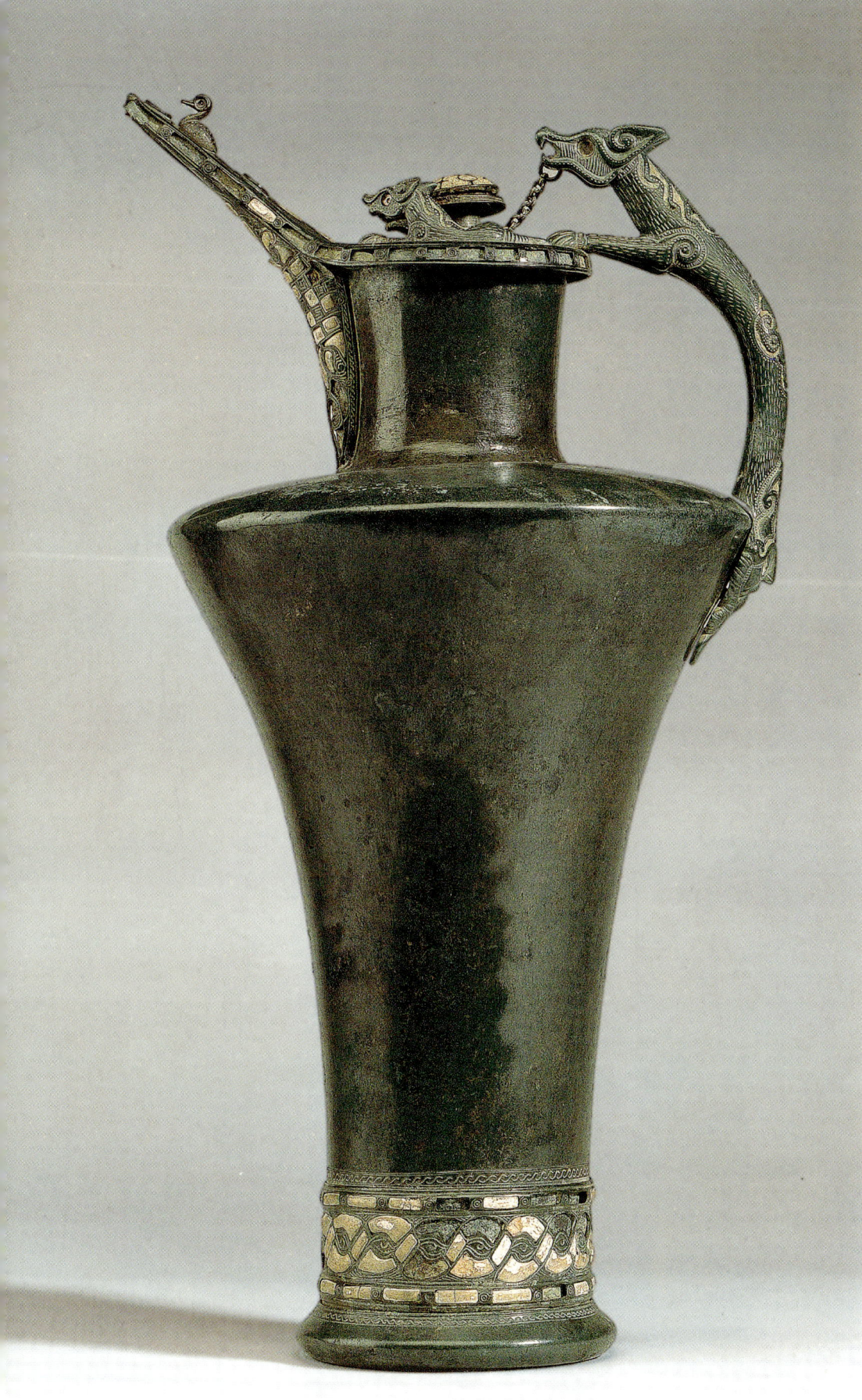

182 Keltische Schnabelkanne aus Basse-Yutz, Lothringen.

183 Mündung und Henkel der keltischen Schnabelkanne von Borsch, Thüringen (KAT.-NR. 103).

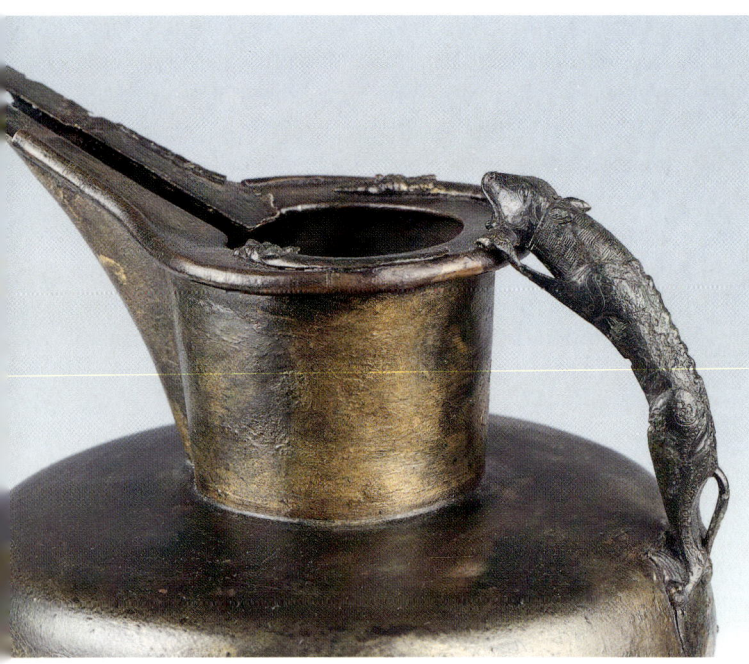

ob ein Mensch oder ein Tier gemeint ist (ABB. 143). Wir tauchen hier in die für die Kelten typische Welt ein, erfüllt mit zahlreichen dämonischen Erscheinungen, die keine direkten Beziehungen zu solchen aus anderen bekannten Kulturregionen der Zeit aufweisen.

Abweichend scheint nur das Greifenbild zu sein. Der Greif kam ursprünglich vom Orient und ist im ganzen Mittelmeergebiet zu Hause als dämonisches, reißendes Wesen, als Wächter oder als Begleiter von Göttern und in weiteren Funktionen. Ihn gibt es ferner überall in den Randbereichen der antiken Welt, besonders im eurasischen Steppengebiet. Wenn wir aber z. B. die Greifen – wie

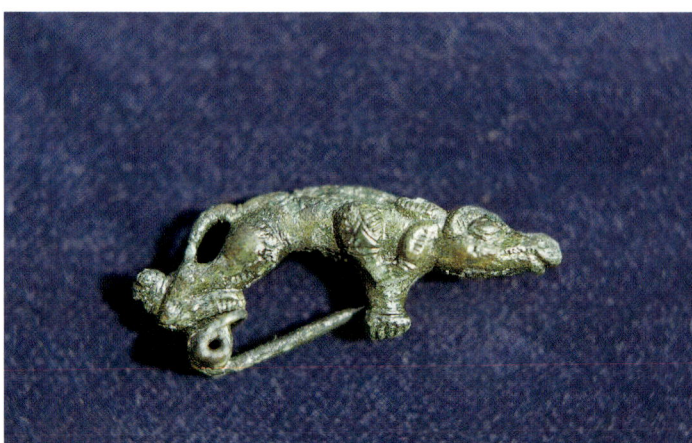

184 Eber-/Raubtierfibel vom Dürrnberg bei Hallein (KAT.-NR. 75).

185 Eiserner Gürtelhaken aus Roseldorf, Niederösterreich (KAT.-NR. 49).

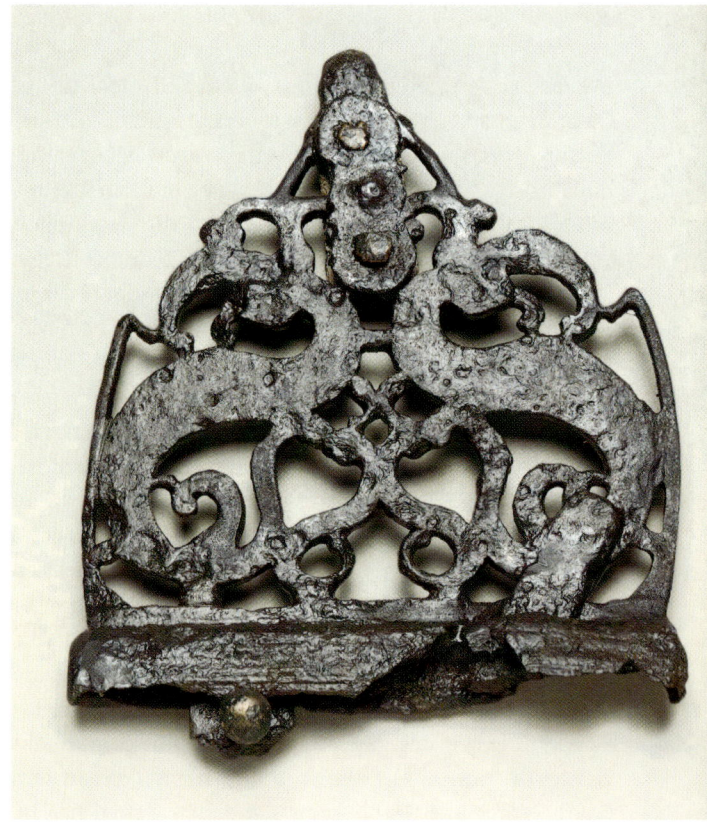

Dürrnberg (ABB. 184). Die Fibel aus Grab 1 vom Glauberg wirkt wie ein Pferd, dessen Vorderbeine allerdings von einem Raubtier bezogen sind (KAT.-NR. 1.7, ABB. 243). Die Deckelfigur der Kanne aus Grab 2 ist gut vergleichbar (KAT.-NR. 2.1, ABB. 251). Ihr Kopf ähnelt wieder dem eines Pferds. Der Körper ist von einem Raubtier bzw. undefinierbaren „Tier" übernommen. Die in beiden Fällen vorhandenen Flügel lassen an dem dämonischen Charakter der Gestalten keinen Zweifel.

Zahlreich sind Tiere mit Menschenköpfen. Hierzu gehören die beiden Figuren, die auf dem Rand der Schnabelkanne aus Grab 1 sitzen (KAT.-NR. 1.1, ABB. 235). Dass es sich um übernatürliche Wesen handelt, geht ebenfalls aus der starken Stilisierung des Körpers mit dem dicken Rückenwulst, den Spiralen auf den Schenkeln und den Klauen statt Tatzen hervor. Eine größere Reihe solcher menschenköpfigen Fabelwesen lässt sich anschließen: Eine Fibel von Langenlonsheim in Rheinhessen (Jacobsthal 1944 Taf. 162,319), das Pferd mit Menschenkopf von der Kanne aus Reinheim, vielleicht auch die antiken Sphingen ähnelnden Geschöpfe von dem Gürtelhaken von Weiskirchen (ABB. 144), die allerdings deutlich Keltenköpfe mit riesigen Schnurrbärten aufweisen, usw. Eine Fibel aus Ossarn gibt einen Vogel mit Raubtiertatzen und menschlichem Haupt wieder (KAT.-NR. 72.1, ABB. 320). Das Henkeltier der Schnabelkanne vom Dürrnberg besitzt einen grotesk gebildeten Raubtierkörper mit buschigem Schweif und Klauen und ein fratzenhaft verzerrtes Menschenhaupt (ABB. 174).

Einen Schwertgriff aus Herzogenburg in Niederösterreich ziert merkwürdigerweise ein menschlicher Kopf mit langen Hasenohren und entsprechenden Vorderbeinen (Megaw 1981b). Auch gibt es zahlreiche Köpfe mit so veränderten Zügen, dass man sich nicht klar darüber ist,

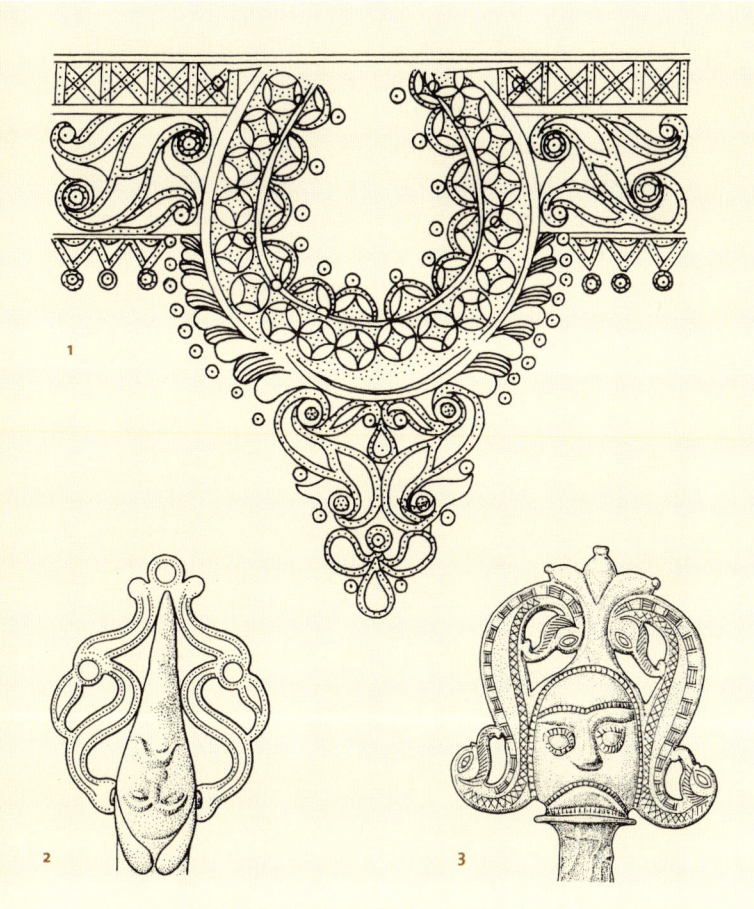

186 1 Ornament um den Ausguss der Röhrenkanne aus Grab 2 vom Glauberg 2 Untere Henkelattasche der Röhrenkanne von Waldalgesheim 3 Oberteil eines Achsnagels aus Unterradlberg, Niederösterreich (KAT.-NR. 51).

wird der Körper gegenüber dem hervorgehobenen Haupt ganz vernachlässigt. Einzelne, menschlich gebildete Köpfe besitzen wir aber in riesiger Zahl. Es gibt eine große Variationsbreite mit realistisch wirkenden Details wie Bärten usw. Jedoch werden mehr und mehr im Laufe der Zeit auch Ornamente etwa durch das Einsetzen von Augen so umgeformt, dass ein fließender Übergang zwischen abstrakten Gesichtern und dem zugrunde liegenden Muster entsteht (Jacobsthal 1944, 19). Dafür bietet bereits der Dekor der Kanne in Grab 2 vom Glauberg ein gutes Beispiel (ABB. 186,1). Auf der Wandung unter dem Ausguss scheint ein Blatt unter zwei Punktkreisen als Nase und Augen deutbar, über die sich zwei geschwungene Augenbrauen legen. Seitlich fallen wie „Locken" zwei große S-Spiralen herab, die möglicherweise in Vogelköpfen mit dreieckigem Schnabel auslaufen sollen. Dass Letzteres durchaus denkbar ist, zeigen die auf- und abschwingenden großen S-Spiralen auf der Rückseite der Schwertscheide von Grab 1, die auch in diesem Fall durch Vogelschnäbel verlebendigt werden (ABB. 168,5).

Bei stilisierten, runden bis ovalen Gesichtern mit horizontalem Haaransatz sind zweifellos etruskische Vorlagen anzunehmen (von Hase 1973). Das Gleiche trifft für die Köpfe mit prominenter Kinnpartie zu, wie sie auch die Statue hat. Ferner wird das antike Satyrbild mit spitzen Tierohren übernommen (ABB. 187) (Jacobsthal 1944, 21; Megaw 1965/66). Diese Gesichter bzw. Köpfe repräsentieren besonders in der etruskischen Kunst kleinere dämonische Wesen. Die Beliebtheit solcher Köpfe bei den Kelten geht aber weit darüber hinaus. Bei Letzteren vereinen sich sicherlich Ideen, die aus der Kopfjagd entwickelt wurden, mit solchen der Geisterwelt. Interessanterweise sind weibliche Köpfe, wie etwa von Mänaden – so häufig in der antiken Kunst –, in dieser Zeit bei den Kelten noch nicht (eindeutig) nachweisbar.

Köpfe, aus denen Pflanzen wachsen (ABB. 186,3), haben auch in der mediterranen Welt bei Göttern und Fabelwesen Entsprechungen, ohne dass für uns die dort dahinter stehenden Vorstellungen klar erschließbar wären. Spiegelt sich nicht vielleicht auch in der Kappe mit spitz ovalen Blättern, die die Glauberg-Statue trägt (ABB. 70; 71), realer umgesetzt, die gleiche Idee?

An den Kopf der Statue legen sich außerdem zwei riesige Blätter an, die sog. Blattkrone, die wahrscheinlich in der Größe extrem übersteigerte Blätter der Mistel – nach Plinius (Nat. Hist. 16,95) der heiligen Pflanze der Kelten – wiedergibt. Man hat dabei immer an ein „göttliches Attribut" gedacht. Dass der „Blattkrone" ein besonderer Sinn innewohnt, geht daraus hervor, dass in der Kleinkunst nur bestimmte Köpfe etwa an Kannen, an Schwertknäufen (ABB. 145), auf hervorstechendem Goldzierrat usw. dieses Symbol tragen. Darunter gibt es auch ganze dämonische Geschöpfe wie das Pferd mit Menschenhaupt von der Kanne aus Reinheim (KAT.-NR. 90.20, ABB. 140) oder

immer bei den Kelten flügellos – vom Gürtelhaken aus Ossarn vergleichen (ABB. 173), so drückt die „unterwürfige" Haltung etwas Anderes aus. Sie wirkt wie die gejagter Tiere, deutlich anders als die der aggressiven antiken Greifen. Allerdings zeigen weitere Beispiele – z. B. die Leiergreifen von einem Gürtelhaken aus Roseldorf in Niederösterreich (ABB. 185) – wie im Süden den bedrohlich aufgerissenen Adlerschnabel. In diesem Fall dürfte die Herkunft des Motivs aus Italien sicher sein (Szabò 1979). Dort gibt es auf frühen Gürtelhaken keltischen Typs weitere Greifen oder Leiern mit Greifenköpfen (ABB. 33; 34). Auffälligerweise kommt der Greif im Gegensatz zu den so vielfältigen besprochenen Mischwesen häufig in Frankreich vor, wenn er auch im ganzen frühen keltischen Kulturraum (Facies Lt A) belegbar ist (Frey 1996b). Bei manchen typischen Formmerkmalen möchte man – analog zu der Akzeptanz in anderen Kulturkreisen – in diesem Fall nicht nur an die Übernahme des Bildes denken, sondern ebenso an das Eindringen einer fremden Vorstellung in die keltische Welt.

Wiedergaben des ganzen Menschen gibt es nur sehr wenige (KAT.-NR. 42; 43, ABB. 296; 297). Wie wir das an dem Goldhalsring aus Grab 1 vom Glauberg gesehen haben,

das Zwitterwesen von der Fibel aus Ossarn, durch dessen Helm die Blätter hindurchwachsen (KAT.-NR. 72.1, ABB. 320). Vielleicht handelt es sich hier um ein bloß gedachtes Zeichen, das aber bei der Statue wie real existierend gemeint war? Da die Blattkrone schon im Laufe der Frühlatènezeit verschwindet, kann keine Erklärung mit Hilfe späterer Werke gewonnen werden (Frey 1996b).

Die hier so summarisch aufgeführten Repräsentanten (niederer?) dämonischer Wesen antworteten vielleicht nur auf Vorstellungen in bestimmten Regionen, von einzelnen Stämmen oder anderen Gemeinschaften. Besonders gut verdeutlicht das der Goldfund von Erstfeld aus den Schweizer Alpen (KAT.-NR. 100, ABB. 346). Auf zwei Halsringen erscheinen neben Vögeln mit Menschenkopf menschengestaltige Wesen, denen lange Hörner eines Steinbocks aus dem Haupt wachsen. In diesem Fall handelt es sich also deutlich um übernatürliche Geschöpfe aus den Bergen.

Bisher wurde nur auf die einzelnen Wiedergaben eingegangen. Viele Darstellungen sind aber als Gruppen angeordnet. Von ihnen lässt sich am überzeugendsten die auf der Schnabelkanne aus Grab 1 vom Glauberg deuten (KAT.-NR. 1.1, ABB. 233–236). Oberhalb des Henkels findet

sich auf dem Rand der gerüstete, jugendlich wirkende Mann, der sich in ruhiger Haltung im „Schneidersitz" niedergelassen hat. Die Qualität dieser Darstellung ist ungewöhnlich. Der Körper ist wohlproportioniert, die Arme hat er seitlich eingestützt. Das wie bei antiken Werken von einem Kranz von Buckellocken begrenzte Gesicht ist ebenmäßig. Nur die Augen sind vergrößert. Rechts und links von ihm dräuen die schon beschriebenen Fabelwesen mit Menschenkopf, die ihm gleichwohl – so scheint es – nichts anhaben dürfen. Hier kann es sich nur um eine göttliche Gestalt handeln, um einen Herrscher über Dämonen! In der antiken Glaubenswelt würden wir von einem „Herrn der Tiere" sprechen. Ähnliche Bilder gibt es später auch im germanischen Norden. Und sollen nicht ebenfalls die besonders bei den Burgundern so beliebten Wiedergaben von „Daniel in der Löwengrube" Vergleichbares aussagen? Wir haben hier ein räumlich und zeitlich übergreifendes religiöses Motiv vor uns, das trotz gewisser, auch nicht zu übersehender Abweichungen in verschiedenen Kulturen einen Ausdruck gewann.

Das gleiche Schema, allerdings verkürzt, erscheint immer wieder in der frühen keltischen Kunst. Der Beschlag des Gürtelhakens aus Stupava zeigt zwischen zwei Bes-

187 Henkelattasche eines etruskischen Stamnos aus dem Fürstengrab II von Weiskirchen (KAT.-NR. 93.1) und untere Henkelattasche der keltischen Schnabelkanne aus dem Fürstengrab vom Kleinaspergle (KAT.-NR. 91.1).

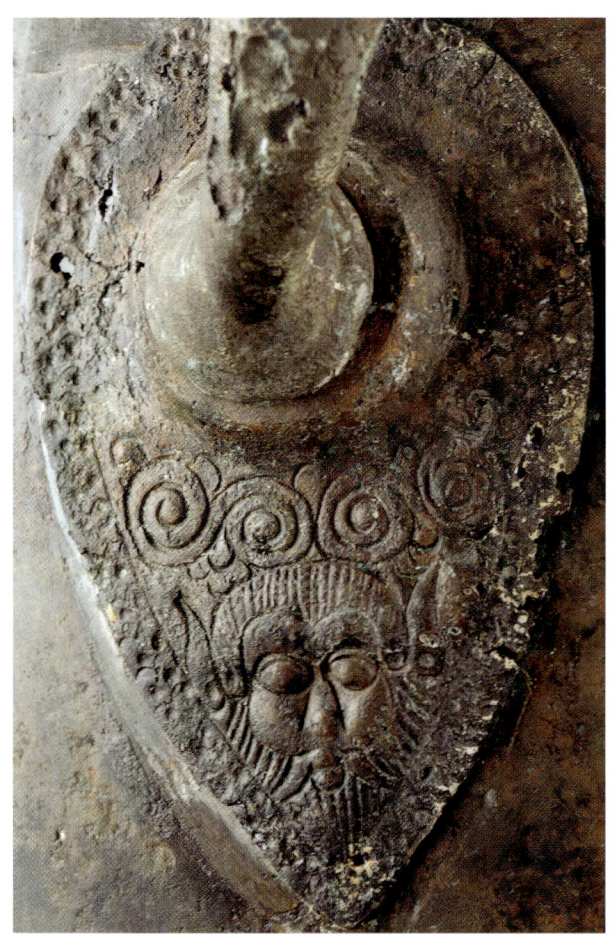
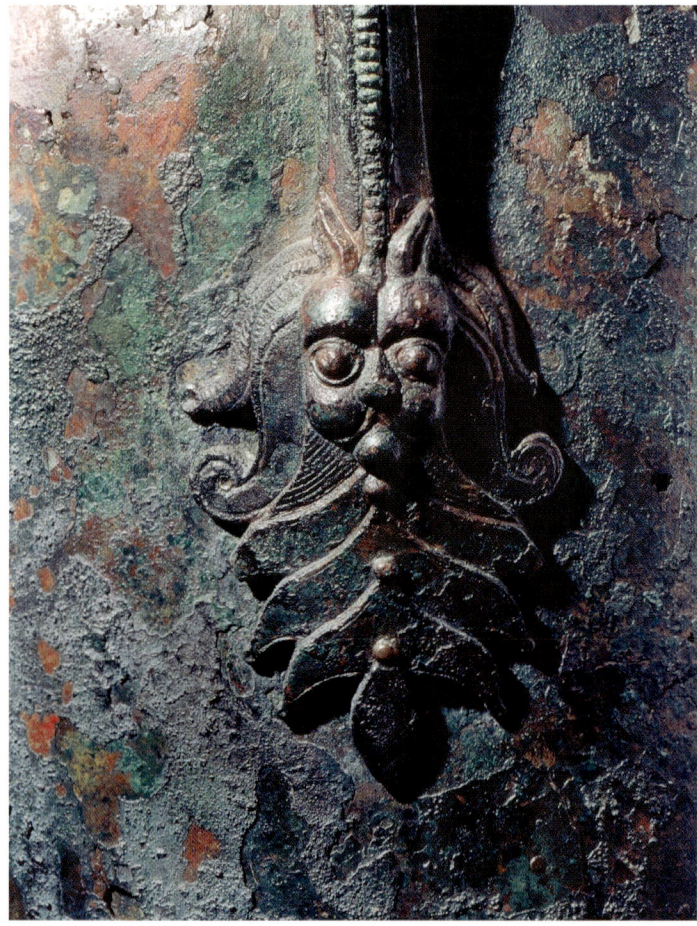

tien mit wie in Etrurien lang heraushängenden Zungen – um 180° gedreht – einen Menschenkopf (ABB. 188). Auf dem Gürtelhaken von Weiskirchen rahmen die beiden Sphingengruppen wieder ein Haupt (ABB. 144). Auch auf dem Gürtelhaken aus Grab 2 vom Glauberg strecken sich die beiden Untiere zu dem Kopf am Hakenende (KAT.-NR. 2.3.1, ABB. 256). Ebenfalls ist das Ungeheuer auf dem Henkel der Schnabelkanne vom Dürrnberg, das sein unförmiges Haupt auf einen ebenmäßigen menschlichen Kopf stützt (ABB. 174), wahrscheinlich so zu interpretieren, doch mag es bei den Kelten auch nebeneinander unterschiedliche Vorstellungen gegeben haben. Vom Glauberg ist ein alter Fund erhalten, das Zierstück eines unfertigen Bronzehalsrings, auf dem zwei fremdartige, auf orientalische Vorbilder zurückgehende Löwen mit weit aufgesperrten Rachen einen Kopf verschlingen wollen (ABB. 189). Unter ihren Vordertatzen sind zwei weitere menschliche Häupter angebracht. Ist auf diesem Ring der Sinn der bisher gesehenen Darstellungen nicht umgekehrt? Kann hier nicht auch der Gürtelhaken aus Grab 1 vom Glauberg mit dem Kopf unmittelbar vor dem aufgesperrten Raubtiermaul angereiht werden?

Es gibt weitere Gruppen, die sich aber schlechter interpretieren lassen. Auf einem anderen Halsring von Erstfeld sehen wir einen behelmten Mann, der sich gegen einen ihn ins Gesicht pickenden Vogel wehrt (KAT.-NR. 100, ABB. 346). Ein entsprechendes Duo bietet z. B. eine Fibel aus Nová Hut' in Böhmen (KAT.-NR. 70, ABB. 318). Wenn es sich unter dem Ausguss der Kanne aus Grab 2 vom Glauberg um einen stilisierten Menschenkopf handelt, wie oben überlegt wurde, so könnte er von zwei als S-Spiralen vereinfachten „Vögeln" gerahmt sein (ABB. 186,1). Ein ganz entsprechendes Motiv findet sich an der Henkelattasche der Kanne aus Waldalgesheim, wo der Kopf von

zwei umgekehrt hängenden „Greifen" eingefasst wird (ABB. 186,2). Auch das Haupt am Achsnagel von Unterradlberg in Niederösterreich wird von zwei S-Gebilden, die in Vogelköpfen auslaufen, umgeben (ABB. 186,3). Bei der Fibel von Berlin-Niederschönhausen leckt(?) ein Widder das Geschlechtsteil eines Mannes (KAT.-NR. 44, ABB. 298). Auf dem Halsring aus dem Reinheimer Grab erscheint ein Vogelkopf (Helmzier?) über dem Menschenkopf (ABB. 147). Hier dürfte es sich um ein Schutzsymbol handeln, wie es auch auf späteren keltischen Werken öfter wiederkehrt.

Ferner gibt es einander entsprechende Serien von Darstellungen. Auf der Kanne von Waldalgesheim steht auf dem Deckel ein Pferd. Auf den Henkel, an der Stelle, wo er den Rand des Gefäßes berührt, ist im Relief ein Widderkopf aufgelegt. Die untere Henkelattasche zeigt einen Männerkopf mit Blattkrone. Auf der Röhrenkanne aus Grab 2 vom Glauberg sitzt auf dem Deckel ein pferdeartiges Fabeltier (KAT.-NR. 2.1, ABB. 104; 251). Das obere Henkelende schmückt ein Löwenkopf(?), jedoch mit zwei Widderhörnern (ABB. 252). Die Attasche unten nimmt ein Haupt ein mit zwei großen, seitlichen Spiralen, die die Blattkrone ersetzen (ABB. 253). Oben auf der Kanne von Reinheim steht ein Pferd mit Menschenkopf. Das obere Henkelende deckt ein bärtiger Kopf mit einer Palmette statt Haaren über einem Widderkopf. Letzterer hat merkwürdigerweise Barthaare etwa wie ein Löwe. Die untere Attasche bildet wieder ein menschliches Haupt mit einer Palmette darüber. Liegt nicht diesen Bildfolgen der ganz erhaltenen, miteinander eng verwandten Röhrenkannen, durch die die rituelle Bedeutung der Gefäße unterstrichen wird, eine gemeinsame, nur leicht variierte Vorstellung zugrunde?

Sicherlich ist es noch ein weiter Weg, bis wir diese Bilder der frühen keltischen Geisteswelt, die von denen realer Menschen und Tiere bis zu denen von Dämonen und Göttern reicht, besser enträtseln können. Dass dabei den Fundstücken vom Glauberg ein besonderer Platz zukommt, wurde deutlich. Die Übersicht, so gerafft sie in dem vorliegenden Katalog sein musste, mag eine Anregung sein, sich nicht nur an der Kunstfertigkeit mancher Exponate zu erfreuen und sie als fremdartigen Reiz aufzunehmen, sondern auch zu versuchen, sich den Vorstellungen, die sich hinter den Werken verbergen, zuzuwenden.

DER WANDEL IN DER ENTWICKLUNG

Diese fantastische, schillernde, wenig gefestigte Bilderwelt verschwindet weit gehend im 4. Jahrhundert v. Chr. Es ist die Zeit, die auf die großen keltischen Wanderungen folgt, welche – parallel zu einer veränderten Einstellung zu den antiken Kulturen – neue Ideen und neue soziale Strukturen mit sich brachte. Es ist jetzt vor allem

188 Gürtelhaken aus Stupava, Slowakei (KAT.-NR. 50).

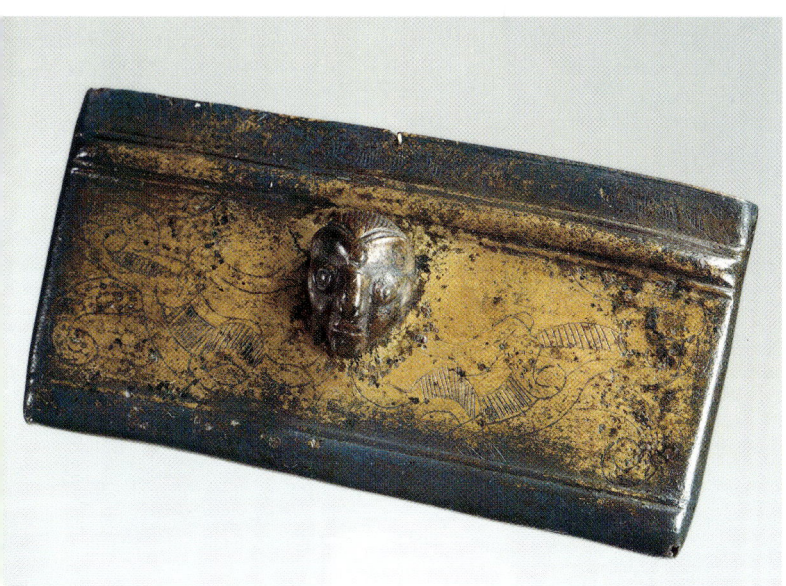

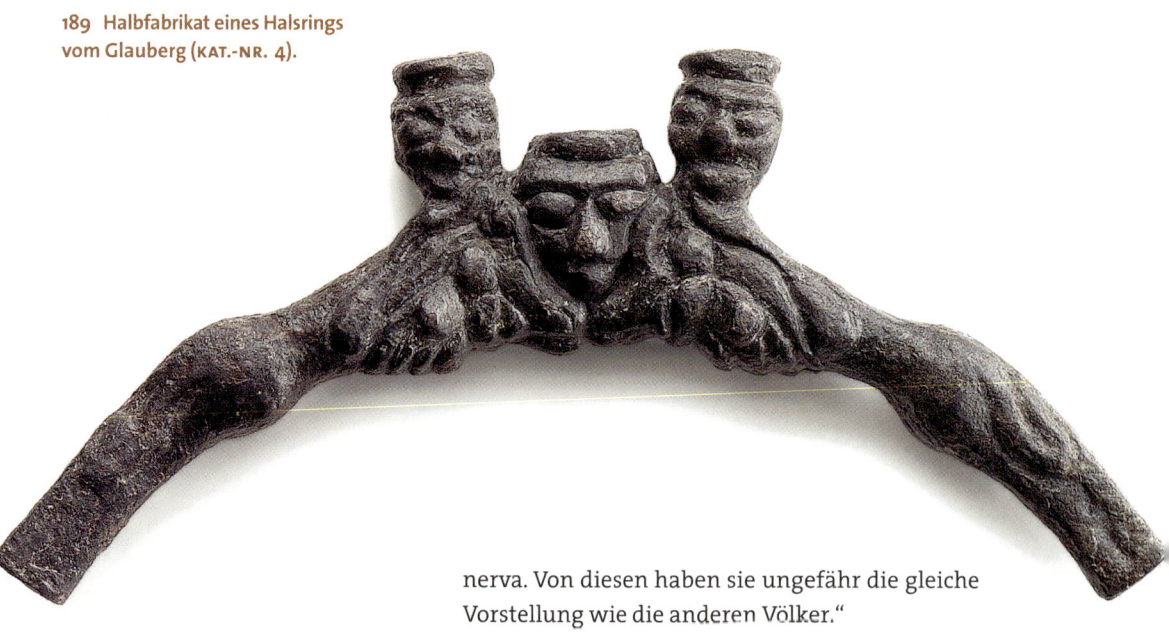

189 Halbfabrikat eines Halsrings vom Glauberg (KAT.-NR. 4).

der heutige französische Raum, der in vielen Lebensäußerungen auf diejenigen der nach Italien und weiter nach Osten vorgedrungenen Stämme antwortet. Der Bruch führt, so weit wir das an den Monumenten ablesen können, auch zu anderen religiösen Strömungen. Recht deutlich wird das an den Inhalten von Darstellungen. Einige Symbole wie Wasservögel verschwinden zunächst, jedoch tauchen verschiedene neue Tierbilder auf, vielleicht als Erstes das des Stiers. Von den Mischwesen scheinen nur einige, die stärker verfestigt waren, weiter zu existieren(?). Zu nennen ist beispielsweise das Pferd mit Menschenkopf, das auf vielen Münzbildern begegnet. Neu ist die Schlange mit Stier- oder Widderkopf. Das Tierzeichen über einem menschlichen Kopf wird weitergeführt, kommt gleichfalls als Aufsatz von Helmen vor. Symbole wie die Blattkrone gibt es nicht mehr, doch nehmen Zeugnisse der Kopfjagd und des Kopfkults zu. Auf Münzbildern sind jetzt ebenfalls weibliche Gottheiten erkennbar. Und die Großplastik umfasst – vor allem in Zeugnissen vom Ende der Epoche – eindeutige Götterbilder.

Ein weiterer Wandel wird dann durch die Romanisierung und die Versuche sowohl hohe als auch lokale keltische Götter mit römischen zu identifizieren in Gang gesetzt. Caesar klassifiziert die gallischen Götter folgendermaßen (Bell. Gall. VI 17,1-2): „Als Gott verehren sie am meisten Merkur. Von ihm gibt es die meisten Bildwerke, ihn machen sie zum Erfinder aller Künste, zum Führer auf Wegen und bei Reisen, von ihm glauben sie, er habe den größten Einfluss auf Geldgewinn und Handel. Nach diesem (verehren sie) Apoll und Mars und Jupiter und Mi-

nerva. Von diesen haben sie ungefähr die gleiche Vorstellung wie die anderen Völker."

Von den antiken Autoren überliefert uns allein Lukan keltische Götternamen (De Bello Civile I 444-6): „Teutates, Esus, Taranis." Ferner kennen wir durch Inschriften noch etliche weitere Namen. Darin und in späteren Kommentaren wird Teutates öfter sowohl mit Merkur als auch mit Mars gleichgesetzt. Ähnliches trifft auf Esus zu. Ebenso scheinen die Funktionen von Taranis als Himmelsgott umfassender zu sein. Caesar versuchte – als Römer der späten Republik rational denkend – die Wirkungsbereiche der Götter entgegen den offeneren Glaubensvorstellungen der Kelten durch die Benennung nach römischen Gottheiten genauer zu umgrenzen. Dass ihm das nicht überzeugend gelang, dass er uns von dem Charakter der keltischen Götter wohl genauso viel verbirgt als er uns mitteilt, macht allein schon die Reihenfolge deutlich, in der er sie nach ihrer Wichtigkeit anführt, denn nicht Jupiter steht an der Spitze, sondern Merkur, der vielfältige Aufgaben wahrnahm. Entsprechende Schwierigkeiten macht die Zuteilung von Attributen an die Götter, denen wir auf provinzialrömischen Bildwerken begegnen. Außerdem wissen wir, dass ursprünglich lokale Kulte durch das römische Militär weitergetragen wurden.

Auch wenn dieser abschließende Ausblick sehr vereinfacht ist und vieles offen lässt, verdeutlicht er doch, wie problematisch es ist, ausgehend von dem bekannteren provinzialrömischen Götterhimmel auch von der frühen keltischen Religion einen Eindruck gewinnen und sie deuten zu wollen. Es sind ja weit gehend nur Bilder von dämonischen Wesen, mit denen wir diese einstige Welt wahrnehmen, in der so reiche, verschiedenartige und wandelbare Vorstellungen bezeugt sind. Um dazu einen ersten Zugang zu finden, wurden die Wiedergaben der frühen keltischen Kunst in dieser kurzen Übersicht ausgebreitet.

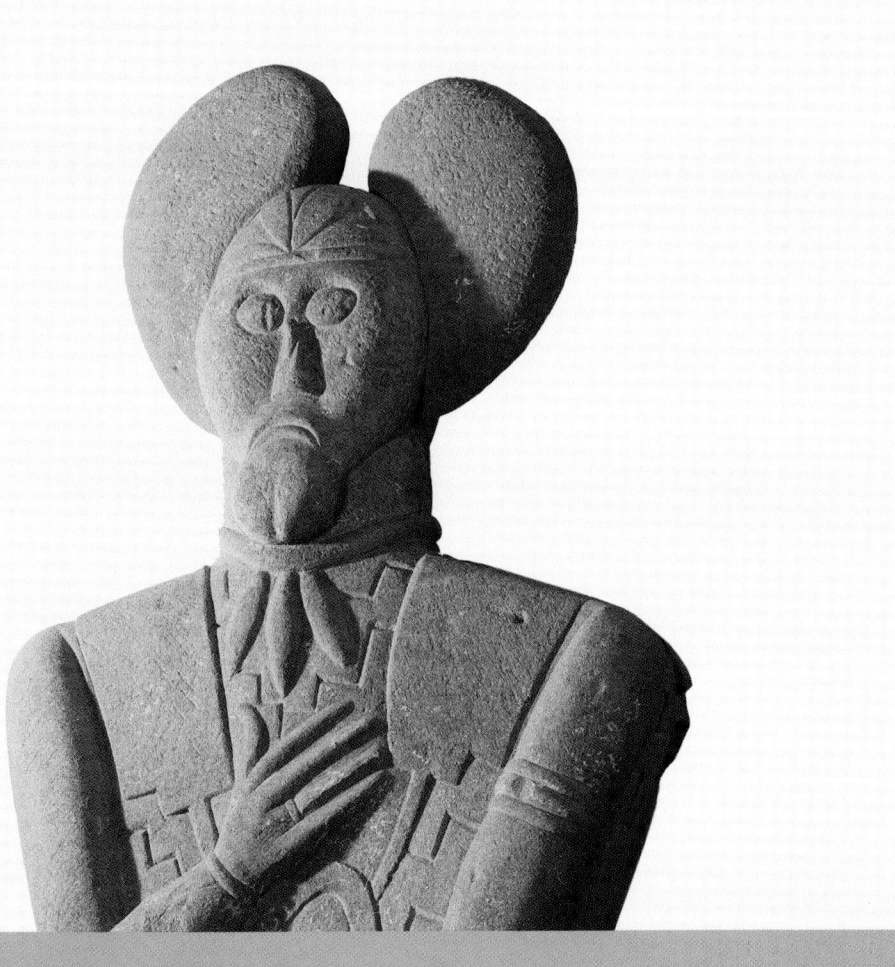

ZEUGEN AUS STEIN

MENSCHEN ODER HEROEN?

DIE STATUEN VOM GLAUBERG UND DIE FRÜHE KELTISCHE GROSSPLASTIK

VON OTTO-HERMAN FREY

Die größte Überraschung bei den Ausgrabungen am Glauberg war die Auffindung der steinernen Statuen. Wir kennen nur ganz wenige vergleichbare Monumente. Da solche Werke nicht wie Grabbeigaben tief im Boden verborgen wurden, waren sie immer in hohem Maße der Vernichtung durch Menschen ausgesetzt. Oft wurden sie beseitigt, weil sie als große Steine beim Feldbau störten; oder sie wurden als „heidnische Bildnisse" absichtlich zerschlagen. Natürlich müssen wir im waldreichen Mitteleuropa ebenfalls mit hölzernen Darstellungen rechnen, doch sind solche Figuren – durch Feuchtigkeit konserviert – nur in wenigen Ausnahmen auf uns gekommen. Insgesamt sind daher die Überlieferungsbedingungen so schlecht, haben wir so wenige Zeugnisse, dass wir nur mit großer Zurückhaltung durch Vergleiche auf die allgemeine Entwicklung und Bedeutung der Großplastik eingehen können (Frey 2000a).

Die Hessische Denkmalpflege konnte eine vorzüglich erhaltene Statue freilegen, der nur die Füße fehlen (KAT.-NR. 3.1, ABB. 70; 71). Es handelt sich um das Abbild eines Kriegers in einem Panzer und mit Schild und Schwert. Er trägt ferner einen Halsring mit drei Anhängern, einen Fingerring und verschiedene Armringe. Seitlich am Kopf sitzen zwei riesige Blätter, die wie eine „Krone" wirken. Sie schmiegen sich an eine mit spitzen Blättern verzierte Kappe an. Zu dieser Figur kommen die Reste von drei weiteren Skulpturen, die, soweit noch erkennbar, ganz ähnlich gebildet und geschmückt waren (KAT.-NR. 3.2–3.4, ABB. 259–262). Für eine ausführlichere Vorstellung sei auf den Beitrag von F.-R. Herrmann verwiesen.

DIE STATUEN VOM GLAUBERG UND FRÜHE BILDWERKE AUS MITTELEUROPA

Eine direkte Parallele bildet nur das Fragment eines Kopfes aus Heidelberg (ABB. 190). Von ihm ist lediglich die obere Gesichtshälfte mit den lebendigeren Augen erhalten. Dass eine lange Kinnpartie zu ergänzen ist, kann man gerade erahnen. Die Stirn zieren wiederum spitze Blätter, die zu einer Kappe gehören, die gleichfalls den ganzen Hinterkopf umschließt. Hier wird besonders deutlich, dass diese Blätter aus Kreisschlägen entstanden sind, wie man sie mit einem Zirkel oder mit Hilfe einer Schnur macht. Das Ganze umfängt abermals eine große „Blattkrone", die in diesem Fall detaillierter ausgearbeitet ist.

Die gut erhaltene Skulptur vom Glauberg lässt sich in ihrer Körperbildung allein mit einer Statue aus Nordwürttemberg, dem sog. Krieger von Hirschlanden, in nähere Beziehung bringen (ABB. 191) (Zürn 1970, 67 ff.; von Hase 1998, 315 f. Anm. 77–79; ders. [im Druck]). Letzterer

190 Kopffragment mit Blattkrone aus Heidelberg. Vorder-, Rück- und Seitenansicht (KAT.-NR. 131).

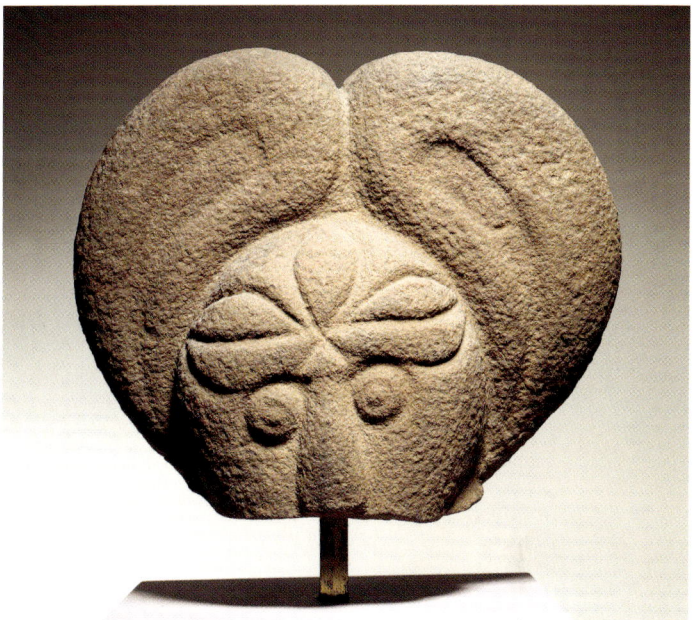

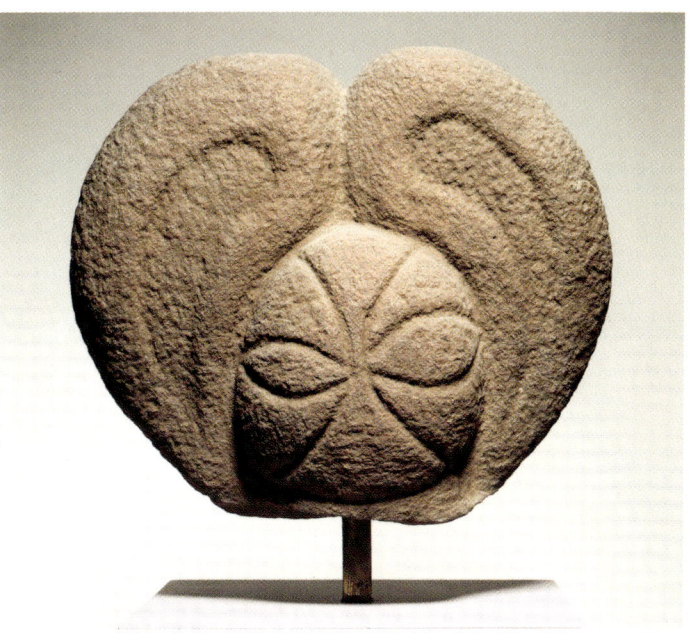

mag etwa 100 Jahre älter sein. Dargestellt ist – wenig unterlebensgroß – ein Mann, ebenfalls mit mächtigen Schenkeln, plattem Gesäß und fast brettartigem Oberkörper. Die Schultern sind auffällig hoch gedrückt, so als wollte man einen aufgerichteten und in den Achselhöhlen mit Stangen abgestützten Leichnam nachahmen. In flachem Relief sind die Arme in einem bezeichnenden Gestus wie bei der Glaubergfigur auf Brust und Leib gelegt. Der Mann ist nackt, doch trägt er als besonderes Abzeichen einen Hut oder Helm. Dass das nach unten verschobene Gesicht eine Maske andeuten soll, ist denkbar. Den Hals umschließt ein Ring. An dem Gürtel aus zwei Riemen ist ein Dolch befestigt. Auffällig ist der aufgerichtete Phallus.

Wo man die Figuren am Glauberg aufgestellt hatte, lässt sich nicht exakt bestimmen. Zu vermuten ist, dass sie

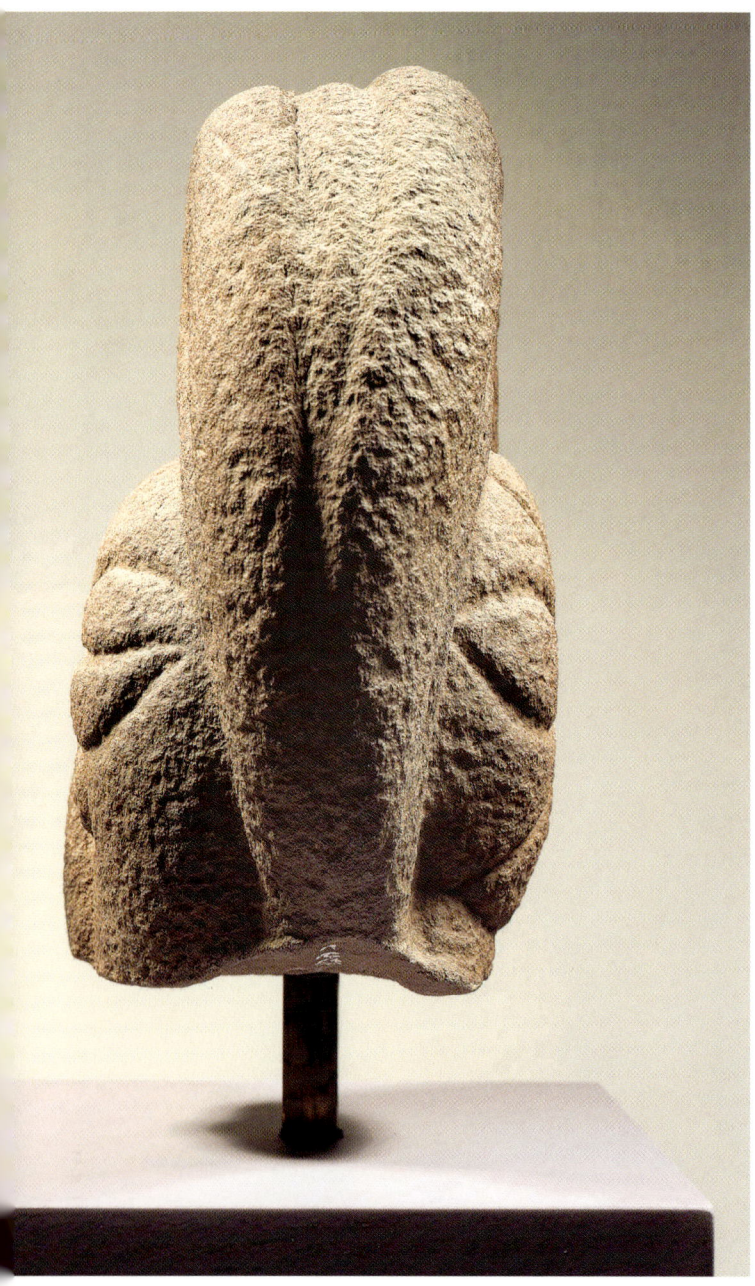

ursprünglich nahe beim Grabhügel „an einem heiligen Platz" aufgereiht wurden. Kann dagegen der Standort des „Kriegers von Hirschlanden" genauer bezeichnet werden? Dieser wurde neben dem Steinkranz, der den Hügel einfasste, auf der alten Oberfläche aufgefunden (ABB. 192). Er lag auf dem Bauch, die Beine waren gebrochen. Der Ausgräber H. Zürn nimmt an, dass er bald nach der Aufrichtung umgestürzt und von seinem ursprünglichen Platz oben auf dem Hügel herabgerollt sei. Zentral im Hügel wurde aber eine Nachbestattung angetroffen, die jünger als die Figur ist (H. Schickler in: Kat. Frankfurt 23 ff.), datiert man sie nach der Wiedergabe des Dolchs und den weiteren Abzeichen (Rasshofer 1998, 25 ff.). Stand also der steinerne „Krieger" nicht oben auf der Hügelschüttung, sondern vielleicht etwas zur Seite gerückt oder am Rand des Monuments? Unzweifelhaft ist allein, dass die Statue unmittelbar zu der ganzen Grabanlage gehört.

Ein Mal auf oder am Grab, das den Toten symbolisierte, kennen wir in Mitteleuropa aus verschiedenen Epochen. Beispielsweise kann das ein einfacher oder eventuell leicht zugeschlagener Stein (oder Holzpfosten) sein. Schon in der älteren Hallstattzeit, d. h. im 7. Jahrhundert v. Chr., werden in Südwestdeutschland auch figürliche Stelen bekannt. Gute Beispiele dafür bilden zwei unförmige Steine aus einem Gräberfeld bei Rottenburg am Neckar (ABB. 193; 194), in die mit einem Spitzeisen nur die Linien eines Gesichts und Details im Hals- und Brustbereich eingegraben sind. Bei anderen Stelen ist die Rundung des Kopfes herausgearbeitet und z. B. sind bei derjenigen von Calw-Stammheim die Oberarme, die Oberschenkel und die Schambeuge mit dem aufgerichteten Penis angedeutet (ABB. 195). Die Idee, ein Bild des Verstorbenen zu schaffen gab es also bereits länger. Demgegenüber stellt aber der als Rundplastik gedachte, frei auf zwei Beinen stehende „Krieger von Hirschlanden" etwas Neues dar. Ohne Impulse aus der antiken Welt ist er nicht denkbar.

Sicherlich müssen wir mit ähnlich geformten Holzfiguren rechnen. Das verdeutlicht eine sehr viel kleinere und deshalb wohl anders zu deutende Plastik aus der Saône bei Seurre (ABB. 196). Erhalten ist nur die untere Körperhälfte. Diese nackte Gestalt mit den geteilten Beinen und dem hervorgehobenen Phallus passt gut zu dem „Krieger von Hirschlanden". Sie stand wohl ursprünglich auf einer kleinen Insel an einer Furt durch den Fluss. Einige späthallstättische Scherben von der gleichen Stelle und eine Datierung nach der Radiokarbon-Methode legen eine Herstellung etwa um 500 v. Chr. nahe.

Dass es jetzt neben Grabplastiken auch andere gibt, zeigen ferner zwei Sitzfiguren, ein Krieger und eine Frau, aus Vix bei Châtillon-sur-Seine (ABB. 197; 198). Sie waren rechts und links am Zugang in einen rechteckigen, umwallten Bezirk in den zugehörigen Graben gestürzt, welcher Keramik und andere Kleinfunde vom Ende der Hallstattzeit enthielt (s. Beitrag Chaume/Reinhard). Man könnte hier

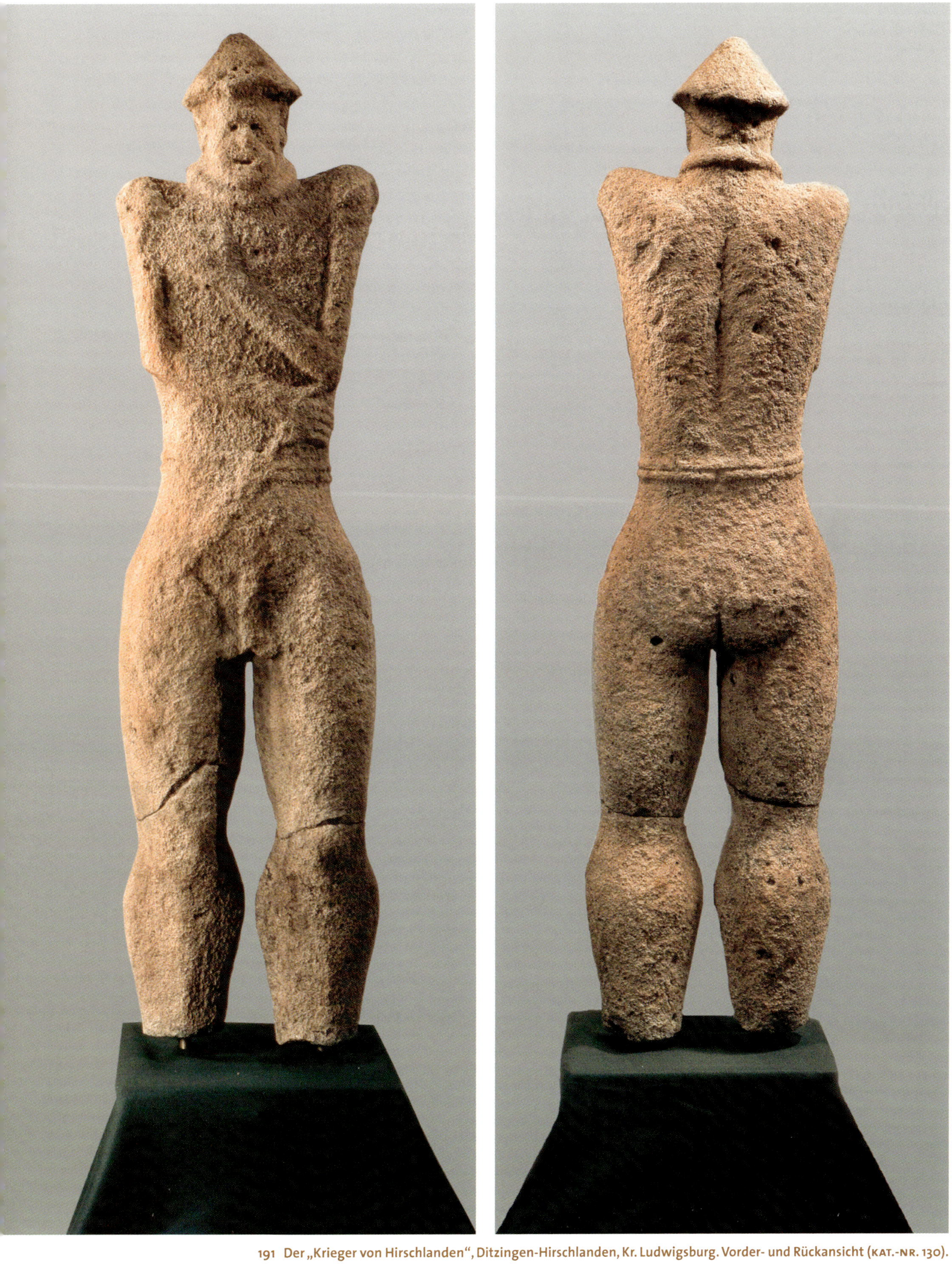

191 Der „Krieger von Hirschlanden", Ditzingen-Hirschlanden, Kr. Ludwigsburg. Vorder- und Rückansicht (KAT.-NR. 130).

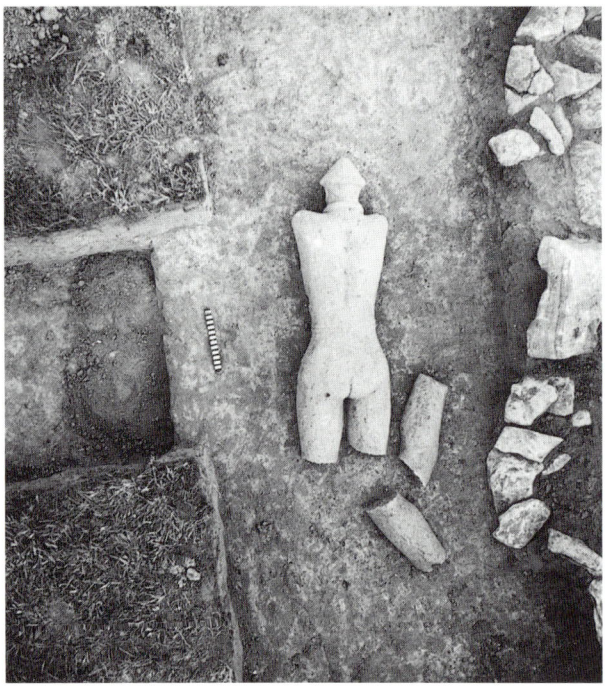

192 Der „Krieger von Hirschlanden" in Fundlage am Fuß des Grabhügels.

Bei Letzteren dürfte es sich um Verehrungsbilder einer größeren Gemeinschaft handeln. In der antiken Welt würden wir an Darstellungen von Heroen denken.

Es wäre sicher falsch, bei den wenigen überlieferten Monumenten unsere Überlegungen auf tote Ahnen und Heroen einzuengen, denn wahrscheinlich sind weitere Skulpturen, die wir dem 5. und 4. Jahrhundert v. Chr. zuweisen können, anders zu erklären. Leider kennen wir deren ursprüngliche Aufstellung nicht, die uns sicherlich für ihre Interpretation eine zusätzliche Hilfe wäre. Aus Holzgerlingen in Württemberg stammt ein wiederum primitiver wirkendes Pfeilerbildwerk (ABB. 199), dessen Unterteil wie bei den genannten älteren Grabstelen in den Boden eingesenkt war. Auf beiden Seiten des Pfeilers ist jeweils nur ein einzelner Arm aufgelegt. Auch diese Figur ist durch eine „Blattkrone" ausgezeichnet. Die Skulptur hat zwei Gesichter, also einen sog. Januskopf. Sollte deshalb hier nicht ein übernatürliches Wesen gemeint sein?

Aus dem Rhein-Hunsrück-Kreis unweit von Pfalzfeld ist noch das Unterteil eines ursprünglich über 2 m hohen obeliskartigen Pfeilers erhalten (ABB. 200). Zwischen die Ornamente auf den vier Seitenbahnen ist jeweils ein Kopf eingefügt. Ebenfalls soll oben auf dem Pfeiler ursprünglich ein Kopf gesessen haben. Hier muss wieder offen bleiben, wozu ein solcher Pfeiler bestimmt war.

Etwas jünger ist das Unterteil eines Pfeilerbildnisses von Steinenbronn/Waldenbuch in Nordwürttemberg (KAT.-NR. 137, ABB. 368). Auf den vier Bahnen des Pfeilers sind zwischen Spiralornamenten vertikale Streifen dargestellt, die ganz stilisiert die Lederlaschen wiedergeben, die bei einem Panzer zum Schutz des Unterleibs herabhängen. Dass dieser Stein in eine menschliche Figur über-

an die „Wächter" eines heiligen Bezirks denken, der allerdings auch mit nahen Grabanlagen verbunden war.

Wir vermuten demnach eine Erweiterung oder einen Wandel der Funktion solcher Denkmäler, was wir ebenfalls bei den wohl dicht neben dem Grabenrund des Hügels aufgestellten Skulpturen vom Glauberg annehmen dürfen. Deshalb müssen wir aber die Figuren von Vix und die vom Glauberg nicht völlig übereinstimmend deuten.

193 Hallstattzeitliche Stele aus Hügel 7 von Rottenburg „Lindele", Kr. Tübingen (KAT.-NR. 119.1).

194 Hallstattzeitliche Stele aus Brandgrubengrab 84 von Rottenburg „Lindele", Kr. Tübingen (KAT.-NR. 119.2).

195 Hallstattzeitliche Stele aus Calw-Stammheim, Kr. Calw (KAT.-NR. 120).

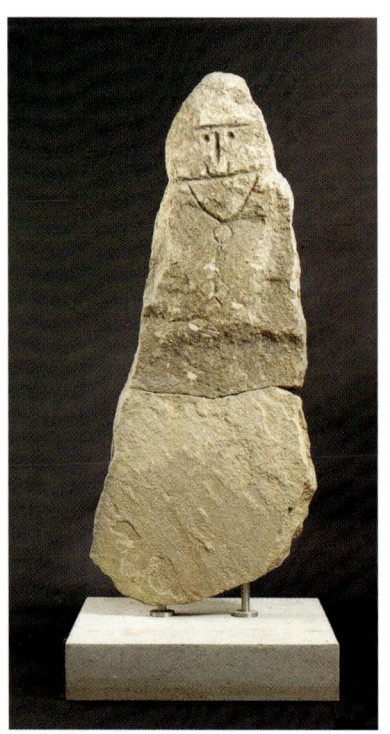
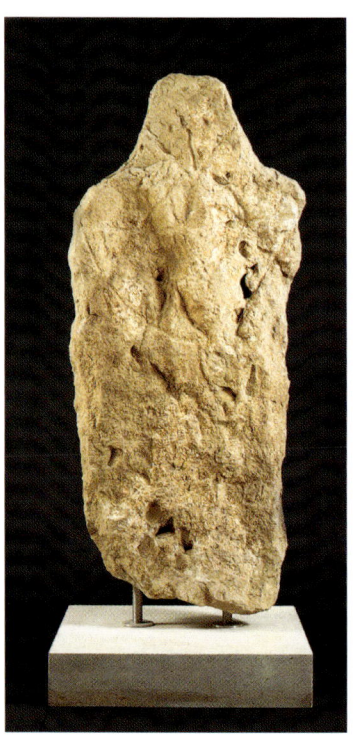
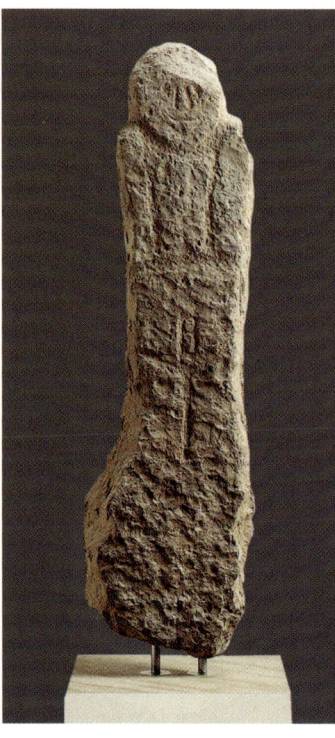

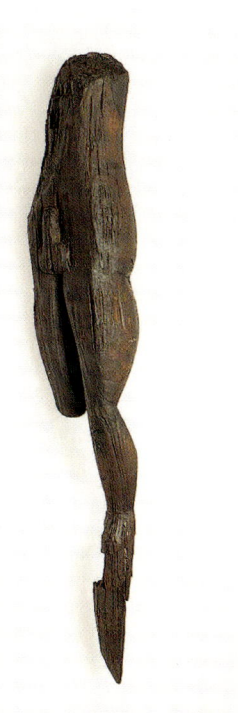

196 Hölzerne Statuette aus der Saône bei Seurre, Dép. Côte d'Or (KAT.-NR. 132).

197 Sitzfigur eines Kriegers aus Vix, Dép. Côte d'Or (KAT.-NR. 139.1).

198 Sitzfigur einer Frau aus Vix, Dép. Côte d'Or (KAT.-NR. 139.2).

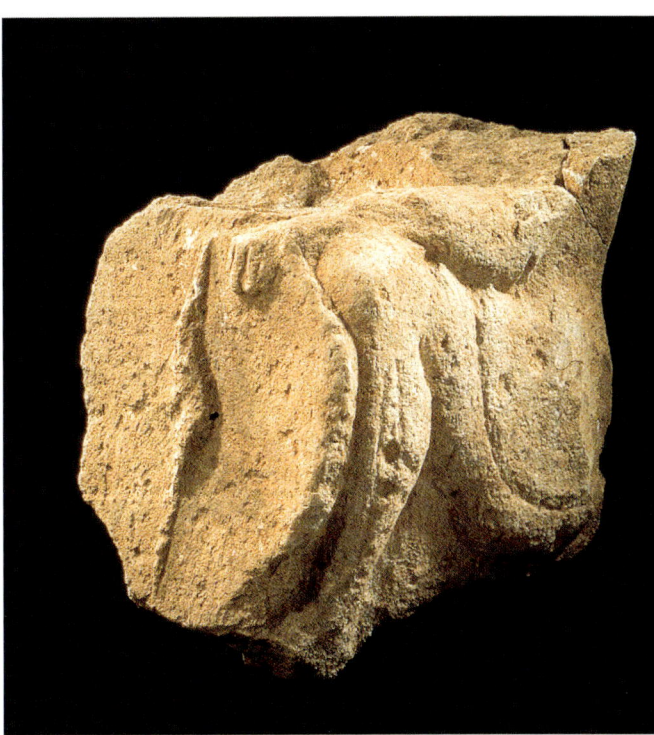

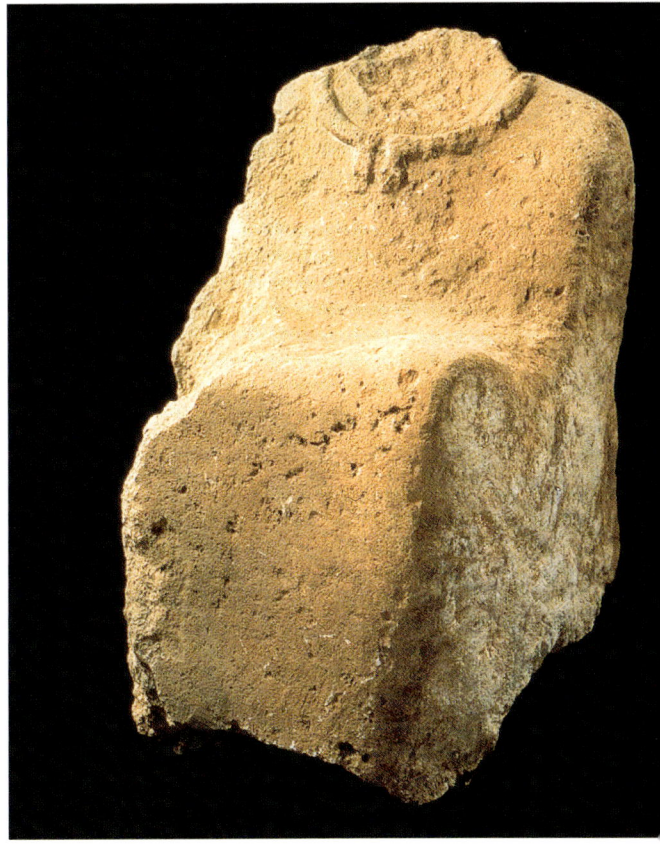

Es geht aber nicht allein um Handelsgut, das Mitteleuropa erreichte. Die Mauer der Heuneburg aus Lehmziegeln und mit vorspringenden Türmen, die nach mediterranen Vorbildern errichtet wurde, setzt einen im Süden geschulten Baumeister voraus. Müssen wir nicht gleichfalls bei unseren Skulpturen von persönlichen Kontakten ausgehen, sei es dass keltische Handwerker im Süden Kenntnisse

ging, zeigt ein einzelner erhaltener Arm. Wie das Werk insgesamt zu deuten ist, bleibt auch in diesem Fall unklar.

Erst bei jüngeren Skulpturen, überwiegend aus der Zeit kurz vor der römischen Epoche, können wir nicht wenige Figuren zweifelsfrei als Bildnisse von Göttern bestimmen (ABB. 201).

Zwischen den hallstättischen Stelen, bei denen die Gesichter und einzelne Körperformen mit dem Spitzhammer oder mit dem Schlägel und Spitzeisen eingerissen wurden, und den Statuen vom Glauberg, bei denen das Flacheisen eingesetzt wurde und deutliche Schleifspuren erhalten sind, gibt es klare Fortschritte in der Technik der Steinbearbeitung. Die Steinmetze hatten dazugelernt. Das Gleiche trifft für die Formgebung zu. Der „Krieger von Hirschlanden" und die „Fürsten vom Glauberg" sind nicht mehr in den Boden eingesenkte Stelen, sondern freistehende Rundplastiken. Wie kam es zu solchen Innovationen?

IMPULSE AUS DEM SÜDEN

Die Skulpturen gehören in die Zeit, in der sich die mitteleuropäische Gesellschaft besonders der antiken Welt öffnete. Wie an anderer Stelle beschrieben, besitzen wir aus der Epoche eine Fülle mediterraner Importe (s. Beitrag Baitinger). Unsere Kenntnis wird natürlich besonders durch die reichen Inventare der Fürstengräber bestimmt, doch gibt es ebenso Tonscherben griechischer Weinamphoren und Trinkgefäße, daneben solche von Parfümfläschchen aus Glas und dergleichen mehr aus Siedlungen dieser Zeit.

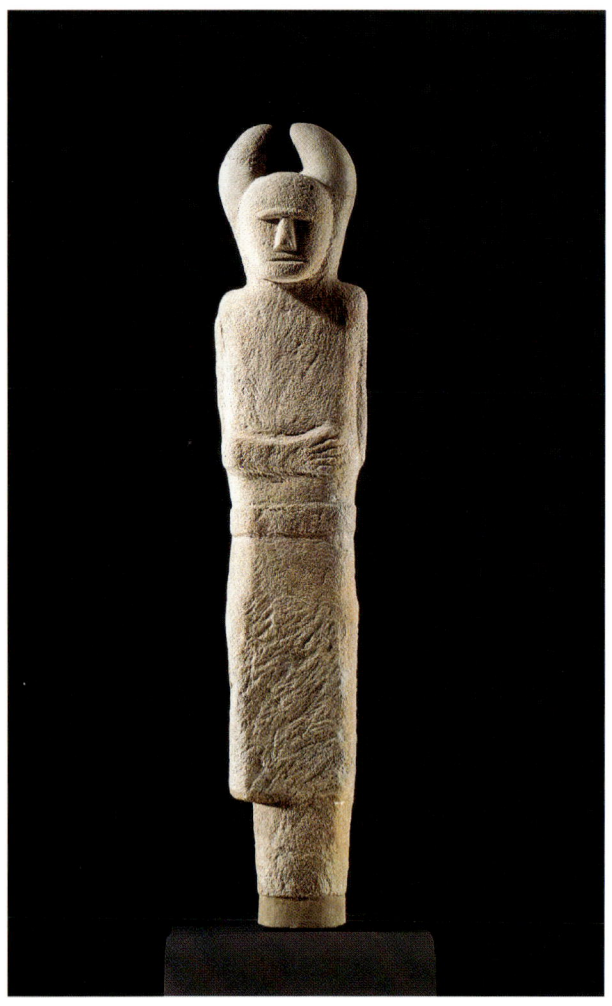

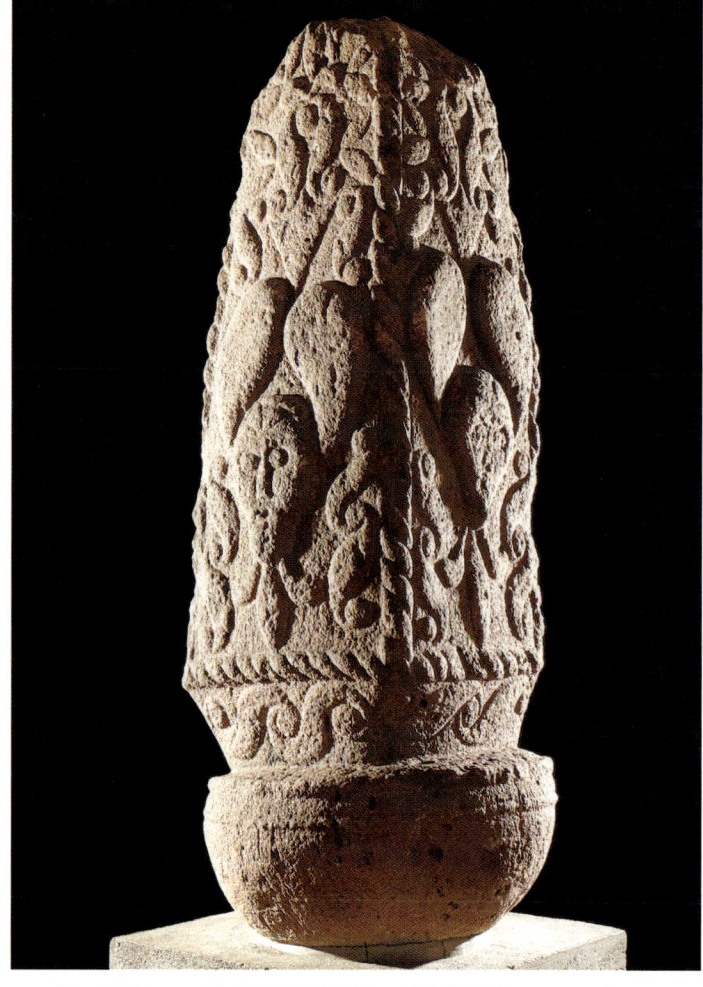

199 Janusköpfige Pfeilerstele aus Holzgerlingen, Kr. Böblingen (KAT.-NR. 134).

200 Der „Pfeiler von Pfalzfeld", Rhein-Hunsrück-Kreis (KAT.-NR. 135).

erwarben, sei es dass Handwerker vom Süden nach Mitteleuropa zogen. Wie anders ließe sich der Transfer von Technologien und künstlerischer Gestaltung erklären? Und müsste nicht überhaupt die Idee zu solchen Abbildern, die über rein symbolische Darstellungen hinausgeht, ihre Anstöße aus der antiken Welt bekommen haben?

Fragen wir etwas genauer nach, woher diese Impulse kamen. Bei den nackten Figuren der Hallstattzeit wird man zuerst an die Bilder griechischer Jünglinge, d. h. griechischer Kouroi, denken, wie sie an Gräbern oder in Heiligtümern aufgestellt waren (s. Beitrag Steuernagel), doch gibt es wesentliche Unterschiede zu ihnen. Letztere sind immer in der lebendigeren Schrittstellung wiedergegeben, stehen also nicht mit parallelen Beinen und der Gestus der vor die Brust und den Leib gelegten Arme ist ihnen fremd. Ebenfalls wird bei solchen Statuen nie ein erigierter Phallus hervorgehoben. Diese Darstellung männlicher Potenz ist allein für die Gebiete um die Alpen und nördlich davon typisch.

Vergleiche mit der heterogeneren italischen Plastik sind insofern problematisch, weil auch hier nur eine sehr begrenzte Anzahl ähnlicher Werke bekannt ist. Jedoch gibt es unter den wenigen Beispielen schlagende Parallelen. An erster Stelle sind zwei stehende Jünglingsfiguren – etwa in halber Lebensgröße – aus Casale Marittimo, Prov. Pisa, zu nennen (ABB. 202). Sie sind nicht völlig nackt, sondern tragen den in Etrurien üblichen Schurz nebst einem prächtigen Gürtel. Die Beine stehen parallel. Bei dem besser erhaltenen Bildwerk ist wie bei den mitteleuropäischen Skulpturen ein Arm auf die Brust, der andere auf den Leib gelegt. Interessant sind Spuren einer farbigen Fassung, die wir generell bei allen Statuen voraussetzen müssen.

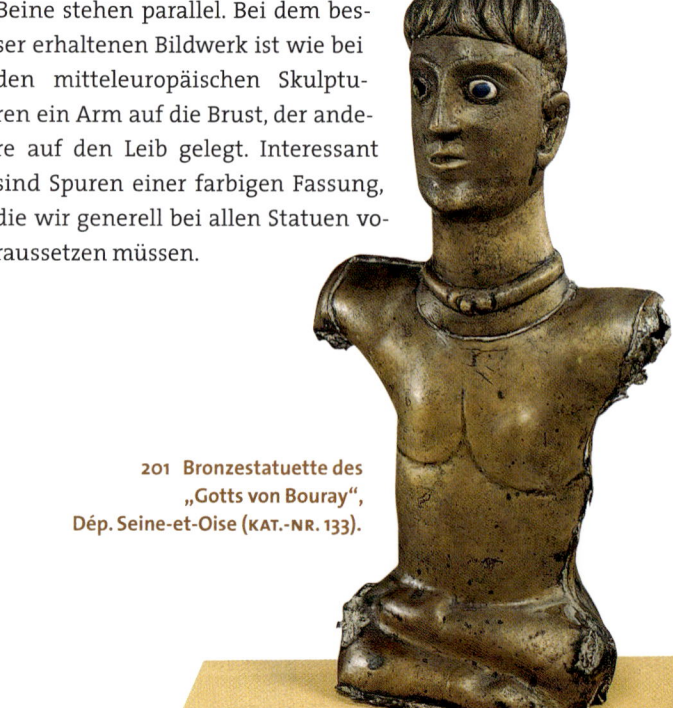

201 Bronzestatuette des „Gotts von Bouray", Dép. Seine-et-Oise (KAT.-NR. 133).

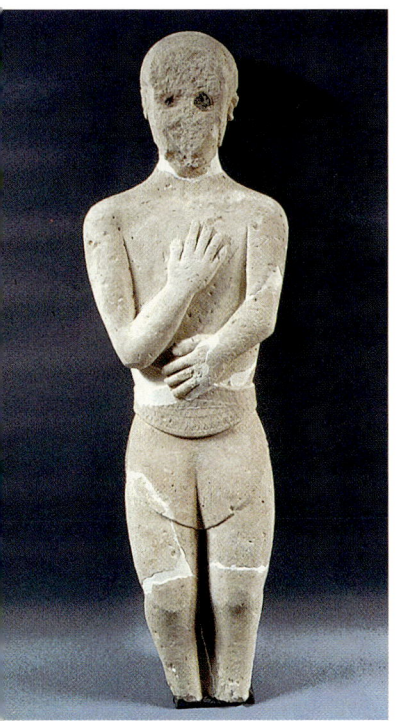
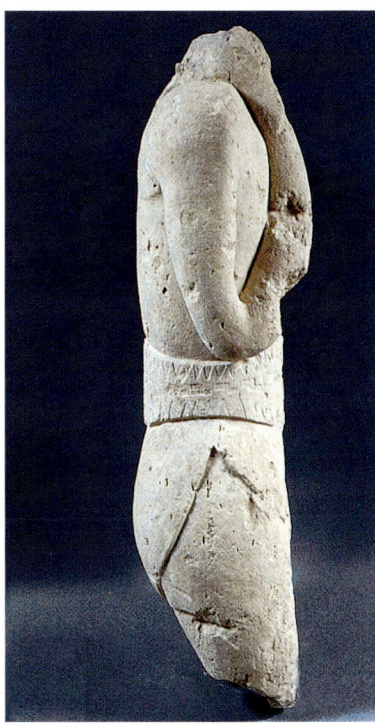

202 Zwei Statuen aus Casale Marittimo, Prov. Pisa (KAT.-NR. 126).

Diese beiden Skulpturen stammen aus einer illegalen Ausgrabung, über die es also keine Dokumentation gibt. Wahrscheinlich wurden sie – durch Steine besonders abgegrenzt – neben dem Zugang zu einem zentralen Grab absichtlich in den Boden gebettet. Wo sie ursprünglich aufgerichtet waren, wissen wir nicht. Wegen ihrer guten Erhaltung mit Farbresten dürften sie aber keinesfalls lange freistehend den Wettereinflüssen ausgesetzt gewesen sein. „Abbilder" von Toten finden sich in Etrurien – sehen wir von den jüngeren nordetruskischen figürlichen Stelen ab – nicht für alle sichtbar vor den Grabmonumenten, sondern im Inneren der hausartigen Gräber (Prayon 1998). Außen an den Gräbern gab es andere Zeichen. Merkwürdigerweise scheinen aber in Casale Marittimo die Grabkammern zu klein zu sein, um auch noch den Figuren „als Wohnung" Platz zu bieten.

Nicht unähnliche Befunde gibt es auch in Mitteleuropa, deren bisherige Interpretation fragwürdig wirkt. Die beiden genannten, bei einer planmäßigen Ausgrabung zutage gekommenen Stelen von Rottenburg – davon die eine in zwei Teile zerbrochen – lagen innen im Grabhügel und dienten zur Abdeckung der Grabschächte mit dem Leichenbrand (ABB. 193; 194). Die Annahme wirkt unwahrscheinlich, dass es sich hier nur um die zufällige Zweitverwendung der ursprünglich über anderen Anlagen aufgerichteten Steine handele. Könnte es nicht sein, dass die Bildwerke nur bei den Bestattungsfeierlichkeiten eine Rolle spielten – d. h. bei der Betreuung des Verstorbenen, um ihm den Übergang in eine andere Welt zu erleichtern – und anschließend absichtlich unter der Hügelschüt-

tung verborgen wurden? Entsprechend war die gut erhaltene Statue vom Glauberg mit Sicherheit nicht als sichtbares Mal längere Zeit der Witterung ausgeliefert. Vielmehr scheint sie bald – wie ein toter Mensch – in der gleichen Orientierung wie die Bestattungen im Hügel willentlich „beigesetzt" worden zu sein. Wir stehen hier immer noch vor offenen Fragen.

Doch kehren wir wieder zu den Formvergleichen zurück. Gut lässt sich ebenfalls der bekannte „Krieger von Capestrano" (ABB. 203) aus den Abruzzen den Statuen vom Glauberg und von Hirschlanden gegenüberstellen (Cianfarani 1976, 71 ff.; G. Colonna in: Kat. Frankfurt 104 ff.). Er wird durch zwei seitliche Stützen, in die Lanzen graviert sind, aufgerichtet. Wieder entspricht die Haltung von Armen und Beinen den Werken nördlich der Alpen. Hervorzuheben ist – wie möglicherweise auch bei dem „Krieger von Hirschlanden" – eine Maske. Noch weitere Details wären anzuführen. Obwohl dieser „Krieger" in seiner lokalen picenischen Waffenrüstung fremd wirkt, ebenso durch einige Tendenzen der Formgebung – auffällig ist das mächtige Gesäß –, so weist doch das plastische Konzept viele Ähnlichkeiten mit unseren Werken auf.

Für die seitlich abgestützte Figur wurde immer wieder auf Polybios (VI 53) hingewiesen, der Leichenbegängnisse angesehener Männer im republikanischen Rom schildert. Der Tote wird meist stehend aufgerichtet, damit alle ihn sehen können, zur Rednertribüne gebracht, wo dann ein naher Verwandter die Leichenrede hält. Man fragt sich, ob bei diesem Standbild nicht Ähnliches ausgedrückt werden sollte.

Auf dem rechten Stützpfeiler der Figur findet sich eine Inschrift, die seinen Namen nennt und ihn als König identifiziert. Die Statue wurde mitten in einem kleinen Gräberfeld entdeckt, aus dem wir noch das Statuenfragment einer Frau kennen. Eine dritte Plastik ist angeblich verschollen (identisch mit Sotheby's 1992?). Diese Werke und weitere aus dem „mitteladriatischen Gebiet" sind – ähnlich wie die keltischen Fürsten – Repräsentanten einer starken Aristokratie, in deren Händen nicht nur politische, sondern ebenso wirtschaftliche und vielleicht auch religiöse Macht lag.

Schließlich kennen wir aus Mittelitalien, aus Etrurien oder aus dem Picenum, Statuetten mit dem gleichen Standmotiv und dem gleichen Gestus der Arme (ABB. 204). Auch wenn uns andere großfigurige Statuen fehlen, zeigen sie doch, dass ihre spezielle Formgebung in Italien kein Einzelfall war (z. B. O.-H. Frey in: Kat. Frankfurt 22).

Gleichsam ein Verbindungsglied zwischen dem mittelitalischen Raum und Zentraleuropa bilden Statuenfragmente aus dem Gräberfeld und Heiligtum von Nesactium in Istrien (ABB. 205; 206). Darunter gibt es zwei rundplastische, doch wenig voluminöse Oberkörper mit der charakteristischen Armhaltung. Besser ausgearbeitet und muskulöser wirkt ein nackter Unterleib mit dem Ansatz

203 Der „Krieger von Capestrano“, Prov. L’Aquila. Vorder- und Rückansicht (KAT.-NR. 127).

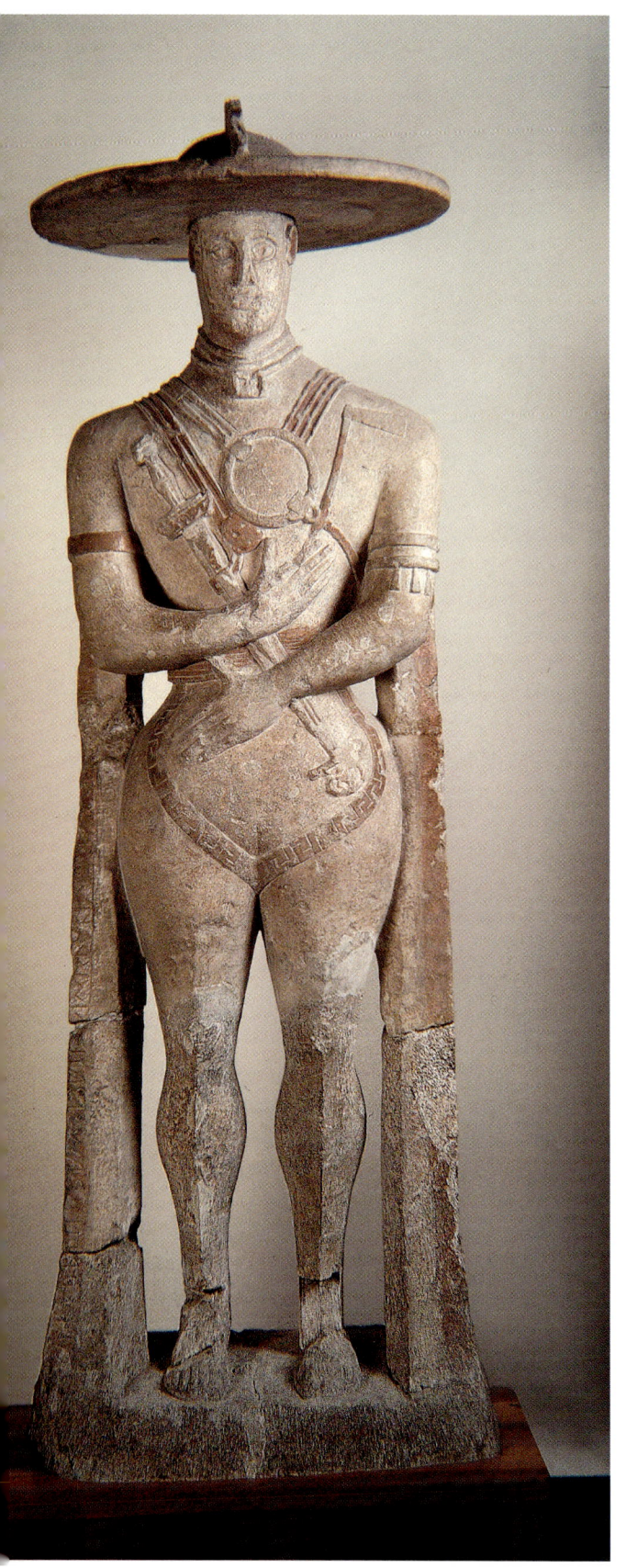

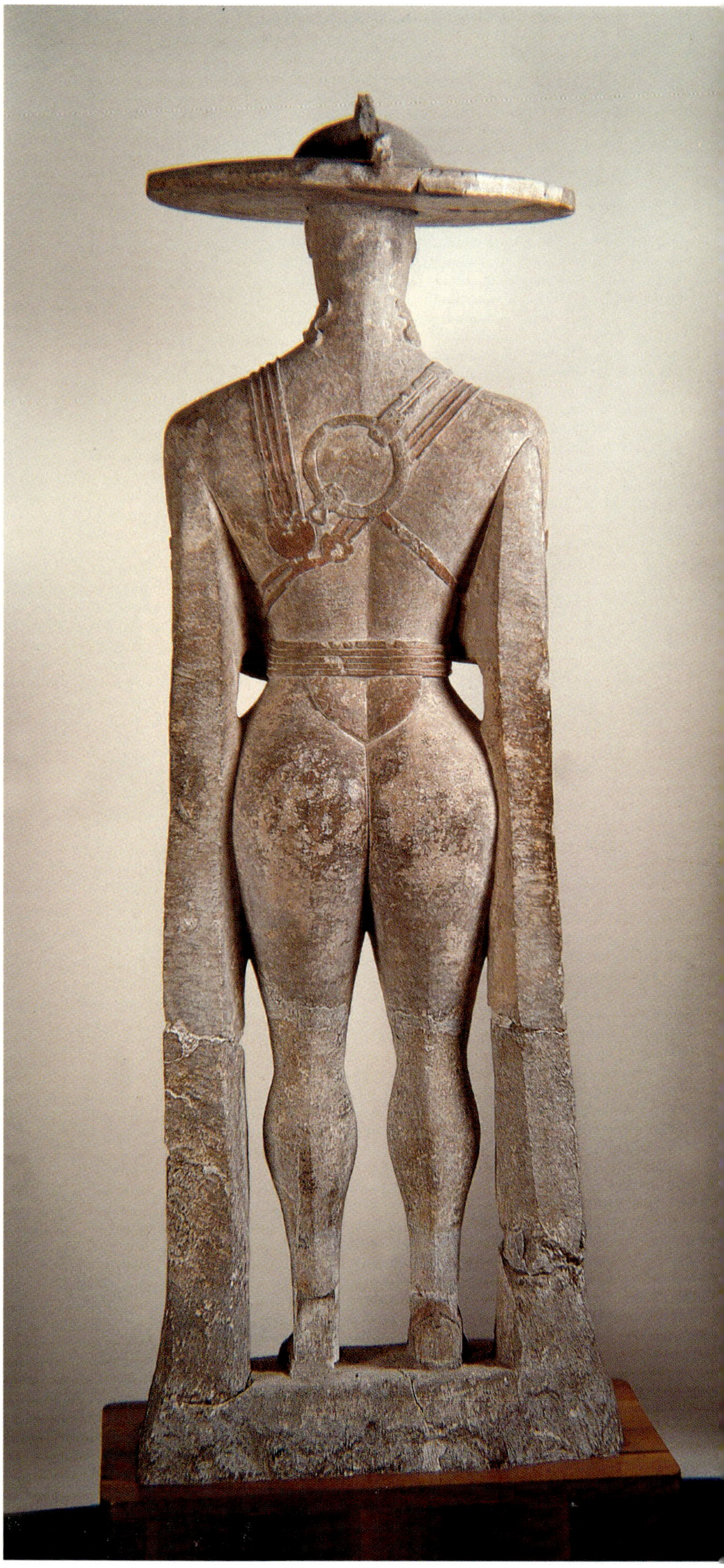

der parallelen Beine. Die Darstellung des erigierten Phallus, der auch bei anderen Werken von diesem Platz erscheint, rückt diese Statuenfragmente enger an die hallstättischen als an die italischen Skulpturen heran.

Es kann hier nicht ausführlicher auf diese interessanten Verbindungen zwischen Italien und dem Raum nördlich der Alpen eingegangen werden; doch wirken wohl schon die wenigen Beispiele überzeugend, die sich sowohl auf die Technik der Steinbearbeitung, das Konzept der Gestaltung der menschlichen Figur, vielleicht auch auf den rituellen Bereich und schließlich auf ein z. T. ähnliches soziales Milieu beziehen. Ist damit die Frage nach

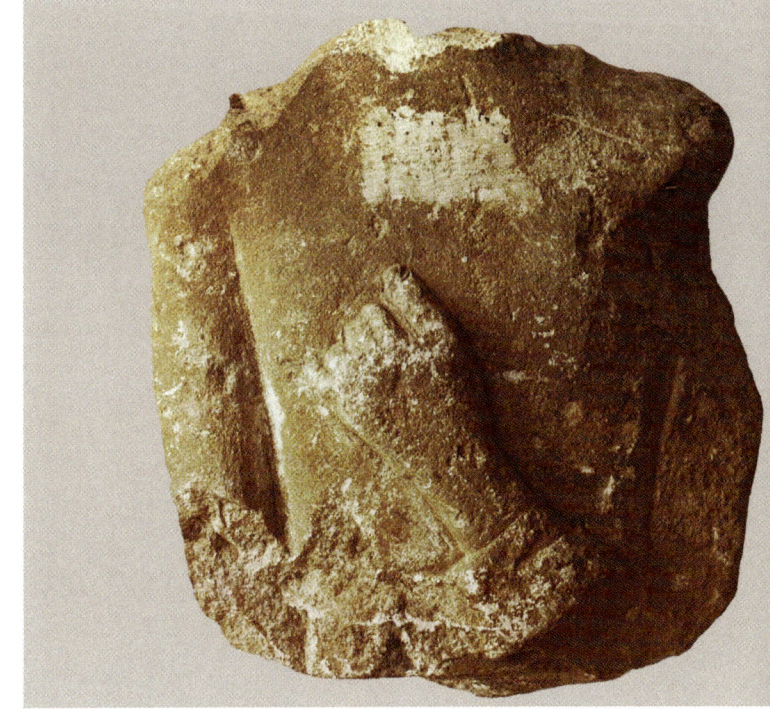

205 Männlicher Oberkörper aus Nesactium/Nesazio, Istrien (KAT.-NR. 129.2).

der Entstehung der entwickelten mitteleuropäischen Großplastik gelöst? Eine solche Annahme wäre zu einfach. Kehren wir deshalb nochmals zu unseren Statuen von Hirschlanden und vom Glauberg zurück.

DER FÜRST UND SEINE STANDESABZEICHEN

Der in heroischer Nacktheit wiedergegebene „Krieger von Hirschlanden" ist mit den Abzeichen eines hallstättischen Fürsten versehen (ABB. 191). Den konischen Hut – falls es sich nicht um einen Helm handelt – kennen wir bisher nur aus wenigen Fürstengräbern (Frey 1986). Nach bildlichen Darstellungen müssten sowohl Hut wie Helm als besondere Würdezeichen angesprochen werden. Der Halsreif, den wir uns in Gold denken müssen, ist das Attribut, aufgrund dessen wir überhaupt einen Fürsten definieren möchten (Frey 1998). Ebenso ist der Dolch, den er am Gürtel trägt, keine allgemeine Waffe, sondern er bildet in der Endphase der Hallstattzeit das Kennzeichen eines Mannes aus der sozial gehobenen Bevölkerungsschicht (Sievers 1982, 88). Die Skulptur verkörpert also einen Mann von Rang in seiner lokalen Montur.

Die erheblich jüngere Statue vom Glauberg hat den Ringschmuck eines adligen Mannes und repräsentiert einen voll bewaffneten Krieger, typisch für diese Epoche (ABB. 70; 71). Zu dem

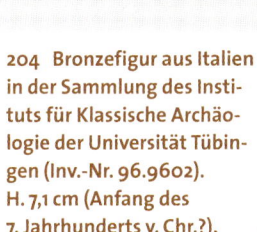

204 Bronzefigur aus Italien in der Sammlung des Instituts für Klassische Archäologie der Universität Tübingen (Inv.-Nr. 96.9602). H. 7,1 cm (Anfang des 7. Jahrhunderts v. Chr.?).

206 Ithyphallischer Unterkörper aus Nesactium/Nesazio, Istrien (KAT.-NR. 129.3).

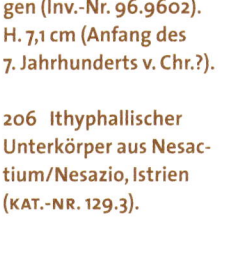

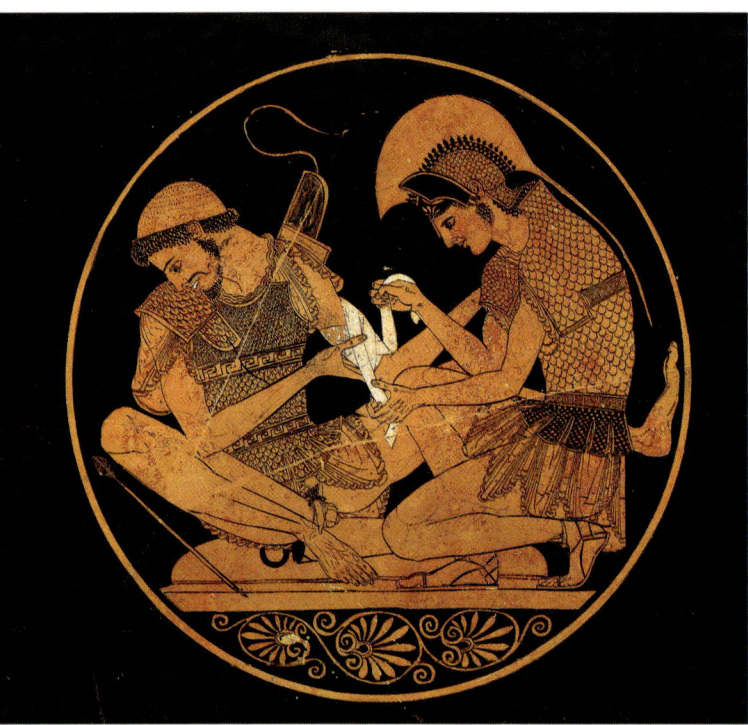

Schwert an seiner Seite lassen sich exakte Parallelen aus Bodenfunden nachweisen (KAT.-NR. 111, ABB. 353). Eine solche Waffe unterstreicht ebenfalls die hohe Stellung seines Trägers. Der auffällig kleine Schild bildet nach seiner Form eine charakteristische keltische Wehr. Besondere Beachtung verdient aber der Panzer. Es handelt sich um einen sog. Kompositpanzer (ABB. 207), der in der antiken Welt in der zweiten Hälfte des 6. Jahrhunderts v. Chr. als leichterer Schutz den älteren, aus zwei Blechschalen geformten Glockenpanzer ablöste (Snodgrass 1984; Frey 2001a). Das Material bestand aus Leinen oder Leder, konnte allerdings zusätzlich mit Bronzeplättchen verstärkt sein. Soll das Mäandermuster der Glaubergdarstellung so etwas andeuten?

Die Panzer werden in der entsprechenden Höhe am Körper von zwei Klappen über den Schultern gehalten, den *Epomides*, die vorne am Leib mit einer Schnur festgebunden werden. Auch das ist bei der Glaubergfigur deutlich wiedergegeben. Am unteren Rand des Panzers hän-

207 Darstellung eines griechischen Kompositpanzers auf dem Innenbild einer attisch rotfigurigen Schale des Sosias-Malers; um 500 v. Chr. (Antikensammlung SMPK, Berlin).

208 Sitzfigur aus Glanum/St.-Rémy-de-Provence, Dép. Bouches-du-Rhône. Vorder- und Schrägansicht (KAT.-NR. 141.1).

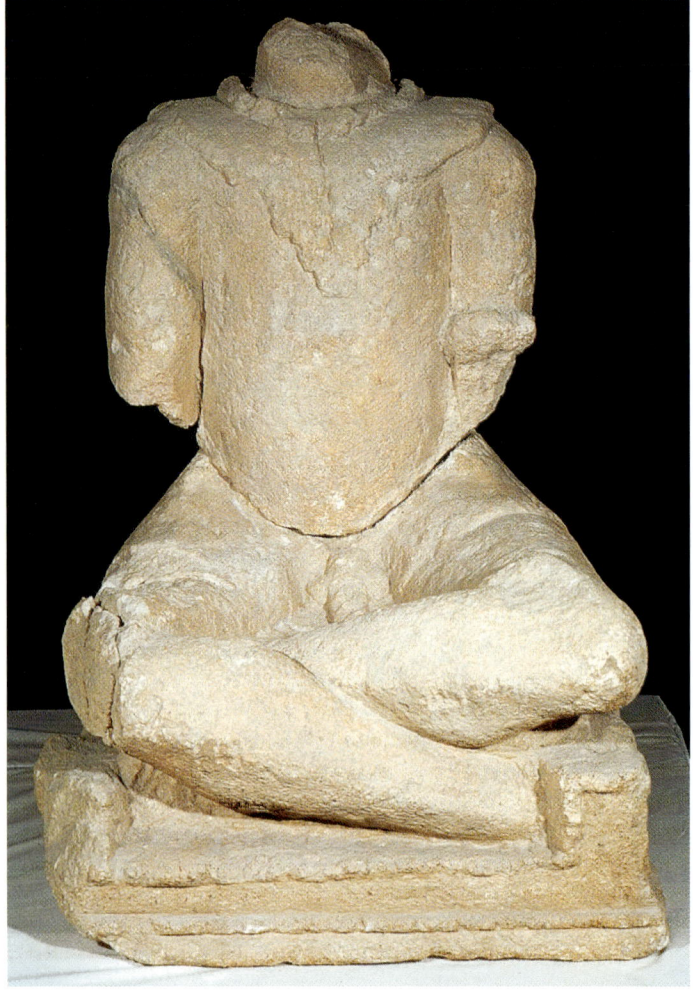

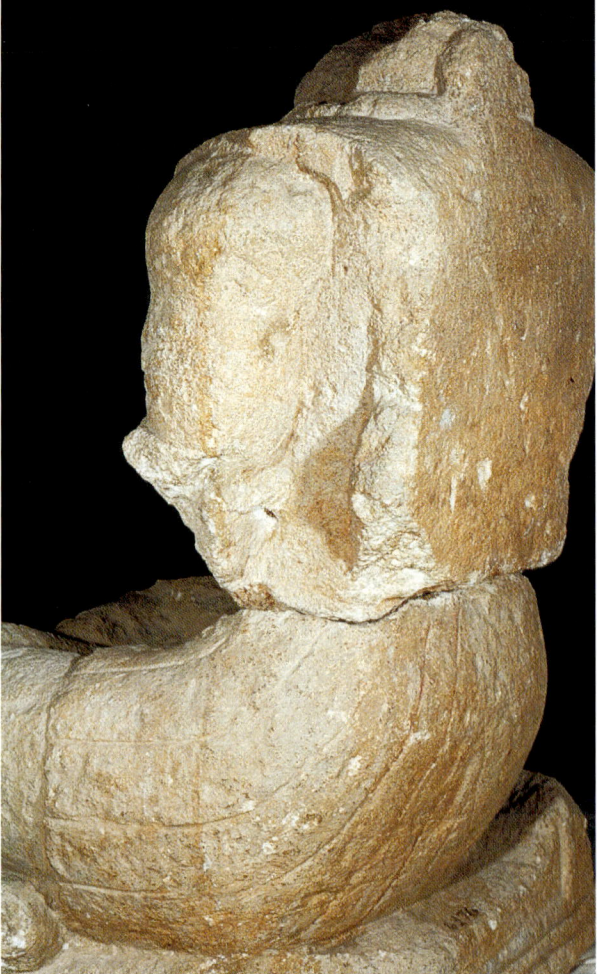

gen Lederlaschen, die *Pteriges* – bei der Glaubergstatue sehr kurz geraten –, die den Schutz für den Unterleib bilden. In all diesen Einzelheiten gibt unsere Statue eines Kelten antike Vorlagen genau wieder. Heißt das, dass sich die keltische Elite mit einem Harnisch nach antikem Vorbild rüstete? Oder ist unser Fund ein Einzelfall?

Gleichfalls sitzt eine kleine gepanzerte Figur auf der Mündung der Kanne aus Grab 1 (KAT.-NR. 1.1, ABB. 99; 236). Ansonsten kennen wir wenige Bildwiedergaben einer solchen Rüstung aus dem Alpenbereich (ABB. 171; KAT.-NR. 110, ABB. 352). Wie weit in Gräbern ein solches vergängliches Panzerkleid lag, ist unsicher.

Doch gibt es einen Hinweis, dass diese Panzerung nicht ein seltenes Geschenk(?) aus dem Süden bildete, sondern mit guten Kenntnissen antiker Rüstungen lokal gefertigt wurde. Bei den mediterranen Leinenpanzern sind die Schulterklappen, die *Epomides*, mit einem relativ kurzen Rückenteil verbunden, der oben an der Schale befestigt ist, die den Leib umschließt. Bei der Glaubergstatue (ebenso bei der Kannenfigur) fällt stattdessen von den Schultern eine lange, ganz anders gemusterte Bahn bis zur Taille herab. Handelt es sich dabei um einen zusätzlichen Schutz der Rückenpartie oder um ein mantelartiges Ornat?

Ähnliches findet sich im 4. Jahrhundert v. Chr. in Südfrankreich in dem „kelto-ligurischen" Heiligtum von Roquepertuse nahe Marseille (KAT.-NR. 140, ABB. 214; 215; 218; 219; 370) und wenig nördlich davon in Saint-Rémy-de-Provence/Glanum (ABB. 208). Dort gibt es lebensgroße Skulp-

turen von Heroen, Männern, die mit gekreuzten Beinen, d. h. im „Schneidersitz", auf erhöhten Sockeln sitzen (s. Beitrag Rapin). Angetan sind sie mit Leinenpanzern mit *Epomides* und wohl langen *Pteriges*, durch Ritzungen und Bemalung angegeben. Auf dem Rücken tragen sie einen großen rechteckigen Schutz, starr wie ein Brett, aus dem der Nackenschutz nach oben vorspringt. Sollte dieser Rückenschutz dem merkwürdigen Rückenteil der Glaubergfiguren entsprechen?

Leider fehlen allen Figuren die Häupter. Es gibt aber aus Roquepertuse vom Gebälk des Heiligtums einen gut erhaltenen Doppelkopf, bei dem auch die aus Mitteleuropa bekannte Blattkrone (in einer späteren Phase halb abgearbeitet) wiederkehrt (ABB. 209).

Verschiedene Details dieser Bildwerke aus der Provence verdeutlichen, dass sie durch das Kunstschaffen in der nahen griechischen Kolonie Massalia/Marseille beeinflusst wurden, doch ist besonders das Sitzschema mit den gekreuzten Beinen für einen Griechen der oberen Klasse undenkbar. In der antiken Welt benutzte man Möbel, die den Kelten fremd waren. Aus noch weit späterer Zeit berichtet Poseidonios (z. B. bei Diodor V 28, 4; Strabo IV 4, 3), dass die Kelten generell auf dem Boden zu sitzen pflegen.

Dieses Schema des Sitzens fand bereits im 5. Jahrhundert v. Chr. bei der kleinen Figur auf der Kanne aus Grab 1 vom Glauberg im keltischen Kunstschaffen seinen Ausdruck (KAT.-NR. 1.1, ABB. 99; 236). Verbindet es die südfranzösischen Beispiele direkt mit unserem hessischen Fund? Für so weitreichende Schlüsse wirken diese Belege zu sporadisch, doch dürften die verstärkten Rückenpartien der Panzer unserer Bildwerke mehr aussagen, sofern sie die gleiche Funktion hatten. Sie würden erklären, dass wir auch in dieser Zeit mit engeren Kontakten zwischen Kelten in Südfrankreich und solchen in Mitteleuropa, wie sie uns der Glauberg zeigt, rechnen müssen. Dahingestellt sei dabei, in welcher Richtung es in diesem Fall zur Kontaktaufnahme kam.

Die Beziehungen über die Alpen und die wahrscheinliche Öffnung rhôneabwärts zu den Anrainern des Mittelmeers, die alle in dem Fundkomplex vom Glauberg einen Ausdruck finden, zeigen, dass die keltische Welt in dieser Epoche viel weiter zum mediterranen Raum geöffnet war, als wir es uns noch vor wenigen Jahren vorstellten. Vor diesem Hintergrund zahlreicher Verflechtungen, die vom Gütertausch bis zu persönlichen Verbindungen reichten und die Ausprägung der keltischen Kultur tief beeinflussten, ist die Entstehung der Großplastik in Mitteleuropa zu sehen.

209 Doppelkopf („Hermes") aus Roquepertuse, Dép. Bouches-du-Rhône (KAT.-NR. 140.1).

DER GRIECHISCHE KOUROS – EIN VORBILD?

VON DIRK STEUERNAGEL

Unter einem „Kouros" (Mehrzahl „Kouroi") versteht man einen bestimmten männlichen statuarischen Typus aus der archaischen Epoche der griechischen Kunst (etwa Mitte des 7. bis Anfang des 5. Jahrhunderts v. Chr.) (Martini 1990, 69 ff. 121 ff.). Hauptmerkmal des Typus ist seine charakteristische Haltung, bei der die Beine wie zum Schritt auseinander gestellt – ohne dass allerdings eine tatsächliche Gehbewegung wiedergegeben wäre – und die Arme eng an den Seiten des Körpers herabgeführt sind, wobei sich die Hände zu Fäusten ballen. Der Körper ist in aller Regel vollständig nackt dargestellt; er lässt so das jugendliche Alter deutlich erkennen, das sich auch in der Bartlosigkeit des Gesichts zeigt.

Die frühesten bekannten Figuren des Kourostyps sind kleine Bronzestatuetten des mittleren 7. Jahrhunderts v. Chr. Etwa zur selben Zeit dürften bereits monumentale Kouroi aus Stein entstanden sein, wahrscheinlich zuerst auf den Inseln der Kykladen, auch weil dort geeigneter Marmor für die an bestimmten Stellen (wie z. B. den Knöcheln) höchst zerbrechlichen Statuen ansteht. Bemerkenswert ist das von Beginn an hohe handwerkliche Niveau; gerade unter den frühen Stücken finden sich zahlreiche Beispiele für über- oder gar mehrfach lebensgroße Statuen.

Im Laufe der Zeit und in den verschiedenen Landschaften Griechenlands ist der Typus des Kouros im Einzelnen natürlich recht unterschiedlich ausgeführt worden, und zwar vor allem in Hinblick auf die künstlerische Auffassung der Körperformen. Zur Illustration sind hier zwei Kouroi gezeigt, von denen der eine aus dem Heiligtum des Apollon Ptoios in Böotien (ABB. 211), der andere von einem Grab in Attika stammt (ABB. 210). Der Erste dürfte um 550/540, der andere kaum nach 520 v. Chr. entstanden sein. Hier findet man eine stärker plastisch akzentuierende Gestaltung, wie etwa an den geschwungenen Linien der Leisten und des Rippenbogens sowie der Gliederung der Bauchdecke durch hervortretende Muskelpolster deutlich wird, während dieselbe Partie bei dem böotischen Kouros eine geradezu abstrakte, rhombische Grundform aufweist, in die horizontale und vertikale Furchen eingetragen sind.

Antike Beschreibungen und Deutungen von Kouroi gibt es nur wenige und diese sind meist erst Jahrhunderte nach den Statuen entstanden. Dennoch weisen sie bereits auf einige interessante Aspekte hin, die dann auch die archäologische Forschung beschäftigt haben. So hebt der auf Sizilien beheimatete griechische Historiker Diodor (1. Jahrhundert v. Chr.) bei den gelegentlichen Erwähnun-

gen von Kouroi vor allem zwei Eigenschaften hervor: ihre symmetrische Anlage und ihre scheinbare Lebendigkeit. Das Erste wird auf die Übernahme eines ägyptischen Werkverfahrens zurückgeführt (I 98, 5–9), das Zweite gilt als „Erfindung" des mythischen Bildhauers und Architekten Daidalos (IV 76, 2–3). Nun dürften, wie zuletzt ausführlich H. Kyrieleis dargelegt hat (Kyrieleis 1996), die wichtigsten Vorbilder für die Kouroi tatsächlich in Ägypten zu suchen sein. Dort hatten lebensgroße Holz- oder Steinskulpturen, die männliche Gestalten mit vorgestelltem Bein und eng am Körper liegenden Armen zeigen, eine lange, bis in das 3. Jahrtausend v. Chr. zurückreichende

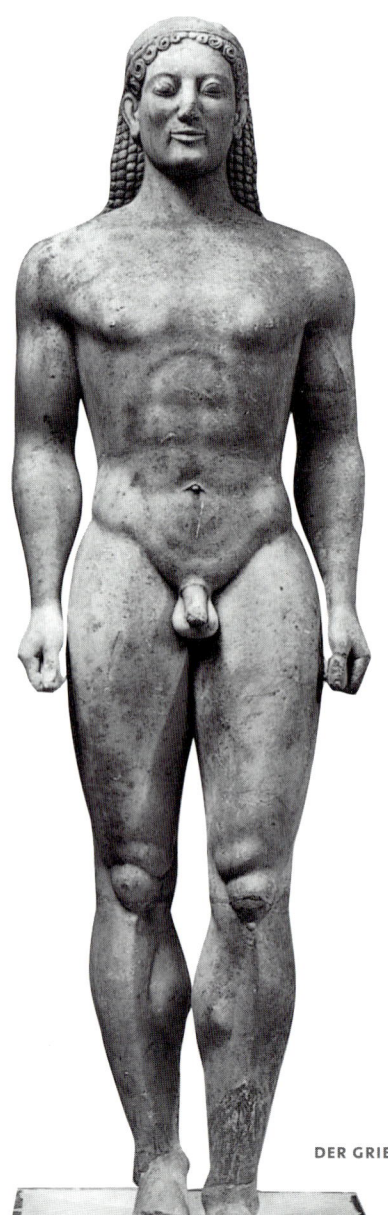

210 Kouros aus Anavyssos / Attika. Athen, Nationalmuseum.

Tradition. Allerdings lehnen sich die ägyptischen Statuen, soweit sie aus Stein sind, stets mit dem Rücken an einen Pfeiler. Der freie Stand, durch den erst der Eindruck von Dynamik und potenzieller Bewegung entsteht, scheint demnach wirklich auf einer eigenständigen konzeptionellen und handwerklichen Leistung der Griechen zu beruhen. Ein weiterer wesentlicher Unterschied liegt in der Nacktheit der Kouroi: Wenn es unter den ägyptischen Standbildern unbekleidete gibt, so sind Diener oder Sklaven gemeint. In Griechenland hingegen verweist die Nacktheit auf körperliche Vorzüge, die zugleich als moralische Qualitäten gelten. Hierbei ist an erster Stelle die *areté* zu nennen, die „Vortrefflichkeit", durch die sich der freie Mann, zumal wenn er aus dem Adel kommt, bei Sport, Jagd und im Krieg unter seinen Standesgenossen hervortut.

Kouroi sind aus verschiedenen Verwendungszusammenhängen bekannt: zum einen aus Heiligtümern, wo sie entweder den Gott darstellen oder stellvertretend für den Stifter stehen (ABB. 211); zum anderen aus den Städten, als Ehrenmonumente, wie sie z. B. für Olympiasieger von ihren Mitbürgern errichtet werden; schließlich von den Gräbern (ABB. 210). Im Grabbereich werden die Statuen durch Inschriften *sémata* (Male, Zeichen) genannt, welche die Erinnerung an Verstorbene wach halten und damit die einzige Form des Weiterlebens nach dem Tode gewährleisten, in die die Griechen jener Zeit wirkliche Hoffnungen setzten. Die Statue meint also jeweils eine konkrete Person, deren vornehmste Eigenschaften oft ebenfalls inschriftlich benannt sind. Neben der schon erwähnten *areté* ist dies vor allem *sophrosýne*, womit Kenntnis und Respektierung des richtigen Maßes gemeint sind, eine Tugend, die nicht zuletzt in der durch sichtliche Anspannung gebändigten körperlichen Energie zum Ausdruck kommt. Ferner lässt sich den Inschriften entnehmen, dass zwar viele, aber keineswegs alle Verstorbenen, denen man eine Kourosstatue setzte, so jugendlich waren wie diese erschien. Jugendlichkeit bezeichnete folglich in erster Linie einen sozialen Status, die Zugehörigkeit zu demjenigen Teil der freien männlichen Bevölkerung, der sich körperlich und damit auch als Krieger betätigte.

Nur selten ist Näheres über die Aufstellung der Statuen am Grab bekannt (D'Onofrio 1982). Aus den wenigen gesicherten Befunden geht hervor, dass Opfergruben in unmittelbarer Nähe der Bilder der Toten angelegt wurden, sodass diese wohl ebenso als Ehren- oder Opfergaben zu verstehen sind wie die in jenen niedergelegten Objekte. Interessant ist auch der Fall eines Kouros aus Anavyssos in Attika (ABB. 210): Er war einst offenbar auf einer dreistufigen Basis aufgestellt, die wiederum am Rande eines Grabhügels an der Straße von Athen nach Sounion stand. Die Statue wendete sich also den Passanten zu und machte sie auf das Grab aufmerksam, so wie es auch die auf der Basis angebrachte Inschrift tat, die in Form eines Epigramms wiederum den kriegerischen Ruhm besonders betont: „Bleibe stehen und trauere am Grab des toten Kroisos, den unter den Vorkämpfern in vorderster Linie der ungestüme Ares dahingerafft hat."

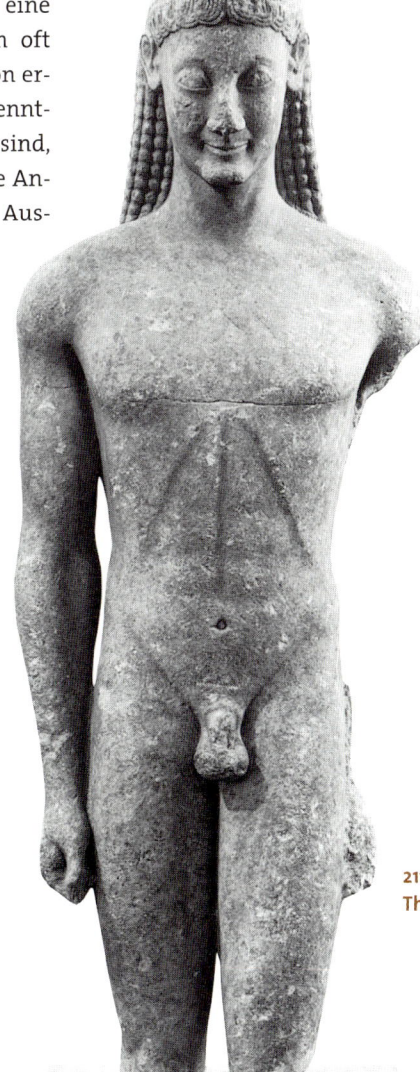

211 Kouros aus Ptoion/Böotien. Theben, Museum.

DAS FRÜHKELTISCHE HEILIGTUM VON VIX

VON BRUNO CHAUME UND WALTER REINHARD

Eingebunden in das deutsch-französische Forschungsprojekt „Keltische Fürstensitze westlich des Rheins" fanden zwischen 1991 und 1993 Ausgrabungen an dem frühkeltischen Heiligtum von Vix (Bourgogne) statt (B. Chaume/L. Olivier/W. Reinhard in: Haffner 1995, 43 ff.; Chaume/Olivier/Reinhard 2000 [mit älterer Lit.]). Träger der Maßnahme waren die Société archéologique et historique du Châtillonnais und der Archäologische Verein des Saarpfalz-Kreises. Während das Landesdenkmalamt Baden-Württemberg die geophysikalischen Prospektionen durchführte, übernahm das Institut für Ur- und Frühgeschichte der Universität Kiel die Untersuchung der Tierknochen und pflanzlichen Überreste.

Die erforderlichen Geldmittel stellte das Ministère de la Culture von Frankreich (Sous-Direction de l'Archéologie), das Ministerium für Wissenschaft und Kultur des Saarlandes (Staatliches Konservatoramt) sowie der Saarpfalz-Kreis zur Verfügung.

Der Mont Lassois, ein sechs Kilometer nördlich von Châtillon-sur-Seine gelegener Inselberg aus anstehendem Marnekalk, beherrscht in topografisch herausragender Lage das hier sich stark verengende Seinetal. 109 m über der Talsohle besteht er aus einer Nord-Süd-orientierten Hochfläche (400 x 100 m), die rechtwinklig nach Westen in ein tiefer gelegenes Plateau übergeht.

In verschiedenen Zeiten besiedelt, steigt der Mont Lassois während der späten Hallstattzeit (6. Jahrhundert v. Chr.) zu einem der bedeutendsten frühkeltischen Machtzentren auf. Mehr als 300 schwarzfigurige griechische Scherben, zahlreiche Fibeln und Spuren vielfältigen Handwerks, die sich in nur wenigen Sondagen fanden, belegen dies.

In dieser Zeit reichte eine das Plateau schützende, 2,7 km lange Befestigungsanlage mit Wall und vorgelagertem Graben von 5,70 m Tiefe bis an die östlich vorbeifließende, ab dort schiffbare Seine heran.

Am Fuße des Mont Lassois liegt nach Süden auf der ersten hochwasserfreien Seineterrasse ein Nordost-Südwest orientiertes Bestattungsareal von ca. 1 km Länge, das vom Fürstinnengrab von Vix über das Heiligtum, die spätbronzezeitlichen Grabhügel bis zu dem mittel- und spätlatènezeitlichen Friedhofsbezirk reicht. Im weiteren Umfeld sind die Fürstengräber von Sainte-Colombe, die Hügel „La Garenne" und „La Butte" sowie der Großgrabhügel „La Motte" von Cérilly dem Einzugsbereich des Mont Lassois anzuschließen.

In drei Grabungskampagnen in der Flur „Les Herbues" wurde das 200 m südwestlich des Fürstinnengrabs gelegene Heiligtum zu Dreiviertel ausgegraben. Es war in den Sechzigerjahren von R. Goguey schon aus der Luft foto-

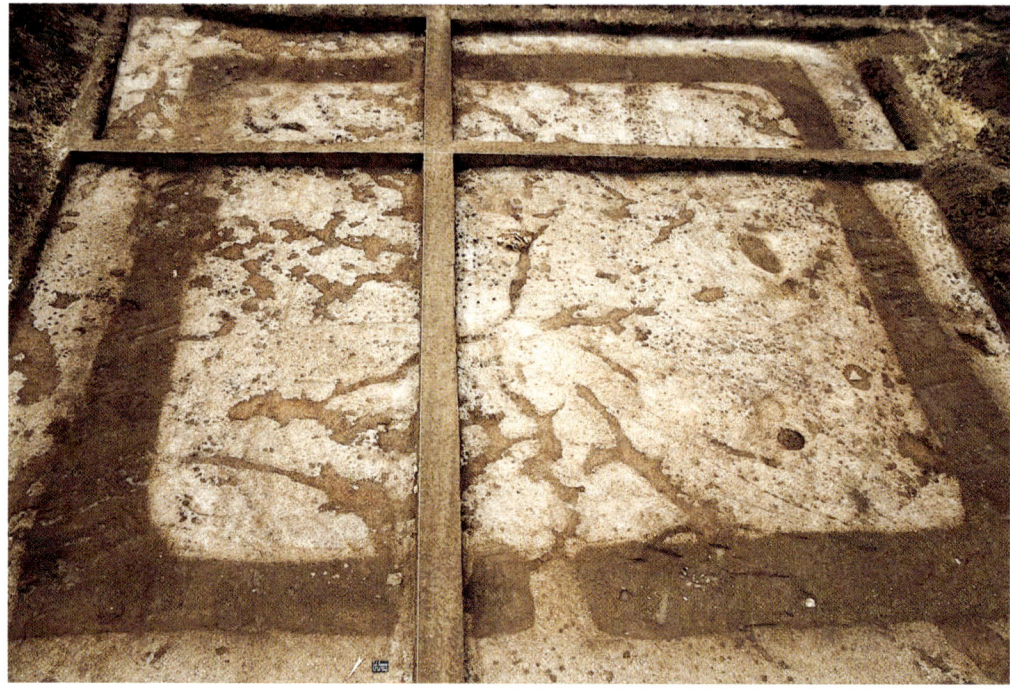

212 Vix, „les Herbues". Heiligtum. Planum im Bereich der quadratischen Grabenanlage mit Eingang zum Mont Lassois.

grafiert und von R. Joffroy im südwestlichen Bereich auf ca. 12 m Länge untersucht worden.

Die Nordwest-Südost ausgerichtete quadratische Grabenanlage von 23 m Seitenlänge besaß an ihrer Nordwestseite einen zum Mont Lassois hin gelegenen, 1,20 m breiten Zugang (ABB. 212). Hier fanden sich im östlichen Grabenkopf bei Niveau -0,77 m Reste einer lebensgroßen Frauenfigur in sitzender Haltung (ABB. 213; 198). Aus einheimischem Kalkstein gearbeitet, ruhten unter einem langen Gewand die Arme auf den Oberschenkeln. Ein Torques mit kugeligen Enden war zur Brust hin geöffnet, der Kopf und ab Höhe des Fußgelenks der gesamte Sitzunterbau fehlten. Daneben lag das Kalksteinbruchstück einer weiteren Statue (ABB. 213; 197). Ebenfalls in sitzender Haltung stellt es einen Krieger von ca. 1,70 m Körpergröße dar. Einen kurzen Waffenrock tragend, hält seine linke Hand einen vor den Unterschenkeln stehenden, 0,50 m hohen ovalen Schild mit spindelförmigem Buckel. Am rechten Unterschenkel findet sich ein Schwert, den linken schützt eine Beinschiene.

Durch Fibeln und zahlreiche Gefäßscherben ist eine Datierung der beiden Statuen an das Ende der Späthallstattzeit (um 500 v. Chr.) gesichert.

Fehlende Siedlungsspuren außerhalb des Heiligtums, insbesondere auch seine teilweise Konzentration an der Innenseite des Grabens, stellen das Fundmaterial in engen Bezug zu Tätigkeiten auf dem durch den Graben umfriedeten Platz.

Neben seiner Errichtung innerhalb des Friedhofsareals sprechen die Zusammensetzung der Funde und die beiden

Sitzfiguren im Eingangsbereich für eine kultische Interpretation der quadratischen Grabenanlage.

Ebenso wie der Torques aus dem Fürstinnengrab besitzt der Halsring der Frauenstatue kugelähnliche Enden und einen sich von dort zur Mitte hin verdickenden Ringkörper. Trotz ihrer ansonsten abstrakten Darstellung deutet diese Übereinstimmung darauf hin, in der Frauenstatue das Bildnis einer vom Volk verehrten Frau, möglicherweise sogar die Fürstin von Vix, zu sehen.

In den Kontext eines solchen Ahnen- und Heroenkults könnte ähnlich den Steinfiguren von Hirschlanden und vom Glauberg auch die Kriegerstatue von Vix gebracht werden.

Neben dem Überwiegen von Schalenformen unter der Gefäßkeramik – vielleicht als Ausdruck bestimmter Trink- und Trankopfersitten – überrascht mit 85 % der hohe Anteil von Schädel- und Kiefernteilen unter den Tierknochenfragmenten, wohl als Ausdruck eines vielfach zu belegenden Schädelkults.

Offensichtlich mit Überwachungsfunktion waren die beiden Sitzstatuen nahe dem Eingang aufgestellt. Neben dem Graben könnte ein an seiner Innenseite aufgebautes Trockenmauerwerk zusätzlich den quadratischen Innenbereich abgegrenzt haben. Hier sind unter freiem Himmel wiederkehrende Opferhandlungen und Festlichkeiten zur Versöhnung der Götter oder zum Andenken an die Toten denkbar.

Im Zuge der Zerstörung des Heiligtums am Ende der Hallstattzeit hat man den Statuen die Köpfe abgeschlagen. Dies deutet auf ein gewaltsames Ende des Heiligtums hin.

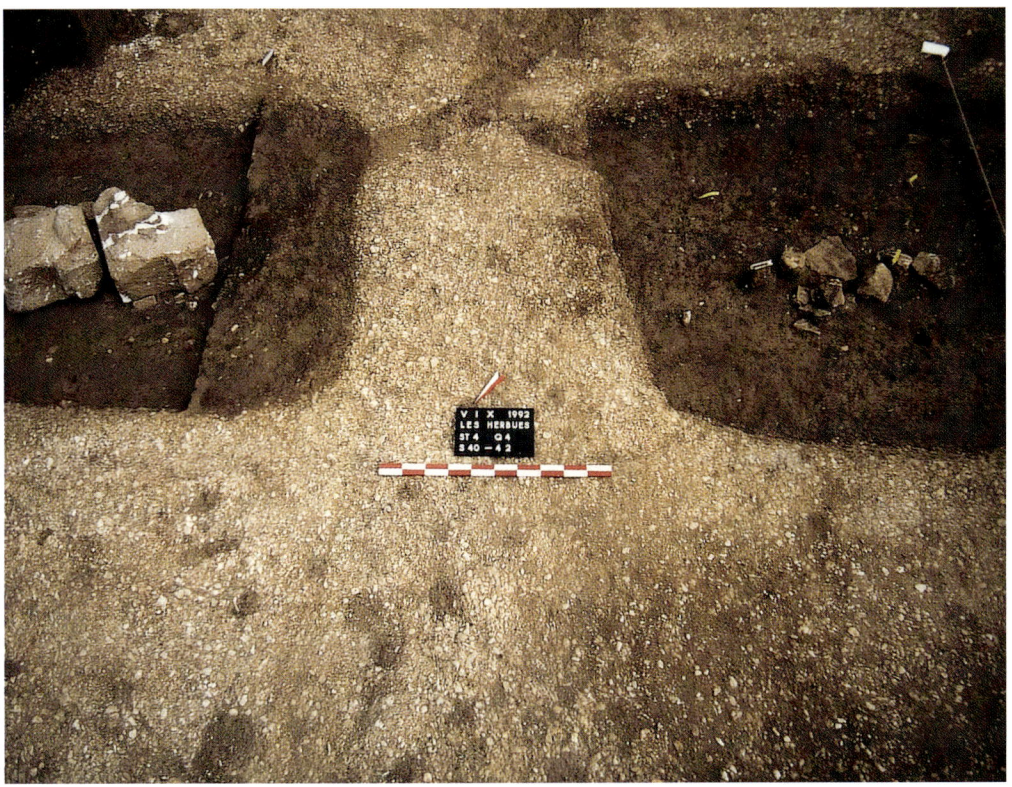

213 Vix, „les Herbues". Heiligtum. Die beiden Sitzstatuen im östlichen Grabenkopf.

DIE GROSSPLASTIK IN SÜDFRANKREICH UND DIE KELTISCHE KUNST

VON ANDRÉ RAPIN

Der Spott des Brennus für die Statuen der griechischen Götter in Delphi illustriert das wenig ausgeprägte Interesse der Kelten für die bildliche Darstellung des Menschen. Die Steinplastik war bei ihnen eine wenig gebräuchliche künstlerische Ausdrucksform. Diese Distanz zur Steinplastik zeigt sich in einem altbekannten Fundbestand, der sich auf einige räumlich begrenzte Gebiete in Mitteleuropa und auf einen engen Zeitraum zwischen dem 6. und 5. Jahrhundert v. Chr. beschränkt. Die übrige „barbarische" Großplastik wurde lange im Wesentlichen als jünger angesehen und man vermutete, dass sie aus kultureller Beeinflussung durch Randvölker hervorgegangen sei. Der Skulpturenbestand Südgalliens ist ein Beispiel für diese chronologischen Fehleinschätzungen und diese ästhetische Abwertung.

Trotz ihrer eher marginalen Rolle wurde die Großplastik als bedeutende Kunstform hervorgehoben, was zu ihrer Überschätzung geführt hat. Der „Hermes" von Roquepertuse (ABB. 209), häufig als Sinnbild der Kelten oder ihrer Kunst angeführt, unterstreicht diesen Widerspruch.

Den Blick erneut auf die Skulpturen Südfrankreichs zu richten, indem man ihn von vielen Vorurteilen befreit, ist ein schwieriges Unterfangen, für das die Entdeckungen vom Glauberg einen bedeutenden Beitrag liefern. Skulpturen und Grabinventare im Norden haben dem Süden die wissenschaftlichen Argumente geliefert, die für die Auflösung der seit langem erstarrten, unzeitgemäßen Deutungen unentbehrlich sind.

KULTUR UND GEOGRAFIE

Der Hauptteil der vorsichtig als „vorrömisch" eingestuften Skulptur Südgalliens wurde mit der Latènekultur durch einen ethno-kulturellen Kunstgriff verbunden. Sie dem Volk der Kelto-Ligurer zuzuweisen, schien die Probleme zu lösen, die sich aus der Datierung der Werke und der Fundstellen anhand des *terminus ante quem* in das 3. und 2. Jahrhundert v. Chr. ergaben. Tatsächlich beruht diese Interpretation auf einer Theorie, die auf einer Expansion der Latènekultur basiert. Danach hätte sich diese Kultur, ausgehend von einer „Wiege" zwischen Champagne und Böhmen, in mehreren aufeinander folgenden Wellen ausgebreitet; das ligurische Südfrankreich wäre demnach erst spät „keltisiert" worden. Während die keltische Expansion in Europa mit historischen und archäologischen Fakten begründet und belegt werden kann, ist die Vorstellung von einer einzigen Heimat differenzierter zu betrachten. In Wirklichkeit wird diese vermutete „Wiege" aus einer mehr oder weniger großen Dichte archäologischer Quellen abgeleitet, die vor allem die Unterschiede in den Bestattungssitten zugrunde legt. Die Völkerschaften, die ihre Verstorbenen nicht mit Beigaben ausstatteten, bleiben dem Nachweis entzogen. Dagegen werden mehr und mehr Zeugnisse eines weiter ausgedehnten keltischen Europa an seiner Peripherie erkannt. Darüber hinaus zeigt eine Untersuchung dieser Zeugnisse, die ohne Zweifel frühen Phasen der Latènekultur angehören, dass sie nicht „importiert" sind. Waffen und Schmuck wurden von lokalen Handwerkern angefertigt, denen die im übrigen Europa gebräuchliche Formensprache der Latènekultur in vollem Umfang geläufig war.

Die Latènekultur kann weder aufgrund gemeinsamer Grabriten noch anhand eines gemeinsamen Ethnos oder einer einheitlichen Sprache umschrieben werden. Deshalb bleiben die Kulturen aus dem Süden Galliens – trotz ihrer Bezeichung als „ligurisch" – in das keltische Europa integriert.

ALTE FUNDE – NEUE BEWERTUNG

Die Statuen von Roquepertuse (ABB. 214; 215; KAT.-NR. 140, ABB. 370) erlaubten es mir, eine mehrere Jahrhunderte umfassende Diskrepanz zwischen der Bildsprache und dem Stil der Skulpturen einerseits und ihrer Datierung in das 3. Jahrhundert v. Chr. andererseits zu erkennen; diese späte Datierung wird aus dem *terminus ante quem* ihrer Zerstörung abgeleitet. Durch ihre Siedlungen entlang der Mittelmeerküste kamen die „Barbaren" schon früh – seit dem 7. und 6. Jahrhundert v. Chr. – mit Etruskern und Ostgriechen aus Rhodos und Phokaia in Berührung. Aber die wahrscheinlich daraus resultierenden Kontakte mit der archaischen griechischen Skulptur wären ohne jegliche Wirkung geblieben, wenn man annimmt, dass es während mehr als drei Jahrhunderten keine einheimische ligurische Steinskulptur gegeben hat.

Der Einfluss, der von der griechischen Kolonie Massalia ausgegangen sein soll, hätte sich – dieser Hypothese zufolge – über eine lange Phase der Unproduktivität erstreckt, der dann ganz unvermittelt eine Phase intensiven Schaffens gefolgt wäre, ausgelöst durch den Einfluss kel-

tischer Kulturelemente auf die Ligurer. Eine Invasion von Kelten, die ihrerseits von der hellenistischen Kultur durchdrungen waren, hätte im 3. Jahrhundert v. Chr. als Katalysator für das plötzlich erwachte Interesse der Einheimischen an der griechischen Kunst gewirkt.

Wider Erwarten zeigt jedoch ein großer Teil dieser einheimischen Erzeugnisse keinerlei Ähnlichkeit mit gleichzeitigen griechischen Werken. Im 3. und 2. Jahrhundert v. Chr. hat wahrscheinlich die hellenistische Welle Massalia und die griechischen Handelsniederlassungen in Südfrankreich wie Glanum/Saint-Rémy-de-Provence (KAT.-NR. 141, ABB. 208; 371; 372) erreicht. Der Stil der Sitzfiguren aus Roquepertuse und Glanum steht dem der hellenistischen Plastik diametral gegenüber. Zurückhaltende anatomische Charakterisierungen und Körperdarstellungen, bei denen auf Kosten des Naturalismus ein eher zeitloser Ausdruck angestrebt wird, nähert diese Werke mehr der archaischen griechischen Formensprache an als dem barocken hellenistischen Realismus.

Da eine rein stilistische Argumentation vor dem Hintergrund zahlreicher Klischees unwirksam bleiben muss, hat es sich als notwendig erwiesen, alle bekannten archäologischen Fakten heranzuziehen. Die erneute Untersuchung der Skulpturen, ihrer Ikonografie sowie ihres räumlichen und zeitlichen Umfelds hat die Sichtweise zunehmend verändert; sie spricht für eine Datierung in frühere Zeit, die größere Wahrscheinlichkeit besitzt.

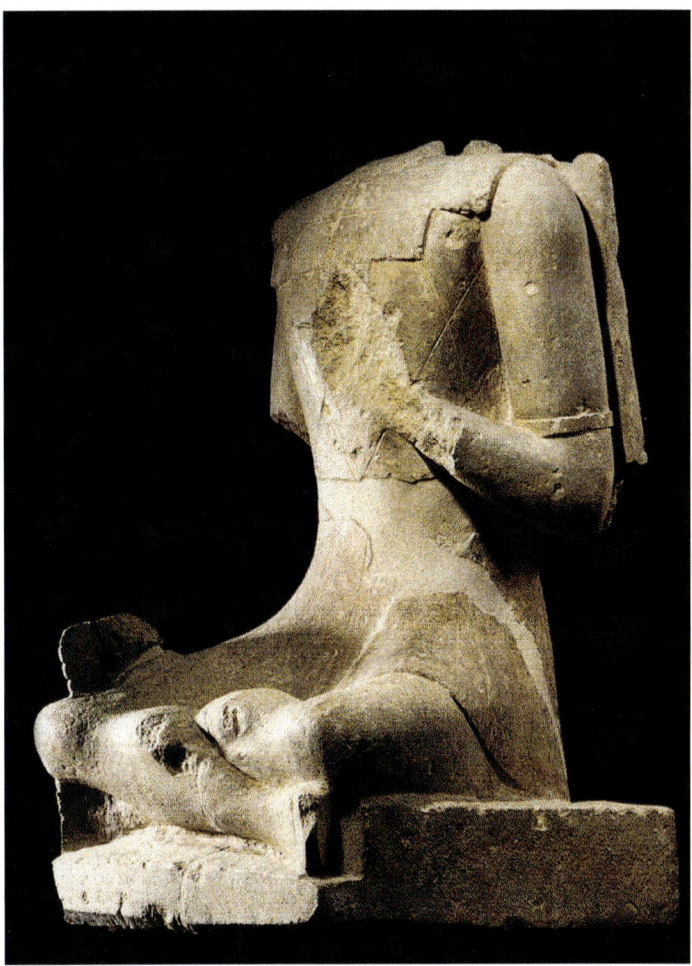

214 Sitzstatue aus Roquepertuse, Dép. Bouches-du-Rhône (Inv.-Nr. 8270) (KAT.-NR. 140.2).

DER KELTISCHE PANZER

Untersuchungen der latènezeitlichen Bewaffnung erbringen immer mehr Hinweise auf eine Schutzausrüstung, die man für die westlichen „Barbaren" niemals in Betracht gezogen hatte, nämlich einen nicht metallenen Panzer, der sich von zeitgenössischen griechischen und italischen unterscheidet.

Darstellungen keltischer Krieger wie die auf der Schwertscheide aus Grab 994 von Hallstatt (ABB. 171) lassen auf die Übernahme des Kompositpanzers seit dem 5. Jahrhundert v. Chr. schließen. Die Entdeckung einer sitzenden Kriegerfigur in Vix, Dép. Côte-d'Or (ABB. 197), ermöglichte es, diese Neuerung in die ältere Eisenzeit zurückzuverfolgen. Die Analyse des Fundmaterials aus einem Wagengrab, das 1990 in Bouranton, Dép. Aube, freigelegt wurde, bestätigte den Gebrauch dieses Panzertyps seit dem Übergang von der älteren zur jüngeren Eisenzeit (Rapin 2000). Die genaue Betrachtung der als „Gewand" der Sitzfiguren aus Roquepertuse bezeichneten Kleidung erlaubte die Identifizierung eines Kompositpanzers mit Schulterklappen und Nackenschutz in Verlängerung einer großen rechteckigen Rückenplatte, wie sie bei griechisch-italischen Panzern unüblich ist (Rapin 1999, 43 ABB. 4). Bei den Ausgrabungen von B. Lescure in Roquepertuse wurden zahlreiche Steinfragmente solcher Panzer entdeckt. Sie erlauben die Identifizierung von mindestens zehn Statuen, die mit einer derartigen Schutzausrüstung bekleidet sind (ABB. 214; 215; 219, KAT.-NR. 140) (Lescure 1995).

Schließlich hat die Untersuchung der Farbreste auf provenzalischen Statuen durch A. Barbet ein geometrisches Musterrepertoire offenbart, das für die ältere europäische Eisenzeit Europas charakteristisch ist (Barbet 1991). Die Motive, die auf Textilresten aus dem Fürstengrab von Hochdorf festgestellt wurden, scheinen demselben Repertoire zu entstammen wie diejenigen aus Roquepertuse (H.-J. Hundt in: Kat. Stuttgart 107 ff.). Selbst die Ornamente, die auf der Kleidung von Personen auf griechischen Vasen des 6. Jahrhunderts v. Chr. dargestellt sind, gehören demselben Bereich an.

Es spricht prinzipiell nichts im archäologischen und ikonografischen Umfeld von Glanum und Roquepertuse dagegen, die Statuen eventuell mehrere Jahrhunderte früher zu datieren. Siedlungsschichten des 6. und 5. Jahrhunderts v. Chr. und gemeinsame ikonografische Themen bestätigen die kulturellen Verbindungen zwischen dem Norden und dem Süden Europas.

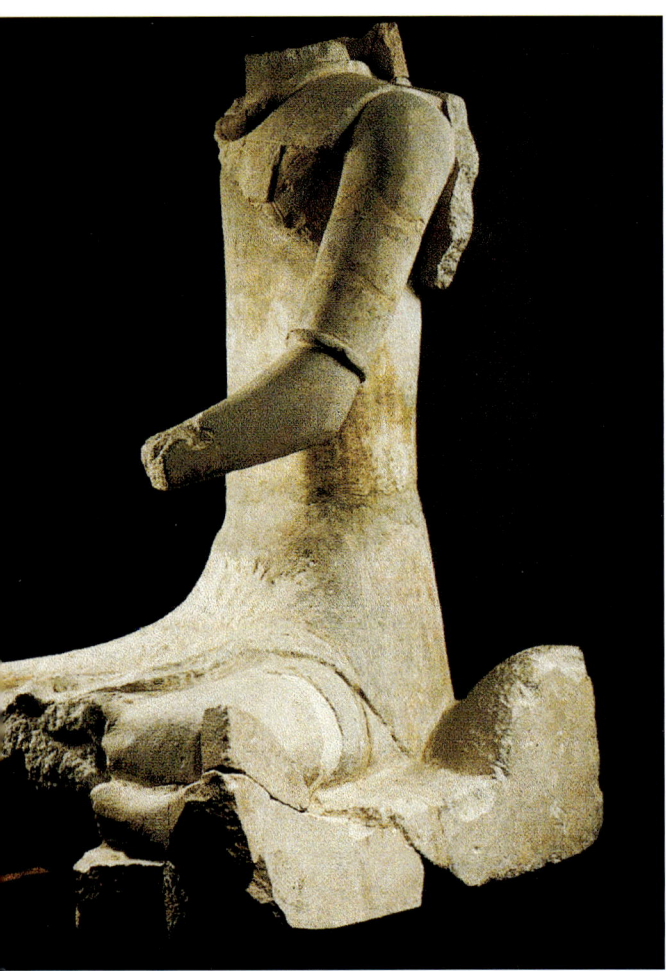

215 Sitzstatue aus Roquepertuse, Dép. Bouches-du-Rhône (Inv.-Nr. 8271).

Zu guter Letzt ist auch das eigentümliche Thema einer im Schneidersitz dargestellten Person vielleicht nicht so lokal, wie es erscheint. Eine neue Deutung des traditionellen Ziermotivs der durchbrochenen Gürtelhaken aus dem 5. Jahrhundert v. Chr., der sog. Lotosblüte legt nahe, darin die Darstellung einer sitzenden Person zu sehen, die zu einem ideografischen Zeichen schematisiert worden ist (ABB. 216,5–7) (Rapin 2000).

GLAUBERG – ROQUEPERTUSE

Die Entdeckung der großen Statue vom Glauberg bestätigte, dass die Kelten des 5. Jahrhunderts v. Chr. den Kompositpanzer verwendeten (ABB. 70; 71). Es ist jedoch vor allem die kleine Figur im Schneidersitz auf dem Rand der Schnabelkanne aus Grab 1, die eine direkte ikonografische Verbindung mit dem Süden Galliens herstellt (KAT.-NR. 1.1, ABB. 99; 235; 236) (Herrmann/Frey 1996, 81 ff. ABB. 98–103). Die Identifizierung eines Panzers mit großer Rückenplatte an dieser kleinen Sitzfigur bezeugt gleichzeitig eine Form der militärischen und ideologischen Ge-

meinschaft, die die Kelten des Nordens und die Ligurer im Süden miteinander verband. Ich informierte F.-R. Herrmann und O.-H. Frey von meinen Hypothesen und wurde daraufhin freundlicherweise eingeladen, sie zu verifizieren. Nach der Entfernung der erdigen Kruste, welche die Rückseite der großen Statue bedeckte, zeigte sich an der erwarteten Stelle eine große Rückenplatte des provenzalischen Typs (Frey/Herrmann 1997, 479 ff. ABB. 17–20).

Diese Entdeckung hat die Analyse der provenzalischen Skulpturen von einigen ihrer ideologischen Fesseln befreit und ermöglicht – von einem neuen Standpunkt aus – eine Interpretation der chronologischen Anhaltspunkte.

Auch wenn bei der Besprechung der Statuen vom Glauberg oder von Hirschlanden (ABB. 191) manchmal das Bildthema des griechischen Kouros und dessen Funktion im Grabbrauch (s. Beitrag Steuernagel) beschworen werden, so bleibt ihre äußere Gestaltung doch weit entfernt von derjenigen griechischer Plastik.

216 Entwicklung des Übergangs vom Oberkörper zum Beinbereich bei verschiedenen Sitzstatuen aus der Provence: 1 Glanum 2 Rognac 3.4 Roquepertuse 5–7 Sitzfigur vom Glauberg und die Umsetzung ihrer Silhouette in ein symbolisches Bild.

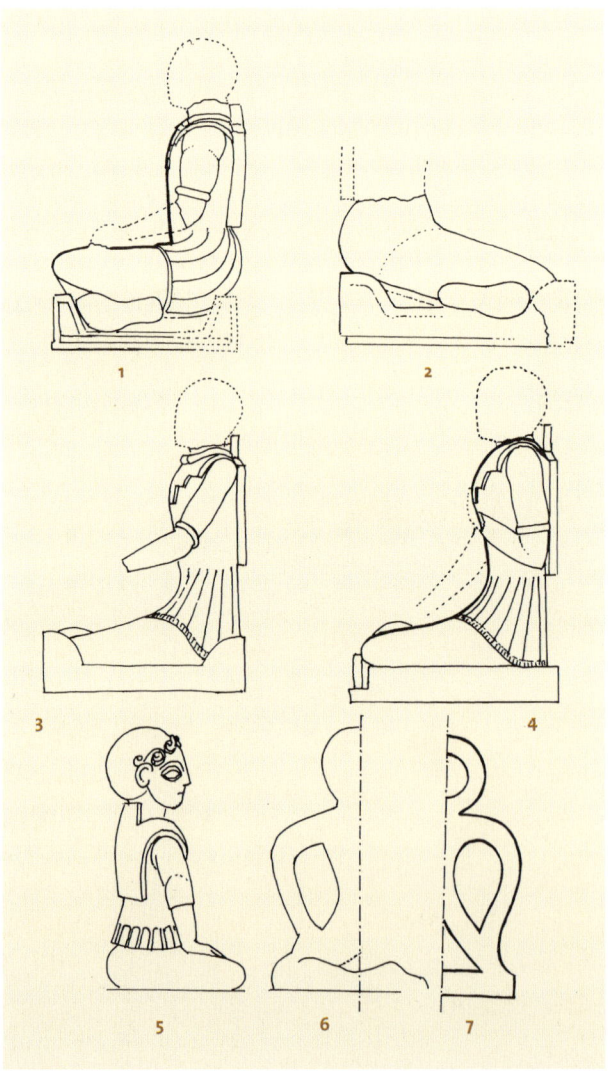

Paradoxerweise ist es die Anatomie der Sitzfiguren, die am meisten an die der Kouroi des ausgehenden 6. Jahrhunderts v. Chr. erinnert. Die zurückhaltend, aber korrekt wiedergegebene, wohlproportionierte Arm- und Beinmuskulatur der Statuen von Roquepertuse ist umso bemerkenswerter, als der Steinmetz sie an eine Haltung anpassen musste, die der archaischen Plastik unbekannt war. Im Gegensatz zu Statuen der griechischen Klassik verwischt die Bekleidung der Figuren von Roquepertuse die Anatomie. Sie führt stattdessen zu einer geometrischen Ausdrucksform, die einen kontinuierlichen Übergang vom konvexen Oberkörper zum konkaven Beinbereich gewährleistet (ABB. 216). Der Blick kann von einer Seite der Statue Inv.-Nr. 8270 aus Roquepertuse zur anderen gleiten, ohne irgendeinen Bruch der Spannung in den gewölbten Flächen wahrzunehmen (ABB. 214; 216,4). Die ästhetische Wirkung, die aus dieser gelungenen plastischen Darstellung hervorgeht, verleiht der Figur eine in sich ruhende Stabilität, die aufrechte Haltung haucht ihr Macht und Erhabenheit ein. Man kann das Fehlen der Köpfe, die Bilderstürmer systematisch zerstört haben, nur bedauern.

Der Kopf der kleinen Figur auf dem Kannenrand vom Glauberg ist derzeit der einzige Vertreter dieser frühen Gruppe von Sitzfiguren (KAT.-NR. 1.1, ABB. 99; 236). Die deutliche Dominanz der Augen im bewusst stilisierten, von einem Kranz von Buckellöckchen eingerahmten Gesicht gibt ihm sein keltisches Gepräge und eine unbestreitbare religiöse Transzendenz. Der Prozess der Stilisierung der Formen hin zu einem zeichenhaften Bild scheint bei dieser kleinen Figur weiter fortgeschritten zu sein als bei seinem Gegenstück aus Roquepertuse (ABB. 216,4–7).

Der keltische Kunsthandwerker, der eine der drei Löwenfiguren auf dem Kesselrand von Hochdorf gestaltete, war schon im 6. Jahrhundert v. Chr. von dieser Grundtendenz zur Vereinfachung von Volumen und Silhouette inspiriert, die zur Umwandlung in Symbole führt (ABB. 159) (Biel 1988, 159 f. ABB. 7–9).

DIE SITZFIGUREN

Die etwa zehn Statuen, die dank der Fragmente von Panzern in Roquepertuse nachgewiesen worden sind, stellen einen Mindestbestand dar (KAT.-NR. 140). Mit den drei Unterteilen aus Glanum (ABB. 208; KAT.-NR. 141, ABB. 371; 372), demjenigen aus Rognac und den Oberkörpern aus Nîmes (KAT.-NR. 142, ABB. 373) und Constantine nähert sich der Bestand derzeit etwa zwanzig Sitzfiguren, die mit demselben Panzertyp ausgerüstet sind. Wir haben gesehen, dass der Gebrauch dieser Ausrüstung zwischen dem 6. und 4. Jahrhundert v. Chr. nachgewiesen werden kann, mit dem Panzer von Vix (ABB. 197) am oberen und demjenigen auf dem Pfeiler von Steinenbronn/Waldenbuch (KAT.-NR. 137, ABB. 368) am unteren Ende dieser Zeitskala.

Die Körperhaltung der Kouroi – das linke Bein nach vorne gestellt, die geballten Fäuste an den Hüften – folgt einer strengen Norm. Diejenige der im Schneidersitz hockenden Figuren ist nicht weniger streng: Das rechte Bein

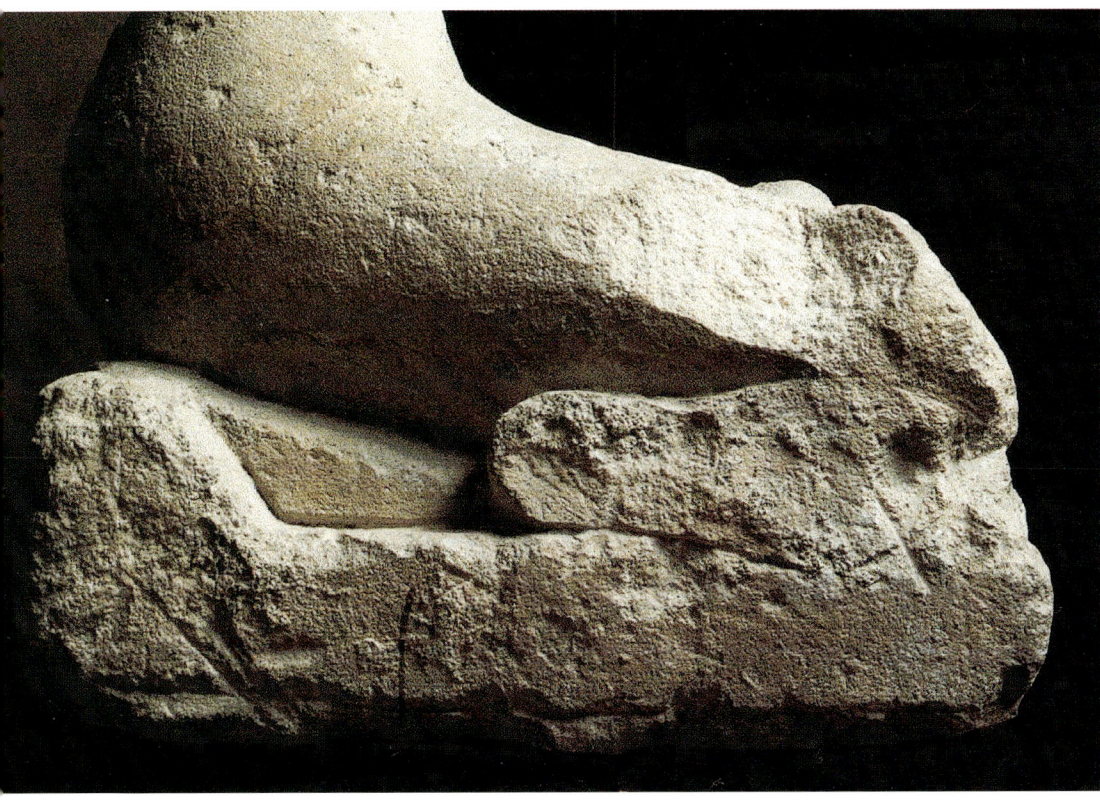

217 Fragment der Sitzfigur aus Rognac, Dép. Bouches-du-Rhône (Musée de la Vieille Charité de Marseille).

ist immer vorne. Lediglich die Darstellung der Füße scheint einer Entwicklung unterworfen zu sein. Auch die Sockel mit Eckakroteren zeigen eine Entwicklung; sie gleichen dem für griechisch-italische Stelen oder Graburnen seit dem 6. Jahrhundert v. Chr. verwendeten Typ.

Die beengende Präsenz dieser vier Akrotere auf den drei Sockeln aus Glanum (ABB. 216,1; 208; KAT.-NR. 141, ABB. 371; 372) hat dazu geführt, dass die Füße auf den Seitenflächen abgebildet wurden. Die schematische Darstellung der Fußsohlen in flachem Relief nimmt wenig Rücksicht auf die anatomische Verbindung mit den gekreuzten Beinen. Der Blick von oben zeigt diese scheinbare Ungeschicklichkeit, die aber aufgehoben wird, wenn sich die Statuen hoch auf ihrem Pfeilersockel befinden (Rolland 1968, 28 ff.). Auf dem Sockel der am besten erhaltenen Statue aus Roquepertuse ließ der Bildhauer die Akrotere weg, was es ihm ermöglichte, einen natürlicheren Sitz zu gestalten, indem er die Füße in die frei gewordenen Ecken einfügte (ABB. 214; 216,4). Es ist dieser neue Standard, den man für das Sitzfigürchen vom Glauberg übernommen hat.

Bestimmte archaisierende anatomische Merkmale der Statuen von Glanum können helfen, andere Entwicklungsstränge zu erkennen. Ähnlich den Konventionen der anatomischen Darstellung der älteren Kouroi sind bei zwei Statuen aus Glanum die Beine durch einen ausgeprägten Schienbeingrat gekennzeichnet. Bei der dritten Figur aus Glanum ist er schwächer ausgebildet und schließlich in Roquepertuse – wie bei den Kouroi ab dem Ende des 6. Jahrhunderts v. Chr. – ganz verschwunden. Ebenso erinnert die Schulter- und Armmuskulatur am Torso aus Glanum an die konvexe Linienführung bei archaischen griechischen Gegenstücken.

Der Halsring des Kriegers aus Glanum unterstreicht die frühe Zeitstellung der Figur (ABB. 208), denn er steht dem der sitzenden Figur aus Vix (ABB. 198) näher als dem seines Gefährten aus Roquepertuse (ABB. 215). Auch die Darstellung des Geschlechtsteils an einer der Statuen aus Glanum spricht für eine Datierung in die ältere europäische Eisenzeit; die Statuen von Hirschlanden und vom Glauberg vertreten denselben Entwicklungstyp. Diese Merkmale, die von den gestalterischen Variationen der Rückenplatten und Schulterklappen der Panzer in Roquepertuse, Glanum und Nîmes begleitet werden, vervollständigen die stilistische Betrachtung der Werke.

Trotz der recht geringen Zahl der Sitzfiguren weisen Vergleiche der verschiedenen Merkmale auf einen der wesentlichen Antriebe der Entwicklung hin: die Vervollkommnung des Übergangs zwischen Oberkörper und Beinbereich. Die Statue Inv.-Nr. 6976 aus Glanum (ABB. 216,1; 208) repräsentiert eine altertümliche Lösung, bei der die Seitenansicht eine rechtwinklige Verbindung aufweist. Im Gegensatz dazu zeigt die Figur Inv.-Nr. 8270 aus Roquepertuse das Ergebnis eines fortschrittlicheren Um-

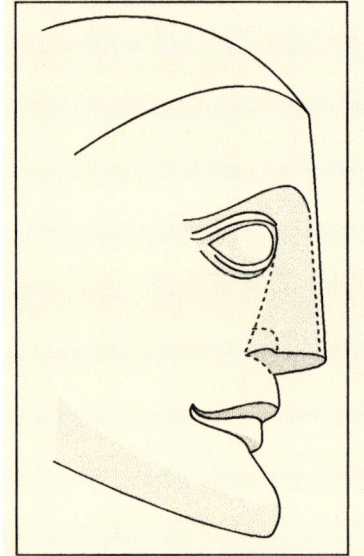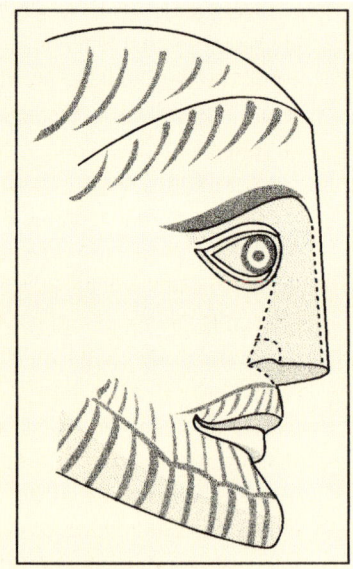

218 Einer der beiden Köpfe des „Hermes" aus Roquepertuse und seine hypothetische Rekonstruktion aufgrund von Bemalungsspuren, die A. Barbet auf der ganzen Skulptur festgestellt hat.

gangs mit der Plastizität. Das Bemühen, diesen Übergang zu perfektionieren, äußert sich in einigen manchmal amüsanten Versuchen, deren Ziel es war, den Winkel zwischen dem Oberkörper und den Oberschenkeln zu öffnen. So hat der Bildhauer bei der Statue aus Rognac den Krieger auf ein Kissen gesetzt, was es ihm erlaubte, die Knie abzusenken und somit den Winkel zwischen Oberkörper und Beinen auf über 90° zu vergrößern (ABB. 216,2; 217). An der Statue Inv.-Nr. 8270 aus Roquepertuse sind die Akrotere weggelassen und die Füße auf der Vorderseite platziert (ABB. 214; 216,4). Die Figur wurde auf eine Art Treppenstufe gesetzt, wodurch es möglich war, die Knie stark abzusenken und ein ideales kurvolineares Profil zu erzielen.

Bei den Torsi aus Nîmes ähneln die schrägen Ausschnitte der Schulterklappen oder auch die Dicke und Schmalheit der Rückenplatte denen, die man an der Statue von Glanum beobachtet hat (ABB. 208). Einige weitere altertümliche Merkmale in der Gestaltung des Oberkörpers, der Behandlung des Halses und in der Anordnung der Arme, die gleichsam flach auf den Seitenflächen dargestellt sind, sprechen möglicherweise für eine frühe Zeitstellung innerhalb der Gruppe der Sitzfiguren.

Das Bildthema des Januskopfes ist seltener (Benoît 1955, 38). Die häufige Wiedergabe des doppelgesichtigen „Hermes" aus Roquepertuse in Werken über die Kelten ist umso paradoxer, als dieses Bildsymbol der keltischen Kunst vor dem Hintergund seines eigentümlichen Charakters und seiner Zeitstellung beurteilt werden muss (ABB. 209). Die Ähnlichkeiten mit der spätarchaischen griechischen Plastik sind offenkundig. Zur durchgehenden Stirn-Nasenlinie kommt die ungewöhnliche Gestaltung der Schädel und der Kinne. Ein seltsamer Bruch in

der Neigungsfläche zwischen Stirn und Schädel erinnert entweder an ein Stirnband, an die behelmten Köpfe auf dem Fries des Siphnier-Schatzhauses in Delphi oder auch an chalkidisch-korinthische Helme, auf denen Stirnlocken zu sehen sind. Ebenso können Größe und Akzentuierung der Kinne ihre Erklärung in griechischen Darstellungen Bärtiger aus dem späten 6. Jahrhundert v. Chr. finden. A. Barbet konnte das Vorhandensein schwarz aufgemalter Bärte auf den beiden Köpfen nachweisen (Barbet 1991) (ABB. 218). Die Krümmung des Mundes und das Anheben der Mundwinkel könnten ein Relikt des „archaischen Lächelns" darstellen. Eine Anregung durch Werke vom Übergang zwischen archaischem und strengem Stil erscheint daher logischer als eine willkürliche Einordnung in das 3. Jahrhundert v. Chr.

Mit der Darstellung des Panzers von Grézan (KAT.-NR. 143, ABB. 374), der mit geometrischen Ornamenten und einem Kardiophylax in der Art von Capestrano (ABB. 203) verziert ist, befindet man sich wahrscheinlich in der fortgeschrittenen Eisenzeit. Die Helme mit großer Helmzier, wie sie die Krieger von Saint-Chaptes (KAT.-NR. 144, ABB. 375) und Grézan tragen, besitzen keine metallenen Gegenstücke und stellen möglicherweise Übertragungen illyrisch-korinthischer Typen des 7. und 6. Jahrhunderts v. Chr. in Leder dar. Die Interpretation, dass die Büste von Saint-Chaptes einen metallenen, mit gravierten Sparrenmustern und Dreiecken verzierten Panzer trägt, ist sehr wahrscheinlich. Die behelmten Krieger von Grézan und Saint-Chaptes stehen deshalb vermutlich dem Beginn der Eisenzeit relativ nahe.

Diese mögliche Frühdatierung des südfranzösischen Statuenbestands könnte schließlich eine Kontinuität mit der Tradition der älteren anthropomorphen Stelen herstellen, die so reichhaltig im vorgeschichtlichen Südfrankreich vertreten sind. Diese Abstammung zeigt sich am deutlichsten in den beiden am weitesten entwickelten Statuen aus Roquepertuse (ABB. 214; 215). Davon zeugt das Bemühen um eine klare Unterscheidung der Vorder- und der Rückseite der Sitzfiguren. Den fließenden Linien und harmonischen Wölbungen der Vorderseite steht die strenge Schichtung geometrischer Blöcke auf der Rückseite gegenüber. Die Rückenplatten wurden verbreitert, um den Oberkörper und die Arme vollständig mit aufgemalten geometrischen Ornamenten zu bedecken. Der rechteckige Nackenschutz ließ nur den gewölbten Teil des Schädels hervortreten, so als ob man damit eines der klassischen Schemata der alten Stelen wiederfinden wollte, von denen einige Exemplare im Museum von Bologna aufbewahrt werden (Morigi Govi/Vitali 1982, 255) (ABB. 219).

Die Hypothese, die Skulptur Südgalliens wäre aus einer späten Akkulturation der Einheimischen hervorgegangen, erscheint nunmehr unangemessen. In der Provence reiht sich das Auftreten dieser Großplastik – ebenso wie in Süddeutschland – eher in die lokalen Traditionen ein,

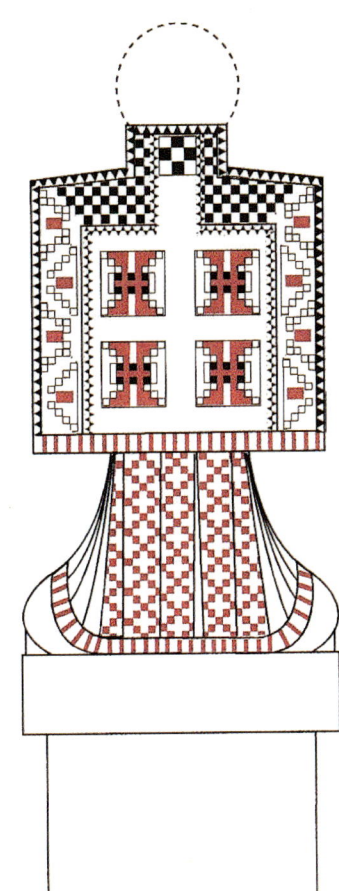

219 Rekonstruktion der Rückansicht der Statue Inv.-Nr. 8270 von Roquepertuse nach den Beobachtungen der Bemalungsspuren von A. Barbet.

als Bestandteil einer Gesellschaft, die seit der älteren Eisenzeit der griechischen und etruskischen Kultur begegnet war. Die Wirkung des Austauschs und der griechischen Kolonisation war vielleicht unmittelbarer, als man gedacht hat. Rhodier, Etrusker und Phokäer wären auch die Vermittler orientalischer Vorstellungen gewesen, die – ausgehend vom lokalen Substrat – die Entstehung des Bildthemas der Sitzfigur gefördert haben könnten. So zeigen die ligurischen Werke auch ihre Eigenart, ebenso wie die archaische griechische Skulptur eine relative Selbstständigkeit gegenüber einigen ihrer orientalischen Vorbilder aufweist. Die Anleihen, die sich auf bestimmte Techniken und Regeln der plastischen Darstellung beschränken, wurden umgesetzt und einheimischen Vorstellungen angepasst, deren gemeinsame Züge mit zeitgleichen keltischen Kulturen nun immer deutlicher sichtbar werden.

Während einer kurzen Zeit des Gleichgewichts, vielleicht in der ersten Hälfte des 5. Jahrhunderts v. Chr., erreichen einige dieser Werke einen anderen Rang, ein Niveau, das den besten Vertretern der gleichzeitigen mediterranen Großplastik vergleichbar ist.

Ihre Umformung und Integration in das symbolische bzw. abstrakte Bildrepertoire der Kelten wäre durch die Rückkehr zur figürlichen Darstellung betont worden. In dieser Hinsicht ist die Skulptur Südgalliens ein vollwertiger Bestandteil der keltischen Kunst, ein Zeugnis für die Übernahme aus fremden Kulturen, die der figürlichen Darstellung stärker zugeneigt waren.

Die „Lusitanischen Kriegerstatuen" in Nordportugal

von Martin Höck

Zahlreiche befestigte Höhensiedlungen, so genannte Castros, geben im seit der Antike als *finis terrae,* als Ende der damals bekannten Welt, bezeichneten Nordwesten der Iberischen Halbinsel Zeugnis von der einheimischen Eisenzeit. Die Eigenart der dortigen Bevölkerung blieb auch während und nach der intensiven Romanisierung ab der Zeit des Augustus unübersehbar bestehen. Zwar sind im Nordwesten der Iberischen Halbinsel praktisch keine Gräber aus der Eisenzeit bekannt, doch ist die Zahl der Siedlungsplätze hoch anzusetzen; auch heute noch sind das küstennahe Nordportugal und Galicien – im Vergleich zur Gesamtheit der Iberischen Halbinsel – sehr dicht besiedelt.

Strabo gibt in seinem Werk über die Geografie ein anschauliches Bild von solchen Einheimischen, wenn er, wahrscheinlich auf dem verschollenen Werk des Poseidonios fußend, über die Bewaffnung der Lusitaner Folgendes schreibt: „[Es heißt, dass] sie einen kleinen Schild von zwei Fuß Durchmesser haben, der nach vorne hin konkav ist, der mit Gurten festgehalten wird, denn er besitzt weder Griff noch sonstige Haltevorrichtung. Außerdem tragen sie einen Dolch. Die meisten tragen Leinenpanzer. Einige wenige benutzen Kettenpanzer und Helme [...]. Die Fußsoldaten tragen Beinschutz [...]." (Strabo III 3, 6).

Die „Lusitanischen Kriegerstatuen", aus Granit gefertigte Großplastik, die in Nordwestportugal und einem angrenzenden Teil Galiciens gefunden wurde und auf dieses Gebiet beschränkt ist, stellen in dieser Weise bewaffnete Krieger dar (Höck 1986; ders. 1993; ders. 2001; Queiroga 1992; Silva 1986; de Sousa 1996). Wenn auch das grobkörnige Material und die „barbarische" Ausführung eine feintypologische Ansprache der Attribute nicht erlauben, so besteht daran dennoch kein Zweifel. Die beiden Krieger von Lesanho – auf der Grenze zwischen Concelho de Boticas und Concelho de Montalegre, Distrito de Vila Real – tragen einen konkaven Schild und einen Dolch (ABB. 220; KAT.-NR. 145, ABB. 376). Andere Statuen wie Santa Comba und Cabeceiras de Basto, Concelho de Cabeceiras de Basto, Distrito de Braga, weisen außerdem die Halteriemen für den Schild und den Beinschutz auf (Silva 1986, 307 f. Nr. 553.554 Taf. 122,1.2). Die Statuen von Lesanho wie auch der Krieger von Sanfins, Concelho de Paços de Ferreira, Distrito do Porto (KAT.-NR. 146, ABB. 377), tragen einen Halsring – ein in der Welt der europäischen Eisenzeit geläufiges Attribut. Aus dem Verbreitungsgebiet der „Lusitanischen Krieger" sind zahlreiche Funde von Goldhalsringen

bekannt. Der Helm des Kriegers von Sanfins entspricht eisenzeitlichen Helmen, wie sie auch auf der Iberischen Halbinsel vorkommen, allerdings in ähnlicher Form bis in die römische Zeit hinein benutzt wurden. Je nachdem, ob man das dargestellte Rüstungsstück als Metallhelm mit halbkugelförmiger Kalotte (ohne Wangenklappen) oder als Typ Montefortino (mit Wangenklappen) identifiziert, ergibt sich für diesen Krieger eine Datierung ab dem 5./4. oder dem 3. Jahrhundert v. Chr. Ähnlich zu datieren

220 Eine der beiden Kriegerstatuen aus dem Castro de Lesanho, Distrito de Vila Real (vgl. KAT.-NR. 145).

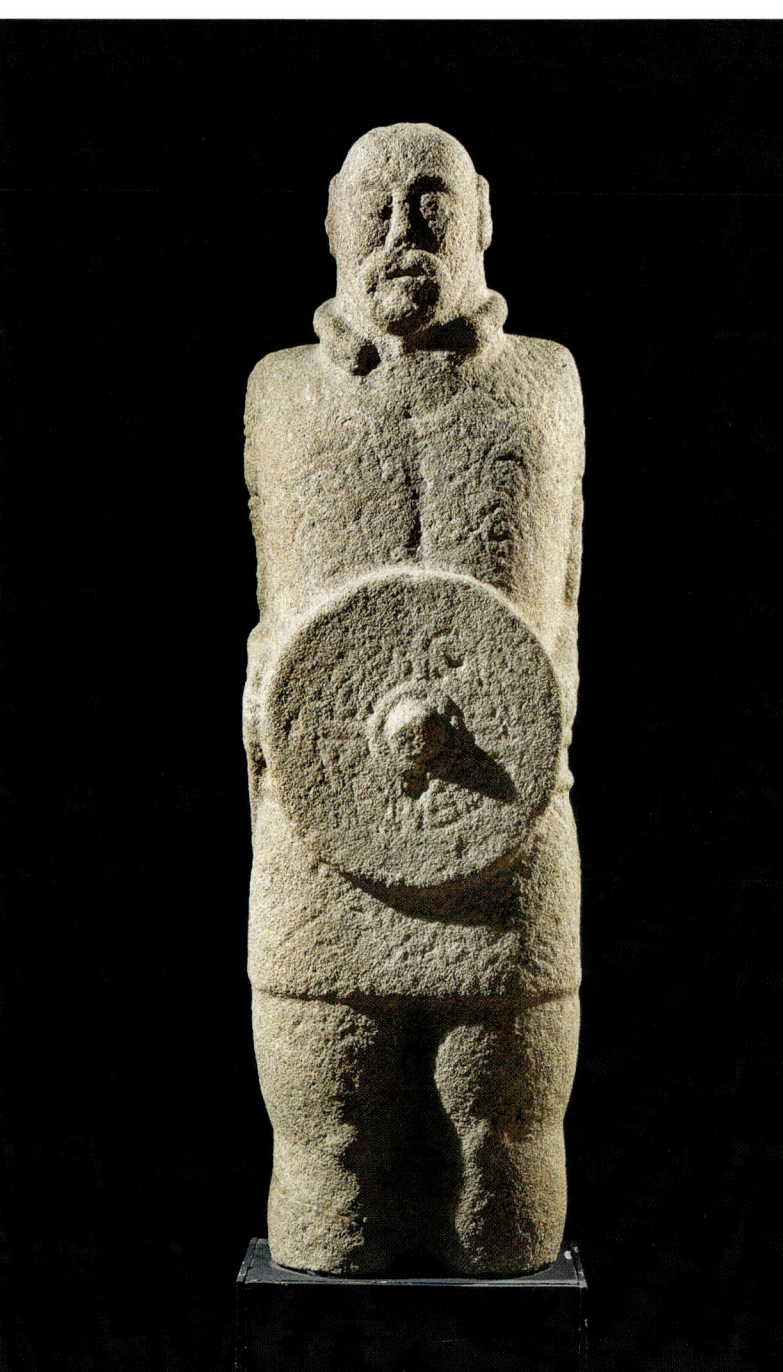

sind eisenzeitliche Dolche der spanischen Meseta, die mit denjenigen der Kriegerstatuen vergleichbar sind; aus ihnen haben sich später römische Waffen entwickelt.

Zwei von vier Kriegern, die E. Hübner 1861 erstmals veröffentlicht hat, trugen lateinische Inschriften, von denen allerdings eine schon damals verschollen war. Seitdem wurden im Laufe der Forschung immer wieder zwei extrem divergierende Datierungen vorgeschlagen, einerseits – aufgrund der Inschriften – eine römerzeitliche, andererseits – aufgrund stilistischer Merkmale – eine eisenzeitliche. Bei einer Datierung in die Eisenzeit bezieht man ein, dass die ohnehin nicht sehr zahlreichen Inschriften sekundär sein können und hält auch ein Fortleben einer einheimischen Bildhauertradition bis in römische Zeit hinein für möglich. Verzierte, wahrscheinlich ältere Stelen weisen darauf hin, dass diese Tradition bereits vor der Eisenzeit entstanden sein dürfte. So sind an der pfeilerförmigen Stele von São João de Ver (Jorge/Jorge 1983 – dort noch ohne genaue Fundortangabe) – wenige Kilometer südlich des Douro, im Concelho de Vila da Feira, Distrito de Aveiro – an den verschiedenen Seitenflächen die Merkmale eines Kriegers dargestellt, und zwar in Ritzung oder in flachem Relief. Doch zeigt sich nur am Kopf zwischen drei Seiten eine Verrundung, also eine Tendenz zur vollplastischen Darstellung. An den Kriegern von Lesanho (ABB. 220; KAT.-NR. 145, ABB. 376) ist die pfeilerförmige Grundform des Steinblocks nur schwach verändert. Im Grunde genommen haben wir es auch hier mit vier die Seiten des Körpers darstellenden Reliefs zu tun. Bei anderen Kriegerstatuen ist dies ähnlich: Die Grundform des vorhandenen Steins bestimmte den Querschnitt. Im Falle der Figur von Campos 1, Concelho de Boticas, Distrito de Vila Real, sind Vorder- und Rückseite nicht einmal annähernd parallel. Wenn auch nicht durch im Einzelnen datierende Befunde abgesichert, ist diese Tradition plausibel und ihre Träger konnten auswärtige Einflüsse aufgreifen. Bei aller Abgeschiedenheit des Gebiets sind solche auch anderweitig nicht zu leugnen, gibt es doch beispielsweise vom Castro von Sanfins punische Keramik und von verschiedenen anderen griechische Keramik.

Bis zum heutigen Tage sind, je nachdem wie viele Individuen man aus den bekannten Fragmenten erschließt, 25 bis 40 solcher Kriegerstatuen bekannt, von denen lediglich drei tatsächlich lateinische Inschriften aufweisen.

Die Kriegerstelen von Hirschlanden (ABB. 191) und vom Glauberg (ABB. 70; 71) haben nun die Gemeinsamkeit der „Lusitanischen Krieger" mit der Welt der eisenzeitlichen

Plastik im europäischen Rahmen besonders augenfällig gemacht. Am Krieger von Capeludos, Concelho de Vila Pouca de Aguiar, Distrito de Vila Real (ABB. 221), ist eine Kopfbedeckung dargestellt, die der des „Manns von Hirschlanden" stark ähnelt und wie diese an den Birkenrindenhut aus dem späthallstattzeitlichen Fürstengrab von Hochdorf erinnert. Auch die Maske – oder zumindest der maskenhafte Ausdruck – gemahnt sehr an den „Mann von Hirschlanden".

Der Krieger von Sanfins (ABB. 222) hat an Attributen die Darstellung von Oberarmringen mit Hirschlanden und Glauberg gemein. Einen aus parallelen Wülsten gebildeten goldenen Armring gibt es im nordportugiesischen Hortfund von Lebução, Concelho de Valpaços, Distrito de Vila Real, der in die späte Bronzezeit datiert wird. Der Schild – nicht in seiner Form, doch in seiner Position – verbindet den Krieger von Sanfins mit dem vom Glauberg. Dies gilt ebenfalls für den von Capeludos, bei dem da-

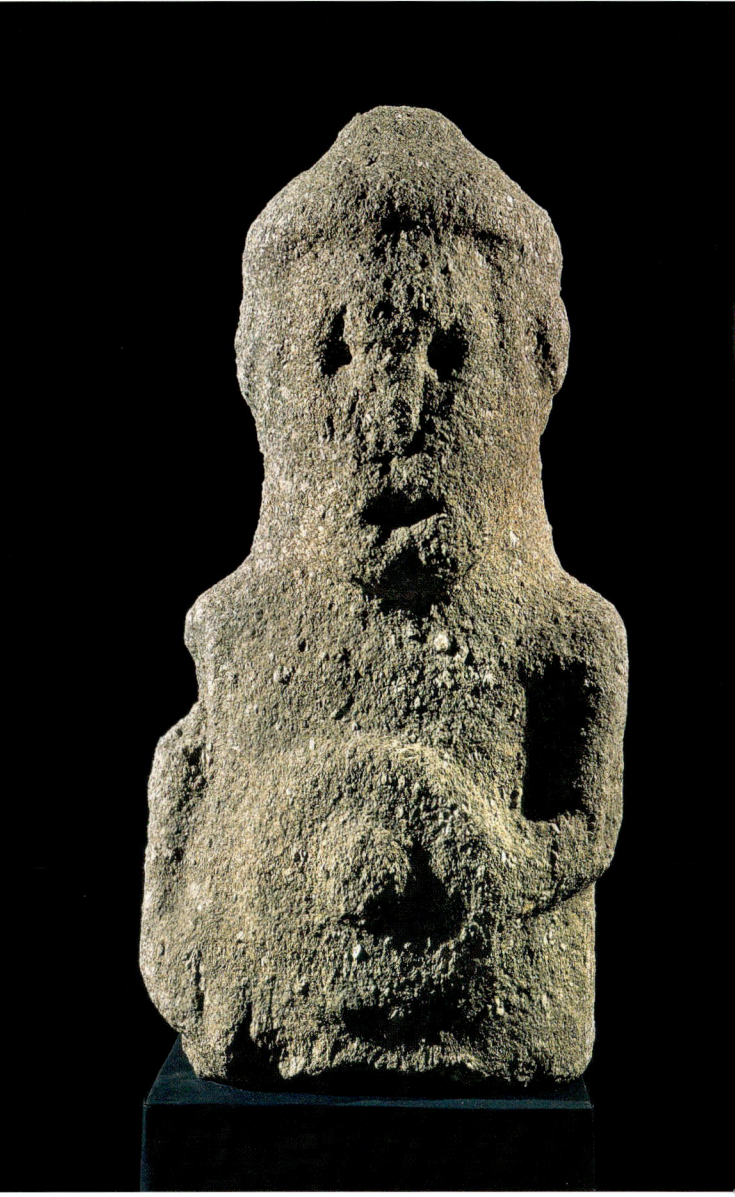

221 **Kriegerstatue von Capeludos, Distrito de Vila Real.**

rüber hinaus auch die Haltung des linken Arms stark an Letzteren erinnert. Die an den Statuen vom Glauberg und an denen von Sanfins und Lesanho dargestellten Halsringe sind verschieden. Gemeinsam haben sie, dass sie am jeweiligen Ort oder in der jeweiligen Gegend gefundenen Halsringtypen entsprechen.

Über den Formvergleich hinaus liefern die Funde vom Glauberg ein wesentliches Moment des Vergleichs mit den „Lusitanischen", nämlich die Tatsache, dass mehrere Exemplare von ein und demselben Fundort stammen. Dies ist bei Letzteren in mehreren Fällen sicher oder wahrscheinlich: Vom Castro von Lesanho gibt es zwei Statuen (ABB. 220; KAT.-NR. 145, ABB. 376), die beiden von Campos stammen möglicherweise auch von dort. Der Krieger von Cabeceiras de Basto ist dem von Santa Comba sehr ähnlich und kommt ursprünglich wohl auch von jenem Castro. Die vorhandenen Fragmente von Sanfins können zu einer oder aber zwei gleichartigen bzw. sehr ähnlichen Statuen ergänzt werden; die Überlieferung seit dem 18. Jahrhundert legt hier noch die Existenz einer weiteren Figur nahe.

Die Statue von Sanfins (oder eine von ihnen) zeichnet sich dadurch aus, dass wir ihren ursprünglichen Standort nachweisen können: Die sich nach unten hin verjüngende Basis wurde *in situ* an der Stelle entdeckt, wo sie zwischen den anstehenden Granitfelsen eingekeilt war. Dies beweist, dass die zugehörige Statue in der Nähe eines Tores stand und den von unten über den gepflasterten Zugang zum Castro Hinaufsteigenden bereits von weitem sichtbar war, ihnen entgegenblickte (ABB. 222). Diese Aufstellung stützt die seit langem in der Literatur für die „Lusitanischen Krieger" als Hypothese erörterte Funktion als Schutzgottheit.

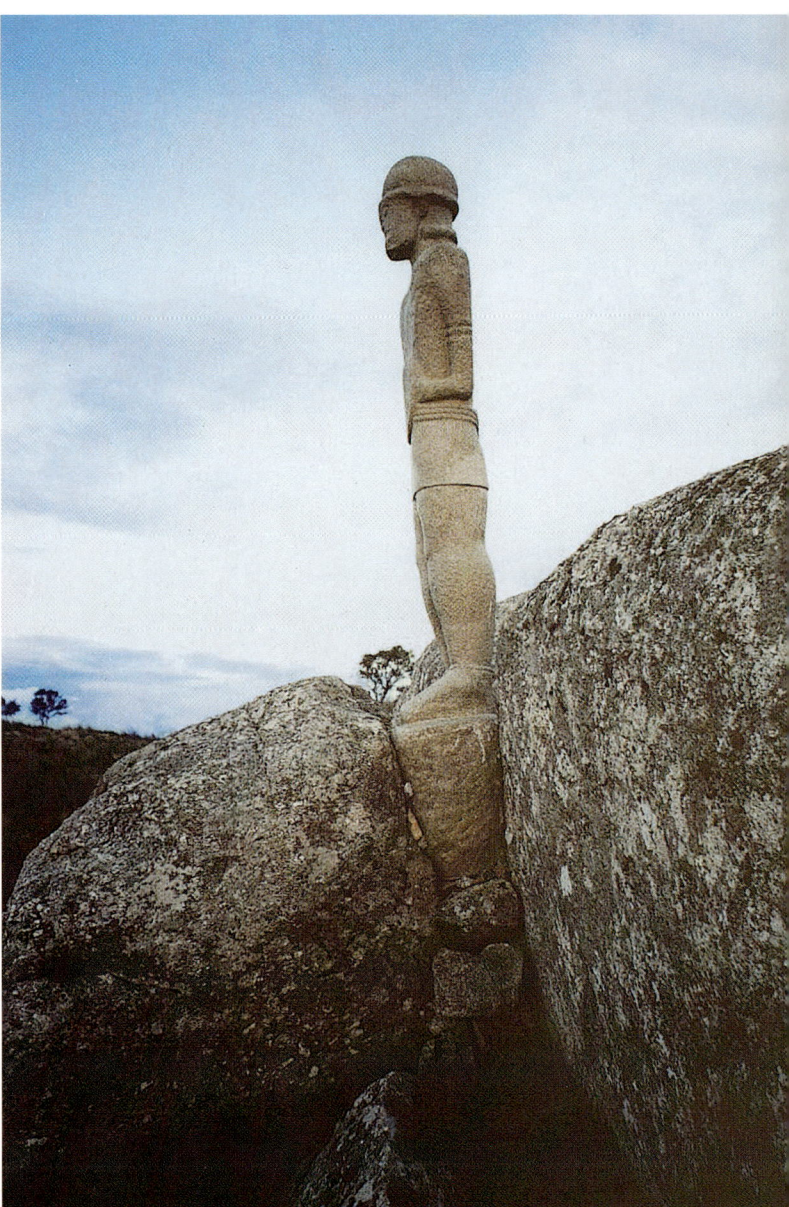

222 Kopie der Kriegerstatue von Sanfins an ihrem Originalstandort innerhalb der Citânia de Sanfins, Distrito do Porto (KAT.-NR. 146).

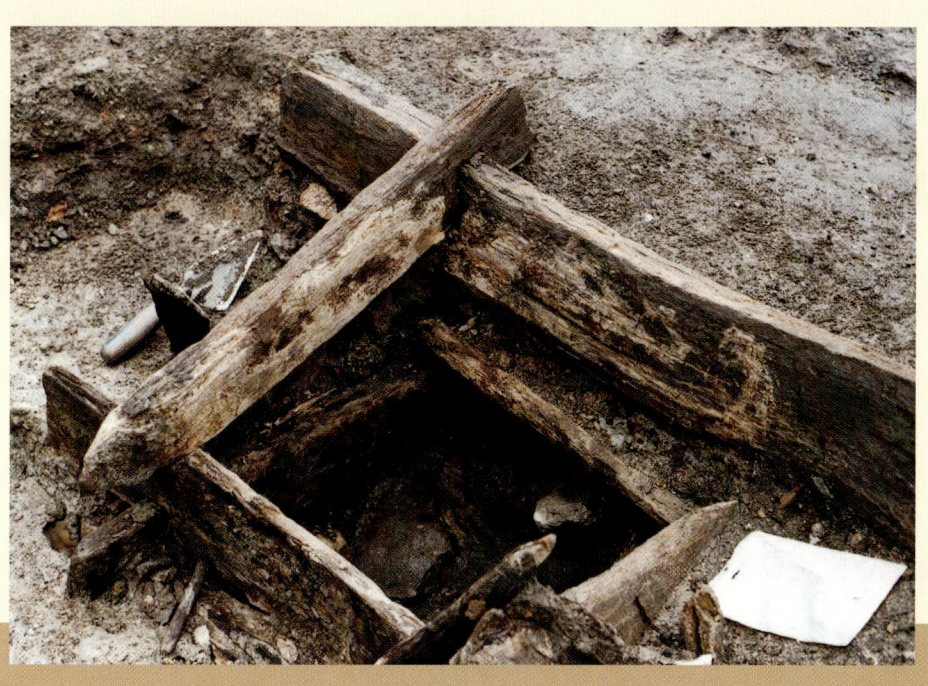

DIE KELTENSTRASSE

Auf keltischen Spuren

von Vera Rupp und Egon Schallmayer

Hessen verfügt über bedeutende Fundplätze zur keltischen Geschichte (Herrmann/Jockenhövel 1990, 244 ff.). Durch die Aufsehen erregenden Funde vom Glauberg wurde die Öffentlichkeit auf die bedeutende keltische Vergangenheit des Bundeslandes aufmerksam. Die Hessische Landesregierung hat sich daher entschlossen das Thema in mehreren Teilen sowohl der Fachwelt als auch der interessierten Öffentlichkeit zu präsentieren. Neben der umfassenden Darstellung der frühkeltischen Zeit in der Hessischen Landesausstellung in der Schirn Kunsthalle Frankfurt entsteht gegenwärtig im Umfeld des Glaubergs ein archäologischer Park. Es sind die notwendigen Vorarbeiten eingeleitet worden, die in den Bau eines Museums vor Ort am Glauberg münden werden. In diesem Museum werden die Erkenntnisse der Forschungsgeschichte und der Ausgrabungen dem Publikum vermittelt. Die Keltenstraße als drittes Modul veranschaulicht das keltische Erbe des Landes an herausragenden Plätzen. In Ergänzung zur Ausstellung und zum Archäologischen Park Glauberg wird dabei der gesamte Zeitraum keltischer Siedlungstätigkeit von den Anfängen der Hallstattzeit im 8. Jahrhundert v. Chr. bis zum Einsickern germanischer Bevölkerung ab der Mitte des 1. Jahrhunderts v. Chr. und der römischen Besetzung um Christi Geburt berücksichtigt. Das Ende der keltischen Kultur im hessischen Raum lässt sich auf archäologischem Wege nur schwer fassen, da sich im Zeitraum zwischen 50 v. und 50 n. Chr. große Bevölkerungsveränderungen vollzogen (Seidel 1994/95). Hier sind noch weitere Forschungen notwendig, um aus den einzelnen bisher vorliegenden archäologischen Mosaiksteinen ein konturenreicheres Gesamtbild entwerfen zu können.

DIE KELTENSTRASSE

Auf Initiative der Hessischen Ministerin für Wissenschaft und Kunst, Ruth Wagner, wurde das Projekt „Keltenstraße" ins Leben gerufen und die Hessische Kultur GmbH mit der Realisierung beauftragt. Die Projektleitung wurde den Verfassern übertragen. Ziel der Keltenstraße ist es, den Fürstensitz Glauberg in eine Reihe von Plätzen keltischer Zeugnisse in Hessen einzubetten. Dazu haben sich zunächst die Städte und Gemeinden Bad Nauheim, Biebertal, Büdingen, Butzbach, Friedberg, Glauburg und Oberursel zusammengefunden, um das Projekt zu starten (ABB. 224). Es ist geplant, den Kreis der Teilnehmer zu er

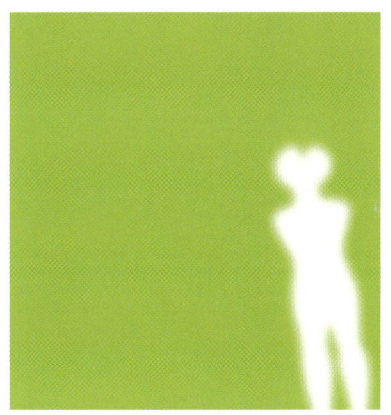

223 Das Logo der Keltenstraße.

weitern und in einer eigenen Organisation zu bündeln. Die Keltenstraße ist keine ausgeschilderte Route im Sinne der herkömmlichen Themenstraßen, sondern eine Vernetzung von Orten. Lediglich geplante ausgeschilderte Fahrradrouten werden zu einer gewissen Verbindung zwischen den Ortschaften führen. Zur Keltenstraße wurde ein eigenes Logo im Rahmen eines Wettbewerbs an der Hochschule für Gestaltung Offenbach/Main entwickelt. Auf grünem Grund erscheint die Silhouette der Statue des Keltenfürsten vom Glauberg in weiß (ABB. 223).

Die Keltenstraße veranschaulicht archäologische Sachverhalte durch den Einsatz entsprechender didaktischer Mittel. Darüber hinaus verknüpft sie die allgemein verständlich aufbereiteten wissenschaftlichen Inhalte der einzelnen Stationen mit touristischen Aspekten. Dabei tritt die Archäologie als Element strukturpolitischer Maßnahmen im ländlichen Raum in den Vordergrund. Bereits in der Vorbereitungsphase wurde deshalb darauf geachtet, durch die Einbeziehung verschiedener Institutionen ein Netzwerk zu schaffen, wie es im Bereich der hessischen Archäologie bisher noch nicht entwickelt worden ist. Vertreter von Ministerien, Landkreisen, Kommunen, Regionalplanungsämtern, Touristik- und Gastronomieverbänden sowie des Naturschutzes und des Verkehrsverbunds Rhein-Main führten dabei die vielfältigen Aspekte zu einem nachhaltigen kulturhistorischen Marketingkonzept zusammen.

Im Zentrum der Keltenstraße steht der Glauberg mit seinen vor- und frühgeschichtlichen Befestigungsanlagen, dem rekonstruierten keltischen Fürstengrabhügel aus dem 5. Jahrhundert v. Chr. und dem geplanten Keltenmuseum. Die einzelnen Elemente fügen sich zum Archäologischen Park Glauberg zusammen. Auf Initiative der Gemeinde

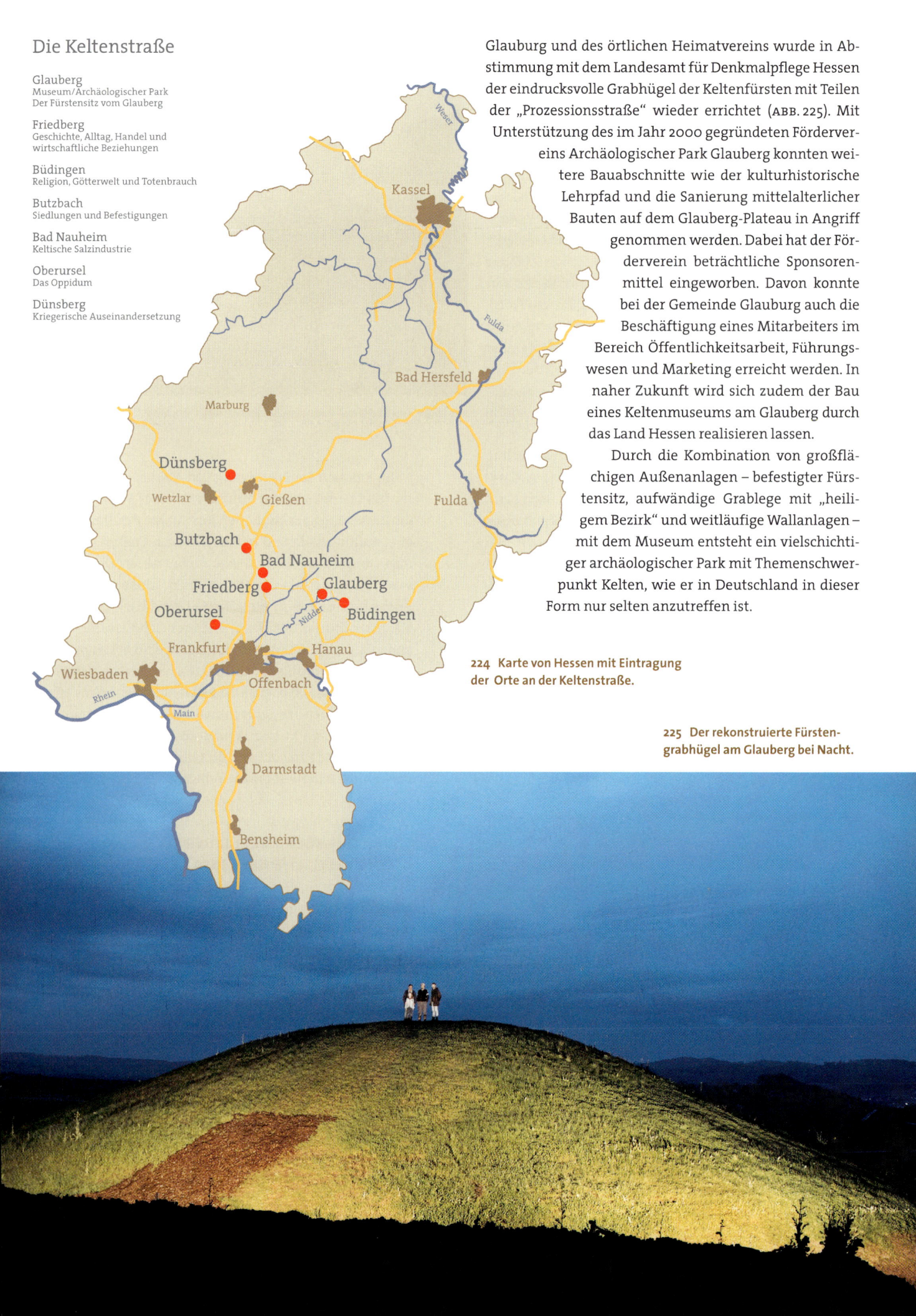

Die Keltenstraße

Glauberg
Museum/Archäologischer Park
Der Fürstensitz vom Glauberg

Friedberg
Geschichte, Alltag, Handel und
wirtschaftliche Beziehungen

Büdingen
Religion, Götterwelt und Totenbrauch

Butzbach
Siedlungen und Befestigungen

Bad Nauheim
Keltische Salzindustrie

Oberursel
Das Oppidum

Dünsberg
Kriegerische Auseinandersetzung

Glauburg und des örtlichen Heimatvereins wurde in Abstimmung mit dem Landesamt für Denkmalpflege Hessen der eindrucksvolle Grabhügel der Keltenfürsten mit Teilen der „Prozessionsstraße" wieder errichtet (ABB. 225). Mit Unterstützung des im Jahr 2000 gegründeten Fördervereins Archäologischer Park Glauberg konnten weitere Bauabschnitte wie der kulturhistorische Lehrpfad und die Sanierung mittelalterlicher Bauten auf dem Glauberg-Plateau in Angriff genommen werden. Dabei hat der Förderverein beträchtliche Sponsorenmittel eingeworben. Davon konnte bei der Gemeinde Glauburg auch die Beschäftigung eines Mitarbeiters im Bereich Öffentlichkeitsarbeit, Führungswesen und Marketing erreicht werden. In naher Zukunft wird sich zudem der Bau eines Keltenmuseums am Glauberg durch das Land Hessen realisieren lassen.

Durch die Kombination von großflächigen Außenanlagen – befestigter Fürstensitz, aufwändige Grablege mit „heiligem Bezirk" und weitläufige Wallanlagen – mit dem Museum entsteht ein vielschichtiger archäologischer Park mit Themenschwerpunkt Kelten, wie er in Deutschland in dieser Form nur selten anzutreffen ist.

224 Karte von Hessen mit Eintragung der Orte an der Keltenstraße.

225 Der rekonstruierte Fürstengrabhügel am Glauberg bei Nacht.

BAD NAUHEIM UND SEINE SOLEQUELLEN

Bad Nauheim gehörte zu den bedeutendsten Salzgewinnungsorten des keltischen Kulturkreises (Kull/Süß [in Vorbereitung]; Rupp 1998). Bei archäologischen Beobachtungen wurde nachgewiesen, dass sich unter der heutigen Kernstadt eine unbefestigte Siedlung der späten Eisenzeit befand. Ihre Bedeutung erlangte sie durch die Salzgewinnung und den weit reichenden Salzhandel. Durch neue archäobotanische Forschungen konnte nachgewiesen werden, dass durch die Salzsiederei das Landschaftsbild der Wetterau und der angrenzenden Regionen nachhaltig verändert wurde (Stobbe/Kalis 2001; s. Beitrag Stobbe/Kalis). Zum Betreiben der Siedeöfen waren gewaltige Mengen an Holz notwendig. Die Rodung zusammenhängender Waldflächen war die Folge. In Bad Nauheim lassen sich zwei ausgedehnte Salzsiedebezirke nachweisen, die Südsaline im Bereich der großen neuen Sanatorien und die Nordsaline im alten Bäderbezirk.

In den vergangenen Jahren fanden in der Nordsaline im Vorfeld von Baumaßnahmen umfangreiche Ausgrabungen des Landesamts für Denkmalpflege Hessen statt. Die neuen Grabungen lieferten wichtige Informationen zur vorgeschichtlichen Salzgewinnung, die hier in den letzten drei Jahrhunderten vor Christus vorindustrielle Ausmaße annahm (ABB. 226). Das keltische Erbe Bad Nauheims wurde bis vor kurzem im Salzmuseum (eine Einrichtung des Hessischen Staatsbads Bad Nauheim im Teichhaus) gezeigt. Leider wurde das Museum inzwischen geschlossen und die Bestände eingelagert. Auch von den keltischen Anlagen in der Stadt ist nichts mehr sichtbar. Lediglich Informationstafeln zur Stadtgeschichte entlang zweier Rundwege gaben bisher einige Hinweise über die großartige keltische Vergangenheit.

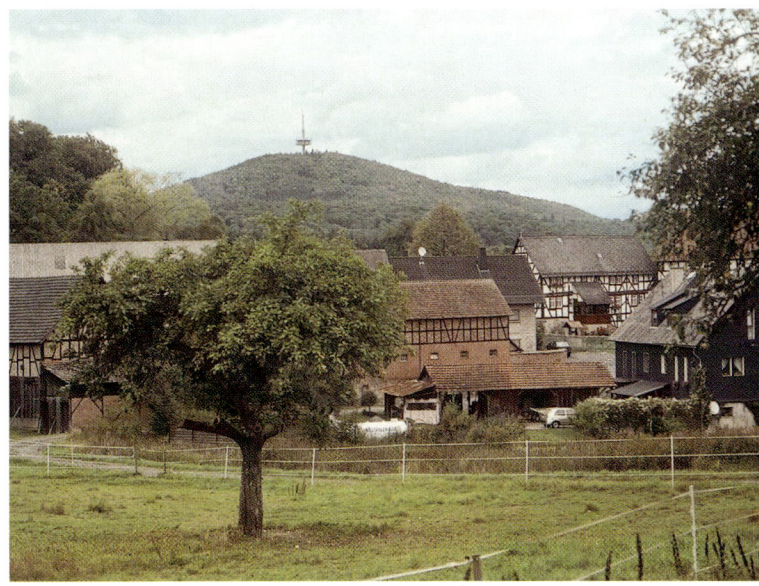

227 Blick von Biebertal-Rodheim-Bieber auf den Dünsberg.

Im Rahmen der Beteiligung Bad Nauheims an der Keltenstraße erfolgt bis zur Einrichtung eines Museums nun die Darstellung der keltischen Geschichte der Stadt durch eine multimediale und interaktive Präsentation des Themas in einem mobilen Museumscontainer. Die Salzgewinnung steht dabei im Mittelpunkt. Museumspädagogische Kräfte können, wann immer gewünscht, diese mobile Einrichtung aufbauen und mit Schulklassen oder anderen Gruppen Alltag und Arbeitswelt der Kelten erarbeiten. Diese mobile Einrichtung hat außerdem den Vorteil, dass sie an verschiedene Plätze Bad Nauheims oder auch an andere Orte gebracht werden kann. Kommunen, Schulen, Vereine, Messen, Tourismusbörsen, Museen und archäologische Parks können die Einrichtung bei der Stadtverwaltung Bad Nauheim anfordern.

DER DÜNSBERG BEI BIEBERTAL – EINE KELTISCHE GROSSSTADT

In der Gemarkung der Gemeinde Biebertal liegt der Dünsberg (Schlott 1999; Herrmann 2000b). Der weithin die Region an der mittleren Lahn beherrschende Berg wurde schon seit der jüngeren Steinzeit von Menschen aufgesucht (ABB. 227). Eine erste Besiedlung ist für die späte Bronzezeit nachgewiesen. Drei Ringwälle umziehen den Dünsberg. Der oberste und zugleich mächtigste könnte bereits in diese Epoche der Vorgeschichte gehören oder möglicherweise auch eine jüngere frühkeltische Anlage geschützt haben. Der mittlere Wall wird in früh- bis mittelkeltische Zeit datiert. Der äußere Ringwall umschloss eine keltische Großstadt des 2. und 1. vorchristlichen Jahrhunderts von 90 ha Fläche, die durch insgesamt 14 Tore in den Wallanlagen zugänglich war. Archäologische Ausgra-

226 Grabungsfläche im Bereich der Nordsaline von Bad Nauheim im Sommer 2001.

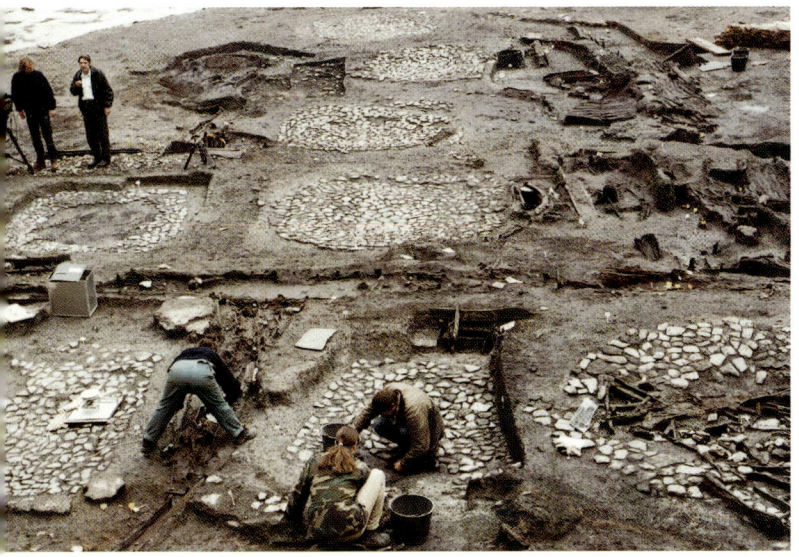

bungen der letzten Jahre durch die Römisch-Germanische Kommission haben den Dünsberg wieder ins Blickfeld der Forschung und der Öffentlichkeit gerückt (ABB. 228). Vor den beiden Haupttoren 4 und 5 stieß man nämlich auf Fundkonzentrationen von Waffen einheimischer, d. h. keltischer Machart und auf solche römischer Herkunft. Diese Funde lassen sich möglicherweise mit dem Ende der keltischen Siedlung im Zusammenhang mit dem Kriegszug des römischen Feldherrn Drusus gegen die Chatten in den Jahren 10/9 v. Chr. in Verbindung bringen.

Der Dünsberg, seit frühkeltischer Zeit von zentraler Bedeutung, wird in der Oppidazeit zu einer Großstadt mit weitem Einflussgebiet an der nördlichen Peripherie der keltischen Welt ausgebaut. Er gilt als einer der wichtigsten Plätze keltischer Siedlungtätigkeit im gesamten deutschen Mittelgebirgsraum. Als Beitrag zur Keltenstraße steht am Dünsberg die Darstellung der aktuellen Forschungsarbeiten in dieser keltischen Großstadt im Mittelpunkt. Dazu wurde der archäologische Rundwanderweg aktualisiert und durch weitere Informationstafeln ergänzt. Gedacht ist auch an die Wiederherstellung der Holzkonstruktion der ehemaligen Wasserstelle am „Schulborn" im Norden des Bergs sowie den Nachbau eines kleinen Teilstücks der keltischen Stadtmauer am Originalstandort beim Tor 4. Das in den letzten Jahren durch die Revierförsterei Königsberg errichtete „Arboretum Biebertal" mit 87 Baum- und Straucharten sowie der „Lernort Biebertaler Wald" für forstwirtschaftlich und naturkundlich Interessierte wurde in das kulturhistorische Informationssystem mit einbezogen. Daneben plant die Gemeinde Biebertal einen Ausstellungspavillon; er soll durch Restaurierungswerkstätten und Arbeitsräume ergänzt werden, in denen die Auswertung der archäologischen Ausgrabungen erfolgt.

BÜDINGEN – STEINBRUCH DER KELTENFÜRSTEN VOM GLAUBERG

Verkehrstopografisch betrachtet spielte der Raum um Büdingen zu allen Zeiten eine wichtige Rolle als Verbindungslinie zwischen dem Rhein-Main-Gebiet und der Thüringischen Senke (Dielmann 1956; Loewe 1956). In der vorrömischen Eisenzeit gehörte das nachmalige Büdinger Land zum Einflussbereich der Keltenfürsten vom Glauberg. Von hier aus reichten wichtige Fernhandelswege nach Osten und verbanden den Rand des keltischen Kulturraums mit der germanischen Welt. Dieser Aspekt des „Eingangstores" in die keltische Welt wird durch den Beitrag der Stadt Büdingen zur Keltenstraße betont.

In der Umgebung des Büdinger Stadtteils Dudenrod entstand ein kulturhistorischer Pfad, an dem, eingebunden in eine landschaftlich überaus reizvolle Umgebung, zwei vorgeschichtliche Hügelgräberfelder liegen. Hier ergibt sich

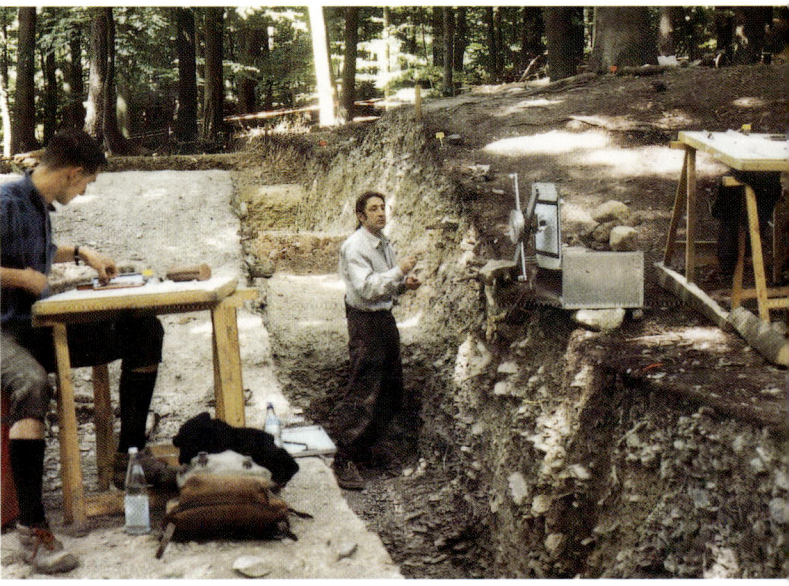

228 Neue Grabungstätigkeiten auf dem Dünsberg.

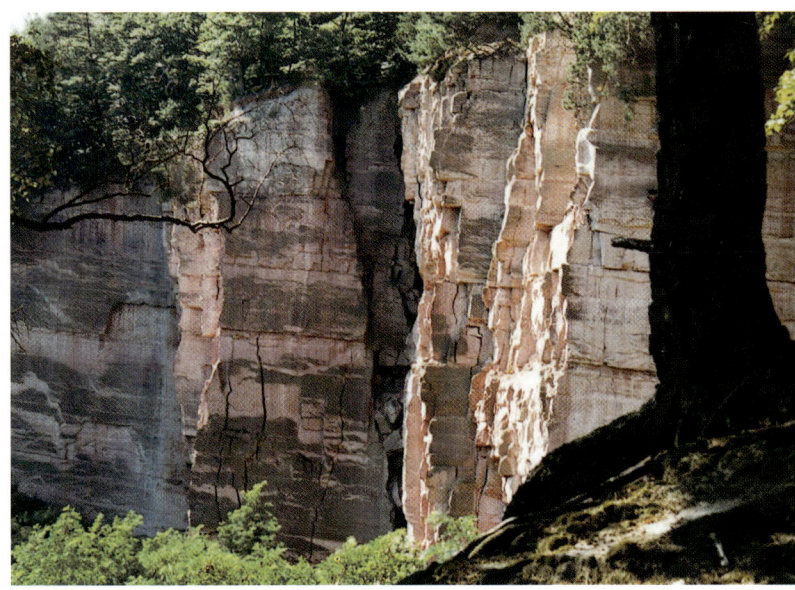

229 Blick auf den Steinbruch in der Straße „Am Hain" in Büdingen.

die Möglichkeit die Wanderer auf die vielfältigen Bestattungssitten in vorgeschichtlicher Zeit aufmerksam zu machen. Die auch hier verlaufende „Bettenstraße", eine alte Fernverbindung, war besonders im Mittelalter von Bedeutung. Daneben befinden sich entlang des neuen Wanderweges einige mittelalterliche und neuzeitliche Denkmäler, die ebenso wie die naturkundlichen Belange bei der Ausschilderung berücksichtigt wurden.

Da sich aufgrund von mineralogischen Analysen an der Steinstatue des Keltenfürsten vom Glauberg nachweisen ließ, dass das Steinmaterial aus den Sandsteinvorkommen rund um Büdingen stammt, hat die Stadt auch einen ihrer ehemaligen Steinbrüche erschlossen (ABB. 229). Er befindet sich an der Straße „Am Hain", nahe dem Büdinger Schloss. Auf den hier gezeigten Informationstafeln

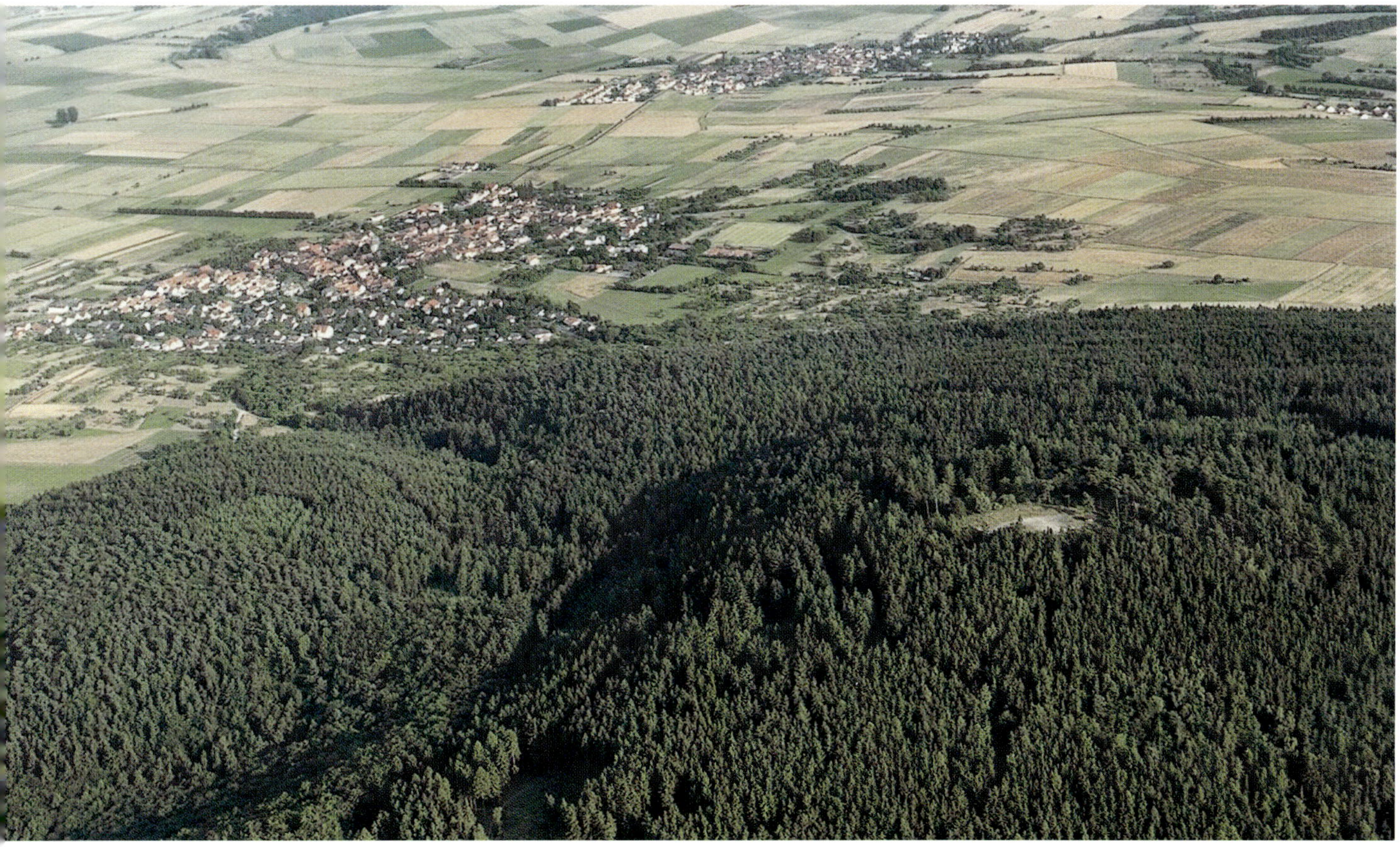

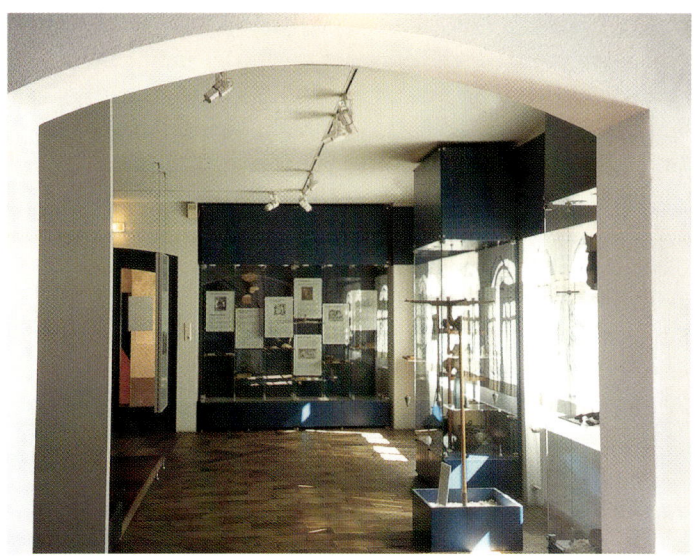

230 Blick auf den Hausberg mit Butzbach-Hoch-Weisel im Hintergrund.

wird besonders auf die hervorragende keltische Handwerkskunst eingegangen. Ergänzt wird die Präsentation des keltischen Erbes im Büdinger Raum durch die archäologische Sammlung des Heuson-Museums im alten Rathaus der Stadt Büdingen.

BUTZBACH – KELTISCHE HÖHENSIEDLUNGEN

Vor den Toren der Stadt Butzbach liegen der weithin sichtbare Hausberg (ABB. 230) und der kleinere Brülerberg. Auf beiden befinden sich vorgeschichtliche Befestigungsanlagen, die bereits seit 1730 bekannt sind. Bei archäologischen Ausgrabungen konnte nachgewiesen werden, dass die Befestigungen auf dem Hausberg wohl in der ausgehenden Früh- und in der Mittellatènezeit bestanden haben (Herrmann 1979). Da das Stadtmuseum Butzbach nur über wenige keltische Funde verfügt, bot sich als Beitrag der Stadt Butzbach zur Keltenstraße die Einrichtung eines Wanderweges über die vorgeschichtlichen Höhensiedlungen an. Die Befestigungsanlagen sind sowohl auf dem Hausberg als auch auf dem Brülerberg gut erhalten und können daher in besonderem Maße zur Veranschaulichung des keltischen Siedlungswesens dienen – offene Siedlungen in der Ebene und befestigte auf herausgehobenen Höhenlagen. Insgesamt verläuft der Wanderweg durch ein vielfältige landschaftliche Eindrü-

cke bietendes Waldgelände. An einer Teilstrecke des Weges bietet sich beispielsweise dem Wanderer ein eindrucksvoller Fernblick über das ehemals keltische Siedlungsgebiet der Wetterau. Neben den archäologischen Informationen werden auf den Erläuterungstafeln auch Hinweise zu Flora und Fauna von keltischer Zeit bis heute gegeben. Die Darstellung dieses Aspekts liegt hier beson-

231 Dauerausstellung des Wetterau-Museums in Friedberg.

ders nahe, weil der Wanderweg im Bereich des Brüler-
bergs an einem großen Naturschutzgebiet mit seltener
Vegetation und Streuobstwiesen vorbeiführt.

FRIEDBERG – DAS WETTERAU-MUSEUM

In Friedberg beteiligt sich das Wetterau-Museum an der
Keltenstraße mit der Einrichtung einer neuen Dauerau-
stellung zu den Kelten. Das Museum besitzt die größte archäologische Sammlung im Wetteraukreis und auch einen
umfangreichen Bestand an keltischen Funden von den
verschiedensten Fundplätzen der Region (ABB. 231). Da es
keine sichtbaren keltischen Fundstellen vor Ort gibt, die
als Außenanlagen in das Konzept der Keltenstraße einzu-
beziehen waren, bot sich für das Wetterau-Museum eine
grundlegende Darstellung zur keltischen Welt an, dies
auch im Hinblick darauf, dass es bis zur Realisierung eines
Keltenmuseums am Glauberg eine solche Darstellung in
der Region nicht gibt. Ausgehend von der Frage nach den
Kelten in Europa wird der Blick über den hessischen Raum
auf die Landschaft der Wetterau fokussiert. Der Besucher
erhält einen didaktisch gut präsentierten Überblick über
Geschichte und Kultur der Kelten, die das Bild der Landschaft über einen Zeitraum von mehr als 500 Jahren prägten.

DER ALTKÖNIG UND
DAS HEIDETRÄNK-OPPIDUM

Auf zwei Anhöhen des Taunus bei Kronberg und Oberursel befinden sich die in der archäologischen Forschung europaweit bekannten keltischen Höhensiedlungen Altkönig und Heidetränk-Oppidum (Baatz/Herrmann
1982; Maier 1985). Die in die Frühphase der Latènezeit ge-
hörende Anlage des Altkönigs stellt die eindrucksvollste
vorgeschichtliche Befestigungsanlage im Taunus dar. Um
die Bergkuppe zog einst eine doppelte Holz-Stein-Mauer,
an die sich nach Südwesten ein 11 ha großes Vorwerk anschloss, das eine noch heute existierende Quelle an der
Bergflanke in die Befestigung einbezog. Die Mauer war
etwa 4 bis 6 m hoch und ebenso breit. An der Vorderseite
befand sich eine hölzerne Brustwehr. Die Anlage auf der
Hochfläche besaß eine Ausdehnung von 15 ha.

Das Heidetränk-Oppidum, nur 16 km vom Stadtzent-
rum Frankfurts entfernt, erlebte seine Blütezeit im 3. und
2. Jahrhundert v. Chr. Die mächtigen Wehrmauern des Oppidums umschlossen eine Fläche von 130 ha (ABB. 232).
Die Keltenstadt hatte eine überragende zentralörtliche
Bedeutung für das gesamte Rhein-Main-Gebiet. Sie wurde geschützt von Ringwällen, die insgesamt etwa 10 km
Länge besaßen. Sechs Stadttore ermöglichten den Zugang.
Das archäologische Fundgut spiegelt das vielfältige Leben

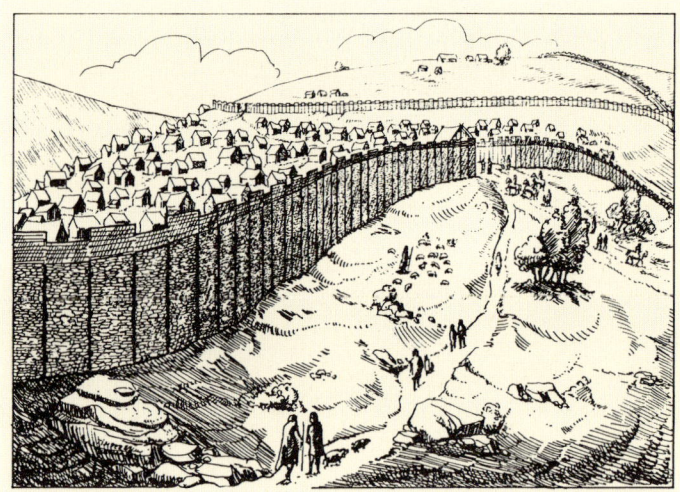

232 Entwurf eines Lebensbilds spätkeltischer Zeit am Heidetränk-Oppidum.

in einer keltischen Großstadt wider. Es war geprägt von
Wohn- und Handwerksquartieren. Von der Rohmaterial-
gewinnung bis zum Fertigprodukt lässt sich eine arbeits-
teilige Wirtschaftsweise rekonstruieren. So stammt der
bedeutendste keltische Werkzeugbestand Mitteleuropas
von hier. Auch eine Münzprägestätte erhärtet die zentrale Bedeutung der Siedlung. Der überwiegende Teil der
Funde vom Altkönig und vom Heidetränk-Oppidum befindet sich heute im Vortaunusmuseum Oberursel.

Als Beitrag zum Projekt Keltenstraße wurde die Umgestaltung und Erweiterung der keltischen Abteilung des
Vortaunusmuseums vorgenommen. Im Mittelpunkt der
neuen Ausstellung steht das Thema „Leben in einer keltischen Großstadt: Das Oppidum über dem Heidetränk-Tal",
das durch zeitgemäße Erläuterungen, Rekonstruktions-
zeichnungen und Modelle sowie Videofilme und Compu-
teranimation zur keltischen Archäologie vermittelt wird.
Der bereits bestehende Rundwanderweg am Heidetränk-
Oppidum erhielt neue Attraktivität durch die Einbeziehung des Altkönigs in den Streckenverlauf. Die ausführli-
che Beschilderung interessanter Stationen am Weg ist
Teil des neuen „Keltenpark Hochtaunus". Ausgangspunkt
des Wanderweges ist die Endstation der U 3, die den Besucher aus der Stadt Frankfurt/Main unmittelbar in die keltische Erlebniswelt führt.

Insgesamt bietet die Keltenstraße ein hervorragendes Instrument Bildung und Erholung zu verbinden. Nach dem
Besuch eines Museums oder einer erlebnisreichen Wanderung entlang der Keltenstraße kann man an gemütlichen
Orten einkehren und dabei Spezialitäten der Region ge-
nießen. Die Keltenstraße rückt einen Zeitabschnitt der
Menschheitsgeschichte unseres Landes in das Blickfeld der
Öffentlichkeit. Dabei gelingt es, archäologische Sachverhalte, in diesem Falle aus der Welt der Kelten, einem breiteren Publikum zu vermitteln und es am Abenteuer Archäologie teilnehmen zu lassen.

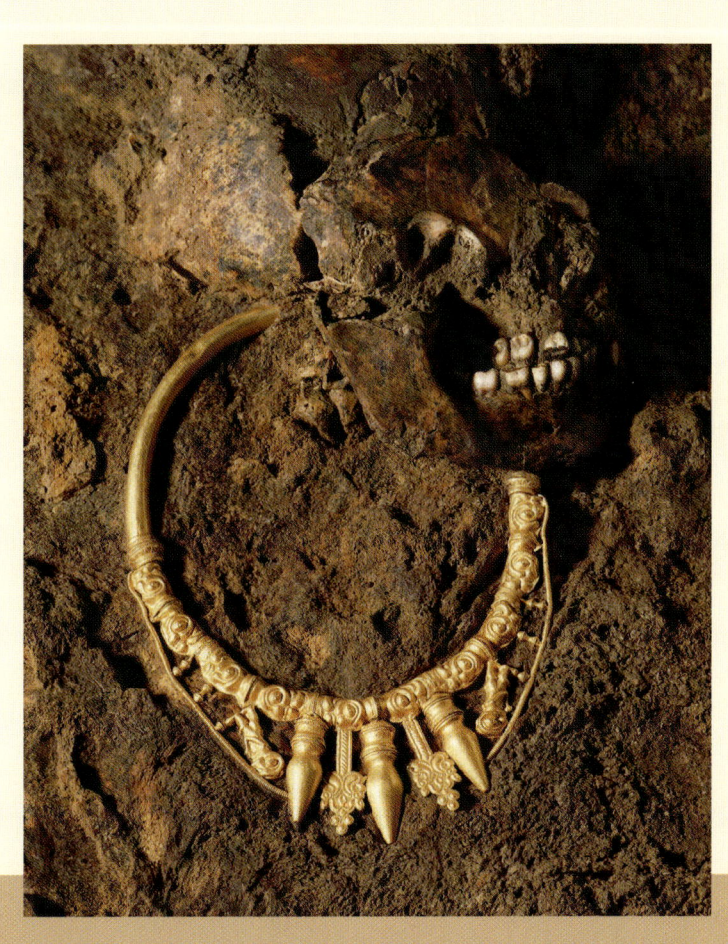

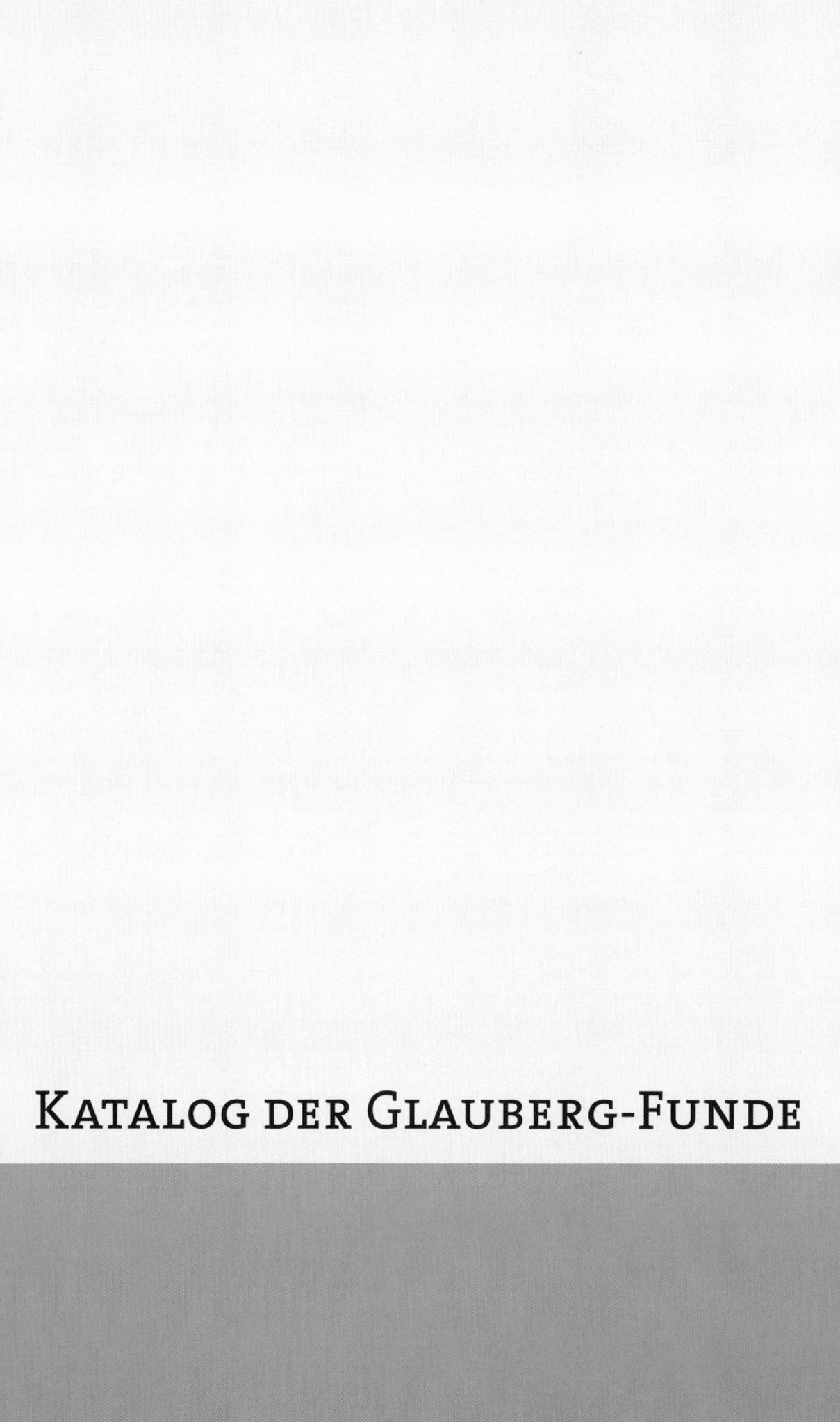

KATALOG DER GLAUBERG-FUNDE

DIE GLAUBERG-FUNDE

1 Fürstengrab 1 aus Grabhügel 1

Glauburg-Glauberg, Wetteraukreis
5. Jh. v. Chr.
Hessisches Landesmuseum Darmstadt.

Körperbestattung eines 28–32 Jahre alten, etwa 1,69 m großen Mannes; beigesetzt im Nordwestteil des Hügels in 2,50 m Tiefe in einer 2,25 x 1,07 x 0,70–0,80 m (L. x B. x H.) großen Grabkammer aus Eichenbohlen. Boden der Kammer mit Leder ausgelegt, Beigaben in Stoffe eingehüllt, zusätzlich vielleicht ein Tuch über die gesamte Bestattung gelegt.

1.1. Keltische Schnabelkanne (ABB. 97–103; 132; 233–236). Schlanker Körper gegliedert durch vertikale Rippen, die über dem Boden in Dreiblattpalmetten und einem Buckel enden. Flacher profilierter Henkel mit Figurengruppe: in der Mitte ein mit einem Kompositpanzer gewappneter jugendlicher Mann im Schneidersitz (ABB. 99; 236), auf den kurzen Henkelarmen jeweils ein rückblickendes Fabelwesen (Sphinx). Davor auf Deckplatte über Mündung und Schnabel neben ornamentalen Gravierungen plastische Spiralen und zwei maskenhafte Köpfe mit Schnurrbart und Tierohren. Untere Henkelattasche in Form eines Kopfes mit Schnurrbart sitzt auf großem herzförmigem Zierblech mit getriebener ornamentaler und figürlicher Verzierung. Gravierte figürliche und ornamentale Verzierungen auf beiden Seiten des Schnabels (Raubtiere), in einem Fries am Kannenfuß (ABB. 97) und auf dem Boden (ABB. 98).
Bronze, Eisen; H. 52,5 cm, max. Dm. an Schulter 18,9 cm, Bdm. 11,5 cm, Mittelfigur H. 4,2 cm, Fassungsvermögen ca. 4,3 l.

1.2. Halsring (ABB. 92; 93; 237; 238). Hohl gearbeitet, Ringkörper des Nackenteils glatt, rund, Ringkörper des Brustteils aus zehn Köpfen gestaltet, die Scheitel auf Scheitel und Hals auf Hals aneinander gereiht sind. Vorder- und Rückseite identisch. Zierzone aus drei Balustern, dazwischen zwei palmettenförmige Zierstücke, in die stilisierte Vögel einbeschrieben sind. Seitlich in von Zierdraht gerahmten Zwickeln zwei Menschenfiguren. Schließmechanismus in zwei die beiden Teile verbindenden Muffen (ABB. 93).
Gold; max. L. 21,5 cm, Dm. innen 12,9 x 15,1 cm, Gew. 175,53 g.

1.3. Ohrring (ABB. 239 links). Offener kleiner Ring aus Perldraht.
Gold; Dm. 0,72–0,77 cm, Gew. 0,41 g.

1.4. Ohrring (ABB. 239 rechts). Offener kleiner, leicht ovaler Ring aus Perldraht.
Gold; Dm. 0,63–0,75 cm, Gew. 0,33 g.

1.5. Armring (ABB. 94; 95; 240). Geschlossener glatter Hohlring mit rundem Querschnitt.
Gold; Dm. 8,2 cm, Gew. 33 g.

1.6. Fingerring (ABB. 96; 241; 242). Aus Draht gefertigt, auf dem Ringkopf zwischen glatten Drähten spiral- und kreisförmiges Ornament aus Perldraht.
Gold; Dm. 2,2 cm, Gew. 7,3 g.

1.7. Figuralfibel in Form eines geflügelten Fabeltieres mit rückgewandtem Pferdekopf und teilweise -körper (ABB. 111; 243). Auf der Kruppe liegt ein bärtiger Kopf, über der Spiralkonstruktion sind, wappenartig und als Vexierbild zu sehen, Fabeltiere angeordnet. Korallenperlen am Ende der Eisenachse.
Bronze, Eisen, Koralle; L. 6,4 cm, B. 4,3 cm, H. 3,6 cm.

1.8. Vogelkopffibel (ABB. 110; 244 rechts oben). Massiver Bügel mit Mittel- und Randrippen, Scheinsehne mit zehn Windungen, Korallenkugeln an den Enden der Eisenachse.
Bronze, Eisen, Koralle; L. 3,22 cm, B. 2,52 cm, H. 1,35 cm.

1.9. Vogelkopffibel (ABB. 110; 244 links unten). Massiver rillenverzierter Bügel mit ebenfalls verzierter Koralleneinlage, ehemals Einlagen auch am stark stilisierten Vogelkopf. Korallenperlen an den Enden der Eisenachse.
Bronze, Eisen, Koralle; L. 2,15 cm, B. 2 cm, H. 1,16 cm.

1.10. Vierknotenring (ABB. 245 unten).
Bronze; Dm. 6,15 cm.

1.11. Dreiknotenring (ABB. 245 rechts oben).
Bronze; Dm. 5 cm.

1.12. Dreiknotenring (ABB. 245 links oben). In drei Teile zerbrochen, ein kleines Fragment fehlt.
Bronze; Dm. ca. 5,4 cm.

1.13. Gürtel (ABB. 113–115; 246; 247). Rinderleder, Gesamtlänge 105–110 cm, Breite 5 cm, am Rücken mindestens 10 cm, Stärke 3,5–4 mm. Das Leder war, in wenigen Bereichen feststellbar oder erhalten, mit großen und kleinen Kreispunzen (ABB. 115) und Halbbögen mit eingeschnittenen Dreiecken verziert. Metallbestandteile waren der Gürtelhaken und drei Einhakbeschläge (ABB. 114), drei Hohlringe mit Kettchen und 31 Zierniete (ABB. 113).

1.13.1. Gürtelhaken (ABB. 247). Kästchenförmiger Beschlag mit randbegleitenden Dreiecken, in Rahmen eingraviert zwei Rücken an Rücken hockende Fabeltiere; antike Beschädigung hinter dem Hakenansatz. Haken ein Raubtierkopf, der im Rachen einen Menschenkopf hält, dessen langer Bart den eigentlichen Haken bildet.
Bronze; L. 8 cm, B. 5,2 cm.

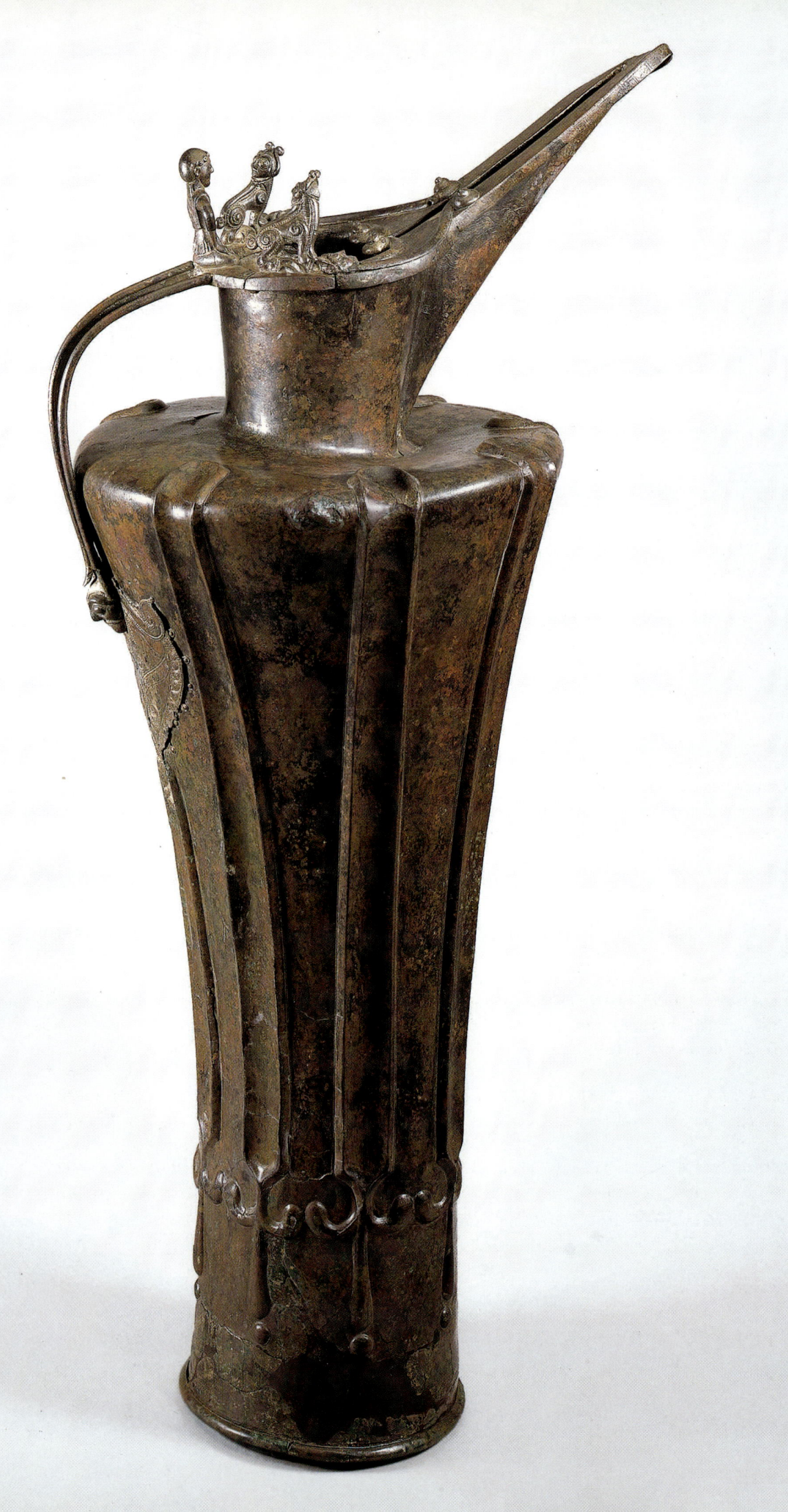

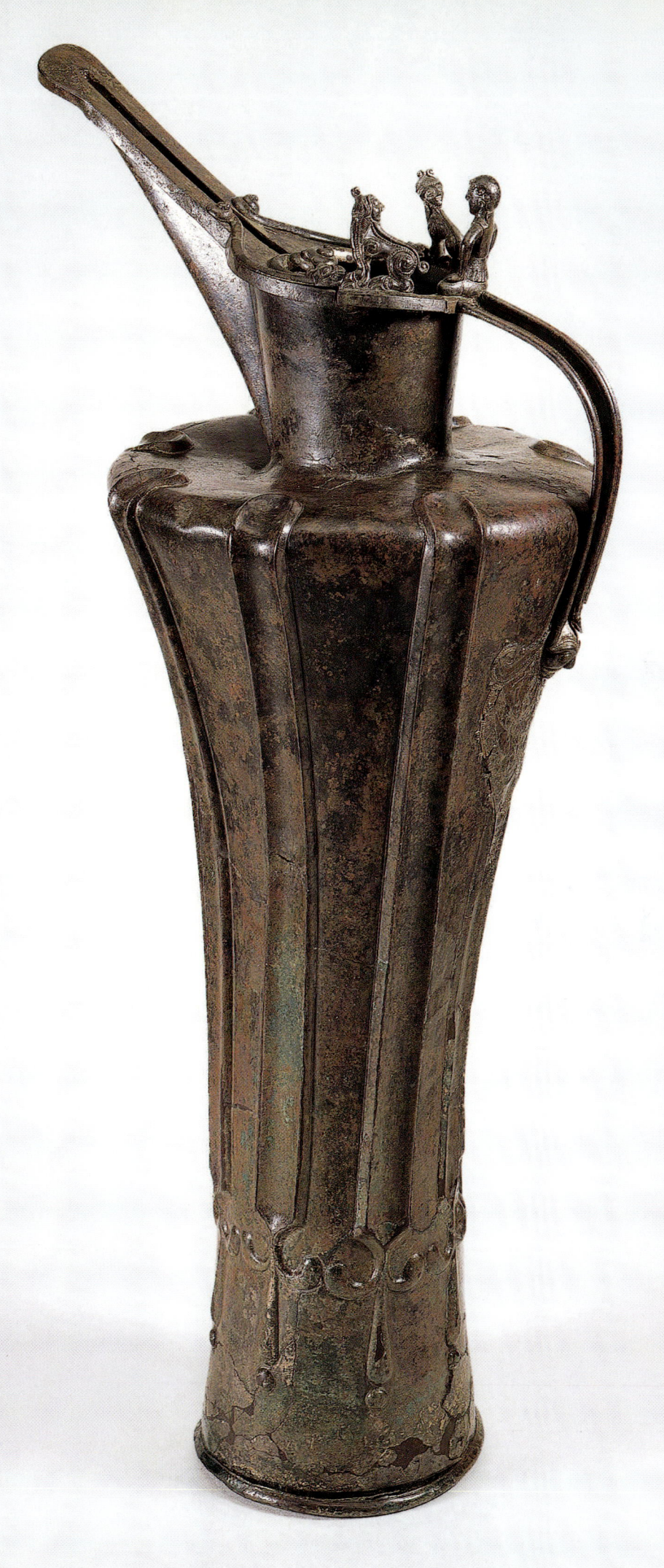

ABB. 234: KAT.-NR. 1.1.

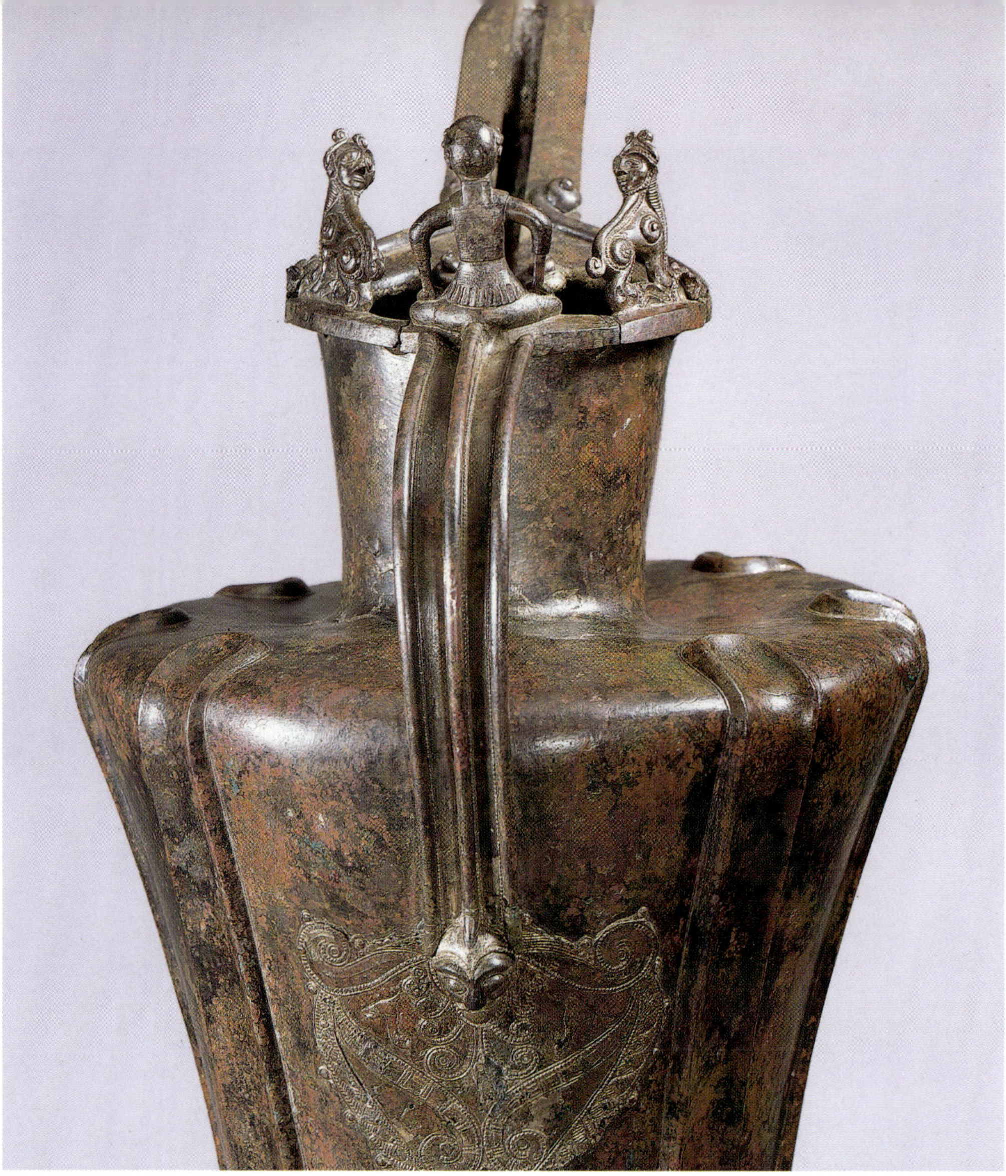

ABB. 235: KAT.-NR. 1.1.

ABB. 236: KAT.-NR. 1.1.

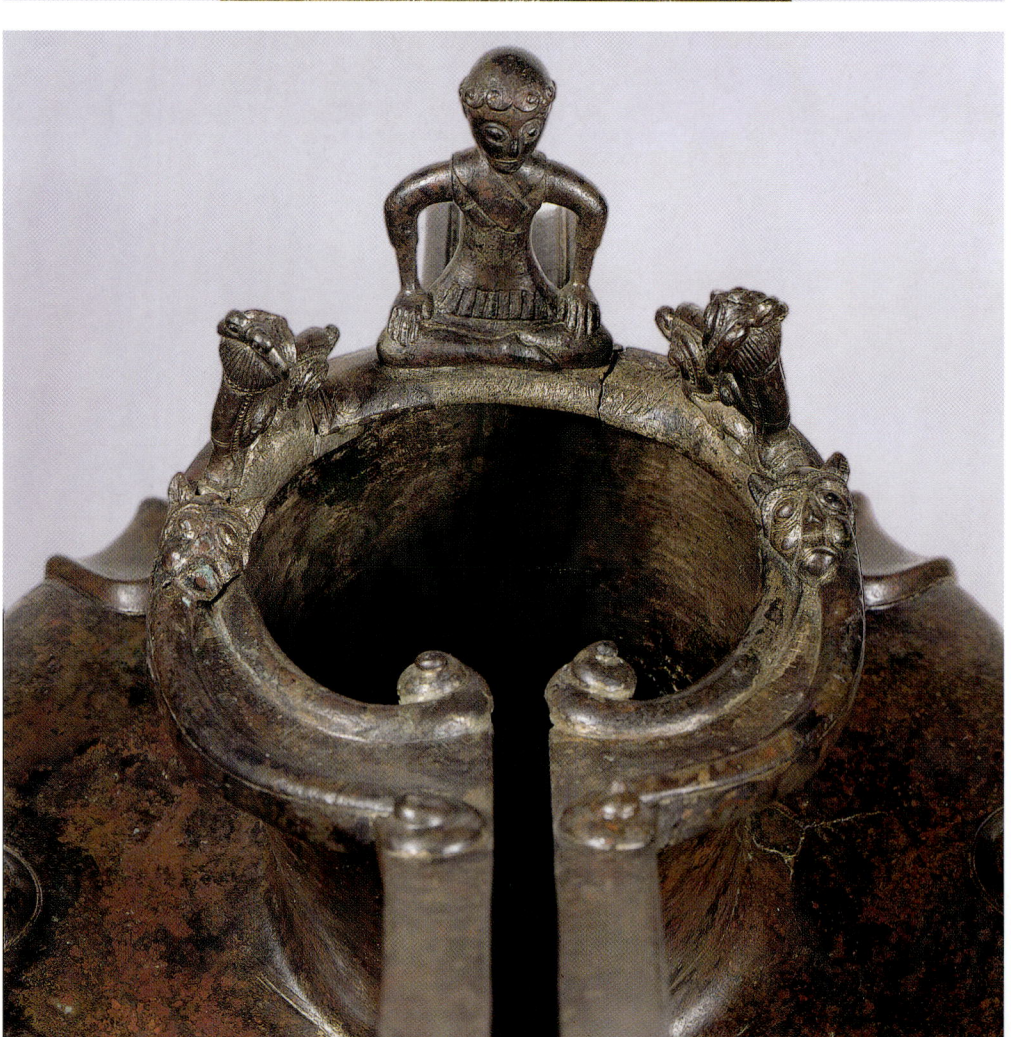

245

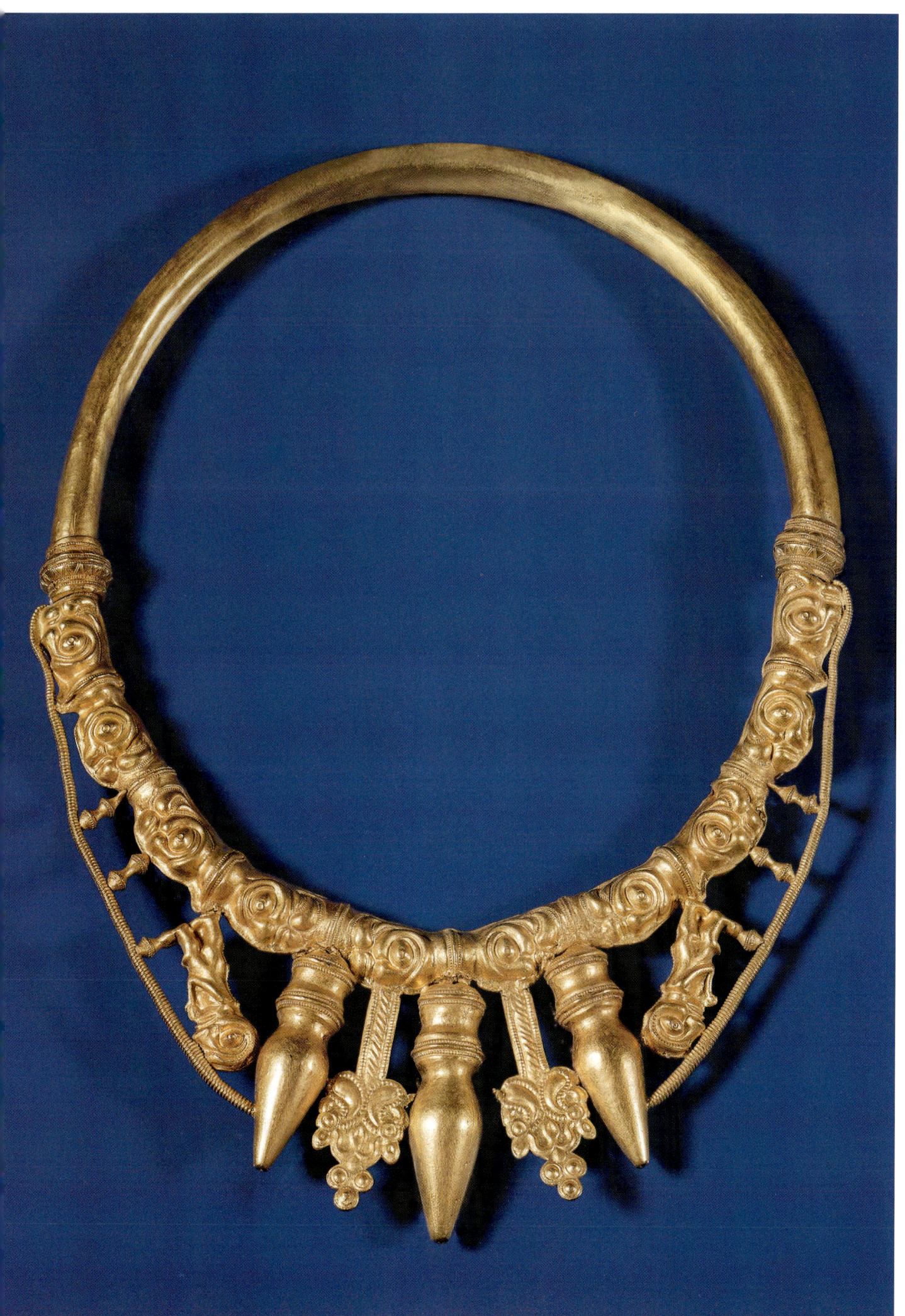

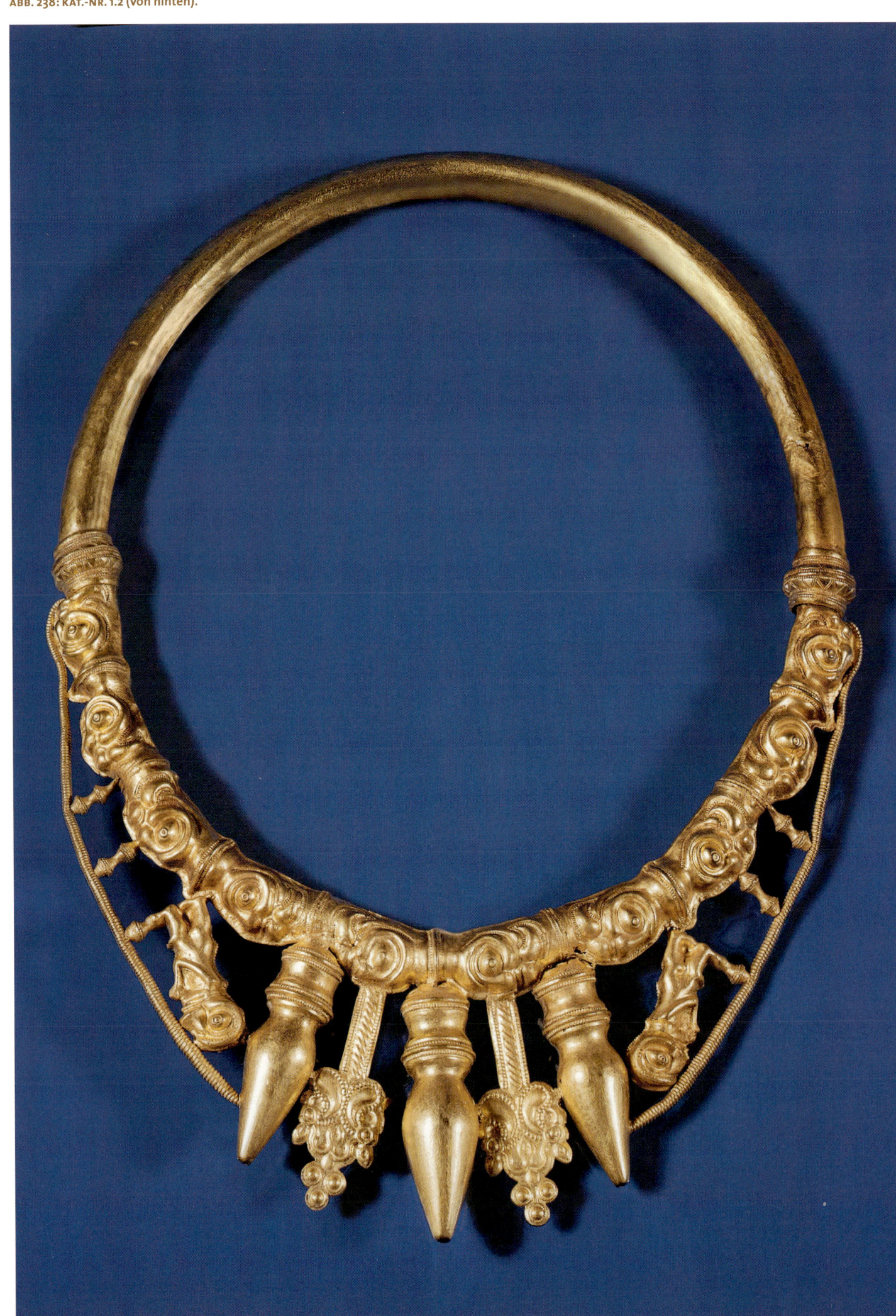

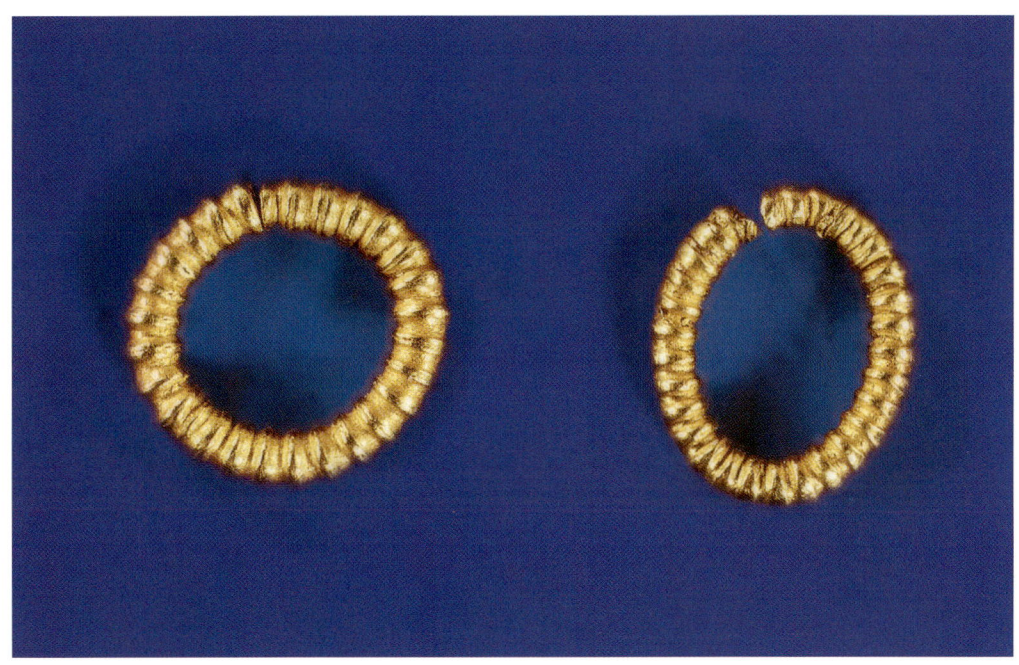

ABB. 239: KAT.-NR. 1.3–1.4.

ABB. 240: KAT.-NR. 1.5.

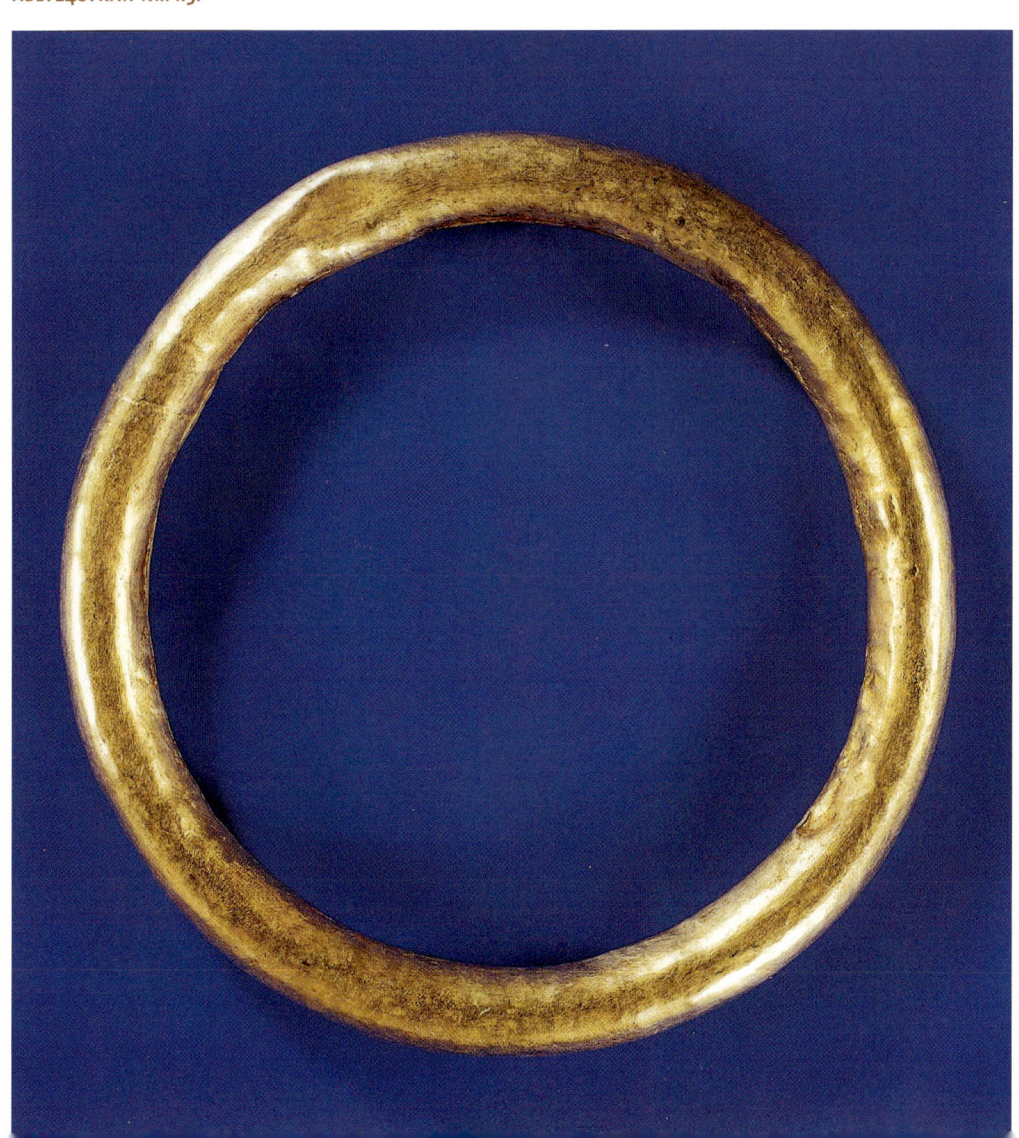

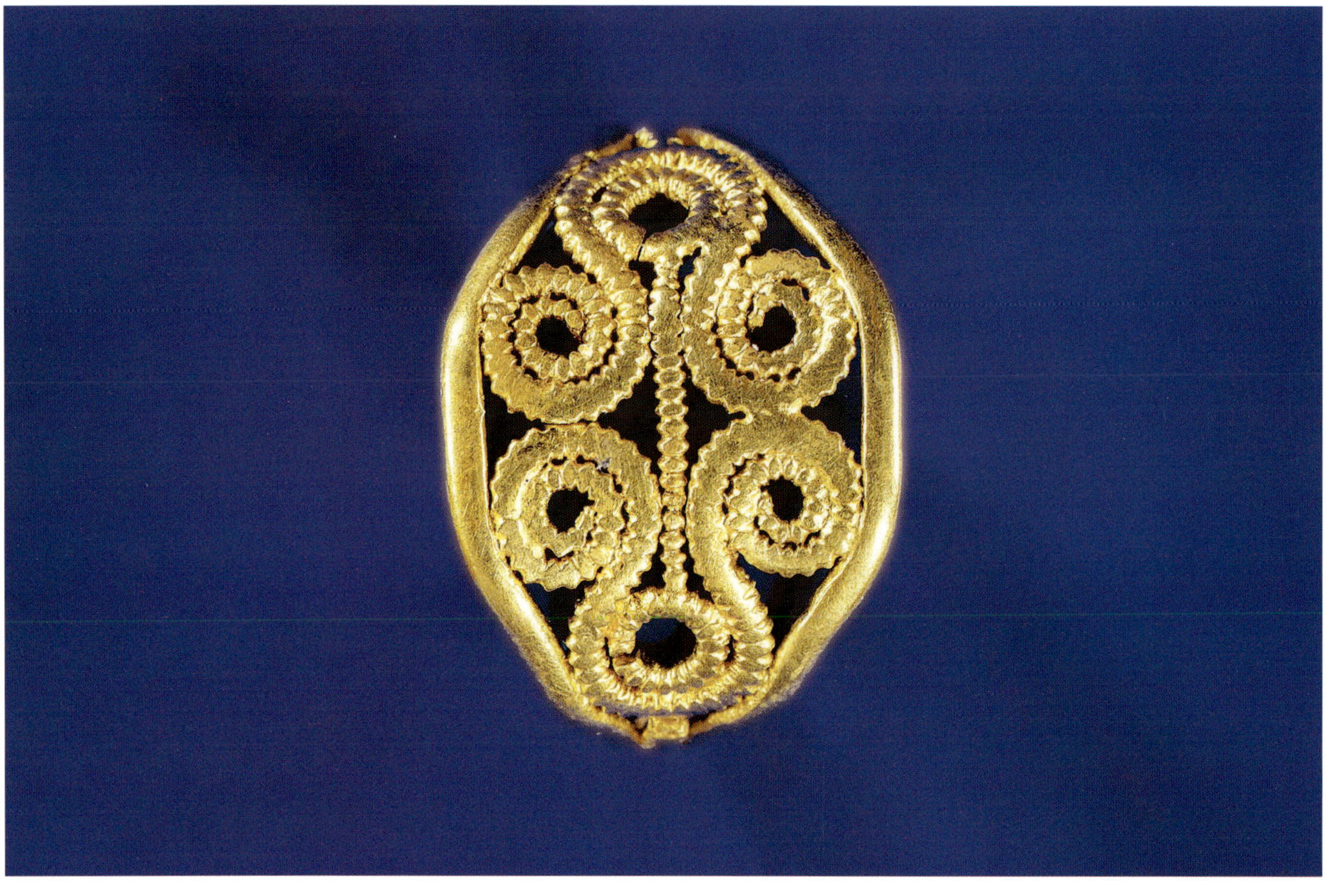

ABB. 241: KAT.-NR. 1.6.

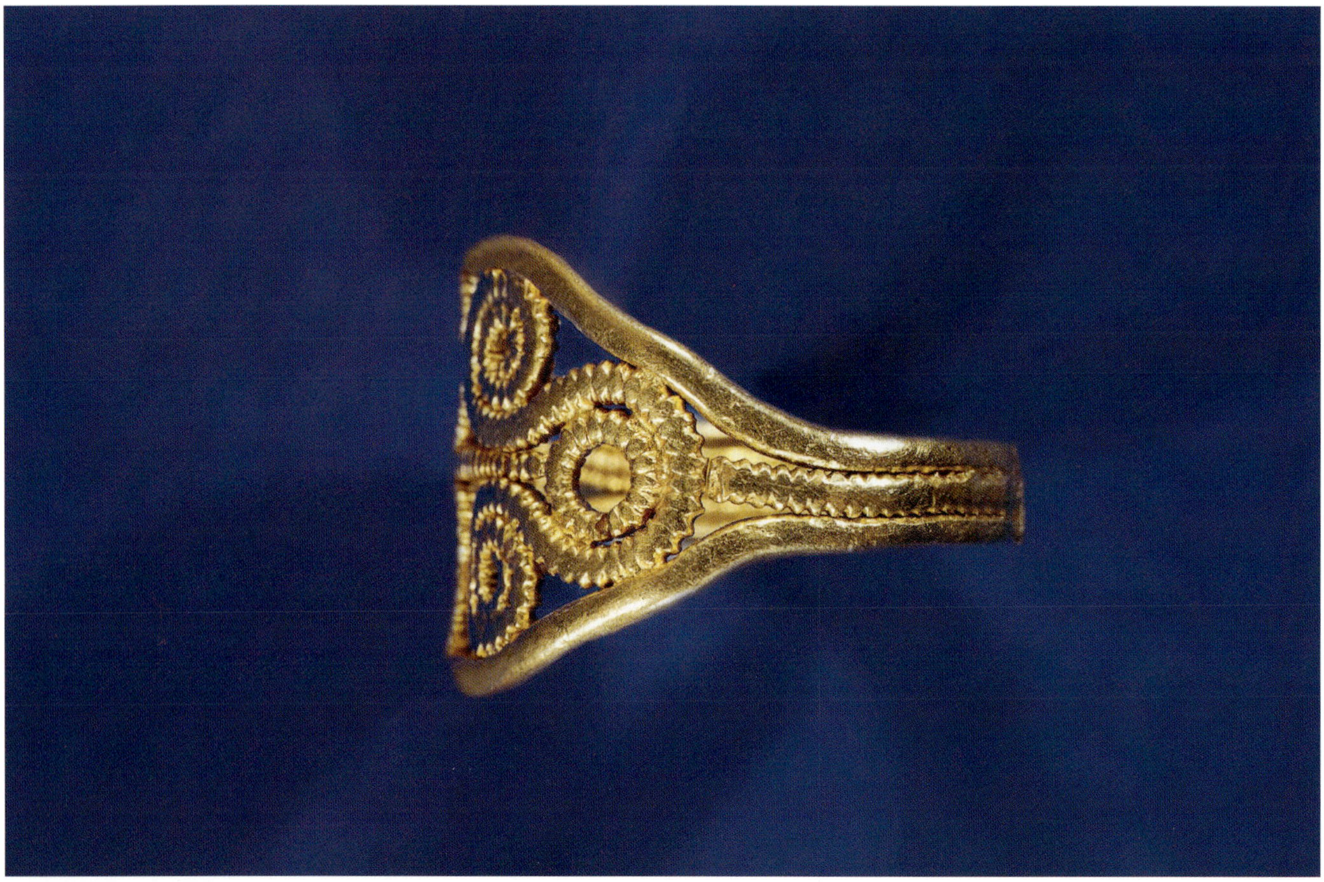

ABB. 242: KAT.-NR. 1.6.

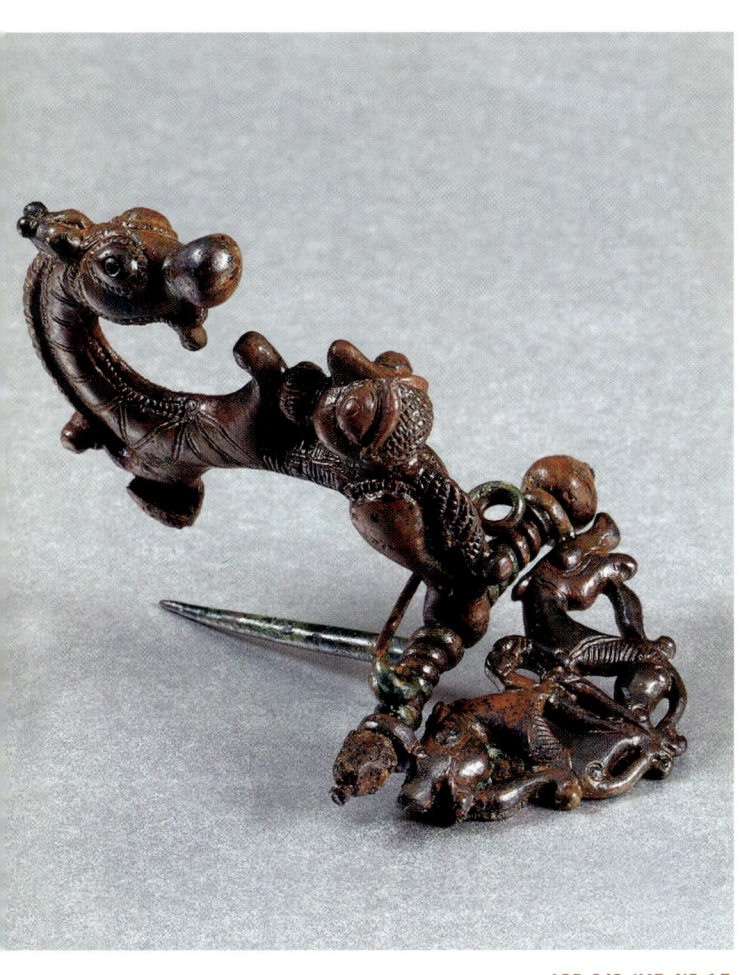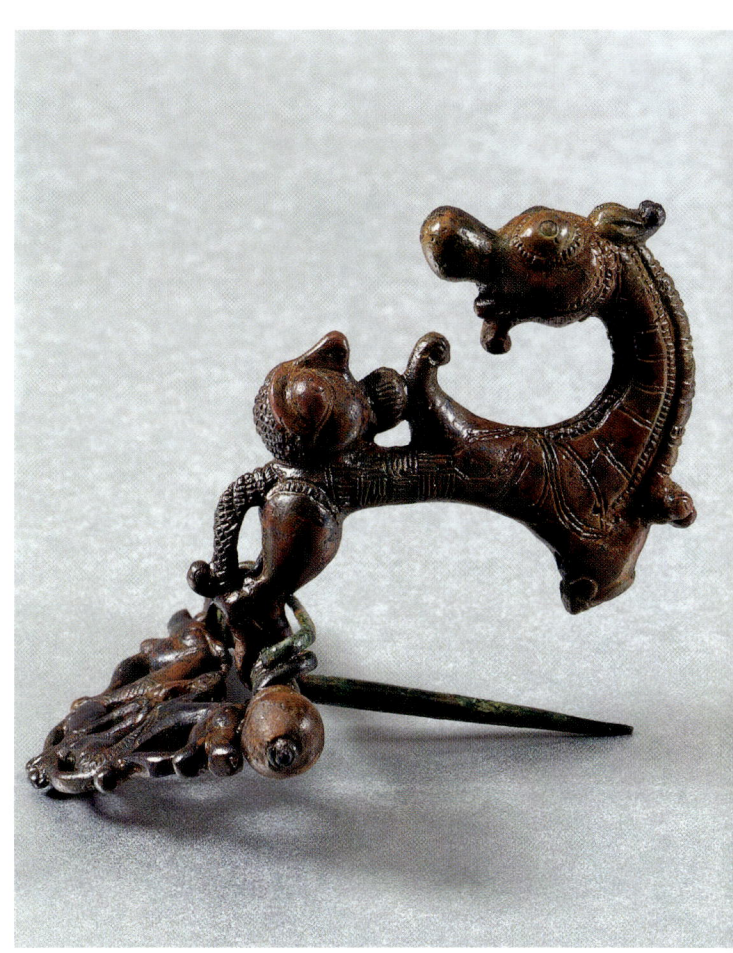

ABB. 243: KAT.-NR. 1.7.

ABB. 244: KAT.-NR. 1.9; 1.8.

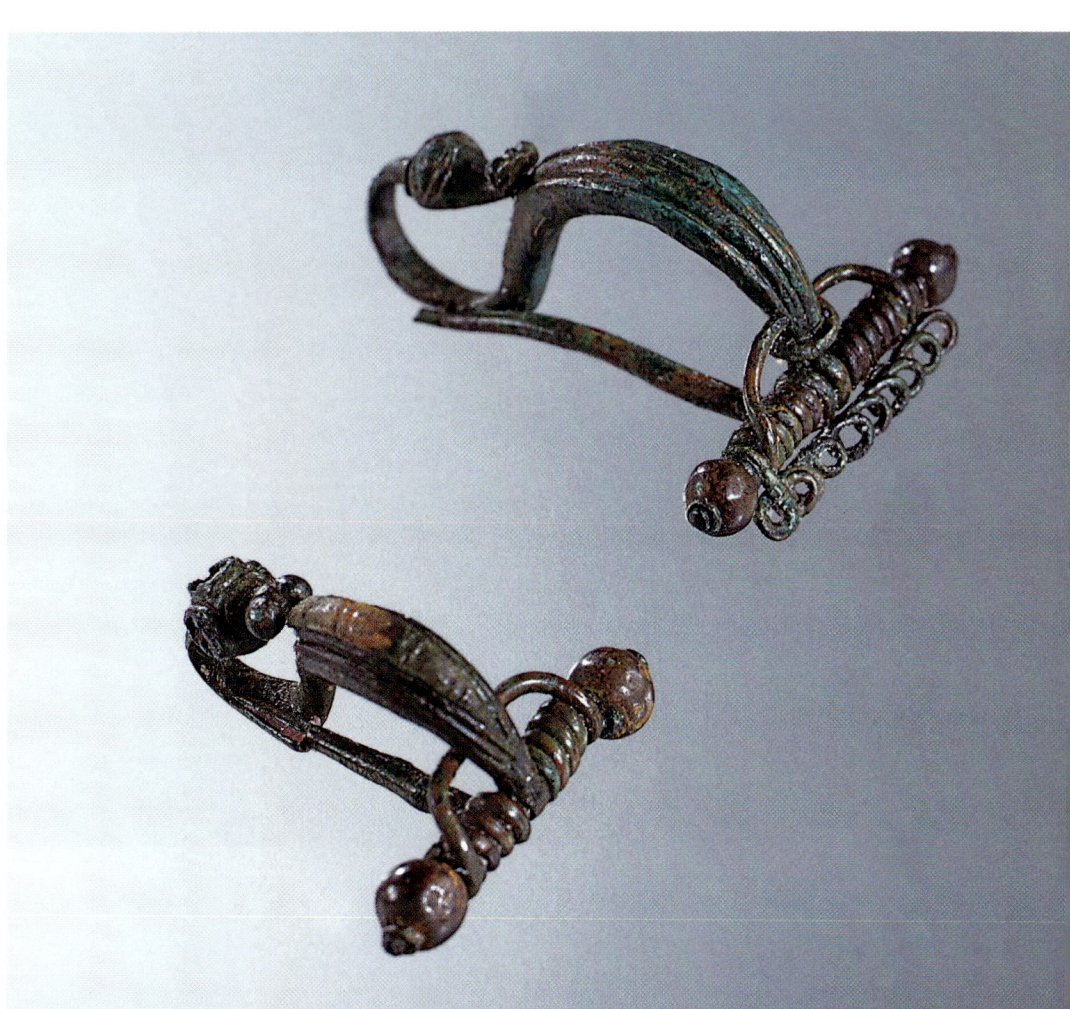

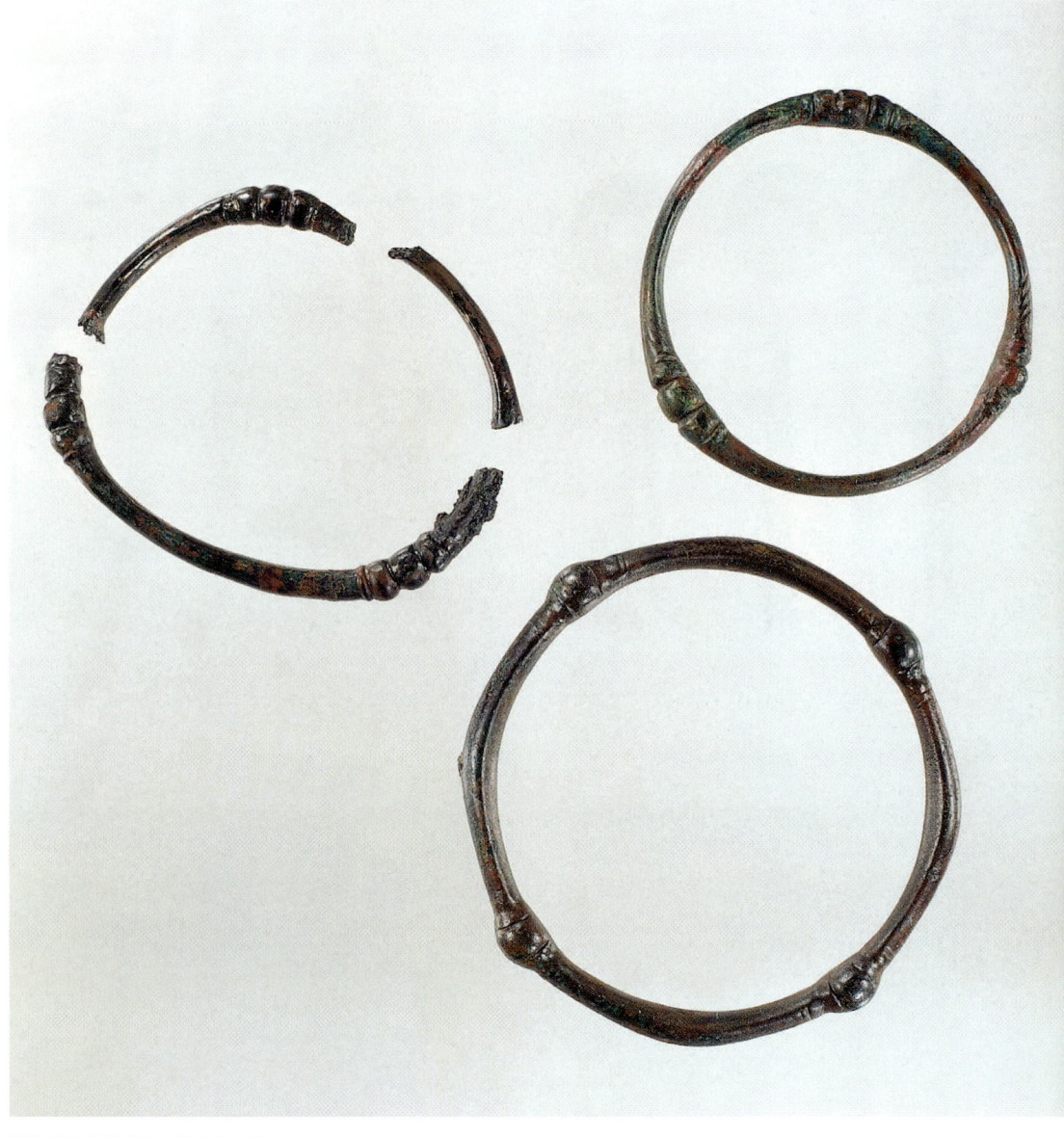

ABB. 245: KAT.-NR. 1.12; 1.11; 1.10.

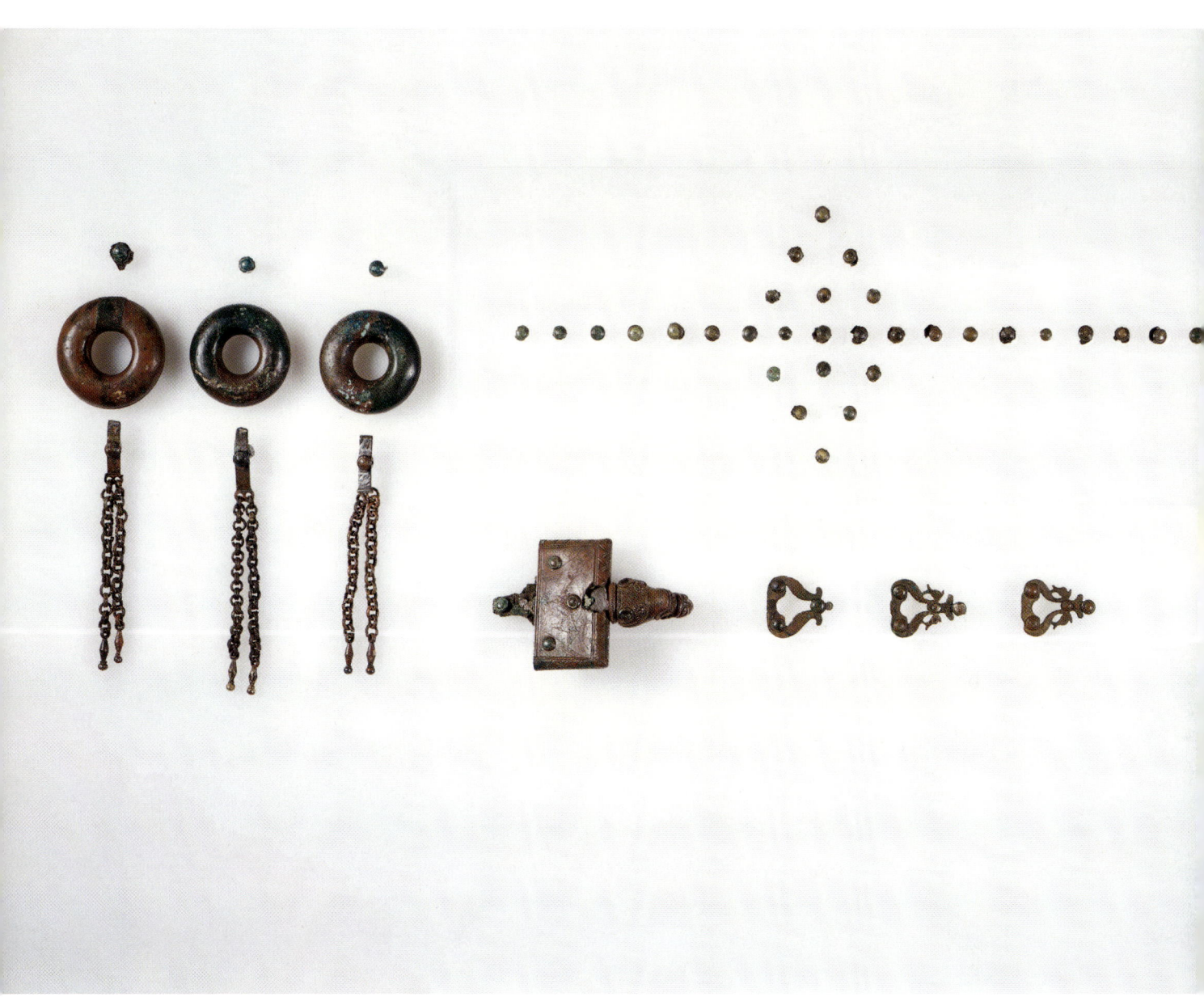

ABB. 246: KAT.-NR. 1.13.

1.13.2. Einhakbeschlag. Leierförmig mit gravierter Linien- und Kerbverzierung.
Bronze; L. 2,75 cm.

1.13.3. Einhakbeschlag. Leierförmig, die Enden als Tierköpfe gestaltet. Linien- und kerbverziert.
Bronze; L. 3,05 cm.

1.13.4. Einhakbeschlag. Wie 1.13.3.
Bronze; L. 3,05 cm.

1.13.5. Hohlring. Zwei durch drei Niete zusammengehaltene Halbschalen, unregelmäßig runder Querschnitt; dazu Befestigungsniet.
Bronze; Dm. 4,05 cm.

1.13.6. Anhänger. Zum Hohlring 1.13.5 gehörend. An schmaler Platte zwei Kettchen mit Bommeln.
Bronze; L. 9,7 cm.

1.13.7. Hohlring. Wie 1.13.5, leicht ovaler Querschnitt; dazu Befestigungsniet.
Bronze; Dm. 4,1 cm.

1.13.8. Anhänger. Zum Hohlring 1.13.7 gehörend. Wie 1.13.6.
Bronze; L. 10,4 cm.

1.13.9. Hohlring. Wie 1.13.5, gerundet dreieckiger Querschnitt; dazu Befestigungsniet.
Bronze; Dm. 4,3 cm.

1.13.10. Anhänger. Zum Hohlring 1.13.9 gehörend. Wie 1.13.6.
Bronze; L. 9,7 cm.

1.13.11. Zierniete. 31 Niete vom Rückenteil des Gürtels.
Bronze.

1.14. Niet. Kleiner Bronzeniet, daneben kleine Eisenfragmente; nach der Fundlage am linken Bein wohl zur Fußbekleidung gehörend.
Bronze, Eisen.

1.15. Niet. Kleiner Bronzeniet, daneben kleine Eisenfragmente; nach der Fundlage am rechten Bein wohl zur Fußbekleidung gehörend.
Bronze, Eisen.

1.16. Schwert (ABB. 118–120). Zum Zeitpunkt der Drucklegung noch nicht vollständig restauriert (ABB. 118). Eisenschwert, Vorderseite der Scheide aus Bronze (u. U. auf Eisen aufgelegtes Bronzeblech), Rückseite aus Eisen mit aufgenieteten Bronzeblechen am Scheidenmund und der unteren Hälfte. Eiserner Schwertriemenhalter, Bronzeortband mit Koralleneinlagen (ABB. 119–120). Die hölzerne Griffschale mit aufwändig gestalteten Nieten zusammengefügt, bronzener Knauf scheibenförmig mit Resten einer Einlage und Linienzier, kleine Bronzepailletten im Griffbereich. Reiche ornamentale und figürliche Gravierungen der Scheide im Scheidenmundbereich – dort auch aufgenietetes Zierblech und Klammer mit Koralleneinlagen – und im unteren Teil der Vorderseite (ABB. 120) sowie auf den Bronzeblechen der Rückseite; diese sind zusätzlich ausgeschnitten, am Abschluss des unteren Teils mit Fischblasen- und Hakenmustern.
Bronze, Eisen, Holz, Koralle; L. ca. 78 cm.

1.17. Lanzenspitze (ABB. 248 rechts). Holzreste des Schafts (Esche) in der Tülle. Nach erhaltenen Holzresten Schaftlänge mindestens 175 cm.
Eisen, Holz; L. der Lanzenspitze 21,8 cm.

1.18. Lanzenspitze (ABB. 248 links). Ein seitliches Nietloch nahe dem Tüllenmund. Holzreste wie 1.17.
Eisen, Holz; L. der Lanzenspitze 18,8 cm.

1.19. Lanzenspitze (ABB. 248 Mitte). Holzreste wie 1.17.
Eisen, Holz; L. der Lanzenspitze 16 cm.

ABB. 247: KAT.-NR. 1.13.1.

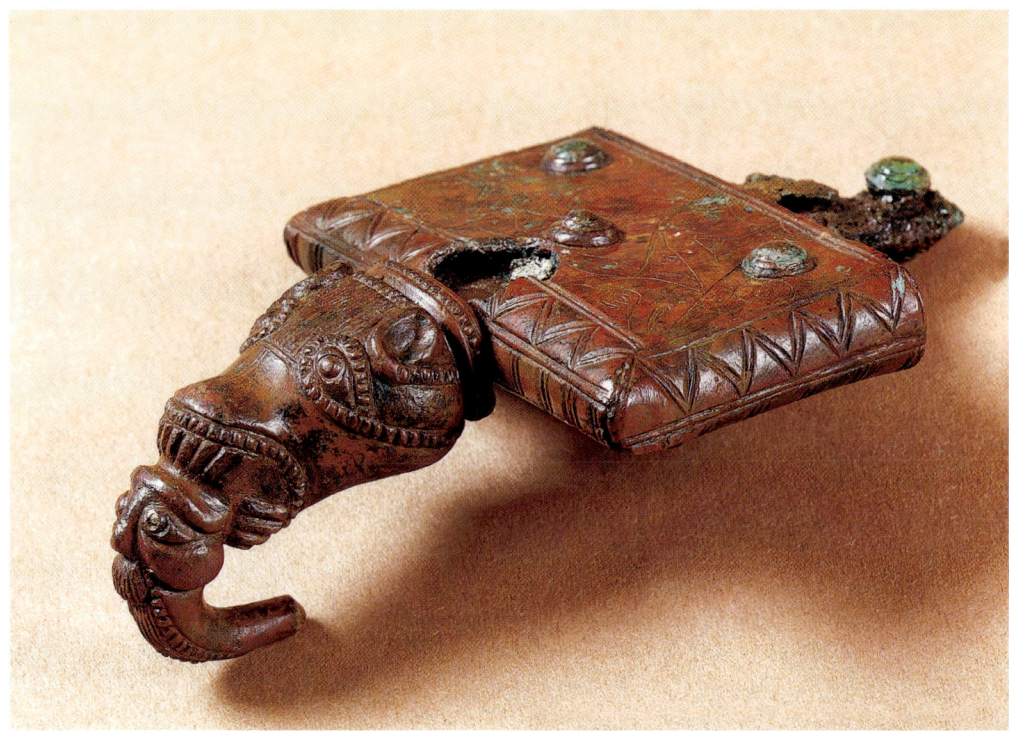

1.20. Köcher (ABB. 123). Rekonstruierbar nach Ergebnissen der Restaurierung, von den organischen Materialien nur ganz geringe Reste erhalten. Aus zwei Halbschalen zusammengefügter ovaler Holzbehälter (wahrscheinlich Pappel), umgeben von Stoff, daran zwei Bronzeringe, Dm. 2,4 cm, mit jeweils zwei, durch Bronzeniete befestigten Lederriemen der Tragevorrichtung. Im Holzbehälter, mit dem Rand einige Zentimeter darüber hinausragend, Lederfutteral mit sechs Bronzenieten und Bronzeendbeschlag, wahrscheinlich vom Verschluss. In diesem drei in Stoff eingewickelte Pfeile (KAT.-NR. 1.21–1.23).
Bronze, Holz, Leder, Stoff; L. ca. 54 cm, B. ca. 10 cm.

1.21. Tüllenpfeilspitze (ABB. 249 rechts). Geknickter Blattumriss, um den Tüllenrand zwei Rillen. Schaft (Esche) auf 5,8 cm Länge erhalten.
Eisen, Holz; L. der Pfeilspitze 9,4 cm.

1.22. Blattpfeilspitze (ABB. 249 Mitte). Gebogener Umriss mit Widerhaken. Reste der Schäftung erhalten.
Eisen, Holz; L. der Pfeilspitze 7,5 cm.

1.23. Blattpfeilspitze (ABB. 249 links). Dreieckiger Umriss. Reste der Schäftung (Kernobstgehölz?, Feldahorn?) erhalten. – Zu einem der drei Pfeile, nicht zuweisbar, gehört eine Nockenwicklung (ABB. 124), die sich nahe dem vermutlichen Ende des Köchers fand. Länge der Pfeile danach mit ca. 50 cm zu bestimmen.
Eisen, Holz; L. der Pfeilspitze 7,1 cm.

1.24. Bogen (ABB. 125; 126). Nur ganz geringe Reste erhalten. Form eines Doppel- bzw. Pseudoreflexbogens, Laubholz. Eingeritzte, mit roter Farbe gefüllte Verzierungen in Form von Linien, Halbbögen mit Punkten, Mäandern (ABB. 126). Zum Bogen gehörte offenbar eine lederne Tasche, von deren Tragevorrichtung zwei Niet-Ring-Kombinationen vorliegen: zwei Bronzeniete, zwei Bronzeringe, Dm. 2,2 cm, an einem der Ringe mit Bronzeniet befestigte Lederschlaufe und weiterer Lederrest.
Holz sowie Bronze, Leder; L. ca. 51 cm.

1.25. Schild (ABB. 127–129). Großer ovaler Holzschild (Linde), Vorder- und Rückseite mit Rinderleder bezogen, dieses offenbar verziert oder bemalt (ABB. 129); aus Eisen Randbeschlag am unteren und linken Rand, Schildbuckel und Schildfessel (ABB. 127). Der große Schildbuckel mit Spindelrippe, L. 43 cm, B. 28 cm (ABB. 128), mit Zirkelornamentik reich verziert (zum Zeitpunkt der Drucklegung noch nicht freigelegt).
Holz, Leder, Eisen; L. ca. 110 cm, B. ca. 70 cm.

1.26. Holzstab mit Tülle und Endbeschlag (ABB. 250). Ca. 150 cm langer Eschenholzstab, Dm. am Tüllenende ca. 1 cm, am Beschlagende ca. 0,6 cm (ABB. 130). Eiserne Tülle, am Ende und der Mündung mit Gruppen von je drei feinen Rippen, deren mittlere gekerbt ist, verziert; im Anschluss drei Bronzeringe auf den Schaft geschoben, der ca. 7 cm lang erhalten ist. Am Stabende durch Bronzestift gehaltene Bronzescheibe, Lederschicht und Bronzering zwischen mit Bronzepailletten verzierter Wicklung (ABB. 131). – Insgesamt handelt es sich um sechs Eschenholzstäbe (KAT.-NR. 1.26–1.31), von denen je drei unterschiedlich gestaltet sind (Größe der Tülle, mit und ohne Endbeschlag).
Bronze, Eisen, Leder, Holz; L. der Tülle 7,4 cm.

1.27. Holzstab mit Tülle und Endbeschlag (ABB. 250). Wie 1.26, Schaft verpresst und noch ca. 10 cm lang, vom Endbeschlag Bronzescheibe mit Stift und Bronzering erhalten.
Bronze, Eisen, Holz; L. der Tülle 7,4 cm.

1.28. Holzstab mit Tülle und Endbeschlag (ABB. 250). Wie 1.26, vom Schaft kurzes Stück, vom Endbeschlag Bronzescheibe mit Stift und Bronzering erhalten.
Bronze, Eisen, Holz; L. der Tülle 7,4 cm.

1.29. Holzstab mit Tülle (ABB. 250). Stab wahrscheinlich 150 cm lang, Dm. am Tüllenende ca. 1 cm. Eiserne Tülle mit zwei feinen Rippen am Tüllenrand und vier am Ende. Schaft verpresst zusammen mit Resten von 1.28 und 1.30–1.31 mehrere Zentimeter lang erhalten.
Eisen, Holz; L. der Tülle 6 cm.

1.30. Holzstab mit Tülle (ABB. 250). Wie 1.29, fragmentiert.
Eisen, Holz; L. der Tülle noch 5,9 cm.

1.31. Holzstab mit Tülle (ABB. 250). Wie 1.29, fragmentiert.
Eisen, Holz; L. der Tülle noch 5,3 cm.

1.32–1.34. Eisenniete. Drei eiserne Niete, an zwei davon angerostet kleine Eisenröllchen. Von unbekanntem Gegenstand.
Eisen; Dm. der Nietköpfe ca. 1 cm, L. 0,9 cm.

1.35. Eisenstabfragmente. Bruchstücke gebogenen, rundstabigen Eisens, Stärke ca. 0,8 cm. Noch unbekannt, welcher Funktion und von welchem Gegenstand.
Eisen.   F.-R. Herrmann

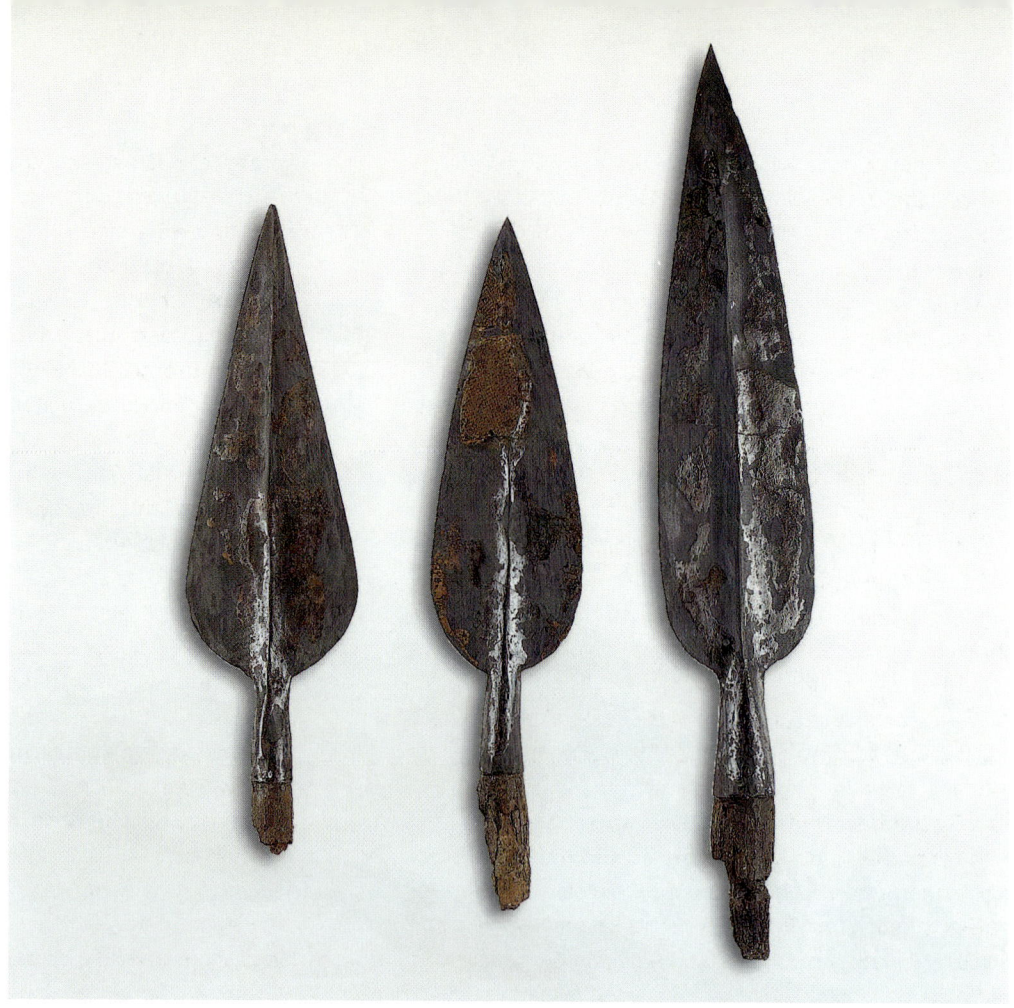

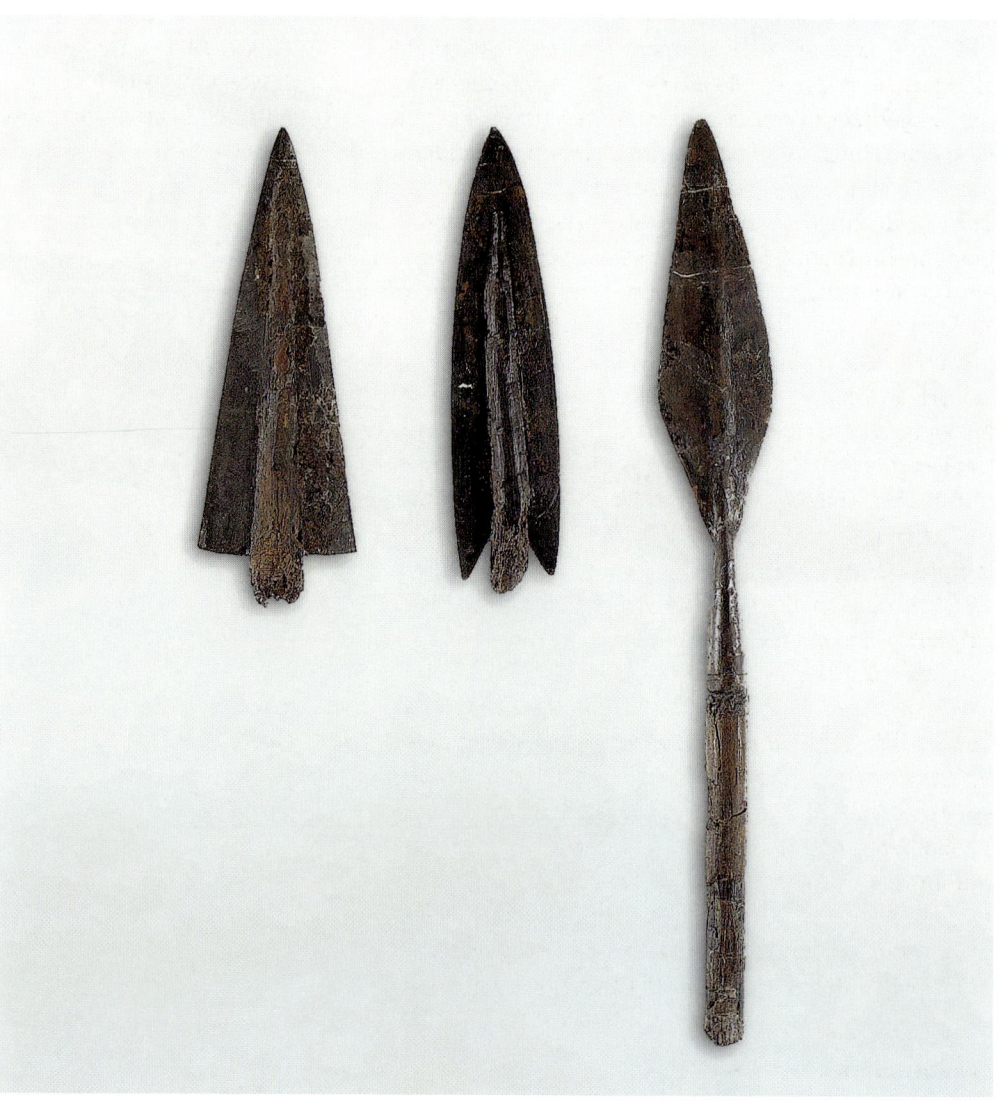

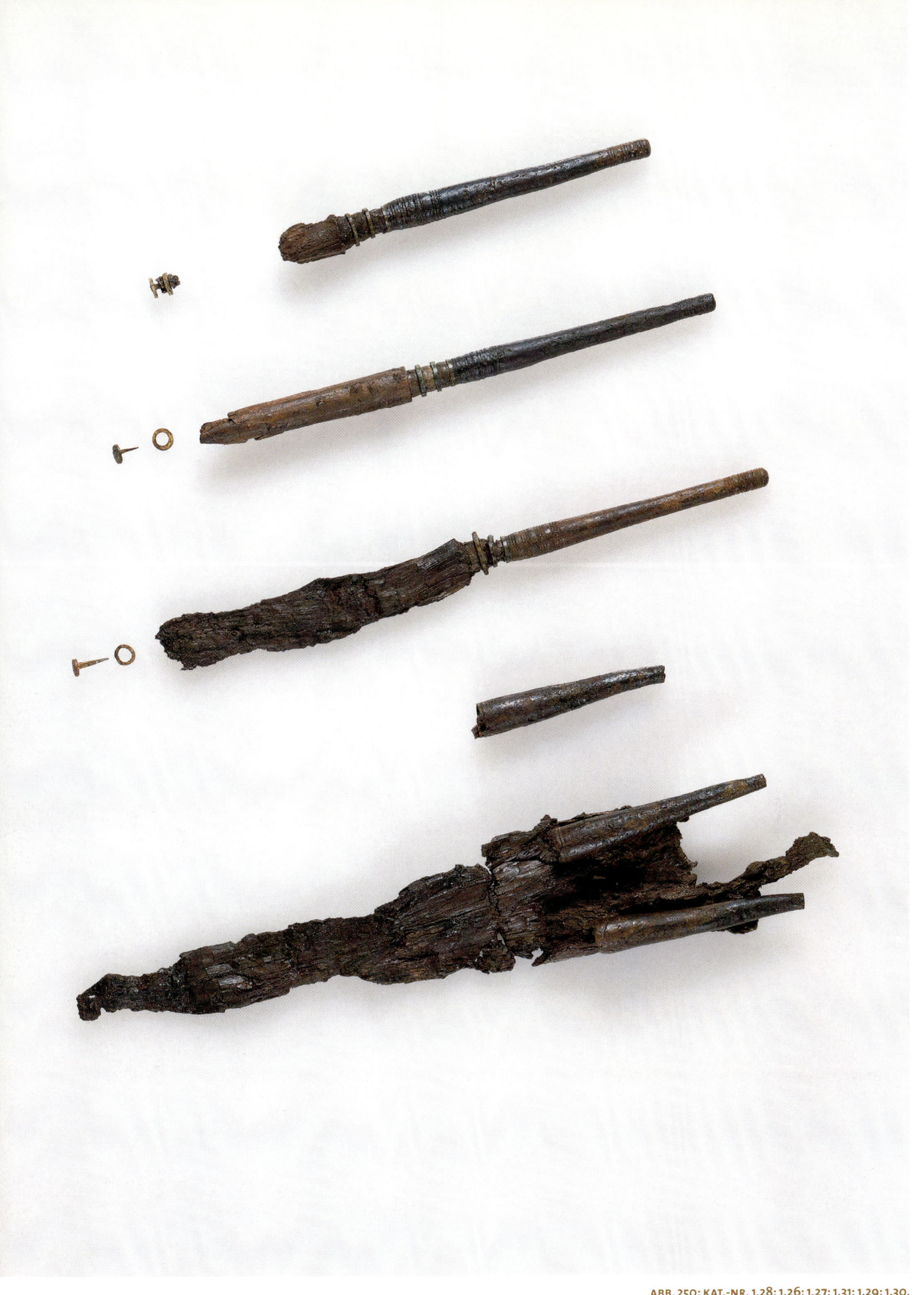

2 Fürstengrab 2 aus Grabhügel 1

Glauburg-Glauberg, Wetteraukreis
5. Jh. v. Chr.
Hessisches Landesmuseum Darmstadt.

Brandbestattung eines 30–40 Jahre alten, etwa 1,69 m großen Mannes; beigesetzt im Südwesten des Hügels dicht am Hügelrand hinter der Kreisgrabenlücke in etwa 1,40 m Tiefe in einem flachen, trogartigen Holzbehältnis von 1,30 x 0,60 m Größe. Beigaben in Stoffe (und teilweise Leder) eingehüllt, ein Tuch wohl über die gesamte Bestattung gelegt.

2.1. Keltische Röhrenkanne (ABB. 104–109; 133; 134; 251–253). Schlanke Kanne mit Deckel, zum Zeitpunkt der Drucklegung noch nicht vollständig restauriert. Deckeltier ein rückblickendes geflügeltes Fabeltier mit Pferdekopf und Raubtierkörper (ABB. 251); mit Bronzekettchen im aufgerollten Schwanzende im Ösenniet der Henkelattasche auf dem Rand befestigt. Am oberen, ornamentierten Henkelende Löwenkopf mit Widderhörnern (ABB. 252), am unteren Männerkopf mit Schnurrbart, umrahmt von Ornamenten (ABB. 253). Boden aus Eichenholz, gegen den hohlen Fuß

mit einer Bronzescheibe verblendet. Reiche Verzierung auf allen Kannenteilen durch gravierte Muster, auf Kannenkörper und -fuß in Zonen mit geometrischen Mustern und Zirkelornamenten (ABB. 104).

Bronze, Eisen, Holz; H. über 50 cm, max. Dm. ca. 23,5 cm, H. des Deckeltiers 4, 5 cm, Fassungsvermögen gut 9 l.

2.2. Fibel (ABB. 112; 254). Bandförmiger gerillter Bügel, Fußzier aus drei Korallen und Perldraht vogelkopfartig, Scheinsehne mit acht doppelt und dreifach gelegten Windungen; Korallenperlen in der Mitte der Spirale und an den Enden der Eisenachse.

Bronze, Eisen, Koralle; L. 3,3 cm, B. 2,7 cm, H. 1,1 cm.

2.3. Gürtel (ABB. 116; 117; 255; 256). Leder in Kombination mit Textil, Gesamtlänge ca. 106 cm, Breite 5,5 cm, Stärke 3,5–4 mm. Metallbestandteile waren der Gürtelhaken, zwei Einhakbeschläge, zwei Hohlringe mit Kettchen und 13 Zierniete (ABB. 116; 255). Vier bronzene Halbschalen (KAT.-NR. 2.4–2.7) gleich denen, aus denen die Hohlringe zusammengefügt sind, gehörten offenbar nicht direkt zum Gürtelschmuck.

2.3.1. Gürtelhaken (ABB. 256). Kästchenförmiger Beschlag, an der Vorderkante Dreiecke, auf der Platte im Rahmen Wirbelmotiv zwischen Zierbändern; Haken zwei sich ge

ABB. 251: KAT.-NR. 2.1.

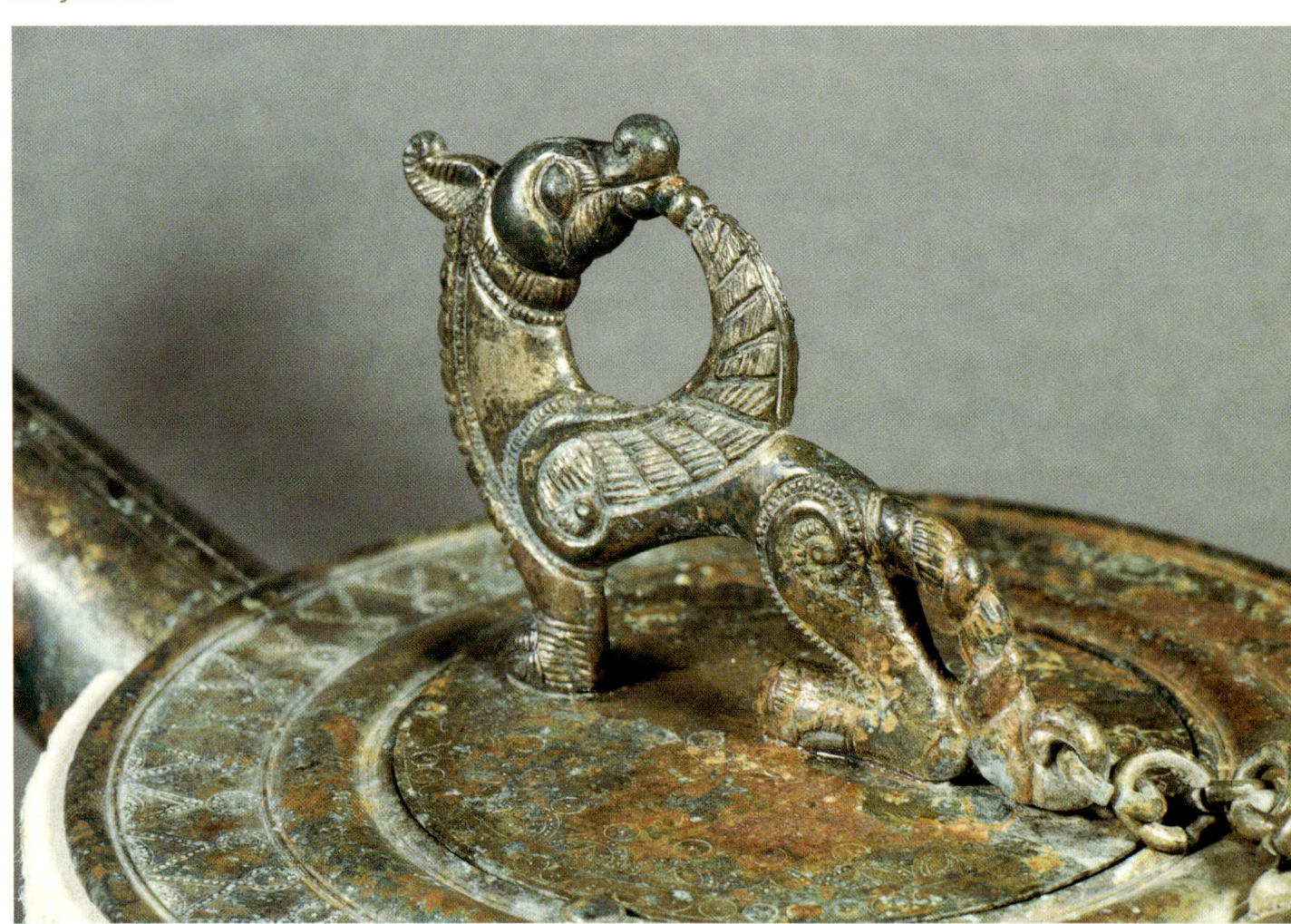

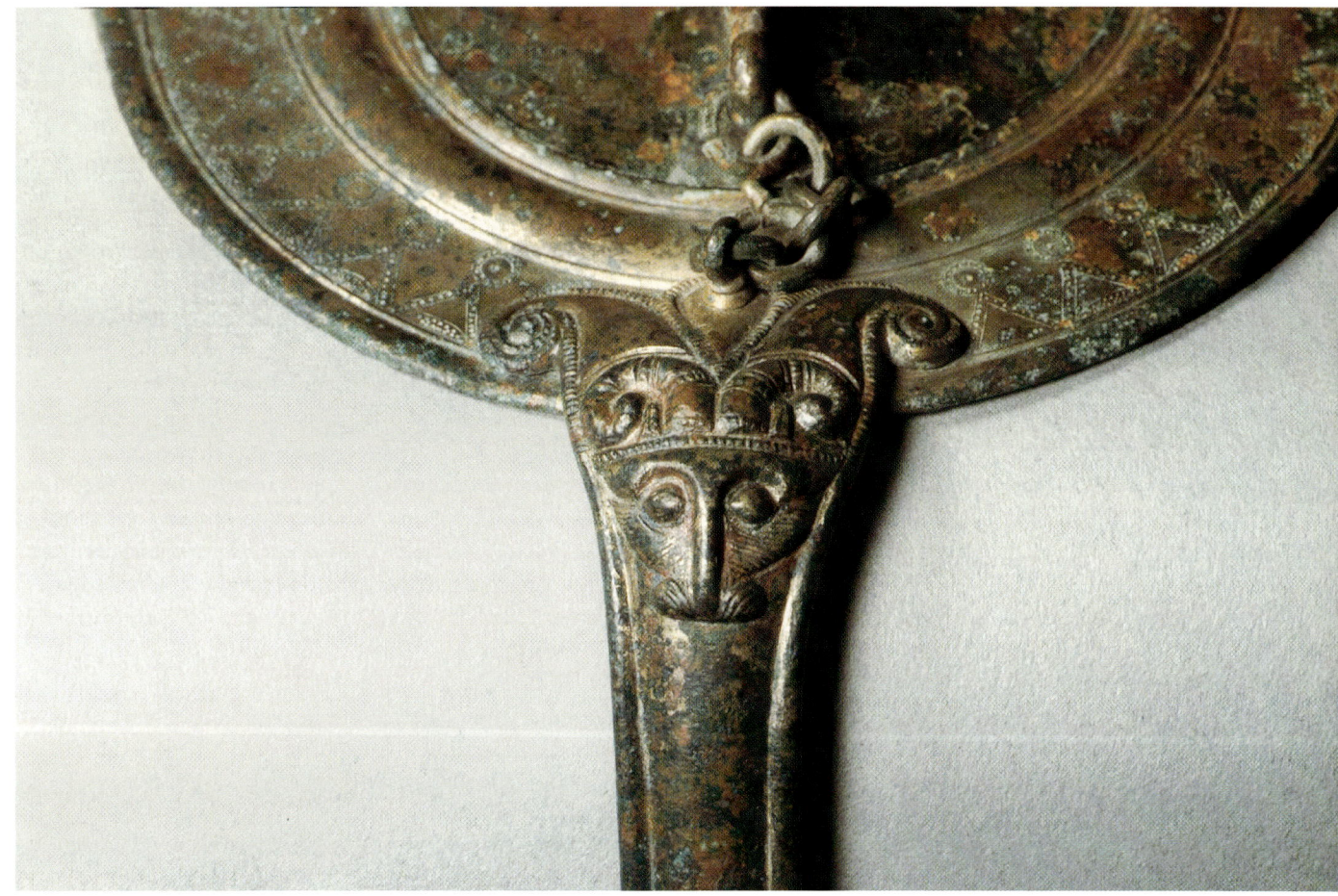

ABB. 252: KAT.-NR. 2.1.

genüberstehende Fabeltiere, zwischen ihren Fängen Menschenkopf, von dem der eigentliche Haken ausgeht.
Bronze; L. 10,2 cm, B. 5,6 cm.

2.3.2. Einhakbeschlag. Leierförmig mit Gravur, die zusammen mit den beiden Endnieten zwei stilisierte Vögel ergibt.
Bronze; L. 4 cm.

2.3.3. Einhakbeschlag. Wie 2.3.2.
Bronze; L. 4,2 cm.

2.3.4. Hohlring. Zwei durch drei Niete zusammengehaltene Halbschalen, unregelmäßig runder Querschnitt. Auf den Innenseiten der Halbschalen, nur im Röntgenbild sichtbar, Kreisaugen. Dazu Befestigungsniet.
Bronze; Dm. 4,75 cm.

2.3.5. Anhänger. Zum Hohlring 2.3.4 gehörend. An schmaler Platte zwei Kettchen, das eine vollständig mit Bommel, das zweite fragmentiert, nur drei Kettenglieder.
Bronze; L. 11,1 cm.

2.3.6. Hohlring. Wie 2.3.4 (ABB. 117). Dazu Befestigungsniet.
Bronze; Dm. 4,8 cm.

2.3.7. Anhänger. Zum Hohlring 2.3.6 gehörend. Wie 2.3.5, vollständig.
Bronze; L. 10,7 cm.

2.3.8. Zierniete. 13 Niete vom Rückenteil des Gürtels.
Bronze.

2.4. Halbschale (ABB. 257 rechts oben). Auf der Innenwandung sechs teilweise verformte und abgeschnittene Kreisaugen.
Bronze; Dm. 4,5 cm.

2.5. Halbschale (ABB. 257 links oben).
Bronze; Dm. 4,5 cm.

2.6. Halbschale (ABB. 257 rechts unten). Auf der Innenwandung fünf teilweise verformte und abgeschnittene Kreisaugen.
Bronze; Dm. 4,5 cm.

2.7. Halbschale (ABB. 257 links unten).
Bronze; Dm. 4,5 cm.

2.8. Knöpfe und Stäbchen (ABB. 258). Zehn massive Knöpfe mit kleinen Ringösen, zwei randbegleitende Rillen, und zwei profilierte Ösenstäbchen. Fundlage in zwei Gruppen zu je fünf Knöpfen, die auf Leder aufgenäht waren, und einem Stäbchen; wahrscheinlich Zierbesatz und Verschlussvorrichtung von Schuhen.
Bronze; Dm. der Knöpfe 1,4–1,5 cm, L. der Stäbchen 3,1–3,2 cm.

2.9. Schwert. Zum Zeitpunkt der Drucklegung noch nicht vollständig restauriert (ABB. 121). Eisenschwert, Vorderseite der Scheide aus Bronze (u. U. auf Eisen aufgelegtes Bronzeblech), Rückseite aus Eisen. Bronzeortband mit teilweise erhaltenen Einlagen, vermutlich Koralle. Profilierter

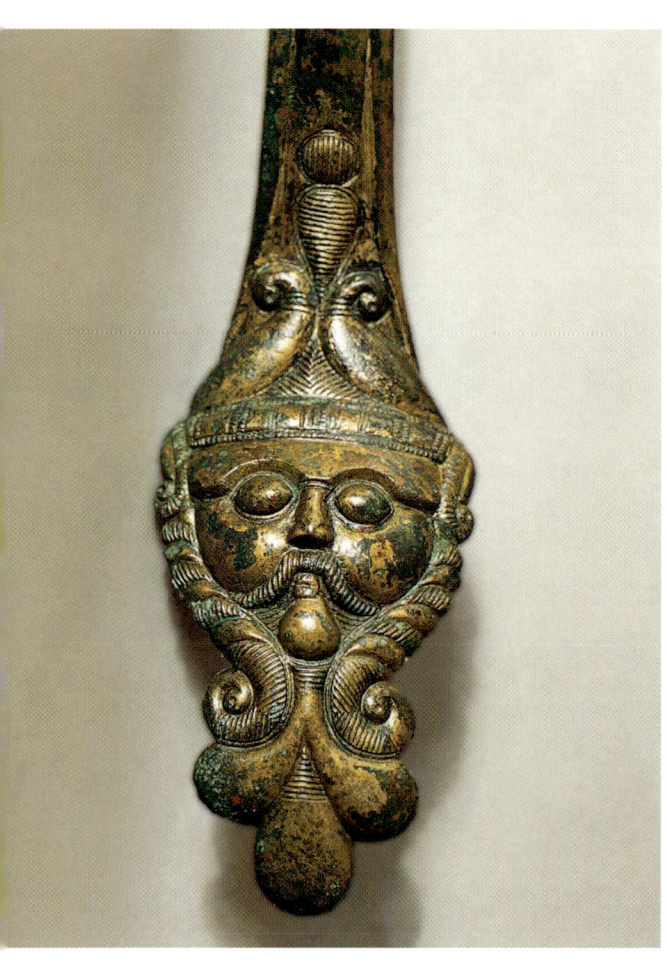

ABB. 253: KAT.-NR. 2.1.

Bronzeknauf. Scheidenvorderseite verziert durch randbegleitende Mäander und, im Scheidenmundbereich und in der unteren Hälfte, durch Gruppen wappenartig angeordneter Fabeltiere, die teils ornamental ausgestaltet sind.
Bronze, Eisen, (Koralle); L. ca. 83 cm.

2.10. Lanzenspitze (ABB. 122 links). Mittelgrat beidseitig zu kleinem Spitzoval verdoppelt, zwei Rillen am Tüllenmund, zwei seitliche Nietlöcher.
Eisen; L. 16,6 cm.

2.11. Lanzenspitze (ABB. 122 Mitte). Zwei Rillen am Tüllenmund, zwei seitliche Nietlöcher.
Eisen; L. 12,4 cm.

2.12. Lanzenspitze (ABB. 122 rechts). Zwei Rillen am Tüllenmund, zwei seitliche Nietlöcher, aufkorrodierte Gewebereste.
Eisen; L. 12,1 cm.

2.13. Große Lanzenspitze. Aufkorrodiert auf die Rückseite des Schwertes, noch nicht restauriert.
Eisen; L. 29 cm.   **F.-R. Herrmann**

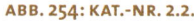

ABB. 254: KAT.-NR. 2.2.

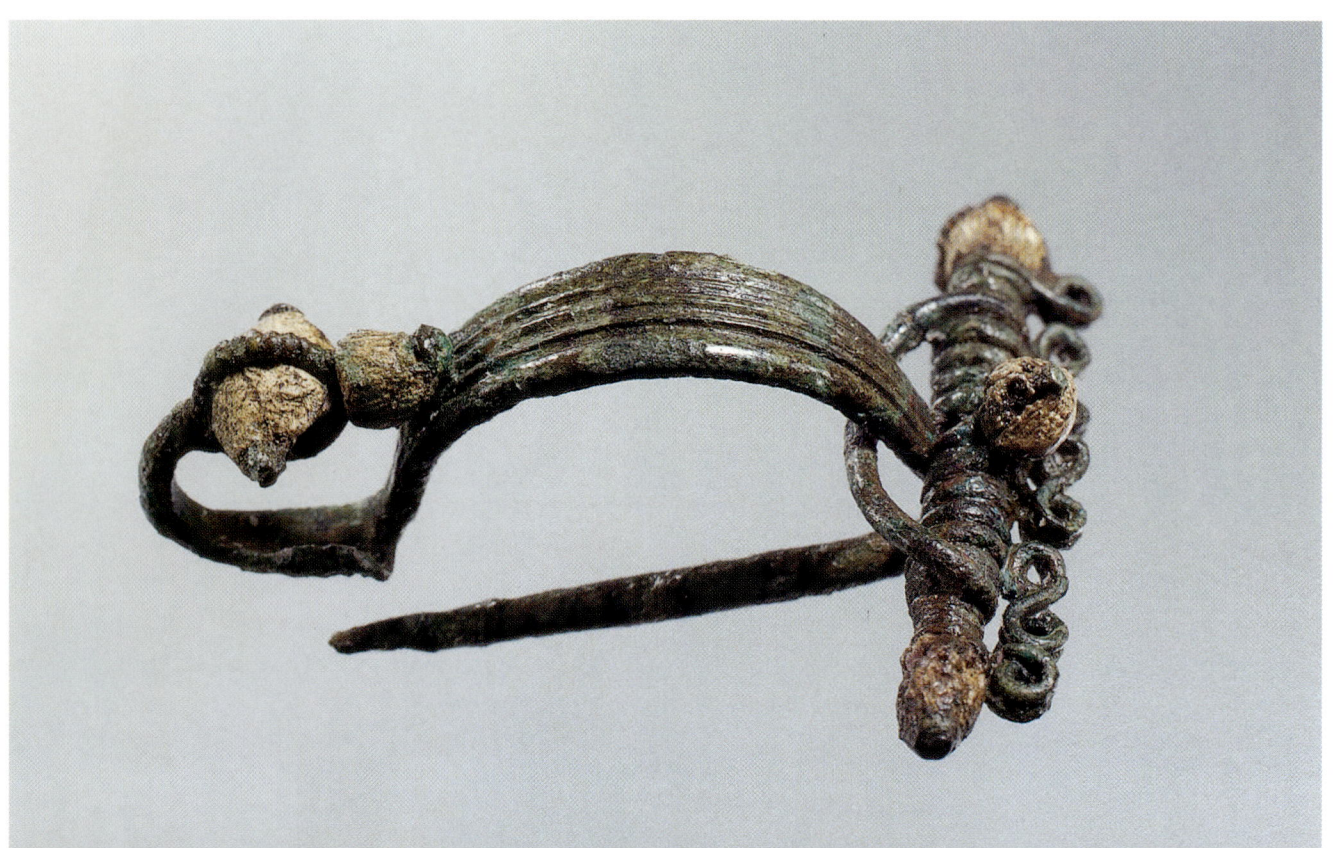

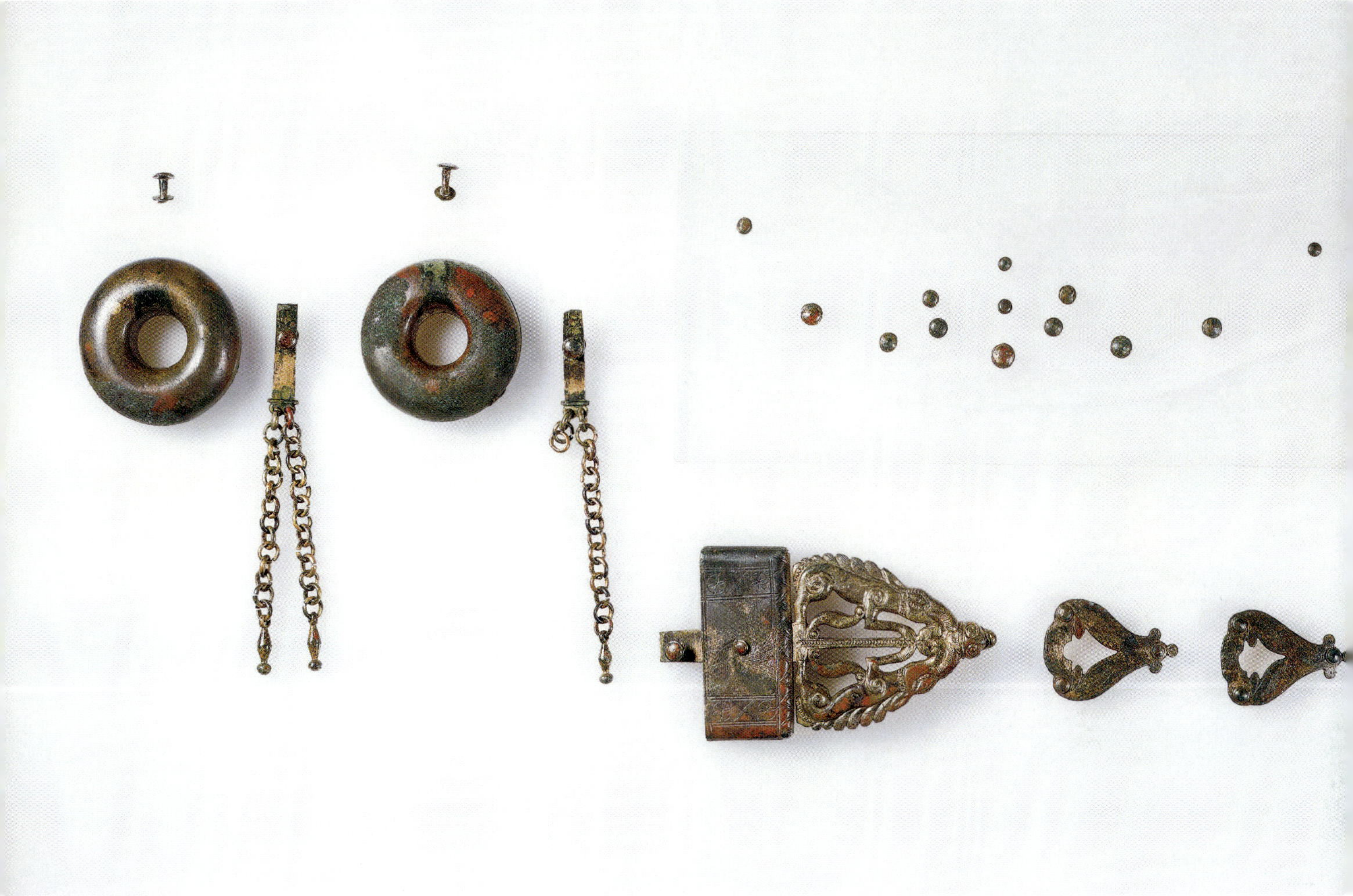

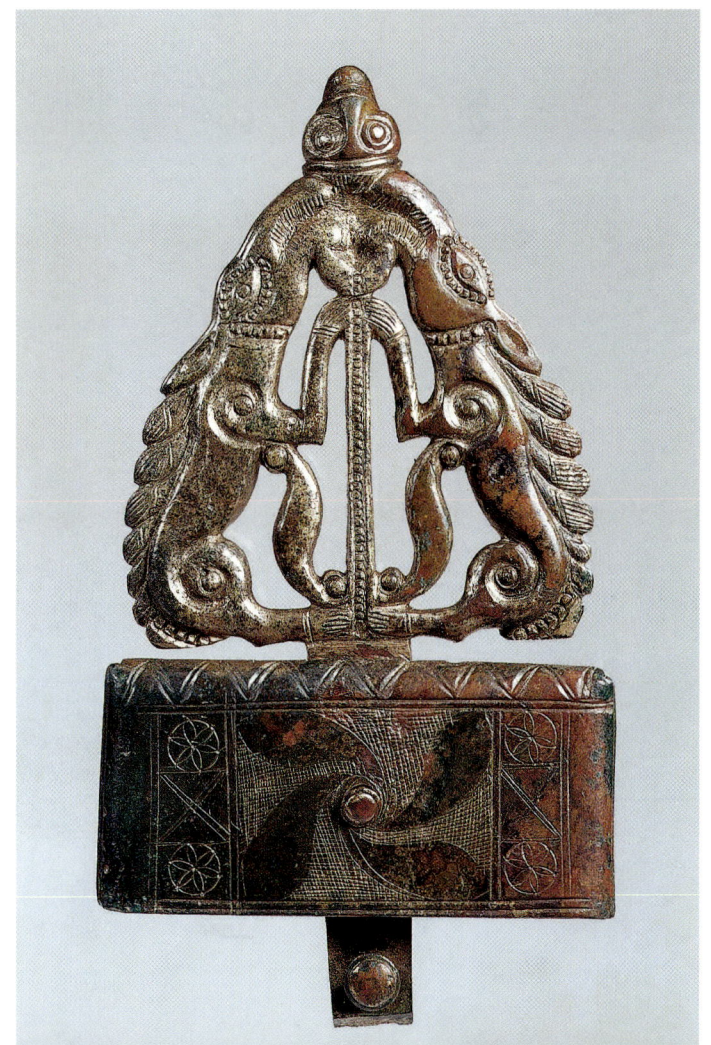

ABB. 255: KAT.-NR. 2.3.

ABB. 256: KAT.-NR. 2.3.1.

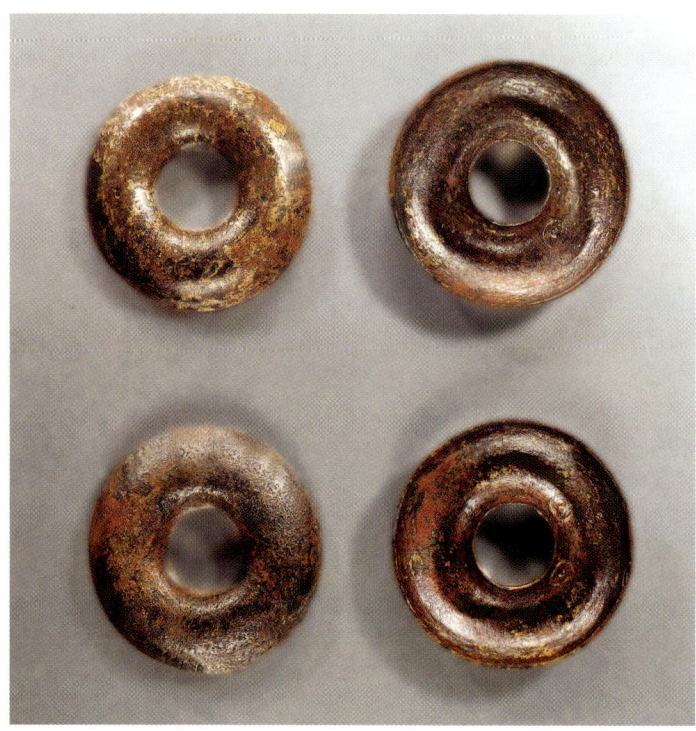

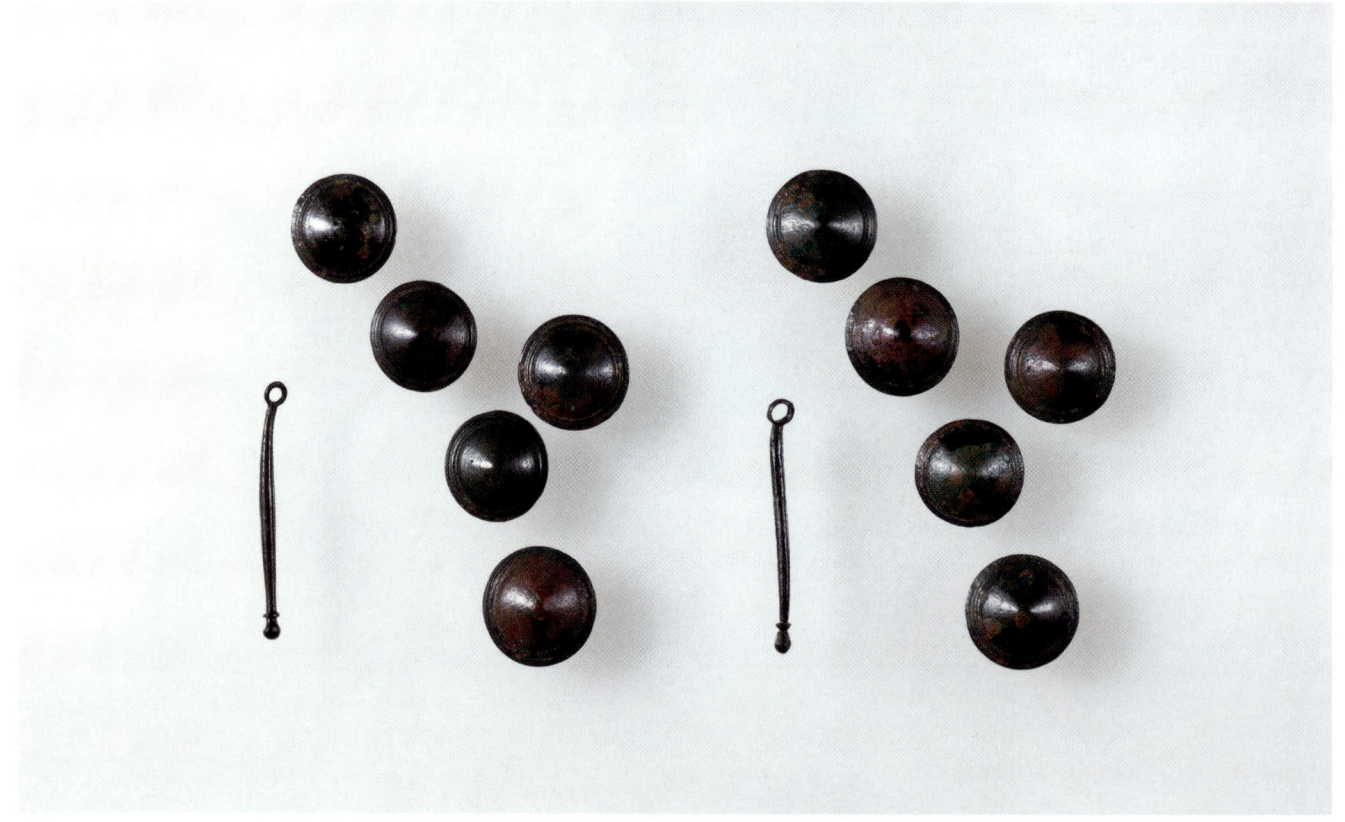

3 Statue und Statuenfragmente
bei Grabhügel 1

Glauburg-Glauberg, Wetteraukreis
5. Jh. v. Chr.
Hessisches Landesmuseum Darmstadt.

Eine – mit Ausnahme der abgebrochenen Füße – vollständige lebensgroße Statue und 130 Fragmente von mindestens drei weiteren gleichgestalteten Statuen aus einheimischem Sandstein unterschiedlicher Färbung fanden sich sämtlich in den Gräben und im dortigen Abschnitt des Kreisgrabens des Grabhügels um den als „Heiliger Bezirk" bezeichneten Bereich nordwestlich am Grabhügel (zum geringen Teil als Streufunde vom Acker nach dem Zuschieben der Grabungsflächen). Dieser durch Gräben, die an den Kreisgraben des Hügels anschließen, nicht vollständig abgegrenzte Bezirk, der auch verschiedene Pfostenstellungen aufweist (ABB. 68), darf wohl als Heroon angesehen werden, in dem die Statuen ursprünglich aufgestellt gewesen sein dürften; die genauen Standorte sind unbekannt. Die vollständige Statue 1 war am Ansatz des westlichen Grabenastes in 2 m Tiefe sorgfältig niedergelegt (ABB. 69).

3.1. Statue 1 (ABB. 70; 71). Vollständig bis auf die Füße. Vollplastisch, Proportionen nicht ausgewogen: Kräftige, gut ausgearbeitete Beinpartie, flacher Oberkörper mit vorne angesetzten Armen. Krieger, bekleidet mit Kompositpanzer aus Leinen oder Leder. Panzer aus einzelnen waagrechten, übereinander greifenden Lagen, unterer Rand jeweils ausgelappt; ausgeprägter Rückenteil, mit blattförmigen Mustern verziert, über den Lagen des Panzers und wahrscheinlich verbunden mit Nackenschutz und Schulterklappen. Vor dem Körper, gehalten mit der linken Hand, ovaler Schild mit Randbeschlag und Spindelrippe, an der rechten Seite Schwert. Rechte Hand in Gestus auf die Brust gelegt. Schmuck bzw. Insignien: Halsring mit drei Balustern, Armring am rechten Handgelenk, Fingerring am rechten Ringfinger, drei Ringe am linken Oberarm. Gesicht stilisiert mit großen Augen, Schnurrbart und Kinnbart. Auf dem Kopf so genannte Blattkrone, bestehend aus eng anliegender, mit blattförmigen Mustern verzierter Haube oder Kappe mit zwei großen seitlichen, fischblasen- oder (mistel?)blattförmigen Ansätzen. Arme und Beine nackt, keine Spuren von Bemalung, die dennoch vorauszusetzen ist.

Rötlicher Sandstein; H. noch 186 cm.

3.2. Statue 2 (ABB. 259; 260). 118 Fragmente, davon 42 mit Bearbeitungsspuren. Unter diesen 16 teilweise aneinander passende dem Kopf-/Halsbereich, 20 ebenfalls teil-

ABB. 259: KAT.-NR. 3.2.

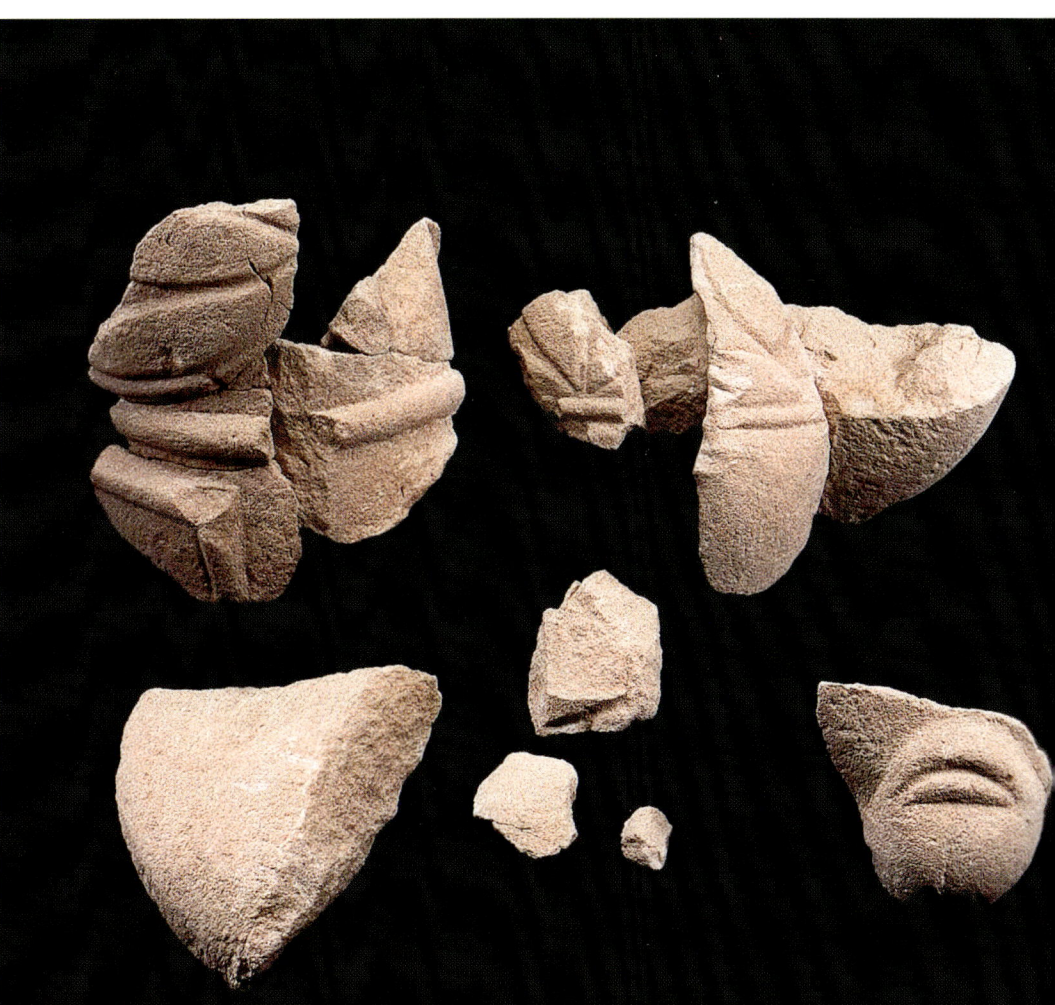

weise anpassende dem Beinbereich zuzuordnen. Soweit ersichtlich, gleichgestalt wie Statue 1, allem Anschein nach etwas voluminöser, Hinterhauptsteil der Kappe der Blattkrone nicht flach endend, sondern mit kräftigem Abschlusswulst.

Rötlicher Sandstein.

3.3. Statue 3 (ABB. 261). Kopf und fünf weitere Fragmente, davon drei mit Bearbeitungsspuren (Kappe der Blattkrone; vielleicht Ansatz der Blattkrone; Bruchstück vom Panzer). Kopf schon antik stark fragmentiert, zusätzlich neuere Beschädigungen durch Ackergerät. Soweit ersichtlich, gleichgestalt wie Statue 1, Hinterhauptsteil der Kappe der Blattkrone wie Statue 2.

Weißer Sandstein; H. des Kopfes noch 26 cm.

3.4. Statue 4 (ABB. 262). Sechs Fragmente, davon drei mit Bearbeitungsspuren: Teil des Schildbuckels; Bruchstück mit Blattansatz vermutlich vom Rückenteil des Panzers; Schulter(?)fragment. Soweit ersichtlich, gleichgestalt wie Statue 1.

Bräunlicher Sandstein; H. des Schildbuckelfragments 11,6 cm.

F.-R. Herrmann

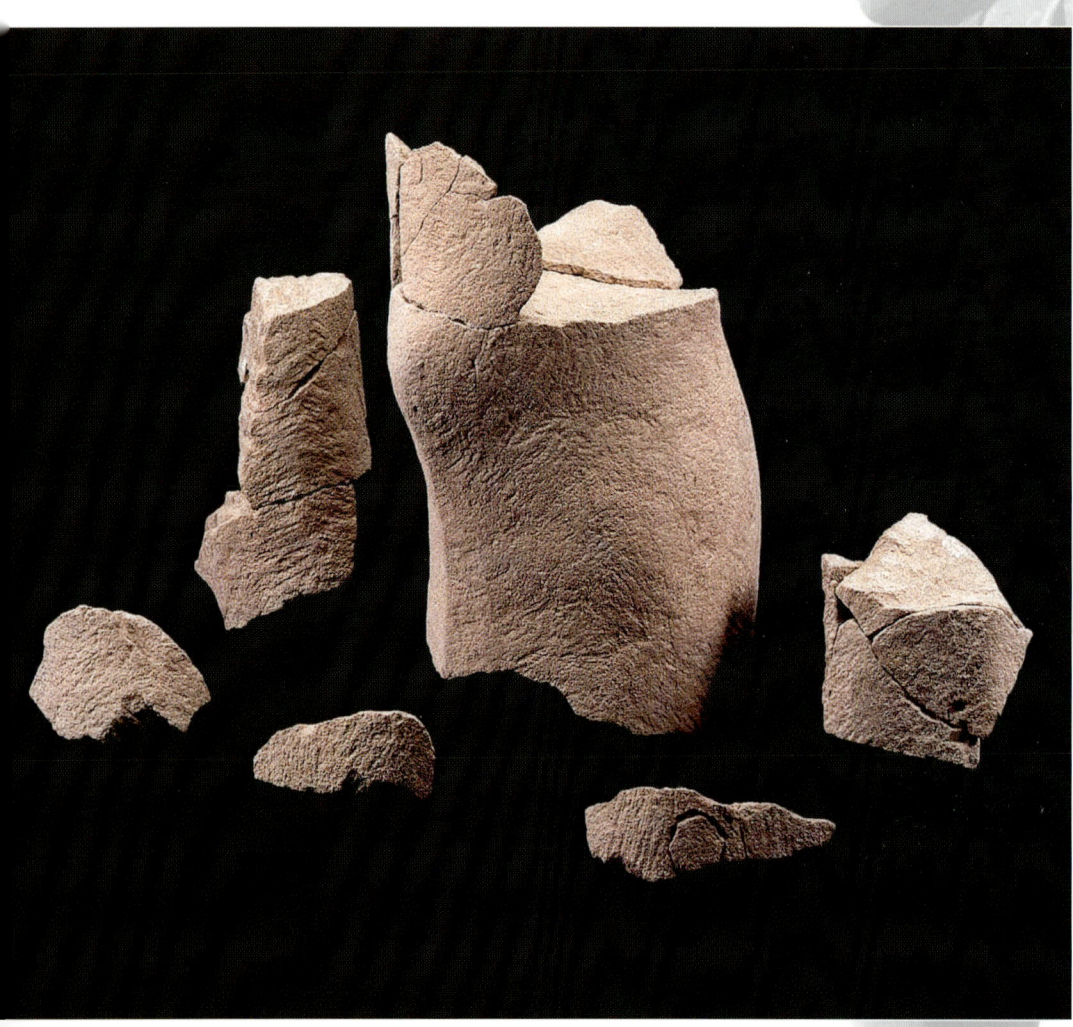

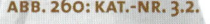

ABB. 260: KAT.-NR. 3.2.

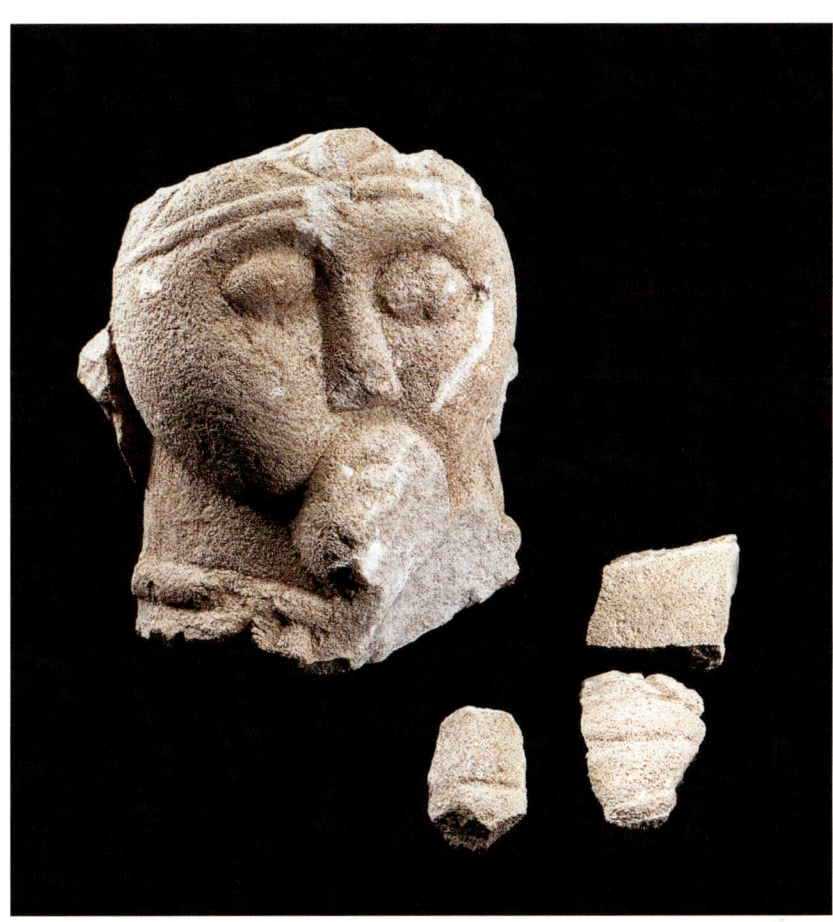

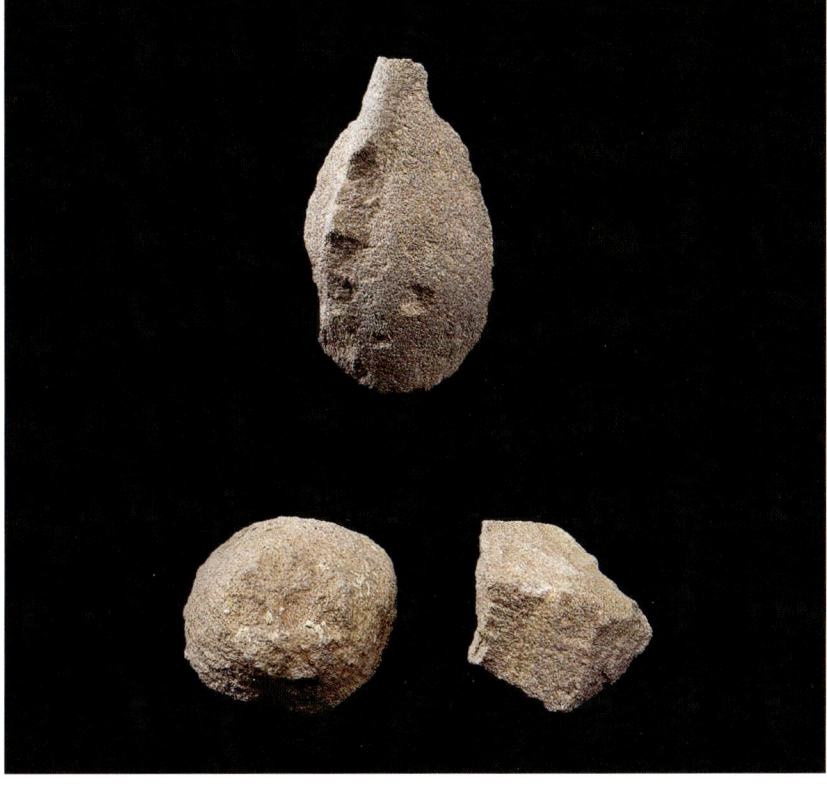

4 Halbfabrikat eines Halsrings (ABB. 189)

Glauburg-Glauberg, Wetteraukreis
450–370 v. Chr.
Bronze; L. 12,0 cm.
Wetterau-Museum Friedberg Inv.-Nr. 60/28.

Einzelfund, um 1906 beim Verschleifen eines Walls am Südhang des Glaubergs entdeckt. Das Stück, das in einer zweischaligen Form gegossen wurde, ist nicht ganz ausgearbeitet, die Gussnähte sind schlecht abgearbeitet (Halbfabrikat). Dargestellt sind drei Janusköpfe, deren mittlerer von zwei Löwen mit aufgerissenen Mäulern flankiert wird. Die Parallelen zu diesen Löwen weisen in das persische Achämenidenreich.

Lit.: O.-H. Frey, Zu einem keltischen Halsring vom Glauberg. Fundber. Hessen 19/20, 1979/80 (Festschr. U. Fischer) 609–615; ders., Zu einem bedeutenden Zeugnis der frühen keltischen Kunst vom Glauberg. Wetterauer Geschbl. 30, 1981, 13–21.

H. Baitinger

5 Tongefäße (ABB. 263)

Glauburg-Glauberg, Wetteraukreis
5. Jh. v. Chr.
Römisch-Germanisches Zentralmuseum Mainz
Inv.-Nr. 33720–33725 (Kopien); Originale Glaubergmuseum Glauburg (Kriegsverlust).

Tongefäße aus den Grabungen auf dem Glauberg, die H. Richter in den dreißiger Jahren des 20. Jahrhunderts durchgeführt hat.

5.1. Rauwandiger Topf mit horizontal abgestrichenem, gekerbtem Rand, auf der Schulter horizontale Reihe von Fingertupfen. H. 32,5 cm, Rdm. 27,5 cm.

5.2. Rauwandiger, gebauchter Topf mit schräg nach innen abgestrichenem Rand. H. 16,0 cm, Rdm. 12,0 cm.

5.3. Napf mit S-förmigem Profil. H. 11,0 cm, Rdm. 12,5 cm.

5.4. Rauwandiger Topf, unterhalb des Rands horizontale Reihe von Fingertupfen. H. 18,5 cm, Rdm. 16,5 cm.

5.5. Glattwandige Schulterschale mit steilem Rand. H. 10,0 cm, Rdm. 19,0 cm.

5.6. Glattwandige Schale mit Standfläche. H. 9,5 cm, Rdm. 20,5 cm.

Lit.: unveröffentlicht

H. Baitinger

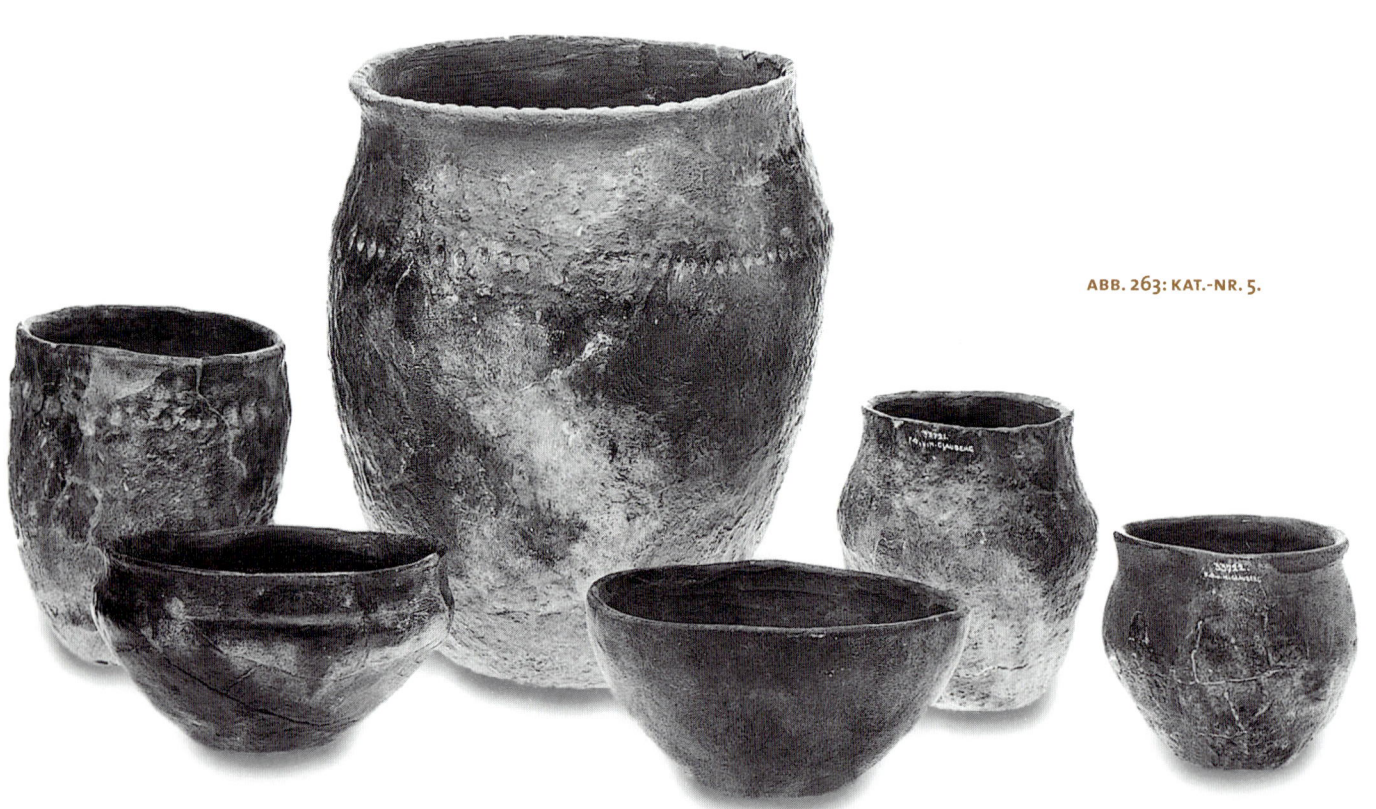

ABB. 263: KAT.-NR. 5.

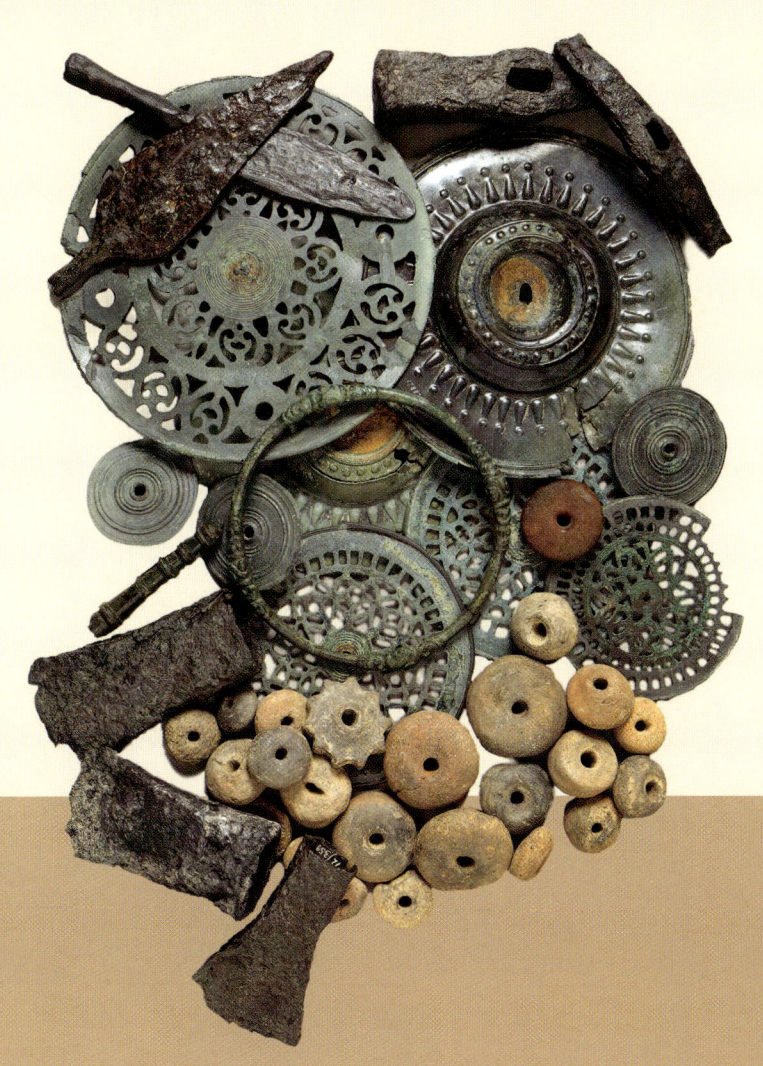

Katalog der ausgestellten Funde

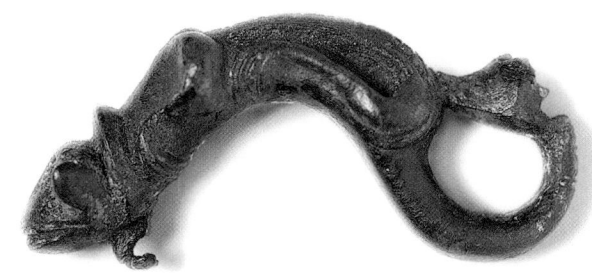

DIE KELTEN UND IHRE ZEIT

6 Tempelfries mit Keltendarstellung (ABB. 26)

Città Alba, Gde. Sassoferrato, Prov. Ancona,
Italien
Frühes 2. Jh. v. Chr.
Terrakotta; H. 43 cm, B. 49 cm, T. 13 cm.
Soprintendenza Archeologica delle Marche
Ancona INV.-NR. 30–30 bis.

Zwei nach links gewandte nackte keltische
Krieger, einer mit einem Torques um den
Hals. Jeweils in der linken Hand halten sie den
typisch keltischen Langschild, in der rechten
hielten sie einst aus Metall gefertigte Lanzen.
Zu ihren Füßen Opferschale und Kanne.

Lit.: M. Zuffa, I frontoni e il fregio di Civitalba nel Museo
Civico di Bologna. Prospettive critiche di un restauro. In:
Studi in onore di A. Calderini e R. Paribeni 3 (Milano 1956)
267–288; I Galli e l'Italia (Ausstellungskat. Rom 1978)
196 ff. Nr. 544; G. Sassatelli, Les Gaulois de la frise de Civitalba. In: Les Celtes en Italie. Dossiers Hist. et Arch. 112, 1987,
56–63; 98.   **H. Baitinger**

FRÜHE KELTEN IN HESSEN

SIEDLUNGSFUNDE

7 Tierfibel (ABB. 264)

Kronberg im Taunus, Hochtaunuskreis,
Ringwall Altkönig
450–370 v. Chr.
Bronze; L. 5,0 cm.
Museum Wiesbaden, Sammlung Nassau-
ischer Altertümer INV.-NR. 13384.

Doppelter Ringwall mit Annexwall (Quelle),
insgesamt 26 ha Fläche. Die Fibel wurde 1883
am Tor des inneren Walls gefunden. Doppel-
tierkopffibel mit einem Fisch- und einem En-
tenkopf sowie Vertiefungen für Einlagen auf
Bügel und Fuß.

Lit.: AuhV 4 (Mainz 1900) Taf. 14,1; Baatz/Herrmann 1982;
Binding 1993, 169 Nr. 5 Taf. 16,3.

H. Baitinger

8 Siedlungsfunde aus dem Lahn-Dill-Gebiet
(ABB. 43–46; 265–267)

Dietzhölztal-Rittershausen, Lahn-Dill-
Kreis, Ringwall „Burg"
5.–4. Jh. v. Chr.
Museum Wiesbaden, Sammlung Nassauischer Altertümer.

Ringwallanlage der Späthallstatt-/Frühlatè-
nezeit. Grabungen in den Jahren 1911 bis 1914
durch E. Ritterling und E. Brenner sowie in
den 20er-Jahren des 20. Jahrhunderts durch
F. Kutsch. Drei Wälle mit vorgelagertem Spitzgraben, nur der innere Wall umschließt die
gesamte Bergkuppe. Über die Innenbebauung
ist wenig bekannt, doch bezeugen Befunde
und eine Reihe von Schmiedegeräten Metallverarbeitung in der Siedlung; eine große Zahl
von Spinnwirteln deutet auf Textilverarbei-
tung hin. Schmuck und Reitzubehör verweisen auf die Anwesenheit einer Führungsschicht.

8.1. Zwei offene Halsringe mit rhombischem
Querschnitt und Kreisaugenverzierung.
Bronze; Dm. 19,3 u. 16,6 cm (INV.-NR. 11/378 u.
11/333).

8.2. Dreiknotenarmring. Bronze; Dm. 6,1 cm
(INV.-NR. 12/387).

8.3. Offener Armring mit verbreiterten Enden.
Bronze; Dm. 5,7 cm (INV.-NR. 11/380).

8.4. Offener Armring mit verdickten Enden,
aufgebogen. Bronze; Dm. 9,6 cm
(INV.-NR. 12/388).

8.5. Kleiner, offener Ring. Bronze; Dm. 4,1 cm
(INV.-NR. 12/389).

8.6. Tierkopffibel. Eisen; L. 5,7 cm
(INV.-NR. 11/381).

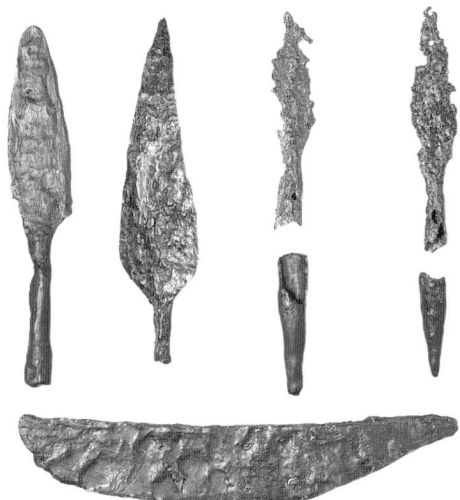

ABB. 265: KAT.-NR. 8.10–8.13.

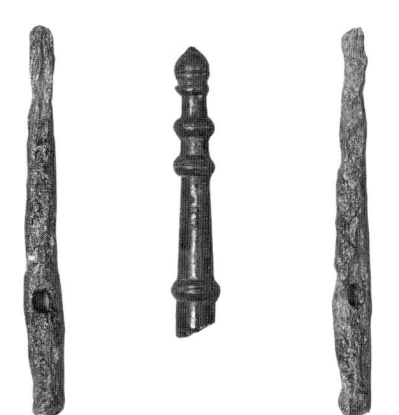

ABB. 266: KAT.-NR. 8.14–8.15.

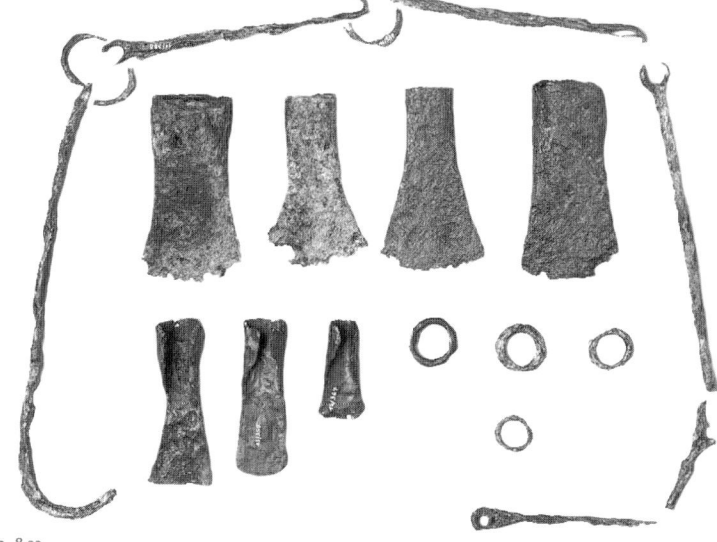

ABB. 267: KAT.-NR. 8.19–8.22.

8.7. Zwei Köpfe von Tutulusnadeln. Bronze; Dm. 2,0 cm (INV.-NR. 12/385,1–2).

8.8. Flache Perle. Bernstein; Dm. 4,3 cm (INV.-NR. 11/390).

8.9. Blaue Perle. Glas; Dm. 1,1 cm (INV.-NR. 13/353).

8.10. Zwei Lanzenspitzen. Eisen; L. 20,3 u. 19,4 cm (INV.-NR. 13/373 u. 13/355).

8.11. Zwei Pfeilspitzen. Eisen; L. 13,8 u. 12,5 cm (INV.-NR. 12/374 u. 13/356).

8.12. Zwei Lanzenschuhe. Eisen; L. 6,1 u. 8,2 cm (INV.-NR. 13/365 u. 13/376,2).

8.13. Messer mit geschweifter Klinge. Eisen; L. 25,5 cm (INV.-NR. 13/343).

8.14. Stangenhülse mit profiliertem Kopf und drei aufgesetzten profilierten Ringen, zur Trense gehörig. Bronze; L. 9,5 cm (INV.-NR. 13/334).

8.15. Zwei Knebelstangen. Eisen; L. 12,2 cm (INV.-NR. 13/367,1–2).

8.16. Zwei Hämmer. Eisen; L. 13,5 u. 14,0 cm (INV.-NR. 12/368).

8.17. Zwei runde, an beiden Seiten spitz zulaufende Stäbe mit jeweils einem aufgeschobenen Ring. Eisen; L. 20,0 u. 19,0 cm (INV.-NR. 12/377,1–2).

8.18. Eisenbrocken (Amboss?); L. 7,0 cm (INV.-NR. 12/386).

8.19. Drei Tüllendechsel. Eisen; L. 9,9, 6,2 u. 10,5 cm (INV.-NR. 13/359; 12/364; 12/360).

8.20. Vier Tüllenbeile. Eisen; L. 10,7–12,5 cm (INV.-NR. 13/357–13/359)

8.21. Acht Teile eines Kesselhakens mit tordiertem Schaft. Eisen; L. insg. ca. 94,0 cm (INV.-NR. 11/388).

8.22. Vier kleine, geschlossene Ringe. Eisen; Dm. 2,5–3,3 cm (INV.-NR. 12/383,1–3).

8.23. 79 Spinnwirtel unterschiedlicher Größe und Form, teilweise verziert. Ton (INV.-NR. RH Sp 1–26; 11/391,1–7; 11/391,9–14; 12/357,1–20).

8.24. Zwei Spinnwirtel. Stein; Dm. 5,2 u. 5,1 cm (INV.-NR. 11/391,8–9).

8.25. Großes Vorratsgefäß. Ton; H. 63,0 cm, Rdm. 29,0 cm (INV.-NR. 11/392).

8.26. Gefäß mit Linienverzierung auf der Schulter. Ton; H. 18,5 cm, Rdm. 19,2 cm (INV.-NR. 12/340).

8.27. Gefäß mit Tupfenreihe auf dem Rand und Tupfenleiste auf der Schulter. Ton; H. 27,2 cm, Rdm. 21,6 cm (INV.-NR. 11/383).

8.28. Gefäß mit Stichverzierungen auf der Schulter. Ton; H. 15,2 cm, Rdm. 10,5 cm (INV.-NR. 12/338).

8.29. Gefäß mit Linienverzierung auf der Schulter. Ton; H. 16,8–17,7 cm, Rdm. 15,5 cm (INV.-NR. 11/399).

8.30. Gefäß mit senkrechten Kniffleisten. Ton; H. 13,2 cm, Rdm. 16,9 cm (INV.-NR. 12/337).

8.31. Schale mit Stichverzierung auf der Schulter. Ton; H. 8,3 cm, Rdm. 20,3 cm (INV.-NR. 13/381).

8.32. Schale mit Linien- und Stempelverzierung auf der Schulter. Ton; H. 6,7 cm, Rdm. 18,5 cm (INV.-NR. 12/339).

8.33. Napf mit Tupfenreihe auf dem Rand. Ton; H. 6,2 cm, Rdm. 9,9 cm (INV.-NR. 13/379).

8.34. Napf mit Tupfenreihe auf dem Rand und Tupfenleiste um den Boden. Ton; H. 6,5 cm, Rdm. 10,5 cm.

Lit.: F. Kutsch, Der Ringwall auf der „Burg" bei Rittershausen. Nassau. Ann. 47, 1926, 1–37; E. Schubert, Die Burg bei Rittershausen. Arch. Denkmäler Hessen 67 (Wiesbaden 1987); Verse 1995 (mit älterer Lit.).

B. Pinsker

9 Siedlungsfunde aus dem Rheingau (ABB. 268)

Oestrich-Winkel-Winkel, Rheingau-Taunus-Kreis, Bachweg, Grube II
5. Jh. v. Chr.
Museum Wiesbaden, Sammlung Nassauischer Altertümer.

1918 und 1920 wurden dort mindestens drei Gruben mit Siedlungsresten der frühen bis späten Latènezeit ausgegraben; Grube II datiert in die frühe Latènezeit.

9.1. Schüssel mit umlaufender Winkelbandverzierung auf der Schulter. Ton; H. 12,2 cm, Rdm. 26,3 cm (INV.-NR. 1920/97).

9.2. Schüssel. Ton; H. 8,3 cm, Rdm. 24,0 cm (INV.-NR. 1920/88).

9.3. Schüssel mit umlaufender Kreuzschraffurverzierung auf der Schulter. Ton; H. 8,7 cm, Rdm. 15,9 cm (INV.-NR. 1920/89).

9.4. Schüsselchen mit umlaufender Strichverzierung auf der Schulter. Ton; H. 7,8 cm, Rdm. 12,4 cm (INV.-NR. 1920/90).

9.5. Schälchen. Ton; H. 3,6 cm, Rdm. 10,4 cm (INV.-NR. 1920/91).

Lit.: Behaghel 1943, 53; 150 Taf. 17 A; B. Pinsker, Die Gemarkung von Oestrich-Winkel in vorgeschichtlicher Zeit. In: Einblicke in die Geschichte von Oestrich-Winkel (Oestrich-Winkel 2000) 23 ff.

B. Pinsker

10 Siedlungsfunde aus dem Rheingau (ABB. 42)

Rüdesheim a. Rhein, Rheingau-Taunus-Kreis, gegenüber Bahnhof
Mitte/Ende des 5. Jhs. v. Chr.
Museum Wiesbaden, Sammlung Nassauischer Altertümer.

1924 und 1925 wurden beim Neubau der Fa. Asbach eine „Wohngrube" mit Feuerstelle, eine Brandbestattung und zwei Körpergräber entdeckt. Aus der Grube stammen neben zahlreicher Keramik folgende Funde:

10.1. Reibstein mit dreieckigem Querschnitt. Tuff; L. 58,0 cm, B. 27,0 cm (INV.-NR. 24/87a)

10.2. Zwei Spitzen (Glättwerkzeuge?). Geweih (INV.-NR. 24/75–92).

10.3. Knochenfragmente von Rindern und Schweinen (INV.-NR. 24/75–92).

10.4. Muschelschalen (INV.-NR. 24/75–92).

Lit.: Behaghel 1943, 72.

B. Pinsker

11 Schmiedewerkstatt (ABB. 269)

Lahnau-Atzbach, Lahn-Dill-Kreis, „Unter dem Gleiberger Weg"
4.–2. Jh. v. Chr.
Vorgeschichtliches Seminar der Philipps-Universität Marburg.

Im Jahr 2000 konnte zwischen Wetzlar und Gießen in Lahnau-Atzbach, Lahn-Dill-Kreis, erstmals in Hessen der Werkplatz eines keltischen Metallhandwerkers der späten Früh- bis Mittellatènezeit untersucht werden. Für die Anfänge der Eisengewinnung und -nutzung in dieser erzreichen Region am Ostrand des Rheinischen Schiefergebirges ist der Befund aus technologischer wie kulturgeschichtlicher Sicht von ganz besonderer Bedeutung.
Bei den Ausgrabungen des Vorgeschichtlichen Seminars der Philipps-Universität Marburg an einem Oberhang rund 70 m über der Lahntalaue wurde neben einem kleinen rechteckigen Gebäude mit eingetieftem Fußboden (Grubenhaus) von ca. 3 x 2 m eine größere, zweigeteilte Werkstattgrube freigelegt. Latènezeitliche Keramik sowie sechs AMS-C14-Daten datieren den gesamten Komplex zwischen das 4. und 2. Jahrhundert v. Chr.
Die Werkstattgrube war mit Abraumschichten des Schmiedebetriebs angefüllt. Die Schmiedeesse selbst fand sich am Ostrand der flachen, rund 2 m langen „Hauptgrube", war ursprünglich aus Lehm errichtet und mit einem Flechtwerkkranz stabilisiert. Der Herd war bei der Auffindung zerstört, die Staken des Flechtwerks gezogen; in Verbindung mit den wenigen Metallresten aus der Grabung lässt sich eine planmäßige Räumung der gesamten Anlage erkennen. An die „Hauptgrube" schließt sich im Norden eine kleinere, aber wesentlich tiefere „Vorgrube" mit einer weiteren zentralen Vertiefung an, deren genaue Funktion bisher nicht geklärt ist. Beide Gruben waren gleichzeitig in Betrieb und bilden eine funktionale Einheit. Ihre Sohle war Laufniveau, wie in den Untergrund eingetretene Holzkohle und Abfälle belegen. Reste einer außerhalb gelegenen Laufschicht erlauben ihre Ansprache als zentralen Teil einer noch größeren Grube oder eines Grubenhau-

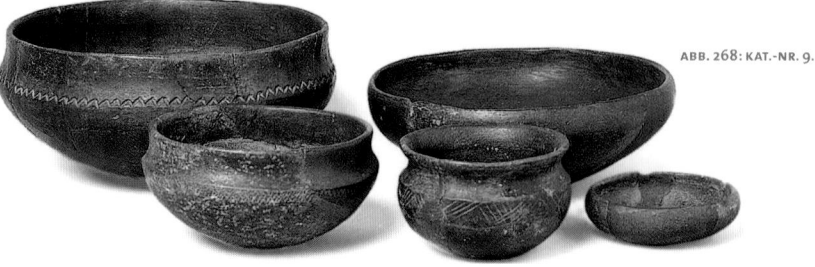

ABB. 268: KAT.-NR. 9.

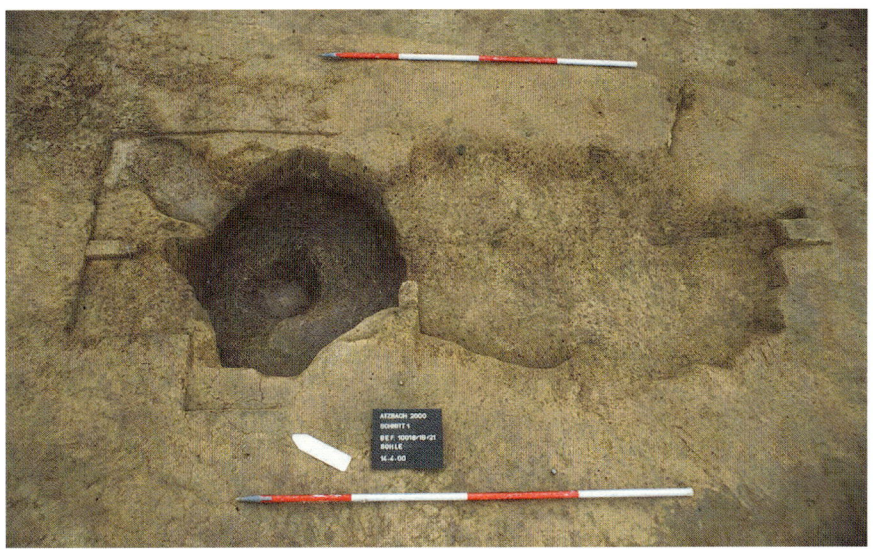

ABB. 269: KAT.-NR. 11.

ses, doch sind die höher gelegenen Befundpartien längst durch den Pflug bzw. die Hangerosion zerstört.

Die reich mit metallurgischem Abfall durchsetzten Abraumschichten der Werkstattgrube erweisen sich in technologischer Hinsicht als besonders aufschlussreich. Eine größere Anzahl Eisenschlacken wie auch so genannter Hammerschlag oder Zunder, der beim sorgfältigen Schlämmen der Füllschichten zum Vorschein kam, charakterisieren den Befund als Schmiedewerkstatt. Hier wurde hauptsächlich eisernes Werkzeug und Gerät hergestellt, repariert oder umgearbeitet. Unter den zahlreichen Brandlehmfragmenten, die teils zur Herdwandung, teils auch zu Düsenziegeln zum Schutz des Blasebalgs gehören, fand sich aber auch das Fragment einer Gussform. Zusammen mit einem Bronzeschmelzstück belegt dieses unscheinbare Tonfragment auch den Bronzeguss „in verlorener Form" in Atzbach, einen letztlich aufwändigen Arbeitsgang: Dabei wird ein Wachsmodell des gewünschten Gegenstands mit Ton umkleidet, anschließend erhitzt, das Wachs ausgeschmolzen und dann der Hohlraum mit flüssiger Bronze ausgegossen. Die Form wird zerschlagen, der fertige Gegenstand entnommen.

Mit dem Fundplatz von Atzbach tritt uns die Werkstatt eines Schmieds und Bronzegießers der jüngeren Eisenzeit vor Augen, der sämtliche auf dem Metallsektor anfallende Arbeiten durchgeführt haben dürfte. Die Werkstätte selbst scheint abseits einer größeren Siedlung gelegen zu haben, vielleicht wegen möglicher Brandgefahr oder begründet in einer gewissen Sonderrolle, die Schmiede in der keltischen Gesellschaft innehatten (wie z. B. die nur teilweise ansässigen Wanderhandwerker). Dass er auch heimisch gewonnenes Eisen verarbeitete, ist zwar wahrscheinlich, aber bisher nicht sicher nachweisbar. In den Kiesschichten der Lahnaue, kaum 1,5 km entfernt, kamen bei Wetzlar-Dutenhofen die Überreste einer zeitgleichen latènezeitlichen Eisenerzverhüttung zu Tage. Die Kontrolle und Ausbeutung der reichen Erzlager der Lahnmulde barg zweifellos ein erhebliches ökonomisches Potenzial, dessen sich die gesellschaftlichen Führungsschichten wohl bewusst waren. Mit dem Beginn der Eisenzeit kann hier an der nördlichen Peripherie der Wetterau eine Intensivierung der Besiedlung festgestellt wer-

den. Diese lässt sich mittlerweile auch vegetationsgeschichtlich durch eine verstärkte Waldnutzung (Holzeinschlag) nachweisen. Die lokale Eisengewinnung und -verarbeitung, in der Frühlatènezeit mit Dutenhofen und Atzbach nunmehr sicher zu fassen, ist als Teil dieser Entwicklung zu sehen, wenngleich ihr Anteil daran noch immer mehr zu erahnen als zu erfassen ist.

Lit.: A. Schäfer/Th. Stöllner, Frühe Metallgewinnung im Mittleren Lahntal. Vorbericht über die Forschungen der Jahre 1999–2001. Ber. Komm. Arch. Landesforsch. Hessen 6, 2000/01 (2002) 83–111.

A. Schäfer/Th. Stöllner

GRÄBER MIT EINFACHER AUSSTATTUNG

12 Ausstattung eines Männergrabs (ABB. 270)

Groß-Bieberau, Kr. Darmstadt-Dieburg, Bensenböhlskopf, Hügel 2 Grab 3
5. Jh. v. Chr.
Kreis- und Stadtmuseum Dieburg.

Von einer ursprünglich vielleicht 20 Hügel umfassenden Grabhügelgruppe wurden zwischen 1968 und 1975 sieben Hügel ausgegraben. Unter den Bestattungen fanden sich auch Gräber der Latènezeit, so eine Nachbestattung mit Schwertbeigabe in Hügel 2. Da sämtliche

ABB. 270: KAT.-NR. 12.

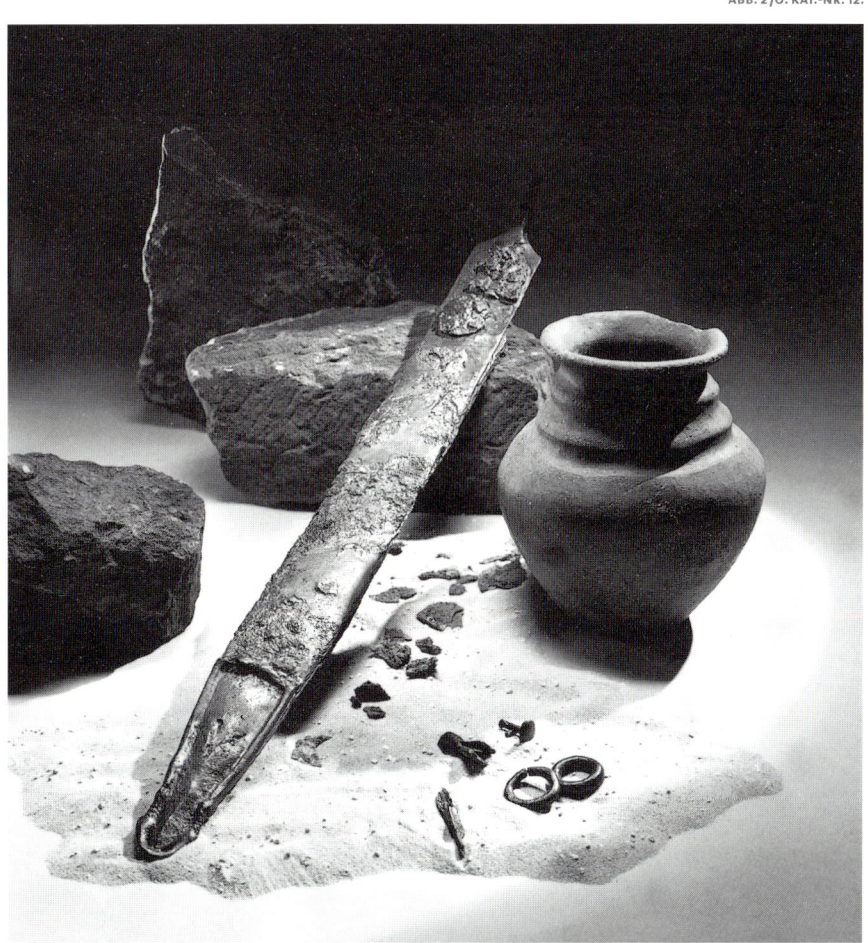

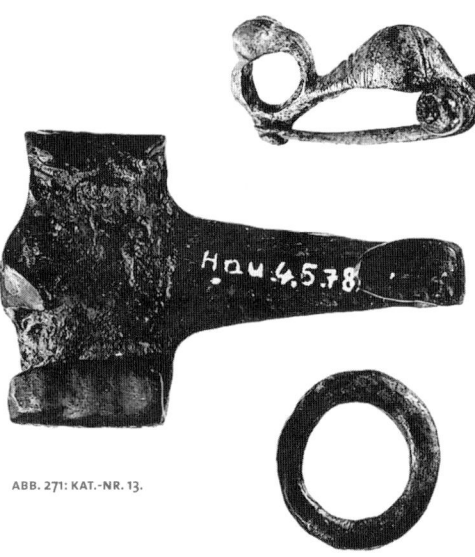

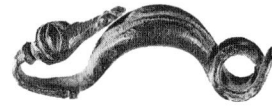

ABB. 272: KAT.-NR. 14.

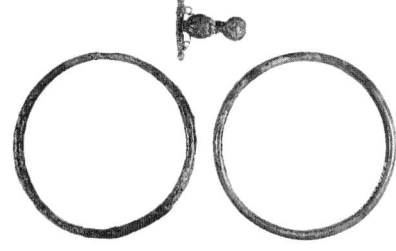

ABB. 273: KAT.-NR. 15.

ABB. 271: KAT.-NR. 13.

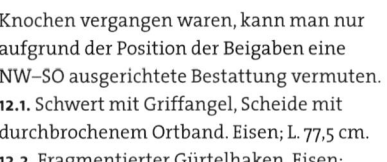

Knochen vergangen waren, kann man nur aufgrund der Position der Beigaben eine NW–SO ausgerichtete Bestattung vermuten.

12.1. Schwert mit Griffangel, Scheide mit durchbrochenem Ortband. Eisen; L. 77,5 cm.

12.2. Fragmentierter Gürtelhaken. Eisen; L. 3,8 cm.

12.3. Zwei kleine Ringe. Eisen; Dm. 3,2 u. 3,0 cm.

12.4. Kleiner Niet. Bronze; L. 2,4 cm.

12.5. Eisenfragment. L. 5,9 cm.

12.6. Weitmundige Flasche mit Wulstzier auf der Schulter. Ton; H. 18,8 cm.

Lit.: E. F. Ross, Die Untersuchung der Grabhügel auf dem Bensenböhlskopf bei Groß-Bieberau, Kreis Darmstadt-Dieburg (Ungedr. Magisterarbeit Göttingen 1979); Herrmann/Jockenhövel 1990, 388; Bergmann 1997 Taf. 9,1–7.
C. Bergmann

13 Ausstattung eines Grabs (ABB. 271)

Obertshausen-Hausen, Kr. Offenbach, Grab 1
5. Jh. v. Chr.
Stadtmuseum Mühlheim.

Im Bereich einer verflachten Flugsanddüne konnten zwischen 1978 und 1988 insgesamt 44 Brand- und Körperbestattungen dokumentiert werden, von denen elf der Latènezeit angehören. Das SW–NO orientierte Grab 1 war von einer Steinsetzung umgeben.

13.1. Vogelkopffibel. Bronze; L. 3,4 cm.

13.2. Haftarmgürtelhaken. Eisen; L. 6,2 cm.

13.3. Kleines Ringchen. Eisen; Dm. 2,4 cm.

Lit.: Ebel-Zepezauer 2001, 13 f. Abb. 1,1–3.
H. Baitinger

14 Maskenfibel (ABB. 272)

Obertshausen-Hausen, Kr. Offenbach, Grab 27
5. Jh. v. Chr.
Bronze; L. 3,9 cm.
Stadtmuseum Mühlheim.

Maskenfibel mit anthropomorpher Fußzier.

Lit.: Ebel-Zepezauer 2001, 135 f. Abb. 4.
H. Baitinger

15 Ausstattung eines Frauengrabs (ABB.273)

Mühlheim-Dietesheim, Kr. Offenbach, Grab 16
5. Jh. v. Chr.
Stadtmuseum Mühlheim.

Aus dem Bereich einer ca. 5 m hohen Flugsanddüne stammen insgesamt 30 Gräber, von denen zehn in die Latènezeit datiert werden können. In einer 2,9 x 1,5 m großen Steinsetzung fanden sich folgende Beigaben:

15.1. Zwei dünne, geschlossene Armringe. Bronze; Dm. 6,7 u. 6,8 cm.

15.2. Entenkopffibel. Bronze; L. 2,7 cm.

15.3. Gürtelhaken. Eisen; L. 7,0 cm (nicht erhalten).

Lit.: Ebel-Zepezauer 1992/93, 31 f. 59 Abb. 21,8–11; ders. 2001, 132 f. Abb. 1,4–7.
H. Baitinger

16 Ausstattung eines Kindergrabs (ABB.274)

Niederdorfelden, Main-Kinzig-Kreis, Industriegebiet, Grab 1986/2
4. Jh. v. Chr.
Museum Schloss Steinheim, Hanau
INV.-NR. A 1986/13.

Ein 1985 zufällig bei Gartenarbeiten geborgener Grabfund veranlasste im gleichen Jahr Untersuchungen, um das genaue Alter der entdeckten Skelettreste zu ermitteln. Dabei stieß man auf drei weitere frühlatènezeitliche Bestattungen. Ein drei bis vier Jahre altes

ABB. 274: KAT.-NR. 16.

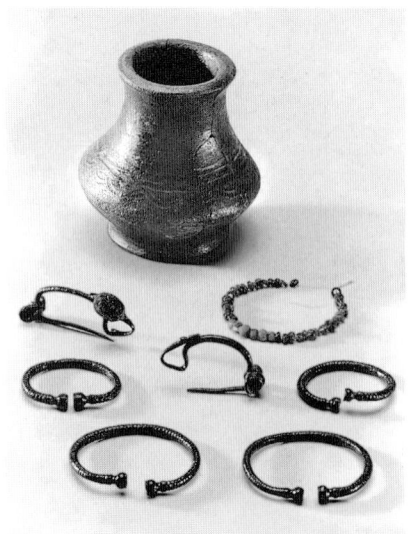

Kind hatte man in W–O-Richtung auf dem Rücken liegend in einem Holzsarg begraben.

16.1. Zwei Knotenarmringe mit Pufferenden. Bronze; Dm. innen 3,6 u. 3,7 cm.

16.2. Zwei Knotenbeinringe mit Pufferenden. Bronze; Dm. innen 4,6 u. 4,9 cm.

16.3. Zwei Fibeln vom Frühlatèneschema. Bronze; L. 6,0 u. 4,7 cm.

16.4. Rundlich-ovale Perlen. Glas, Bernstein; Dm. 0,4–0,6 cm.

16.5. Kleines Gefäß mit Riefen- und Girlandenzier auf der Schulter. Ton; H. 9,1 cm.

Lit.: P. Jüngling, Ein keltischer Friedhof im Industriegebiet Niederdorfeldens. Neues Magazin Hanau. Gesch. 9, 1987–90, 39–42; C. Bergmann in: Führer arch. Denkmäler Deutschland 27 (Stuttgart 1994) 232 ff. Abb. 81; ders. 1997 Taf. 46,3–9.
C. Bergmann

17 Ausstattung eines Kindergrabs (ABB. 275; 276)

Niederdorfelden, Main-Kinzig-Kreis, Industriegebiet, Grab 1986/3
4. Jh. v. Chr.
Museum Schloss Steinheim, Hanau
INV.-NR. A 1986/13.

Aus demselben Friedhof stammt das Grab eines – nach vorläufigen anthropologischen Untersuchungen – zehn bis siebzehn Jahre alten Individuums, dessen Beigaben schon bei der Grablegung z. T. zerstört worden waren.

17.1. Zwei Drahtfibeln vom Frühlatèneschema, fragmentiert. Bronze; L. 4,4 u. 1,9 cm.

ABB. 275: KAT.-NR. 17.1–17.3.

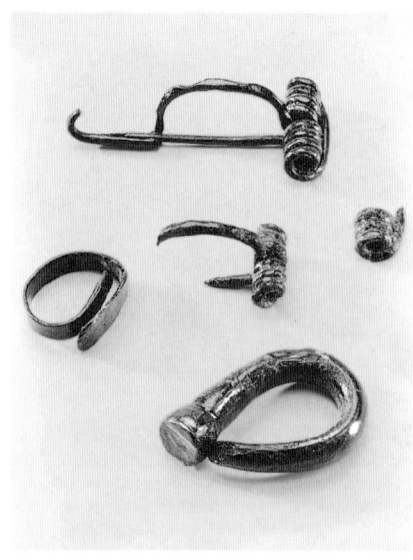

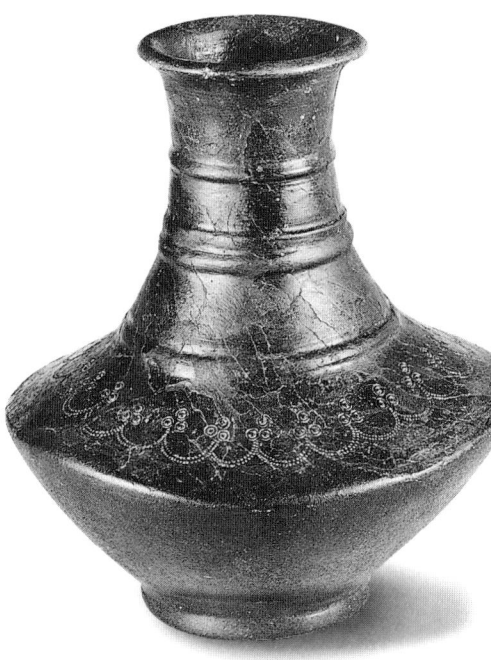

ABB. 276: KAT.-NR. 17.4.

17.2. Armringfragment, verbogen. Bronze; Dm. innen 1,9 cm.
17.3. Zusammengerolltes Blechstück. Bronze; Dm. innen 1,3 cm.
17.4. Linsenflasche mit Stempelverzierung auf der Schulter und Leisten auf dem Hals. Ton; H. 28,3 cm.

Lit.: Bergmann 1997 Taf. 47,1–5. **C. Bergmann**

18 Ausstattung eines Mädchengrabs (ABB. 277)

Niederdorfelden, Main-Kinzig-Kreis, Industriegebiet, Grab 1990/3
4. Jh. v. Chr.
Museum Schloss Steinheim, Hanau
INV.-NR. A 1994/06.

1990 wurden erneut Gräber der Latènezeit aufgedeckt, darunter das Grab eines sieben bis acht Jahre alten Mädchens, das in einem Baumsarg in W–O-Richtung beigesetzt war.
18.1. Pufferhalsring mit Ritz- und Kreisaugenverzierung. Bronze; Dm. innen 12,6 cm.
18.2. Zwei Armringe mit verdickten Enden. Bronze; Dm. innen 4,2 u. 3,9 cm.
18.3. Gürtelhaken mit punzverziertem, kästchenförmigem Beschlag. Bronze, Eisen; L. 3,6 cm.
18.4. Fibel vom Frühlatèneschema. Bronze; L. 5,2 cm.
18.5. Fibel vom Frühlatèneschema. Eisen; L. 5,5 cm.
18.6. Drei kleine Ringe. Bronze; Dm. innen 1,4–1,9 cm.
18.7. Feingliedrige Kette. Bronze; Dm. innen ca. 16 cm.
18.8. Rundlich-ovale Perlen. Glas, Bernstein; Dm. 0,5–0,6 cm (nicht ausgestellt).

Lit.: H. Schaaff, Frühkeltische Gräber von Niederdorfelden, Main-Kinzig-Kreis. Bergung, Dokumentation und Restaurierung. Denkmalpfl. Hessen H. 2, 1993, 43–47; Bergmann 1997 Taf. 49,1–10. **C. Bergmann**

19 Ausstattung eines Mädchengrabs (ABB. 278)

Ober-Ramstadt, Kr. Darmstadt-Dieburg, An der Ludwigseiche, Hügel 1
5. Jh. v. Chr.
Museum Ober-Ramstadt
INV.-NR. MVF OR 1968:11 u. 12.

Innerhalb eines Grabhügelfelds entdeckte man 1965 in einem endneolithischen Hügel die Beigaben einer frühlatènezeitlichen Nachbestattung; die Knochen waren vergangen. Aufgrund der Lage der Beigaben dürfte das hier beigesetzte Mädchen eine Größe von 1,2 m erreicht haben.
19.1. Dünner Halsring mit Stempelenden. Bronze; Dm. 11,4 cm.
19.2. Zwei Armringe mit verzierten Stempelenden. Bronze; Dm. 5,3 u. 5,4 cm.
19.3. Zwei Beinringe mit übereinander greifenden Enden. Bronze; Dm. 5,9 u. 6,4 cm.
19.4. Halsringfragment mit aufgeschobenen Perlen. Eisen, Glas; Dm. der Perlen 0,8–1,7 cm.
19.5. Schale mit geknickter Wandung und steilem Rand. Ton; H. 6,0 cm, Rdm. 15,2 cm.

Lit.: C. Ankel, Stein- und eisenzeitliche Funde aus einem Grabhügel „An der Ludwigseiche" bei Ober-Ramstadt, Kr. Darmstadt. Fundber. Hessen 9/10, 1969/70, 69–76. **C. Bergmann**

20 Ringschmuck aus einem Frauengrab (ABB. 279)

Frankfurt/Main-Bergen-Enkheim
4. Jh. v. Chr.
Museum Schloss Steinheim, Hanau
INV.-NR. A 9335–9338.

Im Winter 1955/56 ohne nähere Fundbeobachtungen in einer Sandgrube geborgen, vermutlich aus einem Körpergrab.
20.1. Halsring mit Pufferenden, Koralleneinlagen nur teilweise erhalten. In der Ringmitte und zu den Endpuffern hin Verzierung aus

ABB. 277: KAT.-NR. 18.

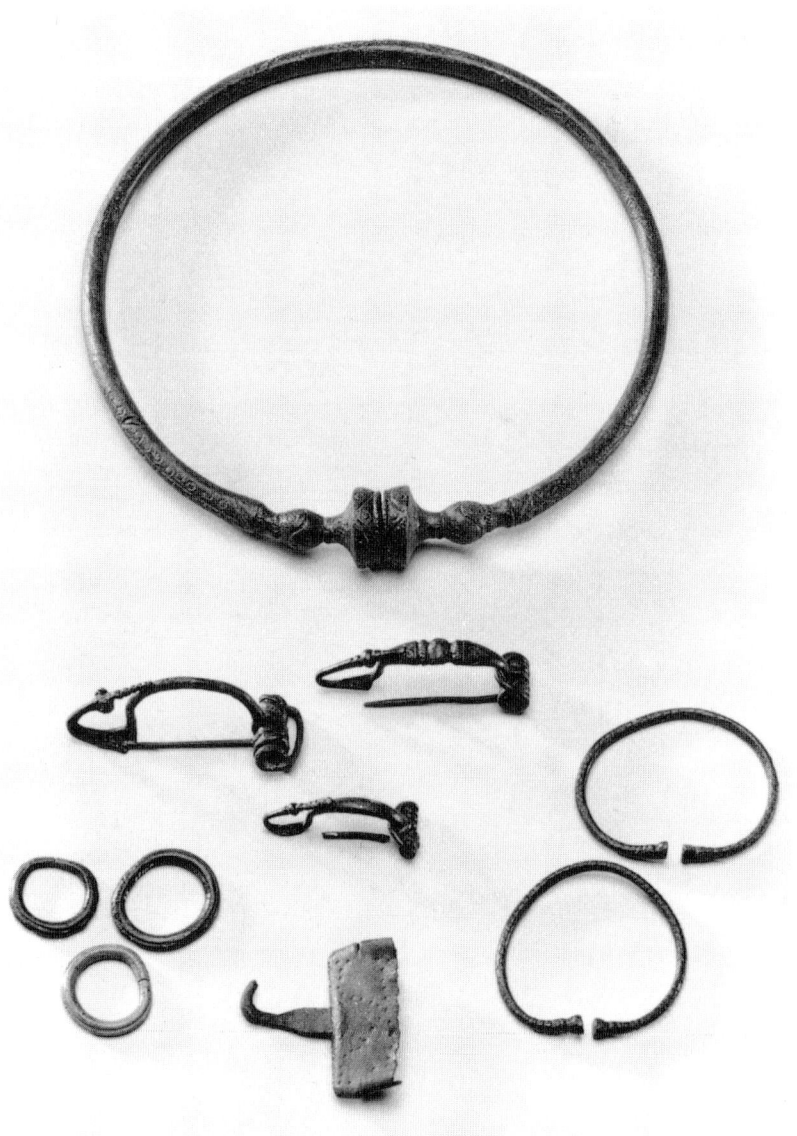

Rautenmustern und Kreisaugen. Bronze, Koralle; Dm. innen 14,8 cm.

20.2. Zwei Armringe mit korallengeschmückten Pufferenden, die Verzierungen an den Enden ähneln der des Halsrings. Bronze, Koralle; Dm. innen 6,4 u. 5,8 cm.

20.3. Zwei Beinringe mit scheibenförmigen Pufferenden und geometrischem Dekor. Bronze; Dm. innen 7,6 cm.

20.4. Zwei Beinringe mit gerade abgeschnittenen, fein gekerbten Pufferenden und geometrischem Dekor. Bronze; Dm. innen 8,2 cm.

Lit.: K. Dielmann, Ein frühlatènezeitlicher Ringfund von Bergen-Enkheim, Kreis Hanau. Hanauer Geschbl. 17, 1960, 9–26.   **H. Baitinger**

21   Ausstattung eines Frauengrabs (ABB. 280)

Frankfurt/Main-Praunheim
4. Jh. v. Chr.
Museum für Vor- und Frühgeschichte – Archäologisches Museum, Frankfurt/Main INV.-NR. α 1334a–g.

Körperbestattung, im Jahre 1908 auf dem Gelände einer Ziegelei aufgedeckt.

21.1. Halsring mit zusammengegossenen Endpuffern. Aus zwei Teilen gefertigt, einem plastisch reich verzierten Vorderteil als Verschluss-Stück und einem glatten Ringkörper, der nur in seiner Mitte plastischen Dekor aufweist. Bronze; Dm. 15,0 cm.

21.2. Zwei bandförmige Armringe mit Stempelenden und Vertiefungen für (ausgefallene) Koralleneinlagen, auf dem Ringkörper gepunzte Zickzackverzierung. Bronze; Dm. 6,4 u. 6,0 cm.

21.3. Zwei Knotenringe mit verdickten Enden. Bronze; Dm. 9,2 cm.

21.4. Gürtelhaken mit kästchenförmigem Beschlag, Haken mit Kreisaugen und Kerben verziert, Beschlagblech mit Kreisaugen und getriebenen Ringbuckeln. Bronze; L. 5,5 cm.

21.5. Kugeliges Gefäß mit Standring und zylindrischem Hals, auf der Schulter und auf dem Bauch eingestempelte und eingedrückte Verzierungen. Ton; H. 32,3 cm.

Lit.: R. Welcker, Ein Grab der Früh-Latènezeit bei Praunheim. In: Festschr. 34. Allg. Versammlung Dt. Anthr. Ges. Frankfurt a. M. (Frankfurt/Main 1908) 25–36; AuhV 5 (Mainz 1911) 331 Nr. 1049–1051 Abb. 1b Taf. 57, 1049–1051; Gallay 1987, 50 Nr. 28.   **H. Baitinger**

22   Scheibenhalsring (ABB. 281)

Frankfurt/Main-Eschersheim
4. Jh. v. Chr.
Bronze; Dm. 13,8 cm.
Museum für Vor- und Frühgeschichte – Archäologisches Museum, Frankfurt/Main INV.-NR. χ 13988.

Wohl Grabfund. Offener Scheibenhalsring mit Stempelenden, Einlagen nicht erhalten.

Lit.: Gallay 1987, 49 Nr. 27; Herrmann/Jockenhövel 1990, 267 Abb. 142.   **H. Baitinger**

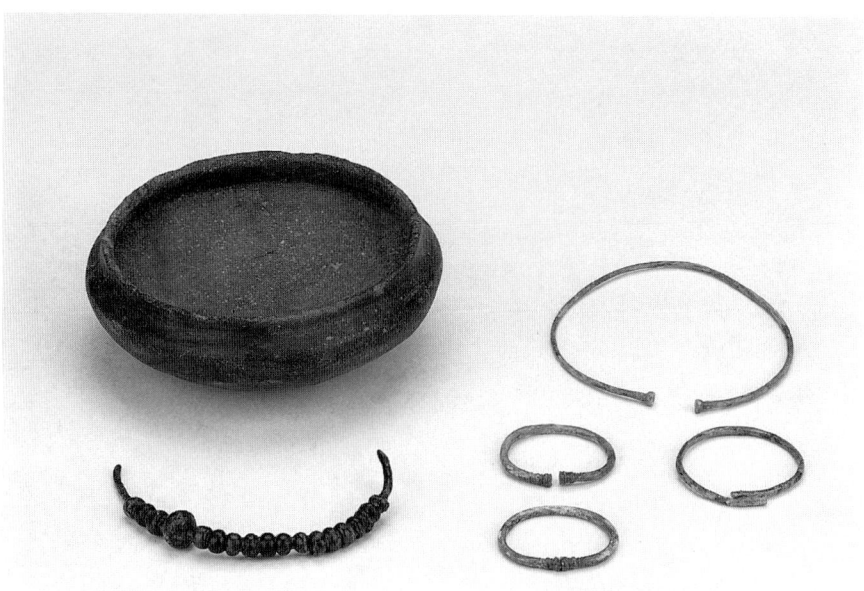

ABB. 278: KAT.-NR. 19.

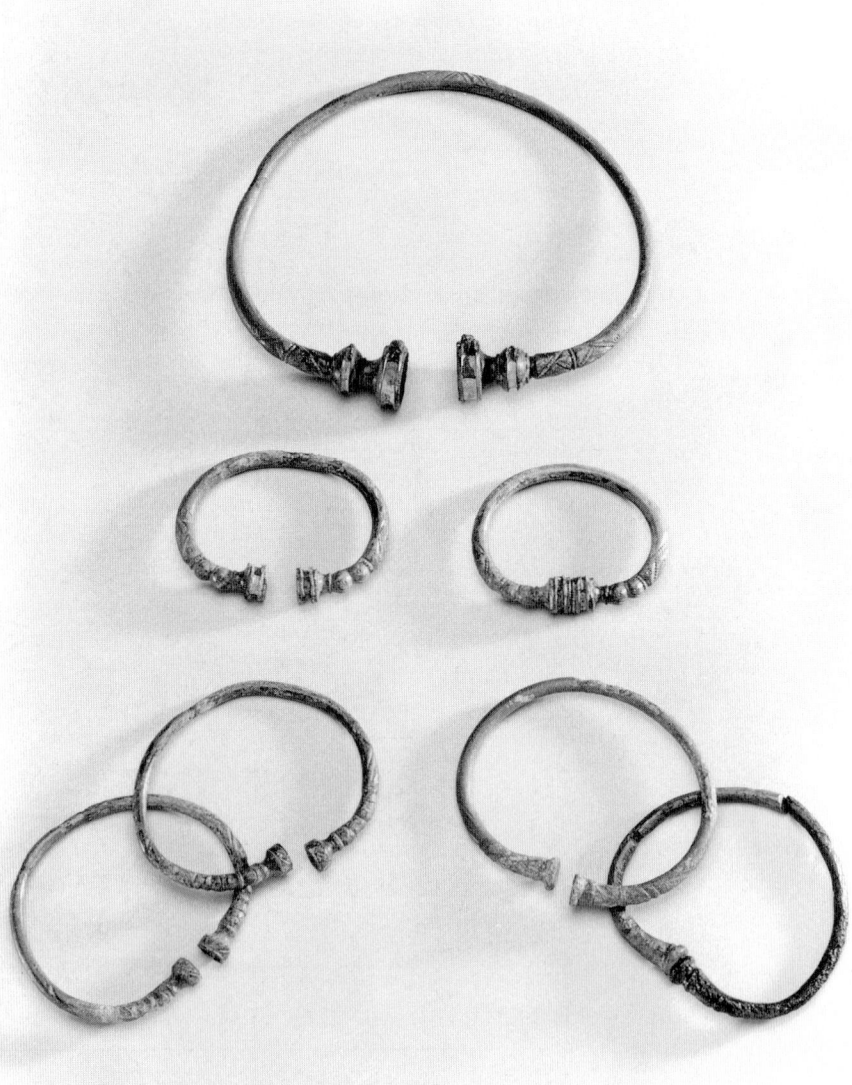

ABB. 279: KAT.-NR. 20.

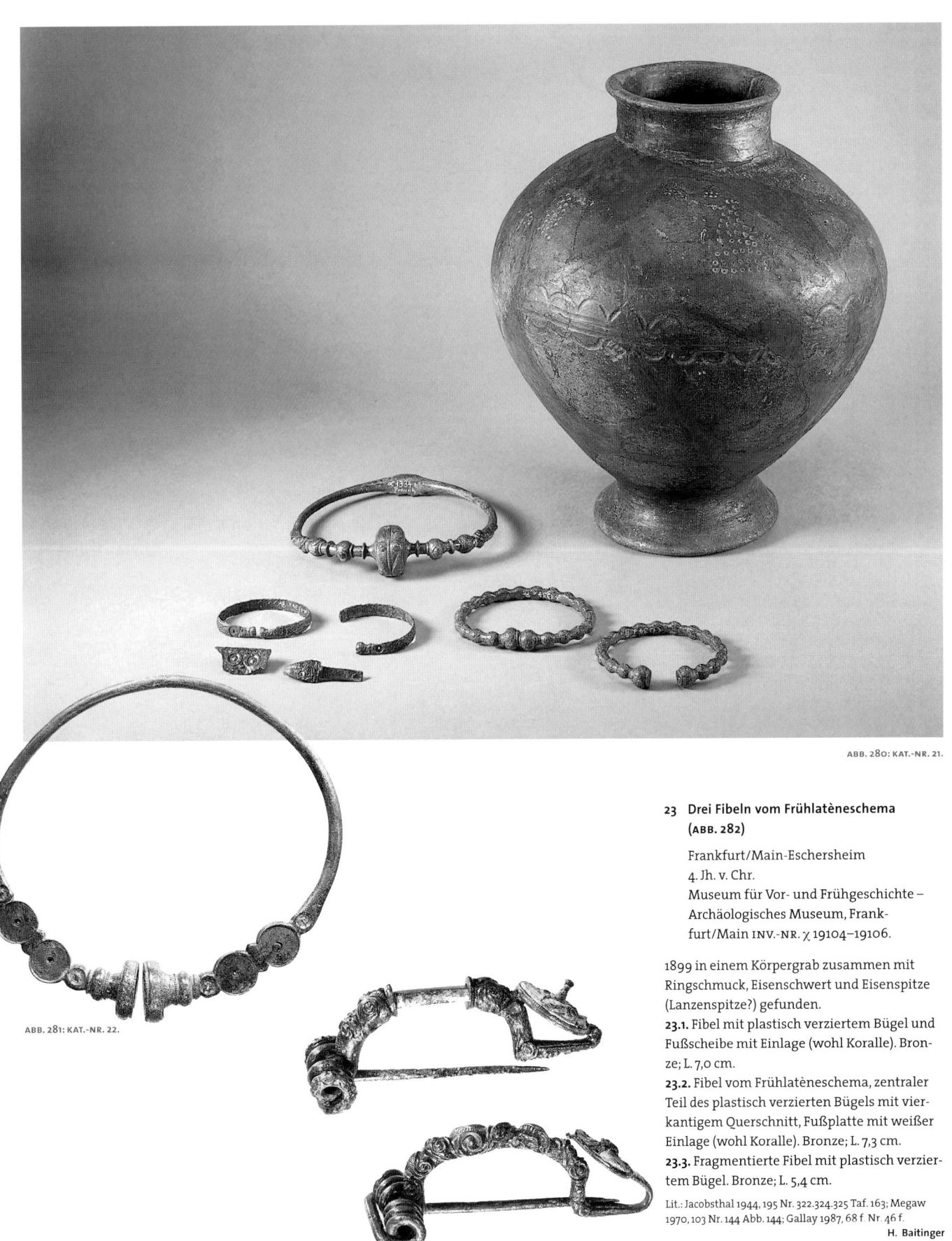

ABB. 280: KAT.-NR. 21.

ABB. 281: KAT.-NR. 22.

ABB. 282: KAT.-NR. 23.

23 Drei Fibeln vom Frühlatèneschema (ABB. 282)

Frankfurt/Main-Eschersheim
4. Jh. v. Chr.
Museum für Vor- und Frühgeschichte –
Archäologisches Museum, Frankfurt/Main INV.-NR. χ 19104–19106.

1899 in einem Körpergrab zusammen mit Ringschmuck, Eisenschwert und Eisenspitze (Lanzenspitze?) gefunden.
23.1. Fibel mit plastisch verziertem Bügel und Fußscheibe mit Einlage (wohl Koralle). Bronze; L. 7,0 cm.
23.2. Fibel vom Frühlatèneschema, zentraler Teil des plastisch verzierten Bügels mit vierkantigem Querschnitt, Fußplatte mit weißer Einlage (wohl Koralle). Bronze; L. 7,3 cm.
23.3. Fragmentierte Fibel mit plastisch verziertem Bügel. Bronze; L. 5,4 cm.

Lit.: Jacobsthal 1944, 195 Nr. 322.324.325 Taf. 163; Megaw 1970, 103 Nr. 144 Abb. 144; Gallay 1987, 68 f. Nr. 46 f.
H. Baitinger

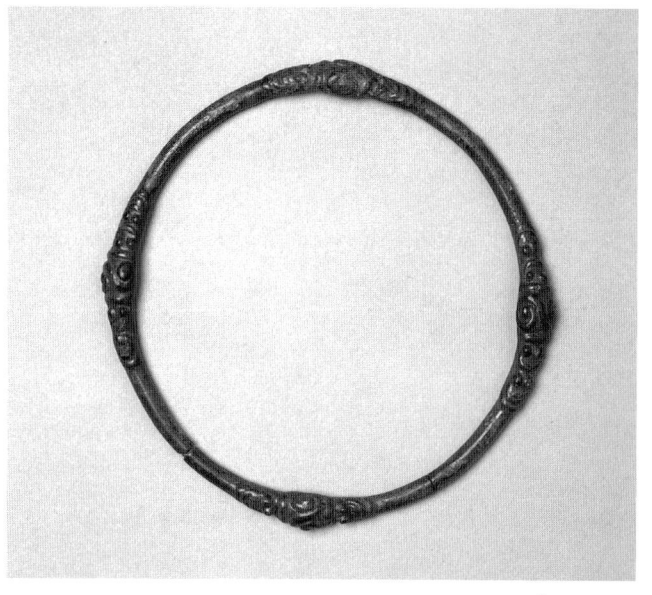

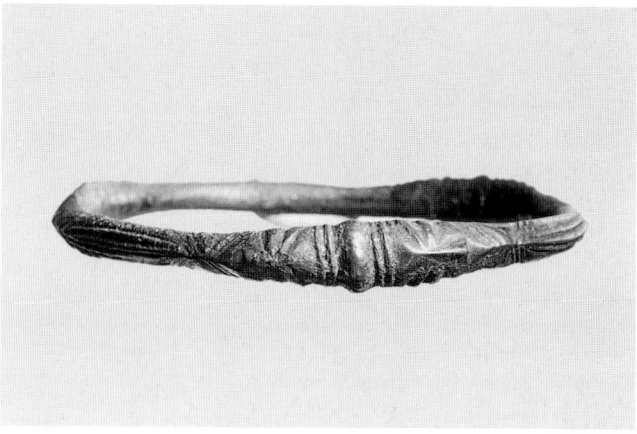

ABB. 284: KAT.-NR. 25.

ABB. 283: KAT.-NR. 24.

24 Plastisch verzierter Halsring (ABB. 283)

Fundort unbekannt
4. Jh. v. Chr.
Bronze; Dm. 15,4 cm.
Museum Wiesbaden, Sammlung Nassauischer Altertümer INV.-NR. 1838.

Rundstabiger Halsring mit einsetzbarem Verschluss-Stück und vier knotenförmigen, plastisch verzierten Verdickungen.

Lit.: AuhV 1,6 (Mainz 1858) Taf. 3,3.   H. Baitinger

25 Armring mit Maskendarstellung (ABB. 284)

Frankfurt/Main-Oberrad, Waldfriedhof
4. Jh. v. Chr.
Bronze; Dm. 6,6 cm.
Museum für Vor- und Frühgeschichte –
Archäologisches Museum, Frank-
furt/Main INV.-NR. α 13650.

Aus einem Körpergrab. Ring mit dreieckigem
Querschnitt und drei quer gestellten Wülsten,
die von gegenständigen Maskenpaaren umgeben werden.

Lit.: K. Woelcke, Bronze-Armreif der Frühlatènezeit, Waldfriedhof, auf dem Teller. Mus. Heim. Vor- u. Frühgesch. 2,
1938, 32 f.; Megaw 1967, 55 Taf. 11,1.   H. Baitinger

26 Fibel mit Maskendarstellung (ABB. 285)

Groß-Gerau-Wallerstädten,
Kr. Groß-Gerau
450–370 v. Chr.
Bronze; L. 8,7 cm.
Hessisches Landesmuseum Darmstadt
INV.-NR. A 1962:15.

Lesefund, wohl aus einem verschleiften Grabhügel. Maskenfibel mit anthropomorpher Fußzier und breitovalem Blechbügel mit durchbrochenem, fragmentarisch erhaltenem Mittelgrat.

Lit.: Fundber. Hessen 3, 1963, 134 Abb. 6; Binding 1993, 194
Nr. 198 Taf. 3,1.   H. Baitinger

27 Gürtelhaken mit Maskendarstellung (ABB. 286)

Gießen, „Trieb", Grabhügel 1 (1903)
450–370 v. Chr.
Bronze; L. 6,0 cm.
Oberhessisches Museum Gießen
INV.-NR. 19627 (alt).

Frühlatènezeitliche Nachbestattung in bron-
zezeitlichem Hügel. Neben zwei bronzenen
Hohlringen und der Randscherbe einer Schale
fand sich in diesem Grab ein Gürtelhaken mit
rechteckigem Beschlagblech, das auf älteren
Zeichnungen noch vorhanden ist, heute aber
fehlt. Das Hakenende ist als anthropomorphe Maske gestaltet.

Lit.: Kunkel 1926, 210 Abb. 195,10; 213 Nr. 60;
Polenz 1976, 198 Abb. 1,1; 207 Nr. 10 Taf. 6,14.
H. Baitinger

28 Tongefäß aus dem Marne-Gebiet (ABB. 39)

Langenselbold, Main-Kinzig-Kreis, Grab 7
450–370 v. Chr.
Ton; H. 28,5 cm.
Museum Schloss Steinheim, Hanau
INV.-NR. A 8029.

In den letzten Jahren vor dem II. Weltkrieg
wurden in Langenselbold einige frühlatènezeitliche Gräber aufgedeckt. Aus Grab 7
stammt ein dünnwandiges Gefäß mit Trich-
terrand, scharf abgesetzter Schrägschulter
und kleinem Fuß mit Standring. Das Oberteil
ist mit einem dreizonigen Schachbrettmuster
verziert. Dabei lagen ein eiserner Henkel und
kalzinierte Knochenstücke. Das Gefäß stammt
aus der Champagne.

Lit.: H. Müller-Karpe, Hessische Funde von der Altsteinzeit
bis zum frühen Mittelalter. Schr. Urgesch. 2 (Marburg
1949) 52 f. Abb. 24,1; W. Dehn in: G. Behrens/J. Werner
(Hrsg.), Reinecke-Festschr. (Mainz 1950) 37 Abb. 3,21; 42
Nr. 21.   H. Baitinger

ABB. 286: KAT.-NR. 27.

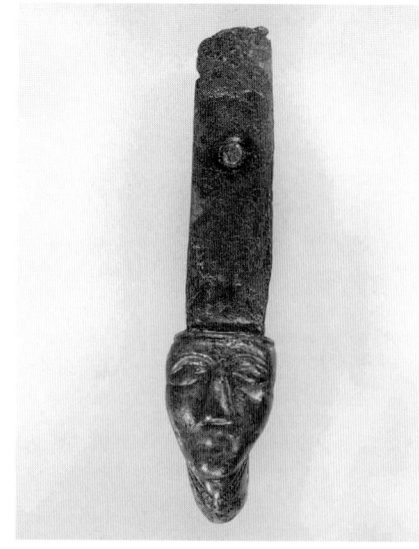

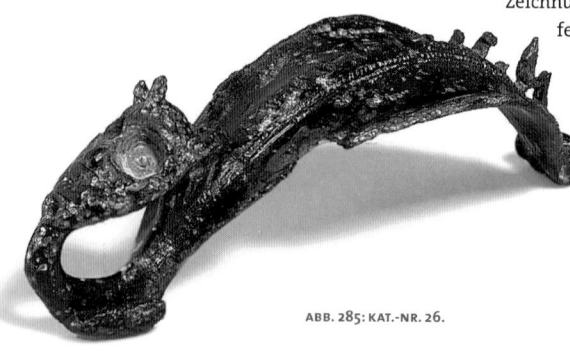

ABB. 285: KAT.-NR. 26.

29 Kleiner Goldohrring (ABB. 151)

Gießen, „Trieb", Grabhügel 2 (1908)
5. Jh. v. Chr.
Gold; Dm. 1,0 cm.
Oberhessisches Museum Gießen
INV.-NR. OM 1012.

Körperbestattung eines Kriegers. Das Inventar
bestand ursprünglich aus einem bronzenen
Halsring, einem eisernen Schwert mit Eisenscheide und bronzenem Ortband, einer eisernen Lanzenspitze, den Resten eines eisernen
Gürtelhakens, einem eisernen Armring, einem mit Bronzeblech überzogenen eisernen
Hohlring sowie einem kleinen Ohrring aus
geripptem Golddraht, der allein heute noch
erhalten ist.

Lit.: Kunkel 1926, 210 Abb. 195,3; 212 Nr. 60; Polenz 1976, 207
Nr. 10 Taf. 5,1.   H. Baitinger

30 Grabfund mit Bronzegefäßen (ABB. 38)

Wiesbaden, „Fasanerie", Hügel 7/1817
5. Jh. v. Chr.
Museum Wiesbaden, Sammlung Nassauischer Altertümer INV.-NR. 1938/66[1–2].

Im Jahre 1817 führte W. Dorow Ausgrabungen
in Hügel 7 (= Hügel g) bei der „Fasanerie"
durch und fand dabei neben einem bronzezeitlichen Hauptgrab auch eine Nachbestattung der frühen Latènezeit.

30.1. Etruskische Schnabelkanne, Henkel mit
Schlangenattasche und elfblättriger Palmette,
die Auflagearme enden in Knospen. Bronze;
H. ergänzt 28,5 cm.

30.2. Bauchiger Kessel mit einbiegendem
Rand. Unterhalb des Rands an zwei einander
gegenüberliegenden Stellen drei bzw. vier
Nietlöcher zur Befestigung der Henkelatta-
schen. Große Flickbleche am Boden. Bronze;
H. 17,0 cm, Rdm. 30,8–32,2 cm.

Lit.: W. Dorow, Opferstätte und Grabhügel der Germanen
und Römer am Rhein[2] (Wiesbaden 1826) 1. Abt. 15 ff. Taf. 5;
Jockenhövel 1995b, 128 Abb. 3; Vorlauf 1997, Kat. 31 Nr. 33
Taf. 6,33.   H. Baitinger

31 Ausstattung eines Wagengrabs (ABB. 287)

Langenscheid („Horhausen"),
Rhein-Lahn-Kreis
475–450 v. Chr.
Museum Wiesbaden, Sammlung Nassauischer Altertümer.

Das im Jahre 1895 annähernd komplett gebor-
gene Inventar aus einem Hügelgrab, das unter
dem falschen Fundort Horhausen bekannt ist,
gehört zur gehobenen Kategorie frühlatènezeitlicher Prunkbestattungen. In der Kombination von Schnabelkanne, Goldgegenstän-
den (Arm- und Fingerring) und Wagen ist es
mit linksrheinischen Frauen- und Männergräbern vergleichbar und datiert in eine Frühphase von Latène A (2. Viertel des 5. Jhs.
v. Chr.).
Der mit zahlreichen Bronzeteilen ausgestattete Wagen ist in einer linksrheinischen Werkstatt oder einem Werkstattverbund hergestellt worden. Über die Schnabelkanne und
Goldringtypen bestehen enge verwandt-
schaftliche oder wirtschaftliche Beziehungen
zu Gräbern von Dörth (Hunsrück) und Besse-

ABB. 287: KAT.-NR. 31.

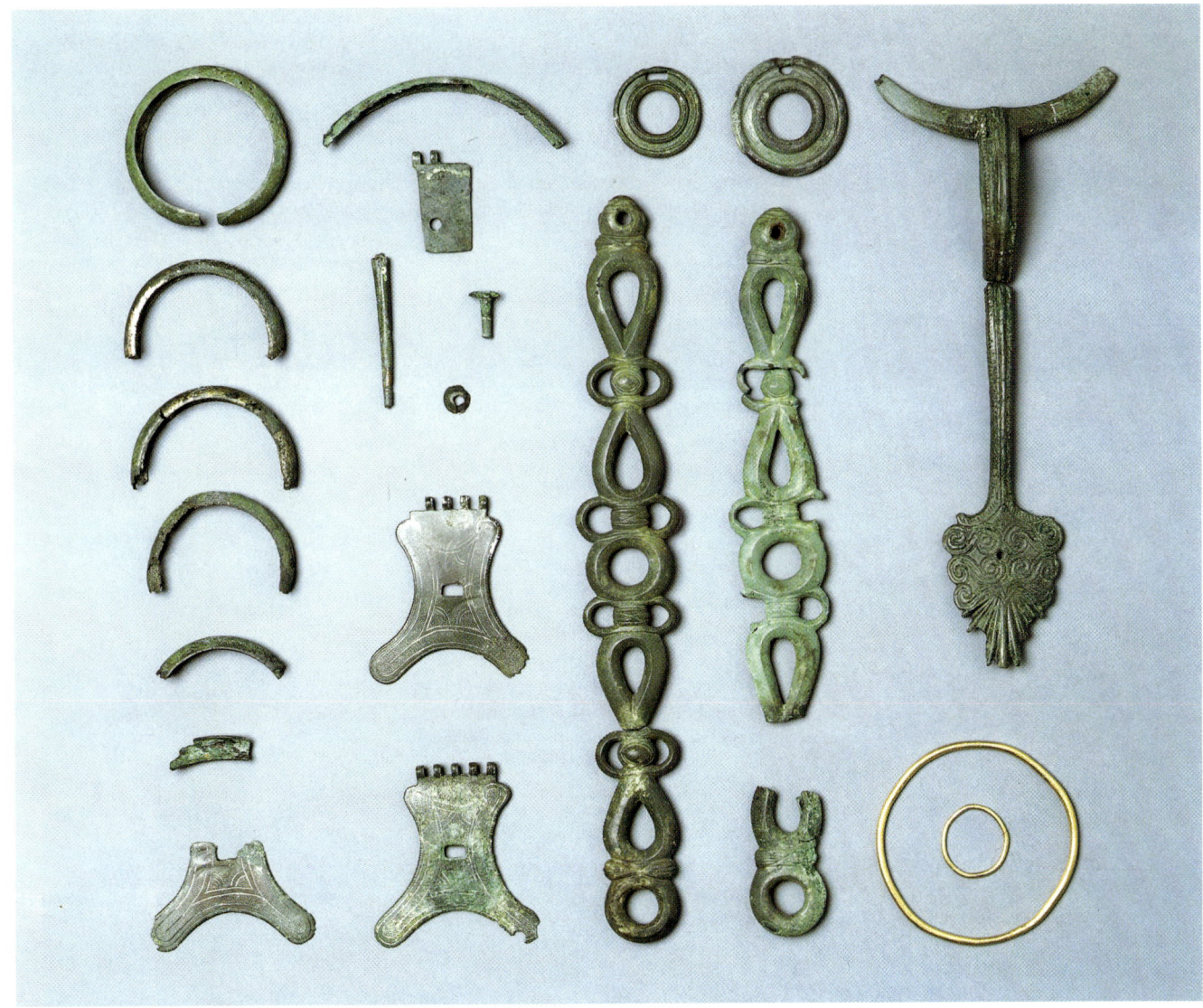

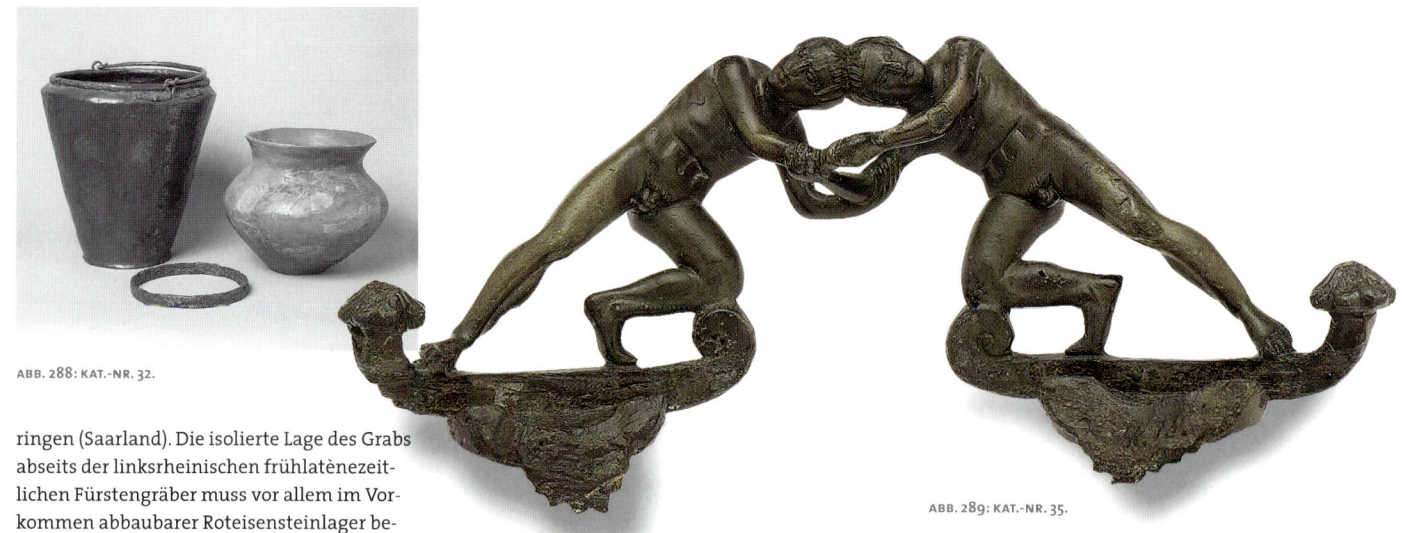

ABB. 288: KAT.-NR. 32.

ABB. 289: KAT.-NR. 35.

ringen (Saarland). Die isolierte Lage des Grabs
abseits der linksrheinischen frühlatènezeitlichen Fürstengräber muss vor allem im Vorkommen abbaubarer Roteisensteinlager begründet gewesen sein.

31.1. Arm- und Fingerring. Die glatten, massiven Ringe wurden getrieben und zusammengefügt. Gold; Dm. 7,9 u. 2,7 cm.

31.2. Henkel einer Schnabelkanne. Als Produkt
Vulcenter Werkstätten gehört der Henkel mit
S-Spiralenattasche, Motiv 3 (nach Vorlauf), zu
einer Kanne, die bislang erst dreimal nordwärts der Alpen belegt ist. Bronze; L. noch
18,8 cm.

31.3. Zwei Ösenstifte vom Wagen. Die als Dop-
pelösenstifte, mit Halterung am kleineren
Ringende, durchbrochen gearbeiteten Exemplare sind mit Rippen, Rillen und Kerbreihen
verziert. Bronze; L. 28,2 u. 28,6 cm.

31.4. Zwei Scharniere und das Fragment eines
dritten. Die Funktion der rillen- und punzverzierten Stücke ist unbekannt. Bronze; L. bis
7,3 cm.

31.5. Weitere bronzene Beschlagteile vom Wagen.

Lit.: H. Müller-Karpe, Das Fürstengrab von Horhausen bei
Holzappel (Lahn). In: ders., Hessische Funde von der Altsteinzeit bis zum frühen Mittelalter. Schr. Urgesch. 2 (Marburg 1949) 46–50; H.-E. Joachim, Das frühlatènezeitliche
Fürstengrab von Langenscheid, Rhein-Lahn-Kreis. In: H.-
H. Wegner (Hrsg.), Berichte zur Archäologie an Mittelrhein und Mosel. Trierer Zeitschr. Beih. (in Vorbereitung).

H.-E. Joachim

32 Ausstattung eines Wagengrabs (ABB. 288)

Heidenrod-Laufenselden,
Rheingau-Taunus-Kreis
5. Jh. v. Chr.
Museum Wiesbaden, Sammlung Nassauischer Altertümer INV.-NR. 15881[1-3].

Aus einem gegen Ende des 19. Jahrhunderts
unsachgemäß geöffneten Hügel wurden die
folgenden, wahrscheinlich aus einem einzigen Grab stammenden Funde geborgen:
32.1. Stark fragmentierte Situla vom rheinisch-
tessinischen Typ. Der Rand ist um einen eisernen Ring gebördelt. Bronze; H. 25,9 cm.
32.2. Nabenring mit abgeschrägter Außenkan-
te, von einem zweirädrigen Wagen. Eisen;
Dm. 15,5 cm.

32.3. Gefäß, verziert mit hängenden Dreiecken
auf der Schulter. Ton; H. 18 cm.

Lit.: H. Polenz, Der Grabfund mit Situla von Laufenselden,
Gemeinde Heidenrod, Untertaunuskreis (Hessen). Fundber. Hessen 13, 1973 (1975) 127–160; Möller 1997.

H. Baitinger

SPUREN FÜRSTLICHER GRABFUNDE

33 Spiegel mit figürlichem Griff (ABB. 37)

Hochheim am Main, Main-Taunus-Kreis
4. Jh. v. Chr.
Bronze; Dm. Scheibe 12,5 cm.
Stadt Hochheim am Main.

Der 1932 als Einzelfund gehobene Spiegel
dürfte ursprünglich zur Ausstattung eines
Fürstengrabs gehört haben. Die unverzierte
Bronzescheibe wird von einer janusköpfigen
Figur gehalten. Die Figur ist aus mehreren Teilen zusammengesetzt und bildete das Verbin-
dungsstück zum nicht erhaltenen Griff aus
vergänglichem Material.

Lit.: K. Wurm, Eine stilkritische Untersuchung über den
frühkeltischen Bronzespiegel von Hochheim am Main
(Main-Taunus-Kreis). Fundber. Hessen 12, 1972 (1974)
230–251; F.-R. Herrmann/K. Wurm, Der frühkeltische Bronzespiegel von Hochheim am Main, Main-Taunus-Kreis.
Arch. Denkmäler Hessen 38 (Wiesbaden 1983) (mit älterer
Lit.).

H. Baitinger

34 Beschläge eines Trinkhorns (ABB. 36)

Groß-Rohrheim, Kr. Bergstraße
450–370 v. Chr.
Gold, Bronze, Koralle.
Hessisches Landesmuseum Darmstadt
INV.-NR. A 1963:51.

Im Jahre 1957 ohne nähere Fundbeobachtungen bei Kanalisationsarbeiten im Bereich einer dünenartigen, das Gelände beherrschen-
den Anhöhe geborgen. Vielleicht handelt es
sich um einen Großgrabhügel, der über einem

frühlatènezeitlichen Fürstengrab aufgeschüttet worden ist.

34.1. Eineinhalb Bronzeringe mit Goldblech-
auflage und eingelegter Koralle mit Astragal-
verzierung. Nach einer Seite hin bildet das
Goldblech eine Borte aus Halbkreisbögen und
einer umlaufenden Reihe von Perlbuckeln.
Dm. 6,1 u. 5,2 cm.
34.2. Endknopf des Trinkhorns: Goldblech-
rosette (Dm. 2,3 cm) mit Perlbuckelreihe und
Halbkreisbogenkante, im Mittelpunkt ein
Korallenknopf mit goldenem Zierbuckel und
zierlichem, geperltem Golddraht. Dm. 1,55 cm.
34.3. Goldblechknopf mit Halbkreisbogenkante. Zierteil der Aufhängung oder eines
zweiten Trinkhorns? Dm. 1,8 cm.

Lit.: W. Jorns, Fundber. Hessen 4, 1964, 187 ff. Abb. 4–7; ders.,
Ein frühlatènezeitlicher Trinkhornbeschlag von Groß-
Rohrheim, Kreis Bergstraße. Jahresschr. Mitteldt. Vorgesch.
50, 1966, 223–226; Herrmann/Jockenhövel 1990, 390 f.
Taf. 20.

H. Baitinger

35 Griff eines etruskischen Beckens
(ABB. 289)

Nidda-Borsdorf, Wetteraukreis
Ende des 5. Jhs. v. Chr.
Bronze; B. 24,5 cm.
Hessisches Landesmuseum Darmstadt
INV.-NR. A.K. 18.

Um 1855 zwischen Nidda und Borsdorf ausge-
pflügt. Vermutlich stammt der Henkel aus
einem Fürstengrab der frühen Latènezeit, das
möglicherweise mit dem rund 13 km entfernten Glauberg in Verbindung gebracht werden
kann.
Der Henkel ist in Form zweier gegeneinander
gelehnter Ringer gestaltet. Jeder Kämpfer
steht auf einer aus zwei Voluten gebildeten
Bogenattasche, die nach unten hin mit einer
Palmette abschließt.

Lit.: Kimmig 1990; M. Menke, Borsdorf – Filottrano – Waldalgesheim. Germania 69/2, 1991, 389–399.

H. Baitinger

36 Depotfund mit Zierscheiben (ABB. 290)

Hofheim-Langenhain,
Main-Taunus-Kreis, „Am Bahnholz"
450–400 v. Chr.
Bronze; Dm. 6,1–20,2 cm.
Museum Wiesbaden, Sammlung Nassau-
ischer Altertümer
INV.-NR. 17886–17912 u. 18181–18182.

Größter geschlossener Fund frühlatènezeitlicher Zierscheiben in Mitteleuropa, im De-
zember 1904 auf einer Waldwiese nahe einer
steilen Schlucht in 0,3 bis 0,5 m Tiefe entdeckt.
Die 28 Scheiben – sehr wahrscheinlich Teile
vom Pferdegeschirr – waren zu drei bis vier
Paketen gebündelt und ursprünglich mit
Eisendraht und -stiften zusammengehalten.
Sie lassen sich in fünf Gruppen gliedern:
36.1. Eine größere und vier kleinere Scheiben
mit Durchbruchornamentik. Dm. 20,2 u.
10,9–13,8 cm.
36.2. Zwei Scheiben mit plastisch herausgearbeiteten Verzierungen und eingedelltem
Mittelbuckel. Dm. 18,6–18,8 cm.
36.3. Sechs kleine Scheiben mit Drehrillen,
Mittelloch und flachem Rücken.
Dm. 7,7–8,4 cm.
36.4. Neun kleine Scheiben mit Drehrillen,
Mittelloch und Rückenöse(n). Dm. 6,1–6,6 cm.
36.5. Sechs unverzierte Scheiben, Halbfabrika-
te. Dm. 10,5–12,7 cm.
36.6. Neben den Zierscheiben fand sich ein
Gusskuchen. Dm. 9,5 cm, Gew. 629 g.

Lit.: E. Ritterling, Ein Bronzedepotfund aus dem Taunus.
Nassau. Ann. 37, 1907, 245–257; B. Pinsker, Alles für's Pferd?
Der Phalerenfund von Hofheim-Langenhain, Main-Taunus-Kreis. In: 200 000 Jahre Kultur und Geschichte in Nassau (Wiesbaden 1993) 57–76.

H. Baitinger

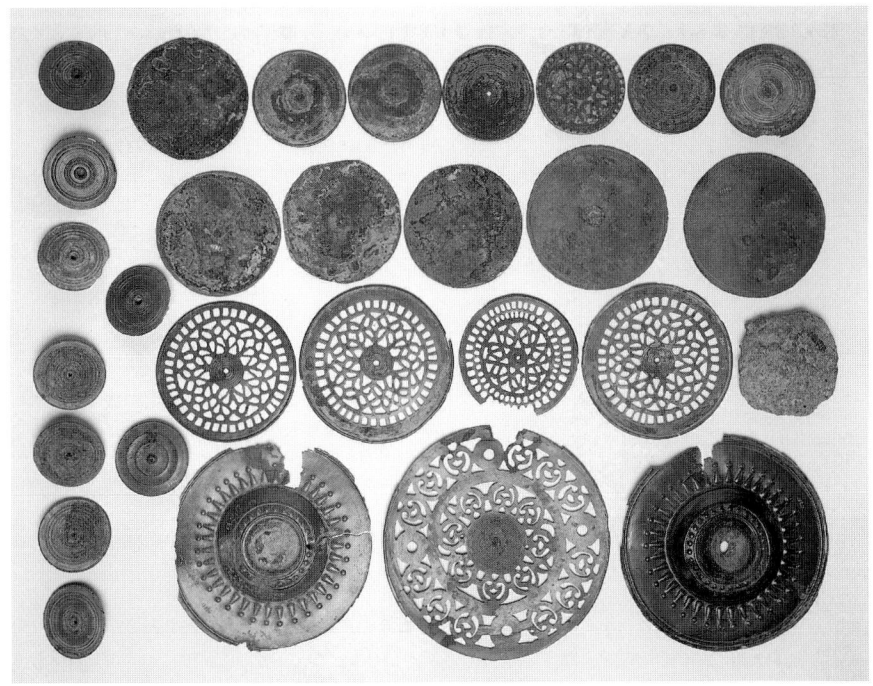

ABB. 290: KAT.-NR. 36.

ABB. 291: KAT.-NR. 37.

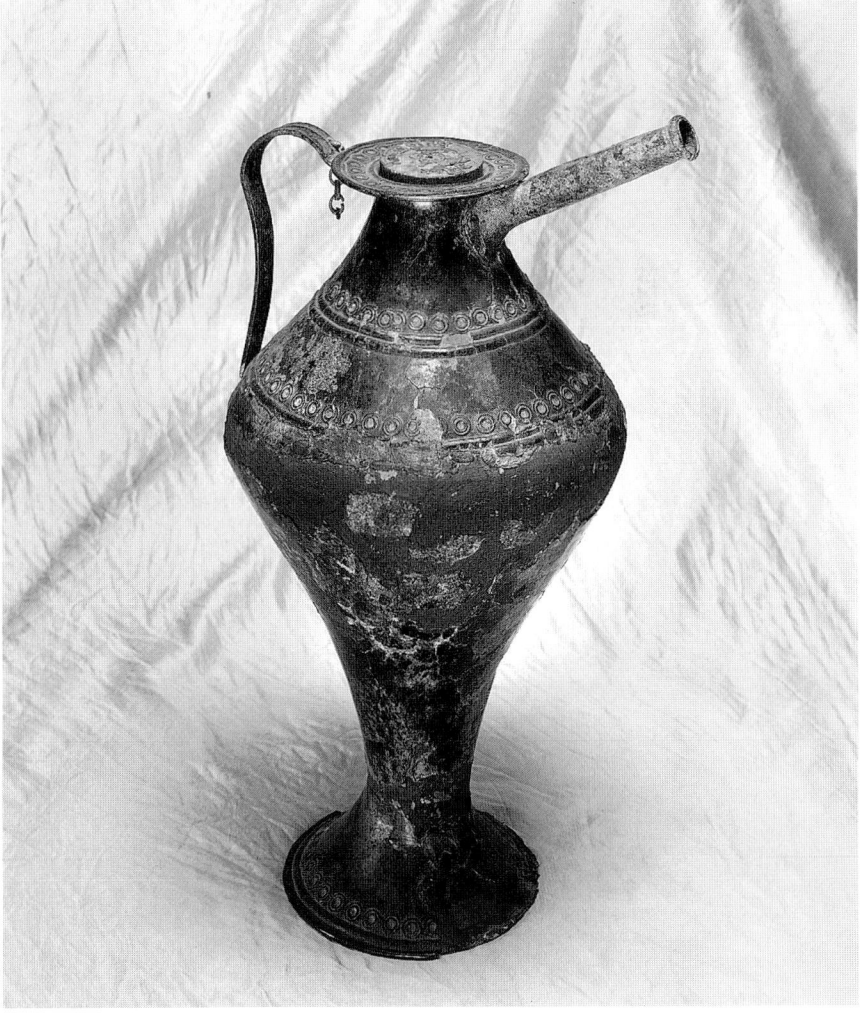

Frühkeltische Fürstengräber und Kleinkunst

RÖHRENKANNEN

37 Kanne mit Röhrenausguss (ABB. 291)

Saint-Jean-sur-Tourbe, Dép. Marne,
Frankreich, „Le Catillon" Grab 83
4. Jh. v. Chr.
Bronze; H. 33 cm.
Musée des Antiquités Nationales Saint-
Germain-en-Laye INV.-NR. 27.357.

1868 aus einem Kriegergrab geborgen. Schlanke Kanne mit zweiteiligem Gefäßkörper. Am
bandförmigen Henkel ist ein Kettchen eingehängt, das einst mit einem hölzernen, von
Bronzeblech überzogenen Deckel verbunden
war. Doppelrippen und eingepunzte Kreisau-
genreihen zieren Fuß und Schulter, auf der
Mündung sitzen weitere Kreisaugen.

Lit.: Jacobsthal 1944, 202 Nr. 389 Taf. 193; Bretz-Mahler
1971, 214 f. Taf. 170; 171; Kat. Wien 46 f. Nr. 83.

H. Baitinger

38 Kanne mit Röhrenausguss (ABB. 292)

Aus der „Rheinpfalz"
Um 400 v. Chr.
Bronze; H. ca. 31 cm.
Germanisches Nationalmuseum Nürn-
berg INV.-NR. R 343.

1867 aus Privatbesitz erworben und wohl zwischen 1818 und 1826 in der Rheinpfalz bei Stra-
ßenbauarbeiten gefunden. Die unverzierte
Kanne ist aus mehreren Teilen zusammengesetzt. Der bauchige Gefäßkörper besteht aus
zwei Stücken, die durch ein Blechband zusammengehalten werden.

Lit.: Jacobsthal 1944, 202 Nr. 388 Taf. 189; P. Reinecke, Eine
Bronzekanne der Frühlatènezeit aus der Pfalz. Pfälzer Heimat 8, 1957, 81–84; Kimmig 1983c, 42 Taf. 4,2a–b.

H. Baitinger

39 Röhrenkanne mit Bronzebeschlägen (ABB. 293)

Hallein, VB Hallein, Österreich, Dürrnberg,
Grab 44/2, Moserstein
400–350 v. Chr.
Bronze; H. 22,5 cm, Rdm. 9,4 cm.
Römisch-Germanisches Zentralmuseum
Mainz (Kopie).

Rekonstruiert z. T. nach Vorbild der hölzernen
Kanne aus Arbedo-Molinazzo Grab 71 (Ticino).
Die Gefäßform ist durch den kleinen Henkelbeschlag, der einen Doppelhenkel voraussetzt,
einen Randbeschlag mit Schieber und Kettchen für den Deckel, den Fußbeschlag, aber
auch durch die Krümmung des zentralen getriebenen Beschlags, der einen bärtigen
männlichen Kopf darstellt (L. 8,2 cm), sowie
durch die beiden großen Fischblasen vorbe-
stimmt. Die Blechbeschläge sind mit eingravierten Linien und eingepunzten Strichen verziert.

Lit.: Penninger 1972, 80 Nr. 36–46 Taf. 48; 113,1–3; Kat. Hallein 227 f. Nr. 35.　　　　　　　　K. W. Zeller

ABB. 292: KAT.-NR. 38.

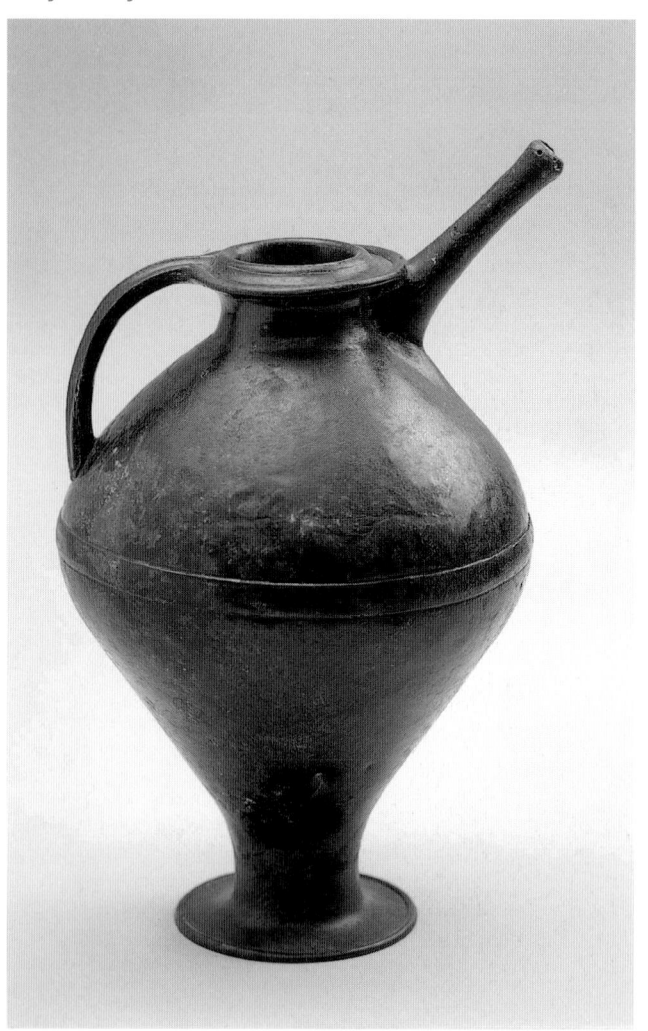

ABB. 293: KAT.-NR. 39.

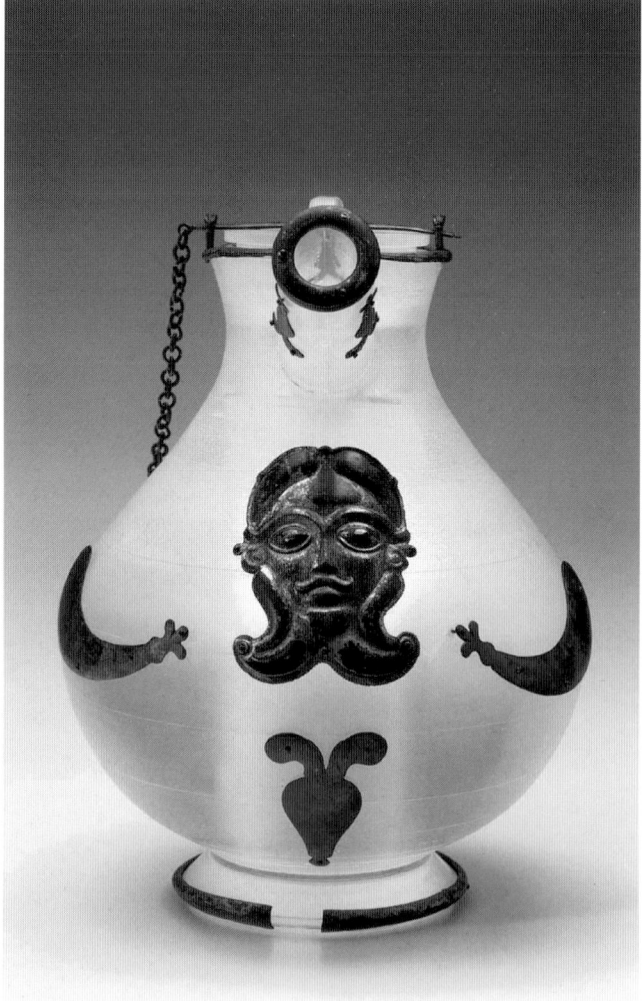

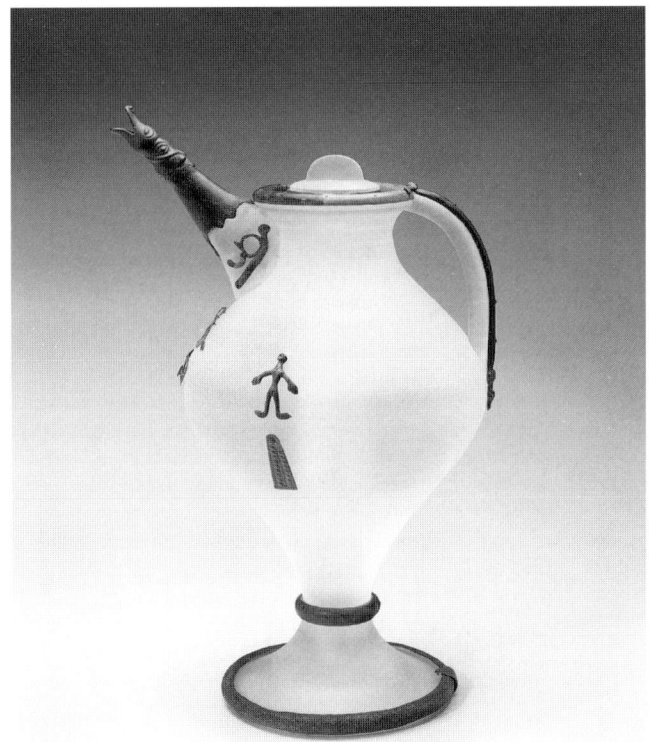

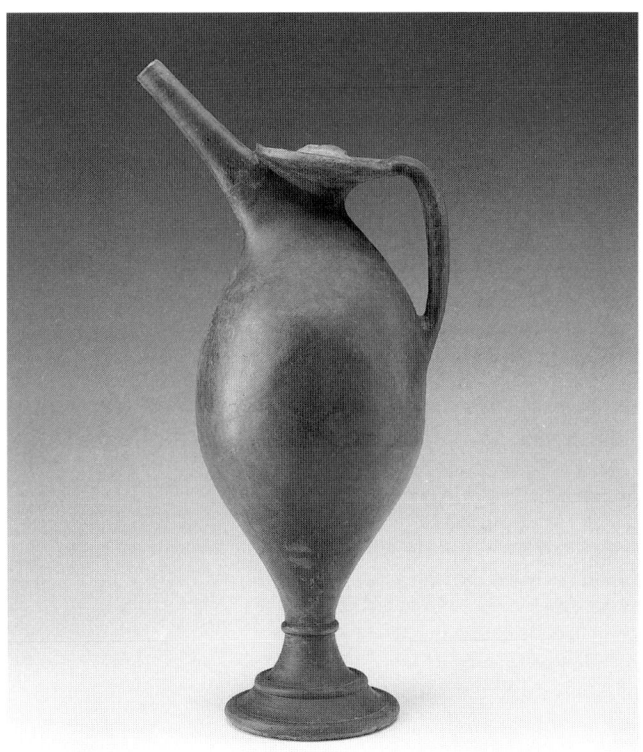

ABB. 294: KAT.-NR. 40.

ABB. 295: KAT.-NR. 41.

**40 Röhrenkanne mit Bronzebeschlägen
(ABB. 294)**

Hallein, VB Hallein, Österreich, Dürrnberg,
Grab 46/2, Moserstein
330–300 v. Chr.
Bronze; H. 39,3 cm, Rdm. 12,3 cm.
Römisch-Germanisches Zentralmuseum
Mainz (Kopie).

Die Grundform dieser Kanne entspricht im
Wesentlichen den Bronzekannen von Reinheim, Waldalgesheim etc. Erstaunlicherweise
sind die Maße des Mündungsrands und des
Deckels nahezu identisch mit jenen der töner-
nen Röhrenkanne aus Grab 183/2. Der Nei-
gungswinkel des Röhrenausgusses (schwere
Tülle mit Krokodilskopf) ist ebenso annähernd derselbe und konnte obendrein durch

die beiden inzwischen rekonstruierten durchbrochenen Beschläge, die seitlich am (hölzernen) Ausguss montiert wurden, bestätigt werden. Die Gefäßhöhe ist durch einen langen
Henkelbeschlag mit massiver Attasche in
Tierkopfform sowie die beiden ringförmigen
Beschläge des Standfußes weitgehend vorbe-
stimmt.
Die Anordnung der beiden Appliken in Men-
schengestalt (eine weist männliche bzw.
weibliche Geschlechtsmerkmale auf, die
zweite ist hingegen „geschlechtslos") und der
zwei durchbrochenen Beschläge richtet sich
nach der Gefäßwölbung. Die Montage der beiden buckelverzierten Klapperbleche (die ohnehin nicht dem Charakter des Gefäßes entsprechen) erfolgte mangels geeigneter Vorga-
ben nach Gutdünken.

Lit.: Penninger 1972, 83 Nr. 21–37 Taf. 50 C; 52; 109 B;
110,1.2.5; Kat. Hallein 269 f. Nr. 138. K. W. Zeller

41 Röhrenkanne (ABB. 295)

Hallein, VB Hallein, Österreich, Dürrnberg,
Grab 183/2, Hinterramsau (Kranzbichl)
330–310 v. Chr.
Ton; H. 48,1 cm, Rdm. 12,2 cm.
Keltenmuseum Hallein (Kopie).

Röhrenkanne mit Deckel aus grauschwarzem
Ton. Standfuß mit zwei Ringwülsten, schlanker langovaler Gefäßkörper, gerundeter Band-
henkel und steil ausbiegender Röhrenausguss,
Deckelverzierung ausgebrochen.

Lit.: J.-W. Neugebauer, Fundber. Österreich 19, 1980, 468 ff.
K. W. Zeller

FRÜHKELTISCHE KLEINKUNST

42 Menschengestaltige Fibel (ABB.296)

Manětín-Hrádek, Bez. Plzeň-sever, Tsche-
chische Republik, Grab 74
4. Jh. v. Chr.
Bronze, Bernstein; L. 8,7 cm.
Národní Muzeum Praha, Abteilung für
Ur- und Frühgeschichte INV.-NR. 250 328.

Grabfund, wahrscheinlich Körperbestattung.
Der Bügel ist in Form eines bekleideten Mannes mit Schnabelschuhen gestaltet; in runden Vertiefungen befanden sich Bernstein-
einlagen, die nur in Resten erhalten sind.

Lit.: E. Soudská, Das Grab mit Maskenfibel in Manětín-
Hrádek. Arch. Rozhledy 20, 1968, 451–469; Binding 1993,
228 Nr. 457 Taf. 10,2; E. Soudská, Die Anfänge der keltischen Zivilisation in Böhmen. Das Gräberfeld Manětín-
Hrádek (Praha 1994) 154 f. Abb. B 13,6. H. Baitinger

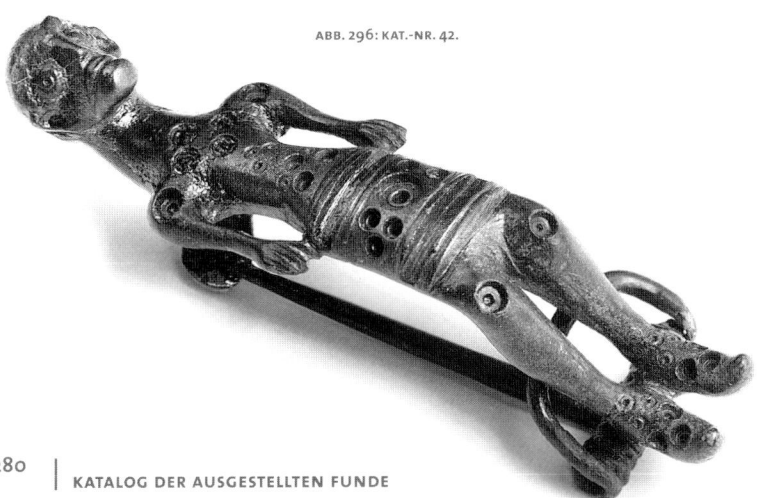

ABB. 296: KAT.-NR. 42.

43 Menschengestaltige Fibel (ABB. 297)

Hallein, VB Hallein, Österreich, Dürrnberg,
Grab 134, Eislfeld
410–370 v. Chr.
Bronze; L. 4,4 cm.
Keltenmuseum Hallein (Kopie).

Ein offensichtlich bärtiger Mann ist mit einer
bortenbestickten konischen Mütze(?) bedeckt.
Er trägt über einem hemdartigen Untergewand
mit V-förmigem Ausschnitt einen frackartigen,
eng anliegenden Mantel mit übereinander
geschlagenen Seitenteilen, dessen Stoßkanten
durch eine strichverzierte Leistenbordüre betont werden. Eine weite Hose mit Überwurf-
falten und wahrscheinlich Schnabelschuhe
ergänzen seine Bekleidung. Vierschleifige
Spirale mit kräftig profilierten Endknöpfen.

Lit.: K. W. Zeller in: Kat. Hallein 167 f. Abb. 11; 245 Nr. 74; Kat.
Rosenheim 324 ff. Nr. 410a; Binding 1993, 215 Nr. 361
Taf. 10,3.   **K. W. Zeller**

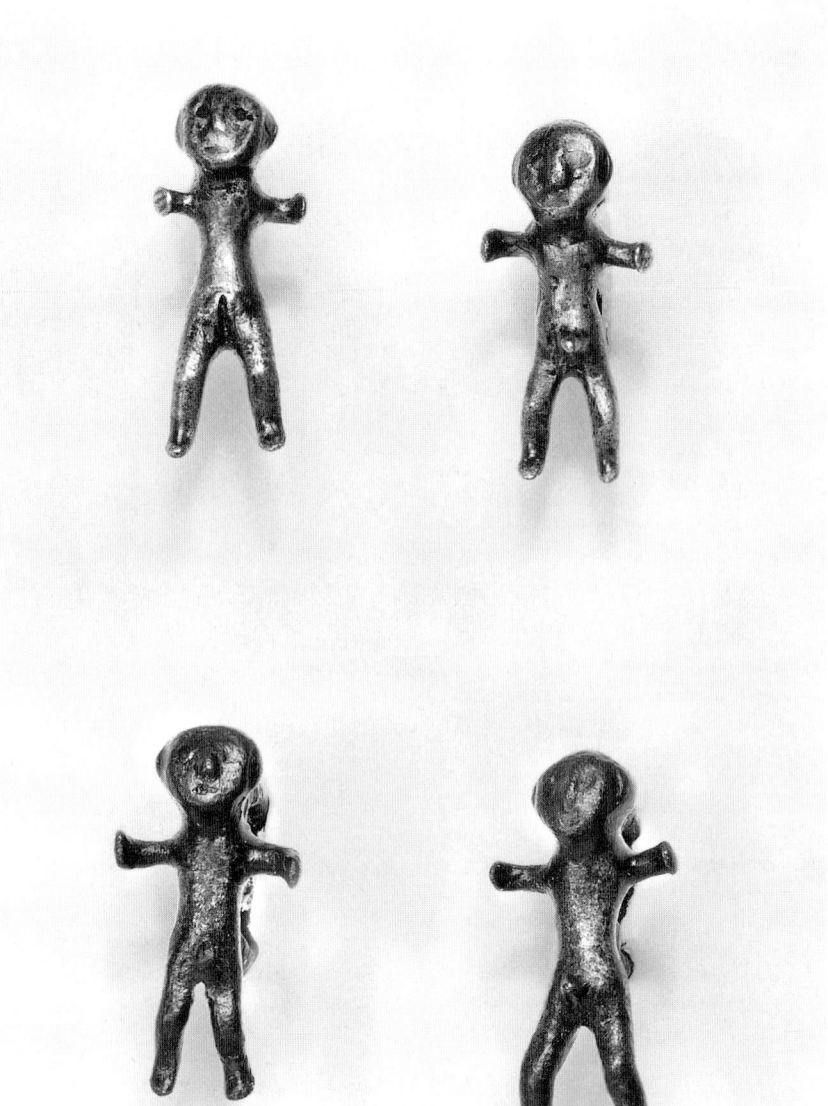

ABB. 299: KAT.-NR. 45.

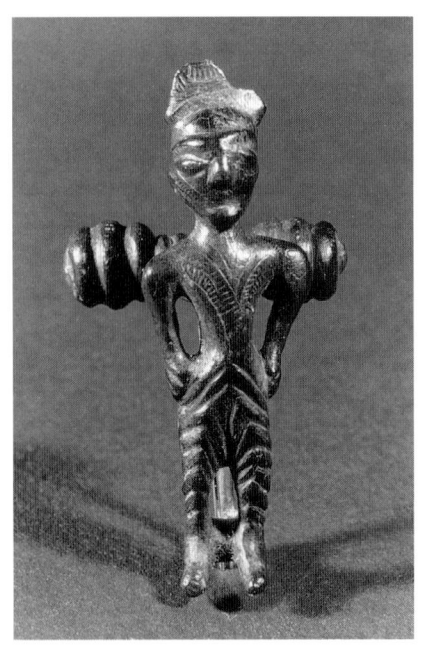

ABB. 297: KAT.-NR. 43.

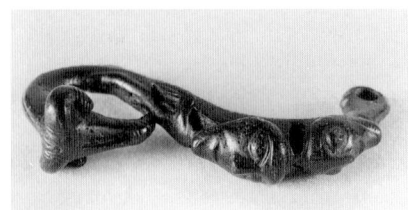

ABB. 298: KAT.-NR. 44.

44 Maskenfibel (ABB. 298)

Berlin-Niederschönhausen
450–370 v. Chr.
Bronze; L. 9,2 cm.
Staatliche Museen zu Berlin, Museum für
Vor- und Frühgeschichte INV.-NR. II 5653.

Einzelfund. Maskenfibel mit zwei gegenständigen Bügelmasken und einer Fußmaske in
Form eines Widderkopfes; der mittlere Kopf
sitzt auf einem stilisierten menschlichen Körper. Vertiefungen für heute ausgefallene Einlagen auf der Stirn des Widders und an den
beiden Seiten des Bügels.

Lit.: AuhV 3,9 (Mainz 1881) Taf. 1,5; Kat. Hallein 264 Nr. 120;
Binding 1993, 197 Nr. 219 Taf. 1,7.
                                                       H. Baitinger

45 Amulettfigürchen (ABB. 299)

Stuttgart-Uhlbach
4. Jh. v. Chr.
Bronze; H. 2,7–3,0 cm.
Württembergisches Landesmuseum
Stuttgart INV.-NR. A 3365.

Aus einem Grabhügel wurden 1821 ohne nähere Beobachtung u. a. vier menschliche Figür-
chen mit angegossener Ringöse am Rücken
geborgen; zwei davon sind weiblichen, zwei
männlichen Geschlechts.

Lit.: K. Bittel, Die Kelten in Württemberg. Röm.-Germ.
Forsch. 8 (Berlin, Leipzig 1934) 18 Nr. 38 Taf. 8,5.6; H. Zürn,
Die vor- und frühgeschichtlichen Geländedenkmale und
die mittelalterlichen Burgstellen des Stadtkreises Stutt-
gart und der Kreise Böblingen, Esslingen und Nürtingen.
Veröff. Staatl. Amt Denkmalpfl. Stuttgart A 1 (Stuttgart
1956) 11 f. Taf. 15,2–5; Kat. Rosenheim 175 Abb. 137; 333
Nr. 436.   **H. Baitinger**

46 Gürtelhaken mit figuraler Verzierung (ABB. 300)

Hölzelsau, VB Kufstein, Österreich
4. Jh. v. Chr.
Bronze; L. 16 cm.
Archäologische Staatssammlung München INV.-NR. 1966,787.

Der figurale Verzierungsbereich der Platte wird dominiert von zwei großen, gespiegelten S-Spiralen, an deren Ende jeweils Pferdeköpfe angebracht sind. Außen zwischen den Köpfen sind jeweils zwei Wasservögel eingefügt, am spitz-dreieckigen Ende findet man ein leierförmiges Element mit zwei weiteren kleinen Pferdeköpfen. Zentral zwischen den S-Spiralen ist eine stark stilisierte menschliche Figur dargestellt, die die Szene als Darstellung des Motivs der „Herrin der Tiere" entschlüsseln lässt. Neben den figürlichen Verzierungen befinden sich am Abschluss des Platte sowie auf dem Schieber jeweils Strichverzierungen, teilweise in Gruppen angeordnet.

Der Gürtelhaken besteht aus vier Konstruktionselementen: Dem aus einem Stück gegossenen Haken mit dem anschließenden Durchbruchornament, dem aufgenieteten Knopf, einer unter das Durchbruchornament genieteten Platte sowie dem lose eingehängten Bronzeschieber. Das Durchbruchornament ist im Bereich des oberen linken Pferdekopfes zweimal gebrochen und mit einem Niet jeweils links und rechts der großen Bruchstelle gesichert. Der Schieber stellte ursprünglich den Endbeschlag des Gürtelriemens dar. Offenbar war der Riemen hinter dem Schieber gelocht und konnte in unterschiedlichen Positionen mit dem herausnehmbaren großen Knopf fixiert werden.

Lit.: P. Reinecke, Ein Früh-La Tène-Gürtelhaken aus dem Unterinntal. Wiener Prähist. Zeitschr. 10, 1923, 28–34; Lenerz-de Wilde 1980, 78 f. Abb. 9,36; 102 Nr. 30; Kat. Rosenheim 32 Abb. 13; 324 Nr. 409. **R. Gebhard**

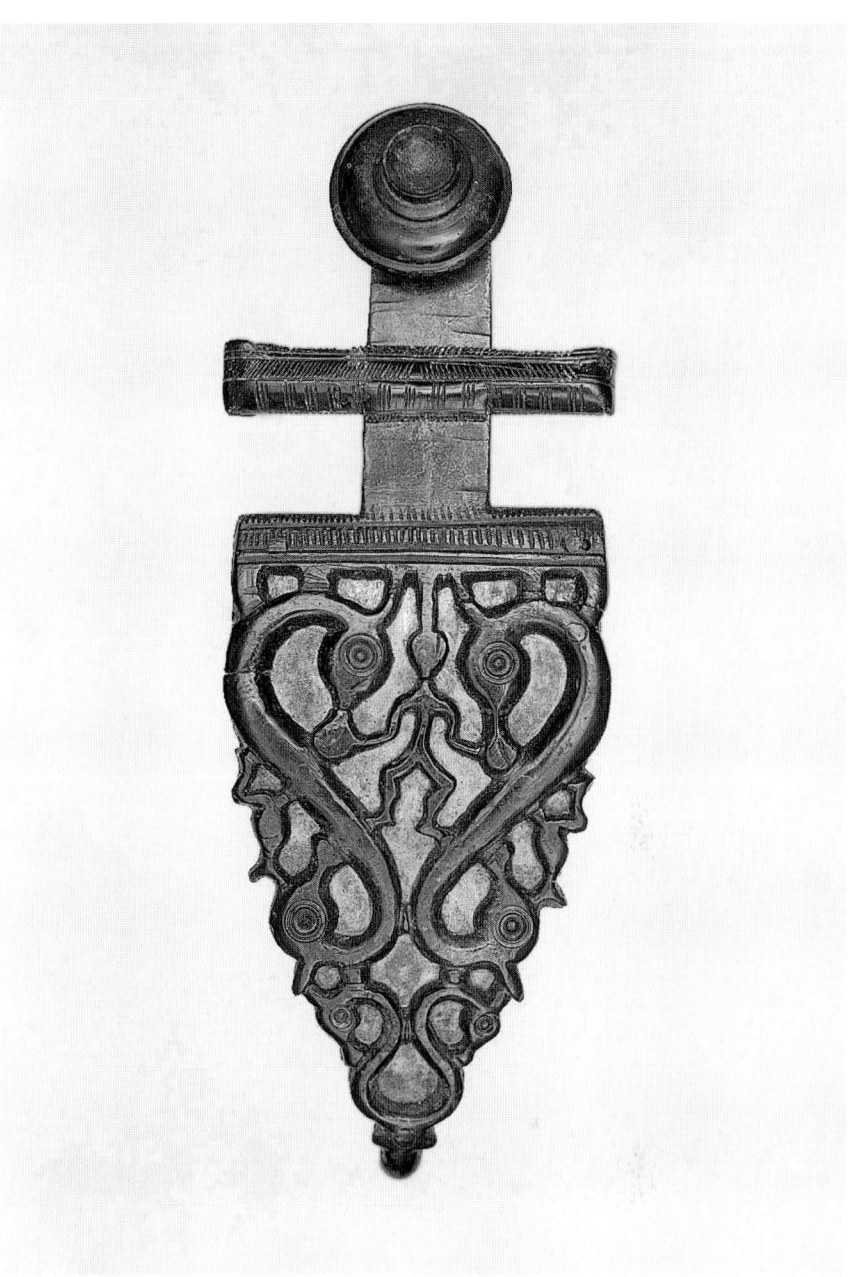

47 Gürtelhaken mit Darstellung des Herrn der Tiere (ABB. 33)

Castaneda, Kt. Graubünden, Schweiz,
Grab 75
Um 400 v. Chr.
Bronze; L. 11,2 cm.
Rätisches Museum Chur INV.-NR. III. c. 159.

Grabfund. Gürtelhaken mit Fassungen für jetzt verlorene Einlagen. Zwischen zwei antithetisch angeordneten doppelköpfigen Drachen mit Raubvögelköpfen steht ein Mann, darüber sitzen zwei Wasservögel.

Lit.: Jahrb. SGU 32, 1940/41, 103 Taf. 26,2; Megaw 1970, 85 Nr. 97 Abb. 97; Lenerz-de Wilde 1980, 78 f. Abb. 9,39; 102 Nr. 34. **H. Baitinger**

48 Gürtelhaken mit Vogelfiguren und greifenähnlichen Wesen (ABB. 34)

Giubiasco, Kt. Tessin, Schweiz, Grab 29
Ende 5./Anfang 4. Jh. v. Chr.
Bronze; L. 11,6 cm.
Schweizerisches Landesmuseum Zürich INV.-NR. A-14022.

Grabfund. Durchbrochen gearbeiteter Gürtelhaken mit antithetischer Darstellung zweier Vögel und greifenähnlicher Wesen. Derartige Gürtelhaken mit für die frühkeltische Zeit typischem Dekor und Motivik fanden in der Männertracht des südalpinen Raums Verwendung.

Lit.: Lenerz-de Wilde 1980, 80 f. Abb. 10,41; 103 Nr. 36; Kat. Locarno Bd. 2, 447 Nr. 338; Kat. Zürich 100 Nr. 27. **A. Koch**

49 Verzierter Gürtelhaken (ABB. 185)

Roseldorf, VB Hollabrunn, Österreich
Um 400 v. Chr.
Eisen; L. 8,2 cm.
Prähistorische Abteilung, Naturhistorisches Museum Wien INV.-NR. 67917.

Siedlungsfund von 1932. Prunkstück der keltischen Schmiedekunst. Das Ornament besteht aus zwei großen, flachen, S-förmigen Spiralen, die am oberen Ende zu stilisierten Greifenköpfen ausgebildet sind.

Lit.: Kat. Hallein 267 Nr. 131; Lenerz-de Wilde 1980, 80 f. Abb. 10,47; 102 Nr. 33. **A. Kern**

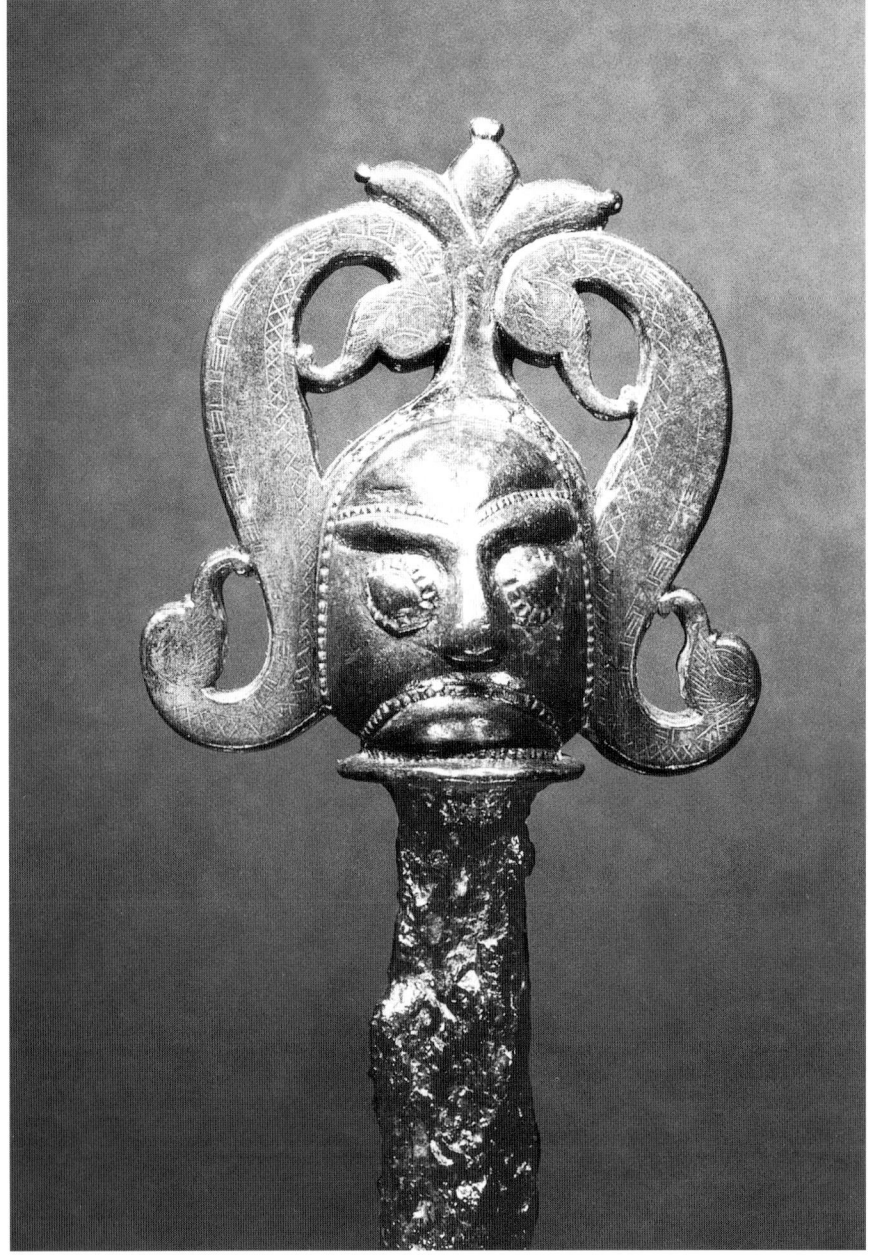

ABB. 301: KAT.-NR. 51.

52 Maskenfibel (ABB. 143)

Umgebung von Parsberg,
Kr. Neumarkt/Opf.
450–370 v. Chr.
Bronze; L. 8,8 cm.
Germanisches Nationalmuseum Nürnberg INV.-NR. vb 1817.

Lesefund. Reich ornamentierte Maskenfibel mit anthropomorpher Kopf- und Fußmaske, Kopfplatte mit zwei stilisierten, zurückblickenden Löwen.

Lit.: J. Naue, Früh-La-Tène-Fibel aus der Oberpfalz. Prähist. Bl. 14, 1902, 1–8; Torbrügge/Uenze 1968, 281 Abb. 259; Binding 1993, 187 Nr. 143 Taf. 4,2. **H. Baitinger**

53 Maskenfibel (ABB. 302)

Kyšice, Bez. Plzeň-sever,
Tschechische Republik
450–370 v. Chr.
Bronze; L. 6,1 cm.
Západočeské Muzeum Plzeň
INV.-NR. P 9168.

Grabfund. Maskenfibel mit anthropomorpher Kopf- und Fußmaske.

Lit.: Megaw 1970, 73 Nr. 68 Abb. 68; Binding 1993, 227 f. Nr. 455 Taf. 4,8. **H. Baitinger**

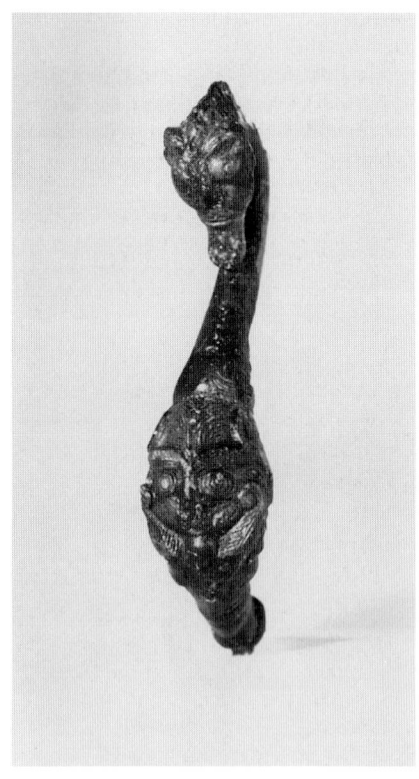

ABB. 302: KAT.-NR. 53.

50 Verzierter Gürtelhaken (ABB. 188)

Stupava, Bez. Malacky, Slowakische
Republik
450–370 v. Chr.
Bronze; B. 6,6 cm.
Slovenské Národné Múzeum Bratislava,
Archeologické Múzeum INV.-NR. 6808.

Aus einem gestörten Flachgrab. Im Zentrum der rechteckigen Platte sitzt ein plastischer Kopf mit Knollennase. Beiderseits davon sind geflügelte Tiere eingeritzt, die mit je einer erhobenen Vorderpfote den Kopf berühren.

Lit.: T. G. E. Powell, The Winged Beasts from Stupava. Sborník Národ. Muz. Praha 20, 1966, 133–136; H. Müller-Karpe, Zur Darstellung der frühkeltischen Gürtelplatte von Stupava. In: Universitas Comeniana Bratislavensis – Hermann Müller-Karpe Doctor honoris causa (Bratislava 1997) 32–46; Lenerz-de Wilde 1980, 67 f. Abb. 4,18; 98 Nr. 2. **H. Baitinger**

51 Eiserner Achsnagel mit Bronzemaske (ABB. 186,3; 301)

St. Pölten-Unterradlberg, VB St. Pölten,
Österreich
450–370 v. Chr.
Eisen, Bronze; L. 10,7 cm.
Sammlung E. Wallner, St. Pölten.

Streufund von 1986. Eiserner Achsnagel mit bronzenem, durchbrochen gegossenem Kopf in Form einer menschlichen Maske, die von einer Lotosblüte bekrönt und beiderseits von S-Schleifen mit je zwei Raubvogelköpfen eingerahmt wird. Feine Ritzverzierung, insbesondere an den Vogelköpfen.

Lit.: Megaw/Megaw/Neugebauer 1989, 491 f. 506 ff. Abb. 14; 15,1; Kat. Venedig 189 Abb.; 716 f. Nr. 201; Kat. Rosenheim 326 Nr. 414. **H. Baitinger**

54 Masken- und Vogelkopffibeln (ABB. 303)

Kleiner Knetzberg, Forstbezirk Neuhaus,
Kr. Haßberge
5. Jh. v. Chr.
Archäologische Staatssammlung München.

Siedlungsfunde aus einem Ringwall:
54.1. Maskenfibel. Lange, von der Certosafibel
abgeleitete Form. Je eine gleich gestaltete
Maske findet sich auf dem Fuß und auf dem
Bügelkopf. Die Masken tragen einen Kinnbart
und sind seitlich von je einer Doppelvolute gerahmt, die zusammen mit einer zusätzlichen
seitlichen Volute die Frisur andeutet. Der um-
geschlagene lange Fuß endet in einen Raubvogelkopf. Polygonaler Bügel mit Gussfehlern
an der Oberseite. Das Stück ist ein Halbfabrikat, es wurde keine Befestigung für die Spirale
gebohrt. Bronze; L. 6,6 cm (INV.-NR. 1982,60).
54.2. Maskenfibel. Der Bügel ist als große Maske mit Oberlippen- und Kinnbart ausgearbeitet. Der Fuß ist in Form eines typischen Vex-
ierbilds gestaltet. In der Totalansicht be-
merkt man eine Maske mit Oberlippen- und
Kinnbart, die in der Seitenansicht wie ein
Raubvogelkopf wirkt. Die Spirale mit innerer
Sehne ist über eine Eisenachse gewickelt,
beidseitig abgeschlossen durch profilierte
Endknöpfe. Bronze; L. 4,5 cm (INV.-NR. 1982,
144a).
54.3. Vogelkopffibel. Aufgrund der schlechten Erhaltung des Eisens sind keine Verzie-
rungsdetails mehr erkennbar. Eisen; L. 4,0 cm
(INV.-NR. 1982,144d).
54.4. Vogelkopffibel. Der Fuß trägt zwei große
Augen, jeweils durch ein gestricheltes Band
umfahren. Am Bügel befinden sich beiderseits
je zwei gestrichelte Bänder. Spiralkonstruktion fehlt, Rest der eisernen Achse erhalten.
Bronze; L. 3,6 cm (INV.-NR. 1982,132 f).

Lit.: L. Wamser, Frühkeltischer Fibel-
schmuck vom Kleinen Knetzberg,
Forstbezirk Neuhaus, Landkreis Haß-
berge, Unterfranken. Arch. Jahr
Bayern 1981 (Stuttgart 1982) 120 f.;
Kat. Rosenheim 37 Abb. 18; 318
Nr. 395e–h; Binding 1993, 180 ff.
Nr. 92.93.102.103 Taf. 3,8.9.
R. Gebhard

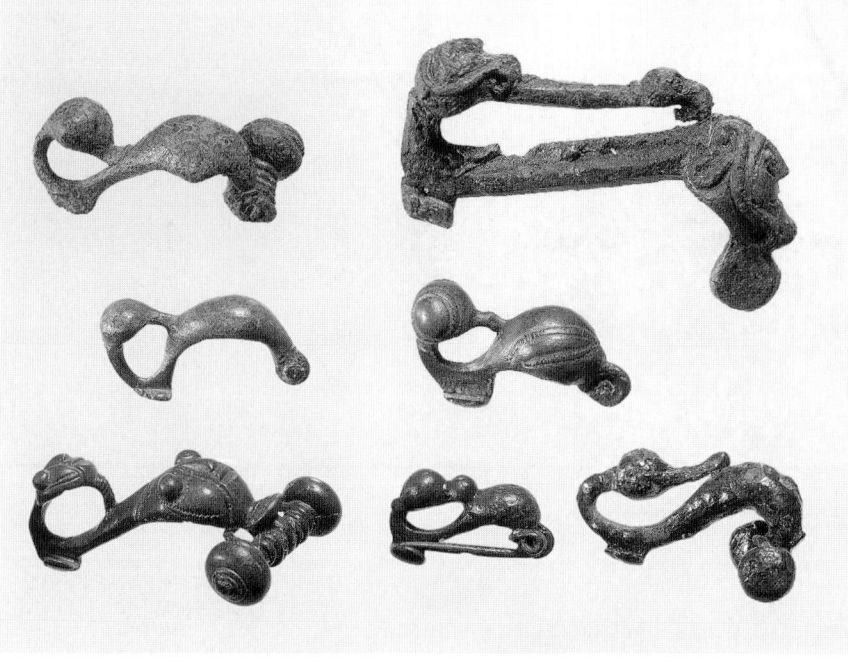

ABB. 303: KAT.-NR. 54.

55 Grabfund mit vier Maskenfibeln (ABB. 304)

Wittighausen-Oberwittighausen, Main-
Tauber-Kreis
450–370 v. Chr.
Badisches Landesmuseum Karlsruhe
INV.-NR. C 10078a–d.

Aus einer Körperbestattung unter einem
Grabhügel.
55.1. Maskenfibel mit anthropomorpher Kopf-
und Fußmaske. Bronze; L. 3,3 cm.
55.2. Maskenfibel mit anthropomorpher Kopfmaske und zoomorpher Fußzier. Bronze;
L. 3,7 cm.
55.3. Maskenfibel mit anthropomorpher Kopfmaske und zoomorpher Fußzier. Bronze;
L. 3,2 cm.
55.4. Maskenfibel im Certosa-Schema mit
Darstellung eines Menschen- und eines Raub-
vogelkopfes. Bronze; L. 10,7 cm.
55.5. Tonflasche (nicht ausgestellt).

Lit.: E. Wahle, Grabfund der frühen Latènezeit von Ober-
wittighausen. Bad. Fundber. 1, 1925–28, 7–13; Kat. Hallein
264 Nr. 121; Binding 1993, 186 Nr. 136a–d Taf. 4,1; 5,2.3; 6,8.
H. Baitinger

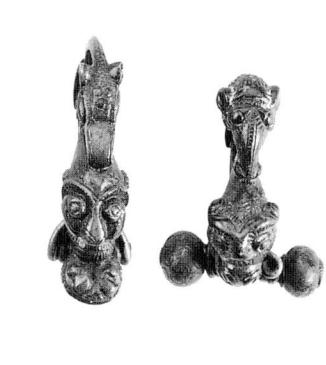

ABB. 304: KAT.-NR. 55.

56 Maskenfibel (ABB. 305)

Slovenské Pravno, Bez. Martin,
Slowakische Republik
450–370 v. Chr.
Bronze; L. 6,3 cm.
Archeologický ústav SAV Nitra
INV.-NR. NR 1976.

Einzelfund. Maskenfibel mit gegenständigen
Bügelmasken und Fußmaske.

Lit.: J. V. S. Megaw, An Early La Tène Maskenfibel from Slovenské Pravno. Études Celtiques 19, 1982, 7–34; Binding
1993, 229 Nr. 462 Taf. 2,2.
H. Baitinger

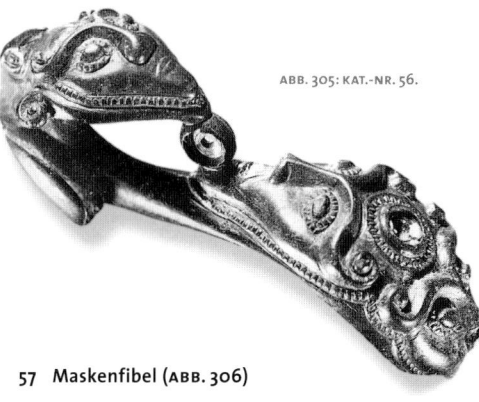

ABB. 305: KAT.-NR. 56.

57 Maskenfibel (ABB. 306)

Altrier, Luxemburg
450–370 v. Chr.
Bronze, Koralle; L. 4,3 cm.
Musée National d'Histoire et d'Art Luxembourg INV.-NR. 1972,70/2.

Aus einer reich ausgestatteten Brandbestattung in einem Grabhügel. Gefunden wurden
neben der Maskenfibel ein Eisenschwert mit
Scheide, ein offener Goldarmring, ein Bronze-
stamnos sowie Leder-, Stoff- und Holzreste.
Symmetrische Maskenfibel mit vier Masken

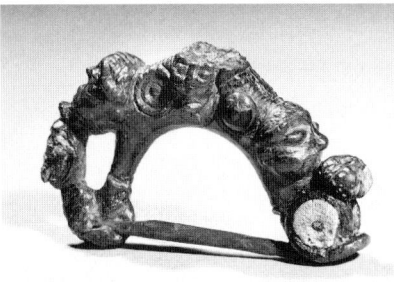

ABB. 306: KAT.-NR. 57.

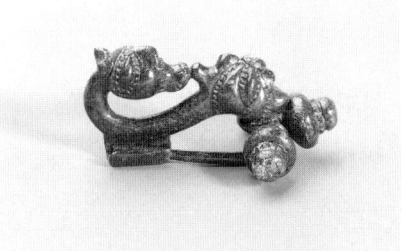

ABB. 308: KAT.-NR. 59.

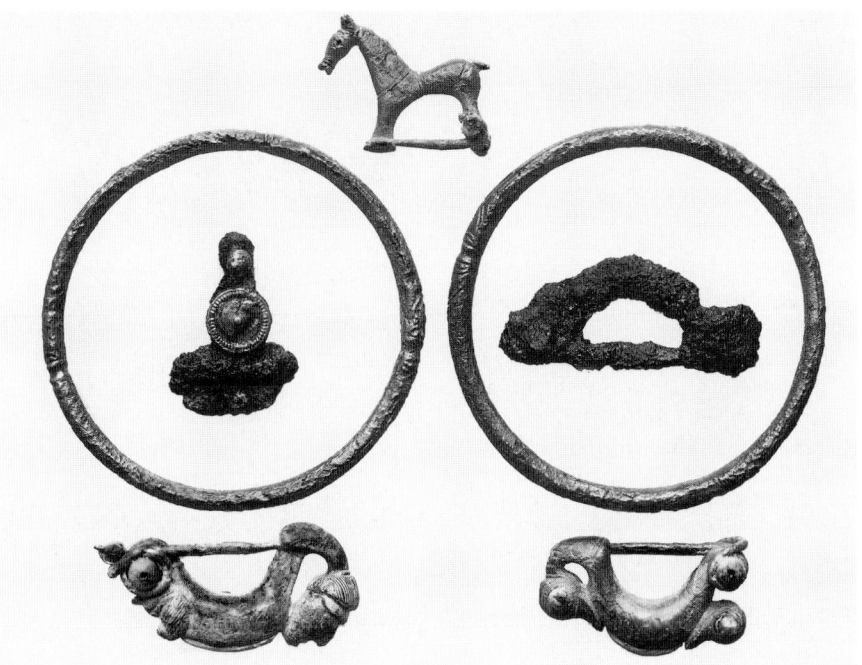

ABB. 307: KAT.-NR. 58.

auf dem Fuß, dem Bügelkopf sowie zu beiden Seiten des Bügelscheitels. Reiche Koralleneinlagen, an den Enden der Spiralachsen Korallenscheibchen.

Lit.: Thill 1972, 490 Abb. 5,4; 10; 11; Binding 1993, 210 Nr. 334 Taf. 1,6.   **H. Baitinger**

58 Grabfund mit Masken- und Tierfibeln (ABB. 307)

Schwieberdingen, Kr. Ludwigsburg
450–370 v. Chr.
Württembergisches Landesmuseum
Stuttgart INV.-NR. A 35/34.

In einem Frauengrab (Körperbestattung) fanden sich neben einer Maskenfibel, einer Pferdchenfibel und einer Vogelkopffibel auch noch eine Eisenfibel mit Gold- und Korallenbesatz, zwei Bronzearmringe, eine Eisendrahtfibel, eine Tonflasche und ein Bronzeblechrest.
58.1. Maskenfibel mit anthropomorpher Kopf- und Fußmaske; auf dem Bügel und an der Spirale Korallenbesatz. Bronze, Koralle; L. 4,6 cm.
58.2. Pferdchenfibel mit langer Spirale. Bronze; L. 3,1 cm.
58.3. Symmetrische Tierkopffibel mit Entenköpfen, Koralleneinlage auf dem Bügel und in den Augen, Korallenperlen an den Spiralenden. Bronze, Koralle; L. 3,7 cm.

Lit.: A. Stroh, Frühlatènegrab von Schwieberdingen, OA. Ludwigsburg. Germania 19, 1935, 290–295; Kat. Hallein 263 Nr. 117; Binding 1993, 191 Nr. 174a–c Taf. 4,4; 11,11; 14,9.
                                                                      H. Baitinger

59 Maskenfibel (ABB. 308)

Traismauer-Gemeinlebarn, VB St. Pölten, Österreich, Frauengrab Verf. 132
450–370 v. Chr.
Bronze; L. 2,6 cm.
Bundesdenkmalamt Wien, Abteilung für Bodendenkmale.

Aus einer reichen Frauenbestattung, die außerdem zwei Vogelfibeln, Hals- und Armringe, einen Fingerring, einen eisernen Gürtelhaken und fünf Gefäße enthielt.
Maskenfibel mit anthropomorpher Kopf- und Fußzier.

Lit.: J.-W. Neugebauer, Fundber. Österreich 32, 1993, 444 Abb. 15,2; 16,3.   **H. Baitinger**

60 Halsring mit Maskendarstellungen (ABB. 309)

Spiez-Schönegg, Kt. Bern, Schweiz, Grab 2
4. Jh. v. Chr.
Bronze; Dm. 15,6 cm.
Bernisches Historisches Museum
INV.-NR. 10358.

Grabfund. Halsring mit Stempelenden, sechs knotenförmigen Verdickungen und zwei Darstellungen menschlicher Gesichter.

Lit.: D. Viollier, Les sépultures du second âge du fer sur le plateau suisse (Genf 1916) 120 Taf. 12,21; Megaw 1967, 52 f. Taf. 9,1–3; ders. 1970, 65 f. Nr. 52 Abb. 52.
                                                                      H. Baitinger

ABB. 309: KAT.-NR. 60.

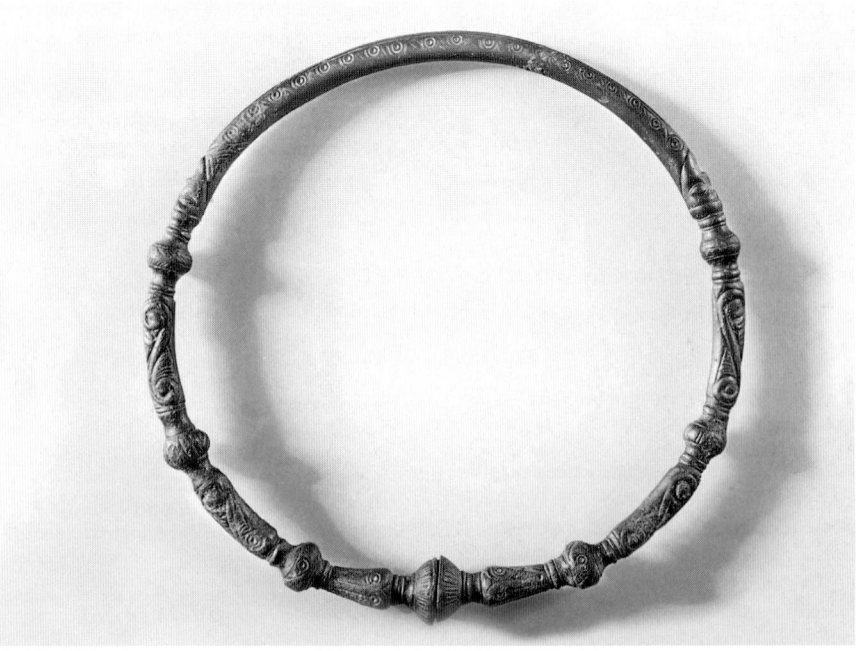

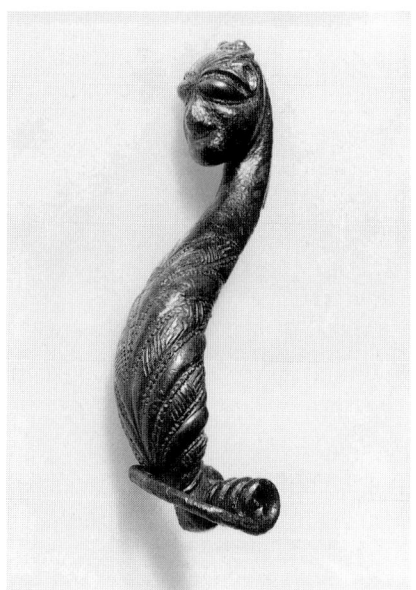

ABB. 311: KAT.-NR. 62.

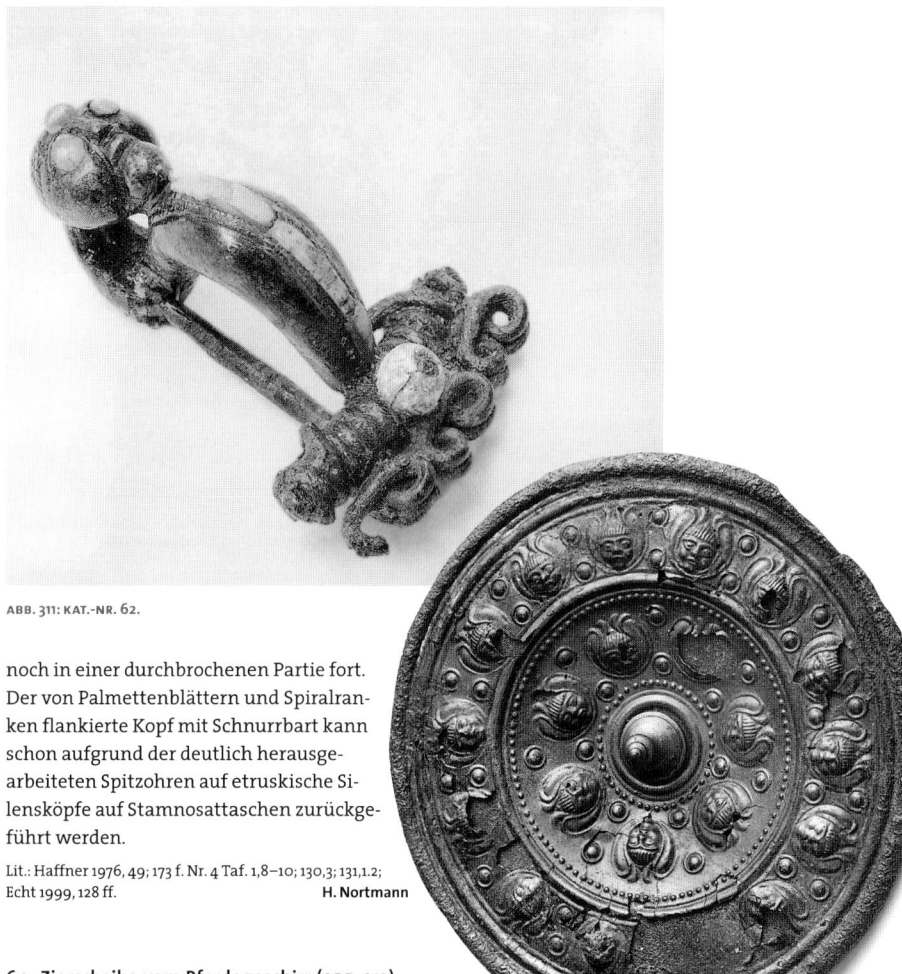

61 Maskenfibel (ABB. 310)

Riekofen, Kr. Regensburg
450–370 v. Chr.
Bronze; L. 5,3 cm.
Museen der Stadt Regensburg
INV.-NR. A 1124.

Maskenfibel mit anthropomorpher Fußmaske.

Lit.: AuhV 5 (Mainz 1911) 103 Nr. 320 Taf. 20,320; Binding 1993, 190 Nr. 164 Taf. 2,8.   **H. Baitinger**

62 Maskenfibel (ABB. 311)

Monsheim, Kr. Alzey-Worms, Schloss-
wäldchen
450–370 v. Chr.
Bronze, Koralle; L. 2,8 cm.
Museum der Stadt Worms im Andreasstift
INV.-NR. BE 283d.

Grabfund. Maskenfibel mit anthropomorpher
Fußmaske, in den Augen und auf dem Bügel
Koralleneinlagen; auf der Spirale aufgenietete
Korallenperle.

Lit.: Behrens 1927, 50 Abb. 176,2; Schaaff 1971, 86 f. Abb. 16,2;
17,2; 109 Nr. 14; Binding 1993, 185 Nr. 128 Taf. 2,6.
                                            H. Baitinger

63 Drei verzierte Blechappliken (ABB. 24)

Ferschweiler, Kr. Bitburg-Prüm
Um 400 v. Chr.
Gold; H. Maskenteil 4,2 cm.
Rheinisches Landesmuseum Trier
INV.-NR. 23,35b–d.

Zusammen mit einem etruskischen Schöpfer
einzige erhaltene Ausstattung eines 1923 zerstörten Großhügels. Die zarten Goldpress-
bleche, ehedem wohl aufgeklebt, gelten als
Besatz von Deckel und Wandung eines Trinkhorns. Im Gegensatz zu den Rosetten mit Zun-
gen- und Lotosmustern setzt sich die Maske

noch in einer durchbrochenen Partie fort.
Der von Palmettenblättern und Spiralranken flankierte Kopf mit Schnurrbart kann
schon aufgrund der deutlich herausgearbeiteten Spitzohren auf etruskische Silensköpfe auf Stamnosattaschen zurückgeführt werden.

Lit.: Haffner 1976, 49; 173 f. Nr. 4 Taf. 1,8–10; 130,3; 131,1.2;
Echt 1999, 128 ff.   **H. Nortmann**

64 Zierscheibe vom Pferdegeschirr (ABB. 312)

Hořovičky, Bez. Rakovník, Tschechische
Republik
Um 400 v. Chr.
Eisen, Bronze; Dm. 14,1 cm.
Národní Muzeum Praha, Abteilung für
Ur- und Frühgeschichte INV.-NR. 85 028.

Aus einem reich ausgestatteten Wagengrab.
Besser erhaltene Scheibe eines Paars. Eisen-
scheibe mit treibverzierter Bronzeblechaufla-
ge, um den zentralen Mittelbuckel befinden
sich in zwei konzentrischen Kreisen Köpfe mit
Blattkronen, die durch Buckel voneinander
getrennt werden.

Lit.: K. Jičínský, Pam. Arch. 5, 1863, 368 ff.; Megaw 1970, 63
Nr. 47 Abb. 47; Kat. Rosenheim 320 Nr. 398.
                                            H. Baitinger

**65 Gürtelhaken mit Maskendarstellung
(ABB. 313)**

Worms-Herrnsheim
450–370 v. Chr.
Bronze; L. 4,0 cm.
Landesmuseum Mainz INV.-NR. V 574.

Grabfund. Gürtelhaken mit steigbügelförmi-
ger Öse. Das Köpfchen mit Schnurr- und Kinnbart trägt eine Blattkrone.

Lit.: Jacobsthal 1944, 199 Nr. 366 Taf. 172,366; Schaaff 1971,
101 f. Abb. 26; Lenerz-de Wilde 1980, 62 f. Abb. 1,1; 99 Nr. 7.
                                            H. Baitinger

ABB. 312: KAT.-NR. 64.

66 Gürtelhaken mit Maskenzier (ABB. 314)

Rascheid, Kr. Trier-Saarburg, Hügel D 1
450–400 v. Chr.
Bronze; L. 6,1 cm.
Rheinisches Landesmuseum Trier
INV.-NR. 19340 f.

Im Vorfeld eines etwa 110 Hügel umfassenden
Gräberfelds lagen mindestens drei Prunkgräber. Der 1893 untersuchte Hügel D 1 liegt mit
500 m Abstand am weitesten abgesetzt. Das
gestörte Grab eines Kriegers enthielt auch einen Bronzekessel.
Zum Gürtelhaken gehören zwei ringförmige
Gürtelanhänger ohne praktische Funktion.
Das gegossene Hakenende ist als geometrisch
schematisiertes Gesicht ausgebildet, abgeschlossen von einer plastisch abgesetzten
Blattkrone. Der fragmentarische Blechbeschlag des Gürtelendes zeigt u. a. einen zirkelgeometrischen Blütenfries.

Lit.: Haffner 1976, 195 ff. Nr. 13 Taf. 7,3; 138,4; ders. 1977/78,
49 ff. Abb. 6–8; Lenerz-de Wilde 1980, 64 f. Abb. 2,7; 99 f.
Nr. 10.   **H. Nortmann**

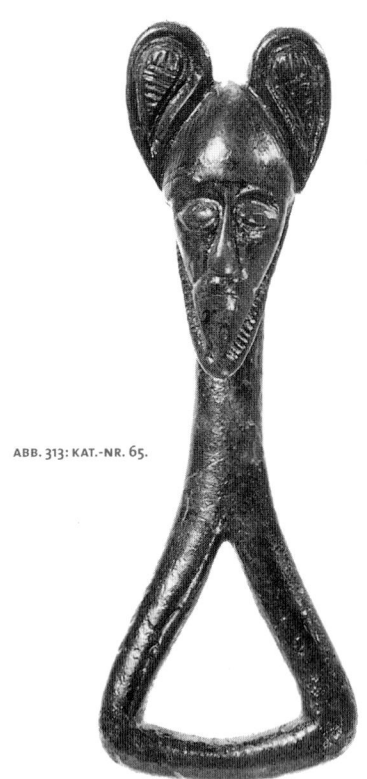

ABB. 313: KAT.-NR. 65.

67 Gürtelhaken mit Maskenzier (ABB. 315)

Thomm, Kr. Trier-Saarburg
450–400 v. Chr.
Bronze; L. 6,0 cm.
Rheinisches Landesmuseum Trier
INV.-NR. 39,48b.

Die Untersuchung des großen, bereits gestörten Einzelhügels förderte 1939 Reste eines Grabs mit mehreren Bronzegefäßen zutage, möglicherweise nur die Nachbestattung des beraubten Hauptgrabs. Das Prunkgrab, bewusst an der Engstelle des Plateauzugangs platziert, lässt sich dem großen Hügelgräberfeld von Osburg in 1,3 km Entfernung zuordnen.

Das gegossene Hakenende des Gürtelhakens ist als schematisch angedeutetes, kaum plastisches Gesicht mit Haaransatz ausgebildet, abgeschlossen von einer Blattkrone auf dem flachen Hintergrund.

Lit.: Haffner 1976, 209 f. Nr. 18 Taf. 12,2; 156,2; Abb. 149; Lenerz-de Wilde 1980, 64 f. Abb. 2,8; 100 Nr. 13; Kat. Trier 157 f. Nr. 44. **H. Nortmann**

68 Maskenfibel (ABB. 316)

Ostheim v. d. Rhön, Kr. Rhön-Grabfeld
450–370 v. Chr.
Bronze; L. 8,8 cm.
Friedrich-Schiller-Universität Jena,
Institut für Ur- und Frühgeschichte
INV.-NR. 18910.

Einzelfund. Reich verzierte Maskenfibel mit anthropomorpher Kopfmaske und zoomorpher Fußzier.

Lit.: G. Eichhorn, Eine Gesichtsmaskenfibel aus Ostheim vor der Rhön. Mannus 22, 1930, 120 f.; Binding 1993, 186 Nr. 140 Taf. 5,4. **H. Baitinger**

69 Maskenfibel (ABB. 317)

Lupburg-Pöfersdorf, Kr. Neumarkt/Opf.
450–370 v. Chr.
Bronze; L. 3,7 cm.
Museen der Stadt Regensburg
INV.-NR. A 101.

Grabfund aus einem Hügel. Maskenfibel mit anthropomorpher Kopfmaske und zoomorpher Fußzier.

Lit.: AuhV 5 (Mainz 1911) 103 Nr. 321 Taf. 20,321; Torbrügge/Uenze 1968, 280 Abb. 258; Binding 1993, 188 Nr. 152 Taf. 5,5. **H. Baitinger**

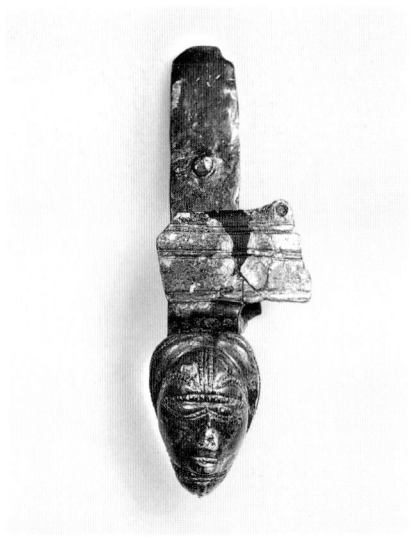

ABB. 314: KAT.-NR. 66.

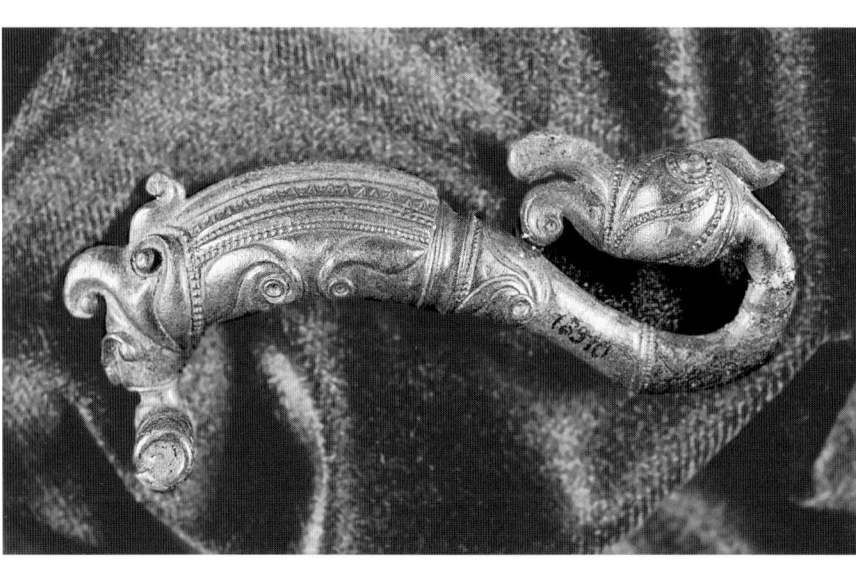

ABB. 316: KAT.-NR. 68.

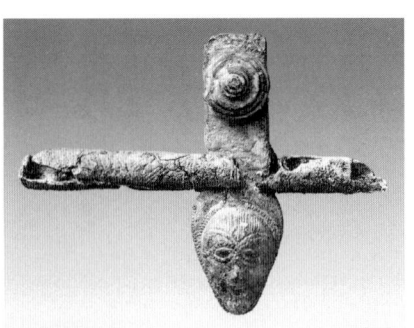

ABB. 315: KAT.-NR. 67.

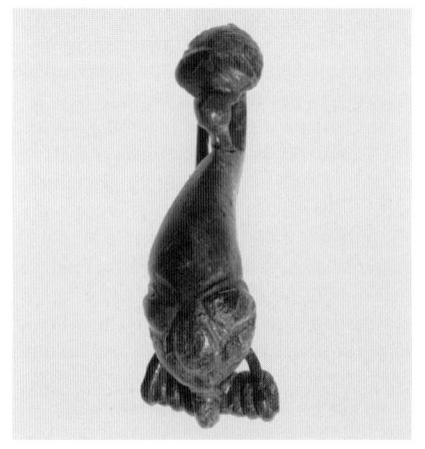

ABB. 317: KAT.-NR. 69.

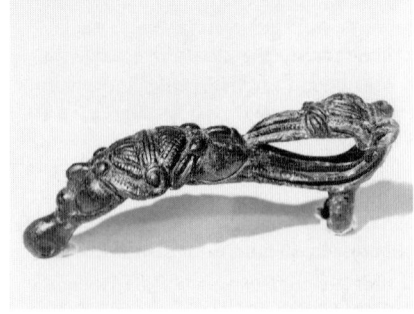

ABB. 318: KAT.-NR. 70.

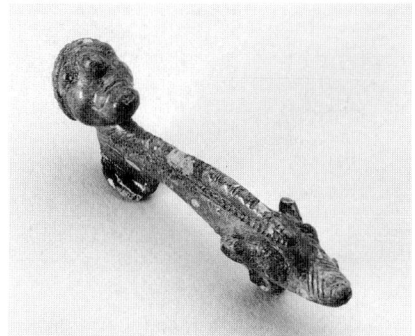

ABB. 319: KAT.-NR. 71.

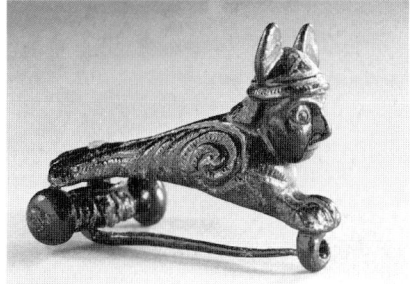

ABB. 320: KAT.-NR. 72.1.

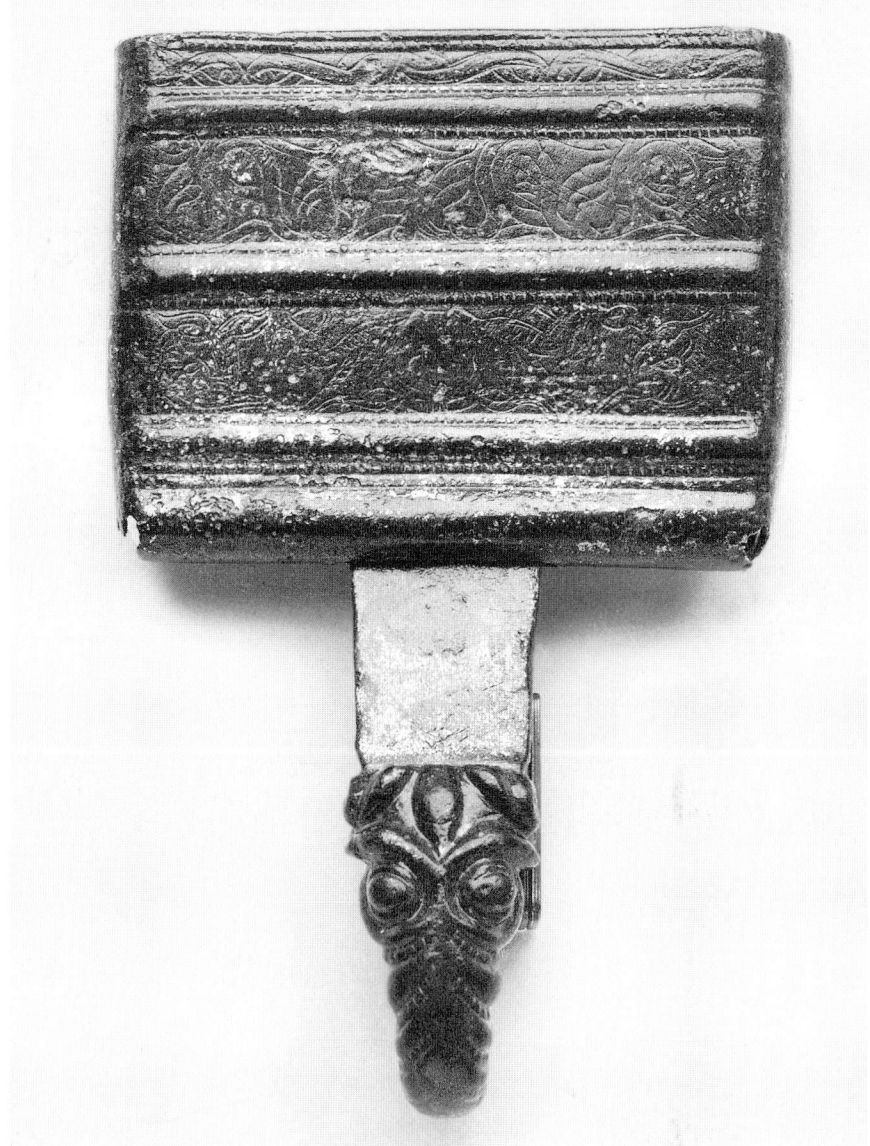

ABB. 321: KAT.-NR. 72.2.

70 Maskenfibel (ABB. 318)

Dýšina-Nová Hut', Bez. Plzeň-sever,
Tschechische Republik
450–370 v. Chr.
Bronze; L. 5,7 cm.
Západočeské Muzeum Plzeň
INV.-NR. P 8690.

Grabfund(?). Maskenfibel mit gegenständigen
Bügelmasken und Fußmaske.

Lit.: Megaw 1970, 74 Nr. 70 Abb. 70; Duval 1977, 68 Abb. 54;
Binding 1993, 226 Nr. 447 Taf. 2,1.

H. Baitinger

71 Tierfibel mit Menschenkopf (ABB. 319)

Hallein, VB Hallein, Österreich, Dürrnberg,
Grab 329, Moserfeld-Ost
410–370 v. Chr.
Bronze; L. 4,2 cm
Keltenmuseum Hallein (Kopie).

Flacher Fibelbügel mit Eberkopf am Bügelen-
de, dessen Ohren, Augen und sogar Hauer
plastisch ausgeführt sind. Aufgestellter Rückenkamm mit abschließender Kerbleiste und
seitlich gezähnten Borten. Am Fibelfuß plastischer Menschenkopf mit flacher Kopfbedeckung oder Haartracht, die durch kreuzweise
angeordnete Strichgruppen angedeutet und
von einem umlaufenden Randwulst begrenzt
wird.

Lit.: K. W. Zeller, Das Kunstwerk des Monats. Salzburger
Museum Carolino Augusteum 8 (Bl. 87), Juli 1995, Abb. 4.

K. W. Zeller

72 Maskenfibel und Gürtelhaken (ABB. 173; 320; 321)

Herzogenburg-Ossarn, VB St. Pölten,
Österreich, Grab Verf. 17/1984
Um 400 v. Chr.
Bundesdenkmalamt Wien, Abteilung für
Bodendenkmale.

Körperbestattung eines ca. 15-jährigen Mädchens mit Maskenfibel und Gürtelhaken sowie
Halsring, Fingerring, kleiner Fibel, Glasperle,
Eisenmesser und Keramik (nicht ausgestellt).
72.1. Fibel in Gestalt eines liegenden Fabel-
wesens mit behelmtem Menschenkopf und
spitzen Ohren, dem Körper eines Vogels und
Tierpfoten. Koralleneinlagen an Helm und
Schwanz, Armbrustkonstruktion mit eiserner
Achse. Bronze, Eisen, Koralle; L. 3,4 cm.
72.2. Zweiteiliger Gürtelhaken mit kästchenförmigem Beschlag, eiserner Nietrest auf runder Platte am Ende des Hakens. Der Beschlag
ist mit Rippen und feinem, ornamentalem
und figürlichem Ritzdekor versehen, der Ha-

ken weist die Form eines stark schematisierten Mensch-Tier-Gesichts auf. Bronze, Eisen;
L. 5,7 cm.

Lit.: Megaw/Megaw/Neugebauer 1989, 480 ff. Abb. 5,4.5;
492 ff. Abb. 7,1; 8,1; 500 ff. Abb. 11,1; 13,1; Frey 2001b.

H. Baitinger

73 Pferdchenfibel (ABB. 177)

Hallein, VB Hallein, Österreich,
Dürrnberg, Grab 63, Putzenfeld
450–370 v. Chr.
Bronze; L. 3,1 cm.
Keltenmuseum Hallein
(Kopie).

Pferdchenfibel mit Ritzverzierung und Armbrustkonstruktion.

Lit.: Moosleitner/Pauli/Penninger
1974, 25 Nr. 1 Taf. 121 C,1; 212,1; Binding
1993, 212 Nr. 346 Taf. 11,14.

K. W. Zeller

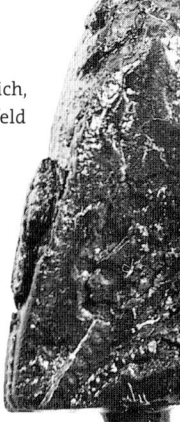

74 Eberfibel (ABB. 178)

Hallein, VB Hallein, Österreich, Dürrnberg, Grab 37/2, Moserstein
400–350 v. Chr.
Bronze, Eisen; L. 4,8 cm.
Keltenmuseum Hallein (Kopie).

Eberfibel mit sechsschleifiger Spirale auf Eisenachse und drei Bronzeknöpfen. Körper und Kopf flach plastisch, aber sehr realistisch gearbeitet; zusätzliche Verzierung durch Umrahmung von Kopf und Vorderschulter und Tremolierstich auf Bauch und Rückenkamm.

Lit.: Penninger 1972, 70 Nr. 1 Taf. 34,1; 111,4; Binding 211 Nr. 341b Taf. 11,3.   K. W. Zeller

75 Raubtierfibel (ABB. 184)

Hallein, VB Hallein, Österreich, Dürrnberg, Hexenwandwiese
410–370 v. Chr.
Bronze; L. 4,2 cm.
Keltenmuseum Hallein.

Figurenfibel in Form eines Raubtiers(?) mit gebleckten Zähnen und angelegten Ohren. Aufgestellter Rückenkamm mit paarigen Querriefen verziert, auf dem gedrungenen plastischen Körper erhabene Schulterverzierung in Form einer Hinterhand mit Klaue. Hinterhand, Schulter, Ohren und Augenwülste sind zusätzlich mit Tremolierstich verziert, am Absatz kleine Vogelmaske mit kurzem Schnabel.

Die ikonographischen Darstellungsinhalte weisen eine große Ähnlichkeit zu anderen Dürrnberger Eberfibeln auf, wobei man sich den Übergang dieser mehr naturalistischen Vorlagen zu sog. Fabelwesen („Verfremdungseffekt") vermutlich fließend vorzustellen hat. Die Verzierung der Vorderhand in Form einer erhabenen Hinterhand mit Klaue begegnet nochmals auf dem Henkeltier der berühmten Schnabelkanne aus Grab 112 (KAT.-NR. 102).

Lit.: K. W. Zeller, Salzburg Archiv 12, 1991, 13 Abb. 5a u. Frontispiz; Guggisberg 1998, 551 ff. Abb. 1.   K. W. Zeller

76 Tiergestaltige Applike (ABB. 322)

Droužkovice, Bez. Chomutov, Tschechische Republik
450–370 v. Chr.
Bronze; L. 4,4 cm.
Ústav archeologické památkové péče severozápadnich Čech Most
INV.-NR. 120/82–1a.

Siedlungsfund aus einem frühlatènezeitlichen Vierkanthof. Applike in Form eines Raubtiers mit zurückgewandtem Kopf, das einen Widder verschlingt.

Lit.: Kat. Venedig 185 Abb.; 715 Nr. 174; Guggisberg 1998, 558 ff. Abb. 7.   H. Baitinger

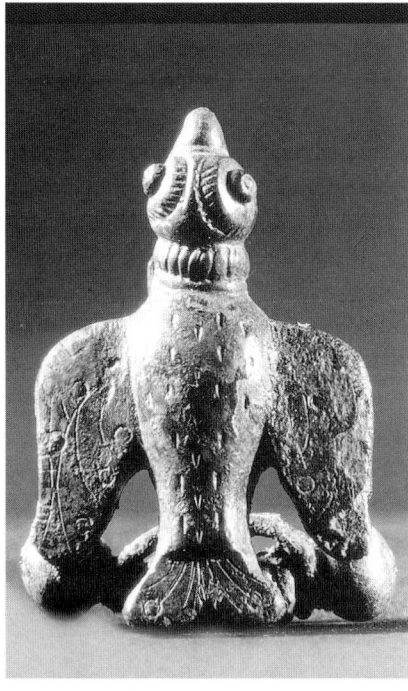

ABB. 323: KAT.-NR. 78.

77 Linsenflasche mit Tierfries (ABB. 172)

Matzhausen, heute Truppenübungsplatz Nainhof-Hohenfels, Kr. Neumarkt/Opf.
Um 400 v. Chr.
Ton; H. 23,8 cm.
Staatliche Museen zu Berlin, Museum für Vor- und Frühgeschichte INV.-NR. IIc 1244.

Grabhügelfund. Scheibengedrehte Linsenflasche mit einem eingeritzten Tierfries auf der Schulter, der in Mitteleuropa einzigartig ist und starke Beziehungen zur oberitalisch-südostalpinen Situlenkunst aufweist. Dargestellt sind ein Hase, der von einem Hund oder Wolf verfolgt wird, und vier Tierpaare, nämlich zwei Vögel, zwei Wildschweine, Hirsch und Hindin sowie Rehbock und Ricke.

Lit.: Jacobsthal 1944, 204 Nr. 402 Taf. 206; 207; Torbrügge/Uenze 1968, 282 f. Abb. 260; 261; Kat. Hallein 262 Nr. 116.   H. Baitinger

78 Vogelfibel (ABB. 323)

Hallein, VB Hallein, Österreich, Dürrnberg, Grab 70/2, Eislfeld
450–370 v. Chr.
Bronze; L. 3,1 cm.
Keltenmuseum Hallein (Kopie).

Figurenfibel in Gestalt eines fliegenden Vogels mit schematischer Andeutung des Gefieders.

Lit.: Moosleitner/Pauli/Penninger 1974, 32 Nr. 4 Taf. 135,4; 212,10; Binding 1993, 213 Nr. 348c Taf. 10,9.   K. W. Zeller

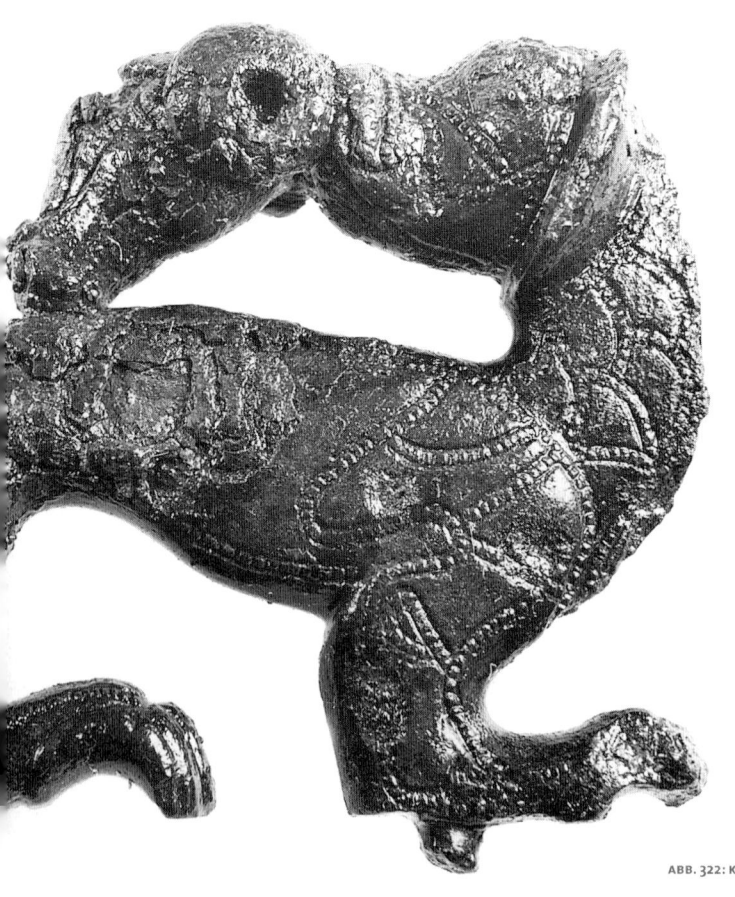

ABB. 322: KAT.-NR. 76.

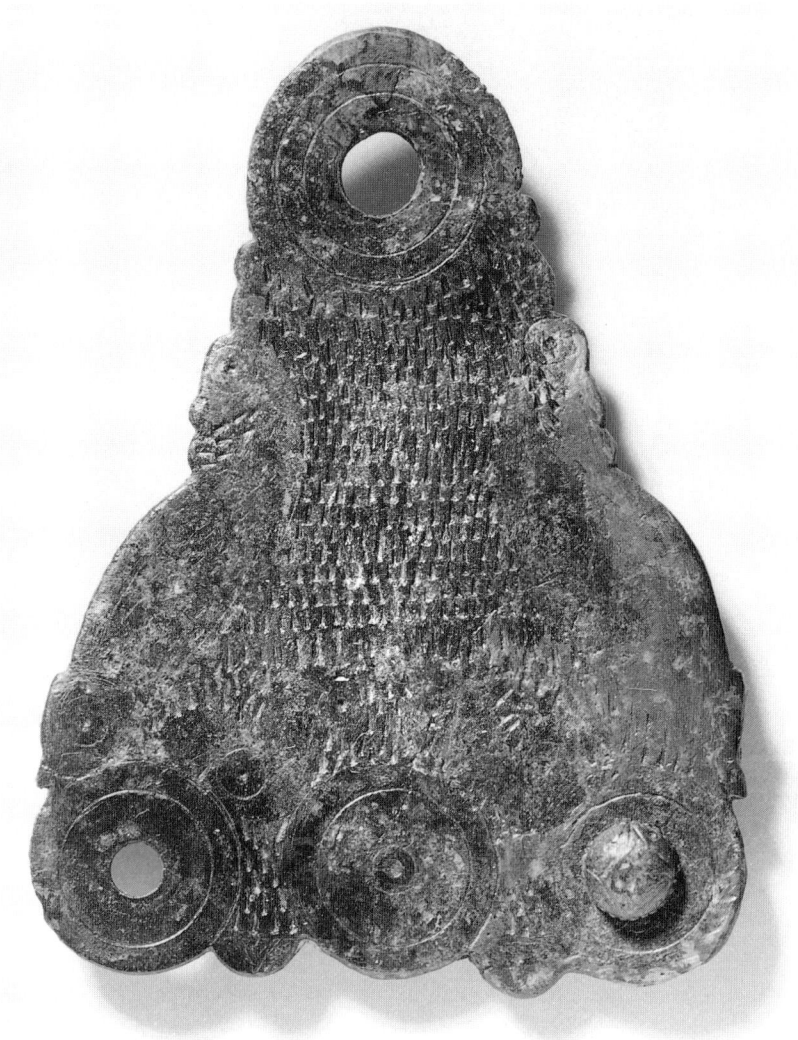

ABB. 324: KAT.-NR. 79.

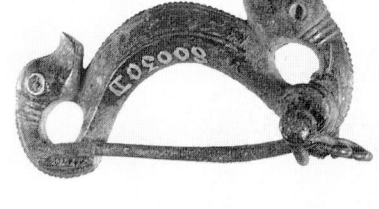

ABB. 325: KAT.-NR. 80.

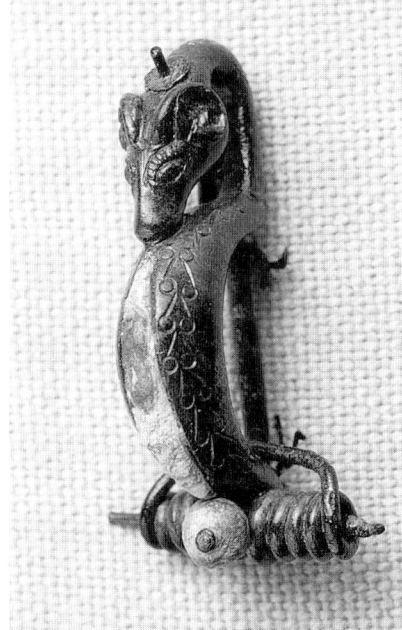

ABB. 326: KAT.-NR. 81.

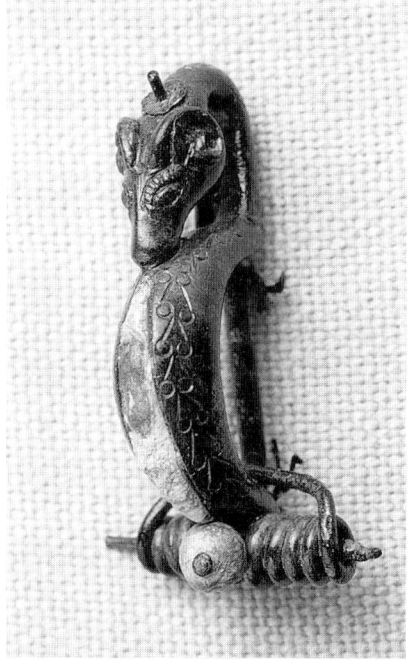

ABB. 327: KAT.-NR. 82.

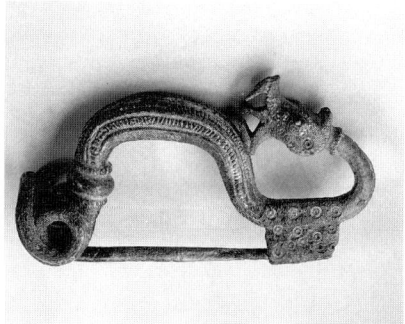

ABB. 328: KAT.-NR. 83.

79 Verziertes Gürtelteil (ABB. 324)

Münsingen, Kt. Bern, Schweiz, Grab 6
4. Jh. v. Chr.
Bronze; L. 7 cm.
Bernisches Historisches Museum
INV.-NR. 24675.

Aus einem Körperflachgrab. Dreieckige Platte,
unter einem Kreisornament sitzen zwei zurückblickende, antithetisch angeordnete Wasservögel, den unteren Rand schmücken drei
weitere Kreismuster.

Lit.: Jacobsthal 1944, 198 f. Nr. 365 Taf. 172; F. R. Hodson, The
La Tène Cemetery at Münsingen-Rain. Acta Bernensia 5
(Bern 1968) 42 Taf. 1,675; Lenerz-de Wilde 1980, 76 f.
Abb. 8,34; 103 Nr. 39.   H. Baitinger

80 Maskenfibel (ABB. 325)

Panenský Týnec, Bez. Louny,
Tschechische Republik
450–370 v. Chr.
Bronze; L. 10,2 cm.
Národní Muzeum Praha, Abteilung für
Ur- und Frühgeschichte INV.-NR. 201 824.

Grabfund. Maskenfibel im Certosa-Schema
mit Tierkopf (wohl Widder) am Fuß, auf der
Spirale sitzt ein Vogel mit ausgebreiteten
Schwingen.

Lit.: Kat. Hallein 263 Nr. 118; Binding 1993, 228 Nr. 459
Taf. 7,2.   H. Baitinger

81 Fibel mit Doppelvogelkopf (ABB. 326)

Caurel, Dép. Marne, Frankreich
450–370 v. Chr.
Bronze; L. 5,5 cm.
Musée des Antiquités Nationales Saint-
Germain-en-Laye INV.-NR. 80.030d.

In einem Flachgrab fand sich neben einer
bronzenen Fibel vom Frühlatèneschema, zwei
Bronzearmringen und vier Tongefäßen auch
eine symmetrische Tierkopffibel mit Vogelköpfen.

Lit.: Bretz-Mahler 1971 Taf. 15,7; Schaaff 1971, 89 Abb. 19,1;
105 Nr. 1; Binding 1993, 207 Nr. 307 Taf. 15,4.
                                                H. Baitinger

82 Fibel mit Widderkopf (ABB. 327)

Aignay-le-Duc, Dép. Côte d'Or, Frankreich
450–370 v. Chr.
Bronze, Koralle; L. 3,7 cm.
Musée du Châtillonnais Châtillon-sur-Seine
INV.-NR. 499.

Grabfund aus einem Hügel. Fibel mit Widderkopf, Koralleneinlage auf dem gravurverzier-
ten Bügel, am Fuß und auf der Spirale sitzen
Korallenperlen.

Lit.: Kat. Wien 31 ff. Nr. 44; Kat. Hallein 264 f. Nr. 123; Binding 1993, 206 f. Nr. 304 Taf. 36,14.　　　**H. Baitinger**

83 Fibel mit zurückblickendem Tierkopf (ABB. 328)

Arbedo-Cerinasca, Kt. Tessin, Schweiz,
Grab 145
350–300 v. Chr.
Bronze; L. 9 cm.
Schweizerisches Landesmuseum Zürich
INV.-NR. A-12619.

Grabfund. Fibel mit zurückblickendem, an einen Drachen erinnernden Tierkopf (sog. Dra-
chenkopffibel). Die Produktionswerkstätten
für derartige zoomorphe Fibeln im Frühlatèneschema sind im ostalpinen Raum zu lokali-
sieren.

Lit.: Binding 1993, 223 Nr. 423 Taf. 37,5; Kat. Locarno Bd. 2,
445 Nr. 316; Kat. Zürich 112 f. Nr. 55.　　　**A. Koch**

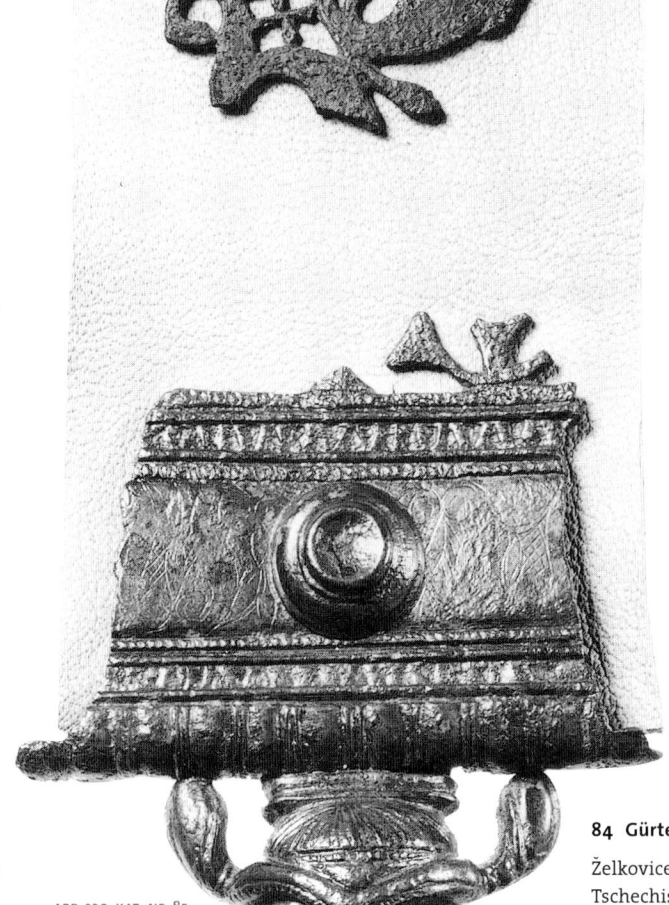

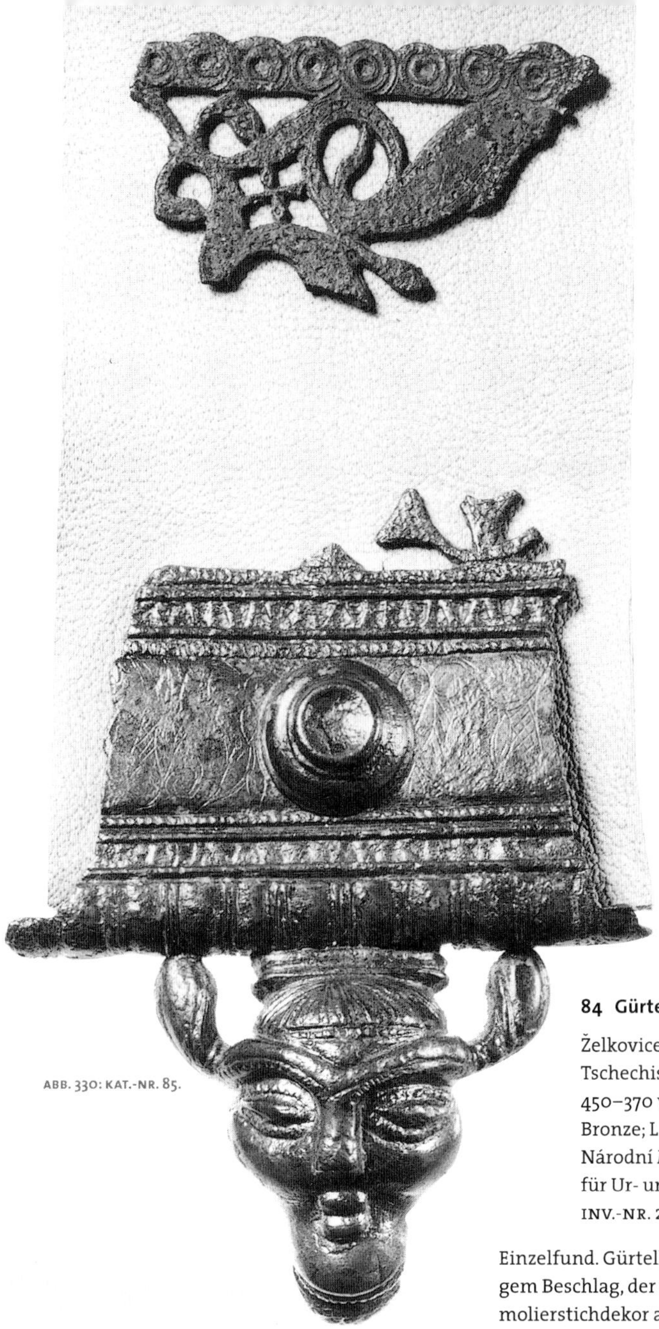

ABB. 330: KAT.-NR. 85.

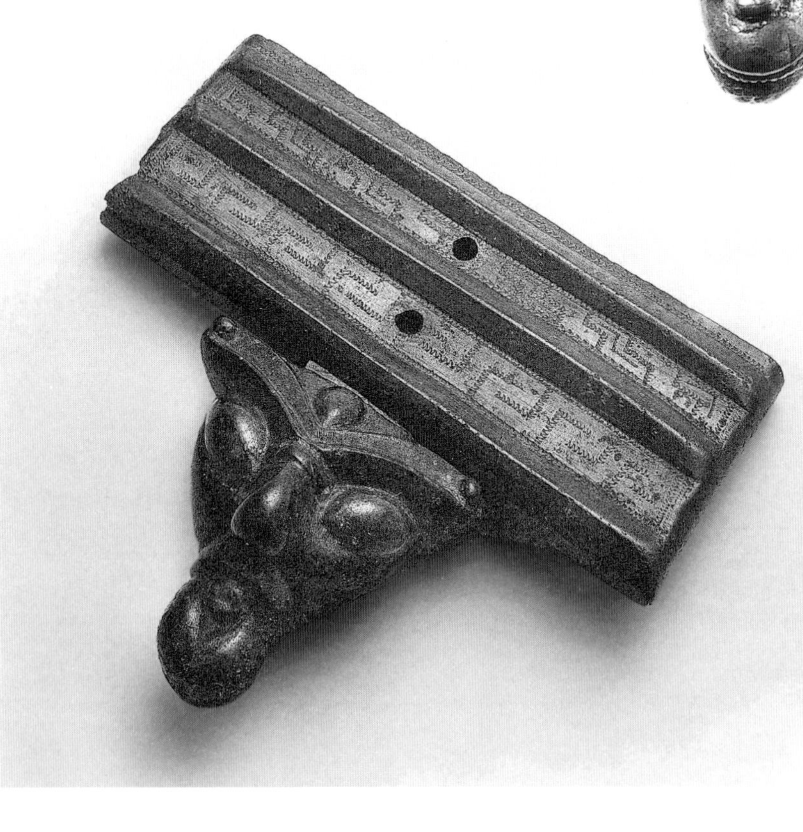

ABB. 329: KAT.-NR. 84.

84 Gürtelhaken (ABB. 329)

Želkovice, Bez. Beroun,
Tschechische Republik
450–370 v. Chr.
Bronze; L. 6,2 cm.
Národní Muzeum Praha, Abteilung
für Ur- und Frühgeschichte
INV.-NR. 201 825.

Einzelfund. Gürtelhaken mit kästchenförmigem Beschlag, der einen geometrischen Tre-
molierstichdekor aufweist. Haken in Form
einer Gesichtsmaske mit abgesetztem Kinn,
Knollennase und hervortretenden Augen, die
von kräftigen Brauen überspannt werden.

Lit.: Megaw 1970, 74 Nr. 71 Abb. 71 Taf. IIb; Lenerz-de Wilde
1980, 67 f. Abb. 4,16; 98 Nr. 3.　　　**H. Baitinger**

85 Gürtelhaken (ABB. 330)

Schwabsburg, Kr. Mainz-Bingen
450–370 v. Chr.
Bronze; B. 5,5 cm.
Landesmuseum Mainz INV.-NR. V 1110.

Grabfund. Gürtelhaken mit rechteckiger Platte, auf der sich zentral ein Knopf für eine jetzt
verlorene Einlage befindet, und einem durchbrochen gearbeiteten Beschlag. Der Haken
zeigt einen Kopf mit stark betonten Augenbrauen. Die Ornamente beiderseits des Kopfes
sind wohl als stilisierte Blattkrone zu interpretieren.

Lit.: Behrens 1927, 49 Abb. 171,5; Jacobsthal 1944, 197 Nr. 351
Taf. 167; Lenerz-de Wilde 1980, 63 f. Abb. 1,5; 100 Nr. 12.
　　　H. Baitinger

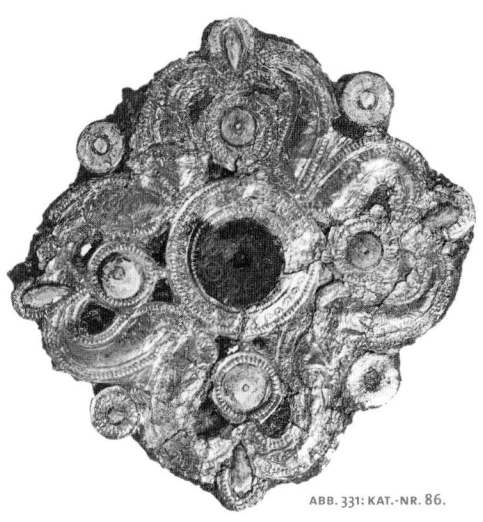

86 Schmuckscheibe mit Goldblechauflage (ABB. 331)

Schwabsburg, Kr. Mainz-Bingen
450–370 v. Chr.
Eisen, Bronze, Gold, Bernstein; Dm. 7,2 cm.
Landesmuseum Mainz INV.-NR. V 1103.

1903 gefunden, wahrscheinlich in einem Körpergrab. Auf einer annähernd quadratischen eisernen Scheibe befindet sich ein ornamentiertes, am Rand umgebördeltes Goldblech; dazwischen ist teilweise noch ein Bronzeblech erhalten. Im Zentrum sitzt eine Bernsteineinlage, die von einem Kreis feingravierter Kreisaugen gefasst wird. Die im Vierpass-System in die Mittelscheibe eingepassten Blütenmotive haben mittig sitzende Perlkreise mit Koralleneinlagen. Auf der Unterseite der Scheibe befinden sich nur noch in Resten erhaltene T-förmige Knebel.

Lit.: Behrens 1927, 49 Abb. 172,3; Haffner 1979, 291 ff. Abb. 11 Farbtaf. Nr. 5; Kat. Trier 143 Abb. 211 Nr. 134.

H. Baitinger

87 Durchbrochen verzierter Gürtelhaken und drei zugehörige Zierscheiben (ABB. 332)

Hochscheid, Kr. Bernkastel-Wittlich,
Hügel 1
450–400 v. Chr.
Eisen; L. Haken 17,2 cm.
Rheinisches Landesmuseum Trier
INV.-NR. 74,231e 1–4.

Eine kleine, 1974–75 untersuchte Grabhügelgruppe enthielt vier Kriegergräber, die nach Importen und Prunkwaffen überwiegend als Prunkgräber angesehen werden müssen. Das bereits teilweise gestörte Kammergrab in Hügel 1 barg neben einer etruskischen Bronzeschnabelkanne und Goldschmuck eine Gürtelgarnitur.

Mit einer zirkelgeometrischen Durchbruchornamentik aus Leier-, Spiralhaken-, Lotos- und Wirbelmotiven ist der Gürtelhaken das aufwändigste Exemplar eines weiträumig bekannten Typs. Ungewöhnlich ist das Bildmotiv kauernder Tiere auf einer der drei zugehörigen Zierscheiben, offenbar Darstellung eines kostbaren Halsrings mit religiösem Hintergrund.

Lit.: Haffner 1992, 25 ff. Abb. 12–14; Nortmann 1997.

H. Nortmann

88 Halsring mit Knospenzier (ABB. 148; 333)

Merzig-Besseringen, Kr. Merzig-Wadern
450–400 v. Chr.
Gold; Dm. 21,5 cm.
Staatliche Museen zu Berlin, Museum für Vor- und Frühgeschichte INV.-NR. VIIa 1253 (Kopie); Original seit 1945 verschollen.

1858 wurden bei Erdarbeiten Achsen- und Nabenbeschläge eines zweirädrigen Wagens gefunden. 1863 entdeckte man an derselben Stelle den goldenen Halsring, und bei einer daraufhin durchgeführten Nachgrabung fanden sich weitere Wagenteile sowie eine mit verbrannten Knochenresten gefüllte etruskische Schnabelkanne.

Hohler Goldblechhalsring mit einem Kern aus Kalkmasse, in der Mitte fünf herabhängende

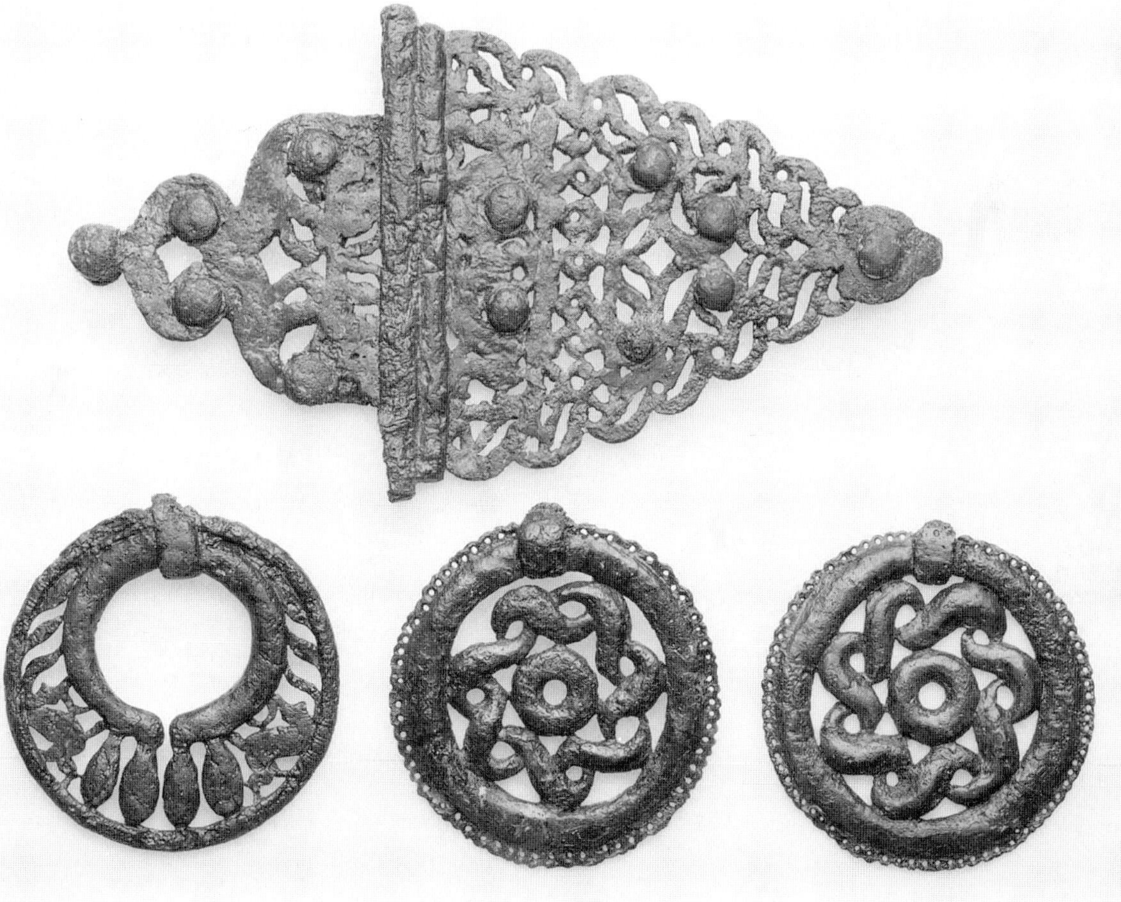

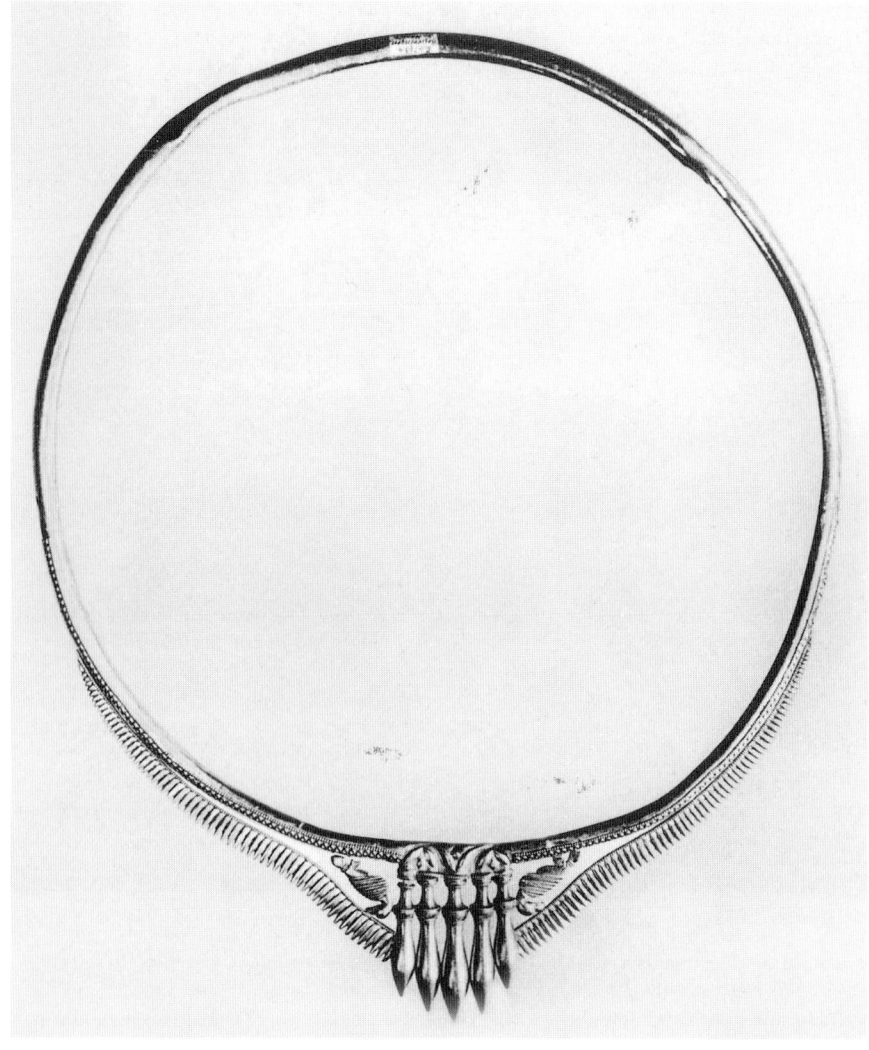

ABB. 333: KAT.-NR. 88.

Knospen, die von zwei zurückblickenden Raubvögeln flankiert werden. Von den Knospen ausgehend verläuft nach beiden Seiten zum Ring hin ein aus aneinander gereihten Keulen bestehendes Zierband.

Lit.: Jacobsthal 1944, 169 f. Nr. 41 Taf. 34; Haffner 1976, 172 f. Nr. 2 Taf. 130,1; Kat. Trier 184 Nr. 84.

H. Baitinger

89 Schuhfibel (ABB. 181)

Hallein, VB Hallein, Österreich, Dürrnberg, Grab 49, Römersteig
380–350 v. Chr.
Bronze, Eisen; L. 2,75 cm.
Keltenmuseum Hallein (Kopie).

Schuhfibel mit achtschleifiger Spirale und Bronzeknöpfen auf Eisenachse, am Absatz ein kleiner Tierkopf. Abnäher, Laschen und selbst Ziernähte sind mit Ritzlinien angedeutet.

Lit.: Penninger 1972, 86 Taf. 49.

K. W. Zeller

FRÜHKELTISCHE FÜRSTENGRÄBER

90 Ausstattung eines Fürstinnengrabs im Saarland (ABB. 140; 147; 334; 335)

Gersheim-Reinheim, Saarpfalz-Kreis
1. Drittel 4. Jh. v. Chr.
Museum für Vor- und Frühgeschichte Saarbrücken INV.-NR. 1954:1–198.

Der Ort Reinheim liegt unmittelbar an der deutsch-französischen Grenze. Im Februar 1954 wurde dort eine sensationelle Entdeckung gemacht. Zufällig war man beim Sandabbau auf einen Bronzegegenstand gestoßen, der dabei in Trümmer ging. Ein Bronzefigürchen wurde dem Museum in Saarbrücken vorgelegt, wo es als Handgriff eines keltischen Spiegels identifiziert wurde. Wenige Wochen später wurde dann innerhalb sehr kurzer Zeit eines der berühmtesten keltischen Gräber Mitteleuropas dokumentiert und geborgen. Das Grab lässt sich folgendermaßen rekonstruieren: Der Leichnam der „Fürstin von Reinheim" war ursprünglich in eine geräumige, 3,5 m lange und wohl 3 m breite Kammer aus Eichenbohlen gebettet. Über dem Grab hatte

man einen mächtigen Hügel von 20 m Durchmesser und fast 5 m Höhe aufgeschüttet, diesen dann mit einem Kreisgraben umgeben, um den Totenbezirk so vom profanen Umfeld abzugrenzen. Nachuntersuchungen ergaben, dass diese fürstliche Bestattung zu einer kleinen, aus mindestens drei Grabhügeln bestehenden Gruppe gehörte. Da jedoch das Terrain durch den modernen Sandabbau, vor allem aber durch intensive Eingriffe in römischer Zeit stark in Mitleidenschaft gezogen war, konnte der einstige Umfang der Nekropole bedauerlicherweise nicht mehr festgestellt werden.

Obwohl das Skelett vollkommen im Boden vergangen war, konnten die Ausgräber anhand der Lage von Schmuck- und Trachtelementen rekonstruieren, dass die Tote in Nord-Süd-Orientierung und Rückenlage beigesetzt worden war. Am Hals trug sie einen schweren, in sich gewundenen Goldreif, den keltischen Torques, das Gewand hielten goldene und bronzene Spangen zusammen. Am rechten Handgelenk befand sich ein kunstvoll verzierter Armreif aus purem Gold, an den Fingern steckten zwei goldene Ringe; darüber hinaus schmückten drei Reife aus Gold, Glas und Ölschiefer den linken Unterarm.

Zur Rechten der Toten fand sich ein Bronzespiegel, zur Linken lagen zahllose Perlen aus Bernstein und Glas, Amulette sowie andere Kostbarkeiten verstreut, die ursprünglich vielleicht in einem Leinenbeutel oder Holzkästchen aufbewahrt worden waren. Dienten diese Utensilien der weiblichen Schönheit, so gewährleisteten jene Gerätschaften im östlichen Teil der Grabkammer das leibliche Wohl der Verstorbenen im Jenseits: Hier befand sich ein komplettes Tafelservice, bestehend aus zwei schlichten Bronzetellern, einer edlen Bronzekanne und zwei durchbrochen gearbeiteten Goldmanschetten, die einst, wie gleichfalls die drei dazugehörigen Goldrosetten, die beiden Trinkhörner der Fürstin kostbar verziert hatten. Das Gedeck, für zwei Personen hergerichtet, stand vermutlich auf einem niedrigen Holztischchen; es vermoderte im Laufe der Zeit, sodass die auf ihm abgestellten Gegenstände herunterstürzten, noch bevor die aus Eichenbohlen gezimmerte Grabkammer irgendwann zusammenbrach. Während Knochen, Horn und weitgehend auch Holz längst vergangen waren, blieben andere Dinge aus organischen Materialien erstaunlicherweise über einen Zeitraum von zweieinhalb Jahrtausenden bewahrt: Ein mit blauen Streifen gemustertes Leinentuch hat sich in Resten erhalten und dürfte als Tischdecke gedient haben. Außerdem wurden Spuren eines Bast- oder Schilfmattenbelags beobachtet, mit dem das Grabinnere ehemals ausgekleidet worden war.

Derart kostbar ausgestattete Gräber einer aristokratischen Oberschicht bezeugen eklatant den überraschenden kulturellen Aufschwung des Saar-Mosel-Raums im 5. und 4. Jahrhundert v. Chr. Eine politische und öko-

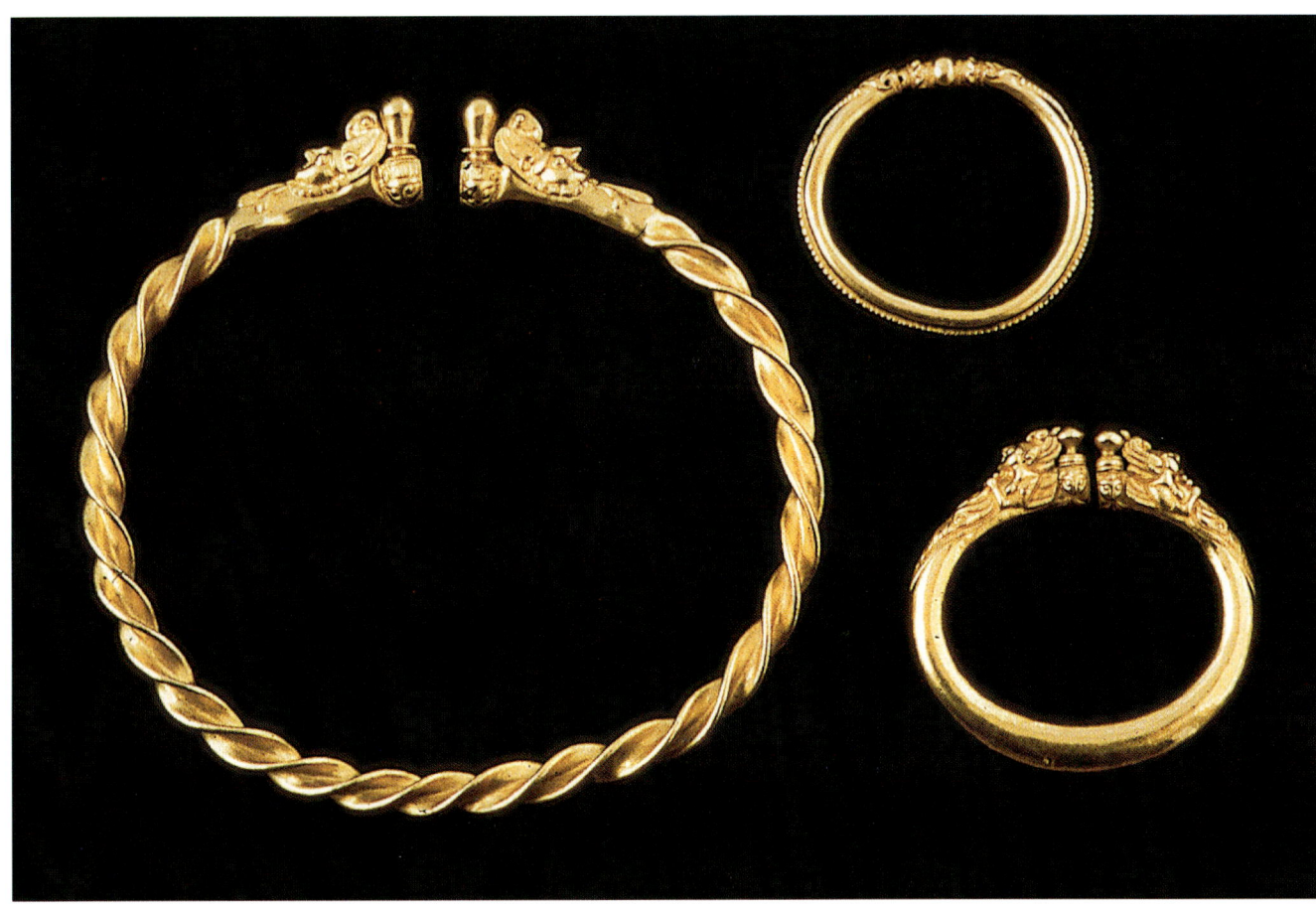

nomische Elite pflegte intensive Kontakte zum Mittelmeerraum, importierte Luxusgüter und beschäftigte hoch qualifizierte Handwerker, die abrupt und in offenbar bewusster Opposition zum einfachen geometrischen Stil vergangener Jahrhunderte eine radikal neue Kunst schufen. Zwar fasziniert von den griechisch-etruskischen Vorbildern, jedoch nicht in imitatorischer Unterwerfung vor der edlen klassischen Ornamentik und Bildersprache, ging hier eine künstlerische Transponierung südlicher Inspirationen in die mythologische und religiöse Geisteswelt der Kelten vonstatten: merkwürdige Zwittergestalten, zu Masken erstarrte Gesichter, Wirbelornamente, Palmetten, Lotosblüten … aus der Überschneidung verschiedener Zirkelschläge und der Symmetrie eleganter, jugendstilartiger Linienschwünge verschmolzene Kompositionen.

90.1. Torques. Der achtfach um die eigene Achse gedrehte Ringkörper ist aus Goldblech gefertigt; er ist innen hohl und hat einen Querschnitt, der einem dreistrahligen Stern ähnelt. Der Torques trägt an seinen Enden jeweils ein menschliches Gesicht, das von einem Zierband eingerahmt ist. Von diesem abwechselnd waagerecht und senkrecht gerippten Band hängen drei mit Fransen versehene Quasten herab. Beide Ringenden werden durch zwei kolbenförmige Knöpfe markiert, darunter befinden sich maskenartige Gesichter. Gold; max. Dm. 17,2 cm, Gew. 187,2 g (INV.-NR. 1954:1).

90.2. Goldarmring. Offener, glatter Hohlring von ovaler Form, der Querschnitt verjüngt sich den Enden zu. Die von jeweils zwei kolbenförmigen Knöpfen verzierten Enden sind reich verziert. Hauptmotiv ist der Oberkörper einer menschlichen Gestalt, die mit beiden Händen einen Ring vor der Brust hält. Auf dem Kopf erkennt man einen Raubvogelhelm mit spitzen Wangenklappen und gefiederter Helmzier. Unterhalb des Oberkörpers ist die in ein spitzes Dreieck auslaufende Verzierung deutlich flacher. Blattmuster und Spiralranken mit Schraffuren und Perlschnüren sind zu einem Ornament komponiert. Gold; Dm. 8,05 cm, Gew. 117,1 g (INV.-NR. 1954:2).

90.3. Goldarmring. Hohler, rundstabiger und fast kreisförmiger Ring mit Steckverschluss. Die ineinander geschobenen Enden werden mit einem in eine kleine Bohrung eingeführten Stift arretiert. Auf der Außenseite eine hochplastische Kerbleiste, die beiderseits von feinen Kerbleisten eingefasst ist. An den Enden sind S-förmige Ranken und Blattmotive zu einem spitzdreieckigen Ornament komponiert. Ein kräftiger Wulst an dem einen Ringende weist dieses Stück der Gruppe der sog. Einknotenringe zu. Gold; Dm. 6,77 cm, Gew. 29,6 g (INV.-NR. 1954:3).

90.4. Fingerring. Zwischen drei glatte Ringe mit rundstabigem Querschnitt ist je ein dünner, gedrehter, mäanderartig in Schlingen gebogener Vierkantdraht eingeschweißt. Dadurch entsteht ein durchbrochenes Muster

in zwei Zonen. Gold; Dm. 2,13 cm, Gew. 7,7 g (INV.-NR. 1954:5).

90.5. Fingerring. Unregelmäßig gerundeter Ring aus kräftigem Goldblechstreifen, mit leicht überlappenden Enden. Gold; Dm. 2,0 cm, Gew. 1,7 g (INV.-NR. 1954:6).

90.6. Armring. Der Ring aus klarem, durchscheinenden Glas hat einen schwachen gelblich-grünlichen Schimmer. Das Glas enthält kleinste Luftbläschen. Der Querschnitt des Rings ist D-förmig. Glas; Dm. 8,17 cm (INV.-NR. 1954:34).

90.7. Armring. Vollständig erhaltener Armring mit rundlichem Querschnitt. Ölschiefer; Dm. 10,83–10,97 cm (INV.-NR. 1954:54).

90.8. Runde Goldscheibenfibel. Auf der Rückseite einer dünnen, runden Eisenplatte ist eine einfache eiserne Bügelfibel mit acht Windungen, unterer Sehne und einer bronzenen Spiralachse montiert. Auf der Oberseite befindet sich ein aus zwei Teilen gearbeitetes Goldblech. Die getriebene, aus Kreispunzen und Perlschnüren komponierte Verzierung gruppiert sich um eine zentrale Korallenperle (Original verloren). Der äußere Rand war mit insgesamt 20 Korallenperlen verziert. Diese waren mit Stiften auf dem Untergrund befestigt, deren Köpfe mit einem eingedellten Goldblech überzogen sind. Gold, Eisen, Koralle; Dm. 4,1 cm (INV.-NR. 1954:11).

90.9. Ovale Goldscheibenfibel. Abgesehen von ihrer äußeren Form entspricht dieses Exemplar in Herstellungstechnik und Zierweise

weitgehend der runden Goldscheibenfibel. Gold, Eisen, Koralle; L. 3,75 cm (INV.-NR. 1954:10).

90.10. Hähnchenfibel. Die unter dem hinteren Ende des Hahnenkörpers befindliche Spiralkonstruktion ist nur noch in Resten erhalten. Sie bestand aus einer vierschleifigen Spirale mit Achse. Die Rekonstruktion mit auf die Enden der Achse aufgeschobenen Zierknöpfen ist nicht gesichert. Der Tierkörper ist aus Bronze gegossen und fein nachziseliert. Augen, Kamm, Flügel und der abgebrochene Kehllappen sind durch Koralleneinlagen dargestellt. Bronze, Koralle; L. 3,75 cm (INV.-NR. 1954:14).

90.11. Maskenfibel. Der Kopfteil der Fibel fehlt, von der Spirale sind sechs Windungen und ein Stück der eisernen Achse erhalten. Der halbkreisförmig gewölbte Bügel trägt an seinem unteren Ende ein maskenartiges Köpfchen. Auf beiden Längsseiten ist der Bügel mit einem Zickzackmuster verziert, das von einem Perlband eingerahmt ist. In einer tiefen Rinne auf der Bügeloberseite war ursprünglich ein Zierstreifen aus einem anderen Material (Koralle oder Bernstein?) eingelassen. Der Nadelhalter in Form eines Tierhalses geht in einen Tierkopf über, der mit seinem Maul das Kinn des menschlichen Gesichts berührt. Bronze, Eisen; L. noch 3,83 cm (INV.-NR. 1954:13).

90.12. Drei verzierte Glasperlen. Schwarzbraune Perle mit fünf Buckeln, die mit konzentrischen Ringen weiß und gelb verziert sind; um die Lochmündungen jeweils ein Kranz von gelben und weißen Noppen. – Zwei blaugrüne Perlen mit jeweils sieben großen Augen, die weiß umrahmt sind, eine braune Innenfläche haben, in die wiederum sechs blau-weiße Augen eingefügt sind. Glas; Dm. 3,7–3,8 cm; 2,4–2,46 cm; 2,34–2,48 cm (INV.-NR. 1954:35–37).

90.13. Glasperlen. Neben den polychromen Perlen fanden sich 15 einfache Glasperlen. Vorwiegend handelt es sich um weißliche, kugelförmige Exemplare; es sind aber auch Perlen aus blauem und hellgrünem Glas unterschiedlicher Form belegt. Glas; Dm. 0,79–2,9 cm (INV.-NR. 1954:38–52).

90.14. Bernsteinperlen und -schieber. Die Bernsteinperlen sind in Größe, Form und Bearbeitungsqualität sehr unterschiedlich. Neben scheiben-, ring- und tonnenförmigen Perlen sind auch kugelförmige, vierkantige und profilierte Exemplare vertreten. Teilweise sind deutliche Abweichungen von der Symmetrie zu bemerken. Hervorzuheben sind eine sorgfältig mit einem Metallband geflickte Perle, eine kräftig profilierte, gedrechselte Perle sowie einige Exemplare mit schrägen Durchbohrungen. – Einige flache, rechteckige bzw. trapezförmige Schieber geben zumindest einen Hinweis, dass die kleinsten bis mittelgroßen Perlen auf einer fünfreihigen Kette aufgezogen waren. Bernstein; Dm. 0,43–7,5 cm (INV.-NR. 1954:67–197).

90.15. Bernsteinstab. Aus vier ovalen Bernsteinscheiben unterschiedlicher Höhe und einem halbrund endenden Kopfstück mit seitlicher Nase zusammengesetzt. Der Kopf ist in Querrichtung durchbohrt, in der Bohrung stecken Metallstifte. In der Längsachse des Stabs verläuft ebenfalls eine zentrale, mit Silberblech ausgekleidete Bohrung, außerdem parallele Bohrungen als Dübellöcher zur Verbindung der einzelnen Scheiben. Drei silberne Kettchen hingen am Kopfende (eines erhalten), daran kleine glockenförmige Bernsteinbommel. – Der neuen Interpretation von R. Echt zufolge handelt es sich bei diesem Objekt um das Fragment eines Kultstabs. Bernstein, Silber; L. 8,8 cm (INV.-NR. 1954:198).

90.16. Zwei anthropomorphe Amulette. Beide Amulette sind als stehende, nackte männliche Figuren mit einer Ringöse auf dem Kopf dargestellt. Während die größere Figur mit erhobenen Armen den Ring hält, meint man bei dem kleineren, gröber gefertigten Exemplar erkennen zu können, dass die Arme angewinkelt sind und die Hände vor der Brust liegen. Bronze; H. 6,46 u. 5,32 cm (INV.-NR. 1954:19–20).

90.17. Antiquaria. Zusammen mit Perlen, Stabgliederkette und Amuletten fanden sich neben dem Kopf der Toten zahlreiche Sammelobjekte, denen man wohl magisch-religiöse Bedeutung beimessen darf. Darunter eine kupferzeitliche Pfeilspitze (L. 3,22 cm), eine Jaspiskugel (Dm. 2,35 cm), ein beilförmiger Anhänger aus olivgrün-grauem Stein (L. 2,54 cm) und eine kleinere Kugel aus schwarzblauem Stein (Dm. 1,5 cm). Chalzedon, Jaspis, Hornstein u. a. (INV.-NR. 1954:55–65).

90.18. Stabgliederkette. Im Grabungsbericht sind 39 Teile, darunter viele Fragmente, einer Stangengliederkette verzeichnet. Die Gürtelkette besteht aus zierlichen Stangen, eigentlich Stäbchen, die mit einem Wulst in der Mitte verziert sind, und kleinen Ringgliedern. Obwohl sich die Kette nicht mehr exakt rekonstruieren lässt, wurde beobachtet, dass zwischen zwei Stangengliedern drei, vier, fünf oder sieben Ringglieder eingeschoben sein können. – Die unter Nr. 17 aufgeführten Kuriosa, eventuell aber auch etliche der oben aufgeführten Perlen könnten zu einem prächtigen Gürtelgehänge gehören. Eisen; L. einzelner Stangenglieder 3,8–4,6 cm (INV.-NR. 1954:25).

90.19. Spiegel. Die Spiegelscheibe ist aus vielen winzigen Fragmenten zusammengesetzt

ABB. 335: KAT.-NR. 90.19.

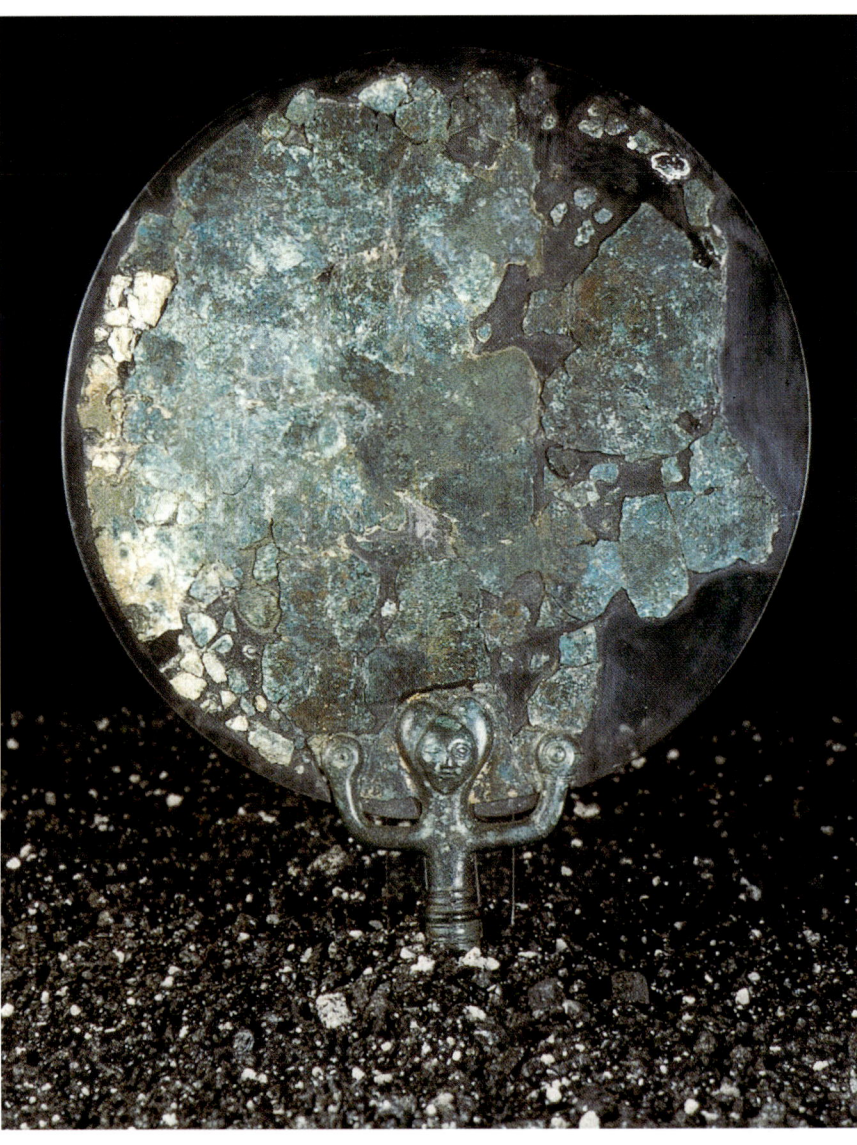

und ergänzt; sie hat eine Stärke von 1,3 mm. Die Griffhalterung in Form einer menschlichen Figur besteht im unteren Teil aus einer Tülle, in der ein Griffstück aus vergänglichem Material eingesteckt war. Ein Stiftloch zur Befestigung des Griffs ist in der Tülle noch sichtbar. Mit erhobenen Armen hält die Figur den Spiegel. Kopf und Handflächen sind janusartig, also beidseitig dargestellt. Die gesondert gearbeitete Scheibe wurde in einen Schlitz zwischen Kopf und Hände geschoben und fand dort sicheren Halt. Bronzeniete, die durch die kreisrunden Handflächen gehen, fixieren die Scheibe und dienten gleichzeitig zur Anbringung von Korallenscheiben. Um die Handgelenke sind jeweils durch Querstriche angedeutete Armbänder sichtbar. Die Gürtelpartie wird durch fünf Wülste mit dazwischen liegenden Perlschnüren markiert. Bronze; Dm. Spiegelscheibe 18,9 cm (INV.-NR. 1954:15).

90.20. Röhrenkanne. Die aus dünnem Bronzeblech gefertigte Kanne mit röhrenförmigem Ausguss war zum Zeitpunkt ihrer Auffindung in einem extrem schlechten Zustand. Der Kannenkörper, der Boden, der Ausguss und der Henkel sind aus verschiedenen, teils getriebenen, teils gegossenen Teilen hergestellt, die miteinander verlötet bzw. vernietet wurden. Auf dem Deckel steht ein menschengesichtiges Pferd; der Henkel ist mit einem bärtigen Männergesicht und einem Widderkopf verziert. Feine Gravuren verzieren in horizontalen Friesen den Kannenkörper; außerdem befinden sich Gravuren auf der Mündungsfläche, auf der Ausgussröhre, auf dem Henkel und selbst auf dem Boden. Das Ornament wird von der geometrischen Regelmäßigkeit der Überschneidung verschiedener Zirkelschläge und der Akzentuierung von Flächensegmenten bestimmt. Blatt- und Blütenmotive dominieren, wobei zur grafischen Betonung in vielen Bereichen der sog. Tremolierstich, eine feine Zickzackgravur, aufgebracht wurde. Bronze; H. 51,4 cm, max. Dm. 23,2 cm (INV.-NR. 1954:12).

90.21. Zwei manschettenförmige Trinkhornbeschläge. Die beiden aus dünnstem Goldblech mittels eines Models gefertigten Beschläge sind oben und unten mit Kreisaugen bzw. einem Perlstab verziert. Schmale Kerbleisten rahmen das breite Mittelfeld mit Durchbruchmuster ein. Während J. Keller in seiner Publikation der Funde ein Blütenornament zu erkennen glaubte, interpretiert R. Echt die Darstellung als heraldische Komposition von Greifenpaaren. Gold; Dm. oben 4,5–4,7 cm, unten 4,1–4,3 cm (INV.-NR. 1954:7–8).

90.22. Drei Goldblechrosetten. Die drei hauchdünnen, konzentrisch verzierten Scheibchen sind über denselben Model gepresst und gehören zum Trinkhornzubehör. Gold; Dm. 1,00–1,03 cm (INV.-NR. 1954:9).

90.23. Zwei Bronzebecken. Beide Becken sind sehr einfach gestaltet: Sie haben einen flachen Boden und einen niedrigen steilen Rand, der oben leicht verdickt ist. Der Grabungs-

befund ließ sich an dieser Stelle erstaunlich gut dokumentieren: Demnach waren beide Schalen mit Holzdeckeln abgedeckt und in ein Tuch eingeschlagen. Anhand der erhaltenen Tuchreste konnten drei verschiedene Muster mit dunkelblauen Streifen rekonstruiert werden. Bronze; Dm. 27,3 u. 28,0 cm (INV.-NR. 1954:17–18).

Lit.: J. Keller, Das keltische Fürstengrab von Reinheim. Bd. I: Ausgrabungsbericht und Katalog der Funde (Mainz 1965); A. Haffner, Die keltischen Fürstengräber des Mittelrheingebietes. In: Kat. Trier 31–61; W. Reinhard, Fürstengräber der Späthallstatt- und Frühlatènezeit im Saarland. Saarpfalz. Bl. Gesch. u. Volkskde., Sonderh. (Homburg 1995); Echt 1999.
                                                              A. Miron

91   Ausstattung eines Fürstengrabs in Nordwürttemberg (ABB. 141; 187)

Asperg, Kr. Ludwigsburg, Kleinaspergle
Um 400 v. Chr.
Württembergisches Landesmuseum
Stuttgart INV.-NR. 8723.

Der mit seiner Höhe von 7,59 m und seinem Durchmesser von 60 m heute noch imposante Grabhügel „Kleinaspergle" liegt 1 km südlich des Hohenasperg, auf dem sich ehemals wohl einer der bedeutendsten späthallstatt- und frühlatènezeitlichen Fürstensitze befand. 1879 wurde unter der Leitung des Geologen O. Fraas der Grabhügel mittels eines Stollens „bergmännisch" ausgegraben. Dabei wurde auf der Suche nach dem Hauptgrab ca. 14 m westlich der Hügelmitte auf dem Niveau der ehemaligen Geländeoberfläche das ungestörte Nebengrab angetroffen. Es handelt sich um eine Nord-Süd-orientierte, 2 x 3 m große Kammer aus Holzbohlen. Ihre Höhe konnte nicht mehr bestimmt werden, wird aber Vergleichen zufolge auf etwa 1 m geschätzt. Reste von Textilien weisen darauf hin, dass der Innenraum der Grabkammer mit Tüchern ausgekleidet war. Die Angaben über die Lage der Grabbeigaben sind widersprüchlich. Sicher erscheint einzig, dass sich die Gefäße an der Ostseite fanden: An der Ecke zur Nordwand das Becken, anschließend die Rippenziste, der Stamnos, die Schnabelkanne, die Trinkhörner, von denen nur die metallenen Aufsätze erhalten waren, sowie die beiden offenbar ineinander gestellten attischen Schalen. Unterschiedlich sind die Angaben zur Bestattungsart, obwohl im ersten Fundbericht unmissverständlich steht, dass „so ziemlich in der Mitte der Kammer ein Häufchen weißer Asche und calcinierter menschlicher Knochen lag". Uneinheitlich ist bis heute auch die nur aufgrund der Grabausstattung vornehmbare Bestimmung des Geschlechts des Toten. Im Zentrum des Hügels wurde das Hauptgrab angetroffen. Die 2,5 m in den gewachsenen Boden eingetiefte, 4 x 5 m große Kammer aus Holzbohlen war jedoch ausgeraubt. Im Schacht der Raubgrabung fand sich u. a. eine 1,80 m hohe steinerne „Stele"(!), die verschollen ist.

Die Funde des Nebengrabs erfuhren 1879 ein großes öffentliches und wissenschaftliches Interesse. Bereits 1880 wurde ein Großteil davon im Römisch-Germanischen Zentralmuseum in Mainz restauriert. Wegen unglücklicher Umstände kam es jedoch erst 1988 zu einer umfassenden monographischen Publikation. Hier wurden auch die Ergebnisse der Neurestaurierungen von 1982 und 1986 mitberücksichtigt sowie die Resultate einer 1963 unter der Leitung von H. Zürn durchgeführten Nachgrabung, bei der ein 1,20 m tiefer und 2,50 m breiter, rund um den Hügel verlaufender Graben nachgewiesen wurde. Beachtenswert für die Bedeutung des Kleinaspergle sind drei weitere, wohl gleichzeitige Grabhügel in seiner unmittelbaren Umgebung. Sie sind – ihrem Erhaltungszustand entsprechend – zwar schlecht bekannt, relativieren jedoch die scheinbar isolierte Lage des frühlatènezeitlichen Grabs mit der umfangreichen und außergewöhnlich hochwertigen Ausstattung.

91.1. Schnabelkanne. Figürlich gestalteter Henkel: Attasche mit Maske aus kombinierten Kugelformen, Tierohren, beidseitig herabhängende „Locken", ein als Bart interpretierbares Ornament, darunter drei Blätter mit Kügelchen am Ansatz, abschließend ein Palmettenblatt. Eine nahezu gleichartige Maske schmückt den oberen Rand des Henkels. Bronze, H. ergänzt 45,3 cm.

91.2. Stamnos. Körper aus Bronzeblech getrieben, Mundsaum in Kaltarbeit verziert, Lötspuren unter dem Fuß weisen auf ehemaligen Standring, Henkel abgegriffen, zwei Attaschenpaare ursprünglich angelötet, drei der Attaschenblätter sekundär mit Nieten befestigt. Spitzovale Henkelattaschen mit Satyrköpfen verziert. Die Details sind von der Rückseite ausgetrieben, die Haarteile von der Vorderseite graviert, die Ohröffnungen durch Punzschläge gekennzeichnet. Oberhalb des Kopfes sind blattförmige „Augen" eingeritzt. Ein Band mit ineinander greifenden Efeublättern schmückt den Attaschenrand. Reste einer 1879 beobachteten harzartigen Substanz im Stamnos sind nicht mehr nachweisbar. Import aus Südetrurien, wohl Vulci. Bronze; H. 33,6–34,1 cm.

91.3. Becken. Form unsicher, die erhaltenen Teile – zwei Seitenteile, eines davon mit Randansatz, ein Körperblech mit Bodenansatz – passen nicht aneinander. Nietlöcher am Rand gehörten wohl zu einer Randverstärkung. Zwei antike Flickungen in Bodennähe. Mit eingesetzt bei der ersten Restaurierung waren Bronzeblechteile eines weiteren, nicht identifizierbaren Gegenstands. In dem Becken fand sich eine hölzerne Schale (verschollen). Bronze; H. ergänzt 33 cm, Dm. ergänzt 79 cm.

91.4. Rippenziste. Zylinder mit übereinander gelegten und vernieteten Enden, verziert mit elf von sehr kleinen Perlbuckelreihen eingefassten Rippen; Bodenplatte mit zentralem Kreisringbuckel. Ansätze der Henkelattaschen sind zu sehen. Antike Reparaturen am oberen

Wandteil und am Boden. Fragmentarisch erhalten. Import, von B. Stjernquist der Latène-A-zeitlichen „Tessiner Gruppe" zugewiesen. Bronze; H. 23,8 cm.

91.5. Attisch rotfigurige Schale auf niedrigem Fuß. Innenbild: Frau in Chiton und Mantel, nach rechts gewandt mit Fackel in der Hand vor einem Altar, links von ihr ein Tisch. Auf der Schalenlippe ein umlaufender Efeukranz. Flammen, Fackel, Früchte und Teile der Efeuranken sind weiß gemalt. Dem Amphitritemaler zugeschrieben. Antike Bruchstellen sind mit Klammern repariert und mit im frühkeltischen Stil verzierten Goldblechen belegt. Um 450 v. Chr. Ton; Dm. 15,5 cm.

91.6. Attische gefirnisste Schale auf niedrigem Fuß. Auf der Innenseite der Lippe ehemals weißer Myrtenzweig mit gegenständigen Blättern und Früchten. Antike Bruchstellen sind mit Klammern repariert und mit im frühkeltischen Stil verzierten Goldblechen belegt. Um 450 v. Chr. Ton; Dm. 15,4 cm.

91.7. Beschläge von zwei Trinkhörnern. Goldblech, jeweils durch Scheiben in vier Teile gegliedert, Enden in Form eines Widderkopfes mit Öse. Die beiden Hörner sind ähnlich, aber nicht identisch. Der gegossene Widderkopf steckt auf dem vergoldeten Bronzeblech, das auf einen Holzkern mit innerem Eisendraht gekittet ist. Frühkeltische Verzierung mit mediterranen und orientalisierenden Anklängen. Gold, Bronze, Eisen; L. 14,5 u. 16,5 cm. Zwei 13,5 u. 13,3 cm lange, geflochtene silberne Kettchen mit Öse am einen und Querstift am anderen Ende dienten zum Aufhängen der Trinkhörner.

91.8. Zierscheibe. Goldblech mit dünnem Bronzeblech unterlegt und zusammen mit diesem verziert, durchbrochen gearbeitet, Kanten umgebördelt, eiserne Unterlagsscheibe fragmentarisch erhalten. An der Mittelscheibe (zentrale Einlage fehlt) sind Blütenblätter mit Koralleneinlagen und dazwischen jeweils eine Dreiergruppe mit Koralleneinlagen angesetzt. Präzis mit Zirkel konstruiertes Ornament mit einheitlichem Grundmaß. Von A. Haffner dem Latène-A-zeitlichen „Typ Weiskirchen" zugeschrieben. Gold, Bronze, Eisen; B. 6,8 cm.

91.9. „Löffel". Zusammengehörigkeit von Stiel und Schale nicht gesichert. Stiel: Goldfolie auf Bronzeunterlage mit Ornament in Form einer Spiralkette mit Palmetten, kleinen Kreisbuckeln und Lotosblättern. Schale: Goldfolie über Model gepresst, stark beschädigt, originale Unterlage nicht vorhanden. Um zentrales Loch sieben kleine Löcher (ca. 1 mm Dm.). Verziert mit einer Blüte oder Rosette aus dreiblättrigen Palmetten, einzelnen Palmetten und Spiralkörper. Gold, Bronze; L. des Stiels 8,5 cm (aus fünf Teilen ohne exakten Fugenschluss zusammengesetzt, Endabschlüsse fehlen), Dm. der Schale 3,8–3,9 cm.

91.10. Gürtelhaken. Dreieckige Platte mit gewellten Seitenrändern und an der Spitze umgebogenem zungenförmigem Haken. Zwei bzw. drei Niete sicherten die Verbindung von Gürtel und Hakenplatte. Auf der Oberseite der Hakenplatte Spuren von Textilien (bisher nicht untersucht). Eisen; L. 11 cm.

91.11. Ring, im Querschnitt kreisrund. Lignit (Sapropel); Dm. 11, 8 cm.

Lit.: H. Zürn, Grabungen beim und am Kleinaspergle auf Markung Asperg. Fundber. Schwaben N. F. 17, 1965, 194–198; Kimmig 1988 (mit älterer Lit.).

D. Marzoli

92 Ausstattung eines Prunkgrabs der Hunsrück-Eifel-Kultur (ABB. 16; 17; 144)

Weiskirchen, Kr. Merzig-Wadern, Hügel I
Anfang 4. Jh. v. Chr.
Rheinisches Landesmuseum Trier
INV.-NR. 17898 u. 1939,45a–m.

1830 (III), 1851 (I) und 1866 (II) wurden drei Großhügel mit reichen Kriegerbestattungen ausgegraben. Sie liegen in 30 m (Hügel I–II) und 1000 m Abstand in Sichtweite voneinander auf einem Rücken im südlichen Vorfeld des zu allen Zeiten siedlungsfreien Hunsrückhauptkamms. Auf diesem Rücken führt eine natürliche Passage quer über den Kamm als Höhenweg bzw. römische Straße. Eine bewusste Platzierung der Hügel an diesem Weg kann nach Vergleichsfällen sicher angenommen werden. Der vorgeschobene Hügel III wurde dabei zuerst angelegt. Die trotz unzulänglicher Überlieferung reiche Ausstattung sowohl mit Importen wie mit keltischem Kunstgewerbe, dazu dessen technische und gestalterische Qualität, machen Weiskirchen zu einer regionalen Schlüsselfundstelle für das Verständnis der Umsetzung mediterraner Vorlagen in keltische Kunst. Besonders nach der Ausstattung von Hügel I wurde eine frühkeltische „Werkstatt Weiskirchen" mit eigener technischer Handschrift umschrieben, die gestalterisch auf offenbar vor Ort vorhandene etruskische Originale („Hausschatz") zurückgriff.

92.1. Etruskische Schnabelkanne. Die Kanne ist aus mehreren, nicht von vornherein zusammengehörigen Teilen zusammenmontiert. Das in einem Stück getriebene Gefäßunterteil gehörte ursprünglich nicht zu einer Kanne, sondern wohl zu einem etruskischen Stamnos. Das alt reparierte, aufgelötete Oberteil stammt im Wesentlichen von einer etruskischen Kanne, wurde jedoch am Schnabel im Überfangguss bearbeitet. Der gegossene Henkel ist lediglich im unteren Teil mit Palmette, einem Paar zurückblickender Hirschkühe und einer kauernden Raubkatze ein etruskisches Original. Die grob ornamentierte Fortführung des Perlstabgriffs mit den glatt abgeschnittenen Befestigungsarmen weist einen wohl im Rheinland vorgenommenen Anguss zur Anpassung an neue Gefäßproportionen nach. Die separat aufgesetzten, aufgerichtet hockenden Randlöwen sind abgeschnittene mediterrane Originale, die ursprünglich in ähnlicher Position als Henkelabschluss den Rand krönten. Hals und Bauch tragen zwei geomet-

rische, zweifellos nachträglich im Rheinland angebrachte Zierzonen im Tremolierstich, Schuppenfriese und Halbmonde. Bronze; H. 43,6 cm (INV.-NR. 17898).

92.2. Dolch in verzierter Scheide. Die technisch aufwändig gestaltete Scheide weist beidseitig Bronzezierbleche auf. Zwei durchbrochene Felder der Schauseite besaßen – wie das vogelgestaltige Ortband – heute verlorene Koralleneinlagen. Die achsensymmetrischen Zierzonen mit Blattmotiven sind überwiegend im Tremolierstich ausgeführt. Die randliche Herzborte kopiert Vorlagen auf etruskischen Gefäßattaschen. Eisen, Bronze, ursprünglich auch Koralle; L. 30,5 cm (INV.-NR. 1939,45e).

92.3. Figürlich verzierter Gürtelhaken mit Einlagen. Eines der prominentesten Werke frühkeltischer Kunst stammt aus der gleichen Werkstatt wie der Dolch und ist aus fünf Hauptteilen kompliziert gefügt. Die Basis der Schauseite zeigt geometrische und blattdekorierte Zonen mit Koralleneinlagen. In der durchbrochenen Reliefzone darüber flankieren vier bärtige Sphingen, teils in Schnabelschuhen, eine zentrale Maske. Deren neben dem Haaransatz deutlich hoch stehenden Ohren und die Kopfbekrönung durch Spiralranken finden ihre Vorlagen an etruskischen Silensattaschen, z. B. der aus Hügel II. Dieses Nachbargrab bezeugt in einem eng an eine mediterrane Vorlage angelehnten Goldpressblech auch die lokale Inspiration des Sphingenmotivs. Bronze, Koralle; B. 7,5 cm (INV.-NR. 1939,45b).

92.4. Gürtelanhänger mit Einlagen. Von zwei ursprünglich zur Gürtelgarnitur gehörigen Anhängern ist nur einer erhalten. Auf einer abgedrehten Scheibe sind zwei durchbrochene Blechhälften montiert. Darin eingelegte Korallenplättchen ergeben einen zirkelgeometrischen Blütensternfries. Die Ähnlichkeit mit der Komposition auf den verschollenen Gürtelringen des älteren Hügels III lässt auf einen eher geringen Zeitabstand schließen. Bronze, Koralle, Harzkitt; Dm. 4,3 cm (INV.-NR. 1939,45c).

92.5. Figürlich verzierte Zierscheibe. Namengebendes Exemplar für einen im frühkeltischen Bereich weiträumig verbreiteten Zierbesatz auf Leder, als Statuszeichen gedeutet. Die quadratische Grundplatte ist mit Goldpressblech und roten Steinen besetzt und zeigt eine Zentralkomposition mit vier Masken und Palmetten. Gold, Bronze, Eisen, ursprünglich auch Bernstein u. Koralle; Dm. 8 cm (INV.-NR. 1939,45g).

92.6. Maskenfibel. Die gegossene Fibel zeigt zwei plastische, stark schematisierte Maskenpaare. Es handelt sich um die regionale Ausprägung eines im frühkeltischen Bereich weiträumig verbreiteten Typs. Bügeleinlage und Nadel sind verloren. Bronze, Harzkitt, ursprünglich auch Koralle; L. 4,1 cm (INV.-NR. 1939,45d).

Lit.: Haffner 1976, 217ff. Nr.21 Taf.13,9; 14; 156,3; 157–161; ders. 1979; Kat. Trier 67ff. Abb. 21; 22; 134f. Nr.36; 156 Nr.40; 167 Nr.57; 208 Nr.40; 211 Nr.133. **H. Nortmann**

93 Ausstattung eines Prunkgrabs der Hunsrück-Eifel-Kultur (ABB. 23; 187; 336; 337)

Weiskirchen, Kr. Merzig-Wadern, Hügel II
450–400 v. Chr.
Rheinisches Landesmuseum Bonn
INV.-NR. A 333–336.

Aus Hügel II mit 2 m Höhe und bis 30 m Durchmesser wurde im Jahr 1866 ein zwar geschlossenes, aber unvollständiges Inventar geborgen. Das im Zentrum gelegene mögliche Körpergrab war steinumstellt und enthielt einen etruskischen Stamnos, eine etruskische Schnabelkanne, den aus dünnem Goldblech gefertigten Randbeschlag eines Trinkhorns sowie ein sehr schlecht erhaltenes Schwert. Von ihm ist nur die Spitze vorhanden, deren Scheide zunächst in Perlkreisen mit Korallen verziert war; nach langem Gebrauch wurden dann Goldbleche mit Korallen aufgelegt. Der Stamnos und die Schnabelkanne datieren das Grab in die Stufe Latène A vor die Mitte oder in die Mitte der 2. Hälfte des 5. Jhs. v. Chr.

93.1. Stamnos. Der im etruskischen Vulci hergestellte Mischkessel ist der bislang einzige seines Typs nordwärts der Alpen. Anders als an Stücken vom Kleinaspergle (KAT.-NR. 91.2)

und aus Altrier sind die Randlippe und die den Satyrköpfen aufliegenden S-Spiralen gestaltet. Die gegenständigen Attaschen waren mit Blei auf die Gefäßwandung aufgelötet. Bronze; H. 41,5 cm.

93.2. Schnabelkanne. Das Stück mit angenietetem Henkel samt Schlangenattasche trägt eine Tremolierstichverzierung wie die Kanne aus Hügel I von Weiskirchen (KAT.-NR. 92.1). Bronze; H. ergänzt 34,3 cm.

93.3. Trinkhornbeschlag. Auf dem getriebenen Goldblech sind zwischen perlgesäumten randlichen Gittermustern zehn nach links gerichtete Sphingen aufgereiht. Es handelt sich möglicherweise um eine großgriechische Arbeit. Gold; Dm. 4,9 cm.

93.4. Schwertspitze. Das erhaltene Ortbandschlussstück mit Eisenscheide und Bronzeortband war zunächst in Perlkreisen mit Korallen, dann nach längerem Gebrauch mit Goldblechscheibchen und Korallen verziert. Eisen, Bronze, Gold; L. noch 7 cm.

Lit.: Haffner 1976, 217 ff. Nr. 21 Taf. 15; 16; 162; 163,1–4; 164; A. Haffner, Ein Schwert mit Vergangenheit. Zum Ortbandschlussstück aus Hügel II von Weiskirchen im Saarland. In: H. Ament (Hrsg.), Studia Antiquaria (Festschr. N. Bantelmann). Univforsch. Prähist. Arch. 63 (Bonn 2000) 89–98 (mit älterer Lit.).   H.-E. Joachim

94 Ausstattung eines Prunkgrabs der Hunsrück-Eifel-Kultur (ABB. 18)

Weiskirchen, Kr. Merzig-Wadern, Hügel III (früher unter Zerf, Kr. Saarburg)
450–400 v. Chr.
Rheinisches Landesmuseum Trier
INV.-NR. G L 1292, G M 1396, G O 103, G O 114 u. G M 1396.

94.1. Verzierter Armring. Der aus Goldblech gearbeitete Hohlring besitzt auf der Außenseite eine Lötnaht und eine in der gleichen, seinerzeit noch neuartigen Technik vorgenommene Umarbeitung. Der durch drei ziselierte und gravierte Ziergruppen und umlaufende Perlrippe gekennzeichnete Ring entspricht einem regional gut bezeugten Bronzearmringtyp. Die üblicherweise plastischen Zierknoten sind hier jedoch durch einen Flächendekor aus Leiern und Palmetten ersetzt. Gold; Dm. bis 8,4 cm (INV.-NR. G L 1292).

94.2. Verzierter Fingerring. Die erweiterte Ringplatte trägt ein von groben Perlbändern gesäumtes, achsensymmetrisches Blattornament, ergänzt durch gepunzte Kreisaugen. Gold; Dm. 2,4 cm (INV.-NR. G M 1396).

ABB. 336: KAT.-NR. 93.1–93.2.

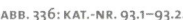

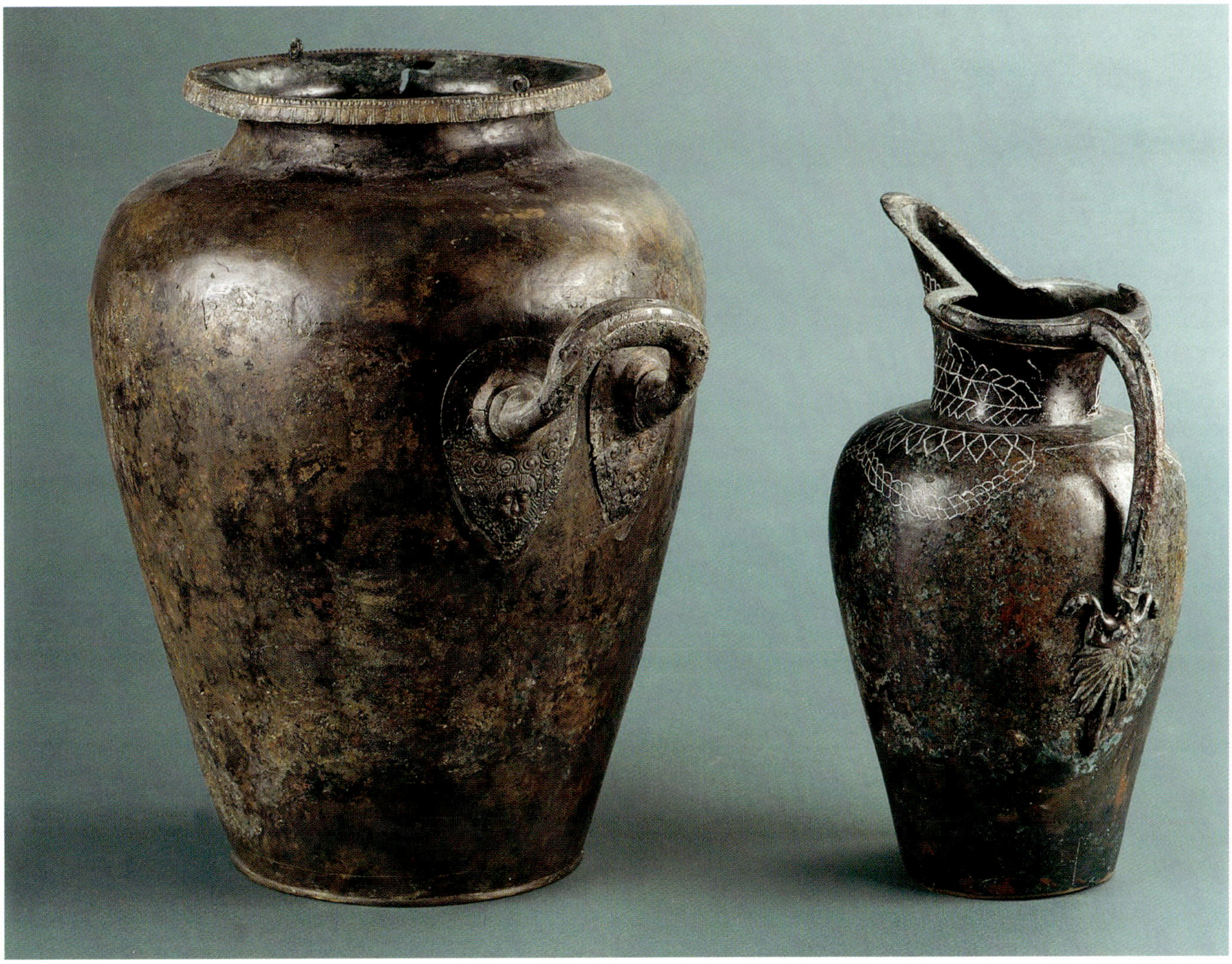

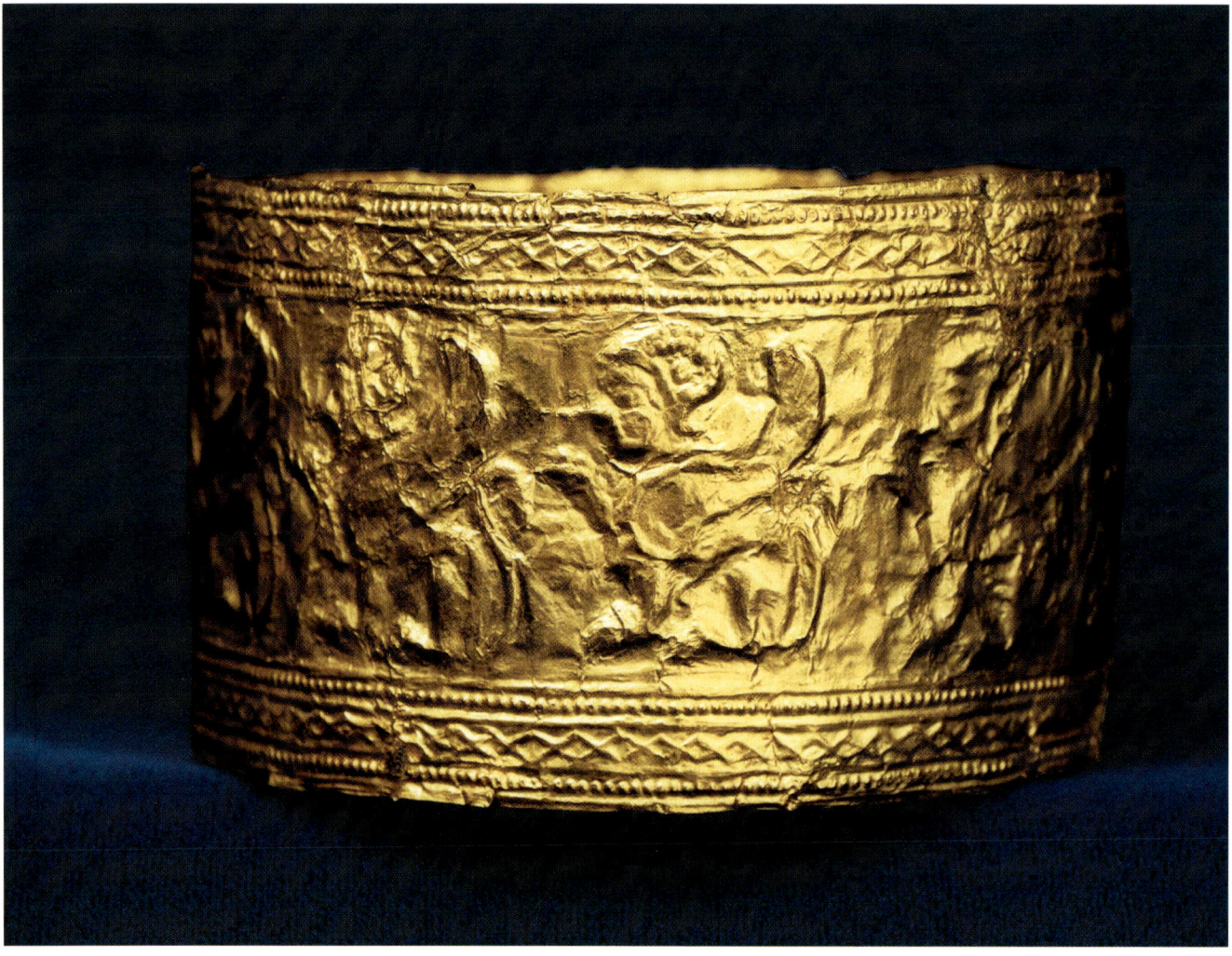

ABB. 337: KAT.-NR. 93.3.

94.3. Etruskische Schnabelkanne. Zugehörigkeit fraglich. Das Unterteil der in einem Stück getriebenen etruskischen Kanne ist ergänzt. Der gegossene Henkel zeigt einen grob gearbeiteten Frauenkopf über Spiralranken und Palmette. Der erhaltene obere Henkelarm lässt einen liegenden Widder erkennen. Bronze; H. ergänzt 35,4 cm (INV.-NR. G O 103).

94.4. Etruskisches Becken. Zugehörigkeit fraglich. Zur Fundeinheit gehörte ursprünglich noch ein weiteres, aber gehenkeltes Becken. Der plane Boden der tellerartig flach getriebenen Schale ist ergänzt. Die gravierte Zierborte zeigt das Motiv des „laufenden Hunds". Bronze; Dm. 29,1 cm (INV.-NR. G O 114).

94.5. Maskenfibel. Die gegossene Fibel eines im frühkeltischen Bereich weiträumig verbreiteten Typs läuft in einen plastischen, maskenhaft schematisierten Kopf aus. Der separat gefertigte Nadelapparat ist verloren. Bronze; L. 3,5 cm (INV.-NR. G M 1396).

Lit.: Haffner 1976, 220 f. Nr. 22 Abb. 55 Taf. 17; 163,5; 165; J. Merten, Das dritte keltische Fürstengrab von Weiskirchen. Der Bericht des Johann Nikolaus v. Wilmowsky und der angebliche Grabfund aus Zerf. Arch. Korrbl. 14, 1984, 389–395; Kat. Trier 88 Nr. 11; 137 Abb.; 167 Nr. 58; 184 Nr. 90.
H. Nortmann

95 Ausstattung eines Prunkgrabs im Saarland (ABB. 21)

Nonnweiler-Schwarzenbach,
Kr. St. Wendel, Hügel II
Anfang 4. Jh. v. Chr.
Rheinisches Landesmuseum Trier
INV.-NR. G O 104, 1962,358 u. 1962,358^k. –
Original des Goldarmrings Staatliche Museen zu Berlin, Museum für Vor- und Frühgeschichte INV.-NR. KAT. IIc 5376 (seit 1945 verschollen).

1849 wurden in „100 Schritt" Abstand voneinander zwei stark verschliffene Großhügel geöffnet, in deren reichen Zentralbestattungen Krieger beigesetzt waren. Beide Inventare, nur unvollständig überliefert, zeichnen sich durch etruskische Importe und qualitätvolle Goldarbeiten aus.

95.1. Schnabelkanne. Die Kanne ist aus drei nicht von vornherein zusammengehörigen Teilen montiert. Der aus einem Stück bis zum profilierten Rand getriebene Körper stammt von einem etruskischen Stamnos. Der Originalhenkel einer etruskischen Schnabelkanne aus Vulci besitzt ungewöhnlich reichen plastischen Zierrat in Form eines nackten Jünglings, zweier hockender Löwen auf dem Rand und

einer Kampfszene mit zwei Kriegern über dem abschließenden Palmettendekor. In einen sekundären Ausschnitt am Rand ist ein im Gussverfahren exakt vorgefertigter Ausguss eingesetzt worden. Da die letzte Zutat aus technischen Gründen wohl in Mitteleuropa gefertigt wurde, dürfte die Umwandlung vom Schöpf- zu einem Ausschenkgefäß wohl insgesamt im keltischen Rheinland vorgenommen worden sein. Bronze; H. 29,5 cm (INV.-NR. G O 104).

95.2. Etruskische Siebkelle. Die Herkunft des lange in Privatbesitz befindlichen Siebs aus Hügel II ist nicht völlig gesichert. Es könnte sich aber um den im Grabungsbericht erwähnten „Deckel" der Schnabelkanne handeln. Die bislang einzige etruskische Siebkelle aus dem nordalpinen Raum zeigt eine sparsame Verzierung mit Blütensternen im Sieb, zwei Lotosblüten am Griff und doppelten Vogelkopfenden am Aufhängering. Bronze; L. 27,5 cm (INV.-NR. 1962,358).

95.3. Figürlich verzierter Dreiknotenarmring (Kopie). Das Original des aus Goldblech gearbeiteten Hohlrings ist seit 1945 verschollen. Wahrscheinlich war hier die bei keltischen Metallarbeiten gerade erst eingeführte Löttechnik zum Einsatz gekommen. Der durch

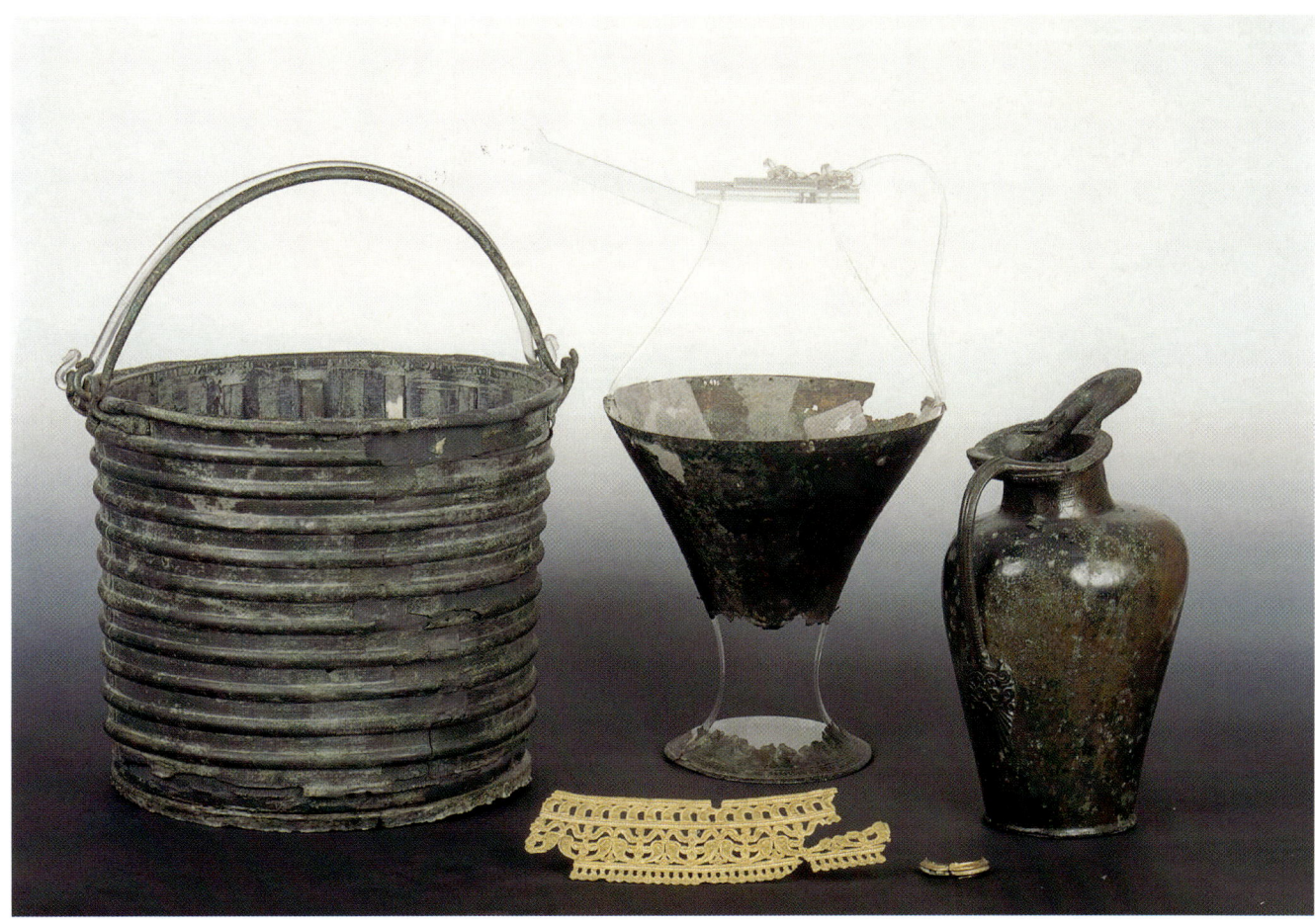

ABB. 338: KAT.-NR. 96.

drei Ziergruppen und umlaufende Perlrippe gekennzeichnete Ring entspricht einem regional gut bezeugten Bronzearmringtyp. Die Zierknoten sind jedoch jeweils durch gegenständige, vollplastische Köpfe mit fein gestricheltem Haar ersetzt. Ihre Gesichter sind durch kugelige Zerlegung zur Maske verzerrt. Dieses, besonders aber die deutlich ausgearbeiteten Spitzohren machen die Inspiration durch Silensköpfe etruskischer Stamnosattaschen wahrscheinlich. Gold; Dm. 7,6 cm (INV.-NR. 1962,358^k).

Lit.: Haffner 1976, 200 ff. Nr. 15 Taf. 9; 147–151; Kat. Trier 67 ff. Abb. 23; 89 ff. Abb. 6; Vorlauf 1997, Kat. 26 f. Nr. 26 Taf. 4.   **H. Nortmann**

96 Ausstattung eines Fürstengrabs in Belgien (ABB. 165; 338)

Eigenbilzen, Prov. Limbourg, Belgien
Um 400 v. Chr.
Musées royaux d'Art et d'Histoire Bruxelles INV.-NR. B 490.

Im Jahre 1871 zufällig entdeckt. Das Inventar besteht aus einer Rippenziste, die in Oberitalien hergestellt worden ist und die die verbrannten Knochen des Toten barg, einer etruskischen Schnabelkanne mit eingraviertem Dekor auf dem Hals, einer fragmentierten keltischen Röhrenkanne mit mehreren fein gravierten Friesen aus geometrischen Motiven sowie zwei Zierelementen von einem Trinkhorn. Es handelt sich dabei um ein durchbrochen gearbeitetes und treibverziertes Goldband, das einen Fries aus zwei Motiven mediterraner Herkunft trägt, nämlich aus Lotosblüte und Palmette; das zweite Stück ist ein vergoldeter Bronzering, der am unteren Ende des Horns angebracht war.

96.1. Mündungsbeschlag eines Trinkhorns. Gold; L. 22 cm, B. 6,1 cm.
96.2. Ring vom Trinkhornende mit dünner Goldblechplattierung. Bronze, Gold; Dm. 4 cm.
96.3. Etruskische Schnabelkanne. Bronze; H. 26,6 cm.
96.4. Rippenziste mit zwei beweglichen Henkeln. Bronze; H. 24 cm.
96.5. Fragmente einer keltischen Röhrenkanne. Bronze (nicht ausgestellt).

Lit.: Kimmig 1983c; M. E. Mariën, Het vorstengraf van Eigenbilzen. Publ. Mus. Tongeren 37 (Tongeren 1987) (mit älterer Lit.).   **A. Cahen-Delhaye**

97 Ausstattung eines Fürstengrabs in der Pfalz (ABB. 30; 339; 340)

Bad Dürkheim, Kr. Bad Dürkheim
450–400 v. Chr.
Historisches Museum der Pfalz, Speyer INV.-NR. B 92 bis B 99.

Das Fürstengrab von Bad Dürkheim wurde zufällig am 10. Oktober 1864 bei Erdarbeiten für eine neue Bahnstrecke entdeckt und tumultuarisch ausgeräumt. Die dürftigen Fundbeobachtungen sprechen für eine hölzerne, vielleicht mit Textilien ausgekleidete Grabkammer, die mit Steinen überbaut war und unter einem großen verschleiften Grabhügel lag. Die Grabbeigaben wurden bis auf den goldenen Ringschmuck nur in Fragmenten gehoben. Nicht wenige Stücke wurden unterschlagen und vieles (vor allem eiserne Objekte und unverzierte Bronzeblechteile) dürfte überhaupt unbeachtet liegen geblieben sein. Die Frage, ob das Grab einen Mann oder eine Frau barg, ist nicht zuletzt deswegen offen. Grabbeigaben etruskischer Herkunft:

97.1. Dreifuß (Ständer für einen rundbodigen Kessel), die Füße als Löwenpranken und auf Fröschen stehend gestaltet, oben rings um den Auflagering für den Kessel plastische Tierkampfgruppen und Halbgötterpaare, ferner florale Ornamentfelder; stark ergänzt. Bronze; H. 69,4 cm.

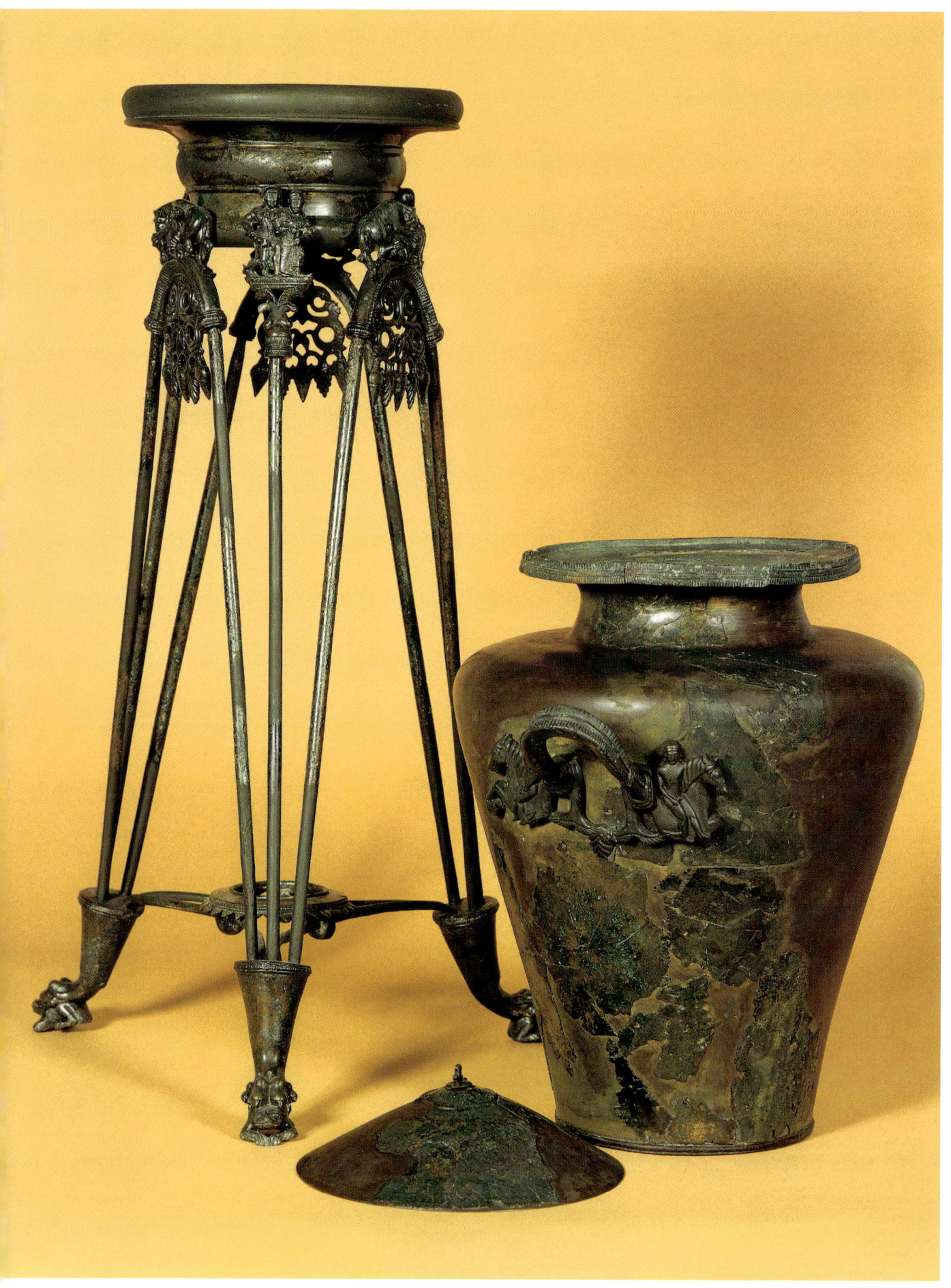

ABB. 339: KAT.-NR. 97.1–97.2; 97.4.

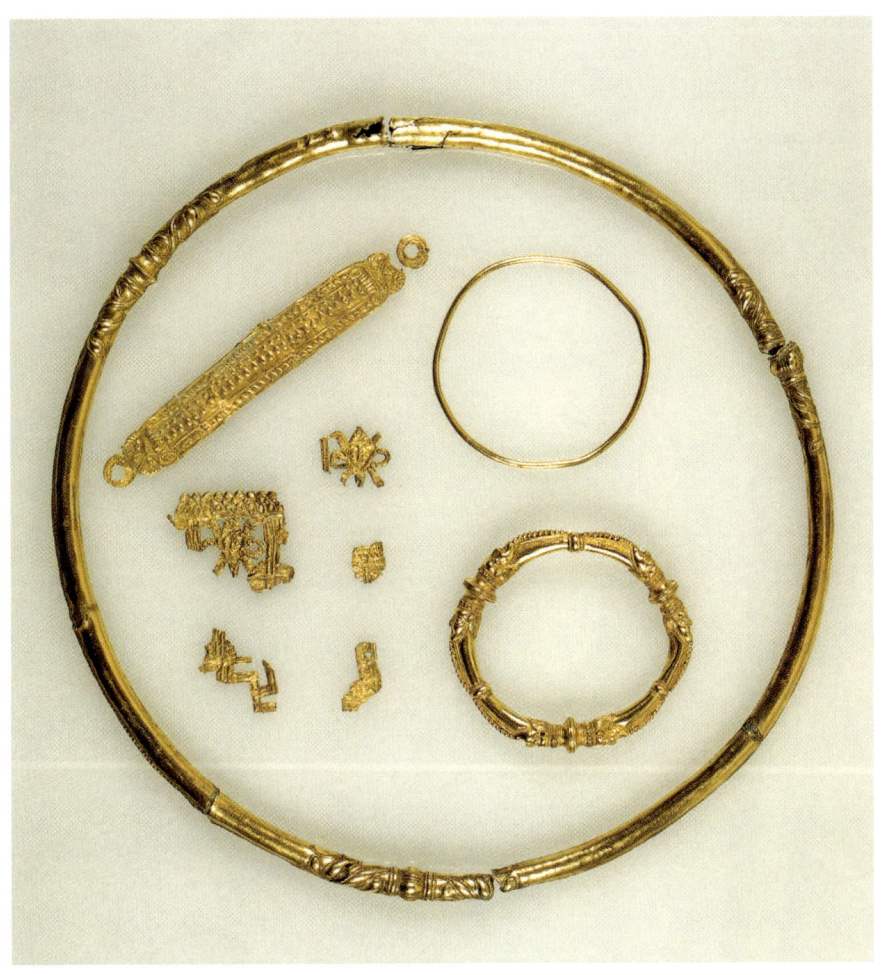

ABB. 340: KAT.-NR. 97.5–97.7; 97.9–97.10.

97.2. Stamnos (Weinmischkessel) mit figürlichen Henkelattaschen (Seepferde mit aufsitzenden Jünglingen); stark ergänzt. Bronze; H. 39,5 cm.

97.3. Fragment einer Schnabelkanne (Mündung, Hals, Henkel, Schulteransatz), Henkel in Form eines nackten Jünglings. Bronze; Rdm. 11,8 cm.

Alle drei Objekte stammen aus der etruskischen Stadt Vulci. Dreifuß und Stamnos sind um 500 v. Chr. entstanden, die Schnabelkanne in den ersten Jahrzehnten des 5. Jhs. v. Chr.
Grabbeigaben keltischer Erzeugung:

97.4. Flachkonischer „Deckel" (funktionale Ansprache unsicher), Zirkelschlagornamentik rings um den Rand und den Knauf; stark ergänzt. Bronze; Dm. 21,8 cm.

97.5. Halsring mit drei von Blattornamenten eingefassten Knoten, 0,7 mm starkes Goldblech über Bleikern. Gold, Blei; Dm. 23,2 cm.

97.6. Armring, stark plastisch verziert durch Perlleisten, Knoten und Silensmasken, hohl gearbeitet. Gold; Dm. 7,1 cm, Gew. 34,49 g.

97.7. Drahtartig dünner, unverzierter Armring. Gold; Dm. 6,2 cm.

97.8. Zwei scheibenförmige Perlen. Bernstein; Dm. 1,6 u. 2,3 cm (nicht ausgestellt).

97.9. Randbeschlag eines Trinkhorns, papierdünnes Goldblech, durchbrochen gearbeitet, schachbrettartig gegeneinander versetzte Fel-

der mit Masken bzw. verschränkten Winkelmäandern, wenige Fragmente, das größte 3,4 x 2,8 cm.

97.10. Bandförmiger Goldbeschlag, in Löwenköpfen mit Ringösen auslaufend, wohl vom Trinkhorn. Gold; Größe 11,5 x 1,5 cm.

97.11.–97.16. Beschläge eines reich verzierten zweirädrigen Paradewagens: Bronzene Wagenkorbfessel mit spitzovalem Rahmen und durchbrochen gearbeitetem Binnendekor, der das graeco-etruskische Seepferdmotiv in keltische Ornamentik aus kurvolinear umrissenen Formelementen umsetzt, L. 21,3 cm; ein Befestigungsstift dieser Fessel mit profiliertem Bronzeknauf; zwei Bruchstücke einer scheibenförmigen Radnabenkappe aus Bronze und Eisen; bronzener Achsnagelkopf in Form einer bärtigen Maske mit Blattkrone; (verschollenes) eisernes Reifenfragment eines Rades von schätzungsweise 113 cm Durchmesser.

Obwohl die Ausstattung des Bad Dürkheimer Fürstengrabs im Jahr 1864 mehr zerstört als geborgen wurde, gibt sich das Grab mit dem Erhaltenen als eines der reichsten keltischen Prunkgräber zwischen Mittelrhein und Maas zu erkennen. Der Dreifuß und der Stamnos sind die qualitätvollsten etruskischen Bronzen, die in der Antike in den keltischen Norden gelangten. Sie sind wohl unter die diplomatischen Präsente an keltische Nobiles zu

reihen, mit denen ab etwa 500 v. Chr. italische Geschäftsleute den mittelrheinisch-mosselländischen Raum als neuen Markt und Handelskorridor öffneten. Den keltischen Herren brachte dieser Handel neuen Reichtum, den sie seit der Mitte des 5. Jahrhunderts v. Chr. in prunkvoll ausgestatteten Gräbern darstellten. Mit den älteren Fürstengeschlechtern im Neckarland, an der oberen Donau, am südlichen Oberrhein, in der Schweiz und in Burgund konnten sie sich aber nicht messen, weder an Reichtum noch an Macht. Die Herrschaft blieb breit gestreut, verteilt auf eine größere Anzahl von Adelsfamilien. Nur in der Nachbarschaft zu den Fürsten im südlichen Südwestdeutschland kam es zu annähernd vergleichbarer Machtkonzentration mit befestigten Herrschaftszentren. Einer dieser neuen Fürstensitze lag bei Bad Dürkheim und ist durch den Ringwall „Heidenmauer" (mit einer 5 bis 6 m breiten holzverstärkten Trockenmauer) bezeugt; durch Keramikfunde der ausgehenden Hallstatt- und der Frühlatènezeit wird er ins 5. Jahrhundert v. Chr. datiert. Wirtschaftlich basierte er wohl wesentlich auf den Dürkheimer Salzquellen und der verkehrsgünstigen Lage am Schnittpunkt wichtiger Verkehrsrouten: einerseits der Rheintal-Route, andererseits der Ost-West-Route über Neckar, obere Isenach, Kaiserslauterner Senke und Bliesgau in die Champagne und zur Seine. Ein zweiter großer, verschleifter Grabhügel in der Nachbarschaft des 1864 geöffneten Grabs ist wohl ebenfalls als Fürstengrab anzusprechen.

Lit.: Jacobsthal 1944, 168 Nr. 27.28 Taf. 24; 25; 170 Nr. 42 Taf. 35; 36; 171 Nr. 57 Taf. 46; 185 Nr. 165.166 Taf. 103; 104; 203 Nr. 397 Taf. 200; Taf. 253a; O.-H. Frey/H. Polenz, RGA² 6 (1986) 263–266 s. v. Dürkheim, Bad (Ldkrs. Bad Dürkheim, Pfalz); Echt/Thiele 1994, bes. 71 ff.

L. Sperber

98 Ausstattung eines Fürstengrabs in der Pfalz (ABB. 142; 179; 341)

Rodenbach, Kr. Kaiserslautern
460–400 v. Chr.
Historisches Museum der Pfalz, Speyer
INV.-NR. 219–220.

Das Fürstengrab lag unter einem großen Grabhügel von etwa 4 m Höhe und 30 m Durchmesser, der mit einem Steinkranz eingefasst und von einem Menhir bekrönt war. Der Grabhügel wurde von den Bauern der Umgebung mehr und mehr abgetragen. Dabei kam 1872 eine „einfache" Frauenbestattung zu Tage. 1874 wurde das Fürstengrab angeschnitten und wenige Tage später, am Sonntag, den 16. August, ausgegraben. Am folgenden Sonntag wurde der Rest des Hügels ohne weitere Funde abgegraben. Die Fundberichte sind sehr dürftig, und das gegenseitige Verhältnis der beiden Gräber ist schwierig zu beurteilen. Nach gängigen chronologischen Vorstellungen ist das Grab von 1872 (aus der Stufe Ha D 3) einerseits einige Jahrzehnte älter als das Fürs-

tengrab, kann aber andererseits schwerlich die Hauptbestattung des Grabhügels und damit die ältere Bestattung sein. Zur Auflösung des Widerspruchs gibt es zwei Möglichkeiten: Entweder wurde das Fürstengrab dicht neben dem bereits bestehenden kleinen Grabhügel des Grabs von 1872 angelegt und dann über beiden Bestattungen der große Grabhügel aufgeschüttet, oder aber das Individuum des Grabs von 1872 starb in ungewöhnlich hohem Alter und hatte den Herrn des Grabs von 1874 wenigstens kurz überlebt. Im letzteren Fall müsste das Fürstengrab innerhalb des Datierungsspielraums, den das mediterrane Importgeschirr zulässt, sehr früh angesetzt werden, vielleicht noch vor der Mitte des 5. Jhs. v. Chr., um 460 v. Chr.

Die Grabbeigaben setzen sich aus Trink- und Tafelgeschirr mediterraner Herkunft (1–6) sowie Schmuck, Trachtzubehör und Waffen keltischer Erzeugung (7–11) zusammen:

98.1. Feldflasche aus dem westlichen Oberitalien, Herstellung zwischen 550 und 450 v. Chr. Allseitig mit konzentrisch angelegtem geometrischem Punzdekor, dazu mit je einem Fries gravierter und gepunzter Tierfiguren (Hirsche bzw. Pferde) auf den beiden Kreisflächen überzogen. Bronze; Dm. des trommelförmigen Körpers 29,3 cm, B. 9 cm.
98.2. Schnabelkanne, etruskisch, wohl aus Vulci, Herstellung: ausgehendes 6. bis erste Hälfte 5. Jh. v. Chr. Bronze; H. 28 cm.
98.3. Gehenkeltes flaches Becken, etruskisch. Bronze; Dm. 35 cm, H. (ohne Henkel) 5 cm.
98.4. Kleines flaches Becken, etruskisch. Bronze; Dm. 22,5 cm, H. 4 cm. Die beiden Becken bilden mit der Schnabelkanne ein geläufiges Ensemble und sind wie diese zu datieren.
98.5. Kantharos, griechisch, aus Attika, rotfigurige Maltechnik, Herstellung um 480/70 oder um 450 v. Chr. Ton; H. 12,5 cm.

98.6. Henkelgriff aus Bronze, etruskisch, seit 1945 verschollen.
98.7. Plastisch reich verzierter Armring mit menschlichen Köpfen zwischen Widderpaaren, hohl gearbeitet. Gold; Dm. 9,37 cm, Gew. 64,9 g.
98.8. Reich verzierter Fingerring mit gegenständigem Maskenpaar. Gold; Dm. 2,28 cm, Gew. 5,1 g.
98.9. Bronzener Gürtelhaken (seit 1945 verschollen).
98.10. Vier profilierte Ringe vom Schwertgürtel. Bronze; Dm. 4,5 cm.
98.11. Schwert, Hiebmesser, drei Lanzenspitzen, alles aus Eisen (stark korrodiert und nicht ausgestellt).

Wie die meisten der keltischen Prunkgräber zwischen Mittelrhein und Maas ist das Rodenbacher Grab nicht auf einen befestigten Fürstensitz ausgerichtet. Die Herrschaft war hier im Allgemeinen breit gestreut verteilt auf

ABB. 341: KAT.-NR. 98.

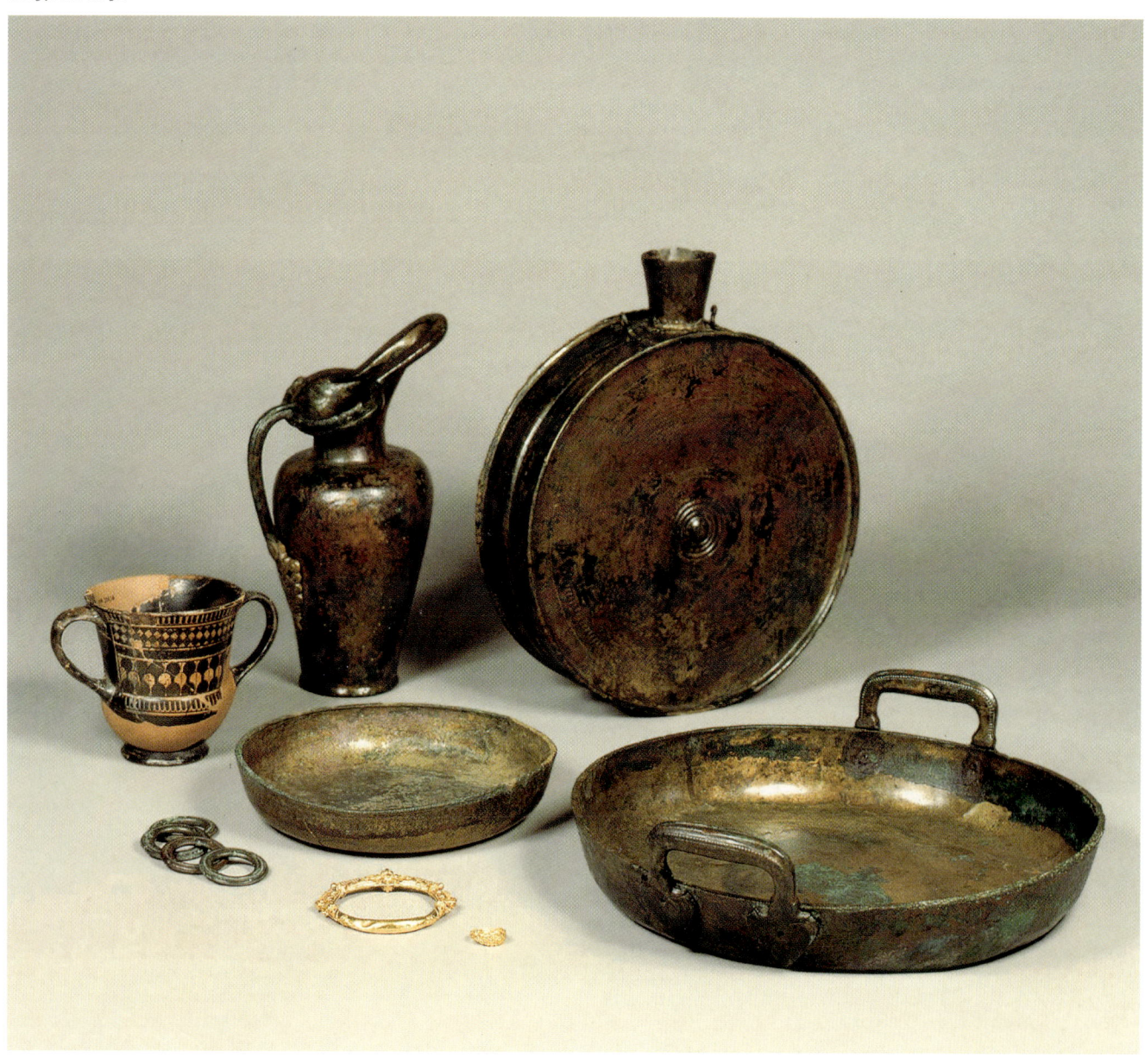

relativ viele Adelsfamilien. Zum Reichtum des Herrn von Rodenbach dürfte wesentlich die verkehrsgünstige Lage seines Herrschaftsbereichs nächst der Kaiserslauterner Senke beigetragen haben, durch die die wichtige Verkehrsroute vom Neckar und Rhein in den mittleren Moselraum und weiter in das Marne-Seine-Becken lief.

Lit.: H.-J. Engels, Der Fürstengrabhügel von Rodenbach. In: Festschr. O. Kleemann 1. Bonner H. Vorgesch. 3 (Bonn 1972) 25–52 (mit älterer Lit.); Echt/Thiele 1994, bes. 62 ff.; H. Nortmann, Die Bronzefeldflasche von Rodenbach. Arch. Korrbl. 31, 2001, 429–442.

L. Sperber

99 Ausstattung eines Fürstinnengrabs am Mittelrhein (ABB. 154; 342–345)

Waldalgesheim, Kr. Mainz-Bingen
330–320 v. Chr.
Rheinisches Landesmuseum Bonn
INV.-NR. A 785.

Das im Jahr 1869 entdeckte Frauengrab aus Waldalgesheim gehört zu den Schlüsselfunden der Latènezeit. Etwa zwischen 330 und 320 v. Chr. angelegt, enthält das Grab ein komplettes Ensemble von Tracht- und Schmuckteilen einer Fürstin in Gestalt von Hals-, Arm- und Beinringen, Schmuck- und Gürtelscheiben sowie von Amuletten. Stan-

desgemäß ist Trinkgeschirr, und zwar eine Kanne und ein Eimer, mitgegeben worden. In die gleiche Kategorie gehört die Mitgabe eines zweirädrigen Streitwagens mit Joch und Trensen. Die Verzierungen der Gegenstände weisen einerseits stilistisch ältere Elemente des sog. Frühen Stils keltischer Kunst auf (z. B. bei der Kanne), zeigen andererseits aber vor allem typische Merkmale des zeitgemäßen, nach dem Fundkomplex benannten „Waldalgesheimstils".

Neben importierten Gegenständen des Mittelmeergebiets (Eimer, Schnecken, Perlen) weisen andere Gegenstände sowohl Bezüge nach Westen und Süden als auch regional spezifische Elemente auf (Trachtensemble der Fürstin).

99.1. Röhrenkanne. Zwei aneinander gelötete Bronzeblechkörper mit angelötetem Röhrenausguss und angenietetem Kopf- und Fußstück, gegossenem Henkel und Deckel mit Pferdchengriff. Die Kanne ist reich verziert. Bronze; H. bis 34,2 cm (INV.-NR. A 785,01;41).

99.2. Eimer. Das Stück besteht aus drei Teilen, die gegossen sind (Körper, Henkelbügel, Standring). Der Standring war angelötet. Die gegenständige Attaschenverzierung ist nahezu identisch. Bronze; H. 22,9 cm (INV.-NR. A 785,02).

99.3. Halsring. Der aus hohem Feingold mittels Hartlötung hergestellte, gegossene und getriebene Ring besteht aus sieben bis acht

Teilen und trägt u. a. zu den Enden hin gleichartig stilisierte Pflanzenranken mit eingestellten Blüten. Gold; Dm. 21,1 cm (INV.-NR. A 785,03).

99.4. Armringe. Die aus hohem Feingold mittels Schweißung hergestellten, gegossenen und getriebenen Ringe bestehen aus bis zu neun Teilen und tragen fast identische stilisierte Pflanzenranken, Trompetenverzierung und im Mittelteil gegenständige Menschenmasken. Gold; Dm. 7,3 u. 8 cm (INV.-NR. A 785,04–05).

99.5. Oberarmring. Der aus drei getriebenen Hohldrähten oder -stäben zusammengedrehte Ring wurde an den eingeschweißten Nähten gepunzt und an einer Stelle schmelzflüssig zusammengefügt. Gold; Dm. bis 9,5 cm (INV.-NR. A 785,07).

99.6. Beinringe. Die dreiteiligen, voll gegossenen und mit Scharnier versehenen Ringe tragen außen auf den Knoten drei verschiedene Blütenrankenmotive. Bronze; Dm. 11 cm (INV.-NR. A 785,09–10).

99.7. Schmuckscheibe. Die ursprünglich auf eine Eisenunterlage montierte Durchbrucharbeit trug in der Mitte und an den Enden Schmuckeinlagen, möglicherweise aus Koralle. Bronze; Dm. bis 6,4 cm (INV.-NR. A 785,12).

99.8. Riemenscheibe. Die ursprünglich wohl auf eine Eisenunterlage montierte Durchbrucharbeit zeigt ein Doppelleierornament. Bronze; L. 7,1 cm (INV.-NR. A 785,13).

ABB. 342: KAT.-NR. 99.3–99.5.

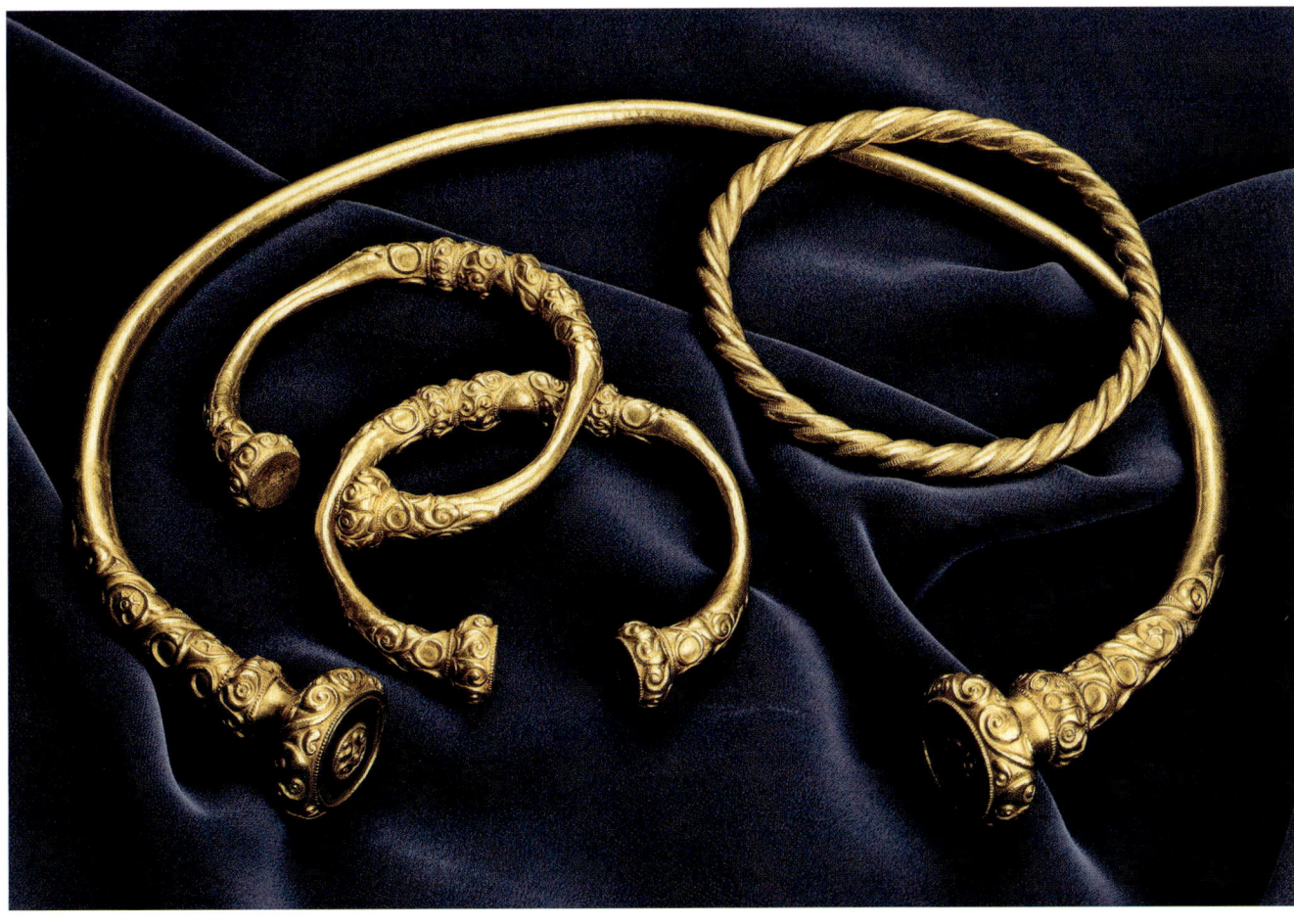

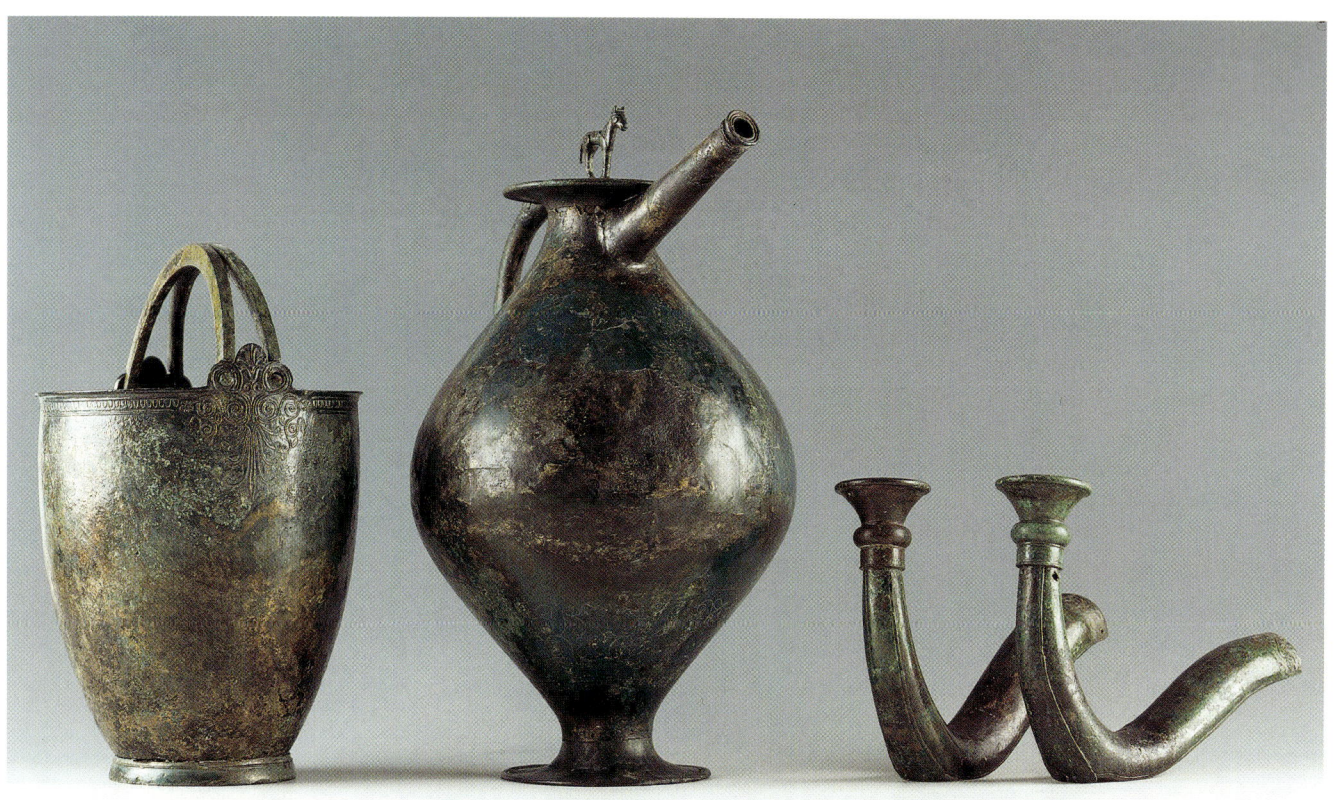

ABB. 343: KAT.-NR. 99.2; 99.1; 99.13.   ABB. 344: KAT.-NR. 99.11.

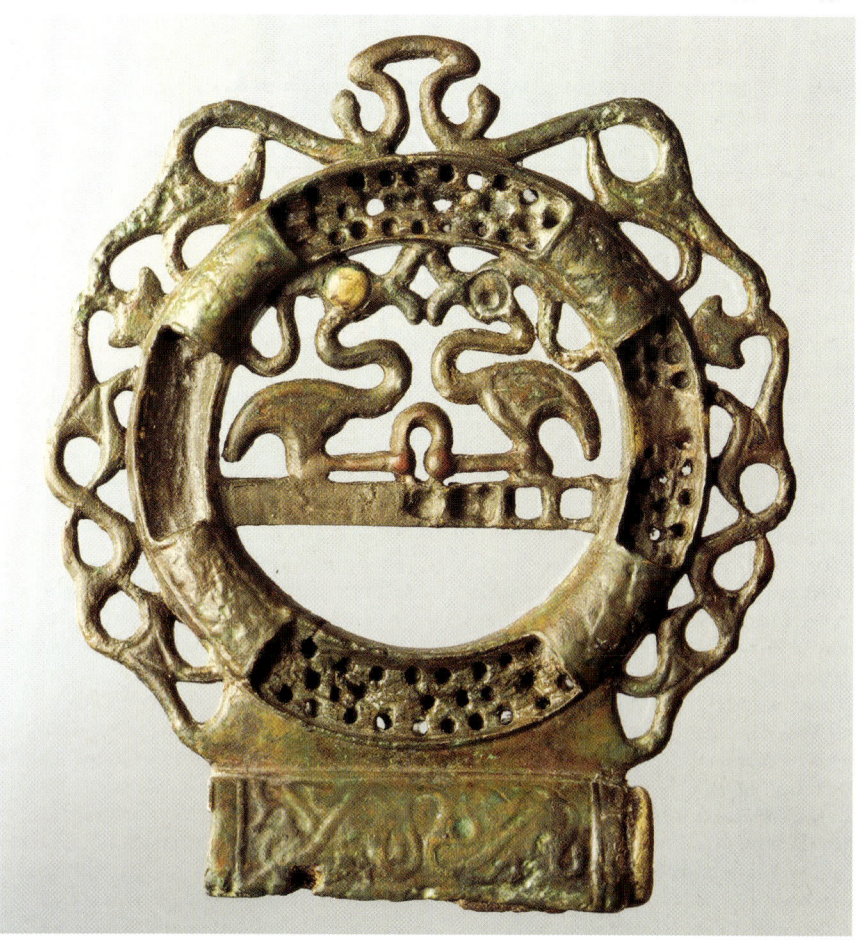

99.9. Perlen. Die dunkelbraunen Perlen weisen jeweils drei Augen aus pastoser Masse auf. Glas; Dm. bis 0,5 cm (INV.-NR. A 785,46).

99.10. Schneckengehäuse. Die Reste von Gehäusen der mittelmeerischen Porzellanschneckenart *Cyprea mediterranea* sind als Mündungs- und Rückenteil erhalten, Letzterer mit Durchbohrung. L. bis 1,3 cm (INV.-NR. A 785,45).

99.11. Jochaufsatz. Die über einer eisernen Basis gegossene Arbeit wies in den vertieften, durchlochten Ringteilen ursprünglich Korallen(?)einlagen auf, die auf einer Basisseite und in einem Auge der eingestellten reiherartigen Vögel erhalten sind. Die Ringaußenseite, die Ringinnenstäbe und die Basis sind mit Rankenwerk verziert. Bronze, Eisen u. Koralle; H. 9 cm (INV.-NR. A 785,15).

99.12. Büstenbleche. Die ursprünglich auf das Joch aufgenagelten gebogenen Bleche zeigen weibliche(?) Halbfiguren mit Blattkronen und Rankenornamentik. Bronze, Eisen; H. 9,5 cm (INV.-NR. A 785,16–17).

99.13. Jochenden. Die Stücke bestehen aus einem Holm, einem Deckblech und dem Endknauf; dieser ist gegenüber den anderen getriebenen Teilen gegossen und abgedreht worden. Die Randzonen tragen zwischen einem Rippenband Rankenverzierung. Bronze; L. bis 23,4 cm (INV.-NR. A 785,18–19).

99.14. Dreipassanhänger. Die Anhänger wiesen ursprünglich beidseitig rote, mittels Bronzestiften befestigte Emaileinlagen auf. Bronze, Email; L. 4,8–5,8 cm (INV.-NR. A 785,20–23).

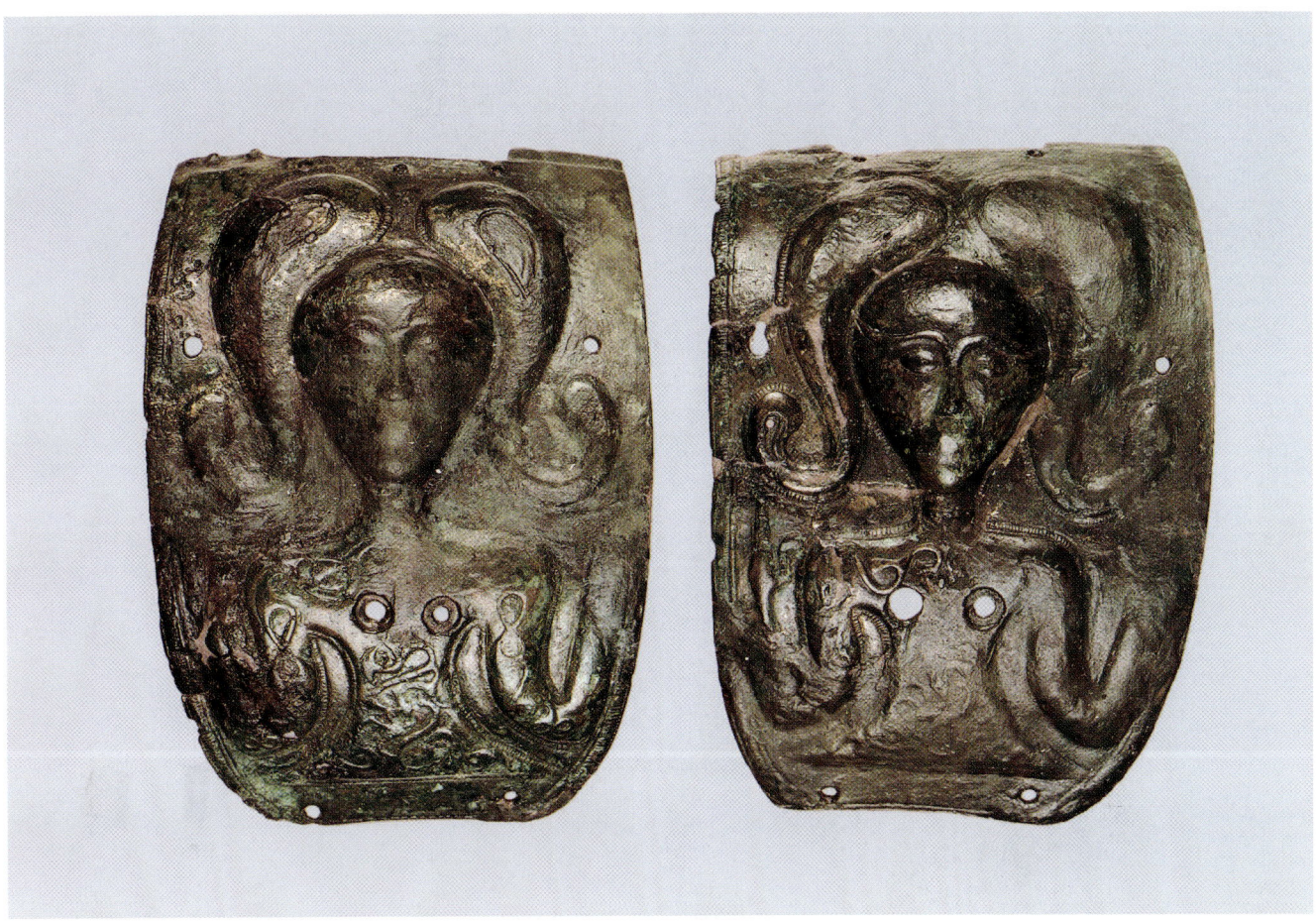

ABB. 345: KAT.-NR. 99.12.

99.15. Knopf. Der aus vier Teilen zusammengesetzte Knopf trägt auf der Bronzeblechkappenmitte eine mittels Eisenstift befestigte halbteilige Perle. Bronze, Eisen, Perle; Dm. 2,4 cm (INV.-NR. A 785,26).

Lit.: Joachim 1995 (mit älterer Lit.); Frey 1996b.

H.-E. Joachim

WEIHEFUND

100 Weihefund mit goldenen Hals- und Armringen (ABB. 346)

Erstfeld, Kt. Uri, Schweiz
Etwa erstes Drittel des 4. Jhs. v. Chr.
Gold; Gew. 639,8 g.
Schweizerisches Landesmuseum Zürich
INV.-NR. A-52044–52050 (Leihgabe des
Kantons Uri).

Oberhalb des Orts Erstfeld wurde bei Bauarbeiten im Jahre 1962 in einer Felsspalte ein aus insgesamt sieben reich verzierten Goldringen bestehender Fundkomplex entdeckt, der als „Goldschatz von Erstfeld" Eingang in die archäologische Forschung und Literatur gefunden hat.

Der im Besitz des Kantons Uri befindliche, aus vier Hals- und drei Armringen zusammengesetzte Goldschatzfund stammt aus dem frühen 4. Jahrhundert v. Chr. und hat ein Gesamtgewicht von fast 640 Gramm. Bei den Goldringen handelt es sich um hohl getriebene Erzeugnisse, die punziert sowie ziseliert, dann zusammengesetzt und schließlich sorgfältig verlötet wurden.

Alle Ringe tragen eine reiche Verzierung. Fünf Exemplare sind figürlich verziert; lediglich zwei Armringe weisen eine aus mäandrierenden Wellenranken bestehende Ornamentik auf. Im Zentrum der Ikonographie der fünf figürlich verzierten Ringe steht nach den jüngsten Untersuchungen (Guggisberg 2000) eine von mediterranen Vorbildern inspirierte mehrleibige Gestalt, die man als „Herr der Tiere" bzw. „Herrin der Tiere" bezeichnen kann und die für die damals lebenden Menschen sowohl die Bedeutung einer schützenden Naturgottheit als auch die eines todbringenden Dämons besessen haben mag. Die im Raum nördlich der Alpen ansässigen Kunsthandwerker dieser Ringe, die nach technologischen und stilistischen Studien in einer gemeinsamen Werkstatt gearbeitet haben dürften, griffen seinerzeit zweifellos auf ikonographische Vorbilder des mittelmeerischen Kulturraums zurück, wussten diese jedoch nach eigenen Bedürfnissen, Vorstellungen und eigenem Formempfinden umzuwandeln. Obwohl eine gesicherte Interpretation der gesamten Ikonographie der Goldringe heute nur ansatzweise

möglich erscheint, gestatten die figürlichen Darstellungen doch einen unmittelbaren Einblick in die damalige religiöse Vorstellungswelt.

Da das Gewicht jedes Rings exakt dem Vielfachen einer persischen Goldmünze jener Zeit (Dareikos) entspricht, möchte man annehmen, dass der Auftraggeber das zur Herstellung benötigte Gold in persischen Gewichtseinheiten abmaß und dieses den Kunsthandwerkern als Rohmaterial übergab.

Im Gegensatz zu früheren Annahmen, die von einer Herstellung der Hals- und Armringe im Mittelrheingebiet ausgingen, wird nach jüngst unternommenen Stilanalysen mittlerweile eine Fertigung im heute südwestdeutschen Raum oder im benachbarten östlichen schweizerischen Mittelland favorisiert. Unbestritten ist hingegen, dass die Schmuckstücke im Auftrag eines vornehmen Kelten gefertigt wurden und als keltische Erzeugnisse anzusprechen sind.

Die Herstellung der Goldringe von Erstfeld fällt bezeichnenderweise in die Zeit des Beginns der keltischen Expansion nach Süden und des Ausgreifens ihrer Macht nach Oberitalien; möglicherweise ließe sich auch ihr Fundort, der sicher nicht ohne Zufall auf dem Weg zum Gotthard liegt, vor diesem Hintergrund erklären. Heute können wir mit an Sicherheit grenzender Wahrscheinlichkeit

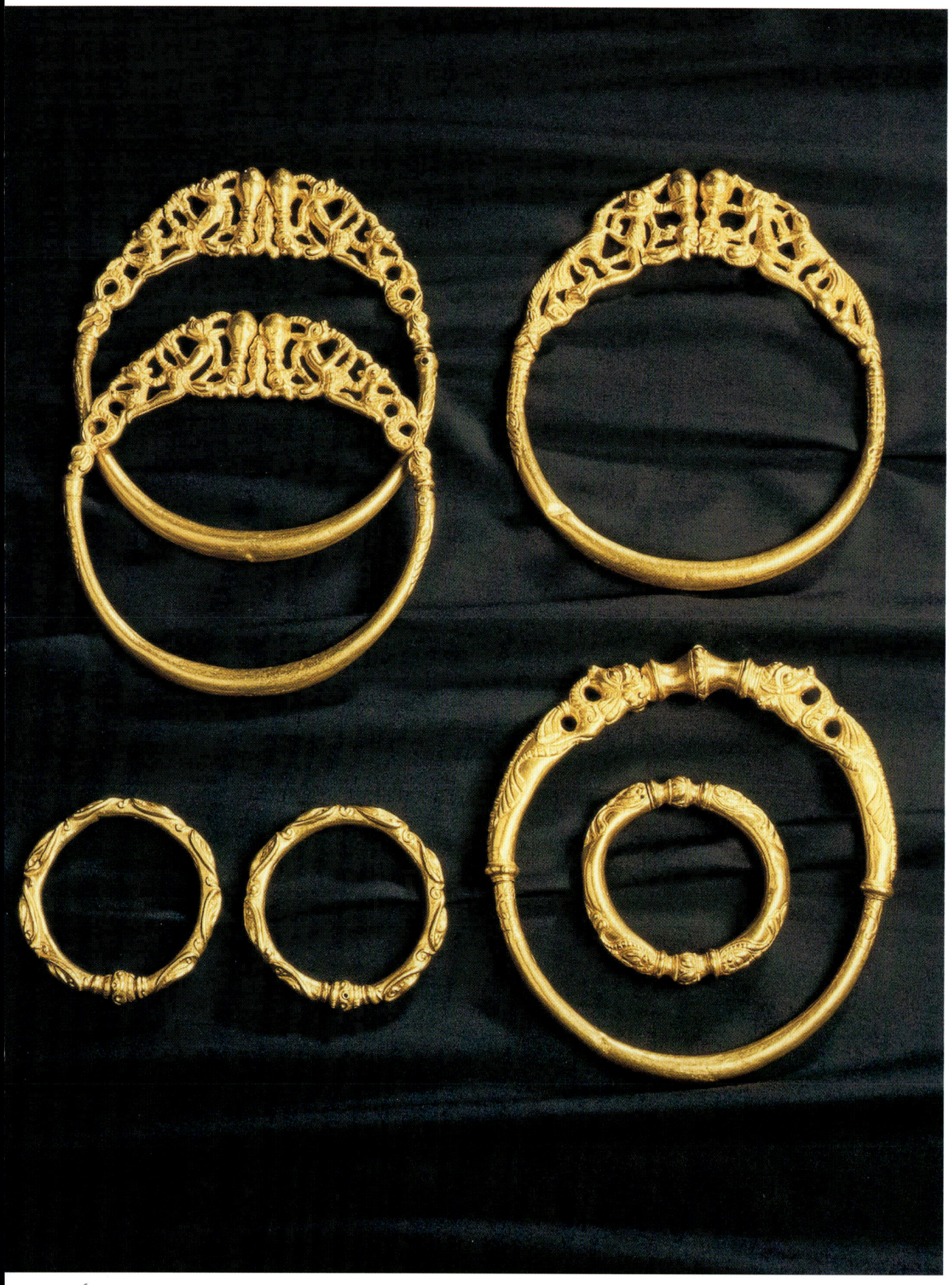

davon ausgehen, dass die nie getragenen Schmuckstücke als Opfer- bzw. Weihegabe gedacht waren. Ihre damalige Niederlegung entsprach einer sakralen Deponierung qualitätvollster Golderzeugnisse keltischen Kunsthandwerks.

100.1. Geschlossener zweiteiliger Goldblechhalsring runden Umrisses mit herausnehmbarem halbkreisförmigem Verschluss-Stück, das durchbrochen gearbeitet ist und eine breite Zierzone mit – vom Scheitelpunkt aus gesehen – spiegelsymmetrischem Dekor aufweist. Zu erkennen sind menschen- und tiergestaltige Mischwesen, die ineinander greifen und untereinander verbunden sind. Die Figur eines kleinen Vogels ist auf beiden Seiten von kolbenförmigen Gebilden eingerahmt, an die sich verschlungene Wesen anschließen. Einzelne Gliedmaßen sowie Köpfe mit Hörnern, Bärten, Ohren und Mäulern können voneinander unterschieden werden. Den Abschluss zum bis auf zwei Palmettenmotive sowie abstrakt wiedergegebene Gesichtszüge unverzierten, glatten Bereich des Reifs bildet jeweils ein Tierkopf mit offenem Maul und kreisförmig gewundenem Horn. Gold; Dm. 15,3 cm; Gew. 128,0 g.

100.2. Geschlossener zweiteiliger Goldblechhalsring rundovalen Umrisses, der abgesehen von geringen Abweichungen in der Verzierung im Wesentlichen Halsring 100.1 entspricht. Gold; Dm. 16,4 cm; Gew. 127,8 g.

100.3. Geschlossener zweiteiliger Goldblechhalsring rundovalen Umrisses, der weitgehend den Halsringen 100.1 und 100.2 entspricht. Unterschiede ergeben sich im Wesentlichen durch den andersartigen Verschlussmechanismus und andersartige Zierelemente. So fehlt dem Ring die Gestalt des kleinen Vogels in der Mittelachse der Zierzone, infolgedessen die beiden kolbenförmigen Gebilde direkt aneinander stoßen. Des Weiteren sind – verglichen mit den zuvor genannten Halsringen – in den daran beiderseits anschließenden Zierfeldern anders gestaltete Fabelwesen und Tiere wiedergegeben; zu erkennen sind jeweils ein menschenähnliches Wesen und ein in Profilansicht dargestellter Vogel mit langem Gefieder. Den Abschluss zum bis auf Palmettenmotive und Schachbrettmuster unverzierten Bereich des Reifs bildet auch hier jeweils ein Tierkopf, doch trägt dieser ein lang gestrecktes, der Ringkrümmung folgendes Horn. Gold; Dm. 17,3 cm; Gew. 124,4 g.

100.4. Geschlossener Goldblechhalsring runden Umrisses und zweiteiliger Form. Die Zierzone wird durch einen Puffer in der Mittelachse und daran beiderseits anschließende, figürlich verzierte Felder bestimmt. Auszumachen ist jeweils ein tierähnliches Wesen mit großem, markantem Kopf und kleinem, gefiedertem Körper, dem eine große Palmette entwächst. Der übrige Teil des Reifs ist bis auf eine Palmettenform undekoriert und glatt. Gold; Dm. 16,3 cm; Gew. 125,0 g.

100.5. Geschlossener, einteiliger Goldblecharmring runden Umrisses, der mit einem stöpselartigen Verschluss versehen und rundum mit dem Motiv des „laufenden Hunds" plastisch verziert ist. Gold; Dm. 7,8 cm; Gew. 37,9 g.

100.6. Geschlossener, einteiliger Goldblecharmring runden Umrisses, der im Wesentlichen Armring 100.5 entspricht. Gold; Dm. 7,8 cm; Gew. 37,0 g.

100.7. Geschlossener Goldblecharmring runden Umrisses, der mit zwei einander gegenüberliegenden pufferartigen Verdickungen versehen ist. An diese schließen sich beiderseits Masken (en face) mit in Palmetten übergehenden Bärten an. Gold; Dm. 7,8 cm; Gew. 59,7 g.

Lit.: R. Wyss, Der Goldfund von Erstfeld. Frühkeltischer Goldschmuck aus den Zentralalpen. Arch. Forsch. (Zürich 1975); Gold der Helvetier. Keltische Kostbarkeiten aus der Schweiz (Ausstellungskat. Zürich 1991) 124 Nr. 59–65; Guggisberg 2000 (mit älterer Lit.). **A. Koch**

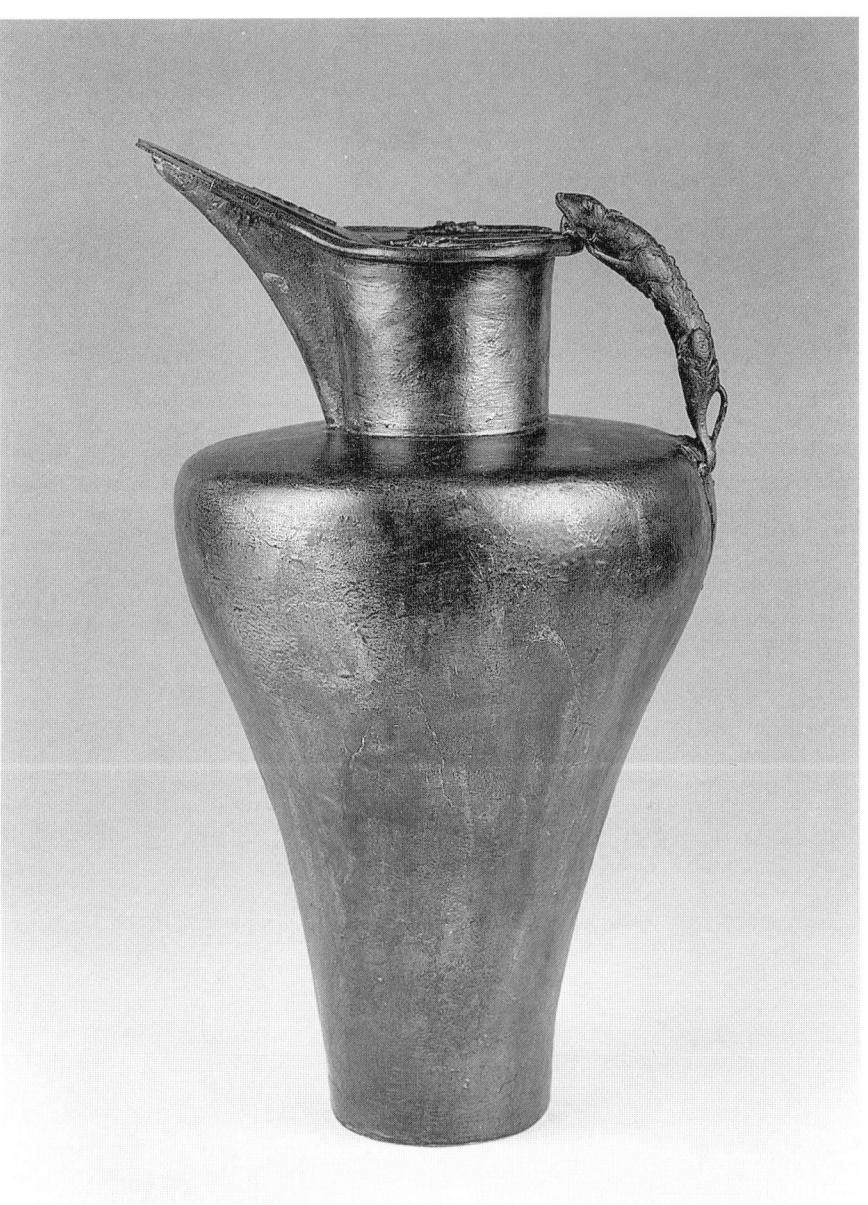

ABB. 347: KAT.-NR. 103.

SCHNABELKANNEN

101 Etruskische Schnabelkanne (ABB. 156)

„Italien", genauer Fundort unbekannt
5. Jh. v. Chr.
Bronze; H. 25,7 cm.
Museum Wiesbaden, Sammlung Nassauischer Altertümer INV.-NR. 6569.

Schnabelkanne mit Resten einer Strichbandzier am Übergang vom Körper zum Boden. Henkel mit Schlangenattasche und elfblättriger Palmette.

Lit.: H. Polenz, Nassau. Ann. 82, 1971, 13 Abb. 5,2a–b; Jockenhövel 1995b, 131 Abb. 6; Vorlauf 1997, Kat. 95 Nr. O-57 Taf. 20,O-57. **H. Baitinger**

102 Keltische Schnabelkanne (ABB. 155)

Hallein, VB Hallein, Österreich,
Dürrnberg, Grab 112, Hexenwand
400–380 v. Chr.
Bronze; H. insgesamt 45,8 cm.
Keltenmuseum Hallein (Kopie); Original
Museum Carolino Augusteum Salzburg
INV.-NR. 6629.

1932 wurde in einem bereits von antiken
Grabräubern geplünderten Grab am Fuß der
Hexenwand (Klose Grab XVI) neben Resten eines Wagens eine Bronzeschnabelkanne gefunden. Ihr Körper ist aus einem einzigen
Stück Blech getrieben, der Boden eingesetzt.
Henkel und Mündungsrand sind gegossen
und angenietet bzw. im Verbundguss angefügt. Die plastische Verzierung des Körpers
steht in der ostkeltischen Tradition der ge-
stempelten Keramik und ist über Model getrieben. Die Kanne wurde wahrscheinlich in
einer Werkstatt auf dem Dürrnberg hergestellt.
Ein weites Feld für Interpretationen bilden die
figürlichen Darstellungen: Vom Motiv des
Fressens und Gefressenwerdens (ein Fabelwesen am Kannenhenkel verschlingt einen Menschenkopf, den beiden Tieren am Kannenrand
hängen Schwänze von Beutetieren zum Maul
heraus) bis zur Deutung des Ungeheuers am
Kannenrand als Taranis, mit dem von ihm
verschlungenen Kopf des Teutates, und der
Interpretation eines weiteren Kopfes am Ende
der Henkelattasche als Esus (diese drei Götter
bilden die keltische Göttertrias) reichen die
Auslegungen.

Lit.: O. Klose, Die Schnabelkanne vom Dürrnberg bei Hallein, Salzburg. Wiener Prähist. Zeitschr. 21, 1934, 83–107;
H.-J. Hundt, Die Bronzeschnabelkanne aus Grab 112. Bericht über ihre Restaurierung und die Technik ihrer Herstellung. In: Moosleitner/Pauli/Penninger 1974, 125–132
Taf. D–J; Moosleitner 1985 (mit älterer Lit.).

K. W. Zeller

103 Keltische Schnabelkanne (ABB. 183; 347)

Borsch, Kr. Bad Salzungen
Spätes 5. Jh. v. Chr.
Bronze; H. rekonstruiert 38 cm.
Friedrich-Schiller-Universität
Jena,
Institut für Ur- und Früh-
geschichte
INV.-NR. 5188–5189.

Bei Ausgrabungen im Jahre 1870 stieß
man im Zentrum eines Hügels auf eine
Brandbestattung, die neben den Resten
eines eisernen Messers und Scherben eines Tongefäßes die Schnabelkanne enthielt. Erhalten sind von ihr nur der hohl gegossene Henkel und Teile des schnabelför-
migen Ausgusses, der Gefäßkörper ist
rekonstruiert. Der Henkel ist in Form eines
Raubtiers gestaltet, dessen Vorderpfoten
und Schnauze der Kannenmündung auflie-

gen; der Körper des Tiers ist gravurverziert.
Die Auflagearme des Henkels enden in spitz-
ohrigen Masken.

Lit.: L. Franz, Die Bronzekanne von Borsch. Spatenforscher
8, 1943, 12–16; H. Storch, Die Rekonstruktion der keltischen
Bronzekanne von Borsch, Kr. Bad Salzungen, in der
Sammlung des Bereichs Ur- und Frühgeschichte der Fried-
rich-Schiller-Universität Jena. Wiss. Zeitschr. Univ. Jena,
Geswiss. R. 35, 1986, 411–421.

H. Baitinger

104 Keltische Schnabelkanne aus Ton (ABB. 348)

Wiesenthau-Schlaifhausen, Kr. Forch-
heim, Ehrenbürg
Um 400 v. Chr.
Ton; H. 31 cm.
Archäologische Staatssammlung Mün-
chen INV.-NR. 1993,1938.

Siedlungsfund. Auf der Drehscheibe hergestellte Tonkanne. Die gesamte Kanne ist von
der Schulter abwärts mit Ritz- und Stempeldekor verziert. Auf der Schulter ein von Kreisaugen
unterbrochenes gestricheltes Band. Von
jedem Kreisauge verlaufen zwei schräge, gestrichelte Strahlen nach unten, seitlich von
zum Teil gebogenen Linien begleitet, die den
Eindruck eines Blattmusters ergeben sollen.
Die Verzierung ist sehr flüchtig ausgeführt.
Abgesetzt von einer tiefen Rille folgt unterhalb des Schulterumbruchs noch einmal das
gleiche Motiv, etwas sorgfältiger ausgeführt.
Es folgen vier tiefe Rillen, der Mittelsteg dazwischen ist mit halbkreisförmigen Stempeln
verziert. Auf der Höhe des unteren Henkelan-
satzes läuft ein Band mit Metopenfeldern. Die
Felder sind von senkrecht angeordneten Halb-
kreispunzen begrenzt, die von je zwei Rillen
begleitet werden. Je einem leeren oder nur un-

ten mit zwei Reihen einfacher Stempel verzierten Feld folgt ein Feld mit kleinen, oben
hängenden Dreiecken, in einem Fall wiederholt sich dieses Dreiecksmuster auch an der
Unterkante des Felds. Den Abschluss der oberen Zierzone bilden zwei Riefen, die auf dem
dazwischen liegenden Steg mit Halbkreis-
stempeln verziert sind. Der Unterteil des Gefäßes ist senkrecht gerieft. Die Verzierung auf
dem gesamten Gefäß ist wenig sorgfältig ausgeführt, das Stück ist durch sekundären Brand
beschädigt worden.

Lit.: B.-U. Abels, Eine Tonschnabelkanne von der Ehrenbürg, Schlaifhausen, Gemeinde Wiesenthau, Landkreis
Forchheim, Oberfranken. Arch. Jahr Bayern 1991 (Stuttgart
1992) 94–97; ders., Eine Tonschnabelkanne von der Ehrenbürg in Oberfranken. Arch. Korrbl. 22, 1992, 79–92.

R. Gebhard

105 Keltische Schnabelkanne aus Ton (ABB. 349)

Hallstatt, VB Gmunden, Österreich
450–400 v. Chr.
Ton; H. 49,5 cm.
Prähistorische Abteilung, Naturhistorisches Museum Wien INV.-NR. 73873.

Genaue Fundumstände unbekannt. Gefäßkörper leicht einwärts gezogen, lang und schmal;
kleine Standfläche. Ausguss schräg nach oben
führend, auffallend schmal. Am oberen Hals-
ende und auf der Schulter jeweils drei Reihen
eingestempelter Kreisaugen, Gefäßoberfläche
sonst glatt und schwarz.

Lit.: P. Jacobsthal/A. Langsdorff, Die Bronzeschnabelkannen. Ein Beitrag zur Geschichte des vorrömischen Imports
nördlich der Alpen (Berlin-Wilmersdorf 1929) 61 Taf. 27,138;
Jacobsthal 1944, 204 Nr. 406 Taf. 209; Moosleitner 1985,
85 ff. Abb. 70.

A. Kern

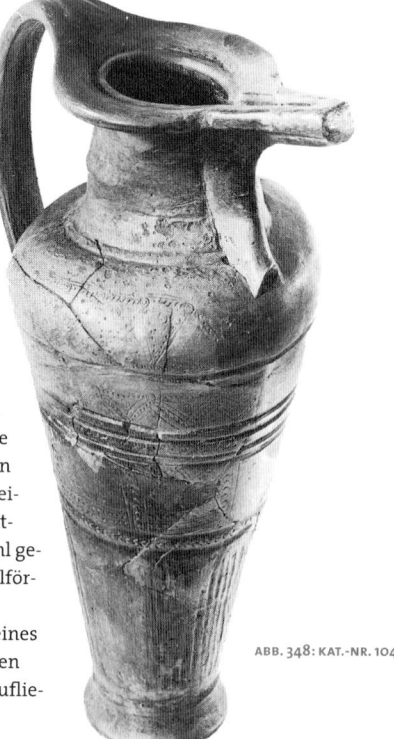

ABB. 348: KAT.-NR. 104.

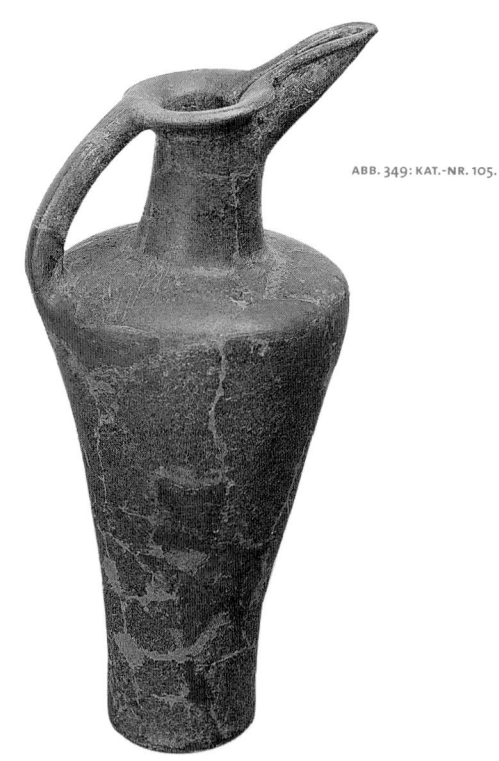

ABB. 349: KAT.-NR. 105.

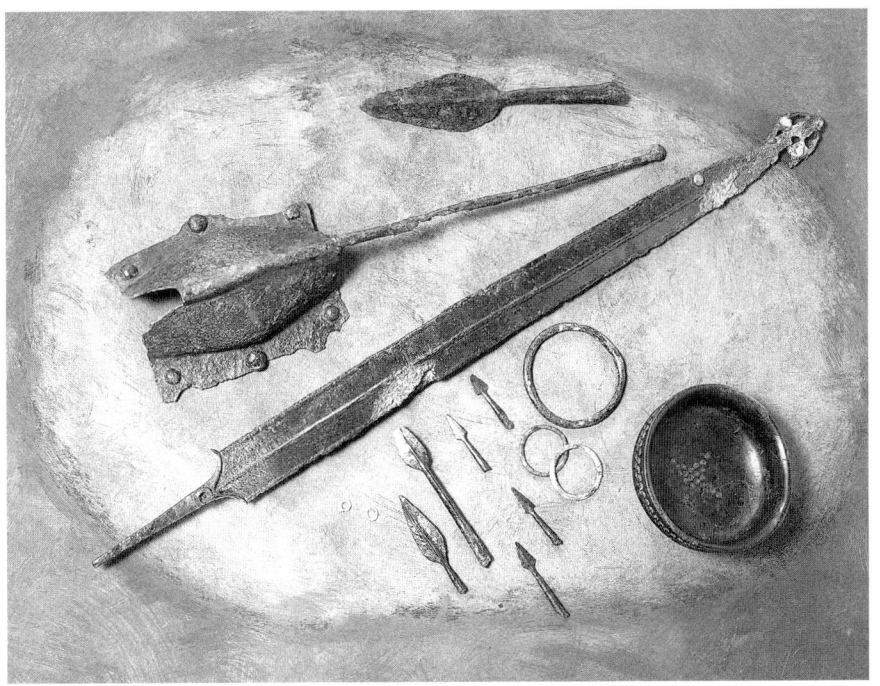

ABB. 350: KAT.-NR. 107.

FRÜHKELTISCHE BEWAFFNUNG

106 Verzierte Schwertscheide (ABB. 171)

Hallstatt, VB Gmunden, Österreich,
Grab 994
Um 400 v. Chr.
Bronze, Eisen; L. 79 cm.
Römisch-Germanisches Zentralmuseum
Mainz (Kopie); Original Prähistorische
Abteilung, Naturhistorisches Museum
Wien INV.-NR. 51244.

Körperbestattung eines mit Helm, Schwert,
Hiebmesser und zwei Lanzenspitzen ausgestatteten Kriegers. Eisernes Schwert mit bronzenem Knauf in Gestalt zweier Vogelköpfe.
Die eiserne Schwertscheide trägt auf der Vorderseite eine dünne, gravurverzierte Bronze-
platte mit der Darstellung von Kriegern zu
Fuß und zu Pferd. Diese figürlichen Darstellungen sind stark durch die oberitalisch-süd-
ostalpine Situlenkunst beeinflusst.

Lit.: K. Kromer, Das Gräberfeld von Hallstatt (Firenze 1959)
183 Taf. 201,1a–b; 202.   **H. Baitinger**

107 Ausstattung eines Kriegergrabs (ABB. 152; 350)

Bad Nauheim, Wetteraukreis, „Auf dem
Schützenrain"
4. Jh. v. Chr.
Landesamt für Denkmalpflege Hessen,
Abt. Archäologische und Paläontologi-
sche Denkmalpflege, Wiesbaden.

Innerhalb einer viereckigen Grabenanlage,
die durch Luftbildprospektion entdeckt worden war, wurde 1991 die Körperbestattung

eines Kriegers freigelegt. Das Skelett war bis
auf wenige Zähne vergangen. Im oberen Bereich der Grabgrube konnten Spuren einer
Holzverschalung beobachtet werden.
107.1. Schwert mit Griffangel in Scheide, unterhalb vom Scheidenmund Drachenzier, durchbrochen gearbeitetes Ortband. Der Schwertgriff bestand aus organischem Material und
war einst durch vier Niete fixiert. Eisen;
L. 80,5 cm.
107.2. Verzierter Schildbuckel. Eisen; L. (ohne
Spina) 19 cm.
107.3. Lanzenspitze. Eisen; L. 26 cm.
107.4. Geschoss-Spitze. Eisen; L. noch 15 cm.
107.5. Fünf Pfeilspitzen. Eisen; L. 6-10 cm.
107.6. Zwei Ohrringe, davon einer mit Granulation. Gold; Dm. 1,2 cm.
107.7. Geschlossener Ring. Bronze; Dm. 9,5 cm.
107.8. Geschlossener, verzierter Ring. Bronze;
Dm. 5 cm.
107.9. Geschlossener Ring. Eisen; Dm. 4,5 cm.
107.10. Zwei Bruchstücke einer eisernen Fibel
und ein Bronzeniet.

Lit.: Ph. Ille in: Zeitspuren. Luftbildarchäologie in Hessen
(Wiesbaden 1993) 46–49; S. Kunz, Die Restaurierung eines
keltischen Schwertes der Frühlatènezeit. Denkmalpfl.
Hessen H. 2, 1994, 41–43; Publikation durch O.-H. Frey und
Th. Stöllner in Vorbereitung.   **O.-H. Frey**

108 Helm vom Typ Berru (ABB. 351)

Bergrheinfeld-Garstadt, Kr. Schweinfurt
Um 400 v. Chr.
Bronze; H. 24,6 cm, Gew. 482 g.
Archäologische Staatssammlung Mün-
chen INV.-NR. 1981,197.

Flussfund aus einem verlandeten Mainarm.
Helm vom Typ Berru mit Nackenschutz, der
Rand ist umlaufend ausgestellt. Der Nacken-

schutz ist am Übergang zur Kalotte mit einer
feinen Rille gesäumt, darüber läuft eine zweite Ritzlinie und setzt sich längs des gesamten
Randes fort. Weitere Verzierungen, wie bei
den übrigen Helmen dieses Typs, sind nicht
zu erkennen. An beiden Seiten befinden sich
mit je einem Niet geheftete Bronzelaschen für
die Befestigung eines etwa 4 mm schmalen
Kinnriemens. Einer der Niete ist original, mit
profiliertem Kopf, der zweite antik ersetzt. Ursprünglich befand sich an der Helmspitze, in
ein quadratisch ausgespartes Loch eingelassen, noch ein profilierter Knauf. Durch die Ver-
senkung im Main kann der Helm als Votiv
oder Opfer gedeutet werden.

Lit.: Ch. Pescheck/H. P. Uenze, Die Kelten im Landkreis
Schweinfurt. Kat. Prähist. Staatsslg. München 24 (Kall-
münz/Opf. 1992) 62 f. Taf. 28; 29; 32–37; Kat. Rosenheim 338
Nr. 454; 340 Abb.   **R. Gebhard**

109 Helm vom Typ Berru (ABB. 153)

Wörth am Rhein, Kr. Germersheim
450–370 v. Chr.
Bronze; H. 31,5 cm.
Historisches Museum der Pfalz, Speyer
INV.-NR. HMP/LG 41. Depositum des Bien-
wald-Museums Kandel e.V.

Flussfund aus dem Altrhein (Rathjens-Weiher).
Der Helm kam 1968 beim Kiesbaggern
zutage. Er gehört zu den aus Bronze, seltener
aus Leder oder Eisen gefertigten Helmen vom
Typ Berru. Sie haben zwei Verbreitungsschwer-
punkte: in der französischen Champagne und
im österreichischen Salzkammergut. Dort
stammen sie durchwegs aus Gräbern, die zum
Teil sehr reich, u. a. mit zweirädrigen Parade-
wagen, ausgestattet waren. Im dazwischen
liegenden Raum sind solche Helme selten und
nur als Flussopfer überliefert.
Helme vom Typ Berru sind eine keltische Neu-
schöpfung, die nicht an die ältere keltische
Helmtradition anknüpft. Das Vorbild wird

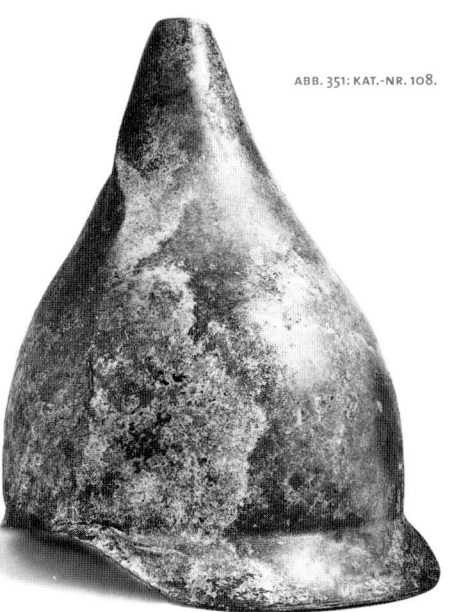

ABB. 351: KAT.-NR. 108.

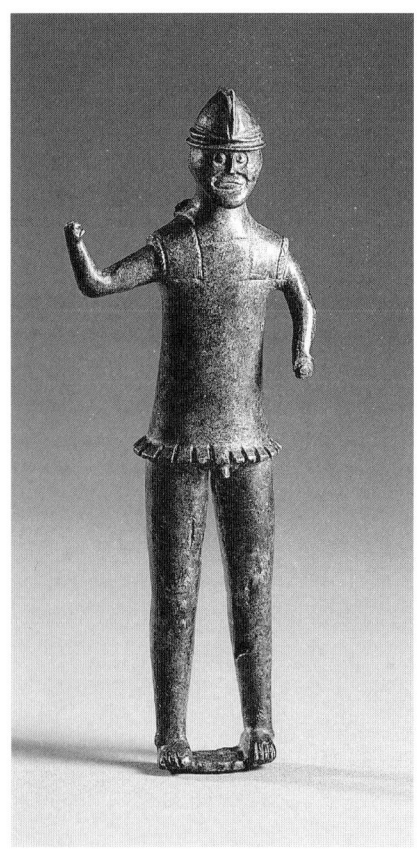

ABB. 352: KAT.-NR. 110.

110 Kriegerstatuette (ABB. 352)

Gutenberg bei Balzers, Fürstentum Liechtenstein

3.–1. Jh. v. Chr.

Bronze; H. ohne Zapfen 12,8 cm.

Liechtensteinisches Landesmuseum Vaduz (Kopie).

Weihefund. Statuette eines phallischen Kriegers, gerüstet mit Helm und Kompositpanzer („Mars von Gutenberg"). Schild und Lanze, die der Krieger einst in den Händen hielt, haben sich nicht erhalten.

Lit.: A. Hild/G. von Merhart, Vor- und frühgeschichtliche Funde von Gutenberg-Balzers. Jahrb. Hist. Ver. Liechtenstein 33, 1933, 13–46; R. Wyss, Fruchtbarkeits-, Bitt- und Dankopfer vom Gutenberg. Helv. Arch. 9, 1978, 151–166.

H. Baitinger

111 Kurzschwert (ABB. 353)

Kobern-Gondorf, Kr. Mayen-Koblenz, „Chorgesang" Hügel 43

500–450 v. Chr.

Eisen, Holz, Bronze; L. 65 cm.

Landesamt für Denkmalpflege Rheinland-Pfalz, Archäologische Denkmalpflege, Amt Koblenz

INV.-NR. 79.044.043 (Kopie).

Aus einem vollständig untersuchten Gräberfeld von 49 Grabhügeln stammt aus dem 1979 gegrabenen Hügel 43 als Beigabe einer Körperbestattung ein sehr auffallendes Kurzschwert. Das Schwert war zusammen mit drei Gürtel-Koppelringen bei der Niederlegung zum Teil in Textil eingewickelt. Seine eiserne, im Querschnitt vierkantige Griffstange endet in einem rundlichen Abschlussknauf und geht in eine breite Klinge mit deutlicher Mittelrippe über. Die Heftstange aus Laubholz hat an beiden Enden einen bronzenen Hohlbuckel eingestiftet. Aus dem gleichen Holz ist auch der zweischalige Griff gearbeitet. Von einer eisernen Blechscheide, die mit Rippen auf der Vorderseite verziert ist, sind Reste erhalten. Der sehr kräftige und breite Griff- sowie der obere Klingenteil lassen das Kurzschwert etwas unproportioniert erscheinen, sodass es den Eindruck eines Hallstattdolchs macht. Seine Form insgesamt lässt auf eine Herkunft aus ostfranzösischem Gebiet schließen, und seine Knaufstange hat eine geradezu verblüffende Parallele im Schwert der Sandsteinstatue vom Glauberg (ABB. 71).

Lit.: H. Fehr/H.-E. Joachim, Das späthallstatt-/frühlatènezeitliche Hügelgräberfeld von Kobern-Gondorf „Chorgesang", Kreis Mayen-Koblenz. In: H.-H. Wegner (Hrsg.), Berichte zur Archäologie an Mittelrhein und Mosel 8. Trierer Zeitschr. Beih. (im Druck).

H. Fehr

112 Kurzschwert (ABB. 354)

Rhein bei Mainz-Kastel

4. Jh. v. Chr.(?)

Bronze, Eisen, Gold; L. 45,0 cm.

Landesmuseum Mainz INV.-NR. V 1101.

Flussfund. Kurzschwert mit pseudoanthropoidem Bronzegriff und eiserner Klinge. Am oberen Klingenende befinden sich Goldeinlagen, die offenbar die Gestirne Sonne und Mond symbolisieren. Von der zugehörigen eisernen Scheide haben sich nur geringe Reste erhalten.

Lit.: AuhV 4 (Mainz 1900) Taf. 2,3; G. Wegner, Die vorgeschichtlichen Flussfunde aus dem Main und aus dem Rhein bei Mainz. Materialh. Bayer. Vorgesch. A 30 (Kallmünz/Opf. 1976) 43 f. 140 Nr. 423 Taf. 69,1.

H. Baitinger

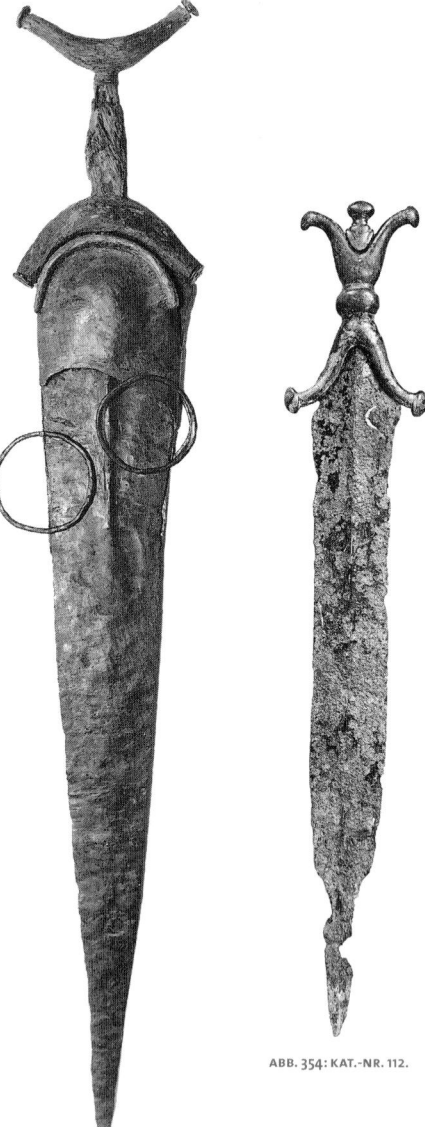

ABB. 354: KAT.-NR. 112.

ABB. 353: KAT.-NR. 111.

letztlich in den Spitzhelmen mit gewölbt geschwungener Kontur des Vorderen Orients zu suchen sein, die dort seit dem 8. Jahrhundert v. Chr. gebräuchlich waren und sich bis in die Zeit um 500 v. Chr. hielten, wie ein solcher Helm aus der Perserbeute in Olympia belegt. Dass die Kelten diese Helmform über die Skythen des mittleren Donauraums kennen gelernt hätten, wie U. Schaaff vermutete (Schaaff 1973), ist angesichts der westlichen Verbreitung der Berru-Helme, die sich annähernd mit der Verbreitung etruskischen Bronzegeschirrs in der *Keltiké* deckt, wenig wahrscheinlich. Eher ist an italisch-etruskische Vermittlung zu denken. Die Berru-Helme würden sich zu anderen Prestigegütern und Luxusgepflogenheiten letztlich vorderorientalischen Ursprungs gesellen, die der keltische Adel durch griechische und italische Vermittlung kennen lernte, so etwa (wie D. Krauße aufzeigte [Krauße 1996]) das Trinkhorn und die Sitte des Liegens beim festlichen Gelage. Für diesen Vermittlungsweg spricht auch ein campanischer Bronzekessel aus Unteritalien (Bianchi Bandinelli/Giuliano 1974 ABB. 136.139.140) aus der Zeit um 500 v. Chr. mit Statuetten reitender Amazonen auf dem Deckel, deren Helme dem Typ Berru sehr nahe kommen.

Lit.: M. Bader, Von der Vorgeschichte zum hohen Mittelalter. In: ders./A. Ritter/A. Schwarz, Wörth am Rhein, Ortschronik Bd. 1 (Wörth 1983) 35–148 bes. 71 ff. Abb. 18; zum Helmtyp Schaaff 1973; ders., Keltische Helme. In: Antike Helme. Monogr. RGZM 14 (Mainz 1988) 293–318.

L. Sperber

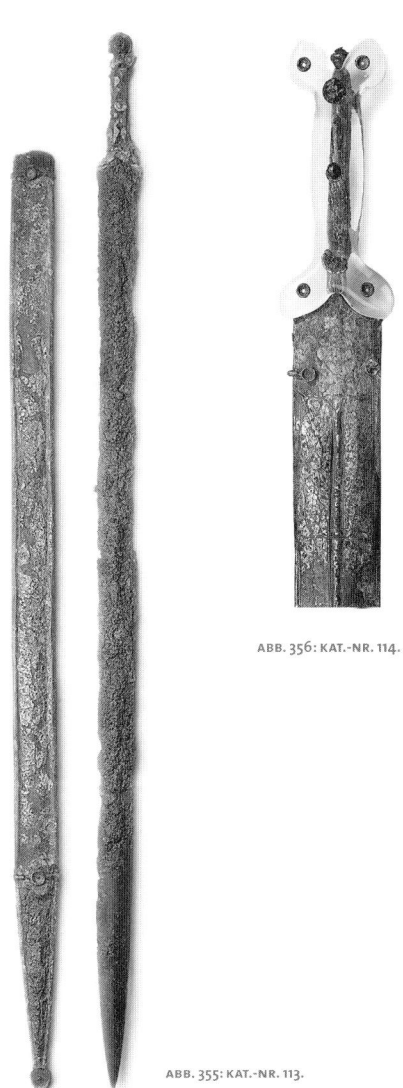

ABB. 356: KAT.-NR. 114.

ABB. 355: KAT.-NR. 113.

113 Schwert mit figürlich verziertem Griff (ABB. 145; 355)

Bescheid, Kr. Trier-Saarburg, Hügel 6
Um 400 v. Chr.
Eisen, Bronze, Bein, ursprünglich auch
Koralle; L. 97 cm.
Rheinisches Landesmuseum Trier
INV.-NR. 78,140e.

Ausstattung eines ungestörten Kammergrabs mit Wagenbeigabe in einer abgesetzten Prunkgräbergruppe von 16 Grabhügeln, 1977–79 untersucht. Die Gruppe lässt sich einem größeren Hügelgräberfeld zuordnen.
Die eiserne Schwertscheide besitzt ursprünglich mit Koralle eingelegte Bronzebeschläge. Der hölzerne Schwertgriff ist einseitig mit Beinplättchen eingelegt, ursprünglich auch mit Koralle besetzt und endet in einem Bronzeköpfchen als Knauf. Dem stark schematisierten Kopf sitzt eine bis in die abgeschnürten Spitzen plastisch ausgeformte Blattkrone auf.

Lit.: Kat. Trier 50 Abb. 25; Haffner 1999; M. Lage, Schuhbesatzfunde von Bescheid, „Bei den Hübeln", Kreis Trier-Saarburg. Trierer Zeitschr. 62, 1999, 37–82 Abb. 1.

H. Nortmann

114 Schwert in figürlich verzierter Scheide (ABB. 356)

Hochscheid, Kr. Bernkastel-Wittlich,
Hügel 2
Anfang 4. Jh. v. Chr.
Eisen, Bronze, ursprünglich auch Koralle;
L. 81,1 cm.
Rheinisches Landesmuseum Trier
INV.-NR. 75,150h.

Die Prunkwaffe mit einer gravur- und punzverzierten Scheidenvorderseite aus Bronzeblech ist der aufwändigste Ausstattungsbestandteil eines Kammergrabs. In die achsensymmetrischen Zierstreifen mit Leier-, Lotos-, Palmetten-, S-Haken- und Schlangenmotiven sind zwei kauernde Tiere eingefügt.

Lit.: Kat. Trier 132 Nr. 34; Haffner 1992, 25 ff. Falttaf. 1; ders. 1993, 337 ff. Abb. 19.

H. Nortmann

115 Schwert in verzierter Scheide (ABB. 357)

Remmesweiler, Kr. St. Wendel
450–400 v. Chr.
Eisen, Bronze; L. 73,5 cm.
Rheinisches Landesmuseum Trier
INV.-NR. S.W. I 32.

Im Vorfeld einer Hügelgruppe wurde 1837 einer von zwei Großhügeln geöffnet. Das unvollständig erhaltene Inventar des Kriegergrabs enthielt auch eine etruskische Bronzeschnabelkanne und Goldzierbleche.
Die mit Bronzeblech belegte Schauseite der Schwertscheide zeigt eine geometrisch gravierte, mit Punktpunzen gefüllte Felderborte.

Lit.: Haffner 1976, 23 ff. 199 Nr. 14 Taf. 8,3; 139.

H. Nortmann

116 Köcherbeschläge und Rekonstruktion (ABB. 358)

Todtenweis-Sand, Kr. Aichach-Friedberg
6. Jh. v. Chr.
Bronze; L. 65 cm.
Archäologische Staatssammlung München INV.-NR. 1989,153.

Die in einem Grabhügel gefundenen Pfeilspitzen und Köcherbeschläge gehören zu den seltenen Belegen der Beigabe von Jagdwaffen in hallstattzeitlichen Gräbern. Die Grabanlage bestand aus einer 3 x 2 m großen Kammer, in der die Asche des verbrannten Toten bestattet war. Als Beigaben fanden sich, wie im schwäbischen Raum üblich, an der Ostseite des Grabs 14 Gefäße. Da alle organischen Reste in dem Grab weitgehend vergangen waren, musste der Lederköcher nach den wenigen vorhandenen Spuren und der Position der Metallbeschläge rekonstruiert werden.

Lit.: G. Krahe, Hallstattzeitliche Grabhügel bei Todtenweis, Landkreis Aichach-Friedberg, Schwaben. Arch. Jahr Bayern 1982 (Stuttgart 1983) 61–64; Kat. Rosenheim 267 Nr. 41.

R. Gebhard

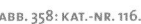

ABB. 357: KAT.-NR. 115.

ABB. 358: KAT.-NR. 116.

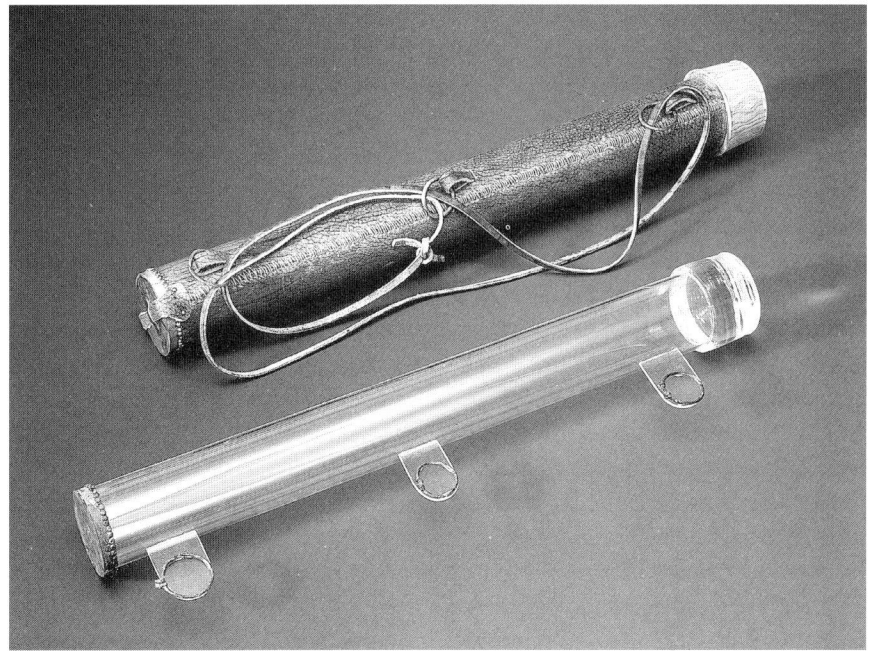

FRÜHE GROSSPLASTIK

DER BEGINN ANTHROPOMORPHER STELEN IN MITTELEUROPA (7./6. JAHRHUNDERT V. CHR.)

117 Anthropomorphe Stele (ABB. 359)

Guardiagrele, Prov. Chieti, Italien
Mitte des 7. Jhs. v. Chr.
Kalkstein; H. 80,5 cm, B. 51 cm, T. 11,5 cm.
Museo Archeologico Nazionale
dell'Abruzzo Chieti INV.-NR. 4932.

Aus dem Gebiet der Nekropole von Comino.
Flache, anthropomorphe Kriegerstele mit abgesetzter, vorspringender Gesichtspartie. Um
den Hals trägt die Figur eine Kette mit Anhängern, am mäanderverzierten, schräg über den
Oberkörper verlaufenden Schultergurt ist auf
Brust und Rücken jeweils eine runde Panzerscheibe angebracht, auf der rechten Seite eine
Lanze.

Lit.: V. Cianfarani, Stele d'arte medio-adriatica da Guardiagrele. Boll. Arte 1/2, 1966, 1–6; Kat. Rom 76 Nr. 178 Abb. 3; 4
Taf. 84; 85; Kat. Frankfurt 242 f. Nr. 397.

H. Baitinger

118 Anthropomorphe Stele (ABB. 360)

Gomaringen-Stockach, Kr. Tübingen
7. Jh. v. Chr.
Stubensandstein; H. 75,5 cm, B. 53,2 cm,
T. 24,3 cm.
Württembergisches Landesmuseum
Stuttgart INV.-NR. V 56/53.

Die grob bearbeitete Stele wurde 1938 in einem Grabhügel entdeckt, dessen zentrales
Brandgrab in die Spätphase der älteren Hallstattzeit datiert (Ha C 2). Entweder stand die
Figur einst auf der Spitze des Hügels oder aber
sie diente als Grababdeckung, wie dies für
zwei Stelen aus dem Gräberfeld von Rottenburg (KAT.-NR. 119) nachgewiesen ist.
Der unvollständig erhaltene Kopf mit Augen,
Nase und Mund ist durch eine breite Kehle
vom plattenartigen Rumpf abgesetzt, den in
seinem oberen Teil ein umlaufendes, wohl ein
Gewand symbolisierendes Zickzackband ziert.

Lit.: G. Riek, Ein hallstättischer Grabhügel mit Menschendarstellung bei Stockach, Kr. Reutlingen. Germania 25,
1941, 85–89; Kimmig 1987, 258 f. Nr. 1; Rasshofer 1998, 21 ff.
168 f. Nr. 17.

H. Baitinger

119 Anthropomorphe Stelen (ABB. 193; 194)

Rottenburg a. N., Kr. Tübingen, „Im Lindele"
7. Jh. v. Chr.
Stubensandstein; H. 123 cm u. 128 cm.
Archäologisches Landesmuseum BadenWürttemberg, Außenstelle Konstanz.

Am nordöstlichen Stadtrand von Rottenburg,
am Fuß eines sanft nach Südosten ins Neckartal abfallenden Hangs, liegt ein Gräberfeld der
Hallstatt- und Früh- bis Mittellatènezeit, das
zwischen 1984 und 1995 nahezu vollständig
ausgegraben wurde. Erfasst wurden dabei 78
Grabhügel und über 100 Brandgrubengräber.
Die zentralen Brandgräber unter den Hügeln
und die Mehrzahl der Brandgrubengräber datieren in die ältere (Ha C) bzw. an den Beginn
der jüngeren Hallstattzeit (Ha D 1). Die Körpernachbestattungen sind mehrheitlich späthallstattzeitlich (Ha D 1–Ha D 3), Gräber der Stufe
Lt A fehlen. Wenige Körpergräber gehören in
die Stufen Lt B und Lt C, zwei Brandgrubengräber sind mittellatènezeitlich, zwei römisch.
Bei der Anlage der eisenzeitlichen Nekropole
wurde eine endneolithische Grabanlage überbaut und bronze- bzw. urnenfelderzeitliche
Bestattungen (Ha B 1) zerstört.

ABB. 359: KAT.-NR. 117.

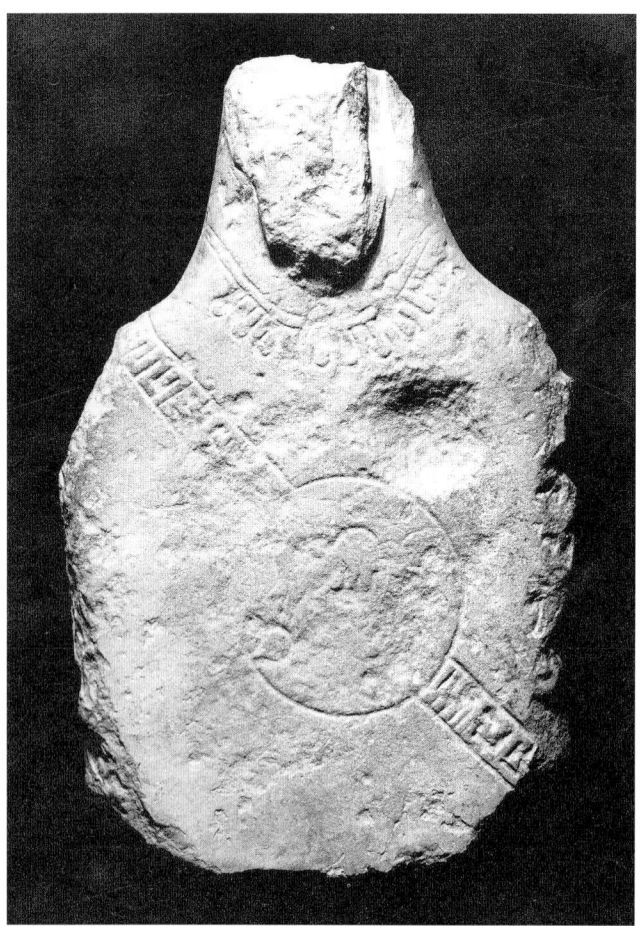

ABB. 360: KAT.-NR. 118.

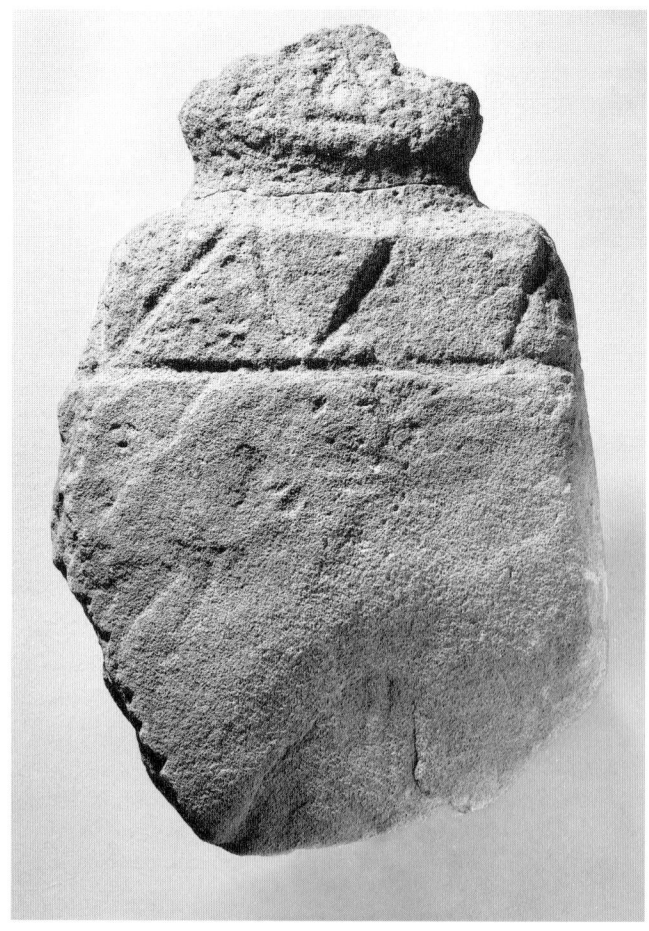

Zu den herausragenden Funden gehören zwei anthropomorphe Stelen:

119.1. Im Zentrum von Hügel 7, der von einer zwei- bis dreilagigen Trockenmauer aus Kalk- und Sandsteinen mit einem Durchmesser zwischen 3,2 und 3,5 m umzogen war, fanden sich zwei aneinander passende Teile einer menschengestalteten Stele aus feinkörnigem Stubensandstein. Sie lagen in sekundärer Verwendung auf einer von verkohlten Balken eingegrenzten Holzkohleschüttung mit vereinzelten Leichenbrandstücken und überdeckten einen rundlichen Schacht mit einem Durchmesser von 60 cm, der noch über 50 cm unter die Holzkohleschicht reichte. Auf der Sohle des Grabschachts fanden sich geringe Leichenbrandreste eines spätjuvenilen oder älteren Individuums und als einzige Beigabe ein 14,5 cm hohes, unverziertes Kragenrandgefäß, das zeitlich in die ältere bzw. in die beginnende jüngere Hallstattzeit (Ha C/D 1) zu stellen ist.

Die beiden Steinplatten mit einer Stärke zwischen 8 und 16 cm gehören zu einer 123 cm hohen Stele in Gestalt eines ithyphallischen Mannes. Der Kopfteil ist durch seitliche Einarbeitungen mit einem spitzen, meißelartigen Instrument vom Rumpf abgesetzt. Die Gesichtszüge mit den eingetieften Punktaugen sind stark stilisiert. Rillenförmig ausgearbeitet und überglättet sind Augenbrauen und Nase mit Andeutungen der Nasenflügel sowie Mund- und Kinnpartie. Unterhalb des Kinns oder Bartes sind die Genitalien wiedergegeben. Arme sind nicht dargestellt.

119.2. Eine weitere anthropomorphe Stele lag mit der Schauseite nach unten in der Steinüberdeckung von Brandgrubengrab 84. Die 128 cm hohe Platte aus Stubensandstein besitzt einen stumpfartigen Kopfteil mit punktförmig eingearbeiteten Augen. Eine vertikal verlaufende Rille bezeichnet die Nase, unklar ist die Bedeutung der gegenständig angeordneten Rillen in Winkelform im Kopf- und Schulterbereich. Der hängende Bogen unter der horizontalen Schulterlinie dürfte als Brustschmuck anzusprechen sein und stellt wohl eine Kette dar.

Zur Beigabenausstattung des Brandgrubengrabs gehören acht Gefäße, darunter zwei in Alb-Hegau-Manier ritz- und stempelverzierte Teller mit Rotbemalung und Graphitierung, die eine Datierung der Bestattung in die ältere Hallstattzeit (Ha C) oder an den Übergang zur jüngeren Hallstattzeit (Ha C/D 1) anzeigen. Die Leichenbrandreste lassen sich einem 25–30-jährigen, möglicherweise männlichen Individuum zuweisen.

Dass in Rottenburg neben den beiden figürlichen Stelen auch mit unverzierten Steinpfeilern zu rechnen ist, die gleichfalls als Grabstelen anzusprechen sind, zeigt eine 140 cm hohe und ca. 60 cm breite Steinplatte, die wenig südwestlich von Hügel 33 am Südostrand des Gräberfelds aufgefunden wurde und einst wohl neben dem Hügel aufgestellt war.

Da die beiden figürlichen Stelen aus Hügel 7 und Brandgrubengrab 84 in sekundärer Verwendung in den Ha C/D 1-zeitlichen Grabbefunden angetroffen wurden, müssen sie zeitgleich oder älter sein; ihre Datierung in die Hallstattzeit ist indes nicht von vornherein gesichert. Während die Stele aus Hügel 7 über die Darstellung der Ithyphallie mit eisenzeitlichen Grabstelen nördlich und südlich der Alpen zu verbinden ist, sodass von einer chronologischen Eingruppierung in die Stufe Ha C oder Ha D 1 ausgegangen werden kann, muss die Datierung der Stele von Brandgrubengrab 84 in das späte Neolithikum ernsthaft in Erwägung gezogen werden. Hierfür sprechen formale Gründe und auch die geringe Entfernung des Grabs von einer trapezförmigen spätneolithischen Grabanlage, zu der die Stele gehört haben kann und die bei der Anlage der hallstattzeitlichen Nekropole zerstört wurde.

Lit.: H. Reim, Das hallstattzeitliche Gräberfeld bei Rottenburg am Neckar. Grabungen 1984–1987. Arch. Inf. Baden-Württemberg 3 (Stuttgart 1988) 28 f. Abb. 24,1.2; Kimmig 1987, 260 f. Nr. 2; Rasshofer 1998, 33 ff. Abb. 21,1.2; 162 ff. Nr. 15A (mit älterer Lit.). **H. Reim**

120 Anthropomorphe Stele (ABB. 195)

Calw-Stammheim, Kr. Calw
6. Jh. v. Chr.
Buntsandstein; H. 162 cm, B. 45 cm,
T. 28 cm.
Württembergisches Landesmuseum
Stuttgart INV.-NR. V 56/51.

Einzelfund von 1948. Die lebensgroße, aus einer Steinplatte gearbeitete Figur besitzt einen runden, vom Körper abgesetzten Kopf mit Augen, Nase und Mund. Die Arme sind durch tiefe Umrisslinien angedeutet, die ein horizontaler „Gürtel" nach unten hin abschließt. Unterhalb des erigierten Penis erkennt man die Leistenlinien und eine weitere vertikale Linie, welche die Oberschenkel voneinander trennt. Das unverzierte Unterteil der Stele war einst in die Erde eingegraben und somit nicht sichtbar.

Lit.: R. Ströbel, Vorgeschichtliche Steinfigur von Stammheim (Kr. Calw). Fundber. Schwaben N. F. 12, 1938–51, 41–43; Kimmig 1987, 268 ff. Nr. 6. **H. Baitinger**

121 Anthropomorphe Stele (ABB. 361)

Tübingen-Kilchberg, Kr. Tübingen
6. Jh. v. Chr.
Stubensandstein; H. 115 cm.
Württembergisches Landesmuseum
Stuttgart INV.-NR. V 72,105.

Bei der Untersuchung eines Grabhügels der älteren Hallstattzeit (Ha C 2) stieß man 1968 wenig außerhalb des den Hügelfuß umgebenden Steinkranzes auf eine grob bearbeitete, in zwei Teile zerbrochene Stele. Das unregelmäßig geformte Unterteil ist durch eine flache Kehle von der scheibenartigen Kopfplatte getrennt, die auf Vorder- und Rückseite geometrische Linien und Näpfchen aufweist. Ob man darin ein stark abstrahiertes menschliches Gesicht erkennen darf, erscheint unsicher. Den ursprünglichen Standort der Stele vermutet man auf der Spitze des Hügels.

Aus der Steinabdeckung einer späthallstattzeitlichen Nachbestattung im selben Grabhügel stammen zwei weitere, stark fragmentierte Stelenbruchstücke.

Lit.: A. Beck, Der hallstattzeitliche Grabhügel von Tübingen-Kilchberg. Fundber. Baden-Württemberg 1, 1974, 251–281; Kimmig 1987, 263 f. Nr. 3; Rasshofer 1998, 29 ff. 158 f. Nr. 9. **H. Baitinger**

122 Anthropomorphe Stele (ABB. 362)

Mont-Saint-Vincent, Dép. Saône-et-Loire, Frankreich
6. Jh. v. Chr.(?)
Sandstein; H. 55 cm, B. 19 cm, T. 14 cm.
Chalon-sur-Saône, Musée Denon
INV.-NR. 51.71.1.

Die Stele, die 1951 ins Musée Denon gelangte, besteht aus grobem, porösem Sandstein. Ihre genauen Fundumstände sind unbekannt, doch ist die Herkunft vom Mont-Saint-Vincent sehr wahrscheinlich. Die grob bearbeitete Stele ist an der Basis gebrochen, aber vermutlich fehlt nur der einst in die Erde einge-

ABB. 361: KAT.-NR. 121.

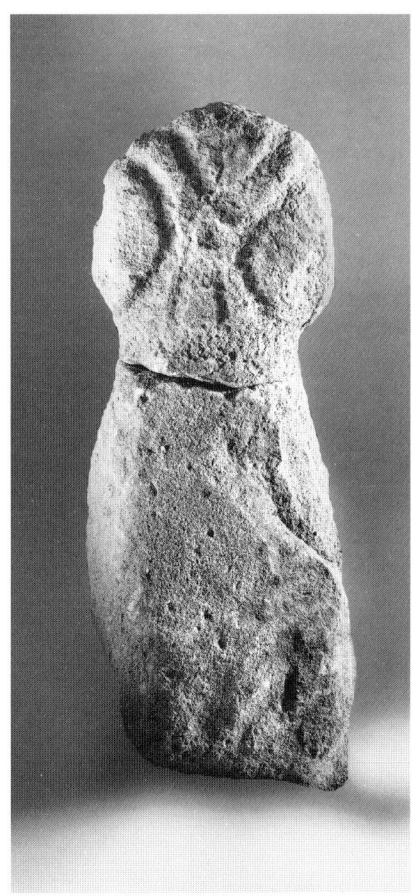

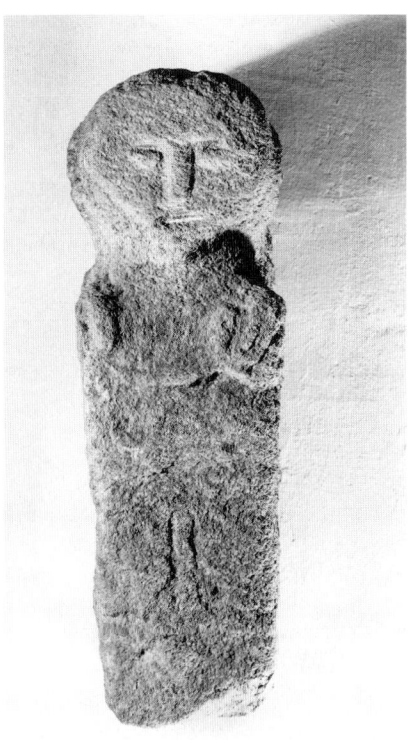

ABB. 362: KAT.-NR. 122.

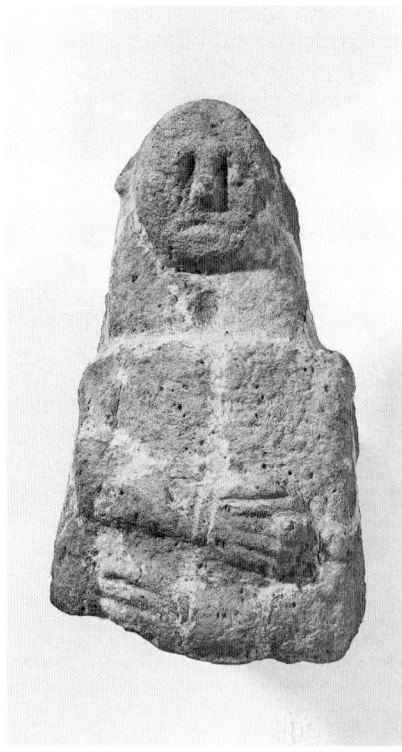

ABB. 363: KAT.-NR. 123.

grabene Teil. Der rundliche Kopf ist vom blockhaften Körper abgesetzt; Augen, Nase, Ohren und Mund sind in flachem Relief herausgearbeitet. Der rechte Arm liegt über dem Oberkörper, die rechte Hand ruht an der linken Schulter. Im unteren Teil der Stele ist ein erigierter Penis eingeritzt.

Lit.: Bonenfant/Guillaumet 1998, 28 ff.

H. Baitinger

123 Anthropomorphe Stele (ABB. 363)

Breuberg-Rai-Breitenbach,
Odenwaldkreis
6.–5. Jh. v. Chr.(?)
Sandstein; H. 45 cm.
Hessisches Landesmuseum Darmstadt
INV.-NR. A 1919:3430.

Einzelfund von 1919 „in einem Haufen flüchtig zugerichteter Sandsteinfindlinge". Das Unterteil der aus einem flachen Stein gearbeiteten Figur ist nicht erhalten. Vom Rumpf, über den die abgewinkelten Arme gelegt sind, heben sich deutlich ein breiter Hals und ein rundliches Gesicht mit Augen, Nase, Mund und kleinen Ohren (abgebrochene Blattkrone?) ab. Drei Rillen am rechten Handgelenk scheinen ein Armringpaar darzustellen.

Lit.: E. Anthes, Bildwerk aus dem Odenwald. Germania 4, 1920, 37–39; Kimmig 1987, 266 ff. Nr. 5.

H. Baitinger

124 Ritzverzierte anthropomorphe Stele (ABB. 364)

Lumbrein, Sietschen, Kt. Graubünden,
Schweiz
6. Jh. v. Chr.(?)
Quarzit; H. 180 cm, B. 60 cm.
Rätisches Museum Chur (Kopie).

Einzelfund von 1961. Flache Quarzitplatte mit der eingeritzten Darstellung einer menschlichen Figur. Der ovale Kopf weist eine breite Nase und kleine, eingetiefte Augen auf, die beiden Arme sind abgewinkelt und über den Körper gelegt. Im unteren Teil der Stele erkennt man eine asymmetrische, rechtwinklig abbiegende Linie, die entweder als der Beinwinkel oder als stilisierte Darstellung eines Beils interpretiert wird.

Lit.: Jahrb. SGU 50, 1963, 72 Taf. 6,2; Kimmig 1987, 271 ff. Nr. 8.

H. Baitinger

EISENZEITLICHE GROSSPLASTIK IN GRIECHENLAND, ITALIEN UND ISTRIEN

125 Griechischer Kouros (ABB. 210)

Anavyssos, Attika, Griechenland
Um 530/520 v. Chr.
Original aus Marmor von Paros;
H. 194 cm.
Archäologisches Nationalmuseum Athen
INV.-NR. 3851 (Kopie).

1936 bei der irregulären Ausgrabung eines Grabhügels gefunden und für Ausfuhr und Weiterverkauf zersägt; 1937 von der griechi-

schen Polizei beschlagnahmt, seitdem im Nationalmuseum von Athen. Statue eines nackten Jünglings mit langem, hinten zu Zöpfen geflochtenem Haar; höchstwahrscheinlich mit einer dreistufigen Basis zu verbinden. Die den Verstorbenen rühmende Inschrift (in Form eines Epigramms) auf dieser Basis nennt den Namen „Kroisos".

Lit.: G. M. A. Richter, Kouroi. Archaic Greek Youths3 (London, New York 1970) 118 f. Nr. 136 Abb. 395–398; 400–401; E. Mastrokostas, Die Dreistufenbasis des Kroisos-Kuros. Arch. Analekta Athenon 7, 1974, 215–228 (griech. mit dt. Zusammenfassung); Martini 1990, 185 ff. Abb. 60.

D. Steuernagel

126 Unterlebensgroße Statuen aus Etrurien (ABB. 202)

Casale Marittimo, Prov. Pisa, Italien,
Nekropole von Casa Nocera
700–650 v. Chr.
Soprintendenza Archeologica per la Toscana, Firenze INV.-NR. 177642 u. 177643.

126.1. Statue A. Kalkstein; H. 74,8 cm
(INV.-NR. 177643).
126.2. Statue B. Kalkstein; H. 114 cm
(INV.-NR. 177642).
Die genauen Fundumstände der beiden Statuen sind nicht bekannt. Sie wurden von Privatleuten im Bereich einer kleinen etruskischen Nekropole aus der orientalisierenden

ABB. 364: KAT.-NR. 124.

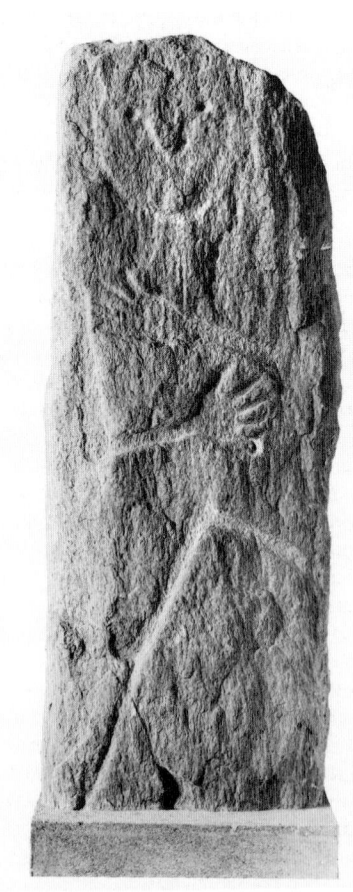

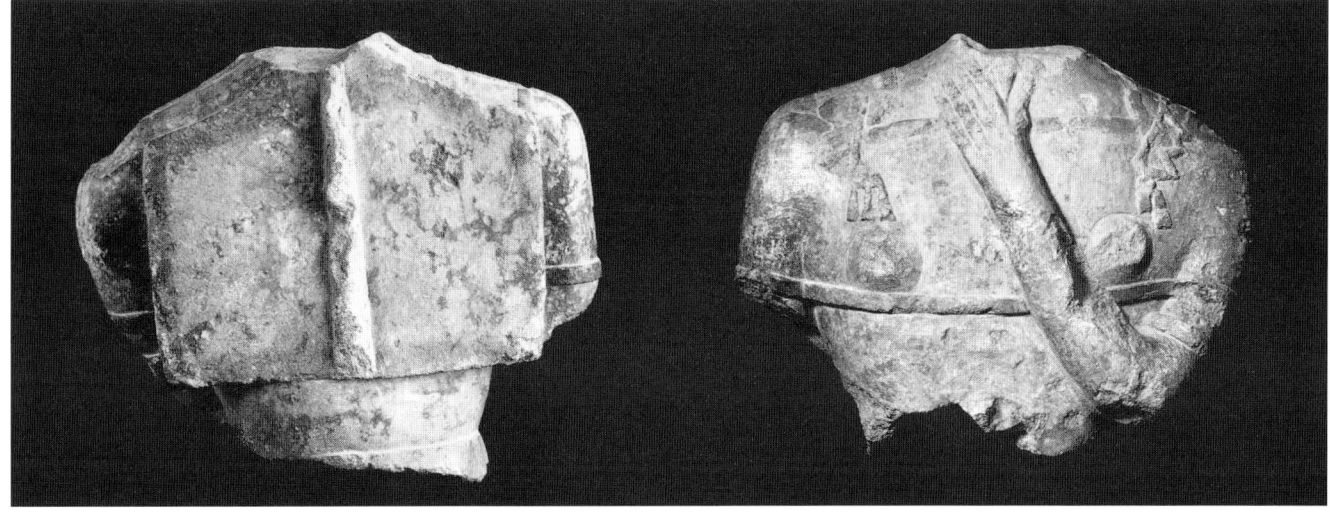

ABB. 365: KAT.-NR. 128.

Zeit gefunden, die auf dem Gipfel des Hügels von Casa Nocera in der Gemeinde Casale Marittimo – im Bereich des antiken Volterra – liegt. Sie scheinen mit der ältesten Phase (1. Hälfte 7. Jh. v. Chr.) eines Kammergrabs in Verbindung zu stehen, in dessen nächster Nähe sie anscheinend gefunden worden sind. Die beiden Statuen bestehen aus feinem, lokalem Kalkstein. Die Oberflächen sind sorgfältig geglättet, die einzelnen Elemente der Kleidung und der Haartracht – eingeschnitten und graviert – zeigen Spuren roter Bemalung. Die Statuen wurden in Bruchstücken gefunden, die heute zusammengefügt sind, doch sind sie unvollständig.

Die beiden Figuren sind gleichartig bekleidet, nämlich mit einem Lendenschurz und einem prächtigen Gürtel, doch unterscheiden sie sich deutlich in der Haartracht und in der Armhaltung. Bei der Statue A, deren Kopf nicht erhalten ist, sind die Haare in einem langen Zopf zusammengefasst und die Hände in den Nacken gelegt. Statue B trägt einen kurzen Zopf, die Arme sind in einem Gestus von Schamgefühl weiblicher Figuren und von besonderer *dignitas* männlicher Figuren auf die Brust gelegt. Auch der Stil scheint unterschiedlich: Gegen die weiche Behandlung der Formen der Statue A hebt sich die steife Hölzernheit der Figur B ab.

Wie erwähnt erlauben es die Einzelteile der Kleidung, die beiden Statuen in ein dichtes Netz von Vergleichen einzufügen, die von männlichen Bronze- und Elfenbeinstatuetten orientalisierender Zeit aus Palestrina bis zu Statuen spätorientalisierender Zeit von Pietrera in Vetulonia reichen. Die z. T. zwingenden Vergleiche mit den verzierten Bronzen aus den Gräbern Barberini und Bernardini in Palestrina lassen uns für die Statuen von Casale Marittimo an eine Zeitstellung denken, die die ersten Jahrzehnte des 7. Jahrhunderts v. Chr. umfasst. Es handelt sich demnach um das älteste Auftreten vollplastischer Großplastik in Etrurien, die sicherlich den Skulpturen des großen Grabhügels von Pietrera, die der mit-

tel- und spätorientalisierenden Zeit angehören, vorausgeht.

Lit.: Kat. Frankfurt 105 Abb. 80; 81; Principi etruschi tra Mediterraneo ed Europa (Ausstellungskat. Bologna 2000) 172 f. Nr. 126.127; A. Maggiani, Le statue da Casale Marittimo. In: A. M. Esposito (Hrsg.), Principi – Guerrieri. La necropoli etrusca di Casale Marittimo[2] (Milano 2001) 33–39 Abb. 21; 22.   **A. M. Esposito**

127 Italische Kriegerstatue – „Krieger von Capestrano" (ABB. 203)

Capestrano, Prov. L'Aquila, Italien
Mitte des 6. Jhs. v. Chr.
Kalkstein; H. 194,5 cm (ohne Basis),
B. Schultern 58 cm, T. 31 cm.
Museo Archeologico Nazionale dell'Abruzzo Chieti INV.-NR. 4426 (Kopie).

Zufallsfund von 1934. Aus zahlreichen Fragmenten zusammengesetzt und ergänzt. Lebensgroße, bemalte Statue eines Kriegers, auf beiden Seiten von sich nach oben hin verjüngenden Stützen mit Lanzendarstellungen ein-

gerahmt. Die frontal ausgerichtete Figur hält die Arme vor dem Körper. Den Kopf bedeckt ein breitkrempiger Helm, dessen Busch nur z. T. erhalten ist, das Gesicht des Mannes ist hinter einer Maske verborgen. Um den Hals legt sich ein breiter Schmuck, den linken Oberarm zieren zwei Ringe, einer davon mit Anhängern, den rechten Oberarm hingegen nur ein Ring. Gewappnet ist der Krieger mit einem Schwert, das er vor dem Leib hält und das in einer Scheide mit reich verziertem Ortband steckt, ferner mit Panzerscheiben auf Brust und Rücken sowie einem Beil, offenbar einem Abzeichen der sakralen Funktion des Dargestellten. Ein breiter Gürtel hält einen Schurz zusammen, dessen Randborte mit Mäandern verziert ist. Auf der rechten Seitenstütze befindet sich eine eingeritzte Inschrift, die den Toten als Nevius Pompuledius identifiziert und ihn als König bezeichnet.

Lit.: G. Moretti, Il guerriero italico di Capestrano. Opere d'Arte 6 (Roma 1936); Kat. Rom 78 ff. Abb. 1; 2 Taf. 89–94; Cianfarani/Franchi dell'Orto/La Regina 1978, 116 ff. Taf. 4; 5; 309 ff.; Kat. Frankfurt 107 Abb. 83; 240 f. Nr. 390.
                                                        H. Baitinger

ABB. 366: KAT.-NR. 129.1.

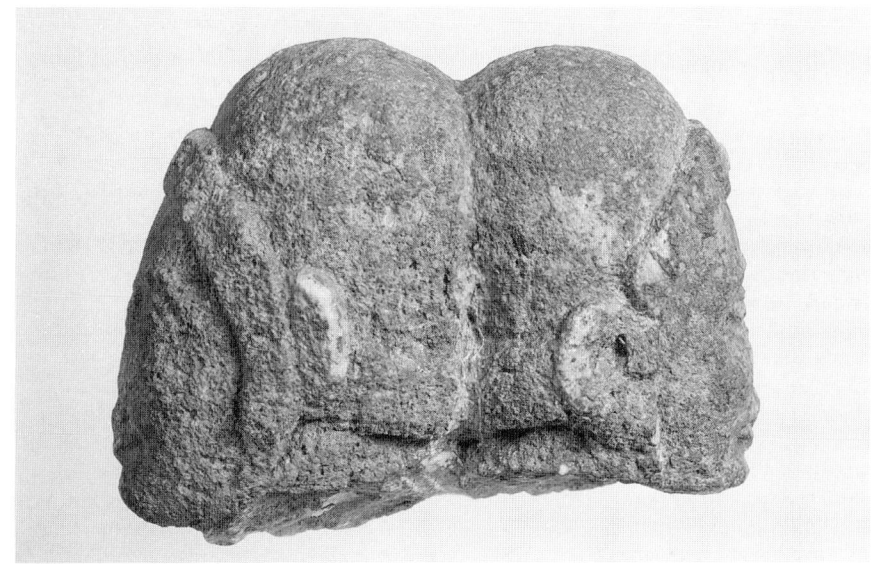

128 Weiblicher Torso (ABB. 365)

Capestrano, Prov. L'Aquila, Italien
6. Jh. v. Chr.
Kalkstein; H. 29,5 cm, B. 37,5 cm, T. 14 cm.
Museo Archeologico Nazionale
dell'Abruzzo Chieti INV.-NR. 4427.

Zufallsfund von 1934. Fragmentarisch erhaltener Oberkörper einer weiblichen Figur. Der mit einem Armreif geschmückte linke Arm ist abgewinkelt, die am Halsansatz ruhende linke Hand berührt einen Anhänger. Der rechte, oberhalb des Ellenbogens abgebrochene Unterarm war ursprünglich waagrecht vor den Körper gelegt. Das Gewand wird an den Schultern jeweils von einer großen Fibel mit dreifach geknicktem Bügel und Anhängerschmuck zusammengehalten. Den Rücken der Figur bedeckt ein kurzer, mantelartiger Umhang.

Lit.: Kat. Rom 77 f. Nr. 181 Abb. 14 Taf. 86; 87; Cianfarani/Franchi dell'Orto/La Regina 1978, 118 Taf. 6; 314; Kat. Frankfurt 240 f. Nr. 391. **H. Baitinger**

129 Fragmente anthropomorpher Großplastik aus Istrien (ABB. 205; 206; 366)

Nesazio/Nesactium, Istrien, Kroatien
550–500 v. Chr.
Arheološki Musej Istre Pula
INV.-NR. P 7508, P 7311 u. P 7506.

Zwischen 1900 und 1905 wurde in Nesactium eine bedeutende Gruppe von Steinmonumenten, Reliefs und Skulpturen entdeckt, die meisten davon im Areal des sog. prähistorischen Urnenfriedhofs, in geringerem Umfang auch im weiteren Gebiet der Siedlung (Puschi 1905; Mladin 1964; Mladin 1977/78; Fischer 1984). Die Lage des Gräberfelds innerhalb der Siedlung, Spuren, die zu älteren Strukturen gehören – vielleicht zu einer bronzezeitlichen Nekropole – und insbesondere die Fundumstände der Steinskulpturen selbst erschweren ihre Datierung und funktionale Interpretation. Sie wurden immer in sekundärer Lage vorgefunden, als Baumaterial von Urnengräbern oder in Mauern verbaut.
Die Skulpturen bestehen aus feinkörnigem Kalkstein, der aus einem Steinbruch in der Nähe von Marčana stammt, einem wenige Kilometer nördlich von Nesactium gelegenen Dorf.
Seit den ersten Publikationen werden sie meistens in zwei Gruppen oder Typen gegliedert: Reliefplatten einerseits und Skulpturen andererseits.
Unter den Skulpturenfragmenten ragt die Darstellung eines ithyphallischen Reiters hervor, der mit einem großen Block verbunden ist, auf dem eine nackte, gebärende Frau mit einem Kind in ihren Armen im Hochrelief dargestellt ist. Ein Pferdekopf, eine geballte Faust und ein beschuhter Fuß sprechen für das Vorhandensein mindestens einer weiteren Reiterfigur. Außerdem wurden Fragmente von Torsi nackter Jünglinge gefunden, ein Kopf

mit Locken und einem Ohrring sowie mehrere Fragmente sog. Altäre. Unsicherer Provenienz ist die Skulptur eines Doppelkopfes, die von einem Privatsammler angekauft worden ist (Gnirs 1925, 113 ff.).
Datierung und Interpretation dieser Monumente werden in den meisten Fällen durch den Vergleich mit Fundstellen in Mittel- und Süditalien sowie an der adriatischen Küste gestützt, wo vergleichbare Skulpturen und Stelen gefunden worden sind. Istrien unterhielt sehr früh intensive Kontakte mit diesen Regionen. An der westlichen Adriaküste gab es schon während des 7. Jahrhunderts v. Chr. Skulpturen, die man anhand eines Kriegerkopfes mit konischem Helm aus Numana datiert hat (Kat. Frankfurt 106 ABB. 82). Es ist daher möglich, dass auch einige der Skulpturen aus Nesactium aus dieser frühen Zeit stammen.
Seit den ersten Versuchen einer funktionalen Interpretation der Steinmonumente gab es abweichende Meinungen darüber: Einige sahen sie als Teile von Schreinen an, andere deuteten sie als Grabsteine (Fischer 1984, 9 f.). Berücksichtigt man die Fundumstände der Stücke, so erscheint es möglich, dass diese Monumente nicht als Grabsteine dienten, sondern an einem offenen Platz innerhalb des Friedhofs aufgestellt wurden, wo man Handlungen des Totenkults vollzog.
Ich würde die Phase, in der man diese Stücke nicht mehr als Monumente respektierte und sie zerstörte, in den Zeitraum datieren, der auf die Konsolidierung der griechischen Präsenz in der Adria folgte, oder eher noch beginnend in der Mitte des 6. Jahrhunderts v. Chr., entsprechend der Datierung des gleichen Phänomens in der Daunia (Apulien) (Tinè 1976, 268 ABB. 10).
129.1. Doppelkopf, unterhalb des Kinns abgebrochen, den runden Köpfen fehlt jeweils die Nase. Ein auf der Stirn liegendes Band umschließt halbkreisförmig die rundlich-ovalen Gesichter, die Ohren, große Augen und einen Mund mit wulstigen Lippen aufweisen. Die beiden Köpfe sind am Hinterhaupt und im Nacken miteinander verbunden. Aus einer Privatsammlung in Pula 1910 ins Museum gelangt. Kalkstein; H. 14,5 cm, L. 21 cm (INV.-NR. P 7508).
129.2. Oberkörper einer nackten männlichen Figur in frontaler Ausrichtung mit vor der Brust gekreuzten Armen. Der linke Unterarm liegt mit geballter Hand schräg vor der Brust, der rechte Unterarm horizontal vor der Körpermitte. Kalkstein; H. 36 cm, B. 31 cm, T. 15 cm (INV.-NR. P 7311).
129.3. Unterkörper eines nackten Mannes in frontaler Stellung mit erigiertem Penis, von der Hüfte bis zu den Oberschenkeln erhalten. An der rechten Hüfte Ansatzspur eines abgebrochenen Gegenstands. Kalkstein; H. 23 cm (INV.-NR. P 7506).

Lit.: Gnirs 1925, 123 ff. Abb. 75; Fischer 1984, 86 f. 89 Nr. K 48.K 50.K 57 Taf. 6,3.4; 7,3.5; 9,1–4; Kat. Frankfurt 241 Nr. 394. **K. Mihovilić**

130 Statue eines hallstattzeitlichen Fürsten (ABB. 191; 192)

Ditzingen-Hirschlanden, Kr. Ludwigsburg
Um 500 v. Chr.
Stubensandstein; H. 150 cm.
Württembergisches Landesmuseum
Stuttgart INV.-NR. V 64,9 (Kopie).

Die Statue wurde 1962 bei der Ausgrabung eines Grabhügels entdeckt, der weder von seiner Größe noch von der Ausstattung seiner Gräber her als fürstlich bezeichnet werden könnte. Eine Zuweisung der Figur an eine bestimmte Bestattung innerhalb des Hügels ist nicht zweifelsfrei möglich. Entdeckt wurde sie unmittelbar nördlich des Hügels dicht am Steinkranz, der den Hügelfuß umgab, auf der Höhe der alten Oberfläche, d. h. die Statue kann nicht lange aufrecht gestanden haben. Der Ausgräber H. Zürn interpretierte den Befund so, dass die Statue ursprünglich auf dem Hügel gestanden hat, dann umgestürzt wurde und den Hügel herabgerollt ist. Beim Sturz über den Steinkranz wären die Unterschenkel abgebrochen, die Statue am Hügelfuß liegen geblieben und rasch von der Schwemmerde des Hügels bedeckt worden.
Die Figur ist nackt, trägt aber charakteristische Ausstattungsgegenstände eines späthallstattzeitlichen Fürsten. Die kegelförmige Kopfbedeckung wird seit der Entdeckung des Fürstengrabs von Hochdorf gewöhnlich als Hut aus Birkenrinde gedeutet, wenngleich auch ein bronzener Helm nicht auszuschließen ist. Der wulstartige Halsring entspricht den breiten Goldhalsringen, wie sie in Fürstengräbern des 6. Jahrhunderts v. Chr. aufzutreten pflegen. Auch der schlanke Antennendolch mit kugeligem Ortband, den der „Mann von Hirschlanden" an einem doppelt gelegten Leibgurt trägt, darf als charakteristisches Rangabzeichen eines Fürsten gedeutet werden.
Die Statue ist ithyphallisch und steht somit in der Tradition der älteren, grob zubehauenen Stelen der Art Stammheim-Rottenburg, doch ist sie vollplastisch gearbeitet und stellt somit für Mitteleuropa etwas völlig Neuartiges dar. Im Vergleich zu den kräftigen Beinen wirkt der brettartige Oberkörper eher schmächtig, die dünnen Arme sind in einem Gestus auf die Brust gelegt, die rechte Hand ruht auf dem Griff des Dolchs. Wahrscheinlich verdeckt eine Maske das Gesicht, die Füße sind abgebrochen und nicht erhalten, die Unterschenkel auf Höhe der Knie alt gebrochen.

Lit.: H. Zürn, Eine hallstattzeitliche Stele von Hirschlanden, Kr. Leonberg (Württbg.). Vorbericht. Germania 42, 1964, 27–36; Kimmig 1987, 264 ff. Nr. 4; Rasshofer 1998, 25 ff. 154 f. Nr. 8 (mit älterer Lit.); H. Schickler, Die Kriegerstatue aus Hirschlanden. In: Kat. Frankfurt 23–28. **H. Baitinger**

131 Kopffragment mit Blattkrone (ABB. 190)

Heidelberg
5. Jh. v. Chr.
Roter Buntsandstein; H. 31 cm, B. 35 cm.
Badisches Landesmuseum Karlsruhe
INV.-NR. C 6828.

Das Heidelberger Kopffragment entzog sich bei der Auffindung im Oktober 1893 durch seine Lage in der Nähe römischer Gräber und wegen „seiner rohen Arbeit" zunächst einer genaueren zeitlichen und kulturellen Einordnung. Erst als die „Pfalzfelder Säule" (KAT.-NR. 135) – mit ihren vier vergleichbaren, im Relief wiedergegebenen Köpfen – einigermaßen sicher in die keltische Zeit datiert werden konnte, ergab sich eine Konsequenz für das Heidelberger Fragment.

Die letzten Endes nicht zu verifizierende Überlieferung, die Pfalzfelder Säule habe ursprünglich einen solchen Kopf als Bekrönung getragen, führte zu einer Rekonstruktion mit dem Heidelberger Fragment. Dies hatte zur Folge, dass man die mit einem Zirkelschlagmuster versehene Rückseite als zweites Gesicht ansah und das Fragment als Januskopf bezeichnete. Nach dem Fund des Glauberger Fürsten, fast 102 Jahre nach dem Heidelberger Kopf, kann dieser eher als Kopf einer Statue denn als Bekrönung eines Pfeilers angesehen werden. Die Vorstellung vom doppelten Gesicht ist demnach wohl auch hinfällig, da der Hinterkopf des Glaubergers ebenfalls mit einer als Kappe zu deutenden Zirkelschlagornamentik versehen wurde. Im Übrigen sind die Vergleichsmöglichkeiten wegen des fragmentarischen Charakters sehr beschränkt. Ein auffälliger Unterschied liegt in der Wiedergabe der Blattkrone: Bei dem Heidelberger Bruchstück ist sie über dem Kopf zusammengewachsen und besitzt auf der Vorder- und Rückseite eine Binnengliederung. Trotz dieser und einiger kleinerer Abweichungen wird der Heidelberger Kopf erst durch den Fürsten vom Glauberg sicher datiert. Spekulieren darf man dagegen über die Stelle, wo die aus Odenwälder Buntsandstein gefertigte Figur in oder bei Heidelberg einen keltischen Fürstengrabhügel geziert haben mag.

Lit.: Kimmig 1987, 278 f. Nr. 10 (mit älterer Lit.); Joachim 1989.   K. Eckerle

HÖLZERNE UND BRONZENE STATUETTEN

132 Torso einer hölzernen Statuette (ABB. 196)

Seurre, Dép. Côte d'Or, Frankreich
Um 500 v. Chr.(?)
Obstbaumholz; H. 44,5 cm, H. der Figur noch 34 cm.
Chalon-sur-Saône, Musée Denon
INV.-NR. 77.10.3.

Gefunden wurde die fragmentierte, sorgfältig gearbeitete hölzerne Statuette bei Baggerarbeiten im Januar 1977 in der Saône bei einer

kleinen Flussinsel, ca. 10 km oberhalb der Einmündung des Doubs. Das Oberteil der schlanken, ursprünglich ca. 60 cm hohen Figur ist durch Feuer zerstört worden. Erhalten haben sich der ithyphallische Unterleib und das linke Bein mit dem daran ansetzenden Verankerungszapfen, der eine Aufstellung der Figur erlaubte. Als Beifunde konnten hallstattzeitliche Scherben beobachtet werden.

Lit.: Bonenfant/Guillaumet 1998, 21 ff.   H. Baitinger

133 „Gott von Bouray" (ABB. 201)

Bouray-sur-Juine, Dép. Seine-et-Oise, Frankreich
Ende 1. Jh. v. Chr./Anfang 1. Jh. n. Chr.
Bronze, Glas; H. 42 cm, B. 22 cm.
Musée des Antiquités Nationales Saint-Germain-en-Laye INV.-NR. 76551.

Flussfund von 1845. Aus mehreren Blechstücken zusammengelötet, die Arme sind abgebrochen und nicht erhalten. Das linke Auge ist mit einer Glaspaste eingelegt, das rechte ausgefallen. Die Figur im Schneidersitz trägt einen Torques um den Hals, die Beine enden in Hirschfüßen.

Lit.: R. Lantier, Le dieu celtique de Bouray. Mon. et Mém. Piot 34, 1934, 35–58; Kat. Wien 66 f. Nr. 117; Kat. Hallein 204 Nr. 14.   H. Baitinger

ABB. 367: KAT.-NR. 136.

PFEILERDENKMÄLER DES 4./3. JAHR-HUNDERTS V. CHR. UND DIE JÜNGERE KELTISCHE GROSSPLASTIK

134 Doppelgesichtige Pfeilerstele (ABB. 199)

Holzgerlingen, Kr. Böblingen
4. Jh. v. Chr.
Stubensandstein; H. 230 cm, B. 32 cm, T. 21 cm.
Archäologische Staatssammlung München (Kopie); Original Württembergisches Landesmuseum Stuttgart INV.-NR. 1862,138.

Die größte eisenzeitliche Steinstele Mitteleuropas stammt aus Holzgerlingen. Ihre genauen Fundumstände sind unbekannt. Durch die Blattkrone wird sie in die frühe Latènezeit datiert. Die pfeilerartige Stele ist janusköpfig gestaltet, die beiden Gesichter werden von einer Blattkrone überragt. Die Unterarme sind abgewinkelt und über den Bauch gelegt, wobei von Vorder- und Rückseite her betrachtet jeweils nur ein Arm sichtbar ist. Unterhalb des Unterarms verläuft ein breiter, bandförmiger Gürtel. Ein runder „Zapfen" am unteren Ende diente zur Verankerung des Bildwerks im Boden.

Lit.: Kimmig 1987, 279 ff. Nr. 11 (mit älterer Lit.).   H. Baitinger

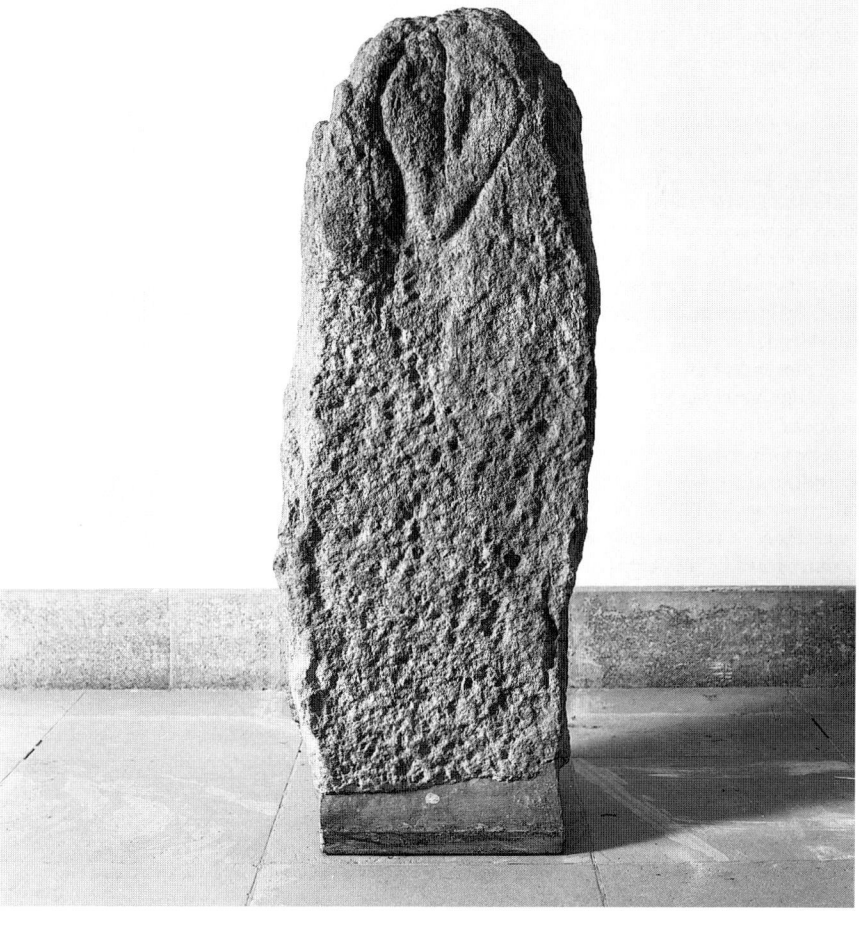

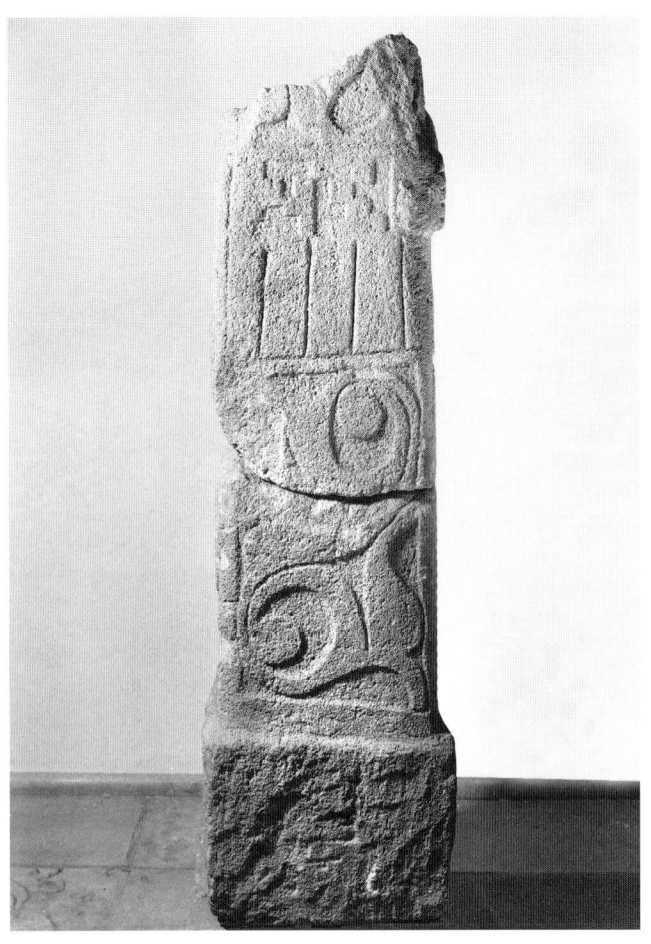
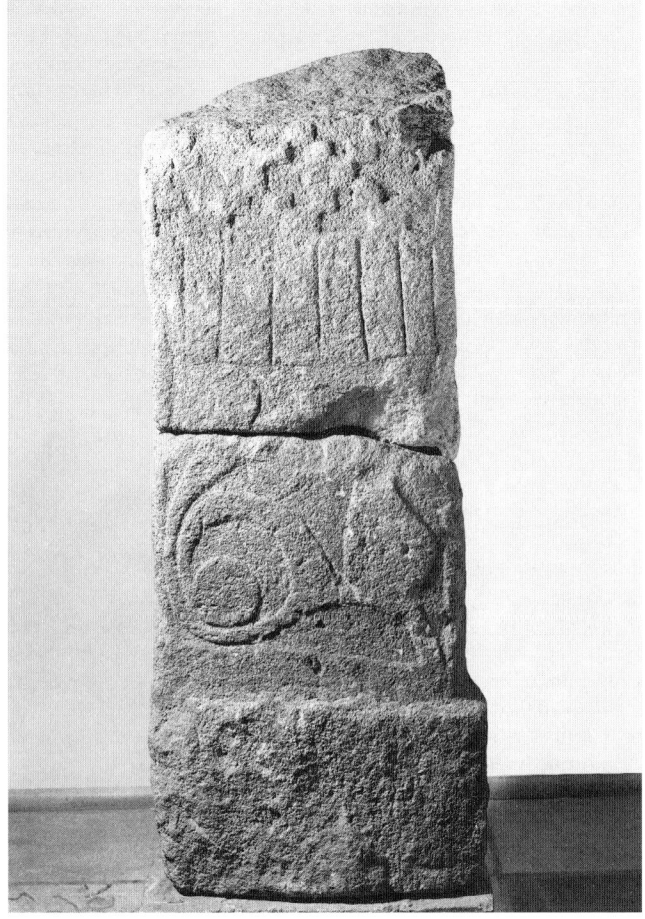

135 Reliefverzierter Pfeiler (ABB. 20; 200)

Pfalzfeld, Rhein-Hunsrück-Kreis
Um 400 v. Chr.
Sandstein; H. 148 cm.
Rheinisches Landesmuseum Bonn
INV.-NR. 38.523 (Kopie).

Eines der bedeutendsten nördlich der Alpen
erhaltenen Grab- oder Kultdenkmäler aus der
Übergangszeit vom 5. zum 4. Jahrhundert
v. Chr. stellt die sog. „Pfalzfelder Säule" dar. Sie
wurde erstmals 1608/09 abgebildet und 1649
beschrieben. Seit ihrer ersten Erwähnung
wechselte neunmal der Aufstellungsort, wobei sich ihre bei der ersten Beschreibung über-
lieferte Höhe von 2,20 m auf heute 1,48 m reduzierte. Nachrichten aus dem Jahre 1690 lassen
erkennen, dass die „Säule" auf einem runden
Basisschaft stand – was eine ursprüngliche
Gesamthöhe von gut 3,50 m ergab – und der
verzierte Teil ab der „Basis-Halbkugel" etwa
2,80 m hoch war. Der Sandstein der Säule
stammt nicht aus der näheren Umgebung
Pfalzfelds, sondern am ehesten aus den Rot-
liegend-Schichten der Saar-Nahe-Senke.
Der obeliskenförmige Schaft ist auf allen vier
Seiten nahezu gleichartig verziert. Neben liegenden und stehenden Spiralen wurden Drei-
fach-Palmetten, Blattstege und seilartig gedrehte Stege plastisch herausgearbeitet. Im
Mittelfeld ist jeweils ein maskenartiger Menschenkopf mit Glotzaugen und kantiger Nase

platziert, der auf der Stirn ein dreifaches Blatt,
Augenbrauen und ein Horizontalband zeigt
und einen dreifachen „Palmettenbart" trägt;
auch ein spitz zulaufender Schnurrbart ist erkennbar. Der Kopf wird von zwei blasenarti-
gen Teilen einer „Krone" überwölbt. Die Spitze
des Obelisken muss eine kleinere Kopfdarstel-
lung getragen haben. Die Basis ist phallusar-
tig gestaltet.
Die Verbindung von Menschenmaske und
Phallus geht auf italisch-mittelmeerische Vorbilder zurück und besaß unheilabwehrenden
Drohcharakter, um den Grab- bzw. Kultbezirk
zu schützen. Der Pfalzfelder Obelisk stellt eine
ornamental gestaltete, überdimensionale
Steinplastik der Zeit um 400 v. Chr. dar.

Lit.: Joachim 1989; H.-E. Joachim in: F. Braun (Hrsg.), Pfalzfeld. Unser Dorf im Wandel der Zeiten (Pfalzfeld 1993)
19–25.   **H.-E. Joachim**

**136 Pfeilerartige Stele mit menschlichem
Gesicht (ABB. 367)**

Eschenburg-Hirzenhain, Lahn-Dill-Kreis
5.–4. Jh. v. Chr.(?)
Diabas; H. 126 cm, B. 46 cm, T. 32 cm.
Museum Wiesbaden, Sammlung Nassauischer Altertümer INV.-NR. 56/30.

In ca. 200 m Entfernung von einem großen
Grabhügel wurde 1956 bei Hirzenhain ein
grob bearbeiteter, pfeilerartiger Steinblock

mit einem eingeritzten menschlichen Gesicht
am oberen Ende entdeckt. Der Kopf mit Augen, Mund und kräftiger Nase besitzt ein spitzes, herabgezogenes Kinn und erinnert in seiner Form an die Köpfe auf dem Pfeiler von
Pfalzfeld (KAT.-NR. 135).

Lit.: H. Schoppa, Ein keltisches Steindenkmal aus Hirzenhain, Dillkreis. Nassau. Heimatbl. 47, 1957, 23–27; ders., Ein
keltischer Steinpfeiler von Hirzenhain, Dillkreis. Germania 36, 1958, 153 f.; Kimmig 1987, 284 ff. Nr. 13.
                                                    H. Baitinger

137 Anthropomorphe Pfeilerstele (ABB. 368)

Steinenbronn/Waldenbuch, Kr. Böblingen
4.–3. Jh. v. Chr.
Stubensandstein; H. 125 cm, B. 47 cm,
T. 27 cm.
Württembergisches Landesmuseum
Stuttgart INV.-NR. KK 195 (Kopie).

Das Oberteil des pfeilerartigen, in zwei Teile
zerbrochenen Stelenfragments ist nicht erhalten. Über einem abgesetzten, unverzierten
Sockel befinden sich auf allen vier Seiten ge-
rahmte Bildfelder mit Rankenwerk in flachem
Relief, wie es auch am abgebrochenen oberen
Ende noch in Resten erkennbar ist. Den Zwi-
schenraum nehmen senkrecht gerillte, rechteckige Platten, in denen man vielleicht Pteriges
von einem Kompositpanzer oder die Verzierung eines Gewands erblicken darf, und ver-

setze Kreuz- und T-Motive ein. Als einziges menschliches Attribut ist der linke Unterarm mit der Hand erhalten, während von einem rechten Arm keine Spur vorhanden ist; entweder war nur einer der Arme ausgearbeitet (vgl. KAT.-NR. 134) oder aber er lag abgewinkelt auf der Brust.

Lit.: R. Knorr, Eine keltische Steinfigur der Latènezeit aus Württemberg und das Kultbild von Holzgerlingen. Germania 5, 1921, 11–17; Kimmig 1987, 281 ff. Nr. 12 (mit älterer Lit.). **H. Baitinger**

138 Kopf eines keltischen Gotts oder Heroen (ABB. 369)

Mšecké Žehrovice, Bez. Rakovník, Tschechische Republik
3.–2. Jh. v. Chr.
Kalkstein; H. 22,4 cm, B. 17,0 cm, Gew. 6,7 kg.
Národní Muzeum Praha, Abteilung für Ur- und Frühgeschichte INV.-NR. 111 938.

Der in fünf Stücke zerbrochene Kopf aus hartem, dichtem, mergeligem Kalkstein (Pläner) saß ursprünglich auf einem Unterteil, das nicht gefunden wurde. Wahrscheinlich handelte es sich ursprünglich um eine ganze Statue. In der Seitenansicht erkennt man ein flaches Gesicht, woraus man schließen kann, dass der Kopf ursprünglich für Vorderansicht bestimmt war. Der Kopf gibt nicht die wirkliche anatomische Form wieder, sondern hat den Charakter einer Maske mit ornamentalen Zügen, die der typisch keltischen Darstellung des Gesichts entsprechen.
Der Kopf wurde im Jahre 1943 bei der Sandförderung gefunden. Er lag zusammen mit latènezeitlichen Scherben, Tierknochen und fragmentierten Halbfabrikaten von Sapropelitringen in einer 80 cm tiefen Grube außerhalb der Südwestecke einer sog. Viereckschanze. Diese rechteckige, ca. 200 x 105 m große Anlage war mit einem Wall befestigt und in zwei Bereiche geteilt. Der am besten erhaltene Wall ist 7 bis 8 m breit und 2 m hoch; dem Wall ist ein 9 m breiter und 2 m tiefer Graben vorgelagert. Die Gesamtfläche beträgt ungefähr 1,71 ha. Die Anlage ist mindestens zweiphasig: Eine Holzpalisade mit quadratischem Grundriss wurde – wahrscheinlich erst am Ende des 3. Jahrhunderts v. Chr. – von einer Einfriedung mit Wall und Graben abgelöst. In der Nordwestecke des Südteils wurden Spuren eines Holzbauwerks mit Walmdach entdeckt. Dieses Bauwerk unterscheidet sich von anderen Häusern an dieser Stätte, die in den jüngeren Besiedlungshorizont gehören, und hatte wahrscheinlich eine sakrale Funktion.
Die Ausgrabungen in den Jahren 1979 bis 1988 bestätigten, dass hier im 3. Jahrhundert v. Chr. (Lt B 2–C 1, hauptsächlich Lt C 1) eine Siedlung mit „industriellem" Charakter existierte. Sie umfasste fünf Grubenhäuser, ein Haus mit Einfriedung, zwei bis drei Silos (Vorratsgruben) und einige Gruben unbekannter Funktion. Die Funde belegen die Produktion von

Schmuckgegenständen aus Sapropelit (Hütte 3/86) und die Verarbeitung von Eisen; es wurden z. B. Fragmente von Schlacke entdeckt. Das Fundmaterial (Keramik, Wetzsteine) deutet auf Kontakte zu den nahe gelegenen Oppida von Stradonice und Závist hin.
Etwa 50 m östlich der Siedlung wurde ein Brandgrab entdeckt, in dem ein Paar Fußringe lag. Dieses Grab gehört in den älteren Siedlungshorizont. Die Stätte wurde wahrscheinlich um die Mitte des 2. Jahrhunderts v. Chr. verlassen.

Lit.: I. Borkovský, Keltská tvář z Čech. Obzor Prehist. 13, 1946, 16–22; Kimmig 1987, 287 f. Nr. 15; N. Venclová, Mšecké Žehrovice in Bohemia. Archaeological Background to a Celtic Hero 3rd–2nd Cent. B. C. (Sceaux 1998). **Z. Karasová**

STATUEN ZUM KELTISCHEN AHNENKULT IN OSTFRANKREICH

139 Zwei Sitzfiguren aus einem Heiligtum (ABB. 197; 198; 212; 213)

Vix, Dép. Côte d'Or, Frankreich
Anfang 5. Jh. v. Chr.
Musée du Châtillonnais Châtillon-sur-Seine INV.-NR. 95.1.1 u. 2.

Die Statuen wurden in einer rechteckigen Einfassung entdeckt, die R. Joffroy Ende der Sechzigerjahre etwa 200 m entfernt vom Fürstengrabhügel von Vix festgestellt hat.
Im Verlauf der Ausgrabungen, die B. Chaume 1991 durchgeführt hat, wurden bei der Freilegung des Eingangs der Einfriedung im Graben zwei verstümmelte, kopflose Statuen aus Kalkstein entdeckt. Diese lebensgroßen Figuren könnten ein Paar bilden, einen Krieger und eine Frau. Aufgrund einer Aushöhlung in ihrer Unterseite müssen die Figuren gesockelt gewesen sein.
139.1. Statue eines hockenden Kriegers mit geschlossenen, an den Körper angezogenen Beinen. Vor sich hält er mit der linken Hand einen Ovalschild. Die (fehlende) rechte Hand muss einen großen Dolch gehalten haben, der auf dem rechten Bein sichtbar ist. Das Stück ist auf Brusthöhe abgebrochen. Spuren eines kurzen, gefältelten(?) Gewands, das nur knapp bis zu den Oberschenkeln reicht, stellen die einzigen Spuren von Kleidung dar. Die abgetrennten Füße scheinen mit Schuhen bekleidet gewesen zu sein, konnten jedoch nicht angesetzt werden. Kalkstein; H. 46 cm, B. 38 cm, T. 51 cm.
139.2. Statue einer Frau mit Torques. Diese Statue ist ebenfalls ohne Kopf, aber auf Höhe des Halses abgebrochen, weshalb sich dort ein glattstabiger Torques mit zwei stattlichen Endpuffern erhalten hat. Der Halsring liegt auf den Schlüsselbeinen der Frau auf. Ihre Haltung gleicht der des Kriegers, doch bei ihrem Gewand scheint es sich um einen langen, faltenlosen Mantel zu handeln, der die Arme bedeckt. Die Form des Halsrings ähnelt augenfällig dem Schmuckstück, das man im Grab der „Prinzessin von Vix" entdeckt hat.

Damit zeichnet sich ein enger Zusammenhang der beiden Anlagen ab, der zukünftig allein durch eine weiter gehende Untersuchung der Fundstelle präzisiert werden kann. Kalkstein; H. 62 cm, B. 34 cm, T. 51 cm.

Lit.: B. Chaume/L. Olivier/W. Reinhard, Das keltische Heiligtum von Vix. In: Haffner 1995, 43–50; Bonenfant/Guillaumet 1998, 25 ff.; Chaume/Olivier/Reinhard 2000 (mit älterer Lit.). **J.-L. Coudrot**

STATUEN ZUM KELTO-LIGURISCHEN AHNENKULT IN SÜDFRANKREICH

140 Sitzstatue eines Kriegers und Januskopf (ABB. 209; 214; 215; 218; 219; 370)

Roquepertuse, Dép. Bouches-du-Rhône, Frankreich
5. Jh. v. Chr.
Musée d'Archéologie méditerrannéenne Marseille; Musée Archéologique Henri Prades, Lattes (Kopien).

Die zufällige Entdeckung zweier Kriegerstatuen in den Jahren 1824 bzw. 1860 und deren Ankauf durch das Archäologische Museum von Marseille waren der Anlass für die ersten Grabungskampagnen am Fundplatz von Roquepertuse bei Velaux; ihr verdanken die Orte und die Museumssammlung ihr Renommee. Die ersten tatsächlichen Ausgrabungen wurden dann in den Jahren 1919 bis 1927 von H. de Gérin-Ricard geleitet, dem Konservator des Museums im Chateau Borély. Sie wurden in der Hoffnung durchgeführt, zusätzliche Skulpturen für die Sammlung des Museums zu entdecken (de Gérin-Ricard 1927). Diese Hoffnung erfüllte sich: Mehr als 200 Steinfragmente wurden ausgegraben und geduldig wieder zusammengefügt. Dies führte im Jahre 1926 zu einer spektakulären Rekonstruktion im Museum, die seither Generationen von Besuchern, Historikern und Archäologen kennen: Eine Portikus, bestehend aus drei Pfeilern mit kopfförmigen Nischen, in denen sich menschliche Schädel befanden, einem 70 cm breiten Architrav, der Statue eines Vogels, der als eine Trappe identifiziert wurde, und einem zweiten, mit vier Pferdeköpfen verzierten Architrav, der sich vom ersten unterscheidet (Gantès/Lescure 1993). Die so rekonstruierte, Schrecken erregende Portikus rahmte die beiden Kriegerstatuen und den doppelköpfigen „Hermes" ein. Das Ensemble wurde geschlossen in das 3. Jahrhundert v. Chr. datiert und bildete einen unwiderlegbaren und zusätzlichen Beweis für die Barbarei und die Grausamkeit der Gallier, und das obwohl die Kriegerstatuen als zu schön beurteilt wurden, um nicht griechisch zu sein. Diese einigermaßen theatralische Präsentation im Museum hatte bis in die jüngste Zeit hinein schwer wiegende Konsequenzen für verschiedene Ebenen der Interpretation (Datierung, Herkunft, Kultgeschehen, Bildhauerkunst, Einfluss, Architektur usw.).

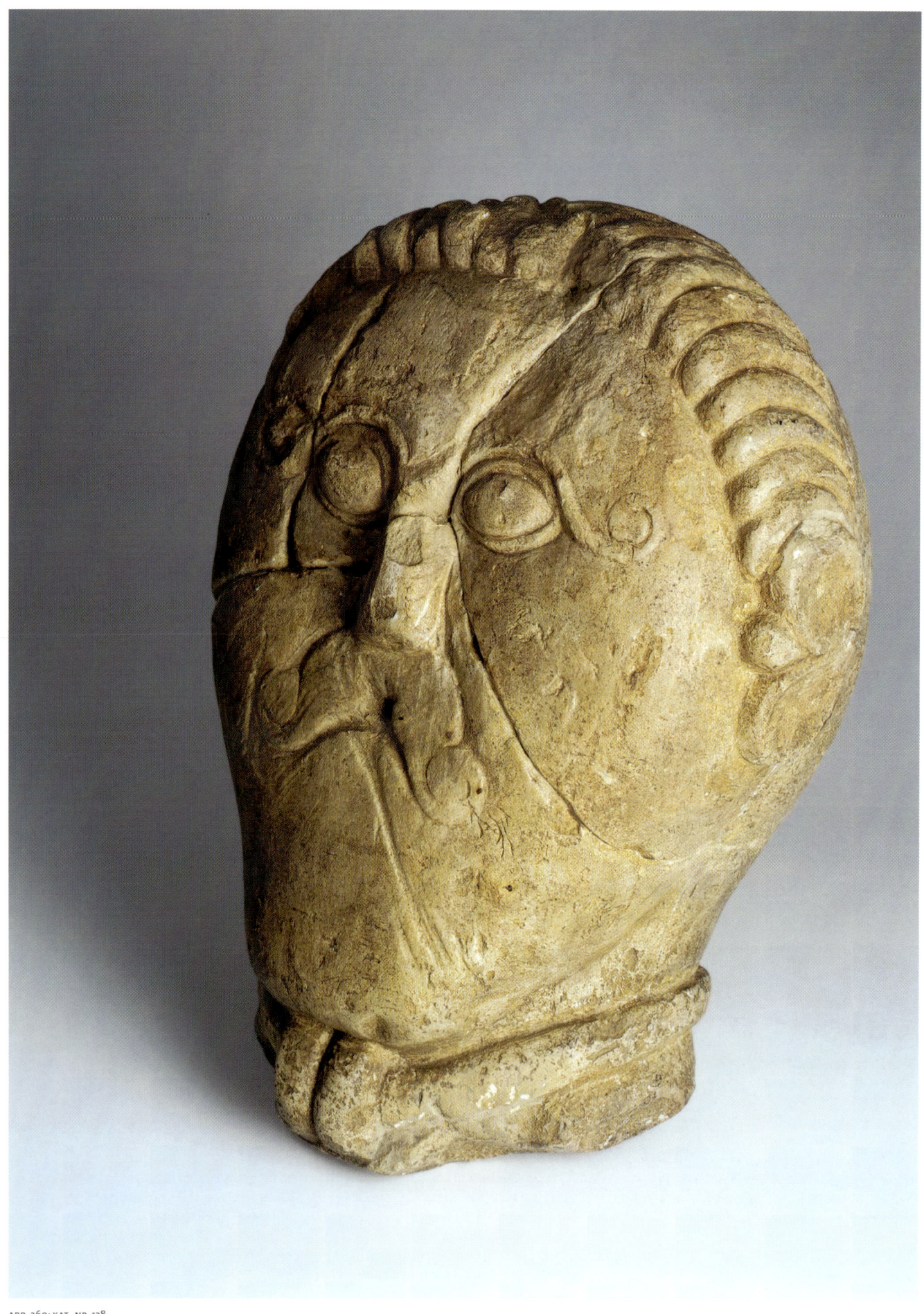

ABB. 369: KAT.-NR. 138.

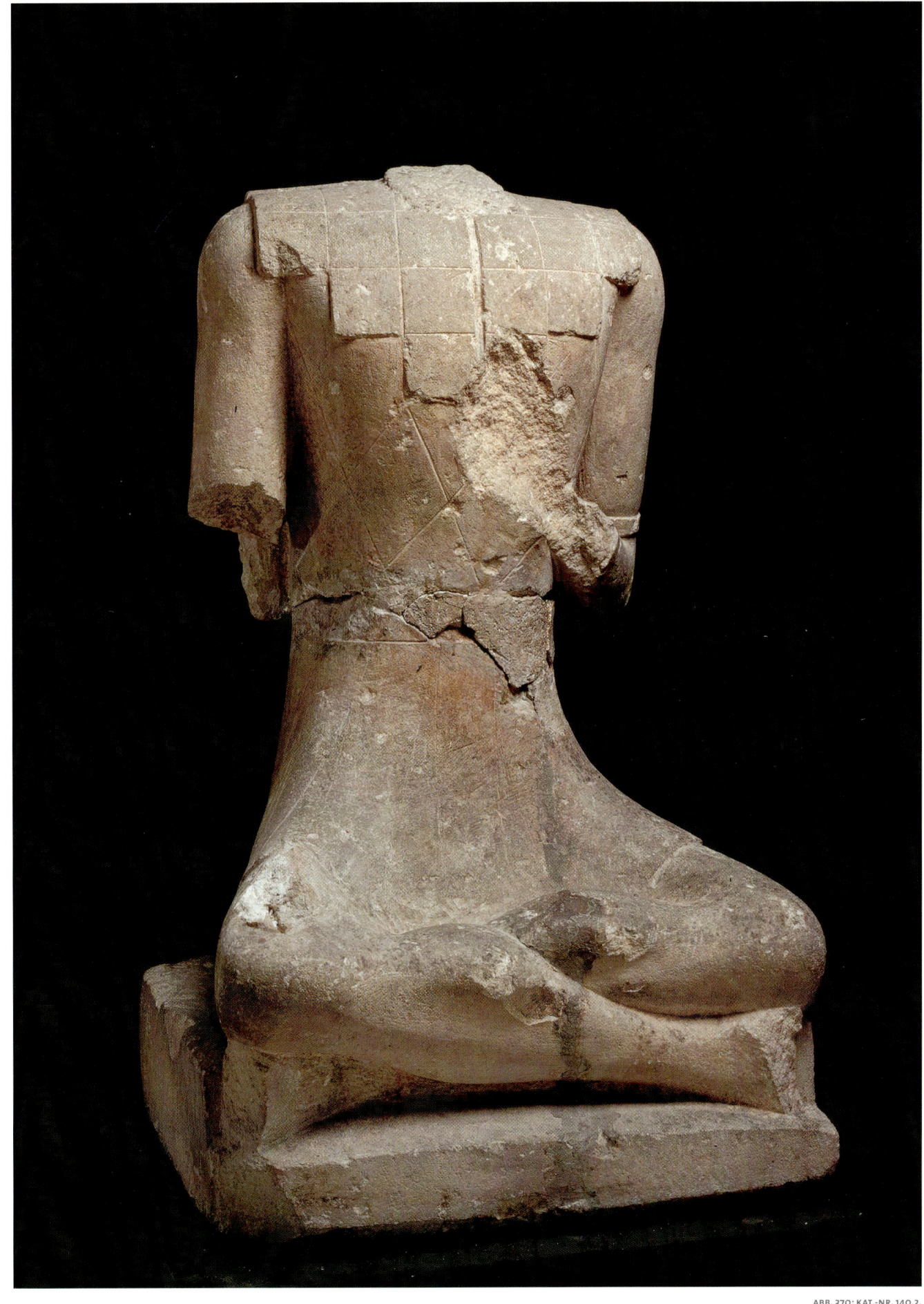

Kurz gesagt führte die Verbindung von Pfeilern und Statuen dazu, in einer graecozentrischen Sichtweise die Stätte von Roquepertuse auf ein isoliertes saluvisches Heiligtum nach griechischer Art zu reduzieren; die Nähe zur griechischen Kolonie Massalia und zur hellenistischen Plastik hätten die barbarische Härte gemildert. Was die Stätte selbst anbelangt, so wäre diese endgültig durch die Römer im Jahre 125 v. Chr. zerstört worden. Jedermann gab sich mit dieser Interpretation zufrieden, die Schule machte, bis neue archäologische Untersuchungsmethoden es endlich erlaubten, ihre Schwächen aufzudecken.

In den 60er-Jahren wollte der Konservator F. Benoît den Aufbau des Heiligtums genauer erfassen. Er versuchte ohne Erfolg die Grabungen wieder aufzunehmen; seine Untersuchungen beschränkten sich mangels ausreichender Genehmigung auf eine Reinigung und eine Dokumentation durch R. Ambard. So unterschied sich denn auch die neue Präsentation im Museum, die er vorschlug, nur wenig von der ersten. Später, im Jahre 1978, wies L.-F. Gantès, Stadtarchäologe von Marseille (Atelier du Patrimoine Marseille), durch das Studium des archäologischen Fundmaterials nach, dass die Stätte nicht erst 125 v. Chr., sondern schon gegen 200/190 v. Chr. zerstört worden ist, also nicht durch die Römer (Gantès 1978).

Seit 1987 wird eine grundlegende Untersuchung der Museumsbestände und der Stätte durchgeführt, die bis heute fortgesetzt wird. Den Anlass dafür bildete die Überführung der Sammlungen vom Chateau Borély in das Centre de la Vielle Charité, durch die eine Aktualisierung der musealen Präsentation notwendig wurde. Die völlige Neubetrachtung der wissenschaftlichen und museographischen Gültigkeit des steinernen Ensembles begann mit der Bearbeitung der gesamten Sammlung, die eine Anzahl neuer Fragmente lieferte (Lescure 1988) und zu ersten Rekonstruktionsvorschlägen führte, die nur durch Untersuchungen im Gelände auf ihre Gültigkeit hin überprüft werden konnten (Lescure/Gantès 1993) (im Jahre 1992 hat die Entdeckung der ersten Siedlungsstrukturen eine Förderung durch den „Crédit Immobilier de France [Bouches-du-Rhône]" ermöglicht, dank der die Grabungen – unter Beteiligung der Gemeinden Marseille und Velaux sowie des Staates – finanziert werden). Parallel dazu veranlassten diese Arbeiten die Bildung einer interdisziplinären wissenschaftlichen Kommission und eine erste Gesamtpublikation (Barbet u. a. 1991).

Seitdem haben die Arbeiten in der Stätte und in den Museumssammlungen stetige Fortschritte gemacht, die es erlauben, den Kontext und die Zeitstellung der Statuen ebenso wie mögliche Hypothesen über ihre Rolle und ihre Bedeutung besser zu fassen.

An erster Stelle bezeugen die ersten fünf Grabungskampagnen in Roquepertuse die Existenz einer Siedlung an einer Stätte, die man

bis dahin nur für ein isoliertes Heiligtum von begrenztem Umfang (22 x 18 m) gehalten hatte. Seit 1994 ergaben die von Ph. Boissinot geleiteten Ausgrabungen präzise Hinweise auf die Größe der Siedlung, die auf mehr als einen halben Hektar geschätzt wird, auf ihren genauen Aufbau, nämlich ein Oppidum oberhalb einer Siedlung in Hanglage, und auf zahlreiche völlig unerwartete Fakten, die das Bild, das man sich von dieser Stätte gemacht hatte, völlig verändert haben.

Insbesondere die Aufstellung der Pfeiler des „Heiligtums" einen Meter vor einer großen Mauer erweist jeglichen Umlauf unter einer etwaigen Portikus als unwahrscheinlich – ganz im Gegensatz zu Entremont –, und die Tätigkeiten, die in der Stätte nachgewiesen sind, vor allem Lagerhaltung, lassen eher an ein befestigtes Gehöft als an ein Heiligtum denken.

Was die Bearbeitung der Grabungsarchive und der alten Museumsbestände mit ihren jüngst erfolgten Erweiterungen betrifft, so konnten in Verbindung mit den Ergebnissen der Grabungen von Ph. Boissinot der ursprüngliche Aufstellungsort, die Datierung und die ikonographischen Ergänzungen einiger Statuen genauer erfasst werden. Von den etwa 500 Fragmenten, sowohl von Architekturteilen als auch von neuerdings entdeckten Statuen, wurden 58 wieder zusammengesetzt, einerseits am Architrav, dessen Spannweite 2,10 m erreicht (was durch den Aufstellungsort der Pfeiler der Portikus in der Stätte bestätigt wird), andererseits an den Statuen (die Restaurierungsarbeiten, die R. und O. Coignard in Zusammenarbeit mit dem Konservator durchführen, haben zu einer neuen Präsentation im Museum und zur Bildung eines Département de Protohistoire du Musée d'Archéologie Méditerranéenne de Marseille geführt).

So erwies es sich neben anderen Überraschungen, dass das Schnabelende des Vogels dem eines Raubvogels und nicht dem einer Wildgans entspricht. Was die Kriegerstatuen anbelangt, so beweisen diverse Fragmente, die weder den Statuen in der Ausstellung im Museum noch untereinander angefügt werden können, dass mindestens acht weitere gleichartige Statuen existiert haben müssen. Nur zwei davon waren also im 3. Jahrhundert v. Chr. außerhalb der Zitadelle entlang der Befestigungsmauer aufgestellt, ebenso wie in Glanum wahrscheinlich hoch auf einem Pfeilersockel, wie es A. Barbet vorschlägt, und nicht unter der Portikus. Wir müssen also den Zusammenhang zwischen Portikus und Statuen revidieren, der außerdem weder in Glanum noch in Entremont bezeugt ist, um die Funktion dieser Statuen und ihre Bedeutung in Bezug auf eine hypostyle Portikus zu erfassen, deren öffentlicher und/oder kultischer Charakter noch zu definieren ist.

Unter den diversen Anpassungen, die an den Kriegerstatuen gelungen sind, ist ganz ohne Zweifel die des Nackenschutzes bei der 1860

entdeckten Statue die schwer wiegendste, denn dadurch wurde die Rückenplatte vervollständigt. An diesem Punkt erschien es uns unerlässlich, die möglichen „Einflüsse" nicht auf die mediterrane Welt zu begrenzen, sondern den Horizont auf Akkulturationsprozesse mit der keltischen Welt zu erweitern, vor allem bezüglich der Schutzbewaffnung. Die Zusammenarbeit zwischen A. Rapin und J.-P. Guillaumet und ihre ersten Schlussfolgerungen sind diesbezüglich zu dem folgenden Ergebnis gelangt: Die Krieger von Roquepertuse, die denen vom Glauberg völlig entsprechen, gehören ebenso wie der doppelköpfige „Hermes", dessen Mistelblätter abgearbeitet worden sind, mit Sicherheit zur selben keltischen Formensprache wie die Krieger vom Glauberg (Boissinot/Gantès 2000). Darüber hinaus hat ihre Höherdatierung vom 3. in das 5., ja sogar das 6. Jahrhundert v. Chr. zur Folge, dass der Großteil der vorrömischen Großplastik in Gallien früher zu datieren ist, wenn man ihr Umfeld erweitert, das bisher auf die mediterrane Welt beschränkt war.

Zwischen Glauberg und Roquepertuse ist nun die Bresche geschlagen für neue Forschungen. Sie beziehen sich auch auf die gleichzeitige keltische Plastik, die nun endlich als „unabhängig" vom griechischen Archaismus betrachtet wird.

Um auf Roquepertuse zurückzukommen, so ist es angemessen, heute zwei räumlich und zeitlich verschiedene Gruppen skulptierter Steine zu unterscheiden: Die bemalte Portikus, der Architrav mit den Pferden und die Statue des Vogels, die wohl im Innern des befestigten Bereichs lokalisiert werden können, datieren in das 3. Jahrhundert v. Chr. Die zweite Gruppe, die von den Kriegerstatuen und dem „Hermes" gebildet wird, gehört ihrerseits in das 5. oder 6. Jahrhundert v. Chr. Einige Statuen der zweiten Gruppe blieben bis in das 3. Jahrhundert v. Chr. erhalten, darunter der „Hermes" innerhalb der Zitadelle und die Krieger vor der Befestigungsmauer; dagegen waren andere Statuen bereits zerbrochen, da man sie in allen Bau- und Zerstörungsschichten des 3. Jahrhunderts v. Chr. entdeckt hat (Boissinot/Gantès 2000).

Abschließend gilt es festzuhalten, dass die verschiedenen neu gewonnenen Erkenntnisse, die hier dargestellt worden sind, keine Antworten auf die oben gestellten Fragen geben, sondern neue, andere Fragen aufwerfen:
- Welche ursprüngliche Bedeutung hatten die etwa 30 Stelen, die in den Bauten des 3. Jahrhunderts v. Chr. wiederverwendet worden sind, und welches Ereignis hat dazu geführt, dass sie ihre kultische Bedeutung verloren und innerhalb so kurzer Zeit zu Spolien degradiert worden sind? Ihre Präsenz allein scheint zu beweisen, dass in Roquepertuse bereits vor der Zeit der Kriegerstatuen ein Kultplatz existiert hat, wahrscheinlich in der späten Bronzezeit.
- Welche Beziehung, wenn es denn eine gibt, besteht zwischen diesen anikonischen Ste-

len und ihren skulptierten Nachfolgern, also den Kriegerstatuen und dem Doppelkopf, oder anders gesagt: Kann es eine ideologische, funktionelle, kultische oder kulturelle Wechselbeziehung zwischen dem Abstrakten und dem Figürlichen gegeben haben?

– Wie erklärt sich innerhalb von zwei Jahrhunderten der Wechsel von einer menschlichen Ikonographie (Krieger, „Hermes", 6.–5. Jh. v. Chr.) zu einer tierischen (Pferde, Vögel, Seepferd, 3. Jh. v. Chr.), wenn man zur selben Zeit im nahe gelegenen Massalia fortfuhr, den menschlichen Kult zu praktizieren?

Außerdem haben die Arbeiten von R. und O. Coignard sowie J.-M. Gassend bewiesen, dass die Schädel innerhalb und nicht außerhalb des Gebäudes ausgestellt waren, ihre Bedeutung also nicht Schrecken erregend, sondern kultisch zu begreifen ist.

Kurzum: Wir stehen verschiedenen Faktoren gegenüber, die innerhalb einer engen Zeitspanne (5.–3. Jahrhundert v. Chr.) zwischen Kriegerparade, Schädelkult und symbolischer Tierschau schwanken, einem Zeitraum, in dem sich die besondere Ausprägung der provenzalischen Eisenzeit entwickelte, und zwar in einem keltisch-europäischen Kontext, dem sie angehört.

Wenn die Statuen aus Roquepertuse nicht wie die vom Glauberg in einen funeralen Zusammenhang gehören, so haben sie doch sicher denselben Ursprung.

140.1. Doppelkopf („Hermes")
Doppelgesichtiger Kopf mit Spuren schwarzer Bemalung, Blattkrone abgearbeitet. Kalkstein; H. 19,5 cm, B. 13 cm (INV.-NR. 6017).

140.2. Sitzstatue eines Kriegers
Statue eines gepanzerten Kriegers im Schneidersitz, Kopf und Unterarme sind abgebrochen. Den Rücken deckt eine breite Rückenplatte, die ebenso wie das rockartige Gewand Reste von polychromer Bemalung zeigt. Kalkstein; H. 100 cm, B. 55 cm (INV.-NR. 8270).

Lit.: de Gérin-Ricard 1927, 19 ff. Taf. 2; 5,1.2; Jacobsthal 1944, 165 Nr. 3.4 A Taf. 2–4; Benoît 1955, 40; 42 ff. Taf. 27; 34,1; 35–37; 38,2; 39,1; Lescure 1995, 76 f. Abb. 73; 74.

B. Lescure

141 Sitzstatuen von Kriegern
(ABB. 208; 371; 372)

Saint-Rémy-de-Provence/Glanum, Dép. Bouches-du-Rhône, Frankreich
6.–5. Jh. v. Chr.(?)
Ministère de la Culture et de la Communication, Direction Régionale des Affaires Culturelles, Dépôt archéologique de l'Hôtel de Sade, Saint-Rémy-de-Provence
INV.-NR. 6976, 4245 u. 7020.

Die archäologische Stätte von Glanum, heute auf dem Gebiet der Gemeinde Saint-Rémy-de-Provence gelegen, ist am Fuß der Kette der Alpilles und am Ausgang eines kleinen Tals entstanden. Glanum profitierte von seiner günstigen Lage an der Kreuzung wichtiger Verkehrswege, in der Nähe eines Steinbruchs und einer Quelle. Diese war der Ursprung eines Quellheiligtums der Saluvier, das von einem chtonischen (unterirdischen) Kult begleitet wurde; vereint waren sie in einer natürlichen Grotte am Abhang eines Hügels, der die Quelle am Grund der Enge beherrscht. An den westlichen Abhängen des Hügels hatte man Terrassen angelegt, die beiderseits einer Treppe verteilt sind. Nach dem archäologischen Kontext und insbesondere in Anbetracht der gefundenen Architekturteile wurden diese Terrassen zur Errichtung von Gebäuden, aber auch zu kultischen Zwecken genutzt. Zahlreiche Stelen sind am Fuß des Hügels und vor allem am Beginn der erwähnten Treppe gefunden worden. Die Terrassen, die in den Jahren 1931 bis 1933 und 1960 ausgegraben worden sind, müssen vom Ende des 7. Jahrhunderts v. Chr. bis in das 8. Jahrhundert n. Chr. in Benutzung gewesen sein. Am Nordende der Terrassen sperrten vorgeschichtliche Wälle mit Defensivfunktion den Zugang.

141.1. Statue eines Kriegers im Schneidersitz. Gefunden 1967 im Fundament der Südmauer des Versammlungssaals.

Die kopflose Sitzfigur ist frontal ausgerichtet, der Oberkörper aufrecht, die Beine sind gekreuzt; der Phallus ist dargestellt. Die Statue ist unvollständig, die Unterarme fehlen ebenso wie ein Teil des rechten Knies. Der Panzer besteht aus einem Rückenteil in Form einer Schutzplatte, die mit einem Nackenschutz und einem schmalen, getreppten Brustteil versehen ist. Ein kurzer Rock bedeckt den oberen Teil der Oberschenkel. Der Hals ist mit einem tordierten Halsring mit Pufferenden geschmückt, und ein schwerer Oberarmring befindet sich am linken Arm. Die Füße scheinen mit Schuhen bekleidet gewesen zu sein, deren Sohlen man erkennt.

Diese ziemlich wuchtige Skulptur bringt insbesondere die kräftige Muskulatur eines heroisierten Kriegers zum Ausdruck. Die Person, der vielleicht spirituelle Mediation und moralische Fähigkeiten verliehen waren, wie der Torques nahe legt, trägt kein Schwert. Sie muss mit Zeremonialgewändern mit farbigen geometrischen Motiven bekleidet gewesen sein; ein Rekonstruktionsvorschlag befindet sich auf dem Mont Beuvray (Bibracte).

Die Position der Statue auf einem Pfeiler, auf dem sie mithilfe einer Nut auf der Unterseite ihres Sockels befestigt war, ihre Haltung, ihr Schmuck und ihre verzierte Kleidung legen nahe, sie mit der Gruppe von Roquepertuse (KAT.-NR. 140) zu verbinden.

Ihre virile Nacktheit, das Vorhandensein eines Rückenteils mit Nackenschutz oder auch der Halsring, der mit dem der weiblichen Statue aus Vix verglichen werden könnte (KAT.-NR. 139.2), führen zu einem Datierungsvorschlag, der sie als gleichzeitig mit den Anfängen des Heiligtums der Saluvier erweisen könnte. In diesem Fall ist eine Datierung in das 6. oder 5. Jahrhundert v. Chr. wahrscheinlich.

In der Nähe dieser Statue sind bemalte Stelen entdeckt worden. Ihr eingeritzter und aufgemalter Dekor aus geometrischen Figuren besteht aus mehreren Registern, die sich aus polychromen Vier- und Dreiecken zusammensetzen, wobei die Farben Rot und Ocker dominieren. Ein Pferd ist in der Seitenansicht wiedergegeben.

Andererseits legen ein Pfeiler mit kopfförmigen Nischen und ein Architrav, die wahrscheinlich jünger sind als die Statue, aber im selben Bereich gefunden wurden, einen möglichen architektonischen Zusammenhang nahe.

ABB. 371: KAT.-NR. 141.2.

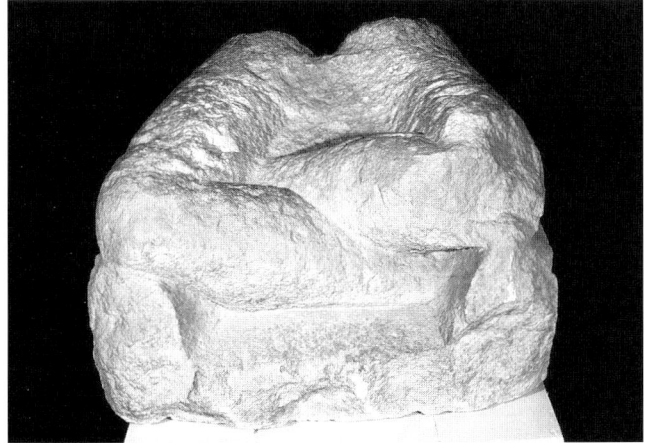

ABB. 372: KAT.-NR. 141.3.

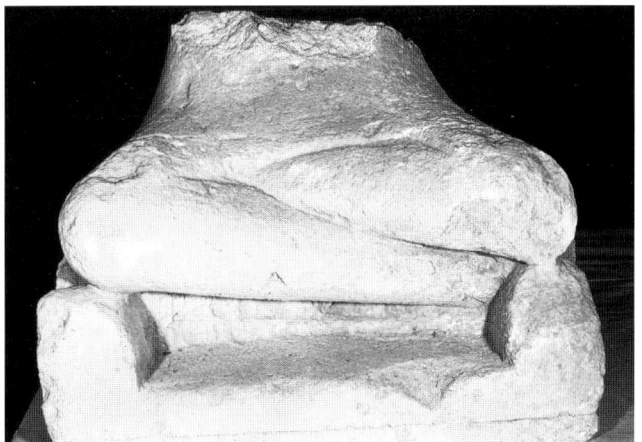

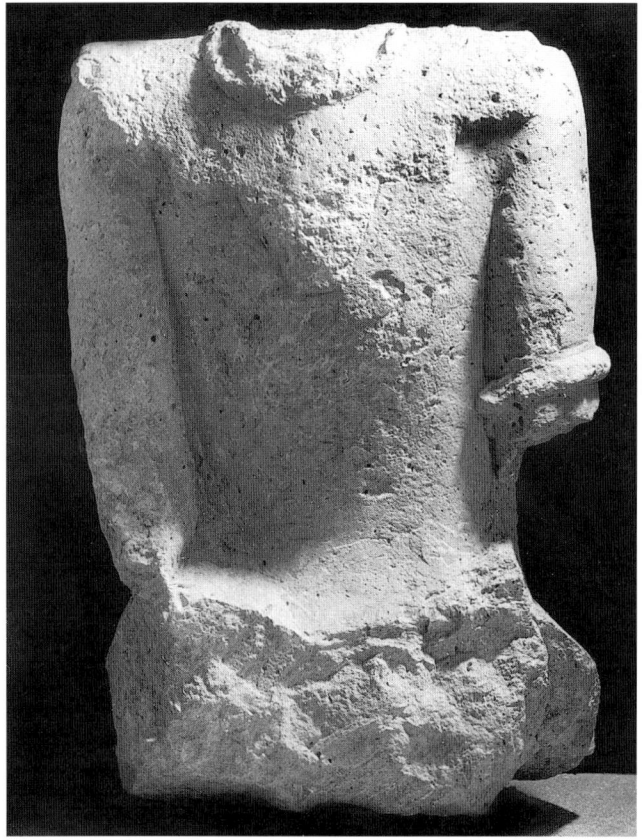

ABB. 373: KAT.-NR. 142.

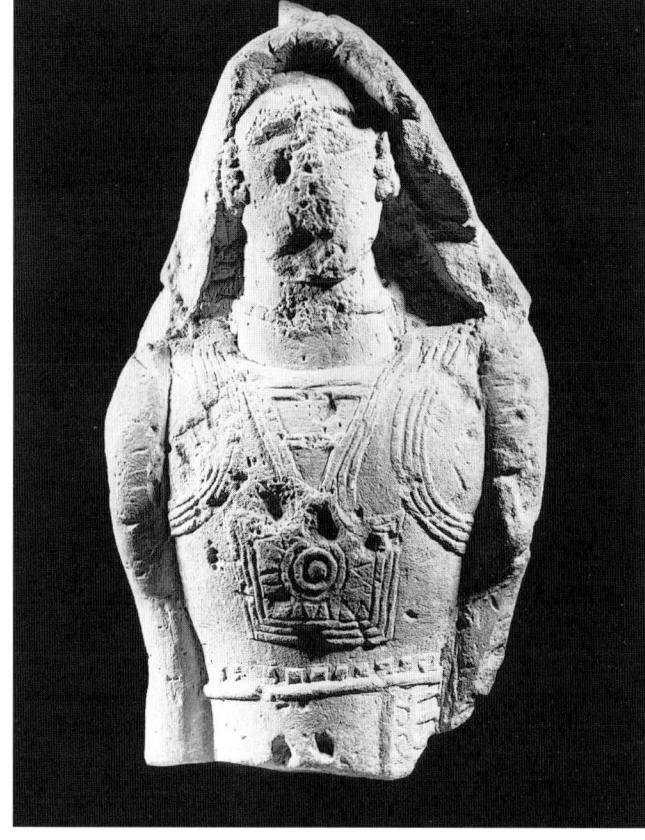

ABB. 374: KAT.-NR. 143.

Kalkstein; H. 80 cm (inkl. des mit Akroteren geschmückten Sockels), B. 55 cm, T. 55 cm (INV.-NR. 6976).

Lit.: Rolland 1968, 27ff. Abb.19; Duval 1977, 112 Abb.101; F. Salviat, Glanum et les Antiques. Guides Arch. France 19 (Paris 1990) 100 Abb.

In diesem Areal des Heiligtums förderte H. Rolland auch die Unterteile zweier weiterer Statuen zutage:

141.2. Unterteil einer Statue. Gefunden 1950 beim Ausheben eines Grabens am Westrand des Versammlungssaals.

Die Figur ist sitzend dargestellt, mit gekreuzten Beinen, aber die Statue ist auf Höhe der Hüften gebrochen, und die Beschädigungen sind zahlreich. Es scheint, dass man oben und seitlich auf dem linken Oberschenkel den gekrümmten Verlauf vom unteren Ende eines Rocks ausmachen kann. Die Konturen und die Formen dieser Statue müssen wahrscheinlich deutlich voller und gerundeter gewesen sein als die der beiden anderen Exemplare. Kalkstein; H. 36 cm (inkl. des mit Akroteren verzierten und mit einer Nut versehenen Sockels), H. Sockel 9 cm, B. 53 cm (INV.-NR. 4245).

Lit.: Benoît 1955, 44 Taf.44; H. Rolland, Fouilles de Glanum 1947–1956. Gallia Suppl. 11 (Paris 1958) 56 Taf.18,3.

141.3. Unterteil einer Statue. Gefunden im Jahre 1968 unter dem Plattenbelag von Monument XXXIV.

Die Figur ist sitzend mit gekreuzten Beinen dargestellt. Von der Statue ist nur das Unterteil bis zur Höhe des Gürtels erhalten, das rechte Knie ist gebrochen. Man erkennt am Rückenansatz das Fragment des Rückenteils, das auf 5 cm Länge erhalten ist. Die schwachen Spuren eines Rocks sind vielleicht noch auf dem oberen Teil des rechten Oberschenkels sichtbar. In der Nähe dieses Statuenunterteils hat H. Rolland mehrere Stelen entdeckt. Kalkstein; H. 41 cm (inkl. des mit Akroteren verzierten und mit einer Nut versehenen Sockels), H. Sockel 9 cm, B. 57 cm (INV.-NR. 7020).

Lit.: Rolland 1968, 28 f. Abb. 20.   **J.-C. Fontan**

142 Torso einer Sitzstatue (ABB. 373)

Nîmes, Dép. Gard, Frankreich, Villa Roma
Vorrömische Zeit
Kalkstein; H. 67 cm, B. 48 cm, T. 30 cm.
Musée Archéologique de Nîmes. Dépôt du Service Régional d'Archéologie (DRAC Montpellier).

Einziger Neufund unter den vorrömischen Skulpturen aus Nîmes, die in der Ausstellung gezeigt werden. Die Statue stammt aus einer 1992 untersuchten Grabungsstelle in einem Viertel unmittelbar westlich der Quelle der Fontaine, also aus dem Gebiet des Oppidums der Volcae Arecomici.
Sie fand sich in sekundärer Verwendung nahe bei einem Gebäude mit Portikus aus dem Anfang des 1. Jahrhunderts v. Chr., vergleichbar dem Monument von Roquepertuse, Dép. Bouches-du-Rhône (KAT.-NR. 140). Der Figur fehlen heute der Kopf, die Unterarme und die Beine, die im Schneidersitz übereinander gelegt ge-

wesen sein müssen. Sie ist mit einem starren Gewand auf der Rückseite bekleidet und trägt ein gestuftes Pektoral. Zwei Schmuckstücke sind gut sichtbar: ein Torques am Hals und ein Armring am linken Oberarm. Wenngleich das gesamte Werk einen groben Eindruck macht, so ist die Muskulatur der Arme durch kräftigere Modellierung sowie durch Steinpolitur ziemlich geschickt zum Ausdruck gebracht. Die Oberfläche bewahrt stellenweise Spuren eines roten Pigments, was vermuten lässt, dass die Kleidung farblich gefasst war, so wie die der Statuen von Roquepertuse.

Lit.: E. Guillet u. a., Un monument à portique tardo-hellénistique près de la source de la Fontaine à Nîmes (Gard). Doc. Arch. Méridionale 15, 1992, 57–89 bes. 79 Abb. 30a–d; A. Barbet, Polychromie des nouvelles sculptures préromaines de Nîmes (Gard). Ebd. 96–102; J.-C. Bessac, Pierres et techniques utilisées pour les sculptures et inscriptions tardo-hellénistiques de „Villa Roma" à Nîmes. Ebd. 103–111.   **D. Darde**

143 Männliche Statue – „Krieger von Grézan" (ABB. 374)

Grézan, Dép. Gard, Frankreich
4.–3. Jh. v. Chr.
Kalkstein; H. 73 cm, B. 43 cm, T. 32 cm.
Musée Archéologique de Nîmes
INV.-NR. 901.1.1.

Diese Statue aus einheimischem Kalkstein wurde 1901 in einem Viertel im Südosten von Nîmes entdeckt, im „Quartier de Grézan". Es handelt sich um den Oberkörper eines be-

helmten und gepanzerten Mannes, der einen
Gürtel und einen Halsring trägt. Der Helm
wurde von einem Helmschmuck überragt, der
– jetzt abgebrochen – bis zur Mitte des Rü-
ckens hinabreichte. Der Panzer ist auf beiden
Seiten mit einem geometrischen Motiv verziert, und der Gürtel endet in einem Haken
mit vier Zähnen. Er liefert bis jetzt den einzigen Hinweis auf die Datierung dieser Skulptur, und zwar durch den Vergleich mit Gürtelhaken, die in Südfrankreich und in Spanien
entdeckt worden sind (4. oder 3. Jh. v. Chr.). Die
Stelle der Pufferenden, die den Halsring geziert haben müssen, ist noch sichtbar.

Lit.: Benoît 1955, 42 Taf. 31; Pobé/Roubier 1958 Abb. 44;
V. Lassalle in: M. Py, Recherches sur Nîmes préromaine.
Gallia Suppl. 41 (Paris 1981) 226 ff. Abb. 96–100; 102.

D. Darde

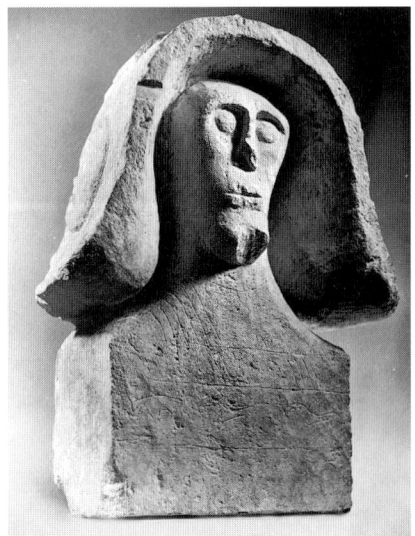

144 Zwei männliche Büsten – „Krieger von Saint-Chaptes" (ABB. 375)

Saint-Chaptes, Dép. Gard, Frankreich
Vorrömische Zeit
Kalkstein; H. 54 u. 53 cm, B. 40 u. 26 cm
Musée Archéologique de Nîmes
INV.-NR. 927.1.1 u. 927.1.2.

Im Jahre 1927 ungefähr 15 Kilometer nordwestlich von Nîmes bei der Feldbestellung
entdeckt, werden diese beiden skulptierten
Köpfe aus lokalem Kalkstein nach einer Nach-
bargemeinde von Saint-Chaptes gelegentlich
auch als „Krieger von Sainte-Anastasie" bezeichnet.

Das Gesicht von einer der beiden Statuen ist
durch die Pflugschar völlig zerstört worden,
während sich das andere Stück in einem ausgezeichneten Erhaltungszustand befindet.
Nur der Kopf und der Hals der menschlichen
Figur sind dargestellt, der Ansatz des Oberkörpers ist stark schematisiert. Die Person trägt
einen ziemlich starren Helm, der an den Kon-
taktstellen mit den Schultern leicht nach außen hin gebogen ist. Er war ursprünglich mit

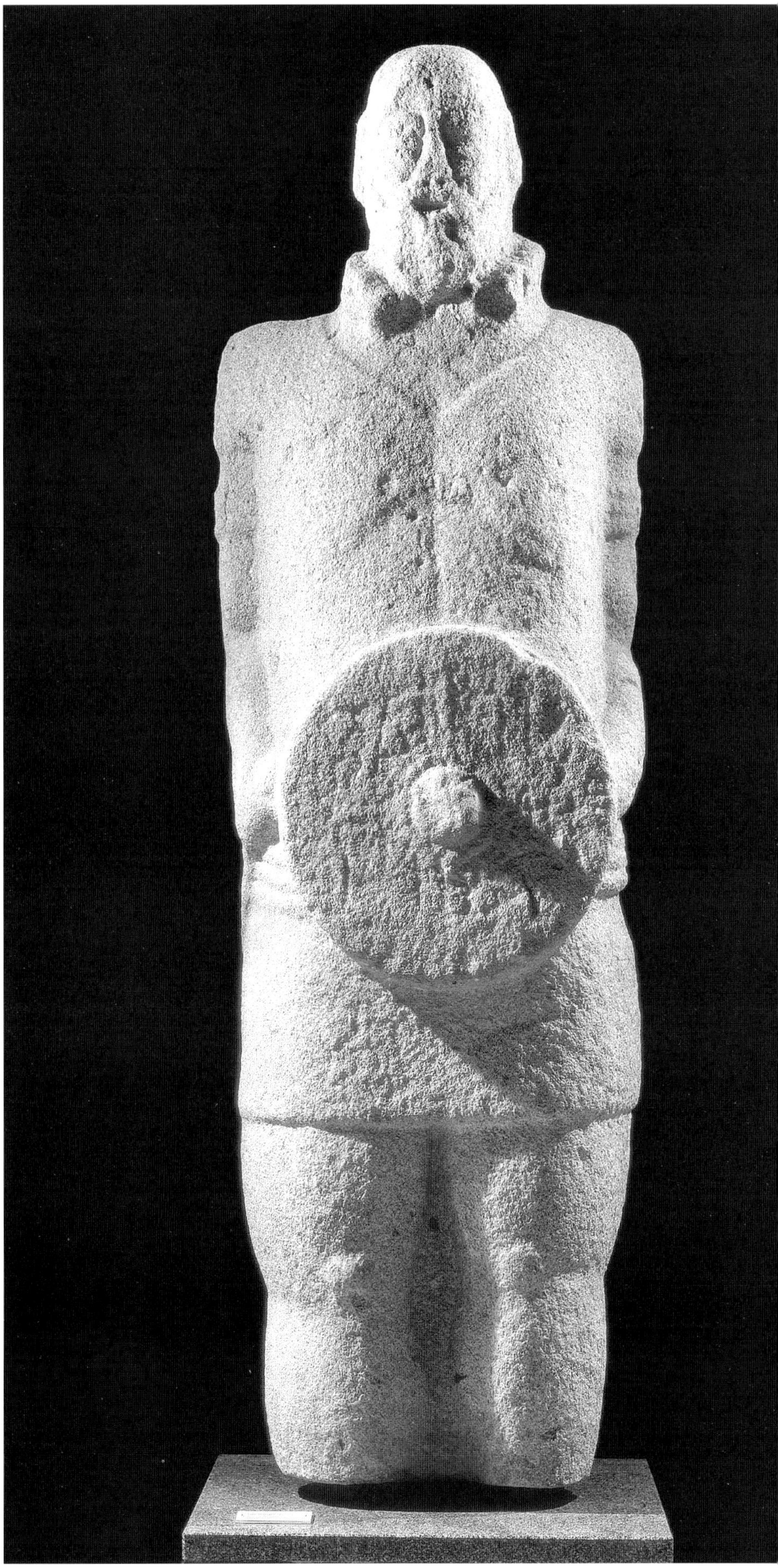

ABB. 376: KAT.-NR. 145.

einem Helmschmuck versehen, von dem nur eine Spur übrig geblieben ist, und ist auf beiden Seiten mit einem kurvolinearen, schwer zu deutenden Motiv verziert. Ein Halsband und ein Fries kleiner Pferde sind auf dem Hals und auf dem oberen Teil des Oberkörpers eingraviert. In dieser Zone erkennt man noch sehr klare Spuren roter und schwarzer Bemalung, die ein gewebtes Gewand mit Fasern unterschiedlicher Farbgebung dargestellt haben muss.

Lit.: E. Espérandieu, L'art ibéro-ligure ou celto-ligure en Languedoc et en Provence, à propos de la découverte récente de deux bustes faite à Sainte-Anastasie (Gard). Mon. et Mém. Piot 30, 1929, 69–76; Jacobsthal 1944, 165 Nr. 6 Taf. 5; Benoît 1955, 40 f. Taf. 30; 38,1.

D. Darde

LUSITANISCHE KRIEGERSTATUEN IN NORDPORTUGAL

145 Lusitanische Kriegerstatue (ABB. 376)

Castro de Lesanho, Concelho Montalegre, Distrito de Vila Real, Portugal
4.–1. Jh. v. Chr.
Granit; H. 207 cm, B. 61 cm, T. 36 cm.
Museu Nacional de Arqueologia Lisboa
INV.-NR. E: 3397 (Kopie).

Zusammen mit einer weiteren Statue (ABB. 220) im Jahre 1785 auf dem Castro von Lesanho entdeckt. 1861 von E. Hübner der wissenschaftlichen Öffentlichkeit vorgestellt, sind diese Statuen in der Literatur als „Ajuda" oder „Montalegre" bekannt. Möglicherweise stammen zwei weitere, 1905 im nahe gelegenen Dorf Campos entdeckte Statuen vom selben Platz.

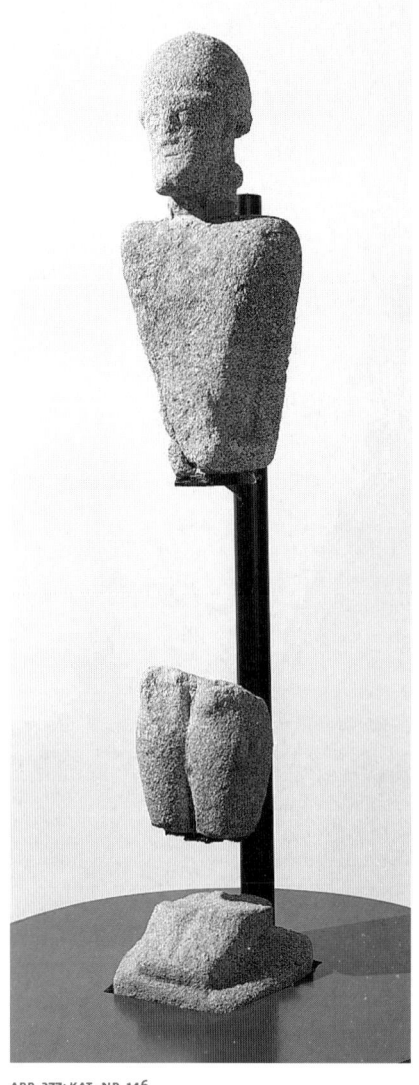

ABB. 377: KAT.-NR. 146.

Der bärtige, mit einem kurzen Gewand bekleidete Krieger trägt einen Torques um den Hals, Oberarmringe und einen Gürtel, an dem ein Dolch hängt; vor dem Körper hält er einen Rundschild.

Lit.: Silva 1986, 305 Nr. 545 Taf. 120,1 (mit älterer Lit.); Kat. Venedig 404 Abb.; 734 Nr. 436.
M. Höck

146 Lusitanische Kriegerstatue (ABB. 377)

Citânia de Sanfins, Concelho de Paços de Ferreira, Distrito do Porto, Portugal
4.–1. Jh. v. Chr.
Granit; H. ca. 170 cm (ohne Basis),
B. 40 cm, T. 32 cm.
Museu Arqueologico da Citânia de Sanfins, Paços de Ferreira INV.-NR. SA62, 1.

Aus vier an verschiedenen Stellen im Castro („Citânia") von Sanfins gefundenen Fragmenten zusammengesetzt, die möglicherweise auch von mehreren gleichen Statuen stammen könnten – hierin den Statuen vom Glauberg eng vergleichbar. Der Fundort der Basis belegt die Aufstellung einer Statue oberhalb eines Eingangstores der „Citânia".
Der mit Helm und nur z. T. erhaltenem Rundschild ausgestattete Krieger trägt einen Torques um den Hals und Oberarmringe; das Gesicht ist von einer Maske verdeckt. Die Figur steht direkt auf einer sich nach unten hin verjüngenden Basis.

Lit.: Silva 1986, 308 f. Nr. 557 Taf. 123,3 (mit älterer Lit.);
A. C. F. da Silva, Citânia de Sanfins. Museu Arqueológico da Citânia de Sanfins (Paços de Ferreira 1999) 34 f.
M. Höck

ANHANG

ORTSREGISTER

LITERATUR

Almagro Gorbea/Ruiz Zapatero 1993
M. Almagro Gorbea/G. Ruiz Zapatero (Hrsg.),
Los Celtas. Hispania y Europa (Madrid 1993).

Anthes 1914
E. Anthes, Bericht über die Tätigkeit des Denkmalpflegers für die Altertümer von April 1910
bis Ende März 1913. Jahresber. Denkmalpfl.
Hessen 3, 1914, 17–78.

Armbruster 1998
B. R. Armbruster, Veränderungen in der Gold-
schmiedekunst am Ende der Bronze- und Be-
ginn der Eisenzeit auf der Iberischen Halbinsel.
In: Th. Rehren/A. Hauptmann/J. D. Muhly
(Hrsg.), Metallurgica Antiqua: In Honour of
H.-G. Bachmann and R. Maddin. Anschnitt
Beih. 8 (Bochum 1998), 25–36.

AuhV
Die Altertümer unserer heidnischen Vorzeit 1–5
(Mainz 1858–1911).

Baatz/Herrmann 1982
D. Baatz/F.-R. Herrmann, Die Ringwälle auf
dem Altkönig im Taunus. Arch. Denkmäler
Hessen 25 (Wiesbaden 1982).

Baitinger 1992
H. Baitinger, Zur Beraubung hallstattzeitlicher
Gräber in Süddeutschland. Dittigheim
Grab 607. Fundber. Baden-Württemberg 17/1,
1992, 327–346.

Banck-Burgess 1999
J. Banck-Burgess, Hochdorf IV. Die Textilfunde
aus dem späthallstattzeitlichen Fürstengrab
von Eberdingen-Hochdorf (Kreis Ludwigsburg)
und weitere Grabtextilien aus hallstatt- und
latènezeitlichen Kulturgruppen. Forsch. u. Ber.
Vor- u. Frühgesch. Baden-Württemberg 70
(Stuttgart 1999).

Barbet 1991
A. Barbet, Roquepertuse et la polychromie
en Gaule méridionale à l'époque préromaine.
Doc. Arch. Méridionale 14, 1991, 53–81.

Barbet u. a. 1991
A. Barbet/J.-C. Bessac/R. u. O. Coignard/F. Dela-
mare/F. Dijoud/L.-F. Gantès/J. M. Gassend/
B. Guineau/B. Lescure, Roquepertuse et les Cel-
to-Ligures. Doc. Arch. Méridionale 14, 1991, 7–88.

Behaghel 1943
H. Behaghel, Die Eisenzeit im Raume des
Rechtsrheinischen Schiefergebirges (Wies-
baden 1943; Nachdr. 1949).

Behrens 1927
G. Behrens, Bodenurkunden aus Rheinhessen.
I. Die vorrömische Zeit (Mainz 1927).

Benecke 1994
N. Benecke, Der Mensch und seine Haustiere.
Die Geschichte einer jahrtausendealten Bezie-
hung (Stuttgart 1994).

Benecke 2000
N. Benecke, Archäozoologische Befunde zur
Nahrungswirtschaft und Praxis der Tierhal-
tung in eisen- und kaiserzeitlichen Siedlungen der rechtsrheinischen Mittelgebirgszone.
In: A. Haffner/S. von Schnurbein (Hrsg.), Kelten, Germanen, Römer im Mittelgebirgsraum
zwischen Luxemburg und Thüringen. Akten
des Internat. Koll. zum DFG-Schwerpunktprogramm „Romanisierung" vom 28. bis 30. September 1998 in Trier. Koll. Vor- u. Frühgesch. 5
(Bonn 2000) 243–255.

Benoît 1955
F. Benoît, L'art primitif méditerranéen de la
vallée du Rhône (Aix-en-Provence 1955).

Bergmann 1997
C. Bergmann, Grabfunde der Frühlatènezeit
im Rhein-Main-Gebiet (Ungedr. Magisterarbeit Frankfurt/Main 1997; in Druckvorberei-
tung für Fundber. Hessen).

Bianchi Bandinelli/Giuliano 1974
R. Bianchi Bandinelli/A. Giuliano, Etrusker
und Italiker vor der römischen Herrschaft
(München 1974).

Biel 1985
J. Biel, Der Keltenfürst von Hochdorf
(Stuttgart 1985).

Biel 1988
J. Biel, Influences méditerranéennes sur le site
princier de Hohenasperg, près de Stuttgart. In:
Les princes celtes et la Méditerranée. Rencontres de l'École du Louvre (Paris 1988) 155–164.

Biel 1996
J. Biel (Hrsg.), Experiment Hochdorf. Keltische
Handwerkskunst wiederbelebt. Schr. Kelten-
mus. Hochdorf/Enz 1 (Stuttgart 1996).

Bienkowski 1908
P. Bienkowski, Die Darstellung der Gallier in
der hellenistischen Kunst (Wien 1908).

Binding 1993
U. Binding, Studien zu den figürlichen Fibeln
der Frühlatènezeit. Univforsch. Prähist. Arch.
16 (Bonn 1993).

Birkhan 1999
H. Birkhan, Kelten. Versuch einer Gesamt-
darstellung ihrer Kultur[3] (Wien 1999).

Bodis/Fischer 1998
F. Bodis/N. Fischer, Die Bergung eines frühkel-
tischen Fürstengrabes. Aufwendige Blockber-
gung aus einem Grabhügel am Glauberg im
Wetteraukreis. Denkmalpfl. u. Kulturgesch.
H. 2, 1998, 12–18.

Bodis/Schlick 2000
F. Bodis/Th. Schlick, Experiment Glauberg: Ein
Keltenfürst bekommt steinernen Zwilling.
Denkmalpfl. u. Kulturgesch. H. 1, 2000, 5–11.

Boissinot/Gantès 2000
Ph. Boissinot/L.-F. Gantès, La chronologie de
Roquepertuse. Propositions préliminaires à
l'issue des campagnes 1994–1999. Doc. Arch.
Méridionale 23, 2000, 249–271.

Bonenfant/Guillaumet 1998
P.-P. Bonenfant/J.-P. Guillaumet, La statuaire
anthropomorphe du premier âge du Fer. Ann.
Litt. Univ. de Franche-Comté 667, Sér. Arch. et
Préhist. 43 (Besançon 1998).

Bosinski/Herrmann 1998/99
M. Bosinski/F.-R. Herrmann, Zu den frühkeltischen Statuen vom Glauberg. Ber. Komm.
Arch. Landesforsch. Hessen 5, 1998/99
(2000) 41–48.

Bretz-Mahler 1971
D. Bretz-Mahler, La civilisation de La Tène I en
Champagne. Gallia Suppl. 23 (Paris 1971).

Brun/Chaume 1997
P. Brun/B. Chaume (Hrsg.), Vix et les éphémè-
res principautés celtiques. Les VIe et Ve siècles
avant J.-C. en Europe centre-occidentale. Actes
du Colloque de Châtillon-sur-Seine 27–29 octo-
bre 1993 (Paris 1997).

Buthmann/Posselt/Zickgraf 2001
N. Buthmann/M. Posselt/B. Zickgraf, Geophy-
sikalisch-archäologische Prospektion für
Denkmalpflege und Forschung in Hessen.
Denkmalpfl. u. Kulturgesch. H. 1, 2001, 17–22.

Cahen-Delhaye 1991
A. Cahen-Delhaye, Les sépultures de La Tène.
In: H. Remy (Hrsg.), Archéologie en Ardenne.
De la préhistoire au XVIIIe siècle (Bruxelles
1991) 65–80.

Chaume/Olivier/Reinhard 2000
B. Chaume/L. Olivier/W. Reinhard, L'enclos
hallstattien de Vix „Les Herbues": Un lieu
cultuel de type aristocratique? In: Mailhac
et le premier âge du Fer en Europe occiden-
tale (Hommages à Odette et Jean Taffa-
nel). Actes du Colloque Internat. de Carcas-
sonne 17–20 septembre 1997 (Lattes 2000)
311–327.

Cianfarani 1976
V. Cianfarani, Culture arcaiche dell'Italia medio-adriatica. In: Popoli e civiltà dell'Italia an-
tica 5 (Roma 1976) 9–106.

Cianfarani/Franchi dell'Orto/La Regina 1978
V. Cianfarani/L. Franchi dell'Orto/A. La Regina,
Culture adriatiche antiche d'Abruzzo e di Mo-
lise (Roma 1978).

Colonna 1992
G. Colonna, Apporti etruschi all'orientalizzan-
te „piceno": il caso della statuaria. In: La civiltà
picena nelle Marche. Studi in onore di G. Anni-
baldi, Ancona 1988 (Ripatransone 1992), 92–127.

Cordie-Hackenberg 1993
R. Cordie-Hackenberg, Das eisenzeitliche Hügelgräberfeld von Bescheid, Kreis Trier-Saarburg. Trierer Zeitschr. Beih. 17 (Trier 1993).

Dehn 1969
W. Dehn, Keltische Röhrenkannen der älteren Latènezeit. Pam. Arch. 60/1, 1969, 125–133.

Dehn/Stöllner 1996
W. Dehn/Th. Stöllner, Fußpaukenfibel und Drahtfibel (Marzabottofibel). Ein Beitrag zum kulturhistorischen Verständnis des 5. Jh. in Mitteleuropa. In: Th. Stöllner (Hrsg.), Europa celtica. Untersuchungen zur Hallstatt- und Latènekultur. Veröff. Vorgesch. Seminar Marburg Sonderbd. 12 (Marburg 1996), 1–54.

Dieffenbach 1842
Ph. Dieffenbach, Die Glauburg. Historisch-antiquarisches Fragment. Archiv Hess. Gesch. u. Altkde. 3, 1844 (in H. 1, 1842) V, 1–22.

Dieffenbach 1843
Ph. Dieffenbach, Zur Urgeschichte der Wetterau, zugleich als Beitrag zur Alterthumskunde. Archiv Hess. Gesch. u. Altkde. 4, 1845 (als H. 1, 1843) 1–309.

Dielmann 1956
K. Dielmann, Der Kreis Büdingen in vorgeschichtlicher Zeit. In: Kreis Büdingen. Wesen und Werden Bd. 1 (Büdingen 1956) 105–128.

Dobesch 1996
G. Dobesch, Überlegungen zum Heerwesen und zur Sozialstruktur der Kelten. In: E. Jerem u. a. (Hrsg.), Die Kelten in den Alpen und an der Donau. Akten des Internat. Symposions St. Pölten, 14.–18. Oktober 1992. Studien zur Eisenzeit im Ostalpenraum 1 (Budapest, Wien 1996), 13–71.

Dörfler 2000
W. Dörfler, Palynologische Untersuchungen zur Vegetations- und Landschaftsentwicklung von Joldelund, Kr. Nordfriesland. In: A. Haffner/H. Jöns/J. Reichstein (Hrsg.), Frühe Eisengewinnung in Joldelund, Kr. Nordfriesland. 2. Naturwissenschaftliche Untersuchungen zur Metallurgie- und Vegetationsgeschichte. Univforsch. Prähist. Arch. 59 (Bonn 2000), 147–207.

D'Onofrio 1982
A. M. D'Onofrio, *Korai e kouroi* funerari attici. Ann. Ist. Univ. Orient. Napoli, Sezione Arch. e Stor. Ant. 4, 1982, 135–170.

Driehaus 1965
J. Driehaus, Fürstengräber und Eisenerze zwischen Mittelrhein, Mosel und Saar. Germania 43, 1965, 32–49.

Driehaus 1978
J. Driehaus, Der Grabraub in Mitteleuropa während der älteren Eisenzeit. In: H. Jankuhn/H. Nehlsen/H. Roth (Hrsg.), Zum Grabfrevel in vor- und frühgeschichtlicher Zeit. Abhandl. Akad. Wiss. Göttingen 3. F. Nr. 113 (Göttingen 1978), 18–47.

Duval 1977
P.-M. Duval, Les Celtes (Paris 1977).

Ebel-Zepezauer 1992/93
W. Ebel-Zepezauer, Bronze- und eisenzeitliche Gräber von Mühlheim am Main-Dietesheim, Kreis Offenbach, „Reuterain". Fundber. Hessen 32/33, 1992/93 (2000) 21–68.

Ebel-Zepezauer 2001
W. Ebel-Zepezauer, Zur älteren Latènezeit im Kreis Offenbach. Die Dünengräberfelder von Hausen und Mühlheim-Dietesheim. In: S. Hansen/V. Pingel (Hrsg.), Archäologie in Hessen. Neue Funde und Befunde (Festschr. F.-R. Herrmann). Internat. Arch. Stud. Honoraria 13 (Rahden/Westf. 2001) 131–136.

Echt 1999
R. Echt, Das Fürstinnengrab von Reinheim. Studien zur Kulturgeschichte der Früh-La-Tène-Zeit. Saarbrücker Beitr. Altkde. 69 (Bonn 1999).

Echt/Thiele 1994
R. Echt/W.-R. Thiele, Von Wallerfangen bis Waldalgesheim. Saarbrücker Stud. u. Mat. Altkde. 3 (Bonn 1994).

Eggert 1989
M. K. H. Eggert, Die „Fürstensitze" der Späthallstattzeit. Bemerkungen zu einem archäologischen Konstrukt. Hammaburg N. F. 9, 1989 (Festschr. W. Hübener) 53–66.

Eiden 1995
L. Eiden, Neue Aspekte zur Herstellungstechnik etruskischer Schnabelkannen am Beispiel der Pellinger Schnabelkanne. Trierer Zeitschr. 58, 1995, 143–160.

Ellenberg 1996
H. Ellenberg, Vegetation Mitteleuropas mit den Alpen in ökologischer, dynamischer und historischer Sicht (Stuttgart 1996).

van Endert 1987
D. van Endert, Die Wagenbestattungen der späten Hallstattzeit und der Latènezeit im Gebiet westlich des Rheins. BAR Internat. Ser. 355 (Oxford 1987).

Erk 1991
W. Erk, Der Glauberg – Bemerkungen zu den neuen Ausgrabungen auf dem Glauberg und zu Beobachtungen in seinem Umfeld. In: Magistrat der Stadt Büdingen (Hrsg.), Chronik Düdelsheim 792–1992 (Büdingen 1991) 72–92.

Fischer 1973
F. Fischer, ΚΕΙΜΗΛΙΑ. Bemerkungen zur kulturgeschichtlichen Interpretation des sogenannten Südimports in der späten Hallstatt- und frühen Latène-Kultur des westlichen Mitteleuropa. Germania 51, 1973, 436–459.

Fischer 1979
F. Fischer, Hallstattzeitliche Fürstengräber in Südwestdeutschland. In: Bausteine zur geschichtlichen Landeskunde von Baden-Württemberg (Stuttgart 1979) 49–70.

Fischer 1982
F. Fischer, Frühkeltische Fürstengräber in Mitteleuropa. Ant. Welt 13, 1982, Sondernr.

Fischer 1998
F. Fischer, RGA[2] 10 (1998) 221–225 s. v. Fürstensitze – Jüngere Hallstattzeit und Frühlatènezeit.

Fischer 2000
F. Fischer, Zum „Fürstensitz" Heuneburg. In: W. Kimmig (Hrsg.), Importe und mediterrane Einflüsse auf der Heuneburg. Heuneburgstud. XI = Röm.-Germ. Forsch. 59 (Mainz 2000) 215–227.

Fischer 1984
J. Fischer, Die vorrömischen Skulpturen von Nesactium. Hamburger Beitr. Arch. 11, 1984, 9–98.

Fischer 1990
J. Fischer, Zu einer griechischen Kline und weiteren Südimporten aus dem Fürstengrabhügel Grafenbühl, Asperg, Kr. Ludwigsburg. Germania 68/1, 1990, 115–127.

Frey 1969
O.-H. Frey, Die Entstehung der Situlenkunst. Studien zur figürlich verzierten Toreutik von Este. Röm.-Germ. Forsch. 31 (Berlin 1969).

Frey 1971a
O.-H. Frey, Fibeln von westhallstättischem Typus aus dem Gebiet südlich der Alpen. In: Oblatio. Raccolta di Studi Antichità ed Arte in Onore di Aristide Calderini (Como 1971) 355–386.

Frey 1971b
O.-H. Frey, Die Goldschale von Schwarzenbach. Hamburger Beitr. Arch. 1, 1971, 85–100.

Frey 1984
O.-H. Frey, Die Bedeutung der Gallia Cisalpina für die Entstehung der Oppida-Kultur. In: ders./H. Roth (Hrsg.), Studien zu Siedlungsfragen der Latènezeit (Festschr. W. Dehn). Veröff. Vorgesch. Seminar Marburg Sonderbd. 3 (Marburg 1984) 1–38.

Frey 1986
O.-H. Frey, Zum Helm von Oppeano. Aquileia Nostra 57, 1986, 146–163.

Frey 1988
O.-H. Frey, Les fibules hallstattiennes de la fin du VIe siècle au Ve siècle en Italie du Nord. In: Les princes celtes et la Méditerranée. Rencontres de l'École du Louvre (Paris 1988) 33–43.

Frey 1991
O.-H. Frey, Einige Bemerkungen zu den durchbrochenen Frühlatènegürtelhaken. In: A. Haffner/A. Miron (Hrsg.), Studien zur Eisenzeit im Hunsrück-Nahe-Raum (Symposium Birkenfeld 1987). Trierer Zeitschr. Beih. 13 (Trier 1991) 101–111.

Frey 1992
O.-H. Frey, Keltische Eulen. In: H. Froning u. a. (Hrsg.), Kotinos. Festschr. E. Simon (Mainz 1992) 53–55.

Frey 1995
O.-H. Frey, The Celts in Italy. In: M. J. Green (Hrsg.), The Celtic World (London, New York 1995) 515–532.

Frey 1996a
O.-H. Frey, The Celts in Italy. Stud. Celtica 30, 1996, 59–82.

Frey 1996b
O.-H. Frey, Zu den figürlichen Darstellungen aus Waldalgesheim. In: Th. Stöllner (Hrsg.), Europa celtica. Untersuchungen zur Hallstatt- und Latènekultur. Veröff. Vorgesch. Seminar Marburg Sonderbd. 12 (Marburg 1996) 95–115.

Frey 1996c
O.-H. Frey, Bemerkungen zu einigen Fundstücken der Frühlatènezeit aus Niederösterreich. In: E. Jerem u. a. (Hrsg.), Die Kelten in den Alpen und an der Donau. Akten des Internat. Symposions St. Pölten, 14.–18. Oktober 1992. Studien zur Eisenzeit im Ostalpenraum 1 (Budapest, Wien 1996) 193–215.

Frey 1996/97
O.-H. Frey, Die neuen Keltenfunde vom Glauberg. Nürnberger Bl. Arch. 13, 1996/97, 25–38.

Frey 1998
O.-H. Frey, RGA² 10 (1998) 178–185 s. v. Fürstengräber – Hallstatt- und Frühlatènezeit.

Frey 1999
O.-H. Frey, RGA² 13 (1999) 29–38 s. v. Griechisch-etruskischer Import.

Frey 2000a
O.-H. Frey, RGA² 15 (2000) 395–407 s. v. Keltische Großplastik.

Frey 2000b
O.-H. Frey, RGA² 15 (2000) 579–585 s. v. Kelten in Italien.

Frey 2001a
O.-H. Frey, Kompositpanzer der frühen Kelten. In: E. Pohl/U. Recker/C. Theune (Hrsg.), Archäologisches Zellwerk. Beiträge zur Kulturgeschichte in Europa und Asien (Festschr. H. Roth). Internat. Arch. Stud. Honoraria 16 (Rahden/Westf. 2001) 201–208.

Frey 2001b
O.-H. Frey, Ein frühlatènezeitlicher Gürtelhaken aus Ossarn, Niederösterreich. In: Studien in memoriam W. Schüle. Internat. Arch. Stud. Honoraria 11 (Rahden/Westf. 2001) 157–163.

Frey/Herrmann 1997
O.-H. Frey/F.-R. Herrmann, Ein frühkeltischer Fürstengrabhügel am Glauberg im Wetteraukreis, Hessen. Bericht über die Forschungen 1994–1996. Germania 75/2, 1997, 459–550.

Frey/Schwappach 1973
O.-H. Frey/F. Schwappach, Studys in Early Celtic Design. World Arch. 4/3, 1973, 339–356.

Fürstensitze
Fürstensitze – Höhenburgen – Talsiedlungen. Bemerkungen zum frühkeltischen Siedlungswesen in Baden-Württemberg. Arch. Inf. Baden-Württemberg 28 (Stuttgart 1995).

Furger-Gunti 1982
A. Furger-Gunti, Der „Goldfund von Saint-Louis" bei Basel und ähnliche keltische Schatzfunde. Zeitschr. Schweiz. Arch. u. Kunstgesch. 39, 1982, 1–47.

Gabrovec/Mihovilić 1987
St. Gabrovec/K. Mihovilić, Istarska grupa. In: Praistorija jugoslavenskih zemalja V. Željezno doba (Sarajevo 1987) 293–338.

Gallay 1987
G. Gallay, Vorgeschichtlicher Schmuck aus Mitteleuropa im Frankfurter Museum für Vorund Frühgeschichte. Arch. R. 9 (Frankfurt/Main 1987).

Gantès 1978
L.-F. Gantès, A propos du matériel trouvé sur le sanctuaire préromain de Roquepertuse à Velaux: fouilles de Gérin-Ricard 1919–1924 et 1927. Bull. Arch. Provence 1, 1978, 37–46.

Gantès/Lescure 1993
L.-F. Gantès/B. Lescure, Les collections archéologiques du site de Roquepertuse. In: Les représentations humaines du Néolithique à l'Âge du Fer. Actes du 115e Congrès Nat. des Soc. Savantes, Pré- et Protohistoire, Avignon 1990 (Paris 1993) 197–203.

Gensen 1999
R. Gensen, Die eisenzeitlichen Befestigungen in Hessen – mit Ausnahme des Glaubergs bei Büdingen. In: A. Jockenhövel (Hrsg.), Ältereisenzeitliches Befestigungswesen zwischen Maas/Mosel und Elbe. Veröff. Altkomm. Westfalen 11 (Münster 1999) 81–98.

de Gérin-Ricard 1927
H. de Gérin-Ricard, Le sanctuaire préromain de Roquepertuse à Velaux (Bouches-du-Rhône) (Marseille 1927).

Gnirs 1925
A. Gnirs, Istria praeromana. Beiträge zur Geschichte der frühesten und vorrömischen Kulturen an den Küsten der nördlichen Adria (Karlsbad 1925).

Guggisberg 1998
M. Guggisberg, „Zoomorphe Junktur" und „Inversion". Zum Einfluss des skythischen Tierstils auf die frühe keltische Kunst. Germania 76/2, 1998, 549–572.

Guggisberg 2000
M. A. Guggisberg, Der Goldschatz von Erstfeld. Ein keltischer Bilderzyklus zwischen Mitteleuropa und der Mittelmeerwelt. Antiqua 32 (Basel 2000).

Haffner 1976
A. Haffner, Die westliche Hunsrück-Eifel-Kultur. Röm.-Germ. Forsch. 36 (Berlin 1976).

Haffner 1977/78
A. Haffner, Der Grabhügel D 1 von Rascheid „Königsfeld", Kreis Trier-Saarburg. Trierer Zeitschr. 40/41, 1977/78, 41–55.

Haffner 1979
A. Haffner, Die frühlatènezeitlichen Goldscheiben vom Typ Weiskirchen. In: Festschr. 100 Jahre Rheinisches Landesmuseum Trier. Trierer Grabungen u. Forsch. 14 (Mainz 1979) 281–296.

Haffner 1985
A. Haffner, L'oenochoé de Weiskirchen I. Étude technique. In: Les âges du fer dans la vallée de la Saône. Rev. Arch. Est et Centre-Est Suppl. 6 (Paris 1985) 279–282.

Haffner 1989a
A. Haffner, Bemerkungen zum frühlatènezeitlichen Wagen von Theley im Saarland. Arch. Mosellana 1, 1989, 27–40.

Haffner 1989b
A. Haffner (Hrsg.), Gräber – Spiegel des Lebens. Zum Totenbrauchtum der Kelten und Römer am Beispiel des Treverer-Gräberfeldes Wederath-Belginum. Schriftenr. Rhein. Landesmus. Trier 2 (Mainz 1989).

Haffner 1992
A. Haffner, Die frühlatènezeitlichen Fürstengräber von Hochscheid im Hunsrück. Trierer Zeitschr. 55, 1992, 25–103.

Haffner 1993
A. Haffner, Die keltischen Schnabelkannen von Basse-Yutz in Lothringen. Arch. Mosellana 2, 1993, 337–360.

Haffner 1995
A. Haffner (Hrsg.), Heiligtümer und Opferkulte der Kelten. Arch. Deutschland Sonderh. (Stuttgart 1995).

Haffner 1999
A. Haffner, Ein Frühlatèneschwert mit anthropoidem Knauf von Bescheid, Landkreis Trier-Saarburg. In: B. Chaume/J.-P. Mohen/P. Périn (Hrsg.), Archéologie des Celtes. Mélanges à la mémoire de R. Joffroy. Protohist. Européenne 3 (Montagnac 1999) 123–129.

Haffner/Joachim 1984
A. Haffner/H.-E. Joachim, Die keltischen Wagengräber der Mittelrheingruppe. In: Keltski Voz. Posavski Muz. Brežice 6 (Brežice 1984) 71–87.

von Hase 1973
F.-W. von Hase, Unbekannte frühetruskische Edelmetallfunde mit Maskenköpfen – Mögliche Vorbilder keltischer Maskendarstellungen. Hamburger Beitr. Arch. 3, 1973, 51–64.

von Hase 1998
F.-W. von Hase, Einige Überlegungen zum Fernhandel und Kulturtransfer in der jüngeren Hallstattzeit. Altitalien und Mitteleuropa. In: P. Schauer (Hrsg.), Archäologische Untersuchungen zu den Beziehungen zwischen Altita-

lien und der Zone nordwärts der Alpen während der frühen Eisenzeit Alteuropas (Koll. Regensburg 1994). Regensburger Beitr. Prähist. Arch. 4 (Bonn 1998) 285–319.

von Hase 2000
F.-W. von Hase, Zur Gießform der figürlichen Henkelattasche von der Heuneburg. In: W. Kimmig (Hrsg.), Importe und mediterrane Einflüsse auf der Heuneburg. Heuneburgstud. XI = Röm.-Germ. Forsch. 59 (Mainz 2000) 177–195.

von Hase (im Druck)
F.-W. von Hase, La problematica del Guerriero di Hirschlanden alla luce di nuove scoperte. In: Atti del 22 Convegno di Studi Etruschi ed Italici, Ascoli Piceno, Teramo, Celano, Ancona 2000 (im Druck).

Hegi 1986
G. Hegi, Illustrierte Flora von Mitteleuropa IV/1 (Berlin, Hamburg 1986).

Helmke 1909
P. Helmke, Eine Bronze der Früh-La Tène-Zeit. Friedberger Geschbl. 1, 1909, 1–4.

Helmke 1930
P. Helmke, Boden-Altertümer in der Provinz Oberhessen. Jahresber. Denkmalpfl. Hessen 4a, 1913–1928 (1930) 46–64.

Herrmann 1979
F.-R. Herrmann, Hausberg und Brülerberg bei Butzbach, Wetteraukreis. Arch. Denkmäler Hessen 7 (Wiesbaden 1979).

Herrmann 1996
F.-R. Herrmann, Die Statue eines keltischen Fürsten vom Glauberg. Denkmalpfl. Hessen H. 1/2, 1996, 2–7.

Herrmann 1998a
F.-R. Herrmann, RGA² 12 (1998) 188–195 s. v. Glauberg.

Herrmann 1998b
F.-R. Herrmann, Keltisches Heiligtum am Glauberg in Hessen. Ein Neufund keltischer Großplastik. Ant. Welt 29, 1998, 345–348.

Herrmann 2000a
F.-R. Herrmann, Der Glauberg am Ostrand der Wetterau. Arch. Denkmäler Hessen 51² (2000).

Herrmann 2000b
F.-R. Herrmann, Der Dünsberg bei Gießen. Arch. Denkmäler Hessen 60² (Wiesbaden 2000).

Herrmann/Frey 1996
F.-R. Herrmann/O.-H. Frey, Die Keltenfürsten vom Glauberg. Ein frühkeltischer Fürstengrabhügel bei Glauburg-Glauberg, Wetteraukreis. Arch. Denkmäler Hessen 128/129 (Wiesbaden 1996).

Herrmann/Jockenhövel 1990
F.-R. Herrmann/A. Jockenhövel (Hrsg.), Die Vorgeschichte Hessens (Stuttgart 1990).

Heynowski 1992
R. Heynowski, Eisenzeitlicher Trachtschmuck der Mittelgebirgszone zwischen Rhein und

Thüringer Becken. Arch. Schr. Inst. Vor- u. Frühgesch. Johannes-Gutenberg-Univ. Mainz 1 (Mainz 1992).

de Hingh 2000
A. E. de Hingh, Food Production and Food Procurement in the Bronze Age and Early Iron Age (2000–500 BC). Arch. Stud. Leiden Univ. 7 (Leiden 2000).

Höck 1986
M. Höck, Studien zur sogenannten Castro-Kultur in Nordportugal (Diss. Marburg 1986 [Mikrofiches]).

Höck 1993
M. Höck, Castros und Kriegerstelen der Eisenzeit. In: H. Schubart/A. Arbeiter/S. Noack-Haley (Hrsg.), Funde in Portugal. Sternstunden der Archäologie 12 (Göttingen, Zürich 1993) 103–120.

Höck 2001
M. Höck, Die Eisenzeit im Nordwesten der Iberischen Halbinsel. In: M. Blech/M. Koch/M. Kunst, Hispania Antiqua. Denkmäler der Frühzeit (Mainz 2001) 377–387.

Hundt 1978
H.-J. Hundt, Beobachtungen zur Herstellung frühlatènezeitlicher Hohlarmringe vom Dürrnberg. In: L. Pauli, Der Dürrnberg bei Hallein III/2. Auswertung der Grabfunde. Münchner Beitr. Vor- u. Frühgesch. 18/2 (München 1978) 619–623.

Husty 1990
L. Husty, Ein neuer etruskischer Gefäßtyp aus der frühlatènezeitlichen Adelsnekropole Bescheid „Bei den Hübeln", Krs. Trier-Saarburg. Trierer Zeitschr. 53, 1990, 7–54.

Jacobshagen 1999
B. Jacobshagen, Präzisierte Altersschätzungen nach dem Zementzonenverfahren anhand der Zähne einer mittelneolithischen Skelettpopulation aus Trebur, Kreis Groß-Gerau. Vergleich mit den Ergebnissen der kombinierten Methode. In: H. Spatz, Das mittelneolithische Gräberfeld von Trebur, Kreis Groß-Gerau. Mat. Vor- u. Frühgesch. Hessen 19 (Wiesbaden 1999) 333–348.

Jacobsthal 1934a
P. Jacobsthal, Einige Werke keltischer Kunst. Die Antike 10, 1934, 17–45.

Jacobsthal 1934b
P. Jacobsthal, Keltische Bronzebeschläge in Berlin. Prähist. Zeitschr. 25, 1934, 62–104.

Jacobsthal 1944
P. Jacobsthal, Early Celtic Art (Oxford 1944; Nachdr. 1969).

Jacomet/Kreuz 1999
St. Jacomet/A. Kreuz, Archäobotanik. Aufgaben, Methoden und Ergebnisse vegetations- und agrargeschichtlicher Forschung (Stuttgart 1999).

Joachim 1968
H.-E. Joachim, Die Hunsrück-Eifel-Kultur am Mittelrhein. Bonner Jahrb. Beih. 29 (Köln, Graz 1968).

Joachim 1979
H.-E. Joachim, Die frühlatènezeitlichen Wagengräber von Mülheim-Kärlich, Kreis Mayen-Koblenz. Beiträge zur Urgeschichte des Rheinlandes 3. Rhein. Ausgr. 19 (Köln 1979) 507–556.

Joachim 1982
H.-E. Joachim, Eisenzeitliche und römische Hügelgräber bei Briedel, Kreis Cochem-Zell. Trierer Zeitschr. 45, 1982, 65–195.

Joachim 1987
H.-E. Joachim, Der Wagen von Bell, Rhein-Hunsrück-Kreis. In: F.-E. Barth u. a., Vierrädrige Wagen der Hallstattzeit. RGZM Monogr. 12 (Mainz 1987) 135–143.

Joachim 1989
H.-E. Joachim, Eine Rekonstruktion der keltischen „Säule" von Pfalzfeld. Mit einem petrografischen Beitrag von M. Weiss. Bonner Jahrb. 189, 1989, 1–16.

Joachim 1990
H.-E. Joachim, Das eisenzeitliche Hügelgräberfeld von Bassenheim, Kreis Mayen-Koblenz. Rhein. Ausgr. 32 (Köln 1990).

Joachim 1992
H.-E. Joachim, Ösen-, Drei- und Vierknotenringe der Späthallstatt- und Frühlatènezeit. Bonner Jahrb. 192, 1992, 13–60.

Joachim 1995
H.-E. Joachim, Waldalgesheim. Das Grab einer keltischen Fürstin. Kat. Rhein. Landesmus. Bonn 3 (Köln 1995).

Joachim 1997
H.-E. Joachim, Bronze- und Eisenzeit. Geschichtlicher Atlas der Rheinlande, Beih. II.3.1–4 (Köln 1997).

Joachim 1998
H.-E. Joachim, Das frühlatènezeitliche Fürstengrab von Dörth, „Wald Gallscheid", Rhein-Hunsrück-Kreis. In: A. Müller-Karpe u. a. (Hrsg.), Studien zur Archäologie der Kelten, Römer und Germanen in Mittel- und Westeuropa (Festschr. A. Haffner). Internat. Arch. Stud. Honoraria 4 (Rahden/Westf. 1998) 245–275.

Jockenhövel 1995a
A. Jockenhövel, Archäometallurgische Forschungen an der oberen Dill und Dietzhölze (Lahn-Dill-Kreis): Das „Dietzhölztal-Projekt (DHT)". In: B. Pinsker (Hrsg.), Eisenland. Zu den Wurzeln der nassauischen Eisenindustrie (Ausstellungskat. Wiesbaden 1995) 1–14.

Jockenhövel 1995b
A. Jockenhövel, Die „Burg" bei Dietzhölztal-Rittershausen, Lahn-Dill-Kreis – Residenz eines frühkeltischen „Fürsten"? In: B. Pinsker (Hrsg.), Eisenland. Zu den Wurzeln der nassauischen Eisenindustrie (Ausstellungskat. Wiesbaden 1995) 123–141.

Jockenhövel 1997
A. Jockenhövel, Agrargeschichte der Bronzezeit und vorrömischen Eisenzeit (von ca. 2200

v. Chr. bis Christi Geburt). In: J. Lüning/A. Jockenhövel/H. Bender, Deutsche Agrargeschichte. Vor- und Frühgeschichte (Stuttgart 1997) 141–261.

Joffroy 1954
R. Joffroy, Le trésor de Vix (Côte d'Or). Mon. et Mém. Piot 48/1, 1954.

Joffroy 1960
R. Joffroy, L'oppidum de Vix et la civilisation hallstattienne finale dans l'Est de la France. Publ. Univ. Dijon 20 (Paris 1960).

Jorge/Jorge 1983
V. O. Jorge/S. O. Jorge, Nótula preliminar sobre uma nova estátua-menir do Norte de Portugal. Arqueologia H. 7, Juni 1983, 44–47.

Kat. Colmar
Trésors celtes et gaulois. Le Rhin supérieur entre 800 et 50 avant J.-C. (Ausstellungskat. Colmar 1996).

Kat. Frankfurt
Die Picener. Ein Volk Europas (Ausstellungskat. Frankfurt/Main 1999).

Kat. Hallein
Die Kelten in Mitteleuropa. Kultur, Kunst, Wirtschaft (Ausstellungskat. Hallein 1980).

Kat. Locarno
I Leponti tra mito e realità (Ausstellungskat. Locarno 2000).

Kat. Paris
Trésors des princes celtes (Ausstellungskat. Paris 1987).

Kat. Rom
V. Cianfarani (Hrsg.), Antiche civiltà d'Abruzzo (Ausstellungskat. Rom 1969).

Kat. Rosenheim
H. Dannheimer/R. Gebhard (Hrsg.), Das keltische Jahrtausend. Ausstellungskat. Prähist. Staatsslg. München 23[3] (Ausstellungskat. Rosenheim 1993).

Kat. Schleswig
R. Rolle/M. Müller-Wille/K. Schietzel (Hrsg.), Gold der Steppe. Archäologie der Ukraine (Ausstellungskat. Schleswig 1991).

Kat. Stuttgart
Der Keltenfürst von Hochdorf. Methoden und Ergebnisse der Landesarchäologie (Ausstellungskat. Stuttgart 1985).

Kat. Trier
Hundert Meisterwerke keltischer Kunst. Schmuck und Kunsthandwerk zwischen Rhein und Mosel. Schriftenr. Rhein. Landesmus. Trier 7 (Ausstellungskat. Trier 1992).

Kat. Venedig
I Celti – The Celts – Les Celtes (Ausstellungskat. Venedig 1991).

Kat. Wien
Die Kelten in Gallien (Ausstellungskat. Wien 1978).

Kat. Würzburg
Luxusgeschirr keltischer Fürsten. Griechische Keramik nördlich der Alpen. Kat. Mainfränk. Mus. Würzburg (Ausstellungskat. Würzburg 1995).

Kat. Zürich
Die Lepontier – Zwischen Kelten und Etruskern. Grabschätze eines mythischen Alpenvolkes. Collect. Arch. I, 1 (Ausstellungskat. Zürich 2001).

Kilian-Dirlmeier 1969
I. Kilian-Dirlmeier, Studien zur Ornamentik auf Bronzeblechgürteln und Gürtelblechen der Hallstattzeit aus Hallstatt und Bayern. Ber. RGK 50, 1969, 97–189.

Kilian-Dirlmeier 1972
I. Kilian-Dirlmeier, Die hallstattzeitlichen Gürtelbleche und Blechgürtel Mitteleuropas. PBF XII 1 (München 1972).

Kimmig 1962/63
W. Kimmig, Bronzesitulen aus dem Rheinischen Gebirge, Hunsrück-Eifel-Westerwald. Ber. RGK 43/44, 1962/63, 31–106.

Kimmig 1969
W. Kimmig, Zum Problem späthallstättischer Adelssitze. In: K.-H. Otto/J. Herrmann (Hrsg.), Siedlung, Burg und Stadt. Studien zu ihren Anfängen (Festschr. P. Grimm). Dt. Akad. Wiss. Berlin, Schr. Sektion Vor- u. Frühgesch. 25 (Berlin 1969) 95–113.

Kimmig 1983a
W. Kimmig, Die griechische Kolonisation im westlichen Mittelmeergebiet und ihre Wirkung auf die Landschaften des westlichen Mitteleuropa. Jahrb. RGZM 30, 1983, 5–78.

Kimmig 1983b
W. Kimmig, Die Heuneburg an der oberen Donau. Führer arch. Denkmäler Baden-Württemberg 1[2] (Stuttgart 1983).

Kimmig 1983c
W. Kimmig, Das Fürstengrab von Eigenbilzen. Neue Überlegungen zu einem alten Fund. Bull. Mus. Royaux Art et Hist. 54, 1983, 37–53.

Kimmig 1987
W. Kimmig, Eisenzeitliche Grabstelen in Mitteleuropa. Versuch eines Überblicks. Fundber. Baden-Württemberg 12, 1987, 251–297.

Kimmig 1988
W. Kimmig, Das Kleinaspergle. Studien zu einem Fürstengrabhügel der frühen Latènezeit bei Stuttgart. Forsch. u. Ber. Vor- u. Frühgesch. Baden-Württemberg 30 (Stuttgart 1988).

Kimmig 1990
W. Kimmig, Zu einem etruskischen Beckengriff aus Borsdorf in Oberhessen. Arch. Korrbl. 20, 1990, 75–85.

Kimmig/Hell 1965
W. Kimmig/H. Hell, Schätze der Vorzeit (Stuttgart 1965).

Knörzer/Gerlach 1999
K. H. Knörzer/R. Gerlach, Geschichte der Nahrungs- und Nutzpflanzen im Rheinland. In: K. H. Knörzer u. a., Pflanzenspuren. Archäobotanik im Rheinland: Agrarlandschaft und Nutzpflanzen im Wandel der Zeiten. Mat. Bodendenkmalpfl. Rheinland 10 (Köln, Bonn 1999) 67–127.

Körber-Grohne 1985
U. Körber-Grohne, Die biologischen Reste aus dem hallstattzeitlichen Fürstengrab von Hochdorf, Gemeinde Eberdingen (Kreis Ludwigsburg). In: H. Küster/U. Körber-Grohne, Hochdorf I. Forsch. u. Ber. Vor- u. Frühgesch. Baden-Württemberg 19 (Stuttgart 1985) 85–265.

Körber-Grohne 1988
U. Körber-Grohne, Nutzpflanzen in Deutschland. Kulturgeschichte und Biologie (Stuttgart 1988).

Kofler 1885
F. Kofler, Die Glauburg bei Lindheim in Oberhessen. Quartalbl. Hist. Ver. Hessen 1885/4, 9–14.

Kofler 1886
F. Kofler, Vorrömisches, Römisches und Nachrömisches im Großherzogtum Hessen. Quartalbl. Hist. Ver. Hessen 1886, 56–59.

Kofler 1900
F. Kofler, Funde auf und bei der Glauburg. Quartalbl. Hist. Ver. Hessen N. F. 2, 1896–1900, 805 f.

Kossack 1974
G. Kossack, Prunkgräber. Bemerkungen zu Eigenschaften und Aussagewert. In: ders./ G. Ulbert (Hrsg.), Studien zur vor- und frühgeschichtlichen Archäologie (Festschr. J. Werner). Münchner Beitr. Vor- u. Frühgesch. Ergbd. 1, I (München 1974) 3–33.

Krauße 1996
D. Krauße, Hochdorf III. Das Trink- und Speiseservice aus dem späthallstattzeitlichen Fürstengrab von Eberdingen-Hochdorf (Kr. Ludwigsburg). Forsch. u. Ber. Vor- u. Frühgesch. Baden-Württemberg 64 (Stuttgart 1996).

Kreuz 1992/93
A. Kreuz, Frühlatènezeitliche Pflanzenfunde aus Hessen als Spiegel landwirtschaftlicher Gegebenheiten des 5.–4. Jh. v. Chr. Ber. Komm. Arch. Landesforsch. Hessen 2, 1992/93, 147–170.

Kreuz 1994/95
A. Kreuz, Landwirtschaft und ihre ökologischen Grundlagen in den Jahrhunderten um Christi Geburt: Zum Stand der naturwissenschaftlichen Untersuchungen in Hessen. Ber. Komm. Arch. Landesforsch. Hessen 3, 1994/95, 59–91.

Kreuz/Boenke 2000/01
A. Kreuz/N. Boenke, Archäobotanische Untersuchung der eisenzeitlich-keltischen Fundstellen Bad Nauheim-Schwalheim „Leuschnerstraße" und Bad Nauheim „Im Deut", Hessen. Ber. Komm. Arch. Landesforsch. Hessen 6, 2000/01 (2002) 233–256.

Kruta 1983
V. Kruta, Faciès celtiques de la Cisalpine aux IVe et IIIe siècles av. n. è. In: Popoli e facies culturali celtiche a nord e a sud delle Alpi dal V al I secolo a. C. Atti del Colloquio Internaz. Milano, 14–16 novembre 1980 (Milano 1983) 1–15.

Kruta Poppi 1986
L. Kruta Poppi, Epées laténiennes d'Italie Centrale au Musée des Antiquités Nationales. Études Celtiques 23, 1986, 33–46.

Kull/Süß (in Vorbereitung)
B. Kull/L. Süß, Bad Nauheim II (in Vorbereitung).

Kunkel 1926
O. Kunkel, Oberhessens vorgeschichtliche Altertümer (Marburg 1926).

Kunter 1994
M. Kunter, Körper und soziale Umwelt. Mittelalterliche Skelettfunde als sozialbiologische Dokumente. Spiegel der Forschung. Wissmagazin Justus-Liebig-Univ. Gießen 11/1, 1994, 35–37.

Kurz 2000
S. Kurz, Die Heuneburg-Außensiedlung. Befunde und Funde. Forsch. u. Ber. Vor- u. Frühgesch. Baden-Württemberg 72 (Stuttgart 2000).

Kyrieleis 1996
H. Kyrieleis, Der große Kouros von Samos. Samos X (Bonn 1996).

Lang 1994
G. Lang, Quartäre Vegetationsgeschichte Europas. Methoden und Ergebnisse (Jena, Stuttgart, New York 1994).

Lehr 1913
W. Lehr, Prähistorische, germanische Festungsanlagen in Oberhessen. Überall – Illustr. Zeitschr. Heer u. Marine 1913, 321–329.

Lenerz-de Wilde 1977
M. Lenerz-de Wilde, Zirkelornamentik in der Kunst der Laténezeit. Münchner Beitr. Vor- und Frühgesch. 25 (München 1977).

Lenerz-de Wilde 1980
M. Lenerz-de Wilde, Die frühlaténezeitlichen Gürtelhaken mit figuraler Verzierung. Germania 58, 1980, 61–103.

Lescure 1988
B. Lescure, Travaux préliminaires et avant projet muséographique sur la collection du „sanctuaire" de Roquepertuse. Musée d'Archéologie Méditerranéenne – Chateau Borély (Marseille 1988).

Lescure 1995
B. Lescure, Das kelto-ligurische „Heiligtum" von Roquepertuse. In: A. Haffner (Hrsg.), Heiligtümer und Opferkulte der Kelten. Arch. Deutschland Sonderh. (Stuttgart 1995) 75–84.

Loewe 1956
G. Loewe, Fernstraßen der Vorzeit im südwestlichen Vogelsberg. In: Kreis Büdingen. Wesen und Werden Bd. 1 (Büdingen 1956) 129–142.

Lorenz 1978
H. Lorenz, Totenbrauchtum und Tracht. Untersuchung zur regionalen Gliederung in der frühen Laténezeit. Ber. RGK 59, 1978, 1–380.

Mac Cana 1970
P. Mac Cana, Celtic Mythology (London, Sydney, New York, Toronto 1970).

Maier 1985
F. Maier, Das Heidetränk-Oppidum. Führer Hess. Vor- und Frühgesch. 4 (Stuttgart 1985).

Malitz 1983
J. Malitz, Die Historien des Poseidonios. Zetemata 79 (München 1983).

Mallwitz 1995
H. Mallwitz, Ergebnisse experimenteller Archäologie: Zur Herstellungstechnik einer alamannischen Filigrangoldscheibenfibel. In: I. Stork, Fürst und Bauer, Heide und Christ. 10 Jahre archäologische Forschungen in Lauchheim, Ostalbkreis. Arch. Inf. Baden-Württemberg 29 (Stuttgart 1995) 66–71.

Malnati/Manfredi 1991
L. Malnati/V. Manfredi, Gli Etruschi in Val Padana (Milano 1991).

Martini 1990
W. Martini, Die archaische Plastik der Griechen (Darmstadt 1990).

Mauss 1968
M. Mauss, Die Gabe. Form und Funktion des Austausches in archaischen Gesellschaften (Frankfurt/Main 1968).

May o. J.
J. May (Pseudonym Jean Reuneck), Der Glauberg oder Die Wiege der Franken. Leuchtende Blicke aus der Ahnenzeit (Büdingen o. J.).

Megaw 1965/66
J. V. S. Megaw, Two La Tène Finger Rings in the Victoria and Albert Museum, London: an Essay on the Human Face and Early Celtic Art. Prähist. Zeitschr. 43/44, 1965/66, 96–166.

Megaw 1967
J. V. S. Megaw, Ein verzierter Frühlatène-Halsring im Metropolitan Museum of Art, New York. Germania 45, 1967, 59–69.

Megaw 1970
J. V. S. Megaw, Art of the European Iron Age. A Study of the Elusive Image (Bath 1970).

Megaw 1981a
J. V. S. Megaw, Une „volière" celtique: quelques notes sur l'identification des oiseaux dans l'art celtique ancien. Rev. Arch. Est et Centre-Est 32, 1981, 137–143.

Megaw 1981b
J. V. S. Megaw, Zum Stil des bronzenen Knaufbeschlages eines Frühlatèneschwertes von Herzogenburg, NÖ. In: J.-W. Neugebauer, Herzogenburg-Kalkofen. Ein ur- und frühgeschichtlicher Fundplatz im unteren Traisental. Fundber. Österreich Materialh. A 1 (Wien 1981) 39–41.

Megaw/Megaw 1990a
J. V. S. Megaw/M. R. Megaw, The Basse-Yutz Find: Masterpieces of Celtic Art. Reports Research Com. Soc. Ant. London 46 (London 1990).

Megaw/Megaw 1990b
J. V. S. Megaw/M. R. Megaw, „Semper aliquid novum...". Celtic Dragon-Pairs re-reviewed. Acta Arch. Hung. 42, 1990, 55–72.

Megaw/Megaw/Neugebauer 1989
J. V. S. Megaw/M. R. Megaw/J.-W. Neugebauer, Zeugnisse frühlaténezeitlichen Kunsthandwerks aus dem Raum Herzogenburg, Niederösterreich. Germania 67/2, 1989, 477–517.

Megaw/Megaw/Nortmann 1992
J. V. S. Megaw/M. R. Megaw/H. Nortmann, Neue Untersuchungen zum frühlaténezeitlichen Siebtrichter von Hoppstädten. Trierer Zeitschr. 55, 1992, 105–128.

Mladin 1964
J. Mladin, Umjetnički spomenici prahistorijskog Nezakcija (Pula 1964).

Mladin 1977/78
J. Mladin, Geneza čovjeka u likovnim spomenicima iz prapovijesnog Nezakcija. Histria Arch. 8/9, 1977/78 (1995) 5–115.

Möller 1997
Ch. Möller, Zu Wagengräbern mit Situlen der Späthallstatt- und Frühlaténezeit am Mittelrhein. In: H.-H. Wegner (Hrsg.), Berichte zur Archäologie an Mittelrhein und Mosel 5. Trierer Zeitschr. Beih. 23 (Trier 1997) 117–130.

Moosleitner 1985
F. Moosleitner, Die Schnabelkanne vom Dürrnberg. Ein Meisterwerk keltischer Handwerkskunst (Salzburg 1985).

Moosleitner 1987
F. Moosleitner, Arte protoceltica a Salisburgo (Ausstellungskat. Firenze 1987).

Moosleitner/Pauli/Penninger 1974
F. Moosleitner/L. Pauli/E. Penninger, Der Dürrnberg bei Hallein II. Münchner Beitr. Vor- u. Frühgesch. 17 (München 1974).

Moreau 1958
J. Moreau, Die Welt der Kelten. Große Kulturen der Frühzeit (Stuttgart 1958).

Morigi Govi/Vitali 1982
C. Morigi Govi/D. Vitali, Il Museo Civico Archeologico di Bologna (Bologna 1982).

de Mortillet 1870/71
G. de Mortillet, Les Gaulois de Marzabotto dans l'Apennin. Rev. Arch. N. S. 22, 1870/71, 288–290.

Müller (in Vorbereitung)
C. Müller, Zur Archäologie des Glaubergs bei Büdingen (die ursprünglich als Diss. Gießen vergebene Arbeit ist noch nicht abgeschlossen; ein Teilmanuskript 2000 liegt vor).

Nortmann 1991
H. Nortmann, Die eisenzeitlichen Burgwälle des Trierer Landes. In: A. Haffner/A. Miron

(Hrsg.), Studien zur Eisenzeit im Hunsrück-Nahe-Raum (Symposium Birkenfeld 1987). Trierer Zeitschr. Beih. 13 (Trier 1991) 121–140.

Nortmann 1993
H. Nortmann, Die Westflanke des Rheinischen Gebirges bis zum Einsetzen der „Fürstengräber". Ber. RGK 74, 1993, 199–258.

Nortmann 1995
H. Nortmann, Das Ornament der frühlatènezeitlichen Schwertscheide von Siesbach. Trierer Zeitschr. 58, 1995, 161–172.

Nortmann 1997
H. Nortmann, Zur frühlatènezeitlichen Gürtelgarnitur von Hochscheid. In: C. Becker u. a. (Hrsg.), Χρονος. Beiträge zur prähistorischen Archäologie zwischen Nord- und Südosteuropa (Festschr. B. Hänsel). Internat. Arch. Stud. Honoraria 1 (Espelkamp 1997) 711–718.

Nortmann 1998a
H. Nortmann, Zur frühen Toreutik im Rheinland. In: A. Müller-Karpe u. a. (Hrsg.), Studien zur Archäologie der Kelten, Römer und Germanen in Mittel- und Westeuropa (Festschr. A. Haffner). Internat. Arch. Stud. Honoraria 4 (Rahden/Westf. 1998) 449–464.

Nortmann 1998b
H. Nortmann, Die Bronzesitula von Gladbach, Kreis Neuwied. Arch. Korrbl. 28, 1998, 59–67.

Nortmann 1999a
H. Nortmann, Burgen der Hunsrück-Eifel-Kultur. In: A. Jockenhövel (Hrsg.), Ältereisenzeitliches Befestigungswesen zwischen Maas/Mosel und Elbe. Veröff. Altkomm. Westfalen 11 (Münster 1999) 69–80.

Nortmann 1999b
H. Nortmann, Zwei neue Bronzesitulen aus der Eifel. Trierer Zeitschr. 62, 1999, 83–139.

Nortmann/Ehlers 1995
H. Nortmann/S. K. Ehlers, Die frühlatènezeitlichen Grabhügel auf dem „Dreikopf" bei Pellingen, Kreis Trier-Saarburg. Trierer Zeitschr. 58, 1995, 69–142.

Oeftiger 1984
C. Oeftiger, Mehrfachbestattungen im Westhallstattkreis. Zum Problem der Totenfolge. Antiquitas R. 3 Bd. 26 (Bonn 1984).

Pachali 1972
E. Pachali, Die Hallstatt- und Latènezeit. In: Vorgeschichte und römische Zeit zwischen Main und Lahn (Bonn 1972) 51–61.

Pape 2000
J. Pape, Die attische Keramik der Heuneburg und der keramische Südimport in der Zone nördlich der Alpen während der Hallstattzeit. In: W. Kimmig (Hrsg.), Importe und mediterrane Einflüsse auf der Heuneburg. Heuneburgstud. XI = Röm.-Germ. Forsch. 59 (Mainz 2000) 71–175.

Pare 1987
Ch. F. E. Pare, Der Zeremonialwagen der Hallstattzeit: Untersuchungen zu Konstruktion,

Typologie und Kulturbeziehungen. In: F.-E. Barth u. a., Vierrädrige Wagen der Hallstattzeit. RGZM Monogr. 12 (Mainz 1987) 189–248.

Pare 1989
Ch. F. E. Pare, Ein zweites Fürstengrab von Apremont – „La Motte aux Fées" (Arr. Vesoul, Dép. Haute-Saône). Untersuchungen zur Späthallstattkultur im ostfranzösischen Raum. Jahrb. RGZM 36/2, 1989 (1992) 411–472.

Pare 1991
Ch. F. E. Pare, Fürstensitze, Celts and the Mediterranean World. Developments in the West Hallstatt Culture in the 6th and 5th Centuries BC. Proc. Prehist. Soc. 57, 1991, 183–202.

Pare 1992
Ch. Pare, Wagons and Wagon-Graves of the Early Iron Age in Central Europe. Oxford Univ. Com. Arch. Monogr. 35 (Oxford 1992).

Parzinger 1988
H. Parzinger, Chronologie der Späthallstatt- und Frühlatènezeit. Studien zu Fundgruppen zwischen Mosel und Save. Quellen u. Forsch. Prähist. u. Provinzialröm. Arch. 4 (Weinheim 1988).

Pauli 1975
L. Pauli, Keltischer Volksglaube. Amulette und Sonderbestattungen am Dürrnberg bei Hallein und im eisenzeitlichen Mitteleuropa. Münchner Beitr. Vor- und Frühgesch. 28 (München 1975).

Pauli 1978
L. Pauli, Der Dürrnberg bei Hallein III/1. Auswertung der Grabfunde. Münchner Beitr. Vor- u. Frühgesch. 18/1 (München 1978).

Pauli 1993
L. Pauli, Hallstatt- und Frühlatènezeit. In: H. Bender/L. Pauli/I. Stork, Der Münsterberg in Breisach II. Hallstatt- und Latènezeit. Münchner Beitr. Vor- u. Frühgesch. 40 (München 1993) 21–172.

Penninger 1972
E. Penninger, Der Dürrnberg bei Hallein I. Münchner Beitr. Vor- u. Frühgesch. 16 (München 1972).

Pobé/Roubier 1958
M. Pobé/J. Roubier, Kelten – Römer. 1000 Jahre Kunst und Kultur in Gallien (Olten, Freiburg i. Br. 1958).

Polenz 1976
H. Polenz, Die Latènezeit im Kreis Gießen. In: W. Jorns (Hrsg.), Inventar der urgeschichtlichen Geländedenkmäler und Funde des Stadt- und Landkreises Gießen. Mat. Vor- u. Frühgesch. Hessen 1 = Inv. Bodendenkmäler 5 (Frankfurt/Main 1976) 197–224.

Posselt/Zickgraf 1999
M. Posselt/B. Zickgraf, Magnetometer Survey at the Early Latène Barrow at Glauberg, Germany and its Environs. In: J. W. E. Fassbinder/

W. E. Irlinger (Hrsg.), Archaeological Prospection. Third International Conference on Archaeological Prospection, Munich 1999. Bayer. Landesamt Denkmalpfl. Arbeitsh. 108 (München 1999) 75.

Pott 1986
R. Pott, Der pollenanalytische Nachweis extensiver Waldbewirtschaftung in den Haubergen des Siegerlandes. In: K.-E. Behre (Hrsg.), Anthropogenic Indicators in Pollen Diagrams (Rotterdam 1986) 125–134.

Prayon 1998
F. Prayon, Die Anfänge großformatiger Plastik in Etrurien. In: P. Schauer (Hrsg.), Archäologische Untersuchungen zu den Beziehungen zwischen Altitalien und der Zone nordwärts der Alpen während der frühen Eisenzeit Alteuropas (Koll. Regensburg 1994). Regensburger Beitr. Prähist. Arch. 4 (Bonn 1998) 191–207.

Puschi 1905
A. Puschi, La necropoli preromana di Nesazio. Atti e Mem. Soc. Istriana Arch. 21, 1905, 3–202.

Queiroga 1992
F. M. V. R. Queiroga, War and Castros. New approaches to northwestern Portuguese Iron Age (Diss. Oxford 1992).

Raddatz 1978
K. Raddatz, RGA² 3 (1978) 157–171 s. v. Bogen und Pfeil.

Raftery 1988
B. Raftery, Hollow two-piece Metal Rings in La Tène Europe. Marburger Stud. Vor- u. Frühgesch. 11 (Marburg 1988).

Rapin 1999
A. Rapin, L'armement celtique en Europe: chronologie de son évolution technologique du Ve au Ier s. av. J.-C. Gladius 19, 1999, 33–67.

Rapin 2000
A. Rapin, L'équipement militaire de la tombe à char de Bouranton (Aube). Bull. Soc. Arch. Champenoise 93/2, 2000, 13–42.

Rapin 2001
A. Rapin, Un bouclier celtique dans la colonie grecque de Kamarina (Sicile). Germania 79, 2001, 273–296.

Rasshofer 1998
G. Rasshofer, Untersuchungen zu metallzeitlichen Grabstelen in Süddeutschland. Internat. Arch. 48 (Rahden/Westf. 1998).

Reinecke 1902
P. Reinecke, Zur Kenntnis der La Tène-Denkmäler der Zone nordwärts der Alpen. In: Festschr. zur Feier des 50-jährigen Bestehens des Römisch-Germanischen Central-Museums Mainz (Mainz 1902) 53–108.

RGA²
H. Beck u. a. (Hrsg.), Reallexikon der Germanischen Altertumskunde² (Berlin, New York 1973 ff.).

Richter 1934
H. Richter, Der Glauberg (Bericht über die Ausgrabungen 1933–1934). Volk u. Scholle 12, 1934, 289–316.

Richter 1959
H. Richter, Über den Glauberg. Der Vogelsberg. Monatsschr. Vogelsberger Höhen-Club 42/5, 1959, 1–6.

Riek/Hundt 1962
G. Riek/H.-J. Hundt, Der Hohmichele. Ein Fürstengrabhügel der späten Hallstattzeit bei der Heuneburg. Heuneburgstud. I = Röm.-Germ. Forsch. 25 (Berlin 1962).

Rösch 1999
M. Rösch, Evaluation of Honey Residues from Iron Age Hill-top Sites in South-western Germany: Implications for local and regional Land Use and Vegetation Dynamics. Vegetation Hist. and Archaeobotany 8, 1999, 105–112.

Rösing 1977
F. W. Rösing, Methoden und Aussagemöglichkeiten der anthropologischen Leichenbrandbearbeitung. Arch. u. Naturwiss. 1, 1977, 53–80.

Rolland 1968
H. Rolland, Nouvelles fouilles du sanctuaire des Glaniques. Riv. Stud. Liguri 34, 1968 (Omaggio a F. Benoît II) 7–34.

Rolle/Seemann 1999
R. Rolle/H. Seemann, RGA² 13 (1999) 232–240 s. v. Haar- und Barttracht.

Rupp 1998
V. Rupp, Bad Nauheim in vor- und frühgeschichtlicher Zeit. In: Zeit für Bad Nauheim (Bad Nauheim 1998) 8–11.

Schaaff 1971
U. Schaaff, Ein keltisches Fürstengrab von Worms-Herrnsheim. Jahrb. RGZM 18, 1971, 51–117.

Schaaff 1973
U. Schaaff, Frühlatènezeitliche Grabfunde mit Helmen vom Typ Berru. Jahrb. RGZM 20, 1973, 81–106.

Schäfer 1996
M. Schäfer, Pollenanalysen an Mooren des Hohen Vogelsberges (Hessen) – Beiträge zur Vegetationsgeschichte und anthropogenen Nutzung eines Mittelgebirges. Diss. Botanicae 265 (Berlin, Stuttgart 1996).

Schickler 2001
H. Schickler, Heilige Ordnungen. Zu keltischen Funden im Württembergischen Landesmuseum (Stuttgart 2001).

von Schlechtendal/Hallier 1882
D. F. L. von Schlechtendal/E. Hallier, Flora von Deutschland Bd. 10⁵ (Gera 1882).

Schlott 1999
Ch. Schlott, Zum Ende des spätlatènezeitlichen Oppidum auf dem Dünsberg (Gem. Biebertal-Fellingshausen, Kreis Gießen, Hessen). Forsch. Dünsberg 2 (Montagnac 1999).

Schmid-Sikimic 2000
B. Schmid-Sikimic, Edelkoralle in der Adria. Zur Frage der Korallenfischerei und des Korallenhandels in der Eisenzeit. In: J.-P. Morel/C. Rondi Costanzo/D. Ugolini (Hrsg.), Corallo di ieri, Corallo di oggi. Scienze e materiali del patrimonio culturale 5 (Bari 2000) 147–158.

Schönfelder 1998
M. Schönfelder, Männer mit goldenen Ohrringen. Zu insignienhaften Gegenständen in der späten Hallstatt- und frühen Latènekultur. Arch. Korrbl. 28, 1998, 403–422.

Schönfelder 1999
M. Schönfelder, Knöpfe an Schuhen der Frühlatènezeit. Arch. Korrbl. 29, 1999, 537–552.

Schumacher 1921
K. Schumacher, Siedelungs- und Kulturgeschichte der Rheinlande. 1. Die vorrömische Zeit (Mainz 1921).

Schwappach 1969
F. Schwappach, Stempelverzierte Keramik aus Armorica. In: O.-H. Frey (Hrsg.), Marburger Beiträge zur Archäologie der Kelten (Festschr. W. Dehn). Fundber. Hessen Beih. 1 (Wiesbaden 1969) 213–287.

Schwappach 1973
F. Schwappach, Frühkeltisches Ornament zwischen Marne, Rhein und Moldau. Bonner Jahrb. 173, 1973, 53–111.

Schwappach 1974
F. Schwappach, Zu einigen Tierdarstellungen der Frühlatènekunst. Hamburger Beitr. Arch. 4, 1974, 103–140.

Scollar u. a. 1990
I. Scollar/A. Tabbagh/A. Hesse/I. Herzog, Archaeological Prospecting and Remote Sensing. Topics in Remote Sensing 2 (Cambridge 1990).

Seidel 1994/95
M. Seidel, Die jüngere Latènezeit und ältere Römische Kaiserzeit in der Wetterau. Fundber. Hessen 34/35, 1994/95 (2000).

Sievers 1982
S. Sievers, Die mitteleuropäischen Hallstattdolche. PBF VI 6 (München 1982).

Silva 1986
A. C. F. da Silva, A cultura castreja no noroeste de Portugal (Paços de Ferreira 1986).

Simons 1993
A. Simons, Wirtschafts- und Siedlungsweisen in der Bronze- und Eisenzeit des Rheinlandes. Archaeo-Physika 13 (Köln, Bonn 1993) 63–73.

Snodgrass 1984
A. M. Snodgrass, Wehr und Waffen im antiken Griechenland. Kulturgesch. Ant. Welt 20 (Mainz 1984).

Sotheby's 1992
Sotheby's Catalogue: Greek, Roman, Egyptian and Western Asiatic Antiquities. Auction New York, 17. December 1992, Lot 68.

de Sousa 1996
O. C. F. de Sousa, Estatuária antropomórfica pré- e proto-histórica do Norte de Portugal (Ungedr. Magisterarbeit Porto 1996).

Speier 1994
M. Speier, Vegetationskundliche und paläoökologische Untersuchungen zur Rekonstruktion prähistorischer Landnutzungen im südlichen Rothaargebirge. Abhandl. Westfälisches Mus. Naturkde. 56, H. 3/4, 1994, 3–174.

Spindler 1971–1980
K. Spindler, Magdalenenberg. Der hallstattzeitliche Fürstengrabhügel bei Villingen im Schwarzwald I–VI (Villingen 1971–1980).

Spindler 1996
K. Spindler, Die frühen Kelten³ (Stuttgart 1996).

Spindler 1999
K. Spindler, Der Magdalenenberg bei Villingen. Ein Fürstengrabhügel des 7. vorchristlichen Jahrhunderts. Führer arch. Denkmäler Baden-Württemberg 5² (Stuttgart 1999).

Stary 1997
P. F. Stary, Anthropoide Stelen im früheisenzeitlichen Grabkult. Kleine Schr. Vorgesch. Seminar Marburg 47 (Marburg 1997).

Stika 1999
H.-P. Stika, Approaches to Reconstruction of Early Celtic Land-Use in the Central Neckar Region in Southwestern Germany. Vegetation and Hist. Archaeobotany 8, 1999, 95–103.

Stobbe 1995
A. Stobbe, Ein subatlantisches Pollenprofil aus der Horloffaue bei Unter-Widdersheim/Wetterau. Ber. Komm. Arch. Landesforsch. Hessen 3, 1995, 175–190.

Stobbe 1996
A. Stobbe, Die holozäne Vegetationsgeschichte der nördlichen Wetterau – paläoökologische Untersuchungen unter besonderer Berücksichtigung anthropogener Einflüsse. Diss. Botanicae 260 (Berlin, Stuttgart 1996).

Stobbe 2000
A. Stobbe, Die Vegetationsentwicklung in der Wetterau und im Lahntal (Hessen) in den Jahrhunderten um Christi Geburt. Ein Vergleich der palynologischen Ergebnisse. In: A. Haffner/S. von Schnurbein (Hrsg.), Kelten, Germanen, Römer im Mittelgebirgsraum zwischen Luxemburg und Thüringen. Akten des Internat. Koll. zum DFG-Schwerpunktprogramm „Romanisierung" vom 28. bis 30. September 1998 in Trier. Koll. Vor- u. Frühgesch. 5 (Bonn 2000) 201–219.

Stobbe/Kalis 2001
A. Stobbe/A. J. Kalis, Vegetation und Landschaft der Wetterau zu Lebzeiten des Glaubergfürsten. In: S. Hansen/V. Pingel (Hrsg.), Archäologie in Hessen. Neue Funde und Befunde (Festschr. F.-R. Herrmann). Internat. Arch. Stud. Honoraria 13 (Rahden/Westf. 2001) 119–125.

Szabò 1979
M. Szabò, La Gaule et les Celtes orientaux. In: P.-M. Duval/V. Kruta (Hrsg.), Les mouvements celtiques du Vᵉ au Iᵉʳ siècle avant notre ère. Actes de XXVIIIᵉ Colloque du IXᵉ Congrès Internat. UISPP Nice 1976 (Paris 1979) 161–169.

Thill 1972
G. Thill, Frühlatènezeitlicher Fürstengrabhügel bei Altrier. Hémecht 24/4, 1972, 487–498.

Tinè 1976
F. u. S. Tinè, I riti funerari in Puglia nell' Età del Ferro. In: Jadranska obala u protohistoriji. Simpozij održan u Dubrovniku, 19.–23. 10. 1972 (Zagreb 1976) 265–272.

Tomaschitz 2002
K. Tomaschitz, Die Wanderungen der Kelten in der antiken literarischen Überlieferung. Mitt. Prähist. Komm. Österr. Akad. 47 (Wien 2002).

Torbrügge/Uenze 1968
W. Torbrügge/H. P. Uenze, Bilder zur Vorgeschichte Bayerns (Konstanz, Lindau, Stuttgart 1968).

Trotter 1970
M. Trotter, Estimation of Stature from intact long Limb Bones. In: T. D. Stewart (Hrsg.), Personal Identification in Mass Disasters (Washington 1970) 71–83.

Ulbrich 1999
A. Ulbrich, Die Restaurierung einer frühkeltischen Fibel aus dem Fürstengrabhügel am Glauberg. Denkmalpfl. u. Kulturgesch. H. 1, 1999, 56–58.

Verse 1995
F. Verse, Die „Burg" bei Dietzhölztal-Rittershausen, Lahn-Dill-Kreis. In: B. Pinsker (Hrsg.), Eisenland. Zu den Wurzeln der nassauischen Eisenindustrie (Ausstellungskat. Wiesbaden 1995) 99–122.

Villard 1992
F. Villard, La céramique archaïque de Marseille. In: M. Bats u. a. (Hrsg.), Marseille grecque et la Gaule. Actes du Colloque Internat. d'Histoire et d'Archéologie et du Vᵉ Congrès Archéologique de Gaule méridionale, Marseille 18–23 novembre 1990. Études massaliètes 3 (Lattes, Aix-en-Provence 1992) 163–170.

Vitali 1992
D. Vitali, Tombe e necropoli galliche di Bologna e territorio (Bologna 1992).

Vorlauf 1997
D. Vorlauf, Die etruskischen Bronzeschnabelkannen. Eine Untersuchung anhand der technologisch-typologischen Methode. Internat. Arch. 11 (Espelkamp 1997).

Vouga 1923
P. Vouga, La Tène (Leipzig 1923).

de Vries 1961
J. de Vries, Keltische Religion (Stuttgart 1961).

Wagner 1890
H. Wagner, Kunstdenkmäler im Großherzogtum Hessen. C. Oberhessen. Kreis Büdingen (Darmstadt 1890).

Wegner 1989
H.-H. Wegner, Die latènezeitlichen Funde vom Christenberg bei Münchhausen, Kreis Marburg-Biedenkopf. Mat. Vor- u. Frühgesch. Hessen 6 (Wiesbaden 1989).

Welcker 1928
R. Welcker, Die Glauburg. Heimatbl. Stadt u. Kreis Büdingen 1928, Nr. 1, 2, 4.

Wiesenthal 1936
G. Wiesenthal, Die alten Namen der Gemarkung Glauberg. Hess. Flurnamenbuch Bd. 3, H. 12 (Gießen 1936).

Wiesenthal 1937
G. Wiesenthal, Ein alter Grabungsbericht vom Glauberg. Volk u. Scholle 15, 1937, 212–214.

Wolters 1983
J. Wolters, Die Granulation. Geschichte und Technik einer alten Goldschmiedekunst (München 1983).

Zickgraf 1999
B. Zickgraf, Geomagnetische und geoelektrische Prospektion in der Archäologie. Systematik – Geschichte – Anwendung. Internat. Arch. Naturwiss. u. Technologie 2 (Rhaden/Westf. 1999).

Zürn 1970
H. Zürn, Hallstattforschungen in Nordwürttemberg. Die Grabhügel von Asperg (Kr. Ludwigsburg), Hirschlanden (Kr. Leonberg) und Mühlacker (Kr. Vaihingen). Veröff. Staatl. Amt Denkmalpfl. Stuttgart A 16 (Stuttgart 1970).

Zürn 1987
H. Zürn, Hallstattzeitliche Grabfunde in Württemberg und Hohenzollern. Forsch. u. Ber. Vor- u. Frühgesch. Baden-Württemberg 25 (Stuttgart 1987).

GLOSSAR

Achsnagel
Achsvorstecker, der das Rad auf der Achse fixiert.

Akkulturation
Übernahme von Elementen einer fremden Kultur durch Einzelpersonen, Gruppen, Schichten oder die ganze Gesellschaft.

Akroter
in der griechischen Baukunst plastischer Schmuck über First und Ecken des Giebels.

Amphore
zweihenkliges Vorrats- und Transportgefäß.

Annex
Anbau, Anhängsel.

anthropogen
durch den Menschen verursacht.

anthropoid
menschenähnlich.

Anthropologie
die prähistorische A. beschäftigt sich mit der biologischen Rekonstruktion früherer Bevölkerungen anhand von menschlichem Skelettmaterial; sie analysiert Sterblichkeitsverhältnisse, Krankheitsbelastung, Ernährungsbedingungen sowie ethnohistorische Beziehungen aufgrund von Messungen am Schädel und der Bestimmung seltener anatomischer Merkmale.

anthropomorph
menschengestaltig.

antithetisch
sich gegenüberstehend.

apotropäisch
Unheil abwehrend.

Applike
flaches oder rundplastisches Relief, das auf einem anderen Untergrund angebracht wurde, vor allem an Gefäßen.

Arboretum
Parkanlage mit einem ausgesuchten Bestand verschiedenartiger Baum- und Straucharten zu deren wissenschaftlicher Beobachtung.

Architrav
auf Säulen ruhender Tragebalken.

Attasche
Ansatzplatte für Henkel oder Griffe am Körper von Metallgefäßen, ornamental oder figürlich gestaltet.

Barbariké
die von nicht griechischen Völkern („Barbaren") bewohnte Welt.

Bucchero nero
schwarze, glänzend polierte Keramik aus Etrurien.

14C-Datierung
Verfahren zur absoluten Altersbestimmung organischer Reste anhand der Zerfallszeit des schwach radioaktiven Kohlenstoffisotops 14C.

Chronologie
zeitliche Abfolge bestimmter Kulturerscheinungen; relative und/oder absolute Zeitstellung bestimmter Entwicklungen oder Objekte.

Dendrochronologie
Verfahren zur absoluten Altersbestimmung antiker Hölzer durch Ausmessung der Jahrringe.

Diaphyse
der die Markhöhle enthaltende Mittelteil der Röhrenknochen zwischen den beiden Epiphysen (Endstücke der Röhrenknochen).

Eierstab
ursprünglich eine Zierleiste der antiken Architektur, bestehend aus abwechselnd eiförmigen und pfeilspitzartigen Gebilden.

Erosion
Erdabtragung durch Wasser, Eis oder Wind.

Femur
Oberschenkelknochen des Menschen.

Fibel
Gewandspange in der Art der heutigen Sicherheitsnadel.

Fragment
Bruchstück.

Galater
griechischer Name der Kelten in Kleinasien.

Genotyp
Gesamtheit der Erbfaktoren eines Lebewesens.

Golasecca-Kultur
eisenzeitliche Kulturgruppe (ca. 8.–4. Jh. v. Chr.), verbreitet in der Südschweiz und in Norditalien mit Schwerpunkt in der Gegend von Como.

Hallstatt
bedeutender Fundort im österreichischen Salzkammergut, namengebend für die ältere Eisenzeit in Mitteleuropa (Hallstattzeit, ca. 750–480 v. Chr.).

Heroen
Halbgötter, kultisch verehrte Stammväter der Geschlechter, heldenhafte Kämpfer, Städtegründer und Kulturbringer.

Hydria
Wassergefäß mit einem senkrechten und zwei waagrechten Henkeln.

Humerus
Oberarmknochen des Menschen.

Hydrolyse
Spaltung chemischer Verbindungen durch Wasser.

Ikonografie
Beschreibung und Erklärung von Bildern.

in situ
in ursprünglicher Lage.

intravital
zu Lebzeiten.

ithyphallisch
mit erigiertem Glied.

Janus
römischer Schutzgott des Ein- und Ausgangs, mit zwei in entgegengesetzte Richtungen blickenden Gesichtern dargestellt (Januskopf).

Kalotte
Schädeldach.

Kantharos
griechischer Becher mit zwei hochgezogenen Henkeln.

Kardiophylax
Herzpanzer.

Keltiké
die von keltischen Stämmen bewohnte Welt.

Kratér
Gefäß mit weiter Mündung zum Mischen von Wein und Wasser.

La Tène
bedeutender Fundort am Neuenburger See in der Schweiz, namengebend für die jüngere Eisenzeit in Mitteleuropa (Latènezeit, ca. 480–15 v. Chr.).

Lotos
Seerosenart, zum Ornament stilisiert.

Lusitaner
antikes Volk im Gebiet des heutigen Portugal.

Mäander
aus einer rechtwinklig gebrochenen fortlaufenden Linie gebildetes Ornament, benannt nach einem Fluss in Kleinasien.

Mänaden
ekstatische Frauen im Gefolge des griechischen Gottes Dionysos.

mediterran
zum Mittelmeerraum gehörig.

Meseta
inneres Hochland der Iberischen Halbinsel.

Metallurgie
Wissenschaft von der Gewinnung und Verarbeitung der Metalle.

Nekropole
Gräberfeld.

Neolithikum
Jungsteinzeit.

Oppidum
befestigte, stadtartige Siedlung spätkeltischer Zeit (2./1. Jahrhundert v. Chr.).

Ortband
unterster Beschlag der Schwertscheide.

Palisade
Pfostenzaun.

Palmette
palmblattähnliches, fächerförmiges, aus einzelnen Blättern gebildetes Ornament.

Pelte
Mondsichelförmiges Motiv.

Periode
Zeitabschnitt, gekennzeichnet durch bestimmte historische Entwicklungen oder die Verwendung bestimmter Objekte.

Phalere
Zierscheibe aus Metall.

Picenum
Region im östlichen Mittelitalien.

Pollenanalyse
Methode der Paläobotanik zur Bestimmung der Flora der erdgeschichtlich jüngeren Vegetationsperioden aus Pollenkörnern. Die prozentualen Anteile der Pollen einzelner Pflanzenarten werden in Pollendiagrammen zusammengefasst.

Pollendiagramm
siehe unter Pollenanalyse.

polychrom
vielfarbig.

Portikus
Säulenhalle.

Protome
Oberteil von menschlichen oder tierischen Körpern, als Schmuck an Gefäßen, Geräten oder Bauwerken.

Punze
Stahlstäbchen zum Einschlagen von Mustern (punzieren), vor allem in Metall, aber auch in Leder und Holz.

Radiokarbon-Methode
siehe unter 14C-Datierung.

Radius
Unterarmknochen des Menschen.

Reflexbogen
Bogentyp, bei dem sich die Bogenenden im entspannten Zustand zum Ziel hin krümmen.

Rippenziste
zylindrisches, eimerartiges Metallgefäß mit horizontal gerippter Wandung.

Ruderalpflanze
Pflanze, die auf stickstoffreichen Schuttplätzen gedeiht.

Satyr
Fruchtbarkeitsdämon im Gefolge des griechischen Gottes Dionysos, menschlich gestaltete ithyphallische Wesen mit Pferdeohren, -schwanz und –hufen.

Sedimentation
Ablagerung von Verwitterungsprodukten der Erdkruste, organischen Substanzen und chemischen Ausscheidungen

Silen
im griechischen Mythos Mischwesen aus Pferd und Mensch, Naturdämon der Fruchtbarkeit.

Situla
eimerförmiges Gefäß, aus Bronzeblech zusammengenietet.

Situlenkunst
in Treibtechnik ausgeführte Relieffriese auf Bronzegefäßen (Situlen) und Gürtelblechen in Oberitalien, Slowenien und im Ostalpenraum; dargestellt sind überwiegend festliche Szenen der Adelsschicht.

Sphinx
Mischwesen mit Frauenkopf und geflügeltem Löwenkörper.

Spolien
aus anderen Bauten wiederverwendete Bauteile.

Stamnos
Weinbehälter mit niedrigem Hals und zwei Horizontalhenkeln.

Stele
senkrecht im Boden stehende Steinplatte, in der Antike meist als Grabstein (Grabstele) verwendet.

Stratigrafie
Abfolge von Kulturschichten und anderer Ablagerungen, bildet die sicherste Grundlage der relativen Chronologie.

terminus post/ante quem
Zeitpunkt, nach bzw. vor dem etwas zeitlich einzuordnen ist.

Tibia
Schienbeinknochen des Menschen.

tordiert
schraubenförmig gedreht.

Toreutik
Treibarbeit bei Metallen.

Torques
Halsring der Kelten, aus Bronze oder Edelmetall, meist mit Pufferenden.

Torso
unvollständig erhaltene Statue.

Transzendenz
das jenseits aller sinnlichen Erfahrung Liegende, z.B. das Absolute, Göttliche.

Tumulus
Grabhügel.

Ulna
Unterarmknochen des Menschen.

Urnenfelderzeit
Endabschnitt der Bronzezeit (ca. 1200–750 v. Chr.), charakterisiert durch Brandbestattungen.

Volute
Ornament, spiralförmige Endeinrollung, häufig beidseitig, gleich- oder gegenläufig.

Widerristhöhe
bei Säugetieren die Höhe vom Boden bis zum höchsten Punkt der Schulter.

Ziselieren
das Einarbeiten von Mustern und Ornamenten in polierte Metallflächen mit Meißel, Stichel, Punzen u. ä.

Ziste
siehe unter Rippenziste.

zoomorph
tiergestaltig.

AUTORENVERZEICHNIS

Dr. Holger Baitinger, Hessische Kultur GmbH, Wiesbaden.

Antja Bartel, Bayerisches Landesamt für Denkmalpflege, Außenstelle Oberfranken (Schloß Seehof), Memmelsdorf.

Claus Bergmann M.A., Mainz.

Frank Bodis, Landesamt für Denkmalpflege Hessen, Abt. Archäologische und Paläontologische Denkmalpflege, Wiesbaden.

Monica Bosinski, Landesamt für Denkmalpflege Hessen, Abt. Archäologische und Paläontologische Denkmalpflege, Wiesbaden.

Norbert Buthmann M.A., Posselt & Zickgraf Prospektionen GbR, Marburg.

Dr. Anne Cahen-Delhaye, Musées Royaux d'Art et d'Histoire Bruxelles, Belgien.

Dr. Bruno Chaume, Chercheur associé UMR 5594, Dijon, Frankreich.

Jean-Louis Coudrot, Musée du Châtillonnais, Châtillon-sur-Seine, Frankreich.

Dominique Darde, Musée Archéologique de Nîmes, Frankreich.

Dr. Klaus Eckerle, Badisches Landesmuseum Karlsruhe.

Dr. Anna Maria Esposito, Soprintendenza Archeologica per la Toscana, Firenze, Italien.

Dr. Horst Fehr, Mainz.

Thomas Flügen, Landesamt für Denkmalpflege Hessen, Abt. Archäologische und Paläontologische Denkmalpflege, Wiesbaden.

Jean-Claude Fontan, Cloître de la Cathédrale, Centre des Monuments Nationaux, Fréjus, Frankreich.

Prof. Dr. Otto-Herman Frey, Marburg.

Renate Frölich, Landesamt für Denkmalpflege Hessen, Abt. Archäologische und Paläontologische Denkmalpflege, Wiesbaden.

Dr. habil. Rupert Gebhard, Archäologische Staatssammlung München.

Susanne Geilenkeuser, Landesamt für Denkmalpflege Hessen, Abt. Archäologische und Paläontologische Denkmalpflege, Wiesbaden.

Nora Hantsch, Anthropologisches Institut der Justus-Liebig-Universität Gießen.

Dr. Fritz-Rudolf Herrmann, Bockenau.

Franz Herzig, Bayerisches Landesamt für Denkmalpflege, Labor für Dendroarchäologie, Thierhaupten.

Prof. Dr. Martin Höck, Universidade da Beira Interior, Covilhã, Portugal.

Prof. Dr. Hans-Eckart Joachim, Rheinisches Landesmuseum Bonn.

Dr. Arie J. Kalis, Seminar für Vor- und Frühgeschichte der Johann Wolfgang Goethe-Universität Frankfurt/Main, Labor für Archäobotanik.

Mgr. Zuzana Karasová, Narodní Muzeum Praha, Abt. Ur- und Frühgeschichte, Tschechische Republik.

Dr. Anton Kern, Prähistorische Abteilung des Naturhistorischen Museums Wien, Österreich.

Dr. Alexander Koch, Schweizerisches Landesmuseum, Zürich, Schweiz.

Dr. Angela Kreuz, Institut der Kommission für Archäologische Landesforschung in Hessen e.V., Wiesbaden.

Prof. Dr. Manfred Kunter, Anthropologisches Institut der Justus-Liebig-Universität Gießen.

Dr. Brigitte Lescure, Musée d'Archéologie méditerrannéenne Marseille, Frankreich.

Simone Lier, Anthropologisches Institut der Justus-Liebig-Universität Gießen.

Sigrun Martins, Museum für Vor- und Frühgeschichte – Archäologisches Museum, Frankfurt/Main.

Dr. habil. Dirce Marzoli, Württembergisches Landesmuseum Stuttgart.

Dr. Kristina Mihovilić, Arheološki Musej Istre, Pula, Kroatien.

Dr. André Miron, Museum für Vor- und Frühgeschichte Saarbrücken.

Dr. Hans Nortmann, Rheinisches Landesmuseum Trier.

Dr. Bernhard Pinsker, Hessisches Landesmuseum Darmstadt.

Martin Posselt M.A., Posselt & Zickgraf Prospektionen GbR, Mühltal-Traisa.

André Rapin, Institut de Restauration et de Recherches Archéologiques et Palaeometallurgiques, Compiègne, Frankreich.

Prof. Dr. Hartmann Reim, Landesdenkmalamt Baden-Württemberg, Abt. Archäologische Denkmalpflege, Außenstelle Tübingen.

Dr. Walter Reinhard, Staatliches Konservatoramt Saarbrücken.

Univ.-Doz. Dr. Manfred Rösch, Landesdenkmalamt Baden-Württemberg, Abt. Archäologische Denkmalpflege, Arbeitsstelle Hemmenhofen, Labor für Archäobotanik.

Dr. Vera Rupp, Archäologische Denkmalpflege des Wetteraukreises, Friedberg.

Andreas Schäfer M. Phil., Vorgeschichtliches Seminar der Philipps-Universität Marburg.

Prof. Dr. Egon Schallmayer, Landesamt für Denkmalpflege Hessen, Abt. Archäologische und Paläontologische Denkmalpflege, Wiesbaden.

Dr. Lothar Sperber, Historisches Museum der Pfalz, Speyer.

Dr. Dirk Steuernagel, Archäologisches Institut der Johann Wolfgang Goethe-Universität Frankfurt/Main.

Dr. Thomas Stöllner, Institut für Montanarchäologie, Deutsches Bergbaumuseum Bochum.

Dr. Astrid Stobbe, Seminar für Vor- und Frühgeschichte der Johann Wolfgang Goethe-Universität Frankfurt/Main, Labor für Archäobotanik.

Angelika Ulbrich, Landesamt für Denkmalpflege Hessen, Abt. Archäologische und Paläontologische Denkmalpflege, Wiesbaden.

Jeanette Warnke, Landesamt für Denkmalpflege Hessen, Abt. Archäologische und Paläontologische Denkmalpflege, Wiesbaden.

Karl Weber, Hessische Kultur GmbH, Wiesbaden.

Peter Will, Reiss-Engelhorn-Museen, Mannheim.

Mag. Kurt W. Zeller, Keltenmuseum Hallein, Österreich.

Benno Zickgraf M.A., Posselt & Zickgraf Prospektionen GbR, Marburg.

ABBILDUNGSNACHWEISE

LfDH=Landesamt für Denkmalpflege Hessen, Abt. Archäologische und Paläontologische Denkmalpflege, Wiesbaden.

ABB. 1: Stadtarchiv Villingen-Schwenningen.

ABB. 2–4; 7–9; 159; 192: Landesdenkmalamt Baden-Württemberg, Abt. Archäologische Denkmalpflege, Stuttgart.

ABB. 5: Freilichtmuseum Keltischer Fürstensitz Heuneburg, Herbertingen-Hundersingen.

ABB. 6: New Cat Orange nach Biel 1985, 19 ABB. 9.

ABB. 10; 11; 327: Musée du Châtillonnais, Châtillon-sur-Seine (Côte d'Or).

ABB. 12; 15; 19; 24; 332: Rheinisches Landesmuseum Trier.

ABB. 13; 14: New Cat Orange, Entwurf H. Nortmann.

ABB. 16–18; 21; 144; 145; 355; 356: Rheinisches Landesmuseum Trier. Fotos: Th. Zühmer.

ABB. 20: nach Joachim 1989 ABB. 7.

ABB. 22: nach Thill 1972 ABB. 5,1–2.

ABB. 23: nach Haffner 1976 Taf.15,1.

ABB. 25: New Cat Orange nach Kat. Hallein, 31 Abb.

ABB. 26: Soprintendenza Archeologica per le Marche, Ancona, Foto: Laboratorio de Angelis.

ABB. 27: Archäologisches Seminar der Philipps-Universität Marburg (nach Foto Alinari).

ABB. 28: New Cat Orange nach Frey 1995, 516 ABB. 27.1.

ABB. 29: New Cat Orange nach Herrmann/Frey 1996, 61 ABB. 66.

ABB. 30; 142; 179; 339–341: Historisches Museum der Pfalz, Speyer. Fotos: K. Diehl.

ABB. 31: New Cat Orange nach M. Egg, Jahrb. RGZM 32, 1985, 358 ABB. 28.

ABB. 32: New Cat Orange nach Frey 1995, 522 ABB. 27.3.

ABB. 33; 364: Rätisches Museum Chur.

ABB. 34; 329; 346: Schweizerisches Landesmuseum, Zürich.

ABB. 35; 77; 78: LfDH.

ABB. 36; 285; 289; 363: Hessisches Landesmuseum Darmstadt. Fotos: W. Fuhrmannek.

ABB. 37; 263: Römisch-Germanisches Zentralmuseum Mainz. Fotos: S. Hölper.

ABB. 38; 42–46; 156; 264–268; 283; 287; 288; 290; 367: Museum Wiesbaden, Sammlung Nassauischer Altertümer. Fotos: E. Restle.

ABB. 39; 274–277; 279: Museum Hanau, Schloss Philippsruhe – Hanauer Geschichtsverein 1844 e.V.

ABB. 40: Museum Hanau, Schloss Philippsruhe – Hanauer Geschichtsverein 1844 e.V. Foto: Ph. M. Pfahler, Frankfurt/Main.

ABB. 41: New Cat Orange, Entwurf B. Pinsker.

ABB. 47: Historisch-Archäologisches Forschungszentrum Lejre, Dänemark, mit frdl. Genehmigung M. Nicolajsen.

ABB. 48; 52 links: A. Kreuz.

ABB. 49: nach Haffner 1989b ABB. 4.

ABB. 50; 52 rechts; 53; 54: A. Kreuz/H. von Schlieben.

ABB. 51: A. Kreuz/E. Schäfer.

ABB. 55; 59; 61; 68: LfDH, Kartographie K. Schmid, Aschheim.

ABB. 56; 60: O. Braasch, Landshut.

ABB. 57: Glaubergmuseum Glauburg, Nachlass H. Richter.

ABB. 58; 66: LfDH. Fotos: N. Fischer.

ABB. 62: LfDH. Foto: A. Striffler.

ABB. 63: LfDH. Zeichnung B. Kaletsch nach Vorlagen von Th. Flügen, R. Frölich und P. Will.

ABB. 64; 69: LfDH. Fotos: R. Klausmann.

ABB. 65: LfDH. Zeichnung B. Kaletsch nach Vorlagen von M. Bosinski und S. Martins.

ABB. 67: LfDH. Zeichnung B. Kaletsch nach Vorlagen von A. Ulbrich.

ABB. 70; 71; 139; 151; 233–250; 254–262; 286: LfDH. Fotos: U. Seitz-Gray.

ABB. 72; 75: Posselt & Zickgraf Prospektionen GbR im Auftrag des LfDH.

ABB. 73; 74: Posselt & Zickgraf Prospektionen GbR.

ABB. 76; 79; 80: M. Kunter.

ABB. 81: New Cat Orange, Entwurf M. Rösch.

ABB. 82 links: M. Rösch.

ABB. 82 rechts: nach von Schlechtendal/Hallier 1882.

ABB. 83: New Cat Orange nach Herrmann/Frey 1996, 47 ABB. 54 mit Ergänzungen.

ABB. 84: A. Stobbe.

ABB. 85–88: A. Stobbe/A. J. Kalis.

ABB. 89; 90: G. Lanz nach Entwürfen von A. Stobbe/A. J. Kalis.

ABB. 91: LfDH. Foto: A. Striffler.

ABB. 92; 112: LfDH. Fotos: F. Bodis.

ABB. 93; 110; 111: LfDH. Fotos: P. Will.

ABB. 94–96: LfDH. Fotos: S. Geilenkeuser.

ABB. 97; 103; 116; 121: LfDH. Zeichnungen B. Kaletsch nach Vorlagen von M. Bosinski.

ABB. 98: LfDH. Zeichnung B. von Bertrab nach Vorlage von M. Bosinski.

ABB. 99–101: LfDH. Fotos: M. Bosinski.

ABB. 102: LfDH. Zeichnung B. von Bertrab.

ABB. 104; 105: LfDH. Zeichnungen B. Kaletsch nach Vorlagen von S. Martins.

ABB. 106; 109; 251–253: LfDH. Fotos: S. Martins.

ABB. 107; 122: LfDH. Zeichnungen B. Kaletsch.

ABB. 108; 117: Museum für Vor- und Frühgeschichte – Archäologisches Museum, Frankfurt/Main. Fotos: M. Piehl.

ABB. 113; 123; 125; 127: LfDH. Zeichnungen B. Kaletsch nach Vorlagen von Th. Flügen.

ABB. 114; 115; 124; 126; 128; 129: LfDH. Fotos: Th. Flügen.

ABB. 118; 130: LfDH. Zeichnung B. Kaletsch nach Vorlagen von R. Frölich.

ABB. 119; 120; 131: LfDH. Fotos: R. Frölich.

ABB. 132–134: Zeichnungen H. Voß nach Vorlagen von A. Bartel, Fotos: E. Lantz.

ABB. 135–137: A. Bartel.

ABB. 138: F. Herzig.

ABB. 140; 147; 334; 335: Museum für Vor- und Frühgeschichte Saarbrücken.

ABB. 141: Württembergisches Landesmuseum Stuttgart. Foto: P. Frankenstein; H. Zwietasch.

ABB. 143; 292: Germanisches Nationalmuseum Nürnberg.

ABB. 146: K.W.Zeller, Keltenmuseum Hallein.

ABB. 148: Staatliche Museen zu Berlin, Museum für Vor- und Frühgeschichte. Foto: C. Plamp.

ABB.149: New Cat Orange nach Herrmann/Frey 1996, 59 ABB.64.

ABB.150: New Cat Orange nach Herrmann/Frey 1996, 68 ABB. 77.

ABB. 152: M. Krause, Vorgeschichtliches Seminar der Philipps-Universität Marburg.

ABB. 153: Historisches Museum der Pfalz, Speyer. Foto: Gartenmeier.

ABB. 154; 187 links; 200; 336; 337; 342–345: Rheinisches Landesmuseum Bonn.

ABB. 155; 177; 178; 181; 184; 293–295; 297; 319; 323: Keltenmuseum Hallein.

ABB. 157: O.-H.Frey.

ABB. 158: nach von Hase 1973 Taf. 9,3.

ABB. 160: nach Penninger 1972 Taf. 46.

ABB. 161: nach Kat. Trier 22 ABB. 8.

ABB. 162: Mus. Města Prahy, Praha.

ABB. 163: Antikensammlung, Staatliche Museen zu Berlin – Preussischer Kulturbesitz. Foto: I. Geske.

ABB. 164: nach Frey 1971b, 87 ABB. 2.

ABB. 165; 338: Musées Royaux d'Art et d'Histoire, Bruxelles.

ABB. 166,1–3: nach Kat. Trier 21 ABB. 6,4; 24 ABB. 11,1.2.

ABB. 167,1–3: nach Kat. Trier 22 ABB. 9,1–3.

ABB. 167,4; 168,5: M. Krause, Vorgeschichtliches Seminar der Philipps-Universität Marburg, nach Vorlagen von R. Frölich.

ABB. 168,2–4; 176,1–3; 186,2.3: M. Krause, Vorgeschichtliches Seminar der Philipps-Universität Marburg.

ABB. 168,1; 186,1: M. Krause, Vorgeschichtliches Seminar der Philipps-Universität Marburg, nach Vorlagen von S. Martins.

ABB. 169: nach Kat. Trier 107 ABB. 3, 2.3.5–7.

ABB. 170,1.2: nach Kat. Hallein 85 ABB. 19.

ABB. 171; 205; 213; 353: Römisch-Germanisches Zentralmuseum Mainz.

ABB. 173: nach Frey 2001b.

ABB. 174: Museum Carolino Augusteum Salzburg. Foto: R. Poschacher.

ABB. 175: nach Frey 1969 Taf.64; 65.

ABB. 176,4.5: LfDH. B. Kaletsch nach Vorlagen von R. Frölich und M. Bosinski.

ABB. 182: British Museum London.

ABB. 183; 316; 347: Fotozentrum der Friedrich-Schiller-Universität Jena. Foto: Günther.

ABB. 185; 349: Prähistorische Abteilung, Naturhistorisches Museum Wien.

ABB. 187 rechts; 191; 195; 199; 299; 307; 360; 361; 368: Württembergisches Landesmuseum Stuttgart.

ABB.188: Slovenské Národné Múzeum, Archeologické Múzeum, Bratislava. Foto: I. Kovačovská.

ABB. 189; 231: Wetterau-Museum Friedberg. Foto: SKROCK fotographie, Ober-Mörlen.

ABB. 190; 304: Badisches Landesmuseum Karlsruhe. Fotos: Th. Goldschmidt.

ABB. 193; 194: Archäologisches Landesmuseum Baden-Württemberg, Außenstelle Konstanz. Fotos: M. Schreiner.

ABB. 196; 362: Musée Denon, Section Archéologie, Chalon-sur-Saône.

ABB. 197; 198; 300; 303; 348; 358: Archäologische Staatssammlung München. Fotos: M. Eberlein.

ABB. 201; 326: Agence photographique de la Réunion des Musées Nationaux, Paris.

ABB. 202: Soprintendenza Archeologica per la Toscana, Firenze.

ABB. 203; 359; 365: Soprintendenza Archeologica dell'Abruzzo, Chieti.

ABB. 204: Institut für Klassische Archäologie der Universität Tübingen Neg.-Nr. J.2087a.

ABB. 205; 206; 366: Arheološki Musej Istre, Pula.

ABB. 207: Antikensammlung, Staatliche Museen zu Berlin – Preussischer Kulturbesitz. Foto: J. Laurentius.

ABB. 208; 371; 372: Site archéologique de Glanum, Hôtel de Sade, Saint-Rémy-de-Provence.

ABB. 209; 370: Musée d'Archéologie méditerrannéenne Marseille. Foto: Baguzzi.

ABB. 210: Deutsches Archäologisches Institut Athen, Neg.-Nr. N.M. 4262.

ABB. 211: Deutsches Archäologisches Institut Athen, Neg.-Nr. Theb. 86.

ABB. 212; 213: B. Chaume/W. Reinhard.

ABB. 214–216: A. Rapin.

ABB. 217: Centre Camille Jullian.

ABB. 218; 219: A. Rapin/F. Masse.

ABB. 220; 221; 376: José Pessoa, Division de Documentation Photographique, Institut Portugais des Musées.

ABB. 222: M. Höck.

ABB. 223: R. Schulze.

ABB. 224: New Cat Orange, Entwurf Hessisches Ministerium für Wissenschaft und Kunst, Wiesbaden.

ABB. 225; 229: W. Gasche.

ABB. 226: B. Pinsker.

ABB. 227; 228: K.-F. Rittershofer.

ABB. 230: Kreisarchäologie Wetteraukreis (V. Rupp).

ABB. 232: U. Timper, Römisch-Germanische Kommission (nach Maier 1985, 87 ABB. 23).

ABB. 269: Vorgeschichtliches Seminar der Philipps-Universität Marburg.

ABB. 270: Kreis- und Stadtmuseum Dieburg. Foto: Fotostudio Gelfort, Dieburg.

ABB. 271–273: Stadtmuseum Mühlheim.

ABB. 280: Museum für Vor- und Frühgeschichte – Archäologisches Museum, Frankfurt/Main. Foto: U. Seitz-Gray.

ABB. 281; 282; 284: Museum für Vor- und Frühgeschichte – Archäologisches Museum, Frankfurt/Main.

ABB. 291: Musée des Antiquités Nationales, Saint-Germain-en-Laye.

ABB. 296; 312; 325; 329; 369: Národní muzeum Praha, odděleni prehistorie a protohistorie.

ABB. 298: Staatliche Museen zu Berlin, Museum für Vor- und Frühgeschichte. Foto: H.-D. Beyer.

ABB. 301: E. Wallner, St. Pölten.

ABB. 302; 318: Západočeské muzeum v Plzni.

ABB. 305: Archeologický ústav SAV, Nitra.

ABB. 306: Musée National d'Histoire et d'Art Luxembourg.

ABB. 308; 320; 321: Bundesdenkmalamt Österreich, Abteilung für Bodendenkmale, Wien.

ABB. 309: Bernisches Historisches Museum, Abt. für Ur- und Frühgeschichte.

ABB. 310; 317: Museen der Stadt Regensburg.

ABB. 311: Stadtarchiv Worms.

ABB. 313; 330; 331; 354: Landesmuseum Mainz. Fotos: U. Rudischer.

ABB. 314; 315; 357: Rheinisches Landesmuseum Trier. Foto: H. Thörnig.

ABB. 322: Ústav archeologické památkové péče severozápadnich Čech, Most. Foto: H. Toušková.

ABB. 324: Bernisches Historisches Museum. Foto: St. Rebsamen.

ABB. 333: Staatliche Museen zu Berlin, Museum für Vor- und Frühgeschichte. Foto: Strüben.

ABB. 350: LfDH. Foto: P. Odvody.

ABB. 351: Archäologische Staatssammlung München. Foto: Müller.

ABB. 352: Paul Frick, Liechtensteinisches Landesmuseum Vaduz.

ABB. 373: Musée Archéologique de Nîmes. Foto: D. Stokic.

ABB. 374; 375: Musée Archéologique de Nîmes.

ABB. 377: Museu Arqueologico da Citânia de Sanfins, Sanfins de Ferreira.

Lebensbild: G. Karnath.

S. 18; ABB. „Frühe Kelten und ihre Welt": nach Meyer's Konversationslexikon, 3. Auflage, Neunter Band, Leipzig 1876, 952 f.

S. 58; ABB. „Frühe Kelten in Hessen": B. Pinsker.

S. 82; ABB. „Der Glauberg": F. Marburger, Studio Onlight.

S. 130; ABB. „Werkstatt": LfDH. Zeichnung P. Will.

S. 170; ABB. „Glaube – Mythos – Wirklichkeit": Historisches Museum der Pfalz, Speyer. Foto: K. Diehl.

S. 206; ABB. „Zeugen aus Stein": F. Marburger, Studio Onlight.

S. 232; ABB. „Auf keltischen Spuren": B. Pinsker.

S. 240; ABB. „Katalog der Glauberg-Funde": W. Neeb.

S. 266; ABB. „Katalog der ausgestellten Funde": E. Restle, Wiesbaden.

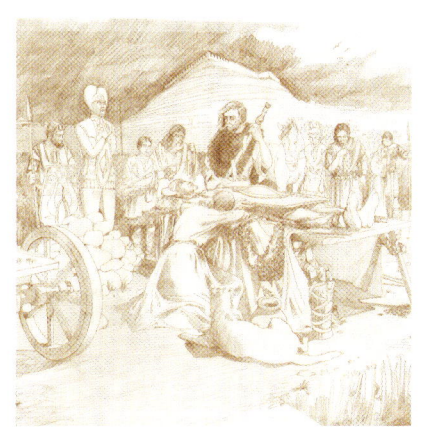

Das Rätsel
der Kelten
vom Glauberg